社会工作硕士专业丛书

社会工作理论

历史环境下社会服务实践者的声音和智慧

童 敏 著

SOCIAL WORK
THEORY

VOICE AND WISDOM OF SOCIAL
SERVICE PRACTITIONERS IN HISTORICAL
ENVIRONMENT

社会科学文献出版社
SOCIAL SCIENCES ACADEMIC PRESS (CHINA)

第七节 自我心理学视角的社会工作 ……………………………………… 123
　　一 自我心理学视角的社会工作的演变 ……………………… 123
　　二 自我心理学视角的社会工作的理论框架 ………………… 130

第二章 认知和行为视角 ……………………………………………………… 142
　第一节 行为主义社会工作 ……………………………………………… 142
　　一 行为主义社会工作的演变 ………………………………… 142
　　二 行为主义社会工作的理论框架 …………………………… 151
　第二节 认知社会工作 …………………………………………………… 160
　　一 认知社会工作的演变 ……………………………………… 160
　　二 认知社会工作的理论框架 ………………………………… 165
　第三节 认知行为社会工作 ……………………………………………… 180
　　一 认知行为社会工作的演变 ………………………………… 180
　　二 认知行为社会工作的理论框架 …………………………… 185

第三章 人本主义、存在主义和灵性视角 ………………………………… 194
　第一节 人本主义社会工作 ……………………………………………… 194
　　一 人本主义社会工作的演变 ………………………………… 194
　　二 人本主义社会工作的理论框架 …………………………… 198
　第二节 存在主义社会工作 ……………………………………………… 204
　　一 存在主义社会工作的演变 ………………………………… 204
　　二 存在主义社会工作的理论框架 …………………………… 209
　第三节 灵性社会工作 …………………………………………………… 226
　　一 灵性社会工作的演变 ……………………………………… 226
　　二 灵性社会工作的理论框架 ………………………………… 235

第二部分 以互动关系为主导的理论

第四章 沟通和建构视角 …………………………………………………… 247
　第一节 策略治疗社会工作 ……………………………………………… 247
　　一 策略治疗社会工作的演变 ………………………………… 247
　　二 策略治疗社会工作的理论框架 …………………………… 252
　第二节 建构主义社会工作 ……………………………………………… 261
　　一 建构主义社会工作的演变 ………………………………… 261
　　二 建构主义社会工作的理论框架 …………………………… 265
　第三节 社会建构视角的社会工作 ……………………………………… 273
　　一 社会建构视角的社会工作的演变 ………………………… 273

目　录

导　言 ……………………………………………………………………… 1

    一　社会工作理论是一种实践理论 ………………………………… 1

    二　里士满和亚当斯的社会工作图像 ……………………………… 7

第一部分　以个人心理为主导的理论

第一章　心理动力视角 ……………………………………………… 17

  第一节　心理社会治疗模式 ………………………………………… 17

    一　心理社会治疗模式的演变 ……………………………………… 17

    二　心理社会治疗模式的理论框架 ………………………………… 21

    三　心理社会治疗模式服务技巧的基本逻辑 ……………………… 37

  第二节　功能理论 …………………………………………………… 45

    一　功能理论的演变 ………………………………………………… 45

    二　功能理论的逻辑框架 …………………………………………… 50

  第三节　问题解决模式 ……………………………………………… 59

    一　问题解决模式的演变 …………………………………………… 59

    二　问题解决模式的理论框架 ……………………………………… 63

  第四节　任务中心模式 ……………………………………………… 79

    一　任务中心模式的演变 …………………………………………… 79

    二　任务中心模式的理论框架 ……………………………………… 82

    三　任务中心模式服务技巧的基本逻辑 …………………………… 94

  第五节　危机介入模式 ……………………………………………… 98

    一　危机介入模式的演变 …………………………………………… 98

    二　危机介入模式的理论框架 ……………………………………… 101

  第六节　依恋社会工作 ……………………………………………… 111

    一　依恋社会工作的演变 …………………………………………… 111

    二　依恋社会工作的理论框架 ……………………………………… 115

二 社会建构视角的社会工作的理论框架 …………………………………………… 281

第五章 人际关系视角 ………………………………………………………………… 293

第一节 关系视角的社会工作 …………………………………………………… 293

一 关系视角的社会工作的演变 …………………………………………… 293

二 关系视角的社会工作的理论框架 ……………………………………… 299

第二节 社会支持网络视角的社会工作 ……………………………………… 313

一 社会支持网络视角的社会工作的演变 ……………………………… 313

二 社会支持网络视角的社会工作的理论框架 ………………………… 320

第六章 系统和生态视角 ………………………………………………………………… 346

第一节 系统视角的社会工作 …………………………………………………… 346

一 系统视角的社会工作的演变 …………………………………………… 346

二 系统视角的社会工作的理论框架 ……………………………………… 353

三 系统视角的社会工作服务技巧的基本逻辑 ………………………… 361

第二节 生态视角的社会工作 …………………………………………………… 368

一 生态视角的社会工作的演变 …………………………………………… 368

二 生态视角的社会工作的理论框架 ……………………………………… 377

第三节 生活模式 ………………………………………………………………… 394

一 生活模式的演变 ………………………………………………………… 394

二 生活模式的理论框架 …………………………………………………… 400

三 生活模式服务技巧的基本逻辑 ………………………………………… 416

第四节 优势视角 ………………………………………………………………… 427

一 优势视角的演变 ………………………………………………………… 427

二 优势视角的理论框架 …………………………………………………… 436

三 优势视角个案管理的基本逻辑 ………………………………………… 450

第三部分 以社会结构为主导的理论

第七章 增能视角 ………………………………………………………………………… 459

第一节 增能社会工作 …………………………………………………………… 459

一 增能社会工作的演变 …………………………………………………… 459

二 增能社会工作的理论框架 ……………………………………………… 465

第二节 反歧视、反排斥社会工作 ……………………………………………… 477

一 反歧视、反排斥社会工作的演变 ……………………………………… 477

二 反歧视、反排斥社会工作的理论框架 ……………………………… 489

三 反歧视、反排斥社会工作服务技巧的基本逻辑 …………………… 510

第三节 倡导视角的社会工作 …………………………………… 513
　　一 倡导视角的社会工作的演变 ………………………… 513
　　二 倡导视角的社会工作的理论框架 …………………… 518

第八章 多元文化视角 …………………………………………… 524
　第一节 种族文化敏感的社会工作 ……………………………… 524
　　一 种族文化敏感的社会工作的演变 …………………… 524
　　二 种族文化敏感的社会工作的理论框架 ……………… 529
　第二节 多元文化社会工作 ……………………………………… 535
　　一 多元文化社会工作的演变 …………………………… 535
　　二 多元文化社会工作的理论框架 ……………………… 539

第九章 批判视角 ………………………………………………… 547
　第一节 批判社会工作 …………………………………………… 547
　　一 批判社会工作的演变 ………………………………… 547
　　二 批判社会工作的理论框架 …………………………… 559
　第二节 女性主义社会工作 ……………………………………… 584
　　一 女性主义社会工作的演变 …………………………… 584
　　二 女性主义社会工作的理论框架 ……………………… 591

第十章 社会发展视角 …………………………………………… 602
　第一节 发展性社会工作 ………………………………………… 602
　　一 发展性社会工作的演变 ……………………………… 602
　　二 发展性社会工作的理论框架 ………………………… 610
　第二节 宏观社会工作 …………………………………………… 613
　　一 宏观社会工作的演变 ………………………………… 613
　　二 宏观社会工作的理论框架 …………………………… 620

结　语 …………………………………………………………… 629
　　一 社会工作理论的基本命题 …………………………… 629
　　二 社会工作理论的逻辑基础 …………………………… 630

参考文献 ………………………………………………………… 632

导　言

一　社会工作理论是一种实践理论

说起社会工作，就会让人想到它是一种职业，一种专门的社会服务实践（Wakefield，2003），它的目的是帮助那些生活中遇到困扰的人们，舒缓他们的情绪，调整他们的行为，改变他们的看法；或者帮助他们消除不利的社会环境因素，让他们拥有更好的成长环境（Howe，2009：2）。对于那些身处社会弱势地位的群体来说，给他们创造更为公平、合理的社会条件，是保障他们生活改善的重要前提（Beckett，2006：4）。尽管社会工作的帮助对象不尽相同，它的工作场景也千差万别，但是社会工作有一项共同的、与众不同的重要魅力：它是一种助人的活动，不仅可以帮助服务对象解除困扰，也可以让社会工作者获得成长（Fook，2002：vi）。

美国社会工作者协会在 1996 年制定的社会工作伦理准则，被视为国际社会工作的行为准则，其中就指出："社会工作的目标就是促进人类的福祉，帮助人们特别是生活在贫困、弱势中的人们满足基本的生活需求。它同时关注提升社会生活中个人的福祉和整个社会的福祉。"（National Association of Social Workers，1996：1）2000 年，国际社会工作者联盟在加拿大蒙特利尔讨论通过的决议中是这样描述社会工作的："社会工作的目的就是促进社会改变，解决人们在社会交往中的问题，发掘人们的潜力，提升人们的福祉。"（Ramsay，2003）显然，在人们的认识中，社会工作是一种帮助人们消除困扰并且促使社会改变的职业，它能够带来个人和社会福祉的提升，是一种助人的实践。对于这种助人实践，有关美国社会工作教育状况的郝利斯和泰勒报告（Hollis-Taylor Report）做了很好的总结，认为社会工作具有三个方面的特征：①它是一种助人活动，目的是帮助那些在生活中遇到困扰的个人、家庭和群体，提升他们的福祉；②它是一种"社会"活动，由政府或者非政府组织直接指导，目的是改善社会成员的生活状况；③它是一种资源链接活动，重点帮助那些处于弱势地位的个人、家庭和群体找到必要的资源，满足生活的需求（Hollis & Taylor，1951：58-59）。

郝利斯和泰勒报告告诉人们，社会工作不仅需要对人们在日常社会生活中遇到的困扰做出具体的分析，或者对不利的社会环境做出科学的解释，而且需要针对人们的实际问题采取具体的应对行动，帮助他们消除面临的困扰，或者改善目前的生活状况（Hollis & Taylor，1951：59）。因此，社会工作的助人活动具有具体、及时以及注重改变的特点。

所谓具体，是指社会工作的分析具有明确的指向，关注人们在日常社会生活中遇到的困扰或者不利的环境，这些困扰和不利的环境已经妨碍人们的日常生活，需要给予具体的指导和帮助。可以说，社会工作是针对人们面临的具体困扰而展开的助人活动。人们之所以寻求社会工作者的帮助，是因为他们感到生活中的这些具体困扰已经让他们无法正常生活，需要得到及时的帮助，不能耽搁；否则，不仅他们的生活，甚至整个社会都可能出现不好的结果。社会工作的及时性反映的就是这个特点，它需要对人们的困扰或者不利的环境做出及时的回应，帮助人们改善目前不好的生活状况。社会工作不是"纸上谈兵"，它的作用就在于帮助人们消除日常生活中的困扰，或者帮助人们改善社会的不利环境。注重服务对象的改变、注重社会环境的改变，正是社会工作助人活动的另一个重要特征。

在这样的助人活动的要求下，指导助人活动的社会工作理论与具体的实践之间有着紧密的联系。弗朗西斯·特纳（Francis Turner）称之为服务取向（service-oriented）的理论，即围绕服务的组织、规划和执行开展指导，看是否能够提供高质量的、有效的服务（Turner，1997：2248）。这种理论的好坏更多地依据是否能够带来服务对象困扰的消除和不利社会环境的改善，而不是一般理论所强调的可信的科学研究（Turner，1997：2248）。因此，一个好的社会工作理论应该能够帮助社会工作者厘清实践中的困惑，并且能够指导社会工作者了解实际场景中具体发生了什么以及可以怎样回应等（Howe，2009：2）。它实际上是指导社会工作者开展具体服务活动的基本逻辑框架（Lewis，1982：6）。如果社会工作理论不能为社会工作实践提供具体的指导，它存在的价值就会受到质疑，甚至可能被社会工作者抛弃（Payne，2005：6）。

这种以服务为取向的理论称为实践理论（practice theory）。佩恩（Malcolm Payne）在《现代社会工作理论》（第三版）的开篇就申明，这本书关注的焦点就是梳理社会工作的实践理论（Payne，2005：3）。什么是社会工作的实践理论？佩恩给出了自己的答案："告诉社会工作者在开展服务时该做什么。"（Payne，2005：3）社会工作实践理论直接影响社会工作的实践，它是社会工作者开展服务活动的指南，指导社会工作者怎样做好面谈、怎样开展需求评估以及怎样推进服务等。这些指南背后都有一些理论和知识作为支撑，这就是社会工作实践理论（Payne，2005：4）。特纳认为，一种新的社会工作实践理论应该以实践者的经验和实用性为基础，除了它是一种新的想法之外，还要有具体的介入方法以及可以被实践者理解、接受和运用的特点（Turner，1996：4）。与社会工作实践理论关注具体的服务介入和改变活动不同，社会工作基础理论（a foundation knowledge or theories for practice）则借用了其他学科的知识和理论，如人格理论、社会理论或者社会政策理论等，它关注的焦点是分析和理解个人与社会之间的关系（Siporin，1975：94 - 95），给社会工作者宏观方面的指导（Robert，1990：42）。

从形式上看，社会工作基础理论和实践理论存在非常显著的差别：一个关注"纯"理论，一个关注实践（Robert，1990：42）；一个注重逻辑的严谨和清晰，一个只是人们日常生活中的共识（common sense），模糊不清（Evans，1976）。它们就像事物的两个方面，相互补充。但实际上，这只是表面现象，社会工作基础理论和实践理论各自都有自己不同的逻辑（Sheldon，1978）。社会工作基础理论重点探索新的知识，把学术的纯研究视为最高原则，注重研究的可信度和科学性，较少关注它的应用性和社会效益；而社会工作实践理论重点寻找实践的逻辑，更为关注实践研究和行动，而不是理论研究和纯理论的建构（Sheldon，1978）。而且两者采用的视角也不同，社会工作基础理论采用应用科学的视角看待社会工作实践，把理论和实践视为相互对立的（Lecomte，1975：225-226）；而社会工作实践理论采用介入科学（interventive science）的视角看待社会工作实践，注重在实践中创造理论（Lecomte，1975：242）。更为有意思的是，两者的研究立场也不同。如果社会工作者运用的是基础理论，就会把自己视为专家，遵循"研究-理论家"的逻辑开展社会工作的研究和实践；而如果运用的是实践理论，就会把自己归为职业者（occupationist），按照"实践者-研究-理论家"的逻辑开展社会工作的研究和实践（Lecomte，1975：242）。相比之下，社会工作基础理论更容易受到学者的青睐，它能够帮助学者确立在学术研究群体中的位置；而社会工作实践理论更容易获得实践者的好感，它能够帮助实践者解决实践中的困惑，提升服务的品质（Robert，1990：42）。

在社会工作领域，很难想象没有理论和概念指导的社会工作实践，也很难找到无关实践的纯社会工作理论。社会工作基础理论和实践理论的差别不是理论和实践的差别，而是关注焦点的不同，前者围绕分析，后者围绕实践（Pilalis，1986）。如果把后者称为实践理论，那么前者就可以称为分析理论。分析理论的核心要素就是分析，剖析社会现象；而实践理论的核心要素则是行动，开展具体的服务（Robert，1990：36）。佩恩把社会工作的实践分为相互关联的三步——评估、介入和结束，即第一步分析服务对象的问题，第二步开展服务介入活动，第三步确定服务活动的结束（Payne，2005：4）。相应地，社会工作实践理论就需要指导这三步活动的开展。唐纳德·博雷莱恩德（Donald Brieland）比较了不同领域的社会工作实践活动之后发现，它们都具有相同的六步：①建立初步联系；②评估问题；③制定服务目标和计划；④开展服务；⑤评估服务结果；⑥总结经验以准备未来的介入活动（Brieland，1997：2256）。仔细对比佩恩和博雷莱恩德的观点就可以发现，如果从行动的元素来看，社会工作实践具有必不可少的三个步骤：评估问题、制订计划和开展服务。也就是说，像社会工作这样的实践理论需要回答实践中相互关联的三个基本问题：服务对象的问题是什么？怎样帮助服务对象？帮助的过程怎样？

为了细致分析实践理论和分析理论的差别，可以围绕行动，比较实践理论和分析理论是怎样回答实践中三个基本问题的。对于第一个问题，实践理论会将关注焦点集中在服务对象遇到的具体困扰上，了解服务对象遇到的困扰是什么，并且分析它是由什么原因导致的，最后再对服务对象的问题做"诊断"；而分析理论则会关注相对宏观的问题，或者一些受到社会关注的现象，分析这些问题或者现象背后隐藏的东西，以便为人们提供一种新的认识。相比较而言，实践理论的问题分析更为具体，针对性更强；而分析理论更为宏观，更注重新颖性。对于第二个问题，实践理论在做了"诊断"之后，就需要根据"诊断"结果提出具体的介入方案，包括介入的目标、介入的策略、介入的时间以及介入的起点等，保证实践者能够根据这个具体的介入方案开展服务活动。介入方案是实践理论关注的重要内容，甚至可以说，"诊断"的目的就是提供有效可行的介入方案。在这一点上，分析理论就不同了，它不需要提出具体的介入方案，至多也只是根据分析的结果提供改进的建议。至于改进建议是否可行、通过什么方式才能实现，这些具体操作问题就不是分析理论所需要重点考察的。一般而言，分析理论的建议比较抽象、笼统；而实践理论却要求介入方案精确、可行。对于第三个问题，实践理论和分析理论的差别更为突出，实践理论把介入过程视为理论探索的重点，需要跟踪服务活动开展的整个过程，评估服务活动的效果，并且根据服务活动开展状况及时调整服务的目标和策略。一种新的实践理论是否有价值，就要看它能否带来实际的服务效果。而分析理论通常不会跟踪服务的具体开展过程，即使考察服务过程，也只是把它作为研究的证据，验证理论的真伪。为了便于读者理解，实践理论与分析理论的差别被一一列举在表 1.1 中。

表 1.1　实践理论与分析理论的比较

步骤	基本问题	实践理论	分析理论
评估问题	问题是什么	围绕服务对象具体困扰开展研究，对问题进行"诊断"。分析比较具体，针对性强。它是实践理论的必要内容	围绕一般问题或者社会现象开展研究，分析背后的原因。分析比较宏观，注重新颖性。它是分析理论的最核心内容
制订计划	怎样帮助	依据"诊断"提供具体介入方案，强调方案可行、精确。它是实践理论的重要内容	依据分析提供改进建议。建议比较抽象、笼统。它不是分析理论的必要组成部分
开展服务	帮助的过程	跟踪服务过程，评估服务效果，调整服务目标和策略。它以服务效果为导向，是实践理论的最核心内容	以研究证据为导向，不跟踪服务开展过程。它不是分析理论考察的内容

实践理论与分析理论具有根本不同的逻辑，它们各自有自己的关注焦点和不同的组成要素。通过表 1.1 的比较可以看到，社会工作理论实质上是一种实践理论。虽然引入其他学科的分析理论能够帮助社会工作者建构社会工作实践理论，但它们毕竟不是社会工作实践理论，需要社会工作者在具体的社会服务实践中学习、运用和再创造。戴维德·豪（David Howe）在《社会工作理论入门：理解实践含义》中，将社会工作理论分为两类：为社会工作的理论（theories for social work）和社会工作的理论（theories of social work）（Howe，1987：166）。前者解释怎样开展服务，是实践理论；后者分析社会工作的特征和本质，是分析理论。类似的还有将社会工作理论分为三类：有关社会工作是什么的理论（theories of what social work is）、有关社会工作怎样做的理论（theories of how to do social work）以及有关服务对象世界的理论（theories of the client world）（Sibeon，1990）。这些理论分类都有一个共同的特征：将社会工作的实践本质从具体的场景中分离出来放入分析理论的逻辑框架中，作为分析理论探索的核心。这样的做法不仅正好与社会工作的核心特点——实践相违背，而且容易混淆实践理论与分析理论的差别，看不清社会工作理论自身的实践逻辑。称社会工作理论为实践理论，是为了突出社会工作最核心的内容——实践（Robert，1990：36）。否则，社会工作理论只是建在流动的社会科学沙滩上的大厦，

看上去很宏伟，但没有坚实的基础（Stevenson，1971）。

　　豪根据两项标准——主观和客观以及秩序和冲突，将社会工作实践理论划分为四类，并给每一类的功能做了清晰的界定，即修理者、意义寻找者；意识提升者和革命者（Howe，1987：49）。修理者是指从客观立场出发寻求社会秩序的社会工作理论；意义寻找者则是指从主观立场出发寻求社会秩序的社会工作理论。以此类推，革命者是指从客观立场出发寻求社会变革的社会工作理论；意识提升者是指从主观立场出发寻求社会变革的社会工作理论（见图1.1）。豪做出这样的划分依据的是对社会现象的看法和对人的观察立场的分析，他把社会现象看作拥有秩序和变革两极，把人的观察视角分为客观和主观两类。这样的观点来自社会学，豪正是借用了社会学理论的分类（Howe，1987：49）。以对社会现象的看法和人的观察立场的分析为标准划分理论类型，这样的做法体现的是分析者的兴趣，比较适合像社会学这样的分析理论。但是，一旦把它运用到社会工作理论中，就会忽视社会工作理论的实践逻辑，不自觉地按照分析理论的要求理解社会工作实践理论。

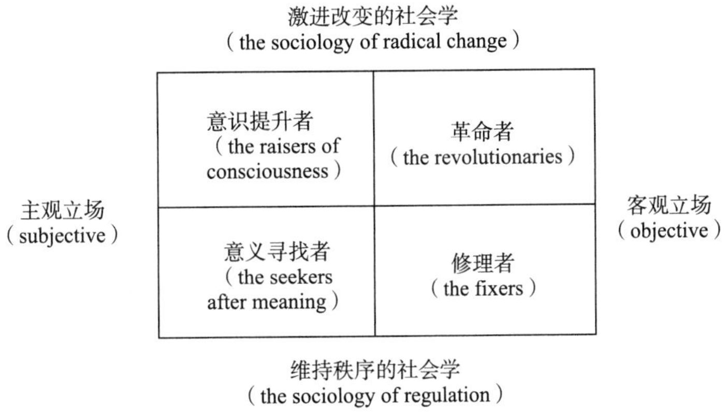

图 1.1　豪的社会工作实践理论分类

资料来源：豪（1987：50）。

　　佩恩在分析社会工作实践理论时非常关注它的行动要素，认为社会工作实践理论是在具体实践场景中建构出来的，主要受到服务机构、社会工作者和服务对象三者的影响（Payne，2005：3）。这样的观点为从实践者角度划分社会工作实践理论提供了新的思路。特纳正是从实践者角度出发理解社会工作实践理论的，他以实践者在服务活动中对待服务对象以及环境的工作焦点作为标准，把社会工作实践理论分为三类：第一类把服务对象视为拥有某方面潜质的人；第二类把服务对象视为能够运用整体潜质的人；第三类把服务对象视为拥有社会身份的人（Turner，1996：5）。三类划分的具体内容见表1.2。

表 1.2　特纳的社会工作实践理论分类

关注焦点 （distinguishing area of focus）	相关理论 （relevant theories）
个人和他的潜质	
个人拥有生物机能	神经语言学项目（neuroliguistic programming）

续表

关注焦点 (distinguishing area of focus)	相关理论 (relevant theories)
个人拥有心理机能	功能精神分析 (functional psychoanalytic)
个人拥有学习能力	行为理论 (behavioral theory)
个人拥有思考能力	认知 (cognitive)
	建构主义 (constructivism)
	叙事 (narrative)
个人整体潜质的运用	
个人作为沉思者	冥想 (mediation)
个人作为经验者	存在 (existential)
	格式塔 (gestalt)
	催眠 (hypnosis)
个人作为沟通者	沟通 (communication)
	增能 (empowerment)
	问题解决 (problem solving)
	任务 (task)
个人和社会	
个人作为个体	自我心理学 (ego psychology)
	以来访者为中心 (client centered)
	危机 (crisis)
个人作为社会群体成员	女性主义心理社会 (feminist psychosocial)
	身份转换分析 (transactional analysis)
个人作为社会成员	土著居民 (aboriginal)
	角色 (role)
个人作为宇宙生命的一部分	生活模式 (life model)
	系统 (systems)

资料来源：Turner (1996：5)。

特纳的社会工作实践理论的分类确实体现了社会工作的行动要素，把社会工作者对待服务对象的态度以及服务介入的焦点都呈现出来了。但是，他的社会工作实践理论的划分始终围绕服务对象个人。仔细分析第三类"个人和社会"就会发现，当社会工作者把服务对象个人作为社会群体成员或者社会成员看待时，问题分析和服务介入的焦点就会转向社会，社会成了社会工作问题评估和服务介入的核心。而当社会工作者把服务对象个人作为宇宙生命的一部分时，也与作为个体有着显著的不同，此时社会工作者在问题评估和服务介入中都会关注个人与环境之间是如何相互作用的，关注的焦点是个人与环境之间的相互影响，而不是个人。

佩恩在划分社会工作实践理论的类型时，注意到了个人与社会环境之间的关系，他提出社会工作实践理论有三种类型：反思 - 治疗 (reflexive-therapeutic column)、社会主

义 - 集体主义（socialist-collectivist column）以及个人主义 - 改革主义（individualist-re-formist column）。① 反思 - 治疗类型的社会工作实践理论注重个人的发展和个人潜能的开发，强调对个人的情绪以及人际的回应方式的考察；而社会主义 - 集体主义类型的社会工作实践理论就不同了，关注社会的改变，注重社会工作在社会方面发挥的作用；个人主义 - 改革主义类型的社会工作实践理论把维护社会秩序和社会稳定作为核心原则，关注个人与社会环境之间的平衡发展（Payne，2005：13）。这样的分类让实践中的社会工作者一看就能明白，关注的是个人还是社会、服务介入的焦点是个人的发展还是社会的改变。但是，这样的划分还不够清晰，除了针对个人不只有反思 - 治疗的视角，就是针对社会改变，也不只有社会主义 - 集体主义的视角，特别是第三种类型的社会工作实践理论的划分，没能够准确反映它的服务介入的焦点——个人与社会环境之间的互动，以达到相互之间的平衡发展。

实际上，无论社会工作者运用什么理论，他都必须清楚自己分析问题和开展介入活动的焦点是什么，是个人、社会环境，还是两者之间的互动？只有想清楚了这个问题，实践活动的逻辑才能清晰。如果关注的是个人，就从个人的角度出发寻找改变的目标和策略，制订服务介入的方案，采取能够影响个人改变的技巧。显然，这样的社会工作实践理论关注对个人心理状况的理解，主要受到心理学相关理论的影响，可以称之为以个人心理为主导的理论；如果关注的是社会环境，就从社会环境的角度出发分析问题产生的原因，寻找改变社会环境的目标和途径，并且运用能够促进社会改变的技巧。这样的社会工作实践理论关注的重点不是个人的心理，而是社会结构以及相互之间的关联，主要受到社会学相关理论的影响，可以称之为以社会结构为主导的理论；如果关注的是个人与社会环境之间的互动，就需要从个人影响社会环境、社会环境影响个人这样的相互影响的视角出发寻找问题产生的原因以及改变的方法和途径，并且采取能够增进相互之间平衡发展的技巧开展服务。这样的社会工作实践理论关注的焦点是个人与社会环境之间的相互影响，运用的是一种循环影响的逻辑，可以称之为以互动关系为主导的理论。不过，这种以互动关系为主导的理论可以关注个人与个人之间的互动，这就是人际沟通和交往；可以关注个人与社会环境之间的互动，这就是系统之间的相互影响。

在接下来的章节中，我们将围绕行动这个要素把社会工作实践理论分为三类，即以个人心理为主导的理论、以互动关系为主导的理论和以社会结构为主导的理论，并针对这三类进行详细的分类介绍。不过，在具体介绍社会工作实践理论之前，我们先来看一看社会工作的两位重要创始人玛丽·里士满（Mary Richmond）和简·亚当斯（Jane Addams）是怎样理解社会工作的。她们对社会工作的理解不仅开启了社会工作理论探索之路，而且对之后的社会工作理论的发展产生了重要的影响（Haynes，1998：508）。

二　里士满和亚当斯的社会工作图像

里士满是第一位从理论角度考察社会工作实践的人，她在1917年和1922年分别出版

---

① 佩恩的这个观点受到丽娜·多米内利（Lena Dominelli）的影响，参见 Dominelli（2002：3 - 4）。

了《社会诊断》(*Social diagnosis*) 和《什么是个案社会工作》(*What is social casework?*)。这两本书对社会工作从志愿服务转变成专业服务起了非常重要的作用，第一次在逻辑概念的层面分析、描述和界定社会工作 (Howe, 2009: 26)。由于受到当时所推崇的"科学慈善"观点的影响，里士满开始尝试将慈善组织运动 (the Charity Organization Movement) 中的服务活动程序化和规范化，从中寻找帮助社区贫困人群摆脱困境的科学方法 (Howe, 2009: 27)，为实践者提供直接的指导 (Specht, 1988: 33)。里士满系统总结了慈善服务活动的经验，并对其所采用的专业的社会工作方法——个案工作进行了清晰的界定，认为"个案工作是有意识地借助个人影响个人的方式调整个人与社会环境的关系，促进个人人格发展的过程"(Richmond, 1922: 98 - 99)。显然，里士满把社会工作的服务目标放在了个人人格成长上，把加强和改善个人与社会环境的关系作为社会工作的服务焦点 (Richmond, 1922: 99 - 100)。

里士满之所以把个人人格的成长与个人生活的社会环境联系在一起，强调社会工作是在日常生活的社会环境中促进个人的改变，是因为这样的观点符合当时慈善组织运动需要回应的社会问题。慈善组织运动产生于19世纪中后期，当时欧洲正在经历前所未有的工业化和城市化，大批农民离开自己熟悉的土地来到城市，寻找新的工作机会。但是，他们面对的不仅仅有新的工作和新的机会，同时还有繁重的劳动、拥挤的生活环境以及生活的压力和疾病等。如果谁没有了工作，或者失去了劳动能力，也就意味着他再也无法在城市继续生活。随着城市生活方式的改变，家庭成员之间的支持也受到削弱，家庭变得越来越脆弱。贫困成了劳动阶层中的普遍现象，并且伴随欧洲工业化和城市化的进程成为日益凸显的社会问题 (Howe, 2009: 9)。出于对贫困人群的同情以及对社会动乱爆发的担心，一些上流社会和中产阶级的社会成员开始志愿地组织起来，建立慈善组织，服务这些社区中的贫困人群 (Howe, 2009: 10)。慈善组织运动就是众多慈善服务活动中的一种。在服务活动中志愿者发现，仅仅给予贫困人群物质上的帮助并不是有效解决社区贫困的方法，甚至还可能助长他们的懒惰和依赖性 (Howe, 2009: 14)。为了消除贫困人群的乞讨行为，避免慈善资源的浪费，就需要对申请救助的社区贫困人群进行细致的区分，根据他们实际的状况提供他们所需要的帮助，包括物质方面的支持和人格方面的指导。这就是慈善组织运动所倡导的科学慈善的核心想法 (Specht & Courtney, 1994: 20)。19世纪后期，慈善组织运动引入美国。美国也像欧洲一样，采取科学慈善的原则和方式应对工业化和城市化带来的贫困问题 (Howe, 2009: 26)。

面对申请救助的社区贫困人群，里士满认为，作为科学的社会工作首先需要把申请者作为个案，选派经过训练的工作人员进行家访 (home visit)，在申请者的日常社会生活环境中调查和了解申请者的情况，并对申请者的问题做出诊断。里士满称之为"社会诊断"(social diagnosis) (Richmond, 1901: 313)。里士满强调，只有对申请者和他生活的社会环境做系统的分析，了解申请者的过去和现状，才有可能为他提供有效的个案服务 (Richmond, 1922: 23)。里士满所说的"社会诊断"不仅包括对申请者的分析和了解，也包括对申请者的家庭、朋友、亲属、工作环境等社会环境的分析和了解，特别是申请者的家庭，它能为申请者提供重要的支持 (Specht, 1988: 33)。

里士满在个案服务中非常关注个人人格的变化，这与慈善组织运动所坚持的基本信念有关。参与慈善组织运动的志愿者认为，贫困人群之所以深陷贫困，是因为他们比较懒惰，或者缺乏自制力，存在人格上的缺陷，正是这些人格上的缺陷使他们无法像其他人那样能够把握住机会从而获得成功和财富（Howe，2009：14）。至于贫困人群容易出现人格缺陷的原因，最初的解释是道德的缺失，认为贫困人群对上帝不够虔诚（Howe，2009：14）。但是，随着志愿服务活动的深入，特别是1893年美国发生的经济危机，让志愿者目睹了经济状况的恶化对个人生活的影响，越来越多的志愿者开始关注社会环境因素对个人贫困所起的作用（Simon，1994：61–62），认为贫困既受到外部社会环境的影响，也与个人的人格有关，其中个人的智力、道德的水平以及自制力起着关键的作用（Specht & Courtney，1994：75）。里士满沿袭了这样的看法，不过，她更强调个人与社会环境之间的互动关系（Howe，2009：27）。

在诊断了社区贫困人群的问题之后，就需要根据诊断的结果选派专业的个案工作者走进申请者的家庭，以朋友的身份对申请者有意识地施加个人的影响，包括指导申请者调整行为习惯、增强申请者的自制力（Gurteen，1983：7）以及为申请者提供及时的支持和示范等（DuBois & Miley，2002：32），加强申请者的自助和自我改进的能力，促进申请者个人人格的发展（Howe，2009：27）。此外，个案工作者还需要运用周围环境的资源，包括家庭、亲属、邻里、公共服务机构、私人慈善服务机构以及政府福利服务机构等不同方面的资源（Specht & Courtney，1994：76），其中家庭资源是个案工作者首先选择运用的重要资源（DuBois & Miley，2002：33）。显然，里士满已经拥有从社会系统出发看待申请者的日常生活的视角，并且注重运用申请者的自然帮助系统（DuBois & Miley，2002：33）。在里士满看来，社会工作的服务焦点在个人与社会环境之间关系的调整上，既包括帮助个人适应社会环境，也包括改善社会环境以满足个人成长的要求（Richmond，1922：117–118）。正是由于个案工作者扮演的是这样一种社会协调者（social adjusters）的角色（Richmond，1922：114），他不仅需要采取"心感受心"（mind upon mind）的直接方式帮助贫困救助的申请者，也需要运用改善周围社会环境的间接方式影响贫困救助的申请者，让申请者对自己以及自己生活的社会环境有更新、更深入的理解（Richmond，1922：101–102）。

里士满对个案工作的整个进程进行了细致的划分，把它分为研究（study）、诊断（diagnosis）、资源分析（resources）和治疗（treatment）四个阶段。研究就是对个案的资料，包括个案日常生活的社会环境的资料进行收集和分析；诊断是指在研究的基础上对问题的性质和特征做出判断和总结；资源分析则是指对个案所能获得的帮助和支持进行考察，特别是个案所能得到的家庭方面的帮助，需要作为重点来考察；治疗是指对个案开展直接的帮助活动，它包括两个部分的内容——制订治疗计划和实施治疗计划（Howe，2009：27–28）。通过这四个阶段，里士满希望个案工作者在日常生活的社会环境中采用社会交流的方式促进个案的个人人格的成长（Richmond，1922：95–96）。里士满还以美国人家喻户晓的安娜·苏利文（Anne Sullivan）帮助盲人海伦·凯勒（Helen Keller）的故事说明个案工作者的作用，强调个案工作者不仅仅需要帮助个案中的个人学习社会交往的技巧，提高个人的学习能力，更为重要的是，走进个人的内心，打开个人的心灵，促进个人人格的发展（Richmond，1922：94）。值得注意的是，里士满并不是从宗教道德的角度理解个人人格成长的，而是从民主社会的视角倡导个人人格的发展，认为个案工作的服务目标是帮助个人有效适应不同社会生活层面的不同要求，包括家庭、社区、社会和政治（Richmond，1922：153）。

仔细分析里士满对个案工作四个阶段的划分就可以发现，里士满已经将问题的分析和问题的解决结合在一起，研究和诊断是针对贫困救助的服务对象的问题所做的调查和分析，治疗则是对服务对象面临的问题提供直接的帮助。显然，里士满已经清晰地认识到个案工作与一般问题分析不同，不仅需要对贫困救助的服务对象的问题做具体的诊断，以便能够为服务对象的治疗提供具体的指导，而且需要把服务对象的问题解决也作为个案工作的重要内容。不过，里士满是从问题分析的逻辑来理解问题解决的逻辑的，她把问题解决看作问题分析的延伸，她坚信问题的解决存在于问题的分析中，只要个案工作者对个案的情况做了充分的了解，解决问题的方法就会自然而然出现（Richmond，1917：62）。这种直接把问题的解决与问题的分析联结起来的方式必然导致两者之间的冲突，因为问题的分析关注的是服务对象的不足，探讨的重点是服务对象目前的问题与以往经历之间的关系；而问题的解决关注的是服务对象目前能够改变的方面，探讨的重点是服务对象目前的改变与未来目标达成之间的规律。有意思的是，在对贫困救助的服务对象的问题做了分析和诊断之后，里士满加入了资源分析的阶段，让个案工作者寻找服务对象所拥有的资源，把个案工作者的关注焦点从服务对象的不足转到服务对象目前能够改变的方面，缓解了问题分析和问题解决之间的逻辑冲突。

在里士满看来，个案工作者首先需要具备民主的精神，这样才有可能认同人的价值，做好社会工作，在服务过程中真正帮助到贫困救助的服务对象（Richmond，1922：249）。里士满强调，贫困救助的服务对象是个案工作者的合作者，个案工作者只有与服务对象建立一种平等合作的关系，让服务对象参与治疗方案的制订和实施，并且共同分担服务活动中的责任，才能保证服务活动的顺利开展（Richmond，1922：170）。

里士满阅读了弗洛伊德（Sigmund Freud）和荣格（Carl Gustav Jung）的学说，但她不认同心理学，她希望把个人的人格放在日常生活的社会环境中考察（Specht & Courtney，1994：80）。社会学虽然能够让个案工作者看到贫困背后的社会原因，为个案工作者提供分析社会现象的逻辑框架，但是它无法为个案工作者提供具体的服务技术，指导个案工作者开展面对面的服务活动（Specht & Courtney，1994：86－87）。让里士满失望的是，她所坚信的通过充分了解个案情况就能自然找到解决问题的方法行不通，对问题的充分了解并不意味着就能找到解决问题的途径（Richmond，1920：254）。问题分析和问题解决具有不同的逻辑。与社会学不同，精神病理学和精神分析学却能为个案工作者提供具体的技术指导，帮助个案工作者解决实践过程中的具体问题（Specht & Courtney，1994：21－22）。著名学者阿伯拉罕姆·菲莱克斯那（Abraham Flexner）博士在1915年做出的论断对社会工作的理论选择起着非常重要的作用。他认为当时的社会工作没有达到专业的标准，最多只能算半专业（Flexner，1915：578－579）。为了确立社会工作的专业地位，里士满开始采用医学治疗模式看待社会工作，并且积极推动社会工作与医学的交流（Specht & Courtney，1994：87）。在这样的情况下，选择心理学，特别是精神分析理论作为社会工作的理论基础是非常自然的事情。

第一次世界大战对社会工作的发展产生了巨大影响，美国红十字会在战争期间开始推行精神健康服务（DuBois & Miley，2002：38），特别是第一次世界大战结束之后，出现了大量因战争影响而心灵受到创伤的病人，这为社会工作者提供了新的就业机会和新的服务领域（Specht & Courtney，1994：90）。为了回应社会服务的需求，美国史密斯学院规划了精神科社会工作者的培养项目，把个案工作的关注焦点转向个人的内心，认为研究个人内部的精神状况是开展专业社会工作服务的基础（Specht & Courtney，1994：92）。第一次世界大战之后，社会工作者的工作场景也发生了急剧变化，他们逐渐走入医院、学校和家庭服务中心等机构，在机构中开展服务，他们面对的不再是社区贫困人群，而是情绪和行为遭遇困扰的求助者，了解这些求助者个人内部的精神状况就成为社会工作者开展服务的前提和基础（Specht，1988：33）。机构服务带来的另一个变化是，很多时候社会工作者需要与其他专业人士合作开展服务，这对社会工作者的专业技术能力提出了很高的要求（Simon，1994：75）。此外，20世纪二三十年代，社会工作为回应社会服务的需求，出现了一种新的服务形式：有偿的私人服务。在这种服务中个人困扰的消除成为社会工作专业服务的核心任务，这促使社会工作者从关注个人与社会环境之间的互动转变成个人人格的调整（Specht & Courtney，1994：111）。到了20世纪30年代，弗洛伊德的精神分析理论以及其他心理学理论主导了社会工作，成为社会工作的理论基础（Specht，1988：34）。

与里士满生活在同一个时代的亚当斯，虽然面对相同的社会问题——社区贫困，但是她采取了与里士满完全不同的服务策略，她选择整个社区而不是个人作为工作的对象，通过发掘蕴藏在贫困社区居民自己的文化和社会关系中的资源，维护和加强贫困社区居民的文化和社会关系，并且借助志愿服务、小组活动以及政治行动等方式协助贫困社区居民解决面临的社会问题，改善社区的生活状况（Specht & Courtney，1994：83）。亚当斯坚信，贫困社区居民拥有自己的文化和生活习惯，他们能够通过有意识地发动和组织得到改善，摆脱贫困的生活状态（Addams，1910a：27）。显然，亚当斯把贫困社区居民自身拥有的资源作为开展社会工作的起点，把志愿服务、小组活动和政治行动等方法作为社会工作的手段，通过维护和加强贫困社区居民的文化和社会关系实现社会工作的目标：促进贫困社区居民生活的全面改善。

把社区的文化和社会关系作为社会工作的服务焦点，依据的是对贫困问题产生原因的分析和理解。亚当斯作为美国睦邻友好运动（the Settlement House Movement）的创始人，对贫困问题的理解与里士满不同，她继承了欧洲睦邻友好运动的基本理念（Specht & Courtney，1994：83）。19世纪的欧洲随着工业化和城市化的推进以及慈善服务的深入，经济和社会的因素对个人生活的影响越来越明显，一些有识之士渐渐认识到从个人人格角度解释社区贫困人群的困境过于简单，贫困背后往往隐藏着更深的社会结构的问题（Howe，2009：14），如拥挤的生活环境、弱势的社会地位、不足的受教育机会等

（Howe，2009：18）。这些有识之士开始组成志愿者，走到贫困人群生活的社区，与居民一起生活，一起寻找解决困境的方法，推崇一种从居住者（settlement）的角度理解和解决问题的方式（Howe，2009：18－19）。他们坚信，解决社区贫困的最好方式是调动社区自身的资源和推动社会的改变（Howe，2009：18）。19世纪末20世纪初，关注社会现象调查和社会问题分析的社会学出现了，它运用科学的调查方法将贫困人群的数量、分布状况、收入情况和生活条件呈现在公众面前，使人们对贫困问题有了更深入的了解（Howe，2009：122）。其中由公共信息专家保尔·凯洛格（Paul Kellogg）主持的《社会调查》（*Survey*）杂志经常刊登有关社会改革的文章，受到大众的欢迎，也对社会工作者产生了重要影响（Chambers，1971：40）。在社会学所倡导的从社会环境和社会结构角度理解社会问题的影响下，当时许多社会改革的倡导者和政治领袖逐渐相信，个人不是造成贫困的主要原因（Howe，2009：122）。

亚当斯接受了社会改革的理念，她将那些有爱心并且受过良好教育的上流社会和中产阶级的社会成员组织起来，形成志愿服务队，在贫困社区中建立服务中心（settlement house），为居民提供24小时的全天候服务，她要求服务中心的工作人员把自己当作社区居民的一分子（Addams，1910c：180）。通过这种把自己放在特定社区的特定环境中与居民一起生活的方式，服务中心的工作人员才能够融入贫困社区居民的日常生活中，与居民建立起直接面对面互动的、持久的亲密关系，了解社区居民自身的文化和行为习惯（Brieland，1990）。也只有在这样的亲密交往中，社区服务中心的工作人员才能真正了解和欣赏贫困社区居民自身拥有的丰富的文化和社会资源（Specht & Courtney，1994：81）。从亚当斯倡导的这种融入贫困社区的工作方式中可以看到，她与里士满不同，不是以社区贫困人群的不足作为出发点开展服务，而是采用一种"能力"的视角理解社区贫困人群，从贫困社区自身拥有的资源出发推进服务。

了解了贫困社区居民的生活状况之后，服务中心的工作人员就可以为这些居民提供各种形式的服务，包括社会成员的技能训练、成人教育、咨询、娱乐、学习交流、日间照料（DuBois & Miley，2002：34），以及各种舞蹈、艺术和文化补习班等（Specht & Courtney，1994：81）。亚当斯认为，通过这些不同类型、不同内容和不同形式的活动，就能满足社区中不同居民的不同需要，吸引他们走出家门参与社区的活动，成为社区服务潜在的志愿者（Addams，1910b：42）。为了让更多的社区居民参与社区活动，在面对有不同意见的社区居民时，亚当斯采取的不是说服和争论的方式，而是接纳他们的不同想法，并且尽可能地创造不同的机会让社区居民之间相互交流（Sherr，2008：50）。她强调，只有通过直接的沟通和交流，社区居民才能逐渐产生社区活动的参与意识和公共精神（Addams，1910b：42），并且逐渐培养起合作和责任意识（Addams，1917：3）。亚当斯特别关注社会工作者与企业主之间的合作，认为社会财富和社会公正并不矛盾，她坚信通过让企业主参与社区服务活动，不仅能够为企业主提供行善的机会，更为重要的是，能够促进社会财富与社会公正之间的平衡发展（Sherr，2008：50）。

一旦社区居民参加了社区活动，成为社区活动的积极分子，亚当斯就会进一步鼓励他们作为志愿者协助服务中心开展各种活动，并且引导他们关注社区居民共同关心的问题，让他们成为社会变革的积极分子，组织和带领社区居民一起改善社区的生活环境（Sherr，2008：51）。在这个过程中，亚当斯运用了社会行动和政策倡导的工作手法，让志愿者中的积极分子带动社区居民推动社会环境和政策制度的改变（Specht & Courtney，1994：82）。显然，在亚当斯的认识中，志愿服务是推动社会变革不可缺少的重要方式。因此，亚当斯创建了各种形式的社会俱乐部（social clubs），像科学俱乐部、文学俱乐部、运动员俱乐部、娱乐活动俱乐部和演讲讨论俱乐部等，让具有不同需求的社区居民都能参与俱乐部的活动，培养居民的责任感和社会意识（Addams，1910c：253）。社会俱乐部不仅为社区居民提升自身的能力提供了机会，也为社区居民创造了志愿服务的平台，让社区居民可以根据自己的兴趣一起讨论，一起策划，一起组织社会行动（Sherr，2008：51）。

　　亚当斯的服务策略非常清晰，首先邀请那些有意愿的上流社会和中产阶级的社会成员参与社区服务中心的工作，融入贫困社区居民的日常生活中，然后创造各种机会让社区居民参与社区活动，并且通过社会俱乐部的方式逐渐培养社区居民的志愿服务精神，提升社区居民的批判意识，推动社会行动的开展（Sherr，2008：49）。显然，亚当斯对志愿服务的理解与里士满不同，她不是把志愿服务当作社会工作专业服务的补充，以弥补社会工作专业服务人力和资源的不足，而是把志愿服务作为提升社区居民参与意识和公共精神的必要手段，把它看作带动贫困社区生活方式和文化习俗改变的动力所在。在这个过程中社会工作者扮演的是协助者的角色，为贫困社区居民创造志愿服务的机会和平台，以培养社区居民的平等的公民意识（Addams，1902：178）。不过，有时候社会工作者还需要扮演"解释者"（interpreter）的角色，让主流的社会机构理解弱势居民的需求，或者让弱势居民了解主流社会机构的服务（Addams，1910c：167）。亚当斯坚信，社会工作者和他所服务的社区居民拥有相同的权力，他们之间是一种平等的服务关系（Howe，2009：19）。

　　从形式上看，亚当斯并没有努力探寻一种科学的助人活动的服务方式，而是倡导社会工作者融入贫困社区居民的日常生活，与居民一起生活、一起经历（Specht，1988：35）。亚当斯之所以这样安排服务策略，反对社会工作走专业化的道路，是因为认为专业化只会让社会工作者高高在上，脱离贫困社区居民的实际生活，导致社会工作者与贫困社区居民之间关系的疏离，这不利于社会工作理念和目标的实现（Specht & Courtney，1994：87－88）。显然，亚当斯已经敏锐地察觉到当时专业化所推崇的分析逻辑与社会工作实践之间的内在冲突，她所倡导的这种"融入""体验"的服务策略，体现的恰恰是与科学分析不同的实践逻辑，它以改变为核心，以贫困社区居民自身拥有的文化和社会关系资源的发掘为重点。

　　在社会改革者和政治领袖的倡导下，人们的观念开始转变，逐渐认识到国家在保障社会成员基本权益方面应承担的责任，特别是20世纪30年代的公共福利运动（the Public Welfare Movement），它倡导国家在社会文化、政治、经济等不同领域发挥积极的作用（DuBois & Miley，2002：39）。社会工作者也参与了公共福利运动，并且帮助美国政府制定了1933年的联邦政府紧急救助法案、1935年的社会保障法案和其他一些社会法案，成为美国罗斯福新政的管理者和倡导者（Abramovitz，1998）。到了20世纪30年代末，大量的社会工作者走进政府的公共服务部门，成为政府正式的雇员。社会工作也因此成为国家管理系统的一部分（Abramovitz，1998）。在这样的环境下，社会工作者需要向社会证明的是自己的专业方法和技术，而不是社会行动和政治改革（Specht & Courtney，1994：88）。1929 年，在全美社会工作会议（the National Conference of Social Work）上，纽约慈善学校的负责人波特·李（Porter Lee）发表了重要演讲，称注重社会改革的社会工作已经结束，社会工作迎来的将是一个关注"修补"的治疗和辅导的时代（Lee，1937：2）。

第一部分

以个人心理为主导的理论

第一次世界大战之后，社会工作者选择了心理学作为建构社会工作理论的重要基础，开始系统引入心理学的知识，把社会工作介入活动的关注焦点投向个人的心理（Woodruffe，1962：29）。其中最有影响的要算心理动力视角，从20年代到50年代它一直占据社会工作理论的主导地位（Howe，2009：29）。心理动力视角以弗洛伊德精神分析学派的理论观点为基础，直接影响社会工作理论的建构，成为社会工作理论的最核心内容之一（Payne，2005：73）。20世纪60年代之后，注重服务直接成效和科学依据的认知和行为视角（Howe，2009：73）以及注重个人主观经验和价值意义的人本主义、存在主义和灵性视角（Payne，2005：186）也开始受到社会工作者的关注，它们成为继心理动力视角之后另外两种注重个人内部心理改变的重要的社会工作理论视角。

第一章 心理动力视角

心理动力视角（psychodynamic perspective）是影响社会工作理论建构的最早的理论基础，它也是社会工作理论中影响最深、持续时间最长的理论视角（Payne，2005：73）。直到现在，心理动力视角仍然是众多社会工作理论视角中最有影响的理论视角之一（Payne，1992）。在心理动力视角的影响下，不仅个人的人格成了把握社会工作理论逻辑和实践活动的关键（Howe，2009：30），而且个人的心理结构和情绪被视为社会工作最重要的理论元素（Weick，1981）。由于心理动力视角自身也是一个不断丰富、不断完善的发展过程，从传统的弗洛伊德的精神分析理论到现代的自我心理学（ego psychology），再到之后的客体关系理论（object relations theory）和主体心理学（self psychology）等（Goldstein，1995：4－15），因此受其影响的社会工作理论也出现丰富多彩的特点，包括直接将弗洛伊德的精神分析理论和自我心理学运用于社会工作实践中的心理社会治疗模式，把兰克（Otto Rank）的人格理论作为基本理论逻辑框架的功能理论，注重适应环境的个人自我功能的问题解决模式、危机介入模式和任务中心模式，以及深受客体关系理论和自我心理学影响的依恋社会工作和自我心理学视角的社会工作。

第一节 心理社会治疗模式

一 心理社会治疗模式的演变

心理社会治疗模式（psychosocial casework）的理论核心是心理社会这个概念，即把心理因素和社会因素放在一起来看社会工作的实践活动。心理社会这个概念最早是由美国史密斯学院的弗兰克·汉金斯（Frank Hankins）提出的（Woods & Hollis，1990：14）。汉金斯是一位社会学家，他在给美国史密斯学院社会工作专业学生讲授课程的过程中发现，社会学可以为社会工作提供一种社会的视角。于是，在1930年的社会工作年会上他提出了心理社会这个概念，希望社会工作者从社会学的角度审视社会工作的实践活动（Hankins，1930：534）。高登·汉密尔顿（Gordon Hamilton）是早期社会工作的一位重要理论家，她在自己的社会工作实践中发现，服务对象遭遇的困扰总是与个人内心的情绪以及外部的社会因素相关联，她用心理社会这个概念来概括这种现象，并且把它作为社会工作实践的基本原则发表在1941年的一篇论文中（Hamilton，1941）。心理社会治疗模式的集大成者弗洛伦斯·郝利斯（Florence Hollis），在 1964 年正式出版了心理社会治疗模式的代表作《个案工作：一种心理社会理论》，把心理社会作为这种治疗模式的概括，强调这种治疗模式具有双重焦点，既关注心理，也关注社会（Woods & Hollis，1990：14）。

此后，心理社会治疗模式尽管有了较大的发展，但都无一例外地把心理因素和社会因素的结合作为其最核心的内涵。1969 年，在一次纪念杰出的社会工作学者查勒特·陶瓦鲁（Charlotte Towle）的会议上，心理社会治疗模式被正式确定为最受欢迎的个案治疗模式之一，收入 1970 年出版的《个案工作理论》中（Roberts & Nee，1970）。在心理社会治疗模式的形成发展过程中，有三位人物发挥着至关重要的作用，她们是里士满、汉密尔顿和郝利斯。

（一）玛丽·里士满

作为社会工作创始人的里士满，自 1899 年出版了她的第一本关于如何开展"友好访问"实务的专著之后，一直从事社会工作实践和理论的探索（Woods & Robinson，1996：558）。里士满是第一位把科学研究方法引入社会工作中的人，她要求社会工作者在开展服务之前对服务对象的资料进行科学的收集和分析，以个案为单位深入了解个案的成长历史（Richmond，1917：146）。她把这种方法称为个案历史研究（the study of case history），目的是针对服务对象的社会处境进行细致、准确的分析，防止社会工作者任意选取服务对象某一或者某些方面的资料开展服务，保证个性化的诊断和治疗（Woods & Robinson，1996：558）。这种将研究和诊断分开、关注服务对象的成长历史、注重服务的处境化的观点，已成为心理社会治疗模式的基本指导原则（Woods & Robinson，1996：561）。

另一种对心理社会治疗模式产生重要影响的观点是里士满的双重焦点的看法。里士满在自己的多年实践中发现，个人的问题受到外部环境因素的影响，无论在分析诊断还是治疗阶段，社会工作者都需要把个人和外部环境联系起来，尽可能在自然的家庭环境中了解服务对象的需求；否则，社会工作者开展的服务很难取得理想的效果（Richmond，1917：134 – 159）。里士满强调，个人改变和环境改善是相互依存的，个案工作需要和社会变革结合起来（Richmond，1917：25）。这样的双重焦点的看法奠定了心理社会治疗模式的核心概念"人在情境中"的基本内涵（Woods & Robinson，1996：558）。

在社会工作的服务介入策略方面，里士满有关直接介入和间接介入的划分也成为心理社会治疗模式的基本逻辑框架。里士满把社会工作服务介入分为两类：一类是针对服务对象的环境开展的服务活动，包括资源的寻找以及与服务对象重要他人的合作，她称之为间接介入；另一类是针对服务对象开展的服务活动，是社会工作者直接接触服务对象并对其施加影响，她称之为直接介入（Richmond，1922：101 – 102）。尽管里士满没有深入探讨如何开展直接介入和间接介入，但这样的看法给了探索心理社会治疗模式的社会工作者重要的启发，让他们注重一种综合的介入策略，在关注服务对象改变的同时，也关注周围环境的改变（Woods & Robinson，1996：559）。

里士满的观点和想法在心理社会治疗模式中得到很好的展现，成为心理社会治疗模式最核心的内涵（Woods & Robinson，1996：559）。但是，第一次世界大战之后，社会思潮发生了转变，个人内部的精神健康成为社会工作者关注的焦点（Jarrett，1919：591），特别是在 20 世纪二三十年代精神科社会工作的创立，促使社会工作者转向心理学，把心理学作为社会工作的理论基础（Howe，2009：11）。由此，社会工作的理论和实践焦点也从开创初期对问题的关注转向对个人的关注（Howe，2009：29）。个人的人格从此走进社会工作者的研究视野，对它的结构和内涵的把握成了社会工作者努力的目标（Howe，2009：12）。

一直到 20 世纪 50 年代，心理社会治疗模式始终在个案治疗模式中占据主导位置（Woods & Robinson，1996：561）。心理社会治疗模式以弗洛伊德的理论为基础，将弗洛伊德对科学的心理诊断和个人心理成长历史的关注与里士满的社会诊断观点结合起来。因此，心理社会治疗模式又称为诊断学派（diagnostic schools）（Woods & Hollis，1990：12）。与诊断学派观点相对的是功能学派（functional schools）的看法。虽然功能学派也受到精神分析理论的影响，但它的主要观点来自奥托·兰克（Otto Rank），强调个人的意志在改变中的作用，注重个人当下的经验和感受（Woods & Hollis，1990：12）。诊断学派与功能学派在 20 世纪三四十年代的广泛争论也影响了心理社会治疗模式的发展（Woods & Robinson，1996：561）。

二战之后，杜威的教育理论逐渐受到重视，社会环境变得更为宽松、民主，如何提升个人的决断能力（self-determination）成为社会的热点话题（Woods & Hollis，1990：12）。特别是在 20 世纪 50 年代，自我心理学的引入给心理社会治疗模式的发展带来了新的契机，它让社会工作者相信，社会工作服务介入活动的焦点可以放在个人的自我（ego），而不是模糊不清、难以琢磨的无意识上；而自我心理学对自我作用的强调，也使社会工作者看到个人在与周围环境交流过程中发挥的积极作用，坚信个人不再是由环境或者本能决定的被动接受者，而是能够根据周围环境的变化做出积极回应的相对独立的个体（Woods & Robinson，1996：561）。这样，个人自我的功能自然就成为心理社会治疗模式探索的重点。

在自我心理学的影响下，心理社会治疗模式放弃了早期所坚信的社会工作者最了解服务对象需求的假设（Woods & Hollis，1990：13），把目光投向服务对象自我功能的挖掘和开拓，让服务对象自己梳理自己的想法，反思自己的生活状况，并且做出生活的选择；在诊断和治疗方面，心理社会治疗模式的应用也变得更为宽松，社会工作者不必等到对服务对象的所有资料做了完整分析之后才开始服务介入活动，而且对服务对象的观察也更有针对性和选择性（Woods & Hollis，1990：13）。

（二）高登·汉密尔顿

汉密尔顿在年轻时就受到里士满的影响，非常认同里士满提出的"个人－环境"的逻辑框架。在一战期间她作为美国红十字会的工作人员见到了里士满，并且在里士满的推荐下来到纽约的社会慈善组织从事个案辅导工作。1923 年，汉密尔顿转入纽约社会工作学院（后改为哥伦比亚大学社会工作学院），开始从事她长达三十多年的社会工作理论和实践的研究探索工作（Department of Applied Social Sciences，2003）。

像里士满一样，汉密尔顿也把个人和环境视为社会工作的两个基本元素，她认为正是个人和环境之间的关联才使社会工作有自己的独特之处。她强调，没有任何人可以撇开个人的行为了解贫困问题，也没有任何人可以不顾周围经济和社会条件的影响治疗个人的行为偏差（Hamilton，1940：4）。汉密尔顿还对个人和环境这两个社会工作要素之间的关系做了进一步的细致观察，她发现两者始终处在相互影响的动态变化过程中，是一系列充满动力并且不断变化着的生活事件。在这样的生活事件中，生理、精神、情绪、经济以及社会等各种不同因素交织在一起，共同影响个案问题的形成。因此，个案研究就需要包括个人和环境两个方面的因素，涉及对个人内部和外部特征的分析以及对外部客观现实和个人主观看法的理解（Hamilton，1940：34）。

与里士满不同的是，汉密尔顿更关注服务对象自己做出选择的能力，要求社会工作者在诊断治疗过程中放弃主导和控制的想法，帮助服务对象确定他自己希望实现的目标（Hamilton，1940：29/32）。汉密尔顿还做了一项大胆的尝试，她引入有机体的概念来描述个人和环境之间的复杂关联，认为两者是相互依存、相互转化的关系，她强调个人在这样的依存转化关系中学习适应环境，并且寻找最佳的适应方式。因此，无论个人也好，还是环境也好，都是整个系统的一部分，不能分割（Hamilton，1941）。1951年，汉密尔顿提出"人在情境中"（the person-in-his-situation）这个概念，用来描述个人和环境之间的有机关联，她第一次把社会工作中的个人和环境的关系概括为三个部分：个人、环境以及两者之间的相互影响（Hamilton，1951：34）。显然，在里士满看来，个人和环境的关系是一种个人影响环境、环境影响个人的交互作用（person-and-situation），然而到了汉密尔顿，个人才被真正放入环境中（person-in-situation），并且在依存转换过程中与环境一起构成一个整体。

尽管汉密尔顿在理论建构方面有不少创新，但在实际的服务技术方面却没有什么突破，她依旧沿用里士满的分类，将社会工作的服务介入分为直接介入和间接介入。与里士满不同的是，汉密尔顿根据服务的内容又进一步将间接服务划分为服务管理（administration of a practical services）和环境改善（environmental manipulation）。服务管理是针对服务的提供进行指导，以保障服务的顺利输送；环境改善则与里士满所说的间接介入没有多大的区别，目的是为服务对象的成长和改变提供有利的外部环境（Hamilton，1951：247）。像这样的有关间接介入的探索虽然很有必要，但是复杂的外部环境仍然让汉密尔顿难以有所拓展。在服务的实际开展过程中，汉密尔顿只能主要依靠直接的心理治疗服务。

（三）弗洛伦斯·郝利斯

郝利斯是心理社会治疗模式的主要创建者。1931年，郝利斯从史密斯学院获得硕士学位之后，就开始了她的职业生涯，受聘于费城的家庭服务协会（the Family Society），在费城和克莱夫兰德（Cleveland）的家庭服务机构工作，其间她还承担了西部储备大学的兼职教学任务和《个案社会工作杂志》的编辑工作。1947年，郝利斯获得了博士学位，并且转入哥伦比亚大学社会工作学院从事社会工作的教育和研究。在哥伦比亚大学，郝利斯一边从事社会工作的硕士和博士课程的教学，一边定期与服务对象见面开展辅导和研究工作，发表了许多个案工作方面的论文，并且总结出心理社会治疗模式最核心的内容——个案治疗方式的分类（the typology of casework procedures），受到广泛的关注。直到1972年退休，郝利斯一直过着边教学边实践的生活，她相信社会工作实践是社会工作教学和研究工作中不可缺少的（Woods & Hollis，1990：xiii）。

从1964年郝利斯第一次正式发表她的心理社会治疗模式的代表作到1990年第四次修订出版的26年间，社会环境和服务对象的需求发生了巨大变化，对社会工作产生了重要影响。一方面，很多家庭和个人面临更为复杂的行为问题和精神困扰，如儿童性虐待、青少年怀孕、自杀、酒精和药物滥用以及艾滋病感染等；另一方面，社会结构性问题也表现得更为突出，如居住环境的拥挤、移民生活的窘迫、离婚率的居高不下以及种族和文化之间的冲突等。心理因素的影响和社会因素的影响交织在一起，密不可分（Woods & Hollis，1990：4）。在这样的处境下，社会工作者不可避免地需要寻找两者之间的平衡点并且将两方面的努力紧密结合起来，才有可能找到解决问题的有效途径（Woods & Robinson，1996：563）。随着宗教、邻里和家庭支持关系的减弱以及对个人自主能力的强调，越来越多的个人和家庭不再把个案工作仅仅视为治疗，只针对个人困扰的消除，还作为提升自身能力的学习过程，重点是挖掘个人的潜能。这也启发了心理社会治疗模式的探索者，让他们认识到个案工作的介入重点不需要针对服务对象的问题和困扰，而可以是服务对象的能力和成长的要求（Woods & Hollis，1990：5）。

心理社会治疗模式的最核心内容——个案治疗方式的分类，是郝利斯在20世纪40年代末提出的，当时她把个案治疗方式分为环境改善（environmental modification）、心理支持（psychological support）、澄清（clarification）和心理动力改善（insight development）。环境改善对应间接介入，其他三个对应直接介入（Hollis，1949）。之后，郝利斯又做了近十年的努力，并且经过多项实证研究的验证（Domanski et al.，1960；Betz et al.，1961），最后在1968年正式提出被广泛引用的个案治疗方式的分类，即把个案治疗方式分为六类：维持（sustainment）、直接影响（direct influence）、探索－描述－宣泄（exploration，description，and ventilation）、现实反思（reflection of person-situation configuration）、心理动力反思（pattern dynamic reflection）和人格成长反思（developmental reflection）（Hollis，1968：23）。

尽管郝利斯一直强调环境改善的重要性，但是，实际上，即使是1964年郝利斯第一次正式发表的她的心理社会治疗模式的代表作，也没有对环境改善的间接介入做进一步的细致分析，一直到1981年进行第三次修订时，郝利斯才补充了环境改善的间接介入治疗方式的分类，并且把它们收录到书中，成为整个心理社会治疗模式个案治疗方式的一部分（Woods & Hollis，1990：98）。

二　心理社会治疗模式的理论框架

正像郝利斯所说："社会工作实践如果没有理论，就没有方向；如果只有理论，就会成为智力游戏。"（Woods & Hollis，1990：xiii）在将社会工作的实践和理论结合起来创造自己的理论框架过程中，心理社会治疗模式始终保持着一种开放的态度，不仅汲取了社会工作的知识，而且吸纳了精神病理学、心理学、社会学和文化人类学等相关学科的原理。因为心理社会治疗模式相信，当服务对象走到社会工作者面前时，他带来的问题是不分学科的，而且问题的解决通常需要多种学科知识和多种服务方法的结合（Woods & Robinson，1996：556）。

尽管心理社会治疗模式存在不同的流派和不同的观点，但它的理论框架始终围绕一个核心——心理因素和社会因素之间的关联，包括内部的心理、外部的环境以及两者之间的相互影响三个方面。因此，无论资料的收集和分析还是问题的诊断和治疗，心理社会治疗模式都从个人与环境之间的关系着手，了解两者之间失去平衡的原因，并且找到建立新的平衡的方法。心理社会治疗模式将个人与环境之间的这种关系概括为"人在情境中"（Woods & Robinson，1996：555）。

（一）"人在情境中"

"人在情境中"又称为"人－环境格式塔"（person-situation gestalt），虽然它只包含两个基本元素——个人和环境，但两者之间的关系却非常复杂，不能理解成两者相互作用那么简单，它们相互影响一起构成一个不能分割的整体。外部环境怎么影响个人和个人怎么看待外部环境有着密切的关系，不同的观察视角意味着对环境采取不同的应对方式，甚至同一个人，当他对环境的看法改变之后，他的行为方式也会随之改变；而人们所说的环境通常是指社会环境，与家人、朋友、邻里、雇主和老师等身边的人联系在一起，也与个人过去和现在的生活经历和经验联系在一起。个人和环境就是在这样一种复杂的关联中相互作用、相互依存（Woods & Hollis，1990：28）。因此，对"人在情境中"的把握既需要深入个人的内心，了解他的感受、想法和需求，也需要仔细观察周围环境对他施加的影响，分析个人适应环境的具体过程（Woods & Hollis，1990：28）。

在心理社会治疗模式看来，个人生活的周围环境包括多个开放系统，每个系统之间相互作用，个人的行为就是在这样的多系统的复杂环境中形成的，它的显著特点就是动态性，个人每时每刻都需要与环境交流，并且依据环境的变化做出相应的调整和回应，寻找最佳的个人适应环境的结合点，达到个人与环境之间的平衡；一旦环境中的任何系统发生变化，个人也因此需要重新寻找新的平衡点。个人的发展就是个人在与环境的相互影响中不断寻找平衡点的动态过程（Woods & Robinson，1996：564）。

心理社会治疗模式借用了系统和生态理论的观点来充实"人在情境中"的内涵，把纷杂、模糊的环境转变为易于理解的不同系统，包括家庭、亲属、朋友、单位、社会服务系统以及价值系统等，以帮助社会工作者走进服务对象的日常生活，细致观察和分析不同环境因素对服务对象产生的影响。在这些系统中，家庭是最基础的，对服务对象的影响也最为重要，需要社会工作者给予充分的关注。不过，服务对象的生活环境还包括其他不同的系统，它们也对服务对象的生活发挥作用，特别是那些对于解决服务对象的问题起着非常重要作用的服务对象身边的重要他人，都是社会工作者需要仔细观察和了解的（Woods & Hollis，1990：29）。这样，心理社会治疗模式在分析和介入外部环境时，就可以不停留在家庭或者笼统的环境概念上，而可以根据各系统之间的相互影响准确把握周围环境对服务对象产生的作用。由此，系统生态的观点就能与弗洛伊德的心理动力观点紧密结合起来，帮助社会工作者深入分析个人与环境之间的复杂关联。①

　　环境作为系统有一个显著的特征：整体性。在个人与环境的相互作用过程中，环境中的每一个系统都对个人发挥着作用，都是构成这个整体的一部分。每个系统的作用自然需要放在整体中才能准确把握，它不仅包括这个系统发挥的作用，也包括这个系统在整体中的位置；否则，各系统的作用不是被忽视，就是被夸大。系统的整体性还意味着，任何系统的某方面改变都会影响其他系统，使系统的整体性发生改变。在这样的变化中，环境的影响转移到个人，个人的作用转移到环境，两者交互作用，推动个人不断在变化的环境系统中寻找新的适应方式和平衡点。这就是系统的转换性特征（transaction）（Woods & Hollis，1990：29）。这样，服务对象与环境之间的适切性（match or fit）就成为社会工作者考察的重点（Woods & Hollis，1990：29）。

　　就个人来说，他也是一个由各种内部力量组成的系统，称为人格（personality）。人的每一次行动就是个人内部的各种人格因素相互作用的结果，当然，其中还包括各种外部环境因素的影响（Woods & Hollis，1990：30）。通常，外部环境对个人行为的影响主要通过提供两种现实的方式来实现：具体现实（concrete realities）和社会心理现实（social psychological realities）。具体现实是指具体的食物、衣物、住房、生命安全、医药、就业机会和受教育机会等，通过获得这些，个人的生活就可以改善，个人就会有满足感；社会心理现实是指人际关系，通过人际交往，个人心理和价值层面的需求就能得到满足，特别是一些关系到价值和信仰的领域，如种族、阶级和宗教等，个人在这样的环境中就能获得价值认同感（Woods & Hollis，1990：31）。正因为如此，人际关系就和吃住一样成了社会工作者必须考察的内容。郝利斯甚至把人际关系作为心理社会治疗模式关注的重点（Woods & Hollis，1990：31）。

　　在回应外部现实的过程中，个人并不是完全依据现实本身，特别是社会心理现实，它与个人的看法和个人内心的感受紧密相关。一个人怎么看、怎么感受，就会怎么行动；即使是不现实的想法和感受，只要服务对象相信它是现实的，就会按现实的方式行动（Woods & Hollis，1990：43）。在现实面前，每个人都会寻找一定的意义解释，都要确定自己的努力目标和身份。可以说，个人在现实面前所呈现的是个人内心的主观世界（Woods & Robinson，1996：565）。当然，个人的看法和感受并不完全是纯心理的东西，它是个人经验的积累。这样的经验一部分来自个人的直接经历，一部分来自个人所交往的他人和群体（Woods & Hollis，1990：44）。不同的人自然有不同的回应现实的方法（Woods & Robinson，1996：572）。

　　作为社会工作者在考察个人如何回应周围环境时，他首先需要关注服务对象对周围环境的看法和感受，让服务对象成为自己故事的讲述者，描述生活中面临的问题。服务对象身处困境中，最了解周围环境对他的意义（Woods & Hollis，1990：236）。为此，心

---

　　① 郝利斯学习和吸纳了基特曼恩和吉尔曼的生态系统观点，参见 Gitterman & Germain（1976）。

理社会治疗模式设计了专门的资料收集方法，让服务对象能够呈现自己的看法和感受，如在初次个案面谈中社会工作者可以问服务对象：他的什么想法导致了问题的产生，问题出现之后他做了什么努力，他认为现在需要什么样的帮助等。通过这些提问，社会工作者就能逐渐了解服务对象看待困境的角度以及面对困境时的回应方式（Hollis，1970：46－47）。为了更准确地把握服务对象回应周围环境的方式，心理社会治疗模式还倡导运用多人面谈的方法（conjoint interview），让问题相关方一起参与面谈，直接面对问题中的冲突，并由此呈现各自的对问题的不同看法和感受（Woods & Hollis，1990：242）。

"人在情境中"这个概念包含了个人与环境之间的复杂关联，是生态系统观点和心理动力观点的结合，其核心是强调个人人格系统是在特定的环境系统中发挥作用的，个人的自我在两者的联结中发挥着至关重要的作用（Woods & Robinson，1996：572）。正因为如此，心理社会治疗模式在探究服务对象的问题时，是把服务对象放在特定的环境中考察的，既需要分析个人的人格，也需要分析外部环境的影响，特别是服务对象的自我功能所发挥的作用。根据多年的社会工作实践，心理社会治疗模式将服务对象的问题概括为三个方面的原因：不良的现实生活环境、不成熟或者有缺陷的自我和超我功能以及过分严厉的自我防卫机制和超我功能（Woods & Hollis，1990：46－47/61）。

不良的现实生活环境主要表现为两个方面的问题——过大的现实生活压力以及缺乏个人和社会功能发挥的机会（Woods & Hollis，1990：46），常见的有经济贫困、就业机会缺乏、工作条件恶劣、居住环境拥挤、邻里关系紧张、受教育机会不公平、种族和文化冲突以及亲人过世等。个人生活在这样的环境中，自然更容易出现问题（Woods & Hollis，1990：47）。不过，需要注意的是，心理社会治疗模式在探究服务对象的问题时，走了与弗洛伊德的精神分析理论不同的路径，它直接从服务对象的目前生活状况着手，重点了解服务对象在目前生活中面临的压力和困难（Woods & Hollis，1990：61）。

不成熟的自我和超我功能是指，服务对象由于自我和超我功能没有充分发展，像个没长大的孩子，害怕独立，不愿承担责任，总是要求过度的保护，在与他人的交往中，服务对象不是过分依赖就是过分敌对，无法建立一种平等互助、相互关爱的成人关系；而有缺陷的自我和超我功能则是指，服务对象由于自我和超我功能发展的不平衡，常常表现为过分的焦虑、难以控制自己的冲动和行为、缺乏现实感和理性判断能力、不会正确使用自我防御机制以及无法准确认识自己和外部世界等（Woods & Hollis，1990：47）。无论不成熟还是有缺陷的自我和超我功能，都意味着服务对象在内心没有建立起必要的"对"与"错"的价值标准，以及培养对自己情绪和行为的控制和调整能力（Woods & Hollis，1990：47）。

过分严厉的自我防卫机制和超我功能与不成熟或者有缺陷的自我和超我功能不同，不是自我和超我功能发展不足，而是发展过度，导致服务对象无法正确运用自我防卫机制和超我功能。当服务对象面对现实环境的压力和冲突而又过分抑制自己内心的紧张和不安时，就会表现出自我防卫机制和超我功能过分严厉的困扰，特别是当服务对象发现自己的价值标准在不完美的生活面前无法让步时，常常会出现一些"病症"。对于自我防卫机制和超我功能过分严厉的服务对象来说，最大的困扰是他们在外部环境或者周围他人挑战面前，不知道怎样确定自己的位置，保护好自己，只能一味地要求自己，压制自己内心的不安、困惑和冲突。而在平时的生活中，也因为他们不善于或者无法表达自己内心的感受和想法，难以与他人建立亲密的关系（Woods & Hollis，1990：48）。

从形式上看，不成熟或者有缺陷的自我和超我功能与过分严厉的自我防卫机制和超我功能相互对立，但实际上，由于人的复杂性，常常出现这样的情况，服务对象在某方面表现出不成熟或者有缺陷的自我和超我功能，而在另一方面却又表现出过分严厉的自我防卫机制和超我功能（Woods & Hollis，1990：48）。通常情况下，不良的现实生活环境、不成熟或者有缺陷的自我和超我功能以及过分严厉的自我防卫机制和超我功能三个方面的因素共同作用，才导致服务对象问题的产生和变化。当然，不同的人、不同的环境，三者之间的相互作用方式是不同的（Woods & Hollis，1990：47）。

不良的现实生活环境、不成熟或者有缺陷的自我和超我功能以及过分严厉的自我防卫机制和超我功能三者之间存在一种循环影响的关系。当不良的现实生活环境给服务对象造成过大的生活压力或者让服务对象失去发展的机会，就会导致服务对象产生挫折感，促使服务对象运用不成熟或者有缺陷的自我和超我功能或者过分严厉的自我防卫机制和超我功能应对外部环境的要求；而应对外部环境的失败，又会增加现实生活给服务对象造成的压力，让服务对象失去更多的发展机会。在这样的恶性循环过程中，服务对象面临的困扰就会变得越来越严重（Woods & Hollis，1990：47）。

（二）人格系统

关于个人的人格系统，心理社会治疗模式主要吸收了弗洛伊德的人格三结构的基本观点，并且在此基础上融入自我理论、自我心理学以及客体关系理论等，特别是埃里克森（Eric Erikson）有关个人人格发展阶段的描述和分析，让社会工作者直接看到了个人人格成长与周围环境之间的内在关联以及个人的自我在其中发挥的积极作用（Woods & Hollis，1990：31－32）。

与弗洛伊德的看法一样，心理社会治疗模式也把个人的人格视为由本能、自我和超我三部分组成，其中本能是个人人格中最基础的部分，充满了模糊、混乱的原始冲动，并且依照快乐原则指导人的行为（Woods & Hollis，1990：32）。人的本能是无意识的，与生俱来的，不过在随后的成长过程中，通过与身边照顾者（objects）的交流，个人慢慢拥有了自我，学会逻辑理性地思考，并且在寻找个人的独立性和良好的人际关系中培养起新的满足感（Woods & Hollis，1990：32）。

尽管心理社会治疗模式赞同弗洛伊德的观点，认为个人的人格结构在童年时期就已形成，并且强调重复出现的心理动力方式反映了个人在童年时期的经历以及与父母亲的关系（Woods & Hollis，1990：225），但是心理社会治疗模式在分析服务对象的问题时采取了与弗洛伊德根本不同的策略，它更关注服务对象那些可以意识到的在目前生活中的回应方式和行为，而不是受童年经历影响的无意识，在治疗中它也不推崇运用自由联想、催眠等挖掘无意识的技术（Woods & Hollis，1990：50）。至于是否需要探究服务对象童年时期的生活以及探究到什么程度，完全取决于服务对象在目前生活中所呈现的问题。只有当社会工作者在服务对象目前的行为表现中看到与以往经历的联系，并且相信这样的探究能够增加对服务对象目前问题的理解时，他才可以深入服务对象以往的成长经历，了解服务对象在儿童时期与父母的交往方式（Woods & Robinson，1996：570）。为了避免社会工作者个人的主观任意性，心理社会治疗模式要求社会工作者在分析服务对象的成长经历时不能广泛铺开，而需要有所选择，围绕与服务对象问题有关的方面和发展阶段开展必要的探究，而且在探究过程中还需要与服务对象目前生活中的问题状况结合起来，相互印证（Woods & Hollis，1990：242）。

心理社会治疗模式最为关注的人格结构部分是自我，它是在个人本能基础上逐渐发展出来的理性分析能力。自我依据现实原则控制、调整和管理来自本能的各种冲动，并且处理来自超我和外部环境的各种压力，它承担着平衡个人内心各种冲动以及协调个人内部和外部各种矛盾的责任（Woods & Robinson，1996：564）。在谈论自我到底能够发挥什么作用时，心理社会治疗模式的看法与弗洛伊德不同，它吸收了自我理论的观点，认为自我并不是本能的依附物，而是在生活经历中学习获得的，具有相对的独立性，能够帮助个人主动协调内心的矛盾，应对环境中的冲突，实现自己预定的目标（Woods & Hollis，1990：32）。自我理论对自我独立性的强调启发了社会工作者，让社会工作者在运用心理社会治疗模式解决服务对象的困扰时，更多地关注服务对象的人格系统所拥有的能力，而不是深究服务对象问题背后的本能冲动或者服务对象在儿童时期的创伤经历（Woods & Hollis，1990：33）。

显然，了解自我的一些重要功能对运用心理社会治疗模式来说是非常必要的，能够帮助社会工作者准确分析服务对象自我的运行状况以及所拥有的能力。通常情况下，自我具有四个方面的主要功能：现实验证（reality testing）、冲动控制和管理（regulation and control of drives, affects, and impulses）、理性思考（thought processes）和人格整合（synthetic-integrative functioning）。现实验证是指自我能够准确认识个人内部和外部、观察和解释的区别，以指导个人对行动可能产生的结果做出准确的预测和判断；冲动控制和管理是指自我能够根据个人要求控制内心冲动以延缓情绪表达或者承受内心强烈的情绪冲击，冲动控制和管理过分严厉或者不足都容易使服务对象在人际交往中出现困扰，不是产生人际冲突，就是无法建立亲密的人际关系；理性思考则是指自我针对具体场景进行分析、概括和记忆；而人格整合是指自我能够将人格的不同方面联结起来并且让它们保持协调，其中掌控感和有能力感（mastery and competence）尤其重要，意味着个人能够有效应对内心的情绪冲突和外部环境的各项要求（Woods & Hollis，1990：34）。值得注意的是，由于心理社会治疗模式是以"人在情境中"的逻辑框架作为指导的，因此，社会工作者在评估服务对象的自我功能时，需要同时结合对周围环境的评估（Woods & Hollis，1990：34）。

自我防卫机制作为自我的一项重要运行机制，它具有保护个人免受内心焦虑困扰的功能。个人的焦虑既可能来自内心的冲突，也可能来自外部环境的压力。当内心冲突和外部环境压力超过个人能够承担的水平时，自我就可能通过某种曲解现实的方式维持内心的平衡和满足，使个人能够承担起这些过高的要求。这就是个人的自我防卫机制，它具有保护个人人格的作用。这样的作用不一定都是负向的，在某些条件下也可以是正向的，让个人避免直接面对那些无法接受的冲动和痛苦经历（Woods & Hollis，1990：34）。常见的自我防卫机制有升华（sublimation）、利他主义（altruism）、压抑（repression）、压制（suppressed）、回避（avoidance）、分离（intellectualization）、理性化（rationalization）、反向（reaction formation）、投射（projection）、转移（displacement）和倒退（regression）等。升华是一种正向的自我保护机制，它是指个人将本能的冲动转化为社会可以接受的创造性行为的过程；利他主义是指个人将本能冲动转向服务他人、享受服务他人甚至牺牲自己带来的情感满足的过程，它通常也具有正向的自我保护功能；压抑是指个人主动放弃产生焦虑的各种感受、想法和记忆并且将它们放入无意识中的过程；压制与压抑相似，只不过程度更轻一些，压制只是暂时将那些易于产生焦虑的感受和想法忘却，但并没有将它们放入无意识中，无论压制还是压抑，都是服务对象常用的自我防卫机制；回避是指个人主动远离具有威胁的环境的过程，它是个人保护自我免受伤害的一种机制；分离是指个人将情感从经历的事件中抽离出来的过程，以保护个人免受情感的困扰；理性化虽然也是运用个人的理性思维能力，但它与分离不同，是指个人运用理性思维能力给不愉快的事件以合理的解释的过程，几乎每个人在成长的过程中都运用过理性化的自我防卫机制；反向是另一项常见的自我防卫机制，它是指个人采用与内心真实感受相反的方式回应周围环境要求的过程；投射是指个人将内心模糊的感受和想法移至他人身上，并且确认是他人的特征的过程，投射是一项非常常见的自我防卫机制，几乎所有人都在不同程度上使用过这种自我防卫机制；转移是另一种常见的自我防卫机制，它是指个人将自己对某人的感受和想法移至另一个人身上的过程；倒退则是指个人应用儿童时期的行为应对周围环境压力的过程，以保证个人避免直接面对周围环境的威胁（Woods & Hollis，1990：34－37）。

虽然从定义上看，自我防卫机制包含了对现实的曲解，但这并不是说，自我防卫机制只有负向的作用。实际上，自我防卫机制所发挥的作用完全取决于个人怎样使用它，它的作用既可以是正向的，也可以是负向的。无论正向的作用还是负向的作用，心理社会治疗模式认为，社会工作者都需要做细致的分析，因为自我防卫机制能够帮助服务对象缓解内心的焦虑，协调在成长过程中与周围环境的冲突（Woods & Hollis，1990：38）。因此，即使面对服务对象不良的自我防卫机制，社会工作者也不宜采取直接挑战的方式。这种直接挑战的方式只会打乱服务对象的自我运行机制，破坏自我运行机制中的积极功能（Woods & Hollis，1990：39）。如果面对这样的情况，社会工作者可以通过让服务对象自己发现自我防卫机制中的不足来提高服务对象的改变意识，进而协助服务对象做出积极的调整（Woods & Hollis，1990：39）。

人格结构的第三部分是超我（superego）和自我典范（ego ideal）。超我代表了家庭教育内化之后形成的行为准则，它通常是孩子在儿童时期通过与父母的交往和认同而形成的；自我典范则要比超我发展得晚一些，是个人在与父母之外的他人交往中形成的，代表了周围环境要求内化之后形成的社会道德标准。超我和自我典范又被统称为个人的良心（the individual's conscience）。像自我一样，它既可以是有意识的，也可以是无意识的。

与超我相比，自我典范更倾向于受意识的影响（Woods & Hollis，1990：39）。

人格结构的三个部分——本我、自我、超我和自我典范是相互关联的，三者一起构成整个人格系统。人格系统的健康成长需要一定的外部条件，特别是儿童时期父母的悉心照顾尤为重要（Woods & Hollis，1990：39）。由于受到自我心理学和客体关系理论的影响，心理社会治疗模式在观察和分析服务对象人格成长时非常关注个人独立性的形成，认为服务对象的人格发展困难通常是父母的不当行为或者不良的外部环境条件导致的，如父母的过度保护或者疏于照顾，或者照顾过程中的自相矛盾以及恶劣的生活环境等，这些因素都使服务对象在成长过程中无法获得人格独立所需的环境条件（Woods & Hollis，1990：40）。心理社会治疗模式还吸收了埃里克森的人生发展八阶段理论来看个人人格的发展，强调经历了儿童时期的人格发展挑战之后，个人人格成长的任务并没有就此结束，在人生的每一阶段人格的健康成长都需要面对不同的任务，而每一阶段任务的完成将影响下一阶段的人格发展（Woods & Hollis，1990：40）。对于个人人格在发展中面临的具体困难和挑战，心理社会治疗模式还引入了生命周期的概念，认为服务对象的问题常常发生在个人和家庭生命周期不同阶段的转换过程中（Woods & Robinson，1996：570）。

在理解个人的人格系统时，心理社会治疗模式采用了两个重要的维度：发展的维度和环境的维度。发展的维度让社会工作者能够从历史的角度审视服务对象的个人人格与成长经历之间的联系；而环境的维度保证社会工作者能够从社会的角度理解服务对象的个人人格与周围环境之间的互动（Woods & Hollis，1990：252）。当然，在服务对象身上，这两个维度是交错在一起的，服务对象的问题就是这两个维度上的各种因素交互影响产生的结果（Woods & Hollis，1990：252）。心理社会治疗模式强调，社会工作者的工作场所就是服务对象的日常生活，只有在服务对象的日常生活中社会工作者才能够有机会观察影响服务对象的各种因素，包括内部的人格和外部的环境以及两者之间的相互影响，其中自我的作用不可忽视，它是服务对象在困境面前主动做出选择并且能够积极影响环境的能力（Woods & Hollis，1990：41）。

（三）环境系统

对于环境的理解，系统概念的引入是一次根本性的进步，它让社会工作者能够深入环境中的不同系统，分析它们之间的差别和关联。而要具体了解社会环境对个人人格的影响过程，还需要借助另一个重要概念：社会角色（Woods & Hollis，1990：42）。心理社会治疗模式在 20 世纪 60 年代引入了社会角色的概念来帮助社会工作者深入分析社会环境与个人之间的内在关联（Woods & Hollis，1990：42）。心理社会治疗模式认为，个人从出生之日起就生活在周围他人的角色行为期望中，这些角色行为期望与个人的具体行为方式和要求紧密相连，告诉行动者什么样的行为是对的、什么样的行为是错的，个人就是在这样的角色行为期望中学习和调整自己的行为，回应周围他人的要求（Woods & Hollis，1990：44）。

社会角色的一个显著特点是交互性。也就是说，一个人的角色行为往往与另一个人的角色行为相联系，成功的角色行为不仅需要自己的行为符合角色要求，也需要他人角色行为的配合；如果一个人无法完成自己的角色行为，意味着与他关联的另一个人也将面临角色行为执行的困难（Woods & Hollis，1990：45）。由于人们对角色行为期望理解的不同，相互之间常常因为不同的理解导致彼此行为的矛盾，甚至人际交往的冲突（Woods & Hollis，1990：45）。

　　一个人的角色行为期望受到他所处的社会地位的影响。不同的人占据着不同的社会地位，他们的角色行为期望也就不同。即使同一个人，由于社会地位的改变，他的角色行为期望也会相应发生变化（Woods & Hollis，1990：44）。通过社会地位、角色行为期望等角色理论的一些重要概念，心理社会治疗模式将个人的行为与社会环境的状况紧密地联结了起来。这样的联结保证了社会工作者能够从服务对象所处的社会地位的整体状况来理解服务对象的行为，既能观察到它所产生的消极影响，也能看到它所发挥的积极作用（Woods & Hollis，1990：44）。社会地位概念的引入也让社会工作者发现了个人的行为与种族和文化之间的联系，激发社会工作者从文化的角度考察服务对象面临的困难（Hollingshead & Redlich，1958：13）。

　　心理社会治疗模式还从文化人类学中吸取有益的观点，认为像婚姻、抚养孩子等人类的基本行为都受到文化的影响，是社会习俗作用的结果，[1]特别是有关文化与个人行为之间关系的研究，给心理社会治疗模式很大的启发（Boie，1937：115）。心理社会治疗模式发现，文化视角是正确理解服务对象困难的重要角度，只有把服务对象放在他所生活的群体中观察文化对他的影响，才能区分哪些是文化差异导致的、哪些是真正的问题；否则，社会工作者对服务对象的分析和理解就会陷入文化的成见中（Woods & Hollis，1990：10）。当然，文化的影响不仅表现在对服务对象的理解上，也表现在社会工作者与服务对象的交往中，直接关乎辅导关系的建立和服务活动的开展（Woods & Hollis，1990：45）。

　　由于所处的社会地位和生活经历不同，不同的服务对象对同样的事情有不同的解释。当社会工作者向服务对象解释自己对问题的分析和理解或者传递自己的接纳和鼓励时，不能仅仅停留在是否"客观"的思考上，还需要转换到服务对象的角度，理解服务对象的看法和解释。了解服务对象的"主观"解释对于社会工作者做出正确的回应同样也很重要（Woods & Hollis，1990：45）。由于影响个人行为的社会因素很多，难以一项一项地列举出来，特别是在服务面谈过程中，社会工作者需要在短时间内做出迅速的回应。针对实践中社会工作者面临的这个困难，心理社会治疗模式提出"一般期望环境"（average expectable environment）的概念，帮助社会工作者迅速捕捉服务对象的内心想法。所谓"一般期望环境"，就是社会工作者在转换到服务对象的角度之前，设想一般人在服务对象的位置上有什么期望，然后与服务对象的具体表现做比较，这样就能快速把握服务对象的内心要求（Woods & Hollis，1990：250）。

　　沟通理论也对心理社会治疗模式产生了不小的影响，无论服务对象与周围他人的交流，还是社会工作者与服务对象之间的互动，都涉及如何有效沟通的问题，特别是有关

───────────

①　郝利斯受到当时的文化人类学家本尼迪克特和米德观点的影响，参见 Benedict（1934）；Mead（1935）。

沟通障碍的分析和描述，更是吸引了心理社会治疗模式的关注，这是理解服务对象产生困扰的很重要的方面（Woods & Hollis，1990：9）。心理社会治疗模式认为，服务对象之所以出现沟通中的困扰，主要是因为偏狭的观察视角和不良的自我防卫机制。偏狭的观察视角让服务对象只看到自己想看的，只听到自己想听的，并没有相互学习的动力；而像投射、转移等不良的自我防卫机制，则会把服务对象在沟通中的努力引向错误的方向（Woods & Hollis，1990：46）。

就一般沟通而言，都需要借助一定的方式，可以是语言的，也可以是非语言的。无论语言方式还是非语言方式，都与人的社会地位、受教育背景以及生活的群体有着密切关系，了解沟通中的含义其实是拥有不同生活背景的人相互交流的过程，他们对沟通抱有的态度对沟通是否能够顺利进行起着很重要的作用（Woods & Hollis，1990：46）。人际沟通具有互补性（complementary）的特点，一个人做出的行为需要与他沟通的其他人做出相应的回应，经过多次交流之后，他们之间就形成相对固定的回应方式，保证沟通的顺利进行（Woods & Hollis，1990：255）。实际上，很多时候人际沟通就是在这样的不同程度的固定回应方式中展开的，它所带动的不仅仅是两个人或者多个人之间信息的传递，更是一种人际关系的改变；同样，人际关系的改变也会影响相互之间的沟通。因此，在心理社会治疗模式看来，沟通和人际关系是不能分割的，良好的人际关系依赖良好的沟通，而沟通的困难会导致人际关系的紧张（Woods & Hollis，1990：256）。

20世纪五六十年代，家庭治疗开始兴起。虽然家庭治疗具有与个案工作不同的治疗原理和手法，但两者之间的关联不久就受到心理社会治疗模式的关注（Woods & Hollis，1990：42）。郝利斯在第四次修订《个案工作：一种心理社会理论》时，专门开辟了家庭治疗的章节探讨如何在心理社会治疗模式的理论框架内运用家庭治疗的原理和手法（Woods & Hollis，1990：15-18）。家庭一直是心理社会治疗模式关注的重点，无论里士满、汉密尔顿还是郝利斯，都把家庭视为社会工作者必须考察的对象。不过，与家庭治疗不同的是，心理社会治疗模式并没有把家庭视为一个服务的基本单位，像单个人那样，而是作为影响服务对象健康成长的重要环境（Woods & Robinson，1996：564-565）。

心理社会治疗模式对家庭治疗的关注不仅仅是为了把家庭治疗的原理和手法运用到个案工作中，同时还希望借助对家庭治疗的了解和实践拓展心理社会治疗模式的理论内涵和深度，实现心理社会治疗模式所说的整合（synthesis）（Woods & Hollis，1990：308）。心理社会治疗模式发现，个人影响家庭、家庭影响个人这样一种相对独立的相互影响的关系，在家庭治疗看来，是不现实的，个人本身就包含了家庭的影响，家庭也是个人努力的结果，两者之间是一种"你中有我、我中有你"的转化（transaction）关系，更具体来说，这是一种家庭成员之间的相互转化关系，每个家庭成员的行为都会带动所期望的其他家庭成员的回应（Woods & Hollis，1990：327）。家庭治疗把家庭理解为由不同家庭成员组成的系统，这个观点也给心理社会治疗模式很大的启发，让社会工作者看到个人与家庭成员之间是相互依赖的，他们一起组成了一个家庭系统，其中任何一个人的行为都会影响其他家庭成员，使整个家庭系统发生改变（Woods & Hollis，1990：327）。对于心理社会治疗模式来说，家庭治疗所倡导的循环影响（reciprocal influence）的逻辑具有重要的意义，从根本上改变了社会工作者的基本思维方式和实务逻辑，促使社会工作者不再单向地分析服务对象对环境的作用或者环境对服务对象的影响，而是运用因果相互转化的方式考察服务对象与不同的环境系统（包括家庭）之间的循环影响（Woods & Hollis，1990：327）。

在对人的基本需要的假设上，心理社会治疗模式也受到了家庭治疗的影响。家庭治疗不仅关注个人的独立和自决的要求，这与自我理论所坚持的基本理念相同，同时还强调个人与周围他人建立相互依赖（relatedness）和亲密关系（closeness）的需要（Woods & Hollis，1990：310）。这一假设正好与心理社会治疗模式所推崇的心理和社会双重焦点的视角不谋而合。另外，对家庭生命周期以及家庭史的考察，也让社会工作者看到家庭变迁对个人的影响以及不同代际成员的关系（Woods & Hollis，1990：257）。

借助对家庭治疗原理和手法的探索，心理社会治疗模式扩展了有关个人与环境关联方式的理解，除了通过内化和外化的途径帮助社会工作者看到个人人格与外部环境之间的内在联系之外，家庭治疗还让社会工作者通过家庭成员之间的转化发现个人行为与人际关系类型（relationship patterns）的关联（Woods & Hollis，1990：328）。这样，考察服务对象的行为不仅需要分析个人的人格影响，也需要理解人际关系类型的作用（Woods & Hollis，1990：257）。

（四）力量均衡

建立了"人在情境中"的基本理论框架之后，心理社会治疗模式还对其中的运行方式做了更细致的探索，提出力量均衡的概念，以指导社会工作者开展具体的实务。所谓力量均衡，是指个人的人格系统内部以及人格系统与环境系统之间是各种力量相互作用的平衡状态，一旦任何一部分力量发生变化，整个系统就需要寻找新的平衡点（Woods & Hollis，1990：51）。也就是说，社会工作者在观察服务对象的内心困扰时，需要结合外部环境的考察，了解两者是通过什么方式达到力量均衡的。即使在分析服务对象内心面临的困扰时，社会工作者也需要将服务对象的人格分成本我、自我以及超我和自我典范三个部分，了解三者之间如何相互影响达到力量的均衡（Woods & Hollis，1990：51 - 52）。正是由于力量均衡这个概念，心理社会治疗模式在服务实践中并不强调直接深挖服务对象的无意识或者服务对象在儿童时期的创伤经历，而是注重运用内部与外部以及内部各部分力量相互作用的方式实现服务对象的深度改变（Woods & Hollis，1990：51）。

力量均衡还有另一层含义：一种力量发挥作用，意味着与此相反的力量也在发挥作用，服务对象问题的产生和变化是这两种对立的力量相互影响的结果。因此，心理社会治疗模式认为，服务对象面对的外部环境条件不是绝对的，既有不利的因素，也有有利的因素，是这两种对立的因素相互作用的结果，只是在某种环境下不利因素占了主导，而在另一种环境下有利因素处于主要位置；服务对象的内心也一样，存在相互矛盾的愿望（Woods & Hollis，1990：52）。这种力量相互对立、相互制约的观点让社会工作者避免陷入单向的直线思维逻辑中，在注意观察服务对象在困境中出现问题的时候，也看到服务对象拥有的能力和资源，并且通过相互作用机制的分析准确了解服务对象的变化方向

（Woods & Hollis，1990：51 – 52）。

如果从力量均衡的角度来看服务对象，服务对象的问题就是对立的各种力量相互影响的一种平衡状态，自我功能的任何一点微小改变都将可能带来服务对象在社会功能方面的改善，通过社会功能的改善，又可以进一步增强服务对象对自己的信心，从而给服务对象的行为和感受的改变带来长久的影响（Woods & Hollis，1990：52）。例如，对于深陷困境的服务对象，社会工作者就可以运用发泄的方式让服务对象表达内心的担心、不安和愤怒等情绪，这个改变虽然微小，但可以产生不小的影响，特别是那些平时不爱表达的服务对象，这样的改变具有非常明显的效果。当然，社会工作者还可以通过建立温馨的辅导关系或者检视人际互动状况的机会等方式帮助服务对象实现微小的改变（Woods & Hollis，1990：53）。这种微小改变的原则在心理社会治疗模式的实践中不断得到证实，逐渐成为心理社会治疗模式处理实务问题的一项有效策略（Woods & Hollis，1990：53）。

内部心理的微小改变可以带来外部环境的变化；同样，外部环境的微小改善也可以促进内部心理的变化。正是以这样的观点作为支持，心理社会治疗模式并不推崇直接针对服务对象的无意识开展服务，而是借助循环影响的原理和微小改变的策略来实现服务对象显著改变的要求（Woods & Hollis，1990：48）。这样做除了简便易行之外，还有另一个重要原因：服务对象只有通过与外部环境的交流，才能逐渐掌握有效的回应行为，增强自己的信心，服务对象的自我才能慢慢变得成熟；相反，如果社会工作者直接帮助服务对象消除外部的困扰，服务对象就会失去学习处理困扰的机会，服务对象的自我也就不可能有所成长。一旦遇到类似的困难，服务对象还会产生困扰（Woods & Hollis，1990：49）。显然，在心理社会治疗模式看来，微小改变是服务对象学习成长的有效途径。

了解了微小改变原则之后，还有另一个重要问题需要解决：从哪里着手开展服务活动？心理社会治疗模式认为，既然个人影响环境，环境又影响个人，社会工作者就不必像弗洛伊德学派所推崇的那样只关注服务对象的内部心理，而可以依据服务对象的实际生活状况做出灵活的选择，既可以从外部环境入手，也可以从内部心理开始。如果外部环境更容易改变，就从外部环境开始；如果服务对象的内部心理更容易改变，就从内部心理开始（Woods & Hollis，1990：49）。心理社会治疗模式强调，选择从哪里开始服务是为了推动服务对象发生改变，不是为了分析服务对象的问题，因此，社会工作者依据的原则不是问题的严重程度，而是服务对象容易改变的程度（Woods & Hollis，1990：49）。意识到实践逻辑与分析逻辑的差别后，心理社会治疗模式对社会工作的分析逻辑框架进行了调整，除了分析服务对象的问题和问题产生的原因之外，还增添了对服务对象生活中最容易改变部分的考察（Woods & Hollis，1990：248）。

心理社会治疗模式强调，社会工作者在运用"人在情境中"的基本逻辑框架分析服务对象的内部心理、外部环境以及两者之间的相互作用时，不仅仅是为了分析服务对象的问题和问题产生的原因，同时还是为了寻找其中最容易改变的部分，确定服务介入活动的起点（Woods & Hollis，1990：49）。实际上，最容易改变的部分不一定是服务对象问题的某个方面，而往往是那些仍旧能够发挥作用的服务对象的能力。这样，能力也和问题一样成为社会工作者考察服务对象时必须关注的重要内容之一（Woods & Hollis，1990：

248）。心理社会治疗模式甚至还提出，社会工作者的工作重点不一定需要放在问题的治疗上，而可以是问题的预防，在问题还没有变得严重之前就给予那些身处高危环境中的人群必要的帮助，防止问题的恶化（Woods & Hollis，1990：148）。

心理社会治疗模式提出"最大化的改变点"（a point of maximum reverberation）来应对实践逻辑的改变要求，认为社会工作者在分析由服务对象和环境组成的系统时，需要找到这样一种介入点，可以通过系统内部以及系统之间的相互作用带动整个系统产生最大的改变，其中涉及关键人物和关键事件的确定，而关键人物往往是家庭中的重要成员（Woods & Hollis，1990：281）。显然，为了找到"最大化的改变点"，了解问题各方面之间的关联以及相互作用的方式十分重要，从中才能确定哪一点改变有可能带动其他方面逐渐发生变化，从而使整个问题得到解决，而不需要直接针对问题的各个方面开展服务（Woods & Hollis，1990：280－281）。

对服务对象最容易改变部分的强调使心理社会治疗模式跳出了以往服务模式只关注问题的思路，拓宽了社会工作的分析逻辑框架，同时这也使社会工作的分析活动和介入活动联结得更为紧密，让社会工作者能够在日常生活场景中根据服务对象与周围环境之间的互动状况更灵活地选择介入点开展服务活动（Woods & Robinson，1996：556）。

（五）能力挖掘

尽管心理社会治疗模式借用了医学的诊断（diagnosis）概念来概括社会工作者对服务对象的问题进行分析的过程，但这并不意味着心理社会治疗模式就认同这样的看法：服务对象的问题是由个人原因造成的。实际上，心理社会治疗模式始终强调运用"人在情境中"的理论逻辑框架分析服务对象的问题，而且把对服务对象能力的确认也视为诊断中不可缺少的内容（Woods & Hollis，1990：246）。心理社会治疗模式认为，服务对象最容易改变的不是有问题的方面，而是仍然健康的方面，特别是在服务对象深陷精神困扰的时候，健康环境的影响更为直接、更为有效（Woods & Hollis，1990：7）。正因为如此，心理社会治疗模式强调，社会工作的介入更关注挖掘服务对象的能力，促进服务对象的成长，而可以不直接针对服务对象的问题（Woods & Hollis，1990：5）。

为了帮助社会工作者找到服务对象的能力，心理社会治疗模式在社会工作者与服务对象的第一次面谈中专门设计了一些提问，要求社会工作者在了解了服务对象的问题之后，进一步询问服务对象：他曾经做过什么尝试来减轻困扰，其中哪些有效果、哪些没有什么效果，等等。通过倾听这些问题的回答，社会工作者不仅能够了解服务对象应对困扰的能力和方法以及自我发挥的作用，而且能够同时让服务对象看到自己在困境中的能力，提高服务对象参与面谈的热情和信心（Woods & Hollis，1990：237）。心理社会治疗模式认为，借助服务对象能力的寻找和挖掘过程，社会工作者就能帮助服务对象更好地运用周围环境的资源，使服务对象能够重新找到适应周围环境的最佳平衡点（Woods & Robinson，1996：556）。

在具体的治疗活动中，心理社会治疗模式推崇一种能够帮助服务对象恢复和提高自我功能的服务策略，而不是直接告知服务对象什么是对的或者什么是错的，让服务对象通过社会工作的服务介入活动提升而不是减弱自我的功能。也就是说,在实际的治疗活动中社会工作者的任务是给服务对象提供充分的机会,让服务对象在信任的辅导关系中学习自己确定努力的目标和方向,运用自我的功能评估内部和外部的生活状况,并且由服务对象自己做出行动的选择(Woods & Hollis,1990:50)。因此,作为社会工作者就需要改变提问的方式,不是直接询问服务对象面临的问题是什么,而是让服务对象自己描述面临什么问题(Woods & Hollis,1990:240)。描述过程中,服务对象就有机会运用自我功能对自己和外部环境做出评估;否则,社会工作者不仅无法帮助服务对象学习有效运用自我功能,而且很可能对本来就已经很脆弱的服务对象的自我功能造成损害。

在服务对象的成长改变过程中,希望(hope)是一个很关键的因素,只有服务对象相信自己的改变有可能实现,他才可能为此付出努力(Woods & Hollis,1990:247)。除了希望之外,可以挖掘的服务对象成长改变的能力有很多,心理社会治疗模式把它们分为三个方面:个人能力、支持系统和社会资源。与此相对应,在社会工作服务的设计和治疗过程中,就需要涉及个人能力的挖掘、重要家庭成员能力的调动以及社区和其他社会资源的寻找(Woods & Robinson,1996:571-572)。在心理社会治疗模式看来,服务对象的能力挖掘不仅仅局限于个人的内部,它和外部环境资源的运用更是紧密关联的,特别是对服务对象生活有着重要影响的家庭,是服务对象的重要支持系统,在服务对象的能力挖掘中有着不可替代的重要作用(Woods & Robinson,1996:572)。这样的观点体现了心理社会治疗模式对人性的基本态度,相信每个人,包括服务对象,都有能力学习和成长(Woods & Robinson,1996:563)。不过,值得注意的是,虽然心理社会治疗模式把服务对象的能力引入社会工作治疗模式中并且找到了具体运用的方式,但如何处理能力挖掘和问题消除之间的关系,无论在理论方面还是在实务方面心理社会治疗模式都没有做进一步的探索。

(六)互助关系(mutuality)

辅导关系是心理社会治疗模式考察的重要内容,它的好坏直接影响治疗的效果,是心理社会治疗模式开展服务的有效工具之一。在心理社会治疗模式看来,辅导技巧的使用还需要好的辅导关系配合,两者都是社会工作方法的重要组成部分,相比较而言,辅导关系的影响更为基础(Woods & Hollis,1990:201)。心理社会治疗模式认为,好的辅导关系需要社会工作者在交流中表现出对服务对象的积极态度,包括无条件的关怀、不批判的态度、真诚、准确的同理、对服务对象自我选择的尊重以及对服务对象的改变保持现实乐观的态度等。服务对象在辅导关系建设过程中投入得越多,就越容易认可这种辅导关系,他的自主性和能力才能更好地得到培养(Woods & Robinson,1996:556)。

心理社会治疗模式将社会工作者在辅导关系培育中的积极态度分为两个基本方面:接纳服务对象和尊重服务对象自决(Woods & Hollis,1990:25)。在心理社会治疗模式看来,不管服务对象的行为方式是否被社会接受,是否符合社会工作者的喜好,社会工作者始终都要对服务对象保持积极的态度。这就是心理社会治疗模式所说的接纳服务对象(Woods & Hollis,1990:25)。在这种接纳的气氛中,服务对象才能感受到社会工作者的支持，放下内心的担心和害怕，逐渐开放自己，与社会工作者建立起信任的辅导关系（Woods & Hollis，1990：26）。接纳不是通过直接的理性分析得出服务对象的行为逻辑和问题产生的原因就可以获得的，也不是通过忍耐就可以掌握的，而需要社会工作者真正走进服务对象的内心，理解服务对象自己对生活的认识。社会工作者的这种理解能力就是同理（Woods & Hollis，1990：26）。在心理社会治疗模式看来，同理是接纳最核心的内涵；如果失去这一元素，社会工作者的理解就会变成"客观"的智力游戏，不管多么准确，都无法让服务对象感受到社会工作者的关怀，也很难对服务对象的改变发挥积极作用（Woods & Hollis，1990：26）。

服务对象自决是指服务对象指导自己并且由自己做出选择，这种能力受到心理社会治疗模式的特别关注。心理社会治疗模式强调，在服务过程中如果服务对象越自主，越能够自己做出决定和选择，服务的效果就越好。尊重服务对象自决并不等于说，社会工作者在服务过程中不发挥任何作用或者只需要扮演一个被动的角色；实际上，恰恰相反，这是发挥社会工作者的积极作用的有效方式，只是社会工作者需要从新的角度理解与服务对象的关系，建立一种被心理社会治疗模式称为互助的辅导关系（Woods & Hollis，1990：27）。心理社会治疗发现，只有当社会工作者和服务对象一起讨论服务计划，一起制定服务目标，建立起一种互助的辅导关系时，服务对象的自决能力才能提高；相反，如果社会工作者只是运用指导和劝说的方式要求服务对象按照服务计划行动，就会把自己的意愿强加给服务对象（Woods & Hollis，1990：27）。因此，心理社会治疗模式强调，社会工作者的服务重点是调动服务对象，让服务对象思考自己的处境和个性特征，在这个过程中社会工作者可以向服务对象提供建议和忠告，但要让服务对象自己做出选择（Woods & Hollis，1990：215）。

除了接纳服务对象和尊重服务对象的自决之外，心理社会治疗模式认为，社会工作者的专业知识和技能以及实务经验也是非常重要的影响因素，它们能够增强服务对象对社会工作者的信心，特别是在服务活动的开始阶段，这些因素直接影响服务对象怎样看待社会工作者（Woods & Hollis，1990：217 – 218）。尽管影响辅导关系建立的因素有很多，但心理社会治疗模式强调，在服务治疗过程中社会工作者的努力目标只有一个——与服务对象建立一种互助辅导关系，这是影响服务对象成长改变的重要条件（Woods & Hollis，1990：223）。互助辅导关系在服务过程中所发挥的作用越来越得到社会工作者的认可，它已经成为心理社会治疗模式的一项基本要求（Woods & Hollis，1990：214）。

在互助辅导关系的背后有这样一个基本理论假设：服务对象和社会工作者都是自己生活的专家，他们对服务过程负有共同的责任，需要一起工作共同寻找解决问题的答案（Woods & Hollis，1990：214）。当然，服务对象和社会工作者拥有的专长是不同的，服务对象是困境中的当事人，最了解自己的感受、想法和要求；而社会工作者接受了专业训练之后，能够运用"人在情境中"的逻辑框架和专业知识系统考察服务对象的问题和能力，对服务对象的生活状况做出准确评估（Woods & Hollis，1990：214）。心理社会治疗模式认为，服务对象之所以需要与社会工作者合作建立互助辅导关系，是因为社会工作者在某些方面比服务对象更有优势，如服务对象经常深陷困惑中不能自拔，或者常常局限于自己的观察视角看问题，这时，服务对象就需要社会工作者的帮助（Woods & Hollis，1990：247）。实际上，心理社会治疗模式开展的每一步服务活动，包括服务对象问题的研究和诊断、服务目标的明确以及服务方案的制订和实施，都离不开社会工作者的影响，只有当社会工作者与服务对象一起协商共同寻找解决问题的方法和途径时，相互之间才能加深理解，逐渐建立起互助辅导关系（Woods & Hollis，1990：215）。这种互助辅导关系不仅保证服务对象与社会工作者在服务过程中相互合作，也为服务对象增强自我功能提供了实践机会（Woods & Hollis，1990：216）。

在心理社会治疗模式看来，互助辅导关系是服务对象与社会工作者在动态的交流过程中产生的，服务对象开始时可能拒绝社会工作者的建议，但随着服务的开展，服务对象就能够逐渐了解和接受社会工作者的想法；社会工作者也一样，也是通过不断与服务对象的沟通逐渐理解服务对象的要求（Woods & Hollis，1990：215）。这样，公开、坦诚的交流就显得非常重要，特别是在服务对象的想法与社会工作者不一致时，鼓励服务对象把内心的想法和感受表达出来，用心倾听服务对象的要求，并且让服务对象在这样的动态交流过程中逐渐学会怎样应对生活中遇到的问题，这是互助辅导关系的重要作用所在（Woods & Hollis，1990：208）。

社会工作者很容易把服务对象的不同看法和行为表现视为"抗拒"，这样的标签，在心理社会治疗模式看来，只会阻碍社会工作者与服务对象之间的顺利交流。社会工作者所要做的，不是简单地给服务对象贴上一个标签，而是鼓励服务对象把自己不同的想法和要求表达出来，并且通过公开、坦诚的交流取得相互的理解，让服务对象有机会充分参与整个服务的过程（Woods & Hollis，1990：215）。当然，在交流过程中社会工作者还可能遇到这样的情况，服务对象把对某一对象的情绪转移到另一个对象身上。心理社会治疗模式认为，通过公开讨论这些情绪，服务对象就能更深入地了解自己的个性特征和成长过程中的要求（Woods & Hollis，1990：209）。

社会工作者与服务对象的互助辅导关系本身也是变动的，他们关注的焦点也会随着服务的推进不断变化，从服务开始阶段关注服务对象和处境的关系逐渐转向问题的探究，了解影响服务对象问题产生的具体因素；一旦对服务对象的问题有了明确的诊断之后，社会工作者与服务对象的关注焦点就开始转向具体的服务。心理社会治疗模式强调，问题的诊断只是一种暂时的工作假设，它不是一次就能完成的，要随着服务的开展以及服务对象需求的变化进行不断的验证、修正和扩充，或者说服务过程本身就是一个不断诊断的过程（Woods & Hollis，1990：248）。

在心理社会治疗模式看来，诊断评估通常包含两个层面的内容：一个层面是对服务对象当下所说、所做的直接进行分析，了解他的想法、感受和行为逻辑；另一个层面是把服务对象当下的表现与以前对他的了解联系起来，从"人在情境中"的逻辑框架出发分析服务对象的变化（Woods & Hollis，1990：248）。也就是说，在心理社会治疗模式的设计中，社会工作者与服务对象的互助辅导关系是依据"人在情境中"的理论逻辑框架展开的，它不仅关注服务对象的人格系统的特征，也关注服务对象的外部环境以及服务对象人格系统与外部环境之间的相互影响（Woods & Hollis，1990：248）。显然，建立互助辅导关系的目的是帮助社会工作者和服务对象了解内部和外部各种因素之间是如何相互影响的，以便找到最佳的服务介入点，增进服务对象与外部环境之间的平衡发展（Woods & Hollis，1990：249）。

三　心理社会治疗模式服务技巧的基本逻辑

郝利斯的一项重要贡献，是对心理社会治疗模式的具体过程进行细致的分类和总结，从中提炼出心理社会治疗模式常用的个案服务方式（Woods & Hollis，1990：98）。这些个案服务方式不仅让心理社会治疗模式的理论框架有了落脚之处，而且它们背后所体现的基本理念和逻辑也构成心理社会治疗模式理论框架的一部分。根据服务活动的指向，心理社会治疗模式将个案服务方式分为两类：直接介入和间接介入。直接介入是直接针对服务对象开展的服务干预活动，间接介入则是针对服务对象的周围他人或者环境而开展的服务干预活动（Woods & Hollis，1990：147）。心理社会治疗模式强调，在实际服务活动中直接介入和间接介入是不可分的，社会工作者既要运用直接介入的个案服务方式帮助服务对象对外部环境做出积极的回应，也要运用间接介入的个案服务方式改善外部环境条件，为服务对象的成长和发展提供有力的支持。心理社会治疗模式坚信，只有将直接介入和间接介入的不同个案服务方式综合起来运用，才是社会工作者的正确选择（Woods & Hollis，1990：147）。

把外部环境的改善引入社会工作的服务介入活动中并与服务对象个人内部心理的调适结合起来，是心理社会治疗模式服务技巧运用的重要特征（Woods & Robinson，1996：573－574）。这一特征反映了心理社会治疗模式对社会工作的理解，认为社会工作的介入焦点在个人与环境的相互关联上，正是这个独特的位置使社会工作拥有理解人性和社会的独特视角（Cooper，1980：25）。郝利斯还以因担心住院治疗而无法照顾孩子的母亲为例，说明社会工作者既可以从环境入手，采用间接介入的方式为服务对象提供照顾孩子的服务，也可以直接针对服务对象提供像缓解内心的焦虑以及重新审视成长经历中的担心经验等服务，减轻或者消除服务对象的困扰（Woods & Hollis，1990：86）。

（一）直接介入

针对直接介入时服务对象对自己处境的反思状况，心理社会治疗模式将直接介入的个案服务方式划分为两类：非反思性和反思性。非反思性个案服务方式是直接针对服务对象开展服务，而且在服务过程中不涉及服务对象对自己内心状况或者外部环境状况进行反思。它包括维持、直接影响和探索－描述－宣泄三种服务方式。反思性个案服务方式是在对服务对象开展直接服务过程中要求服务对象对自己的内心状况或者外部环境状况进行反思。它具体包括现实反思、心理动力反思和人格成长反思三种服务方式（Woods & Hollis，1990：95）。心理社会治疗模式之所以这样划分直接介入的个案服务方式，是因为心理社会治疗模式继承了弗洛伊德精神分析学派的看法，认为虽然服务对象的困扰可以通过直接改善应对方式来实现，但真正的改变必须来自重新认识自己的经验（insight），使服务对象的自我功能有所提高（Hollis，1949）。这样，在服务过程中服务对象是否反思就成了判断服务对象自我功能是否改善的标准。

维持是心理社会治疗模式常用的一种服务方式，而且是最基础、最不可缺少的一种服务方式。虽然它的作用并不起眼，只是帮助服务对象克服在服务过程中出现的焦虑和自信心不足等问题，但是一旦离开它，对服务对象问题的探究就难以继续（Woods & Hollis，1990：105）。心理社会治疗模式在自己的服务实践中发现，面对自信心不足、充满焦虑的服务对象，社会工作者首先需要做的是用心倾听，表达对服务对象生活境遇的关心以及帮助服务对象树立摆脱困境的信心。这就是心理社会治疗模式所强调的感兴趣（interest），它是社会工作者与服务对象交流时的一种态度，表明社会工作者愿意了解服务对象，走进服务对象的生活，并且准备和服务对象一起寻找解决问题的办法（Woods & Hollis，1990：106 – 107）。心理社会治疗模式认为，除了感兴趣之外，社会工作者在运用维持的个案服务方式时，还需要体现接纳的态度。这种态度不是针对服务对象的某个具体行为而言的，而是对服务对象本身的接受，需要贯穿整个服务过程，是社会工作者与服务对象建立互助辅导关系的基础（Woods & Hollis，1990：107）。接纳了服务对象之后，并不意味着服务对象就会发生改变。此时，社会工作者就需要运用维持个案服务方式中的再保证技术（reassurance），让服务对象相信改变是可以发生的。不过，需要注意的是，社会工作者所做的保证是以现实为基础的；否则，服务对象在面对现实时，就会感受到挫败。一旦服务对象开始采取具体的行动参与问题的解决过程，社会工作者就需要停止使用再保证技术，以避免服务对象因过分相信可以改变而降低改变的动力（Woods & Hollis，1990：107 – 108）。为了推动服务对象发生改变，心理社会治疗模式在维持的个案服务方式中还设计了鼓励的服务技术（encouragement），要求社会工作者及时发现和肯定服务对象的进步和成功，让服务对象感到他是有能力的。不过，社会工作者的称赞也会带来服务对象依赖社会工作者的现象，特别是在处境不太顺利的时候，这种现象就表现得更为明显。这个时候，除了预先提醒和做好准备之外，社会工作者还要让服务对象感到，即使服务对象出现了退步，社会工作者仍旧对他拥有的改变能力充满信心。这样，就能把不顺利的经历转变成鼓励服务对象改变的新的契机（Woods & Hollis，1990：108）。

心理社会治疗模式的维持个案服务方式从感兴趣开始，通过接纳转向再保证和鼓励。显然，维持个案服务方式有自己的逻辑，不仅仅涉及对服务对象的想法和行为的接纳，同时还包括对服务对象改变的推动（Woods & Hollis，1990：95）。通过分析它的逻辑可以看到，在维持个案服务方式的背后有一条清晰的思路：联结—接纳—改变。也就是说，在心理社会治疗模式看来，服务对象首先不是一个分析的对象，而是一个需要积极的情感关联的改变对象，这样的积极的情感关联和改变是紧密相连的，通过积极的情感关联才能推动服务对象发生改变；同样，也只有通过服务对象的改变才能带动积极的情感关联，而且在这个过程中社会工作者和服务对象需要一起为此做出努力。

直接影响是心理社会治疗模式中常见的直接推动服务对象发生改变的个案服务方式，它是社会工作者直接针对服务对象施加影响并且推动服务对象发生改变的过程和方式。根据社会工作者施加影响的强烈程度，直接影响可以分为强调（underlining）、建议（suggesting）、忠告（advising）、坚持（insisting）和干预（intervening）五种类型。强调是指社会工作者通过语言或者非语言的方式突出服务对象正在思考的某个行动，以加强服务对象对这个行动的关注。在直接影响的五种服务方式中，强调是最委婉的。比强调略微强烈一些的方式是建议，它是指社会工作者直接为服务对象提供解决问题的具体方法，并且由服务对象自己做出选择，让服务对象感觉到不管选择与否都不会影响社会工作者对他的信任。比建议更强烈一些的是忠告，它是指社会工作者态度鲜明地告知服务对象应该采取的某个行动或者自己对某件事情的看法。当然，如果社会工作者在忠告中态度强硬，他给服务对象的压力就更大，这就是心理社会治疗模式所说的坚持。比坚持更强烈的是干预，它是指社会工作者直接介入服务对象的生活，帮助服务对象脱离危险的处境（Woods & Hollis, 1990：111–112）。

虽然心理社会治疗模式设计了五种直接影响的个案服务方式，但并不是说这五种个案服务方式同样重要没有差别，社会工作者可以任意选择其中的一种或者几种施加自己的影响，而是表明社会工作的实务领域很宽，实务情况复杂，有时需要委婉的强调，有时又需要强烈的干预。但是，不管选择哪种直接影响的方式，都应以保护服务对象的利益、提升服务对象的自决为目标。因此，心理社会治疗模式更推崇运用强调和建议这两种比较委婉的个案服务方式，认为强烈的直接影响服务方式的背后隐藏着社会工作者高人一等的假设，而且这样做会直接损害服务对象的自决能力（Woods & Hollis, 1990：113）。如果社会工作者必须运用强烈的直接影响的个案服务方式，就需要做好相应的补救措施，如增加反思讨论的内容，让服务对象的自我功能得到提升，或者社会工作者在做出决定时提醒自己，这样的忠告是依据服务对象的需要还是自己的需要，以保证服务对象的意愿得到充分尊重（Woods & Hollis, 1990：113）。就一般情况而言，心理社会治疗模式认为，社会工作者可以在服务对象确定了目标之后提供如何达到目标的忠告，但不要就目标本身提出忠告，因为这样做很可能导致社会工作者把自己的喜好强加给服务对象（Woods & Hollis, 1990：114）。

第三种非反思性的个案服务方式是探索–描述–宣泄，它包括两个相互关联但又不同的服务方式：探索–描述和宣泄。探索–描述是指社会工作者帮助服务对象把所看到的与问题有关的事实描述出来，而宣泄则是指社会工作者鼓励服务对象把内心积聚的情绪表达出来。由于问题的描述和情绪的表达常常连在一起，因此心理社会治疗模式把它们放在了一起，称之为探索–描述–宣泄（Woods & Hollis, 1990：115）。心理社会治疗模式认为，经历一件事情和把这件事情说出来是不同的，特别是对于深陷情绪困扰的服务对象来说，情绪的表达可以帮助服务对象缓解内心的压力（Woods & Hollis, 1990：96）。但是，如果服务对象过分沉浸于情绪中，社会工作者就需要终止这样的情绪表达，将服务对象的注意力转向怎样解决具体的问题（Woods & Hollis, 1990：118）。在心理社会治疗模式看来，情绪的表达并不会自然而然带来行为的改变，除非社会工作者在情绪表达之后带动服务对象进行反思，让服务对象重新审视自己、外部环境以及相互之间的影响（Woods & Hollis, 1990：96）。为了帮助社会工作者更好地应对服务对象的情绪困扰，心理社会治疗模式还进一步区分了服务对象的不同情绪及其处理方式，如针对服务对象的愤怒，社会工作者的帮助重点是协助服务对象重新建立对生活的掌控能力，因为愤怒情绪通常是与无助以及不公平的处境联系在一起的；而在处理服务对象的内疚情绪时，社会工作者的介入焦点是帮助服务对象学会控制自己的内疚情绪，避免陷入过分的自责中；如果遇到服务对象在人际交往中的不满情绪，社会工作者的关注焦点是帮助服务对象学习如何与他人进行坦诚交流（Woods & Hollis, 1990：117 - 118）。总之，心理社会治疗模式把情绪的宣泄视为推动服务对象改变的前奏，情绪宣泄虽然不是目的，但是它能够带动服务对象重新思考，是服务对象发生改变过程中不可缺少的环节（Woods & Hollis, 1990：119）。

就直接介入来说，心理社会治疗模式更推崇反思性的个案服务方式，因为心理社会治疗模式在自己的专业服务实践中发现，通过反思讨论的方式能够促使服务对象对自己的要求有更清晰的了解，也能够让服务对象更好地为自己的发展做选择。心理社会治疗模式认为，采用这样的反思性的治疗方式才能真正提升服务对象的自决能力，而且服务对象能够把在服务过程中所学到的运用到生活中的其他方面（Woods & Hollis, 1990：111）。

现实反思是心理社会治疗模式设计的最基础的反思性个案服务方式，它是指社会工作者帮助服务对象对最近发生的事件以及事件中服务对象和环境的关联方式进行重新审视的过程。针对不同的反思对象，心理社会治疗模式又将现实反思分为外部反思、行为反思、行为需求反思、互动关系反思、行为原则反思以及对社会工作者和服务过程的反思六个方面（Woods & Hollis, 1990：96、124）。外部反思涉及他人、环境以及服务对象自己的身体健康状况三个不同部分的内容。心理社会治疗模式认为，因为服务对象在观察外部世界时总是喜欢看到自己希望看到的，就会曲解现实，所以需要社会工作者通过反思讨论的方式给服务对象提供帮助（Woods & Hollis, 1990：96、125）。行为反思与外部反思不同，它是针对服务对象的具体行为展开的反思，同时涉及服务对象的内部和外部，包括服务对象行为的结果以及对他人和自己产生的影响（Woods & Hollis, 1990：96/127）。心理社会治疗模式强调，行为反思的目的是让服务对象看到自己的行为和结果之间的联系，因此社会工作者在运用这种服务方式时，不是向服务对象解释他的行为和结果之间存在什么逻辑，而是引导服务对象自己去发现两者之间的内在关联（Woods & Hollis, 1990：96、127）。很显然，行为需求反思指向服务对象的内部，它的目的是帮助服务对象了解自己行动背后的感受和要求。有时，这样的感受和要求非常隐秘，需要社会工作者细心识别（Woods & Hollis, 1990：98、128）。现实反思的第四个方面是互动关系反思，它的特点是把服务对象的行为放在个人与环境的相互影响的过程中去理解，了解服务对象与环境之间相互作用的具体方式，包括服务对象的行为受到什么外部环境的刺激以及服务对象的内心经历了什么样的思考和决定过程（Woods & Hollis, 1990：96、130）。行为原则反思涉及服务对象的自我评价，它体现了服务对象看待自己以及做出正确与否判断的价值标准。心理社会治疗模式认为，行为原则反思的目的不是帮助服务对象了解现实是什么，而是通过了解现实让服务对象发现并且矫正错误的自我形象（self-image）（Woods & Hollis, 1990：96、130 - 131）。上述讲的五种现实反思都发生在社会工作者与服务对象的交流过程中，都与服务对象怎么回应社会工作者和服务过程紧密联系在一起。

在心理社会治疗模式看来，服务对象与他人交流过程中表现出来的一些错误的想法和回应方式，一定也会表现在与社会工作者的交流过程中。因此，心理社会治疗模式把对社会工作者和服务过程的反思也视为现实反思的一部分，认为通过这样的反思社会工作者就能帮助服务对象了解自己与他人交流过程中存在的一些不恰当的想法、感受和回应方式（Woods & Hollis，1990：131）。

仔细体会这六种现实反思就会发现，心理社会治疗模式对现实反思的划分是非常清晰的，认为它涵盖从外部到内部的三个不同方面：外部、外部和内部的联结以及内部。外部反思是针对外部的，行为反思和互动关系反思是针对外部和内部的联结的，行为需求反思和行为原则反思是针对内部的，而对社会工作者和服务过程的反思则是直接通过服务过程反思这三个方面（Woods & Hollis，1990：96）。显然，在心理社会治疗模式的理解中，行为具有特别重要的作用，它将外部环境与内部心理联结起来。这一点与弗洛伊德倡导的精神分析学派的思想不一样，他们更关注个人的意识和无意识。[①] 非常有意思的是，心理社会治疗模式不仅把内部的现实反思分为程度不同的两个方面——行为需求和行为原则的反思，而且以"人在情境中"的逻辑框架理解服务对象的行为及其背后的原则。也就是说，在心理社会治疗模式看来，像服务对象的自我形象这样的行动背后的原则是与具体的互动场景关联在一起的，既和个人对环境的回应相联系，又和环境对个人的影响相关联。

在心理社会治疗模式的设计中，现实反思是其他两种反思——心理动力反思和人格成长反思的基础，它不仅为社会工作者理解服务对象提供基本的诊断资料，而且为社会工作者选择延伸反思讨论的关键点提供机会。通常情况下，反思讨论是以一种来回跳跃的方式进行的，一会儿聚焦于现实反思，一会儿又聚焦于心理动力反思和人格成长反思。在这样的反复来回跳跃的过程中，社会工作者才能帮助服务对象加深对自己的内心以及成长经历的理解（Woods & Hollis，1990：133）。当然，现实反思的运用还需要结合非反思性的个案服务方式，如维持、直接影响等，以推动服务对象发生积极的改变并且促使社会工作者与服务对象保持良好的辅导关系（Woods & Hollis，1990：97）。

心理动力反思是第二种类型的反思性个案服务方式，它与现实反思不同，不是针对具体的某个行为或者某个现象而展开的反思讨论，而是通过将不同时空的服务对象的行为联系起来的方式帮助服务对象发现不同行为背后所呈现的共同的心理运行的方式和取向（Woods & Hollis，1990：136）。显然，心理动力反思的核心是帮助服务对象从个别行为或者现象的反思逐渐走向不同行为或者现象之间关系的反思，从而发现不良的心理运行机制（Woods & Hollis，1990：97）。因此，在心理动力的反思中会涉及服务对象的自我防卫机制以及自我和超我功能的反思讨论。自我防卫机制虽然是导致服务对象出现困扰的重要原因，但它也有一些积极的作用，是服务对象减轻自己内心焦虑的自我保护机制。正因为如此，心理社会治疗模式认为，社会工作者不宜采取断然的措施矫正服务对象的自我防卫机制，而可以让服务对象看清自我防卫机制的利弊，逐渐学会调整自我防卫机制（Woods & Hollis，1990：137）。对于自我和超我功能，社会工作者需要特别关注的是

---

① 有关弗洛伊德的观点可以参阅弗洛伊德（1986）。

服务对象过分依赖和过分严厉的行为表现，让服务对象看到这些行为表现不是来自外部环境的现实需要，而是服务对象自身人格的要求，慢慢学习调整自己的人格（Woods & Hollis，1990：138）。在调整过程中，服务对象经常面临这样的担心：害怕控制不了自己内心的冲动做出非理性的行为。对此，心理社会治疗模式建议，社会工作者可以帮助服务对象分清感觉到某种要求和实施某种要求的差别，以增强服务对象的自我功能（Woods & Hollis，1990：139）。由于心理社会治疗模式关注的焦点不是分析和揭示服务对象的无意识，而是提高服务对象应对现实环境的自我功能（Woods & Hollis，1990：137），因此，如果通过心理动力反思服务对象慢慢学会了调整自己性格中的不足，之后他也就不需要从心理动力反思延伸到人格成长反思（Woods & Hollis，1990：140）。只有在服务对象的现实反思和心理动力反思中呈现服务对象的某种行为反应方式与以往成长经历有关时，社会工作者才可以运用人格成长反思的个案服务方式帮助服务对象整理内心的主观经验（Woods & Hollis，1990：97）。

人格成长反思是第三种类型的反思性个案服务方式，它与心理动力反思相似，不局限于单个行为或者单个现象的反思讨论，而是把服务对象两个或者多个行为联系起来分析其中的心理运行方式和取向。所不同的是，心理动力反思是从横向角度考察服务对象的，而人格成长反思则是从个人成长历史的纵向角度审视服务对象的（Woods & Hollis，1990：97）。心理社会治疗模式认为，运用人格成长反思个案服务方式的目的是帮助服务对象从个人成长的角度看清楚自己目前的人格特征是如何受到早年成长经历影响的，并且通过减少人格中不良因素的影响让人格中的健康因素逐渐成为主导。因此，心理社会治疗模式强调，人格成长反思的焦点不是幼儿时期的经历和无意识的挖掘，而是儿童晚期和青少年时期经历的事件（Woods & Hollis，1990：141）。需要特别注意的是，虽然在服务过程中服务对象经常会讲述过去发生的事件或者过去痛苦的经历，但只是为了倾诉，把内心的不满、愤恨等不愉快的情绪表达出来，或者拿过去发生的事情证明现在的状况，这个时候社会工作者并不需要运用人格成长反思的个案服务方式帮助服务对象（Woods & Hollis，1990：142）。只有当服务对象把对过去经历的描述集中于自我挫败的感受或者不一致的行为表现时，社会工作者才需要采取人格成长反思的服务技术帮助服务对象重新评估这些成长经历中的事件对他的影响，调整服务对象对成长处境的错误认识和不良回应方式（Woods & Hollis，1990：142 - 143）。

由于在运用人格成长反思个案服务方式时经常涉及服务对象成长经历中的一些不愉快甚至痛苦的经历，社会工作者随时都需要根据服务对象的情绪变化采取宣泄或者维持的服务方式舒缓服务对象内心的紧张和不安（Woods & Hollis，1990：144）。反思得越深入，服务对象面临的内心冲突就越剧烈，也就越需要非反思性的个案服务方式作为补充。实际上，心理社会治疗模式六种类型的个案服务方式是综合在一起使用的，只有给予服务对象足够的支持，他的改变愿望才能得到加强（Woods & Hollis，1990：141）。

（二）间接介入

间接介入，顾名思义，就是通过改善外部环境间接影响服务对象，促进服务对象问题解决的过程和方式（Woods & Hollis，1990：147）。心理社会治疗模式认为，很多时候服务对象之所以遭遇困扰，并不是因为他的人格存在什么缺陷，而是由于外部环境条件的限制或者个人与环境之间的不匹配（Woods & Hollis，1990：147）。因此，对外部环境的介入就构成社会工作服务策略中不可缺少的部分，特别是当心理社会治疗模式引入了系统和生态的观察视角之后，对外部环境的位置和重要性有了新的认识，把个人和环境视为一个相互影响、相互转化的整体，社会工作者既可以通过介入服务对象推动服务对象与外部环境的互动关系的改善，也可以通过介入外部环境调整服务对象与外部环境的互动关系，个人与外部环境是密不可分的（Woods & Hollis，1990：147）。显然，把个案服务方式分为直接介入和间接介入，这样的划分很容易使人产生误解，似乎个人和环境是可以分割的，而且这两者有主次之分。实际上，心理社会治疗模式虽然沿用了里士满的直接介入和间接介入的划分标准，但由于受到系统和生态视角的影响，它的内涵已经发生了明显变化，社会工作的介入焦点既不是服务对象，也不是外部环境，而是个人与环境之间的适应程度（fit）（Woods & Hollis，1990：98）。这样，无论从个人还是从外部环境着手，两者都没有本质的差别，只是介入的起点和途径不同而已（Woods & Hollis，1990：97）。

对于外部环境的介入，心理社会治疗模式认为，可以根据不同的标准划分为不同的类型，第一种常见的分类主要依据社会工作者与周围他人的沟通状况。根据这个标准可以将间接介入分为维持、直接影响、探索－描述－宣泄和现实反思四种常见的服务方式。这四种间接介入的服务方式与相对应的直接介入的四种服务方式的内容相同，只是针对的服务对象不同，间接介入针对的是服务对象的周围他人，而直接介入针对的是服务对象本身。由于间接介入的目的是帮助周围他人了解服务对象的要求，增加对服务对象的理解，因此在间接介入中很少运用直接介入的心理动力反思和人格成长反思这两种个案服务方式（Woods & Hollis，1990：154）。

间接介入的第二种常见分类主要依据社会工作者运用的外部环境资源的特点。根据这一标准可以把间接介入分为聘用了社会工作者的社工机构、聘用了社会工作者的非社工机构、没有聘用社会工作者的社工机构、没有聘用社会工作者的非社工机构以及与服务对象有着情感联系的周围他人和没有多少情感联系的周围他人（Woods & Hollis，1990：100）。前四种是针对机构而言的，后两种是针对个人来说的。在心理社会治疗模式看来，社会工作者是社会服务机构的工作人员，他所提供的服务与机构本身的要求和特点有关，像聘用了社会工作者的社工机构就能够为社会工作者提供直接的指导，社会工作者不仅需要有效地运用机构的资源，也需要不断改善机构的服务（Woods & Hollis，1990：155）。如果社会工作者受聘于非社工机构，情况就大不一样。他首先需要与机构中的其他专业人士合作，了解机构的运行机制和分工情况，熟悉其他专业的工作逻辑。在这样的非社工机构中，社会工作者提供的专业服务常常包括向服务对象介绍机构的服务、了解服务对象的反馈意见、帮助其他专业人士更好地了解服务对象的需求、协调机构与服务对象之间的冲突以及为服务对象争取合法的权益等内容（Woods & Hollis，1990：158－160）。在帮助服务对象的过程中，社会工作者有时候需要走出自己的工作机构寻求与其他社工机构或者非社工机构的合作。这个时候，对于社会工作者来说，如何迅速了解和熟悉机构的相关服务就显得非常重要。相比较而言，社会工作者与其他社工机构开展合作更便捷一些，因为无论什么领域的社工机构，它们拥有共同的价值理念、服务原则和知识体系（Woods & Hollis，1990：160）。心理社会治疗模式认为，社会工作者不仅需要与机构合作，也需要与周围他人合作。在合作中，社会工作者常常遇到两种不同类型的周围他人：一类与服务对象有着情感联系，如服务对象的家人、亲属和朋友等，他们关心服务对象的生活，希望服务对象有所改变，而且通常也愿意为此付出自己的努力；另一类与服务对象没有多少情感联系，只是因为具体的问题和事情与服务对象联系在了一起，如服务对象的房东、雇主以及办事过程中遇到的工作人员等，这一类周围他人与服务对象没有多少情感交流，他们通常只是关心事情怎么处理（Woods & Hollis，1990：162）。

在运用周围他人的资源帮助服务对象过程中，心理社会治疗模式引入了支持网络服务（network therapy）的概念（Attneave，1976；McIntyre，1986：421 - 426），认为亲属、朋友和老师等是服务对象在日常生活中遇到困难时的自然帮助者，他们是服务对象的支持网络，随时可以为服务对象提供各种帮助，而且有时候他们对服务对象的影响要比社会工作者大得多（Woods & Hollis，1990：165）。因此，作为社会工作者在间接介入中有一项重要任务，就是发掘和调动服务对象的支持网络，让服务对象身边的人承担起帮助的责任，为服务对象提供及时、稳定的帮助和支持（Woods & Hollis，1990：164）。如果服务对象缺乏支持网络，社会工作者可以借助小组工作的手法帮助服务对象建立起像同龄伙伴这样的必要的支持网络（Woods & Hollis，1990：165）。显然，支持网络服务概念的引入深化了社会工作者对周围他人资源的理解，让社会工作者不再把周围他人视为需要单独合作的人，而是作为服务对象整个日常生活支持网络的一部分，而且这样的理解也让社会工作者察觉到，社会工作者的服务不仅在面谈中，面谈之外服务对象日常生活支持网络的改善也同样重要（Woods & Hollis，1990：164 - 165）。

第三种常见的间接介入的划分标准是依据社会工作者在资源提供过程中所扮演的角色。根据这一标准，间接介入可以分为资源的提供者（provider of resources）、资源的发现者（locator of resources）、资源的创造者（creator of resources）、服务对象需求的表达者（interpreter of client to milieu person）、服务对象利益的协调者（mediator between client and milieu person）和保护者（aggressive intervener between client and milieu person）六种不同的类型（Woods & Hollis，1990：166）。在扮演资源的提供者、发现者和创造者的过程中，社会工作者承担了资源的提供、寻找和开拓的责任。在心理社会治疗模式看来，资源的存在主要有两种方式：一种已经在那里，需要社会工作者把它提供给服务对象，社会工作者扮演的角色是提供者；另一种只是潜在的状态，需要社会工作者的发现和培育，社会工作者扮演的是发现者和创造者的角色（Woods & Hollis，1990：98）。如果服务对象与周围他人之间存在误解和冲突，社会工作者就需要把服务对象的想法和要求解释给周围他人听，让周围他人对服务对象有更正确的了解。此时，社会工作者扮演的就是服务对象需求的表达者。如果遇到不太负责任或者严重威胁服务对象利益的周围他人，社会工作者就需要扮演协调者或者保护者的角色，帮助服务对象争取合法的权益（Woods & Hollis，1990：99）。

　　在帮助服务对象争取外部环境资源的过程中，社会工作者经常面临一个难题：社会工作者是代表服务对象与周围他人或者机构沟通，还是鼓励服务对象自己解决日常生活中遭遇的困难？虽然从理论上讲，服务对象参与服务活动越多，他自身的能力提高得越快。但是，心理社会治疗模式认为，在实际的服务过程中社会工作者的地位和角色与服务对象不同，他可以做到的事并不意味着服务对象也能做到，而且因为社会工作者受过专业的沟通知识和技能的训练，他在与周围他人和机构的沟通中更容易发挥自己的影响，服务对象就不同了（Woods & Hollis, 1990：149－150）。不过，就一般情况而言，社会工作者通常采用合作的方式与服务对象一起寻找周围环境中的资源。这样做的好处是，不仅服务对象和社会工作者可以各自发挥自己的作用，而且服务对象可以在实际的解决问题过程中学习如何与周围他人和机构沟通，找到周围环境中的资源（Woods & Hollis, 1990：150）。心理社会治疗模式强调，在这个过程中社会工作者所要坚持的原则是，与服务对象一起工作（with），而不是为了服务对象（for）。只有这样，服务对象的自信心和自主性才能得到培养（Woods & Hollis, 1990：150）。

　　采用间接介入的手法改善周围环境，不仅对于那些资源比较缺乏、身处贫困或者弱势的服务对象来说是非常必要的服务方式，而且对于其他服务对象而言也是不可或缺的有效的服务方式，特别是当服务对象深陷危机中，周围环境资源的调动和运用能够取得明显的服务效果（Woods & Hollis, 1990：149）。心理社会治疗模式认为，不管哪种类型的服务对象，社会工作者既要评估周围环境的可改变空间，也要评估服务对象拥有的能力，包括服务对象的人格结构、能力和动机等（Woods & Hollis, 1990：172－174）。显然，心理社会治疗模式推崇的是一种综合的介入策略，让服务对象个人的改变与周围环境的改善紧密结合起来，以保证个人与环境之间的平衡发展（Woods & Hollis, 1990：151）。在服务开展过程中，社会工作者与服务对象之间的互助辅导关系是整个服务顺利推进的基础（Woods & Hollis, 1990：148）。虽然与直接介入个案服务方式相比，心理社会治疗模式对间接介入个案服务方式的总结还不够精细，但心理社会治疗模式同时关注心理因素和社会因素的双重视角受到社会工作者的普遍欢迎，成为社会工作理论逻辑框架的核心内容之一（Woods & Robinson, 1996：557）。

第二节　功能理论

一　功能理论的演变

　　与心理社会治疗模式共处同一时代的还有功能理论（functional theory），它们一起构成社会工作专业化发展初期的两个重要理论流派（Dore, 1990）。虽然功能理论也像心理社会治疗模式那样选择了精神分析理论作为自己的理论基础，但是它的理论逻辑框架与心理社会治疗模式存在根本不同，它以机构功能作为整个理论建构的核心概念。机构功能这个概念最早是由杰西·塔夫特（Jessie Taft）在1937年提出的，作为功能理论的代表人物，她在出版美国宾夕法尼亚大学（the University of Pennsylvania）第一本有关功能理论社会工作的出版物时，希望找到一个核心概念，能够将自己所推崇的这一社会工作理论流派与其他注重精神分析的理论流派区别开来，她发现功能这个概念最为合适，能够将这一理论流派对帮助活动的场景和机构功能的关注凸显出来（Robinson，1962：306）。塔夫特认为，心理治疗有两种：一种是纯粹的心理治疗（pure psychotherapy）；另一种是公共的心理治疗（public psychotherapy）。纯粹的心理治疗由心理咨询师个人承担治疗的责任，确定治疗的方向；而公共的心理治疗需要依赖社会服务机构提供服务的资源，并且需要遵循社会服务机构的服务程序和要求（Taft，1937）。显然，社会工作属于公共的心理治疗，它的核心特点是社会服务机构功能的运用（Faatz，1953：34－43）。

随着社会工作实践的拓展，功能理论的内涵也在不断丰富。另一位功能理论的重要代表人物露西·伊丽莎白·司麦里（Ruth Elizabeth Smalley）对功能理论进行了总结，认为功能理论的核心假设包括三个方面：一是对人性的认识，假设人是不断寻求成长的，改变的核心动力在服务对象自身，不在社会工作者身上，社会工作者所要做的是运用人际关系的影响发掘和调动服务对象的成长潜能；二是对个案工作目标的理解，强调社会工作不是心理治疗，而是特殊社会服务的管理和输送，是在社会服务机构所提供的目标、任务和要求下开展具体的帮助活动；三是对帮助过程的界定，认为社会工作是一个帮助过程（helping），不是一个治疗过程（treatment）。虽然社会工作者在整个帮助过程中起着引导的作用，但他既不需要预先对服务对象进行分类诊断，或者预先设计服务方案，也不需要预先保证服务成效，而是运用社会服务机构所能提供的资源与服务对象一起寻找可以改善的方面（Smalley，1970：79－81）。

尽管不同的学者对功能理论的核心内涵有不同的理解，但功能理论的形成和发展离不开美国宾夕法尼亚大学社会工作系师生的努力，特别是塔夫特、弗吉尼亚·罗宾森（Virginia Robinson）、凯尼斯·普雷（Kenneth Pray）和司麦里等人的艰辛探索，使功能理论成为与心理社会治疗模式所倡导的诊断学派相并列的另一重要社会工作理论流派（Timms，1997）。

（一）功能学派

第一次世界大战期间，社会工作开始渗透到精神健康领域，出现精神科社会工作（psychiatric social work）。在推动社会工作走进医院的过程中，除了美国史密斯学院社会工作专业的负责人玛丽·杰雷特（Mary Jarrett）做出了重要贡献之外，另一位后来成为功能理论创建和推动的核心人物塔夫特也发挥了积极的作用。作为一位儿童心理学专家，塔夫特和杰雷特一样希望能够为社会工作找到理论基础，她们两一起在1919年亚特兰大的美国社会工作年会上倡导精神科社会工作，把精神病理学作为社会工作学科的理论基础，并且在随后的社会工作训练课程中推行精神卫生方面的知识（Taft，1919；Jarrett，1919）。

起初，塔夫特只是希望能够借助引入精神病理学解决社会工作专业理论基础不清、专业地位不高的难题，让社会工作有一个坚实的发展基础（Taft，1920：378）。但是，不久塔夫特就发现，这样的尝试不仅没有带来预想的结果，而且产生了一些与社会工作基本价值理念不一致的负面的影响（Timms，1997）。塔夫特在自己的实践中逐渐认识到，如果以精神病理学作为社会工作的理论基础，社会工作者就会不自觉地以科学理性的思维方式规划社会工作专业服务，使社会工作成为科学名义下控制人的行为的工具（Taft，1922：371）。这样，不仅导致社会工作无法与精神病理学区分开来，没有自己独立的学科地位和发展空间，而且会出现忽视社会工作自身独特专业实践经验的问题（Taft，1927：396）。1933 年，塔夫特在反思精神科社会工作实践经验的基础上提出一种完全不同的社会工作专业服务的设想，在这种专业服务中，社会工作者运用的不是科学理性的分析，而是一种独特的专业自我，一种摒弃了控制要求并且充满价值和关怀的真正自我（Robinson，1962：12）。

虽然在当时社会学也慢慢开始接受精神病理学的一些观点，但是毕竟社会学无法给社会工作者提供直接的实务指导，因此社会工作者更倾向选择心理学作为自身学科的理论基础（Taft，1923：338）。像其他社会工作者一样，塔夫特也在寻找社会工作的理论基础。她在 20 年代初偶然参加了在美国亚特兰大举办的国际精神分析大会，倾听了德国精神分析学家奥托·兰克（Otto Rank）做的一场报告，之后她就被兰克的观点折服。接着，塔夫特利用自己在美国宾夕法尼亚大学做社会工作兼职教师的关系为兰克安排了一场宾夕法尼亚大学的开学演讲，并在 1924 年美国精神分析协会的一次会议上与兰克签订了一项工作合同（Taft，1924）。此后，兰克开始了与美国宾夕法尼亚大学的一系列学术讲座和课程教学的合作。为了让更多的人了解兰克的想法并且把他的想法运用到社会工作实践中，塔夫特与当时美国宾夕法尼亚大学社会工作系主任助理罗宾森一起着手兰克的思想挖掘和翻译工作（Dore，1990）。兰克的观点之所以这么吸引塔夫特，是因为兰克强调心理治疗中社会因素的重要性，认为单纯的个人治疗是无法消除社会问题的。而这一观点正好与塔夫特的教育经历相吻合，塔夫特在美国芝加哥大学攻读博士学位期间，正好是社会心理学家米德（George Herbert Mead）就任芝加哥大学社会学系主任的时期（米德，1992：8）。塔夫特的观点显然受到了米德的影响，注重社会因素对个人的作用（Robinson，1978：43）。

兰克是弗洛伊德的一名得意门生，他与弗洛伊德保持了二十多年的亦师亦友的关系。在 21 岁时，兰克就被正式邀请参加由弗洛伊德组织的每周的学术沙龙，并且被聘为秘书，负责整个沙龙的组织联络工作（Stein，2010：116 – 131）。兰克与弗洛伊德以及其他弗洛伊德的追随者不同，他主要受到人文学科和艺术的熏陶，没有接受过正规的医学的训练，因此更倾向于从文化和社会的角度观察和理解个人人格的发展（Dore，1990）。兰克认为人格就像艺术一样，是一个过程，是一个人不断调整和改变的成长过程（Stein，2010：116 – 131）。兰克还从艺术的角度对弗洛伊德的释梦进行了重新解释，认为弗洛伊德的根本错误是把释梦作为手段说明病理的机制（Stein，2010：116 – 131）。到了 20 世纪 20 年代，沙龙内部的学术冲突和争论变得越来越剧烈，兰克也慢慢从自己的临床经验中总结出自己的看法，他开始怀疑弗洛伊德对无意识本能的解释，发现孩子在出生后与母亲分离时的经验以及由此产生的焦虑对孩子的成长发挥着关键的作用。兰克称这种现象为出生创伤（the birth trauma），并且以此为基础对弗洛伊德的无意识以及俄狄浦斯情结等精神分析的核心概念进行重新修订（Makari，2008：117）。兰克的这些观点可以说是革命性的，与弗洛伊德所倡导的精神分析存在根本不同，由此他与弗洛伊德的关系也变得越来越紧张。迫于无奈，兰克最终选择离开维也纳到法国和美国寻找工作机会（Stein，2010：116－131）。在美国，兰克的观点受到了欢迎，特别是他把心理治疗的重点放在如何处理病人现在的人际关系和情绪困扰以及如何促进与母亲的分离和个人的成长，这样的安排使心理治疗变得更加简洁（Lieberman，1985：233）。1929年，兰克与弗洛伊德的合作关系正式破裂，但接着兰克在美国遭到了冷遇，不再为美国精神分析协会所接受（Dore，1990）。

塔夫特作为为数不多的兰克的坚定追随者，在兰克身陷困境时，也没有放弃对他的支持。塔夫特与罗宾森一起尝试把兰克的想法和观点整理出来，并且把它们运用于社会工作专业实践中，为社会工作创建一种新的理论模式（Stein，2010：116－131）。起初，塔夫特并没有意识到兰克和弗洛伊德之间的差别，但随着与兰克交往的加深，塔夫特自己内心也经历了痛苦的挣扎，慢慢学会面对弗洛伊德理论的不足和局限，特别是兰克对自我意志的强调，让塔夫特找到了将机构功能的概念与精神分析的观点结合起来的联结点（Robison，1962：126）。兰克正式脱离弗洛伊德的精神分析学派之后，开始专心于自己的理论建构工作，他以个人以及个人的意志为其理论核心，注重个人与父母以及环境之间的互动交流，并且强调现实的局限是个人成长的一部分。这些观点后来都成为功能学派理论框架的重要组成部分（Taft，1978：xii）。

在功能学派形成过程中，还有另一位重要人物叫普雷，他对功能学派的发展方向和路径选择发挥了极其重要的作用。1916年，普雷来到美国宾夕法尼亚大学开始了自己的教书生涯，从1922年到1946年，他一直担任美国宾夕法尼亚大学社会工作专业负责人的职务。由于普雷接受的是政治学的教育，并且曾经从事记者和社区组织者等工作，因此他强调从社会角度解释个人的问题（Dore，1990）。自从当上美国宾夕法尼亚大学社会工作系主任之后，普雷就开始着手社会工作课程的改革，取消了精神卫生方法的课程内容，取而代之的是那些强调从社会环境角度解释问题的新课程。普雷的这些措施让美国宾夕法尼亚大学社会工作系走上了与其他学校不同的发展道路，正当其他学校积极引入弗洛伊德的精神分析理论把个人视为改变的核心时，美国宾夕法尼亚大学却坚持从社会的角度理解个人的行为（Dore，1990）。

普雷之后，司麦里接任美国宾夕法尼亚大学社会工作系主任。司麦里是另一位功能学派的重要倡导者，她对功能理论进行了系统的总结和整理，并且将它进一步发扬光大（Dunlap，1996：327）。尽管与心理社会治疗模式相比，直接采用功能理论的学校和机构并不多，但功能理论的一些基本原理和方法被广泛运用于个案、小组和社区的社会工作实践以及督导、行政和教育等不同的社会工作领域（Dunlap，1996：319）。

除了兰克之外，作为功能学派的创建者塔夫特和罗宾森两人都受到美国实用主义代表人物杜威（John Dewey）和米德观点的影响。1909年，在美国芝加哥大学攻读博士学位的塔夫特遇到了罗宾森，罗宾森此时正好参加芝加哥大学的暑期培训项目（Robinson，1978：7）。两人在美国芝加哥大学实用主义哲学的熏陶下开始合作，一起寻找社会工作的理论基础，她们认为个人的自我产生于社会互动过程中，脱离了社会互动过程，个人的自我也就不存在了（Yelaja，1986：66）。这样的观点与兰克的基本理论假设是一致的，强调个人在人际交往过程中运用人际交往的经验发掘和提升自身的独立生活能力（Smalley，1967：69）。塔夫特在1916年的早期论著中就已经开始关注和了解米德的思想和观点，并且尝试从社会的角度解释社会现象（Taft，1916：57）。此外，功能学派的发展还融入了美国心理学家奥尔波特（Gordon Allport）有关个人自主性的论述、勒温（Kurt Lewin）对环境改变的思考以及埃里克森（Erik Erikson）对人生每一发展阶段面临不同任务的动态分析等不同学者的观点和想法（Dunlap，1996：326）。

（二）功能学派与诊断学派的争论

功能学派的成长离不开与当时占主导的诊断学派的争论。尽管功能学派批评诊断学派以弗洛伊德的理论为基础过分关注个人，忽视个人问题的社会性，认为他们从社会的角度解释个人面临的问题，这种视角比诊断学派更接近事实，但是功能学派也同样无法摆脱注重个人意志作用的兰克心理学理论的限制（Timms，1997）。功能学派与诊断学派的争论为社会工作者和服务对象提供了不同的专业服务方式和路径，不过同时也给社会工作实践带来了困惑，让社会工作者发现，无论社会工作实践还是社会工作理论建构，都存在不同的理解，甚至完全相反的解释，使社会工作的一致性和专业性面临质疑（Robinson，1978：21）。为了明确社会工作的专业形象，1947年美国家庭服务协会（the Family Service Association of America）专门成立了一个工作小组负责功能学派和诊断学派思想脉络的整理和研究工作，希望找到两者共同拥有的基本概念和理论逻辑框架。这个工作小组的最终调研报告称，功能学派和诊断学派从理念到方法都存在巨大差异，不存在共同的理论逻辑框架（Kasius，1950：5）。一直到1957年，海伦·海里斯·波尔曼（Helen Harris Perlman）综合了功能学派和诊断学派的思想提出问题解决模式，这才让社会工作者重新看到了整合的希望（Dore，1990）。

实际上，自始至终功能学派都处于争论的中心，功能学派的理论基础——兰克的人格理论从一开始就受到大多数社会工作者的质疑（Austin，1939）。不过，在随后的发展过程中，兰克的影响却越来越广泛，从自我心理学到客体关系理论，再到依恋理论（Attachment theory），都可以看到兰克的影子（Stein，2010：116 - 131）。就连人本治疗模式的代表人物罗杰斯（Carl Rogers）也被兰克的思想深深吸引。1936年，罗杰斯专门邀请兰克做了为期三天的研讨，并且公开指出正是兰克的一些思想使他产生了创建人本治疗模式的想法，把促进个人的成长作为辅导的目标，而不局限于某个具体问题的解决（Kramer，1995：216）。

功能学派的发展之所以受到很大的限制，与它自身对科学性的忽视有关，不注重收集服务过程和效果的科学研究证据。特别是在发展的早期社会工作以追求专业化和科学性为目标，如果忽视科学研究的证据，就意味着社会工作无法获得社会的认可（Dore，1990）。在诊断学派看来，功能学派还有一个致命的弱点，就是以机构功能作为服务安排的重点，而不是以服务对象的需求作为出发点组织服务过程，认为这样的设计只会阻碍社会工作者依据服务对象的要求开展服务，从根本上违背了社会工作的宗旨。因此，汉密尔顿直接批评功能学派，强调机构的制度和程序应该服务于前来求助的服务对象（Hamilton，1940：128）。

功能学派尽管面临不少的批评和质疑，但它对社会工作实践和理论的发展都产生了重要的影响。与当时占主流的诊断学派不同，功能学派没有把服务的焦点放在专业技术的运用上，而是注重服务的过程，强调通过两个或者多个人之间的合作过程促进个人成长（Simpson，Williams，& Segall，2007）。就功能学派而言，服务对象是自己生活的积极改变者，拥有自我决定的能力和权力（Dore，1990）；同时，服务对象又是社会成员，社会公平和公正与个人尊严同样重要。这样的观点影响了包括心理社会治疗模式在内的很多社会工作学派，成为社会工作者的基本信念，也是开展社会工作专业服务的前提（Simpson，Williams，& Segall，2007）。功能学派对社会服务机构以及宏观社会环境影响服务过程和结果的强调，也受到社会工作者的普遍关注（Tosone，2004）。特别是时间概念的运用，让社会工作者看到服务过程中需要考虑的一个基本的结构性因素。这个因素不仅在危机介入模式中得到了运用（Golan，1978：43），而且在之后的任务中心模式（Dore，1990）以及生态视角中都有所涉及（Germain，1976）。此外，像对母子关系、现时互动过程以及个人差异性的强调，在社会工作的实践和理论方面都产生了广泛影响（Dore，1990）。

二　功能理论的逻辑框架

功能理论也受到精神分析理论的影响，但它与心理社会治疗模式不同，不是以弗洛伊德的理论为基础，而是把兰克的人格理论作为其基本的理论逻辑框架，强调成长是人的基本要求，社会工作者所能做的不是治疗服务对象的问题，而是帮助服务对象成长，是在特定的机构服务架构下借助良好的辅导关系与服务对象一起寻找改变的方法（Dunlap，1996：329）。显然，功能理论逻辑框架的核心是对人格的看法，而它在以下几个方面与弗洛伊德理论存在根本的差别：首先，弗洛伊德的理论把无意识视为个人行为的决定因素，而功能理论强调个人意志的作用，认为意志是个人人格的核心力量；其次，弗洛伊德的理论注重分析个人感受和态度的内在冲突，而功能理论把抗争意志（the counter-will）作为个人寻求独特性的自然表现；再次，弗洛伊德的理论分析聚焦过去，强调过往经历对个人行为的影响，而功能理论的分析焦点集中在现在，认为现在的经历是个人未来发展的基础。此外，弗洛伊德的理论把移情视为治疗的有机组成部分，认为抗拒是所有治疗过程都需要处理的问题；而功能理论不认同这样的观点，它强调个人的独立性，注重个人内在的创造力（Aptekar，1955：35）。通过比较弗洛伊德和兰克的人格理论就可以发现，个人意志在功能理论的逻辑框架中占有极其重要的位置，对它的理解是把握功能理论的关键。

（一）个人意志

由于对弗洛伊德本能决定论的不满，功能理论从开创初期就引入了兰克的观点，认为人是拥有生活目标并且努力追求改变的个体，是自己命运的主宰者。虽然外部环境影响个人的成长，但最终决定个人命运的是每个人自己的选择（Dunlap，1996：329）。功能理论强调，当人面对外部环境挑战时，他不是被动地接受外部环境的影响，而是能够运用自己拥有的内部和外部的资源做出积极的回应，选择自己的生活（Robinson，1930：24）。显然，功能理论希望借助对个人意志的肯定用一种成长发展的视角替代弗洛伊德的病态视角（Dunlap，1996：327）。

在功能理论看来，所谓个人意志，是指个人人格中的创造力，包含了对事物的原创能力，它是对环境影响的积极回应，而不是被动的适应。这种力量不是简单由本能决定的，它首次出现在婴儿与母亲分离的经历中，并且贯穿人的整个成长过程，是个人人格中的整合力量（Stein，2010：116–131）。司麦里称之为人格中的组织和控制力量（Smalley，1967：83）。正是借助个人意志这种人格中的力量，人才能在特定的环境限制中依据自己所要追寻的目标通过不断调整自己和改善外部环境促进个人自身的成长（Smalley，1970：90）。值得注意的是，功能理论对个人意志的能动作用的认识与弗洛伊德的理论不同，虽然弗洛伊德的理论也认为个人的自我具有适应环境的功能，但这种适应功能是比较被动的，而且不是人格中的决定力量。① 功能理论不同，它把个人意志视为人格中的核心力量，强调个人在自身的成长过程中发挥着积极的作用，而且由于受到个人意志的推动，人总是生活在不断寻求发展和成长的过程中（Faatz，1953：47）。

个人意志这个概念最早是由兰克提出的，后经塔夫特介绍，成为功能理论的最基本的概念之一（Dunlap，1996：327）。兰克在解释个人意志时强调，人格中有一种复杂的整合力量，蕴含着创新的想法、感受和行动的能量（Dunlap，1996：322）。因此，人的改变动力来自个人内部，是个人意志作用的体现（Dore，1990）。不过，兰克在理解个人意志时，是把它放在人际交往中的，认为每个人都处在他人的影响下，一方面寻求个人的独立性，另一方面又需要依赖别人，正是在这种相互对立的矛盾中每个人做出自己的选择，以整合生活的不同方面，促进自身的成长。因此，可以说，每个人的成长都离不开个人意志的作用，它是个人成长过程中的组织和控制力量（Stein，2010：116–131）。依据个人意志所发挥的作用，兰克又提出了心理逻辑的概念（psychic causality），强调每个人对生活事件的理解不仅仅停留在弗洛伊德所说的意识层面，同时还包括伦理和价值判断，这些判断是支持个人意志选择的依据。兰克称之为个人意志的伦理属性（Rank，1978：44–45）。显然，兰克在理解个人意志时采取了与弗洛伊德不同的思路，他不是从本能中寻找冲突的根源，而是认为人的成长过程就处在不断的冲突中，使人在生活中必须面对丧失个人独立性的威胁，从而形成人对永恒的追求（Stein，2010：116–131）。兰克甚至把心理学分为两种——科学的心理学和有关心灵（the soul）的心理学，坚持认为像弗洛伊德的理论这样的科学的心理学虽然来自有关心灵的讨论，但在追求科学的过程中却忽视了人的心理的最核心因素——心灵的作用（Rank，1996）。

兰克有关个人意志的论述让功能学派认识到在人的成长过程中个人的独立性发挥着

---

① 有关弗洛伊德的观点可以参阅弗洛伊德（1986：166–175）。

重要作用，这促使功能学派把服务的焦点集中在个人独立性的寻找和确立上，而不是服务方法的设计和运用（Timms，1997）上。因此，在功能理论看来，个人的问题不是产生于儿童时期的创伤经历，而是在成长过程中受到独立性和依赖性这两种相互对立要求的拉扯导致的（Dore，1990）。个人意志的作用就是帮助个人在这种相互对立的矛盾要求中找到独特的整合方式，维持这两方面要求的平衡，保证个人的独立性（Dunlap，1996：322）。

在兰克看来，个人意志的产生与个人的内疚感（guilt）直接相关。一个人出生之后就会在母亲的照顾下寻找某种程度的独立，自然而然也会出现个人意志。这样，个人意志的产生就与母亲的关心和照顾联系在一起，使个人陷入成长的困境中：一方面寻找个人的独立，产生个人意志；另一方面又担心失去母亲，出现内疚。因此，个人意志的成长总是伴随内疚的感受，直到这个人慢慢接纳内疚，此时也意味着，他已经能够处理因分离而产生的担心和紧张，把母亲或者其他身边的人当作独立的个体来看待。因此，在兰克的理解中，内疚不是对自己本能冲突的担心，而是个人意志发挥作用的表现，它促使个人学会关爱他人和整合自身的不同经验。根据担心对象的不同，兰克又将内疚感受细分为两种：对生的担心（fear of life）和对死的担心（fear of death）。对生的担心是指个人在寻求独立过程中的担心，对死的担心则是个人害怕失去独立的担心。兰克认为，个人的成长过程总是充满了这两种不同的担心，个人意志也是在这两种担心的选择中逐渐成长（Stein，2010：116 – 131）。

除了个人意志之外，兰克还提出抗争意志的概念，他认为个人意志首先表现为不想做什么的想法，不愿遵从他人或者社会的要求。在兰克看来，每个人在成长过程中都无法避免与他人或者社会的要求发生矛盾，因此与他人或者社会意志抗争就成了每个人实现个人意志的第一步（Dunlap，1996：322）。显然，抗争意志在运行中常常表现为对权威的抗拒（resistance），它反映的是个人对自我的维护，是个人对自身成长发展的要求，不是问题的表现（Dunlap，1996：331）。功能理论也接受了兰克有关个人意志的这些看法，强调人是有意志的个体，这种个人意志本身没有好坏之分，它在专业帮助过程中经常表现为抗拒，对抗社会工作者或者其他权威施加的影响，社会工作者所要做的，不是消除服务对象的抗拒，而是运用抗拒中的个人意志，帮助服务对象学习整合生活中积极的和消极的各种不同经验（Smalley，1967：83）。因此，在功能理论看来，抗拒不是一种危险的信号，表明帮助过程遭遇阻碍，而是作为服务对象个人能力的一种体现，与服务对象个人内在的改变要求直接相关联（Robinson，1962：274）。

功能理论认为，罗杰斯倡导的以来访者为中心的治疗模式是不现实的，因为没有哪个社会工作者在帮助服务对象的过程中能够不带有个人意志，保持中立的态度，这样的帮助方式不仅限制了社会工作者的主动性，而且不利于服务对象个人意志的培养（Dore，1990）。功能理论更认同兰克的观点，把专业服务的帮助焦点集中在现在，并且通过时间限制的设计和运用帮助服务对象培养个人意志（Stein，2010：116 – 131）。

功能理论把诊断作为开展专业服务的第一步，目的是收集有关服务对象的资料，了解服务对象的生活状况，并且对服务对象的生活状况进行命名，以帮助服务对象找到改变的方法。功能理论认为，资料收集的重点是了解服务对象现在的生活状况，而不是探询过去的原因，只有当服务对象和社会工作者都认为过去某个事件或者某些经历影响服务对象现在的生活状况时，社会工作者才可以和服务对象一起分析过去的经历（Dunlap，1996：331）。功能理论的这一认识也影响了心理社会治疗模式对问题的探询方式。不过，值得注意的是，功能理论虽然使用了心理社会治疗模式的诊断这个概念，但它的内涵与心理社会治疗模式不同，不是为了对服务对象的问题进行"客观"分析，获得不带任何个人偏好的科学结论，而是从服务对象角度理解服务对象目前的生活状况，并且通过这样的理解过程了解服务对象与社会工作者的异同，从而在专业服务的帮助过程中区分出服务对象和社会工作者各自不同的要求，找到并且维持比较合理的社会工作者的帮助角色（Dunlap，1996：334 - 335）。正是基于这样的规划和考虑，功能理论强调，它与心理社会治疗模式不同，专业帮助的重点不是协助服务对象找到解决问题的具体方法，而是发现和维持服务对象的改善愿望。只有当服务对象愿意改变时，改变才可能发生（Dunlap，1996：334）。

显然，功能理论对个人意志的理解与弗洛伊德的理论不同，不是把它当作个人人格的一部分，而是作为个人理解和组织生活经验并且实现个人成长的视角和方式。因此，像塔夫特和司麦里等功能理论的代表人物要求社会工作者用个人意志的概念替代弗洛伊德理论的自我和无意识的概念（Smalley，1967：83）。

（二）个人参与

在专业服务的安排上，功能理论有一个根本转变，它不像心理社会治疗模式那样，由社会工作者设计和规划专业服务活动，指导服务对象解决问题，而是以服务对象为中心安排组织专业服务活动，由服务对象引导整个专业服务的进程（Faatz，1985：17）。功能理论认为，不管社会工作者如何同情服务对象的遭遇或者善于运用专业服务的技巧，他在专业服务中都必须接受这样一个现实：无论接受还是拒绝专业服务，都需要由服务对象自己做出决定，只有服务对象愿意接受和运用社会工作者提供的帮助时，社会工作者的作用才能发挥出来；否则，社会工作者施加的影响越大，服务对象个人意志的成长空间就越小（Taft，1932a：369）。即使服务对象愿意接受他人的影响，也不意味着服务对象的改变就能够顺利发生。实际上，改变总是伴随新的不安全和不稳定的因素，总是夹杂着抗拒。因此，塔夫特强调，只有当服务对象面临发展的困境时，他才可能克服因改变带来的担心，寻找新的发展机会（Taft，1950）。

显然，在功能理论看来，服务对象的个人参与之所以重要已经不是一个调动服务对象的参与热情和动力的技术问题，而是有关服务对象在个人成长和发展过程中的位置和作用的哲学理解（Dore，1990）。功能理论认为，服务对象的改变源于他自己的个人意志，专业服务的安排自然也需要围绕服务对象，通过服务对象的个人参与，才能保证服务对象在与他人以及环境的交流中经验个人意志的成长过程，包括学习整合生活中的不同经验和了解自己的真实需求所在（Taft，1937）。普雷甚至不惜功能理论可能面临专业性和科学性不足的质疑危险，坚持认为，促使服务对象发生改变的既不是社会工作者，也不是社会工作的专业服务技术，而是服务对象自己（Pray，1949：249）。

正是基于对个人意志和个人参与在成长过程中的作用的理解，功能理论提出从服务对象开始（starting where the client is）的专业服务原则，这项原则已经被广泛视为社会工作专业服务的基本指导原则，它要求社会工作者从服务对象的角度理解他所面临的问题，并且根据服务对象的要求组织安排社会工作专业服务（Jockel，1937）。根据这项专业服务原则，功能理论认为，应该由服务对象而不是社会工作者选择需要解决的问题，只有服务对象认可这样的选择并且愿意为此付出努力时，服务对象的改变和成长才有可能发生（Taft，1937）。功能理论假设，服务对象表现出来的问题就是他的真实需要，不存在像弗洛伊德的理论所说的问题只是表征，问题背后隐藏着更深层次的需求甚至无意识的冲动的现象。因此，功能理论认为，只有服务对象最了解自己的经历和处境，是自己问题的专家，社会工作者所能做的不是指导服务对象，而是挖掘和调动服务对象的改变动力，并且支持服务对象自己做出选择。即使服务对象选择放弃改变，这也是服务对象自己的决定，也同样需要社会工作者的肯定和尊重（Taft，1933）。功能理论的这一看法融合了兰克有关自我的认识，强调服务对象的改变源于服务对象自己的探索，是服务对象在追求自己认定的目标过程中为消除内心的矛盾和冲突所做的努力（Timms，1997）。当然，这样的改变需要一定的外部环境和社会支持，这就是功能理论所要倡导的一种独特的专业帮助关系。

（三）体验式的互助关系

社会工作者与服务对象之间建立一种什么样的专业帮助关系，是功能理论重点考察的内容，它关系到社会工作者通过什么样的有效方式施加自己的影响，帮助服务对象加强和展现个人意志（Rank，1945：33－45）。尽管功能理论强调，专业的帮助关系是服务对象改变必不可少的条件，但需要注意的是，功能理论对专业帮助关系有自己的理解，不是把它当作社会工作者施加影响的前提和工具，而是作为服务对象展现个人意志的场所。在功能理论看来，任何个人的行为都受限于自己所处的环境，都是与周围他人或者环境相互影响过程中的选择和回应，他无法跳出自己所处的环境直接对他人的个人意志施加影响（Stein，2010：116－131）。社会工作者与服务对象之间的专业帮助关系也一样，社会工作者对服务对象的影响也只有通过服务对象自己的选择和行动才能发挥作用。因此，功能理论认为，社会工作者与服务对象之间建立的专业帮助关系始终都需要围绕如何培育服务对象的个人意志，两者之间是一种互助的关系，它不像平等交流的朋友关系，更像教学相长的师生关系。也就是说，在这样的专业帮助关系中，社会工作者首先需要为服务对象创造一种积极有利的学习环境，让服务对象能够在挫折和困境面前发掘和运用自己的能力；其次，社会工作者还需要支持服务对象尝试使用自己的个人意志探索和拓展自己的生活，并且通过设定专业服务的时间限制帮助服务对象提升个人的独立性和自主性（Dunlap，1996：323）。

功能理论认为，社会工作者与服务对象之间的互助关系还有互动的特点，不仅社会工作者影响服务对象，同时服务对象也在影响社会工作者，是一个相互影响的过程。在这个过程中，服务对象把自己呈现在社会工作者面前，并且通过与社会工作者的交流，培养和提升自己的个人意志；同样，社会工作者对服务对象的了解也发生在与服务对象的互动过程中，通过回应服务对象在互动过程中的表现，支持服务对象个人意识的探索和实践（Dore，1990）。因此，普雷在与心理社会治疗模式的争论中强调，功能理论所说的专业服务关系不是一种静止不变的人际关联，而是一种充满动力的交流过程，无论对于服务对象还是社会工作者来说，都是个人意志实践的场所（Pray，1947）。这样，功能理论所倡导的社会工作者与服务对象之间的专业服务关系就包含了两个部分的核心内容——专业关系和改变过程，而且这两个的部分内容通过互动这个概念紧密联系在一起，不能分割，不仅服务对象的改变发生在专业关系中，从而推动专业关系的改变，而且专业关系的改变又为服务对象提供新的实践场所，推动服务对象进一步改变。由此，专业关系的性质也决定了专业服务的经历是否能够带动服务对象的改变（Dunlap，1996：330）。

正是由于社会工作者与服务对象之间的专业关系具有互动的性质，因此功能理论极力反对通过理性逻辑的推论方式分析和认识服务对象，而是强调在互动过程中与服务对象共同经历其间发生的事情，这样，社会工作者才能真正了解服务对象。当然，相应地，功能理论也把社会工作专业服务的焦点从过去带回到现在，从注重分析服务对象过往的经历和事件转变成协助服务对象体验此时此刻的经历（Rank，1945：1—6）。

功能理论吸取了兰克的观点，强调辅导面谈是社会工作者与服务对象两个生命的相遇，是两个生命相互影响的过程，有开始，也有结束。在这个过程中，帮助服务对象投入当下的互动过程中经验此时此刻的相遇，就成了专业服务的关键；相反，如果鼓励服务对象分析生活中的某个孤立事件或者由此产生的感受和想法，就会促使服务对象从现实的互动关系中抽离出来，与现实生活保持疏离的关系，从而妨碍服务对象对现实生活的理解（Taft，1958：126）。功能理论强调，只有当下才是唯一的现实，无论社会工作者还是服务对象，都需要避免通过分析过往的经历或者探讨未来的发展或者借助客观理性的推论等方式破坏人的现实感（Robinson，1962：315）。对现在的关注几乎成了功能理论的重要标志之一。当然，这并不是说，功能理论只关注现在，不考虑过去和未来。实际上，人的生活就是过去、现在和未来的混合。功能理论之所以强调现在，是因为其把当下作为人的经验的基础，无论过去还是未来只有借助现在的经验方式才能对人的生活发挥作用（Dunlap，1996：329）。因此，在功能理论看来，对历史事件的了解是社会工作者的基本素质，它能够帮助社会工作者更好地掌握周围环境的变化，并且根据周围环境的要求更有效地处理服务对象面临的困扰。不过，对历史的考察需要放在服务对象现在的应对方式的框架中来考察（Dunlap，1996：337）。这样，服务对象才能放下过往不幸经历的包袱，真诚地面对当下的互动，寻找个人的自主和独立（Timms，1997）。

功能理论认为，服务对象之所以把自己封闭于过往的经历中不顾现实的生活，不是因为他喜欢这些经历，而是因为害怕现实生活，通过把自己封闭于过去，服务对象就能够让自己避免面对现实的困难（Stein，2010：116—131）。因此，功能理论倡导一种它称为聚焦于当下（a moment-by-moment focus）的帮助方式，并由此带动服务对象逐渐学会放弃内心的担心和不安，接纳自己现在拥有的经历，与社会工作者保持一种真诚的交流。功能理论强调，专业帮助的核心是一种情感的经历，在这种经历中通过聚焦于现在让服务对象在回应他人的要求和环境的限制时学会接纳自己（Stein，2010：116 - 131）。

正是因为关注个人当下的感受和经验，功能理论对专业服务过程中个人的理性分析能力所发挥的作用表示怀疑，认为经验的东西很多时候是模糊的，无法用清晰的概念来表达（Timms，1997）。因此，功能理论认为，过分强调理性逻辑分析不仅使服务对象无法适应不断变化的人际交往环境，而且导致服务对象无力应对环境中的不确定因素（Robinson，1962：325 - 326）。社会工作者所能做的是鼓励服务对象用心体验当下的互动交流过程，了解自己与他人的交流方式，而不是运用理性分析能力探索过往经历中的内心感受和想法（Dunlap，1996：322）。正是基于这样的理解，功能理论要求社会工作者把自己界定为协助者，目的是帮助服务对象掌握实现目标所需要的工具和资源，并且协助服务对象了解环境中存在的限制，而努力的目标则需要由服务对象自己来确定，社会工作者无法替代服务对象做出选择（Dunlap，1996：329）。

功能理论吸收了兰克的观点，认为每个服务对象都是独特的，每一次辅导面谈也是独特的，社会工作者与服务对象之间的交流具有即时性和创造性等特征。因此，在功能理论看来，专业帮助既是一门科学，也是一门艺术（Stein，2010：116 - 131）。社会工作者所能凭借的不是具体的辅导技术，而是专业的自我，通过在专业帮助过程中与服务对象建立和保持相对独立的自我，让服务对象学会在与他人的交流中维持自我的独立性和自主性（Dunlap，1996：331）。功能理论甚至批评里士满，认为她假设的环境外在于服务对象的观点是根本错误的，同样一种环境对于不同的服务对象来说具有不同的意义关联，而且社会工作者也无法根据服务对象的需要对环境进行重新组合，社会工作者所能做的是鼓励服务对象自己去探索和发现，并且协助服务对象在与周围环境的交流过程中学会培养自我的独立性（Robinson，1978：147）。

功能理论发现，即使社会工作者在开展专业服务呈现自我的过程中也是受到一定环境条件限制的，这就是社会服务机构提供的基本服务框架和服务资源（Robinson，1962：305）。但是，功能理论认为，这不是专业帮助的不足，而是专业帮助的要素，就像服务对象在成长过程中面临一定生活限制一样，社会工作者在专业帮助过程中也会遭遇一定的限制。因此，社会工作者在专业帮助过程中不是简单地运用专业技巧输送社会服务机构的服务，提供社会服务机构的资源，而是运用个人意志在社会服务机构提供的条件下做出各种选择，保证为服务对象个人意志的选择和成长提供最佳的支持。正是在社会工作者这样的有技巧地提供机构服务的过程中，服务对象才能观察和体会到自我的力量，慢慢学习运用自己的个人意志，培养自我的独立性（Robinson，1962：329）。功能理论强调，虽然社会服务机构的服务框架和资源是基本固定的，但服务的过程却是变化的，需要社会工作者根据个人意志做出调整和选择，目的是与服务对象建立一种成长性的支持关系（Dore，1990）。司麦里称之为社会工作者运用专业自我的过程，她认为社会工作者的作用表现为在专业帮助过程中社会工作者所做的每一次选择（Smalley，1967：209）。

为了考察社会工作者在专业服务中运用专业自我影响服务对象的具体过程，功能理论依据时间维度将专业帮助过程分为开始、中间和结束三个阶段，并且深入每一阶段了解社会工作者与服务对象的具体互动过程以及社会工作者发挥影响的方式（Robinson，

1962：305 - 324）。在开始阶段，社会工作者所要展现的是对服务对象的信心和尊重，坚信不管服务对象以前经历了什么，现在都有能力做出改变。当然，社会工作者同时也要为服务对象的改变提供宽松、接纳的环境，让服务对象感到可以自由地表达内心的不安、担忧和困惑，放下自我防卫，做出自己喜欢的行动选择。一旦服务对象逐渐学会承担自己行动的责任时，专业服务就进入了中间阶段。在中间阶段，社会工作者的作用是通过挖掘和培养服务对象的能力帮助服务对象学会从更开阔的视角理解自己所处的环境，并且鼓励服务对象运用新的方式处理自己面临的困难，逐渐建立起对自己的信心。到了结束阶段，服务对象同样面临成长的选择，充满了担心和喜悦、不安和自信。如果专业帮助过程能够顺利结束，意味着服务对象能够承担起因专业帮助关系结束带来的新的责任，也因此拥有了新的勇气和自信以及更加积极健康的自我（Dunlap，1996：331）。不过，功能理论强调，这三个阶段的社会工作专业帮助过程不是发生在真空中，需要一定的社会环境作为条件，而且它们本身也受到社会环境的影响（Taft，1937）。

（四）机构功能

功能理论采取了与心理社会治疗模式不同的视角考察社会工作的专业帮助过程，提出另一个重要概念——机构功能，认为社会工作专业帮助过程发生在社会服务机构提供的特定的服务框架内，是社会服务机构承载的社会功能的体现（Dunlap，1996：332）。功能理论之所以强调机构的功能，是因为在功能理论看来，任何事情的发生都是有条件的，是在一定的环境条件下出现的；否则，它就不真实。社会工作专业服务的环境就是社会服务机构，特别是机构的发展宗旨，它决定了机构服务的程序和形式，像个案服务中的接案程序、申请表格、评估工具以及结案方式等都涉及机构的基本定位。当然，机构的功能是不断变化的，这就需要机构不断地对已有的服务程序和形式进行评估，以保证机构提供的专业服务与机构的发展宗旨相一致（Dunlap，1996：333）。

功能理论认为，社会工作者是社会服务机构的成员，他有责任维护机构的服务宗旨和有关的服务规定，他所提供的服务也只是机构功能的直接体现。从身份认同来说，社会工作者是通过社会服务机构来确认自己的，服务对象只是社会工作者在机构服务中面对的工作对象。因此，功能理论强调，社会工作者在提供专业帮助过程中并不像心理社会治疗模式所说的那样可以围绕服务对象的要求，而首先需要考察和理解机构的服务框架和功能（Timms，1997）；即使是社会工作者与服务对象之间的直接互动交流，也从一开始就受到机构的服务目标和服务框架的影响，包括什么样的求助者可以成为机构的服务对象、什么样的服务对象可以获得什么样的服务等，也都是由机构来决定的（Dore，1990）。尽管功能理论也承认，社会工作者的参与能够给机构的服务带来改变，而且机构也确实需要根据实际情况不断调整功能，但不管怎样调整，社会工作者在专业服务中都会面临特定社会服务机构所提供的服务框架的限制（Timms，1997）。在功能理论看来，了解和承认机构服务的限制是专业服务必不可少的要素，具有哲学层面的意义，社会工作者只有不让自己陷入对机构服务限制的仇恨和无视中，才能真正接纳和运用机构的功能，把限制作为促进自己以及服务对象个人意志成长的有效工具（Taft，1937）。

对于服务对象来说，了解和承认机构服务的限制同样也是促进其自我成长不可缺少的条件（Dunlap，1996：332－333）。功能理论认为，机构功能是服务对象接受专业帮助的外部环境，了解了机构的功能，也就了解了专业服务的外部现实，服务对象只有学会如何运用机构所提供的有限资源满足自身成长的要求时，才能懂得怎样面对生活中的困难，并且在困难面前积极寻找解决的办法，才能学会在现实的有限条件下寻找和实现自己的目标（Dore，1990）。

显然，在功能理论的逻辑框架中个人意志和机构功能是两个紧密关联、不可分割的概念，机构功能为个人意志的选择提供了必要的环境条件，是个人意志呈现的具体场所；而个人意志是机构功能的具体实现方式，是机构功能改变的动力所在（Dunlap，1996：333）。功能理论强调，接受服务是个人意志的选择，拒绝服务同样也是个人意志的重要体现方式，特别是当社会工作者面对非自愿求助的服务对象时，如何处理服务对象的拒绝就成了社会工作者向服务对象呈现个人意志选择原则的重要方式（Yelaja，1971：73）。值得注意的是，功能理论把机构功能视为一个持续变化的动态过程，它不是一下子就能完成的，其间社会工作者需要处理服务对象面对机构服务局限时的各种负面反应（Timms，1997）。功能理论坚持认为，社会服务机构所倡导的基本服务框架不能被视为社会工作专业服务的不足，而是必不可少的组成要素（Smalley，1967：116）。功能理论还由此告诫社会工作者，不要陷入全能的幻想中，社会工作者不是"救世主"，他所提供的专业服务不仅受到一定环境条件的限制，而且只是多种不同专业服务中的一种（Smalley，1967：xi）。

机构功能概念的提出，可以说是功能理论区别于其他社会工作理论的一项重要标志，它把社会工作者提供的专业帮助过程放在社会环境中来考察，关注现实生活的局限以及局限的克服（Yelaja，1986：65）。功能理论认为，专业服务的局限首先表现在时间的限制，不管什么类型的社会工作专业服务，它都有开始，也都有结束，通过时间这个媒介社会工作专业服务才能够顺利展开。就社会工作者来说，他可以借助时间限制的设计有意识地推动服务对象面对生活中的冲突，调动服务对象的改变意愿（Dunlap，1996：322－323）。特别是对服务结束的运用，把服务的结束也作为服务对象寻求改变和成长的机会，让服务对象拥有独立面对未来生活困难的勇气和信心（Dore，1990）。至于多少次服务面谈是比较理想的时间安排，功能理论没有给出具体的答案，它认为设定时间限制并不意味着就是固定时间的安排，一项合适的时间安排应该保证时间限制的设定能够推动服务对象融入与社会工作者的当下互动中（Dunlap，1996：332）。

在功能理论看来，时间限制的设定对于社会工作者来说也是非常必要的，它让社会工作者不是关注如何运用自己的专业技巧影响服务对象，而是注重如何确认自己的责任帮助服务对象提升个人意志。这样，专业服务考察的重点就自然转向社会工作者与服务对象的互动过程，了解服务对象如何运用社会工作者提供的帮助投入当下的互动交流中（Timms，1997）。功能理论认为，时间的运用反映了一个人的基本生活方式。通过时间限制的设定，社会工作者不仅可以明确机构的服务目标和要求，也可以向服务对象展示如何积极运用时间这个条件，增强服务对象个人意志的选择能力（Taft，1932b：12）。功能理论强调，社会工作是一种反映社会要求的制度化的专业服务，既需要体现机构的要求，又需要展现对个人的关怀（Timms，1997）。

尽管功能理论从个人意志和机构功能的独特理论视角理解和解释社会工作，为社会工作者提供了宝贵的经验，但是它也面临许多质疑，其中批评最为尖锐的应数心理社会治疗模式。心理社会治疗模式认为，强调服务对象个人意志的作用虽然能够体现对人尊重的社会工作原则，但同时也会给服务对象造成过大的自由选择的压力，特别是对于身处困境的服务对象来说，是否具备这样的个人意志的选择能力值得怀疑。功能理论对机构功能的关注也是心理社会治疗模式批评的焦点，心理社会治疗模式担心这样的理论框架设计会导致过分关注机构的要求和规范，从而忽视服务对象个人的需求。另外，功能理论对专业服务技巧和科学研究的忽视也给社会工作者造成了不小的困惑，妨碍了功能理论的学习和传播（Timms，1997）。不过，值得一提的是，功能理论是社会工作者在专业发展初期的一次积极尝试，他们希望把社会工作从精神病理学和精神分析学的依附中摆脱出来，建立自己的理论基础和实践基础（Timms，1997）。正像功能理论的代表人物罗宾森所说，只有社会工作找到了自己的实践基础，并且掌握了其他助人专业所没有的理论和技术时，它才可能生存和发展下去（Robinson，1962：211）。

第三节　问题解决模式

一　问题解决模式的演变

被称作"社会工作自己的理论"的问题解决模式（problem-solving casework），是由社会工作者——海伦·海里斯·波尔曼根据自己的社会工作实践经验总结和提炼的，它对之后的社会工作理论和实践的发展产生了重要的影响（Turner & Jaco，1996：503）。波尔曼认为，尽管个案工作的服务范围很广，需要解决的问题千差万别，但它们都有一个共同的要素：问题解决过程。如果从问题解决这个角度来看个案工作，它与人们在日常生活中的问题解决过程是一致的，两者没有截然的区别（Perlman，1957：v）。由此，波尔曼扩展了个案工作的内涵，不再从辅导治疗的角度理解个案工作，而是在人们日常生活的一般意义上讨论问题解决过程，强调人们的日常生活就是一个问题解决过程，从出生到死亡每个人都需要不断努力调整自己以适应外部环境的要求，并且争取个人最大的内心满意（Perlman，1957：53）。

正是由于观察视角的转变，问题不再被视为服务对象个人内部的心理特征和病症表现，而是作为人们在日常生活中必然需要面对的现象，是个人成长的一部分；问题解决的目的也不再是消除问题，而是增强服务对象对外部环境的适应以及提升服务对象的内心满意感（Perlman，1957：512）。因此，问题解决过程可以被界定为一种努力消除问题影响的认知活动（Mayer，1994：599 - 602），即通过系统的、一步一步的思考和行动过程，帮助服务对象逐渐消除问题的影响，从不满意的状态达到满意状态的过程（Gelfand，1988：1）。显然，问题解决模式抓住了人类生活的一项重要特征——问题解决过程，并且为此提供了理解和分析的基本框架（Payne，2005：80），它在社会工作理论和实践领域的重要性自然不可忽视（Turner & Jaco，1996：505）。

在问题解决模式的形成和发展过程中，波尔曼发挥着极其重要的作用，她是问题解决模式最早的提出者，也是第一位对问题解决模式的基本逻辑框架进行系统整理和阐述的社会工作者（Howe，2009：76）。正是由于波尔曼的不懈努力，问题解决模式成为继心理社会治疗模式和功能理论之后的另一重要的社会工作理论。

（一）海伦·海里斯·波尔曼

美国芝加哥大学的社会工作学者波尔曼在1957年出版了《个案社会工作：一个问题解决的过程》一书，正式提出问题解决模式。之后，她继续汲取心理动力学派的思想，特别是有关自我心理学的新发展和新观点，将埃里克森的人生发展阶段理论和社会角色理论融入问题解决模式中，强调人的生活就是通过有意识的努力适应外部世界的过程（Perlman，1986：253）。对于波尔曼来说，问题解决模式就是将认知理论和心理动力理论结合起来，并且通过某种积极的改变方式与人的内心改变动力融为一体（Turner & Jaco，1996：505）。

在解释为什么提出问题解决模式时，波尔曼强调，她对当时流行的把服务对象看作有问题的人并且总是寻找问题的过往原因的决定论观点感到不满，她希望社会工作者能够直接关注服务对象当前遭遇的困难，并且通过挖掘和运用服务对象的能力帮助服务对象有效地适应当前的外部环境（Perlman，1986：248）。波尔曼的这一观点深受杜威（John Dewey）思想的影响，她把问题解决当作人们适应日常生活的学习过程。这样，波尔曼将社会工作的服务焦点从关注服务对象的问题转向服务对象能力的运用；在问题的理解上，也从注重心理动力的纵向分析转向人际关系的横向分析（Turner & Jaco，1996：512）。正是借助自我这一重要概念，波尔曼把注重消除内心冲突的弗洛伊德的治疗观点与注重经验学习的杜威的教育观点结合起来，在治疗和教育之间建立起联系，认为人的生活就是问题解决过程，即通过增强个人自我的能力以帮助服务对象更有效地应对日常生活中面临的问题（Howe，2009：76）。

波尔曼还将治疗与教育进行了细致的比较，认为两者有着紧密的联系，都关注如何在合理运用问题解决的策略中提升个人的信心和满意感。不过，波尔曼也注意到，教育更关注个人理性分析能力的培养，而治疗更注重个人心理动力和情绪的处理。波尔曼甚至直接将个案工作称为教育和治疗的融合（Turner & Jaco，1996：514）。

波尔曼在自己的实践中发现，心理社会治疗模式所倡导的通过制订和执行严格的治疗方案的个案工作方式存在一定的不足，因为虽然问题解决的过程是个人与外部环境进行理性的交流和分析的过程，但有时候，由于外部环境的复杂，个人无法进行准确预测和分析，因而也就无法有现成的计划和程序可以遵循。这个时候，个人必须依据自己的当下判断做出选择（Turner & Jaco，1996：508）。为了保证社会工作的服务效果，波尔曼从功能理论中吸取积极有益的经验。她在总结自己的问题解决模式时指出，虽然功能理论在当时不是主流的个案工作模式，但是在一些基本问题上给了她很好的启发，让她对一些"理所当然"的假设保持警觉的态度（Perlman，1957：vi）。波尔曼称自己坚持的是一种博采众长的综合立场（Perlman，1957：vii）。

就具体的逻辑架构而言，波尔曼深受功能理论代表人物塔夫特和罗宾森的影响，她赞同功能理论的观点，把个案工作的服务焦点锁定在现在，而不是过去。她认为服务对象之所以寻求帮助，是因为在当前的生活中遇到了困难。波尔曼强调，只要服务对象寻求他人的帮助，就意味着服务对象拥有改变的潜力（Perlman，1986：249）。当然，这并不是说，问题解决模式不需要考察服务对象的成长历史，不需要回顾服务对象过往的经历，而是认为服务对象永远处在成长改变的过程中，只有现在，才是服务对象一切改变的立足点（Turner & Jaco，1996：513）。因此，波尔曼认为，尽管服务对象的过往不愉快经历可能进入辅导的对话交流中，甚至服务对象对未来的期望也可能出现在辅导的对话中，但是对于社会工作者和服务对象来说，首先需要了解的是，问题现在是怎样呈现的，它对服务对象的影响是什么（Perlman，1957：116）。只有当过往的事件和经历影响现在的生活时，社会工作者才可以和服务对象一起探索过往的生活，但是这样做的目的不是界定问题的过往原因，而是帮助社会工作者和服务对象了解当前面临的困难以及服务对象的成长过程（Turner & Jaco，1996：515）。

波尔曼把功能理论的时间概念引入问题解决模式中，也把问题解决的过程分为开始、中间和结束三个阶段，并且分别考察每个阶段问题解决的具体过程和特征，认为这样的划分是任何帮助人的活动必然面临的处境（Perlman，1986：249 – 251）。

功能理论对个人能力的关注也给波尔曼很重要的启发，虽然她在个案工作的评估过程中引入了心理社会治疗模式的诊断概念，但对此进行了改造，称之为诊断式的评估（diagnostic assessment）。波尔曼认为，问题解决模式的评估不是心理社会治疗模式所推崇的开展治疗之前的一项任务，而是贯穿整个服务过程中的一项重要活动，它的核心目的不是确定服务对象面临的问题以及问题产生的原因，而是准确评估服务对象的改变动机、能力和机会。波尔曼把它们概括为"M – C – O"。"M"代表服务对象的改变动机（motivation），"C"代表服务对象的改变能力（capacity），"O"代表服务对象拥有的改变机会（opportunity）（Turner & Jaco，1996：514 – 515）。简单来说，波尔曼希望借助诊断式的评估过程明确服务对象面临的问题、希望达到的改变目标以及实现这些目标的能力（Turner & Jaco，1996：515）。需要注意的是，波尔曼在诊断式的评估过程中，非常关注服务对象自己的观察和理解角度以及与外部环境之间的相互影响（Perlman，1986：247）。

另一个对问题解决模式产生重要影响的功能理论概念是服务场所，强调服务机构对社会工作专业服务的发挥起着重要的作用。波尔曼认为，只有当求助对象对机构服务的认识和期望与机构所能提供的服务相符时，他才能真正成为机构的服务对象，获得机构所能提供的帮助（Turner & Jaco，1996：513）。为了进一步考察服务机构与社会工作专业服务之间的关系，波尔曼还增添了另外两个重要概念：专业帮助者和专业帮助。前者指协助服务对象摆脱困难的帮助者，后者指具体的帮助内容和程序。虽然不同的专业帮助者掌握的知识和技能不同，但机构的专业服务内容和程序具有相对的稳定性（Perlman，1986：254）。此外，波尔曼在问题解决过程中对社会工作者与服务对象之间的支持关系以及服务对象情绪困扰的关注，显示了问题解决模式与心理动力理论之间的内在关联（Perlman，1957：154－155）。

可见，波尔曼借助弗洛伊德的辅导治疗理论与杜威的学习教育思想的结合为社会工作者找到了另一理论和实践的基础——问题解决，并且围绕这一核心，从功能理论和心理社会治疗模式中寻找理论建构的灵感，将心理动力理论与自我心理学融为一体。

（二）问题解决模式的发展和影响

波尔曼之后，有不少社会工作学者对问题解决模式进行了补充和修订，其中比较有影响的要算比尤拉·罗伯茨·康姆普顿（Beulah Roberts Compton）和博尔特·盖勒威（Burt Galaway）（Turner & Jaco，1996：509）。他们从系统理论、沟通理论和角色理论等有关人类行为的理论中汲取新的观点，扩展问题解决模式的视野，强调问题是人们日常生活中无法回避的一部分，它的出现并不意味着软弱和失败，而是人们在成长和改变过程中必然需要面对的现象，是人们成长的一部分（Compton & Galaway，1994：44）。康姆普顿和盖勒威还对问题解决的具体过程进行规范，把它们分为接触、方案制订和行动三个阶段，并且对每一阶段的具体任务和目标进行细致的规划和分类。在整个问题解决过程中，康姆普顿和盖勒威特别关注社会工作者如何根据服务对象的要求制定服务的目标、如何帮助服务对象发掘自身的能力和资源以及如何加强服务对象日常生活中的自然社会支持网络（Compton & Galaway，1994：59－61）。此外，也有一些学者把系统理论引入问题解决模式中，认为系统之间的不平衡才是问题产生的根本原因，而问题的解决就是实现系统新的平衡的过程（Hepworth & Larson，1990：57）。

随着问题解决模式的发展，越来越多的学者受到它的影响，他们不是把问题解决视为一种个案工作的理论，而是作为基本的分析框架，运用于所有帮助人的活动中（McMahon，1990：12）。就产生的直接影响而言，问题解决模式已成为任务中心、危机介入和短期治疗等多种治疗模式的重要理论来源（Howe，2009：76）。特别值得一提的是，在问题解决过程中对服务对象能力和资源的关注让问题解决模式能够与社会工作的基本伦理价值保持一致（Turner & Jaco，1996：507）。这也是问题解决模式吸引众多学者的一个重要原因。问题解决模式还对生活模式（the life model）的基本理念和逻辑框架产生了重要影响，因为两者都关注如何发掘和调动服务对象的能力和资源更有效地解决面临的问题（Turner & Jaco，1996：514）。此外，问题解决模式还被引入增能的视角（Dubois & Miley，1996：214－215）和家庭辅导中（Epstein & Bishop，1981：481），成为帮助服务对象解决问题的有效方法之一。

当然，问题解决模式也面临一些质疑，它所推崇的个人理性分析和行动能力并不一定适合所有文化的要求，而且它对服务对象的理性分析能力也有一定的要求，因此在运用问题解决模式时首先需要考察服务对象自身的需求和能力（Turner & Jaco，1996：519）。尽管问题解决模式并不是社会工作理论和实践的主导模式，但是它的一些核心概念和基本理念已被其他社会工作理论广泛接纳，而且成为不同领域社会工作的基本分析框架和操作模式（Siporin，1975：51）。

二　问题解决模式的理论框架

波尔曼对问题解决模式的描述是直接从个案工作的定义开始的，她希望从社会工作的专业实践中生长出社会工作理论，将社会工作理论直接扎根于社会工作实践中。在波尔曼眼里，所谓个案工作，就是遭遇困难的求助对象来到拥有专业社会福利服务的机构寻求帮助的过程，或者专业社会福利服务机构通过特定的服务程序帮助求助对象更有效地应对在社会生活中遭遇的困难的过程。这个定义揭示了个案工作不可缺少的四个基本元素：人、问题、场所和过程（Perlman，1957：4）。

个案工作的求助对象既可以是男性，也可是女性；既可以是孩子，也可以是老人。只要他在社会和情感生活的某个方面遇到困难并且寻求直接的帮助和辅导时，他就是求助对象。而当求助对象开始正式接受服务机构的帮助时，他就转变成服务机构的服务对象。在问题解决模式看来，所谓问题可能来自服务对象的某些要求或者在生活中遭遇的阻碍或者多次挫折的积累，甚至可能是多种原因共同作用的结果。不管什么原因，只要妨碍服务对象有效适应日常的社会生活或者影响服务对象的应对能力，这就构成个案工作的问题。问题解决模式把个案工作的场所界定为提供不同类型的社会福利服务的社会服务机构或者部门。建立这些特定社会服务机构或者部门的目的不是直接解决社会问题，而是帮助那些在社会生活中遭遇困难的个人管理好个人或者家庭的生活。通常，社会服务机构或者部门的专业服务需要借助专业的社会工作者和规范的帮助程序来实现（Perlman，1957：4）。个案工作的第四个元素就是过程，指个案工作者通过建立积极的辅导合作关系以及采取一系列的问题解决操作方式帮助服务对象有效应对日常生活中的问题（Perlman，1957：4 - 5）。

不过，需要注意的是，波尔曼对个案工作过程的理解包含了两种观察视角：一种是就个案工作的静态视角而言的，从结构的角度把过程视为与人、问题和机构相并列的个案工作的一个要素；另一种是就个案工作的动态视角来看的，认为人、问题和机构三个要素相互影响一起构成个案工作的核心——问题解决过程（Perlman，1957：5）。波尔曼发现，问题解决过程不能理解为三个要素的简单相加，作为社会工作者仅仅了解个案工作的人、问题和机构三个要素还远远不够，只有当社会工作者掌握了这三个要素相互作用的方式以及变化规律时，才能为个案工作的介入活动提供指导。波尔曼相信，虽然个案工作是一门艺术，但对问题解决规律的了解和把握是必要的，能够促进社会工作者的创造力的发挥（Perlman，1957：vi）。

值得注意的是，问题解决模式在界定个案工作的问题时，并没有直接从问题着手，而是把人放在了考察的第一位，即强调要理解人的问题，首先需要理解人的成长要求。

（一）成长中的问题

在问题解决模式看来，服务对象也像其他人一样，生活在与周围环境交往的日常生活中，任何时候都是作为一个整体回应周围环境的要求，既呈现过去、现在和未来三个时间维度的影响，也涉及生理、心理和社会三个层面的相互作用（Perlman，1957：6 -

7）。在寻求适应社会环境过程中，服务对象需要借助一定的行为，只有通过行为服务对象才能将自己内心的想法和感受表达出来；而且，也只有通过行为，服务对象才能影响周围环境。因此，对服务对象适应社会环境行为的了解就成了社会工作者的必修课（Perlman，1957：7）。把行为作为理解服务对象的关键有着特别的意义，这表明问题解决模式与弗洛伊德的精神分析理论有着根本不同的逻辑，它把人与环境之间相互作用的社会关系作为理解人的基础。①

问题解决模式假设，人的行为是有一定的目的和意义的，要么是为了获得满足感，要么是为了避免挫折感，其核心是保持人们在适应周围环境过程中的动态平衡（Perlman，1957：7）。但是，人们在寻求平衡发展中会遭遇各种阻碍，这就是问题解决模式所说的问题（Perlman，1957：8）。通常，来到社会服务机构的求助对象都会面临一种矛盾的成长要求：一方面希望有所改变，重新找到新的平衡发展的方式；另一方面又害怕面对问题，担心尚不确定的未来的变化。问题解决模式认为，社会工作者只有通过观察服务对象这些犹豫不决的细微行为表现并且了解其背后的意义、动机以及人格机制中的适应和保护的方式时，才能真正理解服务对象，帮助服务对象做出积极的调整和改变（Perlman，1957：9）。

问题解决模式认为，一个人的行为是否能够促进自身的成长在很大程度上取决于他的人格结构所发挥的功能（Perlman，1957：9）。就人格结构而言，它主要包括三个方面的功能：第一，提供成长动力，即为个人的成长提供改变的动力，推动个人寻求成长的满足感或者避免挫折感；第二，进行现实检查，即阻止、调整和联结个人成长的要求，使之与个人的其他要求以及社会环境的要求相符；第三，平衡各方要求，即寻求个人内部以及个人与外部环境之间的平衡，以实现个人成长的要求（Perlman，1957：10）。显然，个人的任何行为都受到他的人格结构功能的影响。所谓个人的行为是否合适，则取决于它是否能让服务对象的自我在问题面前保持一种有效的调整能力，并且帮助服务对象有效解决面临的问题或者实现他所希望达到的目标（Perlman，1957：16）。因此，个人的自我在问题解决过程中发挥着至关重要的作用，它是个人人格中的问题解决机制，它的调整能力越强，意味着服务对象在日常生活中越能够成功解决面临的问题（Perlman，1957：17）。从问题解决模式对人格结构功能的设置可以看到，虽然它使用了精神分析理论的一些重要概念，如人格和自我等，但是它与弗洛伊德的理论有着根本的区别，强调的是人与环境之间的关联，而不是意识和无意识的划分。

问题解决模式强调，个人人格的结构和功能是个人与周围环境在生理、心理和社会三个层面相互影响过程中形成的，它既是这种相互影响方式的结果，也是促使这种相互影响方式调整的因素（Perlman，1957：17）。问题解决模式认为，个人与周围环境是不能分割的，不能把个人从周围环境中分离出来，也不能把周围环境简单视为固定不变的"事实"，因为个人总是与周围他人的交往联系在一起，而在交往中个人就会赋予自己的生活一定的意义和目标（Perlman，1957：18）。因此，虽然来到社会服务机构的求助对象

① 有关弗洛伊德对心理结构的观点可以参阅弗洛伊德（1986）。

可能只有一人，但是作为社会工作者他在考察求助对象时，不能忽视与之互动的重要他人和周围环境（Perlman，1957：19）。

问题解决模式在观察人们的现实生活时发现，一个人在任何阶段不仅受到过去经历的影响，也受到现在的生活状况以及对未来的期望的影响（Perlman，1957：19）。问题解决模式认为，从时间维度来说，今天是昨天发展的结果，今天又是明天发展的基础，人的生活就是每天在应对现在生活中的问题或者追求未来的目标中努力保持生活的平衡，不断往前迈进（Perlman，1957：20）。因此，在问题解决模式的逻辑框架中，现在的生活状况有了特别重要的意义，它既是理解服务对象的基础，也是开展社会工作专业服务的焦点。问题解决模式强调，尽管社会工作者在考察服务对象的现在生活状况时，既要关注过去经历对它的影响，也要注意未来期望对它的作用，但是所有这些考察都需要围绕服务对象现在的生活状况以及服务对象目前在适应周围环境过程中面临的问题，而不是走进过去确定服务对象问题产生的过往原因（Perlman，1957：21）。而且，问题解决模式认为，正是由于人的发展是承接历史面向未来的过程，所以社会工作者在了解服务对象目前生活状况时就不能停留在一般原因和结果因素的分析上，而需要重点考察其中可改变的因素和资源，以阻止过去老问题的延续或者新问题的产生，改善服务对象的生活状况（Perlman，1957：20）。

在人的行为方式的形成方面，问题解决模式吸收了心理社会治疗模式的观点，假设个人的行为是由他所占据的社会地位和扮演的社会角色所产生的行为期望决定的。问题解决模式认为，每个人在日常生活中都占据着一定的社会地位，并且扮演着一定的社会角色，而这些社会地位和角色对个人在特定场所和时间内的行为表现都有明确的规定，包括承担什么责任、拥有什么权利以及得到什么回馈等（Perlman，1957：22）。通常情况下，一个人需要扮演多个角色，需要与不同的人和不同的环境交流，而在这些扮演的角色中有一些是最基本的，不同的文化都对这些基本的角色有明确的期望和要求。一个人的行为是否合适，以及他对自己的评价，都深受这些期望和要求的影响（Perlman，1957：23）。

在问题解决模式看来，一个人对自己的评价主要取决于他在日常生活中的一些最基本的角色的扮演情况，如果扮演得顺利，他就会对自己的生活感到满意，认为自己是有用的人；如果扮演得不顺利，他就会为此感到羞愧，怀疑自己的能力。当然，这样的判断不是自己一个人所能决定的，它同时还受到与之交流的身边重要他人的影响（Perlman，1957：23）。问题解决模式认为，由于社会生活的复杂性，一个人经常需要在不同的角色之间转换，以适应不同的社会生活的要求。这样，在角色的扮演过程中就会面临一些冲突。如果一个人的认识和判断与周围他人或者社会环境的要求相一致，他所扮演的角色就会成为个人成长的有益经历；如果两者不一致，就会使角色扮演面临冲突，阻碍个人的成长（Perlman，1957：24）。问题解决模式强调，一个人之所以来到社会服务机构寻求帮助，是因为他在日常生活中的某个或者某些重要角色的扮演过程中遇到了困难，使他要么无法找到有效的方法应对面临的困难，要么由于环境压力过大而无法发挥自身的能力（Perlman，1957：25）。

问题解决模式假设，求助对象来到社会服务机构一定面临某种压力（Perlman，1957：25）。这种压力既可以来自求助对象的内部，如求助对象感到自己没有能力应对面临的困难，也可以来自求助对象的外部，如求助对象感到面临环境的威胁和挑战。当然，更多时候，这两个方面的压力是交错在一起的。值得一提的是，问题解决模式运用了一种系统的视角来看求助对象的压力，认为在日常生活中求助对象的某个方面的压力会影响其他方面；同样，求助对象某个方面压力的消除也会有利于其他方面问题的解决（Perlman，1957：26）。

在问题解决模式的逻辑框架中，个案社会工作需要解决的是个人在社会功能方面遭遇的问题。这些问题既可能是由个人未满足的需要导致的，如因为缺乏必要的受教育机会，求助对象无法有效适应社会生活；也可能是由生活中的压力产生的，如因为生活压力过大，求助对象感到无力应对周围环境的要求。问题解决模式认为，不管这些问题是由什么原因导致的，只要它们妨碍或者阻止求助对象在日常生活中保持和发挥正常的社会功能，他就是社会工作者需要关注和帮助的对象（Perlman，1957：28）。问题解决模式强调，社会工作的关注焦点是通过分析和了解影响服务对象与周围环境交流的各种因素，帮助服务对象处理在日常生活中遭遇的挫折感，增强服务对象的社会适应性和满意感（Perlman，1957：29）。为了进一步明确社会工作者在帮助过程中的任务，问题解决模式将社会工作者需要解决的问题细分为六类。第一类是由于物质帮助不及时而导致的问题。这类问题最需要的是社会工作者及时提供必要的物质帮助。第二类是由于忽视或者误解而导致的问题。对于这类问题，通常情况下社会工作者所需要提供的是那些必要的知识。不过，有时社会工作者也需要同时排解服务对象的消极情绪。第三类是由于生理状况不佳和心理动力不足而导致的问题。在这种情况下，社会工作者首先需要改善服务对象的生理状况，并且为服务对象提供必要的心理支持。第四类是由于情绪不稳定而导致的问题。针对这类问题，社会工作者既要舒缓服务对象的情绪，减轻问题产生的压力，也要帮助服务对象准确分析问题产生的影响以及找到解决问题的可行方法。第五类是由于长期受到情绪困扰而导致的问题。对于这类问题，社会工作者的关注焦点不是解决服务对象的情绪问题，而是围绕如何加强服务对象对现实环境的适应调整服务对象的情绪，让服务对象能够管理好自己的情绪，并且帮助服务对象学习尝试其他更为有效的行为方式。第六类是由于缺乏良好的行为习惯或者合理的思维方式而导致的问题。显然，针对这类问题，社会工作者的帮助更多地集中在服务对象的行为和思维方式的训练上（Perlman，1957：56 - 57）。简而言之，问题解决模式所说的个案工作就是通过提供必要的物质、生理、心理、知识、情绪、认知和行为等方面的帮助增强服务对象在适应周围环境过程中的问题解决能力的过程（Perlman，1957：58）。

值得一提的是，问题解决模式并不把问题的消除视为问题解决的唯一方式，而是认为即使是问题改善甚至是服务对象的态度转变，只要能够帮助服务对象有效应对问题，就是有效的问题解决方式（Perlman，1957：58）。显然，在问题解决模式看来，问题解决只是手段，提升服务对象的社会适应能力才是目的。

（二）问题的关联性

对于需要解决的问题，问题解决模式进行了细致的分析，认为服务对象面对的问题通常涉及多个方面，而且相互之间有着内在的关联，因此在开展具体的服务之前，社会工作者就需要和服务对象一起做出选择：以哪个或者哪方面的问题作为工作目标（Perlman，1957：29）。问题解决模式在自己的专业实践活动中发现，社会工作者普遍存在这样一种误解，认为只有对服务对象的问题进行深入的分析和全面的了解，掌握问题发展变化的因果规律，才能找到解决问题的有效方法，而且分析得越深入，解决方法就越有效（Perlman，1957：129）。实际上，问题解决模式强调，在日常生活中，要全面理解一个问题已经是一件不容易的事，而要一下子彻底解决一个问题几乎是不太现实的。因此，面对问题，就需要有所选择和安排，有的放在前，有的放在后，分阶段、分步骤地解决面临的问题（Perlman，1957：29）。这种分阶段、分步骤解决问题的策略在实际专业服务实践中不失为明智的选择，因为一个小问题的解决至少可以增强社会工作者和服务对象的信心，使他们相信改变是可以发生的，同时也有利于下一步改变的实现（Perlman，1957：129）。

问题解决模式认为，在选择和安排问题解决的先后次序时，社会工作者需要考虑三个方面的因素。第一，问题是不是服务对象希望解决的。问题解决模式强调，社会工作者需要时常提醒自己：社会工作帮助的是人，不是问题。如果社会工作者过分关注问题，即使对问题有精深的分析，也会失去服务对象，当然也就无法与服务对象进一步合作开展专业服务活动。因此，社会工作者需要从服务对象感受到的问题开始，了解服务对象在问题中看到什么、感受到什么以及想做什么改变等（Perlman，1957：30）。问题解决模式认为，尽管首先选择的不一定是服务对象希望解决的基本问题，但一定是服务对象在问题的困境中最让他感到不安并且最希望解决的问题。在这一点上，问题解决模式吸收了功能理论的观点，把服务对象的需求放在首位，坚信只有服务对象接纳了社会工作者，他才可能开放自己，学习接纳其他人的不同观点和行为（Perlman，1957：30）。第二，问题是否符合社会工作的专业判断。问题解决模式认为，尽管服务对象在问题困境中的需求是社会工作者首先需要考虑的，但同时社会工作者不能忽视自己的专业分析和判断，因为社会工作者接受过专业的教育和训练，并且掌握科学的资料收集和分析的方法，能够知晓问题之间的内在关联，如现在生活中的问题怎样受到过去问题的影响、怎样通过一个一个小问题的解决实现最终的目标等。因此，问题的选择和安排只有符合社会工作的专业判断时，才能得到顺利的解决（Perlman，1957：32）。第三，问题是否符合社会服务机构所能提供的服务范围。在问题解决模式看来，每一个社会服务机构或者社会服务部门都有自己特定的服务领域和服务范围，以满足特定服务人群的某方面需求。如果服务对象的问题超出了社会服务机构的服务范围，他就无法得到这些社会服务机构的服务（Perlman，1957：32）。

问题解决模式假设，一个人的任何方面问题的变化都具有"连锁反应"（chain reactions）。也就是说，任何一个导致情绪或者社会适应的问题都可能促使这个人的其他相关方面出现问题。之所以出现这种情况，在问题解决模式看来，是因为人是一个生活的整体。虽然在研究和分析中，可以把人分为生理、心理和社会等不同的层面，但实际上，他的各方面生活是紧密关联的，并且作为一个整体与周围环境相互作用。因此，只要一个人在某方面受到伤害，这种伤害就会影响他的其他生活方面（Perlman，1957：33）。同样，服务对象在某个方面得到了社会工作者的帮助，这种影响就不局限在这个生活方面，还可以增强服务对象对社会环境的整体的平衡和适应能力（Perlman，1957：35）。

在问题解决模式看来，任何人的任何问题都同时具有客观和主观两个层面的内涵（Perlman，1957：35）。问题解决模式认为，这两个层面的内涵其实包含了两种事实判断：一种是"客观事实"，即在一个社会中被人们视为真实存在、不容置疑的东西；另一种是"主观事实"，即个人经验和感受事实的特定方式。问题解决模式强调，"客观事实"只有结合了"主观事实"的时候，它才具有意义和生机；同样，"主观事实"只有结合了"客观事实"的时候，它才可以用于评估和交流，脱离任何一方面的考察，都会使事实的理解出现偏差。因此，在考察服务对象的问题时，问题解决模式要求社会工作者既关注问题的"客观事实"，也要关注问题的"主观事实"（Perlman，1957：116－117）。

正是由于问题同时具有主观和客观两个层面的内涵，因此服务对象应对问题的方式就不仅与问题的客观属性有关联，还与服务对象感受问题的主观方式直接相关，服务对象怎么看问题、怎么感受问题，在很大程度上影响了服务对象的改变要求和信心。问题解决模式认为，对于社会工作者来说，了解服务对象感受问题的方式是解决问题不可缺少的一环，它可以帮助社会工作者体会到服务对象内心感受的变化并且继续推动服务对象在解决问题上所做的各种努力（Perlman，1957：36）。问题解决模式强调，问题存在"主观事实"这一现象提醒社会工作者，他对问题的理解和解释与服务对象不同，而正是这种不同为社会工作者帮助服务对象提供了必要的前提和空间（Perlman，1957：125）。

问题解决模式假设，不仅问题同时拥有客观（外部）和主观（内部）两个层面的内涵，而且它们彼此之间也是相互影响的。看上去是服务对象内部心理的人格方面的困扰，其实是服务对象在应对周围环境压力中形成的（Perlman，1957：36）。显然，周围环境发生变化的同时也在影响服务对象的内部心理状况，服务对象内部心理状况的改变也会表现在应对周围环境变化的行为中。因此，问题解决模式认为，在考察服务对象的问题时，社会工作者不仅需要了解问题中的客观和主观两个层面的内涵，而且需要把握两者之间相互影响的方式。由此，社会工作者才能找到服务对象的哪个问题或者问题的哪个方面最容易改变，从而确定开展专业服务活动的焦点；同时，它也提醒社会工作者，社会工作专业服务是一个过程，其中既包含客观方面的改变，也包含主观方面的改变，是主客观两方面交错影响的结果（Perlman，1957：37）。

问题解决模式在自己的专业实践活动中发现，不管求助对象来到社会服务机构寻求什么帮助，他首先需要面对如何成为服务对象的问题。成为社会服务机构的服务对象不是简单地考察求助对象的要求符合社会服务机构的服务范围，而是一个人的身份的改变，在这个过程中求助对象需要学会开口寻求帮助，并且学习接受和运用这种帮助（Perlman，1957：37）。问题解决模式强调，这个问题对于社会工作来说尤为重要，因为社会工作特别关注个人的尊严和潜能，相信一个人只有对自己的生活负有责任感时，才能保持个人的价值和人格的独立（Perlman，1957：39）。就专业实践的策略而言，求助对象来到社会服务机构寻求帮助，这个时候就意味着社会工作专业服务活动已经开始，因此怎样让求助对象在身份转变过程中建立和维持一种积极合作者的角色，是社会工作专业服务活动在开始阶段顺利展开的关键（Perlman，1957：109）。

在问题解决模式看来，服务对象的各问题之间存在某种关联，社会工作的目标就是借助这种关联为服务对象提供专业服务活动，通过一定时间内解决特定的问题，打破问题之间的恶性循环，增强服务对象解决问题的能力（Perlman，1957：39）。

（三）问题解决的双重焦点

问题解决模式认为，社会工作的复杂性表现在解决服务对象的问题时它采取了双重焦点的方式，即在帮助服务对象解决问题的同时，提升服务对象的能力，促进服务对象的成长。也就是说，在社会工作专业服务活动中，社会工作者一方面要关注服务对象问题的客观内涵，看服务对象的问题是否得到解决，这是问题解决的客观焦点；另一方面社会工作者也要关注服务对象问题的主观内涵，了解服务对象解决问题的能力是否得到提高，这是问题解决的主观焦点。不过，社会工作的问题解决方式存在主客观双重焦点的看法，有时会让初学的社会工作者感到困惑和迷茫，让他不知道从哪里着手。为此，问题解决模式提出，帮助服务对象提升解决问题能力的最好方式是为服务对象提供解决问题的机会和条件，让服务对象自己在困难面前尝试和学习运用不同的解决问题的方式。因此，社会工作者既要为服务对象提供解决问题的资源和机会，也要帮助服务对象增强应对问题的能力（Perlman，1957：84）。

在问题解决模式看来，问题解决的客观焦点容易被人们理解和掌握，而且通常能够被人们一眼认出；但是问题解决的主观焦点就不同了，不仅不容易被人们察觉和了解，而且具有不稳定、易变化的特点。问题解决模式强调，之所以同时关注问题解决的主客观双重焦点，是因为服务对象既是问题的呈现者，也是问题的解决者，离开服务对象的参与，问题是很难得到解决的（Perlman，1970：131）。问题解决模式认为，社会工作的专业服务总是和服务对象人格功能的改善联系在一起，因此帮助服务对象的一项有效策略是协助服务对象发掘和运用自身的能力。正因为如此，在社会工作的专业服务活动中就涉及如何通过问题解决过程将服务对象自我功能的发挥与社会工作者的有规划的、系统的帮助活动结合起来（Perlman，1957：85）。

在问题解决模式的逻辑框架中，问题解决的主观焦点的内涵不仅包括服务对象解决问题的能力，也包括他对机构服务的回应能力（Perlman，1957：183）。在问题解决模式看来，服务对象解决问题能力的提升是在一定的社会服务机构提供的专业帮助下实现的，对机构服务的接受和运用能力本身就构成服务对象自我功能的一部分，是服务对象在解决问题过程中不可缺少的能力（Perlman，1957：185）。实际上，当求助对象来到社会服务机构时，就已经表明他想运用机构的专业服务改善自己的外部环境或者调整自己的内心状况。一旦求助对象成为机构的服务对象，服务对象的问题解决的能力就与回应机构服务的能力紧密联系在了一起（Perlman, 1957: 86）。

为了体现问题解决的主客观双重焦点，在收集服务对象的相关资料和了解服务对象面临的问题时，问题解决模式要求社会工作者掌握六个方面的情况：①服务对象目前面临的问题，包括服务对象面对的外部困境、希望达到的目标以及面临的阻碍等；②问题对于服务对象的意义，如问题对于服务对象意味着什么、他在问题的处境中有什么感受等；③问题的引发因素，即什么事件导致问题的出现，问题与问题之间存在什么关联；④服务对象在问题面前做过的努力，包括在问题面前服务对象想过什么、做过什么尝试以及得到过什么帮助等；⑤服务对象寻求机构帮助的目标，涉及服务对象来到机构寻求帮助的动机、期望以及他和机构的关系等；⑥机构的性质和功能，包括机构拥有什么资源、可以为服务对象提供什么帮助以及对服务对象有什么要求（Perlman, 1957: 115）等。显然，在这六个方面的要求中，既包含服务对象问题解决的客观焦点，也包含服务对象问题解决的主观焦点。

由于受到精神分析学派的影响，问题解决模式认为，服务对象的问题解决能力深受自身情绪的影响。当服务对象面对问题产生无助的情绪时，他的问题解决能力也会受到损害（Perlman, 1957: 85）。问题解决模式发现，有两种情绪对维持服务对象解决问题的动力发挥着极其重要的作用，它们分别是不满意感（discomfort）和希望感（hope）。当服务对象只有不满意感而没有希望感时，就会只有改变的要求，但缺乏改变的动力，也没有改变的目标和方向；而当服务对象只有希望感、没有不满意感时，就会依赖他人和周围环境的改变，把自己视为环境的受害者。当然，理想的状态是服务对象既有不满意感也有希望感，既有改变的要求和动力，也有改变的目标和方向（Perlman, 1957: 187）。

除了情绪方面的能力之外，问题解决模式认为，直接影响服务对象解决问题的能力还包括服务对象的社会生活的智力（social intelligence capacity）。这种能力不同于一般所说的智力，是服务对象在社会生活中进行观察、沟通并且做出准确判断的能力，也是服务对象在不同环境中采取不同应对行为的能力（Perlman, 1957: 193 - 195）。此外，服务对象的身体健康状况也是影响服务对象解决问题能力的重要因素（Perlman, 1957: 195）。

问题解决模式认为，社会工作的目标就是通过问题解决的过程维护、补充和加强服务对象的自我功能（Perlman, 1957: 86）。不过，这个目标的实现需要依赖服务对象与社会工作者之间的信任合作关系的建立，因为只有在这样的良好合作关系中，服务对象才能建立起对社会工作者的信任，感觉到自己是能够被人理解的，服务对象的自我才能因此得到必要的支持和肯定。一旦服务对象体会到社会工作者和他站在一起时，就会不自觉地受到社会工作者的影响，学习社会工作者处理问题的方式。这样，服务对象看待自己和环境的态度和方式就会发生改变。问题解决模式发现，很多时候服务对象的问题解决能力的提升发生在潜移默化之中，有时候甚至就连服务对象自己也未必能够意识到。但是，问题解决模式强调，既然问题解决过程是社会工作者与服务对象共同努力一起解决问题的过程，它必定包括有意识、有目的的活动规划与安排（Perlman, 1957: 87）。

尽管社会工作的关注焦点是加强服务对象的自我功能，但是问题解决模式认为，社会工作的首要任务仍旧是明确服务对象需要面对的问题。例如，了解周围环境对服务对象造成的压力是什么、服务对象是怎么感受的、他对周围环境的行为回应方式是什么以及他希望实现什么样的改变目标等。这些疑问围绕服务对象需要面对的问题，帮助服务对象和社会工作者勾画出有关问题的清晰图像（Perlman，1957：88）。问题解决模式强调，只有当社会工作者和服务对象对问题有了清晰、明确的界定时，双方才能找到相互沟通交流的合作平台；否则，双方只会各说各的，无法建立合作的基础。显然，问题解决模式把问题的考察和界定视为社会工作者与服务对象相互合作的现实基础（Perlman，1957：88）。问题解决模式提醒社会工作者，考察和界定问题的目的不是帮助服务对象了解问题的所有原因或者让社会工作者满足问题分析的欲望，而是带动社会工作者和服务对象一起面对和解决问题（Perlman，1957：89）。

即使社会工作者与服务对象建立了相互合作的现实基础，服务对象的问题也并不会自然而然解决。此时，问题解决模式认为，社会工作的关注焦点就需要转向帮助服务对象学会在问题中思考（thinking through a problem）（Perlman，1957：90）。问题解决模式对思考问题（thinking about a problem）和问题中思考做了仔细的区分：前者是把自己放在问题的外部对问题进行理性的逻辑分析；而后者是把自己融入问题的处境中去感受、理解和面对问题，并且设法把握或者解决问题。问题解决模式强调，学习问题中思考的第一步是让服务对象自己描述面临的问题，讲述自己在问题中采取的各种应对行为以及它们对自己的意义所在（Perlman，1957：91）。显然，这样的服务设计是为了帮助服务对象学会面对问题，成为问题解决的积极参与者。

问题解决模式认为，讲述问题只是问题解决的第一步，虽然这样做可以暂时缓解服务对象的压力，但并不能解决问题。这就需要社会工作者采取另一项问题解决的重要策略：聚焦和分割（focusing and partializing the problem）（Perlman，1957：144）。所谓聚焦，是指社会工作者借助直接的提问、评价或者建议等方式帮助服务对象把注意的焦点集中在需要解决而且能够解决的问题上（Perlman，1957：145）。问题解决模式相信，社会工作者掌握着专业的知识和技能，他通常要比服务对象更了解问题变化的规律，因此自然需要承担帮助服务对象聚焦问题的责任（Perlman，1957：146）。需要注意的是，这种指导采取的是一种引导的方式，社会工作者只是帮助服务对象明确问题解决的路径和方向，而不是命令服务对象做什么（Perlman，1957：145）。与聚焦相关联的是分割，即把一个复杂的、大的问题切割成若干个简单的、小的问题，以便服务对象有能力应对（Perlman，1957：147）。聚焦通常和分割联系在一起，两者不能割裂开来。通过聚焦和分割，社会工作者就能够帮助服务对象把一个暂时无法一下子解决的问题切割成若干个可以解决的小问题，并且借助一步一步的聚焦和解决最终克服问题（Howe，2009：76）。显然，问题解决模式这样安排解决问题的策略是为了保证服务对象在复杂的生活问题面前仍旧能够保持成功的信心和改变的愿望。当然，更深层的原因是借助聚焦和分割将服务对象需要面对的问题与他的自我功能匹配起来，从而把问题的解决和服务对象能力的提升结合起来；否则，在问题解决模式看来，服务对象不会主动把自己融入问题的处境中寻求问题解决的方法，而会不自觉地选择逃避问题（Perlman，1957：148）。

在讨论如何聚焦和分割问题时，问题解决模式提出了社会工作者可以遵循的三项原则：第一，最直接原则（greatest immediacy），即以服务对象和社会工作者最直接面对的问题作为下一步一起工作的焦点；第二，代表性原则（representativeness），即所选择的问题是需要解决的大问题的一部分；第三，可处理原则（manageability），即所选择的问题是服务对象依据现在的条件能够应对的问题（Perlman，1957：149）。

在问题解决模式看来，不管服务对象是否意识到，只有通过聚焦和分割问题，服务对象才能够在社会工作者的引导下从新的角度理解、感受和回应需要面对的问题，改善自我的功能（Perlman，1957：92）。问题解决模式坚信，一个时间只做一件事是一种明智的选择，这样安排不仅可以避免因问题复杂而产生过大的压力，而且可以减轻服务对象内心的不安和困惑。问题解决模式强调，学会在问题中思考不是结果，而是过程，在这个过程中服务对象通过与社会工作者的交往了解到哪些问题重要、问题之间的关联是怎样的以及如何着手解决问题等，即使问题本身没有什么变化，但服务对象的态度和认识已经发生了改变，服务对象的自我就能够逐渐承担起面对问题时的责任（Perlman，1957：93）。不过，问题解决模式认为，要真正做到自我功能的改善，服务对象还需要经历选择和决定的过程，因为只有通过选择和决定，服务对象应对问题的行为和内心的感受状况才能有所改变，更为重要的是，服务对象只有在更为有效和新颖的应对问题的方式中才能找到持续解决问题的动力（Perlman，1957：99）。

尽管问题解决模式强调在问题解决过程中关注服务对象自我功能的改善，但这并不是说，问题解决模式只关注问题解决过程中的主观内涵。实际上，问题解决的主观焦点只有和客观焦点结合起来时，内部的改变和外部的改善才能相互促进，特别是在外部环境的压力过大而使服务对象缺乏必要的资源和机会时，外部环境的改善就显得尤为重要（Perlman，1957：199－100）。

（四）机构中的专业服务

问题解决模式继承了功能理论的观点，把问题解决过程放在一定的社会环境下来考察，认为社会工作专业服务是在一定的社会服务机构中开展的，它的工作范围、服务焦点和实施条件等都受到社会服务机构本身状况的影响（Perlman，1957：40）。社会服务机构虽然千差万别，但就一般情况而言，它们都受到三个方面的主要因素的影响。一是支持的来源。它是指社会服务机构提供社会工作专业服务的基础，就像医院负责接待看病的病人、学校负责学生品行教育一样，社会服务机构也有自己需要负责解决的问题——人们在日常生活中遭遇的心理和社会方面的困难。如果求助对象遇到这样的困难而又不会利用机构所提供的服务，他就是社会服务机构的服务对象。二是专业权威的来源。它是指社会服务机构提供社会工作专业服务所依据的权威条件，如社会工作专业服务是社会服务机构提供的首要服务还是次要服务、社会服务机构得到的是公共资金的支持还是私人资金的支持等，这些条件影响了社会服务机构所提供的社会工作专业服务。三是机构的服务领域。它是指社会服务机构通过社会工作的专业服务满足服务对象需求的内容和范围。服务对象的不同要求意味着社会服务机构需要拥有不同的服务资源和专业知识（Perlman，1957：42－43）。

　　在问题解决模式看来，作为机构的社会工作专业服务体现的是某部分社会成员的意愿，它是整个社会福利服务的组成部分（Perlman，1957：43）。通常情况下，人们会把社会工作专业服务仅仅视为社会服务机构提供的专业服务，受到机构工作人员和管理人员的素质和工作态度的影响，甚至不少社会工作者也这样理解。实际上，问题解决模式认为，社会工作专业服务同时还需要回应相关社区的发展要求，这是社会工作专业服务得以维持的社会基础（Perlman，1957：44）。

　　在具体的服务过程中，问题解决模式发现，每一个社会服务机构都会设计和规划一些服务项目，通过这些服务项目的实施社会服务机构才能将资源提供给服务对象，帮助服务对象解决面临的问题。与机构的服务功能相比，机构的服务项目规定得更为具体，如服务的方式、次数、过程和场所等。可以说，机构的服务项目是机构服务功能的具体延伸（Perlman，1957：45）。问题解决模式认为，社会服务机构的服务领域和服务功能相对比较稳定，但服务项目可以经常调整，以适应不断变化的周围环境、社区需求以及专业知识和技能的要求（Perlman，1957：45 - 46）。

　　仔细分析社会服务机构的服务功能和服务项目就会发现，任何社会服务机构都拥有一定的结构。在问题解决模式看来，正是借助这种结构，社会服务机构才能将机构的政策和任务具体化，并且将机构服务的操作过程规范化和系统化（Perlman，1957：46）。需要注意的是，在这种具体化和规范化的过程中，机构服务如果不关注服务对象需要的满足，就会走向形式化的危险。因此，问题解决模式强调，社会服务机构需要经常检视自己提供的服务状况，看它是否能够满足服务对象的需要，坚持"好的服务一定要有好的成效"的服务原则（Perlman，1957：48）。

　　问题解决模式还借用了生物有机体的概念来重新审视社会工作专业服务，假设社会服务机构就像一个拥有生命的有机体，在发展中需要不断寻求理解和适应（Perlman，1957：49）。而机构中的任何成员都是这个有机体的成员，他的所作所为代表机构所发挥的功能，个案工作者就是其中的一员，只不过他运用的是个案的问题解决方式（Perlman，1957：50）。

　　如果从社会环境的角度审视社会服务机构，它所提供的社会工作专业服务就是社会福利服务系统的一部分，它的服务资源和服务功能也深受社会福利服务系统的影响。问题解决模式之所以引入这样的功能理论观点，是因为希望人们能够关注到社会工作专业服务背后存在的社会方面的影响因素。不过，在实际的专业服务过程中，问题解决模式发现，社会工作者时常处于双重身份中：一方面作为机构专业服务的代表，需要遵守机构的要求运用机构的资源提供社会工作专业服务；另一方面作为社会工作专业服务的代表，需要在专业服务过程中秉持社会工作的专业价值观（Perlman，1957：111）。一旦这两种身份发生冲突，问题解决模式强调，社会工作者需要牢记：社会工作是一个专业，拥有自己的专业价值观（Perlman，1957：50）。也就是说，在社会工作专业服务开展过程中社会工作者需要把增进服务对象的福祉和社会的公平视为专业服务的首要原则。为此，问题解决模式还引入了查勒特·陶瓦鲁（Charlotte Towle）的观点，强调坚持社会工作的专业价值观是社会工作者的"社会良心"所在（Towle，1954）。

（五）协助者的角色

尽管从本质上说社会工作是问题解决的过程，但问题解决模式认为，这并不意味着社会工作就需要解决服务对象寻求帮助的所有问题，也不意味着社会工作者的所有注意力都需要集中在服务对象的问题上（Perlman，1957：53）。问题解决模式强调，一旦社会工作者把专业服务的目标锁定在服务对象问题的彻底消除上，就会不可避免地遭遇失败和挫折，因为服务对象自身拥有的能力也是影响其成长的重要因素（Perlman，1957：199）。因此，在实际的专业服务活动中社会工作者追求的不是"治疗"服务对象的问题，而是提供机构所拥有的资源和机会以提高服务对象的适应能力，帮助服务对象管理好自己的生活（Perlman，1957：200）。显然，在问题解决模式看来，社会工作者在问题解决过程中扮演的是协助者的角色，即在应对问题过程中帮助服务对象提升适应的能力。具体而言，这种协助者角色包括三个方面的基本功能：第一，与服务对象建立信任合作的关系，以影响服务对象与问题的关联方式；第二，为服务对象提供系统的帮助，以协助服务对象明确自己面对的问题以及可能存在的解决问题的方法；第三，给服务对象提供必要的资源和机会，以帮助服务对象练习和掌握新的适应行为（Perlman，1957：58）。

面对一个遭遇困扰的服务对象，问题解决模式认为，此时社会工作者的首要任务是舒缓或者减轻服务对象的内心困扰，因为这样的情绪往往妨碍服务对象自我功能的发挥。问题解决模式发现，尽管提供情绪舒缓的方式有很多，但建立和保持信任合作辅导关系是一项非常有效的策略。借助这种信任合作的关系，社会工作者就能展现自己对服务对象的关心和同理以及合作解决问题的愿望和能力；只有在这种信任合作的关系中，服务对象才能感受到他人的理解和支持，才能放下内心的不安勇敢面对问题。当然，仅仅提供信任合作辅导关系还远远不够，只有当服务对象拥有的能力和资源被充分挖掘出来并且用于问题解决的过程中时，服务对象才能感受到自己是一个有能力的人（Perlman，1957：59）。问题解决模式之所以关注服务对象的能力，除了因为注重问题解决的实际效果之外，还有另一方面的考虑，即对专业伦理价值的关注，相信每个人都拥有能够做出自我决定的权利，都可以在现实的条件下成为自己命运的主宰者（Perlman，1957：60）。问题解决模式认为，社会工作一直注重服务对象的自决权，并且把它作为一项基本的专业伦理价值，因为社会工作相信每个人都能够承担自己的责任，都可以接纳自己的感受和想法，并且能够依据自己的真实要求做出决定（Perlman，1957：135）。

正是在这样的专业伦理价值的指导下，问题解决模式认为，社会工作者与服务对象的合作关系需要做出相应的调整，社会工作者不是直接的指导者，帮助服务对象解决问题，而是资源和条件的提供者，让服务对象自己帮助自己。因此，在问题解决的过程中，服务对象的全身心参与就显得十分重要，社会工作者所做的就是发掘服务对象的能力，鼓励服务对象积极参与整个服务过程，让服务对象感受到自己是一个有能力的行动者（Perlman，1957：60）。当然，在这个过程中让服务对象感受到社会工作者与他在一起也很重要；否则，社会工作者所开展的服务只是一种直接的给予，并不能够鼓励和支持服务对象经历自己的问题并且学会在问题中思考（Perlman，1957：191）。

　　问题解决模式假设，有效的问题解决过程与试错的实践方式不同，包括三个方面的行动：第一，收集与问题有关的相关事实，既包括客观层面的事实，也包括主观层面的事实；第二，分析这些事实，找到问题解决的方法；第三，依据解决方法做出某种选择，并且采取具体的行动解决问题（Perlman，1957：60 - 61）。从形式上看，问题解决模式所说的有效的问题解决过程与社会工作倡导的研究—诊断—治疗的程序（study-diagnosis-treatment formula）是一致的，但实际上，两者有着本质的区别。研究—诊断—治疗是依据社会工作者的理解和逻辑设计的，而问题解决模式强调的是服务对象的参与，并且依据服务对象的要求组织问题解决的具体过程（Perlman，1957：61）。

　　在社会工作专业服务活动中，问题解决模式发现，大多数问题的解决都需要向服务对象提供一定的物质资源或者新的改变机会（Perlman，1957：62）。不过，问题解决模式认为，社会工作者的帮助不能仅仅停留在直接给予的物质资源上，同时还需要指导服务对象学会使用这些资源和机会（Perlman，1957：63）。在问题解决模式看来，服务对象不是服务的被动接受者，而是拥有潜能并且能够对周围环境的要求做出积极回应的解释者和行动者（Perlman，1957：105）。因此，在指导服务对象学会使用物质资源和新的改变机会过程中，社会工作者除了考察服务对象面临的困难之外，还需要寻找服务对象的兴趣爱好以及应对问题的方法和能力（Perlman，1957：116）。

　　值得注意的是，问题解决模式在解释社会工作的问题解决的本质时，一直强调建立信任合作辅导关系的重要性，甚至把信任合作辅导关系的建立和问题解决的过程视为相互并列的两种核心的社会工作方法。问题解决模式之所以这样理解，是因为除了认为社会工作不同于一般的问题解决过程之外，还认为它经常需要帮助服务对象处理情绪方面的困扰，因而也就需要通过建立信任合作辅导关系减轻服务对象内心的不安和困惑。更为重要的是，只有在这种信任合作辅导关系中社会工作者才能与服务对象一起寻找面对问题和解决问题的方法，并且提供相应的条件和机会让服务对象挖掘和运用自身的能力和资源，帮助服务对象逐渐从问题的困境中摆脱出来（Perlman，1957：63）。

　　显然，在问题解决模式的逻辑框架中，问题解决过程是一种双向的交流和探索过程，既需要服务对象的参与，也离不开社会工作者的努力，表现为社会工作者与服务对象之间的相互信任与合作。问题解决模式称之为共同理解的过程（a joined understanding），不是平等对话的过程（Perlman，1957：115）。这种共同理解的努力既涉及问题的理解和选择，也关乎解决方法的寻找和探索。因此，问题解决模式认为，在具体的问题理解和选择过程中，除了需要考虑服务对象的要求和感受外，还需要关注社会服务机构的功能和社会工作者的专业判断（Perlman，1957：136）；而在解决方法的寻找和探索方面，就不仅需要考察服务对象对机构服务的期望和要求以及社会工作者对机构服务的了解状况，还需要了解机构服务给予服务对象的支持和帮助以及服务对象对机构服务的回应方式（Perlman，1957：132 - 134）。

　　简而言之，在问题解决模式看来，社会工作就是社会工作者帮助服务对象在问题困境中从新的角度观察、思考和行动的过程，也是社会工作者与服务对象建立和维持信任合作辅导关系的过程。特别是在专业服务活动开展的开始阶段，社会工作者与服务对象之间信任合作辅导关系的建立尤为重要，它不仅可以帮助服务对象了解如何与社会服务机构合作、如何运用社会服务机构提供的资源和机会，而且能够指导服务对象对接下来的与社会服务机构的合作过程有合理的预期（Perlman，1957：106）。

（六）分享式的情感交流

针对社会工作者与服务对象建立信任合作辅导关系这一任务，问题解决模式有自己的看法，认为任何信任关系的建立都来源于分享式的情感交流。问题解决模式假设，任何生命有机体的成长都离不开两个条件——悉心照顾和成长潜力的发挥，即生命有机体在成长过程除了需要有机会发挥自己的潜力以及满足物质方面的要求外，还需要精神层面的照顾和关心，这就是人们常说的人格的培养（Perlman，1957：64）。特别是在服务对象遭遇困难的时候，就更需要精神层面的支持，因为在问题解决模式看来，服务对象在解决问题过程中不仅需要付出很多努力，而且需要承担因改变带来的各种责任。在这样的压力下，服务对象只有与社会工作者建立和保持信任合作辅导关系，并且由此感受到改变的希望和信心时，才能在解决问题的努力和付出中坚持下来（Perlman，1957：65）。

显然，在问题解决的过程中，既需要一方投入自己的情感并且表达内心的感受，也需要另一方对此做出积极的回应，分享彼此内心的不安、担忧和喜悦等不同情绪。问题解决模式强调，只有通过这样的情感交流，服务对象才能形成一种与社会工作者"联结在一起"的感觉（Perlman，1957：66）。从更深的层次来说，只有借助这种分享式的情感交流，服务对象才能在内心逐渐建立起安全感和自信心的基础——与他人的联结感以及个人的价值感（Perlman，1957：65）。

就服务对象而言，当他来到社会服务机构寻求帮助时，一定面临自己无法解决的问题，而且希望通过社会服务机构提供的帮助解决这些问题。问题解决模式认为，这是社会工作者开展专业服务的基本处境，也是社会工作者与服务对象建立信任合作辅导关系的基础。因此，社会工作者只有深入了解服务对象的这些内心感受和想法，并且设法引导服务对象将它们表达出来，才可能对他的要求做出积极的回应。也只有这样，服务对象与社会工作者之间的信任合作辅导关系才能建立起来（Perlman，1957：67）。

问题解决模式强调，一旦服务对象陷入困境中，他就会不自觉地出现一些害怕的情绪反应，如安全感的缺乏，或者适应感的丧失，或者同时出现多种不适的情绪反应。这些害怕的情绪反应会进一步损害服务对象回应周围环境的能力，使服务对象面对周围环境时逐渐产生无助感和无望感。因此，问题解决模式认为，即使表面上看是一个很容易解决的简单问题，但对服务对象来说，很可能是一个复杂的问题，其中包含服务对象内心的多种消极情绪的体验以及信心和希望的丧失。显然，在问题解决过程中对服务对象内心情绪的关注是必不可少的（Perlman，1957：107）。事实上，当求助对象走进社会服务机构时，就会直接面临情感上的冲击，因为对于大多数求助对象来说，社会服务机构是一个陌生环境，在这个陌生环境中他还需要面对一些陌生的人。因此，在问题解决模式看来，求助对象接受社会服务机构的帮助成为服务对象这个过程就充满了情感上的冲突（Perlman，1957：108）。

　　社会工作的信任合作辅导关系像任何其他促进人的成长的关系一样，也需要具备一些基本的要素。问题解决模式认为，这些基本要素主要包括两组：第一组，接纳和希望（acceptance and expectation）；第二组，支持和促进（support and stimulation）（Perlman，1957：67）。接纳是指社会工作者在与服务对象的交流过程中保持热情和坦诚的态度，认可服务对象的价值和尊严；希望是指社会工作者对服务对象充满关爱的期望，这种期望虽然有时明确，有时不明确，但它能够带来服务对象积极的行为回应；支持则是指社会工作者肯定服务对象对解决问题所做的任何努力和探索，让服务对象体会到社会工作者就在身边；促进是指社会工作者利用任何机会激发服务对象对解决问题的尝试，让服务对象感受到自己在适应周围环境过程中的进步。问题解决模式强调，虽然在解释信任合作辅导关系的这些基本要素时，把它们分别作为单独的要求列举出来，但并不是说它们可以单独发挥作用。实际上，社会工作者在帮助服务对象解决问题的过程中，这些要素是一起发挥作用的，都是围绕服务对象的问题以及问题的解决（Perlman，1957：68）。

　　不过，需要注意的是，问题解决模式认为，社会工作者与服务对象之间的信任合作辅导关系作为一种专业的帮助关系，除了需要具备四个基本要素之外，同时还需要拥有能够依据问题解决的专业知识和技能而有意识进行的规划和安排。问题解决模式强调，社会工作者与服务对象之间建立的这种信任合作辅导关系，既不是出于社会工作者的好意，也不是为了满足社会工作者的成就感，而是依据社会工作者所掌握的专业助人的知识和技能以及社会服务机构所给予的专业认可。因此，专业权威就成了建立和维持社会工作者与服务对象之间信任合作辅导关系的基础。问题解决模式之所以强调辅导关系中社会工作者的专业权威，不是为了说明社会工作者拥有直接影响服务对象或者主导问题解决过程的权力，而是希望能够揭示这种信任合作辅导关系的现实基础以及专业服务推进过程中所蕴含的专业知识的力量。问题解决模式甚至称社会工作者与服务对象之间的信任合作辅导关系为专业的事务（the professional business）（Perlman，1957：69）。

　　一旦服务对象开始与社会工作者分享自己遭遇的问题，而且体会到社会工作者的支持以及他自己所拥有的解决问题的能力，这个时候就表明社会工作者与服务对象的专业合作关系正式建立。问题解决模式认为，在这个过程中无论社会工作者还是服务对象都会产生一种"在一起"（with him）的感受，而不是人们通常所说的喜欢（Perlman，1957：71）。社会工作者和服务对象虽然都知道各自的角色、观察视角、能力和资源等不尽相同，但愿意相互合作一起面对问题、一起寻找解决问题的方法（Perlman，1957：72）。

　　问题解决模式对信任合作辅导关系进行了细致考察，发现它同时具有多个方面的功能和作用。首先，问题解决模式认为，信任合作辅导关系是服务对象和社会工作者顺利进行沟通交流的平台，只有借助这个交流平台，服务对象和社会工作者的许多内心的真实情感和价值认同才能相互分享，产生潜移默化的影响。其次，在问题解决模式看来，不管社会工作者运用什么流派的观点和技术，信任合作辅导关系是服务对象发生改变的前提，也是预测社会工作获得成功的重要指标（Perlman，1957：72）。问题解决模式还吸收了符号互动理论的观点，假设服务对象像其他人一样，他对自己的认识来源于观察和理解身边重要他人对自己的看法和评价，如果在身边重要他人的眼睛里看到自己是一位可爱、可信、受尊重的人，他的自信心自然就能够建立起来（Perlman，1957：73）。最后，问题解决模式强调，信任合作辅导关系能够调动服务对象的能力，因为在焦虑、不安的情绪中，服务对象需要花费很多精力应对这些消极的情绪体验，保护自己的尊严；而在温暖、安全的合作氛围中，服务对象就能够放下内心的担心，把精力集中在解决问题的努力中（Perlman，1957：74）。

在总结社会工作专业服务活动的经验时，问题解决模式发现，社会工作者和服务对象之间的信任合作辅导关系并不是一蹴而就的，服务场景之外的一些人际关系方面的需求也同时影响着两者信任合作关系的建立，需要社会工作者和服务对象一起努力去解决。因此，问题解决模式称信任合作辅导关系的建立是一个需要不断调整和修正的过程。在这个过程中最常见的需要克服的问题是移情，即服务对象把自己在以前生活中与周围他人交往而形成的态度和感情自觉或者不自觉地带到现在的辅导关系中，影响他与社会工作者之间信任合作关系的建立（Perlman，1957：76）。通常情况下，在移情中服务对象会把社会工作者视为自己身边的某个重要他人，而且会把自己对这位重要他人的情感和态度投射在社会工作者身上。这样，服务对象的自我功能自然也就受到影响（Perlman，1957：79）。面对服务对象的移情，问题解决模式建议采取与精神分析流派不同的处理方法，围绕服务对象和社会工作者共同希望解决的问题，明确各自不同的身份和角色，依据现实的条件一起寻找解决问题的方法和途径。显然，在问题解决模式的逻辑框架中，移情被视为妨碍服务对象解决问题的一种现象，因而在问题解决模式看来，消除移情的最好方式是以现实为基础避免给移情任何发展的空间，把服务对象的注意力集中在问题解决上，并且通过问题解决的过程逐渐消除移情的影响（Perlman，1957：78）。

同样地，在信任合作辅导关系中社会工作者也会有情感的投入，有时也会出现像服务对象移情一样的现象。不同的是，此时是社会工作者把自己对身边重要他人的情感和态度投射到服务对象身上。显然，这样的状态会影响社会工作者对服务对象做出客观的回应，使社会工作者面临丧失专业客观判断能力的威胁（Perlman，1957：81）。当社会工作者陷入这样的困境中，问题解决模式认为，他需要做的第一步就是诚实地面对这种感受和情绪，而不是回避这种现象。问题解决模式强调，保持客观观察和分析能力的最好方式是面对和承认自己的主观偏好。一旦社会工作者认识到了自己的主观偏好，就会对自己的情绪和感受做出相应的调整，使它们得到必要的控制（Perlman，1957：82）。当然，最根本的是社会工作者是否坚持为服务对象谋福祉的专业伦理价值，并且在整个问题解决的过程中不断反思自己的位置以及和服务对象的关联方式，以确保自己的帮助不是出于个人的目的和要求（Perlman，1957：83）。

对信任合作辅导关系的强调几乎成了问题解决模式的一个显著标志。问题解决模式认为，只有在以社会服务机构为依托的专业辅导关系中，社会工作者与服务对象一起参与的问题解决过程才能顺利展开（Perlman，1957：83）。专业信任合作辅导关系和问题解决过程已经成为问题解决模式最核心的两个基本概念。不过，需要注意的是，问题解决模式对问题解决过程有自己的理解，把它视为每个人在成长过程中必然需要面对和经历的，其目的是增进服务对象对周围环境的适应，不是消除问题。由于生活的复杂性，服务对象在问题解决的过程中通常需要同时面对多个问题，因此问题解决过程就需要依据问题之间的关联做细致的安排，并且采用双重焦点的方式在帮助服务对象解决问题的过程中发掘和提升服务对象的能力。这样，社会工作者就成了解决问题的专家（Howe，2009：76）。总之，问题解决模式抓住了社会工作的核心问题——问题解决过程进行研究和探索，这也是人们日常生活中的基本问题，因而问题解决模式对社会工作理论和实践的影响就不言而喻了，成为许多社会工作理论流派逻辑建构的有机组成部分（Payne，2005：80）。

第四节　任务中心模式

一　任务中心模式的演变

继波尔曼提出问题解决模式之后，20 世纪六七十年代社会工作领域出现了至今仍广受欢迎的一种服务模式，它就是任务中心模式（task-centered model）。任务中心模式也源于社会工作自身的专业实践，深受问题解决模式的影响（Payne，2005：99），是一种短期问题解决的服务模式（a short-term problem-solving approach）（Reid，1992：1）。除了吸收20 世纪 60 年代流行的心理社会治疗模式和问题解决模式的核心理念和服务策略之外，任务中心模式还将当时出现的有计划的短期服务和以任务为治疗手段的理念融入服务模式的创建中（Studt，1968）。任务中心模式理论逻辑的基本立足点是帮助服务对象提升日常生活中解决问题的能力，包括帮助服务对象明确需要解决的问题、确定能够有效解决问题的任务以及协助服务对象执行具体的行动任务等（Reid，1992：2）。

尽管任务中心模式经过几十年的发展出现了不同的服务方式，但是它们都有一些共同的基本要素，这些基本要素包括目标（targets）、任务（tasks）和时间限制（time limits）等。目标是指服务对象希望解决的问题，它是整个服务介入活动的目标；任务是指服务对象针对问题所需要采取的行动，它能够给服务对象的生活状况带来改变；时间限制则是指服务介入活动从一开始就需要具有明确的具体介入时间表，以敦促服务对象在一定的时间内完成特定的行动任务（Howe，2009：78）。任务中心模式有一个基本的理论假设，认为服务介入活动的核心是帮助服务对象明确界定和解决他们在日常生活中面临的心理社会问题，以促进服务对象个人的成长。在整个服务介入的过程中，改变的动力来自服务对象，不是社会工作者，社会工作者只是帮助服务对象实现他们自己希望的改变（Reid，1996：620）。显然，与传统的心理动力学派和行为取向的服务模式相比，任务中心模式关注的焦点是服务对象的成长和改变，它是一种以未来发展为导向的服务模式（Beckett，2006：65）。

在服务模式逻辑概念的设计方面，任务中心模式采取了与以往不同的路线，它不是以某个或者某几个具体的理论作为指导，而是围绕"如何有效解决问题"这一实际考虑建构服务模式的逻辑框架。因此，任务的设计成了整个服务模式最关键的环节，它可以保证社会工作者和服务对象针对不同的问题和场景选择有效的行动策略，减轻或者解决问题（Reid, 1992: 14）。显然，任务中心模式是以整个社会工作专业实践为考察的对象的，并不局限于任务中心模式的专业实践，它只是为社会工作者提供有效解决问题的基本逻辑框架。在这样的逻辑框架指导下，社会工作者可以自由运用其他不同服务模式的技巧和方法（Howe, 2009: 81）。

佩恩在 1995 年做了一项调查，发现在 25 名实习生的报告中，有 17 名声称自己在专业服务中运用了任务中心模式（Payne, 1995: 119）。他在总结任务中心模式之所以受到如此广泛的欢迎时指出，任务中心模式注重服务的成效和责任，这不仅符合社会工作专业服务的要求，也是服务管理者普遍认可的要求。就社会工作者而言，任务中心模式为他们提供了一套清晰明了、简便易懂的服务操作程序，而且它采用了通用的服务逻辑，可以广泛运用于不同的服务人群和场景。这对于社会工作专业的初学者或者缺乏严格专业督导的工作人员来说，是非常具有吸引力的（Payne, 2005: 101）。

经过几十年的努力，任务中心模式已经被广泛应用于不同的社会工作实务领域，涉及家庭和儿童的问题、焦虑、抑郁、酗酒、资源不足以及与生理和精神障碍有关的心理社会问题等不同方面（Reid, 1992: vii）。在任务中心模式的发展过程中，有两位重要人物——威廉·詹姆斯·雷德（William James Reid）和马克·多尔（Mark Doel），他们对任务中心模式的创立和拓展发挥了积极的作用。

（一）威廉·詹姆斯·雷德

任务中心模式的创立离不开北美的社会工作实践。1969 年，雷德和他的同事做了一项研究，考察长期个案辅导缩短治疗时间之后对辅导效果的影响，发展结果没有显著的差别，于是他们开始推崇简要服务的概念（Reid & Shyne, 1969: 1）。1972 年，雷德在总结自己的社会工作专业实践经验基础上正式提出任务中心模式，把目标、任务和时间限制作为服务活动开展的基本元素，倡导一种设计精密的、有效的短期治疗模式（Reid, 1996: 617）。20 世纪 80 年代之后，雷德和他的同事又将任务中心模式运用于家庭和小组问题的处理（Reid, 1987），并进而探索把任务中心模式作为通用的社会工作服务模式的可能性（Tolson, Reid, & Garvin, 1994: vi）。显然，此时，在雷德的认识中，任务中心模式已经不仅仅是一种个案服务模式，更是社会工作专业服务的一般模式（Reid, 2000: vii）。

雷德的任务中心模式深受美国实用主义哲学家杜威的影响。一直到 20 世纪上半叶，弗洛伊德的精神分析学派所推崇的理论逻辑框架在社会工作实践中占据主导，社会工作服务介入的焦点集中在个人的无意识以及感觉和情绪等深层的心理动力方面。与此不同，杜威的理论更关注个人的理性认知能力，强调通过行动来改变个人的生活。这样，问题的解决过程就成了服务介入的核心，因为在杜威看来人们的大部分生活都处在问题的解决过程中，包括认识问题、评估问题、描述问题以及寻找问题的可能解决方法和实施解决方案等不同阶段（Howe, 2009: 75）。20 世纪 60 年代，美国的社会工作领域开始兴起以杜威实用主义哲学为基础、以问题解决为焦点的短期服务。这种服务不考察服务对象的深层心理结构，以直接和短期的服务为特征，强调服务的针对性和有效性（Howe，2009：76）。

任务中心模式的兴起还有另一个重要影响因素：80 年代西方社会对自由市场经济的推崇。撒切尔夫人和里根上台后，开始推行自由竞争的市场经济，改变了以往国家福利的社会政策。这种自由市场经济强调个人的责任和权利，推崇一种自己对自己负责的积极的生活态度，认为国家福利的社会政策扼制了个人的积极性和创造力，培养了人们的依赖感，不利于社会公平和平等的实现（Howe，2009：83）。国家社会福利政策的改变促使社会工作者重新反思社会工作的实践策略和基本逻辑，从关注服务对象的不足和问题逐渐转向关注服务对象的优势和潜能，强调采取一种提升服务对象能力的服务策略，以增强服务对象对自己命运的掌控能力。这样以解决问题为导向的服务策略假设服务对象自身拥有解决问题的能力，社会工作者的作用是帮助服务对象发掘和调动这种能力和资源，以实现服务对象希望达到的目标（Howe，2009：86）。

任务中心模式在沿用问题解决的基本逻辑框架的同时，还从 70 年代末 80 年代初时兴的社会技能训练中学习具体的服务技术，如在评估问题时，运用"5W + H"（what、when、who、where、why 和 how）帮助服务对象清晰界定问题；在执行任务前，采用示范和排演的方式提升服务对象的行动能力（Doel，2002：192）。就理论层面而言，任务中心模式还从行为治疗、认知行为治疗以及结构式家庭治疗中汲取有用的概念和原理（Reid，1996：619）。

随着任务中心模式的推广和发展，它所面临的理论局限变得越来越突出。不少学者认为，虽然任务中心模式可以广泛运用于不同的社会工作实务领域，甚至包括社会服务机构的管理（Reid，1992：4），但是它过分关注问题解决的技术，只回答了社会工作怎样做的问题，并没有解释这样做的理由（Ahmad，1990：51）。特别是，随着批判理论（critical theories）的兴起，社会工作者开始质疑任务中心模式的社会基础（Payne，2005：101）。

（二）马克·多尔

20 世纪 80 年代，任务中心模式在理论的逻辑架构上发生了重要转变，开始关注服务对象的权利，注重在具体的服务过程中体现服务对象自己的声音，让任务中心模式在保持明确的服务目标、清晰的行动任务和服务程序以及良好的服务成效下，拥有合作式的专业关系和反抗社会压迫的特点。这样，社会工作服务就能够既符合专业服务的要求，又能够满足政府和机构管理者的问责要求（Doel & Lawson，1986）。多尔就是在这方面进行探索的代表，他将任务中心模式与服务对象的增权结合起来，认为服务对象不是有问题的人，而是在日常生活中遇到困难和挑战的普通的社会成员（Doel，1994：35）。他强调，社会工作专业服务应该涉及两个层面：一个是社会结构层面，相对宏观一些；另一个是行动层面，相对微观一些，宏观社会结构层面的介入只有借助微观行动层面的介入才能实现。因此，多尔坚持认为，任务中心模式就是帮助社会工作者和服务对象探索这两个层面服务的内在关联方式（Doel，2002，197）。

显然，在多尔看来，传统的任务中心模式有一个根本的局限：只关注帮助服务对象解决问题，而没有探索在这种帮助背后社会工作者应坚持的基本价值和原则，使任务中心模式不自觉地成为一种服务技术，缺乏对服务对象和社会的关怀。因而，多尔要求修补任务中心模式，把权力的考察、服务对象的增能以及社会歧视的消除也作为任务中心模式理论逻辑框架的一部分（Doel，2002：198）。

多尔不仅对任务中心模式的理论逻辑框架进行了重新思考，而且对任务中心模式的具体服务技术进行了修正，他扩展了任务的内容，强调任务不需要局限于具体的行动，可以包括认知层面的反思、内心的感受和精神层面的感悟等。对于多尔来说，任务只是帮助服务对象从过去的困扰中走出来并且实现预定目标的手段，它的筛选标准始终是一致的，即看它是否能够将服务对象在面谈内的改变与面谈外的改变联结起来，或者将服务对象的努力与社会工作者的努力结合起来，保证服务对象各方面的改变力量得到有效的整合（Doel & Marsh，1992：60 - 79）。多尔还对任务中心模式的服务程序进行改造，他将服务过程简化为三个阶段：探索问题、确立目标以及设计和执行任务。在探索问题阶段，多尔强调服务对象和社会工作者之间的相互学习，以突出任务中心模式所倡导的社会工作者与服务对象之间的平等合作关系；在确立目标阶段，多尔进一步明确任务中心模式的核心概念——目标的内涵，除了要求目标可以实现以外，同时还要求充分激发服务对象的改变动机以及保证目标符合社会工作伦理；在设计和执行任务阶段，多尔关注任务的执行、评估、反馈和调整，以强调运用动态的视角看待任务的制定和实施（Doel，2002：194 - 195）。

在很多社会工作者的共同探索和努力下，任务中心模式已从开始时的一种个案工作的服务模式逐渐发展成一种通用的助人实践模式，不仅服务的对象从个人扩展到家庭、小组、社区、机构，甚至更大的社会单位，而且服务的内涵也从关注服务的程序和方法扩展到服务对象的增权、社会歧视的消除以及社会工作者与服务对象之间平等合作关系的建立（Panyda，2013）。显然，任务中心模式之所以受到社会工作者的欢迎，除了因为它采用一种任务设计和执行的服务策略，以保证适应不同的服务人群和服务场景的要求之外，更为重要的是，它选择了一种折中的服务立场，既关注服务的专业性要求和服务对象增能的需要，又关注管理者的目标和期望。不过，这种追求短期的问题解决的策略也受到一些质疑，不利于机构文化的建设（Doel，2002：198）。

二　任务中心模式的理论框架

任务中心模式的创建者雷德在给任务中心模式定位时，选择了与以往社会工作理论不同的逻辑，他把任务中心模式视为一种经验实践活动（empirical practice），既涉及助人的社会工作介入活动，也涉及科学的研究工作。他反对运用演绎逻辑的方式直接借用没有经过科学研究验证的理论和原则推理出服务对象的需求和行为表现的做法，强调服务的评估、开展过程和效果呈现都需要与科学研究工作结合起来，从具体的问题描述出发，寻找、建构并且验证合理的理论解释（Reid，1996：626）。显然，在雷德设计的任务中心模式中，个案的科学研究工作是个案服务中不可缺少的部分，贯穿于服务介入活动的整个过程。将服务介入活动与科学研究工作结合起来，这样的服务策略使任务中心模式能够直接扎根于服务对象的实际日常生活场景中。因此，任务中心模式推崇那些已经得到科学研究证明的理论和方法作为任务中心模式开展的指导，如问题解决模式、认知行为模式和结构式家庭治疗模式等（Reid，1996：618）。任务中心模式强调，不管社会工作者选择什么理论假设解释问题，它都必须经过实际案例资料的验证（Reid，1996：626）。

任务中心模式之所以关注科学研究，这与雷德的研究探索分不开。雷德在回顾社会工作的发展历史时发现，早在19世纪末20世纪初的科学慈善和社会调查运动中社会工作就已经确立了以科学研究为基础的经验实践的目标，并且一直受到这一目标的影响（Reid，1992：8）。不过，由于缺乏必要的研究方法和研究经验的支持，经验实践大多数时候只是作为社会工作实务的一项原则和理念，一直到了20世纪60年代之后，随着实践研究的推进，经验实践的理念才逐渐在社会工作实务中确立自己的地位（Briar，1990：44）。特别是，行为主义运动对科学研究的提倡，以及社会服务机构加强管理的要求和社会工作教育对研究的推崇，使社会工作实务不再仅仅被视为一种服务介入活动，同时还被作为需要以科学研究为基础的经验实践（Reid，1992：9-10）。因此，在任务中心模式看来，科学的态度、知识和研究过程是社会工作实务不可或缺的部分，它不仅为社会工作者提供能够获得科学研究证明的有效的专业介入方法和技术，而且为服务对象提供能够以实际个案数据为依据的系统的介入方案，这是社会工作实务发展的必然要求（Reid，1992：8）。任务中心模式就是一种寻求科学研究与实务介入并重的服务模式，它不仅仅是为了创建一种具体的实务介入模式，更为重要的是，为这样的经验实践的探索提供了一个基本的、通用的逻辑框架（Reid，1992：11）。

不管服务对象来自什么人群，也不管服务对象从什么角度看待生活，在任务中心模式的基本逻辑框架中，社会工作者的首要任务是明确服务对象的焦点问题（target problems）。

（一）焦点问题

在任务中心模式看来，社会工作需要解决的是一种心理社会问题（psychosocial problems），这种类型的问题是人们在与周围环境互动中产生的，既涉及人们内心的困惑和不安，也涉及外部环境的压力和挑战，同时包括内部和外部两个方面。任务中心模式认为，相比较而言，在某些问题中内部的困惑更为基本，特别是涉及焦虑和抑郁的情绪时，情况更是如此。不过，即使是深陷焦虑和抑郁困扰的服务对象，也需要把他放在与周围环境交往的成长处境中来考察。当然，对于以环境影响为主要因素的问题，如流浪、失业等，就需要把服务介入的焦点集中在外部环境。不过，需要注意的是，即使在此时，社会工作者也需要同时关注服务对象的内部心理状况（Reid，1992：16）。

从内部来说，任务中心模式认为要求（wants）在问题的形成过程中发挥至关重要的作用。任务中心模式假设，每个人都有各自不同的要求，一旦这些要求遭到拒绝或者无法实现时，问题就会出现。任务中心模式之所以运用要求而不是需要（needs）界定服务对象的需求，是因为需要通常被用来描述社会工作者认为的服务对象的需求。这一点恰恰是任务中心模式极力避免的。任务中心模式强调，不要采取从社会工作者的角度界定服务对象问题的服务策略，而要让服务对象自己描述自己的困扰（Reid，1992：16）。任务中心模式发现，要求的作用不仅表现在问题的界定方面，而且与问题的解决直接相关；如果社会工作者无法正确界定服务对象的需求，或者不能呈现服务对象的要求，服务对象就会缺乏解决问题的动力，解决问题的行动方案也就很难实行（Reid，1992：17）。就更深层次而言，任务中心模式假设，人的要求受到自身信仰系统（belief systems）的影响。这种信仰系统为人们认识自己和周围世界提供了基本的逻辑框架，决定人们观察和理解生活的基本方式，包括基本的观察视角、态度、价值、原则和期望等（Reid，1992：18）。显然，任务中心模式认同这样的观点：人生活在一种假设的世界（assumptive world）里，有自己观察和理解事情的逻辑框架（Frank，1974：32）。

从外部来说，任务中心模式假设，外部环境也是问题产生必不可少的因素，尽管有些时候问题可能出现在自然环境中，但更常见的是发生在人际交往中或者与社会机构的交往中。在这些交往中，外部环境通过制造压力事件（stressors）给人们的生活施加影响；当生活的压力增加到人们无法忍受的程度时，就会出现问题，迫使人们寻求帮助。任务中心模式发现，产生问题的压力事件涉及很广，包括像离婚、生病等日常生活中的一些特别事件，也包括像重要社会角色扮演等日常生活中的一般事件（Reid，1992：17）。虽然压力事件是由一些外部环境因素产生的，但任务中心模式认为，这并不等于说这些外部环境因素就必然产生压力事件（Reid，1992：17 - 18）。任务中心模式的代表人物雷德吸取了其他学者的观点，强调是否成为压力事件的关键取决于人们怎么看待事件本身；如果人们认为这个事件威胁到了他们的利益，而且无法通过自己的努力消除它的影响，这样的事件就是压力事件。显然，压力事件反映的是人们与外部环境交往中的一种特殊的关联方式（Lazarus & Folkman，1984：19）。

任务中心模式还从系统理论中吸收了场景（context）这个概念，认为服务对象身处多重系统中，他的问题不仅与内部的心理和外部的环境相关，还与场景相联系，因为任何一个问题都是更大的场景系统的一部分，包括导致问题产生的原因（causes）、阻碍问题解决的障碍（obstacles），以及有利于问题解决的资源（resources）（Reid，1992：20）。任务中心模式强调，原因和障碍是阻碍问题解决的因素，而资源则是促进问题解决的因素，两者的作用正好相反。因此，在评估场景时，社会工作者就需要询问两个问题：什么因素妨碍了问题的解决，以及什么资源可以挖掘出来帮助服务对象解决问题（Reid，1996：620）。任务中心模式发现，服务对象出现问题时，通常意味着他的某方面或者某些方面的生活遇到了困难，而与这些困难直接相关联的系统就是场景，包括出现问题的系统的其他生活部分以及其他直接相关联的更大的系统。可见，在任务中心模式的理解框架中，场景是针对某个问题而言的，可以涉及多个系统；而环境只是针对某个系统来说的（Reid，1992：20）。

正是把服务对象的问题放在多重系统的逻辑框架内考察，任务中心模式认为，社会工作的服务目标不仅要解决服务对象的问题，还需要促进问题场景的改变。在任务中心模式看来，问题场景的改变是防止问题再次出现和增强服务对象能力的有效手段（Reid，1992：19）。当然，问题的解决也会给场景的改变提供更多的机会。实际上，任务中心模式所推崇的是将问题解决和场景改变相结合的服务方式（Reid，1996：618）。因此，任务中心模式在确定评估的任务时指出，社会工作者除了了解服务对象问题出现的频率、严重程度以及简要发展历史之外，同时还需要确定问题的场景因素（Reid，1992：5）。

在任务中心模式看来，即使是服务对象的问题，也同时既涉及个人的心理又涉及外部的环境，而个人对外部环境所采取的行动不仅仅受到外部环境的影响，同时还取决于他怎么看待环境。这就是个人的信仰系统，它决定什么是应该做的、什么是不应该做的（Reid，1996：620－621）。任务中心模式将这一观点提高到哲学层面来讨论，认为任务中心模式既不认同精神分析学派把人视为由本能决定的基本假设，也不赞同行为主义把人视为由环境决定的基本观点，而强调人是特定环境中的行动者，既受到环境和场景的影响，又有自己的意愿和想法。任务中心模式假设，人是拥有解决问题能力的人，通过规划和实施等有意识的行动能够改变个人自己的生活状况（Reid，1996：621）。因此，在任务中心模式的逻辑框架中，问题并不代表个人的失败和缺陷，而是个人在与环境交流过程中遭遇的困难，环境的改善同样也是解决问题的重要途径和方式（Howe，2009：80）。

从服务对象提供的好几个问题中挑选出需要解决的这个问题，就是焦点问题。焦点问题是服务对象和社会工作者共同认可并且作为服务目标设法解决的问题（Reid，1992：4）。通常情况下，焦点问题需要具备两个基本特征：具体性和认可性。具体性是指服务对象在社会工作者的帮助下可以清晰、具体地描述焦点问题，包括问题的范围、程度和出现的频率等（Howe，2009：79）。在任务中心模式看来，问题只有转化为具体的描述时，才能与具体的行动任务结合起来，才能通过观察和评估任务执行的效果以及问题改变的状况找到有效解决问题的策略；而且当服务对象可以具体、细致地描述问题时，也意味着问题已经不再是混乱不堪、错综复杂的困惑了（Howe，2009：80）。认可性是指不管这个问题是服务对象自己直接提出的还是服务对象在与社会工作者交流过程中逐渐整理出来的，它必须依据服务对象自己的要求，而且要获得服务对象明确的认可（Reid，1992：18）。在任务中心模式看来，焦点问题的认可至关重要，它关系到社会工作的基本伦理价值，是依据服务对象的要求开展服务还是依据社会工作者自己的标准组织服务。显然，任务中心模式推崇的是一种以服务对象的要求为核心确定工作目标和任务的服务方式。从实际的服务成效来说，只有当服务对象真正认可服务改变的目标时，他才能够成为问题解决过程中积极的行动者（Reid，1992：19）。

任务中心模式发现，由于焦点问题通常是服务对象与社会工作者在相互交流过程中逐渐达成的，因此社会工作者的真诚态度在界定焦点问题中发挥着重要的作用。如果社会工作者忽视服务对象提出的要求，而依据自己认定的健康标准确定服务对象的问题，或者虽然认同服务对象提出的要求，但不与服务对象讨论问题的具体内涵和场景的影响因素。在任务中心模式看来，用这样的方式确定的焦点问题是无法反映服务对象的真实要求的，不是任务中心模式所说的焦点问题（Reid，1992：19）。

任务中心模式对焦点问题的界定过程进行了细致的分析，将它分为问题的确定、问题的探索和评估、问题的具体化以及问题的呈现四个阶段（Reid，1992：21）。在问题的确定阶段，任务中心模式认为，无论问题是由服务对象自己首先主动提出的，还是由服务对象在与社会工作者的相互交流过程中共同达成的，或者是由社会工作者首先提出的，作为社会工作者他需要站在服务对象的角度，理解服务对象是怎样看待问题的，收集与问题相关的资料，并且以服务对象容易理解和接受的方式呈现问题（Reid，1992：21-22）。在问题的探索和评估阶段，社会工作者除了了解服务对象问题的呈现方式、频率、严重程度和显而易见的原因之外，同时还需要询问服务对象为解决问题做过的尝试和其中的成功经验以及问题出现的场景，包括解决问题的障碍和资源。在问题的探索过程中，任务中心模式认为，有一项重要的工作，就是让服务对象确定探索的问题是不是他希望解决的。在任务中心模式看来，问题的探索过程就是不断收集资料对问题开展评估的过程，不仅服务对象需要提供自己对问题和场景的理解，而且社会工作者也需要运用专业的知识开展分析，是两者相互影响、相互合作的过程（Reid，1992：23-24）。任务中心模式坚持认为，问题的探索和评估是为了制订有效的介入方案，因此在问题的探索和评估阶段结束之后，社会工作者和服务对象就需要将问题具体化，用具体的、可操作的和易解决的方式描述问题（Reid，1992：25）。在问题的呈现阶段，任务中心模式强调，社会工作者的任务不是简单地总结、观察探索和评估问题所得的结论，因为这样做很容易将服务对象视为有问题的人，而是站在服务对象的立场从解决问题的角度呈现问题，以便让服务对象认识到可以采取什么具体行动改变目前面临的问题（Reid，1992：27）。

显然，在焦点问题的界定过程中，虽然任务中心模式并不排斥寻找服务对象问题的历史成因和人格因素，但它所推崇的是问题解决导向的逻辑，把解决问题作为整个服务模式逻辑建构的立足点，从解决问题的角度来确定、探索、评估和呈现问题。也就是说，任务中心模式并不直接针对问题展开分析，而是关注服务对象在解决问题过程中面临什么困难以及怎样找到有效的解决问题的途径和方法（Reid，1992：24）。

正是因为有这样的逻辑框架作为支撑，任务中心模式并不把焦点问题视为固定不变的，而是要求社会工作者和服务对象在每一次辅导面谈的开始阶段，都要对问题的改变状况进行回顾和评估，重新聚焦问题，以便让服务对象找到可以从现在的状况出发解决焦点问题的具体方法和途径（Reid，1992：29-30）。任务中心模式强调，不管焦点问题如何调整，社会工作者都需要确保服务对象清晰了解和认同把焦点问题的解决作为工作目标（Reid，1992：30）。

（二）行动任务

与焦点问题直接相关联的是行动任务，这也是任务中心模式的一个核心概念。在任务中心模式看来，一旦焦点问题明确之后，社会工作者和服务对象就需要将注意力集中在如何解决问题上，讨论采取什么具体的行动消除问题（Howe，2009：80）。任务中心模式认为，虽然行为主义学习理论能够帮助社会工作者和服务对象制定清晰明确的行动目标，但由于影响服务对象改变的因素并不是单一的，因此任务中心模式选择了一种综合的服务策略，并不局限于行为主义的治疗原理和方法，而是从多种途径入手寻找能够促进服务对象解决问题的各种影响因素，设计相应的行动任务（Reid，1992：13）。当然，所有这些行动任务的设计都是为了帮助服务对象能够更好地运用自己所拥有的资源

（Reid，1992：42）。

　　任务中心模式所说的行动任务是有特别内涵的，它是一种有计划的解决问题的行动要求（Reid，1992：36）。在任务中心模式看来，与那些以反思、认知改变或者情绪调整为核心的服务模式相比，行为导向（action-oriented）的服务模式具有更明确的针对性，而且适用的范围也比较广，特别是对于那些喜欢反思的服务对象，他们常常面临行动能力不足的困难，即使他们在服务面谈中了解到问题所在，也不意味着他们就能够在实际的生活中采取具体的行动解决这些问题。任务中心模式强调，行动才是服务对象改变的基础，尤其在服务对象做好了改变的准备时，这一要求就显得特别突出（Reid，1992：44）。从任务的具体程度来说，任务中心模式的行动任务有两类：一般任务（general tasks）和操作任务（operational tasks）。一般任务是指将服务目标转化为行动的基本要求，它通常是一种指导性、方向性的行动要求；而操作任务是指采取某项行动的具体程序和方式，包括行动的起点和终点、具体的过程以及结果的呈现等（Reid，1992：37－38）。不过，值得注意的是，任务中心模式注重的是任务的针对性（task specificity），不仅一般任务需要与操作任务对接起来，而且操作任务本身还需要有具体的操作指导作为补充，以帮助服务对象在某种实际生活场景中实施具体的行动任务。当然，在行动任务的制定和实施过程中，获得服务对象的认可和承诺是必不可少的（Reid，1996：627）。就任务的具体内涵而言，任务中心模式所说的行动任务与行为治疗模式所推崇的行为学习任务存在根本差别，它不仅包括行为学习任务所强调的服务对象的具体行为表现，还涉及与这些行为联系在一起的服务对象内心的认识状况的变化。更为重要的是，在任务中心模式的理解中，行动任务与服务对象的实际生活场景的具体要求是密切相关的，包含社会的基本要求（Reid，1992：13）。

　　任务中心模式在行动任务的设计中选择了与一般服务模式不同的服务策略，它的工作重点不是放在服务面谈内，而是放在服务面谈外的服务对象的日常生活中，帮助服务对象在自然的日常生活场景中运用自身拥有的问题解决的能力（Reid，1996：619）。在任务中心模式看来，服务面谈外的日常生活才是服务对象问题出现的真实生活场景，当然它也是问题解决的关键所在，而服务面谈室通常是服务对象遇到问题向社会工作者寻求帮助的工作场所，它的主要作用是为服务对象在日常生活中准确认识问题和有效解决问题做好准备。因此，任务中心模式把服务对象的服务面谈外行动任务视为整个服务策略实施的核心，而其他形式的行动任务只是为这种行动任务提供补充或者支持（Reid，1992：2）。

　　任务中心模式之所以选择服务面谈外的服务对象的日常生活作为工作的重点，是因为任务中心模式假设，与思考中寻找新的行动方式相比，人们更容易在行动中寻找到新的思考方式。显然，在这一点上，任务中心模式与弗洛伊德的精神分析理论的看法不同，受到杜威思想的影响，把服务对象改变的重点放在如何在日常生活中采取有效的问题解决的行动，而不是在服务面谈内寻找不同的观察视角。任务中心模式强调，即使服务对象发现了不同的观察视角，也需要学习如何将它结合到日常生活的问题解决的过程中，只有从可能的解决行动来看问题时，才能激发服务对象从新的视角思考问题，而且只有通过有效解决问题的行动，服务对象的改变信心和动力才能增强。更为重要的是，通过采取具体的问题解决的行动，服务对象才能经历问题解决的过程，学会在问题面前如何从解决问题的积极角度思考问题以及如何有效着手解决问题（Reid，1992：2）。一旦服务对象找到了解决问题的具体方式，他就能根据自己的要求主动提出具体的行动任务，这样的行动任务往往比社会工作者分析认定得更实际、更有针对性（Reid，1992：4）。

任务中心模式的行动任务也可以聚焦在问题场景的改变上（Reid，1996：631）。在任务中心模式看来，服务对象的问题常常涉及多个不同的系统，因此行动任务就需要从多个不同的视角来审视，不仅焦点问题的改变可以影响问题场景的变化，同样，问题场景的变化也可以影响焦点问题的解决，两者是紧密联系在一起的（Reid，1992：42）。不过，任务中心模式认为，虽然问题场景的改变有多种途径和方式，既可以通过直接克服焦点问题来实现，也可以借助消除问题解决过程中的障碍来达成，但就一般情况而言，焦点问题的改变是行动任务首先需要关注的，只有明确了焦点问题的改变目标，场景改变的目标和方式才能确定下来（Reid，1996：623－624）。

任务中心模式之所以把行动任务的目标指向焦点问题的解决，是因为除了保证行动任务具有针对性之外，还有一个重要的理论假设，即认为任务中心模式的终极目标是帮助服务对象增能，提高服务对象设计和实施有效解决问题的行动任务的能力。因此，任务中心模式推崇自我指导的方式，由服务对象自己指导解决问题的活动，如果行动任务主要是由社会工作者设计的，就需要留给服务对象充分的空间，让服务对象自己决定怎样实施，或者逐步引导服务对象，让服务对象渐渐拥有更大的设计和实施行动任务的权力。任务中心模式强调，不管通过什么方式制定行动任务，都需要让服务对象了解行动任务的目标以及它对解决问题发挥的作用，因为焦点问题只有通过服务对象自己的行动尝试才能解决（Reid，1992：38）。

根据行动任务在解决焦点问题中所发挥的作用，任务中心模式将行动任务分为三类：服务对象的服务面谈外行动任务（client external tasks）、服务对象的服务面谈内行动任务（session tasks）和社会工作者的行动任务（practitioner tasks）。服务对象的服务面谈外行动任务是直接针对焦点问题在服务对象的日常生活中开展的改变活动；服务对象的服务面谈内行动任务则是为服务对象的服务面谈外的行动任务做准备的，为服务面谈外行动任务提供必要的补充和支持；社会工作者的行动任务是由社会工作者在服务面谈外针对问题场景开展的服务活动，目的是创造有利于焦点问题解决的外部环境（Reid，1992：36）。

就服务对象的服务面谈外行动任务而言，在不同的服务模式中有不同的称谓和要求，如家庭作业（homework）、行为任务（behavioral assignments）和指令（directives）等，这些不同的行动任务大致可以分为两类：一类注重把服务面谈内的改变效果延伸到服务面谈外，但服务工作的重点仍旧在服务面谈内，像家庭作业就是这种服务策略的代表；另一类强调服务提供者的指导作用，要求服务对象根据服务提供者所确定的任务进行练习，如行为任务和指令就是依据这样的服务策略制定的。在任务中心模式看来，它所要求的服务对象的服务面谈外行动任务与以往的服务模式存在根本的不同，这些不同主要表现在两个方面：第一，任务中心模式所说的服务面谈外行动任务不是由社会工作者制定的，而是社会工作者与服务对象共同协商的结果，依据的是服务对象的改变要求；第二，任务中心模式的服务面谈外行动任务不是为了延伸服务面谈的效果，而是为了促进服务对象在日常生活场景中的改变，体现了以服务对象日常生活为本的服务理念和策略（Reid，1992：37）。任务中心模式还对服务对象的服务面谈外行动任务进行了细致的分类，认为从希望实现的目标来看，服务对象的服务面谈外行动任务主要包括问题评估的任务、认知改变的任务、行为改变的任务和环境改变的任务四个方面；就任务参与的状况而言，服务对象的服务面谈外行动任务有个人独立完成的任务、两人或者多人共享的任务（shared tasks），以及两人或者多人交互影响的任务（reciprocal tasks）三种形式；从任务指向来说，服务对象的服务面谈外行动任务又可分为以直接消除问题为指向的直接任务（straightforward tasks）和以运用服务对象反向改变动力的矛盾任务（paradoxical tasks）两种类型（Reid，1992：46－50）。

关于服务对象的服务面谈内行动任务，任务中心模式有自己的安排，认为它也是整个服务模式的行动任务不可缺少的一部分，特别是当前来求助的服务对象不止一人时，服务对象之间通过面对面的讨论和交流做出解决问题的共同决定就成为服务面谈内的重要任务。实际上，社会工作的服务面谈场所并不一定就是服务机构的辅导室，有时可能就在服务对象问题发生的日常生活中，如服务对象的家中、学校或者社区等。即使在服务机构的辅导室内，社会工作者也可以通过角色扮演等手段让服务对象身处问题的实际困境中，学习新的有效的行为和技巧（Reid，1992：50）。为了明确服务对象的服务面谈内行动任务，任务中心模式还根据行动任务的作用将它分为七个方面：增进问题评估的行动任务、解决具体问题的行动任务、规划服务面谈外行动的行动任务、增进情感交流的行动任务、提升意识的行动任务、技能训练的行动任务以及减轻压力和焦虑的行动任务（Reid，1992：51－53）。

除了服务对象需要完成的服务面谈内和面谈外的行动任务之外，任务中心模式还设计了社会工作者的行动任务（Reid，1992：53）。虽然社会工作者的行动任务是由社会工作者在服务面谈外完成的，但它的规划和设计仍需要放在服务面谈内由社会工作者与服务对象一起讨论决定，而且每一次的实施情况也需要在服务面谈内进行回顾和总结（Reid，1992：53－54）。在任务中心模式看来，社会工作者的行动任务也是帮助服务对象解决问题不可缺少的部分，是延伸社会工作者介入环境因素的有效方式，它同时也为社会工作者和服务对象提供相互合作的机会。就任务的形式而言，任务中心模式认为，社会工作者的行动任务又可分为促进服务对象解决问题的行动任务（facilitating practitioner tasks）和替代服务对象协调环境资源的行动任务（independent practitioner tasks）（Reid，1992：54）。

值得注意的是，由于任务中心模式的行动任务包括服务对象在服务面谈内和服务面谈外的行动任务以及社会工作者的行动任务等几个不同方面，不仅内容多、范围广，而且可能同时涉及多个服务的提供者，因此任务中心模式推崇运用个案管理的方式推进行动任务的实施，以加强不同行动任务之间以及不同服务提供者之间的衔接（Reid，1996：633）。

（三）简要结构式服务计划

明确了焦点问题和行动任务之后，社会工作者还需要与服务对象一起制订服务计划。与以往的社会工作服务模式不同，任务中心模式在服务计划的制订方面有自己的独特要求，既关注服务计划的结构性，又强调服务计划的灵活性。在任务中心模式看来，一项有效的服务计划除了需要包括明确的焦点问题、服务目标、服务类型和时间以及清晰可行的行动任务之外，同时还需要保证行动任务的针对性和有效性，能够帮助服务对象克服焦点问题，实现预定的目标。因此，任务中心模式要求在每一次服务面谈开始时都要回顾和评估行动任务的实施情况以及焦点问题的改变状况，以便调整现有的服务计划，制定更有效的行动任务以回应焦点问题的要求（Reid，1996：621）。

任务中心模式并不深究服务对象问题的历史根源或者心理的深层结构，而是重点关注服务对象问题的现实状况，包括妨碍问题解决的障碍和有利于问题解决的资源（Reid，1996：620－621）。在任务中心模式看来，服务对象之所以遭遇问题，是因为在应对问题过程中出现某个或者某些困难，一旦外部环境的压力减轻，而且服务对象运用资源的能力得到提高，问题的困扰就会减轻，相应地，服务对象的改变动力也会减弱。因此，任务中心模式强调，服务计划必须简要，有明确的起点、终点和时间限制，以便将服务对象的注意力集中在焦点问题的解决上，调动服务对象的改变动力，帮助服务对象获得最佳的服务效果（Reid，1996：620）。一般而言，任务中心模式的服务少则 6 次，为期一个半月；多则 12 次，为期三个月（Reid，1996：618）。明确限定服务的时间，并不意味着任务中心模式服务计划的时间长短是固定不变的，实际上，它也可以根据服务目标的实现状况做出调整（Reid，1992：5）。尽管具体的服务时间长短不一，但任务中心模式推崇短期的简要服务，尽可能减少服务的成本，避免因长期服务带来的复杂的合作关系。更为重要的是，在这种服务模式实施的一开始服务对象就能够明确了解服务改变的目标，最充分地挖掘自身拥有的改变动力（Doel，2002：195－196）。

任务中心模式服务计划制订的另一个要求就是结构性，即任何一项服务介入活动，包括服务对象服务面谈内的和服务面谈外的行动任务以及社会工作者的行动任务都需要整合起来，形成有内在关联的系列服务（Reid，1996：618）。相应地，社会工作者在服务活动开展过程中就有一项重要的工作：及时了解服务活动开展的状况，分析服务活动所处的阶段以及使用的方法，并且预测下一阶段服务活动的重点等，让各项服务活动有序地衔接起来（Doel，2002：196）。任务中心模式所说的服务计划的结构性还有另一层内涵，即服务计划的实施和调整需要遵循结构式的安排和要求。在任务中心模式看来，行动任务明确之后，服务计划的制订工作并没有结束，接着社会工作者还需要与服务对象一起设计行动任务实施的具体方案，激发服务对象的改变动机，预先排演行动任务的实施过程，并且在每一次面谈开始阶段回顾和评估行动任务的执行情况，重新调整和设计服务计划。这样，经过每一次服务面谈内的计划制订以及服务面谈外的行动任务实施过程，服务计划得到不断的完善，能够指导服务对象逐渐接近和实现服务目标（Reid，1996：621）。

尽管服务计划的实施和调整有结构性的要求，但是任务中心模式仍然强调社会工作的服务过程受多种因素的影响，并不一定是直线式的，有时前进，有时后退，而且每一次服务面谈都是独特的经历（Doel, 1994：23）。因此，任务中心模式要求社会工作者在坚持服务计划的结构性和系统性的同时，还希望社会工作者在服务活动中保持必要的敏感性和灵活性，特别是在服务活动受阻、服务目标无法实现的时候，社会工作者的反思和调整能力就成为推动服务活动进一步往前走的关键（Howe, 2009：81）。

（四）三阶段服务

根据服务活动过程中面临的不同任务，任务中心模式将社会工作服务分为三个基本阶段，虽然不同的学者在具体阶段的划分上存在不同的看法，但他们都认同这三个基本阶段的划分，即开始阶段（the initial phase）、中间阶段（the middle phase）和结束阶段（the terminal phase）（Reid, 1992：5）。开始阶段通常只有一次到两次的服务面谈。在这一两次面谈中，社会工作者需要和服务对象一起完成的主要任务包括：探索服务对象认可的焦点问题和问题场景，编制内容涵盖焦点问题、服务目标、服务方式和时间限制的服务合约，以及设计服务对象（有时也包括社会工作者）首次需要完成的服务面谈外行动任务（Reid, 1992：6）。显然，在服务介入的开始阶段，任务中心模式已经将服务对象服务面谈内的行动任务和服务面谈外的行动任务以及社会工作者的行动任务作为一个整体来规划和设计，而且通过服务面谈外行动任务的布置把服务工作的重点放在了服务面谈外。这样，社会工作的服务活动就能够与服务对象的日常生活紧密结合起来。

在中间阶段，社会工作者和服务对象面临的主要任务包括：回顾问题的变化情况和行动任务的完成状况、确认和解决行动任务实施过程中面临的实际困难、聚焦接下来需要解决的问题、完成服务面谈内的行动任务（如果出现两个或者两个以上的服务对象），以及再次制定服务对象服务面谈外的行动任务（Reid, 1992：6）。仔细体会中间阶段的服务面谈任务可以发现，任务中心模式不仅通过布置服务面谈外的行动任务将社会工作服务从服务面谈内延伸到服务对象的日常生活中，而且借助回顾服务面谈外的行动任务把服务对象在日常生活中的改变带回到服务面谈内，每一次服务面谈都能够承接服务对象上一次改变的成果，同时又为服务对象下一次改变做好准备。这样，面谈内的服务与面谈外的改变没有了静态视角下的主次之分，而是作为相互关联、不断转换的不同服务环节（Reid, 1992：6-7）。当然，就服务的理念而言，任务中心模式把服务对象在日常生活中的改变作为衡量服务是否有成效的关键，而服务面谈是促使这种改变发生的有力的支持（Reid, 1992：7）。

任务中心模式的结束阶段通常只安排一次服务面谈，它的主要任务包括：回顾焦点问题和问题场景的改变情况、确认服务对象在解决问题过程中所使用的有效策略，以及讨论服务对象如何运用这些有效的策略解决遗留的问题（Reid, 1992：6）。显然，在任务中心模式看来，帮助服务对象的核心是提高服务对象自己解决问题的能力，让服务对象在服务活动结束之后也能够继续运用在服务活动过程中所学的有效的解决问题的策略。不过，需要注意的是，虽然任务中心模式在服务活动的结束阶段只安排了一次服务面谈，但是服务对象的独立意识并不是在最后一次服务面谈中树立的。实际上，任务中心模式从服务的一开始就通过服务时间限制的设定以及每一次服务面谈开始阶段的回顾和讨论，让服务对象在整个服务活动的开展过程中都能够意识到服务活动结束的时间，逐渐培养服务对象独立解决问题的意识（Reid，1992：7）。

（五）发展为本的合作关系

任务中心模式非常重视社会工作者与服务对象之间的合作关系，把它视为成功开展服务活动必不可少的基本要素。在任务中心模式看来，帮助服务对象提升解决问题能力的一个有效手段，是为服务对象创造一种宽松的服务氛围，让服务对象在其中体验到被人接纳、尊重和理解的感受。这样，服务对象的改变动力才能被调动起来。不过，任务中心模式对社会工作者与服务对象之间的辅导关系的理解并不局限于此，认为保持良好的合作关系的基础是社会工作者把自己定位于协助者的角色，即在整个服务活动开展过程中尊重服务对象自我管理的权利，让服务对象自己明了面临的问题和解决问题的方法，而社会工作者只是提供一种支持和鼓励，帮助服务对象更好地解决日常生活中面临的问题。服务对象需要多少帮助，社会工作者就提供多少帮助，但是，不论社会工作者提供什么样的帮助，他的目的是提高服务对象自我管理的能力。因此，在整个社会工作服务活动开展过程中，社会工作者需要让服务对象自己决定需要什么，帮助服务对象学会针对焦点问题制定和调整行动任务，并且跟随行动任务的展开提供必要的信息反馈、技能训练、信念调整以及环境改善等不同方面的服务，以提升服务对象的自我管理和自我行动的能力，促进服务对象的发展（Reid，1996：623）。

尽管像鼓励、忠告、角色扮演和探索等服务技巧的使用对服务对象的改变发挥着重要的作用，但就服务策略层面而言，任务中心模式认为，社会工作者与服务对象之间的合作关系还有另一个重要特征：共同参与，即社会工作者与服务对象一起参与问题解决的过程（Reid，1996：624）。例如，在最初的服务面谈中，虽然工作的重点是了解和明确服务对象的要求，但是社会工作者可以就服务对象没有意识到的困难和可能发生的不良后果提出自己的看法，帮助服务对象更准确地了解自己的要求。也就是说，焦点问题的确定并不是服务对象自己说什么就是什么，而是服务对象与社会工作者共同协商和探讨的过程。在问题场景的探索过程中更是如此，问题解决中的阻碍和资源因素的确定以及社会工作者的行动任务的设计等，都离不开服务对象和社会工作者的共同参与（Reid，1996：625）。不过，在行动任务的设计和执行过程中，时常发生这样的现象，服务对象的意见没有得到他人的关注和重视，社会工作者成了服务活动的主导（Howe，2009：81）。特别是当服务对象保持沉默或者没有公开明确提出自己的意见时，社会工作者很容易把自己认为的服务对象的需要错当成服务对象的需要。实际上，服务对象的沉默很多时候是由于不理解社会工作者所说的意思，服务对象没有公开表达自己的意见也并不表明服务对象一定认同社会工作者的看法（Reid，1992：60）。在任务中心模式看来，对服务对象保持开放的态度，尤其是在服务对象的焦点问题和问题困境的行动要求不明确的时候，让服务对象自由表达自己的想法和意见非常重要（Reid，1996：627）。任务中心模式强调，无论是在焦点问题的探询还是结论的总结过程中，服务对象的参与都是必不可少的，社会工作者所要做的不是将行动任务分派给服务对象，而是与服务对象在焦点问题的确认和解决过程中达成一致的理解（Reid，1992：27）。

在任务中心模式看来，社会工作者与服务对象之间的这种既关心又合作的服务关系，不仅是为了让服务对象参与问题的解决，提高服务介入的效果，更重要的是，发掘服务对象的潜力，提升服务对象解决问题的能力（Reid，1996：618）。任务中心模式在总结自己的社会工作实务经验时指出，当服务对象来到社会服务机构寻求社会工作者的帮助时，通常无法提出问题的解决方案，但是这并不等于说服务对象没有能力解决问题，只不过服务对象解决问题的能力处于潜伏的状态，需要社会工作者的帮助，将它激发出来，激发服务对象解决问题的能力恰恰是社会工作者在服务活动开展过程中的重要责任（Reid，1996：622）。尽管评估服务对象的局限也是服务活动开展的工作内容之一，但是任务中心模式认为，重点需要放在服务对象的优势、能力和资源的发掘上，让服务对象在社会工作者的帮助下规划和实施解决自己问题的行动任务（Reid，1996：624）。任务中心模式之所以这样安排社会工作者与服务对象之间的合作关系，是因为它假设：服务对象是自己生活的专家，即使服务对象在日常生活中遇到了问题，他也拥有解决问题的能力，而这些能力恰恰是社会工作者在与服务对象的合作过程中需要给予特别关注的，也是社会工作者需要协助服务对象重点探索和挖掘的（Howe，2009：78–79）。任务中心模式发现，一旦服务对象开始运用自己的能力有效解决面临的问题时，这个过程本身就会不断推动服务对象持续运用自身的能力解决问题。因此，帮助服务对象的最有效方式是为服务对象提供有规划的、渐进式的服务，让服务对象在这个过程中能够在社会工作者支持下不断成功解决面临的问题，学习问题解决的具体技巧；而社会工作者在这个过程中扮演的是指导者和咨询者的角色，帮助服务对象最充分地运用自身拥有的能力（Reid，1996：622、624）。

任务中心模式在服务策略的设计中还特别关注服务对象处理外部环境和运用环境资源能力的提升。在任务中心模式看来，服务对象的这种能力越强，他就越能够有效地完成行动任务，承担问题解决的责任（Reid，1992：255）。在这样的服务策略指导下，任务中心模式认为，增强服务对象的社会支持网络（social support networks）不失为一种有效的方法，它不仅能够帮助服务对象直接解决面临的焦点问题，而且能够提高服务对象长期抵御和应对问题的能力（Reid，1992：267）。不过，任务中心模式强调，在加强服务对象的社会支持网络时，工作重点还是在提升服务对象自身的能力上，而且针对服务的目标，服务对象社会支持网络的建设也要有所侧重，如家庭成员和好朋友的社会支持比较适合私人问题的解决，而邻里和同事的帮助比较适合日常事务的处理（Reid，1992：269）。任务中心模式发现，社会支持网络的建设与服务对象已拥有的社会支持网络的状况直接相关，通常包括三种方式：加强已有社会支持网络的服务提供、增强已有社会支持网络的整体回应能力以及扩展已有的社会支持网络（Reid，1992：268）。值得注意的是，不管服务对象采用哪种方式加强自己的社会支持网络，社会工作者首先需要了解服务对象为什么不寻求社会支持网络的帮助而求助于社会工作者，因为帮助服务对象克服社会支持网络寻求中的困难是加强社会支持网络的第一步（Reid，1992：269）。

三 任务中心模式服务技巧的基本逻辑

通过焦点问题的确定和行动任务的规划,社会工作者就可以和服务对象一起制订一份简要的结构式服务计划,并且将这一服务计划通过三个阶段的服务逐步实施出来。当然,在整个服务活动开展过程中,社会工作者还需要与服务对象建立和维持一种以服务对象发展为本的合作关系,最充分地挖掘服务对象的潜力,提升服务对象解决问题的能力(Reid,1992:3)。显然,在任务中心模式的逻辑框架中,行动任务的确定和规划占有十分重要的位置,它是推动服务对象采取具体行动解决焦点问题的着力点,也是挖掘服务对象潜力和提升服务对象解决问题能力的基础。就服务过程而言,正是通过行动任务的规划、实施、评估、再规划这样的循环过程,社会工作者才能帮助服务对象克服面临的焦点问题(Reid,1992:6)。为保证行动任务的顺利实施,任务中心模式还专门设计了两个方面的服务技巧:行动任务的规划和障碍的消除(Reid,1992:4-5)。

(一)行动任务的规划

行动任务规划的第一步是提出新的想法,并由此设计可以实际操作的行动任务。这样的想法既可以由社会工作者首先提出,也可以由服务对象首先提出,但都需要社会工作者和服务对象一起讨论。通常情况下,社会工作者会要求服务对象回顾以前遇到这样或者类似的问题时所做的努力,然后在此基础上提出可以转化为具体行动任务的新想法(Reid,1992:57)。任务中心模式认为,行动任务的制定固然需要依据服务对象的改变要求,但同时还需要关注它的可行性,特别对于首次的行动任务来说,更是如此,因为这是服务对象在社会工作者的指导下所做的最初尝试,成功与否直接影响服务活动的展开。因此,任务中心模式建议,首次行动任务最好是一种微小的改变(a small one),需要同时满足两个条件:一是有效性,即能够带来问题的改变;二是低风险性,即能够降低失败的危险。在确定了首次行动任务之后,社会工作者还要根据服务对象的能力做某种调整(Reid,1992:58)。显然,这样设计行动任务的思路已超出问题的分析,包含两个基本元素:问题解决和能力挖掘。

确定了行动任务之后,行动任务规划就面临第二项任务:激发改变动机。任务中心模式认为,服务对象的改变动机主要来源于两个方面:改变的愿望(incentive)和行动任务的解释(rational)。在任务中心模式看来,服务对象之所以遇到问题,是因为某个或者某些要求没有实现,因此,行动任务的规划需要依据服务对象那些没有满足的要求,这样才能调动服务对象的改变愿望。任务中心模式发现,在实际服务中服务对象的问题通常无法一下子解决,需要通过具体的行动任务的规划和实施逐步改善,这样就会让社会工作者面临一项任务:帮助服务对象了解行动任务的实施与满足要求之间的关联(Reid,1992:58)。一旦服务对象通过行动任务的尝试看到了自己的改变,这样的成功又会转化为服务对象进一步改变的动力(Reid,1992:59)。任务中心模式还将行为学习理论的效果预期(efficacy expectation)概念运用到行动任务的规划中,强调服务对象对行动任务的参与和他对行动结果的预期直接相关,效果预期越高,参与的动力就越强(Bandura,

1982）。值得注意的是，任务中心模式在激发服务对象的改变动机时，已经融入了行为心理学和自我心理学的内容，不仅关注服务对象内心没有实现的要求，而且关注服务对象的认知，包括对行动任务的解释、对服务效果的预期以及对实际改变效果的认识等不同方面（Reid，1992：59 - 60）。

　　一旦服务对象的改变动机被激发出来，行动任务的操作化就会成为行动任务规划的主要工作。在任务中心模式看来，行动任务的操作化不仅是为服务对象实施行动任务做准备，更为重要的是，通过关注和规划行动任务的具体细节为服务对象提供练习的机会，帮助服务对象学习如何在问题面前找到具体的解决方法和途径，提高服务对象的行动能力。显然，在任务中心模式的行动任务规划背后存在这样的假设：知道并不等于会做，服务对象只有通过行动任务具体细节的探讨才能了解怎样做（Reid，1992：60）。至于服务对象在行动任务操作化过程中到底承担多少规划的责任，这完全取决于服务活动的进程以及服务对象能力的挖掘和运用的状况。任务中心模式强调，不管服务对象采取何种方式参与服务活动，社会工作者都需要给予服务对象必要的指导，帮助服务对象明确了解行动任务可以怎样实施；同时，社会工作者还需要为服务对象提供足够的发挥空间，让服务对象能够根据自己的理解和要求对行动任务做出调整（Reid，1992：61）。

　　为了降低行动任务实施的风险，任务中心模式认为，伴随行动任务的操作化，社会工作者和服务对象还有另一项重要任务：探索行动任务实施的预期障碍（Reid，1992：61）。这样的探索不仅能够帮助服务对象预料到行动任务实施可能面临的困难，做好实施前的准备，而且能够帮助服务对象根据行动任务实施中可能遇到的障碍调整行动任务，让行动任务更加符合服务对象的实际情况（Reid，1996：628）。任务中心模式发现，社会工作者可以通过直接提问的方式帮助服务对象发现行动任务实施中可能遇到的困难，如运用"如果这样做的话，会怎样"的句式询问服务对象，促使服务对象关注行动任务规划中存在的潜在风险（Reid，1992：61），或者社会工作者直接要求服务对象在将行动任务操作化的过程中思考可能遭遇的失败（Reid，1996：628）。通常情况下，行动任务的规划都会涉及服务对象过往解决问题的经历，对这些经历的重新审视并且找到其中受挫的原因，也是帮助服务对象寻找行动任务预期障碍的有效方法（Reid，1992：62）。根据行动任务预期障碍从低到高的困难程度，任务中心模式提出相应的四种常见的解决方法：①直接克服这些障碍；②根据障碍调整行动任务；③寻找更容易实施的可替代的行动任务；④重新评估行动任务和焦点问题设计的合理性（Reid，1992：62 - 63）。显然，任务中心模式在行动任务的规划和调整中特别注重个人认知因素发挥的作用。

　　任务中心模式还在行动任务规划中融入了行为学习的原理，它假设，如果服务对象在正式实施之前事先尝试行动任务，那么这项行动任务成功的可能性就能够增加（Reid，1992：63）。因此，任务中心模式把模仿学习和指导的实践（guided practice）作为行动任务规划过程中的一项单独的工作任务，以提高服务对象的行动能力（Reid，1996：628）。在任务中心模式看来，模仿学习是服务对象在社会工作者的支持下通过角色扮演或者预演等手段预先尝试行动任务，虽然它不是日常生活中发生的真实事情，但可以通过有意识的规划接近实际生活。任务中心模式强调，通过模仿学习这个过程，服务对象不仅可以获得实际练习的机会，而且可以看到自己是如何行动的，从而根据行动的效果调整行动任务（Reid，1992：64）。如果服务面谈的场景安排在服务对象的家里、学校或者社区等服务对象遇到实际困难的日常生活环境中，社会工作者就可以运用指导实践的方式直接指导服务对象尝试那些可以实施的行动任务，并且鼓励服务对象总结尝试的经验，提高服务对象在服务面谈外实施行动任务的能力（Reid，1996：628）。

行动任务规划的最后一项任务是总结行动任务的要点，帮助服务对象清晰了解行动任务的具体要求和做法。这项任务通常是在服务面谈结束前完成了上面所说的所有行动任务规划工作之后开展的，它除了帮助服务对象再一次明确行动任务的要求之外，同时也向服务对象传递社会工作者的希望。特别是当行动任务比较复杂，或者服务对象是儿童等特殊人群时，行动任务的总结就显得非常重要。任务中心模式甚至提出了让服务对象把行动任务记录下来的方法，以加强服务对象对行动任务的理解（Reid，1992：65）。

仔细分析行动任务规划就可以发现，从行动任务想法的提出到改变动机的激发再到行动任务的操作化、实施障碍的预期、行动任务的尝试以及最后阶段的行动任务的总结，背后有一条清晰的思路：问题的解决。正是因为如此，任务中心模式把任务视为问题解决的行动，注重目标的明确性和计划的操作性以及个人理性分析和解决问题的能力，改变动机只是帮助服务对象充分运用理性分析和解决问题能力的一个条件（Reid，1992：3）。可见，任务中心模式是问题解决模式的延续和扩展。

（二）障碍的消除

在任务中心模式的逻辑框架中，障碍和行动任务的规划以及问题的解决紧密联系在一起，它虽然阻碍问题的解决，但本身就构成问题解决不可缺少的一部分，甚至可能就是服务对象希望解决的焦点问题，如服务对象缺乏社会技能或者社会资源等，这些问题很容易成为服务工作的焦点（Reid，1992：73）。就影响服务对象解决问题的来源而言，通常有两种障碍：一种来自服务对象自身，可以称之为内部障碍（Reid，1992：74-80）；另一种来自服务对象的外部环境，可以称之为外部障碍（Reid，1992：91-92）。在内部障碍中，社会工作者经常遇到的是服务对象的动机冲突和动机不足的现象。任务中心模式发现，虽然有时服务对象明确表达了愿意尝试某种行动任务的要求，但实际上却找各种理由推脱不去尝试，这样的情况很可能表明，在服务对象的内心存在两种或者多种相互冲突的动机，除了服务对象愿意尝试行动任务之外，内心还隐藏着与此要求不同的动机，这样的动机既可以是有意识的，也可以是无意识的。消除这种动机冲突障碍的方法有几种，社会工作者既可以直接协助服务对象找到解决动机冲突的方法，也可以让服务对象列举出每项选择的利弊，或者要求服务对象设想每项选择可能出现的结果，从中找到最佳的行动任务安排（Reid，1992：74）。如果服务对象在实施行动任务过程中表现出记不起要求、拖延时间或者不尽力等现象，这表明服务对象可能面临改变动机不足的障碍。通常情况下，服务对象在行动任务执行中经历了失败或者改变要求变化之后，他的改变动机就会减弱。面对这样的处境，任务中心模式常常使用的应对方法是调整行动任务的目标，让行动任务能够符合服务对象的改变要求和解决问题的能力（Reid，1992：75）。

任务中心模式认为，在服务对象动机冲突和动机不足的背后还存在更深层次的障碍，就是信仰系统的障碍，这种障碍也同时影响服务对象的改变动机。任务中心模式之所以关注信仰系统的障碍，是因为它在服务对象的行动任务实施过程中发挥着重要作用（Reid，1992：76）。除了通常所说的服务对象对周围环境、他人和自己的看法以及行动效果预期是信仰价值系统的重要影响因素之外，任务中心模式强调，错误的认知信息加工也是导致不可忽视的信仰价值系统障碍的因素，常见的有：过分武断的总结（arbitrary inference）、有选择的概括（selective abstraction）、过分概括化的理解（overgeneralization）、不实的评价（magnification and minimization）、个人化的解释（personalization）以及非此即彼的推论（absolutistic dichotomous thinking）等（Reid，1992：79－80）。此外，任务中心模式还把服务对象对问题的成因和责任人的看法也作为信仰价值系统的重要影响因素，因为在任务中心模式看来，对问题成因和责任人的错误理解将直接阻碍服务对象行动任务的实施（Reid，1992：81）。从内部障碍因素的设计中可以看到，任务中心模式吸收了认知心理学的原理和知识（Doherty，1981a，1981b），把它们与行为心理学结合起来，一起融入问题解决这个整体的逻辑框架中（Reid，1992：78）。

外部障碍也是社会工作者和服务对象在行动任务实施过程中需要关注的，它是服务对象在解决问题过程中必然会遭遇的困难。任务中心模式强调，从系统视角来看，就像服务对象受到外部系统的影响一样，内部障碍也受到外部障碍的影响（Reid，1992：91）。任务中心模式将外部障碍的来源概括为四个方面：重要他人、社会服务机构、邻里和社区以及外部物理环境（Reid，1992：92）。相应地，任务中心模式根据工作重点的不同设计了三种常见的处理外部障碍的方法：扩展介入系统（expanding the intervention system）、给服务对象增能（empowering the client）以及独立实施社会工作者的行动任务（doing independent practitioner tasks）（Reid，1992：91）。扩展介入系统是针对产生外部障碍的重要他人设计的，目的是邀请这些重要他人参与服务活动，改变他们与服务对象之间的对立关系；与扩展介入系统不同，给服务对象增能则是直接以服务对象为工作重点，帮助服务对象提高应对外部障碍和运用外部资源的能力；独立实施社会工作者的行动任务则是要求社会工作者在服务面谈外独立开展服务活动，为服务对象行动任务的实施提供有力的环境支持（Reid，1992：91－93）。从障碍的发现、确定以及应对方法的设计中可以清晰地看到，任务中心模式始终围绕服务对象解决问题能力的提升，并且根据系统视角的要求从服务对象自身和外部环境两个方面着手开展服务活动。任务中心模式甚至认为，为了提高服务活动的整合性和服务成效，社会工作者可以同时从服务对象自身和外部环境入手，将两个方面的介入活动紧密联结起来（Reid，1992：93）。

行动任务的规划和障碍的消除作为任务中心模式专门设计的服务技巧，是为了帮助社会工作者和服务对象顺利制定和实施行动任务。行动任务的制定和实施虽然在任务中心模式的逻辑框架中占据重要的位置，但只是整个服务介入活动中的一环，需要以服务对象明确认可的焦点问题为目标，同时还需要借助简要的结构式服务计划以及以服务对象发展为本的合作关系，才能得以实现（Reid，1992：3）。因此，任务中心模式是一种以问题解决为基本逻辑框架的、短期的结构式服务模式。

第五节　危机介入模式

一　危机介入模式的演变

与任务中心模式同时代的还有另一项广受欢迎的社会工作服务模式，这就是危机介入模式（crisis intervention）。像任务中心模式一样，危机介入模式也选择了与传统精神分析学派不同的服务策略，注重目标明确、结构性强的短期服务，这对社会工作的发展产生了重要影响（Payne，2005：97-98）。在危机介入模式看来，任何一位到服务机构寻求帮助的服务对象都可以被视为处于生活的危机中，因此，危机介入自然也就成为关乎所有社会工作服务的一项基本服务策略和逻辑架构（Payne，2005：102）。甚至有些社会工作者直接把社会工作视为危机的管理，目的是帮助那些生活中遭遇危机的个人、家庭和群体减轻危机带来的负面影响和伤害（Parad，1961：151）。

所谓危机介入，是指直接走进遭遇危机的个人、家庭或者群体的日常生活中，帮助这些求助对象减轻或者摆脱危机带来的负面影响，并且协助他们挖掘自身以及周围他人拥有的资源。危机介入通常涉及两个方面：一是减轻危机事件的负面影响；二是利用危机事件帮助服务对象解决目前面临的现实问题，并且同时提升服务对象适应环境的能力。显然，在危机介入模式的理论逻辑框架中，危机并不都是负面的，它给人们带来困难的同时，也带来了改变的机会（Parad，1983a：2）。

值得注意的是，危机介入模式不是一成不变的，从最初的精神健康服务的探讨，逐渐转变成一般服务模式的总结；从注重个人或者家庭为本的服务策略，逐渐延伸出社区为本的综合服务，包括流动危机介入站（mobile crisis units）、危机介入中心（crisis intervention centers）、热线服务（hotlines）、社区紧急事件处理人员的培训（crisis intervention training program for community emergency and disaster personal）等（Ell，1996：182）。在危机介入模式的引入、推广和发展过程中，有一位社会工作者发挥着重要的作用，他就是美国学者豪瓦尔德·派勒德（Howard Parad）。

（一）豪瓦尔德·派勒德

派勒德在1965年编写的广为流传的《危机介入：精选读物》（*Crisis intervention：Selected readings*）一书，被认为是首次将危机介入原理引入社会工作领域的经典读物。[①]1990年，派勒德又与同事合作，将短期治疗的服务策略和方法融入危机介入模式中，撰写了《危机介入的实践者手册》（*Crisis intervention book 2：The practitioner's sourcebook for brief therapy*）。[②]不过，最早从事危机以及危机介入研究的是美国学者艾力奇·林德曼（Erich Lindemann），林德曼在1944年就开始了灾难危机中悲伤情绪处理的研究，探索人

---

①　具体内容见 Parad（1965）。
②　具体内容见 Parad & Parad（1990b）。

们是怎样应对灾难中失去亲人以及家园的危机的，他发现，如果人们以前有类似的经历，就会处理得好一些；当然，如果以前的经历给人造成了压力，它反而会影响眼前危机的处理（Lindemann，1944）。之后，林德曼和精神病理学家盖兰德·卡普兰（Gerald Caplan）合作，在社区开展了精神疾病预防的研究项目，探索精神疾病预防的具体方法和策略，由此逐渐发展出危机理论和危机介入的操作模式（Payne，2005：98）。派勒德作为林德曼和卡普兰研究团队的一员，参与了整个研究项目，并且从社会工作的角度引入、推广和总结危机介入的经验，使危机介入模式在社会工作领域得到迅速的发展，成为20世纪六七十年代社会工作的一项重要服务介入模式和理论框架（Ell，1996：172）。

危机介入模式的基本逻辑框架来源于传统的精神分析学，特别受到自我心理学的影响，注重危机事件对人们情绪、认知和行为造成的影响以及人们对危机事件做出的回应方式。正是基于这样的逻辑考察，对危机情绪的关注及其处理方式的探讨就自然成为危机介入模式建构的一个基本焦点（Payne，2005：97 - 98）。派勒德也将这些观点吸纳到自己的理论逻辑建构中，他在总结早期危机介入理论探索的经验时指出，危机介入模式所说的危机不同于一般所说的生活压力，除了时间短之外，还有自己的构成要素，与人对危机事件的回应方式相关联。派勒德强调，危机介入采用的是短期服务的策略，不同于像精神分析学派那样的长期治疗策略，它不是传统长期治疗模式的替代品，而有自己的逻辑基础和价值定位（Parad & Parad，1990a：173）。

值得注意的是，派勒德并没有将危机仅仅视为消极或者不好的事件，还把它作为服务对象改变的契机，除了给服务对象带来压力之外，同时也为服务对象的改变提供了动力。因此，派勒德在危机介入中引入了能力的概念，认为危机的消除需要建立在服务对象能力的挖掘和培养上，让服务对象通过消除危机的过程提高对自身能力和资源的运用，增强抵御危机的能力（Payne，2005：98）。在危机介入中关注环境的因素，也是派勒德危机介入理论的重要内容（Ell，1996：171）。派勒德的这一想法来自卡普兰的研究，卡普兰发现，在危机的应急处理以及之后服务对象环境适应能力的改善上，环境资源的运用发挥着重要的作用，特别是社区服务系统的建设直接影响危机介入的成效（Caplan，1974：34）。在这一点上，危机理论的逻辑框架与社会工作的基本原理达成了一致。由此，社会工作者将社会科学中的角色、角色转换以及社会支持网络的概念逐渐融入危机介入的逻辑框架中，帮助实务工作者更为准确地了解和判断服务对象在危机处境中拥有的资源（Rapoport，1983a：31）。

（二）危机介入模式的新发展

80 年代之后，危机介入模式出现了新的发展方向。一方面，该模式开始推崇将危机介入与社会支持系统相结合的服务策略，不再把服务对象或者家庭从日常的社会支持关系中抽离出来作为单个需要帮助的对象，开展危机介入服务，而是强调把服务对象放在他们自己的社会支持系统的环境中规划和开展危机介入（Mor-Barak，1988）。这样，危机介入的重点就移至危机预防支持网络的建设（O'Hagan，1986：144 - 145）。另一方面，危机介入中认知因素发挥的作用受到越来越多的重视，特别是服务对象自己对危机事件的理解和解释成为危机介入的重要内容，包括服务对象如何理解危机事件产生的过程以及如何总结以往处理危机事件的经验等，通过这些方面的讨论帮助服务对象调整那些不现实的认识和信念（Roberts & Dziegielewski，1995：26）。此外，危机介入还引入精要治疗（solution-focused therapy）的服务策略，将危机的消除与服务对象能力的发挥结合起来，强调服务对象才是自己生活的专家，鼓励服务对象自己探索危机解决的方法（Roberts，2000：28）。佩恩在梳理危机介入模式时指出，危机介入的重点是关注服务对象对危机事件的情绪反应以及帮助服务对象学习如何理性处理危机事件（Payne，2005：98）。随着危机介入服务的深入，危机介入模式也变得更为精细，有专门针对志愿者和半专业人士开展危机介入的指导原则和基本流程，① 也有专门针对危机介入评估的经验总结。②

危机介入模式经过几十年的发展，无论在服务的对象上还是服务的方式上都出现了显著的变化，它从最初的多专业合作，由医生、护士和社会工作者组成的专业团队进行家访，以避免服务对象因为不必要的精神病院住院治疗而受到伤害，发展到主动与社区联系，在社区中开展多种帮助长期精神障碍患者的服务。之后，危机介入模式的工作重点从直接服务精神障碍患者转变成预防精神疾病的发生，包括亲人过世、家人离散以及离婚等因素造成的精神困扰的消除。近年来，危机介入模式已经被作为一种基本的危机事件的应急服务策略和手段运用于不同的领域和人群（Payne，2005：102）。其中，社会工作常用的服务方式包括心理教育、压力预防、情绪疏导、开放式支持小组、压力应对技巧培训、服务热线、移动危机介入站以及危机事件处理中心等（Ell，1996：183 - 184）。就社会工作而言，危机介入模式有三种不同的理解，因而也有三种不同的应用逻辑：第一，作为一般的社会工作实务原则被广泛运用于不同的服务人群，帮助这些人群有效应对生活处境中的危机；第二，作为一种处理灾难或者创伤性事件的有效手段运用于特殊的服务人群，帮助这些人群提高应对特殊危机事件的能力；第三，作为一种综合的服务模式整合危机处境中的情绪和环境等多种因素，帮助那些生活环境不佳的弱势群体满足他们多方面的发展需求（Ell，1996：174）。

对危机介入模式的探索也让社会工作者从另一个不同的角度看待社会工作，他们倡导用内涵清晰、要素明确的危机概念替代内涵模糊、意义不明的问题概念，以增强社会工作服务的准确性和针对性（Rapoport，1983a：22）。有学者甚至直接指出，社会工作服务的对象就是经常面临危机处境的服务对象，为这些危机中的服务对象提供危机介入服务自然也就成为大多数社会工作者的日常工作（Ell，1996：173）。这样，有关危机以及危机介入的讨论就不仅具有具体服务介入模式构建的价值，还具备了社会工作一般原则和知识建构上的意义。从这个层面上说，所有寻求帮助的服务对象都处于危机中，所有社会工作服务都是一种危机介入（Payne，2005：102）。因此，危机介入模式自提出之后就受到社会工作者的广泛欢迎，并且逐渐发展成为社会工作的一项基本服务策略，它的影响已远远超出作为一种服务模式所发挥的作用（Pack，2012）。

---

① 具体内容见 Kane（2003）。
② 具体内容见 Myer（2001）。

二 危机介入模式的理论框架

危机介入模式吸收了心理社会治疗模式的基本逻辑框架，从心理、社会两个维度理解人们遇到的危机并且针对危机开展服务介入活动，一方面它从弗洛伊德精神分析学派的人格理论中挖掘有益的思想，帮助社会工作者更好地理解人在危机中的内部心理变化；另一方面它又从社会科学中学习有用的概念，扩展社会工作者对危机处境的理解，而且将个人与环境两个因素联结起来作为危机介入的核心焦点（Austin，1983：xi）。危机介入模式强调，社会工作是一种社会服务机构提供的社会福利服务，不同于心理治疗，需要把服务对象的问题视为一种社会问题，放在服务对象的日常生活环境中考察，关注服务对象与环境或者周围他人之间的相互影响（Perlman，1983：199）。显然，人际关系的社会维度是危机介入模式基本逻辑框架中不可缺少的重要组成部分。

针对社会工作一直争论的以服务对象现时的互动关系还是过去的互动关系作为重点开展评估和服务这一问题，危机介入模式给出了明确的答案，认为把评估工作的重点放在过去，并且以此为基础组织社会工作服务，就会忽视服务对象在当下危机处境中所感受到的要求，从而也就无法将服务对象的改变动力与社会工作的服务顺利联结起来；相反，如果以服务对象现时的互动关系作为评估的重点，特别是在服务的开始阶段，社会工作者就能够顺利地了解服务对象寻求帮助背后的改变愿望以及各种影响因素，包括服务对象在处理危机过程中存在的成功经验和困难（Austin，1983：xiii）。

值得注意的是，危机介入模式并不否认过往经历对服务对象应对危机方式的影响，特别是服务对象在成长过程中形成的人格特征，它是服务对象处理危机事件的重要影响因素。不过，危机介入模式认为，这些都不是危机事件的直接决定因素，直接决定危机处理结果的是当下危机处境中的各种影响因素，包括服务对象与周围他人以及相关社会服务机构之间的互动和交流（Kaplan & Mason，1983：119）。由于绝大多数服务对象是在危机处境的压力下寻求帮助的，他们平时并没有明显的困扰。因此，将危机介入的重点放在当下处境中对危机处理能力的提高还有另一方面的好处，能够避免问题的标签化，鼓励服务对象主动承担改变的责任，增强服务对象的责任感，提高服务对象在危机处境中实际处理问题的技能，并且帮助服务对象学会在危机困境的应对中逐渐成长。

尽管危机介入模式涉及很多内容，而且被广泛运用于不同的服务领域，但是它也有自己清晰的理论逻辑建构的焦点，主要包括两个方面：一是危机的界定，解释危机的基本构成、运行的主要机制以及变化的基本过程；二是危机介入模式的建构，整理和总结针对不同危机人群开展有效服务的不同介入策略和方法（Parad，1983a：3）。简单地说，危机和危机介入是危机介入模式理论逻辑框架建构中的重点。

（一）危机

所谓危机，是指个人或者群体的一种心理失衡状态，虽然这种状态持续的时间通常比较短暂，但是它会对人的能力造成损害，让人感到无力应对眼前的某个特殊事件，使个人的生活面临严重的威胁或者损害（Kaplan & Mason，1983：118）。一般而言，危机通常表现为需要面对某个特殊的事件，这个事件之所以特殊，是因为它需要同时满足三个方面的条件：①阻碍服务对象重要目标的实现，使服务对象的基本需要无法满足，如损害服务对象的健康、威胁服务对象的安全，或者迫使服务对象的情感联系出现断裂等；②超出服务对象现有的能力，使服务对象无法采用以往的方式解决问题，这样，反过来又增加服务对象的不安和焦虑，让服务对象陷入一种不良的循环中；③导致服务对象出现心理失衡，使服务对象处于心力交瘁的脆弱状态中，无法忍受任何生活压力（Parad，1983b：289）。需要注意的是，危机介入模式所说的危机是指当下或者近期发生的特殊事件，虽然它也可能引发服务对象以往经历中的不愉快甚至创伤，但是它本身与当下的具体处境和具体困难相联系，具有即时（immediacy）和紧迫（urgency）的特征。当然，如果处理不当，这些特殊事件不仅影响服务对象，成为服务对象以后生活中出现危机事件的重要原因，也影响服务对象的周围他人。因此，危机不仅仅是针对服务对象来说的，同时还包括服务对象周围的重要他人，具有人际维度（interpersonal dimension）的特征（Parad，1983b：289－290）。

从服务对象角度来说，判断他是否面临危机，就是要看他的能力是否受到损害，主要涉及四个方面的能力：①服务对象与周围他人建立和维持满意的情感联系的能力；②服务对象运用自身资源和有效开展工作的能力；③服务对象客观观察和理解现实的能力；④服务对象适应环境或者改变环境的能力（Parad & Caplan，1983：56）。仔细观察这四个方面的能力就会发现，危机介入模式所说的危机是针对服务对象适应环境或者改变环境的能力而言的，表明服务对象无力应对生活中的某个特殊事件，它依据的是自我心理学的原理，强调自我拥有适应环境的重要功能（Goldstein，1995：x）。显然，在危机介入模式看来，服务对象的这种适应环境的自我功能又受到情绪、行为和认知三个方面能力的影响，特别是情绪方面的能力，被视为自我功能的首要影响因素。

实际上，危机概念的界定并不是那么清晰的，有时危机和危机事件甚至危机过程混淆在一起使用。就一般情况而言，危机通常包括三个层面的内涵：①某个危机事件或者危机处境，是服务对象生活的外部环境；②服务对象的某种特殊的心理状况，是服务对象对危机事件或者危机处境所做的无效回应；③服务对象与危机事件或者危机环境相互影响的过程，既涉及外部环境的危机事件，也涉及服务对象内部的特殊心理状况以及两者之间的相互影响过程（Rapoport，1983a：23）。

就外部环境的危机事件而言，它通常被当作一种具有破坏性的负面事件，不仅给服务对象的生活造成额外的压力和负担，甚至还使服务对象的正常生活都难以维持。实际上，这只是危机事件产生的一个方面的影响，另一方面危机事件也被视为改变的契机，让服务对象看到习以为常的行为方式已无法应对眼前的危机，如果服务对象希望摆脱眼前的困难，就必须寻找新的解决方法和途径（Volkhart，1951：12－14）。因此，危机事件可以作为对服务对象新的有效行为的要求，即使这样的要求比较高，也为服务对象的发展提供了新的机会。通过危机事件的处理，服务对象适应外部环境的能力才能提高（Rapoport，1983a：23）。

尽管不同的人可能面临一些共同的危机事件，如家庭破裂、亲人亡故等，但这并不意味着所有经历危机事件的人都会出现生活的困扰。实际上，不同的人在同一或者类似危机处境中的反应是不同的，他们的不同反应也促成了危机事件的不同结果（Rapoport，1983a：23）。危机介入模式假设，一旦服务对象发现自己处在危机事件中，就会通过各种解决问题的尝试使自己的生活重新回到原来的平衡状态中，保证自己的基本生活需求能够得到及时的满足。但是，并不是所有的尝试都能成功，而且此时服务对象原来的问题解决的方式又失效，无法帮助服务对象回到平衡的生活状态中。显然，是否出现危机的关键取决于服务对象在危机事件中能否找新的有效的解决问题的方式。对于大多数人来说，通常情况下是能够找到与以往解决问题经验不同的新的解决方法；但是，也有一些无法找到合适的方式回应眼前的危机事件，使危机事件成为他们生活压力的重要来源（Rapoport，1983a：24 - 25）。

值得注意的是，对于危机事件的界定，不同的学者有不同的研究偏向。有的倾向于把危机事件视为日常生活中经常遭遇的事件，并且作为个人成长的机会。这样，危机事件就具有了普遍意义，是个人成长经历中不可缺少的一部分（Parad & Parad，1990a：2）；有的专注于那些给人们生活造成严重困扰的事件，把危机视为容易造成创伤的事件，是个人特殊的生活经历（Ell，1996：170）。因此，就对个人生活的影响而言，危机事件通常可以划分为两类：普通生活经历（universal life experience）的危机和特殊生活经历（extraordinary life experience）的危机。普通生活经历的危机是指每个人在成长过程中必然遭遇的困难，如上学、工作、恋爱、结婚、抚养子女、赡养父母和退休等，它们本身就是个人成长的组成部分。特殊生活经历的危机与普通生活经历的危机不同，它只是特殊人群遭遇的困难，如家庭破裂、战争和自然灾害等，这种类型的危机通常会给受害者造成严重的不良后果，甚至导致长期的生理、心理或者社会功能的损害（Ell，1996：176）。

危机介入模式假设，每个人的生活都是一个不间断的持续成长过程，在这个过程中会遇到一个又一个的危机，有时是普通生活经历的危机，有时是特殊生活经历的危机，特别是在成长的转折点上，可能面临各种不同的困难，而针对这些困难，有多种应对的方法，如果能够找到成功的应对方法，就能提高个人的应对困难的能力，促进个人的成长；如果找不到有效的应对方式，危机事件就会成为压力的来源，阻碍个人的成长（Cath，1983：175）。因此，危机介入模式认为，遭遇危机事件并不特别，每个人在生活的某个阶段都可能面临不同形式的危机，而且危机中的不愉快经历也并不意味着就是负面的；相反，危机事件会促使人们自觉或者不自觉地努力寻求新的应对方法，它为人们的成长提供了新的机会，也为周围他人和社会工作者施加积极影响提供了条件（Ell，1996：174 - 175）。

危机介入模式还研究了人们遭遇的家庭危机事件，这种类型的危机事件与个人的危机事件不同，不仅能够影响家庭生活状况的变化，而且可能导致家庭成员之间的冲突，甚至家庭关系的破裂，常常与家庭成员的基本生活原则相关联（Hill，1983：39）。根据危机事件的影响方式，危机介入模式将家庭危机分为三类：第一类是家庭成员减少的危机，如病故、意外事故和失散等，这些事件导致家庭成员的突然减少，迫使家庭成员的生活出现困难；第二类是家庭成员增加的危机，如意外怀孕、收养和家人重新团聚等，这些事件导致家庭成员突然增加，使家庭成员不得不面对新的生活压力；第三类是家庭生活原则的危机，如酗酒、吸毒和不忠等，这些事件虽然不影响家庭成员的增减，但直接损害家庭的基本生活原则和形象，也会给家庭成员的生活造成困扰（Hill，1983：37）。实际上，现实生活中的家庭危机往往同时涉及几种类型，它们的影响也更为复杂，如离婚、出走、监禁和自杀等，不仅给家庭的基本生活原则造成了冲击，也迫使家庭成员不得不直接面对生活的突然变故（Hill，1983：38）。

除了可以把危机视为一种外部事件之外，它更多时候被当作一种生活状态，不仅与外部的危机事件相关，也与人们的内部心理状况以及回应外部危机事件的方式相联系。这种观察危机的视角将关注的焦点集中在人们面对危机事件时内心感受方式的变化上，试图了解什么因素影响人们对外部危机事件做出积极的回应。就人们的内心感受来说，危机事件的一个显著特点就是威胁，它让人们感到他们的正常生活正在受到挑战或者损害，而且这种挑战和损害通常涉及人们的基本生活要求和个人的尊严，需要立刻做出回应。当然，此时对危机事件的态度将直接影响危机的应对，如果把危机事件视为对个人需求和尊严的威胁，就会不自觉地表现出焦虑；如果把危机事件当作个人正常生活的剥夺和损失，就会出现抑郁的情绪；相反，如果把危机事件视为一种正常的生活挑战，就会表现出积极乐观的态度，同时也会将注意力放在个人潜能的挖掘和有效解决方法的寻找上（Rapoport，1983a：23）。

危机介入模式强调，在危机事件的巨大压力下，人们通常会表现出一些极端的、负面的情绪和行为，如极力回避危机事件、有意疏远他人、容易动怒、经常做噩梦等（Ell，1996：177-178），但是这些表现并不足以说明人们就处在危机的创伤中，危机是否导致创伤还需要社会工作者和相关专业人士做细致的考察（Rapoport，1983a：24）。危机介入模式认为，判断是否出现危机创伤有一个重要考察因素，就是观察人们处理危机时的一种重要感受——悲痛（grief）（Lindemann，1983：7）。这种感受经常出现在危机事件发生后不久，或者表现为夸张的举止，或者表现为刻意回避，通常伴随生理功能上的一些症状，如叹气、乏力、胃疼和消化不良等（Lindemann，1983：8）；在心理层面，这种悲痛感受表现为脑海里总是浮现过世者的身影、内心时常感到愧疚、行为充满敌意、行为方式突然发生变化，甚至某些行为和品格也出现模仿过世者的现象等（Lindemann，1983：10）。虽然危机发生时的悲痛感受具有很强的破坏力，但是危机介入模式坚持认为，如果处理得当，就能将它转化为一般悲痛感受的释放，而且在这个过程中服务对象也能够逐渐学会从危机前的人际关系的影响中走出来，找到适应危机后新环境的方法（Lindemann，1983：11）。

当然，如果悲痛感受处理不当，服务对象的生活就会出现困扰。例如，悲痛感受的延期表达就是常见的一种不恰当的处理方法，虽然服务对象通过延期表达可以在危机事件发生时避免悲痛情绪的爆发，防止情绪失控，但是这种延期表达很可能成为服务对象行为和情绪出现困扰的深层原因。危机介入模式认为，悲痛感受的不合理表达也会促使服务对象的生活出现问题，如过度积极反应就是其中常见的一种，表现为服务对象在危机面前没有任何悲痛感受，导致服务对象对生活缺乏感情投入，变得冷漠、不通人情。此外，过度对抗反应也是常见的一种，表现为服务对象的行为充满怨恨、敌意，甚至故意直接挑战像医生、心理治疗师或者社会工作者这样的专业人士（Lindemann，1983：14－16）。

因此，危机的内涵不仅仅局限于外部的危机事件，同时还与人们的内心感受相连，它首先表现出来的特征就是情绪困扰，如困惑、焦虑、愤怒和抑郁等，同时它还伴随人们生理和心理功能的受损，特别是问题处理能力的下降，直接影响人们应对危机的能力，使危机成为人们心理高度脆弱的阶段（Slaikeu，1990：3）；有时，危机还可能导致人际关系的紧张和社会功能的损伤（Ell，1996：170）。在危机介入模式看来，家庭不是单个个人简单的聚合，是具有不同人格特征的成员依据一定的家庭角色和行为标准而相互影响的群体（Hill，1983：34）。因此，对家庭来说，危机的影响不仅与家庭成员的人格有关，而且直接与家庭的结构和功能相连，包括家庭的角色分工、价值原则、沟通方式、家庭的问题解决机制和成员需求满足机制等，通常后者的作用更为突出（Rapoport，1983a：57）。

危机介入模式发现，在外部危机事件转化为服务对象的真正困难（hardships）的过程中，涉及很多因素，如服务对象没有准备、找不到资源或者缺乏能力等，特别是服务对象看待危机事件的视角，直接影响服务对象应对危机事件的态度和方式（Hill，1983：35）。危机介入模式还将家庭危机简化为四个相互关联的步骤——A—B—C—D，A 代表外部的危机事件，B 是指家庭在危机出现时可以寻找的资源，C 则是指家庭对危机事件的理解，D 表示家庭的危机状况。也就是说，在外部危机事件转变成真正的危机时，除了受到可用资源的影响之外，还有一个重要因素：意义的界定（Hill，1983：36）。危机介入模式强调，一旦危机事件的发生成为服务对象日常生活的重要压力来源，就会迫使服务对象对此做出解释，而且正是借助危机事件的解释服务对象的内心感受才能与外部环境的危机事件联结起来（Hill，1983：43）。如果危机事件得到成功解决，它就成为积极的经验影响以后危机事件的解释，增强服务对象应对未来危机的信心和能力；相反，如果危机事件没有得到解决，它就成为失败的经验妨碍服务对象对未来危机事件的正确理解，给服务对象应对危机的能力造成损害（Rapoport，1983a：25）。

因此，在危机介入模式看来，产生危机的关键不是服务对象的日常生活中出现了危机事件，而是服务对象自身应对危机事件的方式，它表明服务对象在危机事件面前出现危机的可能性（crisis－proneness）。如果针对的是个人，就需要考察个人的人格特征；如果是家庭，就需要分析家庭的结构和运行机制（Hill，1983：49）。

第三种看待危机的方式是把危机视为一种过程，了解人们如何从最初遭遇危机事件的惊恐和悲痛中走出来重新找到适应方式的过程（Hill，1983：49）。危机介入模式发现，所谓的危机是指人们的能力受到严重损害的一个短暂时期，这个时期通常持续 1 至 6 个星期，在这个时期内，人们处于一种应急的状态中，努力尝试各种方式恢复生活的平衡，或者通过有效的方式解决危机，增强自己的社会适应的功能，或者由于无法找到合理的方法消除危机，自己的社会适应功能受到损害（Rapoport，1983a：26）。

危机在形成过程中有一个很显著的特点：一方面由危机事件带来的威胁变得越来越严重，另一方面服务对象在危机事件的威胁面前发现自己越来越无力应对。这样，随着危机事件的发展，服务对象的生活压力和内心紧张不断增强，在达到顶峰之后才会逐渐降低（Parad & Caplan，1983：66－67）；在这个时候服务对象以前生活中没有成功解决的困扰也会再次呈现出来，成为危机的一部分，影响危机的解决（Rapoport，1983a：26）。从个人成长角度来看，危机的出现和解决与个人的成长过程密切相关，特别是在那些生活转变的关键时期，往往社会角色的要求不清晰，有时还需要个人的创新，这个时候就容易出现危机，而危机的成功解决不仅可以消除服务对象的内心紧张，缓解服务对象的生活压力，更为重要的是，它能够促进服务对象的成长（Rapoport，1983a：76）。

尽管危机介入模式针对危机变化的阶段有不同的划分，但根据服务对象的应对方式和状况可以将危机的变化概括为四个基本阶段：危机（crisis）、解组（disorganization）、恢复（recovery）和重组（reorganization）（Hill，1983：46）。危机是指危机事件发生的最初阶段，在这个阶段随着危机事件的出现，生活压力剧增，服务对象开始运用习惯的问题解决机制解决面临的生活困难。如果服务对象的尝试失败，而他又无法找到回避的方法，危机事件就进入第二个阶段：解组。在解组阶段，服务对象处于极度的情绪困扰中，认知能力和问题解决能力下降，生活的平衡被打乱；如果危机事件影响的是家庭，它还可能导致家庭关系的紧张甚至破裂。危机事件的第三阶段是恢复，它是指服务对象经历了解组的痛苦经历之后，开始调整自己的行为方式，寻找能够适应危机环境的新的解决方法。接着，服务对象就进入危机事件的第四个阶段：重组。在重组阶段，服务对象从混乱的生活中重新拾回自信，使生活恢复新的平衡，通常这个阶段还包括家庭关系的重建。不过，危机介入模式认为，并不是所有的服务对象都能够恢复到危机前或者比危机前更好的平衡的生活状态（Jackson，1956）。

显然，在危机中服务对象面临的是整个生活的挑战，包括服务对象基本生活方式的调整，它通常涉及生活的很多方面。危机介入模式发现，通过危机服务对象不仅需要学习如何克服成长中的困难，而且需要掌握心理压力的调整方式以及保持良好情绪状态的方法（Ell，1996：177）。如果危机影响的是家庭，改变的任务还涉及家庭成员角色和家庭沟通机制的调整，以保证每位家庭成员的基本需求都能够得到及时的满足、情感表达都能够得到及时的回应（Hill，1983：45）。

（二）社区为本的预防策略

在危机介入模式发展的初期，就有不少学者观察到，危机发生后的及时介入是解决危机的有效方式，他们认为危机只是使人们处于暂时的情绪困扰中，如果这些受害者能够得到及时的帮助，他们的状况就能够迅速得到改观（Ell，1996：172）。因此，危机介入模式推崇一种社区为本的预防策略，要求尽早筛查出需要专业介入和帮助的人群，并且在危机发生的现实生活场景中及时开展服务（Ell，1996：171）。

值得注意的是，社区为本的预防策略在服务介入的时间和地点的安排上都有特别的考虑，它所呈现出来的基本逻辑与以往的社会工作服务模式存在很大的差别。就服务介入的时间来说，危机介入模式假设，危机发生的阶段是服务对象改变的最佳时机，因为在这个阶段虽然服务对象处于情绪的困扰中，但它同时也为服务对象的改变提供了条件，让服务对象发现必须调整自己习以为常的行为方式，以便找到解决问题的有效方法。因此，危机介入模式认为，危机阶段是服务对象心理最脆弱的时期，极容易受到周围他人的影响，是社会工作介入的最佳时期（Rapoport，1983a：30）。通过多年的实践危机介入模式发现，如果把服务介入的重点放在危机阶段，社会工作者只需要花费很小的力气就能帮助服务对象发生明显的改变；相反，如果把服务介入的重点放在平时，这样的改变就需要社会工作者付出更多的努力（Parad & Caplan，1983：72）。就服务介入的地点而言，危机介入模式把工作的场所从服务机构的辅导室移到了服务对象日常生活的社区，在服务对象的自然生活场景中开展服务。危机介入模式假设，在危机发生的现场开展服务是解决危机的最好选择，它能够保证服务的及时性和有效性（Rapoport，1983a：30）。当然，相应地，社会工作就需要有一套在服务对象自然生活场景中开展服务而且行之有效的技巧。

危机介入模式发现，由于服务介入时间和地点的变化，在服务对象自然生活场景中开展专业服务的基本原则与以往机构的辅导室服务不同，它要求社会工作者通过一种主动走出去的外展方式（outreach programs）为服务对象提供第一时间的及时帮助，而不是在机构的辅导室里与服务对象约定面谈的安排，开展具体的服务。显然，这种社区为本的预防策略对社会工作者的主动性提出了很高要求，与以往的机构辅导室服务相比，它更关注社会工作者在服务介入过程中所发挥的积极作用。此外，危机介入模式强调，这样的服务应该是一种短期的服务，具有明确的现实目标，而且直接针对服务对象危机困扰的消除，包括外部支持的提供和内部心理的调整（Ell，1996：179 - 180）。

对于社会工作者来说，如果在服务对象的日常生活场景中开展服务，就自然需要面对服务对象的各种现实问题以及危机中不同人群的不同要求。尽管这些问题和要求差异性很大，但危机介入模式认为，在各种危机解决过程中社会工作者的基本任务是一致的，即通过危机介入帮助服务对象及其相关受害者降低直接面对危机的风险。危机介入模式称之为预防的服务介入策略（Parad，1983b：285）。正是在这样的服务介入原则指导下，危机介入模式要求社会工作者在危机介入中区分两类影响因素：一类称为危险因素，它是指迫使服务对象不得不面对危机困境的各种影响因素；另一类称为保护因素，它的作用与危险因素不同，是保护服务对象让其避免陷入危机困境的各种影响因素；相应地，社会工作者在危机中的预防策略也就具体包括两种方式：第一种针对危险因素，通过消除危险因素减轻危机带来的危害；第二种针对保护因素，通过增强保护因素减少危机带来的危害（Ell，1996：170 - 171）。

尽管从字面上理解预防是指防止危机事件的发生，但实际上危机事件发生的场景并不是单一的，而不同的场景需要运用的介入方法和途径也不同。因此，危机介入模式强调，社会工作者制定的危机预防策略也需要根据具体的危机场景做不同的调整和规划（Gordon，1983：25）。一般而言，危机介入模式的预防可以分为三种级别：一级、二级和三级（Ell，1996：179）。一级预防又称为重点预防（primary prevention），它的目的是减少危机事件影响的范围和人数。这种预防介入工作的开展通常是在危机事件发生之前，主要包括一般健康主题的倡导（health promotion）和特定安全的保障（specific protection）两种类型。二级预防的工作重点是降低危机的严重程度和减少受害者的人数，它通常作为危机事件开始阶段的一项重要服务，主要采取及早诊断和及时治疗的方式（early diagnosis and treatment），包括主动发现需要帮助的个案。三级预防与一级预防和二级预防不同，它针对的是那些已经受到危机影响并且生活功能受到损害的对象，它主要运用的是康复的方法和技术（rehabilitation），目的是帮助那些受害者增强或者恢复受损的生活功能（Rapoport，1983b：129）。

需要注意的是，危机介入模式的预防介入涵盖三种不同类型的人群，而且以一般人群的危机预防能力提升为重点。显然，这样的安排体现了危机介入模式对危机介入策略的独特理解，它并不是只关注危机事件中已经受到伤害的直接受害者，也没有假设危机中的受害者是有问题的人，从问题修补的角度帮助服务对象克服面临的问题，而是把服务对象视为在危机处境中遇到困难的普通社会成员，从功能发挥的角度帮助服务对象消除危机中的危险因素或者加强危机中的保护因素（Kaplan & Mason，1983：119）。这样，危机介入模式就可以通过预防策略将社会工作的服务范围从危机的直接受害者扩展到一般的社区居民，从危机时期困扰的处理延伸到平时社区各种不同类型的相关服务（Klein & Ross，1983：148）。

显然，在危机预防策略的逻辑框架中，社区具有特别重要的位置，它是危机预防策略实施的关键场所，不仅可以帮助社会工作者顺利找到三种不同类型的服务对象和人群，也可以为各种服务的联结和资源的整合提供重要依据。正是基于这样的考察，危机介入模式在危机预防策略中推崇一种社区为本的服务方式（Golan，1987：371）。因此，就危机介入模式所推崇的社区为本的预防策略而言，社区为本和预防这两个概念都非常重要，它们一起构成整个服务策略的核心内涵。可见，危机介入模式所倡导的是一种与以往社会工作服务模式不同的服务方式，它要求社会工作者直接在服务对象的日常生活中开展服务，并且借助预防将社区中不同服务有效地整合起来（Parad，1983b：287－288）。

（三）应对能力提升的心理社会介入策略

危机介入模式在自己的实践探索中发现，当服务对象面对危机的困扰时，他首先希望社会工作者解决的是摆脱眼前的危机（Rapoport，1983b：138）。这样，社会工作的介入重点就自然集中在应对危机能力的提高上，包括如何接受眼前遭遇的危机以及如何设法解决面临的问题（Chaskel，1983：238）。显然，在危机介入模式看来，如果在危机中社会工作者只关注服务对象内部心理的调整，帮助服务对象克服内心的困扰，这样的介入策略在遭遇巨大外部生活压力的服务对象面前是很难实施的；如果社会工作者在危机中只注重运用服务对象的外部资源，帮助服务对象减轻生活的压力，这样的介入策略虽然能够帮助服务对象暂时摆脱危机的困扰，但无法保证服务对象在下一次类似的危机面前拥有应对的能力。因此，危机介入模式强调，不管社会工作者在危机中采取的是外部支持还是心理调整的方式，他的工作只有一个核心：帮助服务对象提升应对危机的能力（Ell，1996：180）。

针对服务对象面临的危机，社会工作者既可以从心理入手，如疏导服务对象的情绪和改善服务对象的认知等，也可以从环境开始，如为服务对象提供必要的服务信息和帮助服务对象链接资源等。尽管不同的学者对具体的介入焦点有不同的看法，但就一般情况而言，危机介入模式通常采取的是一种心理、社会相结合的服务介入策略，将服务对象的内部心理调整与外部资源链接整合在一起，并且针对服务对象危机的消除提供直接有效的服务（Rapoport，1983b：138 – 139）。这种介入策略常常涉及三个基本方面的服务：危机中无助感受的处理、外部社会资源的挖掘以及服务对象应对危机能力的提升（Ell，1996：171）。

就危机中的无助感受而言，它有不同的情绪表现方式，常见的有悲痛和敌视。这些情绪表现不仅直接影响服务对象与社会工作者之间的交流，有时还可能破坏服务对象与社会工作者之间的合作关系，因为服务对象时常将这些情绪表现直接针对社会工作者，使社会工作者成为其情绪发泄的对象。因此，如何帮助服务对象处理危机中的无助感受就成了社会工作者的重要任务之一（Lindemann，1983：19 – 20）。危机介入模式认为，社会工作者除了可以及时疏导服务对象的情绪，保证服务对象避免处于情绪的直接掌控之外，更为重要的是，帮助服务对象调整人际交往的方式，并且协助服务对象建立新的人际交往关系。危机介入模式强调，只有通过建立这些新的人际交往关系，特别是服务对象与身边重要他人的联系，才能为服务对象的改变提供及时的、必要的支持，才能帮助服务对象真正走出危机中的情绪困扰（Lindemann，1983：20）。

在外部社会资源方面，危机介入模式将社会工作的服务重点放在资源链接上，目的是帮助服务对象了解和掌握社区拥有的资源以及获取社区资源的具体方式（Rapoport，1983b：139）。正是基于这样的考虑，危机介入模式将服务对象的外部社会资源分为两种类型：非正式的人际资源和正式的机构资源。非正式的人际资源是指服务对象拥有的如家庭、亲属和同伴等非正式交往关系而形成的资源。这种类型的资源平时就储存在服务对象的日常交往关系中，一旦服务对象遇到危机，它的作用就会立刻显示出来。危机介入模式发现，在危机中第一时间发挥作用的往往是服务对象的非正式人际资源，虽然它的方式并不一定专业，但它能够给服务对象提供及时的帮助和支持。正式的机构资源是指社区中正式机构拥有的服务资源。它与非正式的人际资源不同，是由社区中的正式机构根据专业服务要求而提供的专业帮助和支持。值得注意的是，危机介入模式还将文化传承过程中形成的生活习俗，如在重大节假日举办的各种仪式和活动，也作为服务对象外部社会资源的一部分（Rapoport，1983a：30）。

此外，危机介入模式还从问题解决模式中引入问题解决这个概念，并且把它与危机困扰的消除结合起来，认为帮助服务对象消除危机困扰的核心是提升服务对象的问题解决能力（Rapoport，1983a：29）。因此，无论情绪的疏导还是其他形式的介入都需要围绕这个核心，其中，认知的调整是社会工作者在危机介入中提高服务对象问题解决能力的一种常用方式（Ell，1996：180）。危机介入模式认为，服务对象在危机中往往由于受到情绪的影响而不知所措，无法仔细观察和分析危机产生的原因，因而也就无法找到应对危机的有效方式。在这样的情况下，社会工作者所要做的除了疏导服务对象的危机情绪之外，还需要通过问题影响因素的分析和确认帮助服务对象重新找回认知的掌控和重构能力（cognitive grasp and restructuring），提升服务对象回应问题的针对性和准确性。危机介入模式强调，即使在帮助服务对象疏导情绪的过程中，社会工作者也需要关注服务对象认知的调整，通过鼓励服务对象表达自己内心的感受让其把背后的行为逻辑呈现出来，从而帮助服务对象找到更有效的问题应对方式（Rapoport，1983a：30）。

（四）自然生活场景中的专业合作关系

在社区为本的预防策略以及应对能力提升的心理社会介入策略中，有一个基本假设：社会工作者最有利的工作场景是在服务对象的日常自然生活环境中。工作场景的这一变化不仅意味着社会工作的服务环境的改变，同时它也对社会工作者与服务对象之间的合作关系提出了新的要求，社会工作者不再是坐在机构的辅导室内等待服务对象主动上门寻求帮助的服务提供者，而是主动走出机构在服务对象的日常生活中寻找机会开展活动的服务拓展者（Chaskel，1983：237）。显然，与以往的社会工作服务模式相比，危机介入模式更为关注社会工作者在专业合作关系建立中发挥的积极影响，强调社会工作者主动挖掘服务对象需求和主动引导服务对象的作用（Vernick，1983：150）。值得注意的是，危机介入模式之所以这样界定社会工作者的位置和作用，不仅仅是出于服务策略的考虑，更为重要的是，它把社会工作者视为社会公共服务的提供者（public servant），认为社会工作者有责任为社区中的居民提供从危机康复到危机预防的一系列专业服务（Chaskel，1983：238）。

危机介入模式认为，如果在服务对象的自然生活场景中开展服务，社会工作者与服务对象之间的合作关系还会出现第二个显著变化，它只是服务对象众多人际交往关系中的一种。这样，社会工作者不再作为服务对象应对危机的唯一资源，而是作为服务对象日常生活中的一种支持，他的作用也不是直接向服务对象提供应对危机所需的各种专业服务，而是帮助服务对象建立能够及时应对危机的支持网络，整合各种不同的服务，特别是服务对象在日常人际交往中形成的非正式的人际资源（Rapoport，1983a：30）。

在帮助服务对象应对危机过程中，危机介入模式发现，社会工作者不仅需要与服务对象建立良好的合作关系，也需要与其他相关的专业人士建立相互信任的合作关系，因为危机中服务对象通常需要多方面的专业帮助，而社会工作者作为分析和理解人际互动关系的专家，除了可以为服务对象提供直接的专业服务外，还可以为其他专业人士了解服务对象与周围他人之间的相互影响提供必要的逻辑分析框架（Cyt & Wattenberg，1983：91）。因此，危机介入模式推崇一种多专业合作的服务模式，强调社会工作者需要走出专业分割的限制，站在一种多专业合作的角度理解服务对象的要求和自己的专业定位，并且借助预防服务这个概念整合不同专业的力量（Heilig & Klugman，1983：283）。这样，社会工作者与服务对象之间的合作关系就包含两个层面的内容：一是为服务对象开展直接服务而建立的合作关系；二是整合其他专业力量为服务对象提供综合服务而建立的合作关系。显然，这种多专业合作的视角不仅扩展了社会工作者与其他专业人士之间的相互合作，也改变了社会工作者与服务对象之间的合作关系（Parad，1983b：297）。

对于社会工作者来说，一旦采用多专业合作的视角开展专业服务，他面临的挑战就不仅仅是不同专业之间怎样合作，同时还包括怎么提高自己的警觉性。危机介入模式强调，所谓多专业合作其实意味着社会工作者需要放弃专业的保护面具，从不同的角度理解服务对象的需要，为此，社会工作者需要做好准备，对自己习以为常的东西保持警觉，学会真诚地面对自己的限制（Bernstein，1983：110）。

虽然危机介入模式源自社区精神健康服务的探索，但是它的发展和影响已远远超出精神健康服务领域，如有关危机与个人的成长以及危机与问题之间关系的讨论，特别是社区为本的预防策略和应对能力提升的心理社会介入策略的提出，都直接回应了社会工作服务中的一些基本问题，这使危机介入模式成为广受社会工作者欢迎的一种重要服务模式。与以往的社会工作服务模式相比，危机介入模式是第一次将社会工作的服务场景设置在服务对象的日常自然生活环境中，注重运用服务对象日常生活中的社会资源并且强调短期服务的工作模式（Parad，1983b：288）。不过，危机介入模式也发现，虽然社会工作采用短期服务逻辑框架更为有利，也更适合本专业的发展要求，但是对它的运用更多的是基于现实的考虑，如服务对象缺乏改变动机、工作时间受限以及机构资源不足等，它通常被当作长期治疗的一种替代。因此，危机介入模式强调，除非社会工作与短期服务有一个很好的结合，并且找到自身的逻辑基础和价值要求；否则，社会工作的专业性是很难得到保障的（Chaskel，1983：238）。

第六节　依恋社会工作

一　依恋社会工作的演变

依恋社会工作（attachment social work）根植于 20 世纪六七十年代兴起的依恋理论，它将依恋理论的基本原理引入社会工作，并且把社会工作的关注焦点从心理社会视角的一般观察投向人类成长中的一种基本的社会关系——依恋（Howe，2002：173）。孩子对照顾者的依恋是个人的基本需求，也是个人成长过程中必然经历的阶段，但它的影响却远远超出儿童时期（Payne，2005：85）。依恋社会工作就是以这种依恋关系为核心，重点考察和分析个人的人格发展、人际行为（interpersonal behavior）和良好社会关系建立之间的关系，认为儿童时期建立的亲密信任关系是个人健康成长的基础，不仅影响个人的人际行为，而且对个人的自信心、价值感以及满意信任的社会关系的建立都有重要的作用。即使个人成年之后，它仍旧发挥着重要的影响，亲密信任关系建立与否决定个人是否能够顺利承担起父母的角色，成为有信心、有能力的照顾者（Howe，1996：1）。

因此，考察个人依恋关系的变化是社会工作的重要评估内容，它能够帮助社会工作者准确理解服务对象与周围他人的交往状况以及服务对象在社会工作者面前的表现（Howe，1996：3）。佩恩在总结依恋社会工作时指出，依恋社会工作至少包括五个方面的服务任务：①建立安全信任的服务关系，为服务对象探索不愉快经历提供保障；②支持服务对象开展不同形式的探索；③帮助服务对象了解他的依恋行为如何影响现在的人际关系；④鼓励服务对象探索过往依恋经历与现在面临的困难之间的关系；⑤协助服务对象根据自己依恋关系的状况调整和改善目前现有的社会关系（Payne，2005：84 - 85）。显然，依恋关系作为依恋社会工作的一个核心概念为社会工作者理解孩子的需求，特别是那些受到家庭暴力或者重大灾难事件影响的孩子的内心感受，有着重要的指导意义，也为社会工作者采取直接措施帮助服务对象调整现有社会关系提供了基本的方向和策略（Page，2011：40）。

尽管依恋理论产生于 20 世纪六七十年代，并且之后迅速在发展心理学和心理治疗领域获得很大的反响，但是它对社会工作的影响却要晚得多，一直到 90 年代，才有学者将依恋理论引入社会工作服务中，开始依恋社会工作的探索（Page，2011：41）。不过，自依恋理论被引入社会工作后，它的作用和价值很快得到社会工作者的认可，成为开展儿童社会工作、家庭社会工作以及精神健康社会工作的重要指导理论之一（Howe，2009：42）。在将依恋理论介绍到社会工作领域并且持续开拓和推广依恋社会工作的过程中有一位重要人物，他就是英国著名的社会工作学者戴维德·豪（David Howe）（Payne，2005：85）。

（一）戴维德·豪

豪在 1995 年出版了《依恋理论视角的社会工作实践》（*Attachment theory for social work practice*）一书，对依恋理论进行了系统的整理和介绍，并且尝试将它放在社会工作的逻辑框架中进行讨论，分析依恋理论对社会工作实务和培训工作的指导价值。[①] 直到现在，这本书仍被视为依恋社会工作的经典读本。对依恋社会工作做了最初尝试之后，豪与同事合作将依恋理论运用于儿童社会工作和家庭社会工作的具体实践中，尝试解决儿童遭受虐待和忽视的问题，并且探索在服务过程中重建家庭支持的具体方法和途径。[②] 此外，豪还运用依恋理论分析了收养家庭孩子的成长经验以及他们在与养父母和生父母交往中面临的困难（Howe，2001）。经过多年的社会工作实践豪发现，依恋理论的作用不仅表现为给社会工作者的具体实践活动提供指导，而且改变了社会工作者的观察视角，把社会关系作为人们生活的基本场景和改变的动力，从社会关系的角度理解服务对象的需求并且开展相应的服务活动，让社会工作既能够满足服务对象的直接要求，又能够保障服务对象与周围他人之间的和谐信任关系（Howe，2009：152 – 170）。

尽管豪和其他社会工作者做了很多探索和尝试，但是依恋社会工作的基本逻辑框架以及核心概念并没有什么改变，主要依据依恋理论，包括孩子在儿童时期的情感需求、孩子与照顾者的交流方式、依恋关系的主要类型和运行机制以及它对个人健康成长可能产生的影响，等等（Sable，2010：17）。就依恋理论的创建而言，离不开两位重要代表人物的贡献，一位是英国精神分析学家约翰·波尔比（John Bowlby）；另一位是加拿大发展心理学家玛丽·艾斯沃尔斯（Mary Ainsworth）（Tyson，2000）。实际上，豪之所以推崇依恋社会工作，也是因为受到这两位学者创立的依恋理论的影响（Howe，1996：1）。

有意思的是，波尔比在创立依恋理论过程中也深受社会工作的影响。1936 年，波尔比在完成了精神分析学派的训练之后来到伦敦儿童指导中心（the London Child Guidance Clinic），开始了他的儿童精神健康方面的探索。工作期间，他发现社会工作者在帮助不适应儿童处理心理困扰时始终坚持两个重要观点：一是孩子现在的问题与父母儿童时期没

---

① 具体内容见 Howe（1995）。
② 具体内容见 Howe，Brandon，Hinings，& Schofield（1999）。

有解决的问题有直接的关系；二是服务孩子过程中需要家庭成员的参与。这两个观点给波尔比很大的启发，让他开始关注孩子与父母之间的依恋关系（Bowlby，1979）。1945年，波尔比来到伦敦塔维斯托克治疗中心（the Tavistock Clinic in London），专门负责儿童和家长精神健康方面的工作，他成立了自己的研究团队，还聘用了社会工作者詹姆斯·罗伯森（James Robertson）跟踪研究孩子与父母分离时的表现。罗伯森用摄像机拍摄了孩子在分离时出现的各种困扰，并且将它们整理成详细的研究资料，分析和了解孩子在分离时的内心感受和具体的变化过程。在此基础上，波尔比总结得出孩子经历分离困扰的主要表现和基本变化过程（Sable，2010：18－19）。其间，波尔比受到世界卫生组织的邀请，开始一项有关流浪儿童精神健康状况的调查，他广泛收集相关研究资料，并且咨询了包括社会工作者在内的精神健康方面的专家。这份调查报告最后成为一本有关儿童健康教育的国际畅销书，同时也让波尔比认识到父母功能缺失对孩子造成的严重影响（Sable，2010：19）。

对于波尔比来说，从1957年到1959年这三年的意义非常重大，在这三年中波尔比向英国精神分析协会提交了三篇重要论文，这三篇论文分别围绕依恋理论最核心的依恋（attachment）、分离（separation）和丧失（loss）三个主题开展深入的分析和探讨，被认为是依恋理论创建最核心的标志（Bretherton，1992）。在依恋理论的构建中，波尔比运用了生物进化论的原理解释孩子与照顾者之间的依恋关系，他假设人类像很多动物一样，天生就有一种寻求照顾者保护的需要。波尔比强调，理解人类成长的要求不能仅仅看环境对人的心理的影响，同时还需要关注这种影响人的一生的依恋关系是如何建立和维持的（Sable，2010：25－26）。显然，波尔比创建的依恋理论在基本的理论逻辑上与传统的弗洛伊德精神分析学派的思想存在不同，依据的不是儿童成长过程中的本能冲动，而是儿童与照顾者之间的依恋关系以及儿童这种寻求保护和照顾需要的满足状况。因此，波尔比提出依恋理论不久，就遭到精神分析学派的尖锐批评和质疑，被认为偏离了精神分析学派的基本原则（Bretherton，1992）。

尽管波尔比创建了依恋理论，但他只提供了一个基本的理论分析框架，真正将依恋理论与实际经验两者结合起来则是由波尔比的同事和追随者完成的，其中最有影响的要算玛丽·艾斯沃尔斯。20世纪60年代初艾斯沃尔斯来到乌干达的农村开展有关依恋方面的经验研究，观察孩子和母亲之间是如何建立依恋关系的；之后，她参加了波尔比的研究团队，在美国开展了一项长期跟踪的研究项目，观察孩子在不同环境下是如何应对与母亲的分离的。根据这项长期跟踪研究的结果，艾斯沃尔斯总结出儿童时期常见的安全型依恋（secure attachment）、回避型依恋（avoidant attachment）和矛盾型依恋（anxious/ambivalent attachment）三种类型的依恋关系。几十年之后，艾斯沃尔斯又补充了第四种类型的依恋关系：解组型依恋（disorganized attachment）（Hesse & Main，2000）。这四种类型的依恋关系几乎成为社会工作者分析和理解儿童与照顾者关系的蓝本，也是社会工作者开展家庭社会工作和儿童社会工作的基本指导原则（Howe，2002：174）。艾斯沃尔斯在研究中还发现依恋理论的另一个重要概念——依恋对象（attachment figure），认为在孩子依恋关系的形成过程中依恋对象发挥着重要作用，如果他们能够及时回应孩子的需要，就能为孩子提供安全可信的氛围支持孩子的各种新尝试。艾斯沃尔斯强调，依恋对象的这种影响将一直延续到孩子成人之后的依恋关系中（Sable，2010：20–21）。

波尔比和艾斯沃尔斯等人创立的依恋理论确实为社会工作者理解儿童的内心感受以及儿童与周围他人的关系提供了崭新的视角（Shaver & Mikulincer，2009：43）。不过，豪认为，对于社会工作者来说，依恋理论最为核心的是把个人的心理变化与个人的成长过程结合在一起，形成一个统一的依恋理论的逻辑框架，并且坚持认为对个人心理的理解不能脱离他的日常生活环境（Howe，1996：3）。这样的观察视角正好与社会工作的"人在情境中"的基本原则相一致，让社会工作者不再局限于从孩子与照顾者之间不平等的交往关系中理解儿童的依恋需要，而是从个人成长的一般要求分析依恋关系，包括成人之间的相互依恋（Sable，2010：24）。这样，成人依恋关系的研究也逐渐走入社会工作者的视野，成为依恋社会工作的重要内容，例如，成人与家庭成员之间，或者与朋友之间，甚至与宠物之间的交流，也是影响个人健康成长的重要因素，特别是夫妻之间的情感交流状况，直接影响社会工作的介入焦点和方式（Sable，2007）。因此，在社会工作者看来，依恋理论提供的是一种将个人与周围他人关联在一起的生态观察视角，其核心是有关自我和情感调节在个人成长中发挥的作用（Schore & Schore，2008）。

（二）依恋社会工作的最新发展状况

依恋理论从提出到现在经过了四五十年的发展，已经成为理解儿童早期社会行为形成的重要理论依据，被广泛应用于像心理治疗、社会工作等这样的助人学科，帮助研究者和实务工作者了解人类成长的规律，制定有效的干预策略（Rutter & Rutter，1993：23）。虽然依恋理论对社会工作的影响相对晚一些，而且它与社会工作的结合范围还不是很广，但是依恋社会工作的研究已经涉及很多方面，既有理论方面的探索（McMillen，1992），也有具体实务的结合，如收养家庭的干预（Haight, Kagle, & Black，2003）、厌食症的治疗（Barth，2008）、婚姻辅导（Solomon，2009）、学前儿童行为问题的风险分析（Keller, Spieker, & Gilchrist，2005）以及一线实务工作者的督导等（Bennett，2008）。有的学者还运用依恋理论的基本逻辑框架梳理和分析人类成长与社会环境之间的关联，把依恋理论作为基本的理论视角引入社会工作的培训课程中。[①]

对于社会工作来说，依恋理论有其特别重要的意义，无论儿童社会工作还是家庭社会工作，都离不开对儿童依恋关系的考察。可以说，依恋理论是社会工作者开展儿童和家庭服务不可缺少的重要理论框架之一（Page，2011：42）。而现代依恋理论的发展，已远远超出初创时期所依据的心理动力的观点，吸收了像神经科学（neurosicences）、进化理论和认知行为理论等有关个人成长的不同学科的最新研究成果，成为人际关系为本（relationship-based）的社会工作服务的理论核心（Howe，2009：42）。

显然，依恋社会工作已经成为社会工作理论的一部分，它作为一种非常独特的理论逻辑的观察视角将个人与环境的互动关系深化为个人与人际环境的动态关联，特别是它

---

① 具体内容见 Haight & Taylor（2007）。

有关孩子与照顾者之间依恋关系的考察，为社会工作者理解儿童的成长要求提供了直接的指导（Howe，2009：42）。随着依恋理论的发展，依恋社会工作也越来越多地融入不同学科的研究成果，包括认知行为治疗的行为学习的概念，这些概念都被视为社会工作者运用依恋理论开展专业服务的逻辑基础（Blakey & Dziadosz，2015）。

二 依恋社会工作的理论框架

依恋社会工作之所以受到社会工作者的关注，其中的一个重要原因是，它倡导心理和社会相结合的观察视角。这一视角和社会工作一直强调的在社会情境中理解个人要求的基本原则是一致的，只不过依恋社会工作更为关注个人的社会生活场景，即个人与个人之间的关联，特别是孩子与照顾者之间的交往。因此，依恋社会工作认为，如果社会工作者希望了解社会环境对孩子的影响，他就需要考察孩子的个性、孩子的照顾者以及孩子与照顾者的交流状况；同样，如果社会工作者希望理解孩子内心感受的变化状况，他就需要关注孩子的照顾者以及孩子与照顾者之间的沟通方式。显然，在依恋社会工作的理论逻辑框架中，社会工作只考察两个因素——个人和社会环境，分析这两个因素是如何相互影响的（Howe，2002：173）。

值得注意的是，依恋社会工作在关注心理因素如何与社会因素相结合的同时，还增添了发展的视角，即把孩子和照顾者之间的依恋关系与他现在的人际交往状况和社会行为方式联系起来，从个人成长的角度分析两者之间的关联。可见，依恋社会工作是从两个维度理解服务对象的状况的：一是心理社会的维度，关注服务对象目前与周围他人的交往状况；二是发展的维度，理解服务对象儿童时期的依恋关系与目前交往状况的关联。依恋社会工作强调，正是借助这两个维度的考察，社会工作者才能够准确评估服务对象的需求，科学安排服务介入活动，甚至包括社会工作者自己的反思活动（Howe，2002：171）。

无论依恋社会工作怎样发展，也无论社会工作者如何运用依恋理论，都没有办法不讨论一个重要概念：依恋（attachment）。依恋是整个依恋社会工作理论逻辑的核心和基础，对它的认识和理解将影响社会工作者对依恋社会工作的把握。

（一）依恋

依恋这个概念是由波尔比提出的，他把依恋的寻求视为人类的基本需求，并且作为人类成长的根本动力（Payne，2005：81）。依恋社会工作认为，人类之所以寻求依恋，是因为人在婴儿和儿童时期特别脆弱，需要周围他人的关心和照顾，特别是有能力的周围他人，如果能够提供及时的保护和帮助，就能够增加人类生存的机会；此外，人类作为社会的生物，只有通过依恋关系的建立学习如何与周围他人打交道，成为拥有社会交往能力和社会生活能力的人（Howe，1996：4）。需要注意的是，依恋这个概念依据的是达尔文的生物进化论的观点，通过这个概念，波尔比希望能够运用现代生物理论的逻辑框架考察人类心理成长的规律，让人类成长的心理规律与 20 世纪主导的自然科学的逻辑保持一致（Simpson & Belsky，2008：155）。这样，依恋就不仅仅是一种关系的类型，更是个人作为生物有机体与周围环境，特别是家庭环境的交流过程，具有动态的相互影响的特征（Page，2011：40）。

显然，波尔比的依恋概念既不同于弗洛伊德学派的本能冲动，也不同于行为学派的行为学习，它虽然也关注人的内心需求和成长的动力，但是依据的是有机体与环境之间相互影响的生物学的逻辑框架，而且它还吸收了控制系统的观点，强调人的行为是有目的的，发生在特定的人际场景中，通过周围环境，特别是重要周围他人的回应建立起反馈机制，并且借助反馈机制不断调整行为的方向和纠正行为中的错误，保证行为始终指向预定的目标（Stevenson-Hinde，2007）。对于波尔比来说，不存在像弗洛伊德所假设的那种本能冲动，寻求依恋关系是人的最基本需求，它不是人类寻求生理本能满足的副产品（Page，2011：31）。与行为学派的行为学习概念相比，依恋不仅关注人的内心需要，更为重要的是，它的立足点不是强调人的行为满足本能的需要，而是增强人的安全感受（Page，2011：33）。这种安全感受通常有三种表现方式：建立亲密关系（proximity-seeking）、寻求安全环境（secure base）和抗议分离（separation protest）（Payne，2005：81）。

孩子通过特定的行为与周围他人建立亲密的关系，这种行为称为依恋行为（attachment behavior）。依恋行为是人作为生物有机体适应周围环境的方式，借助这种行为方式，孩子就能够与照顾者建立亲密的关系，得到照顾者的关心和爱护，当然，同时还能够获得一些基本需求的满足；特别是当孩子面临困难和挫折时，他就会不自觉地运用依恋行为获得照顾者的保护（Howe，2002：174）。对于孩子来说，这种依恋行为还有另一方面的重要作用，它能够培养孩子的社会生活的基本能力（Howe，1996：4）。通常情况下，1岁左右，孩子就能够有所选择地对待周围他人，与主要照顾自己的父母建立起亲密的依恋关系（Page，2011：32）。

如果父母成为孩子的依靠和保护，他们就变成孩子的依恋对象，承担孩子的保护者和照顾者的角色。当然，在实际生活中，依恋对象可以是父母，也可以是爷爷奶奶，或者叔叔、姑姑，甚至是家庭成员之外的其他社会成员。这样，一个孩子就可能有许多不同的依恋对象。不过，通常情况下，这些依恋对象对孩子来说，重要性是不同的，其中有一个是孩子特别依恋的对象，他就成为孩子依恋关系的主要影响者；而这样的依恋关系又会内化，转变成孩子人格的一部分，反过来影响孩子与周围他人的交往（Bowlby，1982：43）。依恋社会工作认为，在依恋关系中，最为关键的影响因素是孩子与依恋对象的情感联系，而不是依恋对象对孩子的情感投入，两者的情感交流有时并不是对等的（Page，2011：32）。

（二）依恋中的感受

在依恋社会工作看来，每个人的依恋行为包含两种主要的行为方式：一种是探索的方式，推动个人了解和尝试新的东西；另一种是保护的方式，引导个人回避生活中的危险（Page，2011：32）。一旦孩子在生活中遭遇困难和挫折，就会采取保护的行为方式，寻求照顾者的关心和支持，减轻内心的焦虑和不安；而一旦孩子的内心不安减轻，安全感增加，他又会运用探索的行为方式了解周围环境的变化（Howe，2002：174）。因此，依恋社会工作认为，依恋关系的作用不能仅仅从孩子与照顾者之间的关系来理解，同时还为孩子的健康成长提供了一个安全可靠的基础，让孩子能够将精力和时间放在外部世界的探索过程中，即使遇到困难，他也能够保持必要的信心（Page，2011：33）。

依恋社会工作发现，如果孩子处于危险的处境中，如与照顾者分离或者无法及时得到照顾者的保护等，内心就会出现焦虑，而焦虑又会加强孩子的保护依恋行为方式，使孩子无法把精力全部投入成长的探索中，妨碍孩子学习社会生活所需的各种知识和技能。焦虑作为人面临危险处境的一种自然反应，是学习适应环境的一种方式，但是一旦焦虑的强度增加，由它带来的保护依恋行为方式就会出现，这在孩子的身上表现得尤为突出，而且它的影响将延续到孩子成年以后的生活中（Howe，1996：7）。

依恋社会工作认为，对于孩子来说，在依恋关系中有两种重要的感受需要应对：一种是与照顾者的分离，称为分离感受（separation）；另一种是失去照顾者，称为遗弃感受（loss）。这两种感受与孩子的内心焦虑直接有关，如果孩子无法有效应对，他与照顾者之间的依恋关系将受到直接的影响，特别是从 6 个月到 3 岁这一阶段，是孩子依恋关系形成的关键时期，他与照顾者之间的情感交流状况对其一生都有重要的影响（Page，2011：34）。

依恋社会工作吸收了波尔比的观点，把孩子应对分离感受的经历分为三个不同阶段，经过这三个阶段孩子与照顾者之间的依恋关系就会出现困扰。依恋社会工作认为，当孩子发现照顾者要离开自己，自己无法得到照顾者的及时关心和照顾时，就会通过哭闹、不合作等方式进行抗议，这是分离感受的第一阶段。在第一阶段，孩子的内心通常产生强烈的愤怒和焦虑等情绪反应，如果孩子的抗议无效，他的分离感受就进入第二阶段。在第二阶段，伴随愤怒和焦虑，孩子常常表现出失望和沮丧等情绪反应，同时在行为上也会出现退缩的现象，对周围环境和玩具的兴趣降低，有时这样的反应会持续几个星期。如果此时照顾者仍不出现，孩子的分离感受就会跌入第三阶段。第三阶段的重要特征是孩子断绝与照顾者的情感联系，拒绝对照顾者的依恋。这样的分离状况持续的时间越长，对孩子的伤害也就越深。即使从表面上看孩子可以重新回到平时的生活中，但是他与照顾者的依恋关系已经受到严重损害，很难恢复（Page，2011：35）。

对于孩子来说，最痛苦的经历是面对失去照顾者之后的遗弃感受。这种感受可以由不同原因导致，如照顾者的过世、照顾者的遗弃，或者照顾者不再疼爱孩子等，但是它们的结果是一样的，让孩子失去保护，无依无靠，感受到遭人拒绝的痛苦，而且这种痛苦感受通常还伴随怨恨和敌对等情绪反应（Howe，1996：8）。根据波尔比的研究，依恋社会工作把孩子适应遗弃感受的变化过程分为四个阶段。在第一阶段，孩子通常表现出麻木和震惊，不知道怎样应对这种突发的现实；经历了第一阶段的感受变化之后，孩子开始思念和寻找照顾者，出现愤怒和不信任的感受，这样，孩子就进入了遗弃感受的第二阶段；如果孩子在这一阶段无法找到照顾的替代者，他就会进入遗弃感受的第三阶段，与照顾者之间建立起来的内心依恋机制开始瓦解，而且内心还会出现绝望的情绪；经过第三阶段的痛苦挣扎之后，孩子开始学习面对现实，重新确定自己与周围他人的关系（Bowlby，1980：142），此为第四阶段。依恋社会工作认为，虽然孩子可以学习重新适应环境，但是他的遗弃感受是很难消除的，这是一种创伤经历，即使孩子成年之后，只要环境压力增大，他也会出现适应方面的困扰（Howe，1996：8）。

依恋社会工作发现，人们在帮助孩子处理遗弃感受时，常常不自觉地运用两种不成功的处理方式：第一种没有让孩子的遗弃感受彻底表达出来，使孩子的内心停留在遗弃感受的某个阶段，充满对照顾者的思念和绝望等情绪，孩子也就无法从遗弃感受中摆脱出来；第二种不给孩子任何机会表达遗弃感受，使孩子不得不把这些不愉快的经历压在心里，甚至排除在意识之外（Page，2011：35）。依恋社会工作认为，尽管这些不愉快的遗弃感受可以暂时忘却，但是它在孩子内心产生的焦虑却很难抹去，一旦外部环境压力增大，孩子就会借助防卫机制保护自己，应对内心这些混乱、痛苦的感受。不过，依恋社会工作强调，最容易导致孩子精神出现困惑的是这样一种情况：照顾者既是孩子依恋的对象，又是孩子出现困扰的根源。因此，孩子在接近照顾者的时候，内心同时感受到焦虑和不安；而远离照顾者的时候，内心又会感到不安全。这样，孩子常常处于两种力量不断拉扯的张力中，陷入难以取舍的困境里无法摆脱（Howe，1996：8）。

（三）内心工作模式（internal working model）

内心工作模式是指在孩子内心建立起来的一种与照顾者交流的方式和类型，它帮助孩子将外部交流的信息转化为内部心理的信息，理解照顾者的感受、想法和行为的内涵等，让孩子成长为社会成员（Howe，2002：172）。这种内心工作模式是由孩子与照顾者之间的人际关系逐渐内化而成的，照顾者不仅为孩子提供基本生活的保障，也是孩子的重要交流对象，为孩子提供参与人际交往的机会，并且帮助孩子建立最基础也是最核心的人际关系（Howe，1995：24）。因此，依恋社会工作认为，孩子正是通过与他人的交往才能形成对他人和对自己的认识，特别是孩子在儿童时期与重要周围他人的交流方式，对孩子的自信心和自尊心有着直接的影响（Howe，2009：43－44）。

内心工作模式这个概念是由波尔比提出的，他受到皮亚杰思想的启发之后，想运用这个概念说明孩子与照顾者的关系可以内化为孩子的一种结构性心理，而这种结构性心理又不是固定不变的，可以随着孩子社会交往经验的丰富不断得到调整。当然，一旦孩子的内心工作模式形成，他同时也就具有了应对环境变化的能力（Page，2011：33）。波尔比发现，孩子内心工作模式的形成大致分为两个阶段：从6个月到18个月，这是萌芽期，孩子开始将自己与照顾者的依恋关系内化；从18个月到3岁，这是形成期，孩子学习运用内心工作模式管理和规划自己的行为，特别是当照顾者不在自己面前时，内心工作模式就会发挥重要的作用，指导孩子应对生活中的不同处境（Bowlby，1980：72）。

依恋社会工作强调，照顾者与孩子之间的交流越开放、越充分，孩子也就越能够准确了解照顾者的想法和感受，形成一种双向的、及时的沟通交流方式，这样的沟通交流方式就能帮助孩子建立起比较积极的内心工作模式，而这样的内心工作模式又能够鼓励孩子积极面对未来。这样，通过内心工作模式这个心理机制孩子就能将过去的人际交往经验运用到现在的人际交往中（Howe，2002：173）。如果孩子在日常生活中总是遭遇这样的沟通场景：照顾者只根据自己的要求和感受行动，并没有顾及孩子的需要，孩子在内心就会形成一种矛盾冲突的工作机制，一方面在意识层面把照顾者作为依恋的对象，另一方面又不自觉地回避或者怀疑照顾者（Page，2011：34）。依恋社会工作发现，让孩子感到更为困惑的是，无法准确了解照顾者的想法和预测照顾者的行为。这样，孩子在人际交往的社会场景中就会不知所措，无法将自己与照顾者的交往经验组织起来形成稳定的内心工作模式（Howe，1996：6）。

简单地说，内心工作模式就是将自己、他人以及自己与他人的沟通交流方式内化为心理的工作机制（Payne，2005：81）。有意思的是，对自己的看法与对他人的回应方式是关联在一起的，两者相互促进。如果照顾者在交往中忽视孩子的需要，孩子就会怀疑自己，觉得自己缺乏能力，不讨人喜欢。因此，一个被忽视的孩子常常认为自己是不可爱的，他也会以不可爱的方式与他人打交道（Page，2011：34）。

依恋社会工作与以往社会工作理论的一个重要不同之处在于，它把个人心理和精神方面的成长放在人际交往的场景中来考察，把它们视为一种社会的现象。这样，无论个人人格还是自我，都不能简单从个人心理的角度来分析，而需要结合具体的人际交往的社会场景理解它们发展变化的逻辑。因此，依恋社会工作认为，个人人格和自我的成长与个人社会生活理解能力的提高是同步的，只不过前者指向自己，后者指向他人（Howe，1996：2）。

在依恋社会工作看来，照顾者与孩子之间的交流不仅包括物质方面的照顾，还涉及情感、心理和人际层面的沟通，是两个人之间的互动，具有社会的特性（Howe，2009：44）。因此，依恋社会工作认为，安全、稳定的依恋关系为孩子学习社会技能和管理自己的情绪提供必要的基础，它对孩子人格和自我的发展有着重要的影响，而且这种影响会伴随孩子的一生（Page，2011：39）。如果孩子与照顾者的交流出现困扰，他就会缺乏自信，怀疑自己的社会交往能力，甚至他的个人人格的发展也会受到影响（Howe，2002：173）。依恋社会工作假设，个人人格的发展在三个方面受到个人人际关系的影响：第一，个人人格是在个人的人际网络中形成的，无法摆脱人际关系的影响；第二，个人人格的特征在很大程度上取决于个人社会关系的好坏；第三，个人人格的发展受到个人以前人际关系的影响，特别是儿童时期孩子与照顾者之间的关系起着重要作用（Howe，1996：2）。

显然，对于社会工作者来说，了解个人人际关系的发展历史很重要，是理解服务对象目前生活状况的重要途径，它不仅包括服务对象面临的问题，还包括服务对象拥有的社会生活的能力（Howe，2002：172）。因此，依恋社会工作强调，孩子成年之后在承担父母角色过程中遇到的问题通常与他们在儿童时期的依恋关系有着直接的关系（Berlin，Cassidy，& Appleyard，2008：345），一种令孩子感到困惑的依恋关系很容易成为成年之后问题的根源（Rutter，1993：341）。

（四）依恋经验类型（attachment experience patterns）

显然，借助内心工作模式这个概念依恋社会工作就能将个人儿童时期的依恋关系与现在的人际交往状况联结起来，寻找两者之间的内在关联，为理解和解决个人目前遭遇的困扰提供指导。依恋社会工作发现，尽管每个孩子的依恋关系差别很大，但是社会工作者可以根据他们与照顾者之间交流的及时性（availability）、敏感性（sensitivity）、可靠性（reliability）、可预测性（predictability）和回应性（responsiveness）等指标判断两者依恋关系的质量。也就是说，照顾者回应孩子需要越及时，孩子在这种交往关系中就感到越安全。因此，依恋社会工作假设，不同的依恋关系给孩子带来不同的机会和条件，而这样的机会和条件又会促使孩子在应对不同人际交往困扰中形成不同的人格、行为方式和人际交往的风格，进而形成不同的依恋经验类型。依恋社会工作认为，常见的依恋经验类型有五种：安全型依恋（secure attachments）、矛盾型依恋（insecure, anxious and ambivalent attachments）、回避型依恋（insecure, anxious and avoidance attachments）、解组型依恋（insecure, anxious and disorganized attachments）和不依恋（nonattachments）（Howe, 1996：9）。需要注意的是，虽然不同的依恋经验类型与个人遭遇的人际困扰有某种直接的联系，但并不意味着两者就是一对一的因果关系。实际上，影响个人出现困扰的因素很多，不可能由单个因素决定（Page, 2011：40）。另外，就风险角度而言，解组型依恋要比矛盾型依恋和回避型依恋更危险，危害性也更大（DeKlyen & Greenberg, 2008：664）。

理想的依恋经验类型是安全型依恋。这种类型的依恋经验有一个显著特点：照顾者能够及时、准确地回应孩子的需要，而且照顾者与孩子的交流是双向的，充满温馨和信任。显然，在这样的人际交往关系中，孩子能够清晰了解自己和他人的位置以及相互之间的交流方式，能够整合不同的生活经验，形成稳定的自我，不仅感觉到自己的价值，也相信别人，拥有社会生活的能力，能够有效解决日常生活中的冲突和困扰（Howe, 2002：175）。

矛盾型依恋的核心特点表现为，孩子总是处于需要和不满、依赖和对抗的两难困境中，无法形成稳定、健康的人格（Howe, 1996：11）。这种依恋经验类型的父母通常对孩子没有敌意，只是对孩子的需要不敏感，经常误读孩子的要求，不知道孩子真正需要什么，也不会体会孩子的内心感受。在这样的沟通交流中，孩子就会感到父母的爱不稳定，要来就来，要走就走，自己无法准确了解父母的想法，也不知道怎么应对，内心充满困惑和焦虑。这样，孩子就会陷入两难选择的矛盾中：一方面希望接近父母，获得父母的关心和保护；另一方面又对此感到害怕和愤怒，担心自己没有能力应对与父母交往中出现的困难。为了获得父母的关注，有时孩子会采取一些过激的行为，如故意制造麻烦，或者大哭大闹等，希望父母的注意力能够放在自己的身上。显然，在这种人际交往环境中成长的孩子是无法形成独立的自我的，他不仅无法清晰界定自己和他人的交往界限，而且内心总是存有疑虑，觉得稳定愉快的关系维持不了多久。这样的交往心态又会进一步打击孩子的自信心，让他觉得自己是不讨人喜欢的，甚至是惹人讨厌的（Howe, 2002：175）。

与矛盾型依恋不同，回避型依恋的孩子并不是常常处于矛盾的选择中，而是害怕周围环境，无法与他人建立一种信任的交流关系，觉得自己是不受欢迎的（Howe, 1996：12）。这种依恋经验类型的交流特点是，孩子在与父母的交流过程中感到自己是多余的，没有人喜欢自己，父母不仅态度冷淡，常常不知理由地拒绝他们的要求，而且对他们非常严厉、苛刻，只要父母觉得不满意，就会训斥他们。这样的人际交往经验让孩子对周围环境和他人缺乏基本的信心，迫使孩子寻找一种回避的方式保护自己，摆脱对父母的情感依赖。因此，孩子常常将自己的情感隐藏或者压制起来，即使父母离开自己，他们也很少表现出沮丧和受挫。由于孩子与父母的交流很少涉及感情方面，他们对别人缺乏同情，容易动怒，甚至喜欢采取暴力的方式获得自己想要的东西（Howe，2002：176）。

解组型依恋的孩子受到的伤害更为严重，他们通常遭受过虐待。虽然父母不总是忽视或者拒绝孩子的要求，但是有时会表现出非常可怕的暴力行为，让孩子感到害怕，不敢接近他们，孩子的内心也会因此交织爱和恨各种复杂感受，一方面孩子在这些可怕的经历中希望能够获得父母的保护，另一方面在接近父母时又会引发这些痛苦的经历和内心的惶恐，最终，孩子会选择冻结自己情感的方式应对这样的人际交往困境，好像自己不在现场或者没有这样的经历一样。这样，孩子的自我就会出现解组的特征，他会运用心理不在场的应对方式将生活中的这些痛苦经历排除在意识之外，形成保护自己的心理机制（Howe，2002：176－177）。解组型依恋的孩子既不知道怎样获得稳定、安全的人际关系，也不知道如何回应别人的热情和关心，常常陷入无助的人际交往困境中，虽然人在现场，但情感是空白的。当孩子把这样的情感应对方式运用于其他的社会交往时，儿童时期的痛苦经历就通过解组的自我影响孩子一般社会能力的形成，使孩子即使成年之后也无法与他人建立信任、安全的人际关系（Howe，1996：13）。

第五种常见的依恋经验类型是不依恋，这种类型的孩子没有机会和身边的重要他人形成依恋关系，他们生活在像儿童福利院这样的社会服务机构中，虽然平时能够得到很好生活照顾，但是由于环境条件的限制，他们没有机会与某个人形成稳定的情感交流关系，也没有机会让别人了解自己的情感需求，他们的自我发展也会因此受到影响，常常表现出缺乏社会生活的能力和经验整合的能力（Howe，1996：14）。

依恋社会工作认为，虽然这五种依恋经验类型具有不同的依恋行为、人格、自我以及情感的表达方式，但是它们都是孩子寻求依恋过程中学习适应社会环境的方式，特别是孩子与照顾者之间的交流对孩子依恋经验类型的形成起着关键的作用。如果孩子与照顾者之间的沟通交流出现障碍，孩子就会寻找不同的方式消除内心的焦虑和不安，因而也就形成了应对不同社会环境的心理策略（Howe，1995：89）。有趣的是，依恋社会工作发现，这五种依恋经验类型具有代际转移的特点，孩子的依恋经验类型与父母的依恋经验类型相似。也就是说，如果父母拥有安全型依恋，孩子也常常表现出安全型依恋的特征；如果父母表现出不安全的依恋经验，孩子也会相应地呈现不安全的依恋经验（Bretherton & Munholland，2008：126）。因此，根据孩子与照顾者交流过程中形成的五种依恋经验类型，依恋社会工作也将成人的依恋经验划分为相对应的这五种类型（Page，2011：38）。

（五）以依恋关系为基础的评估和介入策略

在依恋社会工作看来，成人可以借助记忆将儿童时期的依恋经历重新呈现出来，为应对目前人际交往中的困难提供直接指导，包括对目前环境状况的理解以及对可能出现情况的预测等。因此，依恋社会工作认为，服务对象的行为既受到目前环境状况的影响，也受到以往依恋经验的影响（Howe，1996：4）。这样的影响可以通过三种类型的人际关系的考察反映出来：服务对象与父母的关系；服务对象与配偶的关系；服务对象与孩子的关系。依恋社会工作强调，无论儿童社会工作还是家庭社会工作它们处理的就是服务对象的这三种类型的人际关系，对这三种类型人际关系的内涵和特征的了解是社会工作者理解服务对象的生活状况的重要依据，它为社会工作者开展专业服务提供了基本的逻辑框架（Howe, Brandon, Hinings, & Schofield, 1999: 117）。

除了了解这三种不同类型的人际关系，将服务对象的依恋经验与目前的人际交往经验联系起来之外，依恋社会工作还强调，社会工作者在评估的同时还需要考察社会环境对人际关系的影响（Payne, 2005: 84），尤其是服务对象与周围他人在交往过程中表现出来的情绪和行为的相互影响方式，这是依恋社会工作评估的重点，如服务对象控制自己的能力是怎样减弱的、这样的变化又是怎样引发服务对象内心的焦虑并由此导致内心情绪困扰和依恋行为的出现（Howe, 2002: 177）。显然，依恋社会工作希望借助这样的评估实现两个方面的联结：服务对象过往的交往经验与现在的交往经验的联结，以及服务对象与周围他人之间的联结。

依恋社会工作不仅为社会工作者的评估提供了独特的逻辑框架，而且进一步总结了依恋社会工作的服务介入经验，提出区别于其他服务模式的五个方面的介入重点：①利用亲属关系实施有控制的分离（controlled separation），以保障孩子免受家庭破碎带来的伤害；②采用永久性替代家庭的方式修补孩子的依恋关系，使孩子避免陷入因原生家庭功能缺失而导致的依恋关系的困扰中；③增加孩子与不同家庭的交流，让孩子有不同依恋对象的选择；④运用多重关系的视角理解孩子的需要，并且开展相应的专业服务；⑤挖掘家庭的资源帮助家长和孩子度过生活中的危机（Howe, 1996: 15 - 16）。显然，依恋社会工作的服务介入活动有自己的特点，它以孩子与父母的依恋关系为考察重点，注重在人际交往的场景中调整个人的心理。

需要特别注意的是，豪在提出依恋社会工作时推崇的是一种预防的服务介入策略，即在消除危险因素的同时，注重挖掘保护的因素，借助这两个方面的介入促进服务对象的成长和发展（Howe, 2002: 178）。因此，依恋社会工作关注的焦点不是问题的消除，而是服务对象的成长，它所坚持的是一种发展的视角。正是依据这样的发展视角，依恋社会工作在服务介入的策略上也有自己的特点，不仅仅关注修补服务对象的不足，更注重发掘和培养服务对象的能力，使服务对象的社会生活状况能够得到改善。

依恋社会工作在服务实践中发现，社会工作者与服务对象之间的良好合作关系在服务对象的改变中也发挥着重要的作用，除了能够帮助社会工作者及时了解服务对象的需要，并且给予积极的回应之外，更为重要的是，社会工作者只有在这样的互动交流中才能为服务对象提供成长发展所需的社会环境，帮助服务对象反思自己的生活状况、学习管理自己的情绪以及制订合理的行动计划和方案。在依恋社会工作看来，良好信任的服务合作关系是服务对象改变不可缺少的条件（Howe, 2002: 177）。

依恋社会工作尽管还主要处于借用依恋理论的发展阶段，但是已经显示出自身的鲜明特点和重要影响力。与以往社会工作理论的基本逻辑不同，依恋社会工作是从人际交往关系中理解个人的人格、自我和行为的，它假设，孩子与照顾者之间的依恋关系以及内化之后形成的依恋经验类型，对个人的成长发展起着重要的作用（Sterlin, 2006）。显然，依恋社会工作提供的不仅仅是一种不同的社会工作服务模式，同时还是理解社会工作基本问题的不同观察视角。

第七节　自我心理学视角的社会工作

一　自我心理学视角的社会工作的演变

自我心理学产生于20世纪30年代后期的欧洲和美国，之后，它的影响迅速扩展到社会工作的不同实务领域，成为社会工作的一个重要理论基础（Goldstein，1995：x–xi）。自我心理学的出现给社会工作带来了新的希望，让寻求个人与环境关联的社会工作看到了联结个人内部世界与外部社会环境的可能性以及其中的关键要素，即自我（Briar & Mill，1971：19）。在自我心理学视角的社会工作（ego psychology/self psychology and social work practice）看来，自我是联结心理和社会的桥梁，它具有七个方面的特征：①自我是个人成长过程中应对环境挑战的内部动力，是每个人天生具有的适应环境的某种能力；②自我是个人人格的一部分，受到个人其他心理因素的影响，同时也影响个人的心理；③自我并不是固定不变的，在个人寻求基本需要满足和成功应对成长任务的过程中逐渐得到发展；④自我具有相对的独立性，但受到内心的需要以及内化的他人期望和价值的影响；⑤自我具有协调个人与环境以及内心不同心理因素之间冲突的作用；⑥自我功能的发挥是社会环境影响个人人格的基础；⑦自我功能的分析既包括个人应对环境挑战过程中的不足，也包括其中的成功之处（Goldstein，1996：196）。

引入自我心理学之后，社会工作的服务策略发生了根本改变，关注的重点不再是个人的无意识和过去经历中的冲突，而是个人自我能力的提升和外部环境资源的运用，它假设：①社会工作者可以通过不调整个人人格冲突的方式发掘和增强服务对象的自我功能；②社会工作者可以借助服务合作关系为服务对象提供调整失败经历的机会；③社会工作者可以在服务合作关系中直接帮助服务对象学习新的有效行为，提高服务对象应对环境挑战的能力和自信；④社会工作者可以通过创造更有利的环境支持服务对象的新的行动尝试，发掘和增强服务对象的自我功能（Goldstein，1995：36）。显然，在自我心理学视角下社会工作的服务焦点集中于发掘和增强个人的自我功能，它采用的方式是同时改变个人和环境两个方面，既包括调整个人以适应环境的状况，也包括改善环境以适应个人的要求（Payne，2005：85）。

值得注意的是，尽管自我心理学视角的社会工作受到不同自我心理学流派和思想的影响，但它都基于对三个基本关系的考察，即内部和外部、过去和现在以及自我和他人（Brearley，1991：62）。就一般情况而言，自我心理学视角的社会工作关注当下社会环境中服务对象与外部环境的相互影响，注重服务对象与周围他人之间的客观现实的交往方式（Rasmussen & Mishna，2003）。不过，80年代之后，在社会建构理论的影响下，自我心理学视角的社会工作也开始关注服务对象与周围他人交往过程中的主观经验和感受，强调考察服务对象与周围他人之间的主观关联方式（Saari，1999）。此外，自我心理学视角的社会工作也为自我心理学和系统理论的结合提供了重要的实践场所，并使社会工作由此成为生态系统理论的重要应用领域（Germain，1978）。

自我心理学视角的社会工作不同于弗洛伊德精神分析学派的逻辑框架，它更关注个人在与环境相互影响过程中发挥的作用以及所具备的发展潜能，所秉持的是一种成长取向的发展观（growth-oriented view）。自我心理学视角的引入根本改变了以往社会工作的评估和介入方式以及对服务对象与社会工作者之间的服务合作关系的理解，它对家庭辅导、小组活动以及大型社会项目的实施甚至社会政策的推行都有重要的启示（Goldstein，1995：xi）。到目前为止，自我心理学仍然是社会工作的一个重要理论来源，它在社会工作的理论知识中占据重要位置（Payne，2005：79）。

在将自我心理学引入社会工作的实践过程中，有一位至关重要的人物，她就是美国社会工作学者艾达·高尔德斯汀（Eda Goldstein）。高尔德斯汀对自我心理学的理论逻辑框架进行了系统梳理，并且长期跟踪和开拓自我心理学视角的社会工作实践。

（一）艾达·高尔德斯汀

早在高尔德斯汀之前，自我心理学就已经受到社会工作者的关注，特别是在第二次世界大战之后，很多社会工作者开始尝试将自我心理学的原理直接运用于社会工作的实践中，希望找到能够联结个人心理和外部环境的理论逻辑框架，建立社会工作的理论基础。其中有影响的包括卢西里·奥斯汀（Lucille Austin）（Austin，1948）、卢塞·班德乐尔（Louise Bandler）（Bandler，1963：42）、查勒特·陶瓦鲁（Charlotte Towle）（Towle，1949：278）、心理社会治疗模式代表人物汉密尔顿和郝利斯等，[①] 而安尼特·盖勒特（Annette Garrett）（Garrett，1958：50）和伊莎贝尔·斯戴姆（Isabell Stamm）（Stamm，1959：108）则直接提出将自我心理学作为社会工作理论基础的要求。

高尔德斯汀对自我心理学的兴趣开始于 60 年代中期，当时她还是美国芝加哥大学社会服务管理学院（the School of Social Service Administration of the University of Chicago）的一名学生。由于受到芝加哥大学问题解决模式的代表人物波尔曼的影响，高尔德斯汀发现黑恩茨·哈特曼（Heinz Hartmann）和埃里克·埃里克森（Erick Erikson）的自我心理学原理可以直接运用于社会工作的实践（Goldstein，1995：37）。70 年代，高尔德斯汀来到美国哥伦比亚大学社会工作学院（the Columbia University School of Social Work）攻读博士学位，其间她了解到哥伦比亚大学凯罗·梅耶（Carol Meyer）和凯乐·吉尔曼（Carel Germain）两位学者的思想，开始学习社会生态视角的社会工作，注重个人与环境之间的相互影响以及自我的应对和适应功能（coping and adaptation）（Goldstein，1995：42）。高尔德斯汀通过自己的实践认识到，虽然社会生态视角的社会工作在当时获得了很多人的认可，被很多社会工作者看好，但是它仍存在忽视个人的内部心理结构以及无法具体运用等逻辑上的困难（Goldstein，1983：24）。

20 世纪六七十年代，西方社会工作的服务策略和重点有了根本的调整，直接影响到

---

① 有关汉密尔顿和郝利斯的观点，请参见"心理社会治疗模式"这一节中的介绍。

自我心理学在社会工作中的运用（Goldstein，1995：39）。从 1962 年起，美国进入了肯尼迪和约翰逊时代，开始重新关注社区贫困问题的消除，他们倡导一种政府积极介入的干预策略，把大量的资源投放在大型社会服务项目上，社区服务和政策倡导成为社会工作专业服务的重点（Goldstein，1995：39－40）。当然，服务策略的这种转变与当时的社会思潮有着紧密的联系，60 年代出现的人权运动直接对精神分析学以及个案治疗提出了挑战，认为这样的医疗模式只会把服务对象看成"病人"，是有问题需要治疗的对象，导致的是社会污名的结果，把像不平等、贫困等社会问题归结为个人的能力不足或者遭遇的困扰。因此，自我心理学的理论基础也开始受到质疑，取而代之的是意识提升以及自助和互助等概念（Goldstein，1995：40－41）。同时，社会科学知识的发展也为社会工作者从宏观角度开展服务提供了新的理论基础，如社会学、经济学和政治学等，特别是社会心理学的发展，让社会工作者看到从社会结构和社会系统角度开展社会工作服务的可能性（Kammerman，Dolgoff，Getzel，& Nelsen，1973：98）。

在高尔德斯汀看来，社会工作服务策略在六七十年代出现转变的核心是把社会的视角引入社会工作，但这样做同时也会以牺牲个人心理的考察为代价。因此，高尔德斯汀认为，社会工作需要的不是心理或者社会中的哪一种改变，而是一种双重改变的视角，既需要个人改变，也需要社会改变（Goldstein，1980）。1984 年，高尔德斯汀完成了《自我心理学与社会工作实践》（*Ego psychology and social work practice*）一书，[①] 想为一线社会工作者、社会工作专业学生以及教育者提供自我心理学视角的社会工作实践的理论逻辑框架，将自我心理学的基本原理与社会工作实践紧密联结起来。让高尔德斯汀没想到的是，这本书一经出版，就得到社会工作同行的广泛赞誉，被很多美国社会工作院校作为教科书，当作指导自我心理学视角的社会工作实践的蓝本（Goldstein，1995：ix）。

高尔德斯汀把自我视为人格结构中的一部分，认为它的主要功能是协调个人内心的冲突以及个人与环境之间的冲突。根据自我的这两种功能，高尔德斯汀将自我心理学视角的社会工作实践的逻辑框架分为两种。第一种称为精神分析取向的（或者结构取向的），主要受到弗洛伊德精神分析理论的影响，它关注的焦点集中于无意识和本能在个人人格成长中发挥的作用。作为这一种理论逻辑取向的延伸就是强调自我具有防卫的功能，以缓解个人的无意识和本能与外部环境之间的张力。第二种称为问题解决取向的（或者理性取向的），主要受到哈特曼和埃里克森等人的自我心理学理论的影响。这种理论逻辑取向的社会工作实践关注个人的自我在适应环境过程中发挥的作用，注重个人与环境之间的平衡发展以及个人解决实际生活问题能力的提高（Goldstein，1995：xiii）。

精神分析取向的自我心理学社会工作实践逻辑来源于弗洛伊德在 1923 年出版的《自我和本我》（*The ego and the id*）一书的想法，弗洛伊德在书中将自我定义为人格结构中的一部分，它联结本我和超我，协调本我和环境以及本我和超我之间的冲突。弗洛伊德强调，自我并不是人天生固有的，而是从本我中获得能量，并且在冲突和挫折中变得成熟（Goldstein，1995：6）。显然，弗洛伊德对自我的看法忽视了环境对个人行为的影响，

---

① 具体内容见 Goldstein（1984）。

把关注的焦点集中在个人内部的心理结构以及相互之间的影响上（Rapaport，1959）。弗洛伊德的女儿安娜·弗洛伊德继承了父亲的想法，把自我研究的重点引向个人的防卫机制。她在 1936 年出版的《自我和防卫机制》（*The ego and the mechanisms of defense*）一书中强调，防卫机制不仅具有保护个人免受焦虑和冲突困扰的功能，而且具有帮助个人适应现实环境的重要作用。① 精神分析理论的这些有关自我的重要观点被社会工作者引入具体实践中，成为精神分析取向自我心理学社会工作实践的基本逻辑框架。值得注意的是，虽然这一取向对了解个人内部的心理结构和动力有很强的解释力，但是它并没有找到社会工作与心理治疗的不同之处，忽视了社会环境因素在帮助服务对象改变过程中发挥的重要作用（Goldstein，1995：xiii）。

如果自我心理学视角的社会工作关注个人成长过程中与社会环境之间的交流，这就是问题解决取向的自我心理学视角的社会工作。这一取向的自我心理学社会工作实践注重分析个人的自我在应对、处理和适应社会环境过程中发挥的作用以及社会环境对个人自我的成长和适应行为的形塑所产生的影响，它把社会工作者的关注焦点从个人内部的心理结构转向个人与环境的适应转换过程，着重分析个人理性应对环境的能力，而不是个人的本能、无意识、防卫机制和儿童时期遭遇的不幸经历（Goldstein，1995：xiv）。

问题解决取向的自我心理学社会工作实践汲取了哈特曼自我心理学的思想。哈特曼在 1939 年正式出版了他的代表作《自我心理学与适应问题》（*Ego psychology and the problem of adaptation*），他在书中阐述了一种与弗洛伊德精神分析学不同的想法，他认为自我是人内心的一种机制，具有独立性（autonomy），不需要依附本能，这种机制是人生来固有的，在人适应环境的进化过程中逐渐形成。② 此外，哈特曼还把内心的自我与外部的环境和人际关系直接联系起来，强调外部环境是自我发挥作用的条件，认为自我具有克服成长冲突（conflict-free）和增进社会适应的功能（Hartmann & Kris，1945）。对于社会工作者来说，哈特曼的这些自我心理学的观点给社会工作者开启了另一扇开展专业服务的大门，让社会工作者直接关注自我在适应外部环境过程中所具有的积极作用和正向能量，除了采取措施修补自我的不足部分之外，同时还可以运用专业方法增强自我中那些未受损害的部分（Goldstein，1995：8 - 9）。

另一位对社会工作者有重要影响的自我心理学家是埃里克森，埃里克森在哈特曼所强调的自我的社会适应功能基础上增添了时间维度，认为自我的发展贯穿人的一生（Goldstein，1995：9）。他在 1950 年出版的《儿童与社会》（*Childhood and society*）和 1959 年发表的《身份和生命周期》（*Identity and the life cycle*）的研究中，把人的一生分为前后相连的八个阶段，强调每个阶段都有不同的发展任务，个人的自我就是在学习应对这些不同阶段的不同发展任务的过程中逐渐形成的。③ 正是基于埃里克森的这些有关自我心理学的观点，社会工作者才将生命周期的视角引入自我心理学的社会工作实践中，使之成为问题解决取向自我心理学社会工作实践的一个核心内涵。此外，埃里克森的自我心理学

---

① 具体内容见 Freud（1936）。
② 具体内容见 Hartmann（1939）。
③ 具体内容见 Erikson（1950，1959）。

理论还让社会工作者看到了预防服务策略的重要性，它可以在每个发展阶段，特别是在每个阶段的初期，帮助服务对象处理好与周围他人的关系，以应对每个阶段新的成长环境所提出的挑战（Goldstein，1995：10）。

显然，问题解决取向的自我心理学社会工作实践的理论逻辑与精神分析取向的不同，它关注个人理性解决问题的能力，既注重提升个人自我的适应环境的能力，也注重改善周围环境支持个人的改变，其核心是加强个人与环境之间的均衡发展。但是，这样的社会工作实践取向也受到精神分析取向以及其他社会工作者的质疑，认为这种问题解决取向在理解个人与环境的关系时过于简单，无视个人内心结构的复杂性以及心理困扰产生的影响。有意思的是，在实际工作中这两种取向的自我心理学社会工作实践经常交错在一起，有时精神分析取向占据主导，有时问题解决取向左右实践，而纯粹的精神分析取向的自我心理学社会工作实践或者纯粹的问题解决取向的自我心理学社会工作实践非常少见（Goldstein，1995：xiv）。实际上，每一种取向的自我心理学社会工作实践都只是针对个人人格的某个方面或者某个层面的功能，虽然它们的关注重点和服务介入的方式有所不同，而且到目前为止还没有一个整合这两种取向的理论视角，但是它们都是帮助社会工作者理解和改善服务对象社会功能的有效工具（Goldstein，1995：xiv-xv）。

20 世纪 70 年代中期高尔德斯汀来到美国纽约州立精神病学研究所（the New York State Psychiatric Institute）和纽约医院考耐尔治疗中心（the New York Hospital, Cornell medical Center），师从著名的精神病理学家奥托·科恩伯格（Otto Kernberg），学习当时流行的客体关系理论（The object relations theories）（Goldstein，1995：xii）。这段直接服务精神障碍患者的经历给高尔德斯汀留下丰富宝贵的经验，让她能够深入了解客体关系理论与自我心理学之间的内在关联和区别以及在实际服务中的具体运用方式。之后，高尔德斯汀逐渐转向客体关系理论的研究，把客体关系理论视为自我心理学的延伸和发展（Goldstein，1990：23-45）。经过 7 年的精神障碍患者治疗的实践，高尔德斯汀来到美国纽约大学社会工作学院担任社会工作实践课程的主任，开始了她的研究和教学生活（Goldstein，1995：vii-viii）。

（二）自我心理学视角的社会工作实践的最新发展

20 世纪八九十年代西方社会福利和服务政策发生了新的重要转变，以英国撒切尔夫人和布莱尔以及美国里根和布什政府为代表开始实施保守的经济和政治改革，大幅度削减社会服务的经费，采取一种多方参与的多元服务模式（Salamon, Anheier, & List, 1999：18），特别是 60 年代尝试的大型社会服务项目并未取得预计的结果，使政府对高投入的大型社会服务策略产生了怀疑，他们重新将服务的重点聚焦于直接的社会工作服务（Goldstein，1996：195）。与此同时，人们在生活中面临的问题也发生了变化，不仅更为复杂，而且与个人心理的调整有着紧密的关系，如吸毒、艾滋病感染、性侵害、家庭暴力等，这些问题的出现迫使社会工作者在专业服务过程中不得不关注个人心理层面的困扰和干预（Goldstein，1995：x）。随着直接社会工作服务的再度兴起，自我心理学重新回到人们的视野，受到社会工作者的重视（Goldstein，1996：195）。

值得注意的是，此时的自我心理学又发展出新的理论，即客体关系理论和科胡特（Heinz Kohut）的主体心理学（self psychology）。这些理论帮助社会工作者从一种崭新的主观经验关联方式理解个人与自己、个人与他人以及个人与外部环境的关系，包括个人可能面临的困扰和专业服务可采取的干预策略（Goldstein，1995：4）。其实，在弗洛伊德的精神分析理论以及之后的自我心理学中就已经涉及个人与重要周围他人之间关系的探讨，只不过它们强调的是个人与重要周围他人的客观关联，即两个或者多个实际客体之间的相互影响；而客体关系理论和科胡特的主体心理学则认为，个人在与重要周围他人交往过程中都会将交往经验内化，形成对自己的一个基本认识，称为自我，这个自我又会反过来影响个人与他人的交往以及对现实经验的组织（Payne，2005：89）。显然，在客体关系理论和科胡特的主体心理学看来，个人生活在自己的生活经验中，自我不仅受到这些生活经验的影响，还具有组织这种主观经验的功能。为了区别个人与重要周围他人关系的这两种不同的理解，前者通常称为客体关系（object relationships），后者称为客体关联（object relations）（Strean，1996：529）。

显然，客体关系理论的核心是探索个人如何将外部世界内化以及这样的内化结果又如何影响个人的心理结构和人格的成长（Goldstein，1995：10）。依恋理论是这一研究取向的先行尝试，它以孩子与主要照顾者之间的依恋关系为切入点深入探讨了个人与周围他人主观经验关联的五种常见的关系类型，直接影响了客体关系理论的形成。[1] 客体关系理论的重要创建者美国心理学家玛格丽特·曼勒（Margaret Mahler）从 20 世纪 50 年代起就开始关注孩子与母亲之间的互动对个人心理结构的影响，到了 70 年代已经初步形成客体关系理论的基本逻辑框架。曼勒在客体关系理论中重点描述了个人如何在依恋和分离经历中将重要照顾者内化为稳定、整合的自我（Mahler，1971）。曼勒的合作者艾迪斯·杰克布森（Edith Jacobson）是另一位对客体关系理论做出重要贡献的学者，她对孩子自我（self）的形成过程以及孩子与重要照顾者互动交流的关联方式进行了深入研究，为理解抑郁症和躁郁症患者提供了一种崭新的角度（Jacobson，1964）。

曼勒和杰克布森代表的是美国客体关系理论流派，这一流派继承了弗洛伊德精神分析学中的结构分析视角和之后的安娜·弗洛伊德以及哈特曼等人的自我心理学的思想（Goldstein，1995：12）。与美国客体关系理论流派不同的是英国客体关系理论流派，这一流派的主要代表人物包括迈瑞尼厄·克雷恩（Melanie Klein）和唐纳德·维尼考特（Donald Winnicott）等学者（Strean，1996：529）。他们将研究的重点放在儿童时期个人内化客体关系的具体发展阶段和形成过程，认为客体关系理论的介入策略不同于自我心理学，已经从外部的客观关联转向内部的主观关联，关注治疗性环境的提供、不良内化客体关系的矫正和积极内化关系的建设（Goldstein，1995：24）。高尔德斯汀的老师科恩伯格也是一位客体关系理论的重要代表人物，与其他学者不同的是，他并没有将自己归为哪一客体关系理论流派，而是努力尝试把注重心理结构分析的美国客体关系理论与注重过程分析的英国客体关系理论整合起来（Kernberg，1976：12 - 25）。

---

[1] 有关依恋理论的基本内容，请参见"依恋社会工作"这一节中的介绍。

　　科胡特的主体心理学是 20 世纪 80 年代之后对社会工作实践产生重要影响的一种心理学理论（Elson，1986：11）。它的创建者科胡特在 70 年代就已经发现个人的自我（self）在生活中发挥着重要作用，具有整合、协调各部分心理结构以及个人自我与周围环境关系的功能（Strean，1996：528）。科胡特认为，自我（self）是人天生固有的，它是在一种关爱的环境中通过回应个人经验中的周围他人的要求逐渐形成的（Goldstein，1995：25）。这种个人经验中的周围他人被科胡特称为自我化的客体（self object）。显然，自我化的客体对维护和调整人际沟通交流中的自我（self）的功能发挥着极其重要的作用（Strean，1996：528）。科胡特的追随者丹尼尔·斯坦恩（Daniel Stein）通过仔细观察婴儿和照顾者之间的互动过程进一步验证了科胡特的想法，并且发现了个人自我（self）成长的基本规律，这一发现为社会工作者理解个人的成长过程和促进个人社会功能的发挥提供了新的观察视角（Goldstein，1995：25）。

　　虽然引入客体关系理论和科胡特的主体心理学之后，社会工作者能够对个人的心理有更深层次的探索和介入，但是仍然无法回答忽视社会环境作用的质疑（Goldstein，1995：26）。特别是在 20 世纪 60 年代之后，社会环境因素对个人行为的重要影响越来越受到人们的关注，它被视为社会工作不可忽视的重要组成部分（Mechanic，1974：33）。在这样的社会要求下，理解和探索社会因素的作用就成为自我心理学视角的社会工作实践的重要任务。高尔德斯汀在阿尔弗雷德·阿德勒（Alfred Adler）、凯伦·霍妮（Karen Horney）、艾瑞克·弗洛姆（Erich Fromm）和哈里·斯坦克·苏利文（Harry Stack Sullivan）等学者的论著中找到了灵感，认为人格的本质是一种社会性，而不是弗洛伊德所说的生物性，它建立在人们日常人际交往的基础之上（Goldstein，1995：13 – 14）。依据这样的思路，高尔德斯汀还倡导将家庭、小群体、社会组织、社会结构和社会变迁等有关社会因素方面的研究和知识引入自我心理学的社会工作实践中。她认为，只有把这些有关社会系统的知识和自我心理学的逻辑框架结合起来，才能保证社会工作所强调的个人和环境的双重介入视角（Goldstein，1995：26）。

　　尽管自我心理学视角的社会工作采取的是一种生理、心理和社会综合观察和干预的角度，但是它仍然面临把社会原因归为个人的威胁，使服务对象成为社会问题的替罪羊，特别是当服务对象的生活方式不同于主流的文化时，文化习俗的差异常常被当作个人自我功能的不足和局限。高尔德斯汀敏锐地察觉到了这一问题（Goldstein，1995：19）。她从 20 世纪 90 年代之后开始有意识地整理女性主义的发展历史和主要观点，把女性视为社会弱势的代表，通过对女性自我特征和成长经历的分析了解社会主流文化如何曲解和压迫社会弱势群体（Goldstein，1995：4）。在这一点上，高尔德斯汀把女性主义社会工作与自我心理学视角的社会工作联结起来，看到了两者之间的内在关联，并由此倡导一种拥有性别敏感和能力提升的新的自我心理学视角的社会工作（Goldstein，1995：21）。在女性主义思潮的影响下，高尔德斯汀渐渐发现自我心理学视角的社会工作也有着自己的价值判断，它以西方白人中产阶级的价值为标准，把不同的生活方式视为异类（Devore，1983）。于是，高尔德斯汀把文化因素引入自我心理学视角的社会工作实践中，强调人生活的社会拥有多种不同的文化（Goldstein，1995：4）。显然，这一延伸对于自我心理学视角的社会工作来说有着特别的意义，不仅让微观的服务（个案工作或者小组工作）与宏观的介入（社区工作或者政策倡导）联结得更为紧密，而且让自我心理学视角的社会工作拥有一种崭新的服务维度——文化维度。

此外，皮亚杰（Jean Piaget）的儿童认知发展理论和马斯洛（Abraham Maslow）的人的需要层次理论都对自我心理学视角的社会工作的发展有着重要的影响（Goldstein，1995：15－16），特别是关于自我适应环境能力的讨论，直接影响了社会工作者如何看待个人与环境之间的相互影响的关系以及自我所能发挥的作用（White，1974：67）。值得注意的是，科学研究在自我心理学视角的社会工作的发展过程中也是一个不可忽视的因素，它为自我心理学视角的社会工作的实践提供了有力的证据，这与很难找到科学证据的弗洛伊德精神分析理论形成鲜明的对比（Goldstein，1995：46）。

自从自我心理学视角的社会工作吸纳了客体关系理论和科胡特的主体心理学理论之后，这一理论就能够帮助社会工作者更深入地了解服务对象在与周围他人交流过程中的内心主观感受和内部心理结构的变化；而当自我心理学视角的社会工作加入了女性主义观察角度之后，它与社会环境中的文化元素就有了很好的结合。这样的理论延伸和调整保证了自我心理学视角的社会工作可以广泛运用于不同的人群和不同的领域，成为社会工作者开展专业服务的一项重要的理论依据（Payne，2005：77），它甚至对社会政策的制定和社会服务的提供都有重要的启示（Goldstein，1995：47）。尽管自我心理学视角的社会工作努力将个人的改变和环境的改善结合起来，但是它仍然面临不少质疑的声音，认为这样的理论逻辑框架过分关注个人内部的心理因素，忽视了社会环境对个人的重要影响，特别是那些不是主动寻求帮助的社会弱势群体或者被很多问题困扰的社会边缘群体，他们受到社会环境因素的影响更为突出，显然，对于这样的人群心理的调整是离不开社会环境的改善的（Cherus，2016）。

二　自我心理学视角的社会工作的理论框架

自我心理学视角的社会工作的基本概念和逻辑框架来源于自我心理学，但是由于自我心理学本身只是一个松散的理论称谓，它并没有形成一个内容清晰、一致的定义，因此这也导致了自我心理学视角的社会工作的多样性和模糊性（Goldstein，1995：3）。通常，弗洛伊德的精神分析理论被视为自我心理学的基础，而安娜·弗洛伊德的自我防卫机制、哈特曼的自我适应机制以及埃里克森的人生发展阶段理论则被当作自我心理学的核心内容，客体关系理论和科胡特的主体心理学则被认为是自我心理学的发展。如果以此为标准，自我心理学视角的社会工作的基本逻辑框架主要涉及三个方面的内容：个人内部心理结构之间的关系、个人与环境的关系以及个人自我与周围他人的关系（Brearley，1991：49）。值得注意的是，自我心理学与弗洛伊德的精神分析理论不同，不仅拥有更为人性、乐观的观察视角，而且强调社会环境因素对个人行为的影响，它一引入社会工作，就被视为帮助社会工作者联结服务对象个人内部心理机制与外部社会功能的有效工具，成为同时实现个人改变和环境改善两种不同服务策略的重要理论依据（Stamm，1959：87－88）。

对自我心理学视角的社会工作的理论框架的探索都离不开一个核心概念的理解和解

释，这个概念就是自我。对于自我概念基本内涵的不同界定，也就意味着从不同角度建构自我心理学视角的社会工作。

(一) 自我

依据高尔德斯汀的看法，自我心理学视角的社会工作中的自我概念涉及四个方面的基本内容：自我功能 (ego functions)、自我防卫 (ego defenses)、自我适应 (ego mastery and adaptation) 以及客体关系和自我 (object relations and self) (Goldstein, 1996: 196)。所谓自我功能，是指个人适应环境的具体方式，它包括十二项具体功能，即现实的验证 (reality testing)，行动的判断 (judgment)，外部世界和自我的真实感受 (sense of reality of the world and of the self)，内部愿望、情绪和冲动的控制和管理 (regulation and control of drives, affects, and impulses)，客体关系的建设 (object or interpersonal relations)，思维方式的转变 (thought processes)，适应性的退缩 (adaptive regression in the service of the ego)，防卫功能 (defensive functioning)，刺激障碍的设置 (stimulus barrier)，自主功能 (autonomous functions)，掌控的能力 (mastery-competence) 和整合功能 (synthetic-integrative functioning)。[①] 仔细分析这十二项自我功能就可以发现，自我心理学视角的社会工作是从三个层面来设定自我功能的：第一层面，个人对环境的直接适应，包括第一项现实的验证到第三项外部世界和自我的真实感受，这一层面的自我功能强调客观区分内部心理和外部世界的重要性；第二层面，个人内部心理的调整，包括第四项内部愿望、情绪和冲动的控制和管理到第八项防卫功能，这一层面的自我功能关注个人适应外部环境过程中对内部心理的调整；第三层面，个人对环境的掌控，包括第九项刺激障碍的设置到第十二项整合功能，这一层面的自我功能注重个人在适应外部环境过程中的主导能力 (Goldstein, 1995: 54)。

就第一层面的自我功能而言，个人对环境的直接适应涉及三个方面：现实的验证、行动的判断以及外部世界和自我的真实感受。自我心理学视角的社会工作认为，个人在适应周围环境过程中首先需要具备现实验证的能力，能够明确区分哪些刺激来自外部客观世界、哪些刺激来源于个人内部；否则，个人对外部环境就缺乏清晰的认识和了解 (Goldstein, 1995: 54 – 55)。在明确区分内部和外部刺激的基础上，个人还需要具备根据实际环境做出行动的判断能力，即了解在什么样的环境下选择什么样的行动方式和策略比较可行，而且能够准确预测不同的行动可能产生的结果，以保证个人在一定的环境条件下采取比较合适的行动 (Goldstein, 1995: 56 – 57)。外部世界和自我的真实感受也是帮助个人区分内部和外部、自己和他人的重要能力，它让个人无论在现实验证还是行动判断过程中都能够清晰感受到内部世界和外部世界的界限以及相互之间的关联 (Goldstein, 1995: 58)。

就第二层面的个人内部心理调整而言，自我心理学视角的社会工作把这一层面的自我功能归纳为五个方面：内部愿望、情绪和冲动的控制和管理，客体关系的建设，思维

---

① 高尔德斯汀有关自我功能的看法来源于拜尔莱克和他的同事的研究，详见 Bellak, Hurvich, & Gediman (1973)。

方式的转变，适应性的退缩和防卫功能。在自我心理学视角的社会工作看来，个人成熟的一项重要标志就是能够根据现实的要求控制和管理个人的内部愿望、情绪和冲动，使个人既不受内部愿望、情绪和冲动的控制，又能够及时回应外部环境的要求，包括能够容忍焦虑、挫折和愤怒等不愉快的情绪（Goldstein，1995：59）。而个人内部愿望、情绪和冲动的控制和管理又离不开自我的发展。自我心理学视角的社会工作吸收了客体关系理论的基本观点，把自我视为内化的人际交往经验，认为自我能够帮助个人认识自己和他人之间的关联（Goldstein，1995：60）。思维方式的转变也是个人成熟的重要标志之一。自我心理学视角的社会工作强调，个人只有把追求愿望满足的初级过程思维（primary process thinking）转变成依据现实原则运作的次级过程思维（secondary process thinking），才能真正控制和协调内心的冲动，并且根据现实的要求采取有效的行动（Goldstein，1995：62 - 63）。自我心理学视角的社会工作还汲取了安娜·弗洛伊德的观点，认为像适应性退缩等自我的防卫功能不仅具有保护自我免受焦虑和痛苦经历困扰的作用，还拥有帮助个人适应环境的功能（Goldstein，1995：64 - 65）。

在自我心理学视角的社会工作看来，自我功能的第三层面是个人对环境的主导能力，它可以具体概括为四个方面：刺激障碍的设置、自主功能、掌控能力和整合功能。刺激障碍的设置是指个人也是一种有机体，拥有一种调节刺激的内部机制，以保证个人能够有效应对来自内部或者外部的要求（Goldstein，1995：65 - 66）。在自我心理学视角的社会工作看来，个人的自主功能包括两个层面的内涵：①它是一种原生机制，是人天生具有的超越冲突的能力；②它是经验的积累，是个人在成长经历中学到的有效应对生活压力的方法（Goldstein，1995：66 - 67）。当然，在实际生活中这两个层面的自主功能是同时发挥作用的。除了刺激障碍的设置和自主功能之外，自我心理学视角的社会工作认为，个人对环境的主导能力还表现在个人所拥有的掌控能力和整合功能，即个人对自身成长任务的把握能力和个人将人格不同部分统合起来的能力（Goldstein，1995：68 - 70）。

通过对自我功能的梳理可以发现，自我心理学视角的社会工作对个人与环境关系的理解包含两个维度：一个是横向的，即个人对环境的适应和掌控；另一个是纵向的，即个人对内部愿望、情绪和冲动的控制和管理。也就是说，个人在应对环境挑战的过程中不仅包括学习如何适应和掌控环境，也包括学习如何控制和管理内部的愿望、情绪和冲动。值得注意的是，自我心理学视角的社会工作的这一理论逻辑框架让社会工作者看到了自我在应对环境挑战过程中所拥有的能力，这种能力称为自我能力（ego strength），它被广泛运用于社会工作不同领域的服务中，成为社会工作专业服务方案设计和服务开展过程中的一个重要概念（Goldstein，1996：199）。

在自我心理学视角的社会工作看来，自我在调整内心的冲动和适应外部的环境过程中有一项重要的心理机制，这就是自我防卫，它能够保护个人免受焦虑和痛苦的经历困扰（Goldstein，1995：72）。虽然在现实生活中每个人都使用过自我防卫，但是每个人具体运用的方式和依赖的程度是不同的，这也就导致了不同结果。就一般情况而言，积极的自我防卫更具有弹性和选择性（Goldstein，1995：73）。为了仔细考察个人内部的防卫机制与外部环境之间的关联，自我心理学视角的社会工作将防卫机制（defense mechanisms）和应对机制（coping mechanisms）做了区分，认为防卫机制比较古板、被动，而且通常受到过去经历的驱使，它容易出现曲解现实的现象。与防卫机制不同，应对机制更有弹性、更为主动，而且它通常关注未来改变的可能性。因此，应对机制更开放，更具有目的性和现实性（Kroeber，1963：197）。

有关自我防卫机制的具体运行方式，自我心理学视角的社会工作主要吸收了安娜·弗洛伊德以及之后一些追随者的看法，他们列举了常见的十九种自我防卫的方式，如压抑（repression）、反向（reaction formation）、投射（projection）、孤立（isolation）、解除（undoing）、倒退（regression）、内射（introjection）、反转（reversal）、升华（sublimation）、分离（intellectualization）、理性化（rationalization）、转移（displacement）、否认（denial）、躯体化（somatization）、理想化（idealization）、补偿（compensation）、苦行（asceticism）、利他主义（altruism）和分割（splitting）等。[①] 根据自我防卫的焦点，可以把这十九种自我防卫的方式分为两类：一类是注重个人内心冲突的控制和管理，如压抑、孤立、解除、倒退、反转、升华、分离、理性化、否认、躯体化、理想化、补偿、苦行和分割；另一类是注重个人与环境或者周围他人冲突的控制和管理，如反向、投射、内射、转移和利他主义。当然，在实际生活中，个人防卫机制的运行是非常复杂的，不仅可以多种方式同时出现，而且内心冲突的调整也可以与外部冲突的调整同时进行（Goldstein，1995：76 – 84）。

对于自我心理学视角的社会工作来说，自我适应不能简单理解为个人对环境要求的被动适应，它包含了这样一种假设：每个人都天生拥有一种主动与环境进行沟通交流的能力（Goldstein，1996：201）。这种能力的外部表现就是个人能够成功应对外部环境的要求，有能力促进环境的改善；就内部而言，它是个人对自己所拥有能力的肯定和信心，自我心理学视角的社会工作称之为自我的能力感（the sense of competence）（White，1959）。自我的能力感是个人在成功应对外部环境挑战的过程中逐渐形成的，它不仅与个人的自信（self-confidence）、决策能力（decision-making ability）等个人人格特征有着密切关联（Goldstein，1995：15），而且与个人的社会角色的成功扮演密不可分（Smith，1968：318）。此外，自我心理学视角的社会工作还引入了另一个能够体现个人主动与环境交流的重要概念：自我掌控能力（ego mastery）。自我掌控能力与自我能力感的差别在于，它是从发展的角度理解个人适应环境的成长过程，认为个人的自我掌控能力来自个人对每一阶段成长任务的顺利承担和危机的成功应对，这样的经历促成了个人对自己、对他人以及对未来的积极关联（Goldstein，1995：89）。

在考察个人的自我时，自我心理学视节角的社会工作还运用了客体关系这个重要概念。在自我心理学视角的社会工作的逻辑框架中，客体关系指的是个人与他人相互交往过程中形成的个人自我的一种心理结构，它不是个人自我的某种功能，而是个人自我发挥作用和获得成长的条件（Goldstein，1996：203）。自我心理学视角的社会工作强调，自我的功能就是帮助个人在与周围他人交往中形成一种充满友善和温馨的积极关联，避免

---

① 由于在"心理社会治疗模式"一节中已经对自我防卫机制做了介绍，这里不再展开讨论。请参见 Laughlin（1979：35 – 121）。

个人与周围他人之间的敌视和对抗（Bellak，Hurvich，& Gediman，1973：42）。不过，自我功能发挥的状况受到个人在儿童时期与主要照顾者之间的交往经验的影响，它与个人的客体关系的发展密不可分（Mahler，Pine，& Bergman，1975：3）。

自我心理学视角的社会工作汲取了客体关系理论的主要概念和基本逻辑框架，认为个人的关系分离和个性形成过程（the separation-individuation process）与客体关系的发展有着内在关联，它大致可以分为六个阶段。①封闭阶段。孩子从出生到第 1 个月都处在这一阶段。这一阶段的主要特征表现为，孩子对外部世界没有区分，处于一种混沌的状态。②共生阶段。这一阶段是从第 1 个月到第 4 或者第 5 个月。孩子在这一阶段开始出现有关自己和母亲的图像，这些图像交织在一起，处于共生的状态。③分化阶段。从第 4 或者第 5 个月开始，孩子就进入分化阶段，这一阶段一直持续到第 8 个月。在分化阶段，孩子的自我开始与客体分化，出现真正意义上的自我。④实践阶段。这一阶段从第 8 个月开始一直到第 15 个月，它的特征表现为：孩子开始主动寻找机会探索外部世界，而且孩子的自我进一步分化，内心出现积极的经验和消极的经验两个部分。⑤重建阶段。这一阶段是从第 15 个月到第 24 个月。在这一阶段，孩子面临的主要任务是通过与母亲的沟通寻找一种新的自我，这种自我能够把孩子内心的积极经验和消极经验联结起来，逐渐形成一种整合的自我。⑥客体一致化阶段。这一阶段是孩子的关系分离和个性形成过程的最后阶段，从第 24 个月开始一直到第 36 个月。在这一阶段，孩子逐渐形成一种有关母亲的稳定的客体形象。这种客体形象可以保证即使母亲不在现场，孩子仍能够继续积极探索外部的世界（Goldstein，1995：118 - 119）。显然，自我心理学视角的社会工作是把个人的个性形成过程与关系分离以及内化的客体关系放在一起考察的，这样的过程并不仅仅发生在孩子的早期生活中，即使在青少年时期个人也需要面对关系分离和个性形成的挑战（Blos，1975：176）。

自我心理学视角的社会工作还吸收了英国客体关系理论的一些观点，认为个人内化的客体形象并不是实际客体关系的简单反映，它受到个人内心的本能冲动的影响，这种影响决定了个人看待自己生活经验的基本角度和立场。尽管良好的母亲照顾（good enough mothering）对个人个性的健康成长发挥着重要作用，但是直接对个人产生影响的是个人内化的客体形象。自我心理学视角的社会工作强调，只有借助个人内化的客体形象个人与周围他人之间的沟通交流才能进行（Goldstein，1995：132）。

在科胡特的主体心理学的影响下，自我心理学视角的社会工作更关注个人的自我以及它的独立性和创造性，认为自我是人天生固有的一种组织、协调和整合各种不同生活经验的心理机制。这种心理机制除了受到个人自身成熟状况的影响之外，同时也与照顾者的照顾和关心方式密切相关，特别是在成长的早期，由于个人生活有赖于周围他人的照顾，因而在这一阶段个人的自我也就更容易受到周围他人的影响（Goldstein，1995：133）。自我心理学视角的社会工作强调，即使个人成年之后，也需要通过与周围他人的交流维持个人的自信心（Goldstein，1995：131）。

（二）自我和环境

经过哈特曼和埃里克森的努力，自我和环境这两个元素直接联结起来，成为个人适应外部环境过程中不可缺少的两个基本要素，尤其是埃里克森，他把个人的自我放在个人成长的八个阶段的社会环境中来考察，让社会工作者直接看到个人的自我与周围环境之间的相互影响（Goldstein，1995：89-95）。不过，值得注意的是，就个人与环境的相互影响方式来说，自我心理学视角的社会工作更关注环境对个人的影响，认为环境的作用不仅仅是满足个人的基本需要，让个人适应环境，同时还给个人的成长提供必要的社会支持，尤其当个人遇到困扰时，这样的社会支持系统就会发挥重要作用。此外，环境还对个人的自信、管理和掌控能力以及个人的价值观等都有重要的影响（Mechanic，1974：45）。

在解释外部环境的影响方式时，自我心理学视角的社会工作不赞同埃里克森的生理决定论观点，认为从男女生理差别角度解释女性自我成长的被动性和封闭性等个性特征过于武断，这样的观点来源于传统精神分析理论，它以男性成长经验为分析标准，其中包含了对女性成长经验的误解和歧视（Goldstein，1995：96）。在女性主义思潮的影响下，自我心理学视角的社会工作开始把性别概念引入专业服务过程中，要求社会工作者区分女性个性化成长的独特过程，把关系中的自我（self-in-relation）视为女性个性成长的关键（Kaplan & Surrey，1984：93）。显然，这种理解自我的方式不同于自我心理学所强调的个人的、独立的自我。正是借助于女性主义自我观的引入，自我心理学视角的社会工作让社会工作者看到个人经验的不同组织方式，帮助社会工作者更深入地理解女性的成长经验和发展要求，特别是当女性面对个性发展和关系协调的冲突时，这种困扰的消除就与社会工作者对个人自我的理解密切相关。自我心理学视角的社会工作强调，将女性主义性别概念融入社会工作，不是为了批判自我心理学的个人自我的观点，而是拓宽社会工作者的视野，使社会工作者避免陷入将女性的独特成长经验曲解为问题的困境中（Goldstein，1995：130）。

此外，自我心理学视角的社会工作还将种族（ethnicity）和文化的概念融入社会工作的专业服务中，认为社会工作的专业实践场景并不是"客观"的生态系统，而是包含了不同种族、不同文化的社会政治环境（Goldstein，1995：131）。在这样的社会政治环境中，如果社会工作者只是秉持一种主流的文化价值观，就会把弱势群体、少数族群和边缘文化的人群视为问题的根源，忽视这些不同人群自身拥有的独特的发展要求，甚至将这些不同人群的独特要求当作问题的表现（Goldstein，1995：230）。在自我心理学视角的社会工作的逻辑框架中，引入种族和文化的概念并不仅仅为了增添一个新的需求评估的项目，同时还为了扩展社会工作者对外部环境的理解视角，让社会工作者能够走进不同人群的日常社会生活中，理解他们在应对外部环境挑战过程中自身所拥有的能力和独特的个性（Goldstein，1995：99）。

将外部环境延伸为包含了性别、种族和文化的社会政治环境后，自我心理学视角的社会工作发现，个人自我意识（self-awareness）的提升就显得尤为重要，因为外部社会政治环境的改善有赖于个人对自己以及周围他人生活处境的了解，特别是对自己所拥有的价值观、生活态度、人生经历和个人风格等方面的理解。因此，自我心理学视角的社会工作认为，个人自我意识的提升才是社会工作专业服务的核心要素（Goldstein，1995：

232 – 233）。

（三） 自我功能和环境状况的评估

自我心理学视角的社会工作有自己独特的评估框架，它是把自我和环境两个元素结合在一起评估的，既关注个人自我功能的发挥状况，也注重社会环境的支持情况，重点分析个人与环境之间是如何相互影响的。具体来说，自我心理学视角的社会工作的评估涉及四个方面：①了解个人与环境在现时的处境下相互影响的方式，特别是个人能够顺利承担主要社会角色和任务的程度；②明了个人自我功能的发挥状况，包括自我功能适应的方面和不适应的方面；③分析个人成长过程中的关键事件，了解这些事件对个人现时的回应环境方式的影响；④探究外部环境对个人自我功能发挥的消极方面的影响程度，了解外部环境中的阻碍因素（Goldstein，1996：196）。显然，在这四个方面的评估内容背后反映了自我心理学视角的社会工作评估的基本原则，即保持三个方面关系的平衡：一是现在和过去的平衡，以现在为重点，根据服务对象的问题表现结合服务对象过去经历的考察；二是个人自我和外部环境的平衡，重点分析个人自我与外部环境之间的相互影响和相互转化；三是问题和能力的平衡，既关注个人自我功能发挥的方面，也关注自我功能的不足之处（Goldstein，1995：143）。

为了帮助社会工作者准确把握评估的基本原则，自我心理学视角的社会工作还设计了五个评估问题，让社会工作者在评估过程中不断提问自己，以保证正确的评估方向。这五个评估问题是：①个人承担的社会角色和任务在多大程度上影响服务对象的问题；②外部环境（或者以前的创伤经历）在多大程度上影响服务对象的问题；③个人自我功能的不足在多大程度上影响服务对象的问题；④外部环境资源的缺乏（或者个人能力与环境要求的不匹配）在多大程度上影响服务对象的问题；⑤在克服问题过程中服务对象可以发掘的个人能力和环境资源是什么（Goldstein，1995：143 – 144）。自我心理学视角的社会工作认为，通过这五个评估问题的探究，社会工作者最终能够得出三个方面的评估结论，即服务对象的自我功能状况、外部环境状况以及服务对象的个人自我与外部环境的匹配状况（Payne，2005：89 – 90）。

在评估过程中，自我心理学视角的社会工作把服务对象的自我总结报告作为最重要的资料来源，认为这种类型的资料能够直接反映服务对象的内心想法和感受以及个人自我功能的发挥状况，呈现服务对象在应对外部环境挑战过程中的自主性和改变潜力（Goldstein，1995：163）。此外，像服务对象重要周围他人的描述、有关机构对服务对象的了解、服务对象生活和工作表现的各种正式记录、服务对象的心理测试以及服务过程中社会工作者的观察等，也是自我心理学视角的社会工作评估经常运用的资料（Goldstein，1995：163）。

（四） 自我支持的介入策略 （ego-supportive intervention）

在考察服务介入的策略时，自我心理学视角的社会工作是从自我这个核心概念出发的，根据服务介入过程中自我改变的不同方式确定不同的介入策略，从而对社会工作的介入策略和心理治疗的介入策略做出区分。自我心理学视角的社会工作认为，促进自我改变的方式通常有两种：一种是以恢复、维持或者提高自我的适应功能为焦点的介入策略，称为自我支持的介入策略；另一种是以修补或者调整个人人格的基本类型或者结构为重点的介入策略，称为自我修正的介入策略（ego-modifying intervention）（Goldstein，1995：207）。显然，社会工作推崇的是以加强个人自我适应功能为核心的自我支持的介入策略。

自我心理学视角的社会工作认为，社会工作之所以把增强个人自我适应功能作为服务介入的核心，是因为社会工作面对的服务对象以及需要解决的问题都与心理治疗不同。社会工作面对的服务对象通常有两类：一类是个人成长过程中由于环境压力过大而导致的个人自我适应功能不佳的服务对象；另一类是个人的自我功能存在不足但并没有妨碍基本功能发挥的服务对象。可见，社会工作帮助的是自我功能发挥暂时遇到困难或者存在不足的服务对象，这些服务对象的自我功能并没有受到根本性损害。与社会工作不同，心理治疗经常遇到的是那些个人人格的基本类型或者结构有着明显不足的服务对象，这些不足严重妨碍了个人自我功能的发挥（Goldstein，1995：173 – 174）。在解决的问题方面，自我心理学视角的社会工作强调，社会工作关注的是提高服务对象在成长过程中的自我独立性和掌控能力，帮助服务对象有效应对个人成长过程中出现的各种危机，特别是提高服务对象的理解能力，协助服务对象准确了解自己的行为给别人造成的影响以及学习更为有效的应对技能和运用自我功能摆脱冲突的能力（Goldstein，1995：207）；而心理治疗不同，它注重的是通过注入新的认识和理解减轻服务对象的无意识冲突，改善服务对象的人格，从而促进服务对象自我功能的有效发挥（Goldstein，1995：169）。

正是基于对自我功能在不同类型问题中所呈现的不同作用和方式的考察，自我心理学视角的社会工作才把自我支持的介入策略作为社会工作的基本介入策略，有别于心理治疗的自我修正的介入策略。自我心理学视角的社会工作强调，这种自我支持的介入策略以服务对象现时的行为表现、感受和想法为考察重点，注重服务对象的理性分析能力，只有当服务对象目前面临的困扰与以往的经历有明显的关联时，才将服务对象过去的经验作为分析考察的内容。不过，即使在这个时候，社会工作者了解的重点仍旧在对服务对象现时的应对困扰方式的理解上，而不是对服务对象以往不幸经历的探究。这一点与心理治疗的自我修正的介入策略存在明显不同，自我修正的介入策略注重的是服务对象的过去，认为对过往经历的分析，特别是对过往不幸经历的分析，是寻找解决服务对象目前遭遇的困难的根本方法，因而自我修正的介入策略关注服务对象的无意识冲突以及无意识与前意识和意识之间的关联（Goldstein，1995：167）。在具体帮助服务对象解决目前遭遇困扰的过程中，自我支持的介入策略强调为服务对象提供直接的指导，除了常用的维持和直接影响的技巧外，还经常运用教育式的服务技巧（educative technique）和结构式的服务技巧（structuring technique）。前者通过示范、角色扮演和预演等方式帮助服务对象准确了解自己的行为给周围他人带来的影响以及周围他人内心的真实想法和动机；后者借助将大问题切割成小问题以及运用时间限制等方式协助服务对象把精力和资源集中在关键的改变方面，以提升服务对象理性应对目前困境的能力（Goldstein，1995：172）。与自我修正的介入策略相比，自我支持的介入策略较少运用无意识冲突的解释、面对和反思等心理结构深度探究的技术（Goldstein，1995：170）；相反，这种介入策略更关注外部环境的改善和社会资源的运用（Grinnell，Kyte，& Bostwick，1981：152），它采用的是一种既注重个人心理调整的直接介入也注重外部环境改善的间接介入的综合介入策略（Goldstein，1995：166）。正是依据这样的理论逻辑框架，自我心理学视角的社会工作认为，自我支持的介入策略虽然有时也运用于长期服务中，但更常见的是运用于危机导向的服务介入以及其他短期服务中，目的是帮助服务对象在充满压力的环境中获得必要的社会支持，以改善服务对象应对困境时的自我功能（Goldstein，1995：174）。

不过，自我心理学视角的社会工作强调，自我支持的介入策略与自我修正的介入策略的区别是就一般情况而言的，在实际的服务过程中情况要比理论复杂得多，自我支持的介入策略和自我修正的介入策略常常联系在一起，很难截然分开，不仅个人自我适应功能的改善和个人人格的调整可以相互促进，而且社会工作者常常同时运用自我支持的介入策略和自我修正的介入策略，只不过根据实际情况的要求有时偏向自我支持的介入策略，有时偏向自我修正的介入策略，或者有的问题运用自我支持的介入策略更有效，有的问题则需要借助自我修正的介入策略（Goldstein，1995：169）。值得注意的是，尽管在实际的服务介入过程中自我支持的介入策略与自我修正的介入策略常常结合在一起，但并不是说，社会工作者不需要区分这两者的差别，实际上，这样的区分能够帮助社会工作者明确自己的基本角色定位，并且为社会工作的服务开展提供清晰的逻辑框架（Goldstein，1995：167 - 168）。

（五）积极现实的合作关系

与其他社会工作服务模式一样，自我心理学视角的社会工作也强调社会工作者与服务对象建立信任合作关系的重要性，认为社会工作者不能站在"客观中立"的立场与服务对象沟通；否则，社会工作者与服务对象之间的信任合作关系是无法建立的。社会工作者在服务过程中需要展现社会工作的一些核心的价值观，如接纳服务对象自身的价值、对服务对象的行为表现采取不批判的态度、肯定服务对象的独特性、尊重服务对象的自我决定权以及保护服务对象的隐私等，让服务对象感受到社会工作者的同理（Goldstein，1996：207）。在自我心理学视角的社会工作看来，社会工作者与服务对象的信任合作关系是一种专业的帮助关系，不同于朋友之间的相互支持，它以专业的价值伦理作为这种信任合作关系的支撑（Goldstein，1995：201）。

自我心理学视角的社会工作发现，根据信任合作关系建立的基础服务提供者与服务对象之间的专业帮助关系可以简要概括为两种：一种注重服务提供者与服务对象之间的现实联盟关系，帮助服务对象建立或者加强现实的应对方式；另一种关注服务提供者与服务对象之间的治疗关系，指导服务对象矫正由过往经历形成并且体现无意识冲突的非现实的回应方式（Goldstein，1995：202）。显然，前者的关注重点是建立现实的信任合作关系，包括协助服务对象调整那些非现实的想法和行为以及帮助服务对象确认和尝试较为现实理性的想法和行为等，这样的信任合作关系更为适合社会工作者的工作要求；而后者的关注重点则是提供消除移情的治疗场景，偏向心理治疗。因此，就这一点而言，自我心理学视角的社会工作所关注的现实的信任合作关系与强调建立现实认识的认知治疗理论存在某种内在的关联（Payne，2005：90）。

依据现实的信任合作关系建立的基本逻辑，自我心理学视角的社会工作强调，社会工作者需要鼓励服务对象把社会工作者视为现实改变的协助者，并且在与社会工作者的合作中学会运用一种积极、现实的方式应对生活中的困扰，而不是把社会工作者作为呈现无意识冲突的转移对象（Goldstein，1995：169）。不过，自我心理学视角的社会工作认为，在实际的服务过程中社会工作者很难避免服务对象将过往的经历移情到社会工作者身上的现象，这个时候，社会工作者的处理方式与心理治疗师的处理方式是不同的，社会工作者常常借助移情中的积极因素帮助服务对象满足现实的发展要求，促进服务对象的成长；即使有时候社会工作者直接回应服务对象的那些非现实的感受和想法，也不是为了追溯无意识冲突的根源，而是推动服务对象重建一种现实的、积极的合作关系（Goldstein，1995：170）。显然，自我心理学视角的社会工作把专业帮助关系建立的核心放在了现在。为此，自我心理学视角的社会工作要求社会工作者在服务初期就与服务对象建立信任合作关系，帮助服务对象确立明确的改变目标，让服务对象在自己的改变目标推动下运用自己拥有的自我功能指导自己的改变行为；到了服务中期，自我心理学视角的社会工作认为，社会工作者面临的主要任务是指导服务对象在信任合作的专业服务关系中学习运用自我功能尝试新的有效行为并且监督自己的改变过程；而服务结束阶段，则是社会工作者协助服务对象评估自我功能运用和发挥的状况。需要注意的是，在自我心理学视角的社会工作看来，服务结束之后的跟进安排也是非常重要的，虽然服务活动结束之后，社会工作者与服务对象的正式合作关系已经终止，但服务对象的生活并没有停止，他仍需要周围他人的支持和肯定（Goldstein，1995：36 – 37）。

非常有意思的是，自我心理学视角的社会工作并没有把社会工作者与服务对象之间的积极现实的信任合作关系局限于服务面谈内，认为社会工作者能够发挥的作用远远超出与服务对象的直接互动，他可以运用自己的专业身份与服务对象的家人以及其他重要周围他人或者相关的机构工作人员见面，为服务对象争取更为有利的外部环境（Goldstein，1995：170）。很显然，自我心理学视角的社会工作对专业帮助关系的理解是一种广义层面的，它已经具有了把服务面谈内的改变与服务面谈外的改变相结合的想法。

尽管自我心理学视角的社会工作坚持一种直接指导的介入策略，强调社会工作者直接介入和影响服务对象的生活，但是，需要注意的是，这样的介入策略是就社会工作者帮助服务对象的具体互动过程而言的，而在专业帮助关系的层面，自我心理学视角的社会工作则把社会工作者视为服务对象的支持者和协助者，要求社会工作者始终围绕服务对象的需要安排具体的服务介入活动（Goldstein，1995：201）。自我心理学视角的社会工作认为，社会工作者的内心不是一张没有自己感受和想法的白纸，可以通过客观的方式呈现服务对象转移的情感并且开展相应的服务活动；相反，社会工作者在与服务对象建立信任合作关系之前就已经拥有自己的经验、想法和感受。因此，自我心理学视角的社会工作坚信，专业帮助关系的核心不是展示社会工作者的客观分析，而是呈现社会工作者对服务对象的关怀。这样，在自我心理学视角的社会工作看来，社会工作者拥有反思社会工作专业价值理念的能力就显得非常重要，这种反思能力能够督促社会工作者在与服务对象的互动过程中不停地问自己：这样的服务安排到底有利于谁（Goldstein，1995：201 – 202）。

尽管从服务对象来说影响其与社会工作者建立积极现实的信任合作关系的因素有很多，包括服务对象的动机和期望、价值观、经验、生活背景、自我功能以及生活环境的要求等，但是其中动机和期望尤为重要。服务对象之所以寻求社会工作者的帮助，就是因为他的改变动机和期望受到了阻碍，希望借助社会工作者的帮助实现自己的改变要求（Goldstein，1995：207）。因此，自我心理学视角的社会工作认为，只有借助服务对象改变动机和期望的调动，社会工作者才能帮助服务对象找到与他自己改变要求相一致的服务目标，并且通过服务对象的改变动机和期望的维持，将服务对象的精力集中在改变目标的实现上（Goldstein，1995：207 – 208）。显然，在自我心理学视角的社会工作的逻辑框架中，服务对象的改变动机和期望具有特别重要的作用，不仅内部可以联结服务对象的改变要求，外部可以联结服务对象的改变行为，而且它也是社会工作者区分专业社会工作的重要标准，保证社会工作者作为服务对象改变的支持者和协助者开展专业服务活动。

就社会工作者而言，影响这种积极现实的信任合作关系建立的因素也有很多，其中最关键的是社会工作者是否拥有专业自我，包括是否掌握社会工作的专业知识和技能以及是否具有能够呈现社会工作专业价值观的人格。这样的专业自我除了能够在与服务对象的互动过程中展示社会工作所强调的同理、接纳、尊重和真诚等正向的积极关怀之外，同时还能够将服务对象的改变动机和期望、价值观以及生活经验等融入具体的服务活动中，根据服务对象的改变要求制定合理的服务目标，并且依据服务对象的能力调整服务的进程，让社会工作者真正成为服务对象寻求成长改变过程中的合作者和支持者（Goldstein，1995：209）。此外，机构也是专业帮助关系建立的重要影响因素之一，它为社会工作者与服务对象之间积极现实的信任合作关系的建立提供基本的指导框架和政策保障（Goldstein，1995：210）。

自我心理学视角的社会工作强调，不能将专业帮助关系的建立简单视为信任合作关系的建立，实际上，社会工作者与服务对象之间的积极现实的信任合作关系具有多方面的功能，包括评估服务对象的行为表现、维持服务对象的改变动机和期望、增进服务对象解决问题的能力和独立性、为服务对象提供角色示范、促进服务对象人格的改善、发掘服务对象的资源、协助服务对象改善外部环境以及为服务对象争取更多社会资源等（Payne，2005：91）。自我心理学视角的社会工作认为，这种积极现实的信任合作关系的核心是在协助服务对象克服无效的行为和态度的同时，最大化地发掘和调动服务对象的能力，帮助服务对象重建生活的掌控能力和自信，让服务对象自身的能力在这种专业帮助关系中得到提升（Goldstein，1995：234 – 237）。

个人自我和外部环境的关联既是自我心理学视角的社会工作考察的重点，也是服务开展的焦点，这样的关联最常见的呈现单位就是家庭和小组。自我心理学视角的社会工作在实践过程中发现，自我心理学所倡导的这些逻辑概念不仅可以运用于单个个人的社会工作实践中，也可以运用于家庭和小组的服务中，只不过运用这种视角理解家庭成员和小组成员的关系时不是依据系统理论，而是依据个人自我与其他成员之间相互影响和相互转化的逻辑（Goldstein，1995：391）。就这点而言，自我心理学视角的社会工作的介入更为深入，它不仅涉及服务对象和其他成员的个人自我功能的改善和调整，包括个人解决问题能力的提高、适应环境能力的提升以及生活掌控能力的增强等，而且为不同成员提供更为接纳、包容的家庭或者小组氛围（Goldstein，1995：192 - 193）。实际上，自我心理学视角的社会工作已经不仅被广泛应用于像个人、家庭、小组或者社区等直接的服务中，而且逐渐被当作服务的基本逻辑框架影响大型社会服务项目和社会政策的设计（Goldstein，1995：37）。

值得注意的是，虽然自我心理学视角的社会工作对自我的内涵有多种不同角度的理解，甚至到目前为止还没有一个统一的认识，但是它为社会工作实践提供了一个非常有意义的理解个人自我与外部环境之间如何相互影响的理论逻辑框架，这样的理论逻辑框架让社会工作者既关注个人的心理，也关注外部的环境，还注重个人自我的成长和发展（Goldstein，1995：37）。显然，针对个人与环境的关联，自我心理学视角的社会工作所坚持的是一种积极、整体的观察视角（Goldstein，1995：212）。

第二章　认知和行为视角

认知和行为视角（cognitive and behavioral perspective）是社会工作理论和实践的一项重要视角，它的兴起源于精神分析学派遭受的挑战。由于精神分析学派不仅难以适应日常生活实践场景提出的简明直接的介入方式的要求，而且无法回应社会发展所要求的问责的诉求以及对于科学研究证据的关注，因此，从20世纪六七十年代起，社会工作开始寻找一种直接关注个人与周围环境相互影响的介入方式，这种介入方式把个人视为一定社会环境中的有机体，强调通过可观察和可测量的认知和行为的学习改善个人与周围环境的互动关系，并且认为只有把科学研究融入实务中，才能保证实务的成效和对个人价值的尊重，这就是认知和行为视角（Howe，2009：73）。认知和行为视角包括三个主要流派：20世纪70年代引入行为主义观察视角后创立的行为主义社会工作（MacDonald，2007：170）、80年代之后受到认知理论影响而出现的认知社会工作（Vourlekis，2008：154），以及90年代之后倡导的认知治疗技术与行为治疗技术相结合的认知行为理论（Ronen，2006：5）。

第一节　行为主义社会工作

一　行为主义社会工作的演变

20世纪70年代之后，行为主义理论开始受到社会工作者的关注，被逐渐引入社会工作的实务中。社会工作者之所以选择行为主义理论作为实践的理论基础，是因为他们在传统的精神分析学派的理论和实践中找不到可信的科学证据，而这一点恰恰是行为主义理论最为关注的（Howe，2009：49）。行为主义社会工作（behavioral social work）继承了行为主义理论的基本逻辑，把人的行为的获得、维持和消除作为社会工作理论和实践的关注焦点，不注重分析人的内心想法和过去的心理感受，认为人的行为受到外部环境，特别是当下环境中的周围他人的影响（MacDonald，2007：170）。

行为主义社会工作围绕人的行为建立起自身的理论和实践的基本逻辑——"ABC"，即刺激（antecedents）—行为（behavior）—结果（consequences）。也就是说，行为主义社会工作把人与环境的关系视为行为与环境的关系，注重人的行为是如何在具体时间、地点和场景中与周围环境联系在一起的，包括行为之前环境的影响和行为之后环境的作用（Sheldon，1998：30）。

有意思的是，在一项临床社会工作者的调查中发现，1/3 的实务工作者在社会工作实务中运用了行为主义社会工作的方法和技术（Thyer，1987）。显然，行为主义社会工作已经是社会工作实务中的一种重要理论模式（Thyer，1991）。行为主义社会工作的影响不仅表现在行为主义社会工作服务模式的开拓和运用上，同时它还对其他社会工作服务模式的发展发挥着积极的作用，如任务中心模式、优势视角和精要治疗模式（the solution-focused approach）等都借用了行为主义社会工作中的一些方法和技术。值得一提的是，行为主义社会工作所强调的问题和解决方法的可操作性和可测量性以及研究证据为本的基本理念，代表了社会工作对科学、客观、简要和可信的服务模式的追求（Howe，2009：60）。尽管行为主义社会工作对社会工作的发展产生了重要的影响，特别是在美国它受到很多社会工作者的青睐，但是它的运用范围仍主要局限在那些与行为学习和改变直接相关的特殊实务场景的特殊问题方面（Payne，2005：130）。

在行为主义社会工作的开创时期，有不少社会工作者对此进行了积极的探索，如普鲁斯·塔尔（Bruce Thyer）倡导行为主义社会工作（Thyer，1987），理查德·司徒阿特（Richard Stuart）把行为主义理论运用于具有婚姻和偏差行为问题的家庭社会工作服务中（Stuart，1971），希尔顿·罗斯（Sheldon Rose）则关注行为主义社会工作的小组服务方式（Rose，1981）。其中，芭芭拉·哈德森（Barbara Hudson）和雷·托姆里森（Ray Thomlison）是行为主义社会工作的代表人物，他们不仅关注行为主义社会工作的实际运用，也注重行为主义社会工作理论逻辑的建设。

（一）芭芭拉·哈德森

20 世纪 60 年代之后，精神分析学派在社会工作领域的主导地位出现了动摇，人们开始质疑它的理论逻辑的科学证据和服务成效的可信依据。在这样的质疑声中，人们开始寻找其他的理论流派作为社会工作的理论基础，可观察和可测量的行为主义理论也就走进了社会工作者的视野，研究证据成为推动社会工作发展的一个重要影响因素（Howe，2009：49）。在 20 世纪七八十年代，有关行为修正主题和技术的讨论在社会工作领域逐渐增多，受到社会工作者越来越多的关注（Thomas，1970：181）；同时，在实务工作中行为主义社会工作也开拓出自己的发展领域，如家长训练（parent training）、儿童管理（child management）、家庭为本的介入（home-based interventions with families and children）（Thomlison & Thomlison，1996：53）以及特殊行为问题的干预（Gambrill，1983：54）和小组工作等（Rose，1981），行为主义社会工作成了社会工作者常用的介入方法（Howe，2009：49）。

哈德森与盖雷达恩·麦克唐纳（Geraldine MacDonald）合作，在 1986 年出版了《行为主义社会工作导论》（*Behavioral social work：An introduction*）一书，对行为主义社会工作的理论和实务逻辑进行了系统的梳理和总结。哈德森认为，就社会工作的理论建设而言，行为主义社会工作的重要贡献就是让社会工作者关注这门学科的科学研究和伦理价值基础（Hudson & MacDonald，1986：ix）。在哈德森看来，如果社会工作者把社会工作视为一门应用学科，就需要像其他应用学科的工作者一样为其找到科学实证研究的证据，把社会工作建立在科学研究之上，而不是仅仅凭借经验的积累开展服务。因此，行为主义社会工作倡导的科学实证研究不仅是这个学派的要求，也是这门学科的基础，它包含两个方面的基本内涵：①在服务中应用的所有社会工作理论和概念都需要具备已经验证的科学证据；②任何一项服务和策略都需要测试它的效果（Hudson & MacDonald，1986：2）。这样，科学研究就成为社会工作实务中不可缺少的重要一环。

对于大多数社会工作者来说，他们反对的不是行为主义理论所坚持的以科学研究证据为本的观点，而是它的理论依据建立在动物实验的基础上，一旦把这样的理论运用到社会工作实践中，就面临将人等同于动物的危险。哈德森不赞同这样的看法，认为人和动物一样，也像"三明治"，受到两个方面因素的影响——行动之前的环境刺激和行动之后的环境改变，前者称为刺激因素（antecedents），后者称为结果因素（consequences）。不过，哈德森强调，人毕竟不同于动物，他与环境之间的联系要比动物复杂得多，而且很多时候人还会施加自己的影响以对抗环境的安排（Hudson & MacDonald，1986：4）。

在哈德森看来，行为主义社会工作也强调增强服务对象的自信和自身影响力的重要性，只不过它不认同精神分析学派那种缺乏科学研究根据的描述方式，如果社会工作者能够将这些难以测量的目标转化成行为的语言，就能在具体的服务介入活动中实施出来，并且能够观察到实施的效果。哈德森认为，如果社会工作者希望增强服务对象的自信，就需要依据行为主义社会工作的原理把服务对象面临的自信问题转变为增加服务对象认为的有价值的行为的次数，或者提升服务对象在应对问题过程中所使用的行为技能，或者降低那些对达到目标来说无效的行为的次数。因此，哈德森坚信，行为主义社会工作的基本逻辑与其他社会工作服务模式的差别不是本质性的，虽然它们描述目标和实现目标的方式不同，但是它们都拥有相同的服务目标：改善人与环境之间的互动（Hudson & MacDonald，1986：4）。

就服务目标而言，哈德森认为，社会工作的服务介入无非包括两类：一类是帮助服务对象找到在同样环境中的不同应对方式，增强服务对象的影响力；另一类是帮助服务对象克服无效的应对方式，防止情况变得更糟。而行为主义社会工作在这两方面都有科学研究的证据证明，它是一种非常有效的介入模式。因此，哈德森断言，行为主义社会工作具有广泛的适应性，适用于服务对象遭遇的很多问题（Hudson & MacDonald，1986：7）。哈德森还仔细研究了服务的过程，他发现行为主义社会工作与其他流派的社会工作没有什么差别，都是分析服务对象的行为，了解服务对象与周围他人的互动状况，然后形成可以验证服务成效的服务介入计划，最后提出有效的服务介入方法（Hudson & Mac-Donald，1986：8）。哈德森认为，如果行为主义社会工作与其他流派的社会工作有什么区别，那就是它更强调具体可观察的改变目标、短期有效的服务设计和清晰明确的服务关系，以及把大问题切割成小问题逐个处理的服务策略。实际上，行为主义社会工作所倡导的这种以行为改变为核心的短期服务策略也被应用于任务中心模式、危机介入模式等不同的社会工作服务模式中，而与这些服务模式相比，行为主义社会工作具有更可信的科学研究的证据（Hudson & MacDonald，1986：3）。

在将行为主义理论引入社会工作过程中时，社会工作者必须面对的另一个质疑就是它的伦理价值基础，毕竟人有价值和尊严，不同于动物。这种伦理价值的质疑，哈德森认为，是一种误解。实际上，行为主义社会工作关注服务的成效，这本身就体现了它对社会工作伦理价值的追求，它要求社会工作者不是根据自己的兴趣爱好选择服务的方式，而是依据服务对象的改变要求挑选有科学研究证据的服务策略（Hudson & MacDonald，1986：10）。显然，在哈德森看来，关注服务的成效不仅仅是行为主义社会工作的实务处理原则（Giles，1983），同时还是行为主义社会工作实现专业伦理价值的最核心要求。哈德森强调，和其他帮助人的专业服务一样，行为主义社会工作也认为社会工作者与服务对象之间的专业服务关系不同于一般朋友的关系，有专业伦理的要求，而这些专业伦理要求的核心就是服务成效（Hudson & MacDonald，1986：9）。特别是在资源不足的情况下，没有成效或者成效不好的社会工作专业服务不可能被当作一种负责的行为选择。实际上，社会工作专业服务是一种高成本的服务，如果这种专业服务不能建立在服务成效的基础上，它就可能被其他更有成效的专业服务替代（Hudson & MacDonald，1986：19）。

哈德森还拿社会工作与医生这个职业做比较，认为作为一种专业训练就需要与一般的培训区别开来，能够帮助接受训练的人掌握那些具有服务成效的知识和技能，使社会工作者拥有自己的专业能力，既不同于非专业人士，也不同于其他助人的专业人士（Hudson & MacDonald，1986：10）。显然，在哈德森看来，无论社会工作者还是社会工作服务机构都需要具备这样一种能力，能够根据科学研究的证据选择服务介入的理论、策略和技巧，并且能够将研究和评估融入每一步的服务介入活动中，以确保服务的成效。哈德森强调，行为主义社会工作就是这种要求和责任的体现，它所坚持的服务目标和服务过程的可观察和可测量的原则为社会工作的发展提供了一种示范（Hudson & MacDonald，1986：11）。

行为主义社会工作对服务成效的强调，也引发了伦理价值的讨论，这种对人的成长的环境因素的掌控既可以出于善意的目的，也可以出于邪恶的目的。这样的质疑，在哈德森看来，是基于对社会工作的一种错误理解，认为社会工作反对权力的掌控，并且尽可能避免对服务对象施加直接的影响（Hudson & MacDonald，1986：12）。哈德森强调，尽管与其他社会工作模式相比，行为主义社会工作为社会工作者提供了更为有力的直接影响服务对象的方法和技巧，也确实增加了服务对象受他人操纵的可能性，但是这不代表这种强调直接影响的理论逻辑存在问题，而与实施这种方法和技巧的人有关。事实上，哈德森认为，所有改变都基于个人掌控能力的提高，表现为那些原来无法解决的问题找到了新的应对方法，从而有能力对它施加积极的影响。从这个角度来看，行为主义社会工作是一种比较有效的服务模式，它的目的就是为服务对象实现自己的目标提供更广的选择范围，并且同时增加服务对象实现自己目标的可能性。显然，这样的服务目标定位，说到底，就是为了提高服务对象掌控自己生活的能力，这也是社会工作一直强调的服务对象自决的伦理价值原则（Hudson & MacDonald，1986：13）。为了保证这一原则的实现，哈德森认为，在运用行为主义社会工作的方法和技巧时，社会工作者除了需要向服务对象描述预期的行为改变结果，让服务对象自己决定如何选择外，还需要站在服务对象的角度与服务对象一起协商服务活动的一切安排，避免在服务对象不知晓的情况下开展服务活动（Hudson & MacDonald，1986：14）。

哈德森还利用行为主义代表人物伯尔赫斯·弗雷德里克·斯金纳（Burrhus Frederic Skinner）与人本主义代表人物卡尔·罗杰斯（Carl Rogers）的争论来说明行为主义社会工作的基本原则和立场。哈德森认为，人本主义所提倡的自我实现的逻辑，即由服务对象自己做出选择并且由服务对象自己实现目标的观点，过于幼稚，实际上，在行为主义理论看来，任何人的所思、所想和所行都受到过去学习经验的影响，也同时受到当下环境的制约。哈德森强调，社会工作者所能做的是尽可能多地找到那些影响服务对象行为表现的因素，并且帮助服务对象学会掌控这些因素。哈德森还借用斯金纳的观点，提倡社会政策的制定也需要建立在行为主义理论逻辑的基础上，以便为个人的成长提供最优化的社会环境（Hudson & MacDonald，1986：15）。

在伦理价值方面，行为主义社会工作受到最多批评的是它对人缺乏尊重。不过，哈德森不赞同这样的观点。哈德森认为，行为主义社会工作恰恰是最能体现对人的尊重的，除了它追求为服务对象提供最好的服务，让服务对象通过专业服务能够重新获得个人的尊严和价值之外，它还把服务的重点放在对服务对象现在所处的环境的考察上，假设过去的经验并不是服务对象现在问题的必然构成要素，以摆脱弗洛伊德精神分析学派的历史决定论观点。哈德森强调，行为主义社会工作把服务对象的问题细化为行为与刺激和结果之间的关联，这样做不是为了让服务对象的问题"去人性化"，而是根据服务对象的亲身经历呈现问题自身的逻辑，使问题的评估以及之后的服务介入更符合服务对象个人的处境（Hudson & MacDonald，1986：18）。

为了说明行为主义社会工作所秉持的伦理价值，哈德森还把英国行为主义社会工作伦理守则（The ethical guidelines of the behavioral social work group）作为例子。英国行为主义社会工作伦理守则共有七条，分为三个方面。一是对服务对象的尊重，它包括三点要求：①社会工作者应尽可能运用那些能够给服务对象带来最大利益的服务介入程序，并且能够平衡服务对象和周围他人或者社会的利益，把他们视为一个整体；②社会工作者应尽可能与服务对象一起协商讨论服务介入的目标和方式，使每一项服务介入活动都能够获得服务对象的同意，而且在整个服务介入过程中都需要与服务对象保持良好的沟通交流；③当面对一些特殊的人群时，如儿童、老人和精神障碍患者等，虽然社会工作者无法与服务对象签订服务合约，但他有责任为这些人群的监护者或者照顾者提供服务的保证。二是对服务科学性的保证，它有两点要求：①任何服务策略的选择都需要依据科学的证据，包括服务的方式、服务的成效、服务的时间以及服务的成本等不同内容；②任何一次服务介入活动都需要评估它的成效，包括定性和定量评估方式的运用。三是对社会工作者能力的要求，它涉及两点要求：①社会工作者应在服务中不断评估自己的能力，当面临能力的挑战时，他就需要寻找督导和同伴的支持或者将服务对象转介给其他更适合的机构；②社会工作者应通过阅读研究成果或者参与课程培训提升自己的专业能力，并设法与研究和实践的最新发展保持同步（Hudson & MacDonald，1986：20 - 21）。除了对行为主义社会工作的基本原理和伦理价值进行探讨之外，哈德森还把行为主义社会工作的这些原则运用于儿童、青少年、老年人以及精神障碍患者等不同人群的服务中（Hudson & MacDonald，1986：177 – 255）。

（二）雷·托姆里森

与哈德森一样，雷·托姆里森也是一位行为主义社会工作的积极推动者。不过，有所不同的是，托姆里森注重把行为主义原理运用于像精神障碍患者的家庭辅导（Thomlison，1981：41）和焦虑症治疗（Thomlison，1984：280）等特殊人群的服务中，这对行为主义社会工作实务的拓展产生了重要影响。托姆里森认为，不管社会工作者如何理解和运用行为主义原理，行为主义社会工作都有一些共同认可的基本理论假设：①所有行为都是通过学习得来的，它既可以为人们所认识也可以为人们所改变；②问题就是那些令人感到不快的行为，它可以借助系统的探索得以了解，也可以通过特别的行为修正技术加以改善；③将问题转化为行为表现的过程就是把问题变成可观察、可测量和可改变的过程；④任何行为改变只有通过问题前后事件的调整才能实现，它涉及环境条件的改善、周围他人的强化以及借助新行为学习而获得的自我观察能力的提升（Thomlison & Thomlison，1996：41）。

托姆里森将行为主义社会工作从个人服务延伸到家庭服务，并且对家庭服务的程序和方法进行了细致的整理。针对家庭服务的评估程序，托姆里森除了强调运用行为主义的语言来描述问题，确定谁在什么环境下对谁做了什么之外，还要求社会工作者给每位家庭成员充分的时间和机会，让他们呈现对问题的各自不同的看法（Thomlison & Thomlison，1996：47）。在托姆里森看来，人的行为与人的观察视角是紧密联系在一起的，每位家庭成员都有自己观察问题的角度，不同于其他家庭成员，这意味着无论问题的评估还是改变行为的确定，都需要通过家庭成员间的相互协商（Thomlison & Thomlison，1996：47 – 49）。此外，托姆里森认为，家庭服务不同于个人服务，在评估中还需要了解每位家庭成员之间的行为关联的方式，并且给每位家庭成员充分的机会表达自己对改变行为的担忧和支持，帮助家庭成员形成支持改变行为的共识（Thomlison & Thomlison，1996：50）。显然，在这一点上托姆里森运用了家庭系统理论，而且把它与行为主义的原理结合在了一起。

在家庭服务计划的执行过程中，托姆里森非常强调由家庭成员来监督和记录行为改变和问题消除的情况。这样做不仅能够加强家庭成员之间的联系和沟通，更为重要的是，能够调动家庭成员自身的改变动力，提升家庭成员解决问题的能力。为此，托姆里森要求社会工作者运用电话沟通的方式跟踪服务计划执行的情况，在帮助家庭成员确认服务计划执行中遇到的问题之后，先让家庭成员想办法解决，如果解决不了，再由家庭成员将问题带到服务面谈中与社会工作者一起协商（Thomlison & Thomlison，1996：50 – 51）。在服务面谈中，托姆里森认为，社会工作者的服务重点是与家庭成员一起确认和分析在平时的服务计划执行中遇到的问题，并且通过角色扮演、模仿以及预演等方式帮助家庭成员学习新的更为有效的解决问题的行为。托姆里森强调，由于整个家庭都把注意的焦点集中在遭遇的问题以及问题解决方法的寻找上，所以在将行为主义原理运用于家庭服务时，社会工作者的核心任务是帮助整个家庭提升解决问题的能力（Thomlison & Thomlison，1996：52）。

一旦社会工作者与家庭成员经过协商决定结案，托姆里森认为，此时社会工作者除了需要帮助家庭成员建立新行为的维持机制，跟进家庭成员的改变之外，还需要和家庭成员一起总结在改变过程中所呈现的行为学习的原则和方法，在指导家庭成员继续保持行为学习记录的同时，减少固定面谈的次数或者变固定面谈为非固定面谈，以提高家庭成员自身解决问题的能力（Thomlison & Thomlison，1996：52）。

（三）行为主义社会工作的最新发展

20 世纪 80 年代之后，行为主义社会工作越来越受到社会学习理论的影响，虽然社会学习理论被视为行为学习的一个理论流派，但是它与传统的行为学习理论有着不同的理论假设，把个人学习的内部和外部过程结合在了一起，这与社会工作所倡导的心理社会双重视角的要求是一致的。社会学习理论假设，行为学习过程不是环境（S）和行为（R）两者之间的相互影响，而是环境、有机体（O）和行为三者之间的相互作用，它同时涉及个人的内部和外部的变化。也就是说，传统的行为学习理论关注的是 S - R，而社会学习理论注重的是 S - O - R（Robbins，Chatterjee，& Canda，2006：356）。

社会学习理论的提出与约翰·唐纳德（John Dollard）和尼尔·米勒（Neal Miller）以及阿尔伯特·班杜拉（Albert Bandura）的努力分不开。唐纳德和米勒在自己的研究中发现，要想了解和准确预测人们的行为，就必须知晓人们学习的心理原则和学习的社会环境，两者缺一不可（Miller & Dollard，1941：1）。为了进一步揭示两者内在的关联，唐纳德和米勒尝试把弗洛伊德的精神分析理论与行为学习理论结合起来，他们假设人的学习受到四个因素的影响，即内驱力（drives）、线索（clues）、回应行为（responses）和奖赏（rewards）。内驱力提供行为的动力，它既可以来自先天的生理要求，也可以来自因学习而获得的改变动力，但是内驱力无法告知人们行为的方向。为此，人们就需要在外部环境中寻找行为的线索，并且根据这些线索采取回应的行为。这样，外部环境中的线索就与回应行为建立起了某种联系，一旦人们的回应行为得到某种奖赏，这种联系就会加强；相反，如果没有得到奖赏，人们就会不断尝试新的行为，直到能够获得某种奖赏为止，而且通过奖赏建立起了环境线索与回应行为之间的关联之后，人们在以后的生活场景中就偏向于采取那些获得过奖赏的回应行为（Robbins，Chatterjee，& Canda，2006：357）。

唐纳德和米勒仔细观察了人的学习方式之后指出，人的学习不同于动物，是一种高级的精神活动，受到人的预见能力、推理能力以及语言能力的影响，特别是人的语言能力，它不仅是社会学习的结果，也是推理能力形成的基础，能够将内驱力、线索、回应行为和奖赏联系起来。唐纳德和米勒断言，人们的回应行为既受到对未来事件的预测能力的影响，也与合理选择有效回应行为的推理能力相关。有意思的是，唐纳德和米勒还提出了模仿和示范学习，他们是最先对模仿和示范在社会学习中的作用进行探讨的学者（Robbins，Chatterjee，& Canda，2006：357）。尽管唐纳德和米勒是从弗洛伊德的精神分析理论来理解人的社会学习的，但是他们摒弃了弗洛伊德的抽象人格假设和无意识学说，取而代之的是行为主义的理论逻辑，因此在唐纳德和米勒看来，无论内疚还是害怕都是人的儿童时期的学习经历在成年之后的表现（Dollard & Miller，1950：136）。可以说，唐纳德和米勒的学说虽然具有明显的精神分析学派的思想痕迹，但是它代表了社会学习理论早期的基本观点和逻辑（Robbins，Chatterjee，& Canda，2006：359）。

　　与唐纳德和米勒不同，班杜拉直接拒绝弗洛伊德精神分析学派的任何观点，认为这样的学说不仅缺乏严谨的科学分析，而且会迫使研究者和实践者陷入伦理价值的困境中，不是帮助他们如何理解对方，而是引导他们首先判断对方是处在正常的还是异常的发展阶段。这样的理论建构逻辑，在班杜拉看来，依据的是价值判断，不是事实判断，因此它也就缺乏理论的指导意义。正是基于这样的考察，班杜拉摒弃了弗洛伊德的精神分析理论，把社会学习理论直接建立在行为主义学派的逻辑之上。班杜拉强调，行为主义的理论建构逻辑不同于精神分析学派，它并没有把不良的适应行为视为不正常人格的病症表现，而是作为在行为学习中获得的应对方式，这种不良的行为应对方式与其他适应的行为应对方式一样，都拥有相同的理论解释和服务干预的逻辑（Robbins，Chatterjee，& Canda，2006：359）。显然，社会学习理论之所以把行为学习作为理论逻辑建构的核心，是因为它希望把理论建立在科学理性的逻辑之上，反对理论假设中隐含的社会标签和污名（Thomas，1985：410）。

　　班杜拉认为，没有人完全受内部心理或者外部环境因素的左右，人的行为是个人内部心理与外部环境因素两者相互作用的结果，其中还包含个人的语言认知能力的影响。正是凭借人与环境这种相互影响的方式，个人才能通过学习怎么做来掌控自己的想法和环境（Bandura，1977：11－12）。与传统的行为主义理论不同，班杜拉非常关注个人内部的心理因素在行为学习中所发挥的作用，他把预期（expectations）和理性思考（thoughts）等认知因素也引入行为学习中。很显然，班杜拉的社会学习理论吸收了米德（George Herbert Mead）符号互动理论的基本逻辑框架和皮亚杰（Jean Piaget）认知发展理论中的一些重要观点（Robbins，Chatterjee，& Canda，2006：359）。

　　借助认知因素的引入，班杜拉进一步扩展了人的学习方式，并与唐纳德和米勒所强调的直接经验的学习做了明确的区分。他认为，人的学习并不一定需要亲身经历，也不一定需要像传统行为主义所说的那样立刻获得奖赏；相反，人可以通过观察周围他人的行为，特别是榜样的行为表现，学习新的行为应对方式。这样，社会因素对人的行为学习就发挥着重要的作用（Robbins，Chatterjee，& Canda，2006：359）。在对行为学习的社会基础做了仔细思考后，班杜拉指出，社会学习理论更适合被称为社会认知理论（social cognitive theory），因为人的行为学习不是一种对当下环境刺激的直接回应，而是通过信息的认知加工获得知识的过程，是社会认知的形成过程（Bandura，1986：xii）。班杜拉在自己的研究中发现，直接奖赏只是维持人的行为学习动力的一种方式，人的行为学习同时还受到另一种重要认知因素的影响——行为结果的预测。通过行为结果的预测，人就能够在事情发生之前做好准备，并且能够及时调整自己的行为应对方式。班杜拉还发现，人的行为学习过程不仅受到他人所制定的行为学习标准的影响，也受到自己认可的行为学习标准的推动。班杜拉强调，一旦个人为自己制定了行为学习的标准，这个标准就成为重要的强化因素影响个人的行为学习，如果他通过努力达到了这个标准，就会感到满意，认为有价值；如果他没有达到这个标准而又找不到恰当的解释，就会感到内疚。因此，班杜拉认为，人的行为学习，在很大程度上来说，是一种自我管理和自我调整（self-governed and self-regulated）的学习过程（Robbins, Chatterjee, & Canda, 2006：361）。

班杜拉的社会学习理论为社会工作者理解人的学习行为提供了一种崭新的、更具有包容性的视角，它把观察视角、理性思考和结果预测等认知因素也融入人的行为学习中，使行为学习更贴近人们在日常生活中的学习。这样，行为学习也就同时包含了行为和认知因素之间的相互作用（Schwartz, 1982）。实际上，20世纪90年代后，以关注行为因素为主的行为学习理论逐渐为同时关注行为和认知因素的认知行为模式所取代（Robbins, Chatterjee, & Canda, 2006：384）。虽然行为主义理论和社会学习理论从来没有被广泛视为理解人类成长的重要理论，但是由它们延伸和发展出来的实务模式却受到越来越多人的欢迎。究其原因，除了行为主义社会工作清晰、简明、针对性强，便于实务工作者运用之外，社会的发展也促使人们越来越重视社会服务的管理和成效测算。由行为主义理论和社会学习理论发展而来的服务策略和方法已被广泛应用于不同服务领域的多种问题的处理，包括成瘾行为的戒除、内心焦虑的克服和攻击行为的矫正等，甚至一些企业也在将行为主义理论和社会学习理论的基本原理运用于人力资源的开发和培训中（Robbins, Chatterjee, & Canda, 2006：370）。进入21世纪，证据为本的实践（evidence-based practice）开始受到越来越多的实务工作者的关注，它要求实务工作者不是依据自己的兴趣爱好，而是根据已经被科学研究证明的知识来评估和规划服务活动。当然，社会工作也不例外，它也开始推崇证据为本的实践和教学（Howard, McMillan, & Pollio, 2003）。正是在这样的社会服务的要求下，强调可观察、可测量的行为主义社会工作受到人们的普遍关注和重视（Robbins, Chatterjee, & Canda, 2006：370）。

尽管在理论层面行为主义理论和社会学习理论的基本原理不如心理发展阶段理论那么受欢迎，但是在实践层面它们却得到了社会工作者的广泛认可，成为社会工作者开展专业服务的一项重要的视角（Thyer & Hudson, 1987）。此外，实际服务成效的研究也证明行为主义社会工作是可信的，有科学研究的证据（MacDonald, Sheldon, & Gillespie, 1992）。不过，需要注意的是，虽然行为主义社会工作的很多服务技术被广泛运用于不同的服务领域和服务活动中，如行为奖赏、角色扮演和预演等，但是真正声称自己完全按照行为主义社会工作的要求开展服务的社会工作者却为数不多（Robbins, Chatterjee, & Canda, 2006：371）。

在传统的行为主义理论里，像意识、精神和灵性等概念都太抽象，它们的内涵无法测量，因而它们也就无法被科学研究证明，甚至连像自由、尊严等有关人生存的价值，也被传统的行为主义视为不相关的因素排除在理论逻辑框架之外。这样，行为主义社会工作被当作"去人性"（dehumanizing）的理论模式就在所难免。就行为主义社会工作的理论逻辑而言，它只关注人与环境之间的直接相互作用，即使依据社会学习理论，它也只是考察人际的学习方式，而对于那些人们日常生活的宏观影响因素，像社会地位、经济状况和文化习俗等，就不在行为主义社会工作的观察和评估的范围内（Robbins, Chatterjee，& Canda，2006：378）。正是由于行为主义社会工作缺乏社会环境的宏观分析，在实际运用中常常忽视服务对象生活的多样性，无视人们在不同社会因素的影响下形成的独特的生活逻辑。尽管关注人的行为表现可以防止把问题简单归结为由非正常人格导致的结论，避免社会污名作用，但是行为主义社会工作的环境决定论倾向也受到很多社会工作者的质疑，依据这样的环境决定论观点，行为主义社会工作实际上能够为服务对象提供的自我选择和个人能力提升的空间是非常有限的（Robbins，Chatterjee，& Canda，2006：380）。不过，值得注意的是，班杜拉所倡导的社会学习理论为修正行为主义社会工作中的环境决定论倾向提供了很有益的尝试，它不仅让行为学习更加适应社会环境的要求，贴近人们的日常生活，在行为学习过程中它还强调自我奖赏和自我效能等认知因素所发挥的重要作用，这些认知因素与个人能力的提升有着密切的关系（Robbins，Chatterjee，& Canda，2006：384）。

二　行为主义社会工作的理论框架

行为主义社会工作尽管没有被社会工作者广泛接纳，也面临来自很多方面的质疑和批评，但是行为主义社会工作简洁的理论逻辑、明确的操作步骤以及显著的服务成效都给社会工作者留下深刻的印象，特别是对于初学的社会工作者来说，行为主义社会工作的原理比较容易掌握，也容易应用于实际的实务工作场景中（Robbins，Chatterjee，& Canda，2006：384）。不过，围绕行为的学习和修正，行为主义社会工作也有不同的理论解释，这些解释虽然依据的观察视角和理论逻辑有所不同，但都把服务对象现时的行为表现和改变作为关注的重点，探讨在具体的社会场景中人的行为改变的影响因素和基本规律，即行为主义理论所说的 ABC（Howe，2009：57）。

（一）行为学习的 ABC

在对服务对象学习行为的考察过程中，行为主义社会工作依据的是行为主义的基本原理，认为社会工作者关注的焦点不是服务对象的内部心理状况，因为这些现象无法通过科学的研究得到验证，而是可以直接观察到的服务对象的行为，即 B（behavior）（Robbins，Chatterjee，& Canda，2006：349）。行为主义社会工作强调，服务对象的任何行为都是在一定的社会环境中出现的，它必然受到社会环境中的某些因素的影响，这些因素就是行为主义理论所说的刺激，即 A（antecedents）。正是在这些刺激因素的影响下，服务对象表现出某种行为（Hudson & MacDonald，1986：31）。观察和分析环境刺激因素与人的行为表现的内在联系，这就是行为主义原理中的经典条件作用理论的任务。经典条件作用理论是由俄国生理学家伊凡·巴甫洛夫（Ivan Pavlov）总结提出的，这个理论让社会工作者发现服务对象的一些行为表现，如焦虑、不安、害怕、恐惧等，往往与环境中的某些因素相关联，如果想改善服务对象的行为表现，就需要帮助服务对象改变环境或者调整环境刺激与服务对象行为的联结方式，像放松练习、系统脱敏法等，就是社会工作者常用的帮助服务对象改变环境刺激与行为关联方式的训练方法（Hudson & MacDonald，1986：24 – 26）。

与经典条件作用理论不同，操作条件作用理论关注的是人的行为结果对行为的影响，这些行为结果的影响因素就是行为主义理论所说的结果，即 C（consequences）。在操作条件作用理论看来，人不仅受到环境刺激因素的影响，而且根据行为结果的好坏调整自己的行为策略和方式（Hudson & MacDonald，1986：27）。也就是说，人的行为 B 既受到行为之前的环境刺激因素 A 的影响，也与行为之后的结果 C 有关联，是一种前后同时影响的方式，即 A—B—C（Sheldon，1998：30）。

操作条件作用理论是由美国心理学家斯金纳提出的，他对行为结果如何影响行为的方式和过程进行了深入的研究（Hudson & MacDonald，1986：27）。斯金纳的操作条件作用理论给社会工作者提供了很好的启示，它让社会工作者看到，社会工作的服务介入无外乎两种情况：一种是帮助服务对象增加某种行为；另一种是帮助服务对象减少某种行为。前者称为强化（reinforcement），即通过加强某种行为与积极结果之间的联系增加某种行为出现的可能；后者称为惩罚（punishment），即借助加强某种行为与消极结果之间的联系减少某种行为出现的可能。强化既可以是正向的（positive reinforcement），就是人们通常所说的奖励，也可以是负向的（negative reinforcement），就是取消不愉快的行为结果。同样，惩罚也可以是正向的（positive punishment），就是增添不愉快的行为结果，也可以是负向的（negative punishment），就是取消奖励（Hudson & MacDonald，1986：32 - 37）。作为一个能够增加服务对象新行为出现的有效影响方式，它需要具有及时、持续和自然三个方面的强化特点。及时是指服务对象一做出某种希望的行为，就立刻能够得到某种强化；持续则是说希望的行为每次出现之后，服务对象都能够得到及时的强化；自然则是指如果社会工作者希望服务对象的新行为能够在服务活动结束之后继续保持，就需要在服务对象的自然生活场景中找到强化的因素，让服务对象在平时的日常生活中就能够得到及时、持续的强化（Hudson & MacDonald，1986：36）。

虽然经典条件作用理论和操作条件作用理论对人的行为有不同的解释逻辑，但是它们都关注环境与人的行为之间的直接相互影响方式，假设环境影响人的行为，人的行为也会影响环境。这样的理论假设，在社会学习理论看来，忽视了人的行为学习的一个重要特征：人的行为学习常常不是直接受当下环境的影响，而是借助生活经验的总结，包括人的期望和对行为的预期等内心的认知因素都对人的行为学习有直接的影响（Bandura，1977：59）。正是借助生活经验的总结，人才能把一定的行为方式与一定的行为结果联结起来，形成对行为结果的预测，并且通过行为结果的预测建立起一种行为预期的奖赏方式，这种行为奖赏方式不同于直接行为结果的奖赏，不仅学习者不需要直接经历行为的结果，甚至也可以不看到行为结果的出现。社会学习理论称这种行为学习方式是观察学习（observational learning）或者模仿（modeling）（Bandura，1977：96 - 97）。

行为主义社会工作汲取了社会学习理论的基本逻辑和主要概念，把服务对象的观察学习分为三个基本的步骤：第一步，观察，即让服务对象观察示范者的行为，并且给予这一行为一定的关注；第二步，记忆，即让服务对象对观察到的经验进行整理，梳理出这一行为实施的基本要素和程序，并且形成有关这一行为的记忆；第三步，强化，即在服务中设计观察行为出现的场景，并且引导和鼓励服务对象根据自己的行为记忆指导行为学习。因此，行为主义社会工作强调，服务对象的行为学习不仅与自身的行为学习能力和行为学习经验有关，而且与服务对象的语言能力有着直接的联系，因为服务对象可以根据语言的指导调整自己的行为（Hudson & MacDonald，1986：43）。不过，行为主义社会工作认为，一项行为能够实施出来或者保持下去，还依赖一个重要的学习条件，就是学习行为的强化。只有借助强化，服务对象才能激活自己的记忆，将观察到的学习行为转化为一定场景中的实际行为。实际上，观察学习已经不再局限于行为主义社会工作的干预服务中，而被广泛视为社会工作服务介入的一项重要技术，甚至它还作为帮助服务对象克服焦虑的一项有效手段（Hudson & MacDonald，1986：45）。

行为主义社会工作还借用了社会学习理论中的自我效能（self-efficacy）的概念，认为人对行为的预期有两种：一种是对行为结果的预期，就是希望通过某种行为实现某种目标；另一种是对实现某种结果的行为方式的预期，它是对采用什么有效行为方式实现目标的预测。后一种行为预期就是社会学习理论所说的自我效能，这种能力能够把人的行为学习的经验与行为的结果联结起来，直接影响人的行为学习的成效（Hudson & MacDonald，1986：46）。行为主义社会工作强调，帮助服务对象提高自我效能可以借助两种常见的方式：一种是行为预演（behavioral rehearsal），即让服务对象在事件发生之前就做好行为应对方式的准备；另一种是行为技巧关联信息的提供，即让服务对象观察示范者的行为应对的具体过程，掌握行为应对方式与行为结果之间的内在关联（Hudson & MacDonald，1986：47）。

把社会学习理论引入行为学习之后，改变的不仅包括对行为学习方式的理解，也包括对行为学习的基本逻辑框架的认识，认知因素成为行为学习的重要影响因素受到社会工作者的关注。除了通常所说的对事件的解释之外，社会学习理论还把推理、判断和记忆等其他认知因素也融入行为学习中，甚至强调，行为学习就是行为因素和认知因素两者相互影响、相互结合的过程（Hudson & MacDonald，1986：48 – 49）。这样，人的行为学习就从经典条件作用理论和操作条件作用理论所关注的直接试错方式扩展为理性的分析和选择以及自我奖赏的方式（Hudson & MacDonald，1986：51 – 52）。不过，这样的改变也受到不少社会工作者的质疑，他们担心，一旦把认知因素引入行为学习的逻辑框架中，人的行为学习就会出现主观性强、无法操作测量等问题，而这正是行为主义想竭力克服的（Hudson & MacDonald，1986：50）。

显然，如何处理行为学习中认知因素的影响、平衡行为因素和认知因素两者之间的要求，是运用行为主义社会工作的关键。经过多年的专业实践，行为主义社会工作概括出运用认知因素改变人的行为的六项基本的原则：①以传统的经典条件作用理论和操作条件作用理论为基础设计行为学习计划；②只有在认知因素影响人的行为学习时，才引入认知改变的技术，而且认知改变技术必须与行为改变技术结合起来一起使用；③思考问题的方式是行为学习的重要认知因素，了解这个因素是社会工作者建立专业服务关系的基础；④错误思维方式（faulty thinking）和自责方式（self-blame）是行为问题产生的重要影响因素；⑤当运用行为因素难以取得行为改变的效果时，就需要关注行为学习中的认知因素；⑥在指导服务对象的行为学习过程中，社会工作者始终需要关注自己的观察视角和思考方式，避免陷入偏见中（Hudson & MacDonald，1986：57－58）。

（二）行为评估的现时焦点

行为主义社会工作把现时作为社会工作评估的焦点，认为现时才是可以改变的，而过去已经是事实，无法改变。因此，在整个服务开展过程中社会工作者的关注重点是服务对象在现时环境中面临的困难，了解现时环境对服务对象行为产生的影响。这样，社会工作者在与服务对象建立了信任合作关系之后，就可以把服务对象呈现的现时问题作为评估工作的着手点，围绕现时问题了解服务对象在目前环境中与周围环境的相互影响方式。行为主义社会工作强调，这样安排评估工作并不是否认服务对象的过往经历与现时问题有着某种关联，甚至是现时问题产生的重要影响因素，而是为了突出现时在问题形成和改变过程中的重要作用，让评估工作聚焦于服务对象的改变（Hudson & MacDonald，1986：62）。

在行为主义社会工作看来，服务对象个人的社会生活历史（the social history）也是评估工作中不可缺少的内容，它除了可以把社会工作者提供的服务与其他专业服务结合起来之外，还可以帮助社会工作者了解服务对象现时问题的形成和发展过程。例如，在儿童服务的案例中，社会工作者通常需要评估孩子的家庭关系、孩子出生后与父母的分离和团聚情况以及父母的婚姻状况和教育子女的方式等不同方面，这些评估资料可以帮助社会工作者准确了解孩子在现时生活中面临的具体困难。行为主义社会工作认为，评估服务对象过往什么经历，取决于服务对象自身的特点和问题的特性。如果服务对象是一位遭遇精神困扰的儿童，社会工作者除了需要掌握孩子出现精神困扰的状况和以前发病的情况外，同时还需要了解孩子的成长经历。这些个人成长经历可以让社会工作者看到孩子在成长过程中所受到的疾病因素的影响，它们虽然未必能够给社会工作者提供解决问题的方法，但是至少能够帮助社会工作者更好地了解服务对象面临的问题（Hudson & MacDonald，1986：63）。

行为主义社会工作强调，虽然在每个案例中社会工作者探索和分析服务对象过往经历的方式和重点有所不同，但都需要围绕对服务对象现时问题的理解，帮助社会工作者形成对服务对象现时问题的正确假设，并且找到解决服务对象现时问题的具体方法（Hudson & MacDonald，1986：63）。实际上，在一些案例中服务对象首先希望与社会工作者讨论的不是现时面临的问题，而是给他带来困扰的过往经历。对于这类服务对象，社会工作者的工作焦点就是服务对象的过去，只有当服务对象对这段令人困扰的经历找到一个满意答案时，他才可能将注意力转向现时问题的改变。不过，即使在这样的情况下，社会工作者也需要把服务对象过往困扰的消除与现时问题的解决结合起来。显然，在行为主义社会工作的逻辑框架中，现时才是社会工作者的关注焦点，包括现时问题的处境、引发的事件和回应后的结果。行为主义社会工作强调，这样的观察视角把服务对象遭遇的问题放到了具体的现时环境中来考察，可以减轻服务对象的焦虑和内疚（Hudson & MacDonald，1986：64）。

（三）行为改变的能力和资源

尽管行为主义社会工作把评估的焦点放在对服务对象现时问题的分析上，但是它认为，社会工作评估的目的不仅仅是了解服务对象的现时问题，更为重要的是，帮助服务对象找到解决问题的方法，因此，社会工作者就需要把问题的分析和资源的考察结合起来，在评估中融入一种积极改变的视角，帮助服务对象在了解自己的问题和处境的同时，看到改变的方向和途径（Hudson & MacDonald，1986：64）。在仔细考察了服务对象行为改变的积极影响因素之后，行为主义社会工作提出，这些积极的影响因素包括服务对象自身的特性和外部环境的特征两个方面。就服务对象自身的特性而言，它又涉及三个主要方面，即服务对象的处理问题的能力、行为改变的动机和自我管理的能力；就外部环境的特征而言，它包括两个主要方面：环境的物质资源和服务对象身边的重要他人的社会支持（Hudson & MacDonald，1986：64-65）。

针对服务对象的处理问题的能力，行为主义社会工作发现，社会工作者可以通过询问服务对象过往的经历了解服务对象在遭遇现时问题时所采取的应对方式。这种特定场景中的应对方式就是服务对象处理问题的能力。行为主义社会工作假设，服务对象的现时问题并不是一夜之间形成的，有一个发展变化的过程，了解服务对象在过往经历中对解决现时问题所做的努力和尝试，其实是从一种积极改变的视角重新看待服务对象的现时问题。因此，行为主义社会工作强调，即使是一些不成功的尝试经历，社会工作者也需要看到其中的改变元素，不能把它们简单视为服务对象失败的证据（Hudson & MacDonald，1986：65）。

行为主义社会工作尽管没有从心理动力的角度看待服务对象与周围环境之间的相互作用，但是仍然把行为改变的动机作为服务对象行为学习的重要影响因素，因为在行为主义社会工作看来，服务对象的任何行为学习都是强化的结果。因此，行为主义社会工作要求社会工作者注意发掘服务对象在以往学习经历和现时环境中的行为强化因素，通过加强正向的刺激和减少负向的影响指导服务对象的行为学习。不过，行为主义社会工作认为，提高服务对象行为改变动机的关键是帮助服务对象找到长期改变结果与短期改变结果之间的联结方式，只有借助这种联结方式，服务对象才能通过每一步的行为尝试找到现时问题解决的方向和途径；否则，服务对象是不可能有耐心完成社会工作者布置的行为学习任务的（Hudson & MacDonald，1986：66）。为此，社会工作者不仅需要关注服务对象自己希望达到的改变目标，而且需要关注服务对象在现时环境中的行为学习的强化因素，保证服务对象在每次行为尝试之后都能够在现时环境中得到及时的强化（Hudson & MacDonald，1986：67）。

在行为主义社会工作看来，服务对象的行为学习不仅仅涉及外部环境或者重要周围他人的强化，同时还需要自我管理能力的提高，只有当服务对象具有了检查和强化自己的适应行为的能力时，他才可能保证自己行为学习的持续性。这样，了解服务对象在什么方面具有自我管理的技能就成为社会工作评估中不可缺少的内容。行为主义社会工作把服务对象的自我管理能力又细分为三个方面：自我监查（self-monitoring）、自我对话

（self-talk）和自我奖惩（self-reinforcement and self-punishment）。自我监查是指服务对象对自己所感、所想和所做的审视，它能帮助服务对象认识自己所处的状态；自我对话则是指服务对象面临现时问题时对自己进行指导，如是否给自己一个不现实的消极或者过分积极的指令，或者要求自己面对现时问题等，它能够为服务对象应对现时问题提供自我指导；自我奖惩包括自我强化和自我惩罚，它是指服务对象对自己应对现时问题的行为进行强化或者惩罚。这种强化或惩罚是由服务对象自己实施的，能够帮助服务对象维持行为学习的成效（Hudson & MacDonald，1986：68）。

就服务对象的外部环境而言，行为主义社会工作发现，社会工作者帮助的服务对象大多是贫困的弱势群体，这些弱势群体具有一个显著的特征，就是生活贫穷，他们常常缺乏一些必要的物质资源，并且需要面对由此带来的其他一系列问题，如教育资源的不足、就业机会的缺乏以及居住环境的拥挤等。行为主义社会工作认为，对于这样的服务对象，社会工作者就需要把外部环境资源的保障也作为服务计划的一部分；否则，服务对象不会认同社会工作者的服务，即使认同，也没有多少时间和精力用于行为方式的改善（Hudson & MacDonald，1986：70）。在服务对象的外部环境资源中，周围他人起着非常重要的作用，特别是那些能够给予服务对象必要支持的重要周围他人，他们既是服务对象行为学习的见证者，也是服务对象行为改善的支持者。此外，像俱乐部、社区组织等也是服务对象行为改善的外部环境资源（Hudson & MacDonald，1986：69 - 70）。

在考察专业服务介入的着手点时，行为主义社会工作提出，社会工作者在评估了服务对象的改变要求和外部环境的限制之后，可以选择那些容易改变而且效果明显的学习行为，因为在行为主义社会工作的逻辑框架中，服务对象行为改变动机的最重要影响因素来自服务对象自己，是让服务对象及时看到自己的改变和进步（Hudson & MacDonald，1986：74）。行为主义社会工作强调，社会工作的服务介入并不是遵循一种静态的直线关联的因果逻辑，而是一种从小到大逐渐延伸的滚雪球式的影响方式（"snowballing" of positive effects），因此社会工作者不需要一下子把所有的问题或者核心问题都放在自己的身上，而可以选择那些微小的、容易改变的问题作为服务活动开始阶段的工作焦点。此外，对于那些无法走进真实场景开展直接介入的现时问题，如偷盗、吸毒等，行为主义社会工作认为，社会工作者可以采取共变行为（co-variation of behaviors）介入的方式，即针对与现时问题的行为表现高度关联的行为开展服务。这样，通过增加或者减少这种高度关联的行为，也就影响了服务对象应对现时问题的行为（Hudson & MacDonald，1986：75）。

（四）行为干预的指导关系

尽管在实施行为干预的过程中，行为主义社会工作也像大多数社会工作服务模式一样注重信任合作服务关系的建立，要求社会工作者展现社会工作专业服务所坚持的同理、关怀以及与服务对象一起工作等基本的价值理念，特别是在行为干预实施的开始阶段，这种信任合作关系的建立直接影响服务活动的顺利开展，但是行为主义社会工作强调，在行为主义社会工作的逻辑框架下，社会工作者与服务对象的信任合作关系有自身的一些特点，它更像指导者与被指导者或者训练者与受训者的关系，其中社会工作者发挥着积极主动的引导作用（Thomlison & Thomlison，1996：47）。

　　行为主义社会工作认为，作为社会工作者他的积极引导作用的第一个方面的表现，就是帮助服务对象和周围他人找到有关行为问题的恰当描述，这样的描述必须具备两个特征：具体和可测量（Hudson & MacDonald，1986：78）。所谓具体，是指行为问题的描述应清晰、明确，避免使用含义不清的词汇或者用社会工作者自己的推论替代事实。例如，服务对象打人、不搭理人或者时常谈论自杀等，这些有关服务对象行为问题的描述就不够具体，虽然已经涉及服务对象的行为表现，但没有说明这些行为表现的具体特征；还有像服务对象焦虑、抑郁或者冷漠等，这些描述是关于服务对象内心感受状况的概括，它们不仅抽象，而且涉及服务对象多方面的行为表现。此外，在服务对象行为问题描述中经常容易混淆的，就是把社会工作者的推断当作服务对象行为问题的事实描述。例如，服务对象缺乏他人的关心和照顾，这样的描述就是推断，不是事实（Hudson & MacDonald，1986：79）。可测量是指行为问题的呈现应采取可以测试其变化的描述方式。这样的描述方式，行为主义社会工作认为，通常涉及三个方面的行为变化指标：问题行为出现的频率（frequency）、强度（intensity）和持续时间（duration）（Hudson & MacDonald，1986：81-82）。显然，行为主义社会工作之所以这样要求社会工作者，是因为希望能够将社会工作的实务建立在科学证据之上，把社会工作实务与社会工作研究结合起来。

　　为了保证社会工作实务的科学性，行为主义社会工作在社会工作服务计划的设计中引入了基线测量的方法，并且把它视为行为主义社会工作实务的一个根本特征，声称如果服务计划中没有基线测量，它就不是行为主义社会工作。在行为主义社会工作看来，所谓基线测量，就是在服务活动开展之前对需要改善的问题行为进行测试，建立问题行为改变的基准线，为接下来的每一次服务介入活动效果的评估提供可比较的标准。如果服务介入后的测试显示行为问题有所克服，这样的服务介入就是有效的，需要保持；反之，则无效，需要调整（Hudson & MacDonald，1986：112）。这样，借助基线测量的方法，行为主义社会工作就能够把社会工作的实务与研究紧密结合在一起，相互促进。根据测量设计的方式，行为主义社会工作将基线测量的设计分为单案例设计（single case designs）和多元基线设计（multiple-baseline designs）。单案例设计又称 AB 设计（AB designs），它是针对单个行为安排服务介入前后测试（A 和 B）的服务设计。这样的服务设计虽然简单，但是它是运用基线测量方法把实务和研究结合在一起的综合的服务设计，使服务设计同时拥有了研究的元素。如果将几种不同的单案例设计结合在一起，这样的服务设计就称为多元基线设计。在实际生活中，服务对象的问题通常有不同方面的行为表现，根据这些不同的问题行为社会工作者同时规划多个单案例设计，分别测试每一个问题行为在服务介入前后的变化，这种服务设计称为多元基线多行为的设计（multiple-baseline-across-behaviors design）；社会工作者也可以把关注的焦点放在同一问题行为在不同场景中的表现，测试不同场景中这一问题行为在服务介入前后的变化，这样的服务设计称为多元基线多场景的设计（multiple-baseline-across-settings design）；社会工作者也可以把多元基线设计运用于具有同一问题行为的不同服务对象身上，测试这些不同服务对象的问题行为在服务介入前后的变化，这就是多元基线多服务对象的设计（multiple-baseline-across-clients design）（Hudson & MacDonald，1986：115）。显然，通过单个或者多个多元基线设计的使用，科学研究就可以真正成为社会工作专业服务密不可分的一部分。

在行为主义社会工作看来，社会工作者积极引导作用的第二个方面的表现，是行为强化的运用。无论适应行为的学习还是不适应行为的消除，行为主义社会工作认为，社会工作者都需要把强化放到每一次的行为学习中，帮助服务对象掌握正确的行为方式。在行为主义社会工作的逻辑框架中，强化发挥着极其重要的作用，是社会工作者在服务活动中指导服务对象开展行为学习的有效手段（Hudson & MacDonald，1986：119）。就经典条件作用理论而言，这种强化的运用常常表现在放松训练（relaxation training）或者系统脱敏（systematic desensitization）中，通过肯定服务对象某种放松行为逐渐弱化环境刺激与不适应行为之间的联结（Hudson & MacDonald，1986：119 – 122）；

强化也同样可以应用于以操作条件作用理论为基础的服务活动设计中，而且它的应用范围更广。这不仅因为在操作条件作用理论指导下社会工作者可以运用的强化物的类型更加多样，除了物质的、社会的、一般的（如金钱）和活动本身之外（Hudson & Mac-Donald，1986：125），还有另一种重要的未来奖赏（future rewards）——希望（Hudson & MacDonald，1986：128），而且因为服务活动设计的方式也更加丰富，常见的有串联（chaining）、形塑（shaping）和暂停（timing-out）等。所谓串联，是指把学习行为分解成相互联结的一系列简单行为，并且按照行为联结的方式安排学习的顺序，通过一个一个简单行为的学习逐渐累加学习的成效，直到将所有简单行为联结成所要学习的行为为止。虽然串联能够把复杂行为的学习转化为一系列简单行为的学习，但是完成串联学习通常需要较长的时间，这会影响服务对象的学习动机。为此，行为主义社会工作还提出另一种串联的方式，称为反向串联（backward chaining），就是让服务对象按照行为联结的反向方式安排行为学习的顺序（Hudson & MacDonald，1986：129）。当服务对象无法一下子完成某个行为学习任务时，社会工作者就可以根据掌握的难易程度把所要学习的行为分为几个不同的等级，服务对象每达到一个等级，就给予强化，直到帮助服务对象完全掌握所要学习的行为为止。这就是行为主义社会工作所说的形塑（Hudson & MacDonald，1986：130）。暂停则是指让服务对象暂时失去所有奖赏并促使服务对象放弃某种不合适行为的服务活动安排，如让服务对象面壁一段时间，隔绝服务对象与外界的交流。不过，行为主义社会工作强调，这种惩罚方式的运用会给服务对象造成一些负面的影响，因此社会工作者在不得已使用惩罚的方式时，需要同时结合一些积极的奖赏方式（Hudson & MacDonald，1986：134）。就惩罚方式运用而言，行为主义社会工作认为，社会工作者需要遵守以下五项原则：①惩罚要与关心结合起来；②惩罚要紧随问题行为；③所有问题行为都需要惩罚；④实施惩罚者需要采取一种对事不对人（a matter-of-fact）的态度；⑤惩罚要与新行为的学习结合起来（Hudson & MacDonald，1986：39 – 40）。简单来说，无论行为的强化还是惩罚，都需要保证及时性（immediate）和持续性（consistent），即每一次学习行为或者问题行为出现之后就立刻给予强化或者惩罚（Hudson & MacDonald，1986：127）。

强化除了可以应用于经典条件作用理论和操作条件作用理论的服务活动设计之外，

同样也可以应用于社会学习理论所倡导的观察学习中。行为主义社会工作认为，服务对象的行为学习不仅受到观察行为的奖惩情况的影响，也与行为示范者和服务对象之间的相似性直接相关，两者越相似，如拥有相近的年龄、相似的经历，或者相同的问题等，就越容易产生共鸣（Hudson & MacDonald，1986：141）。为了提高观察学习的成效，行为主义社会工作提出服务活动设计的四项基本要求：①选择与服务对象具有相似特征的人作为学习行为的示范者；②让服务对象看到示范者的示范行为受到奖赏；③示范行为结束之后立即给予服务对象行为学习的练习机会；④对服务对象新行为的学习实施奖励（Hudson & MacDonald，1986：45）。行为主义社会工作发现，在自我管理的学习中也可以运用强化的学习原理，只不过这种服务活动更注重运用服务对象的自我指导的学习能力，例如，鼓励服务对象在尝试新的行为时对自己大声说出行为的步骤和要点，让服务对象自己指导自己的行为学习（Meichenbaum，1977：20）。

为了提高服务活动的成效，行为主义社会工作认为，在实际的服务活动中社会工作者不仅可以将强化运用于几种不同的服务活动设计中，而且可以把这些不同的服务活动设计结合在一起。这就是强化的综合服务活动设计（Hudson & MacDonald，1986：149）。例如，在孩子的行为学习中，社会工作者就可以同时采取赞赏和暂停（praising and timing-out）的综合强化方式，一方面赞赏孩子的合适行为；另一方面当孩子出现不合适的行为时，运用暂停的惩罚手段促使服务对象放弃这种不合适行为。此外，综合积分系统（points systems）的使用也是常见的一种强化的综合服务活动设计。这种服务活动设计要求社会工作者在观察和指导服务对象的学习行为时，既运用增加积分的方式考察服务对象的合适行为表现，又使用扣减积分的方式考核服务对象的不合适行为表现（Hudson & MacDonald，1986：150）。显然，这种综合服务活动设计运用了问题行为的克服和新行为的学习两个方面同时改变的服务策略，它是更为有效地帮助服务对象改善行为的服务设计逻辑。

在行为主义社会工作看来，无论服务对象问题行为的界定还是行为强化方式的选择和设计，都需要社会工作者的专业帮助（Hudson & MacDonald，1986：78 – 107）。正是借助行为主义社会工作的这些重要影响手段，社会工作者才能作为专业的帮助者在服务活动中发挥积极的引导作用（Hudson & MacDonald，1986：111）。值得注意的是，行为主义社会工作不仅在个案服务和家庭服务中获得广泛的应用，也在小组工作中得到一些社会工作者的认可，成为小组工作的一项重要理论来源和技术支撑（Rose，1981），甚至还被运用于社区工作中（Weisner & Silver，1981），包括贫困人群的帮助（Berman & Rickel，1979）和受暴妇女的自信训练等（Jansen & Meyers-Abell，1981）。实际上，行为主义社会工作已经作为社会工作的重要服务手段和理念被广泛运用于不同的服务领域。

行为主义社会工作的理论逻辑框架尽管受到不少社会工作者的质疑和批评，但是让社会工作者清晰地看到个人与环境之间的复杂关联，这种关联既包括个人行为之前环境的影响，也包括个人行为之后环境的作用（Howe，2009：57），特别是引入社会学习理论之后，行为主义社会工作更为关注服务对象自身学习能力的提升（Robbins，Chatterjee，& Canda，2006：384）。尤其值得注意的是，行为主义社会工作还把科学研究引入实务中，这不仅促使社会工作实务迈向一种实务和研究相结合的发展方向，也促使社会工作的实务和理论更加紧密地结合（Hudson & MacDonald, 1986：2）。

第二节　认知社会工作

一　认知社会工作的演变

认知理论在 20 世纪 70 年代就已经受到社会工作者的关注，但它真正演变为社会工作领域中的一个有普遍影响的理论流派则在 20 世纪 80 年代，特别是当认知理论在总结社会工作实践经验基础上融入了人本主义的理念时，它与社会工作所倡导的伦理价值取得了一致，受到社会工作者的普遍认同（Payne, 2005：127）。认知社会工作（cognitive social work）假设，一个人怎么想（thinking）决定了他怎么感受（emotion）和怎么行动（behavior）。因此，社会工作服务介入的焦点是帮助服务对象确认、挑战和改变那些消极的思考方式，以克服由此带来的情绪和行为等方面的困扰（Lantz, 1996：94）。认知社会工作认为，服务对象之所以出现这样的消极思考方式，是因为内心存在某种消极的认知图式（negative cognitive schema），这种消极的认知图式促使服务对象在面临环境的挑战时做出不恰当的判断，或者过分夸大面临的威胁，或者有意回避面临的危险（Howe, 2009：62）。认知社会工作也像其他社会工作理论模式一样，推崇一种结构式的、短期的服务方式，直接挑战服务对象内心的消极思考方式的基础，并且指导服务对象学习如何正确评估和调整消极的认知（Howe, 2009：65）。

玖迪斯·贝克（Judith Beck）在总结社会工作者运用认知理论的经验时提出了认知社会工作的十项原则：①从认知角度观察和理解服务对象以及他所面临的问题；②与服务对象建立良好的服务关系；③强调服务对象的积极参与；④以问题为服务的焦点（problem focused），以目标为服务的导向（goal oriented）；⑤注重现在；⑥关注服务的教育性，提升服务对象的自助能力；⑦推崇短期服务的策略；⑧采取一种结构式的服务方式；⑨帮助服务对象学会更有效地界定、评估和回应那些消极的想法和信念；⑩指导服务对象改变消极的想法、情绪和行为方式（Beck, 1995：124）。显然，在认知社会工作的逻辑框架中，认知这个概念包含了两个层面的内涵，它不仅仅是一个与情绪和行为并列的心理因素，同时还是人们观察和理解生活的视角。

20 世纪 80 年代之后，认知理论和策略运用的呼声越来越高，它被广泛应用于社会工作的不同服务领域，帮助不同领域的服务对象克服面临的困扰，如家庭服务中的施暴父母、医务社会工作中的疾病患者以及康复服务中的精神障碍患者等，甚至还包括自我意识需要提升的社会工作者。这样，认知社会工作就逐渐演变成社会工作发展过程中的一个重要理论流派（Vourlekis, 2008：135 - 136）。尽管认知社会工作与心理动力视角的社会工作理论有许多相似之处，它们都强调理性应对环境能力以及事件解释的重要性，但是认知社会工作的逻辑基础是人的意识层面的信息加工和推理，不是心理动力视角所假设的人的无意识（Robbins, Chatterjee, & Canda, 2006：259）。认知社会工作之所以能够得到社会工作者的普遍认可，是因为它对人的理性能力的推崇以及对人的成长和发展信念的秉持，这与社会工作的伦理价值不谋而合（Robbins，Chatterjee，& Canda，2006：290）。

认知社会工作在发展过程中由于受到不同理论的影响，形成了不同的理论发展取向。它的发展大致可以分为两个基本的方向：一个注重与行为主义理论相结合，是行为取向的；另一个注重与人本主义和存在主义理论相结合，是人本取向的。前者以夏雷恩·博林（Sharon Berlin）为代表人物，后者以哈瓦德·高尔德斯汀（Howard Goldstein）为主要的影响者（Lantz，1996：97）。

（一）夏雷恩·博林

由于受到行为主义理论和治疗模式的影响，特别是社会学习理论对认知因素在行为改变中的作用的强调，博林从 20 世纪 80 年代起开始探索认知因素在服务介入过程中的作用，他把社会工作的服务介入过程分为三个阶段：目标的选择和确认、行动计划的制订和实施，以及行动计划的调整和维持（Vourlekis，2008：154）。在目标的选择和确认阶段，博林注重服务对象自己对改变目标的要求和解释以及对实现改变目标的必要性和可利用资源的认识；在行动计划的制订和实施阶段，博林关注行为的反馈和指导，特别是运用暴露的方法帮助服务对象克服自动回避困难的念头；在行动计划的调整和维持阶段，博林则强调有意识地规避干扰行动计划实施的各种因素，并且根据环境改变的要求及时做出行动计划的调整（Berlin，2002：318－319）。

尽管博林所探索的认知社会工作明显受到行为主义理论的影响，但实际上他对行为主义理论框架的吸收和修正依据的是认知理论，即以思考方式和认知在人的成长和发展过程中的作用为基础，考察人与环境的互动，包括人怎样思考和理解日常生活中遭遇的事件以及这样的思考和理解方式对人的感受和行为的影响。这样的逻辑框架根植于人们对自身在生活中的基本定位的重新思考，它既不赞同弗洛伊德的本能决定论，也不满意行为主义的环境决定论，而是希望重新找回人的位置，呈现人的思考和理解方式在生活中的重要调节作用（Vourlekis，2008：133）。

认知理论的产生和发展离不开一位重要学者的影响，他就是瑞士心理学家让·皮亚杰（Jean Piaget）（Siegler，1986：21）。皮亚杰从 20 世纪三四十年代起就开始探索儿童认知发展的规律，并且提出儿童认知发展的阶段理论（stage theory）。他把儿童的认知发展过程划分为前后相连的四个不同阶段。第一阶段，感觉－运动阶段，0～2 岁。这一阶段的主要特征是儿童感觉和运动能力的发展，能够区分自己和外部环境，掌握行动和结果之间的联系，并且能够借助直接行为回应的方式解决感觉－运动方面的问题。第二阶段，前运演阶段，2～7 岁。儿童在这一阶段的主要特征表现为两种思维方式的出现和运用：一种是象征性思维，即运用象征性的游戏方式模仿自己看到或者听到的事件；另一种是直觉思维，即运用直接形象推理的方式把握生活变化的规律，这种思维方式只具备初步的逻辑性。第三阶段，具体运演阶段，7～11 岁。这一阶段的儿童发展出具体运演的能力，能够针对生活中的具体事件或者问题借助具体的行为呈现四种基本的运演方式：

①互换（conversation），借助转换空间位置了解相同事件的不同观察视角；②逆向（reversibility），通过寻找相反事件形成正反对应的逻辑推理方式；③连续（seriation），借助增减数量或者改变形式掌握同一逻辑概念的变化序列；④类型（classification），通过归纳事件的特征把握不同性质的事件。第四阶段，形式运演阶段，11～15 岁。儿童在这一阶段的思维方式已经与成年人接近，能够摆脱具体事件和问题的束缚，运用抽象的逻辑推理方式寻找问题的解决答案（Vourlekis，2008：145 – 146）。皮亚杰认为，儿童认知能力的发展是儿童与环境相互影响的结果，受到生理成熟、生活经验和社会交往三个因素的影响，这三个因素又借助内部自我调节系统（internal self-regulating system）帮助儿童从一种认知的平衡发展到更高层次的认知平衡（Siegler，1986：27）。显然，在皮亚杰的理解中，人不是环境的被动适应者，而是借助内部自我调节系统平衡自身和环境发展要求的积极改造者（Robbins，Chatterjee，& Canda，2006：262）。

除了皮亚杰的认知发展阶段理论之外，信息加工模型（information-processing model）也是认知理论的重要理论来源之一（Vourlekis，2008：144）。20 世纪六七十年代，随着计算机技术的迅猛发展，人们开始把人的认知系统与计算机做比较，认为人的大脑功能与计算机类似，也是对信息进行加工，包括对所使用视角和符号的检验以及对信息的选择、编码和储存等不同的信息加工过程（Robbins，Chatterjee，& Canda，2006：267）。信息加工模型进一步深化了人们对人的认知过程的了解，它让人们看到人的认知不仅仅是人们怎么想、怎样推理，同时还包括这种现象背后的认知结构，这是人们在日常生活中转换有关信息寻找问题解决方法的基础（Vourlekis，2008：136）。信息加工模型为行为主义取向的实践者提供了一种崭新的逻辑解释框架，它不仅关注认知的作用，而且揭示了人的内部信息加工过程如何影响人的行为选择和结果（Dobson & Block，1988：37）。

博林还从认知治疗（cognitive therapy）中汲取有用的思想养分，他发现，认知治疗不仅注重消极想法的检测和矫正，而且关注认知对情绪和行为的影响以及认知背后的信仰因素的作用（Beck & Weishaar，1989：35）。不过，对于博林来说，他最感兴趣的是人的预见能力与问题解决之间的关联，他在自己的专业服务实践中认识到，服务对象之所以遭遇难以克服的"大"问题，是因为缺乏问题的预见能力，不知道怎样识别问题的征兆，也无法在问题还不严重或者刚出现的时候就予以解决，以至于使生活中的小问题逐渐演变成大问题（Vourlekis，2008：155）。为此，博林还设计了提升服务对象问题预见能力的四个基本步骤：第一步，向服务对象解释关注问题征兆的重要性；第二步，帮助服务对象识别影响目前问题预见能力的事件和感受，并由此指导服务对象寻找导致其他相关联问题的征兆；第三步，为服务对象提供预见问题过程中所需要的知识和信息；第四步，抽出有关服务对象情绪变化的信息，并向服务对象展示如何把情绪变化转化为解决问题的信息（Berlin，1983：1100）。

博林从认知治疗中借用了很多概念，并且把它们与社会工作的实践结合起来，围绕服务对象的问题解决建构了一种新的社会工作服务模式，他称之为个人问题解决模式（personal problem-solving model）。这种服务模式把帮助服务对象解决日常生活中的问题视为服务的核心目标，要求社会工作者围绕如何提升服务对象的问题解决能力综合运用不同的服务策略和技巧，包括认知因素和治疗技巧的运用（Vourlekis，2008：155）。显然，博林所倡导的认知社会工作不是为了突显认知因素的重要性，而是补充被行为主义理论忽视的认知因素，以帮助社会工作者更准确地了解和掌握服务对象的问题解决过程。博林在仔细分析了服务对象的问题解决过程之后提出，认知因素可以在九个方面帮助服务对象提高问题解决的能力：①识别（awareness），预见问题出现的内外部早期征兆；②期待（expectation），相信自己能够解决面临的问题，找到更佳的解决办法；③界定（defining problem），明确到底面临什么问题以及影响问题的内部和外部因素；④思考（thinking of solution alternative），分析问题出现的原因，并且采用创造性的思维方式提出解决问题的可能方式；⑤权衡（analyzing options and deciding），设计任务要求，比较每种选择的成本和收益；⑥安排（taking action and persevering），指导服务的实施，分析反馈的信息；⑦归因（attribution），总结服务中的成功经验和失败教训；⑧监管（analyzing progress and modifying plan），观察和分析什么服务有作用、什么服务没影响，及时调整服务计划；⑨维持（maintenance of change），预测高危场景，并且做好预防服务（Berlin，2002：319 - 320）。

（二）哈瓦德·高尔德斯汀

与博林所推崇的行为主义取向的认知社会工作不同，高尔德斯汀代表的是认知社会工作中的另一种发展取向——人本取向，即把认知理论与人本主义或者存在主义的原理结合起来，运用到社会工作的专业实践中（Goldstein，1982）。其实，早在 1965 年，社会工作者哈罗尔德·维纳尔（Harold Werner）就已经把自己的认知社会工作的探索经验总结出来，出版了《个案工作的理性模式》（*A rational approach to social casework*）一书。之后，维纳尔又继续尝试把人本主义的原理运用到认知社会工作中，并在 1982 年撰写了《认知治疗：一种人本的取向》（*Cognitive therapy：A humanistic approach*）。吉姆·兰特慈（Jim Lantz）是另一位人本取向认知社会工作的代表人物，不过，他关注的重点是认知理论与存在主义的结合，特别是维也纳治疗师维克多·弗兰克（Viktor Frankl）有关意义和治疗相结合的探索。1993 年，兰特慈将自己的社会工作专业实践经验总结出来，出版了《存在主义家庭治疗：维克多·弗兰克治疗概念的运用》（*Existential family therapy：Using the concepts of Viktor Frankl*）一书（Lantz，1996：97）。在人本取向认知社会工作中，最引人注目的是高尔德斯汀，她在 80 年代撰写了大量文章，阐述自己的人本取向认知社会工作的基本观点。高尔德斯汀还在 1984 年正式出版了《创新性改变：社会工作实践中的认知人本模式》（*Creative change：A cognitive humanistic approach to social work practice*）一书，成为人本取向认知社会工作的经典（Payne，2005：127）。

高尔德斯汀所做的认知社会工作的研究，早在 20 世纪 70 年代就已经受到人们的关注，她在总结自己的社会工作专业实践经验时发现，服务对象面临的认知困惑不仅仅是一个错误的想法和概念的问题，同时还包括与之相伴随的道德和价值的冲突、无力感和耻辱感以及这些感受背后对个人价值和尊严的怀疑和否定。因此，高尔德斯汀强调，服务对象的认知困惑是在特定的社会系统下出现的，是服务对象在日常的解决问题过程中所遇到的（Goldstein，1973：124 - 135）。高尔德斯汀的这些看法源于认知科学、道德哲学和行为学习理论等不同领域知识的融合，她称之为"认知－人本主义"（cognitive-humanism），即把服务对象的问题视为由两个不同层次的困扰——认知和人本组成的，前者涉及问题在认知层面的困扰，后者则表现为问题的价值和道德的内涵（Goldstein，1984c：x）。高尔德斯汀认为，在这样的认知－人本主义逻辑框架下，服务对象的问题就无法按照传统的实证主义的线性因果分析的方法进行分类和分析，而需要采取一种更为复杂的辩证逻辑，同时考察想法和感受、知识和价值以及人和环境之间的相互影响（Goldstein，1984c：x－xi）。

在高尔德斯汀看来，认知－人本主义逻辑框架的引入还可以带来理解服务对象的另一个重要变化：把服务对象的问题视为生活意义的寻找，关注服务对象与周围他人的对话以及对自己经验的反思过程。这样，对现实生活的理解与对生活意义的寻找就结合在了一起，现实不是"客观"的现实，而是服务对象根据自己对生活的理解和意义的探索，主动建构的个人现实。正是因为如此，高尔德斯汀认为，社会工作者与服务对象之间是一种信任合作的关系，但这种信任合作关系与以往的社会工作服务不同，社会工作者不是站在一般"客观"现实立场上向服务对象提供专业技术的指导，而是走进服务对象的生活，帮助服务对象更好地理解和探索个人建构的现实（Goldstein，1984c：xi）。高尔德斯汀强调，个人建构现实这样的观点并不是说现实是个人的现实，个人不仅生活在社会系统中，而且就个人的价值而言，它也受到社会所倡导的价值的影响，特别是与个人生活紧密关联的社会机构，这些社会机构如何界定问题对个人价值的形成有着直接的影响（Goldstein，1984a：8）。显然，高尔德斯汀想通过认知理论与人本主义的联结，强调个人在理解和应对现实挑战中所能发挥的积极作用，它已远远超出对环境的被动适应。

随着社会工作实践和研究的深入，高尔德斯汀逐渐认识到自我（self）在组织和理解生活经验中发挥着重要作用，她认为，无论对社会环境还是人际关系的理解，都离不开对自己的认识；同样，对自己的认识又会影响人们对社会环境和人际关系的理解。这样的认识和理解自然又会推动人们对自己的未来生活做出选择，而一旦选择做出之后，又会反过来影响人们对社会环境和人际关系的理解。因此，高尔德斯汀强调，没有人是生活的旁观者，每个人都是生活的参与者和决策者（Goldstein，1981：212）。高尔德斯汀发现，人们在组织和理解生活经验时，除了能够将自己、他人以及社会联结起来之外，同时还能够把自己的现在与过去以及未来结合起来，在时间维度上扩展自我的影响（Goldstein，1984c：xii）。

20 世纪 80 年代，高尔德斯汀开始对自己提出的认知－人本主义逻辑框架进行系统的整理和阐述，她不仅强调人的生活拥有不同层面的内涵，包括认知、价值和信仰等，而且非常关注自我的作用，提出社会工作专业服务的实质是帮助服务对象实现"创新性改变"（creative change），即帮助服务对象更好地理解和更积极地投入充满个人生活意义的现实建构过程（Goldstein，1984c：xii）。高尔德斯汀认为，在这样的逻辑框架下，社会工作者最需要改变的是对服务对象的看法，从一种积极乐观的角度看待服务对象，相信服务对象拥有创新生活的能力，而不是把服务对象视为由环境或者本能决定的（Goldstein，1982）。

20 世纪 90 年代，由于认知理论的影响不断扩大，出现了多种不同形式的认知服务模式，关注认知因素的影响成了辅导领域的一个重要发展取向（Mahoney，1995：18）。社会工作也不例外，在认知理论的影响下，认知社会工作成为受到社会工作者普遍关注的一种重要的服务模式（Vourlekis，2008：137）。它的影响已经从理解服务对象内心的想法和感受以及对行为的作用等具体因素的分析转向一般观察视角和服务原则的探索（Sperry，1993）。对于认知社会工作的支持者来说，这样的发展只是一个开端，他们坚信，社会工作对认知因素的关注和探索仍会不断深入（Vourlekis，2008：152）。值得注意的是，21 世纪之后，认知因素的分析常常融入在认知行为模式的探索（Thomlison & Thomlisn，2011：78）以及其与情感结合方式的考察中（Bogo，Regehr，Baird，Paterson，& LeB-lanc，2016），它还与东方的冥想结合在一起，发展出社会工作的正念服务（mindfulness practice in social work）（Gockel，2010）。

二　认知社会工作的理论框架

尽管认知社会工作的服务模式有很多，但真正产生广泛影响的是高尔德斯汀提出的认知－人本主义模式，它不仅为社会工作者处理实际问题提供了具体的认知服务技巧，也为社会工作者理解服务对象的生活提供了一种崭新的逻辑框架（Payne，2005：127）。因此，对认知社会工作理论框架的介绍将以高尔德斯汀的观点为主要的参考依据，同时结合其他学者的认识和发现。

（一）人与环境的意义互动

虽然认知社会工作也假设人的行为是个人与环境相互影响的结果，但是与其他社会工作的理论逻辑框架相比它有一个显著的特点，认为这种互动影响其实是个人与环境之间的一种信息交换，而这种信息能够交换的一个重要影响因素就是意义（meaning）。认知社会工作发现，只有当服务对象给自己日常生活中的事件赋予一定的意义时，它才能走进服务对象的生活，成为服务对象日常生活环境中的一部分。显然，认知社会工作所要强调的是，外部环境并不是一种客观的外部事实，无法直接对个人产生影响，而需要借助某种意义，才能和个人的生活联结起来；同样，个人也无法直接作用于外部环境，而需要凭借个人赋予的某种意义施加个人的影响。因此，认知社会工作强调，通过认知的信息加工和个人意义的建构，外部环境才能成为独特的、有意义的、真实的个人现实，现实和意义是实现个人与环境互动的具体途径（Vourlekis，2008：135）。

认知社会工作不赞同把个人与环境的关联视为一种外部的适应或者改造的关系，认为个人并不是一张白纸，只能够被动地接受环境的书写，也不是可以站在环境之外的客观分析者，通过知识的把握对环境施加影响，而是生活的积极参与者和建构者，即个人在与周围他人和环境的互动过程中，借助自己现有的认知能力和知识，不断建构个人的新的知识和新的现实。在认知社会工作的逻辑框架中，个人的新知识和新现实是密不可分的，一个人怎样理解环境，也就意味着怎样回应环境。认知社会工作强调，个人与环境的互动需要借助个人认知这个中间环节，它发挥着中间协调者的作用，包括生活意义的赋予、注意力的选择以及生活事件的推论和判断等，都对个人的行为和感受产生重要的影响（Vourlekis，2008：138）。不过，需要注意的是，认知这一中间协调者的作用并不是单向的，行为的结果、情绪的表现、外部环境的变化以及身体的状况等都会影响个人的认知（Vourlekis，2008：138 - 139）。认知社会工作坚信，外部环境并不是外在于人并且任人探索的世界，它的呈现与个人认知能力的提升是同步的，个人认知能力发展到什么水平，也就意味着外部环境能够理解到什么程度（Vourlekis，2008：135）。

认知社会工作假设，个人认知能力的发展贯穿人的一生，在任何发展阶段，个人认知能力的提升总是与特定的环境影响联系在一起，个人的认知能力既是个人身处的环境事件影响的结果，也是个人对环境事件意义的建构过程。认知社会工作强调，个人只能对环境事件的认知界定（cognitive representations）进行回应，而这种认知界定不仅影响个人社会功能的发挥，也对个人的情绪反应产生重要的影响。因此，从认知社会工作来看，个人的行为改变完全可以借助个人认识的调整来实现（Vourlekis，2008：139）。

对于认知社会工作来说，它所要呈现的是一种积极乐观、非决定论的价值关怀，它的理论假设建立在这样的哲学思考之上，认为每个人都有成长的潜力，都会随着个人生理机能的成熟以及与外部环境互动的增强得到认知能力的提升。这样，外部环境为个人的成长和发展提供必不可少的条件和机会，个人的成长也就会伴随人的一生（Vourlekis，2008：138）。为了克服社会工作实务中的决定论逻辑，认知社会工作从系统理论中汲取积极有益的想法，提出循环决定（reciprocal determination）的观点，强调不仅个人的想法、感受和行为之间相互影响，而且个人内心的感受与外部环境的事实之间也相互影响，其中任何一个部分的变化都会对其他部分的改变产生影响（Vourlekis，2008：139）。值得注意的是，在个人和环境的改变过程中有一个很重要的概念，这就是个人的自我概念（self-concept），它是理解个人施加影响、保持与他人的互动关系以及发挥社会功能的核心概念（Vourlekis，2008：141）。一旦个人拥有不同的自我概念，他的行为选择、努力和坚持的程度、情绪的回应方式以及思维的组织方式等都会有所不同，自然也就会影响个人应对和解决问题的过程（Vourlekis，2008：142）。

（二）认知 - 人本逻辑框架

在认知社会工作看来，任何个人的生活都可以分为四个基本层面，即心理的（psy-chological）、社会文化的（soci-cultural）、伦理价值的（ethical and moral）和灵性的（spiritual）（Goldstein，1984a：5）。心理层面是指个人内部的状况，包括个人的动机、情绪、理性以及个性和自我等，它帮助社会工作者理解个人的心理和行为。社会文化层面是指与个人生活紧密关联的社会环境，它表现为个人的社会地位和社会角色，通常涉及家庭、社会群体、社区和文化等，它帮助社会工作者理解个人的社会生活。伦理价值层面则是指个人生活中影响比较持久、稳定的生活原则，包括对与错、好与坏的价值判断，这样的价值判断在个人与环境或者他人发生冲突时表现得尤为明显，通常涉及个人怎样看待自己的责任和怎样要求他人。个人生活的最后一个层面是灵性层面，它是个人生活的最深层次的要求，通常涉及个人内心的深层次主观感受以及个人内心的核心信念和超越现实生活限制的基本要求（Goldstein，1984a：7）。值得注意的是，认知社会工作之所以提出个人生活的四个层面，并不是为了穷尽个人生活的所有内容，而是强调个人的生活是一个多层面而且相互影响的整体，它提醒社会工作者不能根据自己的理论兴趣和偏好只关注个人生活的某个层面，从而把个人的复杂生活简化为某个层面的现象（Goldstein，1984a：8）。

不过，认知社会工作认为，个人生活的这四个层面并不是依次展开的，其中心理层面是最根本的，即使关注个人社会文化的层面，或者伦理价值和灵性层面，也需要以个人心理层面的解释作为基础（Goldstein，1984a：8）。这样，个人正确理解周围环境的关键不是个人的观察视角是否"客观"，而是对周围环境的开放和接纳程度，实际上没有人能够在日常生活中摆脱个人主观经历和文化偏见的影响，也没有人能够从他人那里得到一个永久不变的最终答案（Goldstein，1984a：8-9）。因此，针对个人生活的四个基本层面，认知社会工作把个人生活的观察逻辑简化为个人的四种特性：精神的个人（the person of the mind）、社会的个人（the person of the community）、价值的个人（the person of principle）和信仰的个人（the person of faith）（Goldstein，1984a：10）。

精神的个人呈现的是个人独特的内心世界，但它不能简单理解为是个人的，可以不受环境的影响。在认知社会工作看来，个人的内心世界与个人的社会生活是紧密关联的，个人的独特性来自个人对外部环境的应对以及对这种应对方式的理解和反思。因此，认知社会工作认为，个人内心的感受、想法和想象等都是个人应对过去经历中的生活事件的结果，同时它们也是个人面对现实和未来生活挑战的手段和基础。值得注意的是，认知社会工作并没有像心理动力学派那样把无意识作为其理论逻辑框架建构的基础，而是直接关注个人的意识，强调个人意识的丰富性和复杂性，并且认为个人意识的核心是个人的自我概念（Goldstein，1984a：10）。这样，个人精神的内涵就不仅仅停留在心理层面，同时还包括个人主动的参与和选择。

社会的个人注重的是个人与社会环境之间的互动和转化，它包括三个基本元素，即社会环境给个人提供的机会、个人的精神状况以及个人与社会环境之间的相互影响和相互转化。因此，可以说，社会的个人不是给个人的精神内涵提供社会的元素，而是丰富和扩展精神的个人。认知社会工作强调，不能把社会的个人理解为生活在特定地理环境中的个人，这里的社会有其特别的含义，是指与个人有着直接关联并且让个人感受到是其生活中的一部分的社会环境，如家庭、同辈群体以及社区等，这些社会环境直接影响个人的归属感以及个人对自己的认识（Goldstein，1984a：11）。

价值的个人指的是个人生活的原则和判断的标准。这些原则和标准给个人的行为提供合理化的解释和指导，特别是当个人面临生活的重大选择时，对与错、好与坏的伦理价值问题就会凸显出来，此时个人信奉的生活原则和标准就会成为影响个人行为选择的重要因素。认知社会工作认为，正是由于价值的个人所坚持的是个人的生活原则和标准，因此很容易出现这样的现象，尽管个人自己认为他的行为是合理的、符合社会规范的，但是在其他人眼里，这样的行为恰恰是违反社会规范的，甚至是无法理解的。认知社会工作强调，价值的个人与精神的个人和社会的个人是融合在一起的，不能分割开来，它是个人在回应社会环境的要求过程中呈现的生活原则和标准，而这些生活原则和标准通常是个人在家庭、同伴群体和社区的生活环境中学习获得的。认知社会工作发现，这些生活原则和标准，说到底，是个人在人际交往中对他人需要的理解和对个人责任的承担，表现为善良、诚实、公正以及有责任心等个人的品格（Goldstein，1984a：12）。

信仰的个人作为个人的第四种特性，展现的是个人信仰方面的内涵。在认知社会工作看来，个人的生活远远超出理性的逻辑，有时无法依据理性原则进行计算和推测，特别是当个人面对严峻的生活挑战或者"生老病死"的基本生活困境时，凭借的只能是个人对生活意义的理解和信仰，包括对人生命运的体验，它是个人主观生活经验中最深层次的也是最有影响力的精神资源（Goldstein，1984a：13）。

值得注意的是，认知社会工作之所以把个人的生活分为四个层面，把个人分为四种特性，是因为在认知社会工作看来，个人的生活逻辑不外乎认知和人本两种建构的方式。当然，这两种生活逻辑的建构方式之间是相互影响的。因此，认知社会工作称这样的逻辑框架为认知－人本逻辑框架（Goldstein，1984a：13）。认知社会工作假设，理解服务对象个人生活的基础是了解服务对象精神的个人和社会的个人之间的内在关联，即分析服务对象的内心变化与他观察到的社会现象之间是如何相互影响的。认知社会工作强调，这一层面的探索依据的是理性的思维和科学的知识，包括有关个人如何思考和行动的知识的学习和运用，属于认知层面的逻辑建构，它的核心是发现个人生活中的真实（reality）。除了认知层面的探索之外，每个人在生活中同时还会遭遇伦理价值和信仰的问题，还需要理解认知背后的生活原则和意义，这就是伦理的个人和信仰的个人。认知社会工作坚信，个人在这一层面的逻辑建构方式不同于认知层面，依靠的不是理性和科学，而是生活的洞察和理解，它反对标准化和类型化的分析。这种逻辑建构的方式被认知社会工作称为人本主义的建构方式，它的核心是展现个人生活中的意义（Goldstein，1984a：14）。

因此，在认知社会工作看来，个人的生活观察逻辑可以简单概括为认知和人本两个层面。认知社会工作强调，每个人在日常生活中无非是处理两个层面的问题：第一个层面是个人与社会环境的互动，它依据的是个人和他人共同认可的定义和知识，是个人认知逻辑的运用；第二个层面是个人生活的意义和目标，它凭借的是个人独特的主观经验和感受，是个人人本主义原则的呈现。而认知和人本之间的分号，则代表个人生活的这两个层面是相互影响的，不是谁决定谁的关系（Goldstein，1984a：14）。

在认知－人本逻辑框架下，个人不再被当作外部环境的被动适应者，而是作为有目标、有意识、有反思能力并且能够解决生活问题的个体。这样，个人的自我概念也就成为理解个人认知－人本逻辑框架的关键（Goldstein，1984a：5）。认知社会工作强调，每个人都拥有理解自己生活经验的独特视角和方式，而且会以此为依据帮助自己找到合理的行为解释（Goldstein，1984a：16）。为了进一步说明个人的这种积极参与生活的内在机制，认知社会工作把个人的自我划分为自我概念（self-conception）、意愿的自我（intentional self）和观察的自我（perceiving self）三种形式，考察这三种形式的自我是如何与外部环境相互影响的（Goldstein，1981：181）。

在界定个人的自我时，认知社会工作是把自我和非自我这两个概念放在一起考察的。认知社会工作认为，个人的自我只有放在具体的日常生活场景中并且与需要处理的生活事件联结起来时，它才可能受到关注，成为理解和探索的对象。认知社会工作强调，个人应对的生活事件既可以是实际发生的事件，也可以是个人记忆中的事件，甚至可以是个人对未来生活的想象。不管哪一种，只要个人认为是真实的，这个事件就会对个人的自我产生影响。显然，个人的自我是在生活事件的应对过程中产生的，涉及个人与周围环境的相互影响和相互转化。这个过程既是个人寻求自我的过程，也是明确自我与非自我界限的过程，体现为个人对生活的统一性（unity）和一致性（continuity）的追求。如果个人失去了自我的这种整体感受，他的生活就会变得混乱和破碎（Goldstein，1984a：18）。认知社会工作坚信，个人的自我并不是固定不变的，它会随着个人的成熟以及应对的生活事件和生活经验的组织方式的不同而变化。认知社会工作在自己的专业服务中发现，个人的自我和非自我的界限并不总是那么清晰，因为有些时候个人无法明确界定哪些是自己的、哪些是别人的，特别是涉及一些伦理价值的冲突时，个人很容易将自己的责任推给他人或者外部环境，强调是由他人或者外部环境的因素导致自己采取这样的行动。认知社会工作认为，过分亲密的关系是导致自我界限不清晰的一个重要因素，因为在这样的处境中个人与个人之间的差异不受关注，而人们更多地强调相互之间的一致性（Goldstein，1984a：19）。

自我概念是自我中最具影响力的部分，它是个人内心有关自己的看法，包括对自己的认识和评价。认知社会工作认为，个人的自我概念就是个人在寻找生活发展方向和路径过程中对自身生活经验的统一性和一致性的把握，它涉及个人对现实生活处境的分析以及对过往经历的反思和对未来生活的预测。在个人的自我概念中最基础的是有关自己身体的认识和评价。这种认识和评价不仅给个人一种真切的现实存在的感受，而且展现了个人日常生活的基本状况，如是否受欢迎、是否对自己满意、是否觉得自己有能力以及如何向周围他人呈现自己等。在个人的自我概念中自我身份的确认也很重要，它是个人对自己归属某个或者某些人群的认识，而且这样的认识通常伴随强烈的情感关联和价值认同。在认知社会工作的逻辑框架中，自我概念还有一个很重要的元素就是自我反思能力，它是个人对自己的意识活动的再认识和再评价，是个人理解自己的主观经验并且调整自己意识活动的重要依据。对于遭遇生活困扰的服务对象来说，自我反思能力的培养尤为重要，因为服务对象在这个时候通常面临不同程度的挫折，他对自己的能力缺乏信心，对自己的价值也会产生怀疑，只有当服务对象掌握了从一种积极的视角看待自己生活的能力时，才能够有效应对自己面临的生活困扰（Goldstein，1984a：20）。因此，认知社会工作强调，社会工作者在回应服务对象的问题时，除了考察服务对象面临的具体困难之外，还需要从自我概念的角度理解服务对象所需要的观察视角的转变（Goldstein，1984a：21）。

在认知社会工作看来，自我概念并不是一个可以游离在生活之外的抽象的认识和分析，一旦个人相信自己是什么样的人，之后他就会把目光投向未来，让自己成为这样的人。这就是认知社会工作所说的意愿的自我（Goldstein，1984a：21）。认知社会工作认为，虽然从形式上看意愿的自我与马斯洛的需要层次理论的解释相似，但实际上两者有着本质上的差别，除了意愿的自我常常表现在个人对生活目标的设定具有明确的改变方向之外，意愿的自我还是个人在具体的生活场景中对生活发展路径的选择取向。如果说马斯洛的需要层次理论是对人的需求状况的一种抽象的静态分析，那么认知社会工作所说的意愿的自我则是对个人发展意愿的具体的动态把握，特别是当一些生活选择看不到明显的回报时，对个人来说，这个时候目标本身就是个人身份的重要确定方式（Goldstein，1984a：22）。

观察的自我起着中间协调者的角色，它不仅帮助个人把内部的自我与外部的环境联结起来，也把自我的概念与意愿的自我结合在一起。因此，认知社会工作称之为个人的意识功能，它帮助个人在现实的社会环境中找到实现个人意愿的具体方向和途径。不过，认知社会工作强调，个人的这种观察和理解外部环境的能力并不是可以单独发挥作用的，受到意愿的自我和自我概念的影响。在认知社会工作看来，个人对外部环境信息的开放和接纳程度是与个人的准备状况直接相关的，没有人的观察和分析能够不受个人的态度、选择的取向以及自我的基本要求等因素的影响（Goldstein，1984a：22）。认知社会工作发现，观察的自我还有另一个重要功能，就是信息的反馈和处理，正是凭借这种信息的反馈机制个人才能对自己的生活经验进行梳理和分析，及时调整自己的回应行为（Goldstein，1984a：23）。

认知社会工作强调，认知－人本逻辑框架只是帮助社会工作者观察和理解服务对象的分析框架，它让社会工作者注意到服务对象的生活是多层面的，不能运用某个层面的现象说明服务对象的整体。当然，针对不同的问题和不同的场景，服务对象关注的焦点有所不同，有时偏向个人的内心，强调精神的个人；有时偏向社会文化，侧重社会的个人；有时偏向价值伦理和信仰，注重价值的个人和信仰的个人。因此，认知社会工作假设，服务对象的生活是一种多层面的生活，他的能动性体现在生活的不同层面，他同样也是一定生活条件下自己生活的决策者和创造者（Goldstein，1984a：23）。认知社会工作认为，归根结底，自我概念反映的是服务对象对社会群体的身份认同，它直接影响服务对象的社会生活。不过，这种身份认同同时也包含了服务对象对生活的伦理价值和信仰的坚持，表现为服务对象对目前生活状况的改善要求以及为实现这种改善所做的探索和努力。认知社会工作坚信，社会工作者只有充分了解了服务对象这三种形式的自我以及相互之间的影响方式时，才能准确理解服务对象的能动性，把握服务对象的成长变化过程（Goldstein，1984a：24）。

（三）意识界定中的问题

针对服务对象的问题，认知社会工作有自己独特的理解，不同于其他社会工作理论，它认为服务对象的问题是经过意识界定的现实，不是现实本身，服务对象怎样界定问题也意味着怎样经历和感受问题（Vourlekis，2008：152）。因此，认知社会工作强调，在了解服务对象的问题时，社会工作者的关注焦点不是问题本身，而是服务对象界定问题的方式，包括服务对象是怎样给问题命名的、问题对服务对象来说意味着什么以及服务对象自己希望改善什么，等等，其核心是了解服务对象是怎样与问题抗争的。在认知社会工作看来，所谓的问题从表面上看是服务对象找不到合理的解决问题的方式，无法有效应对面临的困扰，而实际上，导致问题产生的真正原因是服务对象理解问题的错误视角和不正确的思考方式以及不合理的信仰，正是这些不合理的认知方式妨碍了服务对象对问题做出正确的理解和积极的回应（Goldstein，1984b：36）。认知社会工作提醒社会工作者，服务对象界定问题的方式深受自己所熟悉的社会环境的影响，其中文化习俗起着非常重要的作用。对于一种社会环境或者文化习俗来说是问题，但对于其他社会环境或者文化习俗来说就可能不是。因此，在理解服务对象界定问题的方式时，需要结合服务对象生活的具体社会环境（Vourlekis，2008：153）。

为了准确理解服务对象界定问题的方式，社会工作者除了考察服务对象对问题的归因和对未来改变的期望之外，还需要涉及服务对象以往的经历，特别是服务对象以往经历中应对问题的经验，这对理解服务对象目前的状况有直接的帮助。不过，认知社会工作强调，认知社会工作的问题评估是现时取向的（here-and-now oriented），关注服务对象现在的生活状况，了解服务对象自己怎样看待目前的生活状况，包括怎样理解外部环境的影响、怎样评价自己以及怎样探索问题解决的方法等（Vourlekis，2008：153）。显然，与弗洛伊德的精神分析学派相比，认知社会工作存在明显的不同，它只关注服务对象的意识，只考察服务对象现时的生活状况以及理解生的方式。

关注服务对象的意识，并不意味着就是忽视服务对象的情绪和感受。实际上，在认知社会工作的理论逻辑框架中，服务对象的情绪和感受始终都受到社会工作者的关注，都被认为是影响服务对象生活的重要心理因素，只不过在认知社会工作看来，服务对象的情绪和感受直接受到服务对象个人认知方式的影响，服务对象怎样思考、怎样解释、怎样理解他人和环境，就会影响他们怎样感受（Lantz，1996：99）。值得注意的是，在这里认知社会工作所说的认知不同于我们通常所说的认知，它不是指与情绪和行为相并列的一个心理因素，而是服务对象理解生活的视角和方式。因此，认知社会工作认为，只有当服务对象开始关注这种情绪并且寻找解释这种情绪的方式时，此时的这种情绪才会对服务对象的生活产生意义，才能对服务对象产生直接的影响（Goldstein，1984b：43）。就服务对象认知因素中的伦理价值和信仰而言，它们与情绪和感受的联系更为紧密，特别是当服务对象的一些基本生活原则受到周围环境或者他人的挑战时，服务对象就会出现剧烈的情绪反应。当然，服务对象的认知分析和理解也离不开感受和情绪的支持；否则，他就与自己的日常生活相脱节，无法深入了解自己的真实需要和面临的冲突（Goldstein，1984b：44）。

认知社会工作发现，服务对象的问题不仅总是涉及一些错误的概念、非理性的想法和不正确的信念，而且这些不合理的认识又常常没有得到服务对象足够的重视。因此，认知社会工作认为，帮助服务对象改变的过程从一接触服务对象就开始了，而不是只有等到介入阶段社会工作者才能发挥积极的作用，怎样帮助服务对象理解问题涉及观察视角的转变，它其实是帮助服务对象提升意识的过程，让服务对象学会怎样评估自己的问题，包括怎样理解问题、怎样明确改变的目标和怎样寻找改变的资源等，而不仅仅是一个资料的收集和分析的需求评估过程（Vourlekis，2008：153）。具体而言，服务对象的问题评估包括三个方面的主要任务：①帮助服务对象确认和调整现实认知方式中不合理的部分；②为服务对象提供学习新知识和新技能的机会；③指导服务对象关注外部环境中的资源（Fleming，1981：71）。

认知社会工作假设，服务对象的问题并不是停留在某个地方等待观察、分析的事实，实际上，服务对象每时每刻都在整理自己的生活经验，都在把看上去没有意义的、散乱的生活事件转变成有意义、有规则的生活经验。所谓的问题的出现就是由于服务对象在这种转换过程中无法做到这一点。认知社会工作认为，尽管外部环境条件和个人生理状况影响着服务对象，甚至有时起着十分重要的作用，但是究其本质而言，服务对象仍旧是自己生活的组织者和决策者，因为所有问题事实的背后，呈现的是服务对象组织和表达生活经验的方式——自我概念，生活中的问题也就自然表现为自我概念中的困扰（Goldstein，1984b：37）。认知社会工作强调，不管服务对象的行为表现如何奇特、如何不可理喻，它的背后一定有一种逻辑的解释作为支撑。因此，了解服务对象问题的关键，既不是验证服务对象所说的问题是不是事实，也不是揭示服务对象的过往经验，而是理解服务对象对这种行为的解释逻辑以及其中所呈现的自我概念，如在问题面前服务对象承担的责任是什么、服务对象怎样看待自己和周围环境，等等。这样，社会工作者就能够通过问题的寻找过程了解服务对象独特的认知方式，找到服务对象问题的真正所在（Goldstein，1984a：26）。

需要注意的是，服务对象在解释问题的事实时，通常运用不同的解释策略，而这些策略又常常形成循环论证的逻辑，如服务对象觉得自己没有问题，是别人误解自己，就会寻找别人误解之处，证明自己是没有问题的（Goldstein，1984b：37）。为了具体说明服务对象的解释策略及其运行机制，认知社会工作把服务对象的解释策略细分为三个方面的要素——关注（attention）、思考（thinking）和解释（interpretation），并且强调这三个方面的要素在特定的日常生活场景中是相互影响的，无法将它们分割开来考察，它们一起构成服务对象对生活中某件事情的解释（Goldstein，1984b：38）。

在认知社会工作看来，要想了解服务对象的问题，需要首先知道服务对象是怎样察觉到问题的。作为服务对象解释问题的一项重要因素——关注，是指服务对象观察事情的方式，它是服务对象对周围环境的直接感知，具有直接、感性的特征，而且通常伴随一定的情绪反应。认知社会工作认为，人们通常对关注有一种误解，把它当作人的一种生理机制，是人的生理机能对环境所做的反应，而实际上，人的关注是有选择的，是个人根据特定环境中的需要在众多的信息中有选择地对环境的要求做出的回应（Goldstein，1984b：38－39）。因此，认知社会工作强调，社会工作者在评估服务对象的问题时，就需要考察服务对象注意到了什么、忽视了什么，特别是服务对象经验中的一些重要细节，直接影响服务对象对问题的判断。此外，认知社会工作还提醒社会工作者，只强调"客观"和"中立"的立场也容易导致错误的认识，因为这样的关注方式只相信理性的分析，会把个人经验中重要的情绪和意义的内涵过滤掉。显然，服务对象关注什么，不仅影响服务对象怎样思考和怎样解释，而且它本身就构成服务对象问题不可忽视的一部分（Goldstein，1984b：39－40）。

思考是服务对象解释策略中的第二个方面的要素，它是指服务对象分析和组织自己生活经验的方式。认知社会工作认为，不同的服务对象有不同的组织生活经验的方式，即使服务对象的想法和行为从表面上看如何不符合常理，但它们的背后都有服务对象自己思考的逻辑和原则，这些逻辑和原则就是服务对象赋予生活的意义（Goldstein，1984b：40）。因此，认知社会工作强调，服务对象怎样思考、怎样总结自己的经验，就意味着他怎样融入自己的生活。如果服务对象喜欢突出自己是正确的，他的思考方式就会变得刻板，缺乏灵活性，他对不同生活经验的容纳程度也就比较低（Goldstein，1984b：41）。不过，认知社会工作并不相信存在"标准"的思考方式，认为所谓的有效思考方式并不是一个固定不变的操作标准，而是这样的思考方式能够帮助服务对象克服面临的困扰，让服务对象不仅能够对自己的生活采取更为积极主动的参与态度，而且能够顾及社会环境或者他人的要求（Lantz，1996：99）。

除了关注和思考之外，解释也是服务对象解释策略中不可缺少的要素。所谓解释，是指服务对象依据自己的解释框架（schema）把看上去杂乱无章的生活经验转化为可以被个人和社会理解的、有一定规则和意义的生活经验的过程（Goldstein，1984b：38）。在认知社会工作看来，服务对象的认知方式与其他人一样都有一个显著的特点，就是目的性，他不是环境信息的被动接受者，而会根据自己的发展要求有目的地组织和呈现自己的生活经验，并且给予生活经验一定的意义。因此，认知社会工作强调，服务对象怎样解释自己和周围环境不纯粹是一个认知的问题，它同时还受到服务对象自身拥有的解释框架的影响，涉及服务对象对生活基本原则的理解和坚持（Goldstein，1984b：42）。值得注意的是，认知社会工作之所以探讨服务对象认知方式背后的意义和解释框架，并不是为了推论出服务对象问题背后的抽象的真实原因，也不是为了确定服务对象问题在儿童早期经历中的表现，而是为了理解服务对象在当下意义世界中与周围环境的联结方式以及为创造和维持有成长希望的生活方式所做的努力（Goldstein，1984b：42-43）。正是基于这样的思考逻辑，认知社会工作希望社会工作者在考察服务对象的问题时，能够关注服务对象自己界定问题的方式，真正走进服务对象的主观经验中把握服务对象的认知方式（Goldstein，1984b：43）。这样做并没有忽视过往经历对服务对象问题的影响，只不过认知社会工作对这些现象有自己的理解角度。

（四）经验呈现中的时间元素

像大多数社会工作理论那样，认知社会工作也把关注的焦点放在服务对象的现在，认为对于服务对象的改变来说，现在才是最重要的，现在除了是服务对象改变可能发生的时间元素之外，同时也是服务对象问题呈现的重要场所，服务对象的问题常常表现为当下场景中遭遇的认知困扰。因此，只有通过对服务对象现在的认知方式的调整，才能帮助服务对象找到更为有效的解决问题的方式（Lantz，1996：101）。不过，在理解服务对象的过往经历时，认知社会工作与其他社会工作理论不同，不是把它视为一种"客观"的事实，能够决定服务对象的现在和未来，而是作为一种有目的、有选择的生活经验的组合，影响服务对象的现在和未来的选择。认知社会工作强调，服务对象是自己生活的参与者和撰写者，自始至终都处在一个不断回忆、组织和呈现自己生活经验的过程中（Goldstein，1984b：44）。

认知社会工作之所以这样理解专业服务中的时间元素，是因为认知社会工作反对决定论的观点，认为服务对象既不是环境的被动适应者，也不是过往经验的决定对象，而是能够运用自己的学习能力超越遗传的限制，并且能够不断重新组织自己生活经验应对生活挑战的决策者。在认知社会工作看来，尽管无法保证每一次选择都能够带来积极的改变，但是服务对象在任何时候都有机会为自己的生活做出选择。认知社会工作强调，如果外部环境或者过往经历决定了服务对象现在的生活，并不是生活真的按这样的逻辑运行，而是服务对象相信生活就应该是这样的，放弃了自己拥有的生活选择的机会（Goldstein，1984a：22）。

这样，在认知社会工作的理论逻辑框架中，服务对象的过往经历就不再成为社会工作者关注的焦点，即使服务对象向社会工作者讲述自己过往的经历，或者相信自己现在遭遇的困扰是由过往的经历决定的，社会工作者也不深究其中的原因，而是倾听服务对象怎样解释这些过往的经历，了解服务对象如何运用这些过往经历说明或者验证自己现在的生活逻辑。显然，此时社会工作者虽然也和服务对象交流过往的经历，但是他是站在服务对象现在的生活处境中来理解的，把回顾过去视为服务对象理解现在生活处境的一种方式。认知社会工作强调，服务对象只能站在现在看过去，无法真的回到过去（Goldstein，1984b：44）。

认知社会工作在自己的专业服务实践中发现，服务对象对过往经历的回顾常常与现在所面临的困扰有关，因为一旦服务对象在现在的日常生活中遭遇困扰，就需要从自己已经拥有的过往经验中寻找解决问题的线索。这样，与现在所遭遇困难类似的经验就会被服务对象重新找出来，服务对象还会以此为基础从过往的经历中寻找解决问题的可能的方法和途径。因此，认知社会工作强调，服务对象的过往经历并不是某种客观的事件，而是个人的主观经验，它构成服务对象当下生活经验中不可缺少的一部分，向服务对象呈现个人成长的过程和逻辑（Goldstein，1984b：45）。

显然，从认知社会工作来看，了解服务对象的过往经历是非常必要的，这样做不仅能够帮助社会工作者发现服务对象当下生活经验中存在的错误认知方式，从而找到需要改善的方面，更为重要的是，服务对象只有通过对过往经验的回顾、反思和总结，才能找到改变的方向和目标（Lantz，1996：101）。认知社会工作强调，服务对象的改变不是对生活不足的修补，而是对生活目标的探寻，他需要告诉自己，自己从哪里来、为什么现在做这些、未来的希望在哪里，等等，为自己找到个人的现实（personal reality）（Goldstein，1984b：45）。可见，在认知社会工作的理论逻辑框架中，时间元素不仅仅是过去、现在和未来的时间划分，同时还包含了个人对现在生活的体验、过往经历的回顾以及未来生活的期望，是个人面向未来的生活探索过程，其中现在是个人生活经验呈现的基础，也是个人改变的条件（Lantz，1996：101）。

（五）创造性改变的服务策略

在服务介入策略方面，认知社会工作与以往的社会工作不同，不赞同通过诊断服务对象的问题采取类型化和标准化的服务介入策略，提出创造性改变的概念，希望社会工作者在服务过程中关注服务对象的主动性和创造性（Goldstein，1984a：22）。认知社会工作认为，要实现这种创造性改变的服务策略，社会工作者首先需要把服务对象视为自己生活意义的创造者，像其他人一样要给自己的生活确定努力的方向和目标。在认知社会工作看来，无论周围环境如何变化，都不会给服务对象提供任何生活的意义，生活的意义需要服务对象自己主动探索和解释，而这样的探索和解释又是服务对象把散乱的生活经验联结起来并且呈现其内在含义的必要手段。因此，认知社会工作强调，如果社会工作者想走进服务对象的生活，只有借助对服务对象生活意义的理解（Goldstein，1984a：28）。尽管从表面上看，服务对象的问题通常涉及怎么做、做了什么或者害怕做什么等，反映的是服务对象无法有效应对周围环境挑战的事实，但实际上，这样的做法背后都有一定的生活原则作为支撑，特别是当服务对象缺乏某种品格或者总是强调自己正确的一面时，呈现的恰恰是反映服务对象生活原则的重要线索（Goldstein，1984a：27）。

　　为了帮助社会工作者顺利地走进服务对象的生活开展专业服务，认知社会工作提出，在服务介入过程中，尤其是服务开展的开始阶段，社会工作者可以采用的策略包括以下四点。第一，从服务对象的主观经验入手理解服务对象的问题。这样的理解过程既是社会工作者了解服务对象的过程，也是社会工作者放弃自己的主观偏好和社会刻板印象的过程。第二，尊重服务对象的价值和个性，避免从客观的角度分析服务对象的问题。客观的分析只会使服务对象的问题类型化、简单化，甚至贴上标签。第三，相信服务对象能够积极地参与生活，而不是被动地适应生活。两者的差异就在于服务对象是否能够在自己的行动中看到生活的目标。当行动拥有了目标时，生活的意义才能呈现出来，服务对象也就能够逐渐摆脱被动适应的生活方式。第四，鼓励服务对象依据自己的生活原则处理生活中的冲突。只有当服务对象真正了解自己的价值原则和信仰，并且能够依据这些原则和信仰调整自己的认知方式时，才能够提高自觉回应周围环境的能力（Goldstein，1984b：33－34）。显然，认知社会工作之所以设计这样的服务介入策略，是因为在认知社会工作看来，服务对象的任何改变都有自己的解释逻辑和意义，具有个别化和创造性的特点。

　　值得注意的是，认知社会工作尽管非常关注服务对象的主观经验和价值信仰，但同时也是问题解决取向的，要求社会工作者把关注的焦点集中在服务对象的问题上，从服务对象感觉到的问题入手开展专业服务（Goldstein，1984d：284）。认知社会工作认为，对于服务对象来说，知道生活中有问题是非常重要的，这促使服务对象把时间和精力放在日常生活中遭遇到的困难上，从而能够迈出改变的第一步，更为重要的是，通过问题的探寻和解决服务对象才能找到更为积极的、新的生活目标和方向（Goldstein，1984d：281）。认知社会工作强调，问题不仅呈现个人在应对外部环境挑战中的困难，而且也向服务对象展现外部环境的结构特征，只有通过对问题的不断探索，服务对象才能深入了解外部环境的内在结构，使自己的生活处境化（Goldstein，1984d：283）。为了呈现问题对于服务对象的意义，认知社会工作在分析服务对象的问题时，不是把问题进行归类，探讨问题背后的原因，而是将问题与解决（solution）放在一起，要求社会工作者从解决的角度理解服务对象的问题，即询问服务对象问题是怎样发展到现在这样的，在这个过程中他做过什么尝试以及有什么效果等，这样，问题就不是社会工作者分析的对象，而是服务对象在生活中切实遭遇到并且努力尝试改变的困难。认知社会工作者坚信，服务对象遭遇的问题不仅表现为无法清晰界定面临的具体困扰，也表现为无法找到有效的应对方式（Goldstein，1984d：284）。此外，认知社会工作还把目标与问题的分析结合在一起，强调服务对象所做的解决问题的尝试是有方向和目标的，这意味着服务对象在日常生活中遭遇的问题以及寻求的解决尝试都具有个人的意义，是个人的选择（Goldstein，1984d：286）。可见，认知社会工作的问题分析与以往的社会工作理论不同，不是关注服务对象的问题是什么以及原因在哪里，而是注重服务对象的问题如何解决以及解决的目标在哪里。因此，在认知社会工作的理论逻辑框架中，如何发掘服务对象的能力和优势以及如何运用服务对象仍旧有效的应对方式等，这些都是服务对象的问题分析中不可缺少的重要内容（Goldstein，1984d：294）。

认知社会工作还从罗杰斯的人本治疗模式中汲取有益的观点，提出认知社会工作服务策略的核心是为服务对象提供一种宽松、支持的环境，让服务对象在这种信任合作的环境中能够根据自己的价值原则和信仰决定行动的目标，并且通过不断的行动尝试找到实现这种目标的有效方法（Goldstein，1984b：45）。与罗杰斯人本治疗模式不同的是，认知社会工作强调，对于服务对象来说，实现的方法和行动的目标同样重要，因为服务对象只有找到有效实现目标的方法，才能明确行动的目标（Goldstein，1984b：45）。更为重要的是，在认知社会工作看来，一旦服务对象开始有意识地根据自己的行动目标探索行动的方法时，也就意味着他对自己的行为有了担当，把自己当作生活的参与者和实践者（Goldstein，1984a：26）。这个时候，服务对象才真正开始运用自己的创造性潜力解决问题，不仅思维更加开放，能够放弃习以为常的应对方式，而且愿意承担因改变带来的风险，即使面对他人不同的意见，也会坚持自己的原则和信念。认知社会工作认为，服务对象尽管面临问题的困扰，但也像其他人一样拥有解决这种问题的创造性潜力，这种能力不是指服务对象如何与众不同，或者能够不断更新解决问题的方式，而是指服务对象能够依据自己的生活原则和信仰找到解决问题的有效方式，这样的解决问题的方式一定是个性化的、处境化的，当然也是独特的，没有现成的可以模仿（Goldstein，1984b：47）。为了清晰说明服务对象运用创造性潜力解决问题的特点，认知社会工作还把它与一般的解决问题的方式做了对比，称前者是对自我的独特性的理解和运用，后者则是一种行为的观察和学习（Goldstein，1984d：287）。

对于认知社会工作来说，帮助服务对象明确改变的目标是调动服务对象的创造性潜力解决问题的核心所在，无论服务对象面临什么困扰，社会工作者在开展专业服务前首先需要确定服务对象是否愿意改变。认知社会工作强调，社会工作者只有在了解了服务对象的改变意愿的前提下，才能鼓励服务对象把改变意愿转化为行动尝试（Goldstein，1984b：48）。为了帮助社会工作者更好地理解服务对象的改变意愿及其转化过程，认知社会工作把服务对象的改变意愿细分为四种类型：要求（availability）、希望（expectation）、动机（motive）和打算（incentive）。要求是服务对象改变意愿的最初状态，它是指服务对象在目前的环境中认识到有某种改变的意愿和可能改变的空间，通常比较模糊。

一旦服务对象认识到了这种模糊的改变要求，就会思考或者想象应该发生什么样的改变。这个时候的改变意愿被认知社会工作称为希望。显然，希望的改变意愿比要求明确，但它仍没有和环境的具体条件结合起来。当服务对象有了具体什么方面的改变意愿时，这时的改变意愿就被称为动机。如果服务对象做好了具体的行动准备和安排，这时的改变意愿就是打算（Goldstein，1984b：49）。

认知社会工作强调，之所以把服务对象的改变意愿细分为四种类型，是因为除了区分出有动机和没有动机的服务对象，挖掘和调动他们的改变意愿之外，更为重要的是，提醒社会工作者放弃分析问题的尝试，从服务对象自身的观察视角和解释逻辑理解服务对象的改变意愿。要做到这一点，认知社会工作认为，在专业服务的开展过程中社会工作者就不能简单地预先假设，服务对象就是帮助的对象，一定会认可社会工作者的帮助，社会工作者有权介入服务对象的日常生活帮助服务对象，而是要从服务对象自身拥有的改变意愿入手，坚持以服务对象为改变的起点（start where the client really is）（Goldstein，1984b：51）。认知社会工作还结合杜威的教育理论设计了发挥服务对象的创造性潜力解决问题的基本步骤：第一步，理解服务对象的生存状况（existence）；第二步，确定服务对象的改变方向和目标；第三步，和服务对象讨论可以采取的解决方式；第四步，协助服务对象预测可能出现的结果；第五步，鼓励服务对象验证和评估尝试的成效，并且根据尝试的成效调整改变的方向和目标（Goldstein，1984b：47 – 48）。

在具体的服务介入过程中，认知社会工作推崇一种新的改变形式——创造性改变。这种改变既不是简单强调改变的速度，也不是仅仅注重改变的数量，而是指一种融入了新的理解或者新的观察视角的改变，它能够帮助服务对象逐渐摆脱"问题"的思维逻辑，采取更为积极主动的回应方式（Goldstein，1984d：297）。认知社会工作认为，这种创造性改变通常具有三个方面的特征：①它是一种新的认知方式，能够逐渐替代过去导致问题的思考方式；②它是一种整合的认知方式，能够避免自我割裂的界定方式；③它是一种新信息的获取方式，能够借助新的信息处理带来新的改变结果（Goldstein，1984d：297 – 298）。认知社会工作发现，理性思考方式是有限制的，特别是当服务对象面临的困扰涉及人际的冲突或者生活意义的困惑时，服务对象的想象力和洞察力等非理性的能力在创造性改变中发挥着重要的作用，这时的改变也就需要服务对象承担更大的风险，具有更大的冒险勇气（Goldstein，1984b：54）。认知社会工作强调，不管服务对象在创造性改变中运用什么能力，他只有凭借这种创造性的改变，才能真正在自己的内心深处找到自己的价值和信心，才能真正尊重和关心周围他人（Goldstein，1984d：298）。

认知社会工作认为，尽管帮助服务对象实现创造性改变的服务技巧有很多，但根据改变的目的可以把它们简要概括为两类：一类是为了扩展服务对象的观察视角，帮助服务对象注意到更多的有用信息，这类服务技巧称为提升意识（Sharpening or raising consciousness）；另一类是为了调整服务对象的经验解释方式，帮助服务对象逐渐摆脱恶性循环的理性思考逻辑，这类服务技巧称为再解释（reinterpreting）（Goldstein，1984b：54）。认知社会工作强调，当社会工作者面对服务对象的困扰时，不是首先关注服务对象的问题或者挑战服务对象的错误认识，而是在尊重服务对象的前提下，带着好奇心和关怀用心倾听服务对象的困扰，将服务对象的抽象问题描述转化为具体的经验，或者借助冲突角色的扮演呈现问题的具体细节，或者通过对"问题"不同含义的探讨扩展服务对象的理解（Goldstein，1984b：55－56）。当然，社会工作者也可以将服务对象的内心想法与具体的行动经验和结果联结起来，让服务对象看到"问题"呈现的具体逻辑（Goldstein，1984b：57）。针对服务对象不合适的"问题"解释，社会工作者可以运用再解释的服务技巧改变服务对象的应对方式，如把服务对象认为谁的"问题"或者什么"问题"转变成面对"问题"时的应对方式，即从名词（what）的界定方式转变成动词（how）的界定方式，或者鼓励服务对象用目标（what for）的界定方式替代原因（why）的界定方式，或者让服务对象用相反的方式重新界定问题等（Goldstein，1984b：57－58）。这样，服务对象就能够超越自己原先的视野，更深入、更积极地理解周围环境和自己的要求。在总结社会工作的专业实践经验时，认知社会工作发现，如果服务对象不重新梳理自己的过往经验，特别是那些不断困扰服务对象的过往事件的经验，服务对象的改变几乎是不可能发生的。在认知社会工作看来，当服务对象面对目前处境中的困扰时，一定会调动过往的经验寻找解决问题的办法，而一旦服务对象无法从过往经历中找到有效解决问题的线索，甚至还由此带来更大的情绪困扰，服务对象遭遇的目前困扰就会加剧。因此，这个时候，社会工作者就需要协助服务对象重新检视过往经验的解释依据，帮助服务对象从固化、狭隘的解释逻辑中摆脱出来（Goldstein，1984b：60）。

需要注意的是，在认知社会工作的理论逻辑框架中，作为创造性改变的帮助过程不仅仅是针对服务对象单方面来说的，同时还影响着社会工作者。实际上，认知社会工作认为，真正对服务对象创造性改变发挥关键作用的是社会工作者对待生活的态度和方式，如果社会工作者相信创造性改变是可以发生的，并且愿意为之付出努力，服务对象就能够在帮助过程中观察和体会到另一种与他现在生活不同的、更为积极的应对方式（Goldstein，1984b：57）。认知社会工作强调，无论是服务对象还是社会工作者，如果没有主动探索的生活目标，他的生活是不可能出现创造性改变的（Goldstein，1984b：62）。这也意味着社会工作者在帮助过程中不能仅仅凭借服务技巧和模式的运用，还需要依据价值原则和信念的指引，愿意理解服务对象的主观经验世界，愿意与服务对象一起探索一种有尊严、有意义的生活（Goldstein，1984d：293）。

（六）教育式的合作关系

在认知社会工作看来，与服务对象建立信任合作关系是实施专业服务的必要条件（Howe，2009：66）。不过，认知社会工作并没有把服务对象视为帮助的对象，而是当作服务活动的合作者和参与者。认知社会工作假设，服务对象不存在"好"与"坏"之分，他拥有与社会工作者一样的创造性潜力，能够根据自己的理性分析能力确定个人的行动目标，并且能够找到改变自己和周围环境的有效方法，他是自己生活方式的决定者（Vourlekis，2008：100）。正是基于这样的假设，认知社会工作认为，在社会工作者与服务对象的合作过程中，社会工作者承担的核心角色是教育者，就像专业技能训练中的教练或者专业知识传授中的教师，需要给寻求帮助的服务对象直接、明确的指导，包括服务面谈内的直接交流和服务面谈外的任务布置（Vourlekis，2008：153 - 154）。可以说，社会工作者在专业服务过程中采取的是一种积极主动的指导方式，有严格的计划安排和一定的时间限制。但是，需要注意的是，认知社会工作所说的教育者角色有其特别的内涵，不仅指社会工作者给予服务对象直接的技能和知识的指导，更为重要的是，这样的直接指导让服务对象成为自己的教练和老师，学会运用认知社会工作的理念和方法，把社会工作的专业服务目标从修补个人的不足转向促进个人的成长。显然，这样的服务原则包含了增能（empowerment）的元素（Vourlekis，2008：100）。

认知社会工作之所以把社会工作者与服务对象的合作关系界定为教育者与被教育者的关系，是因为在认知社会工作看来，服务对象才是自己生活的专家，无论社会工作者提供什么样的解决方案，那都只是一种改进的建议，服务对象只能依靠自己的选择和尝试探索改变的路径，而无法通过被迫学习社会工作者所要求的新知识和新技能找到解决问题的方法（Goldstein，1984a：25）。认知社会工作强调，在实际的专业服务开展过程中，社会工作者的教育功能可以通过两种方式来实现：一是给服务对象提供直接支持，让服务对象对自己的能力和未来发展充满信心；二是帮助服务对象检视在专业合作关系中出现的不合适的想法和错误的认识，提升服务对象的自觉意识。尽管在专业合作中认知社会工作也关注服务对象那些不现实想法的检测和调整，但与弗洛伊德的精神分析学派不同，它不是注重分析服务对象与社会工作者之间的移情和反移情的无意识现象，而是强调服务对象自身意识能力的提升，包括对自己的看法和对他人的希望（Vourlekis，2008：103）。

认知社会工作强调，要实现教育者的角色，社会工作者首先需要学会接纳服务对象，不仅不去评价服务对象的"好"与"坏"，更为重要的是，尊重服务对象的个人主观经验，从服务对象自己界定生活的方式出发理解他的内心感受、想法和要求，包括服务对象如何建构个人认为的真实世界以及验证其合理性的价值和信仰依据（Goldstein，1984a：25）。认知社会工作认为，接纳服务对象并不意味着社会工作者就需要完全赞同服务对象的价值观和决定，或者只能给服务对象正面的评价，而是有意识地尽可能避免把自己的认识和信念强加给服务对象，它包含两个层面的内涵：①让服务对象以自己喜欢的方式呈现自己的生活经验，包括遭遇的问题；②只在服务对象的个人主观经验和逻辑框架中讨论他所遭遇的事件（Goldstein，1984b：51）。这样，社会工作者就能够通过接纳真正走进服务对象的日常生活，并且给生活中遭遇困扰的服务对象必要的直接支持，鼓励服务对象与社会工作者一起设计和策划专业服务活动（Goldstein，1984a：25 - 26）。

对于接纳的认识，认知社会工作的理解远远超出了专业服务技术的层面，认为这样安排专业服务合作关系是为了改变以往社会工作以社会工作者或者专业服务为关注焦点的服务逻辑，把改变的权利和责任还给服务对象，让服务对象成为改变的中心，由服务对象自己决定是否需要改变以及怎样改变等。认知社会工作强调，只有这样，服务对象才能真正成为自己生活改变的主导者，认识到自己日常生活经验中存在的矛盾和冲突，并且愿意与社会工作者合作一起主动寻找解决问题的方法和途径，承担起改变的责任（Goldstein，1984b：53）。显然，在这样的理论逻辑框架下，社会工作者只是服务对象改变的合作者和协助者，帮助服务对象找到有效的方法把改变的意愿激发出来。

一旦把社会工作者与服务对象的专业合作关系称为教育式的合作关系，他们之间的沟通交流方式也会发生相应的改变，不再倡导以社会工作者为主导的单向的治疗辅导，而是注重以解决问题为核心的双向的公开对话。无论是社会工作者还是服务对象，他们在专业合作关系中扮演的角色都不是固定的，会随着专业服务的进程而改变（Goldstein，1984a：31）。认知社会工作强调，社会工作者仅仅拥有解决问题的方法和技巧还是无法保证这种教育式的合作关系，因为服务对象需要回应的不仅包括在日常生活中遭遇的具体困难，而且涉及在解决这些具体困难过程中所要坚持的原则和信念。因此，认知社会工作坚信，对于服务对象的改变来说创造一种公开对话的氛围非常重要，只有在这种氛围中，服务对象才能把自己不同的价值原则和信仰呈现出来，而且不用担心是否会损害与社会工作者之间的合作关系（Goldstein，1984b：35）。正是基于这样的思考逻辑，认知社会工作把社会工作者界定为，协助服务对象实现改变目标过程中的拥有专业知识并且充满人文关怀的参与者，他不是为服务对象工作（doing to），而是与服务对象一起工作（doing with）（Goldstein，1984d：294）。认知社会工作提醒社会工作者，在这种公开对话的过程中，社会工作者与服务对象之间的交流随时都可能涉及价值原则和信仰之间的冲突，对自身价值原则和信仰的反思也是施加教育性影响不可缺少的能力（Goldstein，1984a：14）。

认知社会工作与其说是一种理论或者服务操作模式，还不如说是一种专业实践的理论视角，它把社会工作专业实践的心理、社会文化、伦理价值和灵性四个不同层面的内容结合在了一起，强调个人生活的复杂性和多样性，要求社会工作者对不同的理论保持一种开放接纳的态度（Goldstein，1984d：279）。认知社会工作尽管融合了多种有关人类成长发展的不同学科的理论，如心理学、社会心理学、社会学以及其他学科的理论等，但有自己清晰的理论逻辑，即以认知 - 人本作为基本的理论逻辑框架，围绕个人现实和意义世界的建构过程，通过与服务对象建立一种教育式的合作关系，倡导一种积极主动介入的创造性改变的服务策略（Goldstein，1984d：279 - 280）。到目前为止，认知社会工作的一些原理和技巧已被广泛应用于社会工作的不同服务领域和不同类型的服务对象，虽然纯粹运用认知社会工作原理开展专业服务的并不多见，但是认知社会工作已经成为社会工作者理解个人与环境互动的一个重要视角（Robbins，Chatterjee，& Canda，2006：285）。正像认知社会工作的代表人物哈瓦德·高尔德斯汀所说，理解服务对象是一个过程，不是一个结论，这个过程让社会工作者和服务对象对未来的发展充满好奇和期待（Goldstein，1984d：294）。

第三节　认知行为社会工作

一　认知行为社会工作的演变

尽管认知行为社会工作（cognitive-behavioral social work）在 20 世纪 90 年代之后才真正受到社会工作者的普遍关注，成为社会工作理论的一个重要流派，拥有广受欢迎的实务和理论的研究成果（Payne，2005：130），但是早在 20 世纪 70 年代它就引起了社会工作者的注意。由于受到精神分析学派治疗时间过长、成本过高的困扰，社会工作者在 20 世纪六七十年代就开始寻找其他更为有效的服务方式，引入认知行为理论就是其中的一种尝试和努力（Howe，2009：73）。社会工作者在自己的专业实践中发现，运用精神分析学派的理论和知识很难帮助服务对象应对在日常生活中遭遇的各种实际困扰和冲突，而需要另一种能够适应服务对象日常生活场景要求的、以人的心理社会知识为基础的更为简洁的服务逻辑和方式。显然，认知行为社会工作恰好符合了这样的选择（Ronen，2006：5）。

　　所谓认知行为社会工作，简单地说，就是同时整合了行为治疗技术和认知治疗技术的服务模式，它既关注人的错误认知的调整，也关注人的行为的学习（Howe，2009：70）。当然，认知行为社会工作也有自己的理论逻辑，它不仅注重对服务对象现在生活状况的理解，而且强调服务对象自我帮助能力的提升（Thomlison & Thomlisn，2011：78）。具体而言，认知行为社会工作包括三项基本的理论假设。第一，所有问题行为都可以得到确认，都可以得到改变。作为社会工作者，最重要的是帮助服务对象把遭遇到的问题转化成可以观察、测量和改变的行为，并且通过转变自我观察视角和运用周围他人强化方式来实现改变的目标。第二，认知在行为改变中发挥着重要的作用。通常，认知的作用表现在信息的处理、信念的指导、自我的呈现和问题的应对等不同方面。第三，行为改变需要系统规划。这种规划包括问题的预估、方案的制订、行为的干预和效果的评估等不同方面，但它们都围绕如何提升服务对象在目前环境中应对问题的能力，不仅涉及新技能和新知识的学习，更为重要的是自身学习能力的提高（Thomlison & Thomlisn，2011：84－85）。需要注意的是，认知行为社会工作本身就有不同的理论偏向，有的更关注行为的改变，有的更注重认知的调整，但不管如何不同，它们都包含认知行为社会工作的这三项基本理论假设，而且认知行为社会工作的影响已经远远超出对实务提供直接的指导，同时还包括对理论建设和研究的推动，如任务中心模式结合了认知行为社会工作的一些重要观点和技术，社会工作研究中的单系统设计（single system designs）吸收了认知行为社会工作的一些重要原理和方法（Thomlison & Thomlisn，2011：95）。

　　认知行为社会工作之所以受到许多社会工作者的欢迎，除了它简洁明了、服务时间短以及服务效果明显之外，还有另一个重要原因，就是认知行为社会工作的发展能够与科学研究结合起来，借助大量科学研究的结论作为证据推动认知行为理论和实践的联结与融合（Bulter，Chapman，Forman，& Beck，2006）。21 世纪之后，认知行为社会工作的影响仍在不断扩展，它已成为社会工作领域最受欢迎的服务模式之一，不仅个案，婚姻辅导和小组工作也都被视为社会工作者运用认知行为社会工作的重要场域（Rose，2004：135），甚至社区工作也被当作认知行为社会工作尝试的重要形式（Thomlison & Thomlisn，2011：82）。

　　尽管认知行为社会工作的实践和研究取得了广泛的认可，但是它在理论建构方面仍面临逻辑不清的质疑，有时偏向应对的技巧，有时关注问题的解决，有时又侧重认知方式的调整，呈现多重理论建构的逻辑（Payne，2005：125）。面对认知行为社会工作的蓬勃发展，对于社会工作者来说，最为重要的理论问题是说明认知行为理论与社会工作的内在关联，将认知行为理论转化为社会工作的实践理论（Ronen & Freeman，2006：xxii）。在这样的转化和实践过程中，有两位重要的代表人物泰明厄·洛南恩（Tammie Ronen）和凯提·西格农（Katy Cigno），前者对认知行为理论与社会工作的联系进行了深入探讨，后者注重倡导在社会工作的实践中运用认知行为理论的原理和方法。

（一）泰明厄·洛南恩

洛南恩作为一名社会工作的实践者和教育者，她在梳理认知行为社会工作的发展演变过程中发现，虽然早在 20 世纪 60 年代初认知行为社会工作就已经出现了最初的行为治疗理论，并受到心理学的关注，但是直到 60 年代末 70 年代初，认知治疗模式出现之后，行为治疗理论和认知治疗理论才真正走向相互结合的认知行为理论的发展线路（Ronen & Freeman，2006：xxii）。而在此时，社会工作者也正在经历理论建构的困境，一方面，以弗洛伊德精神分析理论为基础的心理动力学派受到越来越多的挑战和质疑；另一方面，社会工作的专业实践让社会工作者看到，社会工作者需要处理的是服务对象日常生活中复杂的心理和社会方面的困扰（Howe，2002：173）。20 世纪 70 年代，英国的一位社会工作者戴乐克·杰虎（Derek Jehu）开始介绍认知行为理论的发展。[①] 几乎在同一时期美国的学者也开始关注认知行为理论的发展，并把它与社会工作中的个案工作联系起来（Thomas，1971：294）；到了 20 世纪八九十年代，行为治疗理论与认知治疗理论的结合成为认知行为理论发展的基本趋势，认知被视为个人与环境互动过程中不可缺少的中间环节（Maclaren & Freeman，2006：29），特别是在撒切尔和里根政府推行的保守主义经济政策的影响下，社会工作面临资金紧缩、人员不足以及服务效率不高的挑战，关注服务成本和效果的短期服务成为社会工作的基本要求，越来越多的社会工作者逐渐转向强调服务成效的认知行为社会工作（Ronen & Freeman，2006：xxii）。例如，布瑞恩·谢尔顿（Brian Sheldon）在 1995 年重新修订出版自己编写的社会工作教材时，就把《行为修正》（*Behavior modification*）的书名改变为《认知行为治疗》（*Cognitive-behavioral therapy*），其中增添了专门的章节介绍如何把认知治疗的原理和技术融入行为治疗中。[②] 与此同时，如何把认知行为理论顺利引入社会工作的专业实践中也成为讨论的焦点（Sutton，2000）。经过二十多年的努力，认知行为社会工作的发展已经遍及欧洲、美洲、亚洲、澳大利亚和非洲，它几乎涉及所有的服务人群和所有的服务问题，成为社会工作理论中不可忽视的最重要的理论流派之一（Ronen & Freeman，2006：xxiv）。

在洛南恩看来，社会工作吸纳认知行为理论作为其理论的基本逻辑框架，除了受到社会环境的影响之外，就其自身的发展逻辑而言，也是顺理成章的，因为自从社会工作的问题视角受到质疑之后，越来越多的社会工作者不再把问题视为服务对象自身的缺陷，而是作为服务对象无法找到有效应对周围环境或者他人要求的证据（Ronen，2006：4），特别是近十几年来社会工作实务领域出现了新的发展趋势，这些转变迫使社会工作者重新思考自己的专业定位和理论逻辑框架，推动社会工作者逐渐转向认知行为理论（Ronen，

---

① 具体内容见 Jehu（1972）。
② 具体内容见 Sheldon（1995）。

2006：5）。

　　洛南恩把社会工作实务领域出现的这种新趋势简要概括为三个方面。第一，服务对象地位的转变，即从被动的接受者转变为主动的合作者。洛南恩认为，由于受到整个社会思潮转变的影响，社会工作者也更为关注服务对象的权利、价值和尊严，不再把服务对象简单视为需要专业指导和服务的被动接受者，而是作为拥有学习和决策能力的专业服务的参与者和合作者，强调专业服务过程中的学习是双向的，不仅服务对象需要获得社会工作的专业知识，社会工作者也同样需要向服务对象学习。第二，服务策略和方式的转变，即从问题的克服转变为方法的寻找。洛南恩强调，随着社会工作服务人群的扩展和服务领域的延伸，多元差异就成为社会工作者必须面对的挑战，如何挖掘和调动服务对象自身的能力、最大化地运用服务对象自身的资源促进服务对象的成长，是社会工作者采取的有效服务策略。这样，社会工作的服务焦点也就不再是问题的分析和克服，而是围绕服务目标直接寻找解决的方法，包括服务对象自身解决策略和抗逆力的运用。第三，服务逻辑的转变，即从纯粹的服务干预转变成证据为本的实践。洛南恩相信，证据为本是社会服务发展的必然趋势，不仅社会工作，其他助人的服务也都面临如何节省资源、提高服务成效的要求（Ronen，2006：5－8）。洛南恩认为，仅仅依靠个案的临床报告、社会工作者的观察或者服务对象的自我陈述等个人的经验分析来说明服务的成效是远远不够的，将科学研究引入社会工作实务过程，除了保证服务效果呈现的科学性之外，更为重要的是，改变社会工作者习以为常的实务逻辑：不是让服务对象感觉更好（feel better），而是让服务对象变得更好（get better）（Rosen，1996）。

　　此外，洛南恩还把认知行为理论与社会工作的逻辑进行了细致的比较，认为两者都具有注重服务的个别化、服务对象的理性思考能力、服务目标的明确性、服务评估和干预的计划性以及行为技能的学习和增能等原则（Ronen，2006：15－16）。

（二）凯提·西格农

　　西格农与洛南恩不同，更为关注如何把认知行为理论运用到社会工作的具体实践中，他在 20 世纪 90 年代初就开始在老年人的居家照顾中尝试运用认知行为理论帮助老年人克服行为和人际沟通方面的困扰（Cigno，1993）。之后，西格农又将注意力投向老年人的家庭，包括老年人家庭暴力的处理和家庭照顾的提供等（Cigno，2002：185）。为了推进认知行为理论在社会工作实务领域的运用，西格农在 1998 年编辑出版了《认知行为社会工作的实践》（*Cognitive-behavioral social work in practice*）一书，倡导证据为本的认知行为理论的社会工作实践，其内容涉及孩子的照顾、焦虑的克服、青少年犯罪预防、职业生涯指导、精神健康、依赖成瘾行为的戒除、残疾人和老年人的照顾等不同方面的服务。[①]

　　西格农从自己的多年专业实践经验出发，对社会工作引入认知行为理论作为理论和实践视角的必要性进行了解释，认为认知行为理论特别适合社会工作的工作场景要求，因为社会工作服务活动常常是在服务对象的家里、社区或者其他日常生活场景中开展的，

---

　　① 具体内容见 Cigno & Bourn（1998）。

不是在心理治疗师的辅导室，而且社会工作需要面对的是社会弱势群体，日常生活场景的干预自然就成为这个专业的重要组成部分，它不仅包括直接影响服务对象日常生活的小环境，还包括间接影响服务对象日常生活的大环境。就服务对象的行为改变而言，也需要结合认知因素的干预，因为只有这样，服务对象才能了解什么行为需要增强、什么行为需要调整，服务对象的自我选择和决策能力才能真正提高（Cigno，2002：180 - 181）。

西格农发现，自撒切尔和里根政府掌权之后，西方社会服务的基本理念和逻辑发生了根本转变，开始关注以解决现实问题为中心并且强调服务计划性的短期服务，注重服务的成效和科学证据。西格农认为，这样的服务理念和逻辑其实更符合社会工作的基本价值和发展要求，但是由于人们对认知行为理论存在一些误解，使这一理论在社会工作领域的运用常常遭受怀疑甚至不符合事实的批评。例如，社会学习理论常常被视为一种机械论的逻辑，只关注行为的惩罚和奖励以及外部社会环境的要求，而社会学习理论所倡导的个人主动学习的能力却被忽视；证据为本的社会工作实践也一样，它也时常被认为只会增添社会工作者的负担而遭到拒绝。西格农指出，不少社会工作者只要看到"行为"这一字眼，就会把它与老鼠、鸽子联系在一起，认为这样的理论缺乏人文关怀，不关注人的价值和尊严，不适合像社会工作这种针对人而开展的服务。因此，西格农得出这样的结论：认知行为理论在社会工作领域遭遇的阻碍，与其说来自服务对象，还不如说来自社会工作者（Cigno，2002：182）。

当然，针对认知行为理论本身也有不少批评的声音，除了认知治疗理论与行为治疗理论结合之后是否会破坏行为主义所倡导的可观察、可测量的基本原则仍值得考察之外，最大的疑惑来自有关认知在人的改变中的作用的假设，即认为只要人改变思考的方式，就会改变行为的方式（Thomlison & Thomlisn，2011：80）。显然，这样的理论假设看起来似乎太简单，忽视了认知与行为之间的复杂联系（Corey，2009：275）。20 世纪 90 年代之后，认知行为理论开始吸收建构主义（constructivism）的一些基本原理，特别是进入 21 世纪，由于受到东方哲学的影响，认知行为理论开始把正念（mindfullness）等重要概念也纳入考察的范围，尝试从理论逻辑上修补和扩充认知行为理论（Ronen & Freeman，2006：xxii）。在这个过程中，出现了三种新的服务模式，即接纳和承诺治疗（the acceptance and commitment therapy）、辩证行为治疗（the dialectical behavior therapy）以及正念为本的认知治疗（the mindfulness-based cognitive therapy）（Moran，2008）。这三种服务模式都强调把个人遭受的失败、痛苦的经历作为生活中必然需要面对的一部分，从中发掘生命的意义，承担生命选择的责任，实现个人成长的目标。这样，接纳生活的遭遇（acceptance）和提升生命的境界（mindfulness）就成为个人真正实现成长的关键（Thomlison & Thomlisn，2011：80）。当然，这三种服务模式各自也有自己不同的服务重点，像接纳和承诺治疗就注重如何打开个人在困境中的行为选择的视野（Spiegler & Guevremont，2010：415），辩证行为治疗则关注如何将有规划的技能训练与自我的接纳结合起来（Linehan，1993：264），而正念为本的认知治疗则强调如何通过认知治疗技术的运用打开个人的认知视野（Thomlison & Thomlisn，2011：80）。

认知行为社会工作尽管在发展过程中受到不少的批评和质疑，但同时也得到越来越多的社会工作者的认可，它服务的范围几乎囊括所有社会工作的服务领域，服务的场域几乎遍及所有社会工作的工作场所，它针对的服务对象几乎涉及所有社会工作的服务人群（Cigno，2002：185）。认知行为社会工作的影响仍在不断扩展，它已经逐渐成为不同社会工作理论流派共同学习借鉴的重要理论流派之一（Maclaren & Freeman，2006：25）。

二　认知行为社会工作的理论框架

认知行为社会工作的发展源于行为治疗和认知治疗的实践，社会工作者在专业实践中发现，行为改变中包含认知改变的因素，认知改变中又需要行为改变作为支持，因此，如何将认知改变的因素与行为改变的因素整合起来多方面地推动服务对象的改变，提高服务的成效，就成为认知行为社会工作探讨的核心（Thomlison & Thomlisn，2011：94）。无论理论的建构还是实务的推展，认知行为社会工作都始终围绕这个核心。

（一）认知和行为的结合

对于认知和行为两者之间的关系，认知行为社会工作有自己的理解，认为它包含三个基本假设：①个人的情绪和行为由认知方式决定；②个人的情绪困扰来源于不现实的消极思维方式；③改变个人的不现实的消极思维方式就能够减轻或者克服情绪困扰（Howe，2009：70）。显然，在认知行为社会工作看来，认知在个人的改变中起着关键的作用，不仅个人怎样想会影响怎样感受和怎样行动，而且个人的生活经验依赖个人的归因和解释以及个人的指导和检视（Maclaren & Freeman，2006：31–32）。因此，认知行为社会工作认为，认知是影响个人情绪和行为的最重要因素之一，它既是服务对象产生情绪和行为困扰的关键，也是帮助服务对象找到消除这些困扰的有效方法的重点所在（Maclaren & Freeman，2006：33）。为此，认知行为社会工作推崇一种理性的思维方式（rational thinking），假设面对外部环境挑战时，人有两种应对的思维方式。一种是理性的思维方式。这种思维方式具有针对性、灵活性和逻辑性，能够帮助个人解决面临的问题。另一种是非理性的思维方式。这种思维方式通常比较教条、刻板，而且缺乏逻辑性，它不仅无益于个人生活困扰的解决，甚至还会妨碍个人的成长（Maclaren & Freeman，2006：35）。

不过，需要注意的是，尽管认知行为社会工作对认知的看法与认知社会工作非常相似，但是它们对行为的理解却大相径庭。认知行为社会工作不仅关注认知的作用，同时还关注行为的影响，强调个人怎样行动也同样影响个人怎样思考和怎样感受，而这方面常常被认知社会工作忽视（Wright，Basco，& Thase，2006：1）。认知行为社会工作认为，生活是复杂的，不仅认知影响行为，行为也同样影响认知，个人在日常生活中遭遇的问题通常不是由单一因素导致的，它既可能涉及认知方式的不足，也可能涉及行为技能方面的缺乏，如果个人的行为技能没有改观，他的生活状况也很难有所改善（Ronen，2006：13）。显然，认知行为社会工作所要倡导的是一种能够将认知和行为因素很好地结合在一起的理论模式，以帮助服务对象有效应对生活中面临的多方面的困扰（Ronen，2002：172）。

为了促进认知因素与行为因素的结合，认知行为社会工作提出个人思考时的六项原则：第一，思考行为（think behavior），即把个人行为上面临的困扰和需要调整的方面也纳入思考的范围；第二，思考解决方法（think solution），即遇到问题时，个人思考的焦点不是分析问题的原因，而是寻找解决问题的目标和方法；第三，思考积极的方面（think positive），即从改变的视角思考影响因素，特别是那些促进和维持改变的积极因素；第四，思考微小改变（think small steps），即把微小的逐步改变作为思考的目标，树立通过微小改变实现大的改变目标的信念；第五，思考变动性（think flexible），即注意观察不一致的信息，思考可以调整改善的方面；第六，思考将来（think future），即关注未来的改变目标，把对未来生活的希望也作为思考的内容（Ronen，2006：12）。当然，行为和认知因素两者之间的有效结合并不是那么容易做到的，有时会出现一些困难，如"非黑即白"的思考方式、"应该、总是"的解释逻辑、"最糟糕事情"总会发生的未来预见以及有选择的现实观察等，这些都会导致服务对象在面对周围环境的挑战时出现应对的困难（Maclaren & Freeman，2006：34）。

从认知因素和行为因素的结合方式可以看到，在认知行为社会工作的逻辑框架中，两者之间的联系非常复杂，并不是把认知因素和行为因素放在一起那么简单，其中还涉及两者结合背后的基本逻辑框架的建构。

（二）个别化的理论逻辑

经过几十年的努力，认知行为社会工作已经创造了多种不同的服务模式，将认知因素与行为因素结合在一起，以提高服务的成效。虽然认知治疗技术和行为治疗技术的整合是认知行为社会工作关注和探索的重点，但是如果把认知行为社会工作简单概括为认知治疗技术和行为治疗技术的结合，就会失去认知行为社会工作最核心的内涵：个别化（individulism）（Wright，Basco，& Thase，2006：17）。认知行为社会工作之所以推崇个别化，甚至把它作为整个认知行为社会工作理论建构的逻辑基础，是因为在认知行为社会工作看来，个别化不仅仅是一个专业技术层面的概念，更意味着每个服务对象都是不同的，都有自己的成长发展要求，需要社会工作者在专业服务过程中有所区别地对待（Ronen & Freeman，2006：xxii）。更为重要的是，个别化同时还具有理论逻辑建构的内涵，它假设社会工作的理论逻辑建构的基础既不是问题，也不是问题呈现的方式，而是这些现象背后的人，是探索和理解服务对象在问题的困境中怎样思考、怎样感受和怎样行动的。这样，个别化就拥有了观察视角层面的意义，它把服务对象个人主观生活经验也纳入社会工作理论建构的逻辑中，成为理论逻辑的基础（Ronen，2006：16）。显然，正是借助个别化这个概念，认知行为社会工作的逻辑有别于以往的其他社会工作理论，不再关注问题的客观分析和专业服务过程的科学安排，而是转向注重服务对象在问题困境中所呈现的个人发展要求，让服务对象过上更好的、更满意的生活。认知行为社会工作将这样的服务原则总结为"只改变服务对象所需要的"（change what is necessary）（Maclaren & Freeman，2006：33）。

为了找到更为坚实的理论哲学基础，认知行为社会工作还从建构理论（constructivism）中汲取有益的养分，假设服务对象的生活就像其他人一样始终处在不停的改变中，不仅现在是过去改变的结果，同样现在也是未来改变的基础。个人的改变就是不断地从过去走向现在，走向未来（Mahoney，1991：45）。认知行为社会工作还借用了建构理论的个人建构（personal constructs）的概念，认为改变就是个人不断建构生活的过程，包括个人赋予生活经验以生活的意义并由此建构个人事实的过程（Mahoney，1993）。因此，认知行为社会工作强调，服务对象的生活就是包含了对生活意义理解的个人的主观生活经验，即使服务对象遭遇问题，也不是服务对象真的有所谓的客观问题，而是服务对象解释生活经验的方式遇到了挑战，并由此带来情绪和行为的困扰体验（Ronen，2006：14－15）。

值得注意的是，认知行为社会工作还进一步将个别化的理论逻辑放在文化视角下来考察，认为个人生活意义的建构就必然涉及文化的影响，文化视角所强调的个人的独特性（uniqueness）恰恰是个别化逻辑的体现；同时，这样的视角要求社会工作者在专业服务过程中不是关注服务对象问题的类型化分析，把服务对象的问题解释为某种类型的困扰，并因此提出标准化的服务解决方案，而是走进服务对象个人的日常生活经验中，注重发掘和运用服务对象个人独特的能力和资源（Ronen，2006：16）。

可见，认知行为社会工作推崇的个别化其实是一种以服务对象为本（client-focused）的服务逻辑，它既不是依据社会工作者也不是依据标准化的服务过程开展专业服务，而是围绕服务对象个人发展的要求，由服务对象自己来确定服务的发展目标和路径。因此，无论认知治疗技术还是行为治疗技术的运用，针对的都不是服务对象的问题，而是服务对象自己的发展要求（Ronen，2006：14）。

（三）教育式的服务策略

正是基于对个别化理论逻辑的理解，在认知行为社会工作看来，整个社会工作专业服务的焦点不是帮助服务对象克服问题，而是协助服务对象在问题的困境中成长。这样，社会工作的服务策略也就需要做出相应的调整，不再是针对服务对象的问题进行治疗，而是根据服务对象的发展要求开展教育。教育和治疗虽然都是帮助服务对象发生积极的改变，但是两者有着根本性的差别。认知行为社会工作认为，教育式的服务策略包含这样的假设：服务对象像其他人一样，也有自己的成长发展要求，即使面对问题，也只是说明服务对象的成长发展要求受到了阻碍，他需要学习新的知识和技能，而不是真的存在什么问题，需要社会工作者的治疗（Maclaren & Freeman，2006：30）。显然，教育式的服务策略是把服务对象视为有待发展的人，关注个人的成长；而治疗式的服务策略则把服务对象当作有问题的人，关注问题的消除（Ronen，2006：14）。

就服务对象的教育而言，认知行为社会工作也有自己的理解，认为如果把社会工作者当作服务对象新知识和新技能学习的直接指导者，这样的教育理念只会使服务对象成为被动的学习者，把知识和技能的学习当作目标。这种教育方式正是认知行为社会工作竭力反对的，它追求的是另一种教育的方式，是针对服务对象的自我学习能力提供直接帮助，让新知识和新技能的学习成为实现服务对象自我成长目标的手段，如增强服务对象的自我指导能力，或者服务对象的应用能力等，以提高服务对象在困难面前的自我决策和自我帮助的能力。认知行为社会工作强调，只有这样，服务对象才能在困难面前根据自己的发展要求主动确定改变的目标，并且积极寻找实现这种改变目标的有效策略，成为自己生活的积极参与者和主动实践者。认知行为社会工作把这种教育方式的核心理念概括为，让服务对象成为自己生活的改变者（change agent）（Ronen, 2006: 11）。

在认知行为社会工作看来，这种教育式的学习不同于一般的知识和技能学习，是有专门的关注焦点的，这个关注焦点就是服务对象在日常生活中遭遇的问题（Ronen & Freeman, 2006: xxii）。因此，认知行为社会工作推崇的是一种以服务对象的问题为导向（problem-oriented）的学习，即针对服务对象在问题困境中面临的各种挑战提供多方面的帮助和支持，不仅包括解决问题所需的新知识和新技能，还包括提高解决问题能力所要求的情绪的疏导和管理等不同方面。认知行为社会工作认为，之所以能够把这些不同方面的帮助和支持整合在一起，是因为无论这些帮助和支持的内容和形式如何不一样，它们都围绕一个共同的目标：帮助服务对象提高解决问题的能力（Maclaren & Freeman, 2006: 30-31）。

对于认知行为社会工作来说，教育还有另一层重要含义，就是对未来的关注，希望服务对象在未来的生活中能够更好地应对这样的问题，管理好自己的生活（Ronen, 2006: 10）。因此，认知行为社会工作推崇一种治疗和预防并重的服务策略，认为社会工作者的首要任务是协助服务对象解决目前生活处境中遭遇的那些紧迫的问题，让服务对象能够免受问题的困扰，这就是社会工作常说的治疗。不过，在认知行为社会工作看来，仅仅做到这一点远远不够，这种治疗的服务策略只是应急式的，并没有把挖掘服务对象解决问题的能力放在首位，因而社会工作者还需要把服务的焦点从治疗逐渐延伸到预防，提升服务对象在平时生活中应对这种问题的能力。认知行为社会工作还把危机处理模式中三级预防的概念也吸收到自己的服务策略中，以增强专业服务中的教育功能（Ronen, 2006: 19）。

显然，认知行为社会工作所倡导的教育式的服务策略是一种以问题为导向、以自我帮助能力提升为重点，同时关注治疗和预防的综合服务方式，它的目标是促进服务对象自身的成长和发展。

（四）解决问题能力的挖掘

尽管在认知行为社会工作的逻辑框架中解决问题能力的挖掘被视为促进服务对象成长发展的关键，但是认知行为社会工作并没有要求社会工作者把注意力集中在解决方法的寻找上（solution-focused），或者首先放在问题的解决上，而是要求社会工作者首先关注服务对象的问题，并且通过清晰界定服务对象的问题明确服务对象的改变目标（Wright, Basco, & Thase, 2006: 17）。在认知行为社会工作看来，社会工作的服务目标不是让服务对象感觉更好或者更有自信心那么简单，它需要有针对性，能够帮助服务对象更好地应对日常生活中的困难，而问题的清晰界定恰恰是增强服务对象这种能力不可缺少的部分（Maclaren & Freeman, 2006: 30-31）。不过，值得注意的是，虽然认知行为社会工作强调以问题为导向，而且常常把以问题为导向和解决方法的寻找作为两项重要的服务原则并提，但并没有在问题分析与解决方法之间建立直接的逻辑关系（Ronen & Freeman, 2006: xxii）。也就是说，在认知行为社会工作的假设中，虽然问题的清晰界定有助于服务对象解决问题能力的提升，但并不能直接推导出新的解决方法，解决方法寻找的直接影响因素是服务对象所希望的改变目标以及拥有的改变经验。

认知行为社会工作认为，此时此刻的现实才是服务对象挖掘解决问题能力的焦点，虽然服务对象的儿童时期经历、家庭背景以及教育和工作经验等资料能够帮助社会工作者更好地理解服务对象，但是只有把服务对象目前遭遇的问题放到他的日常生活场景中，社会工作者才能真正了解服务对象在应对周围环境的要求过程中缺乏什么、拥有什么以及可以改善什么等，而不是凭借早期生活经验的洞察（insight），让服务对象的日常生活发生根本改变（Wright, Basco, & Thase, 2006：18）。因此，认知行为社会工作强调，服务对象在目前的日常生活场景中表现出来的困扰，就是社会工作者需要关注的，它们就是服务改变的目标（Maclaren & Freeman, 2006：36）。认知行为社会工作在自己的专业实践中发现，只有关注服务对象此时此刻的应对方式，社会工作者才能帮助服务对象找到比较容易开始且比较有效的行动计划，直接针对服务对象目前遭遇的困扰开展服务；同时，只有通过聚焦于服务对象目前遭遇的困扰，服务对象自身的改变动力才能被激发出来，服务对象的主动性和责任感才能逐渐培养起来（Wright, Basco, & Thase, 2006：18）。为了能够帮助服务对象找到此时此刻的应对方式，认知行为社会工作还进一步探索了社会工作者的提问方式，认为社会工作者的提问需要从关注问题的成因（why）转向问题的内容（what）和方式（how）（Maclaren & Freeman, 2006：37）。

除了考察服务对象在问题困境中面临的不足之外，认知行为社会工作认为，社会工作者同时还需要帮助服务对象识别在应对问题困境过程中表现出来的能力，包括那些仍旧有效的应对方法和经验。在认知行为社会工作看来，服务对象解决问题的能力主要包括三个方面：服务对象自身拥有的应对问题的能力、服务对象的支持系统和周围环境提供的机会（Ronen & Freeman, 2006：xxvi）。显然，在认知行为社会工作的逻辑框架中，服务对象解决问题的能力是服务对象在问题困境中运用周围环境资源应对和处理问题的能力，它既与服务对象有关，也与周围环境相连，是服务对象在与环境互动过程中呈现出来的，具有场景性和变动性。因此，认知行为社会工作强调，需要以一种互动和发展的视角看待服务对象解决问题的能力，即借助互动的关联，通过微小的改变，逐步挖掘和培养服务对象解决问题的能力（Cigno, 2002：186）。

认知行为社会工作提醒社会工作者，尽管社会工作者能够指导服务对象挖掘解决问题的能力，但是那样做只会加强社会工作者的专家地位，增强服务对象的依赖，反而阻碍服务对象自身能力的培养。为此，认知行为社会工作强调，挖掘服务对象解决问题能力的关键是让服务对象成为专家，让服务对象学会怎样运用自己的能力调动周围环境的资源，解决自己面临的问题（Ronen & Freeman, 2006：xxii）。不过，自引入正念的概念之后，认知行为社会工作对问题和能力的认识也发生了一些改变，开始把接纳问题（acceptance of problems）本身也作为帮助服务对象挖掘解决问题能力的重要组成部分（Thomlison & Thomlisn, 2011：80）。

（五）科学的有效干预

强调服务的成效是认知行为社会工作的核心特征之一。在认知行为社会工作看来，服务成效包含两个层面的内涵：一是服务之后的改变效果明显，而且服务投入的成本比较低；二是服务有科学的依据，不随社会工作者个人的主观偏好而随意变动（Maclaren & Freeman，2006：38）。因此，在认知行为社会工作的逻辑框架中，强调服务成效不仅是专业服务本身的需要，能够满足服务机构的管理和问责的要求，也体现了社会工作价值伦理的基本要求，因为每个服务对象都应该得到尊重，都有权得到有成效的服务，而提供专业服务的社会工作者也有责任保障专业服务的有效性（Ronen，2006：10）。

认知行为社会工作认为，一个有成效的专业服务至少需要具备三个基本的服务要素：服务的方向性（direction）、服务的计划性（planning）和服务的针对性（focus）。也就是说，一个好的专业服务应该具有明确的方向、清晰的计划和准确的焦点（Maclaren & Freeman，2006：37）。所谓明确的方向，是指专业服务不仅有明确的目标，而且这些目标非常具体，可以直接观察和测量。这样，专业服务是否达到目标或者达到目标的程度如何，都可以迅速得到反馈，专业服务的方向也可以得到及时的调整（Ronen，2006：17）。认知行为社会工作强调，只有当服务具有明确的目标时，服务对象才能清晰了解服务干预给他带来什么改变，才能知道这样的专业服务是不是他所希望得到的；同时，服务对象才有可能在服务的过程中承担起自己的改变责任，激发自己的改变动力（Maclaren & Freeman，2006：35）。显然，认知行为社会工作之所以这么重视服务的方向性，是因为认知行为社会工作相信，专业服务只有保持明确的方向，才能让服务对象及时了解改变的进程，为自己的改变做出合理的选择，从而避免由社会工作者主导整个服务的进程（Maclaren & Freeman，2006：43）。

就服务的计划性而言，认知行为社会工作认为，它主要包含三个方面的含义。一是服务的结构性，即服务的开展需要有详细的服务计划作为依据。在认知行为社会工作看来，一份详细的服务计划至少包括服务的目标、服务面谈的次数和频率、每次面谈的活动安排以及面谈的时间长度等，它可以保证服务有计划地逐步展开（Maclaren & Freeman，2006：30 - 31）。二是服务的实验性，即服务的开展需要有可信的实际资料作为证据。认知行为社会工作强调，专业服务是一个不断尝试的过程，它既需要服务之前的需求预估（assessment），也需要服务之后的成效评估（evaluation），是一个不断从需求预估到介入再到成效评估的反复过程（Ronen，2006：17）。三是服务的指导性，即服务的开展需要有具体的学习指导作为保证。认知行为社会工作坚信，专业服务是一个学习的过程，它不仅需要有清晰的改变目标，而且需要有具体的实践过程，在具体的实践场景中学习如何发挥自己的能力、如何运用场景的资源以及如何有效解决面临的问题（Maclaren & Freeman，2006：31）。可见，在认知行为社会工作的逻辑框架中，服务的计划性既包括固定的计划安排，也包括及时的场景变动，两者之间并不矛盾，需要转变的是社会工作者的认识，把服务的实验性也作为服务计划性的一部分，让两者能够自然地联结起来。

在服务的针对性方面，认知行为社会工作也有自己的逻辑，它推崇的是一种主动的介入，这种介入不仅直接针对服务对象目前生活中面临的具体困难，具有可以直接观察到的明确的服务目标和要求，还关注服务对象怎么应对和怎么感受，是一种行动治疗（doing therapy），不同于弗洛伊德精神分析学派所说的语言治疗（talking therapy）。正是因为如此，认知行为社会工作特别关注服务的针对性，强调服务介入需要有明确具体的改变焦点，能够通过像角色扮演、想象训练（imagery training）等经验感受的方法带来服务对象应对问题方式的改变（Ronen，2006：14）。在认知行为社会工作看来，这种介入方式的转变就需要社会工作者在指导服务对象学习具体的行为应对技术之前，帮助服务对象培养一种介入的预测能力，让服务对象能够准确了解在没有介入的情况下他的生活会怎么变化，介入之后又会出现什么改变。只有这样，服务对象才能主动承担改变的责任，学会在特定的日常生活场合中选择合适的应对方法（Rosen，1994）。

认知行为社会工作的一个重要特征，是把科学研究融入社会工作的实务中，推崇一种证据为本的社会工作实践。认知行为社会工作认为，保证干预有效的根本是要拓宽实践的视野，把社会工作实务建立在科学研究的基础上，不再仅仅从实务的角度来谈实务（Rosen，1996）。为此，认知行为社会工作提出，社会工作者在服务介入中所使用的任何理论和方法都需要有科学研究的证据，说明这些理论和方法是有效的（Maclaren & Freeman，2006：43）；同时，在服务介入过程中社会工作者还需要安排服务效果的科学评估工作，准确测量服务的成效和影响因素，并且随时调整服务的介入策略和方法，把科学研究直接融入社会工作实务中，以提高社会工作实务的成效（Ronen & Freeman，2006：xxii）。认知行为社会工作强调，之所以推崇证据为本的实践，是因为尽管实务的科学研究长期以来被社会工作者忽视，但是它的重要性并没有随着时间的推移而减弱；相反，随着20世纪90年代社会对服务问责的强调，科学证据为本的专业服务越来越受到社会的欢迎和重视，它已经成为专业服务发展的基本方向（Maclaren & Freeman，2006：37 - 38）。

（六）团队式的增能关系

像其他社会工作理论一样，认知行为社会工作也非常重视在社会工作者与服务对象之间建立相互信任的专业合作关系，认为这样的专业合作关系是保证专业服务成效的必要条件（Ronen，2006：14）。不过，与其他社会工作理论不同的是，认知行为社会工作把这种专业合作关系视为一种团队式的合作（team-oriented），不仅服务对象不是专业服务的旁观者或者服务的偶尔参与者，而且社会工作者也不是人生的导师（priest）或者灵魂的治疗师（healer），他们是针对某个问题共同寻找解决方法的合作者和参与者（Maclaren & Freeman，2006：30 - 36）。他们除了拥有共同的努力目标之外，同时还一起评估问题、诊断问题、制订服务介入方案以及探索更为有效的应对周围环境挑战的方法。认知行为社会工作称这种专业合作关系为团队式的工作模式（Wright，Basco，& Thase，2006：18）。

尽管在这种团队式的工作模式中，社会工作者和服务对象都成为服务活动的积极参与者，但是在实际服务活动中，认知行为社会工作认为，两者的参与程度并不是一样的，而且会随着服务的推进有所变化。例如，针对受严重精神困扰的服务对象，社会工作者的参与程度就要比服务对象高一些，特别是在服务的开始阶段，社会工作者通常是服务的主导者。至于哪种参与方式比较合适，在认知行为社会工作看来，这完全取决于社会工作者对服务对象改变能力和改变动机的评估以及两者之间的沟通交流状况（Maclaren & Freeman，2006：30 - 31）。

认知行为社会工作强调，这种团队式的工作模式除了共同合作的特点之外，还有其他两个重要特征：沟通开放和任务导向。沟通开放是指不仅社会工作者在面谈中给服务对象积极的回应，而且服务对象也有充分的机会向社会工作者反馈自己的感受和想法，双方能够针对需要解决的问题进行平等的交流和协商，就像工作团队中的同事随时都能够自由地表达自己的想法一样；任务导向则是指社会工作者与服务对象的合作都围绕问题的解决，具有明确的针对性和实用性，能够帮助服务对象克服或者减轻面临的困扰（Ronen，2006：19）。正是因为如此，认知行为社会工作认为，它所倡导的是一种应对模式（coping model），关注服务对象应对和处理问题能力的提高，而不是聚焦于服务对象对生活的深入理解和掌控（Maclaren & Freeman，2006：36）。因此，即使在探讨服务对象的感受和思维方式时，讨论的焦点也是服务对象目前生活中面临的具体问题，目的是帮助服务对象提高解决问题的能力（Ronen，2001）。

需要注意的是，在认知行为社会工作的逻辑框架中，建立团队式的工作模式不仅仅是为了在社会工作者与服务对象之间创造一种相互信任的合作关系，更为重要的是，只有通过这种团队式的合作方式，才能找到适合于服务对象个人的介入方法和途径，让社会工作服务活动真正走进服务对象的日常生活，成为服务对象个人成长发展的一部分。这样，团队式的合作关系就具有了增能的要素（Ronen，2006：15）。因此，认知行为社会工作把社会工作者与服务对象之间的团队式的合作关系称为增能关系，在这种关系中服务对象不仅变得更加独立和自主，而且能够学会如何发掘自己的资源、如何利用自己的智慧以及如何寻找自己的方法解决面临的困难（Ronen，2006：18）。认知行为社会工作之所以如此强调专业合作关系中的增能要素，是因为在认知行为社会工作看来，社会工作的主要服务对象是社会弱势群体，而帮助社会弱势群体摆脱困境的关键是增能（Rosenbaum & Ronen，1998）。

为了能够让增能要素延伸到服务对象的日常生活中，认知行为社会工作还在专业服务中专门设计了使用家庭作业（use of homework）的环节，即在直接的服务面谈中安排家庭作业，让服务对象在服务面谈外的日常生活中进行尝试（Maclaren & Freeman，2006：42）。这样，通过完成家庭作业服务对象不仅能够验证服务面谈中所学的，而且能够把服务面谈中学到的运用于日常生活中，提高改变的成效，使每一次的服务面谈安排能够与自己的改变步伐和节奏衔接起来。认知行为社会工作认为，一旦服务活动结束，服务对象所能依赖的是在家庭作业完成过程中学到的各种知识和技能（Maclaren & Freeman，2006：43）。认知行为社会工作所倡导的增能关系其实是双向的，不仅服务对象在这种团队式的合作中学会了自助和自信，而且社会工作者也学会了如何以增进个人自主性的方式帮助周围他人（Ronen，2006：20）。

尽管认知行为社会工作的产生更多地源于实务的考虑，希望把认知治疗技术和行为治疗技术结合在一起，寻求一种更为高效的专业服务方式，但是实际上随着认知行为社会工作的演变和发展，它的理论构成并不是把认知治疗技术和行为治疗技术放在一起那么简单，它有自己的一套理论逻辑框架，以个别化为其理论基础，注重教育式的服务策略和团队式的增能关系（Ronen，2006：14）。就理论逻辑而言，认知行为社会工作有两个方面的鲜明特色：一是以服务对象的改变发展为核心建构理论的逻辑框架，倡导一种以服务对象为本的服务逻辑（Ronen，2006：14）；二是引入科学研究的视角，推崇一种证据为本的实践逻辑（Maclaren & Freeman，2006：30）。显然，认知行为社会工作在注重科学理性原则的同时，也受到了人本主义思想的影响，正像它自己所宣称的那样，认知行为社会工作关注的不是问题，而是问题背后的人，是服务对象的成长要求（Thomlison & Thomlisn，2011：95）。

第三章　人本主义、存在主义和灵性视角

第二次世界大战之后，以现象学为哲学基础的人本主义和存在主义开始影响社会工作，为社会工作提供了一种崭新的理论和实践的视角，它被称为人本主义、存在主义和灵性视角（humanistic，existential and spiritual perspective）。这种视角不同于以弗洛伊德精神分析学派为理论逻辑框架的心理动力视角，也不同于把个人视为社会有机体的认知行为视角，它假设人生活在自己的经验现象世界中，关注个人的主观经验、价值意义和伦理的要求以及个人此时此刻的独特生活经验，认为每个人都是独特的，都有成长发展的潜能，社会工作者要与服务对象建立一种充满人文关怀的人与人之间的服务关系（Payne，2005：186）。在人本主义、存在主义和灵性视角下，有三种常见的理论流派：以人本主义思想为基础关注个人成长关系建设的人本主义社会工作（Payne，2011：11）、以存在主义哲学为基本逻辑框架注重个人疏离关系克服的存在主义社会工作（Krill，2014），以及时兴于 20 世纪 90 年代以超个人理论和宗教文化实践中的灵性研究为基础强调个人生命超越和关联的灵性社会工作（Canda，2008：ix）。

第一节　人本主义社会工作

一　人本主义社会工作的演变

尽管直到 20 世纪 70 年代，在罗杰斯（Carl Rogers）的人本治疗模式的推动和影响下，社会工作才开始真正关注以现象学为哲学基础的人本主义社会工作（humanistic social work）（Robbins，Chatterjee，& Canda，2006：340），但是早在 19 世纪末 20 世纪初社会工作刚踏上专业化发展之路时，就已经明确将人的理性分析、选择和行动的能力以及社会的公平正义作为这个专业努力追求的目标，其中蕴含浓厚的人文思想和人文关怀（Payne，2005：182）。

因此，人本主义社会工作包含两个层面的内涵：第一个层面，是就人文思潮而言的，它是指作为实务工作者的人帮助和关怀作为服务对象或者服务人群的其他人的过程，不仅实务工作者是服务机构中的专业人员，而且实务工作者帮助的也是处于一定社会人际交往关系中的成员，它是有关人帮助人的服务（Payne，2011：4）；第二个层面，是针对以现象学为哲学基础的人本主义心理学来说的，它是指将人本治疗模式的原理融入社会

工作服务中，注重服务对象追求个人成长的自我、服务对象此时此刻的经验以及服务对象的独特性等要素的专业服务。在这样的服务方式中，每个服务对象都被视作唯一的，都在学习运用自身的能力实现自己所追求的生活目标（Payne，2005：186）。

正是由于受到人本主义社会工作的影响，继弗洛伊德精神分析学派之后，社会工作者与服务对象之间的信任合作关系再度成为社会工作者的关注焦点（Howe，2009：175）。实际上，人本主义社会工作所倡导的对人的关怀以及对人的基本价值和能力的肯定已经不再局限于人本主义社会工作本身，而是作为社会工作者理所当然需要具备的基本生活态度和观察视角，成为社会工作者组织社会工作专业服务的基本原则（Payne，2005：185）。尤其在社会工作教育领域以及有关人际沟通技能的训练中，人本主义社会工作的基本原则已经转化为广受欢迎、不可或缺的组成部分（Rowe，1996：74）。

在人本主义社会工作的发展演变过程中，有两个清晰的发展阶段：第一阶段，把罗杰斯人本治疗模式的基本逻辑框架引入社会工作实践中，并对此进行反思；第二阶段，扩展罗杰斯人本治疗模式的基本逻辑框架，从更广的范围来理解人本主义的内涵。前者以威廉姆·罗恩（William Rowe）为代表人物，后者以迈克尔姆·佩恩（Malcolm Payne）为领袖。

（一）威廉姆·罗恩

罗恩在梳理罗杰斯的人本治疗模式时发现，人本治疗模式与社会工作有着很深的渊源，不仅它倡导的价值早已被社会工作视为专业服务开展的基本原则，而且人本治疗模式的形成就明显受到社会工作的影响（Rowe，1996：69）。早在20世纪30年代，罗杰斯就参加过兰克主持的为期两天的培训，之后，他为兰克的一些独特观点所吸引，开始学习兰克的理论（Rowe，1996：70）。1939年，罗杰斯出版了《问题儿童的临床治疗》（*The clinical treatment of the problem child*）一书，吸收了社会工作功能理论的一些重要原则，如关注服务对象当下的经验和环境的要求，鼓励服务对象积极表达内心的感受，注重服务对象个人的成长和发展要求以及推崇平等的服务关系等。这些原则成为人本治疗模式的核心理念（Rowe，1996：71）。就连罗杰斯自己也发现，在他学术生涯的早期，他更认同社会工作，甚至在社会工作机构中增设自己的办公室，在那里开展临床实践（Rogers，1961：xxi）。

在20世纪40年代，由于社会工作理论中占主导的心理社会治疗模式与功能理论之间的激烈争论，罗杰斯提出的新的治疗模式受到极少数社会工作者的关注，罗杰斯开始把自己的注意力投向心理治疗领域（Rowe，1996：74）。20世纪50年代之后，随着社会工作服务领域的不断扩展，社会工作者开始寻找专业发展的共同理论基础，他们把社会工作视为一种同时关注个人和环境的专业服务（Bartlett，1958a）。正是在这样的专业定位影响下，社会工作的发展与罗杰斯的人本治疗模式进一步分道扬镳，几乎没有社会工作者问津人本治疗模式的手法（Rowe，1996：74）。到了20世纪70年代，尽管罗杰斯开始把自己的学术兴趣转向社区、机构和组织，希望在人们的日常生活和工作的场景中找到保障个人成长的规律和方法（Cole，1982：79－80），但是他关注的焦点仍旧在个人，而且更为强调个人本身拥有的潜能的实现，忽视社会环境的复杂性和结构性的特征，这导致人本治疗模式与社会工作的差距进一步增大（Rowe，1996：82）。不过，20世纪70年代也出现了一些有利的因素，促使社会工作者关注和认同罗杰斯的人本治疗模式，这就是当时兴起的对证据为本的实践和成效问责的要求。此时，罗杰斯的人本治疗模式才真正走进社会工作者的视野，开始出现在社会工作的研究文献中（Robbins，Chatterjee，& Canda，2006：340）。社会工作者发现，罗杰斯的人本治疗模式是社会工作者可以凭借的并且能够得到科学研究证据证明的为数不多的服务模式之一（Rowe，1996：74）。不久，罗杰斯的人本治疗模式就受到社会工作者的普遍欢迎，特别是在社会工作的教育和培训领域，几乎成了不可或缺的一部分（Rowe，1981）。

罗恩发现，罗杰斯本人对社会环境的理解也是变化的，在受到其他学者的质疑和批评之后，从开始只强调服务对象个人的独特性和独立性逐渐转向关注服务对象的家人和身边的重要他人，之后，他又把服务对象日常生活和工作的场景纳入自己的理论逻辑框架中，注重服务对象的日常社会支持系统和传统的应对方式（Rowe，1996：78）。不过，需要注意的是，针对个人与环境的相互影响，不同的社会工作者虽然在不同的工作场景中有所侧重，但是都会把它们作为服务的两个方面一起考察，采取的是一种心理与社会（或者个人与环境）并重的视角。因此，在社会工作者看来，罗杰斯的人本治疗模式的基本理论假设，即只要具备良好的环境条件，服务对象就能够充分实现自己的潜能，这种观点太强调在个人成长过程中环境满足个人需要这一方面，忽视个人适应环境要求的另一方面（Rowe，1996：82）。

（二）迈克尔姆·佩恩

佩恩作为社会政策和社区服务研究的专家，他的职业生涯是从司法社会工作开始的，他还参与了很多社会服务和志愿服务的项目，这些实践经验与罗杰斯的治疗辅导经验不同，让他注意到社会环境的复杂性以及对社会服务的重要影响（Payne，2011：2）。针对罗杰斯人本治疗模式在社会环境因素探索方面的不足（Greene，2008a：115），佩恩希望在两个方面拓展人本主义社会工作的内涵：一是与人文思潮的联结，特别是对世俗人文主义观点的吸纳；二是人权思想的引入，特别是对社会环境重要性的关注（Payne，2011：5）。

在佩恩看来，社会工作之所以能够发展，是因为它有一个重要的哲学基础，就是人文主义（Humanism），特别是世俗人文主义。这种人文主义哲学相信人能够依靠自己的理性思考能力安排自己的生活，应对环境的挑战，不需要借助高于人类的"神灵"干预人类的生活，并且强调人自身就是有价值和尊严的，人与人之间需要相互关怀。正是基于这样的逻辑，人文主义认为，任何有关人的知识、能力和技能都是促使人成长发展所必需的，甚至包括人的艺术创造力和想象力，都是帮助人在自己的日常生活中实现个人成长的条件（Payne，2011：5）。

伴随西方启蒙运动，人文主义兴起，它是西方几百年现代文明的结晶，是现代社会之所以能够立足的精神资源，主要包括七个方面的内涵。①人是有伦理的。人文主义假设，每个人都是有价值和尊严的，都是独立的个体，他既需要关注自己的权利，也需要尊重他人的权利，甚至需要顾及后代的权利。对于人的生活来说，无论理解自己还是他人，伦理都是一个必不可少的考察维度。②人是理性的。人文主义认为，运用人的科学理性思考能力解决问题是人的一种重要能力，正是在人的这种理性思考和行动的能力中蕴藏着世俗生活改变的力量。不过，需要注意的是，科学知识和技能只提供解决问题的手段和方法，改变的目标还需要以人的伦理价值作为支撑。③人拥有成长发展的权利。人文主义相信，无论什么种族、性别和年龄的人，都是追求成长和发展的，而民主和人权就是保障个人成长发展的社会土壤。④人是有社会责任的。人文主义强调，个人不仅拥有自由，也承担着社会的责任。一个理想的社会既需要注重个人自由思想的培养，也需要关注个人社会责任的建设。⑤人生活在世俗社会中。人文主义所要反抗的是教条的宗教束缚，把人的生活捆绑在某些"神圣"不可改变的教义上，而实际上，世俗生活的知识和经验来自人们平时不断的观察、评估和调整，是一个逐渐积累的过程。⑥人需要艺术的熏陶。人文主义坚信，艺术的创造力和想象力对人来说同样是必不可少的，它也是帮助个人充分发挥自身潜力的重要方式。⑦人拥有的是一种生活方式。人文主义发现，人在日常生活中只有通过运用伦理和理性的手段迎接面临的生活挑战，才能够充分发挥自身的潜能，培养起既有伦理原则又有活力的生活方式（Payne，2011：6）。

正是在这些人文主义的哲学思想之上，像社会工作这样的帮助人的职业才能够找到发展的根据和起点，即相信服务对象通过运用自己的潜能，特别是理性的思考能力，能够学会如何应对环境的挑战，掌控自己的命运，并且通过帮助和关心周围他人实现个人的成长。因此，在人文主义的逻辑框架中，伦理价值、理性、个人参与、社会责任以及个人潜能实现等都是非常重要的概念（Payne，2011：7）。这些概念也成为人本主义社会工作的核心内涵。梳理了人文主义的哲学原则之后，佩恩站在人文主义的立场上重新理解社会工作，认为社会工作至少具有三个方面的特征：第一，它是一种有组织的回应人类社会问题的服务机制；第二，它处理的焦点是个人与社会两者之间的辩证关联；第三，它的目标是帮助服务对象提升个人潜能实现的能力和增加人类社会的人文关怀（Payne，2011：7-8）。

就人本主义社会工作来说，它的服务逻辑的基本框架直接来源于人本主义心理治疗和存在主义心理治疗，特别是罗杰斯的人本治疗模式，对人本主义社会工作的产生和发展发挥了极其重要的影响（Payne，2011：9）。但是，除了这些心理治疗的影响之外，人本主义社会工作还非常强调社会环境对人的心理所发挥的作用以及理解社会环境本身的重要性。佩恩认为，这是人本主义社会工作区别于人本主义心理治疗的重要方面（Payne，2011：10）。

佩恩在整理社会工作研究文献时发现，兴起于20世纪初的现象学不仅催生了现象心理学（phenomenological psychology），从而导致人本主义治疗模式和存在主义治疗模式的出现，同时它也孕育了现象社会学（phenomenological sociology），特别是其中的社会建构思想和微观社会学，对人本主义社会工作的发展有着直接的影响（Payne，2011：10）。当然，还有像优势视角（the strengths perspective）、建构主义社会工作（constructive social work）、叙事治疗模式以及后现代主义社会工作实践等也是带动人本主义社会工作发展的重要力量（Franklin & Nurius，1996）。佩恩之所以强调现象社会学以及其他社会工作理论对人本主义社会工作的影响，是因为在他看来，如果仅仅从心理学和心理治疗角度理解人本主义社会工作，就会忽视社会工作服务的社会基础，尤其是人的日常生活中存在的社会限制和障碍，而这是人的潜能发挥所必须依赖的社会环境条件。因此，佩恩倡导把人权的思想和微观社会学的一些观点引入人本主义社会工作中，加强人本主义社会工作的社会内涵（Payne，2011：16）。

罗杰斯尽管到后期也认同人的社会支持系统在人的改变成长中的重要作用以及传统治疗方式的价值，但是并没有对此做进一步的深入研究（Usher，1989）。除了罗杰斯的人本治疗模式之外，体验式小组（encounter groups）则直接把人本主义的原则引入注重人与人之间支持关系建设的小组工作中，它也是推动人本主义社会工作产生的重要因素之一（Payne，2005：182）。这种形式的小组注重组员的价值、责任和权利，并且通过鼓励组员积极参与、自由表达和主动选择等方式创造一种宽松、开放的小组氛围，让组员能够自由地提出自己的疑问，或者质疑权威，培养组员的人本主义精神（Glassman & Kates，1990：132）。

二　人本主义社会工作的理论框架

人本主义社会工作假设，人是追求成长（growth-oriented）和发展（forward moving）的，并且能够通过挖掘和实现个人的潜能达到这样的目标。因此，人本主义社会工作就是探寻社会工作者如何帮助服务对象挖掘和发挥自己的潜能，实现个人的成长（Rowe，1996：75）。不过，需要注意的是，人本主义社会工作看待人的成长和发展的要求以及开展的与此相关的社会工作服务是有其独特的哲学视角的，这就是现象学。

（一）现象世界（phenomenal field）

人本主义社会工作借用了现象学中的现象世界概念，认为无论服务对象还是社会工作者都生活在自己的经验世界中，他的理解和知识都来自对某种现象的观察和对经验的整理，不是现象本身。因此，对人产生影响的不是事实本身，而是看待事实的方式，即以怎样的方式看待事实，就会以怎样方式回应周围环境。也就是说，无论服务对象还是社会工作者都无法触及事实本身，都不可能知道自己经验世界之外的"客观"事件或者他人，而只能通过观察以及与自己已有经验的联结，找到自己解释的逻辑，从而能够将这些事件或者他人以经验的方式呈现出来。当然，不同的人看待同样一件事情，会得出不同的解释结果，甚至同一个人在不同的时间和场景看待同一件事，也会得出不同的结论。正是因为如此，人本主义社会工作强调，对经验观察方式进行观察、描述和解释是了解个人经验世界的重要依据，一个人无法在自己的经验世界之外理解自己或者他人。这样，对话就成了社会工作者行动的重要基础（Payne，2011：10）。

对于社会工作者来说，现象世界这个概念主要包括五个方面的假设。①所有人都生活在一个不断改变的经验世界里。在这个世界里，每个人都是自己生活的中心，而且只有他自己才能够深入地观察和体会自己的经验世界。②人怎么经历经验世界就怎么回应周围环境。如果他认为观察到的是事实，就会以事实的方式对此做出回应。否则，即使周围他人都认为这是事实，他也不会以事实的方式做出回答。③人作为有机体拥有成长发展的潜能。尽管人的潜能有不同的表现方式，有时涉及生理的需要，有时又与心理的需要相连，但是无论哪种需要，都是促使人的成长发展潜能实现的某种方式，都要对周围环境的挑战做出行为的回应。④人的行为是有目的尝试。他会以自己观察的"事实"为依据确定行动的方向和目标，并且在行动中满足自己的成长发展要求，形成自己的行动逻辑。⑤理解人的行为的最好方式是找到人的行动逻辑。人的行动逻辑包括观察的视角、意义赋予的方式以及记忆联结的形式等，它只能借助准确的同理才能呈现出来（Rowe，1996：75－76）。

显然，现象世界概念的引入给社会工作带来的不是某个服务环节的调整，或者某项服务技巧的增加，而是整个服务视角和方式的改变。它倡导的是一种整全视角的人本主义助人的逻辑，而不是只关注人的成长发展要求的某个方面（Payne，2011：10）。人本主义社会工作发现，社会工作服务的开展主要有两种视角——心理动力视角和行为主义视角。前者注重的是个人内部心理动力的分析，关注个人的主观性；后者注重的是个人外部行为表现的观察，强调环境的客观性。实际上，人本主义社会工作强调，社会工作服务既涉及个人的主观性，也涉及环境的客观性，是个人主观性和环境客观性相互交错的一种状态。因此，人本主义社会工作所要推崇的是一种在个人与环境相互影响过程中同时关注个人的主观性和环境的客观性的整全视角。这种整全视角既不忽视个人的作用，也不排斥环境的影响，是一种真正把人文主义关怀注入个人成长发展过程中的人本主义视角（Payne，2011：11）。

在人本主义社会工作看来，个人的成长发展尽管受到周围环境的影响，特别是重要周围他人的影响，但是这只是个人生活的一部分，同时每个人都拥有改变生活的内在潜力，它帮助个人在现实的客观环境中找到成长发展的目标。人本主义社会工作所要强调的，就是这种客观环境中的个人主观性，它既不受外部环境的决定，也不受本能的驱动，是个人在特定的环境中学习掌控自己的命运、追求个人自我实现（self-actualization）的过程（Payne，2011：11）。正是因为如此，人本主义社会工作把人本主义心理治疗所注重的个人成长发展潜能与增能社会工作所强调的增能这两个重要概念联结起来，认为在特定生活场景中实现个人成长发展潜能的过程就是增强个人掌控自己命运的增能过程，而这样的服务逻辑在社会生活场景中会涉及人与人之间的权力运行的方式，它能够帮助个人在社会权力的关联中学会更有效地运用自己的权力，提高个人行动的成效（Payne，2011：12）。

在人的经验世界中，有一个重要的概念，就是个人自我（self），它是个人拥有的身份感。人本主义社会工作认为，每个人都有这样的认识和了解自己身份的需要和能力，这种自我在帮助个人总结生活的经验、明确选择的目标以及实现个人的潜能等方面都发挥着极其重要的作用，它常常被当作个人在成长过程中之所以遭遇心理困扰的重要考察内容之一（Payne，2011：8）。人本主义社会工作假设，每个人在日常生活中都有把自己与环境或者他人区分开来的意识，它是个人对自身生活状况的自觉，甚至还包括对自觉状况本身的自觉，即认为这样的自觉状况是否合适，是不是自己所希望的。因此，在人本主义社会工作看来，每个人不仅拥有寻求生活意义的需要，都有生活的目标，能够体察到自己的努力与未来结果之间的联结方式，在行为的回应过程中承担着选择的责任，而且有保持各方面生活平衡发展的要求，体验到生活的独特性（Payne，2011：9）。

（二）自我困扰

人本主义社会工作发现，一旦个人拥有了自我，就会按照自我的要求确定行动的目标和方式，平时个人的自我与行动的方式是一致的，两者之间不会出现冲突，但是当个人对自己的要求与周围环境给个人带来的经验不一致的时候，两者之间就会出现冲突，很容易导致自我困扰的出现。当然，在冲突面前个人是否出现困扰，还需要看个人自我的状态。就个人自我的一般情况而言，它包括两种不同的状态：一种是个人对自己保持一种积极的关怀，感觉到自己是受到重要周围他人疼爱的；另一种是个人对自己采取一种消极的态度，感觉到自己是不受重要周围他人欢迎的。相比较而言，消极的自我在冲突面前更容易导致困扰的出现（Rowe，1996：76）。

在人本主义社会工作看来，当个人的自我与生活的经验发生了冲突而一时又找不到解决方法的时候，个人的内心就出现担心和焦虑。为了减轻个人内心的这种担心和焦虑，他就需要调整对自己的认识，让个人的自我能够与生活的经验一致起来。人本主义社会工作强调，一个人只有对自己的生活经验保持开放的态度，他才能放弃内心的防卫，学会接纳自己，逐渐消除自我的困扰（Rowe，1996：76）。很显然，在人本主义社会工作的逻辑框架中，所谓的问题既不是心理动力视角所强调的个人内部需要没有得到满足，也不是行为主义视角所理解的外部环境资源的缺乏，而是个人自我的困扰。

正是依据问题是个人自我困扰这样的分析，人本主义社会工作融入了人本主义心理治疗的观点，认为个人不是一个可以运用性格或者个性这样的词来描述的对象，这样的描述只会把个人作为观察和分析的客观对象，忽视人之所以成为人的最核心特征：拥有自我成长发展的要求，能够为自己选择和确定发展的方向（Rogers，1961：186 – 187）。因此，人本主义社会工作认为，个人遭遇的自我困扰是个人在成长发展过程中必然要面对的，它本身就是个人成长潜能得以实现的一部分，是一个成为人（becoming a person）的过程。同样地，服务对象也需要被当作像其他人一样拥有个人发展潜能的人，能够找到和确定自己的发展目标和生活的意义。这样，社会工作者的助人角色也因此需要做出调整，不再是指导服务对象做出改变的专家，而是协助服务对象了解和发现自己发展潜能的合作者，也是参与服务对象改变过程的见证人（Moon，2007）。

（三）价值干预

在干预的策略上，人本主义社会工作也有自己独特的方式，既不同于心理动力视角对人格调整的关注，也有别于行为主义视角对环境因素的强调，它侧重对服务对象作为人的价值和尊严的培养。因此，人本主义社会工作强调，在服务实施的过程中，社会工作者需要学会把服务对象视为与其他人一样拥有内在价值和尊严的人，尊重服务对象个人的选择权和决策权，并且同时注重服务对象责任感的培养。值得注意的是，人本主义社会工作不同于人本主义心理治疗，把个人自我的发展与个人对他人的责任感的培养视为个人潜能发挥必不可少的两个条件，而且认为这两个条件也是相互支持的（Rowe，1996：77）。

由于人本主义社会工作是在个人的经验世界的逻辑框架中理解个人价值的，因此这样的价值不仅包含个人主观的内涵，是个人对有意义生活目标的理解和选择，而且还包含客观的内涵，是个人对现实生活事实的应对和掌控。因此，人本主义社会工作强调，对个人价值尊重的核心是帮助服务对象学会运用自身的能力，释放个人自我成长的发展潜能，它包括相信服务对象自身拥有调整、指导和掌控自己生活的能力，能够理解自己生活中面临的问题，并且在克服生活困扰和焦虑的同时还拥有追求自我实现和幸福生活的能力（Rowe，1996：78）。

显然，在人本主义社会工作看来，当服务对象面临困扰时，他需要做出两个选择：①朝什么方向发展；②怎样解决目前的困扰。前者涉及个人价值的假设，后者关乎个人能力的理解，即相信人是有价值和潜能的（Greene，2008a：114）。需要注意的是，这两项假设结合在一起才是人本主义社会工作所倡导的整全视角；如果把这两项假设分割开来，不是偏向内部心理的分析，就是偏向外部环境的解释。人本主义社会工作强调，社会工作之所以认同人本主义的基本原则，是因为在开创之初社会工作就希望与宗教区分开来，在人的现实生活中追求人文关怀（Rowe，1996：78）。这样，如何在社会工作者的人文关怀中帮助服务对象发掘自我成长的潜能，就成为人本主义社会工作干预策略的焦点。这样的干预策略既涉及服务对象对自己价值的认同，也涉及服务对象学会运用自己的潜能，是在价值的认同中找到现实的途径和方法，在现实的生活中获得价值的认同和提升，其核心是帮助服务对象提高对自己生活的自觉（self-awareness）（Greene，2008a：114－116）。

在具体实施这样的价值干预策略过程中，人本主义社会工作吸收了罗杰斯人本主义心理治疗的观点，把服务过程当作实施社会工作干预的核心，以区别于注重诊断和治疗的医学取向的社会工作服务模式。此外，人本主义社会工作还吸纳了罗杰斯人本主义心理治疗注重个人选择和自我指导（self-direction）的原则，强调由服务对象引领整个服务过程的展开，并且由服务对象决定服务的内容和进程，而社会工作者只是协助者，帮助服务对象在服务的过程中充分发掘自己的潜能，实现个人的成长（Moon，2007）。

（四）关怀服务

对于人本主义社会工作来说，社会工作者与服务对象之间的关系不仅仅是一种服务或者帮助的关系，同时还是一种注重服务对象个人成长发展的关怀的联系，其中包含了社会工作者的关切和用心，就像家庭中的照顾者或者社区中的守卫者，需要用心倾听和关注其他生命的变化（Payne，2011：135）。人本主义社会工作之所以把社会工作视为一种关怀的帮助，是因为在人本主义社会工作看来，社会工作服务具有三个方面的特征。第一，它是一种人际关联的服务。这种服务要求社会工作者与另一个生命建立联系，并且与他一起经历生活中的某个困扰，体会他的自我与生活经验之间的张力。正是因为如此，人本主义社会工作者不能仅仅关注服务对象单个人，同时还需要注意考察一个人与另一个人的关联和体验方式，除了包括社会工作者与服务对象的关联外，同时还包括服务对象与照顾者、家人、邻里以及同伴的关联。说到底，人本主义社会工作是一种有关人际关联的实践（Payne，2011：136－137）。第二，它是一种增能服务。这样的服务不是把社会工作简单地视为给予服务对象某种帮助，而是带动和促使服务对象能力的提升。社会工作者承担的是催化的作用，服务对象才是自己生活改变的行动者和决策者。这样的服务逻辑安排不仅是为了避免服务对象通过社会工作者的帮助出现越帮越弱的现象，也是为了避免因为社会工作者的帮助导致服务对象与周围他人之间冲突的加剧。因此，人本主义社会工作是一种整体关怀视角（holistic caring）的增能服务，既涉及服务对象个人的增能，也涉及服务对象人际支持网络的增能（Payne，2011：137/139）。第三，它是一种伦理的服务。这样的服务要求社会工作者在为服务对象提供帮助时还需要承担伦理的责任，包括尊严的肯定和责任的建立。人与人之间的关系不仅是一种怎样互动和增能的关系，而且涉及为什么需要对这样的互动和增能关系进行考察，它是对什么是合理的互动和增能关系的判断。由此，人本主义社会工作假设，伦理责任是个人社会生活中不可缺少的元素，甚至认为社会工作本身就是一种以集体的方式推进伦理责任的有组织的专业服务。可见，人本主义社会工作对服务的理解与以往的社会工作服务模式不同，不再把关注的焦点放在问题的解决上，而是强调把社会工作服务放在人际关联和增能中来考察，并且增添了伦理维度，注重人与人之间的关怀（Payne，2011：139）。

人本主义社会工作还对关怀的形式做了进一步区分，认为在社会工作专业服务的开展过程中经常涉及两种类型的关怀：关注（caring about）和关心（caring for）。前者强调让他人走进自己的生活，关注他人关注的事情和问题，与他人的主观生活经验联结起来；后者强调走进他人的生活，并且通过日常生活的改善，促进他人自我成长潜能的实现。当然，在实际服务中，这两种关怀的形式都是不可缺少的，而且两者常常交错在一起，无法截然分开（Payne，2011：140）。

人本主义社会工作发现，关怀的服务来自社会工作者与服务对象建立的一种特殊关联，在这种关联中，社会工作者才能够准确了解服务对象的需要，并且能够针对服务对象的需要做出及时的回应。这种关联最核心的特征就是关怀，它不能简化为解决问题的具体步骤和方法；否则，帮助的成效就会大打折扣。人本主义社会工作认为，一旦把服务的过程视为专业技术的运用，就很容易忽视专业服务中的伦理元素，无视服务对象自己的改变愿望和改变经验以及资源运用能力。这样，服务开展的过程也就成为社会工作者运用专业技术迫使服务对象发生改变的过程，失去了对人的价值和发展潜能的关注（Payne，2011：142）。

（五）成长关系

与其他社会工作服务模式不同的是，人本主义社会工作把专业服务关系的建立当作专业干预实施的主要内容，并且视两者为一个过程。人本主义社会工作假设，只要具备良好的环境条件，服务对象个人成长的潜能就能释放出来。这种良好的环境条件包括社会工作者是否能够从服务对象的角度理解他的生活要求，因为服务对象也像其他人一样是依据自己所观察的事实采取某种行动的（Rowe，1996：76）。此外，人本主义社会工作认为，服务对象具有获得他人认同和关爱的基本需要，如果社会工作者在专业服务关系的建立中能够满足服务对象这方面的需要，他的自我就会变得更加开放，而且与生活经验之间的冲突也就能够逐步化解（Rowe，1996：77）。显然，人本主义社会工作采纳了罗杰斯人本主义心理治疗的非直接指导（nondirective）的服务策略，它的干预核心是为服务对象提供一个个人成长的良好环境，让服务对象在这种环境中学会自我成长。

为了与服务对象建立一种成长的关系，人本主义社会工作还把罗杰斯人本主义心理治疗中有关辅导关系建立的基本原则和方法也引入社会工作的实践中，强调社会工作是一种培养和提供关怀态度的服务（Moon，2007）。这种关怀态度包含三个方面的具体内涵：真诚（genuineness）、同理（empathic understanding）和无条件的积极关怀（unconditional positive regard）（Rowe，1996：78）。这里讨论的真诚与人们平时所说的真诚不同，它是指社会工作者的一种内部的心理状况，表明社会工作者愿意并且能够把自己的想法和担心放在一边，以一种开放的姿态与服务对象交流。因此，真诚又被称为开放（openness）、一致（congruence）或者可靠（authenticity）等，它是社会工作者开放自己胸怀的过程（Moon，2007）。同理则是指社会工作者走进服务对象的主观经验世界，从服务对象的角度理解他的生活状况和赋予生活的意义，了解服务对象的真实需要和困扰产生的过程。无条件的积极关怀是指社会工作者不评价服务对象，始终相信服务对象拥有个人成长发展的潜能（Payne，2011：12）。

很显然，在人本主义的逻辑框架中，社会工作者的关怀态度包括两个基本方面——对服务对象主观经验世界的理解和对服务对象改变的信心，而基础则是社会工作者自己的开放态度。人本主义社会工作认为，只要社会工作者在与服务对象的交流过程中能够保持这种关怀的态度，服务对象内心的焦虑和怀疑就会逐渐化解，服务对象个人成长发展的潜能就能够激发出来（Rowe，1996：79）。

尽管人本主义社会工作所倡导的伦理价值、基本原理以及以成长关系建设为核心的关怀服务受到社会工作者的普遍关注，但是它确实与社会工作者的一般工作场景的要求有一定的差别，如人本主义社会工作的服务原则来源于大学这种思想氛围比较宽松的社会环境的实践，而一般的社会工作服务大多与社会弱势群体相关，常常在贫困的家庭和社区中开展，不仅服务环境中充满了不可控制的因素，而且与人们日常生活中的基本需要相关。因此，一旦社会工作者把人本主义社会工作运用到实际的服务中，就会面临很多挑战（Gerwood，1993）。不过，一些社会工作者已经注意到了这个问题，开始尝试把人本主义社会工作的原理推广到其他不同的人群，特别是那些难以开展服务的人群（Patterson，1990）。此外，人本主义社会工作的服务范围也在不断扩展，已经囊括多种类型问题的解决，包括精神分裂症的治疗和焦虑症的辅导等，它正在寻找一种能够与诊断的逻辑框架相结合的服务模式（Rowe，1996：82）。在社会工作者的专业权威方面，人本主义社会工作也做了适当的调整，不再强调社会工作者需要放弃自己的专业权威身份，与服务对象保持绝对的平等，而是注重社会工作者如何运用这种专业权威身份促使服务对象实现个人成长（Rowe，1996：88）。

虽然纯粹运用人本主义社会工作开展专业服务的社会工作者并不多见，但是人本主义社会工作的影响却涉及社会工作的各个方面，不仅包括具体的服务策略、服务技巧以及服务关系的建设等，而且包括服务的伦理价值以及服务的哲学基础等（Greene，2008a：113－114）。因此，可以从两个层面来理解人本主义社会工作：一种是狭义的人本主义社会工作，它是以罗杰斯人本主义心理治疗为基础而提出的具体的社会工作服务模式；另一种是广义的人本主义社会工作，它是指对待社会工作的哲学视角（Payne，2011：2）。对于社会工作者来说，人本主义社会工作的重要贡献是为专业服务的开展提供了一种崭新的现象学的哲学基础，并且开启了专业服务的另一个重要维度——意义，它倡导一种主客观相结合的整体的人本主义视角（Payne，2011：11）。

第二节　存在主义社会工作

一　存在主义社会工作的演变

存在主义社会工作（existential social work）兴起于 20 世纪 60 年代，[①] 由于受到第二次世界大战的冲击，特别是随后的人权运动和反物质主义思潮的影响，人类的生存价值和发展方向成为人们普遍关注的议题，由工业化和现代化带来的物质繁荣背后的价值危机逐渐凸显出来，疏离（alienation）的情绪弥散在整个西方社会中（Krill，2011：197）。存在主义社会工作就是在应对这样的人类生存困扰中产生的，它和以往的社会工作不同，把关注的焦点直接投向人们在日常生活中面临的价值的困扰、方向的迷失和身份感的丧失等关乎人类生存意义的问题（Krill，1996：268－269）。存在主义社会工作认为，疏离情绪反映的是在现代社会生活中人们普遍存在两个基本诉求，即生活的意义在哪里以及自己如何主动参与（Krill，1978：viii）。

因此，存在主义社会工作所要提供的不仅仅是有关某个问题的具体解决策略和方法，同时还是人们生活的基本态度和方式，它是一种哲学的立场，倡导以人文关怀为核心的社会工作专业服务。存在主义社会工作强调，这种以存在主义哲学为基础的注重人文关怀的专业服务不同于以往的社会工作，它具有七个方面的基本特征：①尊重服务对象的个人独特性（the uniqueness of the individual）；②倡导以服务对象为本（client-centered）的服务；③注重服务对象的个人生命意识以及选择和行动的能力；④关注服务对象的生活经验；⑤重视服务对象的个人生活意义、价值和信仰；⑥强调社会工作者的真诚对话和服务对象的积极参与；⑦肯定服务对象在生活遭遇中（suffering）对个人生命承诺（personal commitment）的坚持（Krill，2011：201－202）。显然，存在主义社会工作与人本主义社会工作一样，都受到胡塞尔（Edmund Gustav Albrecht Husserl）的现象学的影响，

---

① 最早有关存在主义社会工作的论述出现在 1962 年，如 Rubin（1962）。

注重个人的主观生活经验和独特性，倡导以服务对象为本的服务方式，但是存在主义社会工作又与人本主义社会工作存在明显的差别，更为关注个人的生活经验解释和个人的生命承诺。

在存在主义社会工作看来，以往的社会工作服务模式治标不治本，只注重个人自我意识和解决问题能力的提升，这种服务方式很容易加剧服务对象的疏离情绪，使服务对象的问题变得更加严重（Krill，1978：xiv）；而存在主义社会工作不同，它直接针对导致服务对象出现问题的疏离的生活状态，倡导一种以服务对象为本并且具有长期治疗成效的服务模式（Krill，2011：179）。因此，存在主义社会工作不仅关注服务对象问题中的价值要素，也强调服务合作关系中的人文关怀的要求，它希望通过对服务对象个人独特性的理解和肯定避免借助"科学"的"客观"分析的方式把服务对象的问题类型化，操纵服务对象（Krill，2011：197）。

尽管到了1962年存在主义社会工作才真正走进社会工作者的视野，而且之后它也没有成为社会工作理论的主流模式之一，但是存在主义社会工作的发展却一直受到社会工作者的关注（Kominkiewicz，2006）。随着存在主义哲学理念的逐步推广，存在主义社会工作已被广泛运用于不同类型的服务对象，包括个人、家庭、小组和社区，它的服务领域已经涵盖个案辅导、家庭治疗、婚姻辅导、社会工作督导和社会工作教育等不同方面，而且不同类型的社会服务机构也都对存在主义社会工作保持开放的态度（Krill，2011：179）。

在存在主义社会工作的发展过程中，有两位重要的影响者：一位是唐纳德·科利尔（Donald Krill），他把存在主义哲学、佛教的禅宗、克里希那穆提的灵性教诲①以及北美印第安人的宗教观点杂糅在一起，把它们运用到社会工作的实践中（Krill，1978：xvii）；另一位是尼尔·汤姆普森（Neil Thompson），他把萨特（Jean-Paul Sartre）的存在主义哲学与社会工作实践直接结合起来（Payne，2005：189）。

（一）唐纳德·科利尔

科利尔目睹了第二次世界大战给人们生活带来的灭顶之灾以及之后西方社会遭遇的价值和信仰的动荡，他在20世纪50年代初就开始关注二战期间兴起的存在主义思想，特别是罗洛·梅（Rollo May）和维克多·弗兰克（Viktor Frankl）的存在主义心理治疗理论；到了20世纪60年代，科利尔开始接触不同类型的家庭治疗模式，试图通过家庭系统的概念将存在主义的理论逻辑框架与社会工作的实践整合起来（Krill，2014）。1967年，科利尔离开了自己工作多年的社会工作办公室，走进美国丹佛大学（the University of Denver）社会工作学院，并始踏上存在主义社会工作的探寻之路（Krill，1978：174）。

科利尔的切身体会让他相信，人们在二战之中以及二战之后遭遇的困扰不是哪一个人或者哪一类人的，而是人们在工业化和现代化的社会生活中必然遭遇的基本困境。科利尔发现，兴起于二战废墟之中的现代存在主义（modern existentialism）是观察和探究这

---

① 基督·克里希那穆提（Jiddu Krishnamuriti）被认为是20世纪最卓越、最伟大的灵性导师，二战之后他的思想影响了整个欧美国家，特别是在西方知识分子中引起很大的反响，科利尔也是其中的一位。

种人类生存困境的有力的哲学视角，因为它直接揭示了人们在现代社会生活中所经历的自我怀疑、孤独、无聊、内疚、愤怒以及焦虑等情绪背后的真正内涵，即人们在生活意义和价值方面遭遇的困扰，主要包括人生发展方向的迷失、个人价值的困扰以及个人身份感的丧失等（Krill，1996：251）。科利尔甚至认为，20 世纪六七十年代所推崇的社会行动也只会增加人们之间的对抗以及对生活的疏离，并不会给人们的生活带来真正的改变（Krill，1978：179－180）。

从 20 世纪 60 年代起，科利尔开始系统地整理存在主义哲学的逻辑框架和基本概念，并尝试从社会工作的立场出发探索存在主义原理的可运用的空间（Krill，1966）以及服务开展的基本原则（Krill，1969）。同时代的探索者还包括约翰·斯特兰奇（John Stretch）（Stretch，1967）、罗伯特·西恩歇穆尔（Robert Sinsheimer）（Sinscheimer，1969）和玛格丽·弗罗伯格（Margery Frohberg）（Frohberg，1967）等人，他们的研究也停留在哲学层面的一般服务原则的探讨上。此外，还有尝试把存在主义原理与个案工作结合在一起的探索和研究（Imre，1970）。

通过对存在主义哲学的梳理科利尔发现，现代存在主义包含四个方面的重要观点：第一，强调个人的自由和独特性，认为这是个人生活的基本价值所在；第二，重视生活的遭遇，把它视为个人成长和意义探寻不可缺少的一部分；第三，关注当下的投入和参与，把它作为个人生活经验和身份建立的来源；第四，注重个人的生命承诺，认为这是个人把握原则和灵活、思考和行动以及关怀和无我（egolessness）平衡发展的关键（Krill，1996：251）。在这些现代存在主义的观点中科利尔看到了一种崭新的社会工作视角，它既有别于强调本能冲动的心理动力学派，也不同于注重环境决定影响的行为主义理论，而是关注特定生活遭遇中个人的尊严和独特性（Krill，2011：180）。这样，服务对象就被视为和其他人一样具有理解和改变自己生活的能力，不仅受到周围环境的影响，也在影响周围环境（Payne，2005：182）。

到了 20 世纪 70 年代，科利尔开始系统地整理存在主义社会工作的实践经验，他吸收了柯尔克·布兰德福德（Kirk Bradford）和戴维德·威斯（David Weiss）等人有关存在主义社会工作的研究成果（Krill，2011：184），并且在 1978 年正式出版了《存在主义社会工作》（*Existential social work*）一书，第一次把存在主义和社会工作联结起来，视存在主义社会工作为社会工作的一项重要理论视角。[①] 之后，科利尔又进一步研究了存在主义和心理治疗的关联。[②] 到了 20 世纪 90 年代，科利尔把关注的焦点放在了如何通过服务将自我觉醒（self-awareness）、哲学思辨和服务治疗关系三者整合起来，在生活的经验中寻找生活的意义和成长的方式，扩展服务的成效，他称之为实践的智慧（practice wisdom）。[③] 值得注意的是，此时的存在主义社会工作已经从原来的一般原则的考察延伸到具体的社会工作服务的运用，包括受虐儿童的辅导（Brown，1980）、社会工作教育（Swaine & Baird，1977）以及跨文化的辅导咨询等不同方面（Vontress，1979）。

---

① 参见 Krill（1978）。
② 参见 Krill（1986）。
③ 参见 Krill（1990）。

　　科利尔认为，现代存在主义为社会工作提供的不仅仅是一套严谨的逻辑概念，更为重要的是，它倡导一种崭新的生活视角，这种视角与以往的社会工作根本不同，以个人的主观现实为基础，注重日常生活的个人联结、投入和意义的寻找，以抗争现代社会生活中的疏离感受和意义困扰（Krill，1978：xvi - xvii）。依据这样的视角，社会工作的整个服务过程和服务要素都需要重新审视和调整，包括怎样理解服务中经常遇到的问题、健康和改变等现象以及服务的基本要素和过程，甚至社会工作者自身的定位和作用也需要重新反思，其中必然涉及对社会工作者的权力、理性的掌控以及乌托邦式的理想的质疑和警觉（Krill，1978：xv）。科利尔发现，存在主义社会工作的核心是帮助服务对象在困扰和疏离中学会重新投入自己的生活，并且借助理性让自己在生活的经验中找到意义和方向，这是一种以当下互动为焦点的人际关系的理解视角（a present-focused interpersonal understanding）。这种视角有别于注重内心理解和探索的存在主义心理学和心理治疗（Krill，1978：xv - xvi）。

　　在科利尔看来，存在主义对心理治疗的影响要比社会工作广得多，主要包括四个学派：一是精神分析学派，如路德维希·宾斯旺格（Ludwig Binswanger）和罗洛·梅等，强调服务对象具有自己理解世界的独特视角；二是意识提升取向的学派（the awareness-oriented group），包括亚伯拉罕·马斯洛、卡尔·罗杰斯、凯伦·霍妮（Karen Horney）和艾瑞克·弗洛姆（Eric Fromm）等，他们关注服务对象个人拥有潜能的发掘和调动；三是现实取向的学派（the reality-oriented group），这一学派的代表人物有维克多·弗兰克（Victor Frankl）和艾尔伯特·艾里斯（Albert Ellis）等，他们注重个人的价值信仰、行动选择和责任承担；四是人际学派（the interpersonal group），像短期治疗（brief therapy）和策略治疗（strategy therapy）等就是这一学派的代表，他们侧重从人际互动的关联中理解服务对象的选择和回应方式（Krill，1978：93 - 94）。这四个学派都成为科利尔总结和推广存在主义社会工作的重要思想来源。就社会工作来说，科利尔认为，在兰克思想影响下发展出来的社会工作早期的功能理论就具有很丰富的存在主义的理念和逻辑（Krill，1996：255）。不过，功能理论背后的存在主义逻辑并没有受到社会工作者的足够重视，只有极少的社会工作者继续沿着兰克提供的逻辑框架做进一步的深入探索（Kramer，1995：198）。

（二）尼尔·汤姆普森

　　在20世纪90年代，另一位学者的有关存在主义社会工作的研究也受到社会工作者的关注，他就是汤姆普森。汤姆普森的研究策略与科利尔不同，他直接从当时的法国存在主义哲学家让 - 保罗·萨特那里引入存在主义的基本逻辑框架，特别是其中有关"存在"（being）和"虚无"（nothingness）的论述，并把萨特的这些存在主义思想与社会工作的实践过程联结起来，阐述存在主义社会工作的基本原则和策略（Payne，2005：182）。

　　汤姆普森从个人的存在方式入手，把个人的生活方式分为两种：自然的存在（being-in-itself）和自为的存在（being-for-itself）。前者指个人没有意识的生活，是一种自然的生活状态；后者指个人有意识的生活，是一种运用理性主动介入的生活状态（Thompson，

1992：24）。在汤姆普森看来，每个人都有意识的能力，都能够把自己的注意力集中在生活的某个方面或者某件事情上，对此进行仔细的观察和分析，并对未来的生活做出自觉的调整和安排。因此，社会工作者没有必要也无法为服务对象的未来生活做出规划和安排。正是基于这样的逻辑，汤姆普森认为无论心理动力学派还是行为主义理论都忽视了一个重要事实：人有为自己的生活安排和行动的能力，而这恰恰是存在主义社会工作希望为服务对象和社会工作者找回的东西（Payne，2005：183）。

汤姆普森还吸收了萨特的"虚无"概念，强调人在有意识的生活方式面前就有了自由选择和自由行动的能力，这种能力能够保证个人冲破现有的事实，把注意力投向未来还没有确定的生活。正是因为如此，一旦选择和行动走进了个人的生活，个人面对的就不仅仅是生活的改变和成功，同时还伴随选择的焦虑和失败。汤姆普森强调，个人选择的自由和责任是并存的，两者无法分开，如果个人做出了某种选择，他必然需要面对选择的结果，承担因选择带来的周围环境改变的责任。这样的选择自然也是生活的负担，尤其在个人成长的关键阶段，因选择给人带来的压力表现得更为明显。因此，为了放弃选择的负担，个人就会形成各种消极的信条（bad faith），规避因选择带来的责任（Thompson，1992：47）。

在汤姆普森看来，社会工作服务的着手点就在于消除这些消极的信条，让服务对象能够找到合适的理解和应对周围环境的方法，重新看到并且能够承担自己选择和行动的自由，体验到自身拥有的对自己和社会的影响和改变的能力。不过，汤姆普森与科利尔不同，他认为人的这种影响和改变能力不仅表现在个人生活的层面，也表现在集体生活的层面，即通过增强集体成员之间的凝聚力（solidarity），提升集体的影响和改变生活的能力。他称这种凝聚力为集体的责任感（collective responsibility）（Thompson，1992：48 - 49）。

汤姆普森在整理和总结萨特的存在主义理论逻辑框架之后，针对社会工作实践的特点提出了存在主义社会工作的基本原则：①从服务对象能够做出选择的方面入手，帮助服务对象做出行动的改变，避免把服务对象视为无法改变的；②转变服务对象的消极感受和信条为积极的感受和信条，提升服务对象的自信和选择能力；③帮助服务对象学会运用自己的能力改变自己和周围他人的生活，建立起生活的真实感（authenticity）；④一旦个人责任感建立起来之后，就可以帮助服务对象学习承担家庭或者其他群体的集体责任；⑤学会接纳和认可服务对象个人的感受，并且与服务对象一起经历责任承担的过程；⑥观察服务对象的冲突表现的不同方面，深入了解服务对象在选择中拥有的自由和需要承担的责任。汤姆普森强调，社会工作的目标就是帮助服务对象在不断变化的生活中学会成长，而选择的自由和责任是个人成长的基础（Thompson，1992：146 - 187）。

除了汤姆普森之外，90 年代还有不少其他社会工作者也投入存在主义社会工作的发展中，存在主义社会工作也因此获得了长足的进步，不仅延伸到临床的深度治疗服务中，如医务社会工作中的康复服务（Nilsson, Jansson, & Norberg, 1999）、临床社会工作的个案辅导（Klugman, 1997）、药物依赖的戒除（Ford, 1996）、战争创伤的治疗（Lantz & Greenlee, 1990）、婚姻辅导（Lantz, 1999）和家庭治疗等（Lantz, 1987），而且扩展到许多不同的社会工作服务领域，如儿童服务（Brown, 1980）、青少年服务（Hacker, 1994）、老年服务（Brown & Romanchuk，1994）、社会工作督导（Walsh，1999）、社会工作评估（Lantz & Kondrat，1997）和社会工作教育等（Dean & Fenby，1989）。实际上，存在主义社会工作的影响远不局限于此，虽然直接称呼自己是存在主义社会工作者的并不多见，但是很多新的社会工作服务模式都引入了存在主义社会工作的某些核心概念和服务原则，如强调选择和行动、注重当下的投入和对话、关注服务的个别化、倡导个人与周围他人的联结，以及把社会工作者视为充满人文关怀的合作者等（Krill，2011：185）。值得注意的是，正是由于存在主义社会工作强调对人的生存意义的理解和把握，灵性（soul）成为社会工作者开拓服务和建构理论不可忽视的重要组成部分。不过，存在主义社会工作所说的灵性与20世纪八九十年代兴起的灵性社会工作（spiritual social work）所关注的灵性（spirituality）还是有所不同的，前者侧重个人与周围他人或者周围环境的交流体验，后者强调与更高层次生命象征（如上帝、天等）的交流体验（Krill，2011：181）。

尽管存在主义社会工作有了近60年的发展，而且存在主义哲学思想的影响也越来越广，但是迄今为止，存在主义社会工作仍没有成为主流的社会工作实践模式和理论流派之一（Payne，2005：185）。存在主义社会工作在推展过程中之所以处于这样的尴尬境地，主要与其自身存在的两个方面的不足有着密切的关系。首先，存在主义社会工作所使用的概念太抽象，更像哲学逻辑的梳理，而社会工作追求实际问题的解决，注重逻辑建构的实用性。这样的差别就导致存在主义社会工作很难与社会工作者的实际工作场景和具体的工作要求联系起来。其次，存在主义社会工作提供的是一种崭新的观察视角，但是它缺乏必要的可以操作的方法和技巧，这样就使更多的社会工作者愿意吸收存在主义社会工作的某些概念和原则，与自己的实际工作结合起来，而不是接纳整个存在主义社会工作，把它作为自己工作开展的基本逻辑框架（Krill，2011：179－180）。此外，存在主义社会工作对社会结构因素和个人理性重要性的忽视也引起许多社会工作者的不满和质疑（Payne，2005：190）。

二 存在主义社会工作的理论框架

存在主义社会工作的逻辑框架建立在这样一项基本理论假设基础之上：人生活在经验世界中（being-in-the-world）。虽然存在主义社会工作与人本主义社会工作一样，都认同人生活在现象世界中，离不开个人的理解和解释，但存在主义社会工作把关注的焦点放在了个人与周围他人的联结和相互影响上，即个人的存在（being），认为个人无法与周围他人分割开来，他们一起构成个人生命意义寻找和实现的具体过程，而无论个人如何成长，都只是这种过程中的遭遇（Krill，1978：39）。

（一）过程身份（process identity）

在存在主义社会工作看来，个人与周围环境之间永远处在一种相互影响的互动过程中，一方面周围环境的变化向个人提出具体的要求和挑战；另一方面个人又会在特定的环境中产生特定的需要以及对实现这种需要的可能性的认识。个人就是在这样的生活张力中不断回应周围环境的要求的。存在主义社会工作称这样的生存状态为个人的回应性

（being activity）（Krill，1978：38）。存在主义社会工作认为，个人的这种回应能力并不是来自个人的本能，也不局限于个人内部的某种心理状况，而是个人在特定的处境中与周围环境互动过程中激发出来的能力，它涉及个人对自己的需求、潜力和限制的认识和把握，是个人在特定生活场景中对各种影响力量所做的一种创造和整合的回应（creative-integrative process），即个人独特的生活方式（a unique individual human life）（Krill，1978：83－84）。

尽管这种创造和整合的回应有时是无意识的，但是存在主义社会工作认为，每个人对自己的生活都有不同程度的意识，都能够对自己的创造和整合的回应过程进行观察、反思和呈现，形成生活经验的意义解释（Krill，1978：39）。因此，存在主义社会工作强调，个人与周围环境的互动过程也是个人寻找生活的意义过程，它不仅与个人的创造和整合的回应能力有关，也与个人所经历的生活场景相连，是个人寻求成长发展的过程（Krill，1978：85）。正是基于这样的逻辑思考，存在主义社会工作假设：个人存在的需要就是个人维持发展的要求。这样的发展要求总是未来指向的，不完全局限于个人目前的生活状况，与个人还没有实现而又想实现的目标相关联（Krill，1978：86）。这样，个人的意识也就具备了自由选择的功能，能够通过选择超越目前生活中的困扰和局限，实现自己的生活意义。存在主义社会工作把个人成长发展过程中的这种选择意识称为过程意识（process-awareness）（Krill，1978：26－27）。

显然，在存在主义社会工作看来，个人的过程意识源于个人与周围环境的互动过程，是一种扎根于过程（process-rooted）中的意识，它与传统社会工作所倡导的自我中（ego-rooted）的意识不同，无法仅仅通过增强个人的自我意识这种方式实现满意幸福的生活（Krill，1978：22）。存在主义社会工作认为，以往社会工作之所以强调自我中的意识，是因为他们深信一种现代社会生活中盛行的实用事实（pragmatic truth），即通过"客观"的观察和分析并且借助"理性"的思考和推论找到现象背后的事实。存在主义社会工作强调，这样的理解方式只会促使观察者把自身置于生活之外考察生活，注重个人的"科学"分析能力和"理性"应对能力，而忽视个人的自由选择和对未来生活规划的要求。因此，存在主义社会工作坚信，以往社会工作所依据的实用事实只是个人生活中的部分事实，如果以这样的部分事实开展服务，只会导致对生活采取控制和操纵的应对策略，这样不仅不能够促进个人的成长，反而加速个人与周围环境的对抗（Krill，1978：27）。针对传统社会工作这样的困境，存在主义社会工作提出了过程中的意识这个概念，它首先注重的是个人与生活的联结及对生活的投入，让个人在生活的过程中体会个人复杂的生活意义寻找过程，培养个人对当下生活限制的把握和超越的能力（Krill，1978：22）。

为了提升个人的警觉意识，存在主义社会工作还对自我中的意识这个概念背后的逻辑做了进一步的梳理和分析，认为这个概念依据的是"我－过程"（I-process）的基本观察框架，即把生活的事件和过程视为个人意识观察的对象，并且借助个人的理性分析能力把控生活的安排和进程。存在主义社会工作强调，这样的观察视角必然注重自我意识中的选择、评估、判断和指导行为的能力，并且视自我为个人的一部分功能，而随着个人的成熟，个人的自我意识能够囊括的范围扩大，掌控的能力提高（Krill，1978：27）。

不过，存在主义社会工作发现，一旦个人以这种"我－过程"的观察框架应对日常生活中遭遇的困扰，就会把生活的意义、个人的价值和尊严等同于个人自我意识的掌控能力，把生活中无法掌控的视为对自己身份的挑战，内心就会出现害怕、担心等负面的情绪；相反，对于自己能够掌控的就会感到欣慰，并且努力设法维持这样的愉快感受。存在主义社会工作强调，"我－过程"这种观察框架的基本困境就在于：对无法掌控的担心会刺激对掌控的追求，对掌控的追求又会增加对无法掌控的担心，最后会导致个人与周围环境的对抗和疏离（Krill，1978：41）。

存在主义社会工作发现，在应对环境的对抗和疏离过程中，每个人都会形成自己的应对策略，其中常见的有顺从（conformity）、寻求激情（passion）和理性化（rationalization）三种类型。借助这些应对策略，个人就能够暂时回避因不断变化的周围环境对个人尊严和价值提出的挑战（Krill，1978：44）。当然，这同时也导致了个人意识与自己生活经验的疏离，使个人越来越沉浸在自己的思维逻辑中。存在主义社会工作强调，如果像以往社会工作那样只注重提升个人自我中的意识，加强个人掌控自己生活的能力，从表面看，通过社会工作的服务个人确实提高了解决目前问题的能力，但实际上，个人对自己生活经验的排斥会进一步加剧，面临的困扰也会进一步加重（Krill，1978：28）。因此，存在主义社会工作希望提出另一种完全不同的服务策略，它不是关于如何加强个人自我的意识，而是让个人能够走进自己的生活处境中，将个人的意识融入与周围环境的互动关联过程中。这样，作为个人首先要做的是接纳生活中的对抗和疏离，学会承担在应对周围环境挑战过程中的责任，把个人的价值和尊严放在个人选择和行动的自由上（Krill，1978：47）。正是基于这样的理论逻辑思考，存在主义社会工作所说的接纳既不同于一般社会工作理论所倡导的对个人价值的接纳，也不同于人本主义社会工作在实务开展过程所推崇的对个人无条件的关怀，而是注重个人与周围环境之间的联结以及对自己选择和行动自由的承担。说到底，它是个人在生活过程中对自身生活经验的意识，是一种过程意识（Krill，1978：46）。

通过进一步深入实践，存在主义社会工作注意到，这种过程意识给个人带来的不仅是对生活中的好与坏、高兴与悲伤等生活两面性的接纳，而且能够让个人体会到与周围环境的内在联结，形成一种双赢、共享的过程身份（Krill，1978：47）。存在主义社会工作强调，这种过程身份依据的就不是实用事实，也不局限于弗洛伊德精神分析学派所说的个人需要的满足，而是呈现个人与周围环境互动交流过程中的真实逻辑，让个人能够穿透现实看到未来的变化，并且承担起自己选择和行动的责任（Krill，1978：28）。

在存在主义社会工作看来，个人过程身份的一个显著特征就是个人的意识中同时包含了无我（egolessness）和自我超越（ego transcendence）的要素。所谓无我，并不是指不思不想，而是放弃以往那种只从个人的自我来观察、分析和掌控周围环境变化的方式，学会首先融入生活的过程中，接纳周围环境的变化，减少先入为主的个人自我的意识，把个人的意识视为仅仅是促进个人成长变化过程中的一部分力量（Krill，1978：28－29）。存在主义社会工作认为，这是一种辩证的逻辑，一个人越能够尊重别人的意愿，他在生活中的主动性也就越强；相反，一个人越想突出自己的意愿，他在生活中遭遇到的限制也就越多（Krill，1978：45）。因此，存在主义社会工作强调，这种无我的意识状态让个人能够深深地扎根于日常生活中，体会到与强调自我分析和掌控能力不同的另一种生活的智慧。存在主义社会工作称这种智慧为宇宙自然的智慧（the natural wisdom of the universe），或者为无我的智慧（no-mind）（Krill，1978：31）。

显然，存在主义社会工作之所以引入东方哲学中的无我的概念，是因为看到了另一条更为积极的探索个人意识的路径，这条路径不同于以往社会工作所采取的直接加强自我意识的探索方式，而是通过放弃个人意识中先入为主的东西让个人直接面对生活中的未知，从而为个人意识的提升腾出更大的拓展空间（Krill，1978：32）。这样，存在主义社会工作就把无我和自我超越这两个概念紧密联结起来，认为自我超越是个人对生活中如何挖掘和运用自身创造能力的了解和把握，它包含两个基本的内涵：一是对自身创造能力（creative power）的体验，即在特定处境中根据实际场景的要求突破目前生活中的限制，找到解决困扰的具体方法（Krill，1978：33）；二是对自身生命关怀能力的接纳（love generation acceptance），即在经历了失败、困惑和无望等生命限制的过程中体验到自身内在的对生命的渴望，找到困境中生命意义所在（Krill，1978：34）。存在主义社会工作强调，放弃旧的自我的过程与建立更深层的新的自我的过程是同步的，在这个过程中无我和自我超越相互转化，让个人体验到更深层次的生命内涵（Krill，1978：35）。

因此，存在主义社会工作把个人在生活中遭遇的限制视为个人过程身份形成过程中必然需要面对的挑战，它帮助个人学会在与周围环境的互动过程中驾驭生活的变化，而不是直接指导和掌控生活的改变。在个人过程身份的转变过程中，存在主义社会工作声称，个人所要扮演的角色更像跟随者（follower），不是领导者（leader）（Krill，1978：91），其背后所依据的基本观察框架是"我–你"（I-Thou），即把周围他人视为拥有与自己不同的生活经验和价值尊严的个人，只有通过与周围他人的对话和交流，才能找到应对生活挑战的方法（Krill，1978：35）。

（二）主观意识（subjectivity）

与个人过程身份紧密相关的还有另一个重要概念，就是个人的主观意识。在存在主义社会工作看来，尽管每个人的主观意识各不相同，但是它们都能够对个人的生活经验进行感知和意义解释，认识到生活中的局限，并且设法通过有效的独特回应找到超越困境的方法，与周围环境建立起某种独特的关联（Krill，2011：181）。因此，存在主义社会工作认为，在日常生活中个人的主观意识总是需要面对某种生活的局限，受到来自外部世界的挑战，如命运的起伏、痛苦的遭遇、病疼和死亡等，这些挑战恰恰为个人拥有选择的自由和责任提供了生活的基础（Krill，1996：252）。显然，在存在主义社会工作的逻辑框架中，个人的主观意识不仅仅是一种认知层面的意识活动，同时还包含个人在特定处境中对周围环境挑战的回应，它既涉及对个人生活局限的认识，也包括对个人潜能的了解，是个人依据自己的观察视角对周围环境的挑战做出的判断、选择和回应（Krill，1996：252 - 253）。值得注意的是，存在主义社会工作强调，对个人主观意识的考察不能够与外部世界的挑战割裂开来，它们之间始终处于一种相互制约、相互影响的过程中。

正是在这样一种个人内部世界和外部世界的不断对话过程中，个人独特的生活方式才能形成（Krill，2011：181－182）。

这样，生活的局限和遭遇就成为个人潜能得以调动和发挥的重要契机。不过，存在主义社会工作并没有把个人潜能的挖掘和发挥视为一件轻而易举的事情，因为在存在主义社会工作看来，个人拥有选择自由，也就意味着需要承担选择的责任，为选择的后果负责，而且由于个人无法完全掌握生活的真谛，就会出现伤害自己或者周围他人的结果，这些不愉快的结果同样也需要选择者承担（Krill，2011：182）。因此，存在主义社会工作把选择视为一种负担，认为只有当一个人能够承担起选择负担的责任时，才能体验到特定生活场景中更深层次的生活的真实，这种真实必须借助个人的投入和参与才能把握（Krill，1996：253）。

存在主义社会工作假设，每个人的人格都具备两种最基本也是最核心的能力：一种是整合创造的能力（an integrating，creative force），这种能力能够帮助个人将特定场景中的有关经验、潜能和机会等不同方面的信息整合起来，为个人的成长提供线索和指导，保证个人能够找到应对生活困扰的具体策略和方法；另一种是生活转变的能力（the capacity to shift life style），这种能力意味着个人的改变是跳跃式的，发生在特定的与周围环境的互动对话过程中，它让个人找到新的生活意义的解释，体验到更深层次的生活的真实（Krill，2011：190）。

存在主义社会工作认为，个人的整合创造和生活转变这两种能力实际上体现了个人人格的一项重要功能——超越冲突（conflict-free），即能够将个人生活中的不同方面甚至相互冲突的经验联结起来，找到新的相互整合的方式。不过，需要注意的是，存在主义社会工作所说的个人人格的超越冲突的功能与自我心理学视角的社会工作所强调的自我统合的功能是不同的，它有两个显著的特征：第一，超越性（transcendence），即通过不同经验的整合超越目前生活场景中呈现的限制，使个人能够体验到更深层次的生活的真实感；第二，选择性（free choice），即通过选择责任的承担和对目前生活处境中挑战的回应，提升个人自由选择的能力。存在主义社会工作强调，即使是深陷困扰的个人，也不只是周围环境中各种影响力量的被动接受者，他同样也具备这种超越冲突的能力。因此，在存在主义社会工作看来，所谓的问题并不是个人成长受到了阻碍，而是个人选择了一条可以放弃选择责任的虚幻的成长途径（Krill，2011：190）。

可见，在存在主义社会工作的逻辑框架中，个人主观意识具有一种挣脱目前生活束缚的力量，它使个人拥有不断成长改变的潜能，并且通过与当下周围环境的不断对话帮助个人找到成长的方向和路径（Krill，2011：190）。不过，一旦个人为了安全感和个人身份认同的要求放弃选择，他也会有自己的解释，形成一套存在主义社会工作所称的消极信念（bad faith）。这套消极信念常常为个人如何进行自我防卫和掌控他人提供各种"合理"的解释，甚至还包括对自己身份的幻想，具有刻板（rigidity）、防卫（defensive）等特点（Krill，2011：189－190）。存在主义社会工作强调，对个人消极信念的理解不能仅仅考察个人身份认同的外部压力，如家人的期望、朋友的看法等，同时还包括个人的热情，如对个人某种身份的渴望和迷恋等，它也是促使个人消极信念形成不可缺少的支撑

（Krill, 2011：190）；而且，存在主义社会工作认为，个人的消极信念也具有某种积极的功能，特别是在困难的处境中，它能够减轻外部环境给个人心理带来的压力，帮助个人把注意力集中在那些维持生活仍旧需要的方面（Krill, 2011：191）。值得注意的是，存在主义社会工作在讨论个人的主观意识时，总是把它与另一个重要概念放在一起，就是与他人的内在关联（the bond with others）。

（三）与他人的内在关联

存在主义社会工作尽管非常关注个人的生活经历和主观体验，但是同时也强调个人与周围他人的内在关联，认为个人的成长离不开与周围他人的交流以及对周围他人需要的尊重和回应，包括与周围他人分享个人选择的自由和责任，从而获得相互的理解和支持（Krill, 1996：253）。存在主义社会工作发现，对个人选择自由的坚持通常会对人们现存的行为习惯、生活规则甚至价值原则提出挑战，增加人们的不安全感，因此，对于个人的成长来说，周围他人的理解，特别是重要周围他人的支持非常重要，它是个人能够承担选择负担的重要支持（Krill, 2011：182）。存在主义社会工作强调，虽然一个人无法完全理解另一个人的主观经验世界，相互之间总会出现某种理解的偏差，但是个人可以对自己的生活经验以及周围他人的生活经验保持开放的态度，尊重周围他人的个人选择和意义解释，欣赏各自的独特性，而不是运用某种"正义"的借口把周围他人作为实现自己目标的工具。因此，存在主义社会工作推崇一种具有超越个人局限的选择自由，称之为存在自由（existential freedom），这种选择自由能够帮助个人从自我的意识观察中心的束缚中解脱出来，建立一种扎根于经验过程中的"我－你"的基本观察视角（Krill, 1996：254）。显然，在存在主义社会工作的逻辑框架中，建立与他人的内在关联是个人确立过程身份和提升个人主观意识必不可少的组成部分。

需要注意的是，存在主义社会工作所说的与他人的内在关联是以人际互动理论和系统思想为基础的，不同于仅仅从个人内部心理需要角度所做的解释，像心理动力视角所说的适应环境的要求，或者人本主义社会工作所强调的自我实现的需要等，都只是以个人为中心来理解与周围他人的关联，并没有真正把个人放到与周围他人的互动过程中来考察个人的成长要求。存在主义社会工作称这样一种在过程中与周围他人的关联方式为禅宗式的关联（zen realization），即个人投入互动的过程中并且从中找到与周围他人的积极的意义联系（Krill, 1978：101）。

为了进一步说明个人与周围他人的关联方式，存在主义社会工作将重要周围他人从个人的社会关系中单独列举出来，把它作为培养个人过程身份的考察重点，提出重要周围他人系统的观察视角（the significant-other-system perspective）（Krill, 1978：100－101）。存在主义社会工作发现，个人身份的形成与个人的重要周围他人系统有着密切的关系，像家人、亲属和朋友等这些重要周围他人对个人身份的确定和改变有着重要的影响，不仅在个人成长的儿童、青少年时期发挥着极其重要的作用，而且即使在个人成年之后，也会对个人身份的调整和改变产生重要的影响，特别是当个人的生活中有了新的重要周围他人时，这种影响就更为明显。存在主义社会工作甚至认为，个人的身份总是与当下的重要周围他人系统相互影响的，它们本身就是一个更大的系统（Krill，1978：104－105）。

借助个人身份与重要周围他人系统这个联结纽带，存在主义社会工作就将个人的内部心理与外部环境紧密结合了起来。就个人的内部心理而言，存在主义社会工作把个人的心理机制分为三个相互影响的不同层面，即存在主义社会工作所说的"A－B－C"，"A"是 awareness 的缩写，代表个人对当下环境的综合理解，包括个人可以做什么样的选择的把握；"B"是 behavior 的缩写，它是指个人根据自己的综合理解对环境挑战所采取的回应行为；"C"代表 communication，意思是指个人在行动中与周围他人沟通，并且通过了解周围他人的反馈及时调整自己的理解和行为（Krill，1978：102）。这样，个人身份的形成就变成一个与周围他人不断对话的过程，它始终处在回应周围环境挑战的过程中。就个人的外部环境来说，它也包括相互影响的四个不同层面，即重要周围他人系统、一般周围他人系统、自然的物质环境和信息环境。当然，在存在主义社会工作看来，其中的重要周围他人系统对个人身份的影响最为直接，也最为重要（Krill，1978：101）。

存在主义社会工作认为，只有把个人放在重要周围他人系统中考察时，个人与周围环境之间的相互影响过程才能真正充分地呈现出来，个人的生活经验和主观意识才能被社会工作者理解（Krill，1978：103）。为此，存在主义社会工作还提出了观察和评估个人生活状况的基本逻辑框架，它包括五个方面的内容：①重要周围他人系统，如重要周围他人系统包括哪些人、他们之间是如何相互影响的以及他们又是怎样维持这样的互动方式的；②影响重要周围他人的外部系统，涉及重要周围他人的经济、工作、学习以及亲属朋友交往的状况等；③个人信念系统，如个人寻求帮助时的态度、看法、有关现实的判断和自我价值的肯定方式以及个人身份的确认方式等；④个人回避系统（the avoidance system），涉及个人如何运用不同的解释应对因个人身份面临威胁而带来的内心紧张和不安；⑤个人信念系统和回避系统与重要周围他人系统之间的互动，如面临周围环境的挑战时，个人采取了什么样的应对行为、他与重要周围他人是如何沟通的、在沟通中他又是如何处理反馈的信息和调整自己的行为方式的，等等（Krill，1978：106－107）。显然，借助这五个方面的考察，存在主义社会工作希望社会工作者在服务的过程中能够把个人与周围环境紧密联系在一起。

（四）现代社会生活中的疏离问题

存在主义社会工作关注的重点是人们与自己生活的疏离，认为人们在现代社会生活中遇到的精神方面的困扰都源于这种疏离感受，而这种疏离感受反映的核心是个人安全需求和成长需求之间的冲突。存在主义社会工作假设，人们一方面希望获得他人的认同，特别是重要周围他人的肯定，减少个人身份冲突的危险，表现为个人的现实感；另一方面又希望找到个人成长发展的空间，发挥个人的潜能，体现为个人的价值感。这样，两者就会不断处于冲突之中（Krill，1978：1－2）。存在主义社会工作强调，由于人们的个人心理需要总是发生在与周围他人的互动过程中，因此不可避免地受到社会因素的影响，而社会为了保障社会生活有序进行，通常会采取诱导（seduction）或者强制（oppression）

的方式让人们遵守社会生活的行为规则和价值原则，例如，倡导物质消费享受的观念，或者推崇个人生活的理性管理能力等，减弱个人对成长选择自由和责任的意识；当然，社会也可以通过强调问题中个人的原因等方式让人们怀疑自己的选择能力，放弃个人选择的自由和责任（Krill, 1978: 2）。

在实际的服务过程中存在主义社会工作发现，一旦人们认为自己的困扰是由心理和社会两个方面的原因造成的，就会采取治疗补救或者能力提升的方式应对，强调运用社会改变和心理治疗的服务策略，但实际上，人们遇到问题时，通常还涉及另一个层面的困扰，即灵性层面（spiritual dimension）的困扰，这一层面困扰的解答就无法借助周围他人或者专业人士的直接指导，而需要凭借服务对象个人的投入、参与和选择，提升个人的选择自由和责任的意识（Krill, 1978: 2 - 3）。正因为如此，存在主义社会工作指出，个人的疏离感受体现在心理、社会和灵性三个不同的生活层面，社会工作者不能只关注个人的心理和社会两个层面的影响因素（Krill, 1978: 1）。

存在主义社会工作坚信，人们遭遇的所有情绪困扰都可以理解成某种疏离感受的呈现方式，如担心与周围他人关系的破裂，或者害怕与重要周围他人发生冲突以及不满自己在他人面前的表现等，背后反映的都是个人与周围他人之间的价值理念的冲突（Krill, 1978: 108）。存在主义社会工作还把造成个人出现疏离感受的主要原因概括为四类：一是重要周围他人的忽视，包括对个人缺乏足够的关心和照顾、不关注个人的独特性或者只把个人作为实现目标的工具等；二是价值冲突的回避，即在日常的沟通交流过程中沟通双方有意或者无意地回避彼此之间的价值冲突，使沟通无法深入；三是个人价值的迷失，涉及个人生活意义的缺失、个人发展方向的困惑以及个人参与生活的热情不高等；四是重要周围他人的消失，即重要周围他人因某种原因离世或者失去联系，而个人又无法建立起新的重要周围他人系统，导致个人与重要周围他人交流的缺失（Krill, 1978: 108 - 109）。需要注意的是，存在主义社会工作所说的重要周围他人不仅包括直接交流的家人、亲属和朋友等重要周围他人，同时还包括虽然直接交流不多但心理上高度认同的重要周围他人以及自己内心想象的榜样（Krill, 1978: 107）。

与以往社会工作的理论逻辑不同，存在主义社会工作认为，作为社会工作者他的首要任务不是通过分析问题的症状表现帮助服务对象界定问题或者寻找能力，而是通过考察问题症状的表现理解服务对象在成长发展中所受的阻碍，然后设法协助服务对象打通成长发展的渠道，让服务对象尽快重新回到自己的日常生活中，学会运用自身拥有的能力和周围环境中的资源解决成长中遭遇的困难，避免依赖像社会工作者这样的短期的重要周围他人的帮助（Krill, 1978: 119）。存在主义社会工作强调，服务对象之所以感受到个人成长受到阻碍，是因为有两个相互影响的刺激因素：一是对周围他人或者环境的控制要求；二是无效的尝试结果。这两个因素相互强化，最终导致服务对象无法把握自己成长发展的要求。因此，存在主义社会工作要求社会工作者从两个方面来考察服务对象的困扰——个人的心理机制和个人的人际互动机制，前者涉及自我怜悯、自我主导等先入为主的个人偏见；后者涉及责备、专横等无效的控制他人的行为（Krill, 1978: 120）。

存在主义社会工作提醒社会工作者，在了解服务对象的需求过程中如果运用类型化的评估方式，就很容易促使社会工作者只关注服务对象的一般化的服务需要，依据服务对象的个人生活史、症状表现和精神健康状况等"客观"的诊断资料制订标准化的服务方案。这样的需求评估方式不仅忽视了服务对象的独特性，也使服务对象处于"病人"的位置，强化服务对象的问题（Krill，1996：267）。存在主义社会工作强调，它所推崇的服务对象的需求评估方式既不同于精神分析学派，也不同于行为主义学派，关注服务对象个人生活经验中的主观意义和个人独特的生活风格，包括对自己身份的积极的和消极的看法以及这些看法影响个人需求满足的具体方式和过程（Krill，2011：193）。不过，需要注意的是，虽然存在主义社会工作注重考察个人独特的生活经验和意义解释，但是这并不意味着只需要关注服务对象个人。在存在主义社会工作看来，与周围他人，特别是重要周围他人的交流，是社会工作者了解服务对象需求不可缺少的重要内容之一。存在主义社会工作甚至认为，与具有不同生活经验和主观意义解释的周围他人的交流方式本身就是服务对象独特生活视角和风格的一部分，它表明既不可以把服务对象的困扰理解成服务对象的问题，视服务对象为全部责任的承担者，也不可以把服务对象的困扰理解成周围环境的问题，视服务对象为环境问题的受害者（Krill，2011：193）。

　　显然，在服务对象的需求评估过程中，存在主义社会工作把关注焦点放在了服务对象目前生活方式的考察上，认为只有通过目前生活方式的观察，才能理解服务对象个人身份形成的具体过程，把握服务对象个人独特的生活意义解释方式和生活风格。可以说，存在主义社会工作是从现时（here-and-now）的角度理解服务对象个人生活的独特性的，即把服务对象放在当下的生活处境中考察他是如何解释与周围环境的互动并且施加自己的影响的（Krill，1996：268）。这样的分析框架依据的是存在主义社会工作对个人生活经验的独特理解逻辑，强调个人既无法跨越时间的维度回到自己的过去看待自己的生活，也无法超越空间的维度转换到他人或者第三者的立场审视自己的生活，只能生活在自己现时的生活经验中（Krill，2011：193）。

　　值得注意的是，尽管存在主义社会工作强调现时的观察视角，但并不否认对服务对象过往经历考察的必要性，只是认为社会工作关注改变，它的考察焦点只有集中在服务对象在现时处境下与周围环境的沟通交流状况上，包括在遭遇困扰过程中呈现的改变要求、各种行为尝试以及具体沟通方式等，才能帮助服务对象真正找到更为积极的改变方向和途径（Krill，1978：95）。就了解服务对象的过往经历而言，存在主义社会工作认为，它至少具有两个方面的作用：一是帮助社会工作者更好地理解服务对象目前生活解释的独特逻辑和方式，包括这些独特生活方式与过往生活经验的内在关联；二是帮助社会工作者更人性化地理解服务对象的个人成长发展的要求，特别是有关服务对象创伤的经历，对这些经验的了解是社会工作者深入理解服务对象内心感受不可缺少的（Krill，2011：192）。

　　在让服务对象描述自己的困扰过程中，存在主义社会工作发现，无论服务对象面临什么问题，他们通常都会提及自己过往的经历和感受以及与此相关的重要周围他人。显然，服务对象目前面临的困扰既与服务对象因过往经历影响而形成的独特的需求方式有关，也与服务对象因生活变化而带来的重要周围他人的改变有联系。因此，存在主义社会工作提倡一种把服务对象与重要周围他人结合在一起处理服务对象过往经历和感受的服务方法，认为只有这样，才能将服务对象的内心打开，为服务对象潜能的发挥提供充分的展现空间（Krill，1978：95）。例如，社会工作者可以把服务对象过往的经历带入目前生活的选择中，让服务对象在不同的重要他人面前做出新的选择，或者让服务对象邀请过往经历中的重要周围他人到服务现场，与服务对象一起呈现过往经历中的冲突，使服务对象有机会重新体验内心感受到的困扰（Krill，2011：192）。正是基于个人与重要周围他人密切关联这样的逻辑框架，存在主义社会工作把家庭作为首选的专业服务介入的场所，强调只有通过加强同与服务对象拥有不同生活方式和价值原则的重要周围他人的交流，才能帮助服务对象摆脱自己生活经验的限制（Krill，2011：193）。

就服务对象的个人内心感受而言，存在主义社会工作既注重个人的生活体验，也关注个人的理性思辨，认为无论哪一种理论模式都涉及这两个方面，只是有的强调个人的生活体验，如人本主义社会工作等，有的偏向个人的理性思辨，如精神分析学派等。需要注意的是，存在主义社会工作在理解个人的生活体验和理性思辨两者之间的关系时，有自己的逻辑框架，假设个人生活在经验现象世界中，只有经历不同的生活体验，才能有不同的感受，而理性思辨则是个人对自己的生活体验的反思和总结以及对当下处境应对方式的寻找，并以此形成有关自我的理解（self-understanding），以指导个人对自己的未来生活做出有意义的选择（Krill，2011：191）。显然，在存在主义社会工作的理论逻辑框架中，了解个人理性思辨和生活体验之间如何相互影响是理解服务对象内心感受变化的关键所在。

可见，在存在主义社会工作看来，要想正确评估由生活疏离带来的服务对象的问题，社会工作者就需要了解服务对象个人独特的生活经验和意义解释，运用现时的观察视角重点考察服务对象在目前生活处境中的理性思辨和生活体验之间的相互影响方式。存在主义社会工作强调，这样的需求评估方式突出的是一种人际考察重点（interpersonal emphasis），它与社会工作所倡导的心理社会双重视角是一致的，是存在主义社会工作区别于存在主义心理治疗的重要表现（Krill，1996：268）。这样，社会工作者在运用存在主义社会工作的原理时，既需要关注服务对象的重要周围他人的变化，如功能的缺失、关系的恶化或者突然离世等，也需要考察服务对象利用个人的理性思辨和生活体验两种方式调整与重要周围他人沟通的具体方法，以及这两种方式之间的相互影响（Krill，2011：193）。

（五）以服务对象为中心的体验式服务

与以往社会工作服务模式相比，存在主义社会工作在服务介入方式上也有自己鲜明的特点，虽然它与人本主义社会工作一样，都强调服务对象的个人主观经验的重要性，但是存在主义社会工作把社会工作者主动参与服务介入过程视为服务介入中必不可少的一部分，而且注重服务对象个人的生活经验的意义解释（Krill，1996：268－269）。为此，存在主义社会工作将自己的服务介入方式的特点概括为三个方面：①以服务对象为中心的服务导向（a client-centered orientation）；②注重经验的改变（an experiential change emphasis）；③关注服务中伦理价值或者信仰的生活维度（a concern with values and philosophical or religious perspectives）（Krill，2011：194）。

存在主义社会工作认为，所谓以服务对象为中心的服务导向是指社会工作者在服务介入过程中关注服务对象个人独特的生活风格，理解服务对象自己的经验解释，并且跟随服务对象的成长改变的要求逐步展开服务活动。其中，服务目标的制定和面谈中成长改变要求的捕捉是呈现以服务对象为中心的服务介入方式的关键（Krill，2011：194）。就服务目标的制定来说，存在主义社会工作强调，社会工作者需要坚持"从服务对象出发"（start where the client is）的服务原则，关注服务对象自己看待问题的方式、希望做出的改变以及喜欢的帮助方式等，让社会工作服务能够适应服务对象个人成长改变的要求，而不是相反，裁剪服务对象的需要，让服务对象能够适应标准化的社会工作服务（Krill，1996：269）。当然，坚持这样的服务原则并不是说，服务对象希望什么，社会工作者就需要满足什么，而是以服务对象的成长改变为服务的主导，其间自然涉及社会工作者与服务对象之间的沟通交流，包括如何理解面临的问题以及如何确定自己的发展要求（Krill，2011：194）。

制定了服务目标只是找到了服务起点，一旦确立了服务目标，服务对象就会随着服务的展开体验到新的生活经验。存在主义社会工作提醒社会工作者，服务目标是变化的，它会随着服务场景、服务对象的兴趣以及社会工作者的能力等因素的变化而变化。因此，存在主义社会工作认为，社会工作者需要在服务的过程中，尤其在服务的开始阶段注意观察服务对象是否真正经历和参与了改变希望的实现过程。只有这样，社会工作者才能够将自己的生活经验与服务对象的实际生活联结起来，与服务对象一起讨论他们感兴趣的生活话题，了解服务对象对未来改变的希望（Krill，2011：195）。为了帮助社会工作者迅速找到与服务对象合作的工作目标，存在主义社会工作将服务的目标具体分为六种常见的形式：一是需求的引发（provocative contact），即针对那些既不想改变也没有求助愿望而需要保护的服务对象，社会工作者采取主动引发服务对象改变要求的方式，以防止服务对象受到进一步的伤害；二是关系的维持（sustaining relationship），针对的是那种主动寻求帮助而且只希望维持现有的生活方式的服务对象，这类服务对象只有与社会工作者建立了一种信任融洽的合作关系之后，才有可能产生进一步的改变动力；三是行为的改变（specific behavior change），适用于那些被某种行为问题困扰而又希望改变的服务对象，这类服务对象通常并不想深入了解问题产生的原因，只希望能够迅速减轻问题带来的困扰；四是环境的改变（environmental change），这种服务针对的是那些已经看到问题与环境之间关系的服务对象，他们通常把问题归结为是由外部环境造成的，忽视自己在其中应承担的责任；五是关系的改变（relationship change），这种服务常常应用于人际交往中遭遇困扰的服务对象，而且服务对象自己也愿意调整与他人的关系；六是目标的改变（directional change），这种改变涉及服务对象的身份、价值和生活目标的变化，是那些在价值信仰方面遭遇困扰的服务对象常常寻找的服务目标（Krill，1968）。需要注意的是，这六种类型服务目标的划分并不是为了确定服务的标准，把服务对象划分为不同的类型，采取"对症下药"的服务方式，而是提醒社会工作者，服务对象的需求不仅有不同的表现，而且会随着服务的展开以及服务对象生活经验的变化呈现不同的形式，社会工作者需要紧随服务对象的成长发展的步伐，才能捕捉到服务对象在服务过程中的成长改变要求（Krill，2014）。

为了帮助社会工作者在服务面谈中迅速捕捉到服务对象的成长改变要求，存在主义社会工作提出，作为社会工作者还需要学习运用三种基本的工具：①倾听，即运用同理的方式用心倾听服务对象的描述，从服务对象的角度理解他的需求；②观察，即留意服务对象的语言和非语言的表达方式，注意服务对象所说的与他的感受和行为之间的冲突；③腾空自我，即放弃对服务对象的先入为主的偏见和自己的刻板印象，在服务对象面前保持开放的态度（Krill，2011：195）。

在存在主义社会工作看来，注重服务对象经验的改变就是注重培养服务对象的当下意识（the here-and-now awareness）以及选择和行动的能力（Krill，1996：270）。它包含存在主义社会工作的两个基本理论假设：一是服务对象只有在当下的场景中才能遭遇周围环境的挑战和要求，才能与周围环境进行直接的对话和交流，从而体验到新的生活经验；二是服务对象只有面临当下场景的某种挑战和要求时，才能为自己的生活做出新的选择，并且对当下周围环境的挑战和要求做出某种行为回应，承担起生活选择的自由和责任（Krill，1996：271）。正是因为如此，存在主义社会工作强调，服务对象的积极身份和价值感来自当下场景中的选择和行动的过程，而不是一种固定的认知判断或者所属群体的特征；否则，服务对象就会进一步遭遇个人身份和价值的困扰，内心的疏离感受也会进一步加深（Krill，2011：196）。

存在主义社会工作之所以把伦理价值或者信仰作为服务中的重要考察维度，是因为无论服务对象还是社会工作者都生活在物质繁荣的现代社会中，疏离和去人性化成为社会的通病，作为对抗这种人类生存困境的存在主义社会工作自然也就需要把伦理价值或者信仰当作最核心的服务内容。就具体的服务关系而言，社会工作者只有借助融入伦理价值的人性化的专业服务合作关系，才能够帮助服务对象走出疏离生活的困境（Krill，1996：271）。在实际的服务中，存在主义社会工作还把伦理价值或者信仰维度的考察细分为四个基本要素：第一，疏离价值的寻找，包括帮助服务对象从个人生活方式中找出疏离的态度、信念以及对自己和他人的判断；第二，疏离方式的确认，即协助服务对象了解疏离价值如何影响个人成长和回应行为的具体过程；第三，现实价值的重建，涉及帮助服务对象找到更为现实和人性并且能够带来个人成长的价值理念；第四，选择责任的承担，即通过任务的布置和完成帮助服务对象在选择和行动中掌握新的价值理念。存在主义社会工作强调，在服务对象现实价值的重建中，社会工作者不仅仅是服务对象外部成长环境的提供者，更为重要的是，帮助服务对象在个人生活经验中找到那些能够促进个人成长发展的被忽视或者被弱化的伦理价值（Krill，2011：196）。显然，这种以服务对象为中心并且注重服务对象的经验改变和价值重建的体验式服务，是服务对象自我意识的提升过程。

（六）自我意识提升的服务过程

就社会工作服务过程而言，存在主义社会工作把它视为服务对象个人自我意识的转变和提升过程，具体包括五个环节，即幻觉的消除（disillusionment）、选择的自由（free-dom of choice）、磨难中的意义（meaning in suffering）、必要的对话（the necessity of dia-logue）和个人责任的承担（a stance of responsible commitment）（Krill，1996：257）。

与以往社会工作服务模式不同，存在主义社会工作不是从如何指导服务对象消除问题或者提升能力着手开始服务的，而是首先帮助服务对象了解自己意识中的"消极信念"。为了做到这一点，存在主义社会工作把幻觉的消除作为服务开展的第一环节，认为社会工作者在这一服务环节中需要帮助服务对象看到自己的意识与经验以及行为之间的差异和矛盾，让服务对象直接面对那些阻碍个人成长发展的防卫性的信念、想法和判断，学会逐渐放弃这些"消极信念"。存在主义社会工作强调，只有当服务对象的这些"消极信念"开始松动时，他才可能看清现实的要求和自己的潜能，体验到个人生活的独特性，找到成长改变的路径。其间，社会工作者扮演的不是指导者而是助产婆的角色，即帮助服务对象找到并且发挥自身拥有的成长发展的潜能（Krill，2011：185）。

在存在主义社会工作看来，一旦服务对象有了新的想法和信念，也就拥有了改变的可能性。这样，服务也就进入了第二个环节：选择的自由。不过，需要注意的是，存在主义社会工作所说的选择自由有其特别的含义，它包含三个方面的基本要求：①以服务对象为本，即依据服务对象自身的成长发展的要求开展服务，关注服务对象自身的发展目标和希望，而不是相反，劝说服务对象完成社会工作者设定的服务目标和任务；②以现时为焦点，即关注服务对象当下的经验和感受，让服务对象直接面对新的选择要求，而不是引导服务对象到过往的经历中寻找已经无法改变的事实作为问题解释的原因；③以行动为导向，即通过具体回应行为的选择过程让服务对象亲身经历新的改变尝试，帮助服务对象掌握将新的理念和想法转变成具体行为的方法，而不能把选择当作一种智力游戏（Krill，2011：185）。存在主义社会工作强调，在推动服务对象承担选择的自由和责任时，社会工作者对服务对象的改变信心很重要，而这样的信心需要建立在存在主义的理论假设上：无论个人面临什么样的问题、遭遇了什么样的经历，他在当下现实的生活中都有选择的空间和能力（Krill，1996：257）。

存在主义社会工作对问题的看法非常独特，不仅把它视为个人成长发展的一部分，而且把它与个人的主观经验的意义解释结合在一起，给它注入伦理价值的元素，认为问题是一种磨难，意味着服务对象一旦开始承担选择的自由，他既需要面对因旧的问题而带来的烦恼和痛苦，也需要承受因新的选择而产生的不安和焦虑（Krill，2011：185 - 186）。这样，如何在问题的磨难中找到意义就成为服务对象成长改变中不可缺少的一环。例如，正常化就是人们常常运用的一种解释策略，即将生活中遭遇的痛苦视为找到适应环境方式过程中必然遭遇的现象，它具有积极的生命内涵，能够加深人们对自己选择责任和潜力的了解（Krill，2011：186）。正因为如此，存在主义社会工作强调，服务对象的成长改变不仅仅是一种知识和能力的学习，更为重要的是，对生活意义的新的领悟和理解，是生活经验的重新组织（Krill，2011：185）。

值得注意的是，存在主义社会工作并没有把个人的成长改变视为个人就能实现的事情，而是强调找到新的意义解释只是帮助服务对象找到了与周围环境对话交流的新的基础，在这样的基础之上，通过与周围环境的交流这样的对话机制，才能保证服务对象在日常的生活中有所成长。因此，存在主义社会工作把与周围环境的必要的对话也作为服务对象成长改变的一个重要环节（Krill，1996：258）。为了促进服务对象与周围他人，特别是重要周围他人的对话交流，存在主义社会工作认为，作为社会工作者就需要在服务的过程中帮助服务对象学会放弃掌控周围他人的游戏，创造一种能够自由表达个人意见的氛围，并且学会与周围他人进行真诚的沟通，逐渐开放自己（Krill，2011：186）。

在与周围他人的对话交流过程中，个人选择的责任就会摆在服务对象的面前，他除了需要为自己认为正确的、有意义的行动目标做出选择之外，而且需要为选择的后果做好准备，承担起个人选择的责任。这样，服务对象的成长改变过程就进入最后一个环节：个人责任的承担（Krill，2011：186）。存在主义社会工作强调，服务对象的成长改变过程其实就是确认和承担个人选择责任的过程，但是要做到这一点，离不开社会工作者的支持和帮助，它至少涉及两个基本方面：一是对服务过程中逐渐呈现的服务对象独特生活风格的肯定，如接纳服务对象看待自己问题和改变的独特视角，肯定服务对象为自己成长改变所做的努力以及赞赏服务对象对个人独特性的坚持等，增强服务对象对自己独特生活风格的接纳和信心；二是坚持以服务对象为本的服务导向，如从服务对象所需要的开始服务，由服务对象确定每次服务面谈的主题以及倡导以现时为焦点的服务方式等，增加服务对象的个人选择的生活经验（Krill，1996：259）。简单地说，就是把服务对象视为一个有个人经验和感受的人，而不是仅仅当作需要解决问题或者提升能力的服务的对象（Krill，2011：186）。

存在主义社会工作坚持认为，这种注重服务对象个人自我意识转变和提升的服务安排其实是服务对象在生活的参与过程中逐渐学会放弃先入为主的偏见，用心倾听生活的声音，并且在回应周围环境的要求过程中找到生活意义的过程（Krill，1996：259）。当然，这样的改变需要社会工作者的支持，而且要以特定的服务合作关系作为保障。

（七）催化式的服务关系

与注重理论建构的心理动力学派和注重技术运用的行为模式相比，存在主义社会工作更为关注社会工作者与服务对象之间的服务合作关系的建立，认为有效的服务关系不仅能够促进当下场景中服务对象与社会工作者的对话交流，使对话具有透明性（transparency）、及时性（spontaneity）和精密性（intensity）等特征，而且能够呈现社会工作者的独特自我的影响，增进服务对象对自己的独特自我的了解和肯定。它主要表现在两个方面：一是社会工作者对待服务对象及其问题的态度；二是社会工作者在与服务对象互动过程中所采取的行为（Krill，2011：187）。

就态度而言，存在主义社会工作强调，社会工作者扮演的是"助产婆"（midwife）的角色，即运用自己的专业知识和技能催生服务对象成长改变的动力，疏通服务对象成长改变的路径（Krill，1996：261）。这样，社会工作者就不能把服务对象视为有问题需要帮助的对象，而是作为寻找应对在成长发展过程中遭遇困扰的服务的对象，虽然作为服务对象他暂时无法找到有效应对周围环境挑战的方法，但并不意味着他缺乏成长改变的潜力。因此，社会工作者自然也就需要协助服务对象重新找到个人成长改变的潜能和实现的路径，而不是作为一名专家根据专业服务的标准指导服务对象做出"合理"的调整（Krill，2011：187－188）。显然，在成长改变实现之前，社会工作者并不知道服务对象应该如何生活，也不会让服务对象的注意力集中于那些连自己都无法影响的本能或者外部环境因素上，而是让服务对象相信自己是拥有独特成长发展潜力和价值尊严的个体，并且能够承担起自己生活的选择自由和责任（Krill，2011：188）。

针对服务对象的问题，存在主义社会工作提醒社会工作者既不能把自己视为问题的解决者，帮助服务对象消除问题带来的苦恼，也不能把自己当作事实的探寻者，帮助服务对象找到问题产生的真正原因，认为这两种角色有一个共同的特点，就是把社会工作者作为权威和专家，忽视服务对象自己的主观经验和意义解释，这样也就自然无法让服务对象看到自己生活经验中存在的限制。因此，存在主义社会工作推崇一种崭新的看待问题的视角，它把问题与个人的主观生活经验联结起来，强调问题是开启服务对象重新理解自己生活安排的钥匙，而社会工作者就是帮助服务对象学会使用这把钥匙的人（Krill，2011：188－189）。显然，在存在主义社会工作的逻辑框架下，问题具有特别重要的意义，它不仅是服务对象成长改变中不可缺少的一部分，也是服务对象寻找新的生活意义的起点。

需要注意的是，在存在主义社会工作看来，社会工作者对待服务对象的态度是在服务面谈时与服务对象的互动过程中呈现出来的，不仅仅表现为社会工作者怎么说，更表现为社会工作者怎么做。存在主义社会工作强调，服务对象只有在社会工作者的回应行为中才能观察和体会到社会工作者的态度。因此，存在主义社会工作把社会工作者呈现同理的方式也视为服务合作关系建立的重要内容，如接纳和欣赏服务对象、关注服务对象为个人成长所做的努力、肯定服务对象的独特的观察视角和生活风格等，让服务对象体会到被关注、被理解的感受。不过，存在主义社会工作所说的同理与人本主义社会工作不同，它同时还注重社会工作者对交往距离的把持，认为过分密切的交往会导致服务对象的依赖，妨碍服务对象个人选择能力的提升，特别是当服务对象的选择与社会工作者的认识不一致甚至根本相左时，社会工作者很容易把自己的想法和原则强加给服务对象。存在主义社会工作坚信，服务中仅仅拥有同理是不够的，还需要保持适当的交往距离，尊重个人的选择权利，因为无论社会工作者还是服务对象，他们只能为自己的成长改变做出选择（Krill，2011：189）。显然，在与服务对象的对话交流过程中，社会工作者需要根据当下场景的要求随时调整自己的回应策略，而不是固守某一种预先确定的角色。存在主义社会工作称社会工作者的这种角色为策略实践者（strategist）（Krill，1978：120）。

就策略实践者而言，存在主义社会工作认为，其任务的核心就是保持与服务对象互动关系的平衡，既能够与服务对象维持信任合作的关系，对服务对象的生活产生积极的影响，也能够与服务对象保持合理交往的距离，给服务对象提供充分的个人选择的机会。当然，这样的安排同时也能够保证社会工作者避免踏入服务对象的"控制游戏"中，因为在存在主义社会工作看来，服务对象遭遇困扰的一个表现就是与周围他人，特别是重要周围他人陷入了相互控制的恶性循环中。如果社会工作者不区分与服务对象的交往界限，就很容易卷入服务对象已经习以为常的"控制游戏"的交往方式中（Krill，1978：120－121）。显然，存在主义社会工作对服务中的移情和反移情的理解也不同于弗洛伊德的精神分析学派，它把社会工作的服务过程与服务对象疏离感受的摆脱结合在了一起（Krill，1978：121）。正因为如此，存在主义社会工作强调，作为策略实践者需要坚持两项基本的服务原则：一是拓展服务对象自己的生活经验，避免把社会工作者的想法和做法强加给服务对象；二是采取短期服务治疗的策略，避免服务对象在服务过程中产生过度的依赖（Krill，1978：127）。

在存在主义社会工作的逻辑框架中，作为策略实践者他的回应行为还有另一个重要特征，就是即时性，即根据当下的交往场景回应服务对象在服务面谈中呈现出来的成长改变的要求。存在主义社会工作认为，尽管策略实践者也需要在服务开展之前做好充分的准备，制订周详的服务介入计划，但是仅仅做到这一点还远远不够，他同时还需要随时观察和评估服务的成效，对自己的感受和直觉保持开放的态度，把自己融入现场的对话交流过程中，在互动中回应服务对象的要求。针对策略实践者的回应行为的即时性特征，存在主义社会工作提出，社会工作者在服务过程中还有另一项重要的任务，就是根据当下场景的对话交流激发服务对象的生命活力（vitalization）（Krill，1978：121）。

在总结提炼自己的专业服务实践经验时，存在主义社会工作发现，作为策略实践者的社会工作者可以借助两种具体的服务方式帮助服务对象激活生命力：一是帮助服务对象建立改变的循环圈（the change cycle）（Krill，1978：122）；二是综合运用不同服务模式的服务技巧（Krill，1978：127）。就建立改变的循环圈来说，存在主义社会工作认为，服务对象的改变通常涉及三个层面——意识的改变、行为的改变和沟通方式的改变，而且这三个层面的改变又会相互影响，形成个人改变的循环圈（Krill，1978：122）。因此，存在主义社会工作建议社会工作者在这三个层面同时施加自己的影响，包括挑战服务对象不合理的信念和不现实的期望、支持服务对象新行为的尝试和新经验的积累，以及鼓励服务对象在日常生活中学会总结和运用有效沟通的方式和技巧等（Krill，1978：127－128）。这样就能帮助服务对象找到并且维持不断成长改变的动力。当然，在具体影响服务对象的过程中，社会工作者还需要学会综合运用不同服务模式的服务技巧，因为在存在主义社会工作看来，服务技巧无所谓好坏，也无所谓派别，关键在于什么时间运用、运用什么以及怎样运用等（Krill，1978：122）。从这个意义上说，存在主义社会工作倡导一种综合的服务技巧运用策略，强调服务技巧的运用是第二位的，它只是社会工作者在具体的对话交流场景中帮助服务对象实现个人独特性的工具（Krill，2011：186）。

为了帮助社会工作者学习综合运用不同的服务技巧，存在主义社会工作还从个人生命活力激发的角度对不同流派服务技巧的功能做了细致的分析，例如，认知导向的服务模式（the cognitive-oriented approaches）注重个人的认知改变和调整，现实导向的服务模式（the reality-oriented approaches）关注个人的理性选择和行为改变，人本治疗模式侧重当下的对话交流和经验积累，而家庭服务模式（the family systems approaches）则专注于个人与家庭成员之间的对话和交流（Krill，1996：259－260）。显然，在存在主义社会工作看来，这些不同服务模式的技巧都可以成为社会工作者激发服务对象生命活力的有效手段，只是它们运用的场合和发挥的作用不同，需要社会工作者在当下的对话交流场景中结合自己的经验做出判断和选择。有意思的是，在这些服务技巧中，存在主义社会工作特别推崇运用家庭服务模式中经常使用的矛盾技巧（paradoxical techniques）。存在主义社会工作发现，服务对象在寻求帮助的开始阶段通常处于一种既想改变又犹豫不决的矛盾状态中，喜欢利用各种借口回避自己成长改变的压力和责任，如认为自己是受害者需要别人的特别照顾或者强调性格如此自己也没办法等，这个时候如果社会工作者从正面引导服务对象做出改变，反而会增强服务对象内心的抗拒。因此，一种比较有效的方式是要求服务对象不做出改变或者保持现在这种受困扰的生活方式，从反向来增加服务对象改变的动力和意愿，这就是矛盾技巧的核心理念（Krill，1978：130）。就存在主义社会工作的逻辑而言，这种似是而非的矛盾技巧可以绕过服务对象的借口，促使服务对象面对成长改变的责任，让社会工作者与服务对象之间的对话交流避免陷入相互控制的游戏中（Krill，1978：131-132）。此外，在这种催化式的服务关系中，存在主义社会工作非常注重服务对象日常生活中的成长改变经验的积累，它借用了任务中心模式的任务的概念，认为社会工作者只有借助日常生活中的行动与互动任务的布置和实施，才能提升服务对象自主选择的能力和信心（Krill，2011：192）。

　　显然，这种注重现在、关注个人生活经验和行动任务布置，并且强调灵活地综合运用不同服务模式服务技巧的存在主义社会工作，对个人的生命力和创造力具有非常大的包容度，也具有浓厚的人文气息（Krill，2011：179）。尽管存在主义社会工作也面临许多质疑，如过分关注个人的经验和感受，忽视社会结构的影响等（Krill，2011：198），但是它确实为社会工作者理解社会提供了一种崭新的视角，既不同于激进主义者，也不认同理性主义者，更为关注现代社会生活中人本身的命运（Krill，2011：199）。正是因为如此，存在主义社会工作又被称为一种带着"绝望哲学视角"（philosophy of despair）的社会工作，从人的现代社会生活的疏离状态中寻找新的生机（Krill，2011：180）。不过，需要注意的是，这并不意味着存在主义社会工作只适用于那些关注自己生活意义探索的服务对象，也不是只解决价值困惑和人生迷茫等意义方面的困扰。在存在主义社会工作看来，疏离是现代人普遍遭遇的基本生活状况，呈现在个人生活的不同方面，特别是在社会生活风险不断提高的21世纪，它的影响不局限于个人意义的探索，对当下对话交流的投入和个人选择自由的承担则是摆脱这种疏离生活状况的必由之路（Krill，2014）。

　　从个人生存经验的探讨到以服务对象为中心的体验式服务的总结，再到自我意识提升的服务过程和催化式的服务关系的梳理，存在主义社会工作延续了人本主义社会工作有关现象世界的基本理论假设，并且以此为基础始终围绕当下意识的提升、选择自由的承担以及真实感受的建设这三个焦点搭建自己的理论逻辑框架，这也是存在主义社会工作区别于其他社会工作服务模式的核心所在（Krill，2014）。显然，存在主义社会工作提供的不仅仅是一个新的服务领域和新的服务视角，更是一种新的服务方向，它表明社会工作的专业服务需要从外部的关注走向内部的关怀（Krill，2011：180）。

第三节 灵性社会工作

一 灵性社会工作的演变

尽管社会工作从产生之日起就一直受到宗教的影响，强调人生活的伦理和价值层面的意义和要求（Canda，1988），但是真正把这一要求概括为灵性（spirituality）并且作为社会工作理论和实践的一项重要元素或者视角却是 20 世纪八九十年代的事情（Joseph，1987）。西方社会的高度工业化和现代化发展，给人们带来过分关注物质享受和技术理性的困扰，以及专业助人实践中不断遭遇的文化冲突，使人们的灵性层面的生活要求逐渐凸显出来，开始受到社会工作者的关注（Stewart，2002：49），特别是在政府倡导拥有价值信仰并且充满关怀的长期照顾和社区服务的影响下，灵性成为社会工作服务中不可或缺的重要组成部分（Payne，2005：190）。就社会工作而言，灵性概念的提出恰恰弥补了社会工作长期以来只关注人的生理、心理和社会因素而忽视人的价值意义层面要求的不足，把价值意义也作为全人概念中不可缺少的本质内涵（Carroll，1997）。这样，灵性就与身（生理）、心（心理）、社（社会）一起构成理解人的一个重要角度，同时，它也成为社会工作实践的一个重要视角（Canda，1997：309）。

灵性社会工作（spiritual social work）不是别的，就是从灵性视角出发，依托社会工作者的尊重、同理的服务合作关系，更深层次地挖掘服务对象的内在潜力，实现个人更高的发展目标，以促进人与人之间以及人与自然之间的公平和正义（Canda，2008：ix）。它包含两个方面的转变：第一，服务视角的转变，即采取"身－心－社－灵"全人视角（a bio-psycho-social-spiritual view）理解服务对象，规划专业服务活动；第二，资源观念的转变，即把宗教和灵性也作为服务对象资源开拓的重要方面，延伸专业服务的深度和广度（Canda & Furman，2010：5）。值得注意的是，这样转变的核心不仅仅增添了灵性这个服务维度，更为社会工作者提供了一种不同于以往的崭新的服务视角，它要求社会工作者把服务对象放回到他自己的日常人际交往关系中，在人际交往的张力下理解服务对象寻找生命意义的过程，把服务对象的内在改变与外部改变结合起来（Griffith & Griffith，2002：100）。因此，关注服务的联结性和整合性是灵性社会工作的最显著特征（Consedine，2002：46）。

实际上，灵性概念一经提出，就受到社会工作者的关注，被广泛运用于不同的服务领域和服务对象，成为社会工作实践不可缺少的重要内涵之一（Gotterer，2001）。特别是在需要深度挖掘服务对象复原能力的困境中，灵性社会工作的作用显得更为突出，如遭受性虐待创伤的儿童（Valentine & Feinauer，1993）、被自杀困扰的服务对象（Fournier，1990）、艾滋病患者（Dunbar，Mueller，Medina，& Wolf，1998）、失能的残疾人（Aguilar，1997）、酒精成瘾患者（Carroll，1999）以及临终患者等（Prest & Keller，1993），这些服务对象有一个显著的特点，都面临无法改变的现实生活的严峻挑战以及无可回避的深度精神困扰，因此，灵性就成为他们增能过程中不可缺少的重要维度和视角（Carmody，1991）。

灵性社会工作的快速发展也受到不少社会工作者的质疑，如忽视理性在现代社会和个人生活中的积极作用，以及过分关注东方哲学和宗教中的神秘主义等，这些局限使灵性社会工作在实际操作过程中很难实现（Payne，2005：190）。不过，灵性视角所倡导的对人的成长发展潜能的深度关怀和信心却受到社会工作者的一致欢迎，它的影响已经跨越不同的学科，包括医疗、护理、心理学、心理治疗、文化人类学以及社会学等，成为国际社会的一个基本思潮，它也是社会工作者进一步挖掘人的发展潜能、推动社会改变的一个基本方向（Canda，2005）。

在灵性社会工作的发展过程中，有两位重要的影响人物：一位是美国犹他大学的学者奥－蒂尼·科雷（Au-Deane S. Cowley），他把超个人心理学（transpersonal psychology）与社会工作结合起来，推崇一种以人的灵性为关注焦点的超个人社会工作（transpersonal social work）（Cowley，1993）；另一位是美国堪萨斯大学社会福利学院的国际知名学者艾德瓦德·坎恩达（Edward R. Canda），他直接围绕宗教与社会工作专业服务和专业教育的关联，探索灵性在社会工作理论建构和实际服务中的作用。[①]

（一）奥－蒂尼·科雷

科雷在家庭的服务实践中敏锐察觉到在繁荣的现代物质文明下人们在日常生活中所面临的伦理和价值的困惑，像发现核战争的威胁、种族的冲突、艾滋病的蔓延以及自杀的困扰和无助的情绪等不断侵袭着人们，使人们陷入精神的困扰中，出现所谓的"灵性的贫瘠"（spiritual barrenness）和"灵魂的黑洞"（a hole in the soul）等现象，而这样的社会服务需求的转变要求社会工作者把灵性作为专业服务的重要方面来考察。因此，科雷在1993年发表了一篇影响社会工作发展方向的重要论文《超个人社会工作：一种90年代的理论》（Transpersonal social work：A theory for the 1990s），呼吁社会工作者关注专业服务中灵性的服务维度（Cowley，1993）。

科雷认为，超个人视角是社会工作者在应对精神维度的服务需求过程中可以借用的理论逻辑框架，因为超个人视角的提出就是为了回应当今社会所面临的传统价值缺失和服务过分理性化倾向的问题，它可以帮助社会工作者重新找回专业服务中的伦理和价值的元素，并针对服务对象精神层面的要求做出有效的回应（Cowley，1996：668）。科雷强调，这种超个人视角所倡导的不是一般伦理和价值层面的追求，而是人的终极价值（ultimate values）、整合意识（unitive consciousness）和高峰体验（peak experiences）的探寻，它超越了人的理性限制，使人处于一种比理性更高而且具有敏锐的生命洞察力的状态。因此，不能把灵性简单等同于伦理和价值，虽然它也涉及人的伦理和价值方面的需求，但是它更为关注人的整合性（integration）和一致性（wholeness）的生活体验和要求。可以说，灵性是个人超越生存意识层面从而进入更高生命体验的状态，它本身就包含了个人对目前生活限制的超越能力，即超个人（transpersonal）的能力（Cowley，1993）。

---

① 详见 Canda（1998）。

通过回顾西方心理学发展的一百多年历史，科雷发现，以科学理性原则作为指导的西方现代心理学在经历了弗洛伊德的精神分析学派、行为主义学派和人本主义学派三大思潮的影响之后，在当代的社会生活面前正在面临前所未有的基本理论观察视角的挑战，需要把人的这种超越理性的更高层面的生命体验也吸收到心理学的考察范围内。显然，这些现象的解释已经超出了以科学理性作为指导原则的西方现代心理学的逻辑框架，而需要借助东方冥想心理学（the Eastern contemplative psychology）的积极元素，对西方心理学的基本理论观察视角进行反思和改造。科雷强调，超个人心理学就是在这样的社会发展要求和学术思潮下产生的，它的出现不是为了增添一个新的灵性的观察维度，而是为了倡导一种从灵性角度理解人的崭新的观察视角（Cowley，1993）。

在科雷看来，这种包含灵性体验的崭新视角与人本主义所推崇的自我实现（self-actu-alization）有着内在关联，同时又有本质的区别。所谓内在关联是指，无论人本主义还是这种包含了灵性的视角都认同现象学的基本理论假设，认为人生活在经验世界中，都需要对自己的生活经验进行理解和解释，而且人本主义心理学的代表人物马斯洛（Maslow），也是这种崭新视角的提出者（Cowley，1996：667）。不过，需要特别注意的是，两者又有本质的差别。这种包含了灵性的视角注重的是自我超越（self-transcendence），它既具有自我实现的内涵，又拥有超越个人自我实现的生命体验，与身边他人和周围环境，甚至宇宙的变化联系在一起（Walsh & Vaughn，1980：165）。正因为如此，马斯洛在1969年发现了这种现象后，正式把它命名为超个人心理学（Judy，1994）。

如果与人本主义做对比就可以发现，这种包含了灵性的超个人视角建立在对人的不同认识之上，它假设人的成长同时蕴含两个方面的发展动力：一个是朝向个人化（indi-viduation）；另一个是朝向生命的关联性（cosmic connection）。前者表现为不断地自我超越、自我完善；后者表现为不断地整合、包容。科雷非常认同荣格（Carl. G. Jung）的观点，认为个人的这种双重成长动力来源于个人内心的深处，超越了个人的理性，是个人的宗教本能（the religious instinct）（Cowley，1996：671）。科雷强调，正是由于人本主义的发展，人们才能够摆脱西方传统心理学发展的技术理性的思维方式，把人的高峰生命体验的内容也纳入心理学的考察范围内，开辟出专注于个人灵性发展的超个人理论视角（Cowley，1996：666）。科雷发现，对于超个人视角而言，它有两种常见的理解灵性的方式：一是把灵性视为人的意识成长的一个阶段或者层面，扩展传统心理学对人的理解；二是把灵性作为人的一种特殊的意识状态，探索人对终极意义和整体意识的生命体验（Cowley，1996：668）。显然，无论哪一种理解，灵性都被当作探索人的内心更深层次和更高层面的发展要求（Shorrock，2008：45）。相应地，在实务领域，灵性也常常被运用于临终关怀、药物成瘾治疗以及那些涉及个人灵性成长的服务（Smith，1995）。

正是由于超个人视角的推动，灵性逐渐成为专业助人服务过程中的一个重要关注焦点。为此，科雷还认真总结了作为超个人视角的四种常见的服务模式，即阿萨格奥力（Roberto Assagioli）的心理整合模式（psychosynthesis）、司茂尔（Jacquelyn Small）的自我创新模式（self-creation）、格罗夫（Stanislav Grof）的全息呼吸法（holotropic breathwork），以及威尔伯（Ken Wilber）的全程模式（full-spectrum model），发现这些服务模式虽然对人的心理的发展有不同的理解和界定，但是都把灵性作为人的意识发展的最高状态，高于人的理性，而且强调在这种意识状态中，人拥有了一种既能够平衡和整合不同生活经验又能够发挥和实现个人主体意识的能力（Cowley，1996：676－678）。科雷还借用威尔伯的全程模式提醒社会工作者，人的意识可以分为多个层面，不同的意识层面有不同的需要，意识层面越高意味着人越成熟，越能够调动和运用自己的能力做出选择。因此，社会工作者除了需要借助精神分析学派、行为主义学派、人本主义学派的理论模式解决服务对象不同意识层面的困扰之外，还需要学习和掌握一种能够同时针对不同意识层面的需要而开展服务的整合模式（Cowley，1996：678）。

显然，在科雷的眼里，威尔伯的全程模式不是一种把不同理论模式堆放在一起的简单的综合模式（eclecticism），而是一种能够将不同意识层面的需要相互紧密联结起来的整合模式（synthesis）。在这种整合模式中灵性是关键的元素，正是借助灵性这个元素，才能将不同的理论模式整合起来，在服务中相互补充，而不至于相互对立（Cowley，1996：680）。科雷发现，尽管灵性在服务中那么重要，而且早在20世纪七八十年代威尔伯就已经着手系统地总结提炼全程模式，但是直到90年代初，灵性仍没有走进主流社会工作的视野，特别是一线社会工作者，因为担心服务的专业性，总是忽视或者拒绝在服务中使用灵性这个概念（Cowley，1996：679）。实际上，社会工作在发展的进程中就从来没有停止过对灵性的探索，即使在非常强调社会工作专业化发展的五六十年代，也有社会工作者提出在专业服务中考察灵性维度服务的重要性（Spencer，1957），甚至认为灵性就是社会工作实务中不可缺少的基本元素（Stroup，1962）。因此，科雷强调，20世纪90年代之后，社会工作不能再忽视灵性的作用，这不仅因为社会对灵性服务要求的呼声越来越高，而且就社会工作所追求的目标而言，它也与灵性服务的要求是一致的，即给个人和社会带来积极正向的改变（Cowley，1993）。

为了将心理学这种包含灵性的超个人视角融入社会工作的服务中，使社会工作服务模式能够真正容纳不同意识层面的服务要求，科雷认真总结了自己多年的专业服务经验，在1996年正式提出社会工作的超个人实务模式（the model of transpersonal practice）（Cowley，1996：680－682）。科雷假设：①任何心理学理论都根植于特定的社会文化处境并针对特定的社会问题；②现今社会最显著的特点是灵性服务的要求；③服务的需求评估涉及包括灵性在内的多个不同维度；④社会工作者需要了解和掌握个人不同维度之间的成长线路；⑤超个人实务模式是帮助社会工作者针对服务对象不同维度的服务需求选择不同服务策略、方法和技术的基本逻辑框架（Cowley，1996：680）。值得注意的是，科雷并没有简单地将心理学的超个人视角搬到社会工作服务中，他认为两者存在显著的差别，社会工作的超个人实务模式不仅需要吸收心理学的超个人视角，关注个人内部心理结构的变化和不同意识层面的发展，而且需要结合生态系统（eco-systems）的观点，关注个人成长的生活环境（Cowley，1996：681）。显然，这样的理论框架设计就是希望将个人内部的心理调整与外部的环境改变紧密联结起来，更好地体现出社会工作的心理社会双重视角。

科雷还就社会工作的超个人实务模式的内部和外部因素做了进一步的区分，认为根据人的意识的不同层面可以把个人内部因素分为六类：生理的（physical/biological）、情感的（emotional/affective）、认知的（cognitive/mental）、社会的（social/relational）、伦理的（moral）和灵性的（spiritual）（Cowley，1996：681）。这六类因素代表服务对象六个不同层面的服务要求，同时又与服务对象个人的生活环境相联系。就服务对象的外部环境因素而言，它包括由小到大的八个方面：家庭和人际关系、社会机构、自然环境、种族和文化、性别、经济、历史以及宏观系统。值得注意的是，科雷提出的社会工作超个人实务模式不仅把人的意识分为不同的层次，而且对人的伦理和灵性需求做了区分，在社会工作实务中融入了灵性的服务维度；同时，科雷还强调个人与环境之间不是一种个人适应环境这样的单向逻辑关系，而是一种相互适应（mutual adaptation）、循环影响（reciprocity）的系统关联，个人与环境无法拆分开来考察（Cowley，1996：682）。

到了 20 世纪 90 年代末，科雷开始专注于把超个人的视角直接运用于婚姻和家庭社会工作服务中，在社会工作的微观服务领域融入灵性的服务元素（Cowley，1999）；同时，科雷还就灵性与精神健康之间的逻辑关系做了梳理，尝试在社会工作的教育中也融入灵性的服务元素（Cowley，2001：92）。

（二）艾德瓦德·坎恩达

坎恩达从年轻时就痴迷于东方的哲学和宗教，特别是其中展现的灵性概念，他在1986 年发表的博士论文中就对美国社会工作服务领域出现的灵性概念进行了整理（Canda & Furman，2010：65），这为他之后的学术发展的方向和目标奠定了基础。坎恩达发现，尽管到了 20 世纪 80 年代灵性这个概念才真正开始受到社会工作者的关注，它所蕴含的理论和实务方面的价值才真正被社会工作者发现（Joseph，1987），但是早在五六十年代，灵性就被视为与人的生活意义和目标联系在一起的影响人的改变的重要因素，而且这个因素是社会工作服务中不可缺少的（Spencer，1961）。

为了厘清灵性这个概念在社会工作发展历史中的作用以及它在社会工作理论建构和实际服务中的价值，坎恩达根据灵性概念的内涵和它对社会工作的影响，把社会工作的发展历史分为五个阶段：前殖民阶段（precolonial period）、殖民阶段（colonial period）、职业化和世俗化阶段（professionalization and secularization）、灵性兴起阶段（resurgence of interest in spirituality）和国际化阶段（transcending boundaries）（Canda，2005）。

第一阶段是欧洲殖民者进入美洲大陆之前的时期，在这一时期美洲原住民按照自己祖祖辈辈传承下来的风俗习惯和文化传统生活，形成具有鲜明灵性特征的互帮互助的社会福利服务方式。这种服务方式需要依赖灵性的全人视角作为支撑，强调个人的和谐发展涉及生理、情绪、认知和灵性等多个不同的方面，与个人的家庭、种族和社区紧密联系在一起，根植于个人特定的地域和人际关系中，由此形成家庭、种族、社区的身份，与自然的灵性相联系（Canda，2005）。显然，在这一阶段，灵性不仅作为一项服务的维度，也是一种观察生活和安排生活的视角，渗透在个人生活的各个方面。

第二阶段是欧洲殖民者进入美洲大陆并且开始宗教渗透的阶段，这一阶段一直延续到 20 世纪初。这一阶段有一个显著特点，就是出现了社会工作这种专业社会服务形式，而且它的产生明显受到基督教和犹太教的影响，特别是其中有关社会慈善和社区责任的要求，直接促使了个案服务原则和社区服务要求的形成（Cnaan, Wineburg, & Boddie, 1999）。值得注意的是，虽然这一阶段犹太教中的公共服务（communal service）和基督教中的社会福音（social gospel）等概念对社会工作的产生发挥了重要的作用，但是由于当时美洲的移民来自许多不同的国家，宗教信仰差别很大，因此这些宗教概念的讨论是在生活的实际层面上展开的，同时也受到政府和其他非宗教因素的影响，目的是帮助那些生活的弱势群体提高生活应对能力（Oakley, 1955：27）。

第三阶段是职业化和世俗化阶段，这一阶段是从 20 世纪 20 年代到 70 年代。在这一阶段社会工作逐渐走向专业化和职业化的发展方向，推崇一种有科学依据的可信的专业实践方式，世俗的人文关怀和理性的科学视角占据了这一阶段社会工作发展的主导。社会服务与宗教的分界变得越来越清晰，社会工作者的担心不是如何运用宗教的一些理念和原则，而是如何避免宗教的介入和影响，保持社会服务的科学性和客观性（Canda, 2005）。在这一阶段，像美国社会工作者协会（the National Association of Social Workers）、社会工作教育委员会（the Council on Social Work Education）等社会组织陆续成立，替代了之前具有宗教性质的管理部门的职责，直接承担起推进社会服务的责任，它们积极倡导科学理性的社会工作服务原则。特别是在 20 世纪 70 年代由美国社会工作教育委员会制定的社会工作课程指导原则，直接删除了之前的灵性服务的要求（Russel, 1998：28）。不过，宗教对社会工作的影响并没有因此中断，只是逐渐退出了主导地位，很多与宗教有关联的服务机构，如天主教社会服务中心、基督教家庭服务中心以及救世军等，继续为社会弱势群体提供多种不同的服务，甚至有些学者直接要求在服务中关注灵性的服务元素（Spencer, 1956）。在这一阶段还有另一个有趣的现象，东方哲学和宗教中的灵性概念开始走进社会工作者的视野（Brandon, 1979：32），人本主义和存在主义中的灵性服务要求也开始受到社会工作者的关注（Krill, 1978：xvii）。值得注意的是，此时对灵性概念的理解已经与之前直接从宗教的教义中延伸解释的方式不同，它被视为人的一种生存方式，是从人的日常生活经验中生长出来的观察和理解生活的一种视角，与宗教没有直接的关联（Canda, 2005）。

第四阶段是灵性再次受到关注的兴起阶段，这一阶段是从 80 年代中期到 90 年代中期。在这一阶段不仅灵性的概念得到了扩展，既包含宗教的视角，也包含非宗教的理解，而且灵性概念的关注焦点也发生了转移，强调灵性是实现社会工作全人视角必不可少的要素（Canda, 1988）。显然，这一阶段对灵性的理解已经超出之前对社会工作实践需要伦理和价值考察的认识，它直接与社会工作的服务目标和方式结合，成为社会工作的核心要素和基本视角（Siporin, 1985）。这一阶段还有另一个重要特点，就是针对灵性这个概念出现了不同宗教和不同文化的交融，包括东方的佛教、印度教、儒家思想和道家思想等，呈现灵性概念的丰富性和多样性（Derezotes, 2006：3 - 6）。此外，在 1990 年坎恩达还成立了美国灵性和社会工作研究协会（the Society for Spirituality and Social Work），把灵性服务的实践者和研究者组织起来，一起推动灵性服务的发展（Canda, 2005）。

第五阶段，也是最后一个发展阶段，就是灵性发展的国际化阶段，这一阶段的时间从 90 年代中期一直持续到现在。在这一阶段由于美国社会工作教育委员会的推动，灵性服务于 1995 年正式在美国率先被纳入学校教育的课程指导体系中，成为社会工作教育不可缺少的内容，如何将灵性与社会工作结合起来已经受到社会工作者的普遍关注（Canda，2005）。与此同时，有关灵性的课程培训班、研讨会和工作坊逐年增加，由国际社会工作者联盟（International Federation of Social Workers）和国际社会工作学校协会（International Association of Schools of Social Work）定期组织的灵性与社会工作的国际研讨会则成为社会工作者交流灵性服务和研究的国际平台。显然，对灵性的关注已经从北美延伸到其他国家和地区，跨越了国界。为了进一步加强不同国家和不同专业之间的交流，坎恩达还利用英特网在 2004 年创办了灵性与社会工作研究网站，专门用于跨国界和跨学科的经验交流和资料分享（Canda & Furman，2010：113 - 114）。此外，这一阶段有关灵性的研究也受到社会的关注，如针对社会工作的一线工作者和教育者的灵性态度的调查，以及有关宗教信仰对社会工作的影响和灵性社会工作服务模式的探索等，都比之前有所增加，而且出现了与老年学、精神健康等相关学科相结合的趋势（Canda，2009：90）。

　　通过回顾西方社会工作的发展历史坎恩达发现，灵性不仅与人的宗教信仰有关，而且与人的生存状况相联系，它一直是社会工作关注的主题，尽管其间社会工作因为追求专业化和职业化的发展要求，使灵性的主题一度退出人们的关注焦点，但是它的影响并没有因此消失，而且随着人们对自己生存的精神状况的关注，灵性对社会工作理论和实务的影响也越来越突出（Canda，2005）。

（三）灵性社会工作的最新发展

　　21 世纪之后，生态哲学的灵性视角开始走进社会工作者的视野，其中有影响力的要数美国华盛本大学（the Washburn University）的学者弗莱德·柏斯仁恩（Fred H. Besthorn），他在 2000 年就提出把深度生态学（deep ecology）的观点引入社会工作，进一步延伸灵性的内涵，让灵性的概念与自然的灵性观点结合起来（Besthorn，2000）。柏斯仁恩发现，深度生态学是由挪威学者阿尼·尼斯（Arne Naess）在 1973 年提出的，他的目的就是区分出两种目标和内涵都存在显著差别的生态环保运动，以便推动人们更深入地思考人类与生态环境之间的内在联系：一种是人们通常所说的生态环保运动，关注工业化和现代化发展带来的环境问题，它被尼斯称为浅显生态学（shallow ecology）；另一种与浅显生态学相对应，被尼斯称为深度生态学，它关注环境问题背后所呈现的人与环境之间的不平等的关系，并且希望通过对这种不平等关系的改造从根本上扭转西方工业化和现代化发展导致的生存困境，重塑人类与生态环境之间的和谐关系（Naess，1973）。

　　柏斯仁恩对深度生态学的理论逻辑进行了认真梳理和总结，发现深度生态学的理论核心是有关人与环境关系的认识（Besthorn，2001：30）。他非常赞同深度生态学的观点，认为人的生存世界无法切割成主观和客观两个对立的方面，同样，人与环境也不能分割成个人和环境两个相对独立的元素；否则，就会出现西方工业化和现代化进程中的人类主宰和破坏环境的现象。深度生态学强调，实际上，无论人类还是生态环境，都依靠相互之间的关系来确定自己的属性，当人类把生态环境界定为人类的外部环境时，就自然而然地建立起一种不平等的关系，环境问题也就无法避免（Naess，1995：210）。因此，深度生态学推崇一种生态意识（ecological consciousness），它把个人的意识放在关系中来理解，希望培养个人与环境共存共生的感受和意识（being with environment），这种意识强调个人只是错综复杂关系中的一部分，并随着关系的改变而改变，而不是在环境之上并且能够控制环境的力量（Naess，1973）。显然，深度生态学所要挑战的是西方传统的二元分割的思维方式，在这样的思维方式下，像无私这样的伦理要求就被作为自私的反面来理解，这样，个人的自我实现就与他人的自我实现对立起来，根本无法做到个人与社会，或者个人与环境共同发展的目标（Bodian，1995：30）。正是基于这样的逻辑思考，深度生态学还提出以生态为中心的平等观（biocentric equality），即强调地球上的任何生命，包括生态环境，都有毋庸置疑的平等的生存权利（Naess，1995：210）。

柏斯仁恩察觉到，深度生态学所推崇的以生态平等观为基础的生态意识，恰恰是社会工作所需要的。柏斯仁恩认为，由于社会工作长期受到科学理性的二元思维的影响，个人意识被视为个人内部的一种心理状态，它可以与个人的周围环境分割开来，指导个人运用理性的方式适应外部环境的挑战。显然，这种个人与环境关系的理解方式呈现的是浅显生态学的观点，不仅无法发挥个人丰富的情感、生态和灵性的潜能，而且会导致个人与他人、个人与环境的对立和冲突（Besthorn，2001：37）。而这一点不仅是深度生态学希望克服的，也是超个人视角的灵性服务希望改变的，两者在这一点上达成了一致的目标。为此，柏斯仁恩倡导一种能够将超个人视角与深度生态学结合起来的生态哲学的灵性视角，以挑战西方长期以来只关注自我成长、自我实现的个人主义倾向的思维逻辑，忽视个人与周围他人，尤其是个人与生态环境之间的超越理性的生命关联（Besthorn，2002）。

在柏斯仁恩看来，西方科学理性二元思维困扰的最突出表现，是人对生态环境所采取的这种不平等的压榨和剥削的粗暴方式。因此，超个人视角与深度生态学的结合不仅能帮助社会工作者寻找到一种整全的灵性视角，延伸超个人的内涵，让生态环境也成为灵性概念中不可缺少的一部分，更为重要的是，它能够为社会工作者理解服务对象精神层面的困扰提供基本的观察视角，帮助社会工作者深入了解高度工业化和现代化带来的物质繁荣背后所呈现的灵魂空洞和个人抑郁的真正内涵（Besthorn & Canda，2002）。柏斯仁恩还结合实际服务的要求，提出生态"野趣服务"（wilderness practice）的实践方式，要求社会工作者把生态哲学的灵性视角放到服务对象的野外活动中，培养服务对象与生态环境共存共生的生态意识（Besthorn，2001：38）。

柏斯仁恩所描述的生态哲学的灵性视角得到了一些社会工作者的积极响应，约翰·科茨（John Coates）就是其中比较有影响的一位。科茨非常赞同柏斯仁恩的观点，认为西方社会工作长期以来都忽视个人与生态环境的关系，总是把它简化为个人适应环境或者个人改造环境这样的单向逻辑，根本无视生态环境自身的发展要求。因此，对于社会工作来说，深度生态学提供的是一种崭新的逻辑框架，是观察视角的转变（Coates，2003b：131）。科茨还发现，这种崭新的视角还可以为本土的社会工作实践提供有力的理论支撑，因为它关注服务过程中的此时此地的生态和灵性的关联，把社会工作放回到特定日常生活中的动态的关联中来理解（Coates，Gray，& Hetherington，2006）。这样，生态哲学的灵性视角也就具备了实现社会公正的内涵，它是在人与人之间以及人与环境之间建立一种平等的生态意识（Coates，2007：226）。

值得关注的是，灵性视角近年来开始与社会公正的服务实践相结合，倡导反对性别歧视和种族歧视的灵性服务（Damianakis，2006）以及注重多元文化的灵性服务（Canda，2005）。这意味着，灵性服务已经从以往关注微观的个人精神层面的需求转向关注宏观的社会和文化层面的公正（Canda & Furman，2010：190）。

此外，灵性视角在发展过程中还受到另一重要思想观点的影响，这就是东方的哲学和宗教（Payne，2005：187）。实际上，早在1976年英国学者戴维德·布兰登（David Brandon）就已经开始尝试将东方禅宗里的灵性概念引入社会工作，对社会工作的服务模式和技术进行改造，强调助人是一种艺术，当下的互动才是服务介入关注的焦点，而且只有服务对象才是解决自己生活问题的专家，社会工作者只是通过帮助服务对象拓展选择的视野和呈现选择的过程，增强服务对象的生活自主性（Brandon，1976：30）。到了2000年，布兰登又把中国道家思想中的灵性内涵融入社会工作实践，强调生活的灵性本质以及个人摆脱精神羁绊的成长要求（Brandon，2000：12）。值得注意的是，尽管西方社会工作的学者对禅宗有不同的理解，但是通常并不是把它视为一种宗教，而是作为人们一种拥有灵性的日常生活方式，强调在生活中放弃对独立自我（separate self）的追求，学会共存共生的生活方式。正是在这一点上，禅宗被当作一种灵性的实践模式受到社会工作者的广泛欢迎（Bein，2008：1）。

随着灵性服务和研究的扩展，人们逐渐认识到，灵性的发展要求不仅仅是人的精神层面的需求，同时还反映了特定文化的生存逻辑。因此，从文化的角度理解人的灵性需求或者把文化中有用的灵性元素抽取出来放到实际的服务中，就成为灵性社会工作发展的一个基本方向（Payne，2005：190）。东方文化中的灵性内涵就有着自己独特的逻辑，它把个人的成长过程视为在生活的起伏中不断寻找生活意义的过程，也是个人不断超越自己寻求心灵自由的灵性之旅，其中经常涉及的内容是如何呈现对其他生命的关怀以及保持自己生活的和谐（Pedrotti，2007：37）。追求和谐（harmony）、一致（consistency）和完整（integrity）既是东方文化的要求，也是社会工作的基本目标（Ng，2003）。坎恩达强调，东方的灵性概念至少可以给社会工作三个方面的启示：①尊重所有的生命，不把自己的想法强加给别人；②与他人分享自己所知、所想和所经历的；③在人际互动中关注人的精神世界（Canda & Furman，2010：171）。实际上，这种关注人的灵性需要，强调所有生命形式，包括生态环境都拥有灵性并且相互之间有着紧密联系的观点，在非洲以及美洲印第安人的文化中也是如此，它为社会工作者理解灵性的内涵提供了一种与欧洲文化完全不同的视角（Payne，2005：191-192）。

灵性社会工作的提出不仅弥补了以往社会工作只关注生理、心理和社会因素的不足，而且它的影响已经深入几乎所有社会工作的服务领域，甚至一些在以往社会工作看来比较困难的服务领域，如临终关怀（Smith，2001：23）、施暴者的矫正治疗（Freeman，2001：95）和司法社会工作（Derezotes，2006：191-120）等，也融入了灵性的概念。在一项全美社会工作者的问卷调查中发现，绝大多数社会工作者赞同在实际的服务中倡导灵性社会工作，特别是在重症病人的服务、哀伤治疗、药物依赖的戒除以及自然灾害中的服务等，这些领域的服务急需灵性社会工作的支持（Canda & Furman，2010：6）。灵性社会工作已经走进社会工作的教育领域，成为美国社会工作硕士训练课程中的重要内容之一（Hodge，2005），而且它的影响正在辐射到世界各地，远远超出了欧美发达国家（Bhagwan，2010）。灵性社会工作之所以受到社会工作者的广泛关注，是因为它呈现了社会工作自 60 年代起出现的一个重要的发展取向，即以人本主义和存在主义视角为基础，从关注服务对象外部的改善转向内部的成长（Bell & Taylor，2004）。此外，灵性社会工作还可以融入个案、小组和社区等各种形式的服务中，能够将微观社会工作服务与宏观社会工作服务联结起来（Jacobs，2010）。

二 灵性社会工作的理论框架

灵性社会工作是在欧美人本主义思潮的基础上发展出来的，它是针对高度工业化和现代化之后出现的生活疏离和不平等以及环境恶化等社会问题而做出的积极回应，也是社会工作者追求一种全人视角的尝试（Canda & Furman，2010：185－186）。尽管不同的社会工作者对灵性有不同的解释，甚至对灵性社会工作本身都有不同的称呼，如坎恩达称之为灵性敏感的社会工作（spiritually sensitive social work），而另一位灵性社会工作的重要研究者戴维德·戴勒若特思（David S. Derezotes）则称之为灵性取向的社会工作（spiritually oriented social work），但是他们都认同灵性社会工作这样一个基本的理论假设：人不仅包含生理、心理、社会和灵性等不同的层面，而且与周围他人和生态环境处于一种共存共生的关联中。因此，作为社会工作理论建构的一项重要原则"人在情境中"，就不能理解成个人影响环境、环境影响个人这种个人与环境可以相互分割的影响方式（person and environment），而需要把个人视为这种关系的联系者（inter-connector），他的任何改变都与环境的改变交错在一起，密不可分（person with environment）（Canda & Furman，2010：223）。可以说，灵性社会工作就是围绕这一基本的理论假设而展开的。

（一）整全的成长视角

灵性社会工作吸收了人本主义对人性的基本看法，认为任何人都拥有成长发展的潜能，只要周围环境允许，或者给予必要的支持，每个人都能够发展出一种既能够与他人和谐相处又具有创造力的生活方式。不过，针对个人的成长发展要求，灵性社会工作有着自己独特的认识，它强调个人的成长包括两个基本的发展方向：一是针对个人内部的，朝向个人内部心理的整合和一致，实现个人心理的超越；二是针对个人外部的，朝向个人外部环境的和谐和平衡，实现个人外部的超越。灵性社会工作发现，更为复杂的是，这两个基本发展方向又是相互影响的，两者之间会形成相互促进的循环影响圈，不仅个人的心理超越影响个人的外部超越，而且个人的外部超越也在影响个人的心理超越。因此，个人成长潜能的发挥就不能局限于人本主义所说的个人自身心理的成熟，还包含了个人与外部社会生活的关联，包括和谐、平衡社会关系的发展；否则，个人的成长潜能是无法在现实的日常生活中发挥出来的（Canda & Furman，2010：192）。

正是基于对个人成长的内部和外部要求的考察，灵性社会工作不赞同人本主义的观点，认为不存在人本主义所说的个人单独的自我实现，自我实现和他人实现（other-actu-alization）是密不可分的两个方面，脱离了他人实现，个人也就失去了自我实现所需的社会场所。因此，在灵性社会工作看来，个人的自我实现具有一种超越个人（transperson）的要素，能够超越自己理解其他生命，与身边的他人或者周围环境建立一种积极的生命关怀，发展出一种和谐、平衡的关系。灵性社会工作强调，只有在这种关系中，个人才能真正体验到一种与其他生命紧密关联在一起并且高于个人的整全的成长视角，找到能够包容不同生命的更高层次的真实和自我。这就是灵性社会工作所说的超越个人理性的超个人意识（transpersonal consciousness）或者宇宙意识（cosmic consciousness）（Canda & Furman，2010：193）。显然，在灵性社会工作的视角下，个人的自我实现就不仅仅局限于自己，同时还包含了他人实现的要求，是个人在更高层次上理解和实现个人成长潜能的探索。

值得注意的是，尽管灵性社会工作强调在与他人的关联中理解自己的成长要求，注重与他人和周围环境保持平衡、和谐的关系，但这并不意味着，灵性社会工作就忽视了个人成长发展的要求，恰恰相反，它是从个人成长潜能实现的角度来理解个人与他人的生命关联的，它的目的仍然是增强个人的自我决定的能力，只不过这种个人的自我决定能力包含了个人对生命意义的理解和坚持，是个人灵性潜能的发挥。正因为如此，灵性社会工作强调，个人的改变包括两个无论在内容还是在方式上都有所区别的阶段，即个人身份确立阶段和个人身份超越阶段。前者注重个人不足的修补和改善，目的是帮助个人重新找回自信；后者关注个人自身的反思和感悟，目的是帮助个人超越自我的限制（Canda & Furman，2010：194）。

就个人与他人和周围环境的关联来说，灵性视角的引入也改变了以往社会工作的认识和理解，它不再仅仅被当作那些能够给个人改变提供帮助的他人和环境的支持，同时还被视为不同生命相互影响的方式。这样，周围他人和环境的支持就具有了伦理和价值的要素，不仅包括如何给予支持的技术分析，而且包括为什么要给予这样支持的伦理考察。也就是说，在周围他人和环境的支持中就包含了公正的伦理要求，这种支持关系本身就具有了超越个人自我意识的灵性内涵和视角（Besthorn & Canda，2002）。显然，在灵性社会工作看来，生命与生命之间是关联在一起的，个人就是生活在这种不同生命交织在一起的相互影响的网络中，个人的成长潜能自然也就包含了与不同生命之间的交流。

尽管在灵性社会工作的逻辑框架中，个人的内部成长要求和外部成长要求是密不可分的，但是两者在形式和内容上都有所不同。前者把灵性视为个人生活中的某个方面，关注个人生活的伦理和意义的要求，特别是个人在生活困境和危机中对意义和信仰等精神层面需要的依赖；后者把灵性当作个人生活的整体，注重个人生活的平衡和整合的要求，以及个人与自己、他人和周围环境的生命关联意识（Canda & Furman，2010：243）。有意思的是，坎恩达还用了很形象的比喻来形容两者的发展要求，他称前者为深藏在个人内心的成长的种子，每个人都拥有这样的种子，只是平时很少关注它，一旦条件允许，它就会发芽，破土而出，成长为参天大树；后者就像天空，一旦成长的种子钻出土壤，它就需要阳光的照耀和雨水的浇灌，这样，它才能不断超越自身的限制，逐渐趋向成熟和完美。很显然，前者关注的是生命成长中的内在要求，表现为灵性对生命的培育和支持的作用；后者注重的是生命成长中的外在要求，展现的是灵性对生命的引导和超越的价值（Canda & Furman，2010：243 - 244）。

实际上，归根结底，灵性概念的引入给社会工作者提供的是一种崭新的看待个人成长的视角，它把个人的选择和成长放在生命关联的网络中，包括个人与身体、个人与他人、个人与环境以及个人的过去与现在和未来等，甚至还包括个人与更高形式的生命意志（higher power）的交流。这样，个人的选择和成长就不仅具有个人内部成长的要求，学会超越个人自我意识的局限，还具有个人外部成长的诉求，学会平衡个人与其他生命的发展要求，其核心就是把握和延伸个人的生命关联（Griffith & Griffith，2002：15 - 16）。显然，在对待个人成长的看法上灵性社会工作与人本主义社会工作有着显著的差别，更认同存在主义社会工作的观点：从个人与他人的关联过程中理解个人的成长要求。如果从这样的基本理论假设出发，个人的成长过程就是灵性的探索过程，而灵性探索的实践场所就是个人的日常生活，它包括日常生活的各种场景和各项事件，以及个人与社会工作者建立的专业合作关系（Canda，1991）。因此，个人在日常生活中遭遇的危机和困境就不能简单理解为个人的问题，它在向个人揭示生活中面临的困难的同时，也在为个人开启新的成长大门，是个人成长改变的契机（Canda & Furman，2010：194）。不过，需要注意的是，在灵性社会工作看来，虽然个人在日常生活中会遭遇危机和困境，但这并不是改善日常生活的唯一途径，只要个人专注于日常生活中每一刻的感悟，即使在平时，个人也能够获得灵性的成长。灵性社会工作者强调，只有把危机和困境中的感悟融入日常生活，这样的灵性成长才不会是无根的浮萍（Canda & Furman，2010：244 - 245）。

（二）个人的灵性健康（spiritual well-being）

灵性社会工作认为，就个人的成长而言，无论对个人内部的心理超越还是与外部环境的联结，都体现了一种更高层次的个人健康发展的要求，它不仅包括个人对生活意义和价值的追求，也包括个人对终极生活现实（ultimate reality）的理解，是个人的灵性健康（Canda & Furman，2010：93）。灵性社会工作强调，这种灵性健康发展要求既可能与个人的宗教信仰有关，也可能无关，它并不等同于个人的宗教信仰，而是个人的一种生活方式和过程，只不过这种生活方式和过程关注个人的灵性发展要求，常常与宗教活动联系在一起（Canda & Furman，2010：59）。例如，在宗教信仰比较浓厚的国家，绝大多数居民会参加宗教活动，他们的灵性探索就与宗教活动密不可分；但在另一些国家，情况就可能有所不同，居民的灵性生活则更多受到传统文化的影响（Canda & Furman，2010：66）。

灵性社会工作发现，灵性对个人成长的影响是多方面的，它既可以是个人与自己或者他人，甚至外部环境的关联，也可以是个人与亲属或者朋友，甚至一般人的灵性交流，还可以是个人日常生活中的震撼人心的灵性经历。即使在社会工作的实际服务中，也无法摆脱灵性的影响，特别是在专业服务合作关系的建立中，它被当作社会工作者理解服务对象不同生活经验和视角的核心（Canda & Furman，2010：66 - 67）。就社会工作服务而言，灵性社会工作认为，灵性通常有两种理解的方式：一种是把灵性作为影响服务的某种具体因素，如个人的信仰、价值以及特殊经历等；另一种是把灵性视为影响服务的某种视角，又称为全人视角，它是在生理、心理和社会层面服务的基础上再增添灵性的服务层面，使社会工作的视角包括"身、心、社、灵"四个不同的层面（Canda & Furman，2010：74）。

针对灵性的全人视角，灵性社会工作认为，可以根据服务关注的焦点把它分为三种不同的内涵：一是把灵性作为个人身份的核心（spirituality as the center of the person），注重个人心理的内涵；二是把灵性视为个人生活中具有灵性的生活方面（spirituality as the spiritual aspect of the person），关注个人生活的经历；三是把灵性当作个人的整体性（spirituality as the wholeness of the person），侧重个人与他人和周围环境的关联（Canda & Furman，2010：87）。当然，灵性的全人视角不止这样一种划分的方法，另一种常见的理解方式是把灵性的内涵简要分为两种，即作为个人某个方面的灵性和作为个人整体的灵性（Caroll，1998：7）。不管哪种区分方法，显然，在灵性社会工作看来，灵性既可以作为个人成长的深层动力来理解，涉及个人的信仰、特殊的意识状态和真我的感受等，也可以作为个人成长的特殊经历来把握，如参与灵性小组或者宗教活动的整个经历，还可以作为个人成长的实际成效来解释，包括特殊的个人品质、精神的健康状况以及整全的生命意识等（Canda & Furman，2010：74）。

灵性社会工作坚信，灵性服务所探寻的个人灵性健康的实现方法和途径恰恰是社会工作长期以来追求的目标，即通过无条件的积极关怀最充分地实现服务对象的成长潜能。只不过灵性社会工作对人性的理解更深、更广，它所说的潜能与人本主义所说的潜能不同，需要超越个人理性自我的局限，甚至摆脱人类中心主义的观念，与周围他人和生态环境关联起来，实现社会和生态的公正（social and ecological justice）（Canda & Furman，2010：114）。

（三）整全的介入方式

正是依据对个人成长和精神层面健康状态的考察，灵性社会工作对以往的社会工作服务介入方式进行了改造，并在此基础上提出整全的介入方式（an holistic approach）（Imbrogno & Canda，1988）。从形式上看，整全介入方式与以往其他的社会工作服务介入方式类似，也按照服务开展的进程把社会工作的服务介入分为五个不同的阶段，即了解服务需求、策划介入活动、开展介入服务、评估服务成效和整合服务活动，但实际上，灵性社会工作强调，整全介入方式至少有三个方面的独特要求：①在整合服务活动时，需要依据生命关联的系统视角，而不能仅仅局限于那些与服务对象进行直接互动的周围他人或者外部环境，也不能仅仅把周围他人或者外部环境视为服务对象的资源，其中还包含伦理和价值的要求；②在处理每一阶段的挑战时，需要运用辩证的思维方式把挑战分为相互对立又相互补充的两个方面，就像中国哲学所说的阴和阳，从这两个方面的关联方式中把握服务对象的变化，而不能仅仅以因果的线性思维或者系统的循环思维方式理解服务的进程；③在推进每一阶段的服务时，需要运用生命关联的系统逻辑，按照服务的进程自由组合五个不同阶段的顺序，使服务介入活动自然而然地延伸，而不能固守五个阶段的固定划分（Canda，1990）。

灵性社会工作认为，即使在了解服务需要阶段，整全介入方式也与以往其他的社会工作服务介入方式不同，除了需要运用科学理性的思维方式揭示服务对象的需求之外，同时还注重对生活场景的投入和与其的联结，在具体的生活场景中通过直接的倾听、对话和互动感觉和洞察服务对象的需求。灵性社会工作强调，服务对象和社会工作者一样，都是生活的直接参与者，他在与周围环境的互动过程中并不仅仅运用了理性的思维方式，像感觉、情绪和兴趣等非理性的因素同样也对服务对象发挥着作用。因此，社会工作者在理解服务对象的需求时，也就不能仅仅依靠科学理性的思维方式（Canda & Furman，2010：226）。显然，在灵性社会工作的理论逻辑框架中，理解他人的成长发展的需要意味着运用全人视角把握他人对生活的整全的理解。

在策划介入活动阶段，灵性社会工作也把灵性的服务元素融入了此阶段的服务活动中。灵性社会工作认为，服务活动的策划需要依靠理性的逻辑分析，在对行动的可能结果做细致的分析之后，从中选择可行的最佳方案，包括从哪里着手、怎样安排每一步的服务活动以及社会工作者发挥什么样的作用等，但同时它还需要借助另一种方法，就是整合（synthesis），即根据社会工作者在实务场景中的直接体验将不同的服务要素串联起来，形成一个相互关联的整体系统。这样，服务介入活动才可能以一种整体的方式展现出来（Canda & Furman，2010：227）。

在与服务对象进行直接互动的开展介入服务阶段，灵性社会工作的安排也与以往其他社会工作服务模式不同：首先，它关注的是社会工作者对生活场景的投入及与其的联结，即社会工作者把自己投入当下的服务场景中，与服务对象的生活联结起来，直接体验和把握服务对象与周围环境的交流方式，而不是站在服务对象的生活之外，观察和指导服务对象；其次，灵性社会工作注重的是服务对象发展潜能的挖掘和调动，即社会工作者在当下的服务场景中通过与服务对象的直接互动，将服务对象的关注焦点从生活的问题和困难转向生活的挑战，再从生活的挑战转向改变的能力和机会，帮助服务对象挖掘和调动在特定生活场景中所拥有的能力和资源。灵性社会工作强调，虽然注重服务对象的能力和资源是社会工作服务的一个重要特点，特别是在优势视角和增能视角的倡导下，发掘服务对象的优势和能力几乎成了80年代之后社会工作服务发展的一个基本方向，但是灵性社会工作对能力和优势有自己的理解，它把社会工作者比作园丁，把挖掘和调动服务对象能力的过程称为"大道的改变"（Daoistic change）过程，强调社会工作者就像园丁一样需要依据服务对象自身成长的过程，在特定的场景中发掘和培育服务对象的能力，让服务对象的改变随着成长的过程自然而然发生，就像"大道"不露痕迹一样（Canda & Furman，2010：228）。这既包括服务对象与周围环境的和谐互动，也包括社会工作者与服务对象的和谐相处。因此，灵性社会工作把服务介入过程视为一种不设上限的创造生命和谐关联的过程（Canda & Furman，2010：229）。

在评估服务成效阶段，虽然灵性社会工作也注重服务过程和结果的评估，并以此为基础观察和反思影响服务顺利开展的各种因素，以保证服务能够得到及时的调整，但是灵性社会工作所说的反思不同于以往其他社会工作服务模式所说的反思，它不是社会工作者指导服务对象遵守服务约定的工具，而是社会工作者理解服务对象的发展要求和改变过程的依据，它也是社会工作者帮助服务对象理解自身发展要求和改变状况的手段。因此，这样的反思不仅具有超越个人自我意识局限理解他人生活的要求，还具有服务对象自我增能的内涵，帮助服务对象学习如何识别和选择积极的改变，明确自己的发展目标和价值选择（Canda & Furman，2010：231）。

在最后的整合服务活动阶段，灵性社会工作关注如何把前四个阶段的服务有效地整合起来，形成一种全人视角下的系统联系。这种全人视角不仅注重各服务阶段和各项服务之间的联结，更为重要的是，它还把个人的实践智慧（wisdom）融入服务中，强调个人在特定场景中对生活整体的关联和把握能力（Canda & Furman，2010：234）。

灵性社会工作强调，通过全人视角的五个阶段的服务介入活动，社会工作者才能推动服务对象实现辅导的转变（therapeutic transformation），帮助服务对象从最开始遭遇问题后的生活失控的状态中摆脱出来，借助新的改变可能的开拓和改变资源的调动，以及与重要他人关系的重建和个人生活的重组，最终促使服务对象达到更高层次的生活整合，让服务对象具有更强的生活调整能力和创新能力（Canda & Furman，2010：319 – 321）。

（四）灵性的实践逻辑

灵性社会工作有很多具体的实践方法，如冥想（meditation）、瑜伽（yoga）和身体治疗（body therapy）等，这些方法常常与宗教活动或者文化实践有关，通常还融合了东西方的思想和观念，其中广受欢迎的要算正念实践（mindfulness）（Melbourne Academic Mindfulness Interest Group，2006）。正念实践是一种来自东方的灵性修行的实践，它主要受到佛教和道家思想的影响，也融合了西方心理治疗的逻辑，它的主要目的是提高个人对当下生活的感受能力，能够将不同的自我整合起来形成一个和谐的整体，同时深化个人与他人和环境的生命关联，帮助个人达到一种充满关爱和包容的更高层次的精神状态（Lee，Ng，Leung，& Chan，2009：173）。正念实践既可以运用于服务对象，让服务对象把注意力投向自己的内心世界，也可以运用于社会工作者，帮助社会工作者调整与服务对象的服务合作关系（Lee，Ng，Leung，& Chan，2009：100）。就一般情况而言，正念实践有三个基本要素——当下意识、当下经历和接纳态度，即有意识地以一种开放、不评价和接纳的方式关注当下个人的经历，拓宽个人的意识（Hick，2009：7）。灵性社会工作强调，实际上，正念实践的三个基本要素是紧密关联在一起，不可分割的，它是个人在特定生活场景中经历当下的过程，是个人与周围环境交流的整体状况（Germer，Siegel，& Fulton，2005：7）。

在灵性社会工作看来，所谓正念实践，就是帮助个人达到这样一种意识的状态，个人在把注意力投向当下的经历时，对此保持开放、接纳的心态，从而能够敏锐地察觉到当下场景中各种内部和外部因素之间的相互影响（Orsillo，Roemer，Lerner，& Tull，2004：77）。具体而言，正念实践主要包括五个方面的训练：集中注意力（paying attention）、有意识呼吸（intentional breathing）、保持均衡（equipoise）、坚持练习（consistency）和聚焦式系统放松（focused systemic relaxation）。集中注意力是帮助个人把注意力持续地集中于某个事物或者个人内心的训练，它有助于提高个人对自己注意力的调控能力；有意识呼吸是指帮助个人学习调节吸气和呼气的频率和节奏的练习，这种练习有助于提高个人对自己身体的调控能力；保持均衡则是指个人学习在放松的状态下平衡身体和精神等各方面要求的练习，它有助于提升个人在日常生活中对各种关系平衡发展的调控能力；坚持练习是要求个人定期尝试集中注意力和有意识呼吸的练习，逐渐积累练习的成效；聚焦式系统放松则要求个人学会在把注意力聚焦于某个事物或者内心时，能够保持身体和精神的放松和平衡（Canda & Furman，2010：341）。显然，在灵性社会工作的理论逻辑框架中有这样一个基本的认识：当个人把注意力过度集中于某个事物时，就容易出现忽视周围其他影响因素的现象；而当个人对某个事物的注意力不够集中时，又无法察觉到它的变化。这样，个人就需要有一种训练，能够帮助他在关注当下的经历时，不为观察的事物所带走，而能够保持开放的态度。灵性社会工作强调，正念实践的核心是提高个人在当下生活遭遇中把握生活的能力，既能够投入当下的生活中，又能够体察到个人与自己、他人和周围环境的生命关联（Canda & Furman，2010：331）。

到目前为止，正念实践主要运用于精神压力的舒缓，特别是灾害事故中创伤病人的压力舒缓（Steckler，2006），如辩证行为治疗（dialectical behavior therapy）、灵性取向的认知治疗（spiritually oriented cognitive therapy）和正念为本的减压治疗（mindfulness-based stress reduction therapy）等，都综合了正念实践的方法。因此，正念实践常常被当作健康服务或者精神健康服务中的一种减轻压力和增强抗逆力的方法（McBee，2008：43）。值得注意的是，正念实践的影响不局限于此，从理论逻辑框架上说，正念实践也是禅宗思想在社会工作实践探索中的延伸，它给社会工作者提供了一种崭新的灵性的社会工作服务逻辑（Sherman & Siporin，2008）。

此外，灵性社会工作还建议把宗教和文化活动中的庆典和仪式运用到社会工作的服务中，认为它们虽然目前还没有受到社会工作者的足够关注，但是确实是影响个人生活的一种重要方式，而且其中包含了价值和意义的元素，是灵性社会工作的一种重要实践方式（Canda & Furman，2010：344）。灵性社会工作还发现，宽恕作为宗教的一种常见活动不仅具有宗教的元素，还具备自我治愈与社会和解的功能，特别是针对种族冲突比较严重的社区，它的作用非常显著。因此，宽恕也就成为灵性社会工作的一种重要手法（DiBlasio，1993）。

（五）灵性的服务关系

像其他许多社会工作服务模式一样，灵性社会工作也注重社会工作者与服务对象之间信任合作关系的建立，认为这种信任合作关系是专业服务开展的保障。不过，就专业服务合作关系的功能和内涵而言，灵性社会工作有自己独特的理解，它注重的是专业服务合作关系本身，强调专业服务合作关系不是服务开展的手段，而是服务开展的过程，无论社会工作者还是服务对象的改变只可能发生在与周围他人的关联之中，而且社会工作者只有通过专业服务合作关系建立的过程，才能向服务对象展示自己与周围他人建立生命关联的具体过程，让服务对象观察和体会到一种与他以往生活不同而又充满生命关怀的合作关系。因此，灵性社会工作把建立这样的包含灵性元素的专业服务合作关系作为专业服务的核心（Canda & Furman，2010：3）。显然，在专业服务合作关系的理解上，灵性社会工作与以往的其他社会工作服务模式不同，它把社会工作者和服务对象都放在了日常生活的交往关系中，在交往关系中理解社会工作者和服务对象的发展要求。从这个意义上讲，专业服务合作关系具有了哲学层面的内涵，它是灵性社会工作的基本观察视角，这种视角把生命关联的建立和延伸视为服务本身（Canda & Furman，2010：214）。

正因为如此，灵性社会工作所说的专业服务合作关系也就具有了两个不可缺少的基本特征：灵性和反思。灵性是指在社会工作者与服务对象的专业服务关系中具有伦理、意义、自我意识超越和终极事实探寻等价值方面的要求，它是个人灵性健康的表现。反思则是指社会工作者与服务对象的对话过程始终包含对自我和服务关系状况的反思，甚至还可能包括社会工作者对专业服务的组织或者服务对象对自己生活状况的思考（Canda & Furman，2010：213 - 214）。灵性社会工作强调，即使是一般的物资救助或者生活安置，都可以通过灵性专业服务关系的建立容纳灵性服务的元素，灵性社会工作的关键不是是否引入了宗教活动或者文化实践的元素，而是是否建立了灵性的专业服务合作关系以及是否从灵性的视角开展服务，让服务对象真正体会到专业服务过程中的生命关怀（Canda & Furman，2010：214）。

灵性社会工作还对灵性的专业服务合作关系进行了细致的探索，认为它至少需要满足三个方面的基本要求：①服务对象与社会工作者建立相互合作的关系；②服务对象与社会工作者共同协商服务的目标；③社会工作者在服务过程中始终保持同理。这样，灵性社会工作所倡导的专业服务合作关系不仅具有了专业的服务成效，而且使服务对象对生活充满希望。就社会工作者的专业同理而言，灵性社会工作除了吸收人本主义的观点之外，还融合了灵性的服务元素，强调社会工作者在专业服务过程中不仅需要保持积极的关怀、真诚等一般同理的要求，而且需要具备有效调节人际紧张、合理表露内心感受、积极反馈沟通信息以及恰当回应服务要求的能力（Canda & Furman，2010：214）。

为了帮助社会工作者学习掌握这种包含灵性服务元素的专业同理，灵性社会工作指出，社会工作者在整个专业服务过程中需要坚持五项服务原则：价值透明（value clarity）、尊重（Respect）、以服务对象为本（client-centeredness）、包容（inclusive）和创造性（creativity）（Canda & Furman，2010：215 - 221）。价值透明是指社会工作者在专业服务过程中随时对自己内心的价值信念、伦理要求、看法和感受进行反思，及时了解自己内心的状况，并对服务对象不同的伦理价值要求保持开放的态度（Canda & Furman，2010：215）。在灵性社会工作看来，社会工作者只有了解了自己的内心状况，才有可能对服务对象保持开放的心态，尊重服务对象不同伦理价值的要求。因此，在灵性社会工作的逻辑框架中，尊重不仅是指肯定和接纳服务对象自身的价值，而且包括与服务对象建立那种能够包含生命关怀的我 - 你关系（I-Thou relationship）以及对服务对象内心灵性感受和要求的认可（Canda & Furman，2010：216）。以服务对象为本则是指社会工作者在服务过程中关注服务对象自身的价值要求，注重服务对象自身的观察视角和灵性经验，并且协助服务对象实现他所希望的目标。即使社会工作者不认同服务对象的价值原则，也需要尊重服务对象。这就是灵性社会工作所说的尊重（Canda & Furman，2010：217）。包容则要求社会工作者不仅能够接纳服务对象的不同灵性经验，而且要学会欣赏和倡导服务对象的灵性自决，鼓励服务对象保持价值信仰的自由（Canda & Furman，2010：218）。灵性社会工作认为，尽管不幸是人生活中很难避免的现象，但是它只是生活的一个方面，生活同时还给人提供了成长发展的空间和机会。因此，即使是身处困境中的服务对象也具有成长的潜能，也需要激发改变的创造力（Canda & Furman，2010：220）。显然，在灵性社会工作的视野中，社会工作者就像助产婆，不仅为服务对象的成长和改变提供充满支持和关爱的环境，而且提供有效的技术和知识以及改变的热情和动力（Canda & Furman，2010：221）。

由于灵性总是与宗教活动和文化实践相关，灵性社会工作还把灵性的概念融入多元文化的社会工作实践中，倡导一种跨文化的实践视角。在这种实践视角下，社会工作者通过跨文化团队的工作方式在社区中找到不同人群的灵性需求，并且借助社区灵性资源的挖掘，满足不同人群的灵性成长要求（Canda & Furman，2010：305）。灵性社会工作在专业实践中还发现，整合微观和宏观服务的一条重要途径是引入灵性的服务视角。这样，社会工作者一方面可以通过伦理和价值服务维度的引入开展深度的个案、家庭和小组服务；另一方面可以通过伦理和价值的塑造建立更为积极健康的社会组织、社区、生态环境，甚至国际间的生命关联，使社会工作"人在情境中"的个人和环境两个方面能够紧密结合在一起，相互促进，实现社会工作长期以来所推崇的个人成长和社会公正的双重服务目标。灵性社会工作之所以能够联结不同文化和不同层面的服务，是因为它在服务中培育了一种"合作责任"（co-responsibility）的意识，即不把个人的健康成长与他人的健康成长分割开来（Canda & Furman，2010：362）。

社会工作自产生之日起就与宗教和灵性有着密切的联系，尽管在其一百多年的发展过程中有着不同的表现形式，但是它始终都受到宗教和灵性的影响，特别是20世纪八九十年代超个人视角的出现，使灵性直接成为社会工作的关注焦点（Canda & Furman，2010：64－65）。可以说，灵性社会工作是继存在主义社会工作之后，对摆脱高度工业化和现代化带来的人的疏离和价值困境所做的探索，它借助灵性概念的引入，不仅延伸了人的心理潜能，而且扩展了人的社会潜能，实现社会工作专业服务向"身－心－社－灵"全人视角的转变（Canda & Furman，2010：191）。因此，对于社会工作者而言，灵性是理解人和环境关联的一种崭新的视角，正像坎恩达所说的那样，它是帮助个人成长改变的所有助人专业的内在之"心"（Canda & Furman，2010：3）。

第二部分

以互动关系为主导的理论

20 世纪 60 年代之后，由于对弗洛伊德精神分析学派的反思和批评，社会工作的发展开始考察心理之外因素的影响，寻找其他理论基础，弥补之前因过度关注心理而忽视社会环境在个人成长改变中的作用。这样，社会工作理论的基本逻辑从个人的心理转向人与人之间的沟通方式和人与人之间的关联方式，特别是 60 年代兴起的系统视角以及之后的生态视角走入了社会工作者的视野，将个人与环境之间的互动和转换关系放在了系统的循环逻辑框架下来理解。因此，互动和关系也就成为这些社会工作理论创建最核心的概念，其中包括出现于 60 年代、兴起于 80 年代，以人际沟通和互动为基础、关注当下现实生活场景中的动态交流方式的沟通和建构视角（Greene，2011：486），以人与人之间的关系为基本的观察视角而创建的人际关系视角（Ganzer & Ornstein，2008），以及 70 年代始兴起的注重系统与系统或者个人与环境之间相互影响和相互转换的系统和生态视角（Payne，2005：157）。

第四章　沟通和建构视角

　　沟通和建构视角（communication and constructive perspective）是在批判弗洛伊德的精神分析理论基础上产生的，它完全不同于注重个人人格分析的弗洛伊德的精神分析的理论逻辑框架，把社会工作的理论逻辑基础建立在人与人之间的沟通和互动方式上，认为人与人之间在当下现实生活场景中形成的沟通交流方式，才是社会工作实务关注的焦点，也是社会工作理论建构的核心（Greene，2011：486）。因此，沟通和建构视角具有非常鲜明的特点，不仅假设人的任何感受和想法来自人与人之间的互动交流过程，注重人际沟通的方式和过程，而且强调当下场景中的人与人之间的现实关联，关注人与人之间积极沟通方式的建构（Greene，2011：506）。当然，针对人与人之间的沟通交流方式有不同的理论解释的逻辑，如果以美国精神健康研究所（the Mental Research Institute）创建的人际沟通理论作为理论逻辑建构的基础，就是策略治疗社会工作（Greene，2011：506）；如果关注人际沟通过程中个人主观经验的心理结构和建构方式以及它的神经运行机制，就是建构主义社会工作（Carpenter，2011：127）；如果强调人际沟通过程中社会建构的哲学逻辑，就是社会建构视角的社会工作（Payne，2005：164）。

第一节　策略治疗社会工作

一　策略治疗社会工作的演变

　　兴起于20世纪80年代的策略治疗社会工作（strategic therapy and social work），包括许多不同的流派，其中影响最大也最受社会工作者欢迎的主要有美国精神健康研究所倡导的简要治疗（brief therapy）、杰·黑利（Jay Haley）和麦德恩斯（Cloe Madanes）创建的华盛顿学派（the Washington School）以及意大利米兰治疗学派（the Milan School）（Greene，1996：117）。尽管这些不同的流派有不同的服务重点和策略，但是它们都是在怀疑和批判弗洛伊德的精神分析的理论逻辑框架基础上产生的，都把服务关注的焦点从个人的心理结构转向人与人之间的沟通交往上，假设服务对象的问题通常表现为他与身边重要他人的沟通困扰以及由此形成的不良的沟通模式（the redundant communicational patterns），这种不良的沟通模式反过来又会影响服务对象与身边重要他人的沟通交流（Greene，2011：486-487）。因此，社会工作者的核心服务目标，不是与服务对象建立良好的服务合作关系，或者提高服务对象的沟通技能，而是通过有技巧地与服务对象沟通打破服务对象这种不良的沟通模式，让服务对象在与身边重要他人的沟通交往中能够重新发现或者发展出更为有效的感受、思考和行为方式（Greene，1996：116）。

策略治疗社会工作沿用了策略治疗的基本逻辑，认为成功有效的服务介入不仅需要依据服务对象的不同沟通问题设计有针对性的服务介入策略，以便打破服务对象与身边重要他人的不良沟通模式，还需要关注服务实施的具体过程，通过可解决问题和可实现目标的不断确认以及服务方案的逐步实施实现服务预定的目标。每采取一步服务介入策略，就需要仔细观察服务对象的反应，并且根据服务对象的反应及时调整服务介入策略。这样，在双方不断的沟通交流和回应策略的调整过程中，服务对象最终就能找到与身边重要他人进行有效沟通交流的方式（Haley，1973：14）。

策略治疗社会工作的理论依据不是弗洛伊德所建构的个人的心理结构和心理动力，而是美国精神健康研究所创建的注重人与人之间如何进行有效交流的沟通理论（communications theory），它关注服务对象的现在，特别是服务对象与身边重要他人的沟通交流方式，强调发掘和培养服务对象当下生活中有效的生活方式（using what works），帮助服务对象从问题的对话交流中摆脱出来，形成更为有效、更为开放的沟通交流的方式。值得注意的是，策略治疗社会工作所说的有效生活方式不是针对个人而言的，不是指个人应对某个问题的能力，而是个人在应对问题过程中与他人交往而形成的有利于问题解决的沟通方式。此外，策略治疗社会工作还倡导短期的服务策略，认为社会工作专业服务无须关注服务对象的过往经验和儿童时期的不幸经历，只需要专注于服务对象在当下生活中与周围他人沟通交流方式的调整（Greene，2011：506）。

尽管运用策略治疗社会工作开展服务的社会工作者并不多，但是策略治疗社会工作的影响却非常广泛，它提出的以沟通理论为基础注重有效生活方式重建的服务逻辑受到社会工作者的普遍关注，如精要治疗（solution-focused therapy）、叙事治疗（narrative therapy）和建构主义社会工作（constructive social work）等，都明显融入了策略治疗社会工作的服务逻辑和理念（Dagirmanjian，Eron，& Lund，2007）；而策略治疗社会工作总结整理的服务策略和技巧也经常被其他社会工作服务模式采纳，如任务中心模式（Reid，1990：76）和认知治疗（Dattilio & Freeman，1992：10）就运用了短期治疗的服务策略和方法。当然，策略治疗社会工作服务理念和服务策略的推广与社会服务的要求是分不开的，在健康照顾精细化管理要求的推动下，服务资源的有效利用成为社会关注的焦点，策略治疗社会工作所倡导的短期服务逐渐演变成社会工作的一项基本要求，渗透到不同服务领域和不同服务对象的服务中（Greene，1996：139）。

值得注意的是，随着策略治疗社会工作的逐步推广，它与社会工作的内在逻辑冲突表现得越来越明显。一方面，策略治疗社会工作要求社会工作者直接指导服务对象，改善服务对象与身边重要他人的沟通交流，认为服务介入的重点是调整服务对象回应周围重要他人的行为；另一方面，作为社会工作的一种服务模式，策略治疗社会工作要求社会工作者遵守社会工作的伦理价值和一般要求，关注社会工作者与服务对象之间信任合作关系的建立以及服务对象内心真实感受的体验。显然，这两方面的要求是相互矛盾的

（Greene, 1996: 137 - 138）。正是因为如此，策略治疗社会工作的发展受到许多社会工作者的质疑，而它的影响也主要局限于婚姻和家庭服务领域，甚至一些运用策略治疗的社会工作者也直接称自己为策略治疗师（Kleckner et al. , 1992）。

在把策略治疗的原理和方法应用到社会工作的过程中，有两位重要的影响人物：一位是林恩·瑟格尔（Lynn Segal），他与美国精神健康研究所保持了多年的合作关系，也是较早运用策略治疗的原理开展服务的社会工作者（Greene, 1996: 117）；另一位是美国俄亥俄大学社会工作学院的吉尔伯特·格里恩（Gilbert J. Greene），他一直关注策略治疗原理在社会工作领域的运用（Greene, 2002: 125）。

（一）林恩·瑟格尔

策略治疗社会工作所依据的沟通理论来源于美国精神健康研究所的研究，这一研究开始于 1959 年，是在文化人类学家格里高利·贝特森（Gregory Bateson）有关人类沟通的一项研究基础上发展而来的。贝特森在 1952 年选择了美国退伍军人医院（the Veterans Administration Hospital），对医院内的精神分裂症患者与家人的沟通方式进行细致的观察、记录和分析，希望能够从中找到人类沟通的基本原则和规律。1956 年，贝特森和他的研究团队发表了一篇名为《有关精神分裂症的理论》（*Toward a theory of schizophrenia*）的论文，在论文中首次介绍了沟通理论的一个核心概念：双重束缚（double-bind）（Greene, 2011: 487）。之后，贝特森和他的研究团队继续总结整理沟通理论的基本原则和内涵，直到 1962 年这项研究结束。在此期间，美国精神健康研究所一直与贝特森的研究团队保持着良好的合作关系，其中还包括社会工作者弗吉尼亚·萨提亚（Virginia Satir）和之后创建了华盛顿学派的沟通理论专家杰·黑利。不久，萨提亚和黑利离开了美国精神健康研究所，创建了各自的家庭治疗的培训项目，而瑟格尔则留在了美国精神健康研究所，继续沟通理论和简要治疗模式的整理工作（Segal & Bavelas, 1983: 75）。

到了 20 世纪 80 年代，瑟格尔开始把美国精神健康研究所的简要治疗模式介绍给社会工作者（Segal, 1980: 222）。与瑟格尔同一时代，并且影响策略社会工作发展的社会工作者还有许多，如奈尔森（Judith Nelsen），他从 20 世纪 70 年代末就开始探索如何将沟通理论与社会工作的实践结合起来（Nelsen, 1980）。此外，还有布劳斯（Allon Bross）（Bross, 1982）、坎德（Brian Cade）（Cade, 1980）和霍夫曼（Lynn Hoffman）（Hoffman, 1985）等，他们都关注社会工作者如何在家庭服务中运用策略治疗的原理和方法。尽管在这一时期，社会工作者已经认识到了策略治疗的基本逻辑，并开始在社会工作服务领域进行尝试，但是这些尝试大多集中在婚姻和家庭治疗领域，而且尝试的结果也大多是作为家庭治疗的成果发表的。因此，这一时期的策略治疗社会工作与家庭的策略治疗是没有分别的，两者的唯一差别是使用者的不同，前者是社会工作者，后者是家庭治疗师（Greene, 2011: 487）。

瑟格尔发现，虽然美国精神健康研究所把沟通理论作为简要治疗服务模式的基本理论逻辑框架，但是沟通理论所说的沟通与人们一般意义上理解的沟通不同，它重点考察：①沟通的人际特征，即关注人与人之间的沟通，特别是服务对象与身边重要他人的沟通，看这样的沟通方式如何影响问题的产生，而不是信息的传递和接收；②沟通的场景特征，即关注人与人之间的沟通在具体的生活场景中是如何发生的，而不是脱离生活场景抽象地研究信息的转换；③沟通的行为特征，即关注人与人之间的沟通如何影响人的行为，以及这样的行为又如何反过来影响人与人之间的沟通，从而形成特定的人际沟通模式，而不是只从信息的角度来分析信息（Segal，1991：181）。显然，沟通理论探讨的重点是人际沟通过程中个人的行为规律，它把个人的行为放在了人际沟通的日常生活场景中来考察，为社会工作提供了一种崭新的理论视角，这种视角以人与人之间的互动交流为理论逻辑框架建构的基础。

值得注意的是，瑟格尔还发现，美国精神健康研究所的简要治疗模式的服务焦点也与以往社会工作存在很大差别，它不是直接针对服务对象的问题提供解决的方法，而是在服务对象的问题沟通方式中直接寻找那些仍旧有效的解决方式，通过挖掘、维持和扩展这种有效的解决方式实现服务对象人际沟通方式的转变，最终帮助服务对象克服面临的问题。这就是简要治疗所说的第二规则的介入策略（the second-order intervention）（Segal，1991：183）。因此，第二规则的介入策略针对的不是某个人的问题，而是这个人的不良的人际沟通方式。

（二）吉尔伯特·格里恩

格里恩从 20 世纪 80 年代起就开始关注策略治疗的基本原理和方法，希望将它运用于社会工作的服务中（Greene，1989）。他发现，美国精神健康研究所的简要治疗模式在推广过程中受到社会工作者的强烈质疑和批评，原因之一是这种服务模式把权力放了社会工作者身上，要求社会工作者直接掌控整个服务的安排和进程，指导服务对象做出行为的调整，甚至为了促使服务对象快速摆脱有问题的沟通方式，要求社会工作者有意不透露某些真实的信息。显然，这样的服务安排加深了社会工作者与服务对象之间的不平等，与社会工作所倡导的基本伦理价值相违背。因此，格里恩反对将美国精神健康研究所的简要治疗模式直接应用于社会工作的服务中，建议对简要治疗模式进行必要的改造（Greene，2002：129）。

通过多年的社会工作实践，格里恩认识到，社会工作者在实施策略治疗的原理和方法时，可以借助三个方面的调整减少自己对服务过程和服务关系的操纵：①增加对策略治疗非直接矛盾技术（indirect paradoxical techniques）运用的解释，让服务对象了解自己的处境；②改变诊断的思维，只向服务对象提供行为改善的建议，并且把改变的决定权交给服务对象，由服务对象自己决定是否接受社会工作者的建议；③公开服务设计的讨论，让服务对象参与服务规划和实施中的每一个环节，成为服务的积极参与者（Greene，2006）。这样，策略治疗就不再是一种治疗模式，而是一种能够秉承社会工作的基本伦理价值，并且能够真正结合社会工作实际要求的社会工作服务模式（Greene，2011：506）。

到了 90 年代，策略治疗社会工作有了新的发展取向，开始把能力、资源和增能的概念也融入实际的服务中，假设服务对象自身就拥有改变的潜能和资源，社会工作者只是协助者，帮助服务对象发掘这种改变的能力（Greene，2011：506）。格里恩在对患有严重情绪和行为问题的青少年开展的服务中就采纳了这种观察视角，他不仅注重利用服务对象家庭的能力和抗逆力，而且把微观的家庭服务与宏观的系统服务联结起来，形成一种同时涵盖不同层面的整合服务（Lee et al.，2009）。值得注意的是，格里恩还对策略治疗社会工作的服务过程进行改造，把它视为一种建构的过程，注重社会工作者与服务对象之间的平等合作（Greene et al.，1996）。此外，策略治疗社会工作还出现了多样化的发展趋势，除了在服务女性群体时吸纳了女性主义视角外（Terry，1992），还在服务少数族群的过程中融入了文化视角中的文化敏感（culturally sensitive）的概念（Lemon et al.，1993）。

继美国精神健康研究所的简要治疗模式的影响之后，黑利和麦德恩斯创建的华盛顿学派也开始影响策略治疗社会工作，虽然它继承了简要治疗模式的基本逻辑框架和服务策略，并且像简要治疗模式一样强调服务面谈外任务的布置，但是它还是对简要治疗模式进行了重大的调整，把家庭的结构因素也融入服务模式中，注重家庭关系的重组（Keim，2000：170）。这样，华盛顿学派既有家庭策略治疗的元素，又有家庭结构治疗的元素，是两者的综合，可以简单概括为四个基本要素"PUSH"。"P"代表"protection"，是指服务对象寻找帮助时，通常被当作麻烦的制造者，不是伤害自己，就是伤害别人，而华盛顿学派不这样认为，它假设服务对象总是拥有保护家人的意愿，只是不知道采取合适的保护方法，从而导致运用有问题的方式保护家人。因此，"protection"是华盛顿学派的服务基础和起点。"U"就是"unit"，是指华盛顿学派的服务单位通常是一个家庭，涉及三个或者三个以上的家庭成员，因而华盛顿学派的服务内容包括如何打破有问题的家庭沟通方式和如何重组家庭成员的关系。"S"代表"sequence"，是指服务对象的问题表现为家庭成员之间相互影响的行为序列以及由此形成的互动模式，而华盛顿学派就是运用更为健康的家庭互动方式去替代有问题的家庭互动方式，改善家庭成员之间的这种行为序列。"H"就是"hierarchy"，是指服务对象的问题发生在具有权力结构的家庭内，通常涉及家庭权力边界的不清和权力关系的混乱。这样，改变家庭的权力关系就成为华盛顿学派不可缺少的基本要素之一（Keim，2000：178－179）。

除了采用美国精神健康研究所的简要治疗模式的服务技巧开展服务之外，华盛顿学派还根据实际的服务要求创建出自己独特的服务技巧，如要求父母指导有"问题"的孩子继续保持问题，或者想象自己真的有问题，或者列举问题的正向功能等，以帮助父母和孩子发现藏在孩子"问题"之下的保护家人的愿望。此外，华盛顿学派还要求家庭成员描述与目前家庭权力结构完全不同的家庭运行方式，或者环境条件做了小的调整之后的家庭问题呈现的方式等，以此帮助父母和孩子看到家庭结构对他们的影响（Haley & Richeport-Haley，2007：213－217）。

意大利米兰治疗学派是另一个影响策略治疗社会工作的重要学派，它始创于1971年，是由意大利的心理治疗师派勒饶尼（Mara S. Palazzoli）、波斯科罗（Luigi Boscolo）、塞申（Gianfranco Cecchin）和普拉塔（Giuliana Prata）等人在米兰创建的，所以称为米兰治疗学派（Boscolo et al.，1987：2）。米兰治疗学派也是以沟通理论作为服务介入的理论基础，它吸收了美国精神健康研究所简要治疗模式的基本原理，提出假设－循环－中立（hypothesizing-circularity-neutrality）的服务策略，即从与服务对象的接触而形成的介入假设开始，借助差异性信息呈现的循环提问（circular questioning），帮助家庭成员了解家庭沟通过程中相互影响的具体方式，并且在此过程中通过中立原则的把握，让每位家庭成员都能获得同等的尊重，都有表达自己意见的机会（Nichols & Schwartz, 2004：106）。米兰治疗学派还对美国精神健康研究所的简要治疗模式的服务技巧进行改造，总结整理出社会工作者经常使用的积极提示（positive connotation）和仪式（ritual）等服务技巧。积极提示就是帮助家庭成员从积极的角度理解问题背后所蕴含的意义，鼓励家庭成员放弃相互之间的责备，从新的角度看待家庭遭遇的问题；仪式则是指导家庭成员在某个固定的时间重复做某个或者某些有"问题"的行为，帮助家庭成员逐渐减轻对"问题"行为的恐惧，学会掌控自己的行为（Boscolo et al., 1987：2－4）。

到目前为止，策略治疗社会工作主要应用于个人困扰的消除（Fisch et al., 1982：134－152）、夫妻关系的调整（Shoham, Rohrbaugh, & Cleary, 2008：320）和家庭治疗（Segal & Bavelas, 1983：61）等不同服务层面。就针对的问题而言，策略治疗社会工作已经涉及抑郁症的治疗（Chubb, 1982）、自杀行为的干预（Aldridge & Rossiter, 1983）、慢性病痛的缓解（Shutty & Sheras, 1991）、焦虑症的治疗（Nardone, 1995：86）、酒精成瘾的戒除（Lewis & Allen-Byrd, 2007）、药物滥用的治疗（Heath & Ayers, 1991：50）、重症精神障碍患者的康复（Soo-Hoo, 1995：127）和厌食症的治疗（Moley, 1983）等；就服务的人群而言，策略治疗社会工作已经涵盖儿童（Weakland & Jordan, 1992）、青少年（Checchin, Lane, & Ray, 2003）和老年人（Herr & Weakland, 1979：23）等。显然，策略治疗社会工作已经发展成一种可以服务于不同人群、不同问题和不同层面的模式。

二　策略治疗社会工作的理论框架

美国精神健康研究所创建的沟通理论为策略治疗社会工作提供了基本的理论依据，它完全不同于弗洛伊德的精神分析的理论逻辑框架，关注的焦点不是个人，而是围绕信息传递过程所形成的两个或者多个人之间的互动，认为借助信息反馈这个环节，人际互动就会形成前后相互影响的循环圈，并且逐步演变成人际互动的准则和模式。因此，人的行为是在人际互动中形成的，与周围他人特别是身边的重要他人密切相关，是特定日常生活场景中相互沟通的行为。在行为改变的动力方面，沟通理论也有自己的独特理解，强调改变的动力不是来自个人内心的某种需要，而是来自沟通过程中与个人现存的认识假设不同的差异信息（information），正是这种差异信息推动个人产生改变的要求，从而导致人际互动准则和模式的改变（Greene, 2011：488）。沟通理论把这样的现象概括为人际沟通的一项核心的基本原则，即差异才能出现改变（a difference that makes a difference）（Bateson, 1979：99）。显然，沟通理论提供给社会工作者的不仅仅是一些新的服务概念，更是一种崭新的服务观察视角，帮助社会工作者站在人际沟通理论的基础上重新审视社会工作的整个服务过程以及服务的基本策略和方法。

（一）人际沟通的基本原则

策略治疗社会工作就是围绕人际沟通的基本原则而展开的社会工作服务，它的所有安排和设计都可以从人际沟通的基本原则中找到理论的依据。因此，可以说，人际沟通的基本原则是策略治疗社会工作最核心的理论内涵，它包括五项基本的理论假设（Greene，2011：489）。

人际沟通的第一项基本理论假设是，沟通至少涉及两个人（Watzlawick，Beavin，& Jackson，1967：51）。策略治疗社会工作吸收了美国精神健康研究所的研究成果，认为一个人无法形成沟通，只有当另一个人在场时，这个人的所作所为才能影响对方，才能从对方那里得到反馈信息，从而形成相互影响的沟通循环圈。即使在场的这个人保持沉默，这也是一种沟通的方式，只是通过沉默而不是说的方式表达自己对当下沟通的态度。实际上，沉默可以表达多种不同的含义，它既可以表示不感兴趣，也可以是不满的表现，或者是不置可否的表现。这样，沟通的另一方就会观察和猜测沉默者的内心感受和想法，并且通过调整自己的回应方式来适应这种沉默的沟通方式（Greene，2011：489）。

人际沟通的第二项基本理论假设是，任何沟通都涉及内容沟通和关系沟通两个层面，关系沟通是比内容沟通更深层次的沟通（meta-communication）（Watzlawick，Beavin，& Jackson，1967：54）。策略治疗社会工作的这一看法来自美国精神健康研究所的认识，它强调，人际沟通不仅仅涉及信息的交流，同时还涉及信息交流者之间的沟通。这种信息交流者之间的沟通称为有关沟通的沟通（communicating about the communication），它是通过非语言信息或者其他语言信息确认信息交流内容的沟通过程。如果交流双方只关注信息的直接沟通内容，就会忽视交流者之间的沟通关系所呈现的更深层次的要求，从而导致交流者之间的紧张和冲突，这样反过来又会影响相互之间的直接信息沟通。因此，策略治疗社会工作认为，考察人际沟通的状况不仅需要关注相互之间的信息沟通的内容，还需要关注信息交流者之间的关系（Greene，2011：489）。

人际沟通的第三项基本理论假设认为，沟通关系表现为交流者在沟通过程中的停顿（Watzlawick，Beavin，& Jackson，1967：59）。在策略治疗社会工作看来，沟通过程中的停顿就像书写过程中的标点符号，它是交流者给沟通具体赋予意义的过程，包括停顿的地方、停顿的时间、停顿的频率以及语气和语调等。这些信息反映了交流双方在沟通过程中的相互关系以及相互影响的方式（Greene，2011：489）。例如，沟通的一方希望对方认识到自己的看法是正确的，通常就会运用强调的语气，或者放慢说话的语速，以此来显示所说的信息内容的重要性。

人际沟通的第四项基本理论假设则强调，人际沟通包括直接和比拟两种方式，前者借助语言，后者借助非语言（Watzlawick，Beavin，& Jackson，1967：67）。策略治疗社会工作认为，语言沟通的一个显著特点就是需要遵循语法和句法的要求，容易受个人理性认识和判断的影响，人为因素比较突出。非语言沟通就不同了，它包括个人说话时的姿势、手势、面部表情、语调和停顿等非语言信息。显然，非语言沟通更为广泛，而且不容易受人的意志控制，更容易体现交流双方在沟通关系层面的信息。不过，与语言沟通相比，非语言沟通的信息通常比较模糊，不明确（Greene，2011：489）。

作为影响策略治疗社会工作服务开展的一项重要理论假设，人际沟通的第五项基本理论假设认为，人际沟通有平等和互补两种方式，在平等的沟通方式中交流双方处于平等的位置，在互补的沟通方式中一方的位置明显高于另一方（Watzlawick，Beavin，& Jackson，1967：70）。与以往注重信息交流的沟通理论不同，策略治疗社会工作是依据交流双方的权力位置来划分沟通方式的，并以此为基础，考察沟通过程中人际关系和个人行为的变化规律。在策略治疗社会工作看来，无论什么样的人际沟通，都可以简化为平等的沟通和互补的沟通，人际沟通中的问题恰恰表现为交流的一方不满于当下的沟通关系但又无法与另一方进行深层次的关系方面的沟通。这样，交流双方越交流冲突就会越大，出现所谓的问题（Greene，2011：489）。

显然，美国精神健康研究所总结提出的人际沟通的五项基本原则为策略治疗社会工作提供了基本的逻辑框架，它告诉社会工作者，人际沟通包括两个基本层面：内容沟通和关系沟通。当沟通不顺畅时，交流双方不仅需要信息方面的交流，还需要关系方面的沟通，保持开放、真诚的沟通态度；否则，沟通的不顺畅就会转变成沟通过程中的人际关系的紧张和冲突（Greene，2011：489）。

（二）双重束缚中的问题

双重束缚是策略治疗社会工作理论逻辑框架中的一个核心概念，它是指沟通的双方由于采取相互矛盾的沟通方式而导致的沟通不顺畅以及人际关系的紧张和冲突（Abeles，1976：115－116）。如果这样的沟通发生在父母和孩子之间，父母拥有绝对的权威，而孩子又处在成长发展的关键时期，需要获得父母的认同和肯定以及建立自我的身份感和价值感。这个时候，父母自相矛盾的沟通方式就会对孩子造成极大的伤害，因为孩子无法从父母的所作所为中得到明确的答案，不知道父母是否喜欢自己，也不知道自己应该怎样做，处于一种做也不对不做也不对的双重矛盾束缚中（Greene，2011：490）。显然，在这样的双重束缚处境中，孩子背负着巨大的压力，无法健康成长，甚至还可能出现精神方面的困扰。

策略治疗社会工作借用了美国精神健康研究所的简要治疗的观点，认为双重束缚具有五个方面的基本特征。第一，它是一种互补形式的沟通。一方的位置明确高于另一方，而且他拥有比另一方更大的权力。就弱势的一方而言，他有能力理解强势的一方传达的信息。第二，它是一种指令形式的沟通。强势的一方指导弱势的一方如何正确地感受、思考和行动，而且常常喜欢运用惩罚方式要求弱势的一方。这样，弱势的一方就自然而然地学会采用回避惩罚的方式应对生活中的挑战。第三，它是一种相互矛盾的沟通。强势的一方在给弱势的一方传递语言信息时，在非语言方面却传达的是另一种含义完全不同的信息，使弱势的一方处于相互矛盾的沟通处境中。第四，它是一种双重束缚的沟通。强势的一方的沟通信息模糊、混乱和自相矛盾，使弱势的一方处于这样一种困境中：既无法澄清沟通的真实内涵，也无法回避这种相互矛盾的沟通处境。第五，它是一种不断重复的双重束缚的沟通。如果弱势的一方不断采用双重束缚的方式沟通，就会强化这种双重束缚的生活经验，逐渐形成双重束缚的观察视角和生活方式（Greene，2011：490）。

一旦个人学会了采用双重束缚的沟通方式生活时，他就会对来自周围他人的自相矛盾的沟通信息非常敏感，习惯性地运用双重束缚的方式与周围他人沟通，即使周围他人传递的是直接、清晰和一致的信息，他都会不自觉地猜测这些信息背后的其他含义，对他人抱有怀疑、不信任的态度。这样，双方的沟通就会逐渐朝向双重束缚的方式发展。在策略治疗社会工作看来，这种双重束缚的沟通方式是交流双方在相互影响过程中逐渐形成的，它既可以由强势的一方引发，也可以从弱势的一方开始。最终的结果是，无论强势的一方还是弱势的一方，都深陷这种双重束缚的沟通方式中。就弱势的一方来说，他在与周围他人交往过程中所表现出来的问题，通常是因为在成长过程中遭遇了双重束缚的沟通困境，是双重束缚生活经验的反映（Greene，2011：491）。显然，策略治疗社会工作并没有把问题归结为沟通过程中弱势的一方或者强势的一方，而是把它视为某种沟通的方式，同时涉及强势和弱势。

在问题的呈现方式上，策略治疗社会工作吸收了华盛顿学派黑利的看法，认为问题的呈现通常需要具备两个条件：①一方明显处于强势，他的行为对另一方有极大的影响；②弱势的一方无法控制自己的问题行为，表现出非自愿的特征。这样，问题行为通常表现为弱势的一方想做什么，但因为自己没有控制能力，做不出来，或者自己不想做什么，但又因为自己缺乏控制力，无法阻止自己去做（Haley，1963：5）。策略治疗社会工作强调，问题行为就是发生在这样一种沟通交流的处境中，弱势的一方无法通过直接的沟通建立一种相互协商的沟通机制，因而，只能通过问题行为获得沟通的掌控能力，但同时弱势的一方又想避免直接的人际冲突，否认自己有意做出这样的行为（Greene，2011：491）。

策略治疗社会工作还发现，人际沟通过程中的问题行为并不都是问题，它也有好的方面，至少包括两个方面的积极作用：①问题行为使交流双方可以预测对方的行为表现，从而相互制约，保持沟通过程中的平衡；②问题行为不仅可以保护强势的一方避免直接面对自己的焦虑、不安和信心低下的困扰，而且可以保护弱势的一方避免与强势的一方发生直接冲突，危及两者之间的关系。显然，在策略治疗社会工作看来，问题行为是弱势的一方在沟通过程中的行为表现，不能简单理解为这个人的问题，它与强势的一方的要求紧密相关，是一种沟通的方式。只不过这种沟通方式在弱势的一方是问题行为，而在强势的一方则是"合理"的强制要求。因此，策略治疗社会工作要求社会工作者直接从问题行为的沟通方式入手，不是解决某个人的问题，而是调整这种问题行为的沟通方式，看到这种问题行为沟通方式中的积极方面，从而打破强势的一方与弱势的一方之间的对抗游戏（Greene，2011：491）。

（三）第二规则的改变（the second-order change）

在策略治疗社会工作看来，如果交流双方陷入一种问题行为的沟通方式中，不仅问题行为表现弱势的一方会想尽各种办法摆脱这种问题，减轻生活的压力，而且强势的一方也会出于关心或者其他原因想尽办法改变这种沟通方式。交流双方之所以安于这种问题行为的沟通方式，不是因为他们不想改变，而是因为找不到有效改变的方法和途径，他们之前的每一次努力都没有改变这种处境（Greene，2011：491）。策略治疗社会工作把这种无效的改变方法和途径称为第一规则的改变（the first-order change）。这种规则的改变有一个显著特点，交流双方不改变原有的沟通逻辑和规则，只是在看到某种做法没有成效之后，再投入更多的精力和时间，增加努力的程度。在他们的努力背后有这样一种假设：只要投入更多的时间和精力，总有一天问题就能够迎刃而解。策略治疗社会工作发现，通常情况下，第一规则的改变会采用与问题行为相反的做法，目的是阻止问题行为的出现。这样，不仅不会带来问题行为的消失，反而会增加交流双方的紧张和冲突（Greene，2011：492）。

与第一规则的改变不同的是，第二规则的改变把努力目标放在了交流双方的沟通方式上，不再是防止弱势的一方问题行为的出现，而是改变原有的沟通逻辑和规则，调整这种对抗、控制的游戏，让交流双方一起发生改变。因此，第二规则的改变又常常称为改变视角的改变（Hoffman，2007：67）。策略治疗社会工作强调，第二规则改变的关注焦点也与第一规则不同，不是弱势的一方呈现的问题，而是交流双方保持问题行为反复出现的解决方式。在策略治疗社会工作看来，只有找到了新的解决方式，这种保持问题行为反复出现的解决方式才能逐步转变，弱势的一方的问题行为才能得到克服。可以说，第二规则的改变是解决方式的改变（Greene，2011：492）。显然，第二规则的改变不是要劝说交流的双方做出更大的努力防止问题行为的出现，而是帮助交流双方寻找新的解决方式，体验新的沟通交流经验，并且在新的沟通交流经验中观察和体会改变的具体发生过程（Greene，2011：493）。

策略治疗社会工作强调，第二规则改变的核心是找到打破问题维持的沟通方式，并且协助交流双方在新的沟通交流经验中建立更为有效的沟通方式。策略治疗社会工作还引用美国精神健康研究所的简要治疗的服务原则来说明自己的服务理念：如果一种做法没有成效，就需要转变方式，做新的尝试（Greene，2011：493）。策略治疗社会工作的服务策略显然不同于以往的社会工作服务模式，不关注问题的解决，而是注重问题沟通方式的调整。从逻辑上说，这样的服务策略转变意味着社会工作理论逻辑框架的根本改变，它已经从人际沟通的直接关联中理解服务对象的问题以及改变的规律，而不再把周围他人视为服务对象的外部环境。这样，个人与周围他人之间就不是谁影响谁的问题，而是一种相互作用、相互转化的循环影响的逻辑（Greene，2011：493）。

为了在具体的专业服务中实现第二规则的改变，策略治疗社会工作还吸纳了美国精神健康研究所简要治疗的服务介入的逻辑框架，把具体的服务过程分为六个阶段，即建立积极的辅导关系、界定服务对象面临的问题、明确问题维持的无效尝试、确定服务对象希望实现的改变目标、实施第二规则改变的服务计划以及结案等（Nardone & Watzlawick，1993：38）。

就建立积极的辅导关系而言，策略治疗社会工作认为，社会工作者不仅需要掌握沟通的基本技巧，让服务对象在整个服务过程中都能感到安全和信任，而且能够向服务对象展现同理、接纳和真诚，让服务对象体会到社会工作者给予的支持。为此，策略治疗社会工作强调，社会工作者需要把自己视为服务的合作者，将服务的焦点集中在服务对象界定的问题上，并且由服务对象自己确定改变的目标。如果社会工作者在整个服务过程中能够学会运用服务对象熟悉的语言和表达方式与服务对象沟通，就能够有效促进与服务对象的积极合作关系的建立（Greene，2011：493）。

在帮助服务对象界定面临的问题方面，策略治疗社会工作也有自己独特的要求，主要包括四个方面。一是由服务对象自己界定问题。策略治疗社会工作认为，每个人观察问题的角度是不同的，只有理解了服务对象自己界定问题的视角和方式，社会工作者才有可能帮助服务对象改善与身边重要他人的沟通。二是清晰、具体地描述问题。它包括谁（who）、什么事情（what）、在哪里（where）、什么时候（when）、怎样（how）以及多少频率（how often）等内容。三是理解服务对象问题的人际沟通方式。策略治疗社会工作强调，服务对象所呈现的问题行为是一种人际沟通的方式，因此，社会工作者不仅需要了解服务对象的问题行为是如何呈现的，还需要考察服务对象的身边重要他人是如何回应的，以及两者之间又是如何相互影响的。四是寻找问题中的积极含义。这是策略治疗社会工作最具特色的方面，它要求社会工作者在界定服务对象问题的过程中与服务对象一起寻找问题的积极作用，具体涉及两个方面，即问题存在带来的益处在哪里以及问题的消失会出现什么不好的结果（Nardone & Watzlawick，1993：49-50）。简单来说，在策略治疗社会工作的逻辑框架中，帮助服务对象界定问题其实包含两项基本任务：明确服务对象问题的沟通方式和改变服务对象对问题的看法（Greene，2011：494）。

界定了服务对象的问题之后，社会工作者接着就需要明确问题维持的无效尝试。在策略治疗社会工作看来，服务对象之所以深陷问题的困扰之中，不是因为没有做过改变的尝试，而是因为这些尝试并没有带来预期的改变结果，从而导致服务对象逐渐放弃改变的努力，学会以问题行为的方式应对身边重要他人的要求。如果社会工作者沿用服务对象这种阻止问题行为出现的无效尝试，只会加剧服务对象与身边重要他人的冲突。因此，策略治疗社会工作要求社会工作者在服务介入之前了解服务对象这种问题维持的无效尝试，避免在之后的服务中重新陷入原来的问题行为的沟通方式中（Greene，2011：494）。为了保证社会工作者不再陷入第一规则改变的逻辑中，避免只针对服务对象的问题行为进行考察，策略治疗社会工作还提出，社会工作者不需要深入服务对象的内心世界，了解他的心理结构和心理动力，或者追溯服务对象儿童时期的生活经验，了解他的不幸经历和痛苦感受（Nardone & Watzlawick，1993：52）。

像问题界定一样，策略治疗社会工作要求社会工作者在确定服务对象希望实现的改变目标时，也能够由服务对象自己来描述，如让服务对象解释没有问题的生活是什么样的，或者问题减少到什么程度才是他所期望的。除此之外，策略治疗社会工作还采纳了美国精神健康研究所的简要治疗的服务策略，认为改变目标的确定还需要符合两项基本要求：①从积极的角度设定改变的目标，即在现有的生活基础上增加什么，而不是减少什么，或者阻止什么发生；②明确最微小的改变标志，即确定最小的改变要求，由此服务对象就能够体会到生活的变化（Fisch，Weaklan，& Segal，1982：79）。

在策略治疗社会工作的逻辑框架中，第二规则的改变与第一规则的改变有一个明显的差别，前者是打破服务对象的问题行为的沟通方式，涉及服务对象身边的重要他人；后者是消除服务对象的问题，只针对服务对象个人。即使在打破问题行为的沟通方式上，策略治疗社会工作也有自己的独特见解，认为社会工作者的服务策略是从微小的改变开始，在微小的改变中积累改变的动力，由微小的改变逐渐扩展成显著的改变。策略治疗社会工作强调，每个服务对象都有改变的能力和资源，只要社会工作者帮助服务对象找到打破问题行为沟通的方式，服务对象就能够运用自己的能力和资源实现自己预定的改变目标（Greene，2011：495）。

在结案处理上，策略治疗社会工作也有不同于其他社会工作服务模式的逻辑，认为策略治疗社会工作在整个服务过程中关注服务对象的问题和希望改变的目标，因此，服务的焦点不在服务面谈内，而是在服务对象的日常生活中，帮助服务对象学会运用自己的能力和资源实现第二规则的改变。这样，随着问题的逐渐消除和服务目标的逐步实现，社会工作者开展的专业服务也就自然进入结束阶段（Greene，2011：495）。显然，通过这六个阶段的具体服务，策略治疗社会工作所倡导的第二规则的改变才能真正转变成服务对象日常生活中的成长和改变。策略治疗社会工作强调，除了了解策略治疗社会工作的六个具体服务阶段之外，社会工作者还需要在每次服务面谈中有意识地运用一些策略治疗社会工作的独特提问技巧，帮助服务对象打开沟通交流的视野，做好改变的必要准备（Greene，2011：493）。

（四）服务技巧中的第二规则改变逻辑

策略治疗社会工作非常关注社会工作者在整个服务过程中所发挥的作用，倡导一种积极、主动的介入方式。为此，策略治疗社会工作通过多年的专业实践总结出多种专业服务技巧，其中常用的有四种：重命名（reframing）、限制改变（restraint from change）、定位（positioning）和服务面谈外任务布置（between-session tasks）（Greene，2011：495）。

重命名是策略治疗社会工作经常运用的一项服务技巧，它是指社会工作者从积极正向的角度给服务对象的问题提供一种新的积极意义的解释，帮助服务对象及其身边重要他人改变对问题的看法。值得注意的是，重命名服务技巧所说的积极正向的意义解释有其特别的要求，主要包括两个方面：①它是就服务对象的问题行为而言的，是从一种积极正向的角度看待原来的问题，它改变的是一种观察视角，而不是从服务对象的问题行为表现中找到其中的积极元素，或者放弃服务对象问题的探寻，直接寻找服务对象生活中的积极元素；②它是就服务对象而言的，是解释问题行为的表现对服务对象及其身边重要他人的益处，而不是就一般标准来讨论问题行为的积极正向的意义。从形式上看，通过重命名策略治疗社会工作可以帮助服务对象和身边重要他人改变看待问题的视角，不再一味地关注问题中的消极信息，更为重要的是，可以让服务对象和身边重要他人找到解决问题的新的起点和方向，从而停止使用阻止问题出现的方式应对问题，逐渐打破问题行为的对抗游戏的沟通方式。显然，重命名服务技巧针对的不是服务对象个人，而是服务对象问题行为的沟通方式，它的目的也不是排解服务对象的负面感受，而是帮助服务对象找到一种新的、更为有效的沟通方式。因此，策略治疗社会工作强调，在使用重命名服务技巧时，社会工作者需要采用一种尝试性的语气和方式，避免让服务对象重新陷入新的对与错的对抗游戏中（Greene，2011：495）。

限制改变也是策略治疗社会工作的一项重要的服务技巧。它与重命名不同，是在服务对象出现了积极改变之后所采用的一项服务技巧，它要求社会工作者与服务对象一起商讨如何让改变的步伐慢一点。策略治疗社会工作认为，这样的安排不仅可以保证社会工作者避免把自己的过高期望放在服务对象的身上，陷入与服务对象身边重要他人同样的困境中，而且可以让服务对象观察到隐藏在急切改变愿望背后的担心和不安，学会逐渐放弃对抗或者讨好的沟通方式。如果服务对象听从了社会工作者的建议，就能找到更有效的与身边重要他人的沟通方式；如果服务对象没有按照社会工作者的建议行动，也同样提高了服务对象改变的动力（Tennen，Eron，& Rohrbaugh，1991：214）。策略治疗社会工作强调，通过限制改变服务技巧的运用社会工作者就能够在整个服务过程中和服务对象及其身边重要他人一起协商和寻找更有效的沟通方式，加强他们与社会工作者之间的配合，如一起预测改变过程中可能出现的回退，让服务对象及其身边重要他人放慢改变的步伐，及时做好应对的准备（Greene，2011：496）。

定位是策略治疗社会工作经常运用的另一项重要服务技巧，它依据的是这样的理论假设：一个人的想法、感受和行为是在特定的生活场景中出现的，与他所处的位置直接相关，不同的位置就会有不同的好与坏的判断标准和希望达到的目标（Parrott，2004：30）。因此，在推动服务对象做出改变时，策略治疗社会工作要求社会工作者首先帮助服务对象明确自己所处的位置，把他的改变要求与具体的日常生活场景联结起来，特别是当服务对象的改变与身边重要他人直接关联时，场景位置的设计就显得特别重要。这样，服务对象与身边重要他人的沟通方式和沟通的动力就能呈现出来（Greene，2011：496）。需要注意的是，策略治疗社会工作所说的定位与行为主义社会工作所推崇的角色扮演不同，前者注重的是服务对象与身边重要他人沟通方式的改变，工作的重点在服务对象新的应对行为以及与身边重要他人循环影响而形成的沟通模式上，即通过帮助服务对象看到每个人的感受、想法和行为与自己所处位置的关系，学会发现更为积极的沟通方式；而后者侧重服务对象自身的改变，强调通过不同角色的扮演体验不同位置的人的不同想法和行为方式。

与其他社会工作服务模式不同，策略治疗社会工作把服务面谈外任务布置作为社会工作专业服务介入不可缺少的部分，甚至把它视为促使服务对象改变最直接、最核心的部分。策略治疗社会工作强调，仅仅让服务对象认识到合适行为改变的要求是远远不够的，必须帮助服务对象学习掌握更为有效的具体回应行为，策略治疗社会工作称这样的任务为行为处方（behavioral prescriptions）（Nardone & Watzlawick，1993：54）。不过，需要注意的是，策略治疗社会工作所说的行为任务也不同于行为主义社会工作所设计的行为改变的任务。行为主义社会工作会从直接消除个人的问题出发，要求服务对象克服问题行为的各种表现。这样的行为改变任务通常在社会工作介入之前就有人提出过，它很容易导致服务对象与身边重要他人关系的紧张，陷入对抗游戏的沟通方式中。在策略治疗社会工作看来，仅仅要求服务对象改变是不够的，它无法打破由服务对象与身边重要他人在日常交流过程中形成的沟通方式。因此，为了帮助服务对象从第一规则的改变转变成第二规则的改变，策略治疗社会工作提出一种非直接的行为改变任务（indirect tasks），这种任务又称为治疗性矛盾设计（therapeutic paradox），它要求社会工作者不是直接提出服务对象行为改变的要求，而是让服务对象继续保持现在的问题行为，只是调整问题行为的某个微小的方面。这样的调整策略主要包括三个方面：第一，问题行为本身的调整，如问题行为出现的次数、保持的时间、发生的日子、出现的场景和表现的强度等，通过这些方面的调整达到改变的目标；第二，问题行为环境的调整，如问题行为环境因素的增减、细化以及联结顺序和方式的改变等，就是常用的调整策略；第三，问题行为沟通方式的调整，如让强势一方和弱势一方调换沟通的位置，或者用非问题沟通方式表现问题行为，或者用一种减少了问题行为表现的方式沟通等。这样，社会工作者就能够把服务改变焦点集中在服务对象与身边重要他人的沟通方式上，实现第二规则改变的行为处方的任务布置（Greene，2011：498）。

此外，策略治疗社会工作运用的服务技巧还包括展现（adertising）、犯"小错误"和单双日仪式（odd-day/even-day ritual）等。所谓展现，是要求服务对象在他人面前主动呈现自己的担心和不足，以避免因回避而造成的内心紧张和不安；犯"小错误"是鼓励服务对象在平时的生活中犯一些"小错误"，以避免因追求完美而导致的内心不满和担心；而单双日仪式则是要求服务对象在单数的日子选择问题行为的沟通方式，在双数的日子采取所希望改变的行为与身边重要他人进行沟通，这样就能够减少服务对象的阻抗，增强服务对象对改变风险的承担能力（Greene，2011：499－500）。为了促进服务对象的改变，策略治疗社会工作还倡导社会工作者使用合作、协商的语言，如提出建议时，可以使用"如果"（if）或者"可能"（may）等探讨性的语句，让服务对象感到行动的决定权在他手里，防止使自己陷入不必要的对与错的对抗游戏的沟通方式中（Fisch，Weaklan，& Segal，1982：31）。正是基于这样的思考，策略治疗社会工作要求社会工作者在建议服务对象做任何改变时，都需要站在服务对象的位置上，运用服务对象熟悉的语言和逻辑，提供相应的意义解释，放弃专家指令的方式（Greene，2011：500）。

实际上，策略治疗社会工作的运用不仅仅局限于婚姻和家庭服务，同时还包括大型的社会组织和社区，如运用重命名的服务技巧提升社会组织的领导和管理能力（Bolman & Deal，1991：3），或者借助双重束缚的概念检视组织内部和组织之间的沟通动力（Markowitz & Nitzberg，1982），或者把第二规则改变的原理直接应用于组织和社区发展的分析和介入策略中（Gharajedaghi，2007），甚至有些学者直接把个人的改变放到组织和社区的场景中来考察，重新总结和提炼组织和社区沟通方式改变的原理，提出第三规则改变（the third-order change）的逻辑（Bartunek & Moch，1994）。值得注意的是，尽管从形式上看，第三规则的改变与第二规则的改变一样，把服务的关注焦点都放在了沟通方式上，只是第三规则的改变增添了家庭之外的沟通方式，实际上，这种转变已经将个人和家庭的微观服务与组织和社区的宏观服务紧密地衔接起来，实现了一种综合的服务介入策略（Allen，1987）。

通过对策略治疗社会工作的考察可以发现，虽然策略治疗社会工作已经出现了一些新的发展趋势，开始关注在大型社会组织和社区中的运用，强调与其他服务模式的整合等，但是到目前为止，策略治疗社会工作仍然主要应用于微观的婚姻和家庭的服务（Greene，2011：505）。策略治疗社会工作认为，作为策略服务介入，它有一个与其他社会工作服务模式不同的理论逻辑框架，它假设服务对象的困扰不是来自服务对象个人，而是服务对象与身边重要他人在交流过程中形成的有困扰的沟通方式，它的服务策略也不是帮助服务对象消除由问题带来的困扰，而是协助服务对象寻找更为有效的与身边重要他人沟通的方式，是问题行为所代表的沟通方式的改变（Greene，2011：506）。显然，策略治疗社会工作改变的不仅仅是服务策略，或者服务的基本视角，更是以往社会工作的理论建构的逻辑基础；它不再把个人视为可以摆脱日常人际沟通的独立个体，作为社会工作理论建构的核心，而是直接以人际沟通作为社会工作理论建构的基础，为社会工作者开启了另一扇崭新的开展专业服务的大门（Hoffman，2002：xv – xvi）。

第二节 建构主义社会工作

一 建构主义社会工作的演变

尽管建构主义（constructvism）的一些基本概念和原理早就受到社会工作者的关注，如关注服务对象的主观经验和服务对象自决等，但是直到 20 世纪 90 年代，建构主义才成为一个完整的理论逻辑框架影响社会工作，出现建构主义社会工作（constructive social work）这一理论流派（Grossman，1993）。建构主义社会工作的出现并非偶然，在八九十年代为了满足政府管理和评估的要求，社会工作越来越朝程序化和形式化方向发展，忽视服务对象自身的主观经验和感受，这促使一些社会工作者开始从哲学层面的角度重新反思社会工作的理论逻辑和专业服务的基本定位（Parton & O'Byrne，2000：1）。建构主义社会工作就是这样一种努力的尝试。

建构主义社会工作的反思涉及多个层面，它首先试图改变的是社会工作者观察和看待个人的视角，它从智利神经生理学家马图拉那（Humberto Maturana）和万勒拉（Francisco Varela）那里吸收了生物有机体拥有自创生命能力的观点（autopoietic），强调生物有机体的行为并不直接受外部环境的影响，而是取决于生物有机体自身神经系统的结构和运行机制，遵循生物有机体的结构决定原则（structure determined）。正是这一原则启发了社会工作者，让社会工作者看到每个人都拥有独特的观察生活的视角和自己所理解的"客观"现实，成为建构主义社会工作最核心的内涵（Carpenter，1996：148）。

就哲学层面而言，建构主义对社会工作的影响可以说是根本性的，它倡导一种与以往社会工作完全不同的逻辑框架，是一种后现代相对主义的世界观，它关注客观事实本身的建构逻辑以及个人获取知识的具体过程和方式，特别是个人的观察视角和认知方式对行为的影响（Carpenter，2011：117 – 118）。在具体的服务策略上，建构主义对社会工作的影响主要表现为三个方面，它假设：①无论问题还是解决方法都涉及人与人之间的互动，是相互建构的过程，不是发现的过程（Carpenter，2011：118）；②每个人都有看待问题的视角，都有确定问题的方式，这些视角和方式同样是理解个人问题的重要内涵（Carpenter，2011：118）；③社会工作专业服务的核心是尊重服务对象的自决（self-determination），即在帮助服务对象拓展理解生活视野的同时，协助服务对象提高生活应对的能力（Carpenter，2011：131）。建构主义社会工作发现，虽然单独运用建构主义理论逻辑框架的社会工作服务模式并不多见，但是建构主义社会工作的基本原理则被广泛应用于不同的服务模式中，叙事治疗（narrative therapy）和精要治疗（solution-focused therapy）就是其中常见的代表，它们注重的是问题的建构和转换，而不是问题的发现和解决（Carpenter，2011：118）。

建构主义社会工作的基本逻辑框架最初来自神经生理学，注重个人神经系统的运行机制和特征，是神经科学与建构主义观点的结合；之后，建构主义社会工作的发展又不断吸纳心理建构主义（psychological constructivism）的观点，关注个人主观经验的心理结构和建构方式（Quartz & Sejnowsky，1997）。这样，通过建构主义社会工作的探索，社会工作长期以来所注重的个人与环境内在关联的考察就从关注心理与社会的联系延伸到生理、心理和社会的联系，使社会工作具有更充分的学科基础（Carpenter，2011：127）。

在将建构主义观点和建构主义心理治疗的经验引入社会工作的过程中，有一位重要的影响人物唐纳德·卡朋特（Donald Carpenter）。他从 20 世纪 90 年代初就开始关注建构主义的理论逻辑，并且一直跟踪建构主义社会工作的发展。

（一）唐纳德·卡朋特

20 世纪 90 年代，卡朋特开始系统整理建构主义的观点和基本逻辑，并尝试从评估、诊断和介入等几个不同方面分别探索建构主义的观点对社会工作的启示，特别是有关社会工作具体服务策略的选择，他对此做了细致的分析，希望能够将建构主义的原理融入社会工作的具体服务中（Carpenter，1996：156 - 158）。尽管当时的反思只是一项初步的探索，但是从中已经可以看到建构主义社会工作的基本理论逻辑框架。与卡朋特同时代的还有戴维德·费旭尔（David D. V. Fisher），他在 90 年代初也开始尝试将建构主义的观点直接引入社会工作的具体服务中。[1] 此外，还有琼·雷爱德（Joan Laird），他把建构主义的逻辑框架融入社会工作的课程设计和教育中，注重培养学生在社会工作的实务中运用建构主义视角和原理的能力。[2]

卡朋特通过资料的整理发现，虽然建构主义作为一项完整的理论逻辑框架指导社会工作的实践并且形成建构主义社会工作流派是 20 世纪 90 年代的事情，但是在此之前，很多社会工作者就已经有意或者无意地使用建构主义的一些重要概念和原则。如果追溯这些重要概念和原则的来源，就可以发现，建构主义社会工作所依据的理论逻辑有着很长的发展历史，甚至在工业化之前就已经有了相关的描述，只是通常散落在有关哲学、艺术以及文学等领域的讨论中（Carpenter，2011：117 - 118）。

为了了解建构主义的基本内涵和理论逻辑的演变过程，卡朋特对建构主义的发展历史进行了细致的整理。他认为，对建构主义逻辑框架有着直接重要贡献的要算德国古典哲学家伊曼努尔·康德（Emanuel Kant）。康德提出，人类的大脑自身就有内在的结构，这种结构影响经验的组织，因此人类不是经验的被动收集者，而是经验的主动重塑者。这一观点后来成为建构主义的核心原则之一，它强调个人的知识是在经验世界互动过程

---

[1]　具体内容请参见 Fisher（1991）。
[2]　具体内容请参见 Laird（1993）。

中产生的,受到个人自身的内在结构因素的影响(Carpenter,2011:118 – 119)。汉斯·费英格(Hans Vaihinger)是另一位拥有建构主义思想的德国哲学家,他提出假如哲学强调人的认知方式对行为有着至关重要的作用,认为人之所以坚守某些概念和想法,不是因为它们是"事实",而是因为它们有用(utility),能够帮助行动者达到自己所希望实现的目标。这样的看法正好契合建构主义所强调的知识的生存性(viability)特点,即人的知识不是外部客观事实的描述和总结,而是人的有用经验的假设和概括(Mahoney,1991:97 – 99)。

卡朋特还从心理学的角度对建构主义的发展做了进一步的梳理,他认为瑞士发展心理学家让·皮亚杰就是其中杰出的代表人物。皮亚杰通过自己的研究向人们证实,新生儿的大脑不是一张空白纸,而有着独特的内部运行机制,通过与周围环境的不断交流,它最终能够形成不同形式的智力。另一位美国认知心理学家乔治·凯利(George Kelly)也对建构主义的发展做出了重要的贡献,他提出个人结构(personal constructs)这一重要概念,认为每个人都有这样的内部心理结构,通过这个内部心理结构个人才能够观察、解释、理解、预测和掌控自己的生活。凯利强调,不存在外部环境决定内部个人结构的现象,相反,个人结构影响外部环境的认识和理解。此外,还有保尔·瓦茨拉维克(Paul Watzlawick)、恩斯特·冯·格拉色菲尔德(Ernst von Glaserfeld)和黑恩茨·冯·佛尔斯特尔(Heinz von Foerster)等,他们认为,任何时候外部现实的观察和理解都离不开观察者,根本不存在不受观察者影响的客观现实。这一观点后来成为建构主义认识论的重要理论假设基础(Carpenter,2011:119)。

在建构主义发展历史的探索中,卡朋特发现,建构主义的形成离不开马图拉那和万勒拉的努力。他们通过对动物的实验研究得出,生命系统具有自创生命的能力,如细胞能够再生等,而且生命有机体自身拥有独特的神经生理结构(neurobiological makeup),正是这样的内在结构决定了生命有机体的行为,而不是人们通常认为的外部环境的刺激(Maturana & Varela,1987:95 – 97)。马图拉那和万勒拉的研究结论产生了巨大反响,被广泛应用于生理学和行为科学,成为建构主义思想最核心的内容。社会工作也不例外,从马图拉那和万勒拉的建构主义思想中社会工作者看到了另一种完全不同于以往服务模式的理论逻辑框架,即建构主义社会工作,它注重考察个人经验的组织结构,既不同于弗洛伊德精神分析学派对无意识的强调,也不同于行为主义社会工作对外部环境刺激的关注(Carpenter,2011:119)。

在对待外部客观事实的假设上,卡朋特吸收了建构主义心理治疗师迈克尔·马奥尼(Michael J. Mahoney)的观点,认为在建构主义内部存在两种不同的认识:一种根本否认存在所谓的客观事实,强调在人的经验之外就没有客观世界,这种观点被称为激进建构主义(radical constructivism);另一种虽然不否认客观事实的存在,但强调无法通过直接的客观观察来把握,而需要把个人和外部环境放在一起,视个人为客观事实的共同建构者(co-creator),这种观点被称为批判建构主义(critical constructivism)(Mahoney,1991:111)。在卡朋特看来,社会工作注重个人与环境之间的互动,而批判建构主义恰恰提供了理解这种互动关系的另一种不同视角,因此对于大多数社会工作者来说,建构主义社会工作指的是批判建构主义的基本观点和逻辑框架（Carpenter，1996：150）。

（二）建构主义社会工作的最新发展

经历了建构主义的介绍和引入之后，建构主义社会工作逐渐从基本原理的探讨转向具体实务问题的处理，直接以建构主义为基本的理论逻辑框架注重个人经验的内部加工机制，特别是个人的观察视角和认知方式，成为理解个人行为逻辑不可缺少的方面，也是建构主义社会工作考察的重点（Carpenter，2011：119）。例如，直接通过具体实务案例的研究探索如何在个人、家庭、团队和社区服务层面运用建构主义的理论和原理；[①] 或者直接将建构主义的原理融入社会工作实务逻辑中，探索如何运用建构主义的逻辑给服务对象增能（Greene & Lee，2002b：175）；或者直接把建构主义的视角与社会工作的具体服务过程结合起来，探讨在具体的服务中建构主义逻辑的呈现方式（Greene & Lee，2002a：148）；或者直接运用建构主义的视角重新审视社会工作的某种服务，转变以往社会工作的服务方式和服务策略（Tijerina，2009）。值得注意的是，尽管建构主义社会工作的发展越来越与社会工作的具体实务相结合，但是建构主义毕竟不是一个实务理论，而是一种新的观察视角和知识观，再加上建构主义自身的松散，因此经过几十年的发展，建构主义社会工作仍然缺乏清晰一致的操作方式和步骤，也就在所难免。

建构主义逻辑运用最广的是社会工作教育和培训领域，美国高等教育中的大多数社会工作专业都设置了有关建构主义的课程，用于指导学生的实践理论、实务技能和研究方法等不同方面的学习。由于建构主义社会工作的内容比较丰富，它既涉及哲学层面的讨论，又关乎具体操作技巧的运用，因此这些课程的设计通常包括哲学、行为和方法三个不同层面。例如，在哲学层面，重点是帮助学生比较实证主义认识论与建构主义认识论的差别，让学生掌握建构主义的后现代理论逻辑框架；在行为层面，注重的是指导学生关注与建构主义核心服务原则相关联的个人的感受、视角和认知等心理因素，这些因素能够对个人的行为产生直接的影响，让学生具备在实际的服务中直接感知建构主义原理的能力；在方法层面，关注的是指导学生如何将建构主义原理转换成专业服务的基本原则、程序、策略和技术等，保证学生在面对服务对象的服务要求时，能够顺利地在具体的服务实践中运用建构主义原理（Carpenter，2011：129－130）。

实际上，建构主义社会工作的一些基本原理和重要概念早在它形成之前，就已经在其他的社会工作服务模式中有所体现。例如，以人本主义和存在主义为哲学基础的服务模式，就强调个人主观经验和意义解释的重要性；还有像以服务对象为本（client-centered）的服务模式，注重服务对象个人的观察视角、感受和经验；甚至在心理动力学派的服务逻辑中也可以看到建构主义的一些影子，它们把服务对象的情绪和意义解释的方式作为社会工作者重要考察的内容。与建构主义社会工作理论逻辑直接相关的要算认知理论，它们都把个人的认知过程作为理论逻辑建构的基础，假设个人的认知方式影响个人的行为（Carpenter，2011：128）。

---

① 具体内容详见 Fankin & Nurius（1998）。

建构主义社会工作作为一种后现代理论逻辑框架的服务模式，与深受后现代主义思潮影响的其他社会工作服务模式有着紧密的联系，女性主义社会工作就是其中的一个代表。它们强调每个人都拥有自己的现实，现实是社会建构的过程，尽管社会的规范和价值对个人的生活有着重要的影响，但是每个人都具有自己的观察视角和生活的经验，都能够为自己的生活安排做出决定，发挥自身的积极影响（Carpenter，2011：128）。显然，建构主义社会工作走了一条与实证主义逻辑框架完全不同的理论建构路径，它注重的不是问题的客观现实的分析，而是个人主观经验的理解，并且把个人的主观经验作为个人行动的现实基础，强调在帮助服务对象扩展观察视角的同时，提高服务对象应对周围环境的能力。值得注意的是，建构主义社会工作的理论逻辑依据的是神经生理学的科学研究成果，它与其他社会工作服务模式不同，它们通常从行为科学和社会科学中寻找自己的理论逻辑。可以说，建构主义社会工作延伸了社会工作的理论考察基础，让社会工作拥有更丰富的科学内涵（Carpenter，2011：131）。

有意思的是，马图拉那和万勒拉在指出生命系统具有自创生命能力的同时，还提醒人们关注个人生命的另一重要元素——关怀，认为这是超越个人的自我使生命充满乐趣的重要元素；否则，过分强调建构主义的自我决定原则只会导致个人的孤单的命运（Maturana & Varela，1987：63）。

二　建构主义社会工作的理论框架

建构主义社会工作关注的焦点与其他社会工作理论没有什么区别，都是考察个人与环境的关系，都是把"人在情境中"作为理论逻辑框架建构的基础。所不同的是，建构主义社会工作从后现代主义的视角重新审视社会工作的一些基本问题，包括观察者与观察对象的关系、主观经验与客观现实的联系等，它提供给社会工作者的是一种崭新的观察视角，而不仅仅是如何实际操作的实务模式（Carpenter，2011：129）。建构主义社会工作假设，不存在所谓的唯一的客观现实，任何客观现实都需要人的理解和解释，都需要借助一定的方式对自身的主观生活经验进行组织，因此有多少人，就有多少种不同的客观现实的解释（Carpenter，1996：150）。正是基于对客观现实这样的理解，建构主义社会工作从一开始就站在与以往社会工作服务模式不同的位置上，重新理解个人与环境的互动关系，注重个人主观经验的组织方式，并以此为基础对社会工作服务策略和操作程序的理论依据进行深入的考察和分析。可以说，建构主义社会工作的逻辑框架就是围绕个人如何在与周围环境的互动过程中形成客观现实的认识这一基本理论命题展开的（Carpenter，2011：120）。

（一）结构决定（structure determination）

结构决定作为建构主义社会工作理论逻辑的最核心概念之一，是指个人在经验世界中看到的并不是外部世界的直接投射，而是依据个人内在的神经和心理结构对经验的组织和解释方式（Carpenter，2011：122）。因此，不同的人会从自己的观察视角、认知方式、信仰系统等自身的内在结构出发建构客观事实，客观事实不是唯一的，而是多样的，每一个人都有自己观察、体验到的客观事实（Watzlawick，1990：131－151）。建构主义社会工作的这一观点最初来自神经生理学的研究成果，强调人类神经系统的内在结构特征，之后由于受到建构主义心理治疗学派的影响，更多地关注个人心理的内在结构。不管注重的是哪一种内在结构，建构主义社会工作的理论逻辑框架有一个基本的假设：个人无法直接认识外部的世界，而是借助自身的内在结构通过日常生活经验的组织和呈现间接理解它的存在（Carpenter，2011：120）。

建构主义社会工作之所以把结构决定作为自身理论建构的核心，是因为在建构主义社会工作看来，根本不存在个人影响环境、环境影响个人的现象，个人和环境无法作为单独的因素分割开来讨论两者之间的关系，人的经验恰恰表现为既是个人的也是环境的，既是主观的也是客观的，主客观的结合才是"人在情境中"的最核心特征（Carpenter，2011：129）。正是基于这样的理解，建构主义社会工作引入了建构主义的"无独立观察者"（observer-dependent）的观点，强调任何外部环境的解释都不能脱离对观察者的考察，不同的观察者对同一外部环境有不同的解释，环境依赖于观察者；同样，观察者也不能脱离外部环境，他的任何经验和认识都与特定的生活经历联系在一起（Goodman，1984：29－34）。显然，在建构主义社会工作的逻辑框架下，社会工作者需要走进服务对象的观察视角中，把个人和环境放在一起来理解，谈论个人时，就需要把环境融入进来，关注对自身特定生活场景理解中的个人；谈论环境时，就需要与个人结合起来，关注个人生活经验中的环境（Carpenter，2011：121）。

这样，在建构主义社会工作看来，所谓的外部客观现实并不是真的存在一种不受个人观察视角影响的、客观不变的现实，而是人们相互认可的共同的认识和解释。如果人们的认识改变了，客观现实也会随之改变（Carpenter，2011：121）。建构主义社会工作强调，服务对象怎么认识和解释自己的生活，就会怎么行动，如果服务对象认为这是真实的，就会按照真实的方式行动，即使在周围他人看来，服务对象的认识幼稚可笑，服务对象也会按照自己认为的真实的方式行动。建构主义社会工作提醒社会工作者，专业服务的基础不是服务对象问题背后的客观现实，而是服务对象看待自己生活的视角，只有从服务对象认为的客观现实出发，社会工作者才能找到服务对象改变的起点和方向（Carpenter，2011：122）。值得注意的是，尽管建构主义社会工作的这一观点与社会工作一直倡导的"从服务对象开始"的实务原则相似，但两者还是有着本质的差别。建构主义社会工作注重的是服务对象自身所拥有的独特的内部结构，特别是服务对象看待生活的观察视角，正是这一独特的内部结构决定了服务对象独特的生活经验的组织方式，包括服务对象改变的动力。因此，作为社会工作者不能把"从服务对象开始"简单理解为"从服务对象能做的开始"（Carpenter，2011：120）。

如果从结构决定的观点出发就可以发现，社会工作长期以来所坚信的"人可以影响人"的逻辑会受到挑战和质疑。为了说明结构决定观点对社会工作所蕴含的意义，建构主义社会工作还把系统理论作为比较的对象，解释建构主义社会工作的基本逻辑，认为至少在两个方面建构主义社会工作的观点与系统理论不同，甚至完全相反。第一，影响人做出决定和行动的根本原因是个人自己所拥有的内部结构。在建构主义社会工作看来，既然人的内部结构决定了人的生活经验的组织方式，这也就意味着，真正决定人怎么想、怎么做的不是周围他人的影响，而是他自己（Carpenter，1996：153）。也就是说，尽管周围他人是服务对象发生改变的外部条件，但是他们并不像系统理论理解的那样直接影响服务对象，服务对象接受什么、怎样行动，都需要由服务对象自己做出理解和判断（Carpenter，2011：122）。显然，在这里建构主义社会工作对直接影响和间接影响做了明确的区分，直接影响是服务对象根据自身的内部结构对外部环境影响的理解和解释，而间接影响则是外部环境或者周围他人所发挥的作用。第二，人与环境之间的沟通信息具有自我封闭的特点。建构主义社会工作强调，正是因为每个人都拥有各自的内部结构，所以在与周围环境沟通交流时，不是依据外部环境的反馈信息调整自己的想法和行动，而是根据个人之前的状况有选择地关注当下外部环境提供的信息。建构主义社会工作称这样的现象为预测（feedforward）（Carpenter，2011：123）。预测与系统理论所强调的反馈不同，它是个人内部的信息加工机制（an "inside-in" process），除了说明个人的日常生活经验具有内在的连续性和一致性之外，还表明在日常生活经验的组织和解释过程中未来也是必不可少的构成要素，个人总是处在对周围环境的回应过程中，而不是简单的适应（Carpenter，1996：154）。这样，借助结构决定的观点，服务对象个人的独特性和自主性就能真正呈现出来，成为社会工作理论和实践的关注焦点。

根据结构决定的观点，建构主义社会工作吸收了建构主义的生命有机体具有自创生命能力的想法，进一步挑战系统理论的基本假设，认为系统理论所强调的各系统之间相互紧密关联，其中任何一部分的改变都会影响其他部分的改变甚至整个系统的改变逻辑，是不存在的，因为任何生命有机体的生存和成长都有自身的发展规律（self-law），依据的不是各系统之间的相互关联和相互影响，而是自身的内在结构（Mahoney，1991：393）。就助人活动而言，社会工作者关注的焦点不是人与人之间的沟通交流方式，而是每个人自身拥有的观察视角和生活经验的组织方式，只有从这一点出发，社会工作者才有可能走进服务对象的生活，了解服务对象的选择原则和方式（Efran，Lukens，& Lukens，1990：47）。

值得注意的是，建构主义社会工作并没有因此假设，个人可以不依赖外部环境生活，而是不赞同系统理论的观点，认为人们习以为常的个人与环境之间可以直接相互影响的观点是错误的。在建构主义社会工作看来，个人的生存和发展就需要依赖外部环境，只是两者之间的关系是一种"结构式耦合"（structural coupling），即外部环境是一种刺激因素，引发个人内部结构机制的运行。也就是说，个人总是生活在一定的社会环境中，当个人面临外部环境的挑战时，不是就个人而言的，而是针对个人的特定内部结构来说的，它导致个人观察视角和经验组织方式的调整（Carpenter，2011：123）。因此，建构主义社会工作强调，个人只有在与周围环境和他人的遭遇中才能发生改变，外部环境是促使个人改变的影响因素，但不是决定因素，它不能决定个人做什么或者不做什么（Carpenter，2011：123 - 124）。为了清晰说明结构式耦合的内涵，建构主义社会工作还吸收了马图拉那和万勒拉的建构主义观点，把它与系统理论的人际动力（interpersonal dynamics）概念进行比较，认为两者至少在两个方面存在本质的差别。第一，关联的主体。结构式耦合所说的个人与环境的关联是指个人的内部结构与环境的关联，具有结构性的特点，而人际动力所说的关联则是个人与环境的直接关联。第二，关联的形式。结构式耦合所强调的是一种个人主观生活经验的关联，它是一种个人内部的关联方式，具有主观性和唯一性的特点，而人际动力所关注的是一种个人与环境的客观关联方式（Maturana & Varela，1987：135－136）。

建构主义社会工作认为，结构决定的观点对社会工作者的重要提醒，是告诉社会工作者学会运用一种多元的视角看待服务对象，理解服务对象自身拥有的独特观察视角和经验组织方式，真正走进服务对象的内心生活世界，放弃以往社会工作服务模式所坚持的对与错、正常与非正常这种两级对立的分析和判断（Carpenter，2011：124）。显然，建构主义社会工作是从观察视角的哲学层面来理解结构决定概念的内涵的，它希望建立一种与实证主义完全不同的理论逻辑框架。这种理论逻辑框架也认同系统的观点，只是把系统与观察者联系在一起，认为有多少个观察者，就有多少个系统。这样，社会工作者不是分析系统之间的不平衡，再寻找实现新的系统平衡的方式，而是理解服务对象在问题困境中的观察视角和经验组织方式，并由此推动服务对象重新建构问题的生活处境，尝试新的更为有效的回应周围环境的应对方式。建构主义社会工作强调，如果从这样的多元视角来看服务对象，在整个专业服务的开展过程中就不存在精神分析学派所关注的移情和反移情的现象，也没有所谓的自我防卫机制，它们只是人们组织自己生活经验的方式而已，这样的结论本身反映的是社会工作者站在客观的立场上分析服务对象的各种表现，并没有真正走进服务对象的内心，理解服务对象自己生活经验的组织方式（Carpenter，1996：156）。

（二）问题建构

针对专业服务需要解决的问题，建构主义社会工作也有自己独特的看法，虽然通常并不否认外部真实世界的存在，但强调只有通过了解服务对象的观察视角、使用的语言等生活经验的组织方式，才能走进服务对象的生活，把握服务对象问题的内涵。在建构主义社会工作看来，人们常常把问题理解为某个人或者某种环境出错了，似乎只要把这些有问题的部分拿掉，问题就解决了，但是事实上并不存在这样的问题，问题只是人们看待和理解生活的方式。因此，建构主义社会工作强调，尽管没有问题，但是存在问题的感受和经验方式，它就在服务对象的日常生活经验的组织方式中，包括服务对象观察生活的视角（Carpenter，1996：156）。

这样，在建构主义社会工作的理论逻辑框架中，社会工作专业服务的关注焦点就需要转变，不是关注服务对象问题的原因分析和本质界定，而是侧重服务对象问题的经验方式和过程，即考察服务对象是怎样形成问题的观察方式；也就是说，从注重问题是什么（what）的分析转变成注重问题怎样形成（how）的理解（Cottone，2007）。相应地，问题的解决方式也需要有所转变，从以往注重问题的消除转变成注重问题的化解，把问题的观察方式转化成更为积极有效的生活应对方式。需要注意的是，建构主义社会工作所说的问题经验的转化并不等同于服务对象个人内部心理的调适，它也不是仅仅涉及服务对象个人，同时还是服务对象在与周围环境的不断碰撞和交流过程中促成的，是一起建构的过程（Carpenter，2011：125）。

就专业服务的操作逻辑而言，建构主义社会工作认为，问题的理解至少涉及两个方面的基本要求：①了解服务对象在问题困境中的观察视角，包括服务对象是怎样看待自己和周围环境的；②掌握服务对象与周围环境相互作用而形成的循环影响方式，既包括周围环境如何引起服务对象的改变，也包括服务对象如何在不断变化的环境中做出选择（Carpenter，1996：156）。显然，在建构主义社会工作的逻辑框架中，外部环境不仅是理解服务对象的问题不可缺少的考察内容之一，而且本身就构成服务对象选择时必不可少的条件。特别有意思的是，建构主义社会工作还把社会工作者与服务对象的合作关系也放在服务对象问题的理解过程中，强调这两个过程是不可分割的，社会工作者无法跳过与服务对象的互动，直接考察服务对象的问题，问题理解的深入意味着社会工作者与服务对象专业合作信任关系的加强。建构主义社会工作不赞同这样的观点，认为社会工作者可以转换到服务对象的位置理解服务对象，或者站在客观的立场科学分析服务对象的问题；相反，建构主义社会工作坚信，社会工作者正是在与服务对象的遭遇过程中理解服务对象的问题的，他只能从自己的观察视角和处境出发理解服务对象面临的困难和挑战（Carpenter，2011：124）。

正是在这样的逻辑框架的指导下，建构主义社会工作一改以往社会工作服务模式的基本假设，强调在服务对象问题的评估过程中社会工作者所要扮演的不是专家，指导服务对象，而是学习者、倾听者，用心倾听服务对象的故事描述，走进服务对象的主观生活世界，理解服务对象的观察视角和日常生活经验的组织方式。相应地，服务对象也会从被动的评估对象转变成自己生活经验的"老师"，主动向社会工作者展现自己生活的发展逻辑，寻找更为积极有效的生活应对方式。值得注意的是，这样安排社会工作者与服务对象在问题评估中的位置，并不意味着社会工作者仅仅是倾听者，不需要采取主动介入的服务策略和方式。建构主义社会工作认为，即使在问题的评估过程中，社会工作者也需要帮助服务对象将问题与自身区分开来，转变服务对象观察问题的视角，不是从自身或者周围环境来界定问题，而是从与周围环境的遭遇过程来理解问题的形成和变化方式（Carpenter，2011：124）。

由于建构主义社会工作把问题与个人的观察视角结合在了一起，强调问题表现为个人观察生活的视角和组织生活经验的方式，因此，在建构主义社会工作看来，个人才是社会工作者理解问题时唯一可以关注的考察单位，在服务过程中涉及多少人，就有多少个观察问题的视角，而问题恰恰表现为这些不同观察问题视角之间的相互作用。建构主义社会工作批评那些运用系统理论的社会工作者，认为他们在评估问题时混淆了个人与家庭、小组和社区的根本差别，把这些都称为没有差别只有规模大小的系统。这样，不仅抹去了个人的独特观察视角和经验组织方式，也拿走了由个人选择带来的个人与个人之间相互作用的动力机制，取而代之的是既没有发展方向也没有意义解释的系统平衡（Carpenter，2011：124）。显然，在建构主义社会工作的逻辑框架中，所谓的系统是个人与个人之间的建构过程。

（三）个人自决（self-determination）

个人自决常常被社会工作者视为专业服务中的一项基本服务原则，它是指由服务对象自己决定是否需要接受社会工作者提供的专业服务，或者参与专业服务的具体方式和程度。有的社会工作者还把个人自决与社会工作的专业伦理联系起来，认为个人自决包含了对服务对象个人价值和尊严的肯定。与一般社会工作者的认识不同，建构主义社会工作是从专业服务理论逻辑的哲学层面来谈个人自决的，假设个人的生活经验是由自身内在的神经系统结构和心理结构决定的，是人的一种自然生存状态。因此，建构主义社会工作强调，根本不存在是否需要尊重服务对象个人的决定，也不存在是否需要把个人自决作为社会工作专业伦理价值，无论社会工作者尊重与否，服务对象就是按照个人自决的原则行动的，个人自决是个人生存和发展的基本原则，当然也是社会工作理论的核心逻辑之一，它的存在没有前提，根本不需要讨论（Carpenter，2011：125）。

在建构主义社会工作看来，社会工作者唯一可以讨论的是如何帮助服务对象更好地实现个人自决。尽管社会工作者无法直接影响服务对象，但可以为服务对象提供必要的选择机会和条件，带动服务对象做出改变（Carpenter，2011：125）。需要注意的是，从表面上看，建构主义社会工作所强调的服务对象个人自决的原则与社会工作者的主动介入策略是相互矛盾的，社会工作者似乎只是被动的倾听者，无法针对服务对象的要求进行主动的干预；但实际上，恰恰相反，建构主义社会工作希望借助服务对象个人自决的原则提高社会工作者的主动介入能力，只是建构主义社会工作所理解的主动介入能力与以往其他社会工作理论不同，不是指社会工作者直接指导服务对象做出改变的能力，而是指社会工作者调动服务对象发生改变的能力。前者关注社会工作者如何有技巧地影响服务对象做出改变，后者注重社会工作者如何真诚地协助服务对象做出自己的选择。显然，建构主义社会工作的服务焦点是培养服务对象个人自决的能力，而不仅仅是服务对象做出某种改变，因为建构主义社会工作认为，脱离了个人的自决能力，服务对象的任何改变都只是形式上的，甚至还可能造成进一步的困扰。因此，建构主义社会工作强调，在专业服务开展过程中社会工作者所要做的不是认同或者排斥服务对象的观察视角，而是通过展现自己的不同观察视角和回应方式让服务对象看到其他应对方式的可能（Carpenter，2011：125）。

对于建构主义社会工作来说，个人自决代表生活理解方式的转变，强调不再运用对与错、好与坏这样的二元对立的思维方式看待生活，而是关注多元生活方式的可能，即在投入自己生活的同时，用心理解周围他人的观察视角和生活经验。因此，在建构主义社会工作看来，社会工作者与服务对象一样，都是在生活的遭遇中尝试理解周围他人的生活世界，即使在专业服务开展的整个过程中，社会工作者也是在努力理解服务对象的生活经验（Carpenter，2011：125）。可见，作为社会工作者来说他的主要任务不是针对服务对象的问题做对与错这样单一客观现实的判断，并以此为基础开展必要的专业服务，而是拓展自己的观察视角理解与自己不同的另一生命的世界，让服务对象看到多元的现实。只有这样，服务对象的个人自决能力才有成长发展的空间（Carpenter，2011：127）。

需要注意的是，这种多元现实不是能够通过社会工作者的直接告知让服务对象明白的，它只能借助社会工作者具体行动的呈现，让服务对象切身体会到多元现实的存在，因为多元现实不是一种知识，而是人们在特定处境下与周围他人交流过程中的应对方式，既包括对周围他人生活经验的理解，也包括对自己生活经验的认识。因此，建构主义社会工作提醒社会工作者，正是依据多元现实的建构主义逻辑，社会工作者在与服务对象的交流过程中就需要拥有一种包容的态度，在尝试理解服务对象生活经验中与自己不同的逻辑和观察视角的同时，能够察觉到服务对象在日常生活中必然需要面对的周围环境的要求（Carpenter，2011：125 – 126）。显然，在建构主义社会工作的逻辑框架中，多元现实观察视角的培育才是服务对象个人自决能力提升的关键，而要做到这一点，社会工作者首先需要在专业服务过程中呈现这种多元现实的观察视角。不过，与建构主义心理治疗不同的是，建构主义社会工作除了关注个人主观生活经验的意义逻辑之外，同时还注重社会环境对个人的作用，认为这方面也是多元现实观察视角培育过程中不可忽视的（Carpenter，2011：129）。

由于注重多元现实观察视角的培育，建构主义社会工作在专业服务中的工作焦点也从以往的服务对象问题的消除转向服务对象潜力的发掘和能力的培养。在建构主义社会工作看来，服务对象根本不存在所谓的问题，只是以问题的方式建构生活而已，因此社会工作者不是帮助服务对象消除问题，而是激发服务对象的发展潜力转换生活的建构方式，让服务对象采用更为积极、有效的方式回应周围环境的要求。这样，能力的发掘在建构主义社会工作的服务方式中就具有了特别重要的意义，它是转换服务对象生活经验组织方式的关键所在（Carpenter，2011：129）。不过，值得注意的是，建构主义社会工作所倡导的能力的发掘有其特别的含义，是以服务对象个人自决能力的提升为核心的，不是指服务对象的问题解决能力，它的目标是帮助服务对象提高对自己生活的掌控能力。

正因为如此，建构主义社会工作还为社会工作者设计了独特的服务位置，要求社会工作者在与服务对象交往过程中保持一种倾听者的角色，让服务对象体会到他才是整个服务的主导者，是自己生活的专家（Carpenter，1996：157）。在建构主义社会工作看来，这样的倾听者并不是仅仅用耳朵听，被动地接受服务对象提供的信息，还需要用心积极回应服务对象的要求，在服务对象面前保持一种"一无所知"（not knowing）的好奇心，引导服务对象逐渐呈现自己的观察视角和经验组织方式。显然，建构主义社会工作所说的倾听是有特别含义的，它假设服务对象也像社会工作者一样拥有自己观察生活的视角，两者之间是一种平等互惠的关系，不存在谁指导谁的现象（Carpenter，2011：124 – 125）。从建构主义社会工作为社会工作者设计的服务位置可以看到，建构主义社会工作采取了与以往社会工作服务模式不同的服务逻辑，它没有把社会工作者与服务对象的沟通焦点放在服务对象身上，不是要求社会工作者如何客观分析服务对象的问题或者如何准确理解服务对象的需求，而是要求社会工作者学会保持"一无所知"的沟通态度，尽量避免因自己观察视角带来的沟通盲区。这样，建构主义社会工作所倡导的多元现实的个人自决的逻辑就融入社会工作者与服务对象的沟通过程中（Carpenter，2011：125）。

建构主义社会工作强调，一旦社会工作者采取了"一无所知"的沟通态度，就自然向服务对象传递这样的信息：他是独特的，有自己的生活经验和逻辑，应该得到社会工作者和周围他人的尊重。在建构主义社会工作看来，这种受到他人关注和被人尊重的感受对于深陷问题困扰的服务对象而言是非常重要的，能够帮助服务对象放弃内心的担心和紧张，逐渐发展出新的、更为积极的生活经验，从而能够重新理解自己有问题的生活处境，找到更有效的应对周围环境挑战的方式。正是在这个意义上，建构主义社会工作要求社会工作者在整个专业服务过程中都坚持"从服务对象开始"的服务原则（Carpenter，2011：125）。

需要注意的是，在建构主义社会工作看来，社会工作者与服务对象之间的合作信任关系既不是服务的手段，也不是服务的目标，而是服务开展的具体过程，具有交互作用的特点。也就是说，社会工作者在运用"一无所知"的沟通方式增进服务对象的个人自决能力的同时，也在学习采用多元现实的视角审视自己，增强自己的个人自决能力。因此，建构主义社会工作坚决反对把社会工作的服务过程视为研究—诊断—治疗的过程，强调在这种医学治疗模式中根本无法培养出服务对象的个人自决能力（Carpenter，2011：129）。

由于建构主义社会工作在把神经生理学引入社会工作之后，采取了与以往实证主义哲学根本不同的建构主义视角来重新理解社会工作的一些基本命题，而这样的视角对于大多数社会工作者来说并不熟悉，这导致建构主义社会工作面临许多误解。例如，一些社会工作者批评建构主义社会工作，认为它容易导致服务对象的污名现象，原因是建构主义社会工作假设服务对象的内部结构决定了他的所作所为；也有一些社会工作者质疑建构主义社会工作，认为它根本忽视了社会结构因素的影响。实际上，建构主义社会工作并没有忽视环境因素的影响，也没有只关注服务对象的内部结构，而是希望把服务对象的个人内部结构与外部环境结合在一起来理解服务对象，不仅走进服务对象的内心，而且深入服务对象的日常生活，从两者动态建构的过程中理解服务对象，使社会工作者的理解处境化（Carpenter，2011：129）。

尽管建构主义社会工作为社会工作者理解个人与环境的关系提供了崭新的视角，但是两者如何相互作用的机制和过程，建构主义社会工作却没有给予明确的说明，而了解这一点对于社会工作者来说又是十分必要的。正像建构主义社会工作所说的那样，如果建构主义社会工作希望能够得到进一步的发展，就需要像系统理论和生态视角那样，说清楚个人是如何适应周围环境的，把个人与环境之间的相互作用过程操作化，以便社会工作者在具体的实务过程中把握建构主义社会工作的基本逻辑（Carpenter，2011：129 - 131）。就建构主义社会工作的基本逻辑框架而言，无论结构决定、问题建构，还是个人自决，都是从个人的角度出发理解个人与环境之间的相互作用的，它与建构主义心理治疗相似，也面临如何解释环境在个人的成长发展过程中所发挥的作用，特别是当个人陷入问题的困扰中时，环境施加的影响也是不可忽视的因素（Mahoney，1991：396）。与建构主义心理治疗相比，建构主义社会工作更为关注环境的影响和改善，因而也更为注重环境因素的考察。

到目前为止，建构主义社会工作虽然已经慢慢走进社会工作的具体服务场域，但对社会工作者的影响仍旧主要集中在基本理论逻辑建构的思考上，它是以个人的内在生理结构和心理结构为基础，重新解读"人在情境中"这一社会工作理论的基本命题，并以此为基础延伸出社会工作专业服务中的问题建构和个人自决的原则（Carpenter，2011：129）。因此，可以说，建构主义社会工作不仅仅是一种社会工作的服务模式，更为重要的是，它为社会工作者提供了一种崭新的理论逻辑建构的参考框架，真正开启了以后现代主义哲学思潮为基本逻辑框架的服务时代（Carpenter，2011：131）。

第三节　社会建构视角的社会工作

一　社会建构视角的社会工作的演变

社会建构视角①在 20 世纪 90 年代走进了社会工作者的视野，并迅速得到社会工作者的认可，成为社会工作领域的一个重要理论流派（Witkin，1991）。社会建构视角的社会工作（social construction and social work）并不是指某种具体的服务操作模式，而是以社会建构视角为理论逻辑框架核心的各种服务模式的总称（Parton & O'Byrne，2000：14）。它的产生和发展源于对 20 世纪 70 年代后社会工作过度追求程序化和技术化发展趋势的反抗，它认为像强调系统理论和生态视角这种过度追求理性、科学的服务方向只会无视服务对象自身的发展潜力和要求，最终会导致社会工作的核心——对人的发展关怀的丧失。因此，社会建构视角的社会工作希望采取与以往关注技术理性的实证主义哲学不同的逻辑框架重新审视社会工作，把生活的模糊性（ambiguity）、非决定性（indeterminacy）和不确定性（uncertainty）重新还给社会工作，注重个人自己的生活意义解释和语言对话过程，让个人的发展拥有更大的空间（Parton & O'Byrne，2000：44）。

社会建构视角的社会工作依据的主要是社会建构的哲学逻辑，具体而言，包括伯格和卢克曼的现实社会建构的观点、社会问题的社会建构逻辑、人的属性的社会建构原则以及现象社会学和后现代主义思潮等。它假设：①人的内心感受、想法和行为发生在人与人、群体与群体之间的沟通过程中，是一种社会建构的过程；②语言既是社会建构的基础，也是社会建构的过程；③语言的建构过程涉及主流文化的压迫和非主流文化的抗争，必然与社会工作的反歧视（anti-discriminatory）和增能（empowerment）的实践相关联（Payne，2005：164）。

社会建构视角的社会工作的核心是希望社会工作能够重新关注个人与环境之间的直接互动，它强调人与环境的互动才是社会工作实践和理论的核心，因为对个人与环境互动关系的考察才是理解服务对象并且帮助服务对象发生改变的基础（Parton & O'Byrne，2000：10）。不过，需要注意的是，社会建构视角的社会工作在理解个人与环境的互动关

---

① Robert Blundo 和 Roberta R. Greene 对建构视角进行了细致的区分，认为有三种常见的类型：注重个人内在结构的建构视角（constructivism）、注重合作学习的社会建构视角（social constructivism）以及注重互动过程的社会建构视角（social constructionism）。这里所说的社会建构视角指的是第三种注重互动过程的社会建构视角。具体内容请参见 Blundo & Greene（2008：245）。

系时有自己独特的观察视角，并不是把个人直接放在环境中考察两者之间的相互影响，而是在两者之间加入了语言的要素，强调个人只有通过语言和意义的赋予过程，才能在日常生活中理解和把握与周围他人的互动过程（Parton & O'Byrne，2000：13）。社会建构视角的社会工作认为，用这样的社会建构视角建构社会工作的基本逻辑框架至少有以下几个方面的好处。第一，把个人的心理因素和社会的环境因素紧密地结合起来，在考虑个人的心理因素时就自然涉及社会生活中的环境因素。同样，在考察环境因素时就自然需要理解个人的心理因素。这样，两者就不再相互割裂。第二，这种注重沟通过程中的对话和反思的服务模式与社会工作的增能实践要求相一致，符合社会工作的基本价值理念。第三，在服务中关注改变、关注能力，这样的服务模式与社会工作的基本服务原则相一致，体现了对人的价值的尊重和肯定。第四，这种注重个人责任和社会联系的服务模式与东方的哲学和实践模式有相通之处，因而具有较强的理论和实践的包容性（Payne，1999：64）。

显然，社会建构视角的社会工作给社会工作者提供的是一种完全不同于以往以实证主义哲学为基础的理论逻辑框架，它不仅让社会工作者更加关注特定生活场景中个人发展潜能的挖掘、培育和维持，而且为社会工作者找到了一条能够将微观的个人心理改变与宏观的社会环境改变结合起来的服务线路，受到社会工作者的广泛认同和肯定（Frankin，1995）。也正是因为如此，社会建构视角的社会工作常常与建构主义社会工作、后现代主义社会工作（postmodern social work）以及叙事视角（narrative approach）等以后现代主义思想为理论逻辑框架的服务模式相提并论（Frankin & Nurius，1996）。需要注意的是，虽然它们之间有交集，但各自有自己的侧重。就社会建构视角的社会工作而言，它主要依据的是社会建构主义（social constructionism）的理论逻辑，特别是美国心理学家凯尼斯·杰根（Kenneth Gergen）的社会建构思想（Robbins，Chatterjee，& Canda，2006：332）。

在将社会建构视角引入社会工作并且有意识地重新审视社会工作的整个服务过程中，有两位重要的影响人物——尼格尔·帕特恩（Nigel Parton）和派屈克·奥巴尔尼（Patric O'Byrne），他们在2000年正式出版的《建构主义社会工作：一种新的实践模式》（*Constructive social work：Towards a new practice*）一书①，至今仍被视为这一服务模式的重要读物（Payne，2005：172）。

（一）尼格尔·帕特恩和派屈克·奥巴尔尼

帕特恩最初受聘于英国地方政府的社会服务部门，作为社会服务部门的社会工作者他主要负责社会服务的检查、监督和指导。20世纪90年代之后，他开始参与社区志愿服务的组织工作，并且作为一名儿童领养的照顾者，一直尝试在与服务对象面对面的服务中运用社会工作的原理和方法。奥巴尔尼要比帕特恩晚踏入社会工作领域，在从事了11

---

① 帕特恩和奥巴尔尼是在与实证主义相对立的哲学逻辑意义上使用建构主义社会工作（constructive social work）这个概念的，他们所说的建构主义社会工作其实是指社会建构视角的社会工作。具体内容请参见 Parton & O'Byrne（2000：2－5）。

年的牧师工作之后，奥巴尔尼开始参与犯人缓刑期间的服务工作，他对家庭治疗，尤其是精要治疗（solution-focused therapy）和叙事治疗（narrative therapy）特别感兴趣，希望找到一种不是管理服务对象而是帮助服务对象增能的服务方式。90 年代，帕特恩和奥巴尔尼一起参与了英国哈德斯菲尔德大学（University of Huddersfield）的社会工作者专业培训项目。由于共同的兴趣爱好和共同的理论情怀，他们开始探索将后现代的社会建构视角引入社会工作，为社会工作者提供一种与以往实证主义完全不同的崭新的理论逻辑框架（Parton & O'Byrne，2000：4）。

帕特恩和奥巴尔尼之所以希望借助社会建构视角重新改造社会工作，是因为在 90 年代他们深深感觉到社会工作正在经历一场前所未有的危机（Parton，1998）。一方面，管理主义盛行，社会工作变得越来越程序化、标准化和形式化，社会工作者花在服务对象身上的直接服务时间越来越少；另一方面，理性主义盛行，社会工作服务变得越来越像管理和控制，缺乏对服务对象自身发展要求的考察和个人主观生活经验的理解（Parton & O'Byrne，2000：1 - 2）。在帕特恩和奥巴尔尼看来，社会工作长期以来就存在理论短板的现象，缺乏核心的理论基础，导致社会工作自身的界限和身份定位模糊，而这一不足在管理主义和理性主义的冲击下显得更为突出（Parton，1994）。因此，帕特恩和奥巴尔尼希望引入关注个人主观生活经验和意义解释的社会理论，从新的视角重新审视社会工作的整个服务过程，让社会工作者与服务对象以及服务对象与身边重要他人的互动过程重新成为社会工作关注的焦点。帕特恩和奥巴尔尼强调，关注个人与环境的互动关联才是社会工作区别于其他帮助人的专业服务的关键所在（Parton & O'Byrne，2000：2）。

帕特恩和奥巴尔尼在寻找新的理论视角重建社会工作的过程中发现，语言和叙事（narrative）是两个特别重要的概念，它们不仅与个人的日常生活经验和主观意义的解释相联系，让社会工作者能够借助这两个概念走进服务对象的内心，理解服务对象个人的发展要求和潜能，而且它们又与周围环境相关联，让社会工作者能够依据这两个概念找到直接影响服务对象的环境因素和环境因素中的文化内涵，以及个人与环境因素相互影响的动力过程（Parton & O'Byrne，2000：2）。显然，通过加入语言和叙事这两个概念，帕特恩和奥巴尔尼希望改变的是社会工作理解个人与环境关系的观察视角。这个观察视角，在帕特恩和奥巴尔尼看来，才是社会建构主义给社会工作者最重要的启示。需要注意的是，帕特恩和奥巴尔尼是在后现代哲学思潮的背景下讨论社会建构视角的，他们直接挑战占据主导地位的社会工作的实证主义逻辑框架，认为后现代哲学思潮代表一种崭新的社会建构的观察视角，能够帮助社会工作者重新找回逐渐丢失的社会工作的核心。因此，帕特恩和奥巴尔尼呼吁社会工作朝后现代转向（the postmodern turn）（Parton & O'Byrne，2000：18）。

帕特恩和奥巴尔尼之所以选择社会建构主义作为后现代哲学思潮的代表，其中的一个重要原因是社会建构主义探讨的理论核心与社会工作一样，都是关于个人与环境的互动关系，只不过社会建构主义把环境理解成了周围他人，探讨人与人之间的互动关联。社会建构主义强调，人的探索和理解过程并不是受个人心理本能的驱使，而是日常生活中人际交往的需要，是人与人相互影响、相互建构的过程，它既是主观的，也是客观的，是个人借助语言在特定的历史和文化的处境下与周围他人一起建构的过程（Gergen，1985）。因此，社会建构主义认为，根本不存在实证主义所说的客观现实，也不能把个人与环境断然割裂开来作为两个可以直接相互影响的独立因素，个人始终处在与周围他人合作共同建构现实的过程中。即使是个人的自我，也不是个人内部的某种心理特征，而是个人在人际互动过程中理解自己和周围他人的互动关系的状况，是一种人际关系的自我（relational self）（Gergen，1999：122－125）。有意思的是，社会建构主义还把社会建构的视角运用到助人服务中，对助人的逻辑进行总结，指出助人服务本身就是一个社会建构的过程，它的目的不是找到一个现实问题的解决答案，而是邀请服务对象走进与周围他人的对话过程中，通过关注生活的意义和价值的反思帮助服务对象在日常生活中开启新的发展可能性（Gergen，1999：168－170）。

借助后现代哲学思潮中的社会建构视角，帕特恩和奥巴尔尼将社会工作的关注焦点重新投向社会工作者与服务对象的直接互动过程。不过，帕特恩和奥巴尔尼关注的不是问题的解决，而是新的可能性的开启。也就是说，在社会工作者的帮助下，服务对象需要学会的不是如何增强解决问题的能力，而是如何构建日常生活中的积极生活经验（Payne，2005：174）。这样，服务对象在问题困境中的例外（exceptions）经历、成功经验以及其他的发展可能性（posibility）就成为社会工作者开展服务的关注焦点（Payne，2005：175）。

在帕特恩和奥巴尔尼看来，一旦社会工作引入了社会建构的视角，就意味着无论社会工作者还是服务对象，都处在一种与周围他人共同建构现实的场景中，任何一个决定、任何一个行动都涉及对他人发展要求的理解和回应，是双方或者多方发展要求的平衡，因此，社会工作不可避免地就是一种实践性伦理活动（a practical-moral activity）（Parton & O'Byrne，2000：31）。对于社会工作者来说，他的服务介入是否成功不是看能否运用社会工作的专业服务技巧帮助服务对象克服问题，而是考察在具体的对话交流过程中能否帮助服务对象与周围他人建立起更加积极有效的对话方式。帕特恩和奥巴尔尼强调，承担服务过程中的伦理责任并不等于需要成为服务对象的道德榜样，实际上，道德榜样只会让服务对象像社会工作者那样生活，损害服务对象自身拥有的选择能力，只是社会建构的现实给社会工作者提出了伦理的要求，他需要在整个服务过程中承担起协助服务对象寻找例外成功经验和新的发展可能的责任（Parton & O'Byrne，2000：33）。特别是在充满模糊性和不确定性的生活面前，伦理责任的影响就显得更为突出（Parton & O'Byrne，2000：30）。

需要注意的是，帕特恩和奥巴尔尼推崇的社会建构视角的社会工作是在 90 年代社会建构视角广泛影响社会工作的背景下产生的，与他们同时代的一些社会工作者已经运用社会建构视角对社会工作的基本服务原则和整个服务过程进行反思（Franklin，1995），并且开始尝试把社会建构视角运用到社会工作的健康服务（Rodwell，1990）、临床实践（Dean，1993）、教育和研究（Laird，1993）等不同领域，他们一起推动了社会工作理论逻辑框架和服务模式的创新。

（二）叙事（narrative）和精要（solution-focused）发展取向

尽管社会建构视角的社会工作并不是一种逻辑框架清晰一致的服务模式，而是多种以社会建构视角为理论逻辑核心的服务模式的统称，但在发展过程中仍形成了两种主要的发展取向：以叙事治疗为基本理念的服务模式和以精要治疗为基本逻辑的服务模式（Parton & O'Byrne，2000：46）。

叙事治疗（narrative therapy）是由澳大利亚心理治疗师迈克·瓦特（Michael White）和新西兰文化人类学家大卫·艾普斯顿（David Epston）创建的，他们两人合作完成了叙事治疗基本逻辑框架的建构工作，在 1990 年正式出版了《叙事意味着治疗的终结》（*Narrative means to therapeutic ends*）一书，成为叙事治疗学派的经典。① 瓦特最初是一名机修工，经过社会工作培训之后对心理治疗产生了浓厚兴趣，开始全身心地投入临床辅导工作。他和艾普斯顿一起把社会建构视角引入叙事治疗模式的创建中，认为个人讲述故事时，采取的是一种自我叙事的方式，即对自己的生活经验进行组织和描述，并且给予一定的意义解释，使自己的生活具有连续性（White & Epston，1990：10）。瓦特和艾普斯顿还借用了人类学家爱德华·布鲁纳（Edward Brunner）的叙事逻辑框架解释心理治疗中的故事，强调人的日常生活中的故事不仅具有开始、发展和结束的时间要素，而且具有将不同生活经验围绕某个或者某几个主题组织起来的规则要素（Bruner，1986：153）。

显然，在叙事这个概念中就已经具有了观察视角层面的意义，它根本改变了人们对个人与环境关系的理解，假设人具有赋予自己生活意义的能力，通过生活意义的赋予过程才能把生活经验组织成特定的故事。这样的故事不仅具有建构个人生活的作用，而且影响个人在生活中采取的每一项回应行为（Parton & O'Byrne，2000：50）。瓦特和艾普斯顿甚至认为，个人就是借助故事而生活的，即在一个又一个的故事讲述中个人的生活才能得以展现（White & Epston，1990：10）。因此，问题也可以理解成一种故事，只不过这种故事充满了困扰和痛苦的感受，让服务对象看不到改变的希望（White & Epston，1990：3 - 4）。

与以往专注一般规律的探寻和宏大理论的建构不同，叙事治疗关注个人和本土（local）经验的理解，认为叙事具有社会性，至少拥有两个方面的特征：①它是在特定的日常生活场景中个人与周围他人沟通协商过程中产生的，是有关个人日常生活经验的故事（Gergen，1985）；②它是在特定社会文化的现实处境中产生的，包含主流文化和意识观点的影响（Lowe，1991）。这样，叙事治疗的服务介入策略就不再局限于个人内部的心理调适，而能够与社会层面的改变因素结合起来，如社会排斥、性别歧视和贫困等，具有了社会层面的影响力（Blundo & Greene，2008：237）。显然，这样的理论建构逻辑对于关注个人与环境互动关系考察的社会工作来说是非常吻合的，因此，叙事治疗受到社会工作者的欢迎也就成为很自然的事。在叙事治疗逻辑框架的运用过程中，社会工作者还发现另一个重要方面的改变，就是对待服务对象的态度，不再把服务对象视为服务的被动接受者，而是作为能够规划自己生活的主动参与者（Parton & O'Byrne，2000：47）。

在社会层面，叙事治疗吸收了法国社会思想家米歇尔·福柯（Michel Foucault）的观点，将福柯的知识和权力的分析框架运用到助人的服务实践中，假设知识和权力是不可分割的，任何知识的讲述都涉及权力的运作。因此，社会主流文化的观念中就包含如何

---

① 详细内容请参见 White & Epston（1990）。

将主流观点正常化的权力影响过程，正是借助这个过程，个人和本土的生活经验就会受到忽视、曲解和压制，被主流文化边缘化或者矮化（White & Epston，1990：19）。这样，通过对社会主流文化观念的权力分析和抗争过程，叙事治疗在社会层面获得了服务延伸的空间，具有了帮助弱势群体争取话语权的服务要求（Parton & O'Byrne，2000：52）。

就具体的服务策略而言，叙事治疗主要借助问题外化（externalization）的服务技术，即把服务对象遭遇的问题与他本人区别开来，不再把问题当作服务对象自身的特征（White & Epston，1990：39-40）。这样，就能帮助服务对象发现在问题掩盖之下自身拥有的抗争能力，找到在问题困境中改变生活的途径。具体而言，问题外化可以细分为7个步骤：第一步，命名，给问题一个名字，让它具有自己的"个性"；第二步，考察，观察问题影响的具体方式和过程以及服务对象自身的感受和意义解释；第三步，发现，寻找问题困境中的例外情况，找到服务对象抗争问题的故事和成功经验；第四步，重新解释，重新理解这些抗争故事，梳理抗争故事对服务对象个人生活改变的价值；第五步，拓展，拓展服务对象的成功经验，收集来自服务对象周围他人的积极信息；第六步，预想，设想抗争故事可能给服务对象的未来生活带来什么改变；第七步，转换，转变服务对象的社会角色，让服务对象成为抗争故事的倡导者，向周围他人分享自己的抗争故事（Bertolino & O'Hanlon，1999：88-89）。显然，叙事治疗运用了三个维度——意义维度、社会维度和时间维度来规划问题外化的服务策略。首先，以时间维度中的现在为关注焦点，通过命名、考察、发现和重新解释，改变服务对象对生活故事的意义解释；其次，运用社会维度拓展服务对象生活故事中的积极经验；再次，借助预想运用时间维度强化服务对象生活中的积极经验；最后，通过运用社会维度的转换深化服务对象生活中的积极经验。

叙事治疗强调，一旦找到了服务对象抗争问题的能力，服务对象生活故事的另一扇大门就打开了，之前没有关注的生活经验因为现在找到了意义而重新组织起来，形成新的能够与问题进行抗争的故事（Parton & O'Byrne，2000：83）。不过，需要注意的是，在叙事治疗看来，抗争故事的作用不仅仅局限于抗争问题，同时还需要服务对象反思导致问题出现的那些妨碍目标实现的信念以及这些信念对他生活的影响，并鼓励服务对象从中找到受社会主流文化影响而使自己感到"有问题"的那些观念。显然，借助问题外化，叙事治疗希望改变的是藏在服务对象问题之中的社会主流文化的事实描述，让服务对象在日常生活中拥有更大的实践自己故事的生活空间（Parton & O'Byrne，2000：84-85）。

差不多与叙事取向服务实践同时兴起的还有精要取向的服务实践。精要取向的服务实践被认为是继心理动力学派、认知行为学派和人本主义学派之后另一重要取向的社会工作实践模式（Lee，2011：472）。精要取向的服务实践是以精要治疗为基本理论逻辑框架的，它由美国心理治疗师斯蒂夫·迪·塞瑟（Steve de Shazer）和英素·金·伯格（Insoo Kim Berg）创建的，他们两人都是社会工作者，接受了系统的社会工作训练。在精要治疗模式的追随者中也不乏社会工作者，如把精要治疗模式运用于家庭和学校社会工作实践的西恩赛·富兰克林（Cynthia Franklin）和他的同事们，[①] 关注家庭暴力治疗和预防

---

① 详细内容请参见 Franklin & Jordan（1998）；Kelly，Kim，& Franklin（2008）。

服务中如何运用精要治疗原理的李慕绮（Mo Yee Lee），① 以及探索精要治疗服务成效评估的威力·金格里奇（Wally Gingerich）（Gingerich & Eisengart，2000）。

正是由于精要治疗模式的创建人是社会工作者，它的理论逻辑框架与社会工作"人在情境中"的基本原理以及服务对象自决的伦理要求非常一致，特别是精要治疗模式对问题解决方式（solutions）和能力（strengths）的强调，这与社会工作长期以来关注服务对象增能的实践以及 20 世纪 80 年代之后兴起的优势视角的社会工作实践有着内在的一致性。实际上，精要治疗模式创建的许多服务技巧被广泛应用于增能和优势视角的社会工作实践，成为增能和优势视角的社会工作实践的一部分（Lee，2011：472）。

在精要治疗模式看来，助人服务的核心是帮助服务对象建立起"问题解决的对话"（solution talk），让服务对象关注自身的能力、优势和问题解决的方式，以替代服务对象的"问题的对话"（problem talk）（de Shazer，1994：66 - 67）。不过，需要注意的是，虽然从形式上看，精要治疗模式的逻辑比较简单，对于初学者来说很容易掌握，但是实际上精要治疗模式的要求远远不局限于此，它首先要求学习者转变生活的态度，学会从积极的视角看待生活（Lee，2011：460）。

精要治疗模式的创建者迪·塞瑟最初在美国精神健康研究所工作，接受了简要治疗模式的系统训练，发现简要治疗模式仍旧关注如何阻断服务对象的问题互动方式，并没有把服务的焦点集中于可以带来服务对象直接改变的问题解决方式的探讨（de Shazer，1994：65 - 66）。于是，塞瑟和伯格以及其他一些不满于简要治疗服务逻辑的心理治疗师来到了威斯康星州的米尔瓦克（Milwaukee），在 1979 年创办了简要家庭治疗中心（the Brief Family Therapy Center），开始聚焦于如何增进服务对象改变成效的服务模式的探索，他们反对站在专家的角度依据标准化的类型划分对服务对象的问题进行诊断和治疗，而是尝试采用自下而上的策略直接从实务的经验中提炼服务模式的理论逻辑（Lee，2011：460 - 461）。

经过多年的实践探索，塞瑟和伯格发现，虽然精要治疗模式有一整套关于如何促使服务对象发生改变的服务技巧，但是在运用时只有理解了这些服务技巧所蕴含的对待服务对象和生活改变的态度时，才能真正发挥它们的作用。塞瑟甚至直接提醒社会工作者，精要治疗模式的核心不是它总结提出的一整套的服务技巧，而是它想传递的观察和思考生活的方式（de Shazer，1985：23）。在服务对象能做的和不能做的之间，精要治疗模式选择了能做的，认为服务对象自己就拥有解决问题的答案，只有关注服务对象能做的，才能帮助服务对象找到改变的途径，包括服务对象在问题困境中的成功经验以及运用成功经验的方式（Berg & Kelly，2000：78）。显然，对于精要治疗模式来说，改变永远发生在服务对象自身，在服务对象能做的过程中，它是一种问题解决的培育过程（building solutions）。就具体的理论逻辑框架而言，精要治疗模式融合了系统理论的视角、社会建构主义的观点以及精神病理学家米尔顿·埃里克森（Milton Erickson）的想法（Lee，2011：461）。

---

① 详细内容请参见 Lee，Sebold，& Uken（2003）。

在系统理论视角方面，精要治疗模式有如下假设。第一，在服务对象的每一个问题中都有例外情况出现。尽管服务对象可能面临多个让他感到苦恼的问题或者认为自己一直就生活在问题的困扰中，但是仍旧能够找到一些例外情况，在这样的情况下，服务对象能够运用不同的方式应对面临的问题或者能够成功解决某个方面的问题。显然，寻找例外情况是呈现被服务对象忽视的能力和资源的重要线索（Lee，2011：461）。第二，助人服务的核心就是协助服务对象发掘、扩展和维持例外情况。尽管服务开始时，例外情况的影响可能很微小、很有限，但是只要服务对象开始运用没有问题的行为方式回应周围环境的要求时，他就能在问题解决方式的寻找中看到改变的希望（Berg & Kelly，2000：80）。第三，问题和问题解决并不是一对一的对应关系。找到了问题并不意味着就找到了问题解决的方法；同样，寻找问题的解决方法也不需要深入分析问题的原因。在精要治疗模式看来，寻找问题解决方法的关键是了解系统中各部分之间循环影响的关系，掌握系统中的任何一部分的改变会带来其他部分以及整个系统什么样的变化（Lee，2011：462）。

精要治疗模式还在系统理论的基础上加入了社会建构主义的一些基本观点，认为现实是通过语言建构的，只有借助语言个人对生活的理解和意义把握才能实现（de Shazer，1994：7-10）。精要治疗模式在专业实践中发现，在助人服务中通常有两种语言沟通的方式：一种是问题对话，即围绕服务对象的问题进行交流，包括服务对象的问题是什么、怎样形成的以及形成的原因是什么等；另一种是问题解决对话，即围绕服务对象的问题解决进行交流，包括服务对象的改变目标是什么、有什么例外情况和成功经验等。精要治疗模式强调，以往的服务模式之所以采用会给服务对象带来更大压力的问题对话方式，是因为它们坚信问题是真实存在的，一旦把现实理解成一种社会建构的过程，助人服务的重点自然就会转向问题解决对话（Lee，2011：462）。这一点正是精要治疗取向的社会工作实践区别于策略治疗社会工作的核心所在，它不是关注问题沟通方式的阻断，而是问题解决方式的建构。

精神病理学家米尔顿·埃里克森的心理治疗理念和方法也给精要治疗模式很多的启发。米尔顿·埃里克森与一般心理治疗师不同，他不注重服务对象问题的原因分析，而是强调运用服务对象自身拥有的能力和资源解决目前面临的问题，直接针对服务对象的改变目标开展服务。他坚信，问题解决的钥匙不在社会工作者身上，而是在服务对象手中，每个服务对象都拥有解决问题的能力和资源，社会工作者只是激发这个过程的催化剂（Lee，2011：461）。显然，这样的服务理念与精要治疗模式的基本逻辑有很多相似之处。

到目前为止，精要治疗模式的服务逻辑和方法已经被广泛运用于社会工作的不同服务领域，帮助不同类型的服务对象解决不同的实际问题，主要包括儿童创伤的处理和保护（Turner，2007：312）、家庭为本的服务（Franklin & Jordan，1998：23）、家庭施暴者的辅导（Lee，Uken，& Sebold，2007）、药物成瘾戒除①、精神健康服务（MacDonald，

---

① 详细内容请参见 Berg & Reuss（1998）。

2007：293）、健康照顾服务①、学校社会工作（Franklin & Gerlach，2007：167）和社会工作督导等（Wheeler，2007：343）。显然，无论精要取向的社会工作实践还是叙事取向的社会工作实践，都已经成为社会工作者挑战传统实证主义理论逻辑框架的重要依据，让社会工作者看到另一种完全不同的以后现代主义哲学为基本理论逻辑框架的服务模式。

二　社会建构视角的社会工作的理论框架

社会建构视角的社会工作之所以有别于以往的以实证主义为哲学基础的服务模式，是因为它的理论逻辑建构的核心不同于以往的服务模式。针对"人在情境中"这个社会工作的基本理论命题，社会建构视角的社会工作有自己独特的理解，认为根本不存在实证主义所说的个人之外的独立的客观环境，人与环境之间的互动也不能简化为个人与外部环境的相互影响；否则，服务对象的问题只能被误解为要么是个人心理存在困扰，要么是周围环境存在局限，而且社会工作者就会成为掌握科学知识和技能的专家，指导服务对象消除那些不科学、不现实的想法和行为（Blundo & Greene，2008：239）。显然，这样的服务逻辑与社会工作的基本服务理念是相左的，会导致对个人的价值、独特性以及自决能力的忽视（Weick，1983）。为此，建构主义视角的社会工作提出了另一种看待"人在情境中"的理论假设，强调个人与环境并不是二元对立的，而是借助语言并且通过生活意义的赋予过程两者之间才能相互影响（Blundo & Greene，2008：240）。正是在这个社会建构的理论假设基础之上，社会建构视角的社会工作才创建了自己独特的理论逻辑框架和服务原则。

（一）现实建构

在社会建构视角的社会工作看来，个人与环境互动时，并不能直接相互影响，而需要借助一定的意义解释，只有通过意义解释的过程，个人才能把自己在当下环境中遭遇的不同影响和拥有的经验按照一定的逻辑组织起来，成为指导自己之后的回应行为以及与周围他人沟通交流的条件。从这个层面上说，意义解释不仅仅是个人主观想法和内心感受的表达，同时还是个人筛选和组织自己生活经验的逻辑，既包含了主观的因素，也融入了客观的因素，个人怎样建构自己的生活意义，就会影响其怎样理解自己和周围环境，以及怎样应对周围环境的挑战。可以说，生活意义的建构过程就是个人介入生活和体验生活的过程（Blundo & Greene，2008：244）。

对于社会建构视角的社会工作来说，在个人与环境之间加入生活意义的要素，不仅是为了让环境不再被视为客观现实的环境，而是通过个人生活意义解释并且受到个人关注的环境，更为重要的是，个人也不再被视为可以脱离周围环境并且被他人作为寻找本质特征的分析对象。这样，个人的生活意义解释就与个人独特的生活经历和经验联结起来，成为社会工作关注的焦点。显然，通过个人拥有生活意义的解释能力这一理论假设，社会建构视角的社会工作希望社会工作者在整个服务过程中能够看到服务对象所拥有的

---

① 详细内容请参见 O'Connell & Palmer（2003）。

积极参与生活和掌控生活的能力（Blundo & Greene，2008：240）。

需要注意的是，在社会建构视角的社会工作的理论逻辑框架中，人的这种生活意义的解释能力是需要借助语言这个媒介的，而社会建构视角对语言也有自己不同于实证主义的理解，强调它是人与人之间的对话交流的过程，是语言的使用（language-in-use）（Gergen，1999：20）。因此，社会建构视角的社会工作认为，人的这种运用语言的意义解释能力至少具有三个方面的特征。第一，解释性。它是人们在日常生活中对自己生活经验的解释，既涉及对自己的理解，也涉及对周围他人的理解。第二，对话性。它发生在人们之间的对话交流过程中，是人们在特定场景中对周围他人要求的理解和回应，涉及双方或者多方之间的互动。第三，建构性。它是人们在特定的文化传统和社会生活场景中共同参与、相互影响的过程，涉及人们对自己和周围环境的个人现实的建构（Blundo & Greene，2008：242）。

正是借助对语言的独特理解，社会建构视角的社会工作将个人的意义解释、互动和现实建构这三个重要概念联结起来。这样，个人与环境之间的关系就不是实证主义所说的谁影响谁这种机械的关联，而是在互动过程中借助语言的使用建构个人现实的过程（Blundo & Greene，2008：242）。需要注意的是，社会建构视角的社会工作把个人与环境这样一种复杂的关系称为叙事（narrative），即个人运用语言把自己在特定生活场景中的生活经验以一种有组织、有结构的独特故事方式呈现出来。它不仅包括个人对自己的认识和理解，还涉及个人对周围环境的观察和分析以及个人过往经验、现实经验和未来预期的结合。因此，社会建构视角的社会工作强调，社会工作者在倾听服务对象的故事时，既需要关注个人故事中所呈现的日常生活经验，也需要关注故事中个人与周围环境之间的复杂关联（Blundo & Greene，2008：245）。

从形式上看，叙事是一种个人现实的建构过程，是个人对自己生活意义的理解和解释，但是社会建构视角的社会工作提醒社会工作者，不能把个人现实建构的过程简单理解成个人自己建构现实的过程，实际上，个人在确定自己的身份时，就需要理解周围他人的要求，而且个人对自己的认识和理解就是在与周围他人的沟通交流过程中实现的。正是基于这样的理解，社会建构视角的社会工作认为，个人现实建构的过程也是社会现实建构的过程，通过投入自己的日常生活、与周围他人互动以及赋予自己生活经验的意义过程，个人与周围他人一起建构社会的现实（Parton & O'Byrne，2000：16）。

这样，个人现实建构的过程，在社会建构视角的社会工作看来，就不会仅仅涉及一种故事，而是多个不同故事之间相互影响的过程，它必然涉及个人如何说服自己和周围他人，确信自己的理解和解释是合理的。有鉴于此，社会建构视角的社会工作强调，无论个人遭遇的困扰还是所谓的社会问题，它们都只是故事叙述的一种版本，其中有自己的讲述逻辑和关注重点，当然也有自己所忽视的经验（Parton & O'Byrne，2000：17）。这样，故事讲述就与人们的行动联结起来，一个人怎么讲述故事就意味着他怎样劝说自己和周围他人按照某种故事的版本行动。因此，一种新的故事讲述方式就意味着一种新的行动方式和新的社会关系的建构方式（Parton & O'Byrne，2000：18）。社会建构视角的社会工作反对实证主义的理论假设，坚信某种故事版本之所以能够受到欢迎，不是因为它是客观事实的呈现，而是因为它有用，能够帮助人们应对日常生活中面临的压力和挑战。特别是当这种故事版本的讲述与文化的价值取向一致时，它就更容易成为人们普遍接受和认可的故事（Blundo & Greene，2008：243）。

社会建构视角的社会工作提醒社会工作者，如果从现实建构的理论逻辑出发，社会工作的服务目标就不是分析服务对象的问题，再寻找问题解决的方法，而是在与服务对象的互动中理解和呈现服务对象自己的生活故事的逻辑，和服务对象一起建构更有效的、新的故事（Blundo & Greene，2008：243）。社会建构视角的社会工作并不认同实证主义所推崇的唯一普遍的故事，认为日常生活中就存在多种故事的可能，它也反对用普遍一致的逻辑把个人成长的过程分为标准化的几个发展阶段。社会建构视角的社会工作强调，这样标准化的做法只会突出"专家"的身份和社会的要求，忽视个人自身拥有的独特经验（Blundo & Greene，2008：246）。

显然，社会建构视角的社会工作借助个人拥有赋予生活意义能力的假设，并且通过对语言的独特理解，把意义、互动、个人现实建构和社会现实建构等重要概念紧密联结起来，形成社会建构视角的社会工作独特的理论逻辑框架。在这个逻辑框架中，其核心是个人对自己的认识和对外部世界的认识，也就是社会建构视角的社会工作所说的自我感（a sense of self）和现实感（sense of reality）（Blundo & Greene，2008：244）。不过，值得注意的是，社会建构视角的社会工作并没有把个人的自我感和现实感视为一种固定不变的特质，而是作为个人在与周围他人互动对话过程中不断建构和再建构的过程，跨越人的一生（Blundo & Greene，2008：246）。

（二）日常生活中的自我（self-in-the-world）

在社会建构视角的社会工作看来，每一个人都是自己生活的专家，都是自己生活的理论建构者，他需要在不断变化的现实生活面前解释周围环境提出的要求，并且在自己以往生活经验的基础上对自己的生活做出新的理解，形成有关自己和周围环境新的故事解释。社会建构视角的社会工作强调，在个人故事的不断建构过程中，每个人都面临一个重要的任务，就是如何保持自我身份的稳定性和一致性。否则，个人身份一旦面临挑战，就意味着个人生活将遭遇困扰（Blundo & Greene，2008：250）。因此，社会建构视角的社会工作假设，个人就是在当下的日常生活遭遇中通过与身体和环境的对话，形成有关自己和外部世界的认识，而一旦这种有关自我的认识形成之后，就会反过来影响与当下身体和环境的对话。可以说，个人的选择和回应就是个人自我与身体和环境在当下日常生活遭遇中相互影响的结果（Blundo & Greene，2008：249）。

对于社会建构视角的社会工作来说，自我就是个人的信念系统（a person's system of beliefs），它是个人生活意义中最核心的内容，涉及个人对自己和对周围环境的认识以及对两者之间关系的理解。社会建构视角的社会工作强调，个人就是通过自我这个"眼睛"观察和理解周围环境提出的挑战和建构生活的故事的。不过，需要注意的是，针对故事建构的具体心理过程，社会建构视角的社会工作有自己的逻辑安排，不同于实证主义客观视角的考察，认为每个人都有自己建构现实的路径，通过有选择的关注、观察、解释和整合四个基本步骤形成可以融入自我的经验。正是在这个个人现实的建构过程中，个人的认知、情感和行为才可能产生，而它们本身就构成个人现实不可缺少的要素（Blundo & Greene，2008：249）。

在实际的专业服务开展过程中，社会建构视角的社会工作发现，个人的自我并不像实证主义所说的那样是被动的接受者，只需要寻找某种给定的外部环境条件的适应方式，而是自己生活的积极创造者（active creator），它需要对周围环境提出的挑战进行解释，将日常生活遭遇中的不同信息组织起来，赋予生活一定的意义。这样，不同的人就会拥有不同的生活意义解释，即使是同一个人，在不同的生活场景中也会对同一件事情赋予不同的生活意义（Blundo & Greene，2008：249）。社会建构视角的社会工作强调，个人的任何决定和行动都是在这样的生活意义赋予过程中做出的，它们本身就融入了个人对自己生活的理解和判断。因此，社会建构视角的社会工作坚信，个人不是他人故事的被动倾听者，也不是现实规律的被动发现者，而是现实生活的积极参与者和建构者（Blundo & Greene，2008：250）。

个人自我的作用，在社会建构视角的社会工作看来，还表现在当个人面对目前生活的挑战时常常受到过往经验记忆的影响，包括过往消极的经验和积极的经验，特别是过往的积极经验，对个人应对目前日常生活中的挑战提供了新的可能性。因此，社会建构视角的社会工作还引入了建构主义心理治疗的观点，认为生活意义的赋予过程不仅仅是个人对当下遭遇的不同挑战进行解释，平衡不同发展要求的过程，同时还是个人把过往的经验与现在的发展要求相结合的过程，是对自己的日常生活经验进行再解释的过程（Mahoney，1991：95）。这样，通过记忆和经验重构，社会建构视角的社会工作就在时间维度上扩展了个人自我的积极作用。

值得注意的是，社会建构视角的社会工作并没有像建构主义社会工作那样，把对个人生活意义解释的考察只局限于个人与周围环境之间的互动，而由此延伸到社会文化因素的理解，认为个人生活意义的赋予过程是在特定的文化场景中发生的，它本身就包含了对文化传统的理解和解释。社会建构视角的社会工作还借用了文本解读的概念来说明个人与文化之间的关系，强调文化就像是一个打开的文本（text），需要人来解读，不同的人有不同的读法，也有不同的解释，甚至同一个人，在不同的时间和地点也会有不同的理解。因此，在社会建构视角的社会工作的逻辑框架中，文化就不是一种固定不变的生活习俗，而是人们在日常生活中不断建构的生活方式（Blundo & Greene，2008：251）。

很显然，为了拓展个人的积极作用，社会建构视角的社会工作提出了与实证主义不同的理论逻辑框架，它在两个方面做了大胆的调整。第一，把"人在情境中"的人理解成个人的自我，通过个人生活意义的赋予过程让个人的自我直接面对周围环境提出的挑战。这样，社会工作者面对的就不是需要他人分析并且被动接受指导的个人的人格，而是需要他人理解并且拥有生活意义赋予能力的个人的自我。第二，把个人在当下遭遇中与周围他人的互动和意义赋予过程放在两个维度——时间维度和文化维度上考察，由此拓展个人自我的作用。前者通过记忆发掘延伸个人的生活经验，后者通过文本解读扩展个人的社会经验。这样，个人的自我就可以超越当下时空的限制，呈现个人生活经验和文化传统的力量。社会建构视角的社会工作提醒社会工作者，在整个服务过程中，社会工作者随时都需要关注服务对象所赋予的生活意义和所坚持的价值信念，以及社会工作者和服务对象可以合作开展服务的价值信念（Blundo & Greene，2008：252）。

（三）现实和未来取向

社会建构视角的社会工作尽管并不否认个人过往经历对问题的影响，但是坚决反对把社会工作的服务焦点放在过去问题的修补和治疗上，认为像实证主义那样只注重问题的原因分析和修补的逻辑框架根本混淆了问题和问题解决两者之间的差别。因为关注问题原因分析是一种过去取向的，注重对已经发生事情的解释，是一种有关事实的分析；而问题解决则是现实和未来导向的，注重对正在发生或者还没有发生事情的理解，是一种有关改变的分析。显然，社会工作是后者，是一种关注如何促使服务对象发生改变的学科，它的服务逻辑理应是现实和未来取向的（Lee，2011：463）。

社会建构视角的社会工作强调，实际上，人们根本无法准确知道问题是否真的存在或者是怎样存在的，它只是人们理解和解释生活事件的某种方式，根本不是实证主义所说的"客观现实"。因此，社会工作者也就没有必要深究服务对象问题产生的原因以及具体的演变过程（Lee，2011：463）。在社会建构视角的社会工作看来，如果社会工作者关注服务对象过往经历的分析，就自然会把服务对象的问题作为分析和讨论的中心，形成一种问题对话的方式，从而增加服务对象的生活压力（de Shazer，1994：66－67）。而实际上，社会建构视角的社会工作认为，社会工作者需要做的是另一种对话方式，是一种没有问题而且充满希望的问题解决的对话。这样，社会工作者在实际服务中的一项基本任务就是协助服务对象找到可以实现的微小改变，让服务对象的注意力从过去的问题逐渐转向没有问题的未来（Lee，2011：463）。

即使在讨论问题时，社会建构视角的社会工作也采取了与以往服务模式不同的逻辑，认为关键不是分析个人过往不幸的经历或者没有满足的愿望对问题的影响，而是个人是如何让问题走进自己的生活，阻碍改变发生的。社会建构视角的社会工作强调，只有从这样的问题讨论中，服务对象才能学到如何提高自己的改变能力。不过，在社会建构视角的社会工作看来，它的一个重要特征不是讨论问题，而是协助服务对象发现自己生活中的成功经验和问题困境中的例外发展可能，并且审视这样的过程是如何发生的，从而帮助服务对象逐渐建立一种面向现实和未来的、积极的对话方式（Parton & O'Byrne，2000：60）。

正是由于关注焦点的改变，社会建构视角的社会工作在理解服务对象的问题时也采取了与以往实证主义不同的路径，并没有把服务对象遇到的问题当作问题的表征，要求社会工作者深入问题的背后挖掘隐藏在服务对象以往经历中的问题发展的逻辑线索，而是建议社会工作者将关注焦点停留在服务对象的问题表征，考察服务对象在当下环境中如何呈现问题、关注的焦点是什么，以及在环境中存在什么样的影响因素和服务资源等。社会建构视角的社会工作坚信，这种以现实为观察焦点的问题表征的考察方式要比深入问题背后探究个人经历中隐藏的复杂因素的深度分析来得更为实在，因为任何人的任何改变只可能发生在现在，包括现实服务资源的挖掘和运用（Lee, Sebold, & Uken, 2003：34）。社会建构视角的社会工作还在哲学层面讨论这种现实和未来取向观察视角的必要性，认为过去已经发生，无法改变，而现实才是可改变的，通过将服务对象的注意力集中于现在和未来，才可能帮助服务对象建立一种以改变为核心的更为积极有益的（beneficial）个人的现实（Lee, 2011：465）。需要注意的是，尽管社会建构视角的社会工作倡导不对服务对象做深度的问题分析，但是这并不意味着社会工作者对服务对象的了解只需要停留在问题的表面，只是认为社会工作的基本理论逻辑框架需要调整，而应该以服务对象的改变作为理论逻辑建构的基础（Lee, 2011：462）。

在社会建构视角的社会工作看来，问题就是问题，不是某个人的本质特征。问题可以理解成个人之外的某个事件或者某种情况，但不能把个人当作问题；个人可以视为生活在问题困境中，但不能把个人的整个生活都当作有问题（Parton & O'Byrne, 2000：66）。因此，社会建构视角的社会工作认为，问题就是这样一种处境，在这种处境中服务对象发现生活的某个方面出现了障碍，而服务对象却找不到有效改变的方式，这样不断重复之后，就出现了让服务对象感到苦恼困惑的问题（Parton & O'Byrne, 2000：65）。显然，面对问题时，社会工作者所要做的不是帮助服务对象开展深度的问题分析，而是协助服务对象寻找可以带来改变的新的做法，哪怕只是一种微小的改变，都可以让服务对象在问题的困境中看到改变的方向和希望（Parton & O'Byrne, 2000：66）。

（四）以改变为焦点的评估

对于评估过程，社会建构视角的社会工作有自己独特的理解，它不赞同实证主义那样的做法，把社会工作的评估和服务介入分割成两个独立的服务阶段，认为这样做不仅模糊了社会工作服务最核心的改变要求，把评估仅仅视为对问题的分析，只把服务介入当作改变实施的过程，也会让评估过程与介入过程对立起来，浪费服务资源。因此，社会建构视角的社会工作倡导一种以改变为焦点的评估，把评估过程直接当作服务介入过程的一部分，其中也包含了带动服务对象发生积极改变的要求（Lee, 2011：465）。

为了确保社会工作者实施一种以改变为焦点的评估，社会建构视角的社会工作提出了评估过程中的五项基本的理论假设：①任何问题都有例外的发展可能；②语言在建构现实过程中有非常重要的作用；③关注服务对象能做的要比关注问题更利于服务对象的改变；④无论问题还是问题解决都是服务对象自己建构的过程；⑤问题和问题解决并不需要直接对应（Lee, Sebold, & Uken, 2003：79）。显然，社会建构视角的社会工作所倡导的这种新的评估方式不同于以往以实证主义为哲学基础的服务模式，不是依据标准化的知识对服务对象的问题进行诊断，并且以此为基础提出类型化的解决方法，而是采取个别化的服务策略，直接帮助服务对象寻找自身拥有的能力，特别是服务对象的语言运用和生活意义的赋予能力，挖掘服务对象的独特的生活经验（Lee, 2011：465）。

在社会建构视角的社会工作的逻辑框架中，评估工作的核心是了解服务对象在问题困境中如何经验和建构个人事实以及这些事实对于服务对象的意义。社会建构视角的社会工作假设，评估工作不仅仅是一个资料的收集和分析的过程，同时还是服务介入的过程，是社会工作者与服务对象一起重新界定问题的过程。如果评估工作关注问题，问题就会凸显出来；如果评估工作注重例外发展的可能，能力就会成为对话的中心。因此，社会建构视角的社会工作强调，评估工作就是寻找促使服务对象发生改变的影响因素（Parton & O'Byrne，2000：140）。

就服务对象的改变因素而言，社会建构视角的社会工作相信，每位服务对象都具有促使自己发生改变的能力和资源，他能够对自己的行为负责，社会工作者不需要了解问题发生的真正原因，因为不仅社会工作者无法认识问题发生的真正原因，它是服务对象在特定场景中与周围他人共同建构的复杂过程，而且这样的探索对服务对象的改变来说未必能够产生直接的积极影响（Parton & O'Byrne，2000：144）。社会建构视角的社会工作强调，服务对象发生快速改变是可能的，如果服务对象拒绝改变，不是因为服务对象没有改变的能力和资源，而是社会工作者没有帮助服务对象找到打开改变之门的钥匙，要么社会工作者没有理解服务对象的发展要求，要么就是把服务对象作为问题的替罪羊（Parton & O'Byrne，2000：145）。

社会建构视角的社会工作还对具体的评估内容和方法进行了整理和总结，认为社会工作者除了需要关注谁发现了问题、抱怨什么以及问题之间如何关联之外，还需要了解服务对象到底需要什么、想达到什么目标、在什么方面做得比较好，特别是服务对象在现在和过去的经历中所呈现的能力和资源以及在未来的预期中所展现的能力。社会建构视角的社会工作在自己的专业服务实践中发现，让服务对象看到问题困境中的例外发展可能非常重要，这是社会工作者帮助服务对象找到能力和资源的重要途径；社会工作者也可以借助想象描述的方式挖掘服务对象在未来预期中的能力。显然，社会建构视角的社会工作所倡导的评估不同于实证主义的服务模式，对于社会工作者来说，在评估工作中首先需要做的是转变评估观察的视角，从改变的角度梳理服务对象在问题困境中的影响因素（Parton & O'Byrne，2000：145）。

有意思的是，社会建构视角的社会工作把社会工作者与服务对象之间的评估对话过程作为评估实现的具体方式，强调这种以改变为焦点的评估工作是一种合作式的对话，社会工作者与服务对象是合作者，他们一起寻找促使服务对象发生改变的影响因素（Parton & O'Byrne，2000：150）。此外，这种合作式的对话还注重行动的有效性和目标的实现程度，认为社会工作的评估就是帮助服务对象找到让问题发生有效改变的具体做法（Parton & O'Byrne，2000：151）。

（五）生活意义的重塑

在社会建构视角的社会工作看来，促使服务对象发生改变的关键不是服务对象解决问题能力的提升，而是在问题解决能力提升中呈现的生活意义的转变，即通过重塑生活的意义让服务对象有能力从新的角度重新组织自己的生活经验，规划自己的生活安排（Saari，1986：26）。特别是当服务对象的自我认识发生了改变之后，他对生活意义的看法和视角也会随之而改变。这样，服务对象在日常生活遭遇面前，无论对自己还是周围环境，都会用不同的生活经验和故事进行解释（Blundo & Greene，2008：254）。正是基于这样的逻辑考察，社会建构视角的社会工作把社会工作者的服务介入焦点放在了服务对象生活意义的重塑上，完全有别于实证主义服务模式所强调的问题解决的服务逻辑。

尽管社会建构视角的社会工作在重塑服务对象的生活意义时有不同的服务策略和技巧，像精要取向的服务模式就关注成功经验的发掘，而叙事取向的服务模式则注重新故事的建构，但是它们都拥有一个相同的服务目标，就是帮助服务对象重新梳理和组织日常生活经验，让服务对象能够看到更满意、更包容的新的生活意义（Blundo & Greene，2008：254）。特别是那些从表面上看是负面消极的生活经验，转变服务对象对这些经验的消极看法和视角就成为社会工作者的一项重要任务（Blundo & Greene，2008：255）。社会建构视角的社会工作还从实际的服务中总结出转变服务对象对生活经验的消极看法的具体方法，称之为解构（deconstruction），即帮助服务对象消除类型化的观察视角，学会倾听不同的生活意义解释以及转变对生活经验的消极看法（White，1993：34）。社会建构视角的社会工作强调，不管社会工作者运用什么服务策略，他的关注焦点只有一个，就是帮助服务对象发现和扩展个人的生活掌控能力，包括个人内部的掌控能力和外部的掌控能力。这样，服务对象就能逐渐放下内心的困扰，将自己的精力集中于未来可改变空间的拓展上，全身心地投入自己的日常生活中，重塑生活中的积极经验（Parton & O'Byrne，2000：60）。

为了帮助服务对象重塑生活的经验，社会建构视角的社会工作还对社会工作者的服务介入过程提出了九项基本的服务原则。①从服务对象的处境开始（start where the person is）。它包括尊重服务对象的要求，与服务对象保持一致（staying with the person），以及理解服务对象在合作服务中的处境和视角。②保持探究的态度（maintain a position of "not knowing"）。时刻警觉自己理解和解释的逻辑，不把自己的意愿强加给服务对象。③不假设（don't assume）。不预设自己理解了服务对象所说和所做的，放弃自己的主观偏见。④随时验证（check it out）。随时检验自己的理解和解释是否就是服务对象所要表达的，及时调整自己的认识。⑤共同建构故事（construct a narrative or story）。和服务对象一起重新组织和解释日常生活的经验，包括服务对象对自己和周围环境的看法和认识。⑥尊重内心逻辑（work with the client's internal context）。理解服务对象内心的想法、感受、动机和期望等，从服务对象内心的逻辑出发把握服务对象的发展要求。⑦关注外部要求（work with the client's external context）。把服务对象放在他所生活的环境中来理解，包括服务对象曾经生活的环境和当下生活的环境，以及社会服务机构和社会工作者的状况。⑧创建新的生活意义（create new meaning）。帮助服务对象在与周围环境的互动过程中重新界定生活的意义，建立一种更为包容、更为积极的生活方式。⑨相互合作（engage clients in collaboration）。与服务对象保持一种平等合作的关系，在平等合作中共同建构新的生活意义（Blundo & Greene，2008：247-248）。显然，在社会建构视角的社会工作的逻辑框架中，服务对象生活经验的重塑涉及两个基本的方面：一是社会工作者与服务对象之间一种特定的合作关系的建立，为服务对象生活经验的重塑提供必要的条件，它包括从服务对象的处境开始、保持探究的态度、不假设和随时验证等；二是社会工作者与服务对象共同创建新的生活意义，它包括共同建构故事、尊重内心逻辑、关注外部要求、创建新的生活意义和相互合作等不同的要求。

值得注意的是，社会建构视角的社会工作是把服务对象生活意义的重塑放在人际互动的过程中来考察的，它不是一个简单的生活经验积累的过程，而需要借助人际沟通学会从不同视角重新组织自己的生活经验，并且将这些经验整合成新的自我的不断重塑的过程（Blundo & Greene，2008：247）。这样，任何问题解决的过程就不仅仅是问题的解决，同时还是服务对象重新界定自己生活意义的过程。不过，对于社会建构视角的社会工作来说，这样的生活意义重塑过程是同时发生在互动双方身上的，不只是服务对象需要重塑生活的经验，同样，社会工作者在这个过程中也会发现新的生活意义，重新认识个人的现实和职业的现实（Blundo & Greene，2008：255）。

通过多年的社会工作专业实践社会建构视角的社会工作发现，社会工作者根本无法像实证主义服务模式所说的那样对服务对象施加直接的影响，服务介入的过程只是为社会工作者和服务对象一起重塑生活的意义提供了相互合作的机会，社会工作者只有借助语言，才能与服务对象交流自己的感受和想法，进而为服务对象生活经验的重塑提供支持。因此，社会建构视角的社会工作称社会工作的服务介入为对话（dialogue），认为它不是社会工作者借助专业服务方法和技巧直接对服务对象施加影响的治疗过程，而是社会工作者与服务对象在服务合作中通过语言共同分享各自的观察视角和生活逻辑的过程，其中包含了文化的意义。社会建构视角的社会工作强调，在整个服务过程中，社会工作者需要把自己视为学习者，随时都需要警觉自己的观察视角以及可能带来的限制，从服务对象自身的观察视角和解释逻辑出发理解服务对象的发展要求。只有这样，服务对象才能从社会工作者的对话过程中看到不同观察视角和生活意义的可能，服务对象的生活经验才能得到重塑（Blundo & Greene，2008：255）。

（六）改变导向的合作关系

与其他社会工作理论模式一样，社会建构视角的社会工作也强调社会工作者与服务对象之间建立信任合作关系的重要性，认为这是社会工作者开展专业服务的前提。不过，所不同的是，社会建构视角的社会工作并没有把自己的认识局限于此，而是将这种信任合作关系本身就作为专业服务开展不可缺少的一部分，因为在社会建构视角的社会工作看来，服务对象只有通过与周围他人的对话交流才能了解生活建构的不同视角和逻辑，重塑自己的生活经验，而社会工作者就是带动这种对话方式转变的关键，他与服务对象之间的信任合作关系就成为帮助服务对象认识自己生活逻辑并且寻找新的生活意义的重要场所和过程（Lee，2011：463）。这样，社会工作者与服务对象之间的信任合作关系就不是社会工作者实施专业服务的固定不变的工具，而是社会工作者与服务对象一起共同建构生活意义的过程。

正是基于对社会工作者与服务对象之间信任合作关系的独特理解，社会建构视角的社会工作既不赞同把服务对象作为专业服务的被动接受者，也不赞同把服务对象作为专业服务的主导者，而是认为无论服务对象还是社会工作者都是专业服务开展过程中的专家，只是专长的方面不同，服务对象是自己问题的专家，他对自己面对的困境有直接、亲身的体验，因而也是自己生活改变的专家，只有他想改变时，改变才可能发生；作为社会工作者，他的专长表现为通过专业的训练掌握一种特殊的提问方式，这种提问能够带动服务对象发生改变并且能够帮助服务对象重塑生活的意义（Parton & O'Byrne，2000：68）。有意义的是，社会建构视角的社会工作还对社会工作者和服务对象在专业服务中的作用做了细致的区分，强调在服务目标的确定、选择和实现过程中，服务对象就是专家，需要主导这方面服务活动的开展；而在以改变为焦点的对话方式的建立、维持和扩展过程中，社会工作者就是专家，需要承担这方面服务开展的责任。只有这样，社会工作者才能通过与服务对象的合作发掘服务对象改变的能力和资源，帮助服务对象重塑生活的意义，而一旦服务对象实现了改变的目标，又会反过来进一步加强与社会工作者的合作（Lee，2011：464）。

就服务对象而言，社会建构视角的社会工作认为，他是自己生活的专家，而且这个专家至少包含三个方面的基本内涵。第一，服务对象是自己生活的评估者。在社会建构视角的社会工作看来，服务对象最了解自己的处境，也最清楚自己到底需要什么改变，他对自己的问题有切身的体会，也有自己的观察和评估。不过，这样理解并不意味着，服务对象说什么社会工作者都需要遵从，事实上，服务对象之所以遇到问题，就是因为对自己的生活经验缺乏合理的评估和理解。但是，就生活的事实来说，服务对象所想、所感、所做的就是个人的事实，其他人包括社会工作者只能够通过对话尝试去理解服务对象的生活（Lee，Sebold，& Uken，2003：154）。第二，服务对象是自己生活的创造者。社会建构视角的社会工作假设，服务对象像其他人一样拥有改变的能力和资源，即使在面临问题的困境中，服务对象也同样拥有改变的可能，只是这个时候服务对象的改变遇到了阻碍。作为社会工作者，就是要帮助服务对象学会挖掘被问题掩盖的能力和资源，让服务对象看到改变实现的可能（Lee，Uken，& Sebold，2007）。第三，服务对象是自己生活的决策者。社会建构视角的社会工作强调，服务介入过程不是服务对象被动地接受社会工作者的指导的过程，而是与社会工作者协商共同寻找解决方法的过程，在这个动态、开放的对话交流过程中，服务对象不仅需要对周围环境提出的要求做出新的解释，重新组织自己的生活经验，也需要做出相应的选择，回应当下周围环境提出的要求。在社会建构视角的社会工作的逻辑框架中，评估和选择这两个过程是不可分割的，服务对象做出评估之后需要做出选择，服务对象做出选择之后又需要新的评估，甚至服务对象在评估中就需要选择，而选择中也需要评估。因此，社会建构视角的社会工作把服务对象视为自己生活的决策者（Lee，2011：466）。

就社会工作者而言，社会建构视角的社会工作认为，他的专业性表现在以改变为焦点的对话方式的建立上，他就是这种积极对话方式建立的专家。服务对象虽然是自己生活的专家，但是同样也需要周围他人的帮助和支持，因为服务对象的任何改变只可能发生在与周围他人的对话交流过程中（Parton & O'Byrne，2000：66）。正是基于这样的逻辑考察，社会建构视角的社会工作强调，社会工作者的专家角色包含四个方面的基本内涵。第一，社会工作者是生活故事的倾听者。在社会建构视角的社会工作看来，社会工作者首先需要学会的是倾听服务对象的故事，而不是分析服务对象的问题，而且在倾听过程中社会工作者始终都需要保持一种好奇心，既不随意假设自己已经了解服务对象，也不随意探询问题产生的原因，而是关注服务对象与周围环境相互影响的过程，从中体会和理解服务对象在应对周围环境要求过程中的能力和困难，特别是其中的例外情况和成功经验（Parton & O'Byrne，2000：67）。第二，社会工作者是生活意义的探索者。社会建构视角的社会工作假设，服务对象一旦遭遇问题，他的能力发挥就会受到阻碍，这个时候，他就需要社会工作者的帮助。社会工作者作为专业人士可以借助特别的提问技术让服务对象在问题困境中看到自己的能力，如提问服务对象例外情况的例外提问（exception questions）、了解服务对象处理问题具体方式的困境处理提问（coping questions）、发现服务对象改变结果的刻度提问（scaling questions）等，这些提问能够帮助服务对象在问题困境中发现一种新的、没有问题的生活目标和意义（Lee，2011：466）。第三，社会工作者是生活改变的促进者。社会建构视角的社会工作相信，服务对象尽管是自己生活改变的创造者，但是仍需要社会工作者的帮助，包括协助服务对象在问题困境中发现自己的能力和资源以及与服务对象一起协商服务的目标等，其中常用的服务策略有从微小的改变开始（a small change）和改变任务的布置等。从微小的改变开始是指社会工作者在服务目标确定之后协助服务对象寻找微小的改变，并且把它作为服务的开始。这样安排专业服务除了考虑服务计划容易把握和实现之外，更为重要的是，让服务对象看到自己正在朝着自己确定的目标的方向往前走，转变服务对象观察问题困境的视角和组织日常生活经验的方式（Lee，2011：464）。改变任务的布置则是指社会工作者通过布置以改变为焦点的行动任务，让服务对象看到问题困境中的成功经验和例外发展可能。例如，服务对象不知道问题困境中的例外情况，社会工作者就可以布置观察任务，让服务对象在问题困境中注意观察是否存在例外情况以及例外情况发生后他的具体应对方式。如果服务对象注意到了问题困境中的例外情况，这个时候社会工作者就可以布置例外行动任务，让服务对象继续尝试例外情况下的做法，或者布置差异行动任务，邀请服务对象尝试与以往不同的做法，等等（Lee，2011：467）。第四，社会工作者是生活处境的反思者。在社会建构视角的社会工作的逻辑框架中，社会工作者始终都处在这样一种工作场景中，不仅需要保持好奇心，深入了解服务对象的内心感受和外部环境的挑战，而且需要随时反思自己的生活处境，检视自己的生活原则和观察视角，特别是其中所蕴含的文化的意义和差异，避免把自己的意愿强加给服务对象（Blundo & Greene，2008：257）。

　　显然，服务对象的角色和社会工作者的角色在整个服务过程中是相辅相成的，服务对象越想成为自己生活的评估者、创造者和决策者，就越需要社会工作者成为故事的倾听者、意义的探索者、改变的促进者和处境的反思者；反之，也一样。因此，社会建构视角的社会工作强调，服务介入过程是社会工作者与服务对象相互对话交流的过程，是一种双向的沟通，而不是像实证主义服务模式所假设的那样，只是社会工作者对服务对象施加单向的影响（Blundo & Greene，2008：257）。这样，差异性（diversity）就自然成为社会建构视角的社会工作的关注焦点，它不仅具有专业服务技术层面的内涵，要求社会工作者在与服务对象的对话交流中学会放弃自己的预期假设，从服务对象的角度理解他所面临的生活挑战以及赋予的生活意义，还具有哲学层面的价值，让社会工作者看到社会工作理论逻辑建构的核心不是像实证主义所说的问题的解决，而是后现代主义思潮所倡导的多元生活意义的建构（Lee，2011：467）。不过，在实际生活中两者的差别并不是泾渭分明的。社会建构视角的社会工作还特别提醒社会工作者，在与服务对象的服务合作中需要区分帮助（helping）和控制（controlling）；否则，社会工作者很容易将自己的看法和要求当作服务对象的，把自己视为专家，采取实证主义的服务逻辑处理服务对象遭遇的问题（Payne，2005：175）。

如果说建构主义社会工作开启了后现代哲学基础的社会工作服务模式，社会建构视角的社会工作则真正把社会工作的理论逻辑建立在后现代哲学基础之上，从一种崭新的社会建构视角重新审视社会工作的基本逻辑和服务过程，认为现实是建构的，是人借助语言并且通过对话与周围他人一起创建的过程，在这个过程中服务对象不仅在社会工作者的协助下寻找问题困境中的成功经验和例外情况，而且赋予自己的日常生活以新的意义，重塑自己的生活经验。社会建构视角的社会工作强调，社会工作的服务目标不是解决服务对象的问题或者提高服务对象应对问题的能力，而是以现实和未来为导向，以改变为焦点，建立一种多元包容、充满希望的生活方式，以应对后现代社会的不稳定和高风险的生活特性（Parton & O'Byrne，2000：2）。社会建构视角的社会工作的影响不仅仅表现在服务技巧的运用上，同时还给社会工作者输入了一种完全不同于实证主义的哲学理念，像现实建构、以改变为焦点和生活经验重塑等重要概念，对社会工作之后的理论逻辑的发展产生了重要影响（Parton & O'Byrne，2000：24－25）。社会建构视角的社会工作之所以在20世纪90年代之后深受社会工作者的欢迎，是因为正像它自己所说的那样，社会建构视角的社会工作是一种生活的态度，是一种融入了人的现实和伦理要求的实践，目的是帮助人从因果关系的必然逻辑中解放出来（Parton & O'Byrne，2000：3）。

第五章　人际关系视角

人际关系视角（relational perspective）也是在批判弗洛伊德的精神分析视角基础上发展而来的，它与沟通和建构视角不同，不是把人与人之间的互动交流视为两个单独的个体之间的沟通，而是以相互之间的关系作为基本的观察视角，把社会工作者的服务介入和服务对象的改变都放在关系的视角下来考察（Ganzer & Ornstein，2008）。这样，社会工作者的主动参与就显得格外重要，他不再是服务对象日常生活之外的观察者和指导者，而是服务对象日常生活的参与者，在与服务对象的关联中一起建构积极信任的合作关系，并且通过发掘和调动服务对象的能力推动这种信任合作关系的发展，使服务对象得到增能（Miehls，2011：401）。当然，对于人际关系有不同的理解，如果把它视为两个主体之间的经验联结，考察这样的经验联结如何推动服务对象的成长和改变，这就是关系视角的社会工作（Ganzer & Ornstein，2008）；如果把人际关系当作由许多不同人构成的人际网络，考察社会工作者如何借助人际网络的资源给服务对象提供必要的社会支持，从而促进服务对象的改变，这就是社会支持网络视角的社会工作（Tracy & Brown，2011：448）。

第一节　关系视角的社会工作

一　关系视角的社会工作的演变

社会工作从产生之初就把自己定位于个人与环境相互影响的关系上，无论里士满的个案工作还是亚当斯的社区行动，都希望达到同样一个目标：个人与环境之间的平衡发展（Howe，2009：153）。特别是，社会工作者与服务对象之间的信任合作关系被视为推动服务对象发生改变的直接有效的因素，它的好坏直接决定了社会工作服务的有效性和专业性（Hollis，1972：228）。可以说，社会工作的发展空间就来自个人与环境相互影响的关系。不过，需要注意的是，这里所说的关系是就专业服务的视角而言的，它是把社会工作放在关系的逻辑框架中重新审视服务的要素和过程。这样的视角根植于人本主义哲学的基本原理，即相信一个人只要摆脱了自我的限制和曲解，就能够在与周围他人保持和谐关系的同时，激发个人成长的发展潜能（Howe，2009：159）。从这个意义上说，关系视角的社会工作（relational theory and social work）兴起于20世纪八九十年代，受到人本和存在主义理论以及依恋理论，特别是心理动力理论的影响，有学者直接把关系视角的社会工作视为精神分析理论和实践的现代版的延伸（Ganzer & Ornstein，2008）。

关系视角的社会工作不是别的，就是提供了一个将精神分析的本能和客体关系理论与当下注重场景分析的理论相结合的逻辑框架，帮助社会工作者同时考察个人内部心理、人际关系和外部环境三者之间的相互影响（Ganzer & Ornstein，2008）。它强调社会工作者主动参与服务过程，与服务对象一起建构两者之间的信任合作关系，认为自我坦露（self-disclosure）的运用和主体关系（subjective ties）的确认是整个服务模式的服务策略的关键所在，这也是关系视角的社会工作区别于其他社会工作理论模式的核心，从运用弗洛伊德精神分析学派的传统单人视角的心理学（one-person psychology）逻辑框架转向注重主体关系建立的当代双人视角的心理学（two-person psychology）逻辑框架。在这样的视角下，社会工作者与服务对象通过共同参与服务的过程一起从以往的互动关系中找到新的、更为积极的互动方式（Ganzer & Ornstein，2008）。

关系视角的社会工作认为，尽管不同的社会工作者在把握关系视角的时候有所不同，但是这种注重社会工作者与服务对象主体关系建立的服务模式至少包含三个方面的基本理论假设：①每一次社会工作服务的遭遇都是独特的，离不开参与者的经验和解释；②人类行为的影响因素非常复杂，包括个人内心的感受和想法以及两者之间有意识和无意识的相互影响，它们一起形成了个人的人际互动的方式；③借助自我和人际关系的运用，服务对象的人际关系才可能发生（Wilson et al.，2008：7-8）。显然，关系视角的社会工作对关系有自己独特的理解，不仅仅把它作为一种观察的现象，如社会工作者与服务对象的关系、服务对象与周围他人的关系，等等，更为重要的是，把它作为观察现象的一种视角，从关系中理解观察现象的变化，如强调每一次服务遭遇的独特性和个人自我的运用等。这样，社会工作者学会把握关系视角的社会工作的关键，就是转变观察生活的视角，不是像单人视角心理学那样把自己作为服务对象日常生活之外的观察者，分析、解释和指导服务对象的改变过程，而是从双人视角心理学出发，把自己融入服务对象的日常生活中，参与服务对象的日常人际交往的对话过程，在帮助服务对象完成所要扮演的角色的同时，给服务对象提供一些与以往生活经历不同的新的生活经验。因此，在这样的关系视角下，社会工作者是服务对象日常生活的参与者和理解者，也是促使服务对象日常生活发生改变的共同建构者（Ganzer & Ornstein，2008）。

简单地说，关系视角的社会工作就是把整个社会工作的服务过程都放在关系的场景中去理解，强调互动双方的互惠性（mutuality），并且通过共同建构信任合作关系这个过程发掘和调动服务对象的发展潜力，给服务对象增能（Miehls，2011：401）。不过，需要特别注意的是，在关系视角的社会工作逻辑框架中，服务对象的潜力发挥过程也是在关系视角下出现的，它本身就意味着信任合作关系的不断深化（Ganzer & Ornstein，2008）。

尽管到目前为止，关系视角的社会工作并没有成为主流的社会工作服务模式，但是在一些服务领域它受到了社会工作者的欢迎，如寄养家庭的儿童照顾、哀伤辅导、婚姻咨询、亲子服务、社会照顾服务和精神健康服务等（Howe，2009：157）。这些服务都有一个显著的特征，特别关注人际关系调整和改善。实际上，关系视角的社会工作的影响远远不局限于此，随着现代社会生活中社会关系紧张和冲突风险的增加，特别是种族和文化冲突的加剧，关系视角的重要性变得越来越突出，它已经被广泛应用于弱势群体的增能服务中，以及社会工作的学校教育和督导培训中（Goldstein，Miehls，& Ringel，2009：182）。近年来，关系视角的社会工作出现了新的发展取向，开始吸纳依恋理论的一些核心理念和原则，并且与神经生理学的最新研究成果相结合，呈现多学科交叉的发展势头，这让关系视角的社会工作有了更为广泛的学科理论基础（Miehls，2011：410）。

关系视角的社会工作坚信，这种以关系为基本理论逻辑框架的服务模式将进一步得到社会工作者的关注和认可，因为除了这种服务模式能够把弱势群体的社会身份场景化并且关注社会身份的具体建构过程之外，它与社会工作的核心理念和伦理价值是一致的，尊重人的价值和尊严，关注人的社会关系（Miehls，2011：410）。关系视角的社会工作强调，关系才是社会工作的核心，这也是社会工作有别于其他助人服务的关键所在（Freedberg，2009：xii）。

在关系视角的社会工作的发展过程中，有两位重要的代表人物：一位是丹尼斯·美赫尔斯（Dennis Miehls），他从精神分析学派的角度探索关系视角的社会工作的发展脉络和理论逻辑（Miehls，2011：410）；另一位是沙伦恩·弗里德伯格（Sharon Freedberg），她从女性主义视角出发重新审视关系视角的社会工作的基本内涵和服务策略（Freedberg，2009：ix）。

（一）丹尼斯·美赫尔斯

美赫尔斯对弗洛伊德的精神分析理论非常感兴趣，他沿袭了自我心理学视角的社会工作代表人物艾达·高尔德斯汀的思路，从精神分析学派的角度梳理关系视角的演变，他把关系视角理论内涵的变化分为两个前后相连但又相互区别的阶段——单人视角的心理学和双人视角的心理学，前者把周围他人视为个人成长的"客体"（object），关注客体在个人自我成长过程中的作用；后者把周围他人当作另一个"主体"（subject），强调个人自我是两个人或者多个人之间的相互影响（Miehls，2011：401）。美赫尔斯认为，虽然两个阶段的关系视角有着本质的差别，前者把个人的成长看作个人自己的改变，理论建构中只有单个人的视角，后者则把个人的成长当作两个或者多个人之间的相互作用，理论逻辑框架中有了多主体的概念，但是两个视角都来自弗洛伊德有关自我的描述和解释，都希望突破弗洛伊德的本能驱动的理论逻辑框架，在个人的人际交往关系中找到理论建构的基础（Goldstein，Miehls，& Ringel，2009：18）。

为了帮助社会工作者厘清关系视角内涵的理论演变脉络，美赫尔斯还具体列举了影响单人视角的心理学的理论，它们包括英国客体关系学派（British object relations）、美国客体关系学派（American object relations）、苏利文的美国人际关系学派（The American interpersonal school）、科胡特的主体心理学（self psychology）以及女性主义的关系中的自我理论（Self-in-relation theory）等（Miehls，2011：402）。不过，需要注意的是，女性主义的关系中的自我理论已经开始强调两个或者多个主体之间的相互影响，它把不同主体之间的互惠性作为整个自我理论建构的核心，因此，有学者也把女性主义的关系中的自我理论作为双人视角的心理学理论的代表（Jordan，1997：95）。

美赫尔斯发现，这些单人视角的心理学理论在看待人际关系时，都拥有与弗洛伊德精神分析学派不同的理论假设，认为人的本能不是快乐追求取向的，而是客体关系寻求（object seeking）取向的。也就是说，孩子从出生之日起就开始寻求与周围他人的交流，当然开始时这样的交流主要是为了生存，之后就远远不局限于此，通过与周围他人的交流和内化，孩子就能将这种与周围他人的交往关系转化为自己内心世界的客体关系。美赫尔斯强调，一旦孩子的内心世界形成了客体关系，这种关系就会成为孩子与周围他人交往的重要影响因素，而且很多时候，这样的影响并不为孩子所察觉，是无意识的。因此，美赫尔斯断言，孩子成人后在人际交往方面遇到的问题和困惑，都与儿童时期的人际交往方式有关，而且他们大多都没有意识到。依据这样的单人视角的心理学逻辑，美赫尔斯把社会工作者与服务对象之间的信任合作关系作为服务对象发生改变必不可少的支持环境，帮助服务对象寻找和察觉自身交往方式中存在的不足以及可改进的发展空间（Miehls，2011：402）。

与单人视角的心理学理论相比，美赫尔斯认为，双人视角的心理学理论对人际关系的理解有自己的不同理论假设和侧重，它把互动双方都作为拥有自身独特主观生活经验和选择能力的主体，而不是当作留在个人身边并且为个人成长提供单向服务的客体。这样，双方的互惠性和互动性就显得非常重要，是积极人际关系的一种标志（Miehls，2011：402）。美赫尔斯在梳理研究文献时发现，实际上，孩子从婴儿时期开始就已经和母亲或者其他身边的重要他人建立这种互动的依恋关系（Beebe & Lachmann，1988：24）。此外，像纽约大学在 20 世纪 90 年代末组织的精神分析方面的博士后项目也有类似的观点和研究结论（Mitchell & Aron，1999：13）。当然，最引人注目的是有关两个互动者之间互为主体的讨论，有学者把这样的人际互动特征称为主体间性（inter-subjectivity），甚至认为人类生活处境的基本特征就是一种主体间性的逻辑（Stolorow & Atwood，1992：2）。美赫尔斯也把这些观点吸纳到社会工作的理论建构中，提倡一种以双人视角的心理学为理论基础的社会工作服务模式（Miehls，2011：403）。

美赫尔斯还进一步从社会工作的伦理价值角度考察关系视角与社会工作的关系，他发现美国社会工作者协会在 2008 年修订的社会工作者伦理准则中就有三项与关系视角所倡导的服务原则是一致的，如对人的内在价值和尊严的肯定、注重人际关系的重要性以及强调社会工作者以诚信的方式开展专业服务等（National Association of Social Workers，2008：5-6）。美赫尔斯认为，需要社会工作者特别注意的是，在关系视角所倡导的这种互惠性和互动性的服务模式中就包含了社会工作者和服务对象平等参与和共同建构的要求，因此，它也就自然具备了增能的特征，特别适合于那些需要身份重建的社会弱势群体的服务（Goldstein，Miehls，& Ringel，2009：148）。

此外，美赫尔斯在总结社会工作的实务经验时指出，关系视角的社会工作还可以与社会倡导的服务结合起来，因为社会弱势群体通常会将不公平的社会关系转化为内心的某种交流方式，从而不自觉地认同这种社会关系。因此，通过帮助服务对象重新审视内心的这种交流方式，社会工作者就能够和服务对象一起建构一种更为积极、健康的人际关系，改变社会不公平的现象（Miehls，2011：403）。美赫尔斯的探索并没有停留在此，他还将关系视角的社会工作放在文化的场景中来考察，强调在社会工作的服务开展过程中社会工作者与服务对象之间的对话交流渗透着种族、性别等文化因素的影响，不能够把这个过程简单视为问题的解决这样纯粹的技术问题（Goldstein，Miehls，& Ringel，2009：149）。尽管美赫尔斯已经意识到关系视角的社会工作与女性主义之间的联系，但是他没有就这个主题开展深入的研究，真正把关系视角的社会工作与女性主义结合在一起的，是沙伦恩·弗里德伯格。

（二）沙伦恩·弗里德伯格

弗里德伯格是美国纽约城市大学雷曼学院（Lehman College，City University of New York）社会工作系的一位教师，她在哥伦比亚大学社会工作学院攻读博士学位期间就受到她的老师——生态系统理论的倡导者凯罗·梅耶（Carol Meyer）的影响，认为一种好的社会工作服务模式除了需要包括有效的服务技术、策略和原理以及能够体现人的价值的专业伦理之外，同时还需要包括看待人的积极视角，能够呈现人与人之间的相互关怀（Freedberg，2009：ix）。特别是随着20世纪60年代女性主义运动的兴起，一些女性主义学者开始重新审视男性与女性的关系，注意到以关系为中心的女性独特的成长经验和现实感受，而这样的经验和感受却为社会主流的以追求个人理性和独立的男性视角所淹没，因此，弗里德伯格希望借助女性主义视角的引入帮助社会工作者认识到人际关系在社会工作专业服务中的重要作用，彻底改变社会工作的观察人的视角（Freedberg，2009：ix）。

弗里德伯格首先从人际关系的角度重新梳理社会工作的发展历史，她发现，早在社会工作开创之初，里士满就已经把社会工作的关注焦点锁定在人与人以及人与环境之间的关系上，倡导一对一的朋友式的服务，而社会工作者在理解服务对象的问题时，也需要把他放在家庭、邻里和社区的环境中。不过，为了获得专业的认可，里士满在注重服务中的人际关系的同时，融入了科学理性的逻辑框架，强调个人适应环境的客观要求以及服务的科学性和专业性（Freedberg，2009：1－3）。与里士满同时代的亚当斯则直接从邻里和社区的人际关系入手，不仅注重工作者与社区居民一起工作的服务理念，而且把社区的社会资源和文化资源的挖掘以及居民的能力建设视为专业服务的核心要素（Freedberg，2009：5）。

第一次世界大战之后，弗洛伊德的精神分析理论开始受到社会工作者的普遍欢迎，它为社会工作者提供了一种科学理性的逻辑分析框架，注重个人内部心理结构和无意识本能的分析。这样，社会工作的关注焦点从最初的人与人之间的关系转向个人的人格，无论服务的具体开展过程还是服务关系的建立过程，都被放在个人人格的逻辑框架下来考察，其中最为典型的是对服务过程中的移情和反移情的解释，它们也被当作服务对象或者社会工作者个人人格问题的表现。弗里德伯格强调，弗洛伊德精神分析理论的引入，让社会工作面临这样的困境：一方面需要运用以男性视角为主导的服务逻辑开展专业服务；另一方面又需要面对以女性为主要服务对象的现实以及注重人文关怀的专业服务要求（Freedberg，2009：5－6）。

弗里德伯格发现，即使在弗洛伊德精神分析理论盛行的年代，里士满所倡导的在社会场景中理解人的改变要求的基本服务原则也并没有因此消失，而由心理社会治疗模式继承，它提出以一种以心理社会诊断（psychosocial diagnosis）为基础的介入模式，而且注重社会工作者与服务对象之间信任合作关系的建立，认为这是社会工作者帮助服务对象找到解决问题的新的方法的依据（Freedberg，2009：7）。弗里德伯格强调，真正把社会工作者与服务对象之间的信任合作关系作为社会工作核心的是与心理社会治疗模式同一时期兴起的功能理论，功能理论直接关注服务对象对当下场景的投入以及与周围他人的积极关联（Freedberg，2009：8）。

第二次世界大战之后，社会工作的服务焦点开始转变。在这一时期，弗里德伯格认为，社会工作有一个显著的特点，开始关注服务对象与周围不同社会系统之间的互动关系。例如，高登·汉密尔顿在 1951 年提出了"人在情境中"这一社会工作的核心概念（Hamilton，1951：34），凯乐·吉尔曼（Carel Germain）则倡导一种人与环境平衡发展的系统逻辑（Germain，1970：32）。弗里德伯格强调，这一时期最值得关注的是海伦·海里斯·波尔曼，她把社会工作者与服务对象之间的信任合作关系称为社会工作专业服务的核心，并以此为中心探索社会工作者如何在与服务对象的互动过程中施加专业的影响（Perlman，1979：23）。此外，还有伯沙·卡彭·雷娜多斯（Bertha Capen Reynolds），她从建立平等尊重的人际关系角度探讨了专业服务合作关系的作用（Freedberg，2009：10）。弗里德伯格发现，就理论逻辑而言，这一时期社会工作在理论视角上有了显著的变化，系统理论和自我心理学开始影响社会工作，并且逐步成为社会工作理论的主导的逻辑框架。这样，不同系统之间的关系，包括社会工作者与服务对象之间的服务合作关系，就成为社会工作关注的中心（Freedberg，2009：11）。

20 世纪 60 年代，随着西方民权运动（civil rights movement）重要组成部分妇女运动（woman's movement）的兴起，女性主义学者开始倡导从性别视角重新审视两性的关系以及个人成长发展的要求，她们不仅推崇那些能够带动两性平等的社区行动项目（community action programs），如专门针对妇女的日托照顾（day care）和健康服务（health services）等，还倡导社区居民的参与和社会政策的改善（Freedberg，2009：12）。弗里德伯格强调，正是由于人们的社会权利意识和文化性别意识的觉醒，女性主义才真正开始影响社会工作。不过，这一时期女性主义的影响是一种理念式的，社会工作者只是相信人际交往和情感关联是个人健康成长不可缺少的，而且男女的性别角色存在差别（Freedberg，2009：13）。

80 年代中期，女性主义精神病理学家吉恩·贝克·米勒（Jean Baker Miller）提出了人际关系中的自我理论（self-in-relation theory），认为女性的自我与男性不同，是从自己的重要人际关系中确定自己的位置和身份的，而且这样的要求保持一生。因此，米勒拒绝埃里克森的把人的自我从人生八个发展阶段抽离出来的观点，推崇一种她称之为人际关系中的自我，即把个人的自我看作动态的，始终处在与他人的互动过程中（Miller，1991：194）。米勒的研究成了女性主义学者的工作基础，她们聚集在美国的马萨诸塞州韦尔斯利学院发展服务和开发中心（at the Stone Center for Developmental Services and Studies at Wellesley College），开始谈论和探索女性自己的理论，以人际关系为核心重新建构人的成长发展的逻辑和过程，不再依附于以男性为主导的理性逻辑框架（Freedberg，2009：25）。另一位女性主义学者朱迪斯·约旦（Judith Jordan）提倡以互惠性为核心的人际关系理论，她反对像弗洛伊德这样的精神分析理论的观点，认为个人的发展动力不是来自个人的内部，为了满足个人的愉快感和自足感，而是来自人际交往的过程，与他人建立一种积极的关联，即互惠的关系；一旦这种互惠的关系受损，个人才会只关注自己需要的满足（Jordan，1991a：289）。显然，约旦是从一种动态的互动关系中理解个人的，强调人与人之间是一种相互影响的关系，一个人在影响他人的同时，也在接受他人的影响。正是依据这样的观察逻辑，约旦希望借助互惠性这个核心概念改变人们对个人自我的错误认识，不再把个人的自我当作个人内部的某种特质，可以与周围环境做清晰理性的分割，而是把个人的自我放回到个人日常生活的社会环境中去理解，它能够带动人与人之间的不同生活经验的交流和分享。约旦坚信，这样的视角才是女性主义的观察视角，也是女性主义对关系视角的贡献所在（Jordan，1997：22）。弗里德伯格吸收了这些女性主义学者的看法，并且把它们与社会工作的实践结合起来，重新审视社会工作的理论逻辑问题（Freedberg，2009：21－25）。

到了90年代，弗里德伯格发现，韦尔斯利学院的女性主义学者又提出了新的理解关系视角的逻辑框架，她们不再把人与人之间的互动仅仅看作两个或者多个人之间的交流，从心理社会的视角分析相互之间的沟通，同时还在此基础上进一步延伸到文化的维度，从文化的视角理解相互之间的交流内涵。这些女性主义学者声称，没有人能够脱离文化的元素生活，特别是种族和性别的影响，渗透在人与人之间交流的每一个环节。因此，她们推崇一种新的关系视角，称之为关系文化视角（relational/cultural model）（Miller & Stiver，1997：21）。这样，通过引入女性主义视角，关系视角有了新的内涵，不仅从一种单向的交流转向双向的交流，而且交流的内容也从心理和社会转向更深层次的文化。弗里德伯格延续了这些女性主义学者的看法，强调人的一生就是建立关系、摆脱关系和再建立关系的过程，它包含三个基本的理论假设：①人生活在关系中；②与周围他人建立和谐的关系是女性心理健康的核心标志；③关系可以是互惠的，需要交流双方的相互同理和及时回应（Freedberg，2009：26）。不过，需要注意的是，弗里德伯格并不是直接从女性主义视角来理解社会工作的，当她把女性主义的一些观点带到社会工作中时，已经与关系视角进行了融合，在个人的一般意义上，包括男性和女性，理解女性主义学者提出的有关个人成长过程中的人际关系的要求。很显然，弗里德伯格希望尝试的不是用女性主义的观点修补社会工作，而是在哲学的层面从关系视角重新改造社会工作，让社会工作能够重新回归到它的本质——人际关系（Freedberg，2009：ix）。

二　关系视角的社会工作的理论框架

在关系视角的社会工作看来，虽然社会工作从形成之初就开始关注问题中的个人和环境两个方面，强调心理社会的双重视角，但是实际上，在具体的服务中要么偏向个人心理，要么侧重社会环境，把个人与环境、心理与社会对立起来。这样，在缺乏社会支持的环境中，个人再怎么坚强，也无法摆脱焦虑、抑郁、无望等消极的情绪和生活体验。

关系视角的社会工作希望寻找的恰恰是一种中间的线路，把个人和环境联结起来，从一种关系中理解个人的自决，在改变自己的同时，与周围他人建立一种积极的关联（Freedberg，2009：xi）。它假设，人际关联和情感需求是个人健康成长最核心的要求（Freedberg，2009：x）。因此，可以说，关系视角的社会工作就是站在这样一种中间的立场上重新审视社会工作的理论和实践的，它以人际关系为核心创建自己独特的服务逻辑。

（一）互惠的主体关系

关系视角的社会工作首先尝试的一项大胆变革是，改变对人的观察视角。与以往社会工作服务模式不同，在关系视角的社会工作理论逻辑框架中，无论服务对象还是社会工作者，都被视为拥有自决能力的主体，都能够学会掌控自己的生活，即使服务对象身处困境中，也不意味着他就是被观察和分析的对象，社会工作者就是观察者和治疗师。不过，在实际的服务过程中，社会工作者常常把自己视为受过专门训练的"专家"，最了解服务对象的需要，这样在服务的合作过程中服务对象就自然而然地成为被观察的对象，失去了主体的身份。因此，关系视角的社会工作提出服务中的主体间性（inter-subjectivity）的概念，认为主体的身份并不是个人的某种特质，而是人际交往过程中的某种方式，涉及交往双方共同建构的过程（Miehls，2011：403）。

正是在主体间性这个核心概念基础上，关系视角的社会工作假设，每个人都有理解他人和被人理解的需要。这种需要在日常生活中也一样，服务对象在与家人和朋友等身边他人的交往过程中也希望建立一种积极的关联（Howe，2009：158）。这样，个人与他人的交流就不是精神分析学派所说的主体和客体的互动，而是两个主体的交流。两个主体的交流与主客体的互动不同，一个主体不仅无法完全预测另一个主体的变化，需要在交流的场景中保持开放的态度，而且需要随时确定自己的身份和界限，与另一个主体的发展要求保持平衡（Freedberg，2009：22）。很显然，在关系视角的社会工作的逻辑框架中，理解和被理解的需要不能仅仅从字面上理解，把它视为两个人之间的相互理解的需要，实际上，这样的假设还蕴含着改变人们观察视角的要求，即把人放回到与周围他人的日常互动过程中，在理解周围他人的同时，也在理解自己，在确定自我身份的同时，也在确定与周围他人的关联方式（Freedberg，2009：26）。

就社会工作者与服务对象之间的互动来说，社会工作者只有让服务对象体会这种主体之间的交流关系时，才能真正与服务对象建立一种信任合作的关系，让服务对象对自己产生信心，这样的互动关系才能有改变的力量。特别是当服务对象遭遇困扰寻求帮助的时候，他不仅需要别人的理解和帮助，而且需要自我身份的确认和重建；否则，即使在社会工作者的帮助下克服了面临的问题，服务对象也没有能力和信心应对同样的困难（Howe，2009：155－156）。因此，关系视角的社会工作强调，在这种互为主体的关系中，社会工作者不是站在服务对象的生活之外，以"专家"的身份指导服务对象，而是将自己融入服务对象的生活中，体会服务对象在问题的困境中如何应对周围环境的挑战，并且与服务对象一起面对日常生活中遭遇的冲突和挫折（Miehls，2011：404）。

为了帮助社会工作者以一种主体的身份与服务对象交流，关系视角的社会工作提出了自我表露（self-disclose）的概念。虽然这个概念在其他社会工作服务模式中也使用，但关系视角的社会工作对此有自己的理解，它是在人际关系的哲学层面讨论自我表露的作用的，认为在关系视角下自我表露至少具有三个方面的重要内涵：①它是一种真诚互动关系的表示方式，意味着社会工作者愿意以一种平等的身份与服务对象交流，不能简单作为一种引导服务对象对话交流的服务技术；②它是一种复杂互动关系的理解方法，意味着社会工作者与服务对象之间的交流从来都不是单向的，否则，双方之间的交流就会受到阻碍，无法深入；③它是一种修补改变功能的关联方式，意味着社会工作者所说、所做的能够带动服务对象生活状况的改变，修补和改善服务对象的社会功能，而不仅仅是一种经验和感受的分享（Miehls，2011：404）。

正是基于这样的逻辑思考，关系视角的社会工作要求社会工作者重新理解社会工作者与服务对象之间的相互影响过程，特别是其中常常出现的移情和反移情的现象。通常情况下，这些现象被当作专业服务合作关系的曲解，妨碍服务活动的顺利开展，而关系视角的社会工作并不这样认为，强调这样的认识依据的是单向的科学理性的交流原则，移情被简单视为服务对象对社会工作者的影响，而反移情则是社会工作者对服务对象的影响，实际上，无论移情还是反移情都是服务对象和社会工作者双方相互影响的过程，它们反映的是社会工作者与服务对象之间的独特交流方式。因此，在关系视角的社会工作看来，出现移情和反移情才是社会工作服务过程中的常态，而且只有通过对移情和反移情的理解，社会工作者才能走进服务对象的内心世界，两者之间的对话交流才能深入（Miehls，2011：404）。关系视角的社会工作认为，如果从主体关系的角度理解社会工作者与服务对象之间的交流，两者的互动必然涉及情感的联系。作为社会工作者最为重要的不是分析这种情感是什么以及产生的具体原因，而是在实际的交流场景中能够带动这种情感交流的深入，这是一种实务场景中的执行智慧（performative insights），只有这种智慧才能带动服务对象发生改变（De Young，2003：4）。

关系视角的社会工作还进一步将这种主体之间的交流与社会工作的增能联系起来，认为只有当社会工作者走进服务对象的主观生活经验中，与服务对象进行深度的情感交流，才能让服务对象体会到对他的尊重和认可，不再把自己当作他人希望和要求的体现者，而是拥有自己努力的目标和方向的探寻者（Freedberg，2009：55）。关系视角的社会工作强调，这种主体之间的交流还有另一项重要好处，就是让服务对象体会到他同样也拥有影响社会工作者的能力，就像社会工作对他的影响一样。这样，在整个服务过程中服务对象就不是服务的被动接受者，他同样也在影响社会工作者。可以说，这个过程就是服务对象寻找和发挥自己潜能的过程，即社会工作所说的增能（Freedberg，2009：56）。

不过，值得注意的是，关系视角的社会工作对增能有特别的理解，它是从关系的视角来理解社会工作实践中的增能的，认为增能具有三个不可缺少的要素。一是人际关联，即增能发生在与周围他人的积极关联中，不是简单的个人能力的提升。关系视角的社会工作在实际的服务中发现，这种人际关联能够为个人了解自己的状况、确定自己的位置提供必要的动力和条件。二是同理心，即增能体现了一种能力，是一个人欣赏另一个人的能力。正是在社会工作者的帮助下，服务对象在服务活动开展的过程中逐渐学会向社会工作者以及周围他人展现自己的同理心，转变与周围他人的交往关系。关系视角的社会工作强调，正是在这种充满同理心的交往中，交往的双方才会把对方视为像自己一样拥有自决能力的主体。三是文化意识，即增能的实现离不开对具体社会场景的认识，特别是其中的文化内涵，是个人文化意识的觉醒和提升。由于受到女性主义的影响，关系视角的社会工作把增能与文化、性别意识结合起来，坚信增能蕴含着个人对自身所处的社会文化场景的反思和察觉能力（Freedberg，2009：57 - 64）。显然，在关系视角的社会工作看来，增能这个概念不仅拥有微观的人际关联的维度，而且拥有宏观的文化的维度，是个人在特定的社会文化场景中通过人际关联所展现的同理能力（Dyche & Zayas，2001）。

为了帮助社会工作者准确把握主体之间的交往关系，关系视角的社会工作提出了互惠性这个概念，认为它所倡导的主体之间的交流有一个重要的特征——双向的交流，不仅社会工作者影响服务对象，服务对象也在影响社会工作者，更为重要的是，交流双方采取的是一种真诚互惠的交往态度，即个人在影响周围他人的同时，也对周围他人的影响保持开放的态度。这样的看法，说到底，是对社会的认识不同。关系视角的社会工作假设，一个积极健康的社会需要有互助的精神，这种互助不仅能够消除个人的孤单，而且能够带来个人的成长（Freedberg，2009：32）。关系视角的社会工作还吸收了女性主义的观点来充实互惠性的内涵，强调这个概念包含六个方面的要求：①欣赏他人，把他人视为独特的个体；②理解他人，感受他人内心所思所想；③展现自我，向他人真诚表露内心感受；④了解自己，学习以不操纵的方式与他人交流；⑤重视过程，在过程中带动他人的成长；⑥关注交流，在交流中开放自己（Jordan，1991b：82）。显然，互惠性包含了交流双方共赢的原则。不过，值得注意的是，关系视角的社会工作提醒社会工作者，不能把互惠性理解成交流双方拥有相同的影响力，或者等同于一致性，实际上，它所倡导的是一种差异性，即在关注自己内心感受的同时，理解他人不同的需要；在影响他人的同时，保持开放的态度（Freedberg，2009：32）。

在与服务对象的具体交流过程中，关系视角的社会工作认为，社会工作者可以采取不同的方法实现交流的互惠性，如适当地透露个人的信息、把服务对象视为自己问题的专家、让服务对象知道自己从他身上学到的东西、接纳和尊重服务对象的内心感受，以及及时表达对服务对象的关心等（Freedberg，2009：32 - 33）。有意思的是，关系视角的社会工作并没有停留在技术的层面讨论主体之间的互惠性，而是把它与社会工作的服务宗旨联系起来，认为对互惠性的强调意味着社会工作的服务目标和方向的转变，不再注重个人的自主性，而是关注社会的互助性。关系视角的社会工作强调，注重个人的自主性，只会给人带来满意感，而注重社会的互惠性，却能让人体会到幸福感（well-being）（Howe，2009：180）。

值得注意的是，关系视角的社会工作所说的互惠性是从人际互动的角度来理解的，是两个或者多个主体在人际交往中的动态关联。因此，在关系视角的社会工作看来，任何个人的自主性都是有前提的，都需要放在人际交往的逻辑框架中，以互惠性为前提（Freedberg，2009：ix - x）。同时，正是人际交往的互惠性这个前提，它为个人潜能的发挥提供了实现的机会和场景，是个人实现自我增能的重要条件（Miehls，2011：401）。这样，个人的自我也就不再是锁定在个人内部的某种固定的心理状态，而是产生于人际关联中并且带动人际关联改变的重要因素（Hadley，2009：206）。

（二）人际关联中的自我（self-in-relation）

关系视角的社会工作强调，一旦从关系视角理解"人在情境中"这一社会工作的基本理论逻辑，就自然会把人与环境之间的相互影响解释成两个或者多个主体自我之间的交流，因为每个主体都具有赋予自己生活意义的能力，都能够为自己的生活做决定。这样，个人就不是被他人站在外部观察和分析的对象，而是对自己的生活拥有意义解释能力的自我；环境也不再是个人外部的环境，而是人际关联中一起建构生活的其他自我（Howe，2009：170）。因此，在关系视角的社会工作看来，人在情境中可以理解成人际关联中的自我。它有两个层面的基本含义：①它是两个或者多个主体自我之间的关联，涉及两个或者多个主体自我的相遇和交流过程；②主体自我的成长和改变发生在人际关联中，它既需要人际关联作为条件，也是人际关联的组成部分，是一种动态的关联（Miehls，2011：404）。值得注意的是，关系视角的社会工作并没有否认个人与自然环境之间的交流，而是认为即使是自然环境，也需要人的理解和解释，如果从一种主客体关系的角度来理解，就会把双方的互动变成控制的关系，陷入以往服务模式的逻辑困境中（Miehls，2011：405）。显然，关系视角的社会工作希望倡导的是一种新型的主体自我之间的关系。

为了便于社会工作者理解，关系视角的社会工作把人与环境的互动简化为三个组成要素，除了两个主体自我之外，还有两者之间的第三空间（the space between the two）。第三空间是指自我与自我关联的具体方式，它们相互影响，互为对方的存在条件。关系视角的社会工作强调，自我不是孤立的，它的形成和发展就是在与其他自我相互关联的过程中，在一定的第三空间内实现的（Miehls，2011：405）。不过，需要注意的是，关系视角的社会工作认为，这种主体自我的第三空间具有三个特点。①变动性，即它始终处在改变的过程中，随着互动中自我的成长而改变，而任何第三空间的改变又会成为下一次自我改变的条件。这样，通过自我的改变不断循环影响，带动第三空间的不断改变。②双向性，即它始终处在双向影响的方式中，不是由关联中的某个主体来决定，而是所有相关主体都会参与其中，并且相互影响。也就是说，个人的命运与周围他人的命运是联系在一起的，他能够影响自己的命运，但无法完全掌控自己的命运。③文化性，即它始终处在历史的发展脉络中，每个关联主体都有自己的文化关联，都能够把以前的经历带到当下的遭遇中，并且通过当下的遭遇相互影响，它是一种文化逻辑的理解和交流，社会工作者与服务对象的交流也不例外（Goldstein，Miehls，& Ringel，2009：15）。

正是依据这样的观察逻辑，关系视角的社会工作强调，在专业服务中社会工作者如何运用自我就成为服务成功与否的关键，不是专业服务方法和技巧的运用（Freedberg，2009：35）。关系视角的社会工作在实际的专业服务中发现，自我的运用与技巧的运用很不一样，它首先需要社会工作者把自己视为一个整体，作为一个有血有肉的人与服务对象交流，而不是作为一名专家，只关心专业服务技巧的运用；其次，它需要社会工作者把自己投入当下与服务对象的对话交流中，视自己为"当局者"，体会和感受服务对象在日常生活中遭遇的困难，而不是把自己作为"旁观者"，分析和指导服务对象如何运用具体的改变技巧。在关系视角的社会工作看来，学会运用自我最为重要的是让服务对象体会到在一起的感受，把社会工作者作为独立、整体的人来看待。只有在这样的对话交流处境中，关系视角的社会工作认为，服务对象才能逐渐放下内心的担心和不安，投入与社会工作者的对话交流中，把在专业服务过程中学到的这种人际关联的能力运用到日常生活中，与周围他人建立一种更为积极的人际关联（Freedberg，2009：35 - 36）。

在关系视角的社会工作看来，自我的运用有一个很核心的技术，就是自我表露。社会工作者只有借助自我表露，才能够与服务对象建立一种互惠的主体关系（Dewane，2006）。但是，恰当的自我表露并非易事，特别是对于初学的社会工作者来说，很容易出现自我表露过度或者不足的现象。因此，关系视角的社会工作强调，无论社会工作者采取什么方式进行自我表露，都需要把服务对象的需求放在首位，而不是只考虑自己的需要（Freedberg，2009：39）。就一般情况而言，关系视角的社会工作认为，社会工作者在运用自我时，需要坚持两项原则。一是选择性（selectivity），即有意识地选择表露的内容和方式，而不是随着自己的感觉走，有什么，说什么。关系视角的社会工作发现，在服务过程中有三种常见的自我表露的方式：第一种是只表露自己内心感受和想法的一部分；第二种是与服务对象分享整个服务的安排和开展的状况；第三种是在服务对象面前剖析自己反移情的表现（Miehls，2011：408）。至于选择哪种自我表露的方式，就要依据社会工作者对服务对象需求状况的判断。如果服务对象感受到过大的生活压力，或者情绪极易波动，此时，社会工作者的关注焦点就需要放在服务对象身上。二是现时性（timing），即及时回应服务对象的反馈表现，关注此时此刻的交流。关系视角的社会工作坚信，只有通过呈现当下的对话交流过程，服务对象才能察觉和体会到他与周围他人之间的关联，学会运用一种人际关联的方式看待自己的日常生活安排（Freedberg，2009：39）。显然，关系视角的社会工作所说的自我表露不是就社会工作者个人而言的，它是社会工作者在与服务对象的当下关联中带动服务对象改变的一种方式。

值得注意的是，在说明自我表露的技术时，关系视角的社会工作还提醒社会工作者，需要与服务对象保持一定的界限（boundary）。关系视角的社会工作认为，这种界限不仅让服务对象感受到安全，而且给服务对象的自我提供充分的发展空间，使服务对象体会到他是按照自己的意愿和目标尝试新的行为的，逐渐学会运用自我，而不是为了讨好社会工作者做出某种改变（Freedberg，2009：40）。尽管自我表露常常带来服务对象积极的改变，但是关系视角的社会工作强调，这并不意味着服务对象愿意了解社会工作者经历中的每一个细节，而且社会工作者也需要避免服务对象陷入这种对个人经历的好奇中，而需要把自我表露的焦点放在产生共鸣的事件上，由此带动服务对象的改变（Miehls，2011：408）。

（三）关系视角的评估

在服务对象需求评估上，关系视角的社会工作也有自己的侧重，它强调对服务对象的人际关联进行全面评估，既包括服务对象人际关联的建立，也包括服务对象人际关联的丧失；既涉及服务对象过去的经历，也涉及服务对象目前的状况。不过，需要注意的是，关系视角的社会工作要求社会工作者，不管采取什么方式开展需求评估，都需要把关注的焦点放在服务对象的改变上。只有这样，服务对象的需求评估工作才能够帮助社会工作者设计有效的服务介入方案，而不是仅仅为了分析和了解服务对象（Freedberg，2009：68）。特别是在女性主义的影响下，关系视角的社会工作已经把评估的重点放在了服务对象能力和资源的挖掘上，更为关注服务对象的增能（Freedberg，2009：31）。

就一般情况而言，关系视角的社会工作认为，服务对象的需求评估涉及三个方面：①服务对象人际关系的变化，包括服务对象在成长过程中与重要周围他人建立的人际关联；②服务对象成长的社会场景（social context），特别是其中的性别和文化元素；③服务对象对自己人际关系的理解，包括服务对象怎么看待这些人际关系、看重人际关系的什么方面等（Miehls，2011：405）。显然，在需求评估方面，关系视角的社会工作与以往社会工作服务模式很不一样的地方在于，它不仅注重服务对象目前的人际关联的状况，也关注服务对象过往的经历，特别是服务对象在早年生活中遭遇的创伤事件。关系视角的社会工作发现，不少寻求社会工作者帮助的服务对象都或多或少与儿童时期遭遇的不幸事件有某种关联（Miehls，2011：406）。

关系视角的社会工作坚信，服务对象遭遇的困扰既不完全由个人内部心理因素造成，也不完全由外部环境因素主导，而是两者相互交错影响形成的，是一种人际关联的方式（De Young，2003：x）。正因为如此，关系视角的社会工作在评估服务对象的需求时，采取的是"人在情境中"这一社会工作的基本逻辑框架，它不仅同时涉及个人的生理、心理和社会多个层面的生活，而且借助自我概念的运用更为关注个人生活的场景性和整体性（Miehls，2011：405）。

不过，需要注意的是，在实际的需求评估过程中关系视角的社会工作并不是从服务对象的过往经历着手分析的，也没有将关注的焦点直接锁定在服务对象的人际关系上，而是以服务对象当下面临的危机作为出发点开始需求的探索的。关系视角的社会工作之所以这样安排需求评估，是因为它发现服务对象寻求社会工作者的帮助时，通常处于某种危机的场景中，如果社会工作者过早地关注服务对象与周围他人的人际关联，就会出现置服务对象的困惑于不顾的现象，无法与服务对象建立信任合作关系；而且，很多时候，服务对象并不能够从自己面临的危机中直接看到人际关系方面存在的不足。因此，关系视角的社会工作强调，社会工作者在需求评估中首先要做的是，分析服务对象所面临的当下困扰中的危机因素，并由此梳理出服务对象与周围他人的关联方式，特别是服务对象人际关联中存在的依恋关系（Miehls，2011：405）。

有意思的是，关系视角的社会工作把需求评估与服务介入直接结合起来，认为需求评估的关键不是社会工作者对服务对象的问题做精确的分析，而是让服务对象对自己的成长经历做更积极的解释。因此，关系视角的社会工作要求社会工作者在需求评估中用心倾听服务对象的描述，引导服务对象补充那些遗失、忽视或者有意回避的信息，帮助服务对象逐渐扩展对自己生活的理解，使服务对象的自我拥有更高的一致性。关系视角的社会工作强调，通常情况下，服务对象在向社会工作者求助时，只关注自己面临的困难和压力，很少顾及自己与周围他人的交往方式，更不用说自己对自我身份建构的积极作用，常常忽视像性别、种族等社会文化因素对自己的影响。这样，在需求评估中帮助服务对象认识自己遭遇的困难中所隐藏的社会文化因素的影响也就自然成为社会工作者的一项重要任务（Miehls，2011：406）。

为了帮助社会工作者有效开展评估，关系视角的社会工作还设计了半结构的开放式问卷。问卷的内容主要包含三个部分：第一部分有关服务对象与周围他人的相互支持的状况，以及服务对象与周围他人建立这种相互支持关系的难易程度；第二部分有关服务对象与周围他人在这种相互支持关系中的互惠状况，包括是否得到尊重、是否感到理解以及是否体验到真诚等；第三部分有关服务对象与周围他人对差异性的包容状况，包括是否对差异性保持开放的态度以及是否觉得有能力处理在这种相互支持关系中出现的差异性（Freedberg，2009：77）。显然，在这份半结构的开放式问卷设计中包含关系视角的社会工作对支持关系的独特理解，认为理解和接纳是双向的，不仅服务对象需要理解和接纳，而且服务对象也需要接纳和理解周围他人；更为重要的是，服务对象与周围他人都需要包容相互之间的差异性，这是维持相互支持关系的必要条件。

尽管在需求评估中关系视角的社会工作经常运用问卷调查的方式，但这并不是说，社会工作者与服务对象之间就是一问一答的关系。实际上，关系视角的社会工作非常重视社会工作者与服务对象之间互惠关系的建立，认为需求评估过程就是社会工作者向服务对象展示这种互惠关系的一部分。因此，关系视角的社会工作强调，调查工具只是手段，最为关键的是要体现社会工作者与服务对象之间互动交流的动态过程（Freedberg，2009：82）。这样，在需求评估中社会工作者的自我反思就显得格外重要，它帮助社会工作者在动态的人际关联中及时调整自己的位置和服务合作的方向。此外，关系视角的社会工作还提醒社会工作者关注服务对象那些已经失去但记忆犹新的人际关联，它们的影响往往比现有的人际关联还强，是推动服务对象发生改变的重要影响因素（Freedberg，2009：83）。

在关系视角的社会工作看来，有五个方面的个人因素可以带动服务对象成长，它们是服务对象拥有的改变基础，当然也是服务对象需求评估中不可缺少的重要内容。这五个方面的个人因素分别是：①人际关联中的互惠性；②采取行动的能力；③自尊和自信；④人际关联的动力；⑤处理人际冲突的能力。显然，关系视角的社会工作对个人能力的理解与其他社会工作服务模式不同，围绕互惠的主体关系这个基本逻辑框架，把人际关联中的互惠性作为个人能力的核心。正是因为如此，关系视角的社会工作还进一步要求社会工作者在需求评估中关注服务对象的人际关系建立的能力、真诚交往的能力、差异接纳的能力以及遵守承诺的状况等，能够从不同方面了解服务对象在人际交往中对互惠性的把握能力（Freedberg，2009：68）。

值得注意的是，关系视角的社会工作把需求评估过程本身就看作服务对象学习挖掘自身能力和资源的过程。因此，在实际的需求评估过程中社会工作者常常邀请服务对象参加资料的收集以及原因分析的工作，甚至让服务对象参与服务方案的制订，目的是通过这样的需求评估过程让服务对象发现在自己困扰背后所隐藏的人际交往的方式，加强服务对象对自己和周围他人的认识和了解，包括自己在困境中所拥有的能力以及可以借助的社会支持和社会资源。这样，服务对象的需求评估过程，实际上，就变成了社会工作者与服务对象一起探索和寻找困扰解决方式的过程（Freedberg，2009：68）。

（四）相互增能的介入模式（mutual power model）

在具体的服务介入策略设计中，关系视角的社会工作引入了增能的概念。不过，它与其他社会工作服务模式的理解不同，不仅认为服务对象无法通过给予的过程增能，而且不赞成自我增能的方式，它依据关系的视角提出一种新的增能的方法——相互增能。关系视角的社会工作强调，这种增能的方法具有三个方面的核心特征。①它是一种双向的增能，不仅服务对象在这个过程中得到了增能，同时社会工作者也获得了增能，是一种相互对话、相互影响的过程。关系视角的社会工作称之为"一起增能"（power with）。②它是一种人际关联中的增能，不仅需要以一定的人际支持关系作为条件，也是带动人际关系改变的动力所在，不需要把个人与环境的对抗视为增能的条件和方式。③它是一种内外同时改变的增能，不仅需要内部心理状况的改变，提升自尊和自信，也需要外部环境支持条件的改善，拥有更多的机会和资源。正是基于这样的理解，关系视角的社会工作坚信，社会工作所说的增能存在于人际关联之间（the space in between），它不是谁赢谁输（power over）的问题，而是人际关联如何深入的问题（Freedberg，2009：69）。

关系视角的社会工作对这种能够带动互动双方相互增能的人际关系进行了仔细的考察，发现它具有五个方面的积极作用：①增加个人的投入热情；②加强个人的沟通愿望；③增进个人对自己和周围他人的了解；④提高个人的自信和自尊；⑤增强个人的人际关联的要求（Freedberg，2009：71）。特别是其中的自信和自尊，关系视角的社会工作认为，对于服务对象的增能来说非常重要，因为如果服务对象能够学会从积极的角度理解和总结自己的生活经验，意味着他能够成功应对面临的困难，具有了掌控自己生活的能力，这样就会使服务对象感受到自己是有能力、有价值的人（Howe，1993：195）。一旦服务对象获得了自信和自尊，关系视角的社会工作强调，这又会促使服务对象进一步增加投入的热情，增强人际沟通的愿望和人际关联的要求（Freedberg，2009：72）。

为了帮助服务对象建立这种能够带来相互增能的人际关系，关系视角的社会工作在自己的专业实践基础上提出了七项具体的服务策略：①帮助服务对象联结能够回应他的独特个性要求的人际关系；②协助服务对象确立和扩展拥有同理和真诚感受的人际关系；③鼓励服务对象寻找和建立能够带来新的学习机会和成长机会的人际关系；④支持服务对象学习捕捉能够提升自己能力的机会；⑤利用服务对象所拥有的机会并且借助小组的工作方式拓展服务对象的人际关系；⑥寻找服务对象能够给周围他人带来帮助的具体行动方式；⑦分享人际关系改变时的各种感受（Freedberg，2009：76）。显然，这七项服务策略都围绕一个核心要求：建立互惠的人际关联。不过，需要注意的是，关系视角的社会工作并不否认日常生活中的不平等现象，认为恰恰是这些不平等的交流方式才导致服务对象的困扰。正是因为如此，关系视角的社会工作强调，它所倡导的相互增能的方式才具有现实的意义，就技术层面而言，它不仅提升了个人的能力，也改善了社会的交往关系，把微观的个人改变与宏观的社会改变结合起来；就价值层面而言，它提倡的是一种新的生活方式，尊重每一个生命的价值，让每一个人都拥有自尊和自信，同时又能够包容他人的不同（Freedberg，2009：86）。

在关系视角的社会工作看来，社会工作者就是这种相互增能的实践者，他把服务对象的自我呈现给服务对象，并且让服务对象在人际的交往中感受到理解和接纳，学会与他人建立一种有利于健康成长的人际关联。关系视角的社会工作强调，正是在这样的与社会工作者的相互增能的交往中，服务对象才能了解自己独特的自我，明了自己的优势和能力所在，才能把这样的交往方式延伸到自己的日常生活中，与周围他人，特别是重要周围他人建立一种积极的人际关联（Freedberg，2009：87）。

在阐述相互增能的服务介入策略过程中，关系视角的社会工作提出了一个重要概念——关怀（caring），认为社会工作的服务是一种关怀的服务，它不仅仅为了提高服务对象的理性分析的能力和行动的能力，帮助服务对象解决一个具体的困难，同时还为了培养服务对象的关怀能力。这种能力与责任、关心联系在一起，是一个人在特定的处境中与周围其他生命联结的能力（Freedberg，2009：87）。正是基于这样的逻辑思考，关系视角的社会工作坚信，从某种意义上说，社会工作是一种伦理的服务，涉及帮助服务对象厘清自身的伦理价值的要求。关系视角的社会工作强调，只有这样，服务对象才能真正挖掘自身内心深处的优势和能力（Freedberg，2009：88）。

显然，对于关系视角的社会工作而言，关怀不仅仅是开展服务的一种手段，更是人适应环境的一种能力，是人建立、维持和扩展社会支持关系的能力，这种能力能够给个人带来自尊和自信以及高效的工作策略（Freedberg，2009：89）。这样的看法意味着，关系视角的社会工作对人性的理解与以往的社会工作不同，把人与人之间的关联，而不是个人的独立和自主，作为个人自我健康发展的基本条件。不过，值得注意的是，关系视角的社会工作所说的关怀与人们一般意义上理解的关怀不同，具有三个方面的特征。第一，平衡。关系视角的社会工作认为，关怀不是一方给予、另一方接受这样的单向的交流，而是给予和接受双向的沟通。如果太偏向某一方，另一方就会产生怨恨、不满，最终影响双方的交流。当然，平衡并不等于对等，每种交流方式都有自己的平衡方式。第二，承诺。关系视角的社会工作强调，关怀是一个人对周围他人关联的意愿和态度，相信良好的人际关系是个人获得自信和自尊不可缺少的条件。即使自己的需要与周围他人的要求发生冲突，也会以人际关系最小损害的原则处理相互之间的冲突。第三，差异。关系视角的社会工作发现，由于受到社会文化因素的影响，关怀在社会角色上有着不同的表现，女性更多地扮演了照顾者的角色，她们因此也具有了更丰富的人际关联的经验。这样，社会工作者在开展服务时就需要顾及性别之间的差异以及人与人之间的差异（Freedberg，2009：89 – 90）。

对于关系视角的社会工作而言，引入关怀的概念还有另一个重要的理论逻辑的思考：把强调人际关联的关系理论与注重社会角色关系分析的生态系统理论联系起来，进而延伸到性别权力的分析。这样，微观层面的人际关系的调整就具有了更深层次的社会结构方面改变的意义（Freedberg，2009：89）。正是因为如此，关系视角的社会工作强调，这样的服务逻辑和相互增能的服务介入策略比较适合弱势或者边缘的服务人群，因为他们不仅面临具体的生活困难，也面临自信心低下、自尊缺乏等自我身份建立的困难（Miehls，2011：401－402）。

就社会工作者而言，关系视角的社会工作认为，他不是通过服务方法和技巧的运用直接帮助服务对象克服生活中的问题，而是为服务对象提供一种支持的环境（holding environment），包括同理服务对象的感受、理解服务对象发展中的困扰和人际关联的方式等，让服务对象在这种环境中学会从积极的角度理解自己生活中的经验，与周围他人建立一种更为积极的关联，提升自我的能力，实现自我增能（Miehls，2011：406－407）。值得注意的是，尽管人本主义社会工作也强调通过支持环境的提供为服务对象的成长提供发展的空间，但是它倡导的是一种单向的关联方式，只关注服务对象的发展，没有看到这种支持环境对社会工作者的影响。关系视角的社会工作就不同了，它倡导的是一种双向关联的方式，认为社会工作者在创造支持环境的过程中不仅为服务对象提供了发展的空间，也为自己提供了改变的条件。这样，在支持环境中社会工作者与服务对象之间的互动性就受到关系视角的社会工作的特别关注。正是因为如此，在服务的开展过程中关系视角的社会工作除了注重社会工作者与服务对象之间的紧密合作之外，还要求社会工作者对服务对象保持一种开放、好奇的态度，让服务对象有充分展现自我的空间，从而实现相互的增能（Miehls，2011：407）。

有意思的是，关系视角的社会工作并没有把相互增能的讨论局限于社会工作者与服务对象之间，而是引入了生态系统视角，把相互增能这个概念放在更广的社会支持网络中来理解，认为社会工作者与服务对象之间的合作关系只是服务对象多重社会关系中的一种，不仅社会工作者可以给服务对象必要的支持，周围他人也是服务对象日常生活中的重要支持（Miehls，2011：407）。这样，在关系视角的社会工作看来，社会工作者的核心任务就是通过与服务对象建立互惠的合作关系实现相互增能，并且借助相互增能的过程带动服务对象与周围他人关系的改善，使相互增能延伸到服务对象的日常生活中（Freedberg，2009：29）。

与以往社会工作服务模式不同，关系视角的社会工作在帮助服务对象增能过程中虽然也注重个人情绪的管理和行为的调整等个人能力的提升，但是它把个人能力的改善与个人人际关联的能力结合在一起，强调在服务过程中通过社会工作者与服务对象的直接互动改变服务对象那些不良的人际关联方式（Miehls，2011：408－409）。显然，在关系视角的社会工作的逻辑框架中，服务对象个人自信和自尊的提升只有放在人际关联的互动过程中才能得到必要的保证，同时个人也拥有了实践和拓展的机会。因此，关系视角的社会工作坚信，社会工作的服务目标就是协助服务对象创建更深层次、更为积极的人际关系，包括社会工作者与服务对象以及服务对象与周围他人之间的互动和交流（Freedberg，2009：30）。可以说，社会工作者是服务对象改变的引动因素，而互惠关系的建立是服务对象改变的核心。不过，关系视角的社会工作提醒社会工作者，在协助服务对象改变过程中社会工作者还需要另一种重要的反思能力，随时审视服务的过程和方式，及时调整服务的方向（Miehls，2011：410）。

随着关系视角的社会工作实践的深入，不少学者发现，关系理论和依恋理论的结合是必然的发展趋势，因为无论是社会工作者协助服务对象创建互惠的社会关系，还是社会工作者与服务对象分享个人的内心感受，都会涉及个人的依恋关系和经验感受方式。脱离了人的依恋关系来谈人际关联，交流就很难深入；脱离了人际关联来看依恋关系，分析就会失去现实基础。因此，在实际的服务过程中，社会工作者常常借用依恋理论的概念和服务技巧来补充关系视角的社会工作（Sterlin，2006）。

（五）人际同理的合作关系

关系视角的社会工作也像其他社会工作服务模式一样，强调社会工作者在与服务对象交往中保持同理的重要性，认为一旦社会工作者脱离了同理，他与服务对象的交流就会流于形式，不仅很难与服务对象建立信任合作的关系，而且无法带动服务对象改变（Freedberg，2009：53）。不过，需要注意的是，关系视角的社会工作所说的同理有其特别的含义，它是把同理放在人际关联中来考察的，除了关注交流的及时性和开放性之外，同时还注重促进交流双方的相互尊重以及人际关联意识的提升（Freedberg，2009：33）。

关系视角的社会工作还就同理的概念与人本主义的观点进行了比较，认为虽然关系视角的社会工作也赞同人本主义的观点，把同理视为由一个人走进另一个人的经验世界并且营造相互交流、相互理解的环境氛围的重要手段，但是两者对同理的考察角度是不同的，人本主义关注具备同理的个人人格有什么特征，而关系视角的社会工作则注重同理的人际关联的实现方式。因此，关系视角的社会工作在界定同理时，既要求社会工作者把自己融入服务对象的日常生活经验中，体会和理解服务对象的各种不同感受和想法，同时又要求社会工作者跳出服务对象的日常生活经验，秉持敏锐的自觉意识（self-aware-ness），与服务对象保持清晰的交往界限（Freedberg，2009：53 – 54）。

从形式上看，关系视角的社会工作所倡导的同理在内涵上出现了相互矛盾的要求，但实际上，这种矛盾的要求恰恰反映了关系视角的社会工作所坚持的独特的人际关联的基本逻辑框架。在这样的基本逻辑框架下，无论社会工作者还是服务对象，都是在一定的人际交往的关联中的。这样，社会工作者在投入服务对象的日常生活处境中理解服务对象的内心感受和想法的同时，需要借助自觉的反思明确自己与服务对象的差别，把握服务对象的发展要求；否则，在与服务对象的对话交流过程中，社会工作者要么过分投入，混淆自己与服务对象的不同感受和想法，要么过分疏离，无法带动服务对象发生改变（Freedberg，2009：54）。显然，在关系视角的社会工作看来，同理不是社会工作者单方面的理解服务对象的努力，而是人际关联中双方动态的交流过程（Freedberg，2009：55）。

正是基于这样的人际关联的逻辑框架，关系视角的社会工作认为，社会工作者在实现同理时至少需要保持两个方面的平衡。第一，自我与他人的平衡。关系视角的社会工作强调，社会工作者的同理不仅涉及自己对现实的理解和生活意义的感受，也涉及他人对现实的理解和生活意义的感受，是双方在交流过程中相互对话的过程。保持自我与他人的平衡意味着，社会工作者在把自己投入对方的处境中，与他人建立一种"同在"感受的同时，不失去与自己生活经验的交流，了解自己与他人的差别。第二，认知与情感的平衡。在关系视角的社会工作看来，同理不仅涉及认知的活动，包括对他人处境的理解和发展要求的认识，还涉及情感的交流，包括对他人生活经验的体会和内心感受变化的把握。过分突出认知，就会导致社会工作者的交流偏向理性，无法与他人产生共鸣；过分强调情感，就容易受环境的左右，找不到往前走的方向（Freedberg，2009：60 - 63）。因此，关系视角的社会工作提醒社会工作者，人际同理不是重建一种新型的人际关联方式，而是现有人际交流的深入，它需要社会工作者具有一种平衡自身和他人发展要求的能力（Freedberg，2009：63）。

为了帮助社会工作者掌握这种人际同理的能力，关系视角的社会工作提出了五个方面的具体要求：①情感联结，即感受服务对象的情绪变化，设身处地体会服务对象感受到的生活的压力和挑战；②人际想象（relational image），即想象一种人际交流的场景，在这种场景中服务对象会出现同样或者类似的感受和情绪变化；③分享选择，即有选择地呈现自己的感受和想法，给服务对象积极的反馈，让服务对象观察到他对你产生的影响；④自我开放，即向服务对象开放自己，及时回应服务对象的感受和想法，与服务对象保持真诚的交流；⑤自我示范，即主动修补和改善自己所呈现的不合适的人际关联方式，让服务对象看到如何开放和完善自己（Freedberg，2009：65）。显然，在关系视角的社会工作的逻辑框架中，同理就不能仅仅被作为一种帮助社会工作者建立信任合作关系的技术来理解，它还具有把握人的改变逻辑的哲学层面的内涵，是社会工作者施加自己的影响带动服务对象改变的具体干预的过程，意味着社会工作的服务介入是双向的交流，是社会工作者与服务对象不断相互对话、共同探索的过程，不仅涉及个人的感受和想法，而且包括其中所呈现的社会文化因素的影响（Freedberg，2009：66）。

就人际同理中社会工作者与服务对象的关系来说，关系视角的社会工作称之为平等的合作者或者近似平等的合作者。关系视角的社会工作强调，既然社会工作者与服务对象的交流是一种双向的互动，社会工作者在服务过程中就不能采取指令的方式施加自己的影响，像高高在上的"专家"，或者保持客观中立的立场分析指导服务对象的改变，像服务过程中的"局外人"（Freedberg，2009：43）。关系视角的社会工作认为，在实际的服务活动中社会工作者拥有服务对象所不具备的专业地位和职业的影响力，因此，它所倡导的平等合作关系不是指权力和地位上的平等，而是指服务中的平等对话和交流，包含三个方面的特征。一是参与。在关系视角的社会工作看来，无论服务对象还是社会工作者都是整个服务活动的参与者，需要把自己投入当下的对话交流中。只有这样，社会工作者才有可能走进服务对象的日常生活经验中，理解服务对象的发展要求。二是分享。关系视角的社会工作坚信，社会工作者只有与服务对象分享自己的成长经验，而不是单纯地指导服务对象，才能让服务对象改变"病人"的交流方式，体会到自己也是交流的积极参与者。三是改正。关系视角的社会工作假设，在服务中出现错误是难免的，社会工作者除了尽量避免错误发生之外，更为重要的是，能够面对自己的错误，及时调整服务的方式。这样，服务对象就能从中学到如何积极面对自己生活中的错误，与周围他人保持一种积极的人际关联（Freedberg，2009：44）。有意思的是，关系视角的社会工作还把这种平等对话的原则运用到移情和反移情的处理中，关注服务对象和社会工作者如何把握其中所蕴藏的改变机会（Freedberg，2009：45）。

此外，关系视角的社会工作还在人际同理中引入了交往边界（boundary）的概念，认为社会工作者不能把交往边界简单理解成自己与他人或者周围环境的分隔线，因为这样的理解是把个人作为独立的个体来看他与周围他人的交往。在关系视角的社会工作看来，人始终生活在人际交往中，这是个人生存的前提，在这样的前提下，个人的自我才可能有发展的空间。因此。关系视角的社会工作强调，人际交往边界只是人与人交往的方式，说明人与人之间的交往始终是双向的：一个人在影响他人的同时，也在明确自己的身份；在确定自己身份的同时，也在影响他人（Freedberg，2009：46）。

正是依据对交往边界这样的理解，关系视角的社会工作认为，对于积极合作关系的建立和维持来说，交往边界管理（boundary management）就显得尤为重要，它意味着社会工作者在与服务对象的交往过程中向服务对象展示，如何在坚持自己看法和要求的同时，与他人保持积极的关联，在与他人保持积极关联的同时，又能够有清晰的自我的意识，避免过分情感投入或者过分疏离（Freedberg，2009：59）。显然，关系视角的社会工作对同理的理解要比人本主义复杂得多，不仅涉及认知和情感多方面的交流，而且涉及个人和他人关系的协调，场景性和变动性成为人际同理的显著特征。场景性是指这样的同理依赖于个人对当下人际交往场景的理解和把握，是对哪里来和如何走的解释和回应；变动性则是指这样的同理随时都处在变化之中，是对变化中的环境做出的理解和回应（Freedberg，2009：60－61）。

正是借助人际同理这个重要概念，关系视角的社会工作把社会工作的服务介入焦点从个人与环境的相互影响转向了人际交往关系中的自我，不再把个人与环境分割成两个独立的单位来设计服务介入活动的安排，让社会工作的任何介入活动都围绕人际关联能力的提升，包括生活中已经建立起来的与重要周围他人关联的改善或者已经失去但仍旧影响个人生活的重要人际关联的调整。关系视角的社会工作强调，这种人际关联的要求贯穿人的一生，不仅影响个人如何应对困境中的压力和挑战，而且影响个人如何选择发展的方向和路径（Freedberg，2009：48－49）。

值得注意的是，由于受到女性主义思潮的影响，关系视角的社会工作把同理和增能这两个社会工作的重要概念结合在了一起，认为只有借助同理服务对象才能够在一种安全、信任的服务面谈环境中从问题的束缚中解脱出来，逐渐把精力放在自我真实要求的体验和能力的发挥上，实现社会工作所说的增能（Freedberg，2009：58－59）。不过，关系视角的社会工作所倡导的增能还有另一层重要的内涵：借助社会工作者与服务对象的互惠关系的建立和维持过程帮助服务对象积累积极人际关联建立的经验，并且学会把这样的经验运用到自己的日常生活中，在自己日常生活中就能够通过与周围他人积极关系的建立和维持体验到能力的提升和自我的成长（Freedberg，2009：65）。显然，关系视角的社会工作把服务对象增能的重点放在了服务对象的日常生活中，是服务对象日常生活中积极人际关联能力的提升。

关系视角的社会工作认为，在帮助服务对象增能过程中有一种能力非常重要，它不仅是社会工作者施加自己影响的重要资源，也是服务对象提升自我能力的重要手段，这个能力就是自我反思（self-reflection），即个人对自己感受到的经验进行梳理和分析，找出可以调整和改善的方面（Howe，1993：171）。因此，关系视角的社会工作把自己开展的专业服务当作一种反思性的服务实践，要求社会工作者学会不时地停下来，审视自己工作开展的过程。关系视角的社会工作强调，这种自我反思的能力和人际关联的能力是紧密联系在一起的，它们一起构成个人增能不可缺少的两个方面：一个人只有学会在与他人的交流中不断反观自己，才能找到一种互惠的交流方式；同样，一个人也只有学会把自我反思的过程融入与他人的互动过程中，才能建立一种积极的人际关联（Miehls，2011：406）。

尽管社会工作的发展从来没有离开过关系的讨论，但真正从关系的视角理解社会工作的并不多见，它为社会工作者提供了一种完全不同的视角，帮助社会工作者从人际关联的角度重新审视社会工作理论逻辑建构的基础——个人与环境的关系（Miehls，2011：402）。这样，个人的自我就不再是独立于他人的自我，而是在人际关联中保持个人需求和他人发展要求以及个人的认知和情感平衡中的自我，服务的目标也不再局限于个人问题解决能力的提升，而是通过人际同理的合作关系帮助服务对象在互惠的关系中提升自我的能力。正像关系视角的社会工作倡导者弗里德伯格所说，她希望实现的是一种视角的转变，让社会工作者树立一种一起工作的价值理念，学会从人际关联的社会角度解决服务对象面临的社会问题（Freedberg，2009：xiii）。关系视角的社会工作强调，它所探讨的人际关系不是社会工作者帮助服务对象实现改变的手段，而是服务对象实现改变本身，它就是社会工作专业实践的核心（Howe，1993：196）。

第二节　社会支持网络视角的社会工作

一　社会支持网络视角的社会工作的演变

社会支持网络作为一种重要的服务逻辑走进社会工作者的视野并且成为社会工作的一项重要理论视角，是在 20 世纪 80 年代（Tracy & Brown，2011：451）。由于当时撒切尔和里根政府把市场经济理念引入社会服务领域，强调以服务使用者为主导（service user-centered）的服务逻辑，使社会工作者与服务对象的服务关系发生了根本改变，成为服务对象以及周围他人的合作者（Howe，2009：83）。这样，服务对象的社会支持状况就被视为社会工作者开展专业服务的重要考察的内容之一（Tracy & Brown，2011：448）。尽管到目前为止，学界对于社会支持的具体内涵还没有达成统一的认识，但是它对社会工作的影响是显而易见的，已经成为社会工作者理解服务对象并且运用周围环境资源不可或缺的重要概念（Sarason & Sarason，2009）。

值得注意的是，社会支持网络的内涵通常包括两种：一种是指特定人群之间的整体社会支持状况，包括特定人群内部的关系形式等；另一种是指围绕个人而形成的社会支持状况，又被称为个人社会支持网络（personal social networks），它是对个人在特定的生活场景下与周围他人交流过程中而形成的社会关系状况的考察（Scott，2000：32）。显然，在这两种社会支持网络中个人社会支持网络才是社会工作关注的重点，它帮助社会工作者更好地理解服务对象与周围环境之间的相互影响的方式和状况。社会工作假设，服务对象生活在由周围他人形成的社会支持网络中，这样的社会支持网络影响服务对象的日常生活安排和日常困扰的处理，它既可以给服务对象的生活产生积极的作用，也可以给服务对象的生活带来消极的影响。作为社会工作者，如果掌握这种社会支持网络的评估和运用技能，特别是非正式社会支持网络的挖掘以及非正式和正式社会支持网络的整合，就能够帮助服务对象克服面临的问题（Tracy & Brown，2011：448）。

作为社会工作服务介入的一种理论模式，社会支持网络视角的社会工作（the social network approach in social work）则是以个人社会支持网络为基本的观察视角，把服务对象放在与周围他人交往而形成的社会支持网络中重新考察服务的评估和介入的整个过程，涉及社会支持网络的资源、社会支持关系的转换、获得社会支持的可能性、对待求助者的态度以及评估和维持社会支持关系的能力等（Sarason & Sarason，2009）。尽管社会工作者运用社会支持网络视角的具体方式有很多种，但是他们都认同三个基本的要素：①链接，即帮助服务对象确认可利用的周围资源，并且协助服务对象建立起资源链接的方式；②能力，即从服务对象现有的能力以及与周围资源链接的方式开始实施服务的计划，注重服务对象利用周围资源能力的提升，是一种能力导向的服务；③合作，即让服务对象参与整个服务计划的制订和实施，帮助服务对象学会以合作的方式处理日常生活中面临的各种冲突（Kemp，Whittaker，& Tracy，1997：126 - 127）。

很显然，社会支持网络的视角与社会工作的基本价值理念和服务原则是一致的，都强调人生活在具体的社会场景中，都关注服务对象与周围环境之间的相互影响以及服务对象自身能力和资源的运用，因此，社会支持网络视角被引入社会工作之后，受到社会工作者的广泛欢迎，它被应用于不同的服务人群以及不同服务问题的解决，成为社会工作的一个重要服务模式（Tracy & Brown，2011：456）。对于社会工作来说，这样的服务视角给社会工作者带来至少两个方面的全新理解。第一，社会环境的多层次特征。在社会支持网络视角的社会工作看来，服务对象的外部环境是分层次的，不是简单的独立于服务对象之外的一个"外部环境"，它可以根据服务对象与周围他人交往的方式和影响程度划分为不同层次，这些不同层次的周围环境对服务对象的影响也是不同的，如服务对象身边的重要他人，就是影响服务对象日常生活安排的重要因素。此外，还有同伴、同事和邻里等，也影响服务对象的日常生活安排。第二，微观服务和宏观服务的联结特征。社会支持网络视角的社会工作认为，将社会工作分为微观服务和宏观服务，这样的划分本身就不利于服务对象的成长和改变，实际上，服务对象的任何改变都是发生在特定的社会支持网络中的，既涉及微观的服务，也涉及宏观的服务，是两种服务的结合。社会支持网络视角的社会工作强调，借助社会支持网络这个重要概念，社会工作者才能将微观服务和宏观服务自然地联结起来，同时在多个层次上施加社会工作者的影响（Tracy & Brown，2011：456）。

在将社会支持网络视角引入社会工作的实务过程中，两种理论的发展取向随之出现：一种与生态理论结合，成为生态视角下社会支持网络的服务，重点考察服务对象在成长过程中是如何适应外部环境的要求和学会运用周围他人的资源的（Tracy & Brown，2011：450），以美国的社会工作者伊丽莎白·特兰西（Elizabeth Tracy）为代表人物；另一种与人际关系理论和社会建构的思想相结合，成为社会支持网络建构（social networking）的服务，核心是关注服务对象是如何在人际交往的过程中建立和维持一种积极的社会支持关系的（Folgheraiter，2004：11），以意大利的社会工作者法比奥·福尔盖赖特（Fabio Folgheraiter）为理论的创建者。

（一）伊丽莎白·特兰西

20世纪80年代中期，特兰西在美国华盛顿大学就读博士，在读书期间就对社会支持网络这个概念非常感兴趣，参加了重点家庭保护服务的项目（intensive family preservation program），关注高风险家庭社会支持网络的评估研究工作（Tracy & Whittaker，1990）。之后，特兰西又把社会支持网络的概念运用于精神障碍患者的康复和照顾服务中，总结出社会支持网络服务的基本原则和方法（Tracy & Biegel，1994）。特兰西发现，关注服务对象周围环境的资源是社会工作的传统，在里士满的个案工作的服务实践中就已经有了具体的描述，如社会工作者在入户服务中需要考察服务对象的家庭、亲属、邻里、朋友，甚至社会服务机构的资源状况。特兰西强调，社会工作之所以关注服务对象周围环境资源的运用，是因为它坚持"人在情境中"的基本服务逻辑，这样，外部环境的改善自然也就成为社会工作服务介入中不可缺少的环节（Tracy & Brown，2011：448）。

特兰西在梳理社会支持网络视角时发现，社会支持网络理论最初来自心理学、社会学和文化人类学的探索和研究（Tracy & Brown，2011：449）。例如，心理学格式塔理论（gestalt theory）中有关社会测量的分析就对社会支持网络理论有着重要的影响，它关注小组的关系、结构和动力以及小组成员之间信息的沟通方式（Scott，2000：46）。此外，文化人类学和社会学在20世纪三四十年代有关社会系统中非正式的社会关系和社会结构的调查研究也被视为社会支持网络理论的先声，特别是英国文化人类学家对村庄和家庭中的非正式社会支持关系所做的研究，给社会支持网络理论的创建带来很大的启发（Barnes，1954）。

不过，对于社会工作来说，特兰西发现，社会支持网络理论的引入借助了两个重要的社会工作实务理论：压力和应对理论（stress and coping theory）以及生态视角（ecological perspective）（Tracy & Brown，2011：450）。压力和应对理论把环境中资源的运用视为服务对象应对外部环境压力的必要手段。当然，对于外部环境所提供的社会支持的作用有许多不同的理解，常见的有以下三种看法：①直接作用，即认为外部社会支持的运用能够给服务对象带来直接的积极影响，增强服务对象生活中积极的方面；②消减作用，即强调外部社会支持的运用能够帮助服务对象消除或者减轻问题带来的消极影响；③循环作用，即认为生活压力的增加会导致服务对象运用外部社会支持能力的减弱，而运用社会支持能力的减弱又会进一步增加服务对象的生活压力，两者之间相互影响，形成恶性循环（Dean & Ensel，1982）。特兰西坚持认为，不论哪一种类型的作用，学会运用外部社会支持是服务对象应对生活压力必不可少的，它是个人应对生活困境的资源，或者说是个人生活的社会资源（social fund），一旦遭遇困难，他就能够从自己的这些社会资源中找到应对的办法（Tracy & Brown，2011：450）。

另一个影响社会支持网络理论在社会工作实务领域运用的是生态视角。生态视角关注人与环境之间的相互影响，包括如何营造拥有积极社会支持的环境和提高个人应对的能力，特别是对社会支持网络中存在的压力、资源和资源运用阻碍因素的评估和介入，都借用了生态视角的逻辑框架（Tracy & Brown，2011：450）。特兰西发现，社会工作者在运用社会支持网络理论时，也有不同的取向：有的与交换理论结合，突出网络成员之间的互惠（Wellman，1981：171）；有的加入了依恋理论，注重情感的理解和支持（Mikulincer & Shaver，2009）；有的吸纳了社会资本理论，强调社会支持对抗压能力的积极作用（Bottrell，2009）。

特兰西通过梳理社会工作的研究文献发现，在社会支持网络中最受社会工作者关注的是如何联结和整合非正式社会支持网络与正式社会支持网络，它几乎成为延伸服务对象的服务和运用服务对象身边资源的一项必不可少的手段（Tracy & Brown，2011：451）。20世纪80年代，无论英国的巴克乐报告（The Barclay Report）还是1981年美国白宫的家庭会议（The 1981 White House Conference on Families），都在政府的政策层面强调了加强社会成员非正式社会支持网络的重要性，这直接推动了社会工作者在实践中关注和探索社会支持网络的具体运用逻辑和方式，例如，把增强社区自然助人网络作为社会支持网络介入的重要方法，提高社会工作专业服务的成效（Maguire，1983：7）；或者关注正式照顾者和非正式照顾者之间的相互配合，把非正式的帮助策略视为提高专业服务不可缺少的组成部分（Whittaker & Garbarino，1983：xi）；或者直接把社区增能（community empowerment）作为服务的目标，整合社区多种不同的非正式社会支持的资源，包括家庭、朋友、邻里和社区热心人士等，提升整个社区应对困难的能力（Naparstek，Beigel，& Spiro，1982：65）。

值得注意的是，社会工作者对于社会支持网络的探索并没有局限于技术方法的层面，而是作为一种崭新的实践视角来理解的，认为这是社会服务领域的一场革命，要求社会工作者首先转变观察视角，不再把社会工作视为与服务对象的非正式社会支持网络割裂开来的专业服务，也不再把社会工作者视为社会服务的"专家"，而是从服务对象现有的社会支持网络出发，创建一种融合了非正式社会支持网络和正式社会支持网络的整合服务的方式，社会工作者就是这种整合社会支持网络建设的"专家"（Whittaker，1986）。特兰西吸收了社会工作者的这些实践探索的经验，在90年代开始尝试把这样的社会支持网络的基本逻辑和方法运用于严重精神障碍患者的社区康复服务（Biegel，Tracy，& Song，1995）和高风险家庭的危机预防服务中（Whittaker et al.，1994：195）。特兰西强调，社会支持网络理论的引入给社会工作带来的是对社会工作专业服务本身的反省，它让社会工作者看到，传统的社会工作服务把服务对象从自己的日常生活中抽离出来，而实际上社会工作专业服务的基础是服务对象的日常生活，增强服务对象日常生活中的社会支持网络才是社会工作专业服务的核心（Tracy & Brown，2011：451）。

在总结社会支持网络视角的社会工作的发展过程中，特兰西提出，运用生态视角开展社会支持网络服务的模式常见的有两种。一种称为自然助人模式（natural helper intervention），即以帮助服务对象搭建身边的热心帮助者的社会支持网络为目标，为服务对象提供危机预防和应急介入的服务，或者为那些难以接触到的服务对象提供及时的帮助。例如，看护服务中的同伴导师（natural mentoring）就是特殊青少年服务中常用的一种方法（Munson & McMillan，2008）。另一种称为网络提升模式（natural facilitation），即以服务对象现有的社会支持网络为基础，提升现有社会支持网络的联结能力，或者给现有的社会支持网络补充新的成员。例如，志愿者的招募和服务衔接就是社会工作者在专业服务中经常使用的一种方法（Tracy & Brown，2011：453）。值得注意的是，在网络提升模式中，社会支持网络会议（network meeting）有着重要的作用，它是社会工作者帮助服务对象的周围他人建立相互协作关系的基础。正是借助这样的社会支持网络会议，服务对象的周围他人才有机会分享各自的经验，并且在任务的实施过程中相互配合（Morin & Seidman，1986）。

社会支持网络视角在社会工作中的运用非常广泛，包括儿童保护服务中的家庭集体决定训练（family group decision making）、志愿者链接项目（volunteer linking programs）、互助和自助小组（mutual aid/self-help group）以及社会支持网络技能训练（social network skills training）等（Tracy & Brown，2011：453－454）。不过，在实际的服务中，完全应用社会支持网络视角的并不多见，而是把社会支持网络视角与其他服务模式结合起来一起使用。例如，针对双重精神障碍患者，社会工作者就可以运用综合式的双重障碍治疗方法（integrated dual disorders treatment），把家庭成员和社区工作人员的社会支持技能的学习和提升与服务对象个人心理调整结合起来，让服务对象的改变与个人身份的转变以及社会功能的发挥联结起来，增强服务的成效（Tracy & Brown，2011：454）。在高风险家庭中，社会工作者可以借助家庭已有的社会支持资源，帮助家庭成员建立应对风险的社会支持网络，同时在多个系统上开展服务，这就是多系统治疗模式（multisystemic thera-py）的服务逻辑（Borduin et al.，1995）。显然，在实际的社会工作服务中社会支持网络既可以作为整个服务活动的逻辑框架，用于指导专业服务的开展，也可作为服务活动的一部分融入整个服务中，增进服务的成效。

为了帮助社会工作者学会运用社会支持网络的视角开展需求评估和服务介入工作，特兰西与同事合作设计了社会支持网络图（social network map），内容包括个人拥有的社会支持网络、网络成员之间的关系、网络成员助人的方式以及网络中可能参与服务介入活动的潜在网络成员等（Tracy & Whittaker，1990）。社会支持网络图提出后，经过不同社会工作者的多次修正，逐渐成为社会支持网络视角的社会工作的重要工具，它包括六个基本要素：①生态图（ecomap），呈现服务对象与身边重要他人的关系；②同心圆（con-centric circle），代表周围他人与服务对象之间的关系紧密程度；③家庭结构图（geno-gram），展现家庭成员之间的关系；④生命空间表征（life-space representations），展现与服务对象生命紧密关联的重要社会位置；⑤生命历程轨迹（life-course change），呈现服务对象成长的轨迹；⑥矩阵（matrices），列举服务对象生命中的重要人物以及与服务对象的关系（Hill，2002）。显然，借助社会支持网络图，社会工作者就能够帮助服务对象顺藤摸瓜地找到可以运用的社会资源。不过，值得注意的是，社会支持网络图是按照两条线索来设计的：一条是服务对象现时生活中的周围他人；另一条是服务对象成长经历中的周围他人。通过这两个线索的寻找，社会工作者才能确定服务对象到底拥有什么社会资源以及面临什么社会资源的不足。

在实际的社会工作服务中社会支持网络的重要性是不言而喻的，它不仅影响社会工作者帮助服务对象处理困扰的方式，而且影响社会工作者理解服务对象困扰的观察视角，社会工作者帮助的不再是从自己的日常生活中抽离出来的单个个人或者家庭，而是服务对象日常生活中的社会支持网络。因此，强加服务对象的社会支持网络成为社会工作实务的基本原则，尤其是在儿童的照顾服务和老人的健康服务中这一要求特别突出（Tracy & Brown，2011：452 - 453）。相关的研究也证明，拥有良好的社会支持网络是个人人际关系满意不可缺少的条件（Lewandowski & Hill，2009）。不过，需要注意的是，由于社会支持这个概念本身就包含多个层次和多个方面，很难取得一致的认识，因而也就会导致社会支持网络这个概念的模糊不清，使社会工作者在运用社会支持网络开展实际服务过程中缺乏明确的服务焦点和必要的服务流程，服务的专业性就会受到质疑（Sarason & Sarason，2009）。

（二）法比奥·福尔盖赖特

福尔盖赖特是一位意大利的社会工作学者，他在意大利的特兰托大学（University of Trento）教授社会工作。为了帮助社会工作专业的学生和一线社会工作者掌握社会工作的理论和方法，他对自己多年的社会工作实践经验进行了总结和提炼，在 1998 年出版了他的代表作《社会工作的理论和方法：网络化的视角》（*Theory and methodology of social work：The networking perspective*）一书，正式提出网络化视角这一社会工作理论的新的视角（Folgheraiter，2004：9）。这本论著经过英国学者安·戴维斯（Ann Davis）的努力，在 2004 年转译成英文版发行，并且取名为《人际社会工作：一种网络化的社会实践取向》（*Relational social work：Toward networking and societal practices*），以突出网络化视角的人际社会工作的理论脉络以及网络化和社会实践这两个核心的概念（Folgheraiter，2004：7 - 8）。

福尔盖赖特提出网络化视角，反映了意大利的社会服务和社会照顾在 20 世纪八九十年代的发展状况和特点。意大利采取的是一种综合的社会福利模式，保持了传统的国家福利的服务方式，并没有像英国等其他欧美国家那样强调在社会服务中引入市场化的运行机制，而是在国家福利服务的基础上增添非营利的第三部门的服务。到 90 年代意大利有 4000 多家能够为居民提供各种不同服务的非营利组织，散布在全国各地，成为国家社会福利服务的重要组成部分。此外，由于意大利是非常注重家庭关系和伦理的国家，特别是在"服务使用者和照顾者运动"（user and carer movements）的影响下，像家庭关系这样的非正式关系也被视为社会福利服务中不可缺少的，它在国家的整个社会福利服务系统中占据重要的位置（Folgheraiter，2004：9）。因此，在这样的综合社会福利模式下，服务对象接受的是一种网络中的服务也就顺理成章，它至少涉及相互关联的三个层面的服务：国家提供的服务、社会组织提供的服务以及非正式关系提供的服务（Folgheraiter，2004：10）。

显然，在这样的综合社会福利模式下，社会工作者在实际的服务过程中需要回答两个突出的理论和实务逻辑上的挑战：①如何将三个不同层面的服务整合起来，实现最优化的服务组合；②如何与其他不同专业人士以及服务对象身边的照顾者和其他重要他人合作，建立和维持良好的合作关系。所幸，意大利并没有像其他欧美国家那样过分注重服务成效的量化考察和规范管理，这给福尔盖赖特这样的社会工作学者较大的发挥空间，在理论视角和方法层面思考和总结社会工作服务的经验和做法（Folgheraiter，2004：10）。

实际上，20 世纪八九十年代对欧美国家的社会工作发展来说是一个重要的转折点，一方面国家的社会福利服务经费的投入大幅度削减，迫使社会工作者首先关注资金的供给，将更多的精力投入在经费的争取上，服务的时间减少；另一方面社会工作的服务领域与直接服务的区分开始受到关注，社会工作者扮演的更多是个案管理者的角色，而不是面对面直接服务的提供者，如何减少社会服务资源的浪费和提高社会服务资源的使用效率成为社会工作者的首要目标（Banks，1999）。正是在这种注重成本核算的"社会照顾市场"（care market）机制的影响下，社会工作者的专业角色被重新定位，成为社会服务的管理者（service manager），而直接服务却由缺乏专业训练但可以减少成本的其他人员来负责（Dominelli，1996）。这样，除了直接服务缺乏专业性之外，服务与服务之间的割裂成为社会工作专业服务的一个突出问题（Jones，2000）。

福尔盖赖特提出的网络化视角正好回应了当时欧美国家在社会工作专业服务方面普遍遭遇的困难，他首先把自己的关注焦点放在了直接服务方式的探索上，希望能够从自己的实践经验中总结出具体的服务模式，建构一种能够回应实际服务需要的理论逻辑。为此，福尔盖赖特放弃了以往那种从治疗视角出发安排服务活动的医学模式，认为这样的服务逻辑必然导致服务活动之间的相互割裂，他提出能够整合不同服务活动的社会模式（social model），强调社会工作服务具有社会性，是一种在特定生活场景中呈现人与人之间相互关联的社会关怀的行动。这样，人际关联就成为社会工作实践中最核心的服务逻辑（Folgheraiter，2004：10）。值得注意的是，福尔盖赖特是在观察视角的哲学层面讨论人际关联的，即认为人际关联是人最原初的生活特征，其他特征，包括人的心理和社会特征，甚至身体特征，都需要放在人际关联的逻辑框架中考察。对福尔盖赖特来说，这种强调人际关联的服务逻辑具有三个显著的特征：①人际性（relational），即服务对象生活中的一切变化都处在人际关系中，是人际关系中的改变，包括人际关系本身；②反身性（reflexive），即服务对象的改变表现为对自身所处的状况以及未来发展方向的反省和理解；③建构性（constructive），即服务对象的改变是个人参与和建构的过程（Folgheraiter，2004：11）。

福尔盖赖特还运用这种人际关联的社会模式重新审视社会工作的服务方式，认为可以根据社会支持网络搭建的特征和社会工作者的指导方式把社会工作服务分为四种常见的方式：预防服务、自助服务、非正式的长期照顾和正式的长期照顾（Folgheraiter，2004：219）。在福尔盖赖特看来，前两者属于社区发展方面（community development）的服务，重点是帮助服务对象建立和加强自己的社会支持网络，社会工作者通常运用非直接指导的方式，扮演的是协助者的角色（Folgheraiter，2004：218）；后两者属于长期照顾方面（long-term care intervention）的服务，重点是根据服务对象的照顾要求建立和加强他的社会支持网络，社会工作者通常采取直接指导的方式，扮演的是服务管理者（case manager）的角色（Folgheraiter，2004：221）。很显然，福尔盖赖特之所以这样区分社会工作的服务方式，是因为希望社会工作者能够放弃以往那种只关注如何为服务对象提供服务的医学模式的视角，把服务对象放回到自己的社会支持网络中，关注如何帮助服务对象搭建和增强自身的社会支持网络。

为了帮助社会工作者了解和学习社会支持网络搭建的具体方式，福尔盖赖特专门比较了社区发展和长期照顾这两种类型服务的社会支持网络建设的基本逻辑，认为像社区发展这样的服务是为了在社区推行一种新的服务理念、服务方式或者生活态度，它注重居民的参与和成长，主要借助社区自身拥有的非正式资源，它采取自下而上（bottom-up）的服务活动的组织方式，服务的发展方向通常由居民自己来决定，服务活动遵守自愿的服务原则，服务的拓展具有随机性，服务成果的好坏在很大程度上依赖居民积极分子发挥的作用。与社区发展不同，长期照顾是另一种形式的服务，它针对的是社区中的长期照顾和康复的需要，注重服务的管理和衔接，主要借助正式的服务资源，它采取自上而下（top-down）的服务活动的组织方式，服务的发展方向由专业人士来确定，服务活动的开展具有规划性和结构性，服务成果的好坏在很大程度上依赖专业人士的指导和服务的管理（Folgheraiter，2004：224）。

福尔盖赖特还对网络化视角与团队工作方式做了细致的区分，认为网络化视角的核心是转变传统直接针对服务对象开展服务的逻辑，把服务的重点放在帮助服务对象重新认识、搭建和维持积极的社会支持网络上。社会工作者与服务对象之间建立的专业合作关系只是服务对象多种社会支持网络中的一种，正是通过这种专业合作关系的建立过程，社会工作者才能够融入服务对象的日常生活中，引导服务对象关注与身边周围他人社会支持关系的建立。而团队工作方式是针对不同的专业人士而言的，它的目的是加强不同专业人士之间的相互合作。福尔盖赖特强调，虽然网络化视角通常会涉及与不同专业人士之间的合作，但与团队工作方式相比，网络化视角的合作方式往往松散，没有团队合作那样的结构化要求（Folgheraiter，2004：225）。

显然，社会支持网络视角可以为社会工作者在多个层面上开展专业服务提供必要的逻辑框架，它能够帮助社会工作者把微观的社会工作服务与宏观的社会工作服务紧密结合起来，针对服务对象多方面的要求提供一种有效的综合服务（Tracy & Brown，2011：456）。需要注意的是，就社会支持网络的建设而言，有两种常见的不同思路：一种关注社会支持网络本身的特点，如非正式社会支持网络如何与正式社会支持网络结合等；另一种注重个人在社会支持网络建设中的作用，如怎样建构个人的社会支持网络等。为了具体说明社会支持网络建构的内在逻辑和基本方式，我们将从个人建构的角度阐述社会支持网络视角的社会工作的理论逻辑框架。

二　社会支持网络视角的社会工作的理论框架

社会支持网络视角的社会工作的理论建构是从问题的界定开始的，它首先向社会工作者提出社会工作理论的一个根本问题——如何认识服务对象的问题，认为以往的社会工作服务模式没有很好地回答这个难题，而是假设社会工作者运用专业知识就能够了解服务对象面临的问题，从而很快把社会工作的关注焦点转向服务对象问题的解决（solution）（Folgheraiter，2004：27）。社会支持网络视角的社会工作强调，依照这种注重问题解决的逻辑建构社会工作理论，这样的做法本身就可能产生反向的结果，因为急于关注服务对象问题的解决就已经构成回避问题的一种方式，而且会促使服务对象陷入只关注解决这种掌控生活的游戏中（Folgheraiter，2004：38）。在社会支持网络视角的社会工作看来，把问题和解决对立起来的背后，是个人和环境的对立，因此，它要求社会工作者放弃以往那种二元对立的逻辑思维方式，从人际关联的视角重新审视社会工作的服务原则和服务过程（Folgheraiter，2004：27）。

（一）人际关联中的问题

正是围绕人际关联这个核心概念，社会支持网络视角的社会工作开始了社会工作理论逻辑的探索工作，它把问题放回到日常生活中最基本的两种关系中来考察：第一种，观察者与被观察者的关系，认为问题的界定既需要被观察者，也需要观察者，是两者之间相互沟通的结果，它借用了社会建构主义的"社会建构"（social constructions）的观点，重新理解社会工作服务中的问题；第二种，目标与能力的关系，强调问题的理解既与服务对象的行动目标有关系，也与服务对象的行动能力相关联，是两者之间相互冲突导致的，它运用了实用主义的应对概念说明两者之间的关系（Folgheraiter，2004：28）。显然，社会支持网络视角的社会工作有自己独特的理论假设基础，即认为人的生活就是在关系中展开的。

就观察者与被观察者的关系而言，在社会支持网络视角的社会工作看来，并不存在人们通常所说的"客观真实"的问题，任何问题都与观察者联系在一起，都会涉及观察者的评价（Folgheraiter，2004：28）。从观察者来说，所谓的问题都会与观察者的负面经验联系在一起，包含了观察者负面的认识和判断，它背后依据的是观察者自己的伦理道德标准。这样的标准常常受到文化价值标准的影响，通过内化成为个人行为的准则。因此，针对同一个现象，不同观察者的观察结果是不同的，甚至可能出现完全相反的结论（Folgheraiter，2004：30－31）。正是因为如此，社会支持网络视角的社会工作发现，社会工作者作为一种专业服务的实践者，他与一般的社会成员不同，通常强调运用科学理性的技术术语分析服务对象的生活状况，像"问题""诊断"等就是这样一种概念，以保证社会工作者能够针对服务对象的生活状况做出客观、真实的分析，避免带有自己的伦理道德的偏好和判断（Folgheraiter，2004：31）。

不过，社会支持网络视角的社会工作认为，即使是强调客观、真实的专业分析也仍然需要个人认识、推理和解释的认知过程，通过这个认知过程，社会工作者才能界定服务对象的问题，并且找到问题出现的原因，而这样的分析就需要依赖社会工作者的观察和分析的逻辑框架，包括对谁观察、观察什么以及如何整理观察到的资料等。在社会支持网络视角的社会工作看来，在这样的观察和分析的逻辑框架中就包含了社会工作者的伦理道德的判断，只不过它们通常以"问题类型"（pathology）、"功能缺失"（dysfunction）等这样的"客观"描述的词出现（Folgheraiter，2004：33）。因此，社会支持网络视角的社会工作批评以往社会工作的做法，把服务对象问题的界定与社会工作者的观察视角割裂开来，强调这两者本来就紧密联系在一起，无法分割（Folgheraiter，2004：35）。

社会支持网络视角的社会工作仔细考察了问题的形成过程，发现行动过程中的观察视角与行动外的观察视角存在很大差别，服务对象的问题通常不仅仅涉及服务对象自己一个人，同时还与身边的观察者以及其他相关人员联系在一起，是一种社会支持网络视角的社会工作所称的"社会事实"（social factor），即不同相关人员之间通过沟通达成的一种事实（Folgheraiter，2004：36）。如果这样的事实只是获得一部分相关人员的认可，它就是一种还没有完全成形的问题，可能引发相关人员之间的争论。在社会支持网络视角的社会工作看来，这样的问题不适合像社会工作这样的正式的服务介入（Folgheraiter，2004：39）。

社会支持网络视角的社会工作强调，如果社会工作者开始接触服务对象，就意味着社会工作者需要与服务对象沟通，一起确认并且达成共同认可的需要解决的问题。在这个过程中，问题本身就已经发生了改变，从服务对象自身认可的问题转变成社会工作者与服务对象共同认可的问题（Folgheraiter，2004：39）。正是基于这样的观察和思考，社会支持网络视角的社会工作坚持认为，作为社会工作者他的首要任务不是观察、分析和诊断问题，而是把自己的经验与服务对象所说的问题联结起来，与服务对象一起找到双方都认可的需要解决的问题。为了清晰辨别这一过程与以往社会工作服务模式所说的界定问题的差别，社会支持网络视角的社会工作使用了"创造问题"（create the problem）这个概念来说明这一阶段的特点。很显然，这里所说的"创造问题"是指社会工作者与服务对象通过沟通达成双方一致认可的需要解决的问题，它是社会工作者与服务对象一起寻找问题解决方法的基础（Folgheraiter，2004：40）。

社会支持网络视角的社会工作认为，在社会工作者与服务对象进行"创造问题"的沟通过程中，社会工作者的任务与以往社会工作服务模式所认为的不同，他不是观察、分析和诊断服务对象的问题，因为这样的方式是单向的沟通，服务对象并没有参与沟通的对话过程，而是倾听、再组织（restate）和替换（relay），即社会工作者首先倾听服务对象有关问题的描述，然后根据服务对象的描述对问题进行再解释，剔除其中不相关的信息，呈现问题的核心内容，接着社会工作者把问题的新解释反馈给服务对象，帮助服务对象替换原有的问题描述。这样，通过相互之间的不断沟通和对话，社会工作者就能够帮助服务对象把原来看上去不相关的现象联结起来，更清晰地呈现问题的内涵。社会支持网络视角的社会工作之所以这样理解问题，是因为希望把问题的界定放回人际沟通过程中，并且与服务对象的问题自觉意识（awareness of the problem）提升联结起来（Folgheraiter，2004：41）。因此，在社会支持网络视角的社会工作的逻辑框架中，问题不是界定的过程，而是创造的过程，它本身就意味着通过对话不断重新梳理自己的经验。

不过，社会支持网络视角的社会工作提醒社会工作者，问题的创造通常不仅仅局限于社会工作者与服务对象两者之间的沟通，同时还涉及服务对象与周围他人以及社会工作者与周围他人之间的交流，它是以日常人际关系为基础的多人之间的对话以及问题自觉意识的提升（Folgheraiter, 2004：42）。社会支持网络视角的社会工作强调，既然问题不仅与服务对象有关，而且与周围他人密切相连，因而社会工作的服务介入焦点就不能够像以往社会工作服务模式那样，只关注社会工作者与服务对象之间的交流，而需要涉及与问题事件有关的所有人，从他们所能感受到的问题开始有关问题的对话和创造过程（Folgheraiter, 2004：42-43）。在实际的服务过程中，这样的"创造问题"的过程并不是那么轻松的，社会支持网络视角的社会工作发现，很多时候社会工作者是作为社会管理者出现在服务对象面前的，他的观察视角与服务对象或者周围他人的不一致，甚至相反（Folgheraiter, 2004：43）。在这样的场景中要与服务对象以及周围他人达成对问题基本一致的认识，它的难度可想而知。

如果从目标与能力的关系来看，社会支持网络视角的社会工作发现，它对问题的界定方式也与以往社会工作服务模式所强调的诊断不同，不是分析和判断服务对象是否存在某种无法满足的需要，或者某些方面的不足，而是对服务对象行动过程的认识。虽然行动过程既涉及服务对象的理想状态，也涉及服务对象的现实状况，但社会支持网络视角的社会工作强调，不能把服务对象的问题简单概括为服务对象的理想状态与现实状况之间的不平衡，因为不是两者不平衡就会导致问题的，而是服务对象在两者之间的尝试行为出现了失败，找不到实现理想状态的具体方式（Folgheraiter, 2004：44）。在具体的服务中，这种失败的行为尝试通常包括两种情况：第一种，缺乏必要的资源，使服务对象的尝试行为受到阻碍；第二种，缺乏必要的动机，无法推动服务对象开始某种行为的尝试（Folgheraiter, 2004：47）。

为了进一步清晰说明服务对象的行为尝试过程，社会支持网络视角的社会工作引入了两个重要概念作为分析服务对象行为的基本逻辑框架，即任务（task）和个人（person）。社会支持网络视角的社会工作认为，就任务而言，它不仅与服务对象所处的周围环境的要求有关，而且与服务对象内化的责任（duty）有联系，是服务对象在一定社会处境中对环境要求的理解和选择。这样，通过任务这个概念，社会支持网络视角的社会工作就把服务对象需求的外部客观分析转变成个人在特定环境中对自己内在发展要求的理解。就个人来说，社会支持网络视角的社会工作也把这个概念放在个人与环境的互动过程中来理解，强调个人不仅仅是了解自己的能力和不足，同时还在了解周围环境的资源和限制，具有在特定环境中扩展自己行动的能力（Folgheraiter, 2004：50）。显然，在这样的任务和个人的观察框架下，社会工作者只有了解服务对象需要完成的任务和个人拥有的行动能力，才能够准确判断服务对象面临的具体问题，舍弃了其中任何一方，都无法确定服务对象的问题到底出在哪里。因此，社会支持网络视角的社会工作把任务和个人作为理解服务对象问题的最基本的分析单位（Folgheraiter, 2004：53）。

通过总结具体的服务经验，社会支持网络视角的社会工作发现，像社会工作者这样的注重理解个人日常生活意义和安排的社会活动的观察者（the social observer），不同于像医生那样的关注个人身体健康的临床观察者（the clinical observer），不是观察和分析服务对象个人内部的状况，把服务对象的问题归为某种类型，而是关注个人与任务之间的动态关联，考察个人与任务的具体关联方式以及个人为此所做的行为尝试的有效性（Folgheraiter，2004：53）。社会支持网络视角的社会工作强调，即使同样是日常生活中社会活动的观察者，社会工作者与服务对象的观察角度也是不同的，服务对象因为直接面临问题的挑战而又找不到解决的办法，就会关注问题本身，或者认为环境的支持不够，或者认为自己的能力不足，很难跳出自己的场景来看个人与任务之间的动态关联以及自己的无效行为尝试（Folgheraiter，2004：54）。

为此，社会支持网络视角的社会工作强调，社会工作者在开始与服务对象接触时需要支持和肯定服务对象自己的观察问题的视角，但是，随着服务的推进，社会工作者就有一项重要的任务：帮助服务对象转变观察问题的视角，让服务对象看到在问题困境中自己可以发挥影响的空间和方法。具体而言，社会工作者需要借助被社会支持网络视角的社会工作称为"再表述"（reformulation）的技术，就是对服务对象的经验描述进行再组织，让服务对象从新的视角观察自己面临的问题，看到自己在其中可以发挥的作用（Folgheraiter，2004：54）。社会支持网络视角的社会工作还对再表述的技术进行了细致考察，提出三种不同层面的再表述，即内容再表述（content reformulation）、意义再表述（meaning reformulation）和个性化再表述（personalization reformulation）。内容再表述是指社会工作者对服务对象描述的问题进行再解释，帮助服务对象明确自己在问题困境中确立的任务；意义再表述则是帮助服务对象澄清在任务面前的情绪和感受；个性化再表述则是指社会工作者通过解释服务对象与任务的关系，帮助服务对象了解自己在任务面前的掌控能力（Folgheraiter，2004：55）。

社会支持网络视角的社会工作认为，如果服务对象遇到问题时，社会工作者告诉服务对象应该做什么，这样的建议是不会有效果的，因为问题的解决方式既不在服务对象手里，也不在社会工作者手里，而是两者共同探索的结果。社会支持网络视角的社会工作称这种现象为问题的共同解决（a joint solution）（Folgheraiter，2004：56）。显然，在社会支持网络视角的社会工作的逻辑框架中，问题的解决是一个过程，是服务对象在社会工作者的帮助下通过调整任务和个人之间的互动关系而实现的，它需要借助服务对象自身行为尝试策略的改变。

正是基于对问题产生过程中观察者与被观察者以及任务与个人之间关系的思考，社会支持网络视角的社会工作得出这样的结论：社会工作需要解决的问题是人际关联中的问题（Folgheraiter，2004：57）。这样，人际关联就成为理解社会工作的一个核心概念。为了帮助社会工作者准确把握这个概念的内涵，社会支持网络视角的社会工作对家庭治疗与社会支持网络视角的差别做了细致的区分，希望在理论逻辑建构的哲学层面确立社会支持网络这个概念的重要性（Folgheraiter，2004：58）。社会支持网络视角的社会工作认为，家庭治疗虽然也关注家庭成员之间的人际关系和人际动力，强调问题既不是某个人的，也不是周围环境的，而是个人与周围他人关联以及相互影响的方式，但是它并没有能够摆脱这种问题类型（pathology）的思考方式，只是把服务对象的问题概括为某种不良的人际关系，或者说，某种不良的人际关系促使服务对象形成某种问题的行为表现。因此，可以说，家庭治疗只是运用了人际关系和人际沟通这些概念替代了以往服务中所强调的个人心理结构和心理动力的概念（Folgheraiter，2004：60）。社会支持网络视角的社会工作就不同了，它强调：①人际关联不是人与人之间的关系，而是个人在人际网络中的生活状态，不仅人际关系影响个人，同时个人也影响人际关系，人际关联就是个人在特定的人际网络交流中通过行动而形成的动态关联；②人际关联关注的不是已有事实的问题分析，而是未来生活的安排，即通过什么行动可以改变现状，实现未来的目标。显然，在社会支持网络视角的社会工作看来，问题不是不良人际关系的结果，而是个人在人际网络中无法找到有效的共同行动的方式（a joint action）以应对未来生活安排中的挑战（Folgheraiter，2004：61－62）。

（二）人际应对网络

与以往社会工作服务模式不同的是，社会支持网络视角的社会工作把服务对象应对问题的方式也视为人际网络式的，围绕任务有相关的多个人同时参与，而不是仅仅一个人针对某个任务采取行动。社会支持网络视角的社会工作发现，在实际的服务中这种多人同时参与问题应对的现象非常普遍，它就是人们应对问题的基本方式。因此，社会支持网络视角的社会工作称这种因针对某个任务而形成的应对问题的人际网络为人际应对网络（coping network）（Folgheraiter，2004：63）。

为了帮助社会工作者更好地理解人际应对网络这个概念，社会支持网络视角的社会工作提出七项基本理论假设。第一，人际应对网络拥有一种共同的行动。社会支持网络视角的社会工作认为，参与这种网络中的每个人都会相应地采取某种行动，而且每个人的行动都会因为需要完成某种任务而形成一定的内在联系。这样，整个网络的应对行为就会形成整合的效果，它的成效大于每个人的不同行为的简单相加。第二，危机的出现并不是因为服务对象个人意识能力的欠缺。社会支持网络视角的社会工作发现，一旦服务对象无法完成面临的任务要求，服务对象的人际应对网络中就会出现其他人帮助服务对象完成无法做到的事，而一旦这个人仍旧无法完成，又会出现其他人继续帮助服务对象。只有当服务对象的整个人际应对网络都无法完成面临的任务时，服务对象才有可能寻求社会工作者的帮助。因此，在社会支持网络视角的社会工作看来，危机的出现不仅意味着服务对象无法应对面临的问题挑战，也意味着服务对象的整个人际应对网络都无法完全应对面临的问题挑战。第三，在应对危机过程中服务对象的人际应对网络自然形成一种相互补充的综合行动。社会支持网络视角的社会工作强调，一旦服务对象陷入危机中，周围他人就会走出来帮助服务对象，相互补充，逐渐形成一种综合的应对策略，将人际应对网络中不同人的不同行动联结起来。这就是人们通常所说的社会支持。第四，人际应对网络是动态变化的。在社会支持网络视角的社会工作看来，人际应对网络虽然与人们通常所说的家庭、邻里、亲属和同伴等这样的人际关系有联系，但并不等同于这种具有稳定结构关系的人际网络。社会支持网络视角的社会工作认为，人际应对网络有一个显著的特征，就是变动性，它会因面临的任务不同而有所变化，甚至随着任务的逐步完成也会有所不同。第五，人际应对网络面对的常常是一种综合任务。社会支持网络视角的社会工作坚持认为，在实际生活中人们通常面对的不是一种任务，而是由多个不同任务形成的综合任务。任务的综合性越强，人们面临的挑战也就越大。因此，在实际的服务中社会工作者常常遇到这样的情况，服务对象只能应对综合任务中的某项或者某几项，而无法完全承担所有的综合任务，这样也就自然需要人际网络中其他人的参与。第六，单独的服务对象是不存在的。社会支持网络视角的社会工作批评以往的社会工作服务模式，认为并不存在所谓的服务对象，一旦服务中引入了社会支持网络视角，就会发现，所谓的任务并不是针对某个服务对象而言的，它会给服务对象的整个人际应对网络提出要求，迫使服务对象的整个人际应对网络采取某种相互补充的综合行动。第七，非正式社会关系对人的人际应对网络的形成至关重要。社会支持网络视角的社会工作强调，无论服务对象的人际应对网络怎样调整，都无法改变一个事实：服务对象总是生活在一种自然形成的非正式社会关系中，如家庭、亲属、朋友和邻里等，这种非正式社会关系是服务对象应对危机的重要资源（Folgheraiter，2004：63 - 69）。不过，值得注意的是，在实际的日常生活中服务对象的人际应对网络常常涉及正式的社会关系，如学校的老师、单位的领导以及社会工作者等，是由正式和非正式社会关系交错而成的应对网络（Payne，2000：79）。

正是依据人际应对网络的七项基本理论假设，社会支持网络视角的社会工作提醒社会工作者，如果遇到服务对象前来求助，社会工作者就不能仅仅考察服务对象一个人的行为表现，还需要思考：服务对象所说的问题是针对服务对象一个人的吗？周围他人是怎样参与进来的？服务对象的人际应对网络是怎样运行的？这样，社会工作者的观察视角就不会局限于服务对象或者服务对象与周围环境一对一的互动，而会运用社会支持网络视角理解服务对象提出的问题，帮助服务对象挖掘出自身拥有的人际应对网络，并且协助服务对象找到提升人际应对网络的具体介入策略和方法（Folgheraiter，2004：69）。

社会支持网络视角的社会工作强调，社会支持网络视角之所以区别于以往的社会工作服务模式，是因为它倡导一种人际应对（relational coping）的服务策略，以替代以往的个人应对（individual coping）的服务策略（Folgheraiter，2004：70）。这样，对任务的考察就显得格外重要，它是将服务对象社会支持网络中不同行动者联结起来的关键所在。不同的任务联结方式，也就意味着不同的人际应对网络。为了帮助社会工作者迅速找到服务对象的人际应对网络，社会支持网络视角的社会工作仔细考察了任务联结的一般方式，把它分为三种形式。一是同任务联结方式（coincident with individual tasks），即根据服务对象面临的任务找到与服务对象面临相同任务的人，并由此形成服务对象的人际应对网络。像互助小组就是社会工作者常用的一种服务介入策略，这种服务策略能够把面临相同任务的人组织起来，变个人的应对为人际网络的应对。二是同网络联结方式（coincident with the network），即根据服务对象面临任务时的人际网络找到参与服务对象任务应对过程中的其他人，并由此组织服务对象的人际应对网络。如监护和照顾支持网络等，就是社会工作者经常运用的服务介入策略，这些策略能够帮助社会工作者把一项综合任务分解成不同的小任务，并且根据不同的小任务将不同人的应对行为整合起来，形成人际应对网络。三是网络外联结方式（extend beyond the network），即根据服务对象面临的任务在服务对象的人际网络圈外找到具有相同任务的潜在的服务对象，并由此拓展服务对象的人际应对网络。如倡导服务等，就是社会工作者常常运用的这种网络外联结方式，它能够帮助社会工作者把服务对象的人际应对网络从人际交往圈内扩展到人际交往圈外（Folgheraiter，2004：71）。此外，社会支持网络视角的社会工作还提出另一种任务的联结方式，它称之为社区任务（community task）。这种任务类似于网络外联结，但又与网络外联结不同，不同服务对象具有不同的网络外联结，但都围绕共同的社区任务（Folgheraiter，2004：72）。

分析了人际应对网络之外，社会支持网络视角的社会工作还进一步探索如何提升服务对象的人际应对网络，发现有四种常见的方法：①增加人际应对网络的人员数量，保证有足够的人员应对面临的挑战，这一点对于综合任务来说尤为重要；②提高人际应对网络的人员素质，让参与的人员具备必要的知识和技能，能够顺利应对面临的挑战；③加强人际应对网络的成员联系，让不同人员之间能够彼此配合，提高共同行动的整体成效；④调整人际应对网络的观察视角，帮助参与的人员了解自己需要承担的任务和可以采取的行动，提高参与人员的改变动机和投入程度（Folgheraiter，2004：73－74）。

社会支持网络视角的社会工作强调，社会支持网络的联结是一个过程，而且这个过程对于大多数参与者来说往往是一个自然而然发生的过程，参与者通常只看到与自己直接互动的周围他人以及向自己提出的任务要求，包括周围他人的行为如何引发了自己的行为以及自己的行为又如何带动周围他人的参与，他们并不一定能够察觉到整个人际应对网络的展开过程。这样的非自觉的人际应对网络展开过程就是社会支持网络社会工作所说的非正式的网络化（informal networking）。尽管非正式网络化的展开过程没有被参与者察觉，但这并不意味着这样的展开过程无章可循，也不意味着它没有办法被参与者把握，只是在实际生活中参与者通常只关注与周围他人的直接互动，缺乏社会支持网络的视角（Folgheraiter，2004：76）。不过，社会支持网络视角的社会工作提醒社会工作者，这种非正式网络化的展开过程是非常复杂的，它还受到任务本身性质的影响，如果参与者需要完成的任务越缺乏稳定性，它也就越依赖参与者当下的观察和回应。也就是说，这样的展开过程也就越难事先做好准备（Folgheraiter，2004：77）。

在观察非正式的网络化的过程中，社会支持网络视角的社会工作发现一种很有趣的现象，在人际应对网络遇到危机挑战之前，往往有一个应对网络中心化阶段（centralizing），即应对网络中比较有能力和责任心的人会走出来帮助那些无法应对生活挑战的人。这样，就会导致出现一种现象，应对网络中越有能力和责任心的人承担的任务就会越来越多，拥有的实践机会和经验也会越来越多；相反，那些无法应对生活挑战的人承担的任务也就会越来越少，他们的应对能力也会因缺乏实践的机会逐渐减弱（Folgheraiter，2004：77）。社会支持网络视角的社会工作强调，每个人的能力和精力是有限的，如果承担的任务不断增加，最后只会出现一种结果：整个人际应对网络崩塌。因此，社会支持网络视角的社会工作认为，导致危机出现的人往往不是出现问题的人，而是人际应对网络中有能力和责任心的人，因为应对网络中心化之后无法承担面临的任务，从而使整个人际应对网络的运行面临困难（Folgheraiter，2004：78）。

在社会支持网络视角的社会工作看来，通常情况下，人际应对网络中的每一个人都会对问题有不同的看法，也会有自己的原因解释，他们常常把问题概括为某个人或者某些人的问题，而不会认为是整个人际应对网络无法适应环境提出的要求（Folgheraiter，2004：85）。特别是其中有能力和责任心的人，他通过自己承担别人的任务使人际应对网络继续发挥积极的作用，但是他通常看不到这个过程也是削弱甚至剥夺应对网络中其他人员学习的过程。当面临的任务超过了他的能力，不仅他自己没有办法应对，而且会带来整个人际应对网络运行的困难（Folgheraiter，2004：87-88）。因此，社会支持网络视角的社会工作强调，社会工作的服务介入就不能仅仅关注人际应对网络中那种因过分中心化而失去应对能力的人，同时还需要提升整个人际应对网络的应对能力，包括应对网络中人际关联的方式（Folgheraiter，2004：88）。

社会支持网络视角的社会工作发现，在形成人际应对网络过程中还有一个重要的影响因素，就是意义（Folgheraiter，2004：89）。社会支持网络视角的社会工作认为，人应对面临的挑战不仅是一个技术问题，他在确定自己的任务时，也就对任务赋予了一定的生活意义。因此，通过任务建立人际应对网络的过程，也就是意义的创建和联结过程。如果人际应对网络的参与者无法通过自己的努力完成这一任务，他就需要对此进行解释，是由自己的原因导致的，还是由外部的原因导致的。显然，不同的原因解释影响人际应对网络的展开方式。如果人际应对网络的参与者认为行动尝试失败是由自己的原因导致的，就会对自己的生活意义产生怀疑；相反，如果认为这样的失败是由外部原因导致的，就会与外部观察者发生冲突，特别是当人际应对网络的参与者没有观察到自己的行为尝试失败的时候，他与观察者之间的冲突就更为明显（Folgheraiter，2004：89-90）。正是因为如此，对问题的发现、确认和再解释过程也就是参与者与观察者之间相互协商的过程，在这个过程中服务对象的人际应对网络逐步扩展开来。当然，此时服务对象面临的问题也就会逐步转变成整个人际应对网络面临的挑战，甚至包括像社会工作者这样的专业人士的介入（Folgheraiter，2004：90）。

有意思的是，社会支持网络视角的社会工作发现，以往社会工作服务模式所强调的在完成了需求评估之后再开始服务介入的过程，这样的服务逻辑是不现实的，社会工作者并非做完需求评估之后，就自动蒙上眼睛开始服务介入的工作。实际上，需求评估和服务介入常常是同时发生的，社会工作者在观察服务对象的表现时，就已经开始对服务对象提供的信息进行理解、分析和解释，并与服务对象进行必要的沟通，把信息反馈给服务对象，让服务对象看到之前所忽视的现象，改变服务对象对问题的看法；同样，社会工作者在开展服务介入过程中，就会改变服务对象目前的生活状况，产生新的现象，这个过程就需要社会工作者的仔细观察，以便及时了解服务介入的进程，调整服务介入的手法和方向（Folgheraiter，2004：92）。社会支持网络视角的社会工作强调，需求评估和服务介入是相互依赖的，两者是同一过程的两个方面，彼此相互影响。如果过分注重需求评估，就会导致服务介入的困难；如果过分关注服务介入，就会出现忽视需求评估的现象，从而导致服务介入的盲目性（Folgheraiter，2004：94-95）。社会支持网络视角的社会工作认为，以往社会工作服务模式之所以出现需求评估与服务介入相互分割的服务逻辑，归根结底，是因为它们在理解社会工作的服务过程中缺乏"人际态度"（relational attitude），把需求评估和服务介入看作社会工作者单方面给予的过程（Folgheraiter，

2004：92）。

（三）过程中的人际关系（relationship-as-process）

在社会支持网络视角的社会工作看来，社会工作者所秉持的这种人际态度在专业服务关系方面就表现为，把专业的服务合作关系视为一种过程（Folgheraiter，2004：96）。值得注意的是，社会支持网络视角的社会工作对这一过程有自己的看法，并不是指社会工作者与服务对象一起建立服务合作关系那么简单。它认为以往的社会工作服务模式通常把社会工作者与服务对象之间的合作视为一种专业服务关系，借助这种专业服务关系的建立就能够为专业服务的开展提供必要的条件。社会支持网络视角的社会工作强调，这样的看法并没有把服务对象放在自己的人际关联中来考察，而纯粹把服务对象作为单独的个体来理解他与社会工作者之间的联系，这样，社会工作者也就必然只关注他与服务对象之间的互动以及这样的互动对服务成效的影响，无法看到他与服务对象的交往其实是逐渐走进服务对象日常生活中的人际应对网络的过程，而在这个过程中社会工作者也需要逐渐成为服务对象人际应对网络中的一部分，以提高服务对象整个人际应对网络的应对能力（Folgheraiter，2004：98）。社会支持网络视角的社会工作之所以强调社会工作者与服务对象之间的合作关系是一个过程，还有另一个重要原因，它把社会工作者与服务对象之间的交流看作双向的，不仅社会工作者影响服务对象，服务对象同时也影响社会工作者。因此，专业服务关系建立的过程并不完全由社会工作者来确定，是社会工作者与服务对象在沟通交流过程中逐渐展开的，无法在服务开始的阶段就能够预先确立（Folgheraiter，2004：98－99）。

为了说明人际关系的这种过程逻辑，社会支持网络视角的社会工作把自己的网络视角（networking approach）与系统视角（systemic approach）做了细致的对比，认为两者存在观察视角上的根本不同，表现在两方面。一是对问题理解的不同。系统视角虽然不赞同将问题个人化，但并没有反对运用问题来解释服务对象的生活，只是把问题理解成人际关系中的问题，或者是沟通不畅，或者是关系失衡，从而导致服务对象表现出问题。网络视角就不同了，它虽然认同个人生活在关系中，但是同时也关注个人在这种关联中的选择和行动，认为问题是个人无法通过有效的行动尝试完成自己所确定的任务，是行动尝试的无效（Folgheraiter，2004：100）。二是对解决方法理解的不同。系统视角所说的解决是针对具体的人际关系问题而言的，是由像社会工作者这样的专家根据问题的诊断而制订的解决方案，目的是减少或者消除服务对象人际关系中呈现的问题。网络视角采取的就不是这样的服务逻辑，它认为寻找解决方法的关键不是社会工作者给服务对象提供直接的专业指导，而是帮助服务对象找到有效的行为尝试，完成面临的任务。这样，社会工作者就需要帮助服务对象学会发挥自己的能力和运用周围环境的资源，目的是增强服务对象在人际关联中的把握感和满意感，促进服务对象的成长和发展以及对周围他人的关怀（Folgheraiter，2004：101）。因此，社会支持网络视角的社会工作强调，社会支持网络视角不是针对服务对象的人际网络开展工作，而是参与到服务对象的人际网络中，并且与服务对象一起建构更为积极健康的人际支持网络（Folgheraiter，2004：100）。

　　社会支持网络视角的社会工作不赞同罗杰斯提出的以人为本的非指导性服务策略，认为它所倡导的这种网络视角介于指导性服务和非指导性之间，问题解决的方法既不存在于社会工作者的专业分析中，也不存在于服务对象的个人手中，而是社会工作者与服务对象共同努力一起探索的过程（Folgheraiter，2004：110）。社会支持网络视角的社会工作强调，这种共同探索并不是指人们通常所说的让服务对象参与需求评估和服务介入的整个社会工作专业服务过程，而是社会工作者运用人际关系的过程逻辑重新理解社会工作者与服务对象之间的互动交流过程。这样，服务对象的任何经验解释和行为尝试都需要社会工作者给予及时的理解和回应；同样，社会工作者的任何解释和指导也需要服务对象的学习和转换，正是在这样的人际互动过程中，无论社会工作者还是服务对象才能延伸生活的经验和理解。显然，依据这样的人际关系的过程逻辑，根本不存在以往服务模式所说的那种社会工作者与服务对象之间的单向的交流关系，或者把服务介入视为社会工作者指导服务对象，或者以服务对象为本（Folgheraiter，2004：111）。因此，一旦社会工作者面临这样的服务对象，他一再强调需要社会工作者帮助自己解决问题，此时，社会工作者就需要明确地告知服务对象，希望和他一起来寻找问题解决的办法，帮助服务对象确立共同学习的基本信念（Folgheraiter，2004：116）。

　　社会支持网络视角的社会工作强调，这种人际关系的过程逻辑向社会工作者提出了不同的要求，不是怎样运用专业的服务技巧施加对服务对象的影响，而是培养自己在人际交往过程中的好奇心和觉察能力，避免根据自己的专业地位和先入为主的想法理解服务对象的生活状况。社会支持网络视角的社会工作称这样的一种人际交往的态度为不做预先判断的"了解事情原本怎样"（knowing how to be）的态度（Folgheraiter，2004：111）。社会支持网络视角的社会工作认为，这种不做预先判断的人际交往态度包含两个方面的基本要求：①接纳在解决方式寻找过程中呈现的自己的弱点和生活中的限制；②发掘服务对象在问题中的能力，以便推动服务对象发生积极改变（Folgheraiter，2004：112）。社会支持网络视角的社会工作提醒社会工作者，如果服务介入活动越依赖社会工作者的预先判断和计划，越强调社会工作者的直接指导，它可能带来挫折的风险也就越高。实际上，不确定性（uncertainty）就是社会工作服务的一个基本特点，社会工作者只有学会接纳这种不确定性，才能建立对自己的信心，从而避免因为担心而预先假设服务对象或者服务过程的现象（Folgheraiter，2004：113）。

　　社会支持网络视角的社会工作还对社会工作者与服务对象之间这种相互影响的共同学习过程（reciprocal improvement）进行了细致的分析，强调它具有结构和动力两个方面的变化。就结构而言，社会支持网络视角的社会工作认为，在问题困境的交流中，社会工作者面临两个方面的转变：①让自己看到在优势处境中的不足，从而通过与服务对象的交流提升自己的能力；②让服务对象看到在问题困境中的优势，从而通过与服务对象的交流提升服务对象的能力。不过，对于社会支持网络视角的社会工作来说，更为重要的是，通过这两个方面的变化让社会工作者的改变与服务对象的改变联结起来，形成相互促进的积极改变循环圈（cross-connected）（Folgheraiter，2004：118）。这样，社会工作者就能够在结构层面与服务对象建立一种共同学习、共同成长的机制。就改变动力来说，正是借助这种结构层面的共同学习的机制，无论服务对象的改变还是社会工作者的改变，都会给对方的成长带来新的机会，两者也因此动态地关联在一起。社会支持网络视角的社会工作坚持认为，作为社会工作者，他的能力不仅仅表现为如何运用专业的知识，同时还表现为如何从他人那里学习有用的知识，包括服务对象以及服务对象的周围他人，使自己成为问题解决过程中的专家（Folgheraiter，2004：121）。

值得注意的是，社会支持网络视角的社会工作改变了以往社会工作服务模式的观察逻辑，从双向互动的角度理解社会工作者与服务对象之间的交流，不仅关注服务对象的改变，也注重社会工作者的成长，把社会工作者的学习和改变过程也放到专业服务关系建立的逻辑框架中来思考。这样，社会工作者与服务对象之间的信任合作关系的建立就是社会工作者与服务对象共同学习、共同成长的过程。社会支持网络视角的社会工作强调，一旦建立了这种共同学习的机制，社会工作者和服务对象的专业角色分工就会变得模糊，两者之间的互动就会逐步转变成一种一起探索问题解决方式的共同成长的过程（Folgheraiter，2004：122）。

在实际的专业服务实践中，社会支持网络视角的社会工作发现，有两种常见的社会工作者与服务对象共同学习的方式：一种是社会工作者通过共同行动带动服务对象改变，服务对象的改变目的是促进自身的成长；另一种是社会工作者通过指导共同行动的实施促使服务对象发生改变，改变的目的是实现社会工作者理想中的目标（Folgheraiter，2004：122）。社会支持网络视角的社会工作强调，虽然第二种共同学习方式能够帮助服务对象快速找到问题解决的方法，通常还能够给服务对象带来立竿见影的改变成效，但是这样的共同学习方式并不能够促进服务对象自身的成长，如果多次使用或者使用久了，就会出现服务对象依赖的现象。因此，社会支持网络视角的社会工作极力倡导第一种共同学习的方式，认为这种学习方式才能带来服务对象自身的成长，帮助服务对象学会运用互惠的方式与周围他人建立积极的关联（Folgheraiter，2004：124）。

为了解释社会工作者如何在第一种共同学习方式中发挥积极的作用，社会支持网络视角的社会工作还借用了罗杰斯在人本治疗模式中所倡导的同理的概念，认为社会工作者在与服务对象的交流中需要同时具备感性和理性的能力，就像同理所呈现的那样，既包含感性层面的体会，在情感上与服务对象产生共鸣，也包含理性层面的理解，能够看到周围环境存在的各种限制，即在服务对象表达了自己在困境中的感受之后，社会工作者将这种主观感受以理性的方式反馈给服务对象，让服务对象能够学会运用同理的方式应对周围环境的挑战（Folgheraiter，2004：125）。社会支持网络视角的社会工作强调，保持感性和理性的平衡才是找到合理应对周围环境挑战的关键，这种融合的方式在东方的智慧（oriental wisdom）中得到了淋漓尽致的呈现（Folgheraiter，2004：126）。

（四）网络化的介入方式

与以往社会工作服务模式采取的服务方式不同，社会支持网络视角的社会工作提出了自己独特的网络化介入方式，这种介入方式就是社会工作者借助实务过程中的人际关联以及共同行动帮助服务对象的整个人际应对网络提高应对能力。社会支持网络视角的社会工作强调，这种介入方式的核心不是让社会工作者承担服务对象的任务，而是让服务对象学会承担自己的任务，并且通过与周围他人一个一个地联结，最终提高整个人际应对网络的应对能力。总之，这样的介入方式是把服务对象放回到他自己的人际网络中，在两个层面上提升服务对象的应对能力：一是提升服务对象个人的应对能力；二是提升服务对象整个人际应对网络的应对能力（Folgheraiter，2004：163）。

社会支持网络视角的社会工作认为，网络化介入方式的第一个要求，就是转变服务介入的视角，从人际应对网络的角度把握社会工作者与服务对象之间的服务合作关系。这样，社会工作者就需要与服务对象及其周围他人建立一种人际关联，找到共同行动的目标（a common good）。这种共同行动的目标不仅涉及社会工作者和服务对象，还需要得到服务对象的周围他人的认可。社会支持网络视角的社会工作称这种介入方式为"社会工作者＋支持网络"（expert plus network），它不同于以往社会工作服务模式的介入方式，只关注社会工作者与服务对象之间的直接互动（Folgheraiter，2004：164）。社会支持网络视角的社会工作强调，在这种网络化的介入方式中社会工作者不是替代者，不能够单独针对服务对象或者周围他人开展服务，而是协助者，帮助服务对象提高整个人际应对网络的应对能力，即使社会工作者面对的只有服务对象一个人，他也需要把服务对象放在人际应对网络的逻辑框架中开展服务。显然，社会支持网络视角的服务介入逻辑走了与以往服务模式相反的路径，不是让服务对象跳出自己日常生活中的人际网络，与社会工作者进行直接的互动，而是让社会工作者走进服务对象的日常人际网络中，与服务对象以及支持网络中的其他成员建立一种互动的关联，协助他们找到共同认可的相互配合的行动目标。因此，网络化的介入方式意味着社会工作的服务介入根本就不存在直接和间接之分，无论服务对象还是周围他人都生活在人际网络中，他的任何行动都涉及与周围他人的合作。正是因为如此，社会支持网络视角的社会工作坚持认为，服务介入中的关键是如何引导和如何成长（guidance and grow）（Folgheraiter，2004：166）。

社会支持网络视角的社会工作强调，在社会工作者介入之前，服务对象已经拥有了应对问题的支持网络，这个网络是服务对象在日常生活中自然而然产生的，它既可以出现在问题发生之前，称为首要自然帮助关系（primary natural helping relationships），也可以出现在问题产生的过程中，称为第二自然帮助关系（secondary natural helping relationships）。两者统称为自然应对网络（natural coping network）（Folgheraiter，2004：166）。为了考察服务对象自然应对网络的应对能力，社会支持网络视角的社会工作根据应对网络的联系方式，把服务对象的自然应对网络分为没有直接联系的自然应对网络和有充分直接联系的自然应对网络两种类型。社会支持网络视角的社会工作认为，虽然前者的成员在自然应对网络中没有直接的交流，但是这并不代表他们之间没有关联，他们的应对能力能够根据任务的分工得到某种程度的整合，而且这种自然应对网络沟通成本很低，只是运行的方式比较固定，适合于常规任务的应对（Folgheraiter，2004：169）；后者正好相反，成员在自然应对网络中有充分的直接交流机会，可以根据应对场景和应对任务的变化及时做出相应的调整，并且在行动过程中相互配合，因而它也就比较适合那种变动比较大的任务。显然，对于社会工作来说，更为常见的应对网络联系方式是一种混合联系方式，既有直接联系的部分，也有没有直接联系的部分，两种类型交错在一起（Folgheraiter，2004：170）。

值得注意的是，在社会支持网络视角的社会工作看来，自然应对网络中任何一位成员的变化都会带来整个应对网络的变化，因为每一位成员都会依据特定环境中的不同任务采取不同的应对行为，而不同的应对行为又会给应对网络中其他成员带来不同的任务要求，这样，就会形成相互影响的循环圈，带动整个应对网络的改变。就单个社会成员来说，他只是依据因环境变化对自己提出的任务要求这个"现实"，采取某种他认为应该采取的行动，通常并没有意识到自己的应对行为与整个应对网络之间的关系，因此，也就很难与网络中的其他成员达成共同的行动，使应对网络的应对能力受到限制（Folgheraiter，2004：173）。

针对服务对象人际应对网络面临的限制，社会支持网络视角的社会工作提出关系引导（relational guidance）的具体介入方式。这种介入方式，在社会支持网络视角的社会工作看来，与以往服务模式所倡导的标准化的直接指导介入方式不同，它至少具有三个方面的特征。第一，关注方向调整。社会支持网络视角的社会工作认为，这种介入方式的要点不是指导服务对象具体做什么或者怎样做，而是对服务对象正在做或者打算做的事情进行引导，帮助服务对象找到与周围他人更好的合作方法以达到目标，它是一种行动方向的调整，包括服务对象对自己需要完成的任务和完成任务的具体行动方式的重新理解。第二，注重双向交流。社会支持网络视角的社会工作强调，这种介入方式倡导一种双向的交流，不赞成把社会工作者与服务对象之间的沟通视为社会工作者对服务对象的单向的专业指导，认为不仅社会工作者影响服务对象的应对网络，同时这种应对网络也在影响社会工作者。因此，社会工作者既要融入服务对象的应对网络中，了解服务对象在自己的任务面前采取什么样的共同行动与周围他人合作，也要跳出服务对象的观察逻辑引导服务对象拓展自己的视野，找到更为恰当的行动方向和更为有效的行动策略。第三，强调意识提升。社会支持网络视角的社会工作发现，在专业服务中社会工作者的角色类似于卫星，他一方面接收来自服务对象应对网络的各种信息，另一方面将这些信息通过自己的理解、分析和转化之后，再反馈给服务对象的应对网络。这样，在社会工作者的影响下，服务对象的应对网络就能够不时地调整自己的前行方向，使整个应对网络的应对能力得到提高（Folgheraiter，2004：175 - 176）。

就具体的关系引导方式而言，社会支持网络视角的社会工作认为，它包括三种常见的方式：应对网络的扩展、网络联系的加强和网络意识的提升（Folgheraiter，2004：190）。在应对网络的扩展方面，社会支持网络视角的社会工作发现，社会工作者常用的方法是将服务对象社会支持网络中还没有参与的成员吸纳进来，成为人际应对网络中的成员。例如，社会工作者可以询问现有的人际应对网络中的成员，还有谁可以参与这个应对网络。如果整个人际应对网络处于潜在的状态，社会工作者的首要任务是如何让这些潜在的成员发现面临的任务，形成现实的人际应对网络（Folgheraiter，2004：191 - 192）。在网络联系的加强方面，社会支持网络视角的社会工作提出，社会工作者可以借助的常用方式是网络会议（the network session），它是指将人际应对网络中的成员组织起来，相互交流任务执行过程中的各种信息，以增强网络成员之间的相互配合。当然，网络会议的形式既可以是固定的，也可以是不固定的；参与网络会议的成员既可以是人际应对网络中的所有成员，也可以是其中的一部分。不过，任务越复杂，特别是涉及多项专业服务的时候，就越需要组织定期的网络会议，以协调不同任务的完成情况。在社会支持网络视角的社会工作看来，无论应对网络的扩展还是网络联系的加强，都需要结合网络意识的提升。它是指社会工作者协助人际应对网络中的每位成员发现因问题带来的共同任务，从而使相互分割或者相互对立的成员找到一致的行动逻辑，使人际应对网络联结成一个整体（Folgheraiter，2004：195）。社会支持网络视角的社会工作强调，一旦人际应对网络找到共同的行动逻辑，整个人际应对网络就会发生质的变化，出现网络意识。这样，人际应对网络中的每位成员就会有意识地寻找资源解决面临的困难，特别是当这样的任务与成员的未来发展联系在一起的时候，整个人际应对网络就能够相互支持，主动寻找和学习更有效的应对方法（Folgheraiter，2004：197）。

正是依据关系引导的服务逻辑，社会支持网络视角的社会工作认为，即使在服务介入的开始阶段社会工作者也需要有意识地培养成员的网络意识，逐渐让成员主动承担起关系引导的责任，学习关系引导的方法，包括学会一起讨论做什么、怎么做以及如何相互支持等，使网络成员成为学习者（learning to learn）（Folgheraiter，2004：197－198）。显然，在社会支持网络视角的社会工作的理论逻辑假设中，每位成员都生活在人际网络中，都借助人际应对网络处理面临的任务，不仅社会工作者需要学习关系引导的方式，其他成员也需要学习这种方式。实际上，社会工作者需要掌握的是如何引导网络成员成为自己人际应对网络的引导者（Folgheraiter，2004：198）。

为了清晰说明关系引导的具体操作方式和服务逻辑，社会支持网络视角的社会工作还把关系引导与以往社会工作服务模式所说的合作（co-ordination）做了对比，认为两者虽然从形式上看很相似，但是实际上存在根本的差别。合作强调的是社会工作者与服务对象或者服务对象与周围他人之间的相互配合，以实现服务成效的整合；关系引导就不同了，它是从人际应对网络的视角出发理解社会工作者与服务对象或者服务对象与周围他人之间的相互影响。这样，无论社会工作者还是服务对象，与之互动交流的就不止一个人，是一个网络，而且网络中不同人之间的关联方式也是不同的，并不能简化为个人与周围他人之间相互影响这么简单（Folgheraiter，2004：181）。社会支持网络视角的社会工作强调，如果用合作这个概念替代人际引导，就会使社会工作者和服务对象只关注与之直接互动的周围他人，从而忽视身边其他人的影响，这也是社会支持网络视角的社会工作推崇关系引导这个概念的原因，它希望能够帮助社会工作者和服务对象从直接互动的关系中走出来，看到身边的其他互动关系，从更高的层面有意识地规划自己的行动安排（Folgheraiter，2004：180）。

就具体的影响方式而言，社会支持网络视角的社会工作也与合作不同，合作强调的是行动上的相互配合，而社会支持网络视角的社会工作则关注三个相互联系的方面，即联结（linking）、驾驭（steering）和发展（developing）。联结是指把个人的行动与个人希望承担的任务以及周围他人联系起来，让行动者感受到自己的行动能够影响任务的完成和周围他人，增强行动者的参与感和投入感。驾驭是指把个人的行动变化与周围他人的变化联系起来，让行动者感受到自己行动的调整能力以及与周围他人的配合能力。发展是强调行动者主动根据自己行动的成效以及周围他人的变化调整任务的安排，拓宽个人成长发展的空间，与应对网络中的更多成员建立一种共同行动的合作关系。社会支持网络视角的社会工作强调，作为帮助人们解决个人社会问题的社会工作，它的核心任务就是培养人们的距离感（distance）和自觉意识（awareness），使人们能够跳出直接互动的限制，把握人际应对网络（Folgheraiter，2004：180）。

（五）网络化的介入步骤

为了将网络化的介入方式运用到具体的社会工作服务中，社会支持网络视角的社会工作对服务介入过程进行了细致的分析，把它分为六个具体的阶段：界定问题（defining the problem）、头脑风暴（brainstorming）、分析和审视行动方案（analyzing and criticism of possible solutions）、选择行动方案和预测可能遭遇的问题（choosing the solution and anticipating possible new problems）、执行行动方案和观察新出现的问题（implementing the solution and perceiving further problems）以及评估服务成效（evaluation）等（Folgheraiter，2004：216-217）。值得注意的是，在介绍这六个具体的阶段时，社会支持网络视角的社会工作是把它与传统社会工作服务模式的线性问题解决的方式做对比的，这样做显然是希望能够帮助社会工作者了解这种操作步骤背后所坚持的人际网络的服务逻辑。

社会支持网络的社会工作认为，在问题界定阶段它与其他社会工作服务模式一样，主要任务也是明确需要应对的问题，只是它不是直接针对问题进行操作化的界定，而是把问题视为整个人际应对网络面临的应对困难（Folgheraiter，2004：207）。正是通过把问题转化为应对的行动，社会支持网络视角的社会工作希望实现两个联结和两个转换。一是内部与外部的联结和转换，即把个人的问题与外部环境联结起来。这样，个人的问题不再被当作个人认知、情绪、行为和感受等个人内部的人格问题，而是个人在应对外部环境要求过程中没有充分展现个人的潜能，从而把服务从关注问题转向关注能力。二是个人与他人的联结和转换，即把个人的应对行动与周围他人的应对行动联结起来。这样，个人的问题就不再被认为是个人自己的问题，只需要个人改变，而是个人在应对外部环境要求过程中没有充分整合周围他人的资源，与周围他人形成共同的应对行动，从而使服务从关注个人的应对能力转向关注整个人际应对网络的应对能力。社会支持网络视角的社会工作还借用了生态视角（the ecological perspective）来解释自己的服务逻辑，强调个人是环境的一部分，不能把他从自己的日常生活环境中抽离出来，以避免陷入通过孤立个人迫使个人改变的临床治疗师的视角或者通过加强联盟迫使个人改变的大众的视角（Folgheraiter，2004：208）。

一旦找到了应对的困难，社会支持网络视角的社会工作认为，服务就进入了第二阶段：头脑风暴（Folgheraiter，2004：209）。这个阶段的主要任务与以往社会工作服务模式一样，是思考应对的行动方案。所不同的是，社会支持网络视角的社会工作注重的不是社会工作者作为专家的思考，而是激发网络成员参与到解决问题的讨论中，让他们提出自己的想法和要求。例如，社会工作者可以给网络成员提供充分的表达机会，鼓励他们说出自己的想法："我们现在只有一些解决问题的点子，还不够，有其他想法吗？"这样，就能将不同网络成员的不同解决问题的视角和方法呈现出来（Folgheraiter，2004：210）。需要注意的是，社会支持网络视角的社会工作之所以把开展头脑风暴的重点放在网络成员上，这与它所坚持的网络化的服务视角密切相关，目的是希望提高整个人际应对网络的能力。

到了分析和审视行动方案的第三阶段，社会工作者的任务就转向了分析和评估各个行动方案的优缺点。与以往社会工作服务模式不同的是，社会支持网络视角的社会工作注重的是网络成员自己的分析和评估，而社会工作者发挥的是引导者的作用。社会支持网络视角的社会工作强调，这种引导者的作用表现为两个方面：一方面，尊重网络成员的想法，理解网络成员解决问题的独特视角和方法，了解网络成员的生活经验；另一方面，向网络成员说明自己的想法，呈现解决问题的专业视角和方法。这样，网络成员的经验知识和社会工作者的专业知识就能够融合起来，真正提升网络成员的应对能力，实现服务过程中的人际增能（Folgheraiter，2004：211）。

知道各个行动方案的优缺点之后，摆在社会工作者和网络成员面前的任务就变成了选择行动方案和预测可能遭遇的问题。这样，服务就进入了第四阶段。在第四阶段，社会支持网络视角的社会工作强调，除了让网络成员确认选择的行动方案益处多于害处以及收益最大化之外，社会工作者还需要鼓励网络成员选择那些能够加强网络成员之间相互合作的行动方案，避免将问题解决的责任全部推给服务对象，这样的行动方案虽然能够给服务对象带来暂时的必要帮助，但是会加剧服务对象与周围他人的对立，最终妨碍服务对象应对问题能力的提升（Folgheraiter，2004：212 - 213）。此外，社会支持网络视角的社会工作认为，在这一阶段社会工作者还需要引导网络成员对行动方案的实施进行预测，了解实施过程中可能遇到的问题以及可以采取的必要的防范措施（Folgheraiter，2004：213）。

服务的第五阶段就是执行行动方案和观察新出现的问题。在这一阶段，社会支持网络视角的社会工作认为，社会工作者的主要任务不是采取某种服务模式的技巧直接改变服务对象的错误想法或者不适应的行为，而是引导服务对象以及人际应对网络中的其他成员实施应对的行动方案，包括谁、在什么时间、做什么和怎么做等，是针对某个或者某些细小的目标而采取的共同的应对行动（Folgheraiter，2004：214）。不过，需要注意的是，社会支持网络视角的社会工作强调，如果服务对象或者人际应对网络中的其他成员还没有意识到自己面临的问题，就不会承担起改变的责任，也不会有意识地采取应对的行动。因此，这个时候社会工作者首先要做的是引导他们关注自己生活中面临的挑战，让他们看到自己面对的问题和需要承担的责任。有意思的是，社会支持网络视角的社会工作在这一阶段还给社会工作者设置了另一项重要任务，就是观察新出现的问题。在社会支持网络视角的社会工作看来，在应对行动的实施过程中总存在一些意外的情况，因为事情的发展常常不按照人们预计的方式进行，这是服务展开过程中自然会遇到的不确定因素，对这些因素的把握也是服务对象和人际应对网络成员需要学习的内容（Folgheraiter, 2004：215）。

服务的第六阶段是评估服务成效，它也是服务的最后阶段。虽然从字面上看，社会支持网络视角的社会工作好像与其他社会工作服务模式没有什么区别，但是实际上，社会支持网络视角的社会工作在这一阶段有自己独特的要求，认为社会工作者的主要任务不是评估问题是否得到解决，而是引导服务对象或者人际应对网络成员察看自己的日常生活是否朝自己预期的方向发展。如果朝向自己预期的目标，说明服务对象或者人际应对网络成员能够很好地应对自己生活中的挑战，服务可以结束；如果没有朝向自己预期的目标，就需要进一步探索其中的原因，是需要更多的时间让问题慢慢呈现，还是存在一些意外的情况，需要重新调整应对的行动。不管哪一种情况，社会支持网络视角的社会工作强调，评估服务成效的重点是看服务对象或者人际应对网络是否能够有效应对日常生活中的挑战（Folgheraiter, 2004：215）。

显然，这六个阶段的服务是相互关联的。如果把这六个阶段的服务联结起来，就可以发现，社会支持网络视角的社会工作在设计服务介入步骤时有三个显著特点：①始终围绕问题，包括问题的界定、根据问题而开展的头脑风暴、行动方案实施之前的问题预测、行动方案执行过程中的问题观察以及服务成效评估过程中对日常生活改变是否出现意外问题的考察等，甚至分析和审视行动方案的第三阶段也与问题有密切的联系，因为行动方案的优缺点是根据问题解决的状况而定的；②注重服务引导，不是由社会工作者自己分析、制订和执行行动方案，而是让社会工作者引导服务对象和人际应对网络成员在各自的日常生活中学会分析、制订和执行行动方案，通过社会工作者与服务对象以及人际应对网络成员的互动，实现服务对象和人际应对网络成员的增能；③关注不确定性，不仅注重引导服务对象和人际应对网络成员学会分析行动方案的优缺点和预测可能出现的问题，而且要求他们注意观察意外情况的出现，找到应对意外情况的方法，学会把控日常生活中的不确定性（Folgheraiter, 2004：216－217）。

（六）反思的实践者（reflective practitioner）

社会支持网络视角的社会工作还借用了美国教育学家唐纳德·尚恩（Donald Schön）的观点来说明社会工作者的位置和作用，把社会工作者视为“反思的实践者”，在实践中总结和反思生活的经验，从而带动实践的开展（Schön, 1983：49）。这样，社会工作者在专业服务中就具有两个方面的主要功能：①强化成功的经验，即倾听和观察社会支持网络中的成员，肯定他们行动中的成功之处；②激发未来的行动，即分析和预测社会支持网络成员的未来行动空间，推动他们采取更为有效的共同行动策略（Folgheraiter, 2004：181）。社会支持网络视角的社会工作用汽车的后视镜来做形象的比喻，强调社会工作者首先需要倾听和观察社会支持网络成员感受到的现实，在这个现实的基础上激发成员未来的发展空间，绝不能将未来的发展与现实对立，或者只关注未来的发展，没有现实的基础；如果现实缺乏能够拓展未来发展的清晰信息，社会工作者就需要帮助社会支持网络成员学会耐心等待（Folgheraiter, 2004：182）。

在社会支持网络视角的社会工作看来，社会工作者就像一位实践智慧的建议者（a

wise adviser），他始终紧随社会支持网络中的成员，感受他们的变化，但不强迫他们，也不会把所学的专业知识粗暴地直接运用于对社会支持网络成员的指导中，而是从社会支持网络成员所呈现的生活经验出发，在生活经验中寻找未来的发展空间，是生活经验反思的实践者（Folgheraiter，2004：182）。因此，社会支持网络视角的社会工作认为，作为社会工作者，他的理想状态是在与社会支持网络成员的沟通过程中腾空自己先入为主的那些观念和想法，只坚持一种大致的发展方向，这样，就能够在不确定的遭遇面前保持比较宽阔的视野和灵活的行动策略（Folgheraiter，2004：184）。社会支持网络视角的社会工作强调，社会工作者对这种实践智慧的把握方式就像中国道家哲学中所说的"道"，既要无为，也要有所作为，是一种无为当中的有为（Folgheraiter，2004：182）。

显然，在社会支持网络视角的社会工作的逻辑框架中，社会工作者扮演的是引导者的角色，他运用的是引导（guidance）的服务技术，而不是人们通常所说的介入的服务技术。社会支持网络视角的社会工作认为，两者的根本区别在于，前者把人视为是有自己行动轨迹的，社会工作者只是协助他找到更好的前进方向；后者把人视为是有规范的行动标准的，社会工作者需要帮助他按照这样的规范标准行动（Folgheraiter，2004：184）。因此，社会支持网络视角的社会工作强调，社会支持网络中的任何成员都是在改变过程中的，这种改变过程受到两个方面的影响：①对自己已经做过事情的总结；②对自己未来生活的安排。这两个方面又是相互影响的，社会工作者需要把自己的影响放在社会支持网络成员改变过程中的这两个方面，引导社会支持网络中的成员，帮助成员找到更为积极、更为开阔的发展方向。社会支持网络视角的社会工作把社会工作者的这种引导作用概括为生活经验的再组织（reformulation），它包括对已经做过事情的总结和接下来的生活安排的确认，两者缺一不可（Folgheraiter，2004：185）。

社会支持网络视角的社会工作还对生活经验的再组织过程进行了细致的考察，认为这个过程的关键是找到经验总结过程中的某个特殊方面，借助这个特殊方面的讨论，并且通过删繁就简把成功经验清晰地呈现出来，让社会支持网络中的成员看到自己成功经验背后的逻辑，拓宽他们的观察视野；同时这个特殊方面还能够带动社会支持网络成员深入探讨未来生活计划的安排，让他们能够对此提出更多的疑问和建议，提高他们对未来生活的预测和安排能力。这个讨论和探究过程，在社会支持网络视角的社会工作看来，就是社会工作者运用引导的服务技术施加自己影响的过程，也是社会工作者帮助社会支持网络中的成员重新组织生活经验的过程。不过，需要注意的是，社会支持网络视角的社会工作强调，这样的生活经验再组织不仅是同水平横向的，过去和未来经验的讨论和联结，也可以是纵向的，不同水平层面经验的讨论和联结（Folgheraiter，2004：186）。具体而言，纵向经验的讨论和联结包括三个层面：内容经验的再组织（content reformulation）、意义经验的再组织（meaning reformulation）和个人化经验的再组织（personalisation reformulation）。内容经验的再组织是指对观察到的事实经验进行重新组织，让社会支持网络中的成员看清楚面临的现实；意义经验的再组织则是对成员面临现实时的内心情绪进行重新考察，帮助成员增强对自己内心情绪变化的体会；个人化经验的再组织则强调对成员在现实面前的个人应对能力进行审视，协助成员增进对自身掌控能力的了解（Folgheraiter，2004：187）。显然，在社会支持网络视角的社会工作的逻辑框架中，个人的改变和成长始终涉及两个维度的转换：过往经验和未来安排联结的时间维度，以及事实、情绪和感受联结的心理维度。

因此，社会支持网络视角的社会工作把社会工作者的作用界定为，在引导的互动中澄清来自服务对象应对网络的各种不同信息，以便帮助服务对象达到两个方面的目标：①建立更有效的人际应对网络；②找到更好的目标实现途径。社会支持网络视角的社会工作称前者为社会支持网络的结构性要求，它保证社会支持网络拥有比较良好的合作关系；称后者为社会支持网络的功能性要求，它使社会支持网络拥有比较清晰的行动目标。显然，在实际的专业服务中，这两个方面的要求是交错在一起的，前者的变化会带来后者的改变，后者的变化也会带来前者的改变，两者很难割裂开来考察。这也是社会支持网络视角竭力倡导的基本的服务逻辑，它希望社会工作者能够摆脱以往服务模式的错误想法，把服务对象和周围环境视为两个相对独立的单位，考察两者之间的相互影响（Folgheraiter，2004：190）。

社会支持网络视角的社会工作强调，如果社会工作者只是借助引导的服务技术帮助服务对象重新组织生活经验，这只是达到了反思实践者的第一层次的要求。反思实践者的核心任务，是帮助服务对象成为反思的实践者。因此，社会支持网络视角的社会工作把社会工作者的引导视为一种"双重引导"（double guidance），除了直接引导服务对象重新组织自己的生活经验之外，还包括提供学习的机会，帮助服务对象成为引导者（Folgheraiter，2004：199）。为了帮助服务对象成为自己人际应对网络的引导者，社会支持网络视角的社会工作认为，一旦服务对象开始参与人际应对网络的建设，社会工作者就需要学会退后一步，逐渐让服务对象承担起网络建设的责任。由此，社会工作者也需要学会第二层次的引导技术（the second-level guidance），不是替代服务对象链接或者争取外部的资源，而是站在服务对象的身旁或者身后，作为服务对象的学习同伴，给服务对象必要的技术支持和情感支持。这样，社会支持网络视角的社会工作就将增能的概念也融入这种以引导为核心的学习中（Folgheraiter，2004：200）。

为了清晰说明"双重引导"的服务逻辑，社会支持网络视角的社会工作把自己所提倡的联合问题解决（joint problem solving）的服务策略与以往服务模式所强调的线性问题解决（linear problem solving）的服务策略做了细致的对比，认为线性问题解决的服务策略在理论逻辑上明显存在两个疑问。第一，简化现实。社会支持网络视角的社会工作发现，日常生活中的实际问题通常涉及多种因素的影响，既包括显而易见的外部表现，也包括不易察觉的潜在部分。如果社会工作者执着于一个问题只有一个解决方法，并且相信只要不断验证解决方法的成效就能最终解决问题这样的线性问题解决服务策略，就会陷入问题解决的怪圈：通过目前显而易见问题的寻找和解决创造出新的问题，使问题的潜在部分转变成显现部分。这样，问题就通过解决过程不断地被创造出来，而实际上服务对象并没有多少成长和改变。第二，曲解问题解决者。社会支持网络视角的社会工作强调，在实际的服务中并不存在单独的问题解决者，只要问题出现，不仅服务对象而且周围他人都会做相应的调整，以应对问题带来的挑战。因此，社会支持网络视角的社会工作希望能够通过使用联合问题解决这个概念让社会工作者关注到，问题的解决过程不是存在于某个人的大脑里，而是存在于人际应对网络中，涉及多个不同而又相互关联的行动者（Folgheraiter，2004：203－206）。

显然，社会工作者作为反思的实践者，首先需要帮助人际应对网络中的成员，而不是服务对象一个人学会观察和总结自己的生活经验，了解人际应对网络运行的状况，发掘其中的成功之处，并且在此基础上通过生活经验的横向和纵向的再组织协助人际应对网络中的成员找到未来更为积极的发展方向。社会支持网络视角的社会工作强调，社会工作的整个服务过程就是社会工作者不断地协助人际应对网络中的成员学会运用引导服务技巧成为引导者的过程（Folgheraiter，2004：207）。

（七）人际增能（relational empowerment）

在社会支持网络视角的社会工作看来，社会工作者与服务对象的人际应对网络成员之间的这种"双重引导"，事实上是一种增能，这种增能既无法由社会工作者来掌控，也无法由网络成员自己来决定，而是两者相互影响的结果，两者都需要发挥各自的作用。这种相互影响的增能被社会支持网络视角的社会工作称为人际增能（Folgheraiter，2004：148）。社会支持网络视角的社会工作强调，服务对象之所以寻找社会工作者的帮助，是因为面临连他自己甚至周围他人也无法解决的困难，如果完全由服务对象自己寻找困难解决的方法，就很可能使服务对象在困境中越陷越深，无法自拔，达不到社会工作者所希望的提高服务对象自身解决问题能力的增能效果（Folgheraiter，2004：148－150）。

在实际的专业服务实践中，社会支持网络视角的社会工作发现，以往社会工作服务模式所推崇的对服务对象进行直接介入的方式无法达到使服务对象增能的目标，甚至还可能出现相反的结果，服务对象不仅没有增能，而且可能由于社会工作者的替代变得更加有依赖性（Folgheraiter，2004：150）。因此，为了替换直接介入的服务方式，让服务对象真正实现增能，社会支持网络视角的社会工作提出了引导的服务技巧，希望借助服务对象生活经验的再组织这种方式，把服务对象的改变与社会工作者的改变直接结合起来，实现人际交往过程中的增能，转变以往注重直接介入的增能或者由服务对象自我增能这种二元分割的服务逻辑（Folgheraiter，2004：153）。这样，社会工作者在服务过程中就需要转变沟通的方式，用一种人际关联的方式与服务对象对话，把服务对象的改变努力和社会工作者的改变努力联结起来，建立一种共同行动的合作关系。例如，社会工作者可以强调："只要我们一起努力，目前的状况就会有所改变。"（Folgheraiter，2004：154）显然，社会支持网络视角的社会工作的逻辑框架与以往的服务模式不同，它假设增能发生在服务对象与社会工作者之间的人际互动过程中，是两者共同行动的能力。

正是基于共同行动能力的考察，社会支持网络视角的社会工作不赞同社会工作者在服务的过程中突出"我"或者"你"的沟通方式，认为前者必然会导致相互替代的现象，从而削弱别人的能力；后者必然会出现过分相信自己的现象，从而忽视与周围他人的合作。这样，社会支持网络视角的社会工作强调，人际增能就具有观察视角层面的价值，让服务对象既能够看到自己的能力，相信自己，又能够看到与他人合作的转化能力，相信他人，推动服务合作关系的建立和个人的成长（Folgheraiter，2004：155）。

社会支持网络视角的社会工作认为，这种人际增能的服务逻辑是网络化服务策略实现的必要条件，它与以往的服务模式不同，不是把人从自己的日常人际网络中抽离出来给予直接的指导，而是引导人重新投入自己的人际应对网络中，学会与周围他人建立一种共同行动的合作方式。为此，社会支持网络视角的社会工作建议社会工作者转变与服务对象的合作态度，学会放弃"完美"的服务逻辑，不是注重服务对象是否达到标准化和规范化的服务要求，而是关注如何与服务对象一起寻找更为合适的行动方式，相信每个人，包括服务对象都有自己的应对困难的行动方式（Folgheraiter，2004：156）。社会支持网络视角的社会工作强调，一旦社会工作者面临任务分配的时候，就需要提醒自己，网络中的成员是否有谁能够替代自己完成这项任务，如果有，就需要将他作为服务对象人际应对网络中的一员学习承担这项任务。当然，在实际的服务中寻找像社会工作者这样拥有专业服务知识和技能的网络成员并不容易，但是社会工作者可以改变提问的方式，找到网络成员中的类似替代者。例如，社会工作者可以问自己，网络成员的做法是否能够接近社会工作者的任务要求，或者即使无法达到社会工作者的要求，也可以接受。社会支持网络视角的社会工作坚持认为，社会工作者只有在无法找到可以替代的网络成员的时候，才可以自己承担这项任务。这样做不是为了减轻社会工作者的工作压力，而是把发展的机会和空间留给网络中的成员，让服务对象学习另一种共同行动的学习方式（Folgheraiter，2004：157）。

在沟通对话的焦点上，社会支持网络视角的社会工作强调，这种人际增能的服务策略也有自己的要求，需要社会工作者从关注网络成员的不足转向网络成员的能力。为了说明这种服务策略背后的服务逻辑，社会支持网络视角的社会工作还拿装着半杯水的杯子做比喻，认为网络成员，包括服务对象就像装着半杯水的杯子，如果社会工作者只关注还没有装满的部分，就会采取修补的服务逻辑，强调网络成员需要学习和补充不足的部分。这样，就会出现社会工作者把自己的想法和要求强加给网络成员的现象，社会工作者与网络成员之间并不会产生共同的行动。如果社会工作者关注装满的部分，就会注重网络成员能力的发掘和运用。显然，这样的服务策略不是修补不足，而是在现实的能力基础上寻求更好的发展，是一种发展取向的（Folgheraiter，2004：158 - 159）。值得注意的是，虽然社会支持网络视角的社会工作采纳了优势视角（strengths perspective）的能力（strengths）概念，并且认为能力是个人成长改变的基础，但是它与优势视角还是有所不同的，不仅关注个人与周围他人之间的人际增能，也注重不足部分的克服，只要这种不足妨碍了个人的成长和改变（Folgheraiter，2004：159）。

社会支持网络视角的社会工作发现，在这种人际增能的服务策略下，虽然社会工作者也需要随时跟进服务对象人际应对网络的变化，但不是作为管理者掌控人际应对网络的改变过程，而是作为协助者支持网络成员的自助和互助。也就是说，人际增能其实是帮助人际应对网络提高自助能力的过程（helping a self-help process），它既包括网络成员的自助，也包括网络成员之间的互助（Folgheraiter，2004：160 - 161）。在社会支持网络视角的社会工作看来，人际应对网络自助能力提升的关键是看社会工作者与网络成员之间的沟通是否能够达成共同的行动，它涉及网络成员的经验知识与社会工作者的专业知识这两种知识的融合与转化。如果缺乏专业知识，网络成员就会陷入自己的日常生活经验中，很难拓展自己的人际应对网络；如果缺乏经验知识，社会工作者就无法走进网络成员的日常生活中，人际应对网络同样也无法拓展（Folgheraiter，2004：161－162）。因此，社会支持网络视角的社会工作强调，社会工作者除了需要学会鼓励网络成员表达自己的想法和采取必要的共同行动之外，还需要开放自己，注意从网络成员的身上学习日常生活中的经验知识，促进自身的专业知识与经验知识的结合和转化（Folgheraiter，2004：162）。

正是由于人际增能是一个相互学习、相互转化的过程，社会支持网络视角的社会工作认为，社会工作服务具有另一个重要特征——不确定性，即无法根据服务需求评估或者服务机构所拥有的资源为服务对象提供多种服务介入方案的选择，然后实施其中最佳的方案，而是依据服务对象在特定环境下的要求，与服务对象一起寻找各种可能的应对行动，然后尝试其中最容易实施的。社会支持网络视角的社会工作强调，这种不确定性并不是通过提供尽可能多的服务方案就能解决的，因为这样的服务策略背后是一种线性的思维方式，而实际上，服务对象的任何成长和改变都需要借助社会工作的引导实现自身应对问题的经验知识的转化。因此，在社会支持网络视角的社会工作看来，社会工作者首先需要学习的是正视和接纳社会工作服务中的这种不确定的特点（Folgheraiter，2004：141）。

需要注意的是，社会支持网络视角的社会工作强调社会工作服务的不确定性，并不是指社会工作服务就是不可预知、无法把握的，而是为了说明以往那种希望能够完全掌控整个服务过程的服务逻辑是有局限的，不仅无法实现，而且可能给服务对象的成长改变造成阻碍。为了改变这一状况，社会支持网络视角的社会工作强调，社会工作者需要转变看待服务的态度，不再把服务中的不确定性视为失去掌控能力的失败象征，从掌控整个服务过程的实证主义服务逻辑中摆脱出来，学会以积极的视角看待不确定性，把不确定性当作个人成长改变过程中不可或缺的部分（Folgheraiter，2004：128）。显然，社会支持网络视角的社会工作质疑的是传统实证主义的线性思维逻辑，认为把这样的逻辑放在服务中必然导致静态的服务视角，只关注服务对象的变化，而没有看到社会工作者的改变，更不用说两者之间的动态的关系。正是因为如此，社会支持网络视角的社会工作希望创建一种能够反映现实这种动态要求的服务逻辑，这种服务逻辑就是人际增能（Folgheraiter，2004：127）。

在实际的专业服务中，社会支持网络视角的社会工作发现，社会工作者为了应对服务中的不确定性往往选择通用的标准化的服务策略，而不是个别化的人际增能的服务策略，即把影响服务的因素从实际生活中抽离出来，在一般现象层面上讨论服务的程序、方法和技巧等，使服务标准化，能够适应不同工作场景和时间的需要。社会支持网络视角的社会工作认为，这种通用的标准化的服务策略有一个显著特征，追求宏观的分析，以规避具体服务场景中的不确定性。不过，这样做同时也会带来另一个危险：个人主动性的削弱（Folgheraiter，2004：128）。因此，社会支持网络视角的社会工作强调，社会工作者需要改变服务的策略，不是把现实的复杂性理解成影响因素的纷杂，寻找掌控整个服务过程的方法，而是把现实的复杂性视为人们选择的多样性，跟随服务的展开过程探究应对的方式。社会支持网络视角的社会工作相信，一种服务的输入可以带来多种可能的行动选择，社会工作者只能够跟随服务的展开进程，通过预测应对行动的可能性，了解和影响服务对象的行为选择，找到困境的解决方法（Folgheraiter，2004：129）。

在社会支持网络视角的社会工作看来，既然社会工作者无法完全把握服务的结果，就需要放弃实证主义的线性思维的服务逻辑，从关注如何设计科学的问题解决的方案这种未来导向的服务转向如何科学分析问题的变化状况并且寻找有效的应对行动这种现实导向的服务。这样，不是问题解决（solution）而是问题（problem）成为社会工作者关注的服务焦点。社会支持网络视角的社会工作认为，整个社会工作服务过程就是社会工作者与服务对象及其应对网络的成员逐渐明确和聚焦问题的过程，并且由此才能根据现实场景提供的线索设计有针对性的应对行动（Folgheraiter，2004：143 - 144）。显然，在社会支持网络视角的社会工作逻辑框架中，问题解决是一个人际增能的动态过程，是社会工作者与服务对象及其应对网络成员围绕问题而展开的一起寻找应对行动的共同学习过程。

社会支持网络视角的社会工作认为，针对同一个问题不同的人就会有不同的应对行动，即使同一个人，在不同的场景或者不同的时间也会有不同的应对行动。因此，社会支持网络视角的社会工作强调，根本不可能存在一个问题只有一种解决方案或者一个目标只有一种行动方案这样的情况，特别是在微观的社会工作服务中，这种现象更为普遍。社会工作者在实际的服务中寻求的自然也不是"最好"的行动方案，而是积极可行的行动方案。值得注意的是，社会支持网络视角的社会工作坚信，应对行动是一环扣一环的，一种积极可行的应对行动可以带来更多的可以选择的新的积极可行的应对行动；同样，一种消极的应对行动可以导致更多的应对困难，社会工作者只有通过一个又一个这样的积极可行的行动方案的尝试，才能打开自己的视野，逐渐明确行动的目标和任务，拓宽成长前行的道路（Folgheraiter，2004：132）。

为了说明这种人际增能的动态服务逻辑，社会支持网络视角的社会工作把社会工作者的服务介入过程比作冒险的旅行，在旅行之前，包括社会工作者在内，没有人能够知道旅行的终点在哪里、可以走哪条具体的旅行线路以及旅行路上到底会遭遇什么，等等，存在很多不确定的因素。但是，社会支持网络视角的社会工作强调，社会工作者作为服务的引导者在开始旅行之前，必须了解旅行的方向。只有这样，社会工作者才能够在旅途中与服务对象及网络中的成员一起寻找积极可行的应对行动，并且在行动的尝试过程中逐渐让旅行的路线和目标变得清晰明确。正是由于社会工作者的服务介入有这样的特点，社会支持网络视角的社会工作甚至认为，即使用旅行做比喻也不贴切，因为旅行通常预先是有线路安排的，而社会工作服务常常没有这样的安排，这使社会工作服务具有这样的特征：在社会工作者与服务对象一起探索积极可行的应对行动中，一方面让未来的成长目标呈现得更加清晰，另一方面尝试将之前的行动联结起来，为成长铺平道路（Folgheraiter，2004：133）。

社会支持网络视角的社会工作强调，如果把社会工作服务作为一种冒险的探索，社会工作者就需要改变学习的方式，不是寻找问题解决的正确答案，而是发现和改正应对行动中的错误，即采用尝试和纠错这种探索式的学习方式（we try and we error）。这样，社会工作服务就变成不断围绕问题寻找积极的应对行动，然后决定冒险尝试和矫正行动尝试中的错误的过程。没有人能够明确知道未来的结果，但知道可以比现在做得更好。社会支持网络视角的社会工作认为，它所推崇的这种人际增能的服务逻辑与以往线性思维的服务逻辑的目的是一样的，帮助服务对象学会运用理性的方式应对日常生活中的不确定性，只是把握的方式不同，线性思维主张用理性替换不确定性，人际增能则注重用理性驾驭不确定性（Folgheraiter，2004：133）。

值得注意的是，社会支持网络视角的社会工作发现，尽管这种冒险探索的最终决定权在服务对象身上，但是这并不意味着服务对象的成长改变不需要社会工作者的帮助和支持。实际上，整个社会工作服务的开展过程就是社会工作者与服务对象一起寻找解决问题的应对行动过程。其中，社会工作者在人际增能过程中扮演着两个方面的重要角色：解读者和陪伴者。解读者是指社会工作者在整个冒险探索的路途上需要发现和解释那些蕴含前行方向的信息，并且将这些信息反馈给服务对象，引导服务对象找到更为积极有效的应对行动。陪伴者则是指社会工作者只是陪伴服务对象度过生活中的一段困难时刻，他可以在服务开展过程中发表自己的意见，施加自己的影响，但需要把冒险探索的最终行动决定权留给服务对象，让服务对象逐渐学会承担自己成长改变的责任（Folgheraiter，2004：134）。因此，社会支持网络视角的社会工作认为，所谓帮助服务对象找到问题解决方法的更为确切的说法是，陪伴服务对象找到更为安全的成长改变的探索之路。在社会支持网络视角的社会工作看来，服务可以有结束，但生活不会停止，一段服务的结束意味着服务对象自己驾驭的新的探索旅程的开始（Folgheraiter，2004：135）。

无论作为一种视角还是服务操作方式，社会支持网络视角的社会工作为社会工作者开启了另一种不同于以往服务模式的服务思路，把服务对象放回到自己日常生活的社会支持网络中，让服务对象的改变与周围环境的改变紧密结合起来，真正展现社会工作所坚持的"人在情境中"这一核心理念。不过，它也面临不少的质疑，除了服务操作层面的，如专业服务机构之间的配合困难、专业人士与非正式帮助者的合作意愿不强以及家庭照顾资源的缺乏等（Biegel，Tracy，& Song，1995），还有视角层面的，如不少弱势群体的服务对象恰恰缺乏社会支持，特别是非正式的社会支持，如果服务开展过程中强调社会支持网络的运用，很容易给服务对象造成新的服务压力，让服务对象变成弱势中的弱势（Tracy & Brown，2011：455）。实际上，正式服务与非正式服务以及志愿服务之间的关系是非常复杂的，社会支持网络之间的协调就需要耗费社会工作者很多精力和时间（Graycar，1983）。

与其说社会支持网络视角的社会工作是一种服务技术，还不如说是一种服务的视角，它不仅把社会工作所说的环境理解成由众多不同人构成的人际应对网络，延伸了环境的概念，而且把个人放回到日常生活的人际网络中，从过程的视角来理解社会工作者与服务对象以及服务对象与周围他人的关联（Folgheraiter，2004：166）。这样，社会工作者就成为反思的实践者，借助引导服务技巧在人际互动中围绕问题的界定、行动方案的寻找和执行、未来问题的预测以及意外问题的发现等步骤，帮助服务对象找到与周围他人共同应对的行动方案，在相互影响的互动过程中促进经验知识和专业知识的结合，实现人际增能（Folgheraiter，2004：162）。正像福尔盖赖特所说，社会工作是一种冒险的探索，它的前行道路是踩出来的，就在社会工作者的脚下（Folgheraiter，2004：133）。

第六章 系统和生态视角

　　系统和生态视角（systems and ecological perspective）也是在批判弗洛伊德的精神分析视角对环境因素忽视的基础上发展出来的，但是与沟通和建构视角以及人际关系视角不同，它直接从系统和生态理论引入一种全新的循环逻辑的观察视角，把环境因素作为理论逻辑的重要元素，重点关注系统与系统之间或者个人与环境之间的关联性和整体性（Payne，2005：157）。这样，系统与系统或者个人与环境之间如何转换成为社会工作的关注焦点，服务的方式也逐渐转向综合的服务策略，注重在服务对象的日常生活场景中带动服务对象的成长改变，而社会工作者也不再是服务对象问题解决的"专家"，只是服务对象多种社会支持关系的一种（Payne，2005：155）。不过，不同的学者对系统和生态视角有不同的理解，如果关注不同系统之间的关系，强调多系统场景下开展专业服务，这是系统视角的社会工作（Greene，2008b：168）；如果注重个人与环境之间的多重互动关系，并且考察个人在与环境的交流和转换过程中的成长和改变，这样的理论架构属于生态视角的社会工作（Greene，2008a：206）；生活模式则是在生态视角的逻辑框架下引入了生命历程的概念，不仅注重个人与环境之间相互影响的动态的契合性（fit），而且把个人日常生活中的物理环境、社会环境和历史文化三种场景因素联结起来，形成像"生活"一样的服务模式（Gitterman，1996：389－390）；而优势视角则关注生态视角下个人的优势，强调把个人的能力和环境的资源链接起来，将服务对象的改变能力作为服务的核心，通过希望的引导，在人们日常生活中的社区实现自己的梦想，建立一种既关注服务对象问题也关注服务对象能力的更为积极、平衡的服务视角（Saleebey，2006b：22）。

第一节　系统视角的社会工作

一　系统视角的社会工作的演变

　　尽管由美国生物学家路德维希·冯·贝塔朗菲（Ludwig von Bertalanffy）创建的一般系统理论（general systems theory）在20世纪三四十年代就已经形成，但它真正开始影响社会工作却是在六七十年代（Gordon，1969：5）。60年代，社会工作者开始反思弗洛伊德精神分析学派理论逻辑的不足，认为这一学派过分关注个人的心理结构，忽视环境对个人的影响，而一般系统理论正好弥补了这一不足，社会工作者看到个人与环境作为一个整体的内在关联。① 与此同时，兴起于四五十年代的家庭治疗也开始影响社会工作，社会工作者发现，家庭成员的问题不是哪个成员或者哪几个成员的问题，而是整个家庭系统的运行出现了困难（Howe，2009：111）。实际上，社会工作从开创之初就开始寻找个人在环境影响下的改变规律，把个人放在环境中来考察。因此，当一般系统理论走进社会工作者的视野时，很快就受到社会工作者的关注，成为社会工作直接服务中把握环境影响因素不可缺少的重要理论支持（Strean，1971：149）。

不过，最让社会工作者感兴趣的是，在一般系统理论中包含了如何将个人与环境联系起来，并且能够贯通个案工作、小组工作和社区工作等不同服务方式以及不同领域服务的理论逻辑，特别是其中对系统与系统之间关联性（relatedness）的强调、系统整体性（wholeness）的倡导以及相互交错影响的循环逻辑的推崇，直接向以往的以弗洛伊德精神分析学派为哲学基础的社会工作服务逻辑提出了挑战（Payne，2005：157）。这样，把一般系统理论引入社会工作就成为七八十年代社会工作者的普遍呼声（Leighninger，1978）。

虽然一般系统理论对社会工作的影响涉及很多方面，既有价值理念层面的，也有服务方法层面的，而且不同的社会工作者对此也有不同的理解和取舍，但是他们都赞同从个人与环境相结合的系统视角来理解社会工作（Greene，2008b：168）。这种系统视角的社会工作的主要内涵包括四点。第一，系统思维或者循环思维，即认为服务的逻辑是一种相互影响的方式，A 可以影响 B，B 也可以影响 A，而不是以往服务模式所强调的因果逻辑，只能够是 A 影响 B 这种单向的直线方式。系统视角的社会工作（general systems theroy and social work）强调，人类生活非常复杂，系统与系统之间是相互关联的，以往的注重因果分析的服务模式无法适应实际服务的需要，取而代之的是建立在这种系统思维逻辑基础之上的服务模式（Meyer，1973）。第二，整体关联，即强调系统的各个部分是相互关联在一起的，其中任何一部分的改变都会影响其他部分的变化，这些不同的部分一起构成一个整体，其中最为明显的是个人与环境的关系，在服务的设计中不能把它们拆分开来，或者只关注个人，或者只关注环境，这样的做法不仅会影响服务的成效，而且违背了社会工作所推崇的"人在情境中"的基本服务逻辑（Weick，1981）。第三，微观－宏观联结，即把环境细分为不同的系统，关注各个系统之间的联系，如家庭、邻里、亲属和社区等，将这些不同系统联结起来。这样，就能够根据系统之间的关系，把微观服务与宏观服务整合在一起。系统视角的社会工作发现，在实际的服务中，影响个人改变的环境因素很多，只有通过区分不同的系统以及系统之间的关系，才能够找到这些复杂纷乱的环境因素的内在关联（Leighninger，1978）。第四，协同工作（joint working），即认为社会工作者与服务对象是一种协同应对问题困境的关系，不是谁治疗谁或者谁指导谁的关系，服务对象的周围他人也一样，也是社会工作者的重要合作者，他们也是影响服务对象改变的重要环境因素。甚至社会工作者本身也不能被简单视为单独的一个人，而是社会服务机构中的一员，他也需要与其他工作人员协同工作。系统视角的社会工作假设，系统与系统之间是相互影响的，通过反馈机制相互之间就能够形成一定的行为模

---

① 详见 Hearn（1969）。

式（patterns of behavior）。因此，只有借助协同工作的方式，才能够帮助服务对象调整与周围他人的互动方式，从而摆脱问题的困境（Pincus & Minahan，1973：10）。

可见，一般系统理论被引入社会工作之后，给社会工作者提供的不仅仅是一种崭新的服务模式，更是一种与以往弗洛伊德精神分析学派的医学模式完全不同的理论逻辑框架，这种理论逻辑框架真正把环境纳入社会工作的服务视野中，让社会工作者能够同时关注个人与环境之间的相互影响。正是基于这样的理论逻辑的考察，系统视角的社会工作很快成为广受社会工作者欢迎的一种重要的社会工作理论模式（Rodway，1986：516）。

值得注意的是，一般系统理论在受到社会工作者欢迎的同时，也面临很多质疑，如一般系统理论的概念过分抽象，很难具体操作；而且概念的术语缺乏人本和社会的元素，与人们日常生活的理解方式不同等（Payne，2005：158）。这样，到了80年代，系统视角的社会工作就逐渐被生态视角的社会工作取代，出现系统视角与生态视角相互结合的发展趋势（Siporin，1980）。不过，需要注意的是，这种发展趋势并不意味着系统视角的理论逻辑和主要概念过时了，恰恰相反，它表明系统视角正在以一种更为适合于人类社会生活的解释逻辑出现（Kearney，1986）。社会工作者也慢慢发现系统视角的社会工作对个人心理考察方面存在的不足，逐渐找到与心理动力学派相互结合的方式，将个人内部心理状况的深度理解与外部环境的系统解释整合起来，出现一种综合的发展趋势（Preston-shoot & Agass，1990：37）。

就一般系统理论对社会工作的理论建构和服务形式的影响来说，系统视角的社会工作主要有两种不同的发展方向：一种把家庭视为一个系统，重点考察家庭的结构和沟通方式，关注家庭服务领域的服务方式的改造，以美国的社会工作者罗伯特·罗宾·格里恩（Roberta Rubin Greene）为代表；另一种注重系统的整体关联概念，关注不同服务领域和不同服务方式的通用服务模式的创建，以美国威斯康星大学社会工作学院（The School of Social Work at the University of Wisconsin）的埃伦·平克斯（Allen Pincus）和安尼·明南汉（Anne Minahan）为重要的创建者（Payne，2005：148）。

（一）罗伯特·罗宾·格里恩

格里恩在80年代一直从事老年人家庭服务的项目，他不仅关注家庭照顾者的重要作用，而且把整个家庭都作为服务的对象，引入一般系统理论的服务逻辑（Greene，1989：68）。在梳理一般系统理论的逻辑框架时，格里恩发现，冯·贝塔朗菲提出的一般系统理论不像人们通常认为的那样具有严谨逻辑结构的理论，而是一些有关关系属性的抽象假设，这些理论假设为实践者和理论分析者提供理解和分析社会现象的基本观察视角。正像贝塔朗菲自己所说的那样，这不是一种理论，而是一般的工作假设（Bertalanffy，1962）。格里恩非常赞同贝塔朗菲的观点，认为虽然这些理论假设来源于生物学的观察和研究，但是它们可以运用于不同层次的系统，包括人类共同生活形成的复杂的社会系统（Greene，2008b：165）。显然，这是一种在一般意义上讨论系统的关系和构成要素的理论假说，并不涉及系统的具体规模和生存场景。因此，它被称为一般系统理论（Bertalanffy，1968：37）。

对于社会工作来说，它的服务层次主要是社会系统。如果从一般系统理论来看，格里恩认为，这种系统具有十二个方面的特征：①它由相互关联的社会成员组成，本身就是一个整体；②它的特性是由系统的界限和成员的身份决定的；③它的界限保障了成员的身份和系统的工作重点，使之有别于其他社会系统；④在它的界限之外是系统赖以生存的环境；⑤它是由相互交错在一起的独特人际网络构成的，可以细分为系统的结构和沟通模式；⑥在它的内部有特定的成员关系和组织方式；⑦它是更大系统中的一个子系统；⑧它与其他系统之间相互影响、相互依赖；⑨它具有适应性和目的性；⑩它的任何一个成员的改变都会影响整个系统；⑪它与环境之间的交流既影响系统的适应能力，也影响系统内的组织结构；⑫系统内外的失衡会促使它重新寻找新的平衡（Greene，2008b：166）。显然，在这十二个特征的背后有一些重要的概念，如系统界限、成员身份、沟通模式、系统关联以及系统适应性等，而贯穿其中的是一种崭新的系统思维的观察视角，这种观察视角注重系统与系统之间以及整体与子系统之间的关联，采用的是相互影响的循环逻辑，不再把个人从环境中抽离出来，分析个人的意识状况对行为的影响，而是把行为看成不同系统之间相互影响形成的沟通方式。这样，社会工作者就可以运用与以往直线思维的医学服务模式完全不同的服务策略，关注影响服务对象行为表现的不同系统，同时在多个系统层面上对服务对象施加影响（Greene，2008b：168）。格里恩强调，只有这样，社会工作者才能真正做到既关注心理又关注社会的双重焦点的服务（Greene，2008b：167）。

最让格里恩感兴趣的是，如何将系统视角运用到实际的家庭服务中（Greene，1986：2）。他把一般系统理论与家庭治疗理论结合起来，除了认同家庭是一个整体以及家庭成员之间相互影响之外，认为一个家庭有三个不可缺少的要素——家庭的组织结构（structure and organizational properties）、沟通模式（patterns of communication）以及与环境的关系（relationship to the environment），这三个要素也是社会工作者开展家庭需求评估和服务介入时的考察重点（Greene，2008b：172）。在具体的家庭服务中，格里恩强调，社会工作者需要坚持六项基本的服务原则。①家庭整体原则。把家庭视为一个具有独特组织结构和沟通模式的系统，社会工作的目的就是帮助家庭成员了解导致整个家庭出现功能运行困难的因素有哪些，并且帮助他们找到解决这些困难的方法。②家庭边界原则。通过观察家庭成员身份的确定方式和行为表现，就可以明确界定家庭系统的界限和开放程度。③家庭适应原则。关注整个家庭系统在适应环境方面的状况，特别是那些可以增进环境适应功能的家庭资源条件的评估。④家庭结构原则。通过了解家庭的组织结构和社会化的过程，包括家庭子系统的组织方式、家庭权力的分配、家庭角色的承担以及家庭文化的形成等不同的方面，就可以绘制整个家庭的结构图。⑤家庭沟通原则。注意考察家庭的沟通模式，包括家庭成员之间信息的沟通方式、家庭系统的反馈机制以及它对家庭成员之间互动关系的影响，特别是其中妨碍家庭成员顺利沟通的三角沟通关系（dysfunctional triangulation）以及背后所呈现的独特的沟通原则。⑥家庭应对原则。关注家庭系统应对环境压力的方式和成效，帮助家庭成员找到有效应对或者减轻环境压力的方法和途径（Greene，2008b：173）。显然，格里恩通过引入家庭治疗的一些重要概念和理念对一般系统理论进行了改造，使系统视角能够适应社会工作的实际服务需要，但是他所倡导的这六项家庭服务原则，仍然依据的是家庭系统三个基本要素的理解框架。

为了帮助社会工作者把系统视角与社会工作服务介入的逻辑联结起来，格里恩还在家庭服务中引入了能量（energy）、发展视角（development approach）和适应能力（adaptive capacity）等重要概念。他认为家庭作为人类生活的一个重要系统不是静止的，而是充满能量的相互影响的动态过程，这种能量就是来自家庭内部或者家庭外部的信息和资源。格里恩强调，正是借助家庭系统拥有的能量，才能使整个家庭系统在环境挑战面前采取必要的应对行动，保持家庭系统运行的平衡（Greene，2008b：177）。不过，格里恩认为，家庭系统运行的不平衡以及由此带来的压力，正是家庭系统发展的前提，也是家庭系统能量展现的机会，这说明家庭系统需要调整与环境的互动关系，找到新的发展平衡。因此，可以说，压力就是家庭系统成长的条件，它伴随家庭系统的整个成长改变的过程（Greene，2008b：178）。

显然，在格里恩的理论逻辑框架中，能量与系统的发展紧密联系在一起。这样，通过能量这个概念，格里恩就将发展视角与社会工作的家庭服务联系起来，认为家庭系统也像个人一样，有一个成长改变的生命周期，在不同的发展阶段需要完成不同的任务，以应对环境提出的不同挑战（Greene，2008b：179）。在格里恩看来，家庭系统引入发展视角意味着，社会工作者在理解家庭时需要采取一种动态的思考逻辑，它包括四项基本的理论假设：①每位家庭成员承担着不同的家庭角色，他们之间相互影响，其中任何一位家庭成员的变化都会影响其他家庭成员；②家庭是一个有明确边界并且努力维持这种边界的系统；③家庭是家庭成员长期相互影响形成的互动模式；④家庭是一个社会任务执行的单位，它既需要适应环境的要求，也需要满足家庭成员的愿望（Greene，2008b：180）。值得注意的是，格里恩的家庭发展视角面临不少社会工作者的质疑，其中的一个核心观点是，家庭的发展就像人一样并不是只有一条发展的路径，也不是只有一种直线的方式，不同的家庭不仅发展阶段可能不同，而且在不同的阶段也可能出现反复和摇摆（Germain，1994a）。因此，到了90年代，格里恩开始把后现代的一些思想引入社会工作的家庭服务中（Greene & Blundo，1999）。

在实际的服务中，格里恩发现，家庭系统的适应能力不是简单地表现为是否适应环境的状况，它至少涉及两个维度：一个维度是纵向的，是家庭系统在时间维度上的发展，表现为家庭的过去、现在和未来的联结，它是家庭系统的生命周期，意味着家庭随时需要应对来自未来的挑战，具有目的性；另一个维度是横向的，是家庭系统在现在这个时间点与其他社会系统的互动状况，表现为家庭与邻里、社区等其他社会系统的联结，它是家庭系统的社会关系，意味着家庭随时需要维持与其他社会系统的联系，具有关联性（Greene，2008b：180）。格里恩的这一观点与生态视角（ecological perspective）不谋而合，显然他是受到了生态视角的社会工作的影响（Greene & Watkins，1998：21）。因此，从90年代开始，格里恩开始学习生态视角，尝试把生态视角也融入家庭服务中，重新理解家庭系统的适应能力，把个人、家庭和社会三者联结起来形成更为宽广的观察视角（Carter & McGoldrick，2005：27）。他认为，家庭系统的适应能力除了与家庭系统的开放程度和应对环境挑战的能力等因素有关之外，还有一个方面的重要能力，这种能力没有受到系统视角的社会工作的足够关注，它就是家庭系统的自我调节（self-regulating）和自我指导（self-directed）的能力（Greene，2008b：182）。此外，格里恩还引入了家庭抗逆力（family resilience）的概念，希望改变系统视角的社会工作的家庭服务介入方式，关注家庭系统在困境中的能力和资源。①

（二）埃伦·平克斯和安尼·明南汉

平克斯和明南汉是美国威斯康星大学社会工作专业的教师，他们在教学实践中发现，社会工作专业的学生在学习中普遍面临一个难题，就是社会工作的专业服务领域很广，专业手法很多，缺乏统一、明确的专业学习标准和要求，这样就必然导致学生的专业思想模糊和专业技能不精的困惑。经过 5 年多的思考和反复实践之后，他们在 1973 年正式出版了《社会工作实践：模式和方法》（*Social work practice：Model and method*）一书，作为研究生第一年的学习课程，帮助学生掌握社会工作实务的基本操作逻辑和方法（Pincus & Minahan，1973：xi）。

没想到的是，平克斯和明南汉的这部著作受到了社会工作者的广泛欢迎，特别是一线实务工作者，他们发现，平克斯和明南汉提出的系统视角的服务模式不仅为社会工作找到了统一的服务框架，能够将不同服务领域和服务内容的专业服务联系起来，确保社会工作统一的专业身份，更为重要的是，平克斯和明南汉总结出一套能够同时适用于个案、小组和社区三大社会工作专业手法的通用社会工作模式，使社会工作避免陷入像个人与环境、临床服务与社会行动以及微观与宏观这样两级对立的服务逻辑中（Pincus & Minahan，1973：xii）。值得注意的是，平克斯和明南汉的努力并不是孤立的，与他们同时代的还有高登·赫尔恩（Gordon Hearn）和哈瓦德·高尔德斯汀等人，他们也强调个人与环境之间的内在关联以及系统与系统之间的联系，要求社会工作者同时关注个人和环境，创造一种他们称之为"整全"的视角，只不过他们各自运用的概念不同，前者注重"整体性"（holistic），② 后者强调"一致性"（unitary）。③

与以往的社会工作服务模式不同，平克斯和明南汉并没有直接把社会工作的服务焦点锁定在环境中的个人，而是将社会工作的服务过程放在特定的社会环境中来考察，认为社会工作就是通过改变特定社会处境中的不同影响因素实现预定目标的有计划的干预过程（Pincus & Minahan，1973：xiii）。他借用了一般系统理论的基本逻辑框架，对社会工作的功能进行重新定位，强调社会工作的作用就是：①提高人们解决问题和应对环境挑战的能力；②帮助人们链接环境的资源；③促进人们与环境的互动关系；④改善资源系统内人们之间的互动关系；⑤带动社会政策的改善；⑥提高资源的利用；⑦增强社会

---

① 格里恩借用了沃尔西（Froma Walsh）的家庭抗逆力的逻辑框架，把家庭系统的评估和介入也分为三个方面：信念系统（belief systems）、组织模式（organizational patterns）和沟通模式（communication patterns）。详细内容请参见 Walsh（2003）。

② 详见 Hearn（1969）。

③ 详见 Goldstein（1973）。

的管理（Pincus & Minahan，1973：15）。值得注意的是，平克斯和明南汉的理解逻辑框架与以往社会工作服务模式的观察视角有着根本的差别，虽然它们都关注人与环境的互动关系，注重问题解决能力的提升，但是平克斯和明南汉侧重的是系统与系统之间的互动关系，即环境不再简单地被当作个人之外的生活场景，而是与人保持互动关系的不同系统。这样，社会工作的服务焦点就从关注生活环境中的某个人、某个家庭或者某类人转向系统与系统之间的互动关系上。即使是社会工作者，平克斯和明南汉也把他放在社会服务提供系统的视角下来理解，因此，社会工作也就具有了增强社会管理的功能（Pincus & Minahan，1973：18－33）。

在平克斯和明南汉看来，社会工作在具体的实际服务中到底发挥什么功能完全取决于社会工作者的选择，他通常只是根据实际的需要选择和承担七项功能中的几项，而选择的时候则依据社会工作者自身拥有的两种能力：一种是专业的知识和技能，它保障社会工作者能够客观、理性地理解服务对象的生活状况，运用社会工作的专业服务技巧；另一种是个人的感觉和生活风格，它保障社会工作者能够与服务对象建立起一种情感的联系，并且在整个服务过程中维持一种有利于服务顺利开展的信任合作的专业关系。因此，平克斯和明南汉强调，社会工作既是一门科学，需要客观的分析和准确的介入，也是一门艺术，需要主观的感受和情感的投入，是科学和艺术两者的相互融合（Pincus & Minahan，1973：33）。有意思的是，平克斯和明南汉坚持认为，社会工作者仅仅拥有这两种能力还是远远不够的，因为社会工作的服务介入是一个动态的相互影响过程，社会工作者在实际的服务中始终面临如何协调自己的希望与服务对象的要求的难题，需要维持两者之间的平衡，过分关注自己的希望，或者过分注重服务对象的要求，都会影响服务的成效（Pincus & Minahan，1973：49）。

平克斯和明南汉强调，他们之所以把一般系统理论的原理运用到社会工作服务中，创建一种系统视角的社会工作通用服务模式，并不是像以往社会工作服务模式那样为了提出一种新的理论模式，用于指导社会工作的某种实务的开展过程，而是为了帮助社会工作者找到一种服务的视角。这种视角能够协助社会工作者在实际的具体服务过程中从服务对象实际的成长发展要求和具体的生活场景特征出发，选择和运用不同的服务模式和方法，让他们能够根据服务对象的实际生活状况整合各种不同的社会工作服务，根本转变社会工作的服务逻辑。平克斯和明南汉认为，系统视角恰恰是社会工作者所需要而且能够帮助社会工作者实现这种转变的基本的观察视角（Pincus & Minahan，1973：xii）。

因此，可以说，系统视角真正改变了社会工作的服务逻辑，不是把服务对象从自己的日常生活中抽离出来，以适应社会工作的服务模式和手法的需要，而是把服务对象放回到自己的日常生活中，让社会工作真正尊重服务对象自身发展的要求。从这个意义上说，系统视角更像是一种哲学的观察视角，为社会工作者提供了如何理解社会工作，包括服务对象和社会工作者自身的一种理解的逻辑框架（Pincus & Minahan，1973：xiii）。正是这种系统视角的理解框架广受社会工作者的欢迎，它不仅影响了系统视角的社会工作的发展，而且对之后的系统生态视角（ecosystems approach）、生活模式（the life model）以及增能视角（empowerment approach）的社会工作的产生和发展发挥着重要的作用

（Kemp，Whittaker，& Tracy，1997：40-45）。为了帮助社会工作者理解和掌握这种系统视角的逻辑框架，我们将以平克斯和明南汉的观点为代表，围绕系统视角的建构介绍和分析系统视角的社会工作的基本内涵。

二 系统视角的社会工作的理论框架

正像平克斯和明南汉所说，系统视角的社会工作的核心是把社会工作放回到人们的日常生活中，考察人们与环境系统互动的规律，这样，人们的任何改变都可以理解成，依赖系统所提供的物资、情感和精神等不同方面的服务以应对日常生活中面临的不同挑战（Pincus & Minahan，1973：3）。显然，对系统内涵的理解是把握系统视角的社会工作的关键，可以说，系统视角的社会工作就是围绕系统的观察视角开展的，它是从系统出发对社会工作的评估和介入过程重新进行梳理和解释。

（一）系统互动中的问题

系统视角的社会工作认为，人们的任何问题都可以理解成人与环境系统互动过程中产生的，是两者互动关系不平衡造成的。因此，不能像以往社会工作服务模式那样运用类型的思维方式，要么把问题理解成服务对象的问题，要么把问题当作环境的问题。这种类型的思维方式，在系统视角的社会工作看来，就是缺少系统的观察视角，没有把人与环境联系在一起，关注两者之间的相互影响。显然，如果从这样的系统视角来理解社会工作需要解决的问题，就需要转变社会工作者的问题关注焦点，把问题放在服务对象与周围环境相互影响的逻辑框架中来考察。具体而言，问题涉及的互动关系有三种常见的不同方式：服务对象与非正式系统的互动、服务对象与正式系统的互动以及服务对象与社会系统的互动（Pincus & Minahan，1973：4）。

系统视角的社会工作之所以把问题的互动关系划分成三种常见的方式，是因为它依据的是人们在日常生活中的互动关系的特征。在实际的专业服务实践中，系统视角的社会工作发现，服务对象与周围环境系统的交流不外乎三种情况。一是与非正式支持系统的交流。这种交流注重情感的沟通和日常生活的安排，是服务对象在日常生活中因自然交往而形成的社会群体中的交流方式，像家庭、亲属和邻里等就是这种类型的支持系统。二是与正式支持系统的交流，这种交流关注某种成员关系的培养和维持，是服务对象在日常生活中为了某种共同兴趣和利益与他人形成的交流方式，像协会就是很典型的这种类型的支持系统。三是与社会支持系统的交流，这种交流专注于社会公共服务的提供，像学校、医院和福利院等就是这种类型的支持系统，社会工作服务机构也属于这种类型的支持系统（Pincus & Minahan，1973：4）。值得注意的是，这种注重在日常生活交流中理解服务对象问题的思路与以往的问题分析的逻辑是不同的，不再关注问题本身，把服务对象的生活切割成个案、小组和社区的方式，而是直接关注服务对象本身，了解服务对象整个日常生活中的问题表现。这样，服务对象的问题就可能同时涉及非正式支持系统、正式支持系统和社会支持系统（Pincus & Minahan，1973：5-8）。

尽管弱势群体的问题非常复杂，常常表现为多个不同的层面，既与多个支持系统的交流有关，也与支持系统内部的沟通有联系，但是系统视角的社会工作认为，如果从人与环境的互动关系来看，它通常可以简化为有两种情况：①相关资源系统或者相关服务不存在；②虽然相关资源系统或者相关服务存在，但是服务对象不了解或者不愿意，或者存在的资源系统可能给服务对象带来新问题，或者几种资源系统之间相互矛盾（Pincus & Minahan，1973：8）。

系统视角的社会工作之所以把人放回到自己的日常生活中，从人与环境系统互动的逻辑框架来理解服务对象的问题，是因为在它看来，社会工作就是一门帮助人们寻找实际问题解决答案的学科，只有从服务对象的实际生活出发，才有可能发现社会工作开展的理论逻辑。也正是在这样理念指导下，系统视角的社会工作通过对服务对象问题的分析发现，社会工作的理论逻辑框架有三项基本理论假设：①人的生活就是应对生活的任务（performing life tasks）；②人的生活离不开与环境资源系统的互动（interaction with resource systems）；③人的生活需要平衡个人的生活要求与公共的生活要求两者之间的关系（relating to public issues）（Pincus & Minahan，1973：14）。

就第一项基本理论假设而言，系统视角的社会工作认为，服务对象像一般人一样也需要承担日常生活中的各种任务，应对日常生活中的各种挑战。这样，环境系统就成为人们应对各种挑战必不可少的条件。这样的条件既可以是有利的，能够帮助人们实现自己的要求，或者减轻人们的痛苦，也可是有害的，妨碍人们要求的实现，或者加重人们的痛苦（Pincus & Minahan，1973：9）。因此，问题不是哪个人的问题，也不是哪种环境系统的问题，而是人们在应对日常生活任务过程中遭遇的困难，它既与人们的生活状态有关，也与环境系统的条件有联系，表现为日常生活任务实施的困难。如果人们在日常生活中遭遇到了这种困难，他们就可能转变成社会工作的服务对象（Pincus & Minahan，1973：10 - 11）。

就第二项基本理论假设来说，系统视角的社会工作强调，不仅服务对象也会像一般人一样与环境资源系统有三种常见的交流方式，包括与非正式、正式和社会支持系统的交流，更为重要的是，它要求人们放弃那种人与环境二元对立的思维方式，不是关注个人如何影响环境，或者环境如何影响个人，而是两者关联方式如何变化（Pincus & Minahan，1973：13）。这样，社会工作的注意焦点就从以往的个人或者环境转向两者的关联方式，即重点考察什么因素促使个人与环境的关联方式发生了改变，这种改变可以是积极的变化，也可以是消极的变化。如果这种改变是一种消极的变化，就会表现为人们应对日常生活挑战的困难（Pincus & Minahan，1973：11）。

系统视角的社会工作的最后一项基本理论假设，也是与以往社会工作服务模式非常不同的一项基本理论假设，就是认为人的日常生活既涉及个人私人的生活要求，也涉及社会公共的生活要求，是两者之间关系的协调。这意味着社会工作的专业服务不仅需要同时关注服务对象个人的改变和社会环境的改变，而且需要善于把个人问题中的社会公共生活要求剥离出来，延伸社会工作的专业服务，或者把社会公共生活要求与个人私人生活要求联系起来，看到两者之间的关系，推进社会公共服务的改善（Pincus & Minahan，1973：13 - 14）。这样，服务对象的问题也就自然涉及三个层面，或者说三种内涵，即日常生活任务的应对、环境资源系统的互动以及个人与公共生活要求的平衡（Pincus & Minahan，1973：14）。

正是因为依据这样的基本理论假设，系统视角的社会工作认为，所谓社会工作就是通过促进人们与社会环境系统的互动，帮助人们提高应对日常生活任务和实现自己梦想的能力。具体而言，它包括四个方面：①提高人们问题解决和应对能力；②帮助人们链接资源，包括提供必要的支持、服务和机会；③改善资源系统的运行，使它们更人性、更有效；④促进社会政策的不断完善（Pincus & Minahan，1973：9）。

（二）四系统的服务模式

通过观察和总结实际的专业服务经验，系统视角的社会工作发现，尽管社会工作的服务对象不尽相同，而且服务的领域十分广泛，需要解决的问题也差别很大，但是任何一位社会工作者在实际的服务中都需要回答四个基本的问题，而服务的展开就是围绕这四个基本问题，即谁是专业服务的实施者、谁有权力准许专业服务的开展、谁真正需要改变以及通过与谁合作才能实现这样的改变目标。系统视角的社会工作认为，这四个基本问题代表着社会工作专业服务的基本要素和组织架构，它意味着，社会工作专业服务可以对应这四个基本问题分为四个系统：改变系统（change agent system）、服务对象系统（client system）、目标系统（target system）和行动系统（action system）（Pincus & Minahan，1973：54）。显然，系统视角的社会工作与以往社会工作服务模式不同，不是把社会工作者帮助服务对象的服务过程从日常生活中抽离出来，抽象地考察两者的专业服务关系和服务开展的整个过程，而是在实际的服务场景中梳理社会工作的服务逻辑。因此，专业服务的展开就不仅仅涉及社会工作者和服务对象，同时还包括服务权力的提供者和服务的合作者。

就改变系统而言，系统视角的社会工作也与以往社会工作服务模式的看法不同，不是把服务的提供者看作社会工作者个人，而是一个系统。这个系统，在系统视角的社会工作看来，有两层含义：①社会工作的服务通常需要多个服务提供者，而且常常涉及多种不同专业的服务，因此，它不是单个人，而是一个工作团队，是一个系统，必然涉及服务提供者之间的相互合作；②社会工作是一种职业，不是单个人的活动，它需要依赖社会的资源保障服务的展开和个人的生存，因此，服务的提供者必然也受到这个服务提供系统的约束和影响（Pincus & Minahan，1973：54）。显然，系统视角的社会工作希望借助改变系统这个概念拓宽社会工作者的视野，不仅能够把自己的专业服务与其他专业人士的工作联系起来，而且能够把自己的专业服务与服务机构，甚至社会的福利服务系统联系起来。这样，社会工作者才能是一个有现实生活基础的专业服务的提供者。从实际服务的角度来看，引入了改变系统这个概念之后，社会工作者就需要在整个服务过程中考察自己的改变角色，是在系统内还是在系统外。系统内外的不同角色意味着社会工作者对自己不同的定位，它不仅影响社会工作者对自己的看法，而且几乎影响整个专业服务的安排和服务的进程（Pincus & Minahan，1973：55）。

尽管从字面上看服务对象系统就是由服务的对象构成的系统，但实际上，系统视角的社会工作恰恰希望社会工作者放弃这样的想法，它认为服务对象之所以成为服务对象，不仅仅是因为在日常生活中遭遇到问题之后寻求社会工作者的帮助，更为重要的是因为，他认同社会工作者制定的服务目标和计划，允许社会工作者进入自己的日常生活中开展专业服务。系统视角的社会工作强调，社会工作专业服务能够开展，依赖两种权力：一种是专业权力，是这个专业给予他开展这项服务的条件；另一种是合约权力，是服务对象给予他开展这项专业服务的机会（Pincus & Minahan，1973：57）。显然，对于社会工作者来说，这两种权力缺一不可。因此，界定服务对象系统的关键，不是看是否能够成为服务对象，而是看是否认同社会工作者的服务计划。系统视角的社会工作指出，如果从这样的角度理解服务对象，就会发现，在实际的专业服务中很多时候服务对象并不需要接受直接的服务，他们只是服务的联系人。当然，只有他们参与到服务中，服务才有可能实施。就实际的专业服务设计而言，把服务对象系统也纳入社会工作服务的考察范围内，这样的安排有利于社会工作者与服务的相关人员建立一种合作的关系，看到专业服务开展的现实基础（Pincus & Minahan，1973：58）。

在系统视角的社会工作看来，目标系统是指与改变系统希望实现的服务目标相关联的人员，只有通过影响这些人，服务目标才有可能实现（Pincus & Minahan，1973：59）。系统视角的社会工作认为，社会工作者与服务对象系统开展合作的一项重要任务，就是制定服务的目标，并由此确定需要改变的人员。因此，系统视角的社会工作所说的目标系统就是我们通常意义上认为的服务帮助的对象。系统视角的社会工作之所以这样理解目标系统，是因为它在实际的专业服务活动中发现，服务对象和帮助对象是有区别的，两者虽然有交叉，但常常并不完全重叠。前者给了社会工作者开展专业服务的机会，后者是社会工作者需要改变的对象。当然，当寻求帮助的对象也是需要改变的对象时，两者也就完全相同了（Pincus & Minahan，1973：60）。从实际的操作层面来说，这样的区分可以帮助社会工作者察觉到常常容易被忽视的两个方面的现象。一个是社会工作者需要解决的问题很可能不是寻求帮助的服务对象的问题，而是与他生活相关的其他人的问题。所以，社会工作者需要放弃谁来寻求帮助就帮助谁这样的想法，而需要通过仔细倾听服务对象的介绍确定谁是真正需要改变的人，让社会工作专业服务能够从服务对象的实际生活出发，扎根于服务对象的日常生活中。另一个是社会工作者不仅仅代表需要改变的帮助对象的利益，同时还代表准许专业服务开展的服务对象的利益，而两者又常常不完全相同，这就需要社会工作者不能顾此失彼，学会平衡两者的要求，找到双方都能够接受的服务目标，让社会工作专业服务既有效又合法（Pincus & Minahan，1973：60）。

最后一个服务系统是行动系统。系统视角的社会工作认为，在实际的专业服务开展过程中社会工作者常常需要与其他人员合作，实现服务预定的目标，包括一起研究问题、一起制订方案和一起行动等，这样的合作人员就是行动系统。系统视角的社会工作强调，这种行动系统既可以是新系统，由社会工作者根据服务目标的要求人为组织而成，像骨干志愿者就是这种系统，它也可以是旧系统，由社会工作者根据服务目标的要求从已有的系统中选择相关的人员，像照顾者就是这种系统的代表（Pincus & Minahan，1973：61）。当然，对于社会工作者来说，运用旧系统中的行动系统比较方便，不失为一种现实的选择。系统视角的社会工作还发现，即使是同一种行动系统，也可以有不同的组织方式，他们既可以直接相互影响，也可以通过社会工作者的协调间接地相互影响。而实际上，更为常见的是一种混合的行动系统，社会工作专业服务既需要直接相互影响的行动系统，也需要间接相互影响的行动系统，或者有时候需要直接相互影响的行动系统，有时候又需要间接影响的行动系统（Pincus & Minahan，1973：62-63）。

显然，在系统视角的社会工作的逻辑框架中，任何社会工作专业服务都不是简单地通过与服务对象建立专业合作关系对服务对象施加专业影响的过程，也不只涉及社会工作者与服务对象的互动关系，而与四个系统有关，包括服务提供方的改变系统、服务准许方的服务对象系统、服务改变方的目标系统以及服务合作方的行动系统。也就是说，在系统视角的社会工作看来，以往社会工作服务模式是缺乏现实生活基础的，一旦把它们放到日常生活中，就需要回答谁愿意提供服务、谁准许服务、谁需要改变以及谁可以配合四个基本问题，即社会工作专业服务的四个系统（Pincus & Minahan，1973：63）。因此，可以说，系统视角的社会工作不仅仅是一种服务模式的创建，同时还是一种如何理解社会工作服务本身的逻辑梳理，为社会工作者提供了一种完全不同于以往社会工作服务模式并且与实际生活能够直接联结的系统视角。在理解系统视角的社会工作的四个系统时，系统视角的社会工作强调，社会工作者随时需要注意两个经常容易被混淆的错误观点。第一，把服务提供者理解成某种抽象的单位，如社区、组织或者系统等。这些抽象单位只是概念上的称谓，不仅无法落实具体的服务介入活动，而且可能因此忽视单位系统内部的互动关系。因此，系统视角的社会工作认为，服务提供者是改变系统内的某个或者某些实施服务的人员，不是某种抽象的单位。第二，把服务提供者视为服务对象系统、目标系统或者行动系统的一部分，如要求社会工作者从服务对象角度理解问题等。这种观点忽视了这样一个事实：服务提供者也受到自己生活系统的影响，他只是整个改变系统中的一员。其他系统的成员也一样，无法相互替代（Pincus & Minahan，1973：63-64）。

系统视角的社会工作认为，之所以需要四个系统的服务模式，是因为这种服务模式具有以往其他服务模式所不具有的五个方面的好处。第一，它为社会工作者提供了分析和组织社会工作专业服务的逻辑框架。这种逻辑框架可以适用于不同的服务领域、不同的服务人群以及不同的服务任务，是一种社会工作专业服务的通用模式。第二，它为社会工作者规划了专业服务安排的基本流程。这种流程是从服务对象系统开始的，首先需要获得服务对象的服务准许，与他签订服务合约，然后，转向目标系统，确定服务的目标和需要改变的人员。制定了目标之后，社会工作者需要寻找合作的伙伴，建立能够保障服务目标实现的行动系统。随着专业服务的展开，潜在服务对象的要求就会变得越来越明显，他们也就会逐渐成为现实的服务对象，社会工作专业服务也随之需要改变，重新调整服务目标，寻找新的合作伙伴。这样，服务就能够得到不断延伸，直到实现预定的服务目标为止。第三，它为社会工作者设计了专业服务组合的基本原则。这种原则假设，问题的呈现就是按照日常生活中的实际状况产生的，并不会依据社会工作三大专业方法的要求分类出现。因此，社会工作者不能够依据自己的专业特长和兴趣偏好选择服务的方法，而首先需要考察问题本身，理解问题呈现的逻辑，并由此确定选择什么样的专业服务方法。第四，它让社会工作者看到社会组织在专业服务中的重要性。以往社会工作服务模式只关注个案（家庭）、小组和社区在社会工作专业服务中的作用，认为社会工作只有个案工作、小组工作和社区工作三大专业方法。如果从系统视角出发理解社会工作的服务过程就会发现，在人们的日常生活中还有另一种社会组织的方式，也是影响社会工作专业服务的重要形式。第五，它让社会工作者认识到在专业服务中保持不同类型服务合作关系的必要性。在整个社会工作专业服务中，社会工作者不仅需要与改变对象建立专业的信任合作关系，还需要与服务对象、服务合作者以及服务的提供系统保持良好的专业合作关系。特别是服务合作者，影响着整个服务的展开过程以及潜在服务对象的转换过程，直接关乎专业服务的成效（Pincus & Minahan，1973：64 - 67）。

（三）系统目标导向的服务过程

在系统视角的社会工作看来，尽管四系统的服务模式为社会工作服务的展开提供了基本的框架，但是就专业服务的具体展开过程而言，社会工作者还需要考察两个重要元素：目标和任务。系统视角的社会工作认为，所谓服务过程就是一系列指向特定目标的有计划的活动安排，而特定目标的实现又需要借助特别设计的任务才能达成（Pincus & Minahan，1973：85）。这样，过程、目标和任务三者就紧密关联在一起。因此，社会工作者把握社会工作专业服务过程的最好方式，就是了解和运用目标和任务这两个重要元素（Pincus & Minahan，1973：87）。

像以往其他社会工作服务模式一样，系统视角的社会工作也把服务目标分成两种：总目标和子目标。总目标是整个服务活动最终希望达成的理想状态，子目标则是服务过程中希望达成的理想状态。不过，需要注意的是，系统视角的社会工作有自己理解总目标和子目标的角度，它把总目标称作各系统的结果目标（the outcome goals of all systems），把子目标称作社会工作者的方法目标（the method goals of the worker）。这意味着，两种目标的制定原则和方法存在根本的差别。前者涉及各系统目标的协调，包括服务对象系统、目标系统、行动系统和改变系统的要求，不仅仅局限于服务对象系统；后者主要涉及行动系统，是社会工作者根据专业要求把总目标细分为各项子目标，通过子目标的实现最终达到总目标（Pincus & Minahan，1973：87）。

系统视角的社会工作发现，在总目标的制定过程中社会工作者首先需要与服务对象达成统一的改变目标，只有具备了这样的共同改变目标，服务活动才有可能展开。但是，在实际的服务中，仅仅做到这一点还是远远不够的，如果目标系统与服务对象系统不是同一个，就很可能出现两者目标不一致的现象，甚至还可能相互对立。因此，在制定总目标的过程中，社会工作者还需要协调目标系统的目标与服务对象系统的目标之间的冲突，让两者能够达成共同认可的改变目标。当然，很多时候行动系统的目标也与服务对象系统和目标系统的目标不同，这就需要社会工作者在服务过程中注意协调行动系统的目标，使它与其他系统的目标保持一致。系统视角的社会工作强调，实际上，社会工作者还常常需要协调自己的专业目标与改变系统要求之间的差别，使自己负责的服务活动的目标与机构的服务原则和要求相匹配（Pincus & Minahan，1973：87 - 89）。在系统视角的社会工作看来，它之所以这样理解服务的总目标，是因为以往社会工作服务模式在目标设置过程中始终忽视两个重要事实：①社会工作专业服务发生在服务对象的日常生活中，必然需要顾及各有关系统的不同要求；②获得专业服务的准许是社会工作开展的基础，也是社会工作最基本的目标（Pincus & Minahan，1973：90）。

针对子目标，系统视角的社会工作认为，它的主要作用是分解总目标，帮助社会工作者逐步实现理想的结果目标（Pincus & Minahan，1973：90）。虽然子目标的分解方式有很多种，但概括起来常见的有两种：一种是依据服务的时间阶段来划分，包括问题的界定、资料收集、诊断、介入、评估和结案；另一种是依据服务的功能来划分，包括系统的目标达成和系统关系维持。这样，不同的行动系统就有不同的目标达成和系统关系维持的子目标，它们一起构成了一个完整的子目标系列。系统视角的社会工作强调，通过子目标的合理设置保障行动系统的平稳运行是整合各种改变力量的关键，也是实现总目标的核心所在（Pincus & Minahan，1973：91 - 95）。

在系统视角的社会工作看来，如果社会工作者要把子目标转化成具体的介入活动，还需要借助另一个重要的手段，就是任务。它是社会工作者为实现子目标而安排的服务活动。这样，社会工作者通过完成预定的任务就能够实现服务的子目标，并且通过子目标的实现逐步接近或者达成服务的总目标（Pincus & Minahan，1973：96）。显然，在系统视角的社会工作的逻辑框架中，社会工作的服务活动安排需要借助三层逻辑设计：总目标—子目标—任务。与总目标和子目标设计的逻辑不同，任务设计依据的是社会工作者自己的专业知识和技能，主要包括两个方面：①社会工作实务技能，如个案工作、小组工作和社区工作的各种实务知识和技能等；②有关人的行为和互动关系的知识和技能，如个人、家庭、组织和社区的沟通方式和互动方式等。有意思的是，系统视角的社会工作更看重人的社会性，强调以社会科学的知识和逻辑为基础理解人在社会系统中的行为规律和互动关系（Pincus & Minahan，1973：96 - 97）。

就任务的类型而言，系统视角的社会工作发现，社会工作者在专业服务中常常需要运用三种不同类型的任务，这些任务是根据任务的实施者来划分的。它们分别是：①社会工作者的任务，即由社会工作者来执行，只关系到社会工作者自己；②其他系统的任务，即由其他系统的成员负责实施，社会工作者只是任务的布置者；③共同任务，即由社会工作者和其他系统的成员一起完成。显然，系统视角的社会工作之所以这样划分任务类型，是因为在它看来，改变的努力不仅是社会工作者个人的事情，而且涉及不同的系统和不同的合作者，是各方共同努力的结果。这样，社会工作者的任务也就自然需要从系统之间的关联中去把握。系统视角的社会工作强调，如果任务的完成没有带来预期的改变或者没有完全实现预期的目标，这个时候，社会工作者就需要在任务和目标两个层面上反思任务的设置，调整原来的任务安排，直到最终能够实现预期的总目标（Pincus & Minahan，1973：98）。

（四）多系统间的合作关系

在服务的推进过程中，作为社会工作者自然需要保持良好的服务合作关系。不过，与以往社会工作服务模式不同的是，系统视角的社会工作并没有把服务对象从自己的日常生活中抽离出来，单独考察社会工作者与服务对象之间的服务合作关系以及这种合作关系对服务过程的影响，而是认为社会工作者在服务的开展过程中会与不同的系统和不同的合作伙伴打交道，因此，也就需要与不同的系统建立不同的合作关系，是一种多系统的合作，特别是当目标系统与服务对象系统和行动系统不一致时，这种特征就更为突出（Pincus & Minahan，1973：61）。

系统视角的社会工作强调，尽管社会工作者需要建立的是一种多系统的合作关系，不仅合作的对象不同，而且面临的具体任务也不一样，但是就本质而言，这些合作关系有一个共同的要求，就是建立一种专业的关系，不同于个人的私人关系（Pincus & Minahan，1973：69）。正是基于这样的考察逻辑，系统视角的社会工作认为，社会工作者的多系统合作关系具有三个重要特征。一是专业性。这种关系的建立是出于对专业服务的要求，而不是个人的偏好和其他的目的。也正是有了这个特征，社会工作者与其他系统的合作才有了社会基础。二是利他性。这种关系的建立是为了满足服务对象和其他合作者的要求，带动他们的改变和成长，不是为了社会工作者自己的利益和兴趣爱好。三是客观性。这种关系的建立是基于社会工作者的客观观察和敏锐的自我意识，使社会工作的专业服务不仅能够避免受到社会工作者自身问题和情感需要的影响，而且能够准确、及时回应不同合作者的不同要求（Pincus & Minahan，1973：69－70）。

值得注意的是，系统视角的社会工作在理解专业合作关系的特征时与以往的社会工作服务模式不同，既没有把社会工作者放在专业身份上强调社会工作者的专业主导作用，也没有把社会工作者放在服务对象的位置上注重以服务对象为本开展专业服务，而是在两者之间建构自己的专业合作关系的逻辑，它所依据的是一种系统的视角，强调社会工作的专业合作关系是现实生活场景中不同系统之间的合作关系。因此，在系统视角的社会工作看来，社会工作的这种专业关系在专业的层面依赖于它的利他性和客观性，即通过客观的观察和自我意识的觉察保证专业服务的利他目的，同时，通过利他目的的服务提升社会工作者的客观观察能力和自我意识的察觉能力，从而带动服务朝专业方向发展；在实际的层面也依赖于它的利他性和客观性，即通过服务对象的准许社会工作者才能够走进服务对象的生活，开展专业的服务。这样的专业服务必然要求社会工作者的服务安排不仅不能出于自己的利益，把自己的想法和要求强加给服务对象，而且能够准确、及时地回应服务对象的要求，帮助服务对象解决实际的问题。否则，如果损害了服务对象的利益，社会工作的专业服务就会缺乏现实的基础（Pincus & Minahan，1973：70－72）。

系统视角的社会工作发现，以往社会工作服务模式把社会工作的专业合作关系锁定在社会工作者与服务对象之间，实际上，它同时还涉及社会工作者与改变对象以及合作者之间的相互配合，是一种多系统间的合作关系。因此，在理解社会工作专业合作关系的基本类型时，也就不能仅仅考察社会工作者与服务对象之间的相互影响。这样，社会工作的专业合作关系除了通常所说的合作关系（collaborative relationship）这种类型之外，同时还包括协商关系（bargaining relationship）和冲突关系（conflicting relationship）。就合作关系而言，它主要是指社会工作者与服务对象之间的合作关系。系统视角的社会工作认为，社会工作专业服务能够展开，依赖于服务对象认同社会工作的服务目标，而且愿意与社会工作者配合实现这个预定的服务目标。当然，就社会工作而言，它也鼓励这样的合作关系，像尊重案主、案主自决以及无条件的积极关怀等，就是社会工作推崇的专业服务的价值理念（Pincus & Minahan，1973：73）。系统视角的社会工作强调，社会工作者的分析判断常常与服务对象、改变对象以及合作者的不一样，特别是在服务刚开始接触的阶段，各方都在试探对方的想法，尝试了解对方的要求，以便找到共同认可的服务目标。这个时候的服务合作关系就是协商的关系。社会工作者不仅需要协商他与各系统之间的合作关系，也需要协商各系统之间的合作关系，因为服务对象的要求常常与改变对象以及合作者的要求不一致，他们也需要在社会工作者的帮助下协商各自的改变要求。否则，整个服务依旧无法达成共识，专业服务业也就无法顺利展开（Pincus & Minahan，1973：78）。系统视角的社会工作坚持认为，并不是每一次协商都能够达成圆满结果的，如果协商的双方互不让步，就可能出现冲突，这个时候社会工作者的专业服务关系就转向了冲突关系这一类型。在冲突关系中，社会工作者需要借助各种冲突的形式，如抗议、质疑等，推动其他系统成员做出积极的改变。不过，需要注意的是，系统视角的社会工作提醒社会工作者，尽管在冲突关系中社会工作者可能与其他系统发生直接的冲突，但是这并不意味着，社会工作者在整个服务过程中可以放弃服务合作关系中的利他性，从自身的利益或者兴趣爱好出发；恰恰相反，社会工作者运用的任何冲突形式都不能违背社会工作的基本价值理念，也不能损害其他系统的基本利益（Pincus & Minahan，1973：79）。

有意思的是，系统视角的社会工作是从动态的角度来理解系统之间的合作关系的，认为社会工作者与其他系统之间的关系既有合作的成分，也有冲突的成分；有时合作多一些，有时冲突多一些，来来回回，在两者之间左右摇摆，而处于两者之间的就是协商。因此，系统视角的社会工作强调，社会工作者与其他系统之间的合作关系不是条件，而是双方或者多方共同努力的结果（Pincus & Minahan，1973：82）。此外，系统视角的社会工作坚信，互动双方是相互影响的，在社会工作者影响其他系统的成员的同时，其他系统的成员也在影响社会工作者。社会工作者不仅仅要学会适应这些不同类型的服务关系，更为重要的是，把它们转化为自己生活风格的一部分，保持敏锐的观察和自我反思的能力，学会驾驭这些不同类型的服务关系，带动服务对象以及其他系统成员发生积极的改变（Pincus & Minahan，1973：84）。

三　系统视角的社会工作服务技巧的基本逻辑

针对服务活动的具体开展过程，系统视角的社会工作设计了多种不同的服务技巧，希望能够把系统视角的逻辑框架贯彻到每一次、每一步的服务活动安排中。这些服务技巧可以根据服务活动的进程概括为八个方面，即问题评估技巧、资料收集技巧、初次接触技巧、合同协商技巧、行动系统组织技巧、行动系统维持技巧、影响施加技巧和结案技巧等（Pincus & Minahan，1973：98）。其中针对服务对象系统的问题评估技巧、针对目标系统的初次接触技巧以及针对行动系统的组织和维持技巧尤为重要，它们不仅保障了社会工作者在日常生活场景中与其他服务系统开展专业合作的可能，也是贯彻系统视角理论逻辑框架的关键所在。

（一）服务对象系统的问题评估技巧

在问题评估的方式上，系统视角的社会工作发现，社会工作的问题评估不同于一般社会科学的问题评估，除了它关注如何通过问题评估找到问题解决的服务介入方案之外，还强调社会工作的问题评估常常由于时间紧迫、影响系统众多等原因而无法做到彻底了解了问题的影响因素之后再设计服务介入方案，而往往只能够在了解了部分重要的事实基础上就开始服务介入活动。这样，问题评估的分析结果就具有了两种功能——专业服务开展的基础和进一步问题评估的基本。也就是说，社会工作者的专业服务是一种尝试性的服务，他需要一边做一边评估，一边评估一边做，而不可以把问题评估和服务介入拆分成两个相互独立、明显分割的阶段。这也意味着，社会工作者在整个专业服务过程都始终处在两种张力的拉扯中：一方面需要找到问题评估中正确的事实，保持专业服务的稳定性；另一方面需要发现问题评估中不足的部分，调整专业服务的活动安排，甚至专业服务的方向（Pincus & Minahan，1973：103）。

在问题评估的逻辑概念安排上，系统视角的社会工作有自己独特的思考，认为社会工作者首先可以从问题入手，清晰界定和描述问题；其次，把关注焦点转向问题所处的社会场景，分析问题场景中各系统之间的相互影响，把握问题场景的动态逻辑；再次，社会工作者就需要与服务对象协商服务的目标，建立专业服务的合作基础；最后，社会工作者就可以根据服务目标，确定服务的任务和策略，形成服务介入计划（Pincus & Minahan，1973：103）。显然，在系统视角的社会工作看来，问题才是社会工作专业服务建立的基础，不仅只有通过问题服务对象才可能寻找社会工作者的帮助，而且只有通过问题社会工作者才可能走进服务对象的日常生活，了解问题场景的动力逻辑，避免根据自己的专业服务要求裁减服务对象的需要。另一个值得注意的现象是，系统视角的社会工作把问题评估的逻辑焦点放在了服务介入方案的制订，即问题如何解决，不是问题如何分析。因此，系统视角的社会工作除了在问题评估中强调服务目标和服务任务的制定外，还特别把如何维持改变的努力也作为问题评估的一部分内容。系统视角的社会工作要求社会工作者有了清晰的服务目标和服务任务之后，还需要做一个预期的分析，考察服务计划的实施可能带来的新问题，并依此做好新问题的预防和计划的调整（Pincus & Minahan，1973：114）。

就问题评估的焦点而言，系统视角的社会工作选择了现在作为考察的重点，认为社会工作者需要从服务对象所呈现的当下问题入手，并以此为线索展现问题的社会场景，包括问题场景的范围和性质等，而不是深挖服务对象过去的经历，或者直接从过去的经历入手。系统视角的社会工作强调，服务对象生活在当下的日常生活场景中，而且正是由于当下日常生活中遭遇的问题，才能够把服务对象与社会工作者联系起来，形成专业服务的合作关系（Pincus & Minahan，1973：104）。不过，需要注意的是，系统视角的社会工作在评估服务对象当下的问题时有自己的逻辑要求。首先，社会工作者需要从当下问题入手找到导致问题出现的社会场景；然后，社会工作者就需要转换到问题相关者的位置，考察这样的问题场景给他们带来的任务和要求；接着，社会工作者就需要了解这些问题的相关者应对任务和要求的方式，包括资源、服务和机会的利用状况。当然，在系统视角的社会工作的问题评估的逻辑框架中，社会工作者还需要关注和分析那些紧急突发的问题场景，它们也是服务对象问题的重要组成部分（Pincus & Minahan，1973：106）。很显然，系统视角的社会工作在开展问题评估时，注重的是场景分析的逻辑，即从问题场景出发，了解在问题场景的要求下人的应对方式，把人放在日常生活场景中来考察。

在确定服务目标的过程中，系统视角的社会工作认为，社会工作者除了通过协商制定各相关系统共同认可的服务目标之外，还需要保证服务目标的可行性和必要性。而可行性的了解需要借助两个方面因素的考察——可利用的资源和可能遇到的困难，两者综合考虑才能准确评估服务目标的可行性（Pincus & Minahan，1973：109－110）。系统视角的社会工作发现，考察服务对象或者其他系统曾经在困难处境中做过的努力和尝试，是了解服务目标可行性的最简单方式，它既可以帮助社会工作者认识资源的利用情况，也可以帮助社会工作者找到真正的困难所在（Pincus & Minahan，1973：111）。就必要性来说，系统视角的社会工作强调，它与人们所坚持的价值原则有关系，拥有不同的价值原则，就会有不同的服务目标的排列次序。因此，社会工作者需要了解不同系统相关人员所秉持的价值原则（Pincus & Minahan，1973：112）。此外，系统视角的社会工作还对服务任务的基本要求进行了探索，把它概括为四个方面。一是人员，即确定实际的和潜在的服务对象系统、行动系统以及目标系统中的合作者。二是着手点，即明确从哪里入手开始解决问题。三是资源和阻力，即了解可利用的资源和可能遇到的困难。四是关系，即明确可以建立的专业合作关系的类型。也就是说，一项明确的服务任务需要说明通过与谁（人员）建立什么样的专业合作关系（关系），从哪里入手（着手点）找什么资源（资源和阻力）解决问题（Pincus & Minahan，1973：114）。值得注意的是，系统视角的社会工作的服务任务与以往社会工作服务模式不同，不仅关注做什么，而且把做什么细分为明确行动的着手点和资源，更为重要的是，它还把这样的任务放在了系统关联中，要求说明合作的人员以及合作的方式。

在问题评估的呈现方面，系统视角的社会工作也有自己的要求，除了认为用书面呈现的方式更便于社会工作者和其他相关人员了解专业服务的安排和专业服务开展的要求之外，同时还要求问题评估的书面呈现需要具备两个方面的特点：具体性（specific）和差异性（discriminatory）。也就是说，系统视角的社会工作的问题评估是针对具体问题中的具体社会场景开展的，涉及问题场景中不同系统之间相互影响、相互转换的动力关系。显然，这样的问题评估具有明显的差异性特征，不同的问题场景、不同的服务对象、不同的观察视角，甚至不同的时间，都会导致不同问题评估结果的出现（Pincus & Minahan，1973：114）。

（二）目标系统的初次接触技巧

一旦社会工作者完成了问题评估，并且与服务对象确定了服务的目标和任务之后，系统视角的社会工作认为，社会工作者就需要把关注的焦点转向目标系统，开始与目标系统进行初步的接触（Pincus & Minahan，1973：141）。系统视角的社会工作强调，目标系统的成员与主动寻求帮助的服务对象不同，他们常常害怕别人说他们有问题，不相信自己的问题可以得到别人的帮助，甚至认为自己根本就不存在问题，也不需要别人的帮助，但是这并不意味着，目标系统成员没有面临问题，只是问题处于一种潜在的状态，这种潜在的问题如果得不到及时的处理，也会转变成真正的问题（Pincus & Minahan，1973：143－144）。因此，系统视角的社会工作提出目标系统的初次接触技巧，以应对目标系统这种潜在问题的服务场景的要求。

针对目标系统这种潜在问题的状况，系统视角的社会工作认为，社会工作者可以从愿望或者价值实现的角度出发，帮助目标系统中需要改变的对象，把关注的焦点放在"及早发现、及早介入"的预防服务以及环境改善上。这样，就能够提高目标系统改变对象的偏差行为或者不良行为的管理能力（Pincus & Minahan，1973：146）。当然，在实际的专业服务中，影响目标系统改变对象的因素有很多，包括接受帮助的意愿、改变损失的预计、改变的信心、改变的时间成本、改变的实际困难以及改变的风险等。因此，系统视角的社会工作强调，社会工作者不能凭借自己的专业要求强行推进服务，或者根据服务对象的意愿指导目标系统的改变对象，而需要站在目标系统改变对象的角度，分析他们在改变的过程中能够得到的益处和需要付出的成本，然后帮助他们找到最佳的改变策略（Pincus & Minahan，1973：147）。

系统视角的社会工作发现，事实上，社会工作者常常接触的目标系统不是只有一个人，而是由多个人组成的系统。这样，摆在社会工作者面前的首要任务是决定从目标系统的哪个人或者哪个部分开始从事社会工作的专业服务。否则，社会工作者所做的改变努力就可能直接涉及整个目标系统，导致出现比较大的改变阻力，甚至整个目标系统的抗拒。这种能够撬动整个系统做出改变的人，被称为系统改变的杠杆点（a leverage point）。系统视角的社会工作认为，系统改变的杠杆点有一个显著的特征，它既与社会工作者有联系，能够接受社会工作者的影响，也与目标系统中的其他成员有关联，能够影响目标系统中的其他成员。这样，社会工作者就能够通过系统改变杠杆点这个桥梁与整个目标系统进行互动，带动整个目标系统发生改变（Pincus & Minahan，1973：154）。不过，系统视角的社会工作强调，寻找系统改变杠杆点的方法不仅适用于目标系统，其他系统，如行动系统等，也同样可以运用这种方法，特别是在人数众多的社会组织中更是如此，社会工作者无法通过一对一的方式影响系统中的每一位成员，更为重要的是，通过运用系统改变杠杆点的方式可以提高整个系统的应对能力（Pincus & Minahan，1973：155）。

除了寻找系统改变的杠杆点之外，系统视角的社会工作还发现，为改变对象营造一种寻求帮助的积极氛围也很重要。通常情况下，目标系统的改变对象不愿意寻求社会工作者的帮助，他们把寻求帮助视为自己能力的不足，甚至当作自己生活的耻辱，因而拒绝与社会工作者接触。面对这样的情况，系统视角的社会工作强调，社会工作者不是借助自己的专业地位或者对服务对象的影响强迫目标系统的成员接受自己的专业服务，而是改变目标系统成员的认知，让他们认识到接受社会工作专业服务就像平时生活中接受他人帮助一样是一件很平常的事，不是说明他们没有能力，而是恰恰说明他们有能力，也有责任感，懂得在面临无法完全靠自己能力解决问题的困境时寻找他人的帮助，努力让自己承担起自己应该承担的生活责任（Pincus & Minahan，1973：156）。显然，在这样的与目标系统的初次接触的服务技巧中，系统视角的社会工作已经融入了能力的概念，它是从优势视角来理解改变对象的发展要求的。

针对目标系统的初次接触，系统视角的社会工作提出了一种与以往社会工作服务模式不同的服务策略，要求社会工作者主动走进高风险人群的日常生活中，通过开展预防服务与他们建立良好的信任合作关系，一旦这些高风险人群遇到困难，陷入危机中，就会主动寻求社会工作者的帮助，与社会工作者接触。系统视角的社会工作强调，只有让社会工作专业服务日常化，接近目标系统成员的日常生活，才能够准确了解他们的发展要求，建立专业服务所需要的合作关系（Pincus & Minahan，1973：159）。

在系统视角的社会工作看来，社会工作者还有另一种常见的增加与目标系统接触的方式，即观察和寻找目标系统成员经常寻求的帮助，与这些提供帮助的人员建立专业的合作关系。这样，当目标系统成员寻求帮助的时候，就可以通过这些提供帮助的人员与社会工作者进行初步的接触，像学校社会工作中的教师、医务社会工作中的医生等，就可以承担这样的角色。通过这样处境化的方式，系统视角的社会工作强调，社会工作者不仅能够接触到那些需要帮助但又不了解社会工作专业服务的目标系统成员，也在延伸以往的服务范围和内容，使不同系统的服务资源能够整合起来。此外，还有另外一些常用的增加社会工作者与目标系统成员接触的机会，如利用大众媒体的宣传以及形象大使的影响等，以提高社会对社会工作专业服务的接受度（Pincus & Minahan，1973：160）。显然，在这些与目标系统初次接触的服务技巧的背后，呈现的是系统视角的社会工作与以往其他社会工作服务模式不一样的理论假设，认为社会工作的专业服务立足于目标系统成员的日常生活，无论杠杆点的寻找，还是日常化和处境化的设计，都是为了帮助社会工作者走进目标系统的改变对象的日常生活中。

（三）行动系统的组织和维持技巧

在服务介入计划的实施过程中，系统视角的社会工作也与以往其他社会工作服务模式不同，不是把改变对象从自己的日常生活中抽离出来，直接考察社会工作者与改变对象之间的相互影响以及改变的具体发生过程，而是从改变对象的日常生活出发，找出改变对象的行动系统，把社会工作者与行动系统的合作视为能否成功开展专业服务的关键。系统视角的社会工作在专业实践中发现，很多时候目标系统与行动系统并不是完全重叠的，这意味着，社会工作者在帮助改变对象实现目标过程中需要寻找改变的合作者，与他们合作共同帮助改变对象实现预期的服务目标。这样的合作者既可以是一个人，也可以是一群人；既可以是同样的人，也可以是不同的人，完全取决于目标系统改变对象的生活状况，主要受到三个方面因素的影响：改变的规模、改变的结构和操作的过程（Pincus & Minahan，1973：194）。

就改变的规模来说，系统视角的社会工作认为，在实际的服务过程中行动系统有两种常见的组织方式：一种是一对一（one-to-one）的合作方式，即社会工作者与行动系统中的每一位成员进行一对一的沟通交流；另一种是团体（group）的合作方式，即社会工作者与行动系统中的所有成员或者部分成员进行沟通交流，运用成员之间的相互影响和动力（Pincus & Minahan，1973：196）。系统视角的社会工作发现，运用一对一的方式组织行动系统的好处是，社会工作者能够直接有效地影响行动的合作者，给合作者做行为的示范，这是一种比较有工作成效的行动合作方式。但是，这种行动合作方式也有弊端，如果行动系统的成员多了，就会出现重复浪费的现象。这个时候，社会工作者就可以选择团体的合作方式，让拥有共同目标的成员聚集在一起，通过共同协商讨论的方式决定行动的目标和计划（Pincus & Minahan，1973：196 - 197）。不过，值得注意的是，系统视角的社会工作强调，在两种合作方式中，社会工作者承担的角色是不同的，前者主要是示范和指导，像教育者；后者主要是支持和分享，像协助者（Pincus & Minahan，1973：197）。如果有现存的系统可以作为行动系统，社会工作者首选现存的系统作为行动合作者。这样的合作方式不仅操作起来便利，更为重要的是，能够充分利用改变对象的资源，增进改变对象与周围环境之间的支持关系（Pincus & Minahan，1973：198）。实际上，社会工作者所要掌握的是如何综合运用与行动系统合作的这两种方式，因为在系统视角的社会工作看来，一项专业服务活动常常既有一对一的合作要求，又有团体的合作需要；或者某个阶段注重一对一的合作，而另一个阶段关注团体的合作。因此，社会工作者需要把这种行动合作作为手段，看它们是否能够帮助社会工作者形成改变的合力，带动目标系统改变对象的成长（Pincus & Minahan，1973：203）。

在改变的结构方面，系统视角的社会工作发现，在实际的专业服务中社会工作者需要寻找两种不同类型的合作者——任务型的合作者和情感型的合作者。前者注重工作任务的完成，能够保证行动系统的成员采取有效的应对方式，顺利实现服务目标；后者关注人际的沟通，能够推动行动系统的成员相互学习，实现学习经验的顺利转化（Pincus & Minahan，1973：204）。这意味着，在系统视角的社会工作的逻辑框架中，合作者的行动系统也像社会工作者的改变系统一样，有系统的两种基本结构的要求——任务的完成和情感的交流。也就是说，合作者的改变发生在系统中，它依赖系统中生活的两种能力——任务的应对能力和人际的沟通能力的提高，而这两种能力的提高又会表现为个人的成长要求（Pincus & Minahan，1973：205 - 206）。

针对服务操作的过程，系统视角的社会工作强调，它主要涉及三个方面的影响因素：时间的安排、地点的选择和标准的制定（Pincus & Minahan，1973：219）。时间的安排是指社会工作者在服务实施过程中对时间因素的把握，它是社会工作者掌控服务操作过程的重要基础，主要包括行动系统存在的时间、每次聚会的时间间隔、每次聚会的时间长短以及每次聚会在一天中的时间安排等（Pincus & Minahan，1973：219 - 221）。地点的选择则是社会工作者具体实施合作行动的工作场所，它也是社会工作者掌控服务操作过程的重要媒介。系统视角的社会工作认为，在实际的服务中地点的选择主要受到服务的目标、服务对象的需求以及行动系统成员的居住环境的影响，特别是针对贫困人群和少数族群的服务，就更需要把服务活动安排在这些人群熟悉的环境中开展（Pincus & Minahan，

1973：222）。值得注意的是，系统视角的社会工作提醒社会工作者，服务的场景常常与参与者的社会身份认同有关系，同时还意味着特定社会角色行为的期待。因此，服务场景的安排就不能仅仅考虑参与者是否方便，同时还需要考察社会角色的期待等，让参与者能够在这样的场景中确保改变要求的实现（Pincus & Minahan，1973：223 - 224）。此外，系统视角的社会工作还特别关注服务操作过程的标准制定，把这个过程视为参与者实现社会工作自决原则的重要方式（Pincus & Minahan，1973：224）。

系统视角的社会工作坚持认为，尽管在合作过程中每个行动系统成员的行为表现不同，而且各自都有不同的发展要求，但是这些行为表现可以简化为两个方面：纵向的时间维度和横向的关系维度。因此，社会工作者可以从两个视角来理解行动系统成员的行为方式：历史发展视角（the developmental perspective）和社会系统视角（the social system perspective）。前者关注行动系统成员的行为是如何演变而来的，涉及他们对自己的过往经历、现在的生活状况以及未来安排的理解；后者注重系统成员的行为是如何与周围他人相关联的，包括他们之间的沟通方式、角色分工以及决定的协商过程等（Pincus & Minahan，1973：227）。系统视角的社会工作强调，在实际的专业服务过程中社会工作者往往需要建立多个行动系统，与多个行动系统一起推动目标系统的改变。这样，多个行动系统之间的协调就成为专业服务实施过程中不可回避的要求，它包括同一阶段中不同行动系统之间的协调，也包括不同阶段同一行动系统之间的协调（Pincus & Minahan，1973：228）。

由于系统视角本身的丰富性，不同的社会工作者在学习和运用这种视角时，就会有不同的侧重，从而导致系统视角的社会工作的多重发展取向：有的关注个人与环境的整合，强调系统之间的关联（Vickery，1974）；有的注重个人与环境的匹配，强调个人的适应和成长（Meyer，1979）；有的把系统视角中的系统边界的概念引入小组服务中，让小组工作关注成员的成长环境（Brown，1993）。社会工作引入系统视角之后，社会工作者发现，原来很难把握的宏观服务，如社会发展（social development）和跨文化的实践（cross-cultural practice）等，有了可以具体操作的服务框架，能够把宏观系统中不同层面的服务活动联结成一个整体（Elliott，1993），也能够帮助社会工作者深入了解不同文化场景中人的改变逻辑以及不同文化系统之间的相互影响（Matsuoka & Benson，1996）。

实际上，社会工作之所以引入系统视角，是为了寻找一种既能够关注个人成长又能够注重环境改变的整全的服务模式，这种服务模式不仅能够适用于个人、小组等微观的社会工作服务，也能够应用于社区、组织等宏观的社会工作服务（Howe，2009：115）。系统视角的社会工作强调，它提供的是一种不同于以往的注重系统以及系统之间关联的服务逻辑，包括问题的界定、服务模式的搭建、服务过程的驾驭以及服务合作关系的建立等，都需要放在这种系统的服务逻辑框架下考察，甚至服务活动中运用的方法和技巧也需要系统的服务逻辑框架作为支撑。可以说，系统视角的社会工作为社会工作者提供了一种系统视角的分析框架和介入框架，这种框架注重个人和环境之间的相互影响和相互转化，让社会工作真正能够回归到服务对象的日常生活中，以服务对象为本（Greene，2008b：189）。

第二节　生态视角的社会工作

一　生态视角的社会工作的演变

尽管生态视角真正走进社会工作是在 20 世纪 70 年代，但实际上，早在 50 年代社会工作就已经开始关注社会环境系统对个人成长的影响，借助社会角色理论中的角色概念，把个人内部心理改变与外部环境改变联结起来（Germain，1979：3）。不过，社会角色理论提供的只是一种分析观察的视角，仍无法解决社会工作的实际服务的要求。直到 60 年代，随着对弗洛伊德精神分析理论批判声音的高涨，人们发现，注重社会环境因素对个人影响的社会工作在专业服务中却忽视了社会因素的分析。系统视角的引入正是为了弥补这项不足，它让社会工作者看到了通过系统这个概念分析和把握复杂社会环境因素的可能（Germain，1979：6）。值得注意的是，系统视角也面临许多社会工作者的质疑，除了它抽象、含混，无法给社会工作者具体的服务指导之外，它运用的是一套机械系统的语言和概念，与社会工作所关注的人们的日常生活存在明显不同，也与社会工作所倡导的对人的价值和尊严的肯定相左（Hartman，1970）。正是在这样的批评和反思中，生态视角才逐渐走进社会工作者的视野，成为继系统视角之后广受社会工作者欢迎的一种理论模式（Germain，1979：7）。

首先把生态视角介绍给社会工作者的是美国哥伦比亚大学的凯乐·吉尔曼（Carel Germain），她在 60 年代末就开始关注个案工作中的心理和社会因素的整合，希望找到一种能够动态观察环境变化的新视角，把环境因素也视为与心理因素一样是不断变化的（Germain，1968）。吉尔曼的努力让社会工作者发现，即使针对系统视角的社会工作所说的系统，也可以从生态的视角来解释（Payne，2005：147）。当然，这样的解释依据的就不仅仅是生态理论，同时还融合了斯宾塞的社会达尔文主义、勒温的场域心理学、格式塔心理学以及文化人类学家的不同观点（Mancoske，1981），特别是美国 30 年代的芝加哥生态学派社会学家的研究成果（Siporin，1980）。

正是由于生态视角来源的广泛性，生态视角的社会工作出现纷杂多样的特点，但是这些不同的流派都赞同生态视角的一些基本观点，从而形成生态视角的社会工作的核心内涵。这些基本观点包括以下四个方面。第一，个人与环境是联结在一起的，彼此相互影响。生态视角的社会工作（ecological theory and social work）认为，弗洛伊德的精神分析学派太关注个人，把环境视为个人需要适应的外部条件，这样就必然导致把个人从自己的日常生活抽离出来，忽视个人与环境之间的动态的相互关联。第二，个人与环境在适应过程中不断变化，都拥有发展的潜力。生态视角的社会工作吸收了社会达尔文主义的观点，强调成长改变的重要性，认为不是已有的事实，而是成长改变的潜力才是社会工作应当关注的焦点，它是对成长改变规律的把握。第三，个人与环境在适应过程中呈现多样的特点。生态视角的社会工作发现，不仅环境具有多样性，表现出不同的层次和不同的要求，而且即使类似的环境，个人在适应过程中也会有所不同。因此，维持多样性是促进个人成长改变的基本要求。第四，社会工作者与服务对象是一种相互合作的关系。生态视角的社会工作不赞同把社会工作者视为专家，也不赞同把服务过程视为社会工作者指导服务对象解决问题的过程，而是坚持认为社会工作者只是服务活动的合作者，与服务对象一起面对日常生活中的困难，并且一起寻找困难的解决方法（Payne，2005：154）。可以说，生态视角的社会工作是一种从个人适应环境的整体、动态视角出发理解个人与环境关系的理论逻辑框架（Payne，2005：155）。

生态视角的社会工作是在系统视角的社会工作的基础上发展出来的，它吸收了系统视角的社会工作的很多观点，甚至有时人们把系统的理论框架（systems framework）等同于生态的理论框架（ecological approach），认为两者都强调运用一种整全视角观察和理解日常生活中的现象，都把系统视为一个整体，不仅关注系统的不同层面，也关注系统与系统之间以及系统内部的交流和转换，都把系统当作一种动态的平衡（Berger & Federio，1982：39）。所不同的是，生态视角的社会工作把关注的焦点集中在了个人与环境之间的交流与转换上，注重个人的成长和发展，并且引入了时间的维度，用于考察个人成长改变的具体过程（Greene，2008a：206）。这样，生态视角的社会工作也就更为接近人们日常生活的经验，也就能够为社会工作者提供具体的服务指导（Germain，1973）。

经过二十多年的发展，生态视角的社会工作已经成为广受社会工作者欢迎的一种重要的理论模式，特别是在北美，它几乎成为一种占主导地位的社会工作理论和实践模式（Payne，2005：143），应用于家庭暴力的辅导（Carlson，1991a）、精神健康服务（Libassi & Maluccio，1982）、个案辅导（Germain，1983：132）、家庭照顾（Cox，1992）、弱势群体的服务（Gitterman，1991b：1）以及个案管理等（Rothman，1994：13 - 14）。21 世纪后，生态视角的社会工作有了新的发展取向：一方面汲取传统的心理动力学派的思想，让外部环境的生态探索与内部心理的动力探索整合起来，延伸社会工作专业服务的深度和广度（Payne，2005：143）；另一方面引入危机（risk）和抗逆力（resilience）的概念，把生态视角的社会工作与危机预防以及抗逆力的培育结合起来，提升人们在成长过程中抵抗危机风险的能力（Greene，2007：23）。

生态视角的社会工作之所以得到社会工作者的普遍认同，是因为：①它秉持了社会工作的基本原则，把个人内部心理改变与外部环境改变两个方面结合在一起；②它坚持了一种整体的视角，用这种视角理解个人与环境的关系，把两者视为相互影响、不可分割的整体，既不偏向个人心理，也不偏向社会环境；③它倡导了一种成长取向的服务，注重服务对象能力的挖掘和社会资源的运用，认为帮助过程本身就是实现服务对象增能的过程，包括服务对象日常生活中的社会支持网络的加强（Greene，2008a：199 - 200）。简单地说，生态视角的社会工作把关注的焦点放了个人与环境之间的转换（transaction）上，试图避免以往社会工作理论模式中常见的个人与环境二元对立的现象（Germain，1973）。这样的尝试突出个人的成长和发展，关注个人潜能的充分发挥，与西方推崇的人本主义思潮是一脉相承的（Greene，2008a：205）。

根据理论关注焦点的不同，可以把生态视角的社会工作分为三大取向：一是生态系统模式（the ecosystems perspective），它关注个人与环境之间的多个系统的交流和转换；

二是生活模式（the life model），它注重个人与环境之间的动态适应过程；三是生态社会模式（the eco-social /eco-critical /eco-feminist approaches），它强调环境中社会结构层面的改变（Payne，2005：149）。在生态视角的社会工作的这三种取向中，生活模式的影响最大，它的理论逻辑框架也最完备（Howe，2009：119）。因此，我们将在专门的章节中对生活模式进行介绍，这里重点分析生态系统模式和生态社会模式的理论逻辑，前者以凯罗·梅耶（Carol Meyer）为领袖，后者以吉姆·维特克尔（James Whittaker）为主要代表人物之一。

（一）凯罗·梅耶

梅耶是美国哥伦比亚大学社会工作学院的教授，她一直从事儿童和家庭方面的服务和研究。早在20世纪70年代初，梅耶就开始关注社会工作服务中常见的个人与环境相互割裂的现象，希望能够运用系统和生态的视角把个人与环境联结起来（Meyer，1973）。与引入生态视角并且创立了生活模式的凯乐·吉尔曼（Carel Germain）一样，[①] 梅耶认为，社会工作的基本理论逻辑框架就是心理社会双重视角，即同时关注个人的内部心理和外部环境，这是社会工作区别于其他助人学科的核心所在。但是，在实际的服务中常常发生这样的现象，社会工作者不是忽视外部的社会环境，就是忽视内部的个人心理，只关注个人和环境的某一个方面（Mattaini，Lowery，& Meyer，2002：3）。梅耶强调，实际上，从系统的视角来看根本不存在内部和外部之分，无论内部还是外部都是紧密关联、相互影响的，它们都是社会工作者开展服务活动的场域，根本不分主次，只不过有时候从个人介入容易，有时候从环境入手方便（Meyer，1983：127）。这样，借助系统和生态视角的引入，社会工作者就可以将环境也纳入服务关注的中心，把它作为具有与个人同等重要地位的介入场域，消除以往服务中常见的个人与环境二元对立的现象，找到适用于个案工作、小组工作和社区工作的通用理论框架（Mattaini，Lowery，& Meyer，2002：4）。

梅耶认为，社会工作之所以在六七十年代重提心理社会双重视角，与当时兴起的民权运动有着紧密的联系。经过这场民权运动，人们越来越关注问题中的社会因素以及它的影响，如家庭暴力、儿童虐待、艾滋病和流浪乞讨等，这些问题不仅直接与个人的心理因素有关，也与社会环境因素有联系。显然，社会工作者在处理这样的问题时，就需要把社会的焦点也引入服务中；否则，就会影响服务的成效。基于此，梅耶声称，70年代的社会发展迫使社会工作者不得不重新思考社会工作的基本理论逻辑，重新界定个人与环境的关系，把"人在情境中"理解成人与情境的转换，这就是生态系统模式最核心的内涵（Mattaini，Lowery，& Meyer，2002：4）。

就生态系统模式的理论来源而言，梅耶认为，主要涉及两种理论：生态学和一般系统理论。前者解释生物体与环境之间的适应关系以及达到平衡发展的适应手段，它给社会工作者提供了一种崭新的视角理解个人与环境之间的关系，把两者视为一个整体，注重两者之间的适应和转化。后者描述系统与系统之间以及系统内部的联系，关注系统的

---

① 尽管吉尔曼的早期观点与梅耶很相似，但吉尔曼更关注生态视角本身逻辑框架的建构，她把时间和空间视为生态视角的基本要素。具体内容请参见 Germain（1976）；Germain（1978b）。

界限和反馈，它让社会工作者看到，不仅个人与环境是一个相互关联的整体，不能拆分开来，个人与环境的联系是多系统的，涉及多个不同的层面，更为重要的是，个人与环境之间是一种循环影响的关系，个人影响环境的同时，环境也在通过反馈影响个人（Meyer，1976：132）。梅耶强调，个人与环境之间的相互影响是非常细微的，一旦个案中的某个因素因为社会工作者的介入发生了改变，系统中的另一个相关因素也会随即发生改变。这样，一环扣一环，就能够形成系统的改变。这也说明，社会工作的服务介入遵循的是一种循环影响的逻辑，针对同一个个案，可以有多种不同的介入路径和方式（Mattaini，Lowery，& Meyer，2002：6）。

梅耶对生态系统模式进行了系统的梳理，发现这种模式的基本理论假设与以往的社会工作理论模式存在根本的不同，把个人与环境之间的系统转换关系作为关注的焦点，认为现实（reality）不存在于对象（objects）中，而存在于关系中。这样，关系的考察就成为生态系统模式的核心。因此，梅耶认为，社会工作者在需求评估过程中首先需要观察个人与环境之间的转换模式（the patterns of transactional events），形成关系网络的理解框架，然后，才能考察关系网络中的服务对象。梅耶强调，这样的观察顺序不能颠倒过来；否则，社会工作者就会将个人与环境割裂开来，虽然也常常强调个人与环境之间相互影响，但是这时候的互动关系是建立在对象现实的理论假设基础上的，互动关系只是作为对象特质的外部表现。正是基于这样的理解，梅耶坚信，相互关联才是社会工作的最根本原则，它不仅要求社会工作者把服务对象放到日常生活的关系网络中去考察，而且要求社会工作者把自己也作为服务对象关系网络中的一员，通过与服务对象的共同努力促进服务对象关系网络中的支持关系的转换（Mattaini，Lowery，& Meyer，2002：7）。

一旦关系网络形成，梅耶强调，这种关系网络就具有了自我调整（self-organizing）的功能，它不再由关系网络中的某个因素来决定关系网络的发展方向和途径，而受到整个关系网络的影响，作为一个整体回应周围环境的要求。这样，关系网络一方面需要应对周围环境的要求，另一方面需要保持自身的特性，自然就会形成关系网络的系统边界（Mattaini，Lowery，& Meyer，2002：8）。梅耶发现，作为关系网络自我调整功能的重要表现的系统边界，也有不同的形式，常见的有两种：一种是物理性的边界（physical boundary），有具体的物理空间，易于识别，如家庭、学校等，就是拥有物理边界的系统；另一种是概念性的边界（conceptual boundary），没有物理空间，只是社会工作者开展服务介入时的分析工具，像个案的系统生态分析就属于概念边界的运用。梅耶认为，尽管概念性的边界没有清晰的系统界限，但对于社会工作来说，它同样很重要，不仅能够帮助社会工作者理解服务对象在哪些层面上形成了系统之间的交流，便于专业服务的开展，而且能够让服务对象自己了解在哪些层面上与周围环境形成了系统之间的交流，提升服务对象对自己日常生活的理解和把握能力（Mattaini，Lowery，& Meyer，2002：11）。

对于梅耶而言，关系网络还带来另一个重要概念，就是多样性（diversity）（Mattaini，Lowery，& Meyer，2002：7）。梅耶假设，一种关系网络如果拥有多种多样的与周围环境的交流方式，它的抗逆力就较强，因为它能够抵抗不同的压力和风险。在人的社会生活方面表现为，个人可以和周围环境形成多层的系统之间的交流，这也就意味着对人的多样性的尊重（Mattaini, Lowery, & Meyer, 2002：8）。不过，需要注意的是，梅耶并不是从社会政治的层面讨论人的多样性的，而是从个人在日常生活中的成长发展要求层面来理解人的多样性的。因此，她把这种多样性当作个案工作中的直接服务目标（Meyer, 1979）。

80 年代之后，梅耶开始整理一种能够同时结合系统视角和生态视角的理论逻辑框架，这种理论逻辑框架能够为社会工作者提供一种崭新的理解个人与环境关系的视角，帮助社会工作者从服务对象的角度，而不是自己专业兴趣和特长的角度理解服务对象的多层面的不同需要，保证社会工作专业服务既不偏向于个人，也不偏向于环境，而是一种能够同时顾及个人和环境要求的专业服务，它与社会工作所秉持的专业价值保持一致。梅耶称这样一种理论逻辑框架为生态系统模式（eco-systems perspective or ecosystems perspective）（Meyer, 1983：29 - 30）。梅耶强调，生态系统模式融合了系统视角和生态视角的优点，不仅关注系统与系统之间的关联，而且注重系统与系统之间的适应和改变过程（Meyer, 1983：30）。这样，在实际服务过程中社会工作者就需要同时考察系统的关联性和适应性，使社会工作专业服务具有了两个维度：横向的关系维度和纵向的成长维度。

为了帮助社会工作者迅速掌握这种生态系统的思维方式，梅耶在总结他人和自己的个案实践经验基础上提出了生态系统图的绘制方式，把对服务对象的评估放到服务对象与周围他人的互动关系中，从服务对象的交往状况中确定个案的界限，明确服务对象面临的困扰到底与谁有关，而不是只针对服务对象个人开展需求评估。梅耶强调，之所以这样安排需求评估，是因为社会工作者在观察服务对象时，经常采取过分简单的方式，将个人与环境视为独立的单位割裂开来，缺乏一个整体的视角，而生态系统图就是为了弥补这一不足，帮助社会工作者在理解服务对象的困扰时既能够注意到服务对象与周围环境的关联，也能够观察到服务对象与周围环境在不同层面的交流状况（Mattaini, Lowery, & Meyer, 2002：4）。

梅耶认为，所有帮助人的专业实践都强调个别化，根据服务对象个人具体的情况设计有针对性的服务计划，社会工作也不例外。但是，要做到个别化，就不能把个人与周围环境割裂开来。在梅耶看来，所谓个别化就是把服务对象个人、家庭、小组或者社区放到日常生活场景中，在日常生活中观察和理解服务对象各种不同的发展要求。因此，只有把个人与环境结合在一起，才能形成一个完整的观察单位。可以说，生态系统图为社会工作者提供了寻找完整观察单位的工具，帮助社会工作者把服务对象放回到日常生活中，实现社会工作所追求的个别化原则（Mattaini, Lowery, & Meyer, 2002：5）。

生态系统模式一经提出，就受到社会工作者的广泛关注，被认为是一种能够体现社会工作的心理社会核心理论逻辑的服务模式，这种模式拥有综合（comprehensive）、整全（holistic）的视角，包容、开放的思维，以及整合、创新的服务介入策略（Wakefield, 1996）。不过，生态系统模式也面临不少批评，其中最让社会工作者感到困惑的是，它只提供了分析和解释服务对象问题的逻辑框架，更像是一种理论分析模式，无法回答社会工作者在实际服务中经常遇到的从哪里入手以及如何安排服务活动等介入方面的问题（Kemp, Whittaker, & Tracy, 1997：44）。就生态系统的层次而言，生态系统模式也常常受到社会工作者的质疑，认为它只是关注到与服务对象直接互动的社会系统，而没有观察到这些社会系统背后的社会结构的影响，如文化、种族和性别等。对此，生态系统模式做了积极的回应，特别是 90 年代之后，在后现代主义思潮的影响下，它的理论逻辑框架有了明显的调整，开始把关注的焦点延伸到直接互动的社会系统之外，对社会系统的内涵做了更深入的思考，引入了像多样性、社会公正和人权等社会价值层面的概念（Payne，2005：149）。

（二）吉姆·维特克尔

与梅耶一样，维特克尔也不满于当时社会工作过分追求个人治疗、忽视社会影响的发展取向，希望能够找到一种新的理论视角，把环境的社会影响也作为服务介入逻辑框架中必不可少的一部分（Kemp，Whittaker，& Tracy，1997：213）。作为美国西雅图华盛顿大学社会工作学院的一名教授，维特克尔一方面从事一线直接服务的教学指导，另一方面跟踪服务活动的开展，总结一线直接服务的经验。在 70 年代初，维特克尔根据自己的实践经验总结提出社会治疗（social treatment）模式（Whittaker，1974：34）。这种服务模式不同于以往的社会工作服务模式，把服务关注的焦点放在了社会环境的改善上，认为社会工作者也能够在社会环境的改善上发挥多种不同的积极作用，他的角色主要包括心理咨询师（therapist/counselor）、技术教练（skills teacher）、资源链接人（social broker）、政策倡导者（advocate）和个人支持网络建设指导者（personal network/system consultant）（Whittaker，1974：72）。值得注意的是，维特克尔之所以引入社会治疗这个概念，是为了突出环境改善的作用，把环境的改善也作为直接介入服务的一部分，并以此来拓宽社会工作的服务视野，使社会工作的服务逻辑框架能够同时关注个人和环境，而不是以往的只注重个人改变的逻辑（Kemp，Whittaker，& Tracy，1997：15）。显然，在维特克尔眼里，环境改善已经拥有了观察视角层面的内涵，能够帮助社会工作者重新理解个人与环境的关系。

80 年代之后，维特克尔的观察视角有了明显的改变，开始吸收生态视角的一些观点，对个人与环境之间的关系进行了重新梳理，认为社会工作既不能偏向个人，也不能偏向环境，否则就会直接影响服务的成效。维特克尔强调，尽管社会工作的主要服务目标是帮助服务对象成功应对环境的挑战，但是人际支持关系（interpersonal help）在其中发挥着重要作用，它不仅涉及社会工作者与服务对象之间的沟通交流，而且包括服务对象与周围他人之间的相互影响（Whittaker，1983：36－37）。很显然，维特克尔已经开始关注到服务对象与周围他人的关系，不再把周围环境作为一个单独影响因素从服务对象的日常生活中抽离出来，而是把服务对象放回到了自己的日常生活中去考察。

有意思的是，维特克尔还引入了另一个重要概念：社会支持网络。维特克尔假设，人是生活在关系网络中的，服务对象也不例外，如果遇到困难，服务对象就会求助于自己日常生活中的社会支持网络。这种社会支持网络通常给服务对象提供多方面的帮助和支持，包括资源的提供、情感的支持和信息的沟通等，直接影响服务的成效（Whittaker，1983：67）。维特克尔在自己的专业服务实践中发现，如果服务对象缺乏社会支持，或者社会工作者在服务过程中忽视服务对象的社会支持网络的作用，服务对象的改变就很难发生，即使出现了改变，也很难得到维持（Kemp，Whittaker，& Tracy，1997：74）。

维特克尔发现，在对待寻求帮助的个人、家庭或者小组时，社会工作者通常有两种不同的态度：一种把这些寻求帮助的人作为一个整体，都当作改变对象；另一种把这些寻求帮助的人做一个区分，划分出改变的对象和改变的场景，两者一起作为改变的目标。例如，同样针对遭遇困难的家庭，既可以把这个家庭作为帮助改变的对象，也可以把这个家庭放在具体的日常生活场景中，关注家庭支持关系的建立。显然，前一种方式注重改变对象自身的改变，虽然有时也会强调环境资源的运用，但都是为了改变对象的成长；后一种方式关注改变对象与周围环境之间的转换，目的是增强两者之间的支持关系。维特克尔认为，生态视角寻求的就是这样一种关注服务对象与周围环境转换的关系视角，它不是增加一种新的服务元素，而是提供一种新的服务逻辑。维特克尔形象地称之为"新的旧实践模式"（Kemp，Whittaker，& Tracy，1997：76）。

为了清晰说明这种同时关注个人改变与环境改善的服务模式的基本逻辑，维特克尔对西方社会工作的发展历史进行了梳理，发现可以把它大致分为三个不同的阶段：专业社会工作的产生、个案社会工作的时兴和新范式的出现。专业社会工作的产生发生在19世纪中后期，一直持续到20世纪初，主要受到当时的慈善组织运动和睦邻友好运动的影响。这一阶段的显著特征是专业社会工作逐渐从慈善志愿服务中脱颖而出，成为一种专业的社会服务（Kemp，Whittaker，& Tracy，1997：22）。就这一阶段的社会工作服务而言，主要有两种形式：一种是由亚当斯创立的社区服务模式，关注社会系统和社会政策的改变；另一种是由里士满创建的个案服务模式，注重个人及其环境的改变，特别是家庭层面的改善。尽管这两种服务模式看上去差别很大，但维特克尔认为，两者都把社区贫困的消除作为服务的目标，都强调社会环境的改善，只是服务的路径和方式不同，前者注重社会层面的改革，后者强调个人层面的改变。维特克尔提醒社会工作者，尽管这一阶段的个案服务以个人改变为中心，但是这样的改变是放在邻里和社区场景中的，社会工作者需要借助家庭访问的方式直接走进服务对象的日常生活（Kemp，Whittaker，& Tracy，1997：28）。

第一次世界大战对社会工作发展的影响是至关重要的，维特克尔发现，这一影响几乎改变了社会工作的发展方向，使社会工作从原来环境导向的服务（environmentally oriented practice）逐渐转向机构导向的服务（agency-based practice），不仅社会工作者的工作场景发生了根本改变，在医院或者儿童指导中心等机构中出现了专业的社会工作服务，而且专业服务的关注焦点也开始有了明显变化，逐渐转向服务对象自身的需要，不再把日常生活中的助人实践作为专业知识和技能的主要学习来源。自此，社会工作走向了个案社会工作的时兴阶段（Kemp，Whittaker，& Tracy，1997：29）。在这一阶段，弗洛伊德的精神分析学派占据了主导地位，成为个案社会工作的基本理论来源（Kemp，Whittaker，& Tracy，1997：30）。维特克尔在历史文献的梳理中看到一个很有趣的现象，弗吉尼亚·罗宾森在1930年出版的有关个案工作的专著中，直接把个案工作界定为借助专业辅导关系对个人开展心理治疗服务（Robinson，1930：187）。这样，服务对象的日常生活场景的影响就通过个人需要这个概念逐渐被社会工作者淡忘（Kemp，Whittaker，& Tracy，1997：

31）。40 年代之后，自我心理学开始受到社会工作者的关注，自我的适应功能以及与周围环境的关联成为专业服务考察的重点。维特克尔强调，尽管这一阶段，个人与环境之间通过自我（ego）这个概念建立起了联系，但是社会工作者关注的重点仍旧在个人对周围环境的适应上，而不是环境条件的改善，而且这个时候所说的环境是一种一般意义上的概括化的环境，以说明个人在某种典型的环境中面临的任务要求，并不是某个人所处的实际的日常生活场景（Kemp，Whittaker，& Tracy，1997：38）。

60 年代，在民权运动的影响下，社会工作的发展遭遇了尖锐的批评，被视为走错了方向，忽视了助人服务中最为重要的对贫困人群的社会关怀。社会工作开始出现了一种新的范式，关注服务对象生存的整个社会环境以及平等权利的获得，而不是以往服务模式所强调的对身边直接接触的周围环境的适应。这种新的范式注重服务对象的参与以及社会工作者在资源链接、政策倡导等社会改善方面的功能，是一种场景取向的服务。不过，这一阶段的场景取向服务已经与专业社会工作产生阶段的场景取向的服务有了显著的差别，不仅注重个人改变与注重社会改善之间出现了明显的对立，两极化的现象越来越突出，而且不同服务模式以及不同工作方法之间的冲突也变得越来越严重。正是在这样的发展要求下，社会工作者开始反思自己的专业服务逻辑框架，寻找一种能够同时顾及个人改变和社会改善的新的整全视角，避免两极分化的二元对立思维（Kemp，Whittaker，& Tracy，1997：40）。维特克尔认为，生态视角就是这样一种视角，能够帮助社会工作者重新找回环境的影响因素，平衡个人改变和社会改善的要求，使社会工作者能够把握不同服务模式以及不同工作方法背后的个人与环境之间的转换关系。维特克尔称之为个人 – 环境模式（person-environment practice）（Kemp，Whittaker，& Tracy，1997：xi）。

值得注意的是，维特克尔把"人在情境中"（person-in-environment）的"在"（in）给删除了，认为人与环境就是一个相互影响的整体，没有在和不在的问题，个人的任何改变都发生在环境中，都是环境的一部分。维特克尔希望通过个人与环境的这种联结强调环境的作用，把社会工作长久以来忽视的环境改变重新带回到社会工作者的视野中，成为与个人改变同样重要的服务评估和服务介入中不可缺少的内容（Kemp，Whittaker，& Tracy，1997：xi）。维特克尔强调，个人 – 环境模式的提出还有另一个重要原因，就是希望创建一种能够给环境提供增能的服务，把环境的改变从家庭、小组等这种直接互动的场景延伸到并非进行直接沟通的更为广阔的社会环境，并且让这样的服务能够与 90 年代时兴的优势视角、抗逆力（resiliency）的提升以及文化能力（cultural competence）的增强等重要的服务理念紧密结合起来（Kemp，Whittaker，& Tracy，1997：9）。

维特克尔指出，个人 – 环境模式的提出依据的是 19 世纪末专业社会工作产生之初的基本理念，关注社会环境对个人问题的影响，强调在服务对象熟悉的日常生活环境中开展专业的服务，以加强服务对象在日常生活中建立起来的邻里和文化的联系。维特克尔不赞同在机构中开展专业服务这种方式，认为如果把服务对象邀请到机构开展专业服务，这种陌生的环境尽管可以保护服务对象的隐私，但同时也会使专业服务面临脱离服务对象实际生活要求的危险（Kemp，Whittaker，& Tracy，1997：7）。与这种服务理念相关，维特克尔提倡一种能够把日常生活帮助与专业临床服务相结合的混合服务方式。维特克尔强调，只有借助这种方式，社会工作者才能够走进服务对象的日常生活中，依据日常生活的要求自然地开展专业服务，而不需要将服务对象的生活分割成日常生活和专业服务两个相互对立的方面；同时，这种混合的服务方式也能够帮助社会工作者把服务对象个人的需要与社会公共的要求结合起来，拓展专业服务的社会层面的广度（Kemp, Whittaker, & Tracy, 1997：8）。

显然，与19世纪末社会工作专业服务理念有所不同，维特克尔是在70年代之后兴起的生态视角的逻辑框架下提出个人－环境模式的，目的是提高服务对象应对环境挑战和运用周围环境资源的能力。因此，维特克尔强调的是个人生活掌控能力（a client's sense of mastery）的提升，而不像以往服务模式那样只关注服务对象的问题解决能力。而且，在服务的开展过程中注重多维度地评估和运用服务对象的环境资源，既包括与服务对象进行直接互动的环境资源，也包括与服务对象间接沟通的环境资源，特别是服务对象的社会支持网络，对服务对象个人的成长和改变发挥着重要作用。维特克尔还引入了增能的概念，尝试将个人的改变与社会的改善结合起来，实现一种他称之为个人增能与社会增能的无缝链接（Kemp, Whittaker, & Tracy, 1997：3）。

为了清晰说明个人－环境模式的内在逻辑，维特克尔还把个人－环境模式与社会治疗、通用模式以及生活模式做了对比。他认为，社会治疗是个人－环境模式的先声，关注长久以来被社会工作忽视的社会环境的影响，希望把环境介入也作为社会工作直接介入策略中不可缺少的部分（Siporin, 1970）。这些观点都被个人－环境模式吸收，成为其理论的核心。所不同的是，个人－环境模式更为关注社会环境中的结构因素，不仅仅局限在与服务对象进行直接互动的微观环境（Kemp, Whittaker, & Tracy, 1997：15）。就运用的方式而言，个人－环境模式也是一种通用模式，它吸纳了一般通用模式的基本逻辑，注重不同场景下一般实务逻辑的梳理，特别是其中有关多系统服务的强调，直接影响了个人－环境模式基本逻辑的建构（Kirst-Ashman & Hull, 1996：43）。维特克尔强调，真正对个人－环境模式产生重要影响的是生活模式，因为生活模式所注重的个人与环境相互转换的生态视角恰恰也是个人－环境模式所寻找的基本观察视角，它为个人－环境模式提供了基本的理论逻辑框架（Germain & Gitterman, 1980：156）。不过，维特克尔认为，与生活模式相比，个人－环境模式更为关注服务对象的社会支持网络的建构和社会增能等社会层面的改变，而生活模式则注重个人对环境的适应以及个人改变的成长历程（Kemp, Whittaker, & Tracy, 1997：16）。实际上，90年代之后，维特克尔就开始把社会支持网络的概念和社会增能的概念运用到实际的服务中，帮助面临高风险的青少年和家庭提升风险识别和预防的能力（Whittaker et al. , 1994：210）。

尽管生态视角给社会工作提供了一种同时关注个人改变和环境改善的整全视角，能够把不同方式的服务和不同层面的服务整合起来，但是，维特克尔认为，它自身也有一些局限，其中受到很多社会工作者质疑的是适应的概念。一旦强调个人对环境的适应，就意味着关注个人改变多于关注环境改善，而且从这样的适应概念出发，如果个人不能适应环境，就表明个人应对环境挑战能力的不足。维特克尔强调，实际上，个人能不能适应环境有多种不同解释，过多关注个人的因素只会忽视环境中存在的不足，导致把个人作为"替罪羊",限制社会工作者的观察视野(Kemp,Whittaker,& Tracy,1997:43)。

此外,生态视角缺乏像阶级、种族、性别等社会结构的分析,也是有目共睹的,被很多社会工作者质疑(Payne,2005:152)。这样的理论逻辑,在不少社会工作者看来,只会引发人们不现实的期望,把个人对环境的适应作为行动的目标,不自觉地假设个人的发展要求能够与社会环境的改变要求保持一致,忽视社会环境背后复杂的社会结构因素的影响(Gould,1987)。特别是21世纪之后,由于受到深度生态学(deep ecology)和生态女性主义(ecofeminism)的影响,社会工作者察觉到在社会环境背后存在的社会权力和社会结构的运行机制,它们对个人的成长也发挥着重要的作用(Besthorn,2002)。正是基于这样的思考,生态视角的社会工作在21世纪有了新的发展方向,融入了社会批判和社会性别的视角,关注社会环境背后社会权力和社会结构对个人成长的影响(Coates,2003a)以及与灵性的结合(Cews & Besthorn,2016)。

对于生态女性主义来说,个人生活的困境反映的是某种不平等的关系,在不平等的关系中有两种是最基本的,即人类与环境的关系以及男性与女性的关系,而人类与环境之间的不平等关系,同男性与女性之间的不平等关系有着紧密的关联,它们都源于对个人理性价值的推崇,从而导致以人类为中心或者以男性为中心组织社会生活,使女性和环境处于被压迫的位置。因此,有些社会工作者倡导借鉴生态女性主义的观点扩展生态视角,把专业服务的影响延伸到社会环境背后的社会结构(Besthorn & McMillen,2002)。八九十年代兴起的全球化正好契合了生态视角的社会工作的发展,要求社会工作者放弃以往社会工作服务模式所强调的弗洛伊德精神分析学派的观点,把人与人之间的相互依赖以及生活的多样性作为专业服务的基本原则,并且把这些原则放在全球化的视野下来理解(Coates,2003b:79)。

二　生态视角的社会工作的理论框架

与以往社会工作的理论模式不同,生态视角的社会工作把人放回到自己的日常生活中,以此为基础建构社会工作的理论逻辑。这样的理论建构策略是希望为社会工作者找到一个更符合人的社会生活的理论解释框架。生态视角的社会工作认为,以往社会工作理论模式在解释服务对象的行为表现时,要么借用临床治疗的研究结果,把服务对象视为有问题需要别人帮助的人,要么借用实验室的实验结果,把服务对象当作可以接受直接施加影响寻求改变的人,这样必然使社会工作的理论解释出现与实际社会生活相脱离的现象(Greene,2008a:203)。正是基于这样的思考,生态视角的社会工作吸收了生态理论的核心思想,把人与环境之间的转换作为整个理论考察的焦点,它既包括个人对环境适应的考察,也包括环境对个人成长支持的分析,是一种同时关注个人和环境改变的双重视角(Germain,1979:8)。这种强调个人与环境相互转换的双重视角,在生态视角的社会工作看来,包含三个方面的基本理论假设:①人与环境是一个整体,不能拆分开来,它们相互影响,相互补充,一起促成了改变的发生(Germain & Gitterman,1987:496);②人与环境是一个相互适应的过程,其理想状态是实现相互匹配(goodness-of-fit)(Germain,1994b:89);③人与环境的适应是一个应对方式的寻找过程(coping),通过具体的应对行动消除或者减轻环境的压力（Greene，2008a：204）。生态视角的社会工作把这种视角简要地称为生态思维（the ecological thinking），即把人与环境的关系类比为生物体与环境的关系，注重特定环境中个人的成长和改变（Kemp，Whittaker，& Tracy，1997：42）。

（一）"个人 - 环境"双重转换视角

在生态视角的社会工作看来，个人与环境始终处于相互转换的过程中，个人的成长并不是直线的方式，从需要的起点到目标的终点，而是发生在与环境相互影响的过程中。因此，个人与环境之间就具有了一种交互影响的特征（reciprocal causality），不仅个人影响环境，同时环境也在影响个人，如果不了解环境的影响，个人是无法预测未来变化的。这样，个人与环境就构成了生态视角的一个基本观察单位，两者是不可分割的整体（Greene，2008a：207）。为了明确双重转换视角的内涵，生态视角的社会工作还把交互影响与互动（interaction）这两个概念做了区分，认为虽然互动也强调个人与环境之间的相互影响，但是在互动过程中个人与环境被视为独立的因素，个人可以完全独立于环境之外影响环境；同样，环境也可以完全独立于个人之外影响个人。交互影响就不同了，它注重的是个人与环境关联中的相互影响，无论个人还是环境，能够影响的是一种关联方式，不是两者中的某一方。只要一方改变，另一方就会做出相应的调整，而另一方的调整又会反过来影响之前做出的改变，形成交互影响的循环圈（Greene，2008a：207）。

生态视角的社会工作不赞同运用直线思维的方式理解社会工作的服务逻辑，认为这种只关注社会工作者如何影响服务对象的因果分析逻辑很容易把社会工作者当作是不需要改变的，需要改变的是服务对象，这样，社会工作者自然就成了指导服务对象改变的"专家"，服务对象成了被改变的对象。生态视角的社会工作认为，社会工作者与服务对象之间是相互影响的，不仅服务对象需要改变，而且社会工作者也需要改变，更为重要的是，社会工作者需要随着服务对象的改变而改变。实际上，服务对象与周围环境中的其他人的交流也一样，也需要同时改变（Germain & Gitterman，1995：817）。生态视角的社会工作强调，从这种相互影响的双重转换视角出发，服务对象与周围环境之间的影响是多层次的，社会工作者只是服务对象改变环境中的一种影响。因此，可以说，服务对象遭遇的问题存在于服务对象与周围环境相互影响和相互转换的过程中，并不是个人的心理困扰或者生理局限（Robbins，Chatterjee，& Canda，2006：57）。

这种双重转换视角，生态视角的社会工作认为，还有另一层重要的内涵，就是互溶性（mutuality），即互动双方在合作的过程中相互影响，逐渐被另一方吸收，转化成另一方的一部分，使双方形成一个不可分割的整体（Greene，2008a：207）。为了突出个人与环境之间的内在关联，生态视角的社会工作把个人与环境直接联系起来（person：environment relationship），强调不管是顺利的时候还是不顺利的时候，个人与环境之间的相互影响是紧密联系在一起的，即使说个人，也是指与环境相互影响中的个人。环境也一样，不可以脱离人的影响，是指与个人相互影响中的环境。生态视角的社会工作坚信，不管是个人影响环境还是环境影响个人，两者之间的转化都只能发生在特定的文化和历史场景中，只有在这样的特定场景中依据相互关联的逻辑，才能够理解其真实的内涵（Germain & Gitterman，1995：816）。这样，尊重多样性就成为生态视角的社会工作的一项重要原则，它不仅要求社会工作者站在服务对象的角度理解他与环境之间的互相影响过程，而且要学会从多层次的角度考察服务对象与不同环境系统之间的相互作用过程。显然，对于生态视角的社会工作来说，尊重多样性意味着一种把服务对象放回到特定文化和历史场景中的场景化理解方式（Kemp，Whittaker，& Tracy，1997：14）。

正是基于对个人与环境之间的内在关联和相互转化的思考，生态视角的社会工作强调，作为一种独特的助人服务的社会工作，它的关注焦点与心理治疗以及其他专业助人服务不同，是人与环境之间的匹配状况（Person：environment fit），既包括人对环境的适应，也包括环境对人的支持，是一种呈现适应状况的关联方式（Mattaini，Lowery，& Meyer，2002：8）。生态视角的社会工作假设，这种关联方式直接影响个人的健康成长，如果它是一种消极的关联方式，就会导致人们通常所说的"问题"，而且不论消极的关联还是积极的关联，它们都不是固定不变的，都会随着时间的迁移而变化，只要其中一方发生了改变，就会带来另一方的变化（Germain & Gitterman，1995：817）。这样，个人与环境之间的转换就成了生态视角的社会工作考察的核心，它意味着无论个人还是环境都处在相互适应的过程中。值得注意的是，生态视角的社会工作所说的适应是指一种过程，涉及个人如何调整自己应对环境挑战，它包括环境如何影响个人、个人如何调整自己的应对行为以及个人如何反馈应对行为的成效等不同方面，是个人应对环境挑战的方式，不是以往社会工作服务模式所说个人的应对行为（Greene，2008a：207）。

生态视角的社会工作之所以这样理解个人与环境之间的转换关系，是因为它依据生态理论对人的理解，把人视为能够主动寻找自己生活目标的对象，而且有能力为自己的目标做出选择（Bronfenbrenner，1989）。因此，在生态视角的社会工作看来，人像生物一样总是处在特定的生活场景中，受到来自生理、情绪、家庭、组织、历史和文化等多层次系统因素的影响，在这样的环境中做出自己的应对行为，实现个人适应需要和环境支持之间的平衡（Greene，2008a：210）。

双重转换视角的另一重要特性是关联性（relatedness）。生态视角的社会工作认为，这种特性意味着人是不能脱离他人生活的，即使个人成年之后也需要与周围他人保持某种关联。这种关联，在生态视角的社会工作看来，通常有两种类型：一种是直接的互动关系，人与人之间能够进行面对面的沟通，具有强烈的个人感情；另一种是非直接的互动关系，人与人之间无法进行面对面的沟通，代表的是一种公共的社会身份（Greene，2008a：210）。生态视角的社会工作强调，尽管第一种关联对个人的成长改变施加直接的影响，但是第二种关联的影响也是不可忽视的，如果没有对第二种关联的理解，第一种关联的作用不是夸大就是缩小，特别是当服务介入的关注点集中在环境资源发掘和运用上的时候，第二种关联的作用就更为突出（Greene，2008a：218）。在实际的服务开展过程中，生态视角的社会工作发现，服务对象生活在多个不同系统的网络关系中，这些网络中的成员同时影响服务对象的行为表现，一起构成影响服务对象成长改变的重要环境，它被生态视角的社会工作称为服务对象的社会网络（social networks）（Gittermain & Germain，1981）。显然，服务对象的社会网络也是社会工作者施加专业影响的重要途径，借助这个途径社会工作者不仅能够直接施加自己作为专业人士的影响，促进服务对象的改变，也能够运用服务对象身边重要他人的资源，帮助服务对象与周围他人建立一种积极互助的关系，从而带动服务对象的改变（Greene，2008a：219）。

在生态视角的社会工作看来，个人与环境的关联并不是指个人与环境有某种联系那么简单，针对同一种环境，不同的人有不同的关联选择和关联保持的方式。这意味着个人与环境的关联性有两种不同的理解：一种把它当作客观的现实，是个人与环境转换过程中的某种特性；另一种把它视为经验的现实，是个人在适应环境过程中的某种意义关联的方式。生态视角的社会工作选择了一种折中方案，既认同它是一种客观现实，又强调它需要一种意义解释。因此，生态视角的社会工作推崇运用社会建构（social construc-tionist）的逻辑理解个人与环境的关联性，把个人与环境之间的转换作为一种"相互协商"（reciprocal negotiation），不仅个人影响环境，环境也在影响个人（Kemp，Whittaker，& Tracy，1997：68）。值得注意的是，尽管生态视角的社会工作引入了社会建构的逻辑，使社会工作专业服务具有更大的包容性，能够接纳不同服务对象的不同观察视角，但是两者在逻辑的架构层面上仍旧是有区别的，生态视角的社会工作注重的是特定生活场景中的建构，关注客观环境中人的能动性。可以说，生态视角的社会工作采纳的是一种客观环境中的建构主义逻辑（Kemp，Whittaker，& Tracy，1997：69）。

生态视角的社会工作强调，这种逻辑，说到底，是对决定论的批判，它既不赞同精神分析学派的心理决定论的观点，也不认同行为主义的环境决定论的逻辑，而是认为人拥有能动性，能够为自己的生活做出决定，并且能够根据自己的生活目标采取主动的应对策略（Germain，1979：11）。生态视角的社会工作坚持认为，人能够借助过去经历的记忆和未来生活的预测施加自己的影响，摆脱以往社会工作服务模式中把问题归因为个人的病态视角，从而在"问题"的困境中找到成长改变的能力和资源。显然，生态视角的社会工作是一种拥有人本主义关怀并且注重日常生活中个人改变能力发挥的视角（Rob-bins，Chatterjee，& Canda，2006：62）。

针对个人与环境之间的转换关系，生态视角的社会工作提出了一个重要概念——应对能力（competence），即个人所拥有的能够对周围环境施加影响的能力。这种能力不仅与个人的内心状况有关，也与周围环境有联系，是个人联结内部与外部的中介（Germain，1979：12）。生态视角的社会工作强调，这种应对能力是每个人都具有的，它不能被理解成个人拥有的某种内在能力，而是个人在应对环境挑战过程中最大地获取和利用内部和外部资源促进个人成长的能力，这种能力既保证了个人的自主性（autonomy），也保证了个人与周围环境的关联性，是个人在特定环境中对自己生活的掌控能力（Germain，1979：11）。从时间维度来说，这种能力也是个人在成长过程中的成功转换经验的累积，包含了个人如何与环境相互影响以及如何掌控环境影响的成功经验（Greene，2008a：211）。

生态视角的社会工作还对个人应对能力的内涵做了进一步的探索，认为亲密感在个人成长过程中发挥着重要作用，是其核心内涵之一，个人无论处于依赖他人关心照顾的儿童时期，还是处于照顾关怀他人的成年阶段，都需要与周围他人保持一种积极的关联，体验到亲密感。相反，如果个人感受到的只是孤单、排斥，甚至敌对，他的个人应对能力的发展就会遇到阻碍。生态视角的社会工作发现，在个人的应对能力中还有一种体验，就是身份感（the sense of identity），这种感受直接关系到个人如何看待自己、如何保持与周围他人的交往界限，影响个人应对能力的提升（Germain，1979：12）。不过，生态视角的社会工作强调，在实际的服务开展过程中应对能力与亲密感和身份感的关系是非常复杂的，不能把它们简化为谁影响谁这种单向的线性逻辑，它们不仅都会呈现在个人与环境的转换过程中，而且会影响这个转换过程（Germain，1979：13）。

值得注意的是，生态视角的社会工作在理解应对能力时，不仅仅把它与个人直接互动的日常生活场景联系起来，同时还特别强调这种应对能力与文化之间的关系，认为人的生活是一种文化处境中的生活，既受到文化的影响，又是文化的影响者，尤其在跨文化的社会工作实践中，这一特征表现得更为突出。正是基于这样的逻辑考察，生态视角的社会工作强调，在评估个人应对能力时，还需要结合历史的维度，把个人的成长经历放在特定的文化历史的场景中来理解（Greene，2008a：215–216）。

就个人与环境转换过程中的环境而言，生态视角的社会工作也有自己的理解，它把环境分为物理的、社会的和文化的三种类型，认为物理的环境包括自然的物理环境和人为的物理环境，而社会的环境主要指人际交往形成的社会网络，文化的环境则是影响物理环境和社会环境的各种价值观、行为准则、知识和信仰等文化因素的集合（Germain，1976）。显然，在生态视角的社会工作的逻辑框架中，文化环境不像物理环境和社会环境那样，它不是独立的，只是影响人们怎样看待物理环境和社会环境以及怎样与之互动。在社会环境方面，根据对个人影响的方式，生态视角的社会工作对此又做了进一步的区分，把它细分为直接影响的社会环境和间接影响的社会环境，如家庭、小组和邻里等，就是直接影响的社会环境，而像社会组织等大型的单位，就是间接影响的社会环境。需要特别注意的是，生态视角的社会工作还提出了观察到的环境（the perceived environment）这一概念，希望从行动者的角度理解环境，强调观察的事实与观察者是不能分割的，把意义和价值放在观察的视角和方式中（Kemp, Whittaker, & Tracy, 1997：85）。

生态视角的社会工作认为，无论物理环境、社会环境还是文化环境，都与个人应对能力相联系，都给个人的成长提供了机会，两者是不能够拆分开来理解的。而且，这样的关联也不能被视为一种关系，分析成谁与谁有联系，而是个人与周围他人之间的沟通方式，是一种相互影响的模式，与个人的应对行为直接相关。可以说，个人的行为就是在这种物理、社会和文化的环境关联中形成的，它们本身又成为影响环境的力量（Germain，1979：14）。

为了描述个人与环境转换过程中的这种行为导向的特点，生态视角的社会工作还从角色理论中借用了角色的概念，将个人内部变化与外部变化联结起来，并且把它们呈现在具体的角色扮演过程中。这样，在生态视角的社会工作理论逻辑框架中，角色就不是一套行为规范的期望和要求，而是人与人之间相互影响、相互沟通的方式，不仅具有交互影响的特点，而且具有动态作用的特征（Greene，2008a：211）。为此，生态视角的社会工作还常常应用另一个重要概念来说明个人与环境之间的转化，这就是适应（adaptation）。生态视角的社会工作认为，人对环境的适应是一种以改变为导向、持续不间断的应对过程，它涉及人的认知、感受和行为等不同方面的改变，是整个人应对环境挑战的过程，包括对自己的调整、对环境的改善以及两者之间的协调等，是在不断改变环境中的调整（Germain & Gitterman，1995：817）。

就生态视角的社会工作而言，人对环境的适应有其独特的要求，主要包括：①意义解释，即人对自己做什么以及怎么做进行解释，把相关信息联系起来，统一进行考察和分析，使人拥有主动适应环境的能力（Germain，1979：8）；②相互转换，即人在影响环境的同时，环境也在影响人，人与环境是一个整体，两者之间不是谁比谁强，而是是否能够相互匹配，既有利于环境的改善，又能够促进个人的成长（Germain & Gitterman，1987：489）；③动态调整，即人对环境的适应是在环境影响人的过程中发生的，不仅环境随时都在改变，而且人的任何调整都需要结合环境的改变，两者始终处于一种不间断的、动态的调整过程中（Germain，1979：9）；④多层表现，即人对环境的适应体现在多个层次上，不仅包括生理层面，也包括心理层面和社会层面，甚至还包括信仰价值层面，如灵性的要求等（Greene，2008a：213 – 214）。生态视角的社会工作强调，人是作为一个整体应对周围环境的挑战的，不仅他的内部世界需要作为一个系统来理解，而且他与外部环境的联系又构成另一个更大的系统。这样，生态视角的社会工作就在如何理解人以及如何理解人与环境的关系两个方面拓展了以往社会工作服务模式的解释（Greene，2008a：214）。

需要关注的是，90 年代之后，生态视角的社会工作开始吸收建构主义的思想，注重个人经验的意义解释，使用像叙事（narrative）、故事（story）等明显包含个人主观经验描述的概念，并且在两个层面上进一步拓展社会工作的理论逻辑框架。①关注多元化的视角。生态视角的社会工作认为不同的人有不同的观察视角，即使针对同一件事情，不同的人也会有不同的观察结果和日常生活经验的组织方式。②关注环境中"隐性事实"（hidden realities）。生态视角的社会工作发现，社会现象中总存在一些更深层次的建构现实，像性别、种族和文化等，就是这种现实。尽管这种现实不像家庭、同伴、邻里以及社区那样容易被人们察觉到，但它们确实对个人的成长和社会环境的改善发挥着重要作用（Kemp，Whittaker，& Tracy，1997：64）。显然，通过建构主义思想的引入，生态视角的社会工作希望改变人们的观察视角，把意义作为联结个人与环境并且实现两者相互转换的重要依据（Saari，1992）。有意思的是，生态视角的社会工作还对建构主义思想进行了改造，认为它虽然注重个人的主观经验和意义解释，与尊重个人价值的社会工作基本价值理念相一致，但同时忽视了社会的公平和公正。因此，生态视角的社会工作在实务的推进过程中还增加了历史和文化维度的考察和分析，把它作为集体的生活经验和意义价值的呈现（Kemp，Whittaker，& Tracy，1997：66）。

（二）"个人 – 环境"转换中的问题

在"个人 – 环境"双重转换视角的逻辑框架下，生态视角的社会工作对社会工作服务过程中的"问题"进行了清晰界定，认为它不是个人内部的某种心理状况，如某种心理的结构或者人格的特征，而是个人与环境转换过程中的某种状况，这种状况首先表现为压力（stress），即外部环境的要求与个人的需要以及拥有的能力之间出现了矛盾，两者之间失去了平衡，出现不匹配的现象（Robbins, Chatterjee, & Canda, 2006：51）。导致这种不匹配现象的原因有很多，既可能是外部环境要求过高，也可能是个人应对能力的不足，或者个人无法得到必要的资源。生态视角的社会工作强调，它观察压力的角度与以往社会工作服务模式不同，使用了心理社会双重视角，把个人放在他所生活的日常环境中，既关注个人对环境的应对能力，也关注环境对个人施加的影响，这种生态视角的压力，概括起来，常常出现在三个方面：生活的转换（life transition）、环境的压力（environmental pressure）以及人际互动的过程（interpersonal process）（Germain, 1979：18）。值得注意的是，生态视角的社会工作虽然把压力与问题联系在一起，坚信问题首先表现为个人所能感受到的生活压力，但是并没有把压力等同于问题，而是强调人就是生活在压力中，甚至认为成长本身就充满了压力，压力是否成为问题的关键还需要考察个人应对压力的方式（Greene, 2008a：208）。

正是基于这样的逻辑，在分析个人面临的生活压力时，生态视角的社会工作还引入了另一个重要概念：应对（coping）。生态视角的社会工作假设，个人总是处在应对环境要求的过程中，这种应对涉及个人内部与外部的联结和转换，表现为个人依据自己的能力链接外部的资源，实现个人与环境之间的更好匹配。当然，如果个人实现不了与环境的这种转换，就会出现人们通常所说的"问题"（Germain, 1979：17）。因此，在生态视角的社会工作看来，"问题"不是哪个人的或者哪种环境的，而是个人无法实现与环境的转换，既与个人的应对能力有关，也与环境对人的要求相联系（Germain, 1979：18）。

生态视角的社会工作强调，无论压力还是应对，都反映了生态视角的一个重要特征，不是把个人进行类型化的分析，找到问题的根源，而是在特定的日常生活处境中理解个人的发展要求。这样，个人与环境转换的行为方式就成为社会工作关注的焦点。在生态视角的社会工作看来，社会工作者的任务不是去分析个人如何影响环境，或者环境如何影响个人，而是提升个人在特定生活场景中的应对能力，涉及个人内部和外部资源的运用。基于此，生态视角的社会工作倡导以一种发展（progressive）的视角来理解"问题"，认为"问题"不是"病症"，并不意味着个人或者环境有问题，它只说明个人在成长发展过程中遇到了阻碍，而社会工作者的任务就是帮助服务对象寻找发展的内部潜能和外部资源（Greene, 2008a：214）。

需要注意的是，生态视角的社会工作在理解个人成长中的环境阻碍时，并不仅仅指无法满足个人成长所需要的物质环境，同时还包括妨碍个人发展的社会排斥、种族歧视等不公正的社会环境。在生态视角的社会工作看来，不公正的社会环境的影响是多方面的，它除了是导致弱势群体生活贫困的重要因素外，对弱势群体社会身份的认同以及文化资源的挖掘都起着消极的作用，常常使弱势群体对自己的生活改变感受到无助和无力。因此，生态视角的社会工作从文化和制度的角度出发提出多样化的概念，强调不同人群、不同性别、不同种族之间的相互包容，以弥补以往社会工作服务模式过分关注个人和直接的人际互动关系的不足，拓展对问题的理解（Greene, 2008a：217）。

在实际的专业服务过程中，生态视角的社会工作发现，服务对象遭遇的问题通常涉及多个层面，具有关联性，不仅与服务对象的个人内部心理状况有关，也与身边的周围他人相关，甚至与大型的社会组织和单位有联系。即使同一个层次，也有不同的方面，如家庭成员、亲属和同伴等，都是对服务对象有影响的周围他人。生态视角的社会工作认为，生态视角观察问题的一个显著特点是，从生态系统出发把个人视为日常生活的参与者，全面考察服务对象面临的生活挑战，而不像以往社会工作服务模式那样只抽取服务对象日常生活中的某个或者某几个层面作为问题考察的焦点（Germain，1973）。生态视角的社会工作强调，这种问题考察视角的转变，意味着对人的理解视角的改变，把人视为特定历史文化场景中应对日常生活挑战的生活经历者（Greene，2008a：218）。

（三）"个人–环境"的整体评估

在评估服务对象的问题过程中，生态视角的社会工作强调，社会工作者与服务对象是一种合作的关系，并不存在谁指导谁这种单向的帮助关系，他们一起协商，共同界定问题，并且一起寻找解决问题的方法。这种合作的关系意味着，社会工作者不能把自己置身于服务过程之外，只负责观察和指导服务对象做出改变，而需要把自己视为学习者，跟随服务的展开过程，通过与服务对象的对话交流，学会与服务对象一起成长（Greene & Barnes，1998：93）。就具体的评估任务而言，生态视角的社会工作认为，主要包括六个方面。第一，确定问题的核心系统（the focal system）。在生态视角的社会工作看来，尽管问题事件通常涉及多个不同的系统，但其中必定有导致问题出现而且能够促使问题发生改变的最重要的系统，这个系统就是问题的核心系统。社会工作者只有明确问题的核心系统，才能找到需要帮助的目标人群。第二，评估服务对象面临的压力以及拥有的应对能力。生态视角的社会工作发现，一旦确定了问题的核心系统，社会工作者就可以把注意力转向问题核心系统中的服务对象，评估服务对象到底面临什么生活压力以及应对这些生活压力的能力。第三，考察问题核心系统所处的环境以及对服务对象产生的影响。生态视角的社会工作假设，个人成长离不开环境的支持，服务对象也一样，也需要周围他人的帮助，通过对环境的分析，社会工作者就能够了解服务对象在成长过程中缺乏什么样的环境支持。第四，了解个人与环境转换过程中的匹配状况。在生态视角的社会工作的理论逻辑框架中，个人与环境之间是一种动态的适应关系，社会工作者只有掌握了个人与环境之间的转换方式，如两者的适应程度以及适应方式等，才能够帮助服务对象找到改善目前生活状况的具体方法。第五，明确社会工作者与服务对象合作的基础。生态视角的社会工作沿用了系统视角的社会工作的观点，把社会工作者放在特定的社会组织架构和社会环境中来考察，认为社会工作者提供的服务与他所在的社会组织以及社会环境有着密切的联系，通过了解这些社会组织和社会环境的要求，社会工作者才能够准确把握专业的合作关系，安排好专业的服务活动。第六，分析宏观社会环境的要求。生态视角的社会工作还把宏观社会环境的考察也作为评估工作的重要内容之一，强调像法律、教育和大众媒体等社会因素对服务对象的影响，这些社会因素既可能是服务对象改变的资源，也可能是服务对象改变的障碍，它们也是社会工作者开展专业服务不可忽视的内容（Greene，2008a：228 – 229）。

　　仔细分析这六项具体的评估任务就可以发现，生态视角的社会工作的评估并没有遵循以往社会工作以个人为中心的服务评估逻辑，从服务对象的问题入手，分析问题背后的原因，然后提出服务介入的计划，而是从问题事件入手，确定问题事件中的核心系统，并且通过分析核心系统中个人与环境的转换方式以及服务中的社会环境因素的影响，找到帮助个人提升应对环境能力的服务介入策略。生态视角的社会工作称这种评估方式为场景评估，它注重把服务对象放到日常生活的处境中去考察（Rosen & Levine，1992）。

　　生态视角的社会工作强调，尽管它倡导场景评估，但并不是只关注环境的影响，不重视个人的成长要求和所发挥的作用。事实上，生态视角的社会工作所注重的是一种双重视角，既关注环境对个人的影响，也关注个人对环境的作用，是两者相互影响过程中的动态的匹配状况。生态视角的社会工作认为，每个人都有自己的观察视角和生活经验的组织方式，即使是面临同一环境中的相同要求，不同的人也会有不同的理解和不同的回应方式，关注个人对环境的作用意味着从个人的角度出发理解他所面临的困难以及与环境之间的相互影响（Kemp，Whittaker，& Tracy，1997：96）。显然，生态视角的社会工作是从个人主观经验的维度来理解个人与环境之间的相互作用的，注重生活事件中个人的意义解释。

　　为了帮助社会工作者在纷杂多样的环境中快速、准确评估服务对象的生活状况，生态视角的社会工作把个人社会支持网络（the personal social network）作为首要的评估单位，分析个人与身边周围他人的相互影响，特别是个人与重要他人的关系，在个人的日常生活中发挥着重要的作用，它们既可能是个人成长的资源，也可能是个人发展的阻碍。生态视角的社会工作强调，在个人的社会支持网络中不仅包括非正式的社会支持，如家庭、亲属和同伴等，也包括正式的社会支持，如社会工作者和其他服务的专业人士等，尽管它们的作用不一样，前者注重日常生活的安排，后者关注专项任务的完成，但它们一起构成个人的社会支持网络，当个人面临生活困境时，整个社会支持网络都会发挥作用（Kemp，Whittaker，& Tracy，1997：11）。在正式和非正式社会支持网络划分的基础上，根据对个人影响的重要程度，生态视角的社会工作又将个人的社会支持网络依次细分为四类：家庭成员和重要他人、朋友、邻里和社区以及社会组织。这四类都是社会工作者在环境评估中需要关注的（Kemp，Whittaker，& Tracy，1997：100 – 101）。

　　对于生态视角的社会工作而言，个人社会支持网络只是影响个人日常生活的一部分环境因素，它们通过与个人的直接互动对个人的生活发挥着影响，而在社会环境中还有另一部分影响因素，常常被社会工作者忽视，它们属于个人生活的宏观社会环境，如文化、政策和法律等，尽管它们不像个人社会支持网络那样直接作用于个人，但对个人的生活同样也有重要的影响（Kemp，Whittaker，& Tracy，1997：11）。为此，生态视角的社会工作提出权力分析（power analysis）的评估方式，即通过考察让个人感到无力的生活困境，分析其中隐藏的资源分配不足以及机会缺乏的社会现实（Gilgun，1994：392）。显然，生态视角的社会工作的评估有一个显著特点，它是在个人多个层次系统上展开的评估，其中的一个核心目的是把微观层面的个人社会支持网络的评估与宏观层面的社会环境评估结合起来，拓宽社会工作的服务介入范围（Kemp，Whittaker，& Tracy，1997：89）。

生态视角的社会工作在评估中还引入了发展的视角，不仅关注个人在生活困境中的能力、资源和机会，改变以往社会工作评估中过分注重问题的倾向，而且强调从风险和挑战的角度理解个人面临的生活困难，把问题和不足视为个人成长过程中遇到的阻碍。生态视角的社会工作认为，这样的转变不只是使用了像能力、优势等包含正向含义的概念，与问题和不足的描述不同，更为重要的是，它帮助个人看到困境中个人的行动能力和可以改变的空间，是一种观察视角的转变，促使社会工作者从服务对象的角度理解他的成长发展的要求，而不是社会工作者依据自己的专业要求而采取的评估，其中包含了服务对象自己对生活意义的理解和规划。生态视角的社会工作称这样的发展观察视角是以增能理论为基础的，注重的是服务对象在评估过程中如何提升能力（Kemp，Whittaker，& Tracy，1997：90）。

就具体的评估方式而言，生态视角的社会工作总结了自己专业实践的经验，提出社会工作专业服务中常用的生态图（ecomap）和社会支持网络图（the social network map）两种评估工具，帮助社会工作者准确、全面了解服务对象的生活状况。生态图针对的是个案服务中的个人或者家庭，围绕个人或者家庭面临的困难收集、分析和整理所涉及的不同系统、各系统之间的沟通方式（常见的包括顺畅的沟通、有冲突的沟通以及疏远的关系三种类型）以及个人或者家庭拥有的改变能力和资源（Mattaini，Lowery，& Meyer，2002：21－22）。生态视角的社会工作强调，生态图不仅仅是社会工作者开展评估的工具，同时还是社会工作者综合设计专业服务并且邀请利益相关方参与专业服务的依据（Mattaini，Lowery，& Meyer，2002：22）。与生态图类似，社会支持网络图的关注焦点也在个人与周围他人的沟通交流状况上，不过，它要比生态图复杂一些，包括三个测量维度：社会支持的领域、内容以及特点。具体来说，社会支持的领域可以根据人际交往的深度依次分为八种类型，即主要照顾者、家庭其他成员、工作单位和学校、其他社会组织、其他朋友、邻里、专业人士以及其他人员；社会支持的内容则可以分为物质支持、情感支持以及信息或者建议的提供三种类型；而社会支持的特点可以用五个方面的指标来考察，即关系的重要性、支持的方式、关系的紧密度、交往的频率以及交往的时间（Kemp，Whittaker，& Tracy，1997：111）。生态视角的社会工作认为，借助社会支持网络图的绘制，社会工作者不仅可以详细了解服务对象与周围他人的交往状况，包括他们之间存在的冲突以及服务对象拥有的资源类型和特点，也可以发现服务对象日常生活中的助人关系和助人角色的文化逻辑，让社会工作者保持文化的敏感和警觉（Kemp，Whittaker，& Tracy，1997：113）。

值得注意的是，生态视角的社会工作并没有把评估仅仅当作一种工作的结果，为服务介入提供科学的依据，还当作一种工作的过程，认为既然评估是对问题进行分析和界定，就必然涉及对问题的重新理解。也就是说，通过评估服务对象能够从新的角度理解"问题"，也会赋予生活以不同的意义（Kemp，Whittaker，& Tracy，1997：91）。生态视角的社会工作强调，在评估过程中社会工作者的最主要任务不是对服务对象的"问题"进行诊断，分析"问题"的现实，而是寻找一种新的改变现实，这种改变现实不同于实证主义所说的"客观"当下的现实，它是服务对象利用现实资源实现成长改变的现实，它的分析焦点也不是"是什么"，而是"怎样改变"（Mattaini & Kirk，1991）。因此，生态视角的社会工作坚持认为，社会工作的评估不同于一般科学研究的评估，它是关于社会工作者如何与服务对象一起建构一种可以实现改变目前生活状况的评估，改变才是整个评估的核心，"问题"的现实分析只是其中很小的一部分内容，而且它的目的也是帮助服务对象实现改变（Mattaini，Lowery，& Meyer，2002：19）。

正是基于对改变现实考察的评估框架，生态视角的社会工作把评估过程视为社会工作者与服务对象一起合作寻找新的知识和新的观察视角的建构过程，包括资料的收集、问题的探寻以及资料的呈现等，都是围绕如何改变服务对象的观察视角（Kemp，Whittaker，& Tracy，1997：92）。这样，评估过程也就成了服务介入的过程，两者并不是像以往社会工作服务模式认为的那样可以截然分开；同样，在服务介入的过程中也需要评估，不仅不同的服务介入阶段需要评估，而且随着服务介入的深入，评估的内容和方式也需要随时调整。可以说，服务评估和服务介入是社会工作者促使服务对象发生改变的两种基本方式，它们相互影响，相互促进（Kemp，Whittaker，& Tracy，1997：106）。生态视角的社会工作认为，这样的评估逻辑是建立在增能视角基础上的，它的目的是促使服务对象在评估过程中提升自己的能力，而不是帮助社会工作者确定治疗的"问题"（Kemp，Whittaker，& Tracy，1997：137）。

（四）互惠式的增能介入策略

与以往社会工作服务模式不同，生态视角的社会工作沿用了系统思维的逻辑，把个人与环境不同系统之间的相互转换作为服务介入的焦点，认为系统与系统之间是相互影响、相互转化的，绝不是个人适应环境或者环境满足个人需求那种简单的因果关系。因此，如何发挥个人的潜在能力以及如何运用环境的有利资源促进服务对象的成长，就成为生态视角的社会工作开展服务介入活动的重点，其中包含了关注发展和行动两项基本的要求，即在服务介入活动过程中注重服务对象个人的成长和应对能力的提升（Germain，1979：7-8）。

生态视角的社会工作认为，无论关注服务对象个人的成长还是应对能力的提升，都涉及社会工作的心理社会双重视角的运用，不仅仅注重个人的适应环境能力的提高，同时还考察环境对个人成长的支持，是两者之间互动方式的改善。也就是说，生态视角社会工作所说的个人适应环境能力的提高是针对之前的个人与环境之间的互动方式而言的，是对这种互动方式的改变，而不是把个人从自己的日常生活的关联中抽离出来，通过各种专业培训提高个人的适应能力；同样，社会工作者在考察环境对个人成长的支持时，也不能把环境与个人的生活剥离开来，通过增加环境的资源投入提高环境对个人成长的支持，而是在个人与环境的现有互动方式上提升环境对个人成长的支持（Germain，1979：8）。

显然，在生态视角的社会工作的理论逻辑框架中，个人的适应能力与环境的支持是同步展开的，只不过有时从个人入手开展服务活动，有时从环境入手推进服务计划，甚至有时直接关注如何把个人的能力与环境的支持联结起来，不管使用哪种介入的方式，社会工作的服务目标只有一个，增进个人与环境之间的相互匹配（Greene，2008a：226）。生态视角的社会工作认为，尽管个人与环境分属不同的系统，但系统与系统之间是相互依赖的，一个系统的改变可以影响另一个系统，如果系统之间的改变是一种积极取向的，就能够相互促进；如果系统之间的改变是一种消极取向的，就可能形成恶性循环。因此，生态视角的社会工作提出互惠式的服务介入策略，要求社会工作者在服务介入活动中始终遵循一种双赢的原则，不仅服务对象能够受益，而且服务对象的周围他人也能够在服务介入活动中受益，让个人与环境之间相互促进。生态视角的社会工作强调，只有加强个人与环境不同系统之间的正向交流，使不同参与方都能够得到成长，才有可能增强系统的创造性（Robbins，Chatterjee，& Canda，2006：54）。

正是依据互惠式的服务介入策略，生态视角的社会工作把社会工作者的服务介入方式细分为三大类：释放个人的潜在能力、消除成长的环境障碍以及增强环境的支持特性等（Germain，1979：17）。但就服务介入的指向来说，生态视角的社会工作强调，可以把第二类和第三类合并为一类。这样，生态视角的社会工作的服务介入方式就可以简化为两大类：一类是针对服务对象个人的，包括减轻个人的心理担忧、提高个人的适应能力、增加个人的应对技巧以及增强个人的自信等；另一类是针对服务对象生活的环境的，包括提供机会帮助个人做出决定和行动、创造条件协助个人学习掌控生活的技能以及寻找资源促进个人适应能力的提升等（Germain，1979：18）。不过，需要注意的是，在实际的服务活动中，这两种介入方式常常结合在一起使用，只是从不同的角度推动个人与环境之间的相互适应。例如，生态视角的社会工作专门设计了环境改变的介入步骤，把它分为环境改善、联结对话、技能训练、视角转变和新知识的获得五步，虽然这样的介入是从环境改变入手的，但逐渐转向环境中的个人，注重个人应对能力的提升（Kemp，Whit-taker，& Tracy，1997：138）。

生态视角的社会工作发现，一旦社会工作者以生态图和社会支持网络图作为评估的重要工具，就自然会从日常生活场景出发理解服务对象个人的发展要求，并依据个人的发展要求设计和规划服务介入活动。这样，社会工作服务介入的目标也就不是消除服务对象的问题，而是尊重服务对象个人的发展意愿，遵循服务对象个人成长的规律，带动服务对象的成长改变。因此，增能就成为生态视角的社会工作所坚持的一项重要服务介入的策略（Mattaini，Lowery，& Meyer，2002：15）。

与以往社会工作服务模式不同，生态视角的社会工作吸收了优势视角社会工作的一些重要概念，把个人能力的发掘和环境资源的运用作为服务介入的重要内容，并以此将服务介入的焦点投向个人与环境的相互转换。生态视角的社会工作强调，尽管人们把能力视为个人所拥有的某种特质，但实际上，生态视角的社会工作不赞同这样的看法，而是把个人能力作为个人实现与周围他人或者环境转换的能力，即个人知道做什么来增进个人与环境之间的积极转换。这样，能力的概念也就拥有了生态的元素，生态视角中又包含了能力的概念，增能视角与生态视角结合在了一起（Mattaini，Lowery，& Meyer，2002：15）。

生态视角的社会工作假设，个人与环境始终处于不断的转换过程中，通过多次转换两者之间就会形成一种相对比较稳定的转换方式，这种转换方式影响了个人对现实的理解，构成服务对象"个人的现实"（the client's reality）。如果个人遇到困境，通常意味着他与环境的转换方式阻碍了个人当下的转换，需要做出调整。因此，服务对象在困境中的改变其实是对转换方式的调整。生态视角的社会工作发现，在转换方式的调整过程中，以往的社会工作服务模式常常把"人在情境中"的情境理解成个人的生活背景或者生活的条件。这样，个人与环境的转换就成为两个不同层面因素之间的相互影响，而不是两个平等因素之间的相互转换。生态视角的社会工作强调，这样的理解方式只会把个人作为关注的中心，环境作为个人改变的支持手段，忽视日常生活中存在多个中心的现实以及因个人改变与周围他人改变之间的相互影响而形成的互惠式的整体要求（Mattaini，Lowery，& Meyer，2002：16）。

为了帮助社会工作者理解专业服务中的互惠式的整体要求，生态视角的社会工作在个人、家庭和小组服务的基础上提出与邻里服务和社区服务相结合的要求，认为只有把个人、家庭和小组服务放在邻里或者社区，才有可能避免服务关注的焦点过于集中在人，忽视人与环境之间的相互影响和相互转换，能够将个人、家庭和小组的改变与周围他人的改变联结起来，培养一种相互影响的整体观念。正是基于这样的逻辑考察，生态视角的社会工作认为，除了个人增能之外，还有另一种常见的增能方式，称为集体增能（the collective empowerment）。集体增能与个人增能不同，它关注的是人与人之间如何一起增能，从而增强人们对生活环境的掌控能力，像同伴互助就是很好的例子，通过同伴之间的相互影响、相互转化，增强他们对生活困难的应对能力（Kemp，Whittaker，& Tracy，1997：13）。

生态视角的社会工作强调，它所关注的增能的核心是对个人生活经验的积极体验和运用，即通过增强个人在具体活动以及合作关系中的自主性，让个人感受到应对生活困难能力的提高，或者借助环境资源的调动，为个人提供更多的自我决定的机会，从而提高个人对自己生活掌控的能力（Greene，2008a：228）。生态视角的社会工作不赞同直接为个人提供应对问题能力的技能学习，认为这样的做法虽然能够提高个人的问题应对技能，但是它只关注个人应对技能的学习，并没有考察个人生活经验的运用，应对技能的提高未必等同于增能，让个人体会到个人能力和信心的提升。要做到增能，生态视角的社会工作坚信，只有释放个人潜在的学习能力，加强个人与环境之间的自主转换（Kemp，Whittaker，& Tracy，1997：58）。显然，生态视角的社会工作所理解的增能概念与增能社会工作不同，融入了生态的视角和生活意义的解释，具有鲜明的人本主义取向（Greene，2008a：227－228）。

生态视角的社会工作还对个人生活经验的积极体验和运用进行了探索，认为它与个人的关联感和效能感有着密切的联系，前者让个人体会到与他人的情感联结和自己的身份归属，后者让个人察觉到自己的行动可以带来成功的生活改变。生态视角的社会工作发现，一个人拥有了关联感和效能感之后，才会觉得自己是受人尊重的，是有价值和能力的，个人的自信心才有可能提升。因此，面对同样的生活困境，拥有自信心的人更善于从积极的角度理解困境中的生活意义。此外，在个人生活经验的体验中还有另一个重要的元素——个人的方向感，即个人面临生活的挑战时，能够在尊重他人要求的同时做出自己的选择，承担起自己的生活责任。生态视角的社会工作强调，个人的自信心不是来自个人拥有多少，而是能否做出有成效的恰当行动选择，提升个人对周围环境的掌控能力（Germain & Gitterman，1995：818）。值得注意的是，生态视角的社会工作还把增能的内涵与文化的要素联系起来，关注文化应对能力（cultural competence）和多样性的培养（Kemp，Whittaker，& Tracy，1997：60）。

（五）增能视角的专业合作关系

在处理社会工作者与服务对象的专业合作关系方面，生态视角的社会工作引入了增能的视角，认为以往的服务模式只关注社会工作者与服务对象之间专业合作关系的建立，是与只注重个人改变的服务逻辑密切相关的，这样的服务逻辑自然就会把服务对象作为服务关注的焦点，环境当作促使服务对象改变的资源。增能视角就不同，既注重个人的改变，也关注环境的改善。因此，在增能视角的影响下，生态视角的社会工作在强调社会工作者与服务对象建立相互信任的专业合作关系之外，也注重协助服务对象与周围他人建立相互信任的专业合作关系。生态视角的社会工作坚持认为，这样的调整不是为了在原有的专业合作关系基础上增添新的服务内容，而是为了转变服务的逻辑，把社会工作者的关注焦点投向服务对象日常生活的改善。这样，协助服务对象与周围他人建立专业合作的关系就成为整个社会工作服务的核心，社会工作者与服务对象的专业合作关系的建立也是围绕这个服务核心而展开的，它只是带动服务对象的日常社会支持关系改善的一个环节（Kemp，Whittaker，& Tracy，1997：53）。

依据这样的增能视角的服务逻辑，生态视角的社会工作提出专业合作关系建立的一项重要原则就是参与（participation）。它包含三个方面的含义。第一，服务对象的参与以及与社会工作者之间的专业合作关系的建立。生态视角的社会工作认为，只有让服务对象参与服务活动的需求评估、计划以及实施整个过程，社会工作者才有可能与服务对象建立并且保持专业合作的服务关系。第二，周围他人的参与以及与服务对象之间的专业合作关系的建立。生态视角的社会工作与其他社会工作服务模式不同，注重周围他人的参与，强调只有把周围他人引入服务活动中发挥他们的作用，并且与服务对象建立相互支持、相互促进的互助关系，才能够减少对社会工作者的依赖，带动服务对象真正发生积极的改变，走出生活的困境。第三，社会工作者与服务对象之间合作伙伴关系的建立。生态视角的社会工作强调，社会工作者与服务对象之间的专业合作关系是一种合作伙伴关系，不是社会工作者指导服务对象做出改变，而是协助服务对象学会发掘自身的能力和运用周围环境的资源，是一种注重服务对象参与和经验反思的服务。在整个服务中社会工作者只是起着协助者的作用，帮助服务对象成为自己生活问题的主动解决者（Kemp，Whittaker，& Tracy，1997：54）。因此，生态视角的社会工作指出，社会工作者在思考如何与服务对象建立专业合作关系时，需要运用社会支持网络的概念，把服务对象放在日常生活的社会支持网络中来考察，同时关注服务对象与周围他人、服务对象与社会工作者以及周围他人与社会工作者的关系，在动态过程中保持与服务对象的合作伙伴关系（Kemp，1995：193）。

与参与原则相关联，生态视角的社会工作把教育也作为专业合作关系建立的一项重要原则。生态视角的社会工作认为，一旦把服务对象作为参与者，他就不是辅导治疗的对象，社会工作者也不是治疗师，两者之间的关系更像是一种互学共长的教育关系（Kemp，Whittaker，& Tracy，1997：55）。生态视角的社会工作强调，虽然有些社会工作服务模式也注重让服务对象参与服务活动的设计和执行，但仍然把服务对象作为新知识和新技能学习的接受者，生态视角的社会工作就不同了，它要求社会工作者首先转变看待服务对象的态度，把服务对象视为自己生活知识的创造者，在日常的生活困境中学习如何针对面临的挑战调整原来的学习方式，找到新的、更为有效的方式发掘自身的能力，运用周围环境的资源。在生态视角的社会工作看来，这样的服务过程其实是服务对象针对面临的困难创造和掌握新知识的过程，包括问题怎样界定、行动改变计划怎样制订以及周围环境资源怎样运用等。显然，社会工作者的角色也需要相应地做出调整，无论扮演的是教师、教练员，还是同伴学习者、引导者，都需要围绕服务对象学习能力的提升，是一种学习者的培养方式（Kemp，Whittaker，& Tracy，1997：56）。

生态视角的社会工作还把批判反思的概念也引入服务活动中，认为社会工作者与服务对象的专业合作关系就需要遵守批判反思的原则，不仅社会工作者在与服务对象的交往中需要学会一种新的反思实践的方式，在实践中反思，在反思中实践，而且需要指导服务对象学习这种反思实践的方式（Kemp，Whittaker，& Tracy，1997：57）。生态视角的社会工作强调，这种反思实践不同于一般的知识学习，有四个方面的特征：①它是行动取向的，是针对某个具体问题而采取的应对行动，并对这个行动过程进行反思，反思的目的也是寻找更有效应对的行动方式；②它是一种对话方式，通过与周围他人的对话交流，对自己的生活经验保持开放的态度，学会从周围他人的角度理解自己的生活经验；③它是一种生活经验的反思，不仅仅聚焦于怎么应对困境，同时还包括如何看待自己面临的困境以及如何与周围他人建立一种有意义的积极关联，既关乎个人的过去经历，也与个人的未来安排有联系；④它是一种参与式的行动研究（participatory action research），在行动中不断收集反馈的信息，并且根据信息不断调整自己的行动策略（Kemp，Whittaker，& Tracy，1997：58）。正是依据这种批判反思的逻辑要求，生态视角的社会工作甚至直接把社会工作定义为一种助人的反思实践，既不同于临床式的心理治疗，也不同于全景式的社会分析，而是投入其中并且拥有批判思维元素的生活实践（Kemp，Whittaker，& Tracy，1997：13）。

在社会工作者承担的各种角色中，生态视角的社会工作认为，最为重要的是服务对象现有社会支持网络的咨询者和支持关系建立的协助者。前者注重帮助服务对象修复、维持和改善现有的社会支持关系，后者关注帮助服务对象创造新的社会支持关系。生态视角的社会工作之所以这样理解社会工作者的角色和作用，是因为在它看来，服务对象生活在多层的网络系统中，服务对象的改变就表现为这种多层的社会支持网络的变化，社会工作者也一样，他也只是服务对象多层社会支持网络中的一员。因此，社会工作者的核心作用就是改善和增强服务对象的社会支持网络，包括网络成员能力的发掘、网络成员人数的增加以及社会支持关系的改善等，是服务对象日常生活状况的改善（Kemp，

Whittaker, & Tracy, 1997：13）。

生态视角的社会工作发现，如果从服务对象日常生活的社会支持网络来理解专业合作关系，服务对象所需要建立的通常就不仅仅是一种专业的服务关系，甚至还可能是一种跨专业的服务关系。因此，生态视角的社会工作提倡一种跨专业的综合服务，鼓励服务对象根据个人成长发展的要求与不同专业人士建立一种多层的专业合作关系，能够将各种不同的正式支持关系与非正式的支持关系联结起来（Robbins, Chatterjee, & Canda, 2006：54）。生态视角的社会工作强调，尽管以往的社会工作服务也会注重多专业的服务关系，但通常以某个专业为主，采用的是一种等级的合作关系。生态视角的社会工作就不同了，它运用的是生态视角，关注的是服务对象不同需要之间的整体关联（Imbrogno & Canda, 1988）。正是依据这样的逻辑，生态视角的社会工作提出一种崭新的多专业的服务合作关系。这种合作关系强调整全视角下的分工，注重平等互助的原则，并且相信每一个参与者既是结果的贡献者，也是结果的分享者（Lowery & Mattaini, 1999）。

值得注意的是，生态视角的社会工作在讨论社会工作者与服务对象的专业合作关系时，是把他们作为一个拥有共同目标的工作团队（a unified team），目的是帮助服务对象解决面临的生活困境。生态视角的社会工作认为，这样的工作团队具有两个显著特征：互惠性（mutuality）和交互性（reciprocity）。互惠性是指这种专业合作关系既有利于服务对象的成长，也有利于社会工作者的改变，是一种相互促进的积极交流方式；交互性则是指服务对象和社会工作者在专业合作关系中是相互影响的，不仅社会工作者影响服务对象，服务对象也同时影响社会工作者，是一种循环影响的方式。生态视角的社会工作强调，专业合作关系的这两个特性需要借助三种类型的服务才能实现，包括社会资本（social assets）的建设、抗逆力（resilience）的培养以及潜能（optimization）的发挥等，在不同场景下挖掘服务对象的能力。这样的能力，从外部来说，表现为现有社会支持的增加和社会融入的加深；从内部来说，则表现为个人身份一致感的增强和生活希望的增加（Kemp, Whittaker, & Tracy, 1997：5）。显然，在生态视角的社会工作看来，社会工作者与服务对象之间的专业合作关系是通过团队的工作方式在心理和社会两个方面的扩展来实现的，表现为合作关系中的互惠性和交互性。

尽管生态视角的社会工作一经提出，就受到社会工作者的普遍欢迎，成为影响社会工作发展的重要理论之一，但是它自身仍然面临很多方面的挑战和质疑。就专业发展而言，长期以来社会工作就忽视像生态视角的社会工作所倡导的这种场景服务，无视不同场景中服务对象的不同体验，只关注个人导向的机构服务，把场景介入作为个人改变的辅助，视之为一种间接的介入方式（Kemp, Whittaker, & Tracy, 1997：136）。生态视角的社会工作强调，这种错误的专业认同阻碍了社会工作的发展，促使社会工作者放弃场景服务中的专业尝试，把场景服务中的不稳定视为对专业身份的挑战，担心场景服务散乱，缺乏专业性。从实际的服务来说，生态视角的社会工作也需要社会工作者转变服务的视角，注重服务对象能力和资源的发掘，特别是多专业不同资源的整合以及跨专业的工作团队建设等，都依赖社会工作者自身所做的尝试和转变（Kemp, Whittaker, & Tracy, 1997：17）。

就生态视角的社会工作的逻辑架构而言，也面临不少社会工作者的批评，其中最为突出的是有关生态适应这个概念的内涵。如果把适应理解成个人与环境的相互匹配程度，就会受到一些社会工作者的批评，因为在他们看来，适应与否是同个人的主观感受和经验判断相关联的，不同的人有不同的观察角度和经验总结方式。这样，就容易出现是否"客观"的质疑（Robbins，Chatterjee，& Canda，2006：49）。与此相关联，一些社会工作者指出，追求适应的生态逻辑背后存在这样一个理论假设：均衡和稳定才是个人生活的一种理想状态，一旦个人的生活失去了均衡和稳定，也就意味着他的生活遇到了问题，需要做出调整重新达到均衡和稳定。事实上，像深度生态学、女性主义生态学等生态理论的一些新发展都强调，不均衡才是生活的常态，才是改变的基础（McDowell，1994）。有些社会工作者甚至怀疑，是否需要生态视角这样的宏大理论，因为社会工作是一门注重实务的学科，过分抽象的理论只会牺牲实务的针对性（Nagel，1988）。

不过，把生态视角引入社会工作也给社会工作者带来了一些全新的启发，除了提供一种整全的服务视角，将微观的互动环境与宏观的社会环境联结起来之外，它还让社会工作者的关注焦点重新投向日常生活的场景服务，这样，生活的适应就成为社会工作的理论和实务的基础，使它有别于以往社会工作以临床的治疗或者实验室的观察为基础的理论逻辑，更接近人们的日常生活（Robbins，Chatterjee，& Canda，2006：28）。更为重要的是，生态视角的社会工作为社会工作者提供了一种跨学科的生态视角，让社会工作者能够从自己的学科中抽离出来，站在不同学科的跨专业角度理解社会工作的多专业综合服务要求，打破不同学科的专业分割，搭建以服务对象为本的服务逻辑框架（Robbins，Chatterjee，& Canda，2006：27）。

与以往社会工作服务模式不同，生态视角的社会工作在引入生态视角的基础上，采纳了一种同时关注个人与环境之间相互转换的"个人 – 环境"双重转换视角（Germain & Gitterman，1995：818）。这种视角不再把个人和环境视为可以分割的独立的影响因素，认为服务对象遭遇的问题就存在于"个人 – 环境"转换的过程中。因此，生态视角的社会工作提出一种"个人 – 环境"的整体评估方式，通过与服务对象建立以增能为目的的信任合作关系，在服务对象的社会支持网络中实施互惠式的增能介入策略，不仅服务对象能够获得成长，而且社会工作者也能够得到改变。生态视角的社会工作强调，它区别于其他社会工作服务模式的核心在于同时关注个人和环境，把社会工作长久以来忽视的环境重新带回到社会工作者的视野中，这不仅是社会工作实务层面的要求，也是社会工作价值层面的诉求（Germain & Gitterman，1995：816）。

生态视角的社会工作坚持认为，之所以倡导一种整全的生态系统视角，并不是为了寻找一种可以囊括所有内容的服务模式，而是针对服务对象的成长要求追求一种专业人士与服务对象以及周围他人能够一起参与的、跨专业的综合服务（Howe，2009：118）。正像生态视角的社会工作的倡导者维特克尔所说，社会工作者需要追随里士满开辟的社会工作的发展道路，不仅要将个人改变与环境改善结合起来，而且要将小的个人改变转化成大的社会改变（Kemp，Whittaker，& Tracy，1997：213）。

第三节　生活模式

一　生活模式的演变

为了回应日益复杂的社会环境对弱势群体日常生活困境的影响，20 世纪 70 年代社会工作的发展出现了两个明显的转变：一是注重社会环境改变的要求；二是寻找可以适应于不同服务场景的通用服务模式（Germain & Gitterman，1995：821）。生活模式（the life model）正是在这样的要求下出现的，它以生态视角为基本的理论逻辑框架，把个人与环境视为相互依赖、不可分割的整体，注重个人与环境之间的交互影响以及两者的相互匹配状况，并且把这样的匹配状况看作随着个人的成长不断变化（Payne，2005：150）。正是依据生态视角这样的基本原理，生活模式希望能够转变以往社会工作服务模式的基本逻辑，把专业服务的焦点锁定在个人与环境的联结和转换上，以克服以往社会工作服务模式过分关注个人而忽视环境影响的不足，找到可以运用于个人、家庭、小组、单位，甚至社区和政策倡导的服务模式（Germain & Gitterman，1995：821）。

美国社会工作学者凯乐·吉尔曼（Carel Germain）和艾利克斯·基特曼恩（Alex Gitterman）在 1976 年正式提出了生活模式的理论逻辑框架（Gitterman & Germain，1976），1980 年两人再度合作，出版了第一本以生活模式为主题的专著。[①] 他们提出的生活模式受到美国波士顿心理治疗师伯纳德·班德拉（Bernard Bandler）的影响，班德拉发现社会工作的服务模式一直受到心理治疗的影响，关注辅导室人为场景中的需求评估和服务介入。1963 年，班德拉在和社会工作者一起探讨如何推进社会工作的专业服务时指出，社会工作的服务应当选择回到人们的日常生活中，按照生活原本的样子进行总结，关注人们在成长的经历中面临的各种生活挑战，它的各种介入策略和手法都是为了帮助人们在日常生活困境面前找到问题解决和需求满足的方法，目的是促进人们更好地成长和发展（Bandler，1963：42–43）。显然，吉尔曼和基特曼恩用"生活模式"概括自己总结的服务模式，是希望他们提供的不仅仅是一种不同的服务模式，更是一种全新的服务理念和专业定位：让社会工作能够重新回到人们的日常生活中，按照生活本身的逻辑总结专业服务的要求（Gitterman，1996：404）。

正是依据这样的基本理念，生活模式把整个专业服务的理论逻辑架构的基础放在了个人与环境相互适应的生命历程（life course）中，认为生活模式无非关注个人与环境之间的相互匹配，涉及三个基本方面：个人能力的挖掘和成长潜力的发挥、环境的改善和社会支持的增强，以及个人与环境相互匹配水平的提升（Germain & Gitterman，1995：821）。具体而言，生活模式包括九个方面的基本要求：①运用生态思维，关注个人与环境之间的交互影响，了解两者如何在生命的历程中相互影响、相互作用；②聚焦个人与环境的匹配状况，着重了解在历史和文化的背景下个人的目标和需要与环境资源的适应

---

① 具体内容请参见 Germain & Gitterman（1980）。

状况，以及如何通过个人、环境或者两者的改变保持个人与环境之间的相互匹配；③关注个人的生态环境和生态地位，分析其中有利于个人成长的因素和不利因素；④采用权力分析，了解弱势地位形成的权力机制以及科学技术造成的污染（technological pollution）；⑤引入生命历程概念，运用历史、社会和个人三重时间维度考察个人生命的独特性；⑥遵循压力应对（stress-coping）的思维模式，注重分析压力源（stressor）、压力（stress）和应对（coping）三者之间的联系，了解个人在生活困境中管理压力和掌控生活的能力；⑦关注个人的抗逆力，注重在高风险的生活场景中发挥个人的保护性因素；⑧吸收深度生态学的观点，关注社会网络之间的相互联结和相互依赖；⑨采纳生态女性主义的理念，整合环境分析和性别分析，消除两者的对立和分割（Gitterman & Germain，2008：1－2）。显然，生命模式是一种综合了多种不同思想和观点的服务模式，其中最为核心的要素是生态视角和压力应对模式，前者关注个人与环境之间的动态联结和转换，不仅包括横向的生态环境、生态地位以及权力运行机制的分析，而且包括纵向的生命历程的考察；后者关注困境中的具体应对机制，包括压力的来源、压力的形成以及应对的方式（Gitterman & Germain，2008：51）。值得注意的是，生活模式还把这样的逻辑架构放在近年来出现的抗逆力、深度生态学以及生态女性主义的视角下来考察，不断吸收新的观点和理念，对未来始终保持开放的态度。

除了倡导在不同服务领域运用通用的服务模式以及针对不同的服务需求采用综合的服务方法之外，生活模式还把社会工作视为一种伦理的实践（ethical practice），一种包含了鼓励多样性的专业实践（diversity-sensitive and skillful practice），要求社会工作者采用一种增能的视角，注重与服务对象建立一种合作的关系，倾听服务对象的生活故事，关注服务对象的行动能力、决策能力和优势以及物理、社会和文化环境对服务对象的影响。有意思的是，生活模式进一步拓展了社会工作实务的内涵，将社会工作的专业实践与知识生产联系起来，认为两者存在内在的关联，不仅需要把社会工作实务视为服务开展的过程，也需要把它作为知识创造的过程（Gitterman & Germain，2008：2）。这样，社会工作研究就不再是社会工作实务之外的附加内容，而是社会工作实务本身不可缺少的部分。

尽管生活模式采用了生态视角作为基本的理论逻辑框架，甚至不少社会工作者直接把它作为生态视角的社会工作的一种重要的服务模式，认为它们都有一个共同的特点，就是关注个人与环境之间的相互影响和相互转换，[①] 但是生活模式还是与其他生态视角社会工作的服务模式不同，更为关注个人与环境之间的动态的相互匹配（Howe，2009：119）。这样，生命历程就成为生活模式最核心的概念之一，它不仅让服务对象处于特定的物理、社会和文化的场景中，而且让服务对象的个人生活安排（individual time）与社会安排（social time）和历史安排（historical time）结合在了一起，在多个层面上呈现个人与环境之间相互转换的动态关联（Gitterman & Germain，2008：x）。正是因为影响个人生活因素的多样性以及个人与环境之间转换的复杂性，生活模式也就更为强调自己采用的是一种以服务对象成长发展为导向的综合服务（Gitterman & Germain，2008：xi）。

---

① 马克·佩恩就是这种观点的代表人物，参见 Payne（2005：149）。

经过二十多年的努力，生活模式已成为生态视角的社会工作中最为完善、最为系统的一种服务模式，被广泛应用于不同的服务主体，包括个人、家庭、小组、社区、社会组织以及社会政策等（Howe，2009：119）。特别是 21 世纪之后，社会环境发生了巨大的改变，社会工作者面对的是长期在困境中挣扎的弱势人群，他们不仅明显受到社会环境的影响，常常面临巨大的生活压力，感到无力掌控自己的生活，而且他们面临的问题也常常表现为持续时间长、反复性高等特点，使服务对象经常感到失望、沮丧、无助，甚至绝望和自暴自弃。例如，流浪者的服务、药物滥用者的干预、慢性精神障碍患者的帮助、艾滋病人的关怀以及受虐儿童的介入等，都是这种类型的服务，都需要社会工作者采用一种能够将不同影响因素融合在一起的综合服务逻辑，既关注个人的改变，也关注环境的改善，并且能够让两者相互促进（Gitterman & Germain，2008：x）。

在生活模式的创建和推广的过程中，有两位重要的影响人物——吉尔曼和基特曼恩，他们不仅是生活模式的提出者，也是生活模式的实践者和教育者。他们两人的名字已经和生活模式紧密联系在一起，成为生活模式的象征。①

（一）凯乐·吉尔曼和艾利克斯·基特曼恩

吉尔曼和基特曼恩是美国哥伦比亚大学社会工作学院的教师，他们从 1972 年起开始合作，一起承担社会工作实践课程改革的任务，希望找到一种能够适用于不同社会工作实务场景的通用模式。尽管吉尔曼的专长在于个案的处理，基特曼恩的特长在于小组活动的组织，但是他们两人都发现，以往的这种以个案工作、小组工作和社区工作三大专业方法为服务分类基础的评估和介入方式存在巨大的局限，不仅与当时逐渐出现的综合服务的要求背道而驰，而且社会工作者会依据自己的专业服务特长随意裁剪服务对象的需要和设计专业服务的方案，与社会工作所倡导的尊重服务对象的价值理念相左（Gitterman & Germain，2008：28）。

吉尔曼和基特曼恩认真分析了专业服务在 70 年代之后出现的新要求以及未来发展的基本趋势，认为综合服务才是社会工作专业服务发展的未来方向（Gitterman & Germain，2008：xi）。他们强调，无论健康服务（health services）还是精神健康服务（mental health services）都采用了管理照顾（managed care）的服务理念，要求综合运用不同的社会工作专业方法，已达到减少服务成本和提高服务成效的专业服务目标（Gitterman & Germain，2008：40 - 41）。对实践成效的关注是另一项影响综合服务发展的因素，特别是证据为本实践（evidence-based practice）概念的提出，使社会工作的服务安排逐渐从流程导向转向结果导向，综合服务成了必然的发展要求（Gitterman & Germain，2008：42）。此外，像英特网技术的运用以及政策实践（policy-practice）的倡导，导致传统社会工作三大专业方法的服务分类的界限变得越来越模糊，越来越多的服务需要综合运用不同的社会工作专业方法（Gitterman & Germain，2008：48）。

---

① 吉尔曼和基特曼恩合作了二十多年，两人一直关注生活模式的基本逻辑框架的梳理，分别在 1980 年、1996 年以及 2008 年出版和修订了《社会工作实践的生活模式：理论与实践进展》（*The life model of social work practice: Advances in theory and practice*）一书。

有意思的是，尽管吉尔曼和基特曼恩都推崇综合服务的方式，但是两者探索综合服务的路径是不同的。吉尔曼直接从个案工作入手，在70年代初就开始思考如何突破个案工作的局限（Germain，1970：3）。她借用了生态视角，把传统的个案工作从机构的辅导室放回到了服务对象的日常生活中，使服务对象的改变能够与周围环境的改善紧密结合起来，走出传统个案工作的困境（Germain，1973）。为了说明这种新的个案工作的服务逻辑，吉尔曼选择了生态视角的时间（Germain，1976）和空间（Germain，1978b）这两个基本维度作为社会工作专业服务的基本逻辑框架。这样，她就为社会工作搭建起一种通用的服务逻辑。吉尔曼还把这样的生态视角的服务逻辑与系统视角做了对比，强调她所推崇的生态视角既融合了系统视角的基本理论假设，又吸收了自我心理学的基本原理（Germain，1978a）。基特曼恩就不同了，他从小组工作开始自己的职业生涯（Gitterman，1971：45）。他发现，纯粹使用小组工作的方法在学校社会工作的服务中很难获得明显的服务成效，于是，他也开始寻找一种综合的服务方式（Gitterman，1979：79）。

到了70年代末，吉尔曼和基特曼恩开始合作梳理这种以生态视角为理论基础的通用服务模式，他们称之为生活模式（Germain & Gitterman，1980：2）。尽管当时的生活模式只是为社会工作者提供服务评估和介入的基本逻辑框架，但是其核心的理念和原则都已呈现在服务模式的逻辑架构中。首先，吉尔曼和基特曼恩不再把社会工作的服务对象锁定在像个人、家庭、小组或者社区这样的单独的对象上，而是锁定在这样的对象与环境的转换方式上，明确社会工作的服务对象不是某个或者某类人，而是人与环境的适应和转换关系。这样，无论寻求帮助的是个人、家庭、小组或者社区，他们都拥有共同的最基本的服务要素：人与环境的关联。正是基于这样的思考，生活模式为社会工作者找到了通用服务模式的理论基础（Gitterman & Germain，2008：28 – 29）。在吉尔曼和基特曼恩看来，人对环境的适应并不总是顺利的，不顺利的时候，就可能导致适应的紧张，尤其在生活转变、高要求的社会环境以及人际冲突下，更容易出现适应的困难（Germain & Gitterman，1980：7）。相应地，社会工作也就拥有了不同的服务介入策略，既可以挖掘和提升人的适应环境的能力，也可以寻找和加强环境对人的成长改变的支持（Kemp，Whittaker，& Tracy，1997：42）。值得注意的是，生活模式还把服务技巧的总结也作为这种通用服务模式的重要内容之一，从一提出就开始关注在不同的服务模式中寻找和梳理那些可以增强服务对象适应环境的服务技巧，认为这是保障不同类型的服务对象获得综合服务所必不可少的（Gitterman & Germain，2008：ix – x）。

不过，吉尔曼和基特曼恩在70年代末提出的生活模式也受到不少社会工作者的批评，其中最为突出的是，因过分关注自然生态的逻辑而忽视这种逻辑运用到人们的日常生活之后所受到的社会制度和文化因素的影响，看不到自然的生态环境与人类的社会生活环境之间的根本差别（Gould，1987）。80年代之后，吉尔曼和基特曼恩一方面继续总结和提炼生活模式的内涵，把生活模式的运用扩展到社区和社会组织（Germain，1985b：122）；另一方面，从通用服务模式的立场出发，在哲学层面上探讨生活模式的理论逻辑框架（Germain，1983：132）。

到了90年代，吉尔曼和基特曼恩的生活模式有了新的发现，他们开始引入像不平等、权力等社会结构层面的因素，考察这些因素对人们生活造成的负面影响，并且从人类学理论中寻找新的灵感，尝试用生命历程的概念替代生命周期的观点，从个人所经历的生命历程的角度理解人与环境之间的内在关联（Germain，1991：24-25）。这样，个人的行为既受到生物因素的影响，也受到社会和文化因素的左右，是在某种特定的人际环境（interpersonal spacing）和自然环境中受到各种综合因素影响而发生的场域行为（spatial behavior）（Robbins，Chatterjee，& Canda，2006：35）。吉尔曼和基特曼恩还进一步对这样的场域行为进行了探讨，发现它们与社会结构层面的不平等有着密切的关联，正是由于权利的不平等，导致了弱势群体的弱势和受害的生活状况（Germain & Gitterman，1995：819）。

　　经过对生活模式的十多年的努力探索，吉尔曼和基特曼恩体会到，90年代之后，社会工作者面临的挑战发生了巨大的变化，他们帮助的服务对象通常与经济的贫困和社会的歧视联系在一起，不仅面临多重的生活困境，如经济拮据、教育不足以及环境拥挤等，而且常常遭受长期的心理困扰，如对毒品的依赖、痛苦的受虐经历以及慢性的精神疾病等，这与之前服务对象遭遇的问题存在明显不同，无论在复杂性还是综合性方面都对社会工作者提出了新的专业服务要求（Gitterman，1996：389）。正是基于这样的观察和思考，吉尔曼和基特曼恩在1996年对生活模式进行了修订。与1980年首次出版的《社会工作实践的生活模式：理论与实践进展》相比，他们在四个方面做了重点的调整。第一，增加服务的社会性。吉尔曼和基特曼恩把针对个人、家庭和小组的社会工作服务称为直接服务，并尝试将这些传统的直接服务与针对社区、社会组织和社会政策的间接服务联结起来，使生活模式能够同时容纳不同类型的服务对象，增强生活模式对社会结构层面因素的回应能力。第二，提高服务的综合性。吉尔曼和基特曼恩发现，在日益复杂的社会问题面前，社会工作服务的综合性就变得尤为重要，他们除了继续强调依据服务对象的需求设计综合的专业服务方案之外，还针对不同类型的服务对象梳理和总结可以综合运用的不同的服务技巧，以提高生活模式的针对性，保证这样的服务模式可以在不同的服务场景以及不同的服务阶段灵活地运用。第三，引入压力应对模式。吉尔曼和基特曼恩总结了以往生活模式的实践经验，认为虽然过分关注服务对象的问题和不足不可取，容易导致污名化，但是只强调服务对象的优势和抗逆力也容易受社会工作者自身偏好的影响。因此，他们提倡采用压力应对的模式，把问题看作某种容易产生压力的处境，重点关注服务对象在这种处境中的应对方式和能力。这样，吉尔曼和基特曼恩强调，社会工作者就可以在整个服务过程中保持比较理性的态度。第四，关注服务的场景性。吉尔曼和基特曼恩还把文化人类学的生命历程理论引入社会工作的服务模式中，认为这种理论与以往社会工作服务模式中经常采用的阶段理论或者生命周期理论不同，把服务对象放回到了日常生活处境中，关注服务对象自身拥有的独特的历史、社会和个人的生活场景以及在此基础上所赋予的意义解释和所做的生活选择，这是一种有关个性化的生活经历的理论解释，它反对任何形式的标准化的逻辑分析，把个人的成长深深扎根于个人的生活场景中（Gitterman，1996：389-390）。

　　在吉尔曼和基特曼恩的推动下，到了90年代，生活模式已成为广受社会工作者关注并且能够运用于那些复杂的心理社会问题解决的一种社会工作服务模式，如受虐儿童的保护（Videka-Sherman，1991：379）、家庭暴力的干预（Carlson，1991b：501）、老年人的长期照顾（Berman-Rossi，1991：546）、老年人的临终关怀（Germain，1984：206）、多重危机的老年人服务（Freeman，1984）、慢性病患者的照顾（Black & Weiss，1991：163）、酒精和其他药物依赖行为的矫正（Hanson，1991：98）以及社区精神健康服务等（Libassi & Maluccio，1982）。吉尔曼和基特曼恩认为，生活模式有一个显著的特点，就是既关注个人的改变，又关注环境的改善，适合于社会弱势群体的服务，特别是有关健康照顾（health care）和精神健康（mental health）领域这种综合性强、影响因素多而且通常干预时间比较长的专业服务，更需要采用注重综合服务的生活模式（Gitterman，1991b：2－3）。

（二）生活模式的最新发展

到了 2008 年，吉尔曼和基特曼恩对生活模式进行了第二次修订，在这次修订中他们把综合服务策略视为生活模式的核心要素之一，认为综合服务策略所坚持的不仅仅是一种综合运用专业服务方法和技术的要求，同时还明确了社会工作专业服务的基础和起点：不是根据机构或者社会工作者的服务特长选择某种专业服务的方法，并由此确定服务对象的服务需求和介入方案，而是依据服务对象在日常生活中的实际需求综合选择不同的专业服务的方法，并且将这些不同的专业服务方法整合起来，形成一种综合的服务介入策略，使社会工作的专业服务具有更强的系统性。吉尔曼和基特曼恩强调，生活模式的这种综合服务介入策略与压力应对的服务逻辑是一致的，都是为保证服务对象与周围环境之间更好地相互匹配。也就是说，无论社会工作者怎样选择和运用综合服务介入策略，他的目标只有一个：提高服务对象应对环境挑战的能力，以保证社会工作专业服务具有更强的针对性（Gitterman & Germain，2008：xi）。显然，吉尔曼和基特曼恩所提倡的综合服务介入策略同时具有了系统性和针对性的要求，这是对服务对象在自然生活场景中的不同需求之间的内在关联更为深度的理解，也是对生活模式服务逻辑的进一步提炼。

吉尔曼和基特曼恩还把综合服务介入策略与服务对象的选择意愿联系在一起，认为这样的服务介入策略是为了保障以服务对象的需求和成长意愿为主导来安排服务活动，特别是在服务介入的开始阶段，服务对象自己的选择成为推进服务的重要依据。这样，社会工作的服务焦点就自然转向服务对象的成长和改变，而不是问题的减少和克服，其中必然涉及服务对象在生理、心理和社会层面的改变，以及人际互动层面的改善和环境支持的增强（Gitterman & Germain，2008：xi）。可见，此时吉尔曼和基特曼恩的生活模式已经拥有了社会建构主义的逻辑。

有意思的是，21 世纪之后，吉尔曼和基特曼恩为了加强社会工作的临床服务和社会改革之间的联结，消除两者长久以来的割裂和对立，他们在两者之间增添了另一个重要概念——互助，认为通过互助就能够把具有相同或者类似经历的服务对象联结起来，使专业服务的范围由部分的服务对象扩展到同类型的其他服务对象，形成相互帮助、相互扶持的同伴支持（Gitterman & Shulman，2005：35）。在吉尔曼和基特曼恩看来，这种互助的同伴支持有一项重要的功能，就是社会行动（social action），即借助共同的行动让服务对象学习如何相互帮助、相互支持，感受到集体的力量。这样，生活模式就在针对单个个人或者家庭的直接服务与针对环境改善的间接服务之间建立起了关联，从之前所注重的个人增能延伸到集体增能，提升个人的改善环境的能力，发展出以预防和能力成长为主的服务（Gitterman & Germain, 2008：xi）。

此外，吉尔曼和基特曼恩还为生活模式引入了抗逆力的概念，运用抗逆力理论中的保护性因素和风险因素两个方面来解释个人与环境相互转换过程中的积极影响因素和消极影响因素，以说明两者之间的复杂的逻辑关系。他们发现，两者之间的转换受到个人的性情（temperament）、家庭的沟通方式、外部的社会支持以及环境资源的状况四个方面因素的影响（Gitterman & Germain, 2008：1）。值得注意的是，吉尔曼和基特曼恩在不断总结生活模式的具体服务策略和方法的同时，还对生活模式的理论基础进行了深入探索。他们吸收了深度生态学的基本观点，把现象之间的相互关联、系统的自我反馈机制以及生命成长的周期特征视为生活模式的基本指导原则；同时，他们还从生态女性主义中汲取积极有益的思想元素，提倡将自然生态的考察与文化生态的理解结合起来，避免社会工作服务中的二元对立的理论逻辑困境。这样，对个人的增能也就意味着对环境的增能，两者相互依存，不可分割（Gitterman & Germain, 2008：2）。

二　生活模式的理论框架

尽管生活模式的内容非常丰富，但是其核心可以简化为两种逻辑的结合：生态逻辑和压力应对逻辑。前者把个人与环境视为交互影响的关系，不仅个人影响环境，同时环境也在影响个人，两者之间是一种相互匹配的动态关联，这种动态关联贯穿人的整个一生的发展，其中必然涉及权力关系和逆境的克服；后者将问题作为个人应对环境压力的方式，它既与环境的要求有关，也与个人的应对能力有联系，是个人在特定环境压力下应对方式的失效（Gitterman & Germain, 2008：51）。生态模式强调，之所以把生态逻辑和压力应对逻辑整合在一起，是因为两者都关注个人与环境之间的联结和转换，具有共同的理论逻辑框架，更为重要的是，两者可以相互补充，生态逻辑只有结合了压力应对逻辑之后，才能变成具体可操作的服务活动走进服务对象的生活，促进服务对象的改变；同样，压力应对逻辑也只有结合了生态逻辑，才能找到服务介入安排的依据，让社会工作专业服务能够真正融入服务对象的整个生活中，带动服务对象的成长和改变（Gitterman & Germain, 2008：60）。可以说，生态逻辑给社会工作者提供了理解个人与环境关系的基本逻辑框架，而压力应对逻辑则给社会工作者提供了分析问题机制的基本逻辑框架。

（一）关注成长改变的生态逻辑

生活模式发现，生态逻辑所提倡的生命有机体与环境之间相互依赖的观点，与社会工作的基本理论假设"人在情境中"是一致的，它们都把个人（生命有机体）和环境视为相互影响、相互转化的基本单位。这样，无论社会工作的需求评估还是服务介入，都需要同时考察个人和环境，它的基本考察单位既不是个人，也不是环境，而是个人与环境之间的交互影响（Gitterman & Germain，2008：51）。生活模式认为，个人的生活环境包括物理环境、社会环境和文化环境三种类型。其中，物理环境是指个人生活中的自然环境以及人为营造的物质环境；社会环境则包括朋友、亲属以及社会支持网络等，甚至还包括社会组织、社区以及政治、经济和社会的结构等；文化环境则是指通过人们的价值标准、信仰和语言等方式表现出来的精神层面的影响。尽管影响个人成长的环境因素有很多，但是生活模式强调，它们之间有着内在的关联，是一个不可分割的整体。这种生态整体的视角包含两层基本的内涵：①个人与环境之间是一种动态的交互影响，这种影响发生在相互关联中，是关联方式的调整和改变，同时涉及个人和环境两个方面；②个人与物理和社会环境之间的交互影响通常发生在一定的文化环境中，而且只有借助文化的传承，个人才能超越自然环境的限制。这样，个人、物理和社会环境以及文化环境就形成一个交互影响的整体（Gitterman & Germain，2008：52）。

　　根据个人与环境交互影响的特点，生活模式引入了空间的思考维度，认为这种交互影响发生在特定的空间场景中，包括特定的物理、社会和文化环境（Germain，1985a：31）。生活模式还借用了生态学的栖息地（habitat）和位置（niche）的概念扩展人们对生活空间的理解，解释人们在日常生活中与环境之间的复杂关系。前者是指个人生活的周围环境，包括个人的居住环境、个人所在社区的自然环境，以及与个人生活密切相关的学校、工作单位、商店和医院等生活场所的物理环境，它是个人行为的重要影响因素；后者是指个人在生活关系网络中所处的社会位置，涉及个人与他人之间的权力关系（Germain & Gitterman，1995：818）。生活模式强调，这种权力关系有两种常见的表现形式。一种称为强制型权力（coercive power），是社会或者文化所赋予的能够指导弱势群体的权力。这种权力导致社会污染（social pollutions），如生活贫困、长期失业、无家可归、精神疾患以及种族和性别歧视等，使弱势群体处于不公和歧视之中。另一种称为剥夺型权力（exploitative power），是社会主流群体所拥有的导致自然环境污染的权力。这种权力常常造成技术污染（technological pollution），如空气污染、食品不安全、水资源破坏以及土地资源流失等，使人与自然的关系处于掠夺和对抗之中（Germain & Gitterman，1995：819）。生活模式坚持认为，尽管以往的社会工作模式常常讨论强制型权力给社会弱势群体造成的损害，但是实际上，剥夺型权力给社会带来的危害更为严重，它使整个社会都处于困境中（Gitterman & Germain，2008：59）。

　　除了引入空间维度之外，生活模式还依据人与环境交流的动态特点，借用了生态学的时间维度，认为人与环境的交互影响会随着时间的推移而变化，是人与环境之间持续的相互影响，表现为个人的成长和发展（Gitterman & Germain，2008：52）。生活模式在自己的专业实践中发现，尽管交互影响的结果是个人的成长和改变，但是这并不意味着社会工作者只需要关注服务对象个人。生活模式强调，个人的成长和改变并不是遵循直线思维的逻辑，无法由个人的某个特征或者环境的某个条件推导出个人改变的因果联系，而是个人在与环境的交互影响中所采取的应对行动，个人的任何改变都会影响环境，环境的任何改变也会影响个人，两者之间逐渐形成交互影响的循环圈（loop），个人的任何应对行为就是在这样的交互影响的循环圈中做出的，既受到环境条件的影响，也与个人行动之后的环境反馈有联系（Gitterman & Germain，2008：53）。因此，生活模式建议社会工作者放弃个人成长改变的因果逻辑的思考框架，关注个人与环境在交互影响中形成的沟通方式（Gitterman & Germain，2008：54）。

正是基于这样的思考，生活模式把个人和环境在交互影响过程中的匹配程度作为考核两者沟通状况的最核心指标，希望有别于以往社会工作服务模式的理论逻辑框架，不是过分关注个人，站在个人的角度看待环境，就是过分关注环境，站在环境的角度理解个人。为此，生活模式对社会工作的理论基础进行了改造，把"人在情境中"的介词"在"（in）删除了，取而代之的是冒号。这样，人和情境就能够直接联结起来（person：environment），形成一个相互影响的整体，两者的匹配程度（person：environment fit）就不是谁适应谁，而是交互影响的状况。生活模式还对个人与环境交互影响的匹配状况这个概念的内涵进行了界定，认为它至少包括五个方面的基本内容。一是相互交换（exchange）。个人与环境总是处在不断的相互影响、相互转换的过程中。二是相互匹配（fit）。在相互交换过程中，无论是否满意，个人总能够在自己的需求、能力以及目标等内部的心理状况与环境的要求之间找到平衡，使两者能够在某种程度上相互支持。三是适应状况（adaptedness）。如果个人与环境能够相互匹配，就能够带动个人的成长和环境的改善，两者之间就能够相互适应。四是适应（adaptation）。每个人都有能力采取某种行动，能够实现个人的成长和环境的改变，或者同时达成这两个方面的改变目标。五是适应性（adaptive）。通过个人与环境之间的相互适应，个人的潜能能够发挥出来（Gitterman & Germain，2008：55）。

值得注意的是，尽管生活模式在解释人与环境的匹配状况时采用了适应的概念，这一概念看上去与以往社会工作服务模式的理解没有什么明显的差别，都是强调人需要根据环境的要求调整自己的行为，是行动取向的（action oriented），但实际上，生活模式有自己独特的理解框架，它所说的适应包含了成长发展的内涵，是未来改变指向的（change oriented）。也就是说，人不仅仅为了生存对当下环境进行适应，同时还会根据未来发展的要求主动选择成长的环境，有个人的发展意愿和成长预期在其中。因此，生活模式强调，之所以运用适应这个概念来解释人与环境的相互匹配状况，并不是为了回避人与环境之间的冲突，而是为了突出人在成长发展的选择中与周围环境的交互影响。在这样的行动取向和改变取向的逻辑框架下，生活模式提出了三种改变人与环境相互匹配状况的策略：①调整个人，以适应环境的要求，学会把握环境提供的机会；②改善环境，以保证环境对个人的支持，帮助个人实现自己预定的目标；③促进个人与环境的转换，以提高个人与环境之间的匹配程度。生活模式坚持认为，社会工作的服务目标就是实现这样一种理想的个人与环境交互影响的匹配状态，既有利于个人的成长，又有利于社会的多元（Gitterman & Germain，2008：55）。

对于生活模式来说，个人的成长就是个人独特的生活经历，是个人在特定的历史社会的生活场景中对生活的探索，既没有统一的发展阶段，也没有一致的发展路径。生活模式称这样一种发展的逻辑为生命历程（Gitterman & Germain，2008：57）。为了与以往社会工作服务模式所提倡的统一的个人成长阶段的理念区别开来，生活模式把生命历程理论与成长阶段理论做了细致的对比，认为成长阶段理论忽视了个人成长发展背后的社会价值标准的改变，没有看到社会本身就是在发展变化过程中的。因此，生活模式希望把文化和时间这两个维度引入个人成长的考察中，关注特定场景中历史文化因素对个人施加的影响以及个人对自身的生活意义的探索，涉及个人的生理、心理和社会等不同层面的变化（Germain & Gitterman，1995：819）。生活模式强调，生命历程这个概念在社会工作专业服务中至少具有六个方面的特点：①注重个人自己对生活经验的理解和解释，反对任何标准化的成长阶段的划分；②假设个人拥有对生活的自我调整和自我指导的能力；③关注多元的社会环境，考察贫困和歧视对个人成长的影响；④注意分析家庭生活中出现的新的方式和独特的要求；⑤着重了解现代社会在价值规范方面出现的变化；⑥采用批判的视角看待当地和全球化的发展要求（Gitterman & Germain，2008：57）。

显然，生命历程概念的引入改变的不仅仅是对生命发展阶段的理解，更是对人与环境的关系这一社会工作的理论基础的重新诠释，不再把个人视为像生物体一样的对自然环境的适应，而是一种在特定历史文化场景中对生命意义的探索。这样，个人的命运就与他人的命运以及社会的命运联系在一起，当地的发展要求就与全球化的发展要求关联在一起。正是因为如此，生活模式把个人的成长发展细分为三个层面的时间维度——个人时间（individual time）、社会时间（social time）和历史时间（historical time）来考察。生活模式强调，个人的成长改变绝不像以往社会工作服务模式所说的那样，是个人对自己生活的选择那么简单，它同时涉及周围他人的改变和整个社会的改变，是在这些交错在一起的不同改变中的选择（Germain & Gitterman，1995：819）。

在生活模式看来，历史时间是指从历史和社会改变的角度考察影响个人成长发展的因素，它提供了不同年龄的社会成员的成长发展的特征（Gitterman & Germain，2008：58）。为了说明这一时间维度的影响方式，生活模式还引入了群组成员（cohort members）的概念，认为相同年龄阶段的人面临相同的来自社会和历史改变的挑战，他们同样也是这一时间社会和历史改变的主要影响因素。这样，不同年龄阶段的人就会面临不同的社会和历史的挑战，相互影响，一代一代地传承下去（Germain & Gitterman，1995：819–820）。生活模式认为，尽管个人和社会文化的差异性很大，但是历史时间维度给社会工作者提供了一种崭新的历史发展的角度来理解个人的成长选择（Germain & Gitterman，1995：820）。社会时间则是指从群体生活改变的角度理解影响个人成长发展的因素，如家庭、社区等由不同社会成员组成的生活单位，它们的变化也会影响生活在其中的某个社会成员的生活选择（Gitterman，1996：393）。当然，就个人选择而言，个人时间是最直接的影响因素，它是指从个人对自己日常生活经验的理解和解释来分析个人成长选择的理由。生活模式强调，个人的成长改变发生在特定的历史和社会时间的场景中，是个人、社会、历史三者交错影响的结果（Gitterman，1996：394）。

值得注意的是，生活模式还针对个人时间维度的影响因素进行了深入探讨，认为个人对日常生活经验的组织受到两个因素——经验的连续性（continuity）和经验的意义（meaning）的影响。前者关注个人生活经验的前后联结，使个人生活经验能够保持一致性；后者关注生活经验的个人意义，让不同的生活经验能够相互联系起来。当然，在实际生活中，这两个影响因素是同时发挥作用的，它们通过讲故事的方式把个人不同生活事件的经验呈现出来。生活模式强调，个人的能力就是建立在生活故事的描述中的，正是借助这样的故事描述，个人的身份才能得到不断调整（Germain & Gitterman，1995：819）。显然，生活模式在引入生命历程概念的同时，还汲取了这一概念的叙事观察逻辑，并且把它作为一种能够把文化实践和增能实践等不同社会工作实践整合在一起的综合服务逻辑框架。这样，生活模式中的生态逻辑的关注焦点也就自然转向了未来，它与压力应对逻辑建立了内在的联系（Germain & Gitterman，1995：821）。

90 年代之后，生活模式从深度生态学和生态女性主义思想中吸收有益的元素，把个人与环境之间的相互关联理解成网络中的相互关联，强调生命有机体不仅相互依赖，而且具有调整适应的能力，能够根据环境的要求改变自己，越多样的环境，越有利于生命有机体调整适应能力的发挥（Gitterman & Germain，2008：67）。这样，通过深度生态学中的网络（networks）概念的引入，生活模式尝试将网络的逻辑运用到个人与环境之间相互影响的分析中，以避免以往社会工作服务模式的个人与环境的二元对立思维，突出人与人之间相互依存的关系以及服务的整体性（Gitterman & Germain，2008：68）。生活模式发现，生态女性主义尽管也关注人与人、人与环境之间的相互关联，但是更为注重考察人在自然环境和性别这样的基本关联中所呈现的二元对立的观点（Besthorn & McMillen，2002）。因此，生活模式希望借助生态女性主义观点的引入，帮助社会工作者察觉到人与人、人与环境相互影响过程中所隐藏的这种对立、不平等的关系，实现服务对象的增能（Gitterman & Germain，2008：70）。

（二）注重交互影响的压力应对逻辑

在生活模式看来，个人与环境就是处在不停的相互转换过程中，不仅个人影响环境，同时环境也在影响个人，而个人与环境之间的相互影响并不总是能够达成相互适应的，有时两者之间会出现冲突，甚至对抗（Gitterman，1996：390）。这种不顺利的相互适应的状况会给个人和环境都造成损害，特别是当个人面临一些生活的困境时，如生病、离婚、工作调动、社会隔离以及面对死亡等，都容易让服务对象产生负面的情绪，感到外在环境的过高要求。生活模式称这种给个人造成压力的生活事件为压力事件（stressor）。生活模式强调，尽管压力事件会给个人造成压力，但是这并不是说压力事件就等于个人感受到的压力，个人是否感受到压力还取决于个人自身对压力事件的看法，如果个人把这种压力事件视为一种挑战，学习如何在压力的环境中挖掘周围环境中的资源，实现改变的目标。这个时候个人与环境之间的不适应就不是困境，而是个人成长改变的挑战（Germain & Gitterman，1995：817）。当然，如果个人把环境的要求视为一种威胁，他对环境的应对方式与挑战的应对方式不同，就会体会到内心的担心、害怕和失望等负面的感受。因此，生活模式认为，压力事件是否真正成为压力是与个人对自己的应对能力的判断联系在一起的，如果个人觉得有能力应对，它就是挑战；如果个人觉得没有能力应对，它就是威胁（Gitterman，1996：394）。

一旦生活中的压力事件被界定为威胁，生活模式认为，个人就会寻找应对这种威胁的方式，包括管理自己的紧张和害怕的情绪以及运用自身和环境中的资源。生活模式发现，个人常常运用的自身资源包括个人的问题解决能力、调整能力、信念、乐观态度、自信心和抗逆力等；环境中的资源则涉及非正式的社会支持和正式的社会支持以及自然环境提供的条件（Gitterman，1996：394－395）。值得注意的是，生活模式对压力的理解与以往社会工作服务模式不同，不是把它作为个人自身的特征或者环境的特点，而是把它放在个人与环境的交互影响过程中理解的，既与外部环境的压力事件有关联，又与个人自身的判断和应对能力有联系，是一种心理社会的现象（Germain & Gitterman，1980：7）。

就压力事件来说，生活模式认为，它涉及日常生活中的很多方面，甚至可以说，日常生活中的任何一个事件都可能成为某些人或者某个时间阶段的压力事件，例如，生病、乔迁以及工作升迁等都可能给个人的成长带来困扰，其核心表现为，个人觉得外部环境的要求超过了个人应对能力（Gitterman，1996：392）。依据压力事件的来源，生活模式将个人生活中的压力事件细分为三类：成长阶段的转换、生活中的创伤事件以及其他影响个人与环境相互转换的事件。其中，贫困和歧视是最常见也是最重要的压力事件，它们不仅给人们的日常生活带来直接的压力，而且是其他压力事件产生的重要原因，导致人们的生活面临多方面的困扰（Germain & Gitterman，1995：817）。

生活模式强调，压力与压力事件不同，压力事件是一件已经发生的事情，它可以是外部环境的要求，也可以是个人过往的经验，而压力则是个人应对压力事件时的心理状况，这种心理状况通常伴随一些负面的感受，如焦虑、内疚、愤怒和抑郁等。除了这些消极的感受之外，生活模式认为，压力还常常导致个人能力和自信心的降低，使个人无法有效应对面临的困境，特别是长期在压力处境中，个人还时常体会到失败的感受，就会变得非常脆弱，从而导致某些生理和社会功能的损害（Germain & Gitterman，1995：817）。生活模式提醒社会工作者，所谓的压力其实是环境的要求与个人应对能力的失衡，个人无法有效运用自身拥有的资源，找到应对个人与环境之间冲突的方法。因此，压力绝不仅仅是环境过高要求的表现，同时还与个人的观察视角、应对能力以及资源运用能力密切相关（Gitterman，1996：394）。

值得注意的是，生活模式采用了一种循环逻辑的思维理解压力产生的机制，它把压力事件（stressor）、压力（stress）和应对（coping）视为一个连续的过程，压力只是介于压力事件和个人应对之间的一个环节，既受到压力事件的影响，也与个人的应对有关。生活模式认为，一旦个人处于压力中，就会采取具体的行动应对生活中的困难，包括负面情绪的管理、问题解决能力的发挥以及周围环境资源的寻找等，希望改变失衡的生活状况。如果这样的尝试成功，个人的压力就会减轻；如果尝试失败，个人就会面临更大的压力，导致压力事件的增加。这样，通过应对行为成效的反馈，个人就会进入下一轮的压力事件、压力以及应对的循环中（Gitterman，1996：395）。

生活模式发现，虽然压力通常表现在个人的生理和情绪两个方面，但是实际上，它与个人对压力事件的意义解释和应对能力密切相关，是个人在与环境互动过程中无法找到有效的资源和应对方式的表现。因此，生活模式强调，在分析和评估服务对象的困扰时，社会工作者就不能仅仅停留在个人的生理特征和情绪状况的考察上，还需要把这样的生理和情绪特征放在人与环境的互动框架中，除了关注个人的预测能力，了解个人是否预测到压力事件的出现，尝试做好相关的准备之外，还需要关注压力事件发生的时间，分析个人是否有足够的时间做好准备，特别是个人应对行为成效的反馈，这些信息能够帮助社会工作者了解服务对象是否觉得自己有能力应对压力事件（Gitterman & Germain，2008：60）。

显然，在生活模式的逻辑框架中，问题虽然包括个人的一些不良特征的表现，但并不等于就是个人的不良特征，也不等于外部环境资源的不足，而是个人与环境互动和转换过程中的失衡。生活模式强调，这种失衡不是个人是否适应环境那么简单，它通常涉及个人对环境状况的两次评估判断以及个人对自身和环境资源的运用状况。生活模式认为，一旦个人面临环境的要求，就会首先对这样的要求进行评估，判断自己是否有能力应对，这是个人的首次评估判断，确定这样的要求是否属于压力事件。如果发现这样的要求超出了自己的能力，这个人就会进行第二次评估判断，看在这样的压力事件面前自己可以做些什么，启动个人应对的机制。这样，个人感受到的压力就与应对行为成效紧密联系在了一起（Gitterman & Germain，2008：61）。就个人在应对过程中运用的资源来说，生活模式认为，它尽管涉及很多方面，非常丰富，但是可以根据来源简化为两类：个人资源（personal resources）和环境资源（environmental resources）。前者主要包括个人的改变动机、情绪管理能力、问题解决能力、关系建立和维持能力以及个人的自信心和自我指导能力等；后者主要分为由组织和机构提供的正式的支持网络以及由家庭、邻里等自然社会关系提供的非正式的支持网络（Gitterman & Germain，2008：62）。显然，压力事件、压力和应对三者是紧密联系在一起的，不能够分割开来分析，它们背后有一个共同的个人与环境交互影响的生态逻辑。

有意思的是，21世纪之后，生活模式还引入了抗逆力的视角来分析个人面临的问题，希望改变人们看待问题的角度，把个人克服问题寻求成长的过程视为抗逆力培养的过程。这样，问题解决的过程就具有了积极的内涵，不是个人问题的消除，而是个人对抗逆境能力的提高，是个人通过问题的解决真正获得了成长。而且，生活模式认为，如果从抗逆力视角理解个人遭遇的问题，就不会把问题从个人生活中单独抽离出来进行考察，因为这样做本身就预先假设了生活存在正常和不正常两种状态（Gitterman & Shulman，2005：12）。生活模式强调，就保护性因素而言，它主要涉及个人性情、家庭沟通方式、外部支持和环境资源四个方面。此外，还有像幽默、笑语以及助人等也是在日常生活中培养个人抗逆力的有效手段（Gitterman & Germain，2008：67）。

（三）参与式的个人环境匹配评估

在需求评估过程中生活模式也强调运用生态逻辑，关注个人与环境之间的交互影响，认为以往社会工作服务模式之所以常常在服务介入过程中出现忽视个人或者环境的现象，是因为它们的需求评估的逻辑框架出现了问题，要么只关注个人，要么只关注环境，没有把两者直接联系起来，缺乏同时关注个人与环境互动的生态逻辑（Gitterman，1996：396－397）。生活模式坚信，如果社会工作者希望运用生态逻辑开展需求评估，就需要首先转变评估的焦点，把注意力投向个人与环境的匹配状况。这样安排需求评估至少有三个方面的作用：①能够保持一种多元的视角理解不同服务对象的不同需求；②能够拥有一种整全的逻辑框架分析同一服务对象的不同层面的需要以及各层面需要之间的关联；③能够根据服务对象实际生活的需求状况确定服务介入的方式（Gitterman，1996：398）。显然，生活模式这样安排需求评估逻辑框架的核心，是让社会工作的需求评估回到服务对象的日常生活，以服务对象日常生活的改变主导社会工作服务介入活动的安排。

正是依据这样的逻辑考察，生活模式提出了生活压力事件评估方案（life stressors schema），把服务对象面临的日常生活压力事件根据人与环境关联中的侧重点细分为三类：成长困扰和生活创伤、环境压力以及人际互动失调等。在生活模式看来，成长困扰主要与生命成长阶段之间的转换有关，涉及新的成长阶段的适应和旧的成长阶段的结束；生活创伤是指生活中的创伤事件给人所造成的危机和持久的伤痛，如亲人过世、受虐待以及遭遇自然灾害等，让人很难忘却这段经历；环境压力则是指自然和社会环境无法满足个人的基本需求，包括因个人缺乏相应的机会或者环境缺乏相应的服务而无法使个人的需要获得满足；人际互动失调则不仅包括不良的家庭、小组或者社区沟通方式所造成的困扰，而且包括由此困扰所产生的其他生活压力事件。生活模式认为，即使在社会工作者与服务对象的交往过程中也会出现类似的人际互动失调的压力，如果掌控不好，也会妨碍服务活动的开展（Gitterman，1996：398－399）。不过，需要注意的是，在实际的日常生活中这三种类型的生活压力事件是相互关联的，很可能因为一种类型的生活压力事件的出现而导致另一种类型的生活压力事件的产生，如服务对象因失业的压力导致家庭关系的紧张，而且不同类型的生活压力事件之间也是相互影响的。因此，生活模式要求社会工作者学会运用生态逻辑，从整体的视角评估和分析服务对象的需求（Gitterman，1996：398）。

除了关注个人与环境之间的匹配状况之外，生活模式在总结自己的需求评估方式时指出，它与其他社会工作服务模式的不同还表现在注重服务对象的参与和强调当下的即时评估（moment-to-moment assessment）（Gitterman，1996：403）。生活模式认为，让服务对象参与需求评估过程，不仅仅是为了调动服务对象的积极性，更为重要的是，帮助社会工作者走进服务对象的日常生活，协助服务对象呈现自己的生活故事，包括服务对象面临的三种类型的压力事件以及相互之间的影响。在生活模式看来，需求评估过程也是服务介入过程，通过服务对象参与需求评估，就能够保证社会工作者与服务对象达成一致的努力目标，明确改变的方向，实现生活模式所倡导的既具有针对性又能够增能的专业实践的梦想（Gitterman & Germain，2008：114）。

生活模式认为，它之所以关注当下的即时需求评估，是因为在生态逻辑看来，时间和空间是个人需求构成的两个重要的基本元素，而这两个元素之间的内在关联是其他社会工作服务模式在开展需求评估时常常忽视的，从而导致需求评估的分析缺乏清晰的逻辑框架和层次性。就时间元素而言，生活模式发现，个人的任何经验都依赖时间的元素，表现为对当下所体会到的生活经验的组织。也就是说，个人的需求是个人在当下这个时间点所产生的生活要求，它涉及个人的应对选择，包括选择什么样的环境要求做出回应，放弃或者忽视什么样的环境要求等。因此，生活模式强调，需求评估一定是当下的需求评估，只有依据这个时间框架才能够把服务对象日常生活中的不同方面的经验组织起来；否则，需求评估的结果就会与服务对象的行动逻辑不相符。就空间元素来说，生活模式沿用了生态的逻辑，注重个人与环境之间的转换，涉及三种不同类型的压力事件。正是因为如此，生活模式假设，个人与环境之间具有一种动态的联系，任何一方的改变都会影响另一方的改变。这样，社会工作的需求评估就具有了动态的特点，需要不断地进行评估，并且能够将前后的需求评估联系起来，形成动态的分析框架（Gitterman & Germain，2008：116）。

显然，在生活模式的逻辑框架中，需求评估的核心是了解服务对象与环境交互影响过程中的匹配状况，而掌握这一匹配状况的关键是分析个人资源与环境资源之间的相互关系。为此，生活模式提出了个人和环境资源的运用分析框架，把服务对象个人资源分为两种分值状况——高和低；同时，把环境资源也分为两种分值状况——高和低。这样，根据个人资源和环境资源的分值高低，就可以把个人与环境交互影响的匹配状况分为四种情况：两者都高，两者都低，个人资源高，环境资源高。显然，在四种情况中，最理想的是第一种，无论个人还是环境都能够达到比较好的匹配，作为社会工作者主要给予情感上的支持。第二种情况最糟糕，无论个人还是环境都很难相互适应，这种情况通常是一种危机状态，不仅急需社会工作者的帮助，而且需要社会工作者把这样的服务作为一项重要的资源保障服务对象基本生活需要的满足。后面两种情况是社会工作者经常需要面对的，如果服务对象的个人资源高，就关注服务对象个人资源的挖掘，以弥补环境资源的不足；如果服务对象的环境资源高，就注重环境资源的运用，以支持服务对象学会应对在成长发展过程中所必须面对的个人资源方面存在的不足（Gitterman，1991a：27）。

生活模式还对需求评估中的数据分析方式进行了描述，认为一种科学的分析方式需要遵守三项原则。第一，整体原则。按照生态逻辑的时间和空间的要求，从分析服务对象的生活压力事件和它的影响程度开始，关注服务对象观察生活压力事件的视角和应对的方式以及在应对过程中所运用的个人和环境资源的状况。生活模式发现，这样的压力应对分析并不是抽空的，还需要放在特定的文化和历史场景中考察，而且需要分成不同的层次，涉及生理、情绪、观察视角、认知和环境等。第二，意义原则。对于服务对象来说，无论是生活压力事件的识别，还是资源的运用和问题的应对，都与服务对象怎样理解和解释有关系，是服务对象个人生活意义的呈现方式。社会工作者只有了解服务对象所赋予的意义，才能够理解这些数据资料背后的逻辑。第三，能力原则。生活模式强调，服务对象的需求评估焦点不能仅仅集中在服务对象的不足和资源的局限上，还需要关注服务对象的能力和资源，从服务对象成长发展的视角考察个人与环境之间的匹配状况（Gitterman & Germain，2008：112 - 113）。生活模式提醒社会工作者，从某种意义上说，数据资料的分析比资料收集还要重要，它也一样需要服务对象的参与，是社会工作者帮助服务对象了解自己生活状况不可缺少的环节；否则，服务对象和社会工作者很难达成一致的共同努力目标（Gitterman & Germain，2008：113）。

（四）四阶段的服务设计

依据服务对象在改变过程中的成长要求以及社会工作者的服务任务，生活模式把社会工作的服务介入过程分为四个阶段：准备（preparatory）、开始（initial）、中间（ongoing）和结束（ending）。生活模式强调，从表面上看，这样设计社会工作服务介入的过程是依据服务推进的时间元素，而实际上，遵循的是个人在成长过程中与环境交互影响的生态逻辑，时间只是其中的一个重要基本元素，核心是通过四个阶段的服务安排促进服务对象的成长和改变。因此，生活模式认为，在整个服务过程中社会工作者的关注焦点始终是个人与环境之间的相互转换，只不过在四个不同的阶段服务对象面临不同的环境要求，有不同的需求，也需要不同的环境资源（Gitterman & Germain, 2008：98）。

在准备阶段，生活模式认为，社会工作者最为重要的是呈现自己的同理，即使在第一次正式会谈确定服务关系之前，社会工作者也需要通过自己的语言和非语言的方式向服务对象传达自己的关切和真诚，特别是当服务对象深陷情绪困扰而焦虑不安的时候，这一要求就更为突出，社会工作者的关心和理解常常成为推动服务对象进一步寻求帮助的重要影响因素。就社会工作者而言，生活模式强调，他在这一阶段有一项重要的任务需要完成。一方面，社会工作者需要收集尽可能多的有关服务对象的资料，了解服务对象实际所处的生活场景以及这一场景对服务对象的影响，保持一种客观的分析视角；另一方面，社会工作者又需要站在服务对象的角度，体会服务对象的观察视角，理解服务对象独特的意义解释和情绪感受，呈现服务对象个人的主观现实（Gitterman & Germain, 2008：99）。需要注意的是，生活模式因为引入了生态的逻辑，它在解释同理时，与心理学的同理概念的内涵不同，既关注个人的主观感受，也关注环境的客观要求。

从第一次的正式会谈开始，整个服务介入就进入社会工作服务的第二阶段——开始阶段。生活模式认为，在这一阶段社会工作者有两项重要任务需要完成。第一项是生活压力事件的确定，即社会工作者与服务对象一起明确造成困扰的生活压力事件，并且在此基础上设计专门的服务介入方案，以便改善服务对象目前的生活状况；第二项是服务选择的确定，即社会工作者与服务对象共同协商服务方案的实施，给服务对象充分的选择权利。生活模式发现，服务对象之所以寻找社会工作者的帮助，通常是因为其面临一种两难的选择：一方面感到自己无力改变目前的生活困境，希望通过他人的帮助能够使自己目前的生活状况得到改善，对未来生活抱有改变的希望；另一方面又觉得自己是失败者，不得不成为他人的帮助对象，对未来生活充满不安（Gitterman & Germain, 2008：99 – 100）。因此，生活模式强调，社会工作者在开始阶段需要保持一种伦理的警觉，除了协助服务对象明确自己面临的生活困境以及服务介入方案的设计逻辑之外，还需要给服务对象提供选择的机会，由服务对象自己决定是否接受这样的服务（Gitterman & Germain, 2008：101）。与此相关，生活模式还提醒社会工作者，在向服务对象解释机构的社会工作服务时，还需要邀请服务对象参与讨论，鼓励服务对象表达自己内心的困惑和对服务的不同看法。而且，一旦与服务对象达成了服务目标，社会工作者就需要与服务对象一起商讨具体的服务计划，包括下一步的服务措施、服务的重点以及各自的任务分工等。生活模式假设，服务对象只有通过参与开始阶段的生活压力事件的确定以及服务选择的确定，才能够提升自身的能力，实现自我增能（Gitterman & Germain, 2008：102）。

在中间阶段，生活模式认为，社会工作者的主要任务是提高服务对象与环境之间的匹配程度，涉及服务对象个人的应对技能和环境的可利用资源两个不同的方面以及相互之间的转换。生活模式强调，中间阶段是服务对象实现改变的关键阶段，社会工作者需要承担不同的服务角色，主要包括使能者、探索者、资源调动者、指导者和促进者等，以帮助服务对象学会在具体的生活场景中找到应对困难的方法（Gitterman & Germain，2008：102）。对于生活模式而言，使能者是指社会工作者帮助服务对象学会挖掘和调动自身的改变动力，使服务对象逐渐愿意主动面对日常生活中的困难；探索者则是指社会工作者帮助服务对象探索和界定需要解决的问题，明确服务的目标和焦点；资源调动者则是指社会工作者根据服务的目标和焦点协助服务对象寻找和挖掘环境中的资源，以实现服务对象希望达成的改变目标；指导者则是指社会工作者帮助服务对象学习问题解决的具体技能，找到应对问题的有效方法；促进者则是指社会工作者鼓励服务对象保持耐心，学会将自己的注意力集中在服务目标的实现上（Gitterman & Germain，2008：102 - 103）。仔细分析社会工作者在中间阶段必须承担的这些服务角色就可以发现，从使能者到探索者，再到资源调动者，最后成为指导者和促进者，背后有一条清晰的服务对象改变的逻辑脉络：改变动机—改变目标—资源链接—技能学习—动机维持。显然，生活模式把服务对象当作了生活的学习者，而不是治疗的对象。

值得注意的是，生活模式发现，在中间阶段不同的服务对象学习解决问题的方式是不同的，有的喜欢做中学，有的偏向学中做，有的注重形象思维，有的侧重逻辑推理。因此，作为社会工作者他有一项重要的任务，就是根据服务对象的学习方式指导和陪伴服务对象学习，帮助服务对象提高问题解决的能力。不过，生活模式认为，作为日常生活场景中的学习，它有一个特点：资源的寻找和运用。这样，问题解决能力的提高就包括了如何挖掘和运用身边的资源（Gitterman & Germain，2008：103）。事实上，服务对象的学习并不总是顺利的，一旦个人的需要和能力与环境的要求出现了冲突，就需要社会工作者的介入，帮助服务对象学会运用协调（mediation）和倡导（advocacy）的方式改善环境资源的分配（Gitterman & Germain，2008：104）。

在生活模式看来，即使经历了中间阶段进入第四阶段——结束阶段，服务对象的学习也并没有结束，而是有了新的学习任务，就是学会面对服务关系的结束，包括如何管理因服务关系结束带来的负面情绪、如何总结自己的成功学习经验以及如何准备未来的生活挑战等。生活模式认为，结束阶段也像其他阶段一样，都是帮助服务对象提高问题解决能力必须经历的学习阶段（Gitterman & Germain，2008：111）。

有意思的是，生活模式在解释四阶段的服务设计时指出，把服务介入过程分为四个阶段，并不是根据社会工作者的服务介入要求所做的划分，而是依据服务对象在生活困境中的学习特征来界定的，其目的是帮助服务对象在日常生活中找到成长改变的方法。生活模式强调，自然生活的逻辑才是社会工作真正需要寻找和遵循的；否则，社会工作就会陷入人为的专业划分中（Gitterman & Germain，2008：104）。生活模式认为，自然生活逻辑的一个重要特征就是阶段性，即依据时间的元素呈现个人学习的要求和特征。因此，通过准备、开始、中间和结束四个阶段的划分，生活模式希望社会工作者能够真正走进服务对象的日常生活，以时间为线索，和服务对象一起寻找在与环境互动过程中的成长改变的路径（Gitterman & Germain，2008：137 – 138）。

（五）行动和改变导向的服务策略

生活模式的哲学依据来源于社会工作早期的睦邻友好运动的服务逻辑，它假设，人们之所以遭遇问题，是因为自己的需要和能力与环境资源之间存在不匹配的现象，社会工作者不是依赖一种人为的专业规范程序开展服务，而是遵循日常生活的成长改变逻辑挖掘服务对象的发展潜力，改善服务对象的外部环境，促进服务对象的健康成长（Gitterman & Germain，2008：71）。显然，生活模式的立足点与以往其他社会工作服务模式不同，它是站在服务对象日常生活的角度来理解服务对象的成长改变要求和设计服务策略的，不是追求标准化和程序化的专业服务，而是寻找个别化和系统化的综合服务。在这样的综合服务策略中，关注行动和改变成为最为核心的要求。因此，生活模式称自己的这种服务是一种行动和改变导向（action-oriented and change-oriented）的综合服务实践（Gitterman，1996：405）。

对于生活模式而言，它所说的行动并不是指人们通常认为的那种人与环境之间的相互适应，因为生活模式认为，如果把人们在日常生活中所采取的行动解释成对环境的适应，就会忽视人的行动的一个重要特征：对自己的未来生活安排做出回应，不仅仅局限于当下的环境要求。当然，这样的行动结果带来的也不仅仅是问题的消除，或者需要的满足，更是人的成长和改变，实现个人与环境之间更好的匹配。因此，生活模式强调，作为社会工作者他既可以从服务对象入手，发掘和调动服务对象的改变资源，帮助服务对象提高应对环境压力的能力，也可以从环境开始，改善环境的资源分配和提供方式，使环境能够更好地支持服务对象的成长和改变（Gitterman & Germain，2008：72）。

正是依据行动和改变导向的服务策略的逻辑，生活模式在具体的服务中提出关注能力的服务原则，认为以往服务模式都注重服务对象问题的消除，这样的服务策略是以问题的消除为社会工作的服务目标的，不仅不适合生活模式的服务要求，而且会因此使社会工作者的关注焦点集中在服务对象的问题以及不足的修补上，特别是当社会工作者以问题解决专家自居的时候，服务对象成长改变的空间就会受到限制。因此，生活模式提倡回归生活原本的自然方式，用另一种视角看待服务对象的问题，把问题当作服务对象成长发展的障碍，通过障碍的消除和能力的发掘带动服务对象的成长和改变（Gitterman & Germain，2008：97）。显然，在生活模式的逻辑框架中，能力和成长紧密联系在了一起。

需要注意的是，生活模式对个人能力的理解也有自己的独特之处，它是从一种成长改变的动态视角来分析人的能力的，把个人能力与做出决定和采取行动结合在一起，认为一个人只有能够根据自己的实际生活要求做出决定时，才可能投入自己的日常生活中，对自己的生活负责，而且一个人只有对自己做出的决定采取行动时，才能够影响自己的日常生活。因此，对于生活模式来说，如何协助服务对象做出合理的决定和采取有效的行动，是提升服务对象能力的关键，包括保证任务的可操作、易实施以及低风险等要求的实现，使服务对象能够通过一步一步微小的改变提升应对生活的能力（Gitterman & Germain，2008：97）。生活模式强调，一旦把做出决定和采取行动放在社会的场景中来考察，社会工作的专业服务就必然涉及社会的公平和正义，因为此时的专业服务不仅仅是个人面临问题的解决，同时还包括社会资源的公平分配和有效传递（Gitterman & Germain，2008：74）。

由于涉及个人的选择和行动的责任，生活模式坚持认为，从本质上说，社会工作专业服务是一种伦理的实践，根植于社会工作的专业价值，需要遵循社会工作的专业伦理守则（Gitterman & Germain，2008：74）。就平时的专业服务而言，生活模式强调，社会工作者除了需要拥有社会工作的基本伦理价值观之外，同时还需要具备选择伦理价值的能力，因为在实际的专业服务过程中，社会工作者遭遇的伦理困境往往是多方面的，同时涉及多项伦理价值的要求。为此，生活模式还罗列了常见的社会工作的伦理价值要求，并且依据它们的重要性做了排序，帮助社会工作者在实际的服务中做出合理的伦理选择。排在首位的是生命保护原则（the protection of life），其次是公平公正原则（equality and inequality），再次是独立和自由原则（autonomy and freedom），复次是最少伤害原则（Least harm）和提升生活质量的原则（quality of life），最后是隐私保密原则（privacy and confidentiality）和真实公开原则（truthfulness and full disclosure）（Gitterman & Germain，2008：76）。显然，在生活模式的逻辑框架中，保护服务对象的生命安全是第一位的，在此基础上促进个人能力的提升和社会的公正，并且在服务过程中尽可能做到不伤害服务对象（Gitterman & Germain，2008：76 - 78）。

有意思的是，生活模式发现，以往很多社会工作服务模式也强调伦理价值的重要性，但是它们常常把关注的焦点集中在社会工作者如何做出合理的伦理价值决定上，很少关注服务对象作为生活的行动者他所面临的伦理价值选择的困境。因此，生活模式强调，之所以把社会工作专业服务视为一种伦理的实践，不仅仅是因为社会工作者在专业服务中需要秉持伦理价值的原则，更为重要的是，这样的伦理价值的思考还需要与服务对象的伦理价值要求结合起来，甚至还需要把它们放在特定的生活场景中与服务机构以及社会的要求结合在一起。这样，伦理价值的要求就不是社会工作者所独有的，而是社会工作专业服务本身所具有的特征，它就是一种伦理的实践（Gitterman & Germain，2008：78）。

对于生活模式来说，一旦把服务对象放在特定的社会和文化的场景中，它所倡导的行动和改变导向的服务策略就会与社会的多样性以及文化的意义内涵联系在一起。因此，生活模式认为，社会工作是一种关注生活的多样性和实践技能的服务（the diversity-sensitive and skillful practice）。就生活的多样性而言，生活模式强调，它意味着社会工作者在专业服务中需要敏锐观察服务对象在种族、性别、年龄、文化背景、宗教以及生理和精神状况等不同方面的表现，既拥有与这一人群相关的专业知识，又具有自我察觉（self-awareness）的能力，以保证社会工作专业服务能够及时回应服务对象多样化的需求，尊重服务对象的差异性（Gitterman & Germain，2008：83）。就实践技能来说，生活模式坚持认为，除了要求社会工作者有能力帮助服务对象应对特定社会和文化场景中的生活压力之外，还需要有能力协助服务对象应对不同服务场景和不同服务领域的困扰，是一种注重实效的服务（Germain & Gitterman，1995：821）。

为了突出社会工作专业服务这种注重多样性和实践技能的要求，生活模式还将生命历程理论引入社会工作，替代以往社会工作服务模式所推崇的阶段理论。在生活模式看来，生命历程理论恰恰体现了社会工作专业服务对多样性和实践技能的要求，把服务对象放回到了特定的社会历史场景中，由服务对象自己对未来的生活安排做出选择，让服务对象同时面临个人、社会以及历史三个不同层面的选择要求，其中既涉及问题的解决，又涉及情绪的管理（Gitterman，1996：405）。

生活模式发现，如果把服务对象放在特定的社会历史场景中来审视，表面的生活困扰就必然涉及权力运用的失败以及对生活的无力感，它所倡导的应对压力能力的提升也不仅仅是解决问题能力的改善，更是生活把控能力的提高，让服务对象更有信心应对日常生活中的各种挑战。因此，生活模式认为，社会工作其实是一种增能实践（the empowerment-based practice）。在微观上，表现为通过个人问题的解决挖掘和提升个人应对能力，称为个人增能（personal empowerment）；在宏观上，则通过共同的行动和政策的改善实现社会资源的公平分配，称为集体增能（collective empowerment）或者政治增能（political empowerment）。在两者之间，生活模式还提出另一种增能的方式，称为人际增能（interpersonal empowerment）。它是指个人在家庭或者其他小群体中的生活把控能力，既能够影响周围重要他人，又能够坚持自己的生活目标。生活模式强调，所谓增能，就是通过社会工作者的服务介入让服务对象在个人、人际以及集体层面上体会到生活掌控能力的提高。

在生活模式的理论逻辑框架中，增能实践的核心不是察觉到服务对象拥有多少能力和资源，而是能否给服务对象自我决定的机会，让服务对象自己决定需要什么样的服务、怎么安排服务的进程以及采取什么样的服务方式等，由服务对象主导整个服务的安排（Gitterman & Germain，2008：92）。生活模式强调，社会工作者只有明确社会工作专业服务的基本定位，才能够成为服务对象的使能者和咨询者，灵活运用增能实践的各种服务技巧，包括接纳服务对象自己对生活压力事件的界定、协助服务对象挖掘自身拥有的能力、帮助服务对象学会运用生活场景的权力分析方法以及调动周围环境资源的具体方式等（Gitterman & Germain，2008：93）。

就具体的增能服务策略而言，生活模式认真总结了自己的专业实践经验，提出四种能力提升的增能服务框架，即关联能力提升（enhancing relatedness）、应对能力提升（enhancing competence）、自信心提升（enhancing self-esteem）和自我指导能力提升（enhancing self-direction）（Germain & Gitterman，1995：821）。生活模式发现，服务对象之所以在日常生活中遭遇困境，常常是因为缺乏与周围他人建立信任关系和进行合作的能力，因此，社会工作者在服务中就需要加强服务对象与周围他人，特别是非正式关系网络中的支持关系，提升服务对象的关联能力。而针对面临的生活压力，服务对象又需要有效地解决问题的能力。生活模式把服务对象这方面的改善称为应对能力提升。生活模式认为，服务对象遭遇的困境还与服务对象的自信心有关，转变服务对象对待生活困境的态度，从积极的发展角度看待生活中的困难，这是社会工作专业服务需要关注的，也是服务对象能力提升的重要标志之一。生活模式称之为自信心提升。值得注意的是，生活模式还在增能的服务策略中增添了自我指导能力的提升，把自我决策能力和自我意识提升等也作为增能实践中的重要内容（Germain & Gitterman，1995：822）。

在生活模式看来，无论社会工作的增能实践还是伦理实践，或者关注生活多样性和实践技能的实践，都不能孤立地讨论，因为它们都只是呈现了个人与环境相互转换的生态逻辑的某个方面，而这些方面又是紧密相连的，如增能实践必然涉及人际关系的调整和社会资源的公平分配以及对生活多样性的接纳，伦理实践也一样，也同样需要关注个人选择和行动能力的提升以及对不同生活方式的文化意义的理解。因此，生活模式强调，社会工作的这三种服务策略是相互支持的，它们一起构成专业服务的整个生态逻辑框架（Gitterman & Germain，2008：94）。

值得关注的是，生活模式对服务策略实施的过程也提出了自己独特的看法，放弃了以往社会工作服务模式常常采用的计划和执行的二元逻辑，把跟进介入过程（monitoring interventions）也作为服务策略不可缺少的组成部分（Gitterman & Germain，2008：121）。生活模式认为，之所以强调跟进服务介入过程，是因为在社会工作专业服务中存在很多误解，以为社会工作者对专业服务进程的了解是自然发生的事情，不需要关注，或者把专业服务过程中所需要的社会工作者的自我反思能力作为理所当然的事情，没有进行深入探讨，或者认为只要社会工作者掌握好服务介入的方法和技巧，就能够把握服务策略实施的过程（Gitterman & Germain，2008：122 - 123）。生活模式强调，实际上如何安排服务策略实施过程本身就是一项重要的服务策略，涉及社会工作者对社会工作本质的理解，是以服务对象为主导来安排服务过程，还是以程序化的专业服务为标准安排服务进程。当然，生活模式推崇的是前者。这样，社会工作者在专业服务推进过程中就有一项重要任务，及时评估每一项活动的服务成效，分析服务成效背后所呈现的服务对象的需求变化状况，并且根据服务对象的需求变化状况调整服务介入的策略（Gitterman & Germain，2008：123）。

（六）增能式的合作关系

在生活模式看来，增能实践不仅体现在服务介入的活动过程中，是生活模式的一种重要服务策略，还体现在社会工作者与服务对象的互动过程中，是专业服务关系建立的一项重要原则。生活模式认为，在服务开展过程中，服务对象和社会工作者的身份和地位是不同的，服务对象是遭遇困难希望得到他人帮助的对象，他们通常处于弱势的社会地位，缺乏社会的支持；而社会工作者代表的是社会服务机构，拥有机构给予的必要的服务资源，被社会认为是服务的提供者。正是由于两者在身份和地位上的差异，生活模式强调，服务对象的增能实践是从社会工作者与服务对象建立的专业合作关系开始的，社会工作者有一项重要的任务，就是在与服务对象的互动过程中保持互惠的关系，尽可能减少这种不平等关系的影响，呈现一种生活模式称为人本的合作关系（humanistic partnership）（Gitterman & Germain，2008：94）。

生活模式认为，这种人本的合作关系意味着，尽管社会工作者与服务对象的身份和地位不同，但是两者都是促使增能实践变成现实不可缺少的条件，服务对象是自己生活的专家，代表日常生活中的一种经验知识；社会工作者也是专家，但是他代表的是专业的知识。两者在专业服务过程中通过相互的对话和交流，才能带动服务对象走出生活的困境，找到成长改变的方法。不过，两者的任务和责任是不同的，服务对象负责目标的确定和相关任务的实施，而社会工作者主要负责成长机会的提供，帮助服务对象实现内心希望的成长改变的目标（Gitterman & Germain，2008：94）。

实际上，在具体的服务过程中，社会工作者与服务对象的责任和任务是很难截然分隔开的，两者相互影响，相互促进，一起保障服务对象成长改变目标的实现。因此，生活模式认为，服务对象和社会工作者其实是一个工作团队，尽管他们各自的责任和任务不同，但是在服务过程中需要一起制定服务的目标，一起协商任务的实施，如果遇到阻碍，还需要一起寻找解决的方法，甚至在服务结束时，两者需要一起评估服务的成效。生活模式强调，无论服务对象还是社会工作者，只有在这样的相互合作过程中，通过不同经验和看法的相互碰撞，才能实现社会工作所说的增能（Germain & Gitterman，1995：821）。

在这种增能的合作关系中，生活模式发现，让服务对象体会到同理至关重要，是保障服务对象增能必不可少的条件，一旦缺乏这样的同理条件，服务对象很容易中止服务合约，退出服务合作关系。不过，需要注意的是，生活模式对同理这个概念也进行了改造，融入了生态的逻辑，认为以往社会工作服务模式所坚持的同理过于绝对化，没有把服务对象放回到他们自己的日常生活的生态关系中来考察，只是抽象地讨论服务对象与社会工作者两者之间的相互影响，不赞同把同理视为社会工作者转换到服务对象的位置体会服务对象的感受这种看法，提出相对同理的概念，强调同理是扎根在具体的人与环境转换的过程中，不仅随着服务的进程有所改变，而且不同的服务对象也需要不同的同理方式，更为重要的是，在生活模式看来，任何同理都是有局限的，承认并且面对这种局限，也是同理内涵不可缺少的重要组成部分。就同理的关注焦点而言，生活模式强调，除了让服务对象感受到受人关注、受人尊重之外，同时还需要让服务对象察觉到自己所拥有的改变能力和成长发展的空间，这对于深陷多重生活困扰的服务对象来说，尤为重要（Gitterman & Germain，2008：95）。

针对这种增能合作关系，生活模式认为，协商也是不可缺少的内涵，只有通过相互协商，社会工作者才能与服务对象建立起合作信任的关系，降低以往社会工作服务模式经常遭遇的阻抗、退缩以及意外终止服务等风险（Gitterman & Germain，2008：95）。生活模式假设，服务对象的任何改变都依赖与社会工作者的协商，包括服务的目标、任务、步骤以及方式等，在这些共同认可的服务安排上，社会工作者才能与服务对象相互配合，逐步协助服务对象改善目前面临的生活困境，找到成长改变的方向。生活模式还发现，借助与服务对象的协商，社会工作者才能在服务过程中给服务对象提供必要的成长改变的空间，使服务对象的自我指导能力和问题解决能力能够得到提升。生活模式强调，一旦通过协商达成了共同认可的服务安排，不仅可以减少服务对象面对成长改变的担心，更为重要的是，服务对象因此学会在面临困难时如何与他人协商达成合作的关系，一起努力解决面临的生活困难，提高运用周围环境资源的能力（Gitterman & Germain，2008：96）。

为了促进社会工作者与服务对象的合作，带动服务对象增能，生活模式还借用了叙事治疗的生活故事（life story）的概念，不赞同把服务对象的表现作为研究的资料，分析这些资料背后所隐藏的逻辑，而是作为倾听的生活故事，理解故事本身所呈现的意义（Laird，1989：430）。生活模式认为，服务对象也像其他人一样，借助生活的故事组织自己的生活经验，规划未来生活的安排，可以说，生活故事本身就是服务对象的生活，包括服务对象怎样看待自己、怎样理解他人以及怎样应对环境的挑战等，都是以生活故事的方式呈现出来，而服务对象的成长改变也需要借助生活故事重构的方式才可能实现。不过，需要注意的是，生活模式在引入生活故事的概念时，是把它放在生态逻辑的框架中的，所谓生活故事组织的好还是坏，或者积极还是消极，就看它是否能够带动服务对象与环境之间的交互影响以实现更好的匹配（Gitterman & Germain，2008：96）。

三　生活模式服务技巧的基本逻辑

在服务技巧的设计上，生活模式也有自己独特的逻辑安排，除了强调在自然生活场景中帮助服务对象寻找成长改变的方法和路径之外，在服务技巧的使用上也追求一种"自然"的方式，就像每天的生活一样，自然而然地发生着改变（Gitterman，1996：404）。根据服务对象在日常生活中的成长改变的要求以及社会工作者需要承担的角色和任务，生活模式将社会工作常用的服务技巧分为五类：使能技巧（enabling skills）、探索技巧（explotive skills）、资源链接技巧（mediating skills）、指导技巧（consulting skills）和促进技巧（facilitating skills）（Gitterman & Germain，2008：195）。

（一）使能技巧

使能技巧，就是帮助服务对象挖掘内在的改变动力以及转变态度所使用的专业服务技巧。特别在服务开始阶段以及改变遭遇挫折的时候，使能技巧的运用就成为社会工作者的重要应对技能。显然，使能技巧是针对服务对象改变动力的挖掘而采取的服务技巧，它不是只有一种，而是相互关联的一系列服务技巧，主要包括鼓励、沉默处理、事实了解、感受呈现、合理化、聚焦、重命名、比喻和幽默运用、总结以及共识达成等。在生活模式看来，服务对象之所以寻找社会工作者的帮助，是因为感到自己无力应对面临的生活困境。因此，在与服务对象初次见面时，服务对象常常表现出犹豫不决、焦躁不安以及沮丧等负面的感受。这个时候，社会工作者就需要使用鼓励的服务技巧，包括运用关注的眼神、交流的姿态、平稳的语调等语言和非语言的沟通方式，减轻服务对象的担心，让服务对象感受到宽松、接纳的气氛。生活模式认为，成功把握鼓励服务技巧的关键是学会使用细微的回应方式，如用心倾听服务对象的故事、肯定服务对象的表达和关注服务对象的感受等，在细微之处呈现社会工作者的支持，因为这个时候服务对象的自信心不足，直接表达容易造成伤害或者导致内心担心的增加（Gitterman & Germain，2008：195）。

在与服务对象的接触过程中，生活模式发现，社会工作者时常会遭遇服务对象的沉默。因此，沉默的处理就成为使能服务中的一项重要技巧。这项服务技巧主要包括两个方面：沉默等待（wait out a silence）和沉默了解（reach for a silence）。生活模式认为，一旦社会工作者与服务对象的对话交流涉及服务对象内心深层的感受，服务对象通常就会表现出沉默。这个时候，社会工作者就需要耐心等待服务对象的沉默，给服务对象充分的时间做出自己的选择。如果服务对象愿意表达自己的感受，社会工作者就需要了解这样的沉默对服务对象的意义，如在陌生人面前不好意思表达，或者另有苦衷不知道怎么表达等；如果服务对象不愿意表达自己的感受，社会工作者也不需要勉强，给服务对象更多的时间做好改变的准备。生活模式提醒社会工作者，服务对象成长改变经验的梳理通常是在沉默和表达中实现的，不去关注服务对象的沉默，服务对象的内心真实感受就无法呈现出来，当然，服务对象的成长改变也就无法实现（Gitterman & Germain，2008：195）。

事实了解是使能服务中的另一项服务技巧，这项服务技巧能够帮助服务对象了解自己面临的真实的生活困境。生活模式认为，当服务对象面临生活困境时，不是常常夸大个人的因素，如认为自己就是不如别人，或者自己没有尽到责任等，就是常常只关注环境的影响，如觉得自己的运气不佳，或者环境的条件不好等。因此，生活模式总结提出事实了解这项服务技巧，希望通过社会工作者的引导，帮助服务对象看到生活困境中被自己忽视的另一方面，了解生活困境的真实现状（Gitterman & Germain，2008：195）。

在生活模式看来，让服务对象看到生活困境中不愿意看到的那一面，并不仅仅是个人认识的改变，同时还包含个人责任意识的提升和转变，愿意承担之前不愿意承担的改变责任。这样，感受呈现就成为这个时候使能服务的一项重要技巧。生活模式发现，服务对象只有通过感受呈现，即把自己内心的担心、不安以及其他不愉快的感受表达出来的时候，才能够面对生活中真实的困境。不过，生活模式强调，很多时候服务对象的感受表达是逐步深入的，并不是一步到位。这意味着社会工作者在使用感受表达服务技巧时需要与事实了解服务技巧一起使用，逐步让服务对象转变对生活困境的认知，承担成长改变需要承担的责任（Gitterman & Germain，2008：195）。

就感受呈现来说，生活模式发现，服务对象常常深陷自己的感受中很难摆脱出来从更广的视野来看自己的处境。为了帮助服务对象实现这样的转变，生活模式提出了合理化的服务技巧，即通过将服务对象的感受合理化和普遍化的方式，如说明服务对象的感受并不是他个人独有的，其他人也有类似的体验或者这种感受在这种情况下是合理的反应等，让服务对象从这种独特的感受束缚中解脱出来，尝试从更理性的角度理解自己的处境（Gitterman & Germain，2008：195）。显然，在生活模式的逻辑框架中，个人的独特性依赖其与环境的相互影响和转换，如果过分关注个人自己的感受，就会妨碍与周围环境的交流。

将服务对象的感受合理化之后，生活模式认为，社会工作者接着就会面临如何帮助服务对象寻找这种独特感受中的具体感受以及经历的具体事件，需要使用聚焦的服务技巧，它包括具体感受的了解和具体事件的聚焦。生活模式发现，在服务对象的独特感受中包含服务对象独特的感受环境的方式，社会工作者不能仅仅停留在合理化的层面；否则，合理化就会成为日常生活中宽慰人的方式，并没有拓宽服务对象的发展空间。因此，生活模式强调，这个时候社会工作者就需要协助服务对象把注意力转向其与环境交流过程中的具体感受以及自己独特的感受方式，找到让服务对象感到困惑的压力事件，并且鼓励服务对象把这些压力事件表达出来（Gitterman & Germain，2008：195）。这样，就为服务对象的下一步改变做好了准备。

生活模式认为，经历了聚焦服务技巧干预之后，社会工作者就需要与服务对象一起对寻求帮助解决的困扰进行重新命名，让服务对象能够重新看待自己在日常生活中遭遇的困扰，这就是生活模式所说的重命名。生活模式强调，重命名既不是简单地从积极的角度对生活困扰进行重新界定，让服务对象看到改变的希望，也不是挖掘服务对象的能力，让服务对象感受到自己的优势，而是运用人与环境交互影响的生态逻辑，帮助服务对象更理性地看待自己所处的生活场景以及面临的生活挑战。可以说，生活模式所说的重命名是社会工作者运用生态逻辑拓展服务对象观察视野的一种使能服务的技巧（Gitterman & Germain，2008：195）。

有意思的是，生活模式还设计了比喻和幽默运用的服务技巧。在生活模式看来，尽管通过重命名服务对象能够从生态视角理解自己面临的生活困境，但是即使针对同一种生活处境理解的角度也可以有所不同，而且不同的理解角度意味着拥有不同的成长改变空间。因此，生活模式根据自己的专业实践经验总结提出比喻和幽默运用的服务技巧，目的是希望社会工作者通过比喻、比较以及幽默运用等形象的描述方式，帮助服务对象从成长改变的角度理解自己所面临的生活困境（Gitterman & Germain，2008：195）。

一旦服务对象对自己生活处境有了新的感受，社会工作者就面临帮助服务对象总结梳理新的感受的任务，让服务对象在意识层面对自己的生活处境有更准确的认识和理解，这就是生活模式所提倡的总结。显然，在生活模式的逻辑框架中，新的感受与新的认识是不同的，前者比较零散，通常处于经验的层面；而后者是服务对象自己有意识的经验梳理，条理比较清晰，逻辑性更强（Gitterman & Germain，2008：195）。当然，这样的认识也更便于服务对象与周围他人之间的交流。

对于生活模式来说，社会工作者的认识是社会工作者的，不可能对服务对象产生直接的影响，除非社会工作者的认识得到服务对象的认同，服务对象才有可能按照社会工作者的要求采取行动。因此，生活模式不赞同以往社会工作服务模式的看法，把问题的分析和界定视为社会工作者的任务，认为这样做不仅不会让社会工作者走进服务对象的生活，而且会导致社会工作者与服务对象的疏离，甚至产生对抗。这样，共识达成就成为生活模式重要的使能服务技巧之一，它促使社会工作者与服务对象之间保持相互合作的关系（Gitterman & Germain，2008：195）。

仔细分析生活模式的使能服务的系列技巧就可以发现，它们之间并不是相互分割的，而是相互紧密关联的，鼓励之后，必然面临沉默处理和事实了解，而事实了解之后，又需要面对感受呈现、合理化、聚焦、重命名、比喻和幽默运用以及总结等，帮助服务对象从新的生态逻辑的视角理解面临的生活困境，在总结之后，又需要达成共识，使服务对象能够真正把社会工作者的认识转化为自己的理解。显然，在这些使能服务技巧背后有一条清晰的逻辑，就是把服务对象的成长改变放在日常生活中，让服务对象在社会工作者的帮助下学会从生态逻辑理解自己面临的生活困境，找到自己成长改变的现实空间。生活模式发现，要做到这一点，社会工作者在运用使能服务技巧时，除了给予服务对象选择权之外，还需要在与服务对象的交往中保持同理（Gitterman & Germain，2008：139）。

值得注意的是，生活模式还从优势视角汲取有益的元素，把使能服务与优势发掘联系起来，开拓了另一条提升服务对象能力的服务介入思路，提出能力确认（identifying strengths）、保证（offering reassurance）和希望提供（offering hope）等具体的服务技巧（Gitterman & Germain，2008：197 – 198）。生活模式认为，服务对象寻求帮助时通常对自己的能力充满怀疑和失望，不是夸大自己面临的问题，就是无视自己拥有的能力，社会工作者如果此时能够和服务对象一起寻找和回顾成功的经验和拥有的能力，就会让服务对象看到困境中的改变希望。这就是生活模式所说的能力确认。不过，对于生活模式来说，能力确认还有另一个重要作用，就是帮助服务对象找到成长改变的基础（Gitterman & Germain，2008：197）。

生活模式发现，在实际的专业服务中服务对象往往对未来的改变充满紧张和不安，虽然他们一方面希望能够改变目前的生活状况，但另一方面又害怕承担改变的责任，特别是当遇到改变不顺利的时候，这种担心就会表现得更为明显。面对这样的情况，生活模式认为，社会工作者就需要给服务对象提供一些现实的保证，以增强服务对象成长改变的信心。如鼓励服务对象继续使用那些有效的应对行为，或者寻找更有效的应对方法，在此基础上保证服务对象目前的困扰能够逐渐减轻或者消除。生活模式强调，做出合理保证的关键就看是否现实，让服务对象能够更理性地看待自己面临的生活困境，而不是许诺一些不太可能实现的希望。那样做，不仅不会给服务对象的成长改变带来积极的影响，而且会损害社会工作者与服务对象之间的信任合作关系（Gitterman & Germain，2008：197）。

生活模式假设，一旦服务对象失去希望，任何成长改变都不可能发生。因此，在生活模式看来，希望和成长改变是相伴而行的，社会工作者不能仅仅关注服务对象的成长改变，而不去关注服务对象内心希望的变化。生活模式提醒社会工作者，让服务对象相信并且看到成功是提升服务对象生活希望的有效途径。这样，无论是简单的还是复杂的任务，社会工作者都有一项重要的工作，就是帮助服务对象寻找应对行动与成功之间的积极关联，逐渐积累有效行动的经验（Gitterman & Germain，2008：198）。

显然，在生活模式的逻辑框架中，优势和使能是两个内涵不同的概念，优势是指服务对象拥有的能力，而使能则是指服务对象从一种能力较低的生活状态到能力较高的一种生活状态的过程，其中最为核心的是服务对象自我选择和自我决定能力的提高（Gitterman & Germain，2008：93）。有意思的是，生活模式把优势的挖掘与使能的实现联系起来，强调优势挖掘是实现服务对象增能不可缺少的部分（Gitterman & Germain，2008：197）。

（二）探索技巧

探索技巧是生活模式的另一系列服务技巧，它是社会工作者帮助服务对象探索和界定需要解决的问题并且明确服务目标和焦点的各种服务技巧，具体包括：方向指引、具体化、意义呈现、矛盾探索、差异关注、再经历、困惑分享、假设、反馈和自我反思等（Gitterman & Germain，2008：195 – 197）。生活模式认为，服务对象之所以遭遇生活的困扰，其中的一个重要原因是不知道朝什么方向探寻问题的轨迹，找到需要解决的困扰，或者过分依赖他人不相信自己，或者过分自信不相信他人，特别是在服务介入的开始阶段，服务对象这一方面的表现尤为突出。因此，生活模式提出方向指引的服务技巧，目的是帮助社会工作者顺利引导服务对象一起探索面临的生活困境。在总结方向指引服务技巧时，生活模式指出，体现合作探索的意向非常重要，社会工作者既需要指出服务对象合作努力的方向，又需要给服务对象选择权，避免将自己的意愿强加给服务对象。例如，社会工作者可以邀请服务对象尽可能详细地介绍自己的想法和感受，以便准确了解服务对象的成长改变的要求；或者社会工作者先说明自己的目的是帮助服务对象找到适合他的解决问题的方法，再邀请服务对象介绍相关的信息。总之，社会工作者需要突出与服务对象共同行动的要求，给服务对象参与探索的机会（Gitterman & Germain，2008：195）。

　　具体化是生活模式常用的探索服务技巧。生活模式认为，服务对象在描述自己的困境时，常常有意或者无意地使用一些抽象的词语，如"不公平"、"运气不好"和"亚健康"等，这些词语模糊了服务对象具体的生活故事，让服务对象和周围他人，包括社会工作者，都无法看到真实困扰所在。因此，生活模式提出具体化的服务技巧，让社会工作者有意识地关注服务对象描述中的这些抽象词语，并且引导服务对象探究这些抽象词语背后的具体故事，如社会工作者可以直接邀请服务对象就生活故事中的某个抽象的词进行解释，也可以让服务对象列举一个具体的生活事件，在这个事件中服务对象体验到了这些感受，将这些抽象的描述具体化，帮助服务对象走进自己真实的生活故事中（Gitterman & Germain，2008：195）。

　　生活模式认为，不仅不同处境中的人对同一生活事件会赋予不同的意义，即使身处同一处境中的人也会对同一生活事件赋予不同的意义。因此，具体化之后，帮助服务对象呈现这一独特场景中的意义，就显得非常必要，成为服务对象了解自己生活困境不可缺少的环节。这就是生活模式所说的意义呈现。显然，意义呈现的目的就是社会工作者帮助服务对象深入探究在特定生活场景中行动的原则和价值依据，让服务对象对自己的了解从客观真实延伸到主观真实（Gitterman & Germain，2008：196）。

　　矛盾探索是生活模式常用的另一种探索服务技巧，目的是帮助服务对象在日常生活中察觉到同一生活事件的两个相互矛盾的不同方面，从而帮助服务对象做出更为理性的判断和决定。生活模式发现，服务对象在描述自己的生活故事时，常常局限于自己的逻辑中，不是突出生活故事中有利于自己的那个方面，就是夸大生活困境中不利的影响。这样，就会导致服务对象深陷自己的逻辑推理中，不能自拔。为此，生活模式总结提出了矛盾探索的服务技巧，通过社会工作者有意识地将生活事件中相互矛盾的两个方面一同呈现出来的方式，帮助服务对象察觉到被自己忽视的方面，跳出自己的逻辑束缚，从更为理性的角度看待自己所处的生活困境（Gitterman & Germain，2008：196）。

　　与矛盾探索相类似的探索服务技巧还包括差异关注和再经历。差异关注是指社会工作者通过帮助服务对象关注语言信息与非语言信息之间的矛盾，让服务对象察觉到内心存在的冲突；再经历则是指社会工作者借助经历的再描述帮助服务对象重新投入重要的影响事件中，让服务对象体验自己情绪感受的变化，它针对的是这样一种类型的服务对象，他们喜欢采用抽离感情的方式面对生活压力事件。生活模式认为，服务对象之所以遭遇生活的困扰，是因为除了缺乏环境支持之外，还表现为使用回避的方式面对内心的矛盾和冲突，这就导致了服务对象有意忽视非语言信息以及情感疏离的现象。生活模式强调，正是借助差异关注和再经历的探索服务技巧，社会工作者才能帮助服务对象加深与自己生活场景的联结，更好地投入自己的日常生活中，发掘自身拥有的成长改变的能力（Gitterman & Germain，2008：196）。

生活模式发现，社会工作者与服务对象之间的沟通是非常复杂的，有时候社会工作者会遭遇这样的场景：不理解服务对象所说的，跟不上服务对象的表达节奏。这个时候，生活模式认为，社会工作者不应善意地宣称自己理解服务对象所说的意思，而应勇敢地承认自己的困惑，并且有技巧地把自己的困惑传达给服务对象，请服务对象做进一步的解释和说明。例如，社会工作者应先说明这个不明白的信息很重要，然后恳请服务对象再解释一遍；否则，生活模式强调，就会导致社会工作者与服务对象之间产生误解，甚至破坏社会工作者与服务对象之间的合作关系（Gitterman & Germain，2008：196）。

在生活模式看来，一旦服务对象通过社会工作者的探索服务技巧的干预有了新的认识和感受，社会工作者就需要在这些新的认识和感受基础上形成工作假设，帮助服务对象梳理生活经验，建立与服务对象共同努力的认识基础。这就是生活模式倡导的一种探索服务技巧，称为假设。生活模式强调，之所以推崇假设这一服务技巧，不仅为了帮助服务对象重新整理生活经验，达成共同行动的服务目标，更为重要的是，假设本身就是带动社会工作者与服务对象一起行动的工具，通过假设带动行动，通过行动影响假设，这样，借助假设—行动—假设这样的循环，社会工作者与服务对象就能始终处于稳定的合作关系中（Gitterman & Germain，2008：196）。

为了增加社会工作者与服务对象之间的对话交流，生活模式还把反馈也作为一种探索服务技巧，认为不了解自己行动成效的反馈信息，无论服务对象还是社会工作者，都无法规划和组织下一步的行动计划。因此，生活模式强调，一旦社会工作者实施了具体的服务介入计划，就需要邀请服务对象分享他的意见和感受，及时跟进服务对象的反馈意见。即使服务对象的反馈信息不积极或者不清晰，对于社会工作者来说，也就有了进一步调整服务介入计划的依据。如果社会工作者不跟进服务对象的反馈意见，在生活模式看来，哪怕社会工作者的服务介入计划听起来很完美，也无法顺利实施（Gitterman & Germain，2008：196）。同样，社会工作者也需要对服务对象的表现做出积极的回应，与服务对象分享自己的反馈意见，让服务对象有机会了解自己行动的成效并且能够根据要求做出及时的调整。不过，生活模式提醒社会工作者，反馈有两项基本的要求：一是行动原则，即对服务对象怎么才能更好应对做出反馈，而不是仅仅就服务对象的行动做出好与坏的判断；二是关怀原则，即无论服务对象行动成效如何，社会工作者传达的是一种关怀的信息（Gitterman & Germain，2008：197）。

值得注意的是，生活模式还把反思性学习的概念引入社会工作的服务活动中，认为这种方式的学习与仅仅给予改善的建议和指导不同，不仅能够帮助服务对象找到目前的经验与以往经验之间的关联，具有更深、更久的学习成效，而且能够提高服务对象自我学习的能力，使服务对象能够将不同场景的生活经验联系起来，相互转化。为此，生活模式提出自我反思的探索服务技巧，让社会工作者关注服务对象自我反思能力的提升，给服务对象自我发现和自我总结的学习机会，并且协助服务对象实践和掌握这种学习方式。例如，社会工作者先不直接给服务对象解决问题的答案，而是让服务对象总结自己的经验，在此基础上再启发服务对象尝试其他的学习方式。生活模式认为，这种注重自我反思的学习方式能够帮助服务对象逐渐放弃对周围他人的依赖，提升服务对象自我调整和自我指导的能力（Gitterman & Germain，2008：197）。

尽管生活模式的探索服务技巧有很多，但仔细分析就可以发现，在这些探索服务技巧背后有一条清晰的逻辑线索，方向指引是为了帮助社会工作者明确与服务对象一起行动的合作关系，具体化、意义呈现、矛盾探索、差异关注和再经历等则是社会工作者帮助服务对象清晰界定服务目标的技巧，困惑分享和假设则是为了让社会工作者与服务对象达成共同努力的服务目标，而反馈和自我反思则是为了促进社会工作者与服务对象的对话交流，帮助服务对象掌握一种反思性学习的方式。生活模式强调，社会工作的服务介入是社会工作者围绕服务对象的需要一起展开的探索，绝不是为了社会工作者的专业服务标准而让服务对象配合的过程（Gitterman & Germain，2008：197）。

（三）资源链接技巧

资源链接技巧是生活模式中常用的另一系列的服务技巧，它是社会工作者帮助服务对象争取成长改变所需的环境资源的服务技巧。根据环境资源的特征以及服务对象成长改变的要求，生活模式把资源链接技巧细分为常见的三种，即链接、协调和倡导。生活模式认为，服务对象的成长改变要求与社会环境现有的资源不匹配有两种常见的情况。一种是社会环境存在资源，但是服务对象不会使用。这个时候，社会工作者就需要运用链接和协调的技巧，帮助服务对象学习使用现有的社会环境资源。另一种是社会环境没有为服务对象的成长改变提供相应的资源。这个时候，社会工作者就需要运用资源链接中常见的倡导服务技巧，帮助服务对象把自己的需求表达出来，让社会关注到，从而能够改变现有的社会环境资源提供方式（Gitterman & Germain，2008：253）。显然，在生活模式的理论逻辑框架中，环境是伴随服务对象成长改变不可忽视的考察因素，因而针对社会环境的资源链接技巧也就成为社会工作专业服务技巧中必不可少的组成部分。

就社会环境现有资源的使用而言，生活模式发现，有两种常见的服务技巧：链接和协调。链接是针对服务对象来说的，它是指社会工作者在帮助服务对象争取和学习使用社会资源之前，调动服务对象自身的能力，与服务对象达成克服资源运用困难的任务分工的服务技巧（Gitterman & Germain，2008：253）。其中常用的服务技巧包括：服务对象认同的获得、任务的明确分工、服务对象能力和资源的调动以及专业支持身份的呈现等。生活模式认为，通过这些服务技巧的运用，就能够保证社会工作者与服务对象之间建立一种积极的合作关系，这种合作关系使服务对象在专业服务过程中既能够信任社会工作者，又能够参与到社会资源的争取和改善过程中，提高服务对象自身的社会资源运用能力（Gitterman & Germain，2008：253 - 254）。与链接不同，协调针对的是拥有社会资源的社会组织，它是指社会工作者替代服务对象向社会组织争取资源的服务技巧，包括专业能力的呈现、组织内非正式沟通关系的运用、组织间支持关系的发掘、正式组织沟通关系的建立、组织成员不同视角的关注、组织政策的运用以及改变努力的坚持等。生活模式强调，在使用这些链接和协调的服务技巧时，社会工作者始终需要保持以服务对象为本的理念，让服务对象不再感到孤单，体会到社会工作者和他站在一起，他们一起争取社会环境的改善（Gitterman & Germain，2008：254 – 255）。

一旦社会工作者发现现有的社会环境没有向服务对象提供成长改变所必需的资源，生活模式认为，这个时候社会工作者就需要运用倡导的服务技巧。由于倡导是推动社会组织提供新的服务，因而社会工作者在使用这种服务技巧时，就特别需要注意方式和方法，包括如何替服务对象表达服务的需求，如何让社会组织准确了解服务对象的需要和现有服务的局限以及如何拒绝妥协的建议等（Gitterman & Germain，2008：255 – 257）。生活模式强调，尽管倡导可能带来社会工作者与社会组织之间比较明显的冲突，但是它也是社会工作者需要掌握的服务技巧，尤其是那些遭受社会歧视的弱势群体，他们常常面临社会资源不足的困境（Gitterman & Germain，2008：257）。值得注意的是，生活模式对如何链接社会资源有自己的理解，不仅把它作为推动服务对象成长改变不可缺少的外部的社会支持条件，而且强调通过任务分工的方式让社会资源的争取过程转变成服务对象的能力提升过程，包括自身能力的挖掘、个人资源的运用以及合作工作方式的学习（Gitterman & Germain，2008：253）。

（四）指导技巧

生活模式的指导技巧是社会工作者帮助服务对象提升解决问题能力而采用的一系列服务技巧，它除了人们常用的信息提供以及心理社会治疗模式提出的建议服务技巧外，还包括讨论（discussing）、呈现（presenting）、形象化（visualizing）、参与（participating）以及行动任务的规划（specifying action tasks）和布置（preparing and planning for task completion）等（Gitterman & Germain，2008：198 – 201）。生活模式所说的讨论与人们通常理解的讨论不同，以服务对象的成长改变为导向，围绕服务对象日常生活中面临的困扰通过讨论明确它们对服务对象成长改变的意义，并以此为基础帮助服务对象厘清自己观察生活的视角，调整阻碍实现这一成长改变目标的不合理想法。在生活模式看来，讨论只是促使服务对象与社会工作者相互交流的契机，借助这样的契机社会工作者才能激发服务对象的自我反思，鼓励服务对象重新审视自己的应对方式，保持不断探索的态度，如自己到底需要什么、什么样的应对方式才是有意义的以及自己可以做什么样的调整和尝试等。通过这样的讨论，生活模式认为，服务对象解决问题的能力才能真正提高，而不仅仅是不同意见的交换（Gitterman & Germain，2008：199）。

呈现是生活模式提出的另一项问题解决能力提升的服务技巧。它要求社会工作者主动向服务对象呈现解决问题所需要的相关知识和做法，帮助服务对象提高解决问题的成效，如赞扬服务对象行动过程中的一些有效的做法，或者与服务对象分享自己以及他人的一些成功经验等。生活模式认为，呈现服务技巧使用是否恰当的关键，就是看社会工作者在使用这一技巧时能否做到：①简洁原则，即社会工作者通过简单而且非正式的方式向服务对象呈现解决问题所需要的知识和做法，以避免被当作专家影响服务对象，让服务对象产生抗拒；②行动原则，即社会工作者通过应对行动的具体指导帮助服务对象提高行动把控的能力，如延期冲动的行动、清晰界定行动目标、明确具体的行动方式、合理评估和选择有效的行动等。生活模式强调，只有通过行动方式的调整并且学会把控行动的步骤，才能帮助服务对象提高解决问题的能力（Gitterman & Germain，2008：200）。

生活模式发现，在学习新的解决问题的方式时，形象化是一种很有效的学习策略，形象化不仅能够让服务对象看到具体的行动方式，更为重要的是，能够向服务对象展现与这一行动方式相关联的场景的信息。这就是生活模式倡导形象化服务技巧的原因所在。当然，实现这种形象化有多种具体的方法，如家庭雕塑、戏剧、影像以及其他形象展示的方式等。生活模式提醒社会工作者，使用这种形象化服务技巧的目的不是向服务对象形象展现某种看法和观点，让服务对象产生感官上的震撼效果，而是呈现被服务对象忽视的应对行为产生的逻辑（patterns）以及新的尝试行为可能产生的成效，提升服务对象的行动应对能力（Gitterman & Germain，2008：200）。

与形象化相似的是参与服务技巧，它也是一种通过形象展现和亲身感知的方式帮助服务对象提升问题解决能力的服务技巧。所不同的是，参与服务技巧注重的是一种经验学习的方式，强调在互动或者行动过程中学习有效的应对方式，包括行动过程中的情绪管理、人际关系的平衡以及问题解决方式的寻找等，通过亲身经历体验问题解决的过程。常用的方式包括角色学习、游戏学习以及同伴学习等。生活模式强调，如果社会工作者参与其中，就能通过角色示范向服务对象展示解决问题所需的各种能力，给服务对象直接提供经验学习的机会（Gitterman & Germain，2008：200）。

生活模式认为，在服务对象解决问题能力提升的服务介入中，行动任务的规划和布置是一项非常重要的服务技巧，它包括行动任务的规划和行动任务的布置两个方面。行动任务的规划是指社会工作者协助服务对象明确具体的行动任务时所运用的服务技巧，包括确定行动的步骤、行动的方式、行动的时间、行动的场所以及行动所需的支持条件等。生活模式发现，行动任务越明确，服务对象把它转化成生活中的行动方式的可能性越大。行动任务的布置则是社会工作者根据行动任务规划的要求协助服务对象完成行动任务的服务技巧，如让服务对象记录行动完成的步骤，或者角色扮演行动任务实施的过程，或者让服务对象预演需要完成的行动任务，对未来遇到的困难做好准备等。生活模式强调，只有通过行动任务的规划和布置，社会工作者才能帮助服务对象找到更好的解决问题的行为应对方式，但是在服务对象具体尝试之前，生活模式建议社会工作者还需要帮助服务对象回顾和总结行动任务的要求，强化服务对象对行动任务的记忆（Gitterman & Germain，2008：201）。

很显然，生活模式把整个指导技巧的核心放在了服务对象解决问题的应对行为学习上，无论是信息的提供和建议，还是讨论和呈现，以及形象化、参与和行动任务的规划与布置等，都围绕服务对象在困境中的应对行为。在生活模式看来，服务对象解决问题能力是否提高就表现在困境中应对行为是否有效，而不是仅仅拥有良好的认识分析能力，或者说，良好的认识分析也是为了找到有效的应对方式，像讨论和呈现等就是很好的例子，而像形象化、参与以及行动任务的规划和布置等，则直接针对服务对象应对行为的学习（Gitterman & Germain，2008：201）。这也意味着，生活模式联结了问题解决逻辑与生态逻辑，不仅让问题解决逻辑有了更宽阔的生活场景的视野，而且让生态逻辑也具备了强有力的问题解决的精确性。

（五）促进技巧

在专业服务中生活模式发现，服务对象的成长改变是一个不断调整、不断深入的过程，其中必然涉及服务对象回避应对方式的调整以及改变努力的保持等要求。因此，社会工作者就需要针对这种服务情况，有意识地使用相关的服务技巧，帮助服务对象克服成长改变过程中遇到的困难。生活模式称这种类型的服务技巧为促进技巧，即帮助服务对象保持继续改变的动力。它包括：回避应对方式的界定（identifying avoidance patterns）、合作幻觉的挑战（challenging the illusion of engagement）、焦虑制造（generating anxiety）以及差异回应（Responding to discrepant meesages）等（Gitterman & Germain，2008：201 - 202）。回避应对方式的界定是指社会工作者协助服务对象发现并且呈现自己习以为常的回避应对方式，让服务对象能够直接面对自己面临的生活困扰。生活模式认为，一种无效的应对行为使用久了就会形成回避的应对方式，而一旦回避应对方式形成，就会直接妨碍服务对象解决问题能力的提升。正是依据这样的逻辑，生活模式希望借助回避应对方式界定这一服务技巧帮助服务对象重新面对困扰。不过，在实际使用这项服务技巧时，生活模式提醒社会工作者不能操之过急，先是指出服务对象在日常生活中存在的这种回避应对方式的现象，而不是直接告知服务对象他存在这种回避应对的方式，让服务对象有机会自己梳理生活的经验，做出自己的判断；再根据服务对象的理解和判断安排下一步的服务介入（Gitterman & Germain，2008：201）。

合作幻觉的挑战是生活模式常用的另一项促进服务技巧。在生活模式看来，服务对象与社会工作者建立了比较稳定的合作关系之后，很容易对社会工作者产生过分的信任，忽视对自己生活经验的反思和总结，从而不自觉地减少时间和精力的投入。为此，生活模式设计了合作幻觉挑战的服务技巧，要求社会工作者在服务的开展过程中注意服务对象在这方面的表现，及时提醒服务对象，让服务对象关注接下来可能面临的挑战。尤其是在服务开展比较顺利的时候，服务对象就会不自觉地对自己提出更高的改变要求，看不到潜在的风险。这个时候，服务对象特别需要社会工作者的关注和提醒（Gitterman & Germain，2008：201）。

在服务过程中，为了帮助服务对象提升改变的动力，生活模式还常常使用另一项促进服务技巧，就是焦虑制造。这项服务技巧是社会工作者帮助服务对象发现生活中的危机并且提升改变意识的技巧，它包括指出服务对象未来生活中可能面临的危机以及对服务对象生活可能造成的危害。例如，社会工作者可以先指出服务对象可能面临的生活压力事件，然后让服务对象设想可能出现的危机和困难，接着推动服务对象做好预防的措施。生活模式强调，焦虑虽然可能给服务对象造成一定程度的紧张和担心，但同时也给服务对象带来成长改变的动力，社会工作者需要把持好焦虑的程度，避免给服务对象造成过大的压力，从而放弃与社会工作者的合作关系（Gitterman & Germain，2008：202）。

生活模式还把差异回应也作为一项重要的促进服务技巧。生活模式认为，服务对象在成长改变过程中常常有一些自己都没有察觉到的相互矛盾的信息，说出来的与实际表现不一样。这种相互矛盾的差异信息，对于生活模式来说，是推动服务对象继续成长改变的动力来源。因此，生活模式要求社会工作者在服务对象出现相互矛盾的信息时，直接向服务对象指出这种现象，并且鼓励服务对象勇敢面对这样的冲突，积极寻找有效应对的方法（Gitterman & Germain，2008：202）。

仔细比较和分析生活模式的各项促进服务技巧就可以发现，生活模式采用了两种方式来增强服务对象对服务的投入：一是深度挖掘，像回避应对方式的界定和差异回应就是很典型的例子，通过这样的服务技巧的使用就可以帮助服务对象找到更深层次的改变要求；二是预期调整，如合作幻觉的挑战和焦虑制造，就是这方面的代表，借助这样的服务技巧的使用就可以让服务对象为未来的改变做好准备。有意思的是，生活模式是把两种方式联系在一起考察的，认为前者是对不良应对方式的调整，注重服务对象过往经验的梳理；后者是对潜在改变动力的挖掘，关注服务对象未来预期的规划，而两者的共同目标都是帮助服务对象重新整理日常生活的经验（Gitterman & Germain，2008：202）。如果说指导服务技巧是帮助服务对象提升问题解决的当下经验，那么促进服务技巧则是帮助服务对象改善问题解决的过往和未来经验。这样，生活模式所关注的生态逻辑的时间维度就自然而然地融入社会工作的具体服务过程中。

显然，生活模式之所以把社会工作的服务技巧分为使能、探索、资源链接、指导和促进五类，是因为在它看来，服务对象有自己的日常生活安排，他在遭遇困扰后的成长改变要求通常表现为面对困扰、明确目标、寻找资源、提升能力和维持动力五类，这也就成为划分服务技巧的依据，而社会工作者的目的则是帮助服务对象实现这些成长改变的要求。生活模式强调，它希望借助这样的专业服务技巧的分类方式，改变人们习以为常的以专业为标准的划分方法，让社会工作走进服务对象的日常生活，实现生活模式所倡导的像生活一样的自然改变（Gitterman，1996：404）。此外，生活模式还对社会工作专业服务的类型进行重新划分，不再是传统的个案、小组和社区三种类型，而是依据人们在日常生活中的常见沟通对象把社会工作专业服务分为八类，即个人、家庭、小组、社会支持网络、社区、物理环境、社会组织和政策，分别探讨在这八类专业服务中如何使用各种不同的服务技巧，以倡导一种自然成长改变的服务逻辑（Gitterman & Germain，2008：94）。

值得注意的是，生活模式还把这种自然的服务逻辑运用到社会工作研究中，推崇一种以生命成长改变为导向的自然探索（naturalistic inquiry）的研究方式，希望通过这样的方式能够将社会工作实务与社会工作研究紧密结合起来（Gitterman & Germain，2008：136）。生活模式吸收了实务研究的成果，认为以往的社会工作之所以轻视研究，是因为把研究看作站在实务之外的旁观者所做的调查分析，与实务本身的逻辑衔接不起来，而社会工作实务所需要的知识是一种作为主体参与的探索经验（Morris，2006：194）。生活模式还因此把社会工作研究的运用分为两大类：一类是研究为本的实务（the research-based practice）；另一类是实务为本的研究（the practice-based research）（Gitterman & Germain，2008：128）。前者依据研究的要求设计实务开展方式，注重随机控制组的对照和实验方法的运用，研究的考察多于实务的关注；后者依据实务的要求规划研究的安排，不仅研究的问题来自实务，而且研究的结果也是为了回应实务的需要，实务的关注大于研究的考察（Epstein，2001）。生活模式强调，只有借助这种实务为本的研究方式，社会工作的实务才能与社会工作的研究相互衔接起来（Gitterman & Germain，2008：128）。这种实务为本的研究提供的是一种"内部人"（insider）的观察视角和实务经验的知识，它与文化人类学和生物学的自然质性研究的方法（naturalistic qualitative methods）很相似，把研究者本身也作为研究的重要工具，目的是探索服务对象如何与周围环境相互影响和相互转化（Riessman & Quinney，2005）。

从服务的理论逻辑架构来看，可以说，生活模式是系统和生态视角的延伸，它本身就构成生态视角的社会工作这一理论流派的重要代表，把人与环境之间交互影响的生态视角作为整个理论架构的基础（Payne，2005，149）。有意思的是，生活模式对生态视角进行了改造，将生态逻辑与压力应对逻辑整合在一起，把社会工作界定为一种以服务对象的成长改变为导向的综合服务，通过使能、探索、资源链接、指导和促进等不同服务技巧的运用，跟随服务对象的成长步伐，在服务对象的日常生活中自然地带动服务对象改变，既关注服务对象与当下环境的直接交流，也注重社区、社会组织以及政策层面的改变，在服务过程中与服务对象始终保持一种增能式的合作关系（Gitterman，1996：396）。很显然，生活模式希望倡导的不是一种可以包容不同服务模式、不同服务技巧的综合服务的"大杂烩"，而是一种崭新的服务定位，就像它的名字一样，让社会工作重新回归生活，回归自然（Gitterman，1996：404）。

第四节　优势视角

一　优势视角的演变

20 世纪 80 年代，整个西方社会由于受市场经济和个人主义政治思潮的影响，开始站在服务使用者（service users）的位置，强调服务使用者的生活责任和个人所拥有的改变能力，主张关注问题如何解决，而不是问题如何分析（Howe，2009：86）。正是在这样的社会环境的影响下，优势视角（strengths perspective）作为一种关注问题如何解决的服务方式应运而生，[①] 它不再注重考察服务对象的问题，而是把服务对象视为有能力改变自己命运的人，作为社会工作者他的任务就是帮助服务对象发掘和运用自身所拥有的能力和资源实现自己预定的目标（Howe，2009：86）。

就优势视角本身来说，它产生的直接原因是在精神障碍患者社区康复服务中社会工作者发现，服务对象不仅面临社会污名和缺乏必要生活资源的困境，而且常常需要忍受以关怀为名义的注重问题分析和不足修补的服务模式的歧视（Rapp & Goscha，2006：3）。

---

① 　与优势视角同时出现并且受到关注的还有精要治疗（solution-focused therapy）和可能性思考（possibility-thinking）等服务模式，它们都关注问题如何解决。

这样的服务模式在 20 世纪的社会工作发展中一直占据主导的位置，它以服务对象的问题解决为核心，借助服务对象不足部分的补充和环境资源的改善实现社会工作的服务目标，但是这样安排专业服务也牺牲了服务对象自身的能力和选择权（Weick，Kreider，& Chamberlain，2006：116）。它不仅导致服务对象失去希望，始终感受到受助的身份，而且让服务对象失去自我决定的机会，变得越来越依赖"专家"（Saleebey，2006a：292）。优势视角的提出就是希望服务对象能够看到自己的能力和环境中的资源，发掘日常生活中与问题相对应的另一部分的生活，转变看待生活的视角，这样的视角更能够体现社会工作一直秉持的对人的尊重和价值肯定的伦理原则（Rapp & Goscha，2006：4）。

显然，优势视角针对的不仅是具体的服务方法和策略，还涉及基本的服务原则和逻辑。它认为，以往以解决问题为核心的服务模式是一种问题视角，这种问题视角存在五个方面的基本假设：①服务对象有问题，需要他人帮助；②专业服务采取的是怀疑和批判的态度，发现服务对象的不足；③社会工作者与服务对象之间是不平等的，具有一种施加影响的控制的权力关系；④专业分析寻找的是抽离具体场景的一般规律；⑤问题总是由某个原因导致的，也必然有某种解决的方法（Saleebey，2006b：2 - 7）。为了改变社会工作者的问题视角，优势视角提出了六个基本理论假设：①每个人、每个家庭、每个人群和社区都是有能力的；②创伤、虐待、病痛和对抗是一种伤害，但同时也是一种挑战和机会；③人的改变和成长是无法设置上限的；④合作是开展服务的最佳方式；⑤任何环境都充满资源；⑥社会工作是一种增加关怀的服务（Saleebey，2006b：16 - 22）。简单来说，优势视角就是点燃服务对象心中美好的愿望，让服务对象勇敢面对生活中的逆境和挑战，学会寻找自身的优势和身边的资源，与困难做斗争，在身边他人的支持下坚定地向着自己的梦想迈进（Saleebey，2006b：22）。其核心就是协助服务对象培养内心的希望并且想办法实现这些希望（Saleebey，2006b：1）。

值得注意的是，尽管不同的社会工作者对优势视角有不同的理解，但是他们都赞同，优势视角并不是否认问题的存在，也不是有意淡化问题的影响，而是为社会工作者提供一种更为积极、平衡的服务视角，既关注服务对象的问题，也关注服务对象的能力，更为重要的是，把服务对象的改变能力作为服务的核心，建立在服务对象自身的能力和优势之上（Saleebey，2006b：22）。

实际上，优势视角一经提出，就受到社会工作者的普遍欢迎，研究证明它不仅能够给患有精神疾病的服务对象带来更多的希望和更积极的改变成效（Stannard，1999），也能够减少服务对象的症状表现和对他人的依赖（Barry et al.，2003）。到目前为止，优势视角已经从最初的精神健康服务扩展到老人（Perkins & Tice，1999）、妇女（Thrasher & Mowbray，1995）、青少年（Yip，2005）、家庭（Bell，2003）、文化（Lee，2003）和反贫困（Sousa，Ribeiro，& Rodrigues，2006）等不同方面的服务以及社会工作教育（Cox，2001）和社会政策等不同领域（Chapin，1995）。在服务的方式上，优势视角也有很多不同的探索，已经从最初的个案管理发展出多样的整合模式，包括与抗逆力结合的受性侵儿童的服务（Anderson，1997）、与精要治疗模式结合的司法社会工作（Clark，1999）、与行为规划结合的药物和酒精成瘾治疗（Clark，Leukefeld，& Godlaski，1999）、与建构主义视角结合的创伤后的压力消减（Norman，2000）、与女性主义视角结合的妇女家暴的处理（Black，2003）以及与抗逆力和灵性结合的老年人的服务等（Langer，2004）。很显然，优势视角与其说是一种独特的服务模式，还不如说是一种独特的观察服务对象和生活世界的视角，这种视角以改变为导向，关注每个人自身拥有的成长改变的能力和资源，真正把社会工作的伦理价值贯穿到专业服务的具体过程中以及社会工作者与服务对象的合作关系中（Howe，2009：87）。

尽管在实际的服务过程中社会工作者可能在服务对象身上看到一些无法理解的"怪异"的想法和做法，但是优势视角认为，即使在这样的情况下，假设服务对象拥有成长改变的能力和资源是一种明智的选择，这不仅仅是为了符合社会工作专业伦理价值的要求，更为重要的是，让社会工作者保持开放的态度，更理性地看待服务对象在问题包裹下的改变要求和成功经验（Saleebey，2006a：291）。

优势视角的产生和推展离不开美国堪萨斯大学社会福利学院（the University of Kansas School of Social Welfare）的师生们的努力，其中查尔斯·莱普（Charles Rapp）和丹尼斯·塞勒贝（Dennis Saleebey）发挥着重要的作用（Sullivan & Rapp，2006：261）。莱普是优势视角的开创者，而塞勒贝则是优势视角理论的主要阐述者。

（一）查尔斯·莱普

对于莱普而言，优势视角首先不是一种抽象的服务原则或者伦理价值，而是一种可以操作的实实在在的服务模式（Rapp & Goscha，2006：xv）。莱普是优势视角的创建者，他一直在学校工作，是美国堪萨斯大学社会福利学院的一名教师，1982年，他得到了1万美金资助的研究项目，用于改善社区康复中的精神障碍患者的个案管理服务。普莱聘请了一位刚毕业不久的博士生罗娜·查姆博林恩（Ronna Chamberlain）作为这个项目的研究助理，帮助设计、实施和管理整个项目。由于发现采用直接将精神障碍患者与医院对接的方式成本过于昂贵，普莱的研究项目运用了另一种完全不同于以往的个案管理的服务方式，注重个人和社区资源的挖掘和运用，并且挑选了4名在校的社会工作本科生和硕士生作为工作人员，在查姆博林恩的带领下开展了精神障碍患者的个案管理服务（Rapp & Goscha，2006：xvi–xvii）。

出人意料的是，在成效结果的22项指标测试中，其中19项取得了满意的结果，出现了明显的改变成效（Rapp & Chamberlain，1985）。这样的结果就连莱普也不敢相信是真的。接着，莱普带领他的研究团队在3个不同的精神健康服务中心同时开展了相同的精神障碍患者的个案管理服务。为此，莱普还对之前尝试的整个个案管理服务模式进行了修订，让各个服务环节组织得更为规范、衔接得更为紧密，并且对项目的服务成效开展了严格的评估，这一次的尝试结果同样让莱普感到非常欣喜。之后，为了推广此项服务，莱普根据几年来的尝试编制了精神障碍患者社区康复的个案管理服务的训练手册（Rapp & Goscha，2006：xvii）。

实际上，在优势视角早期的个案管理服务模式的探索中，尽管服务对象的能力和资源的挖掘已经成为整个服务关注的焦点，呈现与以往服务模式完全不同的服务逻辑，但是在当时并没有称之为优势视角或者优势模式（the strengths model），而是把它命名为资源获得模式（the resource-acquisition model），目的是希望能够突出社区作为服务场景以及资源运用场所在精神障碍患者康复中的重要作用，改变社会工作者一直坚持的错误观察视角，总是关注社区的不足，把社区视为精神障碍患者康复的障碍。资源获得模式有两个基本的理论假设：①人的行为至少在某种程度上表现为获得资源的能力；②社会推崇平等获取资源的机会。显然，资源获得模式是从周围环境入手寻求服务对象改变的，通过把周围环境当作充满资源的方式，帮助服务对象找到改变的起点，改变长期以来把服务对象视为有问题需要帮助的对象这一问题的解决逻辑（Sullivan & Rapp，2006：263）。

　　莱普把这一个案管理服务模式简要归纳为五个方面的操作原则。第一，运用优势、能力和资产（assets）是专业帮助关系的基础。当服务对象能够了解和运用自己的优势、能力和资产时，他就能够获得成功。因此，服务介入的过程就帮助服务对象学会欣赏自己过去的成功经验，激发自己成长改变的动机，明确并且实现改变目标的过程。第二，与服务对象一起制定改变的目标和寻找改变的资源。只有从服务对象自身成长发展要求出发确定服务的改变目标，服务对象才能把这样的目标视为自己的，主动融入服务介入的整个过程。服务的个案管理者就是帮助服务对象明确自己的成长改变要求，确定自己的改变目标，并且寻找有利于自己改变目标实现的环境资源。显然，明确目标和寻找资源是个案管理者的两项最基本的任务。第三，保持良好的服务合作关系是专业服务推进的关键。个案管理者作为服务对象的重要支持者，肩负着帮助服务对象协调和整合各种零散和细微的资源，给服务对象的成长改变提供持续支持的责任，有时甚至需要通过倡导的手段为服务对象争取必要的生活资源或者联合服务对象身边的其他人员一起为服务对象的成长改变寻找更多的必要资源。第四，把社区视为充满资源的。社区中虽然存在各种阻碍服务对象成长改变的因素，但同时也拥有服务对象成长改变所需要的一些资源。如果只关注那些阻碍因素，就无法找到服务对象成长改变的空间。作为服务对象成长改变的个案管理者，既需要寻找社区中各种正式的服务资源，也需要鼓励服务对象开拓自己的非正式的服务资源。第五，个案管理是一种社区为本的服务干预方式。机构中的服务面谈总是涉及服务对象有限的生活范围，服务干预的最佳场所不是在机构，而是在社区。只有在社区的自然生活场景中，个案管理者才能够与服务对象一起面对日常生活中遭遇的各种挑战，明确生活的改变目标，一起寻找成长改变的环境资源，学习应对生活挑战所需要的各种技能（Modrcin，Rapp，& Chamberlain，1985：78 - 79）。很明显，在莱普所总结的这种资源获得的个案管理服务模式中已经蕴含了优势视角的基本理论框架和主要服务要素，例如，把服务对象看作是有能力的，把社区视为充满资源的，关注服务中的合作关系，注重社区为本的服务等（Rapp，2006：129 - 130）。可以说，此时莱普所提炼的个案管理服务模式已经具有了优势视角的雏形。

　　在莱普的资源获得个案管理服务模式的创建和总结中，有两位项目参与者发挥着重要的作用：一位是项目聘用的研究助理查姆博林恩，她带领在校的社会工作本科生和硕士生负责了整个项目的设计和实施，并且在之后的项目经验总结中她也参与其中；另一位是项目的个案管理者，后来成为美国印第安纳大学社会工作教授的派特·苏利文（Pat

Sullivan)，他负责社区资源获得的支持项目，设计并且训练项目的参与者学会挖掘和运用社区的资源。苏利文对社区资源的强调以及他的成功经验和方法，成为优势视角理论逻辑框架中不可缺少的部分（Rapp & Goscha，2006：xvii）。

20世纪80年代中期，莱普提出的个案管理服务模式受到人们的关注，成为精神障碍患者社区康复的重要方式，一些地方开始强力推行个案管理的服务系统。莱普的研究团队也因此受到邀请负责项目的咨询和训练工作。通过与项目参与人员的交流，直到这个时候，莱普发现，他们提出的以能力为核心的个案管理服务模式其实是一种全新的观察视角，不同于以往的围绕问题解决的传统服务模式的逻辑（Rapp & Goscha，2006：xvii）。而实际上，这种全新的观察视角挑战的是传统服务模式背后的实证主义逻辑，不再把服务对象的行为表现看作必然的"因果逻辑"。正是基于这样的思考，莱普提出了优势视角这个概念，目的是希望根本转变社会工作者观察和理解服务对象的视角，把服务对象放回到自己的日常生活场景中，以服务对象自身的能力和选择作为整个服务模式理论建构的核心（Weick et al.，1989）。莱普相信，只有这样，社会工作者才能找回社会工作自身独有的服务逻辑框架，与医学治疗模式区别开来，确立社会工作自身的伦理价值和专业位置（Sullivan & Rapp，1994：84）

为了与以往社会工作服务模式的传统逻辑区别开来，莱普对传统服务逻辑进行了细致的梳理，并且把它与优势视角做对比。莱普发现，以往的社会工作服务模式只关注服务对象的不足，并且相信只有像社会工作者这样的专业人士才是专家，能够帮助服务对象准确分析问题的症结所在，制订有效的专业服务计划。但是，这样做只会剥夺服务对象自身的观察逻辑，忽视服务对象在问题的困境中所做的各种努力和自身所拥有的能力，导致问题的个人化和污名化。莱普认为，说到底，这种传统的服务逻辑之所以能够盛行，是因为社会工作者坚信三个基本的理论假设：①问题就是服务对象能力不足的表现；②专业人士才有能力界定问题的本质；③服务就是修补问题的不足。这样的基本理论假设根本摧毁了服务对象对自己的信心，让服务对象放弃自己的思考和探索，学会依赖社会工作者这样的专业人士为自己的成长改变做出决定。为此，莱普提出了优势视角的三个基本理论假设：①服务对象是有能力的，知道什么适合他们；②服务对象有能力做他们认为合适的事情；③服务对象的经验和个性是在与环境相互影响过程中逐渐形成的。莱普强调，优势视角与传统服务逻辑之间的冲突不仅仅表现在理论假设的哲学层面，同时还表现在具体的服务操作方式上。对于优势视角来说，服务的关注焦点不是服务对象已经拥有的生活，或者服务对象存在的不足，而是服务对象想要的生活以及实现这种生活目标所需的资源。因此，帮助服务对象发现这些能力并且与服务对象一起寻找所需要的资源，就是社会工作者在服务过程中的核心任务所在，社会工作者所扮演的是一种协助者的角色，服务对象才是整个服务介入活动的主导者（Weick et al.，1989）。

到了80年代末，优势视角受到了社会工作者的普遍关注，不仅堪萨斯大学社会福利学院的很多教师和博士生参与了优势视角的讨论，而且优势视角的运用也从最初的精神障碍患者的社区康复扩展到酒精和药物成瘾患者的治疗以及老人的长期照顾和儿童的基本生活技能训练等不同方面（Sullivan，Wolk，& Hartmann，1992），甚至社会政策的分析和社区发展也开始引入优势视角。1993 年，美国社会工作教育委员会通过了一项认证，把优势视角作为社会工作专业课程学习的重要主题之一（Rapp & Goscha，2006：xviii）。

莱普在回顾社会工作的发展历史时发现，社会工作发端于 19 世纪后期的慈善服务，它假设服务对象因为存在道德的瑕疵，才产生服务的要求。虽然 20 世纪后，很少再有社会工作者把服务对象视为有道德瑕疵的人，但是在追求专业化的理念推动下，社会工作者接受了医学治疗的科学模式，把服务对象当作能力存在不足、有问题的人。这样，道德的不足就转变成理性的不足，问题的逻辑一直影响社会工作的基本服务框架，特别是 30 年代引入了精神分析学派作为社会工作的理论基础之后，社会工作的服务焦点就集中在了服务对象个人的不足上。在科学实证主义的指导下，社会工作也像其他学科一样，在对问题背后的原因做出诊断之前，需要收集与问题有关的所有资料，以保证问题诊断的科学性和之后服务介入的有效性。实际上，这种以问题为核心的服务逻辑框架早在 50 年代就开始受到人们的质疑，觉得未必能够真正带来服务对象的成长改变（Bartlett，1958b）；尤其到了 70 年代，不少社会工作者直接指出这种以问题为核心的服务逻辑框架忽视了服务对象所拥有的能力（Shulman，1979：9）。不过，虽然一些社会工作者意识到了这个问题，但并不代表就能够顺利找到新的更合理的服务逻辑框架，除了这种以问题为核心的服务逻辑框架有专业和科学作为支撑，深入现代生活的每一细节之外，以能力为核心的服务缺乏必要的操作框架和具体服务的指导也是重要的原因，使这种新的尝试很难获得实践的机会（Cowger，1992：142 - 143）。莱普认为，在这样的双重压力的夹击下，社会工作者通常又会不自觉地选择以往的以问题为核心的服务模式，不仅把服务对象与其他社会成员区别开来，视为有问题的人，而且采用问题类型的分析方法把服务对象诊断为存在某方面不足的帮助对象（Rapp & Goscha，2006：4 - 8）。

90 年代之后，莱普开始把关注的焦点从社区精神障碍患者的个案管理服务模式的探索转向一般社会工作服务逻辑框架的总结和提炼上，他把这种以能力为核心的优势视角概括为四个方面的特征。第一，肯定个人的问题解决能力和自我决定的能力。优势视角与以往社会工作服务模式不同，在评估了服务对象的能力之后，由服务对象自己决定整个服务的安排和进程，社会工作者只是作为协助者，帮助服务对象做出自己的决定，并且协助服务对象提升解决问题的能力。第二，肯定个人的独特性和个别化需要。优势视角不赞同以往社会工作服务模式所说的标准化和程序化的服务方式，认为社会工作者与服务对象的每一次交流都是在一定场景中发生的独特经历，需要社会工作者和服务对象在交流碰撞中不断地澄清、确认、再澄清、再确认，从中发掘服务对象的能力和资源，确定社会工作者的专业角色。第三，注重开拓和利用社会资源。优势视角把社会资源的开拓和利用作为专业服务的重要一环，特别是当服务对象有了明确的成长改变的目标时，学习如何开拓和利用社会资源就成为服务对象的首要任务。自然社会资源的运用不仅可以减少服务对象与周围环境的对立和割裂，而且能够帮助服务对象建立起必要的社会支持网络。第四，肯定个人的价值和尊严。通过关注个人的能力和资源，优势视角把服务对象的成长改变作为整个社会工作服务介入活动的中心。这样，无论是服务对象的改变动机的寻找，还是周围环境资源的发掘，都体现了对服务对象自身价值和尊严的肯定

（Sullivan & Rapp，1994：85 – 92）。

有意思的是，莱普还把优势视角与增能（empowerment）概念联系起来，认为优势视角的实施就是为服务对象创造一种增能的社会场景。这种场景具有八个方面的特征：①服务对象不再被视为"异类"；②服务对象拥有自己的同伴和社会支持网络；③服务对象不再被标签化；④赞赏个人的改变愿望和成长要求；⑤支持个人为长期目标所做的努力；⑥拥有友善的现实反馈；⑦为愿意改善的人提供学习机会和支持平台；⑧拥有必要的经济支持条件，个人的能力和良好品格能够得到肯定（Sullivan & Rapp，1994：99）。显然，在莱普的逻辑框架中，对环境资源所发挥作用的思考占据重要的位置，个人的成长改变除了需要拥有改变的愿望之外，还需要借助必要的社会资源。值得注意的是，莱普并没有采用自我心理学的思路把周围环境当作服务对象需要适应的生活场景或者作为服务对象实现目标的手段，而是运用了生态视角，把个人与环境视为是相互影响的，不仅个人通过运用环境资源实现个人的改变愿望，同时环境也在通过对个人的影响形塑个人的生活，两者是一种相互匹配、相互转化的关系（Sullivan & Rapp，1994：100）。这样，社会环境的改善也就自然成为优势视角不可缺少的一部分，或者说，社会环境的增能本身就构成优势视角必不可少的内涵。这也是优势视角有别于以往社会工作服务模式的一个重要方面，始终强调在社会工作的专业服务中秉持对个人福祉和社会公正的社会工作专业伦理价值的要求（Sullivan & Rapp，1994：101）。

到了 90 年代末，莱普开始逐步拓展自己的实务领域，把自己熟悉的精神障碍患者社区康复的个案管理服务模式运用到了药物成瘾的治疗（Siegal et al.，1997）和治疗后的犯罪预防中（Siegal，Li，& Rapp，2002）。此外，莱普还分别从服务对象（Burn & Rapp，2001）和专业人士（Marty，Rapp，& Carlson，2001）等不同的角度，深入探究这种以能力发掘为中心的个案管理服务模式的核心要素，发现目标的制定和专业合作关系的建立是成功改变的关键所在（Rapp，2007）。

（二）丹尼斯·塞勒贝

优势视角的总结和推广还与堪萨斯大学的另一位社会工作学者的努力分不开，他就是塞勒贝。尽管塞勒贝没有从一开始就加入以优势为核心的个案管理服务模式的探索，一直到了 90 年代初才运用优势视角讨论社区发展的理论逻辑，但是他对优势视角理论的提炼却受到社会工作者的普遍关注（Rapp & Goscha，2006：xviii）。塞勒贝认为，尽管优势视角产生于精神障碍患者的社区康复服务，然而它的影响却远远不止于此，是对当时流行的过分注重问题类型化分析的心理治疗的挑战，而这种挑战的核心就是转变人们看待个人、家庭和社区的观察视角，把服务对象的能力、才华、信仰价值和改变希望等不同方面的优势作为整个专业服务关注的焦点，注重发掘服务对象自己所知和所能做的，并且协助服务对象寻找自身所拥有的各种不同的资源，帮助服务对象找回自己的信心和价值，打破社会工作者长期以来所坚信的专业权威和专业术语（Saleebey，1996）。

为了明确优势视角的理论逻辑与问题类型化分析的差别，塞勒贝在 1996 年正式发表的一篇论文中把两者做了细致的对比，发现优势视角不仅仅是关注服务对象的能力和资源，把服务对象作为自己生活的专家，让服务对象主导整个服务过程，更为重要的是，转变专业服务架构的基本逻辑，从服务对象的立场出发，学会由内向外的思考方式，把改变的可能性作为整个服务逻辑考察的核心。这样，优势视角的专业服务就与服务对象的增能联系在一起，提升服务对象对生活的把控能力，包括提高服务对象自我决定的能力和应对问题的能力，它也与服务对象对抗逆境的能力密切相关，是服务对象在困境中学会应对生活挑战的过程；同时，优势视角还涉及服务对象成员身份（membership）的培养，消除或者减少社区中的排斥和隔阂，增加服务对象的社会融入。此外，塞勒贝还发现，作为承载个人生活意义的故事和叙述在成长改变中发挥着重要的作用，不仅服务对象需要借助故事和叙述才能组织起自己的生活经验，而且社会工作者也只有借助故事的叙述和再叙述才能帮助服务对象重构生活的经验，其中对生活的积极信念是服务对象保持成长改变动力的核心所在（Saleebey, 1996）。显然，在塞勒贝的逻辑框架中，优势不是存放在那里等待社会工作者和服务对象发现的客观事实，而是借助故事的叙述以及经验的重构不断创新和成长的过程。

为了帮助社会工作者找到服务对象的成长改变的动力，塞勒贝在吸收了精要治疗的服务经验基础上总结提炼了优势视角的一系列提问技巧，称这些服务技巧为优势发掘的技巧，主要包括：生存提问（survival questions）、例外提问（exception questions）、可能提问（possibility questions）和信心提问（esteem questions）等。生存提问是指通过提问服务对象在困境中的帮助者以及帮助的理由让服务对象看到周围他人对自己的改变希望；例外提问则是通过引导服务对象想象顺利场景中的所作所为激发服务对象的改变动力；可能提问是直接针对服务对象的改变愿望询问服务对象维持这种改变愿望的成功经验；信心提问则是通过寻找过往经验中令自己感觉满意的评价帮助服务对象巩固对自己的改变信心（Saleebey, 2001：89）。尽管从形式上看，优势发掘的技巧与精要治疗的服务技巧很相似，似乎都在寻找困境中的成功经验，但是仔细比较后就会发现，两者的服务逻辑是不同的，精要治疗关注的是服务对象在例外成功经验中所展现的达到改变目标的能力，而优势视角关注的是服务对象在困境中的改变愿望，即希望的激发和保持。

在塞勒贝看来，优势视角与以往其他社会工作服务模式的分界线就在于对待服务对象的观察视角上，是否把服务对象看作是有能力的（power in the people）（Saleebey, 2006b：1）。正是依据这样的观察视角，优势视角才把社会工作界定为在帮助服务对象实现目标和梦想的过程中，与服务对象一起寻找、探索和拓展自身的能力和环境的资源，并且协助服务对象在逆境中学习克服困难的过程（Saleebey, 2006b：1）。塞勒贝强调，虽然这样的服务逻辑看起来非常简单，似乎很容易做到，但是实际上，发掘和培养人的能力是一件很不简单的事情，不仅服务对象因为身陷困境中很难看到自己的能力，即使社会工作者也难幸免于问题类型化的思考逻辑，喜欢把服务对象看作能力存在不足、有问题的人，也习惯于运用那种"专家"式的批评语言，质疑服务对象的能力，更乐于与服务对象保持一种有距离的管理者和被管理者的专业服务关系，而且通常会不自觉地认为，有问题就必然有原因，找到了问题的原因也就找到了问题的解决方法，根本忽视了生活的复杂性和不确定性（Saleebey, 2006b：4－6）。塞勒贝认为，把服务对象视为有能力的，并不意味着不管服务对象的问题，而是从新的成长改变的视角理解问题，转变以往社会工作服务模式这种控制的服务方式（Saleebey，2006b：22）。

通过比较不同的服务模式，塞勒贝发现，在激发服务对象能力方面有一项重要的不可忽视的因素，就是服务对象拥有的希望。塞勒贝强调，只有借助希望这个因素，服务对象才能把自己的注意力投向未来，寻找可能改变的发展空间。此外，还有像他人对自己的期望（positive expectations）和自我安慰的方式（the placebo effect）等也是影响服务对象改变愿望的重要因素，因为这些因素对维持服务对象的改变愿望发挥着重要作用（Saleebey，2006c：80）。

值得注意的是，在塞勒贝的理论逻辑框架中，除了能力、希望等个人改变因素受到关注之外，他还非常强调环境的影响，认为社会工作长期以来对环境的关注不够，不是忽视环境的作用，就是弱化环境的影响，特别是与服务对象息息相关的日常生活环境，直接影响服务对象的行为表现。塞勒贝称这种影响是环境自身所拥有的力量（the power of place）（Saleebey，2004）。为了呈现环境对个人改变的影响，塞勒贝还对日常生活环境进行了深入探讨，他发现，社区在其中扮演非常重要的角色，不仅服务对象生活在社区，社区的任何变化都可能影响服务对象，而且只有依托社区，才能把个人、家庭和邻里联结起来，实现社会工作所强调的增能服务（Saleebey，2006a：242）。塞勒贝认为，社区也像个人一样拥有自己的能力（capacity），能够应对来自内部和外部的各种压力，因此，社会工作者首先需要运用的是社区自身拥有的能力和资源，将服务的关注焦点放在社区资源的挖掘，而不是社区的不足上。这样，社会工作者就能够通过社区资源的挖掘，带动个人或者家庭解决问题能力的提升，通过个人或者家庭解决问题能力的提升，又进一步深化社区资源的挖掘，形成良性的循环（Saleebey，2006a：245）。

显然，塞勒贝借助社区资源的概念把个人和家庭的能力与社区的能力联系在了一起，认为个人和家庭的能力与社区的能力是不能分割开的。不过，塞勒贝强调，社区能力有自己的逻辑，并不等同于社区个人或者家庭能力的总和，其中一部分改变会影响其他部分的改变，他们之间是一种动态的关系。因此，塞勒贝根据系统理论的逻辑假设，每个社区都拥有自己的能力和资源，并且了解自己到底需要什么，社区发展的策略蕴藏于社区的内部，而不是社区外部的支持。在塞勒贝看来，社区就像个人和家庭一样，拥有自我调整（self-righting）的能力，能够根据场景的挑战和机会及时改变自己的发展方向和策略。但是，无论怎样改变，社区发展的核心仍然是增强社区居民的归属感和参与度（Saleebey，2006a：247）。显然，塞勒贝所说的优势视角是在社区场景中的，不仅仅是个人能力和家庭能力的增强，同时还涉及场景的变化、社区能力的提升，他采纳了个人与环境相互影响的动态逻辑。就这一点而言，塞勒贝已经超越了人本主义的限制，弥补了对环境分析的不足，把个人和家庭的增能与场景的社区增能联系在了一起。更为重要的是，塞勒贝把社区增能看作是有自身发展的逻辑的，这意味着有一种不同于个人和家庭的增能方式，需要个人和家庭跳出自己的限制，从更高的并且能够把环境的影响容纳在一起的增能方式，这种增能方式与邻里的互助、社区的归属紧密联系在一起，是个人和家庭的社区责任和身份的塑造（Saleebey，2006a：258）。

因此，塞勒贝在总结优势视角时指出，优势视角既不是一种服务模式，也不是一种服务技术，而是观察日常生活的一种新视角，这种新视角要求社会工作者把关注的焦点从生活事实的寻找转向生活可改变空间的发掘，放弃对改变的怀疑，抱着开放的态度，倾听改变的希望，注重资源的挖掘，运用一种综合的服务策略，让成功多于失败、健康多于疾病、资源多于不足（Saleebey，2006d：xiii－xiv）。

21世纪之后，优势视角越来越被当作一种观察视角融入社会工作的其他服务方式中，如与家庭治疗的结合（Allison et al.，2003），提出家庭能力的概念（Sallee，Giardino，& Sanborn，2012）；与社区的结合，提倡以能力挖掘为核心的社区康复模式（Barry et al.，2003）；与增能模式的结合，反对性别歧视（Blackwell，Dziegielewski，& Jacinto，2006）。此外，还有学者从文化的角度探索优势视角的运用空间，提出文化能力（cultural strengths）的概念（Mo，2003）。

二　优势视角的理论框架

优势视角，说到底，希望挑战的是一种观察生活的视角，从一种抽象的类型化的问题分析转向以能力挖掘为核心的场景化的个别化理解，它的整个理论逻辑架构就是围绕这个目标展开的（Blundo，2006：27）。优势视角假设，这样的一种理论逻辑架构依据的是一种新的知识观，不是来自外部的客观观察，而是来自内部的主观理解，它的核心是体验和发掘人们的成长改变动力所在，即人们成长改变的可能空间（possibility），关注人们目前生活状况（being）与未来生活状况（becoming）之间的动态关联和相互转换的方式（Weick et al.，1989）。可以说，优势视角就是这样一种有关人们如何依据目前的生活状况转换成长改变可能空间的服务逻辑和策略（Saleebey，1996）。

（一）优势视角

优势视角的提出与问题视角的理解是分不开的，正是因为服务对象面临的困扰不仅与他们在日常生活中遭遇的问题有关，而且与社会工作者所采取的服务方式有联系。如果社会工作者在服务过程中只是关注服务对象的问题，就自然促使服务对象寻找自己生活中的不足，相信只有依赖"专家"才能修补自己的不足，而且认为只有对问题做了彻底、深入的分析之后，才能找到有效的解决方法。实际上，生活的复杂性远远超出这种单向的因果逻辑的思维方式，这种彻底、深入的分析并不代表就能找到服务对象成长改变的线索，而且常常增添因服务过程固定化而带来的新的问题（Rapp & Goscha，2006：8－9）。因此，在优势视角看来，社会工作者首先需要改变的是对自己习以为常的问题视角的认识。

优势视角发现，问题视角的运用至少会给服务对象带来三个方面的困惑：①无法提供如何解决问题的成功有效的经验，特别是对于长期深陷困境的服务对象来说，这方面的困惑表现得尤为突出；②强化了服务对象的挫败感，让服务对象感受到，不仅过去遭受了挫败的打击，而且即使在现在，也因为社会工作者不断提问问题和不足，这样的挫败感受不但没有减轻，反而在加强，一直延续；③相信问题隔代"遗传"，只要自己没有把问题解决掉，就会影响下一代，同样，自己的问题也受到父母的影响，因为父母面临同样或者类似的困难（Rapp & Goscha，2006：9）。因此，优势视角认为，运用问题视角帮助服务对象，从形式上看，确实给予了服务对象各种必要的指导和训练，但是就服务对象自身的能力角度而言，这样的服务逻辑只能让服务对象更不相信自己，也没有机会让服务对象运用自身的能力和提升自己决定的能力，最终导致的结果不是增能，而是失能（Saleebey，2006a：280）。

在优势视角看来，问题视角的逻辑不仅表现在怎样看待服务对象上，还表现在怎样理解周围环境资源上。问题视角看到的都是环境资源的不足，或者环境的需要，它是服务对象实现理想目标的障碍和限制，而不是帮助服务对象达到理想目标所拥有的条件和支持，甚至还常常可能出现污名化的认识，把服务对象看作是先天条件不足的。这样，环境改善的介入策略也就具有了污名化的特点，不是关注服务对象在某种环境中的资源，而是强调某种环境存在的不足（Rapp & Goscha，2006：10-11）。

在实际生活中，关注服务对象的问题和关注环境资源的不足这两个方面是相互影响的，看到了服务对象的问题，也就自然会寻找导致问题的原因，确定环境资源存在的不足；同样，环境资源存在的不足，也会引导人们寻找服务对象面临的困难，明确服务对象的问题。优势视角认为，问题视角的逻辑恰恰表现在两者的相互影响上，正是这样的相互影响才使服务对象看不到改变的希望，一味地抱怨和指责，形成一种负向的压迫机制（oppression），妨碍个人能力的增强（Rapp & Goscha，2006：12）。

依据这样的观察和思考，优势视角提出了另一种服务的逻辑，这种逻辑要求社会工作者根本转变观察生活的视角，不是以问题，而是以能力为核心确定服务的基本框架，包括如何看待服务对象和周围环境、如何理解社会工作者的角色以及如何安排社会工作的整个服务过程等，这是一种根本服务逻辑的转变（Blundo，2006：27）。在这种以能力为核心的优势视角下，注重的是多元生活的价值观，不仅尊重个人的价值和尊严，肯定个人的能力和个别化的要求，最大限度地发挥自己的能力，而且关注周围环境的资源，注重周围环境的支持，倡导一种关怀、包容的社区环境。显然，正像优势视角所强调的那样，优势视角的服务逻辑绝不是问题视角的反面，而是一种超越了问题视角单向因果分析的新的服务逻辑，这种逻辑以多元生活作为基本的价值原则（Saleebey，2006a：279）。

优势视角在梳理自己的理论逻辑基础时指出，它所依据的不是一种因果的实证逻辑，而是人本和存在主义对人的理论假设，相信人的生活是有自由的，通过选择、承诺和行动等方式把生活中的可能性转变成现实。在优势视角看来，不是因果关系的事实带来人的改变，而是现实生活中的可能改变空间才是实现改变的关键，包括个人的改变动机、希望、批判性思维和相关的经验等，其中希望最为重要，它直接与个人的改变自由联系在一起，表明个人相信目前的生活是可以改变的（Saleebey，2006b：7）。因此，优势视角把社会工作看作探索、挖掘和培养服务对象的生活希望的过程，甚至认为社会工作需要一种生活的"英雄主义"，在生活的困境中保持积极乐观的态度和生活的希望（Saleebey，2006b：8）。

优势视角的另一个重要的核心概念就是增能（empowerment）。优势视角认为，既然社会工作的核心目的是培养服务对象的希望，社会工作者就需要协助服务对象发掘自身的能力，包括注意倾听服务对象自己的要求、关注服务对象的观察视角、相信服务对象的判断能力以及给服务对象选择的机会等，同时还需要与周围环境的资源链接起来，帮助服务对象实现自己的希望。优势视角强调，增能实践的背后其实是对民主社会的向往，不是以"专家"的身份告知服务对象应该做什么和怎么做，而是给服务对象自我选择的机会，让服务对象自己决定应该做什么和怎么做，并且通过周围环境资源的寻找，帮助服务对象找到摆脱环境限制的应对方式，加强周围环境中的社会支持（Saleebey，2006b：12）。

有意思的是，优势视角把周围环境资源的寻找放在了社区，并且把社区看作实现服务对象增能的重要场所，因为在优势视角看来，服务对象生活在社区，他所面对的环境资源的不足除了表现为物质条件的匮乏之外，同时还表现为不同种族、文化以及其他社会因素之间的冲突，使服务对象的生活边缘化，不仅没有成长改变的空间，通常也没有社区的归属感。针对服务对象这样的生活状况，优势视角提出了另一个让服务对象能够摆脱环境负向影响的重要概念——成员身份（membership），即服务对象把自己看作社区的一分子，并且为此感到自豪。显然，优势视角所说的增能是在社区场景中的，它是服务对象的社区成员身份的再塑造的过程（Saleebey，2006b：12）。这样，优势视角就把社会工作的增能概念与成员身份概念紧密联系在了一起，不仅丰富了增能概念的内涵，而且使增能概念有了具体的社会实践的场景。

值得注意的是，优势视角还把抗逆力的概念也引入个人能力和资源的挖掘中，认为个人在日常生活中遭遇的困难，对于服务对象来说，就是逆境，而帮助服务对象寻找自身能力和周围环境资源的过程，就是培养服务对象的抗逆力战胜逆境的过程。这样，服务对象的能力挖掘和资源寻找总是需要面对外部环境的挑战，是逐步调整、逐步改善的过程，包括服务对象对自身能力的认识和对周围环境资源的运用以及学会把握两者平衡发展，绝不是"一步到位"的问题消除过程（Saleebey，2006b：13）。依据这样的抗逆力的理论逻辑，优势视角假设，每位服务对象都具有自我愈合（healing）的能力，一旦在日常生活中遇到困难，就能够调动自身的能力对抗各种困扰，以维持个人与环境之间的平衡，达到个人与环境的整合（wholeness）。因此，优势视角坚决反对把服务对象作为被动的指导对象这样的问题视角的观点，相信只有服务对象了解自己到底需要什么（Saleebey，2006b：14）。当然，这样的判断是就个人成长改变的基本定位来说的，并不意味着，服务对象遇到困难时不需要社会工作者的帮助，而是强调在服务过程中服务对象才是自己生活的主导者，周围他人，包括社会工作者，只是协助服务对象发觉自己的能力和资源，扮演促进服务对象成长改变的协助者的角色。

在将个人的经验与周围他人的经验联结和转化过程中，优势视角提出了另一个重要概念，就是对话（dialogue）。优势视角认为，通过对话至少可以给服务对象带来三个方面的积极影响：①与周围他人建立一种开放的信任关系，并且通过肯定周围他人的重要性重新审视自己，调整自己的内心状况；②同理周围他人，理解周围他人的要求和想法，逐渐接纳周围他人；③发现自己与周围他人的不同生活位置，建立一种有利于自我愈合的增能的关系（Saleebey，2006b：14）。在优势视角看来，要实现服务对象与周围他人对话，就需要社会工作者与服务对象建立一种合作（collaboration）的服务关系，让社会工作者成为服务对象成长改变过程中的使能者和咨询者，使服务对象的声音能够得到关注和肯定。这样，服务对象才能把服务合作关系中的对话经验运用到自己的日常生活中，逐渐学会如何联结和转化自己的生活经验（Saleebey，2006b：14－15）。不过，对于社会工作者来说，与服务对象建立这种对话式的合作关系并不是轻易能够做到的，首先需要社会工作者学会放弃对服务对象成长改变能力的怀疑，包括避免把自己的想法强加给服务对象，或者使用诊断的方式强调自己的专家地位，或者为了保护自己的专业尊严有意忽视服务对象的要求。优势视角强调，只有社会工作者放弃对专家身份的迷恋，专注于服务对象自身拥有的能力和资源，才能真正对服务对象保持开放的态度，与服务对象进行真诚的对话，建立一种相互信任的合作关系（Saleebey，2006b：15－16）。

从服务的目标来说，优势视角认为，以往的问题视角关注的只是把问题的症状拿掉，而优势视角则不局限于此，它的服务目标是协助服务对象成为更有社会责任感的人，过一种更有意义而且更有成就感的生活（Glicken，2004：206）。

（二）优势（strengths）

对于社会工作者而言，如何界定优势的内涵也就意味着如何理解优势视角，优势几乎成为优势视角理论逻辑框架中最重要也是最基础的概念。尽管不同的学者对于优势有不同的看法，有的甚至差别不小，还无法形成共识，但是通常把优势作为服务对象在特定场景下应对困难过程中形成的各种能力。这种能力既可能来自服务对象成功的应对经验，也可能来自服务对象不愉快甚至失败的生活体验，包括个人的特质、兴趣爱好、品格、幽默感、创造力和独立意识等。其中，经常受到社会工作者特别关注的是能力（capacities）和资源（resources）（Saleebey，2006c：82）。能力是就服务对象自身拥有的优势而言的，它存在于服务对象的身上；而资源则是针对服务对象的周围环境的优势来说的，它存在于服务对象的外部。显然，优势视角把优势分为能力和资源，是希望社会工作者能够同时关注服务对象个人内部的心理和外部的社会环境，而不仅仅把关注的焦点锁定在服务对象个人身上。

在优势视角看来，尽管服务对象的优势有很多，但可以把它们简要概括为八个方面：①服务对象在面对困境时形成的优势，包括服务对象的想法、能力、特质和动机等，这些方面的优势能够帮助服务对象在困境中找到有效的应对方法；②服务对象在困境中所能运用的资源，包括家庭、朋友、邻里、社区以及那些看起来平常但对服务对象成长改变来说非常重要的环境条件；③服务对象知道什么才是适合自己的，即使在长期的困境中，服务对象在某些方面仍然知道自己到底需要什么；④服务对象拥有自我调整和自我改善的能力，这种能力是人作为有机体天生拥有的；⑤服务对象拥有自我愈合和转换能力，只要社会工作者在服务过程中与服务对象保持一种开放的、对话式的合作关系，服务对象就能够把社会工作者的关怀转化为日常生活中的关怀；⑥服务对象拥有自己的知识、兴趣爱好和技能等，这是每个人都有的，它们能够帮助服务对象实现自己的希望和梦想；⑦服务对象能够树立希望，只要有了朝向未来的发展目标，服务对象就能够逐渐从过去失败、沮丧和压抑的经验中摆脱出来；⑧服务对象像其他人一样也拥有受人尊重、得到他人关爱并且能够管理好自己生活的愿望，即使在做一些伤害自己或者他人的事情，也是因为这些愿望无法得到满足（Saleebey，2006c：77-78）。很显然，在优势视角的逻辑框架中，服务对象的优势并不是与问题的解决直接对应的，除了包括在应对困境时所运用的问题解决能力、自我愈合和自我调整能力以及资源等因素之外，还包括与问题解决不直接相关但有利于希望和梦想实现的兴趣爱好、知识、技能等因素，是个人实现成长改变的能力。

值得注意的是，在众多的优势因素中，优势视角特别强调灵性（spirituality）的重要性，认为这一因素不仅与人的意义价值相关联，表明人的成长改变不是一种客观事实，而是生活意义的调整，需要服务对象超越原有生活经验的困境，找到能够包容生活中不同经验的新的组合方式，而且与人的观察视角相联系，能够超越困境中二元对立的思维逻辑，将生活中的不同方面整合起来，超越理性自我的限制。对于优势视角而言，灵性是个人寻找未来发展空间的重要方式，正是借助灵性超越目前生活状况的要求，与未来建立一种积极的关联，对未来的成长改变保持一种开放的态度（Saleebey，2006c：84）。不过，优势视角觉得，发掘个人的成长改变空间不是一件轻而易举的事情，意味着社会工作者除了始终把自己的关注焦点放在服务对象的能力和资源方面之外，更为重要的是，随时都需要与生活中的不同系统进行沟通协商，包括服务对象、服务对象的周围他人以及自己的工作单位等，甚至需要随时警觉语言和文化的影响，因为人们太习惯于发现问题，喜欢问题的思维方式（Saleebey，2006c：79）。

除了能力之外，优势内涵的另一重要部分的内容，就是资源。优势视角认为，正像人们习惯于看到人的不足一样，人们也经常寻找环境的不足，用一种问题的视角理解环境的状况，从而找到无能为力的理由。这样，就会形成恶性循环，环境的不足导致能力的不足，能力的不足又导致环境的排斥，生活不断边缘化（Sullivan & Rapp，2006：263）。因此，优势视角强调，发掘环境中的资源并且了解环境资源的获得方式是人们的一项重要优势。这样的优势不仅能够帮助人们拓展观察环境的视野，不再把自己的关注焦点局限于环境的不足上，而且能够帮助人们看到自己所拥有的能力，激发人们的改变潜力。优势视角发现，一旦让服务对象看到环境的资源和自己的能力，而且能够把两者联结在一起，他们就不再是社会的"负担"，而是社会的"资产"，社会的改变也才能由此发生（Sullivan & Rapp，2006：264）。

为此，优势视角提出了社区资产的概念，认为社区评估不是评估社区资源的不足，也不是调查社区的需求，而是评估社区的资产，即社区所拥有的能够带动社区居民改变的机会和资源。优势视角强调，社区资产关注的是社区当下所拥有的资源，就像个人所拥有的能力一样，是成长改变的基础和条件，所不同的是，社区拥有不同的人群，每个人群的能力也不尽相同。因此，优势视角坚持认为，社区资产具有三个方面的特征：①它是社区发展的起点，社区的任何改变总是从社区现在所拥有的资源开始，而不是社区的问题和不足；②它是社区寻找解决问题方法的主要依据，只有通过社区居民的参与和解决问题能力的提升，才能保证社区的资产；③它是关系导向的，只有通过社区居民互助关系的改善，才能达到资产增值的目标，而不仅仅是社区物质生活条件的改善（Sulli-van & Rapp，2006：273 - 274）。显然，优势视角采用了生态的逻辑，它所说的优势既包括能力，也包括资源，是能力和资源的结合，不能拆分开来，两者相互影响、相互转化，其中任何一方的存在都依赖另一方，任何一方的变化也会影响另一方，相互之间是紧密联系在一起的（Taylor，1997：217）。

正是依据这种相互影响、相互转化的生态逻辑，优势视角假设，社会工作者不仅负有协助个人改变的责任，也承担着促进环境改善的责任，同时两者又是相互影响、联系在一起的。因此，社会工作者不能只关注个人的改变，把环境的改善仅仅作为个人改变的支持；或者只注重环境的改善，把个人的改变作为实现环境改善的条件。这样，如何理解个人能力和环境资源的关系，就成为把握优势视角的关键，通常涉及社会工作者、服务对象以及社区三者之间的相互关系（Sullivan & Rapp，2006：274 - 276）。

为了具体说明个人能力与环境资源之间的关系，优势视角把个人的优势简化为三个基本的元素，即 C、P、R。C 代表个人面对困难时所拥有的应对能力，主要包括问题解决的能力（competence）、学习能力（capacities）和信心（courage）；P 代表个人对未来改变的把握能力，主要包括改变承诺（promise）、改变可能性（possibility）和积极的改变期望（positive expectation）；R 则代表个人面对困境时所拥有的成长改变的资源，主要包括逆境抗争的资源（resilience）、生存资源（reserves）和改变资源（resources）。优势视角强调，这三个基本元素之间是相互影响的，它们一起构成相互影响的三角关系，其中任何一个元素的改变，都会影响另外两个元素的变化（Saleebey，2006b：10）。需要注意的是，这种三角关系的分析框架意味着，优势视角已经不同于以往社会工作所采用的因果关系的分析逻辑或者系统视角的循环逻辑，它把人看作有选择意向和能力的人，对自己的未来改变拥有某种把握能力，而这种能力又受到自身的应对能力和应对资源的影响，扎根于日常的生活场景中。正是因为如此，优势视角还常常把文化也作为优势考察的一个重要方面，认为人的优势受到文化的影响，表现为某种文化的逻辑（Glicken，2004：21）。

在优势概念的讨论中，无法回避的另一个重要概念就是问题。尽管优势视角竭力想说明两者的区别和联系，以便准确界定优势概念的内涵，但是两者的关系并不像看上去的那么简单。优势视角常常受到的一项质疑就是，面临困境时它是否只关注人的能力这样的一种虚夸的积极思维。优势视角认为，这种把优势和问题对立起来的看法是根本错误的，也不是优势视角所要提倡的优势逻辑，之所以引入优势的概念，并不是为了用优势的概念替代问题的概念，而是改变看待问题的视角，寻找一种更为平衡也更为有效的服务介入方式。在这种介入方式下，尽管服务对象仍然需要面对生活的困境，但是他知道如何采取有效的措施应对日常生活中的逆境（Saleebey，2006a：284 - 285）。优势视角强调，每个人都有成长改变的要求，即使深陷困境中的服务对象也是如此，问题并不是生活的全部，人的生活远远超过问题。虽然问题确确实实在生活中产生了重要影响，但是它只是提醒人们，生活中的某些方面需要改变；否则，生活就可能面临更大的困难和威胁（Weick & Chamberlain，1997：45）。因此，与否认能力一样，否认问题也是不可取的（Saleebey，2006a：286）。

优势视角认为，这种有效、平衡的服务介入方式其实是要求社会工作者把问题放在它应有的位置上，既不夸大，也不轻视。为此，优势视角提出了三条最基本的服务策略。第一，场景化，即把问题放在具体的生活场景中来考察。只有把问题与服务对象具体的日常生活场景联系起来，分析服务对象在什么时候、做什么事情的过程中遇到了问题，这时候的问题才不再是脱离具体生活场景的抽象问题。第二，简单化，即用简单明了的方式描述问题。在优势视角看来，问题只有用服务对象能够明白的语言描述出来的时候，才能够被服务对象接受，成为服务对象提升自身能力、摆脱生活困境的学习机会。第三，正向化，即关注问题如何改变。优势视角强调，过多地关注问题原因的分析，只会让服务对象看到自己的不足和困难，忽视曾经尝试过程中的成功经验和现在所拥有的改变机会（Weick & Chamberlain，1997：46-47）。显然，在优势视角逻辑框架中，所谓的问题并不是日常生活中真正存在什么问题，而是如何面对问题，它是人们看待问题的视角，表明人们是否能够运用问题提供的改变机会超越目前问题的现实，实现自己的梦想和目标（Weick & Chamberlain，1997：47）。

与优势概念经常放在一起讨论的还有另一个重要概念，就是抗逆力。两者很相似，都强调服务对象所拥有的能力和资源，都假设服务对象是自己生活的专家，了解自己到底需要什么，而且有能力实现自己的目标；两者都相信，社会工作者不是指导服务对象做什么，而是协助服务对象发掘在问题和痛苦包裹下的改变的能力和资源（Cowger，Anderson，& Snively，2006：98）。不过，两者对环境的看法却存在明显的差别，就个人的抗逆力而言，可以把环境分为有利于个人抗逆力的保护性因素（protective factors）和妨碍个人抗逆力的危险性因素（risk factors）。优势视角认为，这样架构个人抗逆力的逻辑意味着，把个人抗逆力视为环境影响的结果。优势视角不赞同这样的观点，它突出个人的能力，相信只要环境条件允许，服务对象就有能力实现自己的目标。显然，优势视角倡导的是另一种逻辑，把个人的选择作为整个理论的核心（Cowger，Anderson，& Snively，2006：99）。与此相关联，抗逆力在考察环境对个人的影响时，只关注那种对个人产生直接影响的微观的生活环境，它是从个人角度解释因环境条件缺失而导致的问题以及具体的解决方法。正是因为如此，抗逆力又被优势视角称为从形式上看是优势取向而实质却是问题视角的一个概念（Cowger，Anderson，& Snively，2006：98）。优势就不同了，不仅与个人的微观生活环境相关联，而且与社会的中观或者宏观环境有联系，特别是社区这样的生活环境，最能体现服务对象在社会环境中的弱势和环境资源分配中的不平等。为了说明这一特点对个人的影响，优势的理解中还涉及对社会歧视（oppression）的考察，了解个人在社区或者其他社会环境中所需要面对的挑战。显然，优势概念中环境资源的发掘和运用就包含了社会歧视的消除和社会增能的要求（Cowger，Anderson，& Snively，2006：101）。

在对抗问题的服务逻辑中，与优势视角同时代发展而且对优势视角产生重要影响的是精要治疗模式。精要治疗模式是围绕问题的解决来建构自己的逻辑的，它也关注服务对象的优势，也注重从服务对象能做的入手，认为过多地谈论服务对象的问题和过去是毫无意义的，并不能帮助服务对象找到改变目前生活状况的有效方法。因此，在实际的社会工作服务中，优势视角的优势与精要治疗模式的问题解决这两个概念经常被放在一起使用（Weick，Kreider，& Chamberlain，2006：117）。尽管两者都强调把服务对象当下所在的作为服务的起点，把服务的关注焦点投向服务对象所要的，在问题之外寻找成长改变的路径和方法，关注服务对象日常生活中可以改变的空间，并且设法扩展这样的改变空间，而不是像以往服务模式那样只在问题之内探寻解决的方法，但是两者在实现改变的方式上有着不同的理解。优势关注的是服务对象目标的制定和实施，并由此明确服务对象所拥有的能力和资源，通过目标的实现提升服务对象的能力；问题解决就不同了，它关注的是服务对象解决方法的寻找，通过一系列有技巧的提问帮助服务对象摆脱困境的束缚，找到新的更有效的应对问题的方法。因此，优势视角经常借用精要治疗的提问技巧帮助服务对象找到自身拥有的能力和资源（Weick，Kreider，& Chamberlain，2006：123-124）。就专业合作关系而言，无论优势概念还是问题解决概念，都倡导一种以服务对象成长改变为本的合作式的服务关系。从形式上看，一个注重服务对象的优势，一个侧重服务对象的解决能力，两者都关注问题之外的能力部分，实际上，两者都希望借助这种理解方式的转变调整社会工作者与服务对象的合作关系，不再以社会工作者为中心设计、安排服务的整个流程，而是由服务对象主导服务的进程。这样，社会工作者就成为服务对象实现成长改变的协助者。不过，需要注意的是，优势视角在界定社会工作者的专业服务位置时是有自己独特的理解的，它要求社会工作者除了像精要治疗模式一样协助服务对象加强与周围他人的支持关系之外，还把个人的自然支持网络与大型的社会支持网络的联结也作为服务对象优势中的重要内容，由此实现社会改变的目标，突出社会工作者临床辅导之外的其他社会角色（Weick，Kreider，& Chamberlain，2006：125）。从这一点来看，优势视角认为，用优势的概念理解服务对象更能够体现社会工作同时关注个人和社会福祉的专业价值关怀（Saleebey，2006a：299）。

此外，在优势概念的讨论中，还会涉及积极心理学的一些观点，因为二战之后兴起的积极心理学也发现了问题视角的不足，提倡关注人的能力、特长以及兴趣爱好等优势方面，建立一种以希望和乐观（hope and optimism）为核心的积极心理学（Seligman & Csikszentmihalyi，2000）。显然，这样的理论逻辑与优势视角是一致的，它也成为优势视角的理论来源之一。

（三）优势评估

优势视角实施过程中不可忽视的一个重要环节就是优势评估，即在服务开始之前对服务对象所拥有的优势进行考察。优势视角认为，尽管优势视角受到越来越多的社会工作者的欢迎，特别是针对社会弱势和社会歧视方面开展服务时，优势视角已经成为常用的一种理论模式，但是就评估这一环节而言，优势视角一直缺乏比较广泛认可的指导标准，使优势视角在实际使用时常常遇到困难（Cowger，1998）。究其原因，在界定服务对象的优势时，社会工作者不仅需要明确什么是服务对象的优势，找到服务对象的能力和资源所在，而这方面的探索已经远远超出了问题的界定范围，更为重要的是，优势的界定还常常涉及服务合作关系的调整，意味着社会工作者还需要把服务合作的主导权交给服务对象，从服务对象的角度理解他自己的生活安排和过往的生活经验，包括理解问题的方式等（Cowger & Snively，2002：106）。因此，优势视角强调，优势评估其实是一种包含了权力关系分析和调整的评估过程，涉及服务对象能力的提升和社会公平的改善（Cowger，Anderson，& Snively，2006：95）。

这样，在优势视角的理论逻辑框架中，针对服务对象进行优势评估就是带动服务对象个人增能的过程，它不仅仅是一个资料的收集和分析过程，更是社会工作者与服务对象一起重新命名问题，并协助服务对象找到自己能力所在的过程，包括在评估中给服务对象自我决定的机会，由服务对象确定服务的方向和目标，让服务对象学习从新的视角理解周围环境的要求，并且选择更有效的行为应对方式等（Cowger，Anderson，& Snively，2006：95 - 96）。不过，优势视角认为，尽管从字面上看，个人增能是个人能力的提升，但实际上个人的增能是需要借助与周围他人的互动，是在与周围他人的交往中学会挖掘和运用周围环境资源的过程。因此，个人的增能也就意味着社会的增能，通过社会增能，个人也就获得了进一步增能的社会环境（Cowger，Anderson，& Snively，2006：96）。显然，通过个人能力和环境资源的联结，优势视角也为个人增能和社会增能的联结和转换找到了逻辑基础，避免陷入以往社会工作服务模式把两者割裂开来的二元对立的看法。

正是基于这样的逻辑思考，优势视角把个人增能和社会增能看作同一个过程的两个方面，特别是在服务开始的评估阶段，这一特点表现得尤为突出。例如，社会工作者是否能够与服务对象分享评估中的资料和想法、是否能够与服务对象保持平等的合作关系等，就成为服务对象能否实现增能的关键。优势视角认为，借助社会工作者与服务对象这种分享、互惠和平等的对话和交流，服务对象就能够做出更多、更合理的自我选择和决定，应对自己生活中的困难；同时，也更能够与周围他人建立一种合作的信任关系，增进社会的公平和正义。因此，优势视角把优势评估过程视为增能的过程，其核心就是帮助服务对象发掘自身的能力和资源，并且协助服务对象找到更有效的运用自身能力和资源的方式（Cowger，Anderson，& Snively，2006：97 - 98）。

为了呈现优势评估的增能过程，优势视角引入了社会建构的逻辑，强调评估是一个社会建构的过程，涉及社会工作者与服务对象对问题以及生活现实的重新理解和界定，而不是对问题的分析和诊断，找到问题背后的真实原因（Cowger，Anderson，& Snively，2006：103）。优势视角还对自己的评估服务的实践经验进行了总结，提出具体的十项原则。第一，收集故事材料，即在评估过程中尽可能给服务对象提供机会，让服务对象用自己的语言表达自己的想法、观点和经验，以便呈现服务对象自己的观察视角和价值原则。即使在评估的记录中，社会工作者也需要尽可能运用服务对象自己的词来命名和描述遭遇的问题和解决方式的寻找过程。第二，相信故事描述，即在评估过程中对服务对象的故事描述采取好奇、信任的态度，相信服务对象才是最了解自己的，尊重服务对象对自己生活经验赋予的意义，让服务对象感受到社会工作者对他的信任和信心。第三，尊重自我决定，即鼓励服务对象在评估过程中根据自己的生活经验做出自己的判断和选择，并由此学习管理自己生活的有效方法，提高对生活的掌控感。优势视角提醒社会工作者，一旦社会工作者怀疑服务对象的能力，并且替代服务对象做出决定，服务对象就会依赖社会工作者，根本无法实现增能的服务目标。第四，关注故事内涵，即通过分析和理解服务对象的故事，包括故事描述的内容和方式，了解服务对象生活经验的组织方式，如服务对象看待生活的方式、赋予生活的意义以及相关的感受和情绪表达等，都是优势评估中的重要内容。优势视角相信，生活事实就在故事描述中，不是在故事描述之外的客观世界里。第五，发现改变要求，即通过询问服务对象希望改变什么和希望得到什么样的帮助，了解服务对象的改变要求。优势视角认为，改变要求（want）和需要（need）不同，与服务对象的生活改变目标直接相关联，影响服务对象的改变动机。第六，侧重优势寻找，即在评估过程中注重服务对象优势的挖掘、梳理和提炼。优势视角假设，即使在问题的困境中，服务对象也同样拥有改变的优势，除了服务对象内部的能力，如人际沟通的技能、情绪管理的能力、改变的动机和思维推理的能力等，还包括服务对象外部的资源，如家人和朋友的支持、社区的资源和机构的服务等。另一个常常被社会工作者忽视的方面是服务对象内部能力和外部资源转换过程中的权力分析，特别是其中的歧视现象，通过分析和挑战这些歧视现象，服务对象的能力和资源就能形成良性的循环，这样，优势也就具有了动态的特点。第七，注重独特经验，即在评估过程中专注于服务对象独特经验的寻找和总结。优势视角强调，在服务中既没有相同的服务对象，也没有相同的生活场景，更没有相同的生活经历，通过服务对象优势的挖掘，帮助服务对象找到自己独特的观察视角和独特的生活经验组织方式，让服务对象扎根于自己的日常生活中。第八，达成评估共识，即通过与服务对象一起评估并且以服务对象的改变要求和理解为核心组织评估工作，让服务对象充分认可评估的成果。优势视角发现，仅仅让服务对象参与评估过程是不够的，因为这样做仍旧无法呈现服务对象自己的改变要求和改变方式，只有让服务对象拥有充分的机会表达自己的想法和要求，成为评估工作的中心，才能保证服务对象真正认可评估工作，把评估视为自身成长改变的一部分。第九，避免求全责备，即在评估中尽可能减少使用责备的语气和词语与服务对象沟通，把关注的焦点放在如何帮助服务对象改变上。如果一味地责备服务对象或者周围他人，只会使服务对象更加缺乏改变的动力和信心，或者有意推卸改变的责任，因为责备并不能够告诉服务对象如何改变。第十，避免标签作用，即在评估工作中尽可能减少使用带有标签性质的描述，特别是可能带来污名效应的词语，让服务对象看到自己的改变能力和改变资源。优势视角强调，评估工作的目的不是给服务对象归类，为服务对象找到一种标准的类型描述，而是协助服务对象寻找成长改变的路径和方法（Cowger，Anderson，& Snively，2006：103 - 105）。

　　仔细分析这十项评估原则就会发现，与以往社会工作服务模式相比，优势视角的评估有两个显著特点：第一，它是从服务对象的描述开始的，把服务对象的故事作为整个评估工作的起点，了解服务对象有什么改变的要求以及是如何理解自己的生活现实的；第二，它关注服务对象的优势，把服务对象的改变能力和改变资源的发掘作为整个评估工作的重点，包括发现改变要求、注重独特经验、避免求全责备和标签作用等，都希望在评估中让服务对象看到自己的改变目标和改变潜力，把精力投放在未来可改变的事情上（Cowger, Anderson, & Snively, 2006：106）。

值得注意的是，优势视角在优势评估中也是关注问题的，只不过不是标签化的问题，而是服务对象遭遇的问题场景。围绕服务对象所描述的问题场景，优势视角要求社会工作者帮助服务对象探寻改变的愿望和改变的优势，包括询问服务对象希望改变什么、改变后的生活是怎样的、在问题场景中谁给予了帮助、怎样帮助的以及希望给予遇到类似困难的他人什么样的建议等（Cowger, Anderson, & Snively, 2006：107–108）。优势视角强调，在评估服务对象的优势时社会工作者需要采取两个维度的评估框架：一个是个人与环境（他人）的维度；另一个是优势与问题的维度。这两个维度缺一不可，否则，就会把优势曲解为问题的反面，忽视优势中个人能力与环境资源之间的动态关联。只有借助这两个维度，才能弥补以往问题评估逻辑框架的不足，找到服务对象的成长改变的空间（Cowger, Anderson, & Snively, 2006：108）。

就具体的评估内容而言，优势视角将优势评估概括为五个方面：认知、情绪、动机、应对行为和人际关系（Cowger, Anderson, & Snively, 2006：109）。显然，在评估中优势视角把个人的能力评估放在人际关系中，通过个人的应对行为将个人内部的能力与外部的人际支持联结起来。这样，个人的人际关系就不仅仅是有多少支持者，同时还包括个人的人际交往能力和社会责任的承担状况，表明个人所具有的获得社会支持的能力（Cowger, Anderson, & Snively, 2006：112）。特别是个人挑战社会歧视的能力，这是个人获得社会支持的重要方面（Cowger, 1994）。有意思的是，优势视角把社会歧视视为阻碍个人成长改变的困境所在，它直接限制了服务对象个人能力的发挥，是导致服务对象出现问题的重要因素之一。因此，在优势视角看来，了解问题其实是了解社会歧视产生的机制，它是发掘服务对象优势不可缺少的环节（Cowger, Anderson, & Snively, 2006：113）。

（四）优势介入策略

优势视角的介入策略与以往社会工作服务模式不同，尽管它追求场景化和个性化的服务，反对任何以社会工作者的专业为标准而制定的规范化和程序化的服务方式，但是它仍旧认同服务是有阶段性的，不同的阶段服务对象面对不同的任务，社会工作者的服务策略也因此有所不同。为了考察具体的服务策略，优势视角根据服务任务的要求把社会工作服务分为抗争、激发、保持、行动和正常化五个基本阶段（Saleebey, 2006c：88）。

在抗争阶段，优势视角认为，服务对象刚开始与社会工作者接触，带着很多的生活困惑来到社会工作者面前，希望社会工作者能够倾听他的苦恼，并且给他一些改善的建议。此时，社会工作者既不能依照服务对象的思路开展服务，专注于服务对象的问题，帮助服务对象分析问题背后的原因，也不能不理服务对象的困扰，直接发掘服务对象的优势，而需要从服务对象目前所处的状况开始，用心倾听和体验服务对象的生活故事，包括他的苦恼。当然，最为重要的是，从服务对象的故事描述中找到那些看起来非常微弱或者被压抑的改变愿望和改变经验，包括痛苦经历中的希望、愤怒情绪中的改变要求、叛逆行为中的自我决定的意愿以及犹豫不决中的信心等（Saleebey, 2006c：88）。这些优势常常被问题包裹着，非常微弱，需要社会工作者仔细观察，用心发掘。

在发掘服务对象优势的激发阶段，优势视角强调，服务对象通常需要与自己的不自信、失败的感受以及周围他人的指责对抗，因此，社会工作者需要借用命名的方法让服务对象关注到被自己忽视的优势，帮助服务对象从新的更为积极的角度理解自己的生活经验。优势视角认为，在此阶段社会工作者就像一面镜子，通过挖掘、命名和转化对服务对象描述的故事进行改造，并且重新反馈给服务对象，让服务对象在故事描述的对话中看到自己的改变能力以及周围环境存在的资源，即使这样的能力和资源很微弱，但对于服务对象来说，却开启了另一扇门，一扇能够带来改变希望的大门（Saleebey，2006c：88－89）。优势发现，尽管在激发阶段，服务对象仍旧面临很多的困惑和压力，但是只要让服务对象拥有希望这一改变的关键因素，服务对象就能够逐渐从困境中走出来。可以说，激发就是不断挖掘服务对象内心所拥有的各种改变希望的过程（Sullivan & Rapp，2006：268）。

一旦服务对象的改变希望被挖掘出来，优势视角认为，社会工作者就面临如何帮助服务对象维持改变希望的要求，这就是保持阶段的主要任务。在优势视角看来，保持改变希望的关键不是不断肯定服务对象，或者给服务对象描述一个美好的未来，而是把希望转变成可以行动的目标，让希望能够与服务对象的日常生活联结起来，逐渐扎根于服务对象的日常生活中，促使服务对象的能力与环境的资源匹配起来，形成相互促进的良性互动（Sullivan & Rapp，2006：269）。

优势视角在自己的专业实践中发现，要让服务对象的能力与环境的资源链接起来形成良性互动，少不了一个重要的环节，就是行动。优势视角认为，通过行动服务对象不仅能够把目标和希望转变成现实，将自己的能力与环境的资源链接起来，更为重要的是，在行动过程中服务对象在学习如何运用自我的能力，一方面根据环境的变化学会面对环境的要求，另一方面根据环境的要求学会运用自己的能力和环境的资源。优势视角强调，服务对象的行动是在具体的生活场景中，不是在服务机构内，他不能撇开日常生活环境的要求直接学习如何运用自身的能力和环境的资源（Saleebey，2006c：89）。

在优势视角看来，这种自然生活场景的行动不仅常常涉及服务对象的周围他人，而且涉及社会组织、社会服务机构等社区中的正式的社会服务资源，特别是对社会弱势群体来说，社会的边缘化是一个非常显著的特点。因此，在学习如何运用自身的能力和外部的资源时，服务对象必然同时面临生活如何正常化的要求（Sullivan & Rapp，2006：271－272）。优势视角强调，只有借助环境的改善，服务对象才能够从环境中获得更多、更积极的社会支持。不过，需要注意的是，优势视角并没有把环境的改善与个人能力的提升分割开来，而是认为两者是紧密联系在一起的，只有把环境的改善建立在服务对象的能力上，这样的环境改善才能有可靠的现实基础，而且才能真正为服务对象的成长改变提供必要的社会资源，使环境改善与个人改变配合起来，保持持续的改变动力。显然，在优势视角的逻辑框架中，优势不只是个人能力和周围环境资源的发掘，仅仅表现为个人层面的改变，同时还涉及个人社会意识的提升以及在社区层面上社会资源公平分配的追求（Saleebey，2006c：90）。

在整个优势视角的服务介入策略中，除了改变希望的挖掘、命名和转化之外，个人能力和环境资源的寻找也成为实施过程中的关键。优势视角认为，它所采取的优势介入策略与以往社会工作服务模式不同，首先表现在范围上，它不是聚焦于服务对象的问题，而是站在服务对象的成长改变角度，从服务对象的整个生活状况入手，这样的优势既可能与问题有联系，也可能与问题没联系；既可能是对当下生活的感受，也可能是对过去经历的回忆或者未来生活的憧憬。其核心是在服务对象的日常生活中找到成长改变的亮点，由此开始新的生活探索（Sullivan & Rapp，2006：272）。显然，优势视角关注的是整个人，具有鲜明的人本主义色彩，它不是不理生活中的问题，而是把优势放在了个人整个生活的首位（Glicken，2004：3）。其次表现在方式上，它不是采取逐渐递减的方式，找到了一个就少一个，而是采用逐渐扩展的方式，一个优势的发现能够带来更多优势的挖掘，或者从一个微小的优势开始，逐渐转变成更大的优势（Sullivan & Rapp，2006：269）。不过，优势视角提醒社会工作者，尽管优势介入策略在很多方面优于以问题为中心的介入策略，但是这并不意味着优势介入策略在实施过程中就没有局限，实际上，它可能需要社会工作者花更多的时间和精力陪伴服务对象，在日常生活的细微之处发掘服务对象的优势，而且需要社会工作者在更多、更大的层面上整合环境的资源。这对社会工作者来说，应该是一个不小的挑战（Sullivan & Rapp，2006：273）。

（五）反思性的合作关系

优势视角吸收了美国教育学家唐纳德·舍恩的反思式实践者（the reflective practitioner）的观点，认为社会工作者就是这样一种类型的实践者，他们需要随时、不断地在实践中反思自己面临的挑战以及应该选择的介入策略，从而找到前进的方向和途径，绝不是通过服务介入计划的制订和执行就能够达到服务目标的。优势视角强调，正是这种类型实践的特点决定了社会工作是一种社会工作者与服务对象一起探索成长改变方式的合作服务，在这种服务中，既需要服务对象的参与，发挥服务对象的优势，也需要社会工作者的参与，呈现社会工作者的专长，两者相互影响，又相对独立（Saleebey，2006a：287）。当然，就服务合作关系的基本定位来说，服务对象才是自己生活的改变者，因此，任何改变的愿望和想法都需要依据服务对象自身的要求，包括整个服务介入活动的安排都需要围绕服务对象自身的改变要求，保证服务对象有充分的机会表达和实现自己的改变愿望。作为社会工作者，他的专业性就体现为如何帮助服务对象发现自己的优势，尤其在生活的困境中，如何协助服务对象快速找到改变愿望和改变优势就成为服务对象实现改变的关键（Glicken，2004：6）。

通过与以往社会工作服务模式的比较，优势视角发现，社会工作者在使用这种模式时需要走出办公室，在服务对象的日常生活场景中与服务对象建立一种反思性的服务合作关系，这种关系具有五个特征。第一，目的性。在优势视角看来，这种合作关系是社会工作者有意识地建立起来与服务对象一起寻找困境解决方法的工作机制，正是通过这样的合作工作机制，社会工作者才能够帮助服务对象确定改变的目标，发掘自身拥有的改变的动力和能力，找到改变的资源，增强服务对象改变的信心。尽管所有的社会工作服务模式几乎都强调专业合作关系的目的性和重要性，但是优势视角推崇的是一种以日常生活为基础的、以成长改变为导向的合作关系。第二，交互性。优势视角把社会工作者比作服务对象成长改变路途上的陪伴者，双方一起寻找解决问题的方法，一起探索前行的方向，分享路途上的任何成功和喜悦，绝不是一边倒的指导和被指导的关系。优势视角强调，服务的过程其实是双方相互学习的过程，如果社会工作者希望服务对象成为一个好的学习者，首先自己就需要成为善于学习的人，包括用心倾听服务对象的故事，了解服务对象的独特观察视角和成长改变的优势所在，并且设法让服务对象找到成长改变的机会，而不是依据自己的专业标准给服务对象做一个类型化的专业分析。第三，支持性。优势视角不赞同以往社会工作服务模式把社会工作者作为服务对象的朋友这样的观点，认为虽然社会工作者需要与服务对象保持一种接纳、同理的支持关系，但不是一种付钱的朋友关系，这种合作关系除了能够促进双方的成长之外，更为重要的是，能够带动服务对象与周围他人关系的改善，变成一种积极的支持关系。第四，信任性。对于优势视角来说，社会工作者与服务对象之间的信任包含两个层面的内涵，不仅相互之间需要保持诚信，避免欺骗和利用，而且社会工作者需要坚信，服务对象是拥有自己独特生活经验的人，总能够尝试自己认为最重要的事情。社会工作者不是发现服务对象的问题，指责服务对象，而是尽可能设身处地理解服务对象。第五，增能性。优势视角把增能概念引入服务合作关系的建立中，认为服务对象才是整个服务合作关系的主导者，而社会工作者只是协助者，支持服务对象根据自己的改变意愿做出选择，学会运用自身的能力和环境的资源。优势视角强调，只有在这样的增能的服务合作关系中，服务对象的改变能力才能提升，改变的视野才能更开阔，改变的选择才能更坚定（Rapp & Goscha，2006：74－77）。

为了帮助社会工作者把握这种反思性的合作关系，优势视角把社会工作者在服务合作关系中的沟通行为分为两种：一种是损害改变意愿的沟通方式（spirit-breaking），这种方式导致服务对象逐渐放弃改变的希望，如求全责备和贴标签等，就是常见的这种沟通方式，它不是让服务对象看到改变的希望，而是感受到生活中的失败；另一种是植入希望的沟通方式（hope-inducing），这种方式常常带来服务对象改变意愿的增强，如能力的发掘、优势的寻找以及成功经验的探寻等，这些方式帮助服务对象看到改变的方向和途径，增强服务对象改变的信心（Rapp & Goscha，2006：77－78）。这样，在实际的服务中，社会工作者就有一项重要的任务：反思自己的沟通方式，既要加强植入希望的沟通方式，也要减少损害改变意愿的沟通方式；或者把服务对象以及周围他人的损坏改变意愿的沟通方式转化成植入希望的沟通方式（Rapp & Goscha，2006：78）。

此外，优势视角还总结提出反映（mirroring）、场景化（contextualizing）、自我披露（self-disclosure）、陪伴（accompaniment）以及成功肯定（reinforcement and achievement）等技巧，帮助社会工作者与服务对象建立一种信任合作的服务关系。反映是指社会工作者把自己当作一面镜子，通过与服务对象的沟通，把服务对象故事描述中的优势反馈给服务对象，让服务对象看到、感受到自己问题生活中的另一面。场景化则是指社会工作者帮助服务对象寻找困境中的社会层面的影响因素，如歧视、污名以及资源分配不公等，使服务对象认识到自己遭遇的困惑不是特例，有社会环境层面的影响，从而避免自责的现象。自我披露则要求社会工作者把自己作为服务对象的朋友，适时与服务对象分享自己的经验和看法，包括自己内心的担心和犹豫，使社会工作者与服务对象之间的沟通成为一种日常生活中的双向交流。陪伴则是指社会工作者作为服务关系的合作者，与服务对象一起面对日常生活中的挑战，并且跟随服务对象成长改变的步伐，及时给服务对象必要的情感支持。优势视角虽然也推崇通过肯定的方式增强服务对象的有效行为，但是它肯定的焦点与行为主义社会工作不同，是针对服务对象在尝试和实现自己目标过程中的有效行为。因此，优势视角称之为成功肯定，目的是增强服务对象自我决定以及行动的能力（Rapp & Goscha，2006：80－84）。

三 优势视角个案管理的基本逻辑

优势视角的提出与个案管理这种服务方式分不开，作为优势视角早期探索的服务方式，个案管理不仅蕴含优势视角最核心的原理和基本逻辑，而且为优势视角这项理论的产生和发展提供了直接的专业服务的经验（Rapp & Chamberlain，1985）。可以说，正是通过对精神障碍患者社区康复的个案管理服务经验的总结和提炼，优势视角才得以确立。

（一）以复原为导向的服务

在针对社区精神障碍患者开展专业服务的过程中，优势视角吸收了精神健康服务中的复原（recovery）概念，认为患有精神障碍的服务对象是有能力的，尽管他们在日常生活中经常受到精神疾病的困扰，有的甚至终生都需要面对病症带来的痛苦，但是这并不意味着他们就不能复原，无法做一些他们自己认为有意义的事情。在优势视角看来，复原是一种过程，是服务对象在日常生活中与精神疾病以及由此带来的生活困难抗争的过程。正是在这种复原理念的影响下，优势视角提出了一种以复原为导向的社会工作服务，这种服务要求社会工作者不是去关注服务对象的不足部分，而是注重服务对象仍旧拥有的方面；不是以保护的名义与周围他人隔离开来，而是鼓励服务对象积极融入日常生活的社区，在日常生活中寻找个性化的康复方式和途径（Rapp & Goscha，2006：15）。

在优势视角看来，这种以复原为导向的服务具有一些显著的特点：①以唤醒改变希望为核心，即在整个服务过程中注重服务对象改变希望的发掘，把改变希望作为个人实现成长改变的基础；②把拒绝变成接纳，即服务的过程就是帮助服务对象学习如何从拒绝合作逐渐转变成接纳周围他人的过程，包括与社会工作者建立良好的合作关系；③把抽离生活变成投入生活，即服务的重点不是把服务对象从日常生活中抽离出来，在辅导室内指导服务对象如何解决问题，而是帮助服务对象投入自己的日常生活中，学会勇敢面对生活中的困难，并在其中寻找解决问题的方法；④把被动适应变成积极应对，即在服务过程中帮助服务对象逐渐转变处理问题的方式，从无计划、无准备的被动适应转变成注重服务成效并且能够根据服务成效及时调整的主动应对；⑤把问题的自我变成积极的自我，即关注自己仍旧拥有的方面，把自己看作有能力让生活变得更好的人，而不是关注自己的病症和不足，视自己为有问题的人；⑥把疏离的生活变成有意义的生活，即通过社会工作的服务介入让服务对象逐渐从疏离的生活方式中摆脱出来，寻找到自己的生活目标，过一种自己认为有意义的生活（Rapp & Goscha，2006：16）。

优势视角认为，这种以复原为导向的服务与以往服务模式不同，针对的不是服务对象的某个问题，而是服务对象这个人，是伴随服务对象度过问题困境的成长改变过程，它既是生活取向的，又是成长取向的，协助服务对象处理日常生活中遭遇的困难，通常涉及服务对象日常生活中多个方面、多个层次，只要服务对象在日常生活中遇到困难，这些困难都成为社会工作者需要关注的服务内容。因此，这种服务更像一种管理，围绕个人的成长帮助服务对象学会管理好自己的日常生活。不过，需要注意的是，优势视角所说的个案管理，并不仅仅局限于问题的处理，同时还包括能力的挖掘，是个人的成长，其核心表现为个人的责任感、关怀能力以及自决能力的提升（Rapp & Goscha，2006：16）。非常有意思的是，优势视角还把这种日常生活中的个人成长改变放在了社会环境中来考察，强调精神障碍患者的复原一定是跨越了精神病院的，是在日常生活的社区中与社会生活中的各种压力抗争的过程，包括社会歧视的消除、社会资源的拓展以及平等意识的培养等，是精神障碍患者这样的弱势群体融入社区的过程（Rapp & Goscha，2006：19）。正是依据这样的观察逻辑，优势视角把这种以复原为导向的个案管理服务简要归结为两个方面：①提高自我的能力（the sense of self），如个人的希望感、个人的自我效能感以及个人的自信等，通过这些能力的提升，就能够帮助服务对象增强对自己生活的掌控感，体会到自己的生活是有意义、有目标的；②加强社区的融入（community integration），如社区的接纳、社区成员身份的认可、社区的资源获得以及社区中的社会支持等，借助这些方面的改善，服务对象这样的弱势群体能够在日常生活中获得更多、更有效的社会支持，特别是在生活的困境中，这样的社会支持尤为重要（Rapp & Goscha，2006：22）。显然，优势视角所创立的个案管理不仅仅是社会资源的链接，除了包括服务对象社会弱势群体的社会身份的改善之外，同时还涉及个人自我能力的提升，是个人和环境之间积极影响关系的建立。

通过几十年的尝试，优势视角在自己的专业实践中发现，社区融入在服务对象的康复服务中发挥着极其重要的作用，它不仅仅是资源的获得，同时还包括同伴支持的建立和互助理念的倡导，更为重要的是，社区是服务对象的日常生活场景，而融入则是服务对象努力的目标，只有通过社区融入，服务对象自我的能力才有了实践的场所和机会，服务对象的成长改变才有可能实现。因此，鼓励服务对象针对社区融入开展积极的尝试并且做好风险的预估和规避工作，就成为以复原为导向的个案管理服务的重要内容（Rapp & Goscha，2006：32）。

显然，优势视角所倡导的个案管理是一种处境化的发展取向，既需要把服务对象放回到日常生活的社区环境中，又需要与服务对象一起寻找成长改变的方向和途径，其核心表现为复原。优势视角强调，一旦把复原的内涵从服务活动中剔除出去，个案管理的方向和目标就会完全不同，不仅不会再把服务对象个人作为整个服务的中心，而且不会关注服务对象的成长改变。这样的个案管理自然也就转变成"病症"或者"问题"的管理，即通过不同服务类型资源的链接解决服务对象面对的多重问题，而这绝不是优势视角所希望推崇的。正是因为如此，优势视角把自己的这种服务称为优势模式的个案管理（strengths model case management），以区别于问题模式的个案服务（Rapp & Goscha，2006：33）。

（二）优势模式

在优势视角看来，复原只是为优势模式的个案管理提供了一个基本的逻辑框架，而个人如何与环境形成积极的互动，从而实现个人成长改变的目标，则是优势模式重点探寻的，它不仅包括个人能力的发掘，也涉及环境资源的运用，是两者之间积极影响关系的建立和维持的过程（Rapp & Goscha，2006：36）。

就个人能力的发掘而言，优势视角认为，它主要涉及个人的愿望（aspirations）、改变能力（competences）和信心（confidence）三个方面。优势视角强调，个人的愿望有不同的表现方式，如目标、希望、抱负和梦想等，这些表现方式形成了服务对象的改变动机，推动服务对象采取相应的应对行为。之所以把个人的改变愿望作为服务对象的重要能力之一，是因为在优势视角的逻辑框架中，服务对象既不是受本能决定的治疗对象，也不是接受环境刺激做出反应的有机体，而是有自己改变要求的生活参与者，他们不仅仅为了生存，或者为了去除创伤，同时还有自己的生活目标和生活意义，并愿意为之付出努力（Rapp & Goscha，2006：40 – 41）。

优势视角所说的改变能力与问题解决模式的问题解决能力不同，虽然它也包括个人的问题解决能力，但要比问题解决能力宽泛得多。例如，个人的兴趣爱好、特长、技能、学习能力和相关的知识等，都属于优势视角所界定的改变能力的内涵。优势视角认为，当服务对象遭遇问题时，他需要面对的不是某个具体问题，而是这个问题带来的生活困境，相应地，他需要关注的也不是某个具体问题的解决，而是个人在问题困境中的成长改变（Weick et al.，1989）。正是依据这样的逻辑考察，优势视角发现，在服务对象的各种成长改变的能力中，有意识的选择很重要，即使这样的选择很微小，可能在别人看来微不足道，但是它意味着服务对象能够针对自己所希望达到的目标规划日常的生活安排，采取积极的应对行动，有了前进的目标和行动的能力（Rapp & Goscha，2006：41）。优势视角相信，每个人都有自己内在的智慧（inner wisdom），知道自己需要什么和怎样行动，不过，这样的内在智慧只有通过每个人自己的有意识选择才能发掘出来，了解自己到底能够做什么以及如何有效运用周围环境的资源（Rapp & Goscha，2006：42）。

值得注意的是，优势视角把自信也作为个人能力的一个重要方面。优势视角认为，个人的能力不仅仅表现在面对问题困境时的改变愿望和改变能力，同时还与个人对问题困境的基本观察视角和态度有关，它具体包括两个层面：一个层面针对的是某项具体的行动任务，相信这样的行动方式能够带来积极的改变，这就是人们通常所说的自我效能感；另一个层面针对的是个人成长改变的目标，相信这样的目标是积极的、有意义的，这就是人们通常所说的自我价值感。优势视角强调，在生活困境中不少服务对象不是不想做或者做不了，而是不敢面对困难，对自己没有信心，也不知道未来的发展方向在哪里。对于这类服务对象，很显然，他们缺乏的是信心，首先需要学习的是如何面对困难（Rapp & Goscha，2006：43）。

当然，个人的愿望、改变能力和信心这三个方面的能力是相互影响的，不可以割裂开来（Rapp & Goscha，2006：44）。不过，需要特别关注的是这三个方面能力的排序，优势视角把个人的愿望放在了首位，这意味着优势视角是未来导向的，假设每个人都有自己看待生活的角度和对生活意义的理解，服务对象也一样，也有自己的愿望。有了这样的未来生活的愿望，服务对象的改变能力才能够调动起来，而改变能力的调动又受到信心的影响。这样，通过这三个方面的能力发掘和调动，社会工作者就能够帮助服务对象找到成长改变的路径。

就环境资源的运用而言，它也涉及三个方面：资源（resources）、社会关系（social relations）和机会（opportunities）。优势视角认为，环境资源可以简要分为物质帮助和服务两个方面，如食品、衣物、生活用品和家具等，就是常见的物质帮助，而一些像心理调整、情绪疏导和行为改善等则是常见的社会工作服务。优势视角强调，由于社会工作的目的是帮助服务对象在日常生活中找到成长改变的方法和路径，因此社会工作的很多服务是在服务对象的日常生活中开展的，需要与物质帮助结合在一起，而不能将两者分割开来；否则，就会影响服务的成效，甚至导致服务无法开展（Rapp & Goscha，2006：46）。

对于社会工作服务来说，社会关系的改善尤为重要。在优势视角看来，良好的社会关系不仅能够给服务对象带来必要的情感交流和支持，而且能够为服务对象提供与此相关的多种不同的服务，如信息获取、经验分享、机会获得和日常照顾等，甚至还影响服务对象的社会化进程，尤其在服务对象深陷困境的时候，周围他人的社会支持是服务对象摆脱困境必不可少的条件。优势视角认为，服务对象的社会关系是多层面的，除了常常在日常生活中发挥重要作用的家人、亲属、朋友和熟人之外，还涉及像同事、教友等正式社会组织中的社会关系，同样也对服务对象的日常生活有着直接的影响（Rapp & Goscha，2006：47）。

有意思的是，优势视角还专门把机会抽离出来作为服务对象环境资源运用的一部分，认为像精神障碍患者这样的弱势群体尽管常常面临资源不足的困难，但是他们总是拥有一些潜在的改变机会，通过这些机会的挖掘，服务对象就能够找到改变的方向。优势视角相信，社区中存在很多改变的机会，它们是服务对象成长改变的重要资源。社会工作者首先需要改变自己的观察视角，不再把自己的关注焦点集中在社区资源的不足上，寻找社会资源弥补社区资源的不足，而是注重社区的资源和机会，把社区资源视为是动态的、发展的，可以通过挖掘和使用不断扩展（Rapp & Goscha，2006：49－50）。

在优势视角的逻辑框架中，生活目标有着举足轻重的作用，正是借助生活目标的制定和实现的过程，个人能力的发挥和环境资源的运用紧密联系在了一起，两者相互影响、相互转化。因此，优势视角把优势模式的个案管理简要概括为帮助服务对象实现他们确认的生活目标的过程（Rapp，1993：145）。优势视角坚信，社会工作者与服务对象之间不是治疗与被治疗的关系，而是合作协助的关系，是与服务对象一起寻找内部的能力和外部的资源以实现梦想的过程。显然，优势模式个案管理的逻辑框架是以心理社会双重视角为支撑的，同时融入了个人成长发展的未来导向的元素（Rapp & Goscha，2006：54）。

（三）优势模式个人管理的服务原则

优势视角根据自己早期的精神障碍患者社区康复的专业实践总结提出了服务的六项原则，成为优势模式个案管理实施的具体指导。这六项原则也为后来出现的优势视角的其他服务方式，如个案、小组和社区服务等，提供了基本的指引，逐渐演变成优势视角的基本服务框架（Rapp，1993：145）。这六项服务原则如下。

原则一，相信每位精神障碍患者都能够复原，过一种有意义的生活。优势视角认为这一原则要求社会工作者相信精神障碍患者是有能力改变自己生活的，这种能力不是社会工作者给予的，而是精神障碍患者自身拥有的，只是由于受到精神疾病及其日常生活问题的困扰而无法展现出来。因此，社会工作者就是要创造这样一种环境，能够为精神障碍患者挖掘和调动自己的能力提供机会，使精神障碍患者能够调动自身的能力学会运用环境的资源，实现自己的梦想，过一种有意义的生活（Rapp & Goscha，2006：57）。

原则二，关注精神障碍患者的能力，而不是问题。优势视角认为，关注精神障碍患者的能力并不意味着忽视问题，问题确实是精神障碍患者在日常生活中面临的困难，这些困难妨碍了精神障碍患者生活目标的实现，但是只是关注问题，就会导致精神障碍患者生活压力的增加，并不会增强精神障碍患者改变的愿望。如果希望增强精神障碍患者的改变愿望，只有关注精神障碍患者的能力，让他们能够在困境中看到自己的优势、兴趣、希望和改变能力，从新的角度理解自己的生活，找到生活的意义。优势视角强调，只有探讨能力，才能促进个人的成长改变（Rapp & Goscha，2006：57）。

原则三，相信社区是充满资源的。优势视角发现，社区中有邻居、房东、雇员和小商贩等，这些社区成员是精神障碍患者社区康复的重要影响因素，他们既可能产生消极的作用，也可以发挥积极的影响。社会工作者需要在社区中挖掘和寻找那些积极的影响者，给精神障碍患者的康复提供积极的支持。在优势视角看来，这样的日常生活场景中的自然社会支持对于精神障碍患者的康复具有非常重要的意义，是消除社区歧视，实现精神障碍患者回归社区的关键所在（Rapp & Goscha，2006：60）。优势视角强调，社区资源所发挥的作用与精神病院不同，同样也是精神障碍患者康复过程中不可缺少的（Rapp & Goscha，2006：61）。

原则四，精神障碍患者是服务过程的主导者。与以往社会工作服务模式不同，优势视角把接受服务的精神障碍患者作为服务活动的主导者，倡导由他们来规划和组织各项服务活动的安排。优势视角相信，即使身患精神障碍的服务对象也同样具备这种能力，这样的信念不仅仅是一种价值理念，更为重要的是，它让社会工作者明了自己在专业服务中的位置所在，协助服务对象找到有意义、有价值的生活，而不是把社会或者专业人士认为的"正常"生活强塞给服务对象（Rapp & Goscha，2006：62）。当然，在实际的服务过程中，服务对象的这种自我决定的能力和生活状况的评估能力是逐步培养的，需要社会工作者在每一次的服务过程中不断寻找到这样的机会，把评估和决定的权力归还给服务对象。因此，从这个意义上说，让精神障碍患者主导服务是一个过程，不是一项

"一刀切"的服务标准（Rapp & Goscha，2006：63）。

　　原则五，个案管理者与精神障碍患者的信任关系是服务的基础。优势视角相信，精神障碍患者的任何成长改变都需要有一种信任的关系，一旦缺乏这种信任的合作关系，精神障碍患者的兴趣爱好、优势、特长以及改变意愿等就无法找到，或者即使找到了，也无法展现出来，因为在平时精神障碍患者的这些能力是被"疾病"和"问题"包裹着的，就连精神障碍患者自己也缺乏改变的信心。优势视角强调，只有通过信任合作关系的建立，精神障碍患者才能把自己的生活展现给社会工作者，逐渐树立改变的信心，并愿意与社会工作者一起寻找成长改变的方法和途径（Rapp & Goscha，2006：64 - 65）。

　　原则六，社会工作的主要服务场所是在社区。优势视角不赞同以往社会工作的机构服务逻辑，认为这种在办公室的服务只会脱离精神障碍患者的日常生活，不仅很难发现精神障碍患者的能力，而且很难观察到他身边的改变资源，结果只能是脱离实际场景的一般化的指导。因此，优势视角要求社会工作者尽可能减少办公室服务的时间，走到精神障碍患者的日常生活中，在精神障碍患者熟悉的生活和工作场景中开展专业服务，真正协助精神障碍患者学会运用自身的能力和环境的资源实现自己的梦想，做到服务对象自决（Rapp & Goscha，2006：65）。

　　显然，在这六项服务原则中蕴含优势视角的基本理论逻辑，包括对服务对象自身能力的假设、个人优势所具有的能力和资源两个方面、社会工作者在服务中的协助角色以及社区自然场景的重要作用等。正是在这样的服务原则基础上，优势视角搭建了拥有了自己独特的服务逻辑和观察视角的理论框架（Saleebey，2006b：16 - 22）。

　　有意思的是，优势视角还把从自己专业服务经验中得出的优势模式的结论运用到服务机构的管理中，改变以往服务机构管理中的"管住人"的管理逻辑，倡导一种以服务对象成长改变为本、逐层提供支持的服务逻辑。优势视角认为，只有这样，服务机构才能围绕服务对象成长改变的要求形成高效率的分工合作的工作团队，无论一线员工还是专业督导，或者机构的中层和高层管理者，才能达成具有专业价值理念的共同努力的目标（Rapp & Goscha，2006：208 - 209）。

　　尽管优势视角的基本逻辑得到了社会工作者以及其他助人专业的普遍认同，但是随着专业实践的逐步展开，优势视角的局限也表现得越来越明显。一些实践者发现，对于如何发挥服务对象的优势解决日常生活中的问题这一核心理论问题，优势视角缺乏明确一致的答案，导致社会工作者在实践层面无法贯彻优势视角的理论逻辑（Staniforth，Fouché，& O'Brien，2011）；在环境资源的运用上也是如此，优势视角缺乏清晰一致的概念帮助社会工作者通过环境资源的挖掘和运用有效转化服务对象的能力（Rapp & Sullivan，2014）。此外，对服务对象问题中的结构性因素的影响（Roose，Roets，& Schiettecat，2014）以及因过分关注能力而带来的不合作等现象（Gray，2011），优势视角也没有做深入的思考，常常受到一些社会工作者的质疑。

　　很显然，优势视角的核心就是相信服务对象拥有内在的改变能力，包括积极看待自己和周围环境，社会工作者要协助服务对象实现这样的改变，其中最为重要的工作场所是与服务对象日常生活息息相关的社区（Saleebey，2006a：297）。社区不仅是服务对象成长改变的重要资源，也是实现服务对象回归社会、回归生活的必然途径（Kisthardt，2006：173－174）。实际上，优势视角所呈现的服务逻辑体现了人们日常思维方式在 20 世纪 80 年代的重要转变，从关注问题原因的分析转向解决方法的寻找，从个人不足的修补转向个人责任的承担（Howe，2009：105）。

第三部分

以社会结构为主导的理论

随着 20 世纪六七十年代弗洛伊德精神分析学派因过分关注个人心理而遭受质疑的声音越来越强烈，特别是在当时西方民权运动的影响下，社会工作者看到了社会环境背后的社会结构因素对人的影响，开始汲取社会科学方面的知识，要求社会工作融入对弱势人群的人文关怀，把专业服务的焦点转向了社会维度（Corrigan & Leonard，1978：3）。其中给整个社会工作发展带来深远影响的是增能视角，它从 70 年代起一直影响社会工作的发展，特别是在 90 年代之后成为社会工作理论建构的核心概念之一，它强调专业服务的目标是让服务对象增能，而不是指导服务对象（Speer & Peterson，2000）。这一时期，还出现了以马克思主义、法兰克福学派以及女性主义等为哲学基础的批判视角（Ife et al.，2005：6）、注重文化维度考察的多元文化视角（Robbins，Chatterjee，& Canda，2006：126）以及关注社会宏观层面发展的社会发展视角（Mosely，2016），这些视角尝试将个人的成长与社会的改变结合起来，形成一种能够将微观与宏观服务联结成一体的社会工作整全视角。

第七章　增能视角

　　增能视角（empowerment perspective）的产生源于西方 20 世纪七八十年代兴起的民权运动和服务使用者运动的影响，它让社会工作者看到临床取向社会工作存在的不足，以及人们在社会层面寻求改变的诉求，开始探寻将个人层面的改变与社会层面的改善相结合的整全模式（Lee，2001：34）。增能视角假设，个人是无法摆脱社会层面的影响的，这种影响不是个人生活的生态系统之间的影响，而是社会结构的作用，社会弱势人群的个人问题常常表现为社会问题，因此，社会结构和社会文化层面的思考就成为社会工作专业服务不可或缺的内容，需要社会工作者运用社会学的视角理解个人面临的困境（Payne，2005：292）。当然，如何将社会层面的改善融入社会工作专业服务中，与临床的个人改变结合起来，不同的社会工作理论有不同的解释，常见的有三种。如果强调通过种族和文化冲突背后的权力资源的改善实现个人与社会层面的整合，这是增能社会工作的理论逻辑（Lee，2001：30 - 31）；如果站在一般意义上理解社会公平和人的基本权益，注重运用相互关联的逻辑将个人层面的改变与社会层面的改善联结起来，这遵循了反歧视、反排斥社会工作的逻辑框架（Dominelli，2002a：6）；如果关注在社会的公共场合代表服务对象争取必要的社会资源，影响社会资源的决策，就运用了倡导视角的社会工作的服务逻辑（Payne，2005：295）。

第一节　增能社会工作

一　增能社会工作的演变

　　兴起于 20 世纪七八十年代的增能社会工作（empowerment social work）是在激进社会工作实践（radical practice）受阻和撒切尔市场经济社会的自由主义思想盛行的影响下产生的，从一开始它就尝试将社会结构层面的改善与个人的成长改变结合起来，推崇一种能够在现行的社会生活中带来个人潜能充分实现的整全模式（Lee，2001：34）。由于长期的种族之间的冲突和争取权利平等的呼声，美国的增能社会工作从产生之初就呈现种族和文化的特点，强调通过小组互助和社区工作方法的运用改善因种族和文化歧视带来的不平等。[①]　而英国的增

---

　　① 最为典型的代表人物是美国社会工作学者芭芭拉·索罗门（Barbara Solomon），她在 1976 年出版了以美国黑人增能为主题的论著，倡导种族和文化视角的增能社会工作。详细内容请参见 Solomon（1976）。

能社会工作者则展现出另一种不同的形态，注重在现行的管理和政治体制中实现社会工作视角的转变，把个人的自决以及相互之间的互助作为整个服务的核心（Payne，2005：306）。

尽管增能社会工作有着不同的流派和不同的理论逻辑架构，但是它们都以提高服务对象个人对自己生活的掌控能力和行动能力为核心，通过克服或者减少个人生活和社会生活中的阻碍，学会运用日常生活中的权力，增强个人应对生活挑战的自信。因此，增能社会工作一方面积极吸收批判理论、女性主义思想和反歧视理论等社会理论作为基本的理论依据，注重民主社会的实践；另一方面强调个人的参与和自决，并且通过互助小组的工作方式，实现弱势群体社会生活的积极转变，消除社区中的各种社会歧视（Payne，2005：295）。显然，增能社会工作就是希望能够克服以往社会工作将个人心理的治疗服务与社会环境的改善服务割裂开来的现象，把两者联结起来，形成一种既关注个人改变又关注社会改善的崭新的实践模式。这样，增能社会工作的服务成效除了体现在个人层面的成长改变之外，如对自己能力的信心、对自己生活事件的影响能力、对自己生活的决定能力和行动能力等（Gutiérrez，DeLois，& GlenMaye，1995），还体现在社会层面的改善，如互助方式的建立、分享式学习方式的培养、社会资源分配方式的调整以及公平意识的树立等，是服务对象整个生活状况的改善（Payne，2005：295）。

增能社会工作认为，在这种整全的服务模式背后，是知识观的改变，关注的不再是以治疗为目的的"专家"知识，而是服务对象自己生活中的"本土"经验，这样的经验只有通过日常生活中的对话交流才能呈现出来，从而逐渐形成对社会环境改善的批判意识（Kondrat，1995）。增能社会工作强调，在这种"本土"经验的形成过程中，合作就成为非常重要的核心概念，服务对象不仅需要学会与社会工作者合作，也需要学会与周围他人合作。这样，社会工作者与服务对象之间就不再是一种治疗者与被治疗者的指导关系，也不是那种为了达到预定的服务目标而建立的信任合作关系，而是通过与服务对象之间的积极互动协助服务对象在日常生活中建立相互合作的方式（Holmes & Saleebey，1993）。相应地，这种增能社会工作的知识观在个人层面则表现为作为弱势群体的服务对象在日常社会生活环境中的批判意识和行动能力以及对自己改变环境能力的信心，而不仅仅是以往社会工作所认为的解决问题的能力（Parsloe，1996b：121）。

正是在这样的增能知识观的指导下，增能社会工作倡导一种独特的社会工作服务模式，这种模式具有三个方面的显著特点：①场景化（contextualization），即以服务对象的日常生活为出发点，观察、体会和理解服务对象所察觉到的社会事实，围绕这个社会事实与服务对象进行对话交流，展现服务对象在日常生活场景中的整个生活状况，决不能以社会工作者自己的理论假设为出发点，在服务对象的日常生活中寻找自己理论假设的证据，这样只会导致社会工作服务脱离服务对象的日常生活；②过程化（processing），即在日常生活中通过支持服务对象自己做出决定并且采取相应的改变行动，满足服务对象的改变要求，逐步提升服务对象掌控生活的能力；③集体化（collectivization），即把服务对象与周围他人联系起来，特别是那些面临共同问题并且具有相似经历的弱势人群，通过把他们组织起来形成相互支持的互助关系，减少弱势群体在日常生活中的孤独无助的感受，增强他们的自我价值感（Rose，1990）。

显然，增能社会工作采取的是一种综合的社会工作服务策略，它既涉及个人，也与社会环境有关，是以个人潜能的发挥为起点，创建一种互助关爱的社区环境。因此，增能社会工作又被界定为一种临床和社区取向的服务模式（a clinical and community-oriented approach），它把个人、家庭、群体和社区联系在一起，通过权力资源系统这条主线，将个人的成长改变与社区环境的改善整合起来。增能社会工作认为，之所以称社会工作是一种临床取向的服务，是因为它需要处理由贫困和弱势带来的生理、情绪、认知和行为等方面的困扰，以及由社会污名而产生的伤害，达到治愈的成效。不过，增能社会工作强调，它所倡导的临床治疗并不是人们通常认为的来自专家的指导，而是通过同伴和帮助者的支持所实现的自我疗愈和自我增能。之所以把社会工作视为一种社区取向的服务，是因为增能社会工作相信，没有人能够脱离日常生活的社区而生活，人们既是环境的一部分，又是环境的改造者。这样，社区参与和环境改善也就成为个人成长过程中不可缺少的一部分。两者的关系不是谁是谁的前提，而是改变过程中相互影响的两个方面（Lee，2001：30-31）。

增能社会工作发现，随着增能概念为越来越多的社会工作者所接受，增能社会工作运用的范围也变得越来越广，不仅涉及服务对象的咨询，还包括服务对象的计划制订的参与等，涵盖服务的每个步骤和服务的各个不同的方面，以至于很难给增能社会工作的服务范围一个明确的界定。不过，增能社会工作认为，不管社会工作者采用什么增能的手段，其核心就是帮助服务对象学会掌控自己的生活环境，实现自己的生活目标，最大化地挖掘自己的生活潜能（Adams，1990：43）。为了帮助社会工作者理解，增能社会工作把社会工作的专业服务范围简化为三个方面：①帮助服务对象发展为更积极、更有力量的自我；②培养服务对象对现实环境的批判意识；③协助服务对象学会寻找资源和策略实现个人和群体预定的目标（Lee，2000：34）。

20世纪90年代之后，增能社会工作得到了快速的发展，不仅有继续关注种族和文化冲突并且融入了女性主义、批判理论以及其他社会理论的多元视角，[①] 而且有强调群体和社区生活对个人成长改变的重要性的自助互助的视角。[②] 更为重要的是，增能的服务理念开始走出欧美，成为国际社会工作普遍关注的一个焦点，逐步转变成社会工作专业服务的一项基本要求，扩展到各种不同类型的社会工作服务中（Anderson et al.，1994）。这样，增能社会工作的内涵也就出现了明显的变化，变得更为宽泛，除了从开始时强调个人成长改变与社会环境改善相结合的整全视角转向关注个人掌控生活能力提升之外，增能社会工作在初创时所注重的社会结构的服务逻辑也逐渐淡化，成为一般意义层面上个人能力的提升，侧重个人的主动参与和自我指导（self-directed）（Parsloe，1996a：8）。从这个意义上说，增能已经不再是一种服务模式，而是开展服务的理念，它可以运用到所有的社会工作服务活动中，几乎能够与所有的服务模式结合起来（Mullender & Ward，1991：2）。值得关注的是，不少研究证明，增能社会工作不仅仅是一种崭新的服务理念，

---

① 美国社会工作学者朱迪斯·李（Judith Lee）是这一视角的代表人物，详细内容请参见 Lee（2001）。

② 英国社会工作学者罗伯特·艾德慕思（Robert Adams）是这一视角的代表人物，详细内容请参见 Adams（2003）。

同时还是一种有效的服务方式（Speer & Peterson，2000）。

在增能社会工作的演变和发展过程中，有两个重要的理论取向。一个是关注种族和文化对个人成长改变的影响，以美国社会工作学者朱迪斯·李（Judith Lee）为代表人物。朱迪斯·李继承了美国增能社会工作理论的开创者索罗门的基本理念，并且把它与 20 世纪八九十年代兴起的不同社会理论整合起来，是这一理论取向的集大成者。另一个是关注自助和互助方式中个人的成长改变，以英国社会工作学者罗伯特·艾德慕思（Robert Adams）为代表人物，他是这一理论取向的增能社会工作的重要推动者（Payne，2005：306）。

（一）罗伯特·艾德慕思

艾德慕思一直关注英国的自助互助服务，从 20 世纪 80 年代初就开始观察到自助互助服务中出现的增能社会工作的发展取向，他发现，尽管英国从 80 年代就已经出现了增能社会工作，到了 90 年代增能社会工作则已成为社会工作的主流服务模式，逐渐替代了自助（self-help）的概念，但是作为增能社会工作的核心概念，增能却远没有达到一致的认识，甚至常常与其他相近概念，如自助、自决等混淆在一起（Adams，1996：2）。艾德慕思在实践中观察到一个非常有趣的现象，与服务对象相比，社会工作服务的提供方，如服务的提供者、政策的制定者以及服务的研究者等，更强调服务对象的增能（Adams，1996：1）。

艾德慕思在专业的服务实践中察觉到，增能社会工作的内涵非常丰富，并不是由某种理论或者想法演变而来，而是与西方社会的互助和自助传统有着密切的联系，也受到民权运动的影响，特别是与反种族歧视以及争取性别平等的女性主义有着直接的关联。此外，还包括服务使用者运动以及志愿服务等，都影响着增能社会工作的发展。可以说，增能社会工作的产生和发展是多种社会思潮、多种社会力量相互影响而形成的，这也导致学界对增能社会工作很难达成清晰一致的认识（Adams，1996：2）。

为了帮助社会工作者厘清增能社会工作的理论发展脉络和基本逻辑框架，艾德慕思对增能社会工作的历史演变过程进行了细致的探讨，发现可以把增能社会工作的理论来源简要分为三个方面：①自助和互助的精神；②民权运用和权力平等的思想；③反压迫的思潮，包括女性主义、反种族主义以及批判理论等（Adams，1996：15 - 24）。艾德慕思认为，西方社会有着自助互助的传统，这种传统早在维多利亚时期就已经形成，成为当时社会的主流意识。到了 1979 年，撒切尔政府上台之后，开始推行自由主义的市场经济和个人负责的自助精神，注重自助和互助精神的信用社（credit unions）得到普及和推广，从而将个人的成长与社区的发展紧密联系起来（Adams，1996：16）。其间，一种重要的服务方式出现了，就是自助小组。自助小组既不同于传统的日常生活中的经验自助方式，也不同于以往社会工作专业服务中的专家主导的指导方式，而是一种注重互助和分享学习的半专业式的服务方式，它将两者的长处融合在一起（Killilea，1976：47）。特别是在六七十年代弗洛伊德精神分析学派的理论逻辑遭到质疑之后，不少社会工作者不再相信社会工作者是最了解服务对象需求的专家，而是转向服务对象自身，由服务对象带领整个服务活动的安排。这样，以服务对象为主导的服务理念开始在社会工作服务中慢慢受到重视。此外，志愿服务的兴起也对自助互助精神的培养发挥着重要的作用，它被当作帮助服务对象建立个人社会支持网络的重要形式。这样，通过自助互助这个重要概念，社会工作者就可以把服务对象及其家人、邻里、社区志愿者和服务机构等不同的力量整合起来，实现一种更为有效的综合服务。这样的服务策略在 20 世纪 80 年代之后推行的多元福利服务政策下得到推崇。因此，到了 90 年代，注重社会工作者与服务对象一起参与（work with）的增能模式成为服务的主导（Adams，1996：19）。

在艾德慕思看来，六七十年代西方社会兴起的民权运动也对社会工作的发展产生了重要的影响，不仅让社会工作者开始关注社会因素对个人成长改变的影响以及因专注于个人的困扰而可能产生的社会污名作用，而且让社会工作者发现在社会生活中民主和参与的重要性（Mullender & Ward，1991：1）。艾德慕思认为，更为重要的是民权运动背后所呈现的对人的看法，它为社会工作者提供了另一种不同于以往治疗服务逻辑的观察视角，这种观察视角不是让社会工作者作为服务标准的制定者和指导者，而是通过服务对象的参与由服务对象主导整个服务的进程，是一种以服务对象为本的服务逻辑（Adams，1996：19）。像残疾人运动（the disabled movement）和消费使用者运动（the service-user movement）等，就直接提醒社会工作者，这些人群也有自己的权利和要求，不是服务的被动接受者（Adams，1996：16）。

增能社会工作的第三个思想来源是反压迫的批判意识，包括七八十年代受到人们普遍关注的反种族、反歧视以及争取性别平等的女性主义和批判理论等社会理论开始走进社会工作者的视野，一直被忽视的社会环境的改善重新受到社会工作者的关注（Adams，1996：17）。值得注意的是，这样的批判意识让社会工作者发现，社会环境不像生物有机体需要适应的自然环境，受文化和制度的影响，具有一定的社会结构。这样，社会工作专业服务就可以放在社会结构的背景下来开展，反思和批判成为社会工作专业服务最核心的特征之一（Adams，1996：184）。

艾德慕思还对增能概念的内涵进行了深入的探讨，发现这个概念之所以含混不清，其中一个重要原因是它本身就存在内在的矛盾，除了社会工作者提倡给服务对象增能，而实际上服务对象却又无法通过别人给予的方式增能之外，就增能概念的思想来源而言，也存在冲突，一方面在自由主义市场经济理念的影响下增能概念注重个人的责任承担；另一方面受到民权运动的影响，增能概念又关注社会的参与和民主，特别是在反压迫思潮的推动下增能概念开始强调批判意识的培养以及社会的公平和公正。这样，增能概念就具有了两种不同的思想内涵：一种是以个人主义为基本理论的假设；另一种是以集体主义为核心的价值理念（Adams，1996：14）。到了 80 年代，社会服务领域广泛引入了市场竞争机制，采用半市场化的管理方式，而同时社会参与的意识以及社会公平的诉求也在不断提高，导致增能内涵的冲突更为明显，无法达成一致的认识（Adams，1996：15）。

为了协调增能内涵的内在冲突，艾德慕思转变了观察视角，吸取了后现代主义的一些观点，在 90 年代正式提出实践中增能（empowerment-in-practice）的概念，认为不是社会工作者给服务对象增能，而是社会工作者与服务对象在具体的实践中通过一种相互促进、共同成长的方式一起增能（Adams，1996：2）。艾德慕思非常认同美国学者唐纳德·

舍恩的观点，强调社会工作专业服务具有一个显著的特点，就是社会生活场景中的复杂性和不确定性（Schön，1991：23）。正是因为如此，艾德慕思坚信，服务对象的增能必然是一种场景性的，是在日常生活的问题场景中重新发现、确认和界定问题并且寻找解决问题方式的过程，绝不是学习和运用已经设计好的、程序化的解决问题的方法和技术那么简单（Adams，1996：25）。

增能概念的内涵尽管有很多不清晰甚至矛盾的地方，值得继续深入探讨，但是艾德慕思认为，增能概念的提出确实给社会工作者提供了一种不同的服务逻辑框架，它不是现有服务模式的一种改良，也不是一种新的服务模式，而是服务理念的革新，是对社会工作本身定位的重新理解。艾德慕思称之为服务范式的改变（paradigmatic change）（Adams，1996：33）。这样的改变在随后发展出来的反歧视和反排斥的社会工作服务中，得到了很好的延伸和扩展。因为有了这种完全不同的服务理念，到了20世纪90年代，增能的内涵已经不再是增能社会工作这一理论流派讨论的内容，而发展成为所有社会工作专业服务的基本要素，是社会工作专业服务最核心的特征之一。甚至有的社会工作者认为，如果专业服务中没有增能的元素，这样的社会工作也就不能称为社会工作（Adams，1996：3）。

（二）朱迪斯·李

朱迪斯·李是美国哥伦比亚大学社会工作学院（the Columbia University School of Social Work）的一名教师，她的增能社会工作的专业实践和理论探索深受这一学院生态系统理论传统的影响，特别是她的同事兼朋友艾利克斯·基特曼恩的生态观察视角，对她的增能理论建构逻辑产生了直接的影响（Lee，2001：xv）。朱迪斯·李从一开始就把生态系统理论作为增能社会工作的一个基本观察维度，把个人的成长改变与环境的改善紧密联系在一起（Lee，1989）。这样，在朱迪斯·李看来，任何社会结构层面的改变都依托个人与环境之间生态关系的改变，表明个人在日常生活中应对周围环境挑战能力的提高，是个人与环境的生态关系的深入，而不是在个人成长改变之外，增添社会层面改变的内容（Lee，1996：220）。

正是依据这样的观察逻辑，朱迪斯·李对西方社会工作的发展历史进行了梳理，发现早在19世纪末20世纪初社会工作开创的时期，由亚当斯率领的睦邻友好运动以及之后由美国黑人妇女组织的妇女俱乐部就是采用了增能的逻辑，让不同阶层的人能够通过睦邻运动的社区活动中心或者俱乐部这个平台相互交流，把个人的成长改变与社会层面的改善紧密结合在一起（Lee，1996：221）。在之后注重个人心理治疗的20年代到60年代，朱迪斯·李搜索到有两位重要的社会工作者，他们继续保持着增能的理念：一位是早期小组工作的理论家格蕾丝·寇丽（Grace Coyle），她把小组工作作为开展社会问题教育和组织社会行动的重要方式，并以此发现、挑战和改善日常生活中存在的社会不满和社会不公正的现象（Shapiro，1991）；另一位是企业工会社会工作创始人雷娜多斯（Bertha C. Reynolds），她将注重临床精神分析的个案工作与关注社会改变的社会改革视角结合起来，强调人是生活在社会环境中的，不是社会环境的被动适应对象，而是社会环境的创造者（Reynolds，1964：184）。到了70年代，芭芭拉·索罗门第一次正式提出增能社会工作实践的概念，她把美国黑人在社会生活中的无力感（powerlessness）概括为社会层面的直接影响和个人层面的间接影响两个方面。直接影响是指由社会体制导致的资源分配不公，间接影响则是指个人内化后的负面的认识和感受（Solomon，1976：127）。显然，此时提出的无力感涉及服务对象日常生活中多个不同的方面，已经将个人的成长改变与社会改善联结起来（Cox，1989：124）。80 年代之后，增能社会工作实践得到了迅猛的发展，增能的内涵也更加明确，它是把个人层面的临床治疗（clinical thinking）与社会层面的资源分配（political thinking）整合起来的一种整全的服务视角（Northen，1994：2）。因此，增能社会工作是在两个层面上看待个人的成长改变的：一个是个人潜能的发挥；另一个是个人权利的尊重。前者与人本主义思想一脉相承，后者与民权运动有直接的联系（Lee，1996：223 - 224）。

与艾德慕思不同，朱迪斯·李是在生态系统理论的基本逻辑框架基础上思考个人成长与社会环境的关系的，她以社会资源分配中的不公而导致的压迫（oppression）作为阻碍个人成长改变的主线，将个人改变与社会改善结合起来，并由此延伸出增能社会工作实践的核心，就是帮助社会弱势的服务对象学会发现、命名、面对和挑战日常生活中存在的资源分配不公的现象，包括个人内部的无力感的消除和社会外部的公平社会资源的争取，其中还涉及弱势群体成员之间互助和支持关系的建立（Lee，1996：220）。

尽管朱迪斯·李对个人与环境的关联层次有不同的解释，但可以看到她对增能的理解有一个显著的特征，就是多层次视角。[①] 这些不同层次的视角可以简化为三个基本层次的视角：历史视角、生态视角和社会视角。历史视角是从时间纵向的维度考察弱势群体社会资源分配不公的现象；生态视角则是从横向环境的维度理解弱势群体在争取社会资源公平分配方面的困难；而社会视角则是从社会结构的维度探究弱势群体在资源公平分配中的困难。这样，个人生活经验的调整、问题解决能力的提升、互助支持关系的建立以及资源公平分配的争取就能够前后衔接起来，使增能概念的内涵保持清晰一致的逻辑，形成一种针对社会弱势人群的综合的、整全的服务模式（Lee，1996：220）。因此，增能概念在具体的服务中也就更具有流动性和多样性（McLauglin，2014）。

值得注意的是，在增能社会工作实践受到广泛欢迎的同时，它的内涵却变得越来越模糊，而且社会服务机构的社会工作服务也越来越偏向管理和资源的链接，导致增能社会工作常常流于概念层面的探讨。因此，很多时候社会工作者在谈论增能社会工作时，难免带有一些理想的色彩和对现实的曲解（Payne，2005：302）。

二 增能社会工作的理论框架

与以往社会工作服务模式相比，增能社会工作是一次大胆的改革尝试，它把注重个人层面改变的治疗服务与注重社会层面改善的社会改革进行了结合，让长期以来相互割裂甚至相互对立的两种社会工作服务取向得到了整合，形成一种同时关注个人和社会改

---

① 朱迪斯·李在 1996 年的论述中把增能概括为五个层次的视角，即历史、生态、种族和阶级、性别以及批判视角；到了 2001 年，则把增能解释为七个层次的视角，即在原来五个层次视角的基础上增添了文化和全球视角。

变的综合服务，这种服务的核心就是服务对象的增能（Lee，1996：219）。这样，社会工作的专业服务不仅能够把个人的治疗服务放在社会生活的场景中来考察，从个人微观生活环境的辅导治疗延伸到社会大环境和社会结构的把控能力提升，也能够把社会的改革服务与个人的日常生活联结起来，从社会环境的改善深入个人批判意识和行动能力的提升。因此，针对服务对象的增能，增能社会工作也就具有了三个基本的要素：积极有效的自我、环境批判的意识以及个人和集体目标实现的能力（Lee，2001：52）。可以说，整个增能社会工作就是围绕服务对象的三个基础要素展开的，其核心就是培养服务对象的社会环境的批判意识，将积极有效的自我与集体目标的达成联结起来，同时实现个人和社会层面的改变（Payne，2005：307）。

（一）社会结构中的资源分配不公

与生态系统理论的假设不同，增能社会工作把社会环境视为是有结构的，不只是各种不同生活单位的组合，其中对于弱势群体来说，最为常见的是社会资源分配不公的现象，这样的社会结构问题不仅影响个人，让个人在日常生活中常常体会到因无法影响环境而产生无力感，也影响社会环境，使弱势群体总是处在缺乏社会资源的境况中。而且，这两者经常纠缠在一起，相互作用，形成恶性循环。这样，社会资源公平分配的争取也就同时具有了个人自我增能的成效和社会环境改善的要求。值得注意的是，增能社会工作强调，个人自我的增能与个人的集体身份和社区身份联系在一起，这种身份不仅具有社会支持的成效，也具有临床治疗的效果（Lee，1996：229）。显然，在增能社会工作的逻辑框架中，社会结构的改善与社会环境的改善是不同的，个人无法直接带动社会结构的改善，除非借助个人社会身份的改变，这样的目标才可能实现。

正是依据这种社会结构的思考逻辑，增能社会工作认为，以往的社会工作把服务对象视为有解决问题能力的人，这样的认识是不全面的，事实上，每位服务对象都能够通过寻找问题的解决过程发现问题背后的社会资源分配不公的现象，看到这种现象对自己日常生活和社会环境的影响。因此，增能社会工作假设，每位服务对象都具有参与社会生活的能力，不仅仅是个人自己生活困扰的解决（Lee，1996：229）。不过，增能社会工作提醒社会工作者，参与社会生活的能力与问题解决的能力有所不同，需要借助"行动－反思"的方式，包括行动、反思和再行动以及行动中反思（Lee，1996：229）。

增能社会工作坚信，个人与环境是不能拆分开来的，它们是个人成长改变过程中两个相互影响、相互转换的方面。如果只关注个人的治疗，就看不到个人生活中的社会性，把个人作为社会问题的"替罪羊"；如果只关注环境的改善，就发现不了社会生活中的个人能动性，导致社会问题的简单化处理。增能社会工作发现，以往社会工作不是强调专业服务的临床治疗的特征，就是注重专业服务的社会改革的要求，两者是割裂的，这也导致了长期以来社会工作服务中的对立和冲突，而实际上，两者的结合才是社会工作最核心的本质。因此，增能社会工作强调，社会工作专业服务是一种临床政治的服务（both clinical and political），它的目的恰恰是打破人们将个人临床问题的消除与社会资源问题的改善相互割裂开来而产生的局限，在个人的社会生活中培养一种更为积极主动的集体身份（Lee，1996：229）。

显然，在增能社会工作的理论逻辑框架中，有这样一种假设：社会常常存在资源分配不公平的现象，这种社会结构方面的问题同时影响个人和他的周围环境。因而，从价值层面来说，增能社会工作既需要关注个人潜能的发挥，注重培养弱势群体的个人和集体行动的能力，也需要关注社会公正的实现，强调均等获得资源的机会和条件（Lee，1996：230）。不过，需要注意的是，增能社会工作是站在个人的角度理解社会环境的改变的，它不同于直接注重社会制度改变的激进社会工作（radical social work），以人本主义和存在主义为其哲学基础，关注个人的理性能力的培养，包括个人对自己的了解以及个人的自我把控能力等，相信借助个人这种理性能力的提升，就能够提高个人对环境的掌控能力，实现个人的增能（Payne，1991：227）。同样，个人的这种理性能力也会因为无法实现环境改善的目标而受到损害，导致个人增能的心理困扰。因此，个人的增能不仅表现为个人解决问题能力的提升，还表现为个人掌控环境能力的提高（Adams，1996：8）。

可以说，增能社会工作是在个人与环境相互影响的这种"自然"状态的生态系统视角基础上的深入，它把社会结构也引入社会工作的视野中。这样，增能社会工作就必然形成多层次视角的特征，除了"自然"状态的纵向的历史视角和横向的生态视角之外，还专门加入了社会结构的视角。由于对社会结构有不同的解释，也就有了不同的增能社会工作解读，其中最为典型的是从种族和阶级的视角理解社会结构中存在的资源分配不公现象（Lee，2001：49）。此外，还有从不同文化背景和历史传统角度解释的文化视角、从性别角度考察的女性主义视角和从社会排斥角度分析的全球视角。当然，还有一个不可缺少的重要角度是批判视角，它是从真实的角度出发，审视社会主流意识中存在的虚假的观点和认识（Lee，2001：50）。

（二）三层次的增能框架

增能社会工作强调，正是由于社会资源分配不公是社会结构层面的现象，所以弱势群体的成长改变，或者说增能，就与问题解决的逻辑以及社会环境适应的生态系统逻辑不同，社会身份的改变就成为整个服务的关键。而要实现弱势群体社会身份的改变，就自然需要结合个人层面的改变和社会资源层面的改变，并且将这些不同层面的改变衔接起来，形成一种崭新的与以往服务模式不同的增能服务的逻辑框架。因此，增能社会工作把弱势群体的增能细分为三个层面，即个人层面（the personal level）、人际层面（the interpersonal level）和政治层面（the political level）。① 就个人层面而言，增能的服务范围主要涉及因种族和阶级以及其他社会因素而导致的对个人自我和个人价值方面造成的负面影响，对这些个人负面影响的减轻或者消除就是个人层面的增能，包括个人应对环境能力（competence）的提升、自我方向感和自信心的增强等，保证个人对周围环境有更强的掌控能力（Lee，2001：51）。就人际层面而言，增能的主要目的是帮助弱势群体成员

---

① 尽管许多学者，包括朱迪斯·李，都以"the political level"来表示增能社会工作中除个人和人际层面之外的服务介入的层面，但实际上，这里所说的"political"与汉语的"政治"有所不同，关注社会资源的分配。

之间建立相互支持的关系，让他们学会互动和分享，逐渐培养一种集体的社会身份，拓展弱势群体的问题解决的视野。增能社会工作认为，尽管集体的社会身份的建立是弱势群体掌控社会环境能力提升的表现，意味着弱势群体从个人的视野转向了集体的视野，但是这样的能力同样也需要在实践中不断提高。这就是增能社会工作所说的政治层面的增能，让弱势群体在集体的实践中培养和加强集体的社会身份（Lee，2001：52）。

增能社会工作这样的设计蕴含服务重点的转变，从以往或者强调专家指导作用的专业化服务，或者注重成员自己经验的自助和互助服务，转向两者的结合，在自助和互助服务中培养"专家"，发展出能够适应成员要求的专业化服务。这样，就能够避免理论知识和经验知识的脱节，以及服务接受者和服务提供者的对立（Adams，1996：192）。显然，增能社会工作拥有了与以往不同的知识观。

针对增能实践的三个层次，增能社会工作总结提出八项具体的服务原则。①任何社会资源分配不公都会影响服务对象的日常生活，导致生活的隔阂感和无力感。因此，减少和消除社会资源分配不公是社会工作的重要内容，需要社会工作者与服务对象一起寻找解决的方法。②在减少和消除社会资源分配不公的服务中，保持多层次的整全视角尤为重要。弱势群体面临的困难不仅与个人的心理和社会的环境有关系，而且受到社会结构因素的影响。③服务对象是增能的主导者，而社会工作者只是增能的协助者。社会工作者不仅需要强调服务对象的自决，而且需要关注服务对象个人权利观和责任感的培养，使服务对象的自决有了社会身份培养的要求。④作为弱势群体的服务对象拥有共同的利益，需要相互支持。只有通过相互支持，他们才能够培养出集体的社会身份感，实现增能。⑤社会工作者需要与服务对象建立一种双向平等交流的服务合作关系，从而能够尊重和理解服务对象作为社会生活行动者的独特生活方式以及在日常生活中与周围他人的互助方式，一起对抗日常生活中的社会资源分配不公。⑥社会工作者需要鼓励服务对象运用他们自己的方式表达内心的感受，并且通过重命名帮助服务对象学会从不同的角度理解生活中的困难，从而让服务对象把自己的真实感受呈现出来。⑦社会工作者需要把服务对象作为成功者，而不是失败者。只有通过成功经验的挖掘，社会工作者才能帮助服务对象克服因社会资源分配不公而导致的负面的心理影响。⑧关注社会层面的改变是减少和消除社会资源分配不公不可缺少的方面。社会工作者除了支持服务对象做出个人改变之外，还需要鼓励服务对象之间相互支持，共同应对社会资源分配不公的现象（Lee，2001：60-61）。显然，在这八项增能服务原则中有一条清晰的逻辑线索：弱势群体的服务对象面临的是社会资源分配不公的社会结构问题，他们不仅仅需要与环境互动关系的改变，更为重要的是自身的社会身份的转变，而社会工作者就是服务对象实现这种社会身份转变的协助者。

正是需要针对服务对象社会身份的转变，增能社会工作称社会工作是一种反身性行动（a reflexive activity），它的关注焦点不是问题的解决，而是通过问题解决过程激发和提升服务对象对生活困境的社会反思和自决行动的能力，将社会资源分配不公这样的社会结构方面的问题呈现出来，进入服务对象的视野，从而帮助服务对象能够在社会的层面上实现能力的提升（Simon，1990）。显然，增能社会工作所说的反身性不是个人技术层面的反思，是生活困境的社会处境反思（Lee，2001：35）。这样，反思就成为增能社会工作不可或缺的要素，它不仅使服务对象的个人层面的改变与社会层面的改变结合起来，而且使服务方式发生根本的转变，围绕社会身份的改变将三个层次的增能整合起来（Lee，1996：231）。

增能社会工作强调，它的服务方式之所以有别于以往的社会工作服务，是因为它有自己所秉持的价值原则，包括强调参与，而不是以服务对象为本；关注成员之间的互助，而不是个人主义；注重非专业的专业化（professional non-professionalism），而不是反专业主义（anti-professionalism），以及倡导社会资源的公平分配等，是追求一种公平公正社会的专业服务（Adams，1996：190－194）。

（三）实践中的增能（empowerment-in-practice）

在增能社会工作看来，服务对象的增能是在与社会工作者的互动过程中实现的，是连续不断地评估、计划、行动和反思的过程，涉及特定社会结构场景中的心理改变的过程（Adams，1996：60）。这样的理解框架意味着增能社会工作吸收了后现代主义的批判视角，反对二元对立的思维方式，不是把增能视为是否拥有能力，而是作为逐步消除日常生活中的无力感并且获得掌控感的过程（Adams，1996：11）。增能社会工作还把意识提升（consciousness-raising）这一概念引入社会工作的增能服务中，作为增能过程中的核心要素之一，强调通过对话，而不是直接的问题解决，学习从不同的视角观察在生活困境中存在的社会层面的矛盾，并且借助成员之间的共同行动对抗生活中的资源分配不公（Freire，1972：15）。增能社会工作认为，实现意识提升的方式不是以往社会工作所强调的问题解决，因为问题解决这种方式只会让服务对象局限于自己的观察视角中，并不能够帮助服务对象跳出自己的视野看到问题背后社会结构的影响，而要改变这一点，需要运用另一种方式，就是对话（Adams，1996：60）。不过，增能社会工作所说的对话有其特别的要求，不是指沟通的一方将自己的想法强加给另一方，也不是指双方之间的简单的信息交流，而是涉及观察视野层面的扩展，是双方通过交流重新理解和命名社会现实的过程。增能社会工作称这种对话交流是一种现实构建的过程（an act of creation）（Adams，1996：61）。

尽管人们有时把增能等同于自助和互助，认为两者都关注服务对象的参与和相互之间的支持以及为保护自己的利益采取共同的行动，但是增能社会工作强调，两者还是存在明显的差别的。相比之下，增能更为注重对周围环境的集体掌控能力（collective control），特别是对像资源分配不公这样的社会结构问题的回应能力，使服务对象不仅能够有信心找到资源解决目前面临的困扰，而且能够看到自己对社会环境的影响能力，从新的更为积极的角度理解自己与周围环境的关系，在社会环境面前不再觉得没有力量（Thomas & Pierson，1995：134）。可以说，一旦从自助互助的角度理解增能，就会忽视增能服务中对社会结构层面回应的核心要求。与自助互助不同，另一种常见的误解是把增能视为激进实践（radical practice）的统称，如反种族、反歧视和反排斥实践等，只关注增能服务中社会结构层面的问题，要求服务对象直接对抗资源分配不公等社会问题（Ward &

Mullender，1991）。增能社会工作认为，这样的服务策略虽然看到了社会结构层面的问题，但是忽视了服务对象个人层面的改变，特别是个人自身对环境中社会结构因素影响的认识，直接决定了个人对周围环境采取什么样的应对策略。增能社会工作强调，只有引入后现代主义的观察视角，才能够将个人层面的改变与社会层面的改善整合起来，形成清晰一致的增能社会工作的理论逻辑框架（Adams，1996：10）。

显然，增能社会工作是一种综合服务策略，既关乎个人层面的改变，也关乎成员之间以及社会层面的改变，是服务对象学会掌控生活环境并且达成共同目标的过程。增能社会工作称这一过程为民主化的过程，或者说是弱势群体社会角色正常化的过程（normalization），它需要服务对象在实践中不断反思，提升社会层面的改变意识，并且通过集体行动的方式，增强服务对象在社会层面的改变能力。这样，在实践中借助不断的行动和反思，服务对象的增能才能够实现（Adams，1996：5）。

增强社会工作强调，之所以需要增能服务，并不是因为增能服务面临的问题与问题解决服务面临的问题完全不同，可以截然分开，而是因为有些问题仅仅依靠问题解决这种方式无法得到彻底的解决。例如，当服务对象发现自己暴露在“无法控制”的社会环境面前，而且一时也找不到有效的应对手段时，仅仅运用问题解决的方式是很难得到满意的答案的，需要跳出从个人角度看待问题的局限，学会运用增能的视角分析“无法控制”的社会环境背后社会结构因素的影响，从而找到解开“无法控制”的社会环境的钥匙。增能社会工作发现，增能服务面临的问题表现出两个特点：①个人努力后发现仍无法控制；②个人觉得自己是无能为力的（Barber，1991：38）。因此，在问题解决之外，社会工作者还需要寻找另一种可以带来“无法控制”的社会环境改变的方法，这就是增能服务，它虽然把个人的问题解决转变成一定社会历史场景的反思实践，使服务对象在社会环境面前不再感到无能为力，但是在实际生活中，增能服务和问题解决这两种方式常常联系在一起，无法拆分开来（Adams，1996：63）。艾德慕思则直接把自助小组的服务方式分为问题解决、自我发展和意识提升三种，坚持认为意识提升是小组成员在倡导阶段使用的服务方式（Adams，1996：82）。

除了服务对象在社会环境面前感觉到无力，希望增能之外，增能社会工作强调，增能服务的实现还需要另一个重要条件，就是社会工作者懂得如何帮助服务对象实现意识提升（Lee，1996：225）。这样的意识提升与人们一般谈论的认知改变不同，不仅仅让服务对象看到社会环境中像社会资源分配不公这样的社会结构因素的存在，更为重要的是通过服务对象认知层面的改变，减少服务对象的自责，帮助服务对象逐渐承担起个人改变的责任，提高个人的行动能力，包括个人的自信心、个人的方向感以及个人与周围他人的关联感等个人内心的改变，是个人成长能力的提升（Gutiérrez，1990）。可以说，意识提升是服务对象观察视野的打开，让服务对象能够从一种新的角度理解自己与周围环境的关系，特别是社会层面的联系（Lee，2001：35）。

正是因为如此，增能社会工作认为，意识提升就不是社会层面改变那么简单，它同时涉及个人以及个人与个人之间互助关系的改变，是由个人内心改变带来的社会层面的改善；否则，个人的能力就无法得到提升，增能也就无从谈起（Mann，1987：111）。显然，在增能社会工作看来，实现增能的前提，是把这种社会层面的改变与服务对象个人的生活经验联结起来，社会工作者不是指导服务对象如何改善社会环境，或者直接走进服务对象的日常生活，为服务对象的成长改变创造更好的社会环境，而是站在服务对象的角度，从服务对象的生活经验出发，揭示服务对象遭遇的问题中所隐藏的社会结构因素的影响，从而让服务对象看到被自己忽视或者曲解的社会事实，提升服务对象的意识水平（Lee，1996：225）。因此，意识提升是一种实践的过程，涉及生活中的多个层面，它是服务对象在特定的社会结构的场景中应对能力的提升，既包括个人心理层面的，也包括人际互动层面的，甚至还包括社会层面的，是临床介入的改变和社会介入的改变的结合（Parsons，1989：45）。

　　值得注意的是，增能社会工作特意把增能服务称为一种社会历史实践模式（praxis model），强调人的实践不仅仅是日常生活问题的解决，认为把实践等同于问题解决这种看法本身就存在这样的理论假设：人可以脱离特定的社会和历史看待日常生活中遭遇的问题。显然，这样理解实践只会导致人的生活的"生物化"和服务的"生物化"，看不到问题场景所呈现的社会结构的影响。因此，增能社会工作倡导社会工作者走出使能（enabling）的服务逻辑，不再就服务对象的问题来谈问题的解决，而是把服务对象在日常生活中的问题解决过程放在社会结构的场景中来考察，学会运用权力的分析框架理解服务对象在日常生活中遭遇的资源不足，培养服务对象在特定的社会结构处境中争取社会资源和解决问题的能力（Pernell，1986：111）。

　　正是依据这样的服务逻辑，增能社会工作发现，社会工作者无法给服务对象增能，而是服务对象在社会工作者的协助下得到增能。这也意味着，增能服务是一种促进服务对象反思的活动安排，目的是帮助服务对象提高自我决定和自我行动的能力（Simon，1990）。这样的反思既涉及外部社会环境背后社会资源分配不公这样的直接障碍的考察，也涉及内部个人心理背后负向身份价值这样的间接障碍的审视，以及两者之间相互影响而造成的恶性循环现象的分析（Solomon，1976：19-21）。增能社会工作强调，增能服务之所以关注反思，是因为它拥有与以往社会工作服务模式不同的生活理解，假设人遭遇的日常生活问题是发生在社会场景中的，不确定性和模糊性是其根本的特征，而运用固定化、程序化的技术理性的服务方式是无法解决社会场景中发生的复杂问题的。因此，社会工作就需要借助另一种不同于技术理性的服务方式；否则，它是无法帮助服务对象解决在社会场景中遭遇的困扰的。在增能社会工作看来，这种新的服务就是反思的服务，它让服务对象关注自己的生活经验，而不是经验之外的事实，并且学会通过不断反思在自己的生活经验中寻找前进的方向（Adams，1996：39）。

　　显然，增能社会工作的专业实践涉及两个维度的改变：一个维度是意识提升，反映增能的水平，表明个人参与和影响社会的能力；另一个维度是行动反思，反映增能的深度，表明个人体验和组织生活经验的能力。当然，在实际生活中，这两个维度的改变是紧密联系在一起的。没有行动反思，就无法体会到社会环境中存在的限制，意识提升也就无法实现。增能社会工作强调，这种限制不是靠外部的观察能够识别出来的，它是影响人们行动的障碍。这样的障碍只有通过人们的行动才能呈现出来。同样，行动反思需要一定的社会生活场景，而意识提升就能为行动反思提供这样的场景。增能社会工作认为，正是在这样的社会生活场景中，行动才有了空间，反思才有了基础。因此，意识提升得越高，行动反思得也就越深；行动反思得越深，意识提升才能够越高。它们就像人们成长改变过程中的两个面，相互促进，一起构成相互影响的循环圈，推动人们在社会生活的困境中不断前行，不断增能（Adams，1996：39）。

为了帮助社会工作者了解增能服务的实践逻辑，增能社会工作还把这种注重实践中增能的服务逻辑与关注问题解决的理性技术逻辑做了细致的对比，认为两者在六个方面存在显著的差别。①服务方向。增能服务侧重于给服务对象提供更多自主选择、自主行动的机会，是一种以提升服务对象自主能力为目标的增能取向的服务；而问题解决的服务注重如何指导服务对象，是一种去能取向的服务，两者的服务方向是相反的。②服务假设。增能服务把服务对象视为整体的人，具有终身学习的能力，能够整合日常生活中的不同经验，变得更有信心应对环境的改变；问题解决的服务就不同了，把服务对象视为被动的指导对象，需要接受"专家"的训练，以掌握生活所需要而实际欠缺的能力。③服务焦点。增能服务是一种经验学习，注重服务对象行动反思能力的培养；问题解决的服务则关注技能的学习，强调服务对象理性思维能力的培养。④服务方式。增能服务采取的是扩散性（divergent）的思维方式，聚焦于问题解决方式的寻找；而问题解决的服务有自己不同的要求，它采取的是聚合性（convergent）的思维方式，以问题为焦点，关注问题的精确描述。⑤服务视角。增能服务运用的是后现代主义的哲学逻辑，注重生活建构的过程；问题解决的服务则推崇实证主义逻辑，关注社会事实的改变。⑥服务评估。增能服务关注在服务过程中寻找证据，把服务对象作为合作者；而问题解决的服务注重假设验证的方式，把服务对象作为观察分析的对象（Adams，1996：41）。显然，增能社会工作所强调的增能不是一种技术，而是一种思维的方式和服务的逻辑，它在理论基础的哲学层面上改变了社会工作者看待服务对象的视角。

增能社会工作强调，尽管增能服务注重个人的经验学习，要求社会工作者从服务对象的经验入手开展专业服务，但这不意味着，增能服务只关注个人心理层面的改变，是一种聚焦于个人心理的视角，恰恰相反，增能社会工作非常关注社会因素的影响，是一种社会的观察视角，它把个人放在了群体以及社区的关联中，注重在人与人之间的对话和互动过程中自我能力的提升，既包括个人层面的，也包括人际和社会层面的（Adams，1996：41）。之所以这样理解增能的内涵，增能社会工作认为，是为了避免增能与去能这种二元对立的思维，在提升自身能力的同时，也不牺牲周围他人，或者在协助周围他人提升能力时，也不放弃自己的成长发展的要求（Adams，1996：44）。显然，增能社会工作秉持的是一种协同成长的理念。

正是依据这样的成长理念，增能社会工作坚持认为，增能服务的成效考察也与以往社会工作服务模式不同，它不仅是服务介入之后服务对象改变结果的成效考核，而且作为服务成功与否的考察标准，是帮助服务对象学会行动中反思的一种有效方式，让服务对象看到自己改变的成效，并根据改变的成效及时调整成长改变的方向和方式。这样，服务对象参与评估就显得格外重要，成为增能社会工作不可缺少的内容。当然，这必然还包括如何与周围他人对话交流、如何与周围他人建立协同合作的关系等，是一种以行动为导向的经验评估，即对服务对象的应对行为进行评估，了解服务对象是否能够有效应对周围环境的要求，这样的评估结果反过来又能够指导服务对象做出更有效的行为调整。因此，在评估工作中增能社会工作就会特别关注服务对象行动反思能力的培养，了解服务对象是如何看待自己的应对行为的、是否具备批判反思的能力，能够注意到应对行为中可以改善的方面。显然，在增能社会工作的理论逻辑框架中，评估就不是一项专业服务的要求，而是服务对象行动反思能力的一部分，它渗透在整个服务的进程中（Adams，1996：138）。

（四）协同者的专业角色

在增能社会工作看来，社会工作者与服务对象建立什么样的信任合作关系是增能服务顺利开展的关键，除了需要运用心理社会双重视角理解服务对象的要求之外，更为重要的是，与服务对象一起面对因社会资源分配不公而产生的挑战。因此，增能社会工作把社会工作者与服务对象的信任合作关系界定为协同关系（a side-by-side stance）（Adams，1996：219）。这意味着社会工作者在增能服务中首先需要融入服务对象的日常生活中，作为服务人群的一分子分享自己应对生活困境的经验，帮助服务对象提升成长改变的意识，逐步消除对生活环境"不可掌控"的担心，增强应对能力。增能社会工作强调，社会工作者与服务对象的交往是从服务对象所经历的生活故事开始的，而不是以"专家"的身份收集、评估和分析服务对象生活故事之外的事实，从服务对象生活故事中呈现的问题入手，协助服务对象处理生活中遭遇的困扰。只有从服务对象经验到的问题入手，社会工作者才能真正承担起协同者的角色，避免把自己的想法强加给服务对象。不过，值得注意的是，增能社会工作坚信，社会工作者的服务不能仅仅局限于问题的解决，还需要通过对话的方式带动服务对象观察和思考问题中所呈现的社会资源分配不公的现象，协助服务对象找到应对"不可掌控"的社会环境的应对方法，使服务对象在不公正的社会环境面前感受到有影响和改变它的能力（Adams，1996：235）。

在协助服务对象增能的过程中，增能社会工作认为，有两个重要的原则：并肩协同（side-by-side）和真诚对话（Adams，1996：235）。就并肩协同而言，它要求社会工作者不是扮演某种或者某几种固定的角色，而是跟随服务对象的成长改变的步伐随时调整自己的角色，具有交互影响和相互促进的作用。因此，在增能社会工作看来，社会工作者扮演的角色是多种多样的，不仅没有固定的标准，而且需要依据服务对象的成长发展要求创新现有的服务角色，使服务对象能够实现自己的预期目标。就真诚对话来说，增能社会工作要求社会工作者在增能服务过程中真诚地呈现自我，与服务对象分享自己的经验，特别是自己如何应对社会资源分配不公这样的社会结构问题导致的生活困扰，使服务对象能够从社会工作者的分享中找到应对的信心和方法（Lee，2001：67）。

为了在具体的服务过程中呈现增能服务所强调的并肩协同和真诚对话的服务原则，增能社会工作在社会工作者需要扮演的角色前增添了共同（co-）的要求，如生活问题的调查者（investigator）就变成生活问题的共同调查者（co-investigator），合作关系的建设者（builder）就变成合作关系的共同建设者（co-builder），社会工作者扮演的其他角色也一样。显然，在增能社会工作的理论框架中存在这样一种逻辑构想：社会工作者这样的角色定位改变能够带动服务对象的生活角色改变，从而转变两者合作关系的本质，克服以往社会工作服务模式所遵循的二元对立合作关系的角色划分的局限。这样，在增能服务中也就不存在服务对象和社会工作者这样的角色划分，两者都是工作者，需要共同面对生活中遭遇的困扰，一起寻找解决方法（Lee，2001：61–63）。

增能社会工作强调，它所推崇的共同行动的合作理念，并不意味着社会工作者需要依据尊重和平等的价值原则与服务对象分担相同的改变任务和责任，而是就以往社会工作的服务合作关系的弊端而言的，不是突出社会工作者的"专家"地位，就是强调服务对象的自主作用。因此，在增能服务中，社会工作者需要通过与服务对象对话了解服务对象的需求，让服务对象说出自己的生活遭遇和内心感受，其间既可以由社会工作者向服务对象提出问题，也可以由服务对象向社会工作者提出问题。正是借助这样的相互对话，社会工作者才能投入服务对象的生活处境中，站在服务对象的角度，增进服务对象对自己生活经验的反思以及反思后的行动，提升服务对象成长改变的批判意识。增能社会工作认为，社会工作者只有设法站在服务对象的角度，才能与服务对象建立起这种共同的联盟关系，包括一起寻找问题、一起面对困惑、一起发掘能力、一起寻找解决方法等，成为服务对象可信任的合作者（Lee，2001：65）。显然，在增能社会工作看来，社会工作者既像朋友，需要与服务对象一起面对生活中面临的困境，又像教师，需要指导和启发服务对象，提升服务对象的成长发展的批判意识和社会实践能力（consciousness raising and praxis）（Lee，2001：66）。

不过，在实际的增能服务中，增能社会工作发现，有三种常见的错误理解，妨碍社会工作者与服务对象建立协同关系。第一种，把服务合作关系视为落实专业服务的手段，只关注"专家"的意见，并且强调针对服务对象的阻抗进行有技巧的干预；第二种，把服务合作关系作为专业化的一部分，只注重规范化和程序化的专业操作要求，不注意转换角度理解服务对象的真实需要；第三种，把服务合作关系当作建立成员身份的有效方式，只强调融入服务对象的日常生活中，不关注甚至反对与专业服务的结合（Adams，1996：167–170）。很显然，增能社会工作强调协同关系，是希望社会工作者既能够融入服务对象的日常生活中，从服务对象感受到的现实需要出发，而不是站在"专家"或者"第三者"的角度分析服务对象的问题和需要，也能够跟随服务对象的成长发展要求，调动服务对象的批判和反思的能力，让服务对象在行动和反思中不断提升环境改变的意识（Adams，1996：171）。可以说，增能服务中的协同者角色不仅融入了以服务对象为本的人本主义理念，而且结合了关注社会结构影响的批判理论的逻辑。

值得注意的是，增能社会工作在自己的专业实践中发现，尽管社会工作者与服务对象的这种协同关系具有互惠的特点，能够相互促进，见证各自的能力提升，但是这种协同关系的焦点却不能仅仅集中在社会工作者与服务对象两者之间的交流上，还需要跳出服务合作关系的考察，关注服务对象的日常生活，特别是服务对象的自主能力，让社会工作者与服务对象之间的服务合作有了协同的目标；否则，增能服务就会失去发展的方向，最终导致社会工作者与服务对象之间的服务合作关系转变成纯粹的权力游戏（Adams，1996：174）。增能社会工作认为，强调协同的服务合作关系，除了要突出社会工作者与服务对象的成长发展步伐的协同之外，还希望这样的协同关系能够带动服务对象应对日常生活困境能力的提升。正是依据这样的服务逻辑，增能社会工作对社会工作者在增能服务中的角色进行了清晰明确的规划，强调社会工作者在整个服务过程中需要承担三种基本角色：自主能力的培育者、支持关系的建设者和成长发展的引导者（Adams，1996：174－182）。自主能力的培育者是指社会工作者与服务对象的对话交流都需要围绕服务对象自主能力的提高而展开。尽管服务对象在困境中都希望社会工作者能够替代自己，但是社会工作者并不能因此承担服务对象成长改变的责任，而需要在整个服务过程中关注服务对象仍旧能够完成的方面和自主能力的改变空间，伴随服务对象成长的步伐，协助服务对象逐渐提高自我决定和自主选择的能力，它涉及选择希望的培育（optimism should be cultivated）、真诚的专业支持（non-compromising professional support）以及成长改变机会的场景化（opportunities of localism）等不同方面（Adams，1996：174－178）。支持关系的建设者是要求社会工作者在增能服务中注重服务对象与周围他人支持关系的建立和维护，不是把服务对象从日常生活场景中抽离出来，而是加强服务对象与周围他人的交流，特别是服务对象的非正式社会支持关系，在服务对象遭遇困难的时候发挥了重要的作用。因此，增能社会工作提倡一种社区为本的服务活动的组织方式（community-based methods of organization）（Adams，1996：178－179）。成长发展的引导者则是指社会工作者在增能服务中的参与都是有意识、有目的的，他承担着促进服务对象对自己的生活经验进行不断反思的责任，从而带动服务对象成长改变意识的提升，包括减少专业的霸权（minimizing the risk of professional colonization）、注重日常生活经验的实践（profane practice）以及模糊专业人士和服务对象的角色区分等方式（Adams，1996：180－182）。

很显然，增能社会工作所倡导的协同的服务合作关系是以服务对象的成长改变为服务主线的，一旦服务对象参与到服务活动中，就由服务对象主导这项服务活动的安排，围绕服务对象自主能力提升这个核心，逐渐扩展服务对象自主选择和自我决定的空间。因此，增能社会工作强调，增能服务不仅需要给服务对象充足的成长改变的时间，而且需要把握好服务引导的方式，既能够给服务对象必要的支持，又能够避免强迫服务对象迎合社会工作者的服务要求（Adams，1996：189）。

为了帮助社会工作者转变为服务对象成长改变的协助者，增能社会工作认为，增能服务的社会工作者需要掌握四种类型的基本服务技能：①动机激发（to bolster motivation），即培养和增强服务对象的改变动机，包括关注服务对象呈现的问题，鼓励服务对象用自己的语言表达自己面临的困惑、接纳服务对象的问题理解角度、发挥服务对象自己的能力以及适当坦露社会工作者自己的感受等，让服务对象有机会表达自己的改变愿望；②问题解决（to solve problems），即帮助服务对象提高自身能力和环境资源的运用，不仅涉及问题不同解决方法的寻找，而且涉及问题解决过程中平等批判意识的培养；③心理满意和自信心维持（to maintain psychic comfort and self-esteem），即协助服务对象管理好自己的情绪，保持高水平的自我满意的状态，如外化问题对服务对象的影响，减少服务对象内心的自责以及帮助服务对象建立身份的自豪感等，让服务对象逐渐学会接纳和欣赏自己的社会身份；④自我指导，即协助服务对象增强自我决定和自主行动的能力，包括鼓励服务对象学会收集和分析信息、促进服务对象自己做出选择以及协助服务对象寻找适合自己的发展方式等，使服务对象对自己的未来生活有更好的把控能力（Lee，1996：231 - 232）。

实际上，在具体的增能服务过程中，增能社会工作认为，这四种类型的服务技能是需要结合在一起运用的，动机激发会促进问题解决要求的提升，问题解决又会带动心理满意和自信心的维持，心理满意和自信心维持又会强化自我指导的要求，而自我指导又会进一步激发成长改变的动机。这四种类型的服务技能就这样相互影响，相互促进，一起带动服务对象在困境中往前迈进。增能社会工作强调，增能服务不同于一般的问题解决的服务，社会工作者需要通过倾听、命名、陪伴和呈现的过程帮助服务对象实现认知重构（cognitive reconstructing），使服务对象能够跳出个人的视野，从社会结构的大环境来理解生活中面临的问题。因此，增能社会工作发现，从事增能服务的社会工作者与服务对象的对话交流具有不同于问题解决的要求，这被称为批判反思意识的培育。可以说，在增能服务中社会工作者更像是问题的引导者（a problem poser），通过提出批判反思性的问题（critical questions），帮助服务对象发现日常生活中"习以为常"的问题，并由此带动服务对象解决问题能力的提升（Lee，1996：233）。不过，需要注意的是，增能社会工作是把批判反思意识的培养放在人际互动以及社区日常生活的场景中来看的，因而也就强调社会工作者是平等权力关系的倡导者和互助关系的推动者。这样，在增能服务的过程中社会工作者通常会使用小组和社区的工作方式，帮助服务对象在人际和社会层面实现增能（Lee，2001：73）。

尽管增能社会工作作为一种服务模式有自己独特的理论来源、逻辑框架和服务要求，但是在不少社会工作者的眼里，它更像是一种服务的理念和服务的视角，不仅其他服务模式可以拿来用于具体的增能服务中，而且由于不同的社会工作者和服务对象对于增能有不同的理解，因而也就造成了增能服务中的一种普遍现象：增能服务方式的多样化和增能概念的模糊不清（Lee，2001：202）。特别是，一旦社会工作者在增能服务中缺乏批判反思的能力，就会使增能成为强迫服务对象承担责任的理由，把社会工作者认为的责任标准强加给服务对象，用增能的形式做了去能的服务（Lee，2001：206）。

伴随西方社会的民权运动，增能社会工作经历了20世纪六七十年代的创建和时兴之后，到了80年代开始逐渐淡出人们的视野；90年代之后，由于英特网和移动电话的广泛使用，集体的影响力重新获得展现的机会，增能社会工作再一次获得主流社会工作的关注，而且延伸到一般的社会服务中，成为广受人们欢迎的一种服务模式（Lee，2001：202）。目前增能社会工作虽然在实践层面仍然面临很多的质疑，但是无疑已经成为社会工作的一个重要理论流派，它把社会工作的专业服务引向了社会结构，使社会工作的服务逻辑有了社会理论的基础（Payne，2005：295）。这种理论基础既不同于以往注重个人病理的医学模式，也不同于注重生态系统关系的生物模式，是人们对自己作为人的生活的原则和方式的考察。正是因为如此，增能社会工作倡导一种批判反思的实践，把社会工作者作为这种批判反思实践的协作者，协助服务对象在批判反思的实践中提升自身影响社会生活的能力。从这个意义上说，增能社会工作不是一种服务模式，而是所有涉及社会层面改变的基本服务要素，是帮助社会工作者把社会工作专业服务深入社会层面必须借助的服务方式（Adams，1996：3）。

第二节 反歧视、反排斥社会工作

一 反歧视、反排斥社会工作的演变

尽管消除歧视和反对排斥的声音很早就已经出现，但是真正作为社会的普遍诉求却是 20 世纪 60 年代的事情（Forsythe，1995）。随着西方社会民权运动的兴起，反歧视、反排斥成了 20 世纪七八十年代社会工作服务领域中有独特取向的一种服务模式，涉及种族、阶级、性别以及身体残疾等社会歧视和排斥的消除。[①] 这是继 19 世纪末 20 世纪初社会工作产生之后，社会层面的改变要求重新回到了社会工作者的视野，社会的公平和公正再次成为社会工作者关注的焦点（Okitikpi & Aymer，2010：1 - 2）。这样的转变受当时西方社会面临的种族和文化冲突的影响，如 80 年代初美国和英国社会出现了因种族歧视导致的城市暴乱，德国、法国和意大利则面临难民的困扰（Barry & Hallett，1998：26）。此外，通过政策和服务的改革倡导社会融入也直接影响了反歧视、反排斥社会工作（anti-discrimination/ anti-oppression social work）的发展，如英国在 70 年代颁布了《同等待遇法案》（The Equal Pay Act 1970）、《慢性病患者和残疾人法案》（The Chronically Sick and Disabled Persons Act 1970）、《反性别歧视法案》（The Sex Discrimination Act 1975）以及《种族关系法案》（The Race Relations Act 1976）等，特别是 1998 年通过的《人权法案》（The Human Rights Act 1998），直接推崇机会公平、平等对待的原则，使社会工作越来越关注保障社会弱势人群平等权益这项重要功能（Okitikpi & Aymer，2010：64）。

到了 90 年代，反对各种不同形式的社会歧视和社会排斥的社会工作服务逐渐汇聚在反歧视、反排斥的理论逻辑框架下，形成以改善社会不平等、倡导公平社会为核心理念的统一的社会工作服务模式，称为反歧视、反排斥社会工作（Payne，2005：278）。之所以出现这样的整合，是因为在八九十年代经济全球化的影响下，西方社会的福利服务方式发生了重要转变，开始引入市场元素，把服务对象作为服务的消费者，强调从服务消费者角度组织和提供"第三条道路的社会关怀"（a third way for social care）服务，社会工作者的职责也从一线面对面的直接服务转向社会政策的具体把控和不同服务的相互协调（Cree，2002：22 - 25）。这样，社会工作专业服务的核心也从具体的反对各种不同的社会歧视和社会排斥转向了一般意义上社会公平和人权的争取，不仅涉及个人层面的歧视的消除，也涉及社会层面的排斥的改善（Clifford & Burke，2009：2）。

反歧视、反排斥社会工作是这样一种服务模式，它以服务对象为本，倡导社会平等

---

① 不同的学者虽然对反歧视社会工作和反排斥社会工作的内涵有不同的理解，但是普遍认为两者在很大程度上是交叉的，可以混用。两者之间的细微差异，请参阅 Okitikpi & Aymer（2010：61）。

的价值理念，关注社会生活中个人、社会和结构层面不平等因素的消除，通过积极社会
关系的重建，协助服务对象在减少社会歧视和社会排斥的服务中增能，目的是针对社会
弱势群体的发展要求提供更有针对性和敏感性的专业服务（Dominelli，1993：24）。显然，
反歧视、反排斥社会工作把服务焦点集中在了服务对象所能体验到的各种形式的社会歧
视和社会排斥上。在反歧视、反排斥社会工作看来，社会生活的一个显著特点就是社会
分化和分层（social division），不仅仅是一种生态的系统，同时还涉及人与人、群体与群
体之间的社会歧视和社会排斥。因此，消除社会歧视和排斥，倡导社会平等，就与服务
对象的潜能发挥和增能紧密联系在一起（Dominelli，2002e：1），这是社会工作的本质要
求所在（Okitikpi & Aymer，2010：62）。

　　反歧视、反排斥社会工作强调，以往的社会工作服务模式只是关注社会弱势人群面
临困境时的个人和心理层面的困扰，忽视了这些困扰产生的社会基础，没有把服务对象
和社会工作服务放在具有社会分化和社会歧视的环境中来考察，因而也就使社会工作缺
乏像社会学这样的社会结构和社会文化层面的思考（Payne，2005：292）。反歧视、反排
斥社会工作希望社会工作者在专业服务的开展过程中能够扩展自己的服务视野，把社会
学、文化人类学、经济学、社会心理学以及政治学的理论逻辑引入社会工作中，增强社
会工作服务的社会学基础（Okitikpi & Aymer，2010：25）。与以往把社会工作视为一种科
学和技术的观点相反，反歧视、反排斥社会工作坚持认为，由于社会工作总是与社会弱
势人群的反对社会歧视和社会排斥的要求联系在一起，因此它就是一种有关社会伦理的
服务，没有办法回避对个人的社会责任以及社会的平等原则的审视。可以说，反歧视、
反排斥社会工作所要改变的不是个人的不适应行为，而是人与人互动过程中所呈现的社
会伦理（Howe，2009：147）。

　　反歧视、反排斥社会工作的一个显著特点，就是把社会工作服务本身也放在社会场
景中来考察。这样，社会工作者与服务对象之间就不是"专家"与"病人"的关系，而
是一起工作、相互增能（Howe，2009：148）。社会工作的价值伦理也就自然成为反歧视、
反排斥社会工作理论逻辑建构的核心内容之一，它要求社会工作者借助反对社会歧视和
社会排斥的实践反思和审视自己的价值立场，跳出自己主观经验的限制，更开放地理解
服务对象的内心感受和个人经验（Okitikpi & Aymer，2010：9）。正是基于这样的思考，
反歧视、反排斥社会工作鼓励社会工作者运用反思和批判的思维方式（a reflective and
critical approach），在服务中随时退后一步，审视自己的价值观、生活态度以及服务的方式
方法对服务对象的影响，考察与服务对象的沟通交流过程中权力关系在其中发挥的作用，从
而找到协助服务对象增能的具体途径和方式（Okitikpi & Aymer，2010：112）。

　　之所以把各种不同的反对社会歧视和社会排斥的社会工作服务整合在一起，形成统
一的服务模式，反歧视、反排斥社会工作认为，这不仅仅是出于实务工作的便利考虑，
可以根据服务对象面临的具体社会歧视和社会排斥开展专业服务，不局限于某种特定类
型的社会歧视和社会排斥，更为重要的是，这样的整合意味着一种崭新的思维逻辑，不
再遵循谁是胜利者谁是失败者这样的二元对立的思维方式，而是从动态的关联中理解双
方各自的成长要求，消除二元对立的社会划分，关注相互之间的差异性和独特性

（Dominelli，2002e：5）。因此，反歧视、反排斥社会工作主张运用整全的视角（a holistic framework）理解服务对象的成长改变要求，把个人层面的改变与社会层面的改善结合起来，提升服务对象在日常生活中掌控自己生活的能力（Dominelli，1997b：34）。当然，这样的整全视角要求社会工作者不能再把服务对象与周围环境割裂开来开展服务，也不能简单把个人层面的改变与社会层面的改善相加在一起，而是运用一种相互关联（inter-dependency）的逻辑框架整合个人和社会层面的改变（Dominelli，2002a：6）。

反歧视、反排斥社会工作一经提出，就受到社会工作者的普遍关注，特别是在健康照顾和社会照顾领域（the health and social care field），像残疾人职业康复、精神障碍患者社会康复等专业服务，常常面临社会歧视和社会排斥的问题（Okitikpi & Aymer，2010：3）。因此，反歧视、反排斥社会工作强调，无论什么领域的社会工作专业服务，都不仅涉及是什么事实层面的思考和改善，也涉及应该是什么价值层面的反思和调整，社会工作就是具有强烈价值关怀的一种专业助人服务（Cree，2002：20）。不过，即使到了 20 世纪 90 年代末，社会工作教育普遍引入了倡导文化多元以及反对社会歧视和社会排斥的课程，但是在实际的服务中，反歧视、反排斥社会工作的运用仍然面临很多困难（Woodford & Bella，2003：413）。其中一个重要原因是，反歧视、反排斥社会工作的论述过于抽象，缺乏可以明确把控的具体的操作程序和方式（Fredriksen-Goldsen et al.，2011）。

在反歧视、反排斥社会工作的倡导和推进过程中，有两个基本的取向。一个以实际服务为立足点，注重将反对社会歧视和社会排斥的要求与其他的服务需求结合起来，形成整全的服务逻辑框架，在这样的逻辑框架下开展具体的服务。这一发展取向的代表人物是英国的社会工作学者丽娜·多米内利（Lena Dominelli）。另一个以伦理价值为出发点，关注把伦理价值的立场与事实的探究整合起来，建构具有伦理价值关怀的服务逻辑框架，并且以此为基础开展专业服务。这一发展取向的重要代表人物是贝弗莉·伯克（Beverley Burke）（Payne，2005：285）。

（一）丽娜·多米内利

多米内利是英国南安普斯顿大学社会工作系（the Department of Social Work Studies at the University of Southampton）的一名教师，一直关注社区和社会发展的议题，具有丰富的社区和社会发展的实务经验（Adams，Dominelli，& Payne，2002：xiii）。她在总结自己的实务经验中发现，早在 20 世纪 60 年代末 70 年代初，社会工作者就已经把批判视角引入个案服务，特别是在社区工作中，需要直接面对社会生活中的歧视和排斥（Dominelli，2002a：10）。到了 80 年代，多米内利开始吸收女性主义和黑人反种族主义的一些想法，把它们融入社会工作的实践中，探索具有反对社会歧视和社会排斥元素的社会工作服务模式。她在 1988 年和 1989 年分别正式出版了《反种族社会工作》（*Anti-racist social work*）和《女性主义社会工作》（*Feminist social work*）。①

在 20 世纪七八十年代西方民权运动的影响下，特别是经济全球化导致的消费主义的

---

① 具体内容请参见 Dominelli（1988）。

兴起，服务对象转变成了服务的消费者，他们开始挑战被视为理所当然的服务提供者的"专家"地位以及所提供的"科学"服务，而他们的满意和权益则被视为评价服务成效的关键（Belenky et al.，1997：12）。正是在这样的社会思潮的影响下，多米内利像其他社会工作者一样，开始怀疑以往以弗洛伊德精神分析学派为理论基础的"科学"服务模式的逻辑基础，认为这样的服务逻辑并不能满足像妇女、老人、黑人、残疾人等社会弱势人群的基本要求，甚至本身就可能成为无视社会弱势人群基本需要的一部分（Dominelli，1999：132）。依据这样的思考，多米内利发现，社会工作者首先需要反思和调整的不是增加一种或者几种急需消除的社会歧视和社会排斥的服务，或者列出完整的服务清单，而是重新理解社会工作者与服务对象的专业合作关系，改变以"专家"为主导的服务逻辑，把激发服务对象的成长改变要求作为专业服务的核心，并且以此为依据安排专业服务的进程。这样，整个专业服务就是由服务对象来主导，社会工作者只是服务对象成长改变的协助者和合作者（Dominelli，2002e：1－2）。

在回顾以往社会工作服务模式时，多米内利发现，从这种协助者和合作者的要求出发，可以把社会工作服务逻辑简要地分为三类：心理辅导取向的（therapeutic helping approaches）、关系维持取向的（maintenance approaches）和思想解放取向的（emancipatory approaches）。与注重心理和个人层面改变的心理辅导取向的社会工作服务模式不同，思想解放取向的社会工作服务模式不仅关注心理和个人层面的改变，也关注社会和环境层面的改变，更为重要的是，它把心理和个人层面的改变放在社会和环境层面的改变中，运用更高层次的整全视角理解两者之间的相互影响（Dominelli，2002a：3）。多米内利强调，虽然关系维持取向的社会工作服务模式看到了心理辅导取向的不足，把个人的改变与环境的改变结合在了一起，注重个人在适应外部环境过程中形成的实践智慧（practice wisdom），但是与心理辅导取向一样，仍旧把社会工作者作为"专家"，认为他们可以跳出自己的生活场景，客观、科学地指导服务对象（Dominelli，2002a：4）。

基于这样的对比分析，多米内利坚信，社会工作发展到 80 年代，需要引入另一种不同的服务逻辑，不再把社会工作者视为比服务对象优秀而且能够"超脱"自己生活的"专家"，而需要让社会工作者重新回到自己的生活中，站在日常生活的角度理解社会工作者与服务对象之间的专业合作关系。这样，社会工作就需要借用教育学家保罗·弗莱雷（Paulo Freire）提出的意识提升（consciousness-raising）的概念，① 把服务对象的改变与社会工作者的改变联系起来，重新理解社会工作者与服务对象之间的合作关系。因此，在多米内利看来，社会工作者提供的任何专业服务都是在社会生活中的，都具有了个人层面和社会层面改变的要求，不再仅仅局限于专业技术的指导，同时还融入了意识提升的要求，需要社会工作者从自己固有的偏见和歧视中摆脱出来，从更开放、更包容的角度理解服务对象的要求，协助服务对象在日常生活中找到提升自己能力的方式和途径。显然，思想意识的解放是这一新取向的服务模式的核心要求（Dominelli，2002a：4）。

多米内利强调，不能把反对歧视的思想解放简单理解成社会工作专业服务发展的要

---

① 具体内容请参见 Freire（1972）。

求，实际上，它是社会需要在七八十年代之后的表现，涉及妇女、黑人、残疾人、老人以及同性恋者等社会成员的权益保障，而背后则是社会公平公正的诉求。正是基于这样的逻辑思考，多米内利开始放弃从反对种族歧视或者反对性别歧视等某一领域出发建构社会工作服务逻辑的做法，转向把反对社会歧视和社会排斥视为促进服务对象成长改变不可缺少的服务视角（Dominelli，2002a：4）。因而，到了90年代，多米内利着手梳理和总结反歧视、反排斥社会工作，希望克服之前把反对社会歧视和社会排斥当作一个服务维度的思维局限，从哲学层面理解人的社会生活的反歧视、反排斥的本质特征，把反歧视、反排斥作为社会工作走进日常社会生活的基本视角。也就是说，此时多米内利所理解的反歧视、反排斥的要求是对于所有社会工作的服务对象和服务领域而言的，是从社会生活角度建构社会工作的服务逻辑。这样，社会分化就作为社会工作理论逻辑的一个核心概念，区别于以往的生态系统视角，它不是注重弱势群体地位的改变，由被歧视、被排斥转变成社会生活的主导，而是注重这种社会歧视和社会排斥生活方式的改变，对公平公正社会生活的追求，以及对多样性和差异性生活的接纳（Dominelli，2002a：5）。

多米内利把反歧视、反排斥社会工作称为一种既老又新的服务模式（an old-new practice paradigm）。之所以说它新，多米内利认为，这种服务模式不同于以往心理辅导取向和关系维持取向的社会工作服务模式，把人们在社会生活中的最核心要求（反对社会歧视和社会排斥）呈现了出来，关注通过社会歧视和社会排斥的减少或者消除解放人们的思想。同时，这种服务模式又非常注重人们自身的成长和改变，倡导以服务对象为本的服务逻辑，这与社会工作产生之初所推崇的对服务对象尊重、接纳和自决的原则是一致的，沿袭了社会工作所强调的人文关怀的传统。因此，它又是一种"老"的服务模式。依据这样的理解，多米内利相信，社会工作的专业服务是一种经验和研究导向的，它根植于服务对象的日常社会生活中，服务对象的日常生活经验就成了服务对象成长改变的基础和资源，而服务对象的成长改变就是在回答日常社会生活中提出的挑战，寻找解决的方式是生活问题的探究（Dominelli，2002a：7）。

与以往社会工作服务模式强调提高服务对象自身的生活掌控的能力不同，多米内利认为，反歧视、反排斥社会工作的核心原则是尊重差异性（difference），不是要求服务对象成为什么，而是尊重服务对象的差异性，它要求社会工作者在深入理解服务对象不同生活处境的同时，反思自己的主观偏见和歧视，通过挑战不平等的交往关系实现两者社会关系的转变（Dominelli，2002a：9）。显然，在多米内利的理论逻辑框架中，社会公平公正的核心不是一致对待，而是尊重差异性，而尊重差异性的核心则是反对社会歧视和社会排斥，即通过反对社会歧视和社会排斥逐渐使社会生活变得更公平、更公正。

多米内利在观察经济全球化对社会工作服务的影响时发现，经济全球化虽然能够促使服务对象成为消费者并且以消费者的满意程度作为社会工作服务是否成功的衡量标准，但是同时也带来社会贫富的两极分化，使社会歧视和社会排斥的问题更为突出，更为重要的是，经济全球化还会导致在社会福利服务体系中引入市场机制。这样，反歧视、反排斥社会工作的运用就会受到影响，常常使社会工作者处于两难的处境中：一方面需要维持国家的经济竞争力，遵循市场机制；另一方面需要维护社会弱势群体的权益，倡导反对社会歧视和社会排斥，避免把问题个人化（Dominelli & Hoogvelt，1996）。特别是当政府大幅度削减社会福利服务资金时，社会工作者的生计就与市场的联系更为紧密，服务方式的选择有时甚至影响到他们的生存，而反对社会歧视和社会排斥又常常不是政府和服务机构希望看到的，他们首先考虑的是经济方面的影响（Dominelli，2002a：11）。因此，经济全球化必然伴随反歧视、反排斥的怀疑声音，强调经济的发展才是社会共同的利益，社会工作者的任务就是维护这种经济优先的原则，而不是把专业人士关心的社会歧视和社会排斥的事情作为专业服务的基本视角（Culpitt，1992：131）。

对于多米内利而言，这样的怀疑声音恰恰说明倡导反歧视、反排斥社会工作的必要性，因为这样的看法很容易让社会工作者认识不到专业服务本身就是发生在一定社会场景中的，主流的意识不仅影响服务对象，也影响社会工作者，两者之间的交流并不是平等的。如果社会工作者缺乏反对社会歧视和社会排斥的警觉意识，就可能不自觉地把自己的观点和想法强加给服务对象（Dominelli，2002a：59）。在多米内利看来，社会歧视和社会排斥并不是政治领域的现象，它们也可能出现在经济领域或者其他领域，是社会生活本身的特点，而经济全球化之后，强调经济的重要作用，把经济和政治明确区分开来，这样的做法就会弱化社会歧视和社会排斥对人们社会生活的影响，看不到自己应该承担的社会责任，导致社会发展的失衡。因此，多米内利强调，反对社会歧视和社会排斥既是人们社会生活的要求，也是社会工作作为一种助人的专业服务本身的要求（Dominelli，1997b：176）。

从社会工作自身的理论逻辑架构来看，多米内利认为，无论强调人与环境平衡发展的关系维持取向的社会工作服务逻辑，还是关注经济与政治相区分的全球化视角，都把反对社会歧视和社会排斥剔除在专业服务范围之外，根本忽视了日常生活中人的伦理价值的要求，或者把这一要求视为个人的主观偏好，或者当作政治主张（Dominelli，2002a：11）。实际上，只要社会工作者与服务对象或者服务对象身边的重要他人交流，并且一起规划服务活动安排的时候，就必然涉及权力和资源的运作，因而社会歧视和社会排斥也就很难避免。多米内利坚信，只有把反对社会歧视和社会排斥融入社会工作的服务过程中，作为社会工作的一个基本视角，才能改变以往社会工作的服务逻辑，把日常生活中的伦理价值要求引入社会工作服务中，视为社会工作理论逻辑不可或缺的部分（Dominelli，2002e：60）。多米内利在解释引入反歧视、反排斥视角的必要性时指出，这样的要求不是根据社会工作者自己的想象或者个人主观的偏好，而是社会的诉求，最为典型的就是妇女和黑人组织的民权运动以及残障人士发起的残障人士权益保障活动等。以服务社会弱势人群为己任的社会工作，必然需要回应这些社会的诉求（Dominelli，2002a：14）。

多米内利发现，尽管在推进反歧视、反排斥社会工作的过程中有不少外部的环境限制，但是真正妨碍这一服务模式拓展的是社会工作者自身，因为除了缺乏必要的实务指导教材和训练手册之外，社会工作的专业课程设置中也没有把这一服务模式作为学生必须学习的课程，从而导致这样的一种现象，真正对这个服务模式有兴趣，想进一步学习的，也不知道如何学习。因此，多米内利建议，从知识（intellectually）、情感（emotionally）和实践（practically）三个方面着手改善反歧视、反排斥社会工作的运用状况。在知识方面，需要帮助社会工作者学习和了解反歧视、反排斥社会工作的核心原则和服务方式；在情感方面，需要鼓励社会工作者勇敢面对这种反歧视、反排斥社会工作服务模式在运用过程中可能遇到的挫折，并且学会在挫折中寻找积极应对的方式；在实践方面，则需要协助社会工作者把这种反歧视、反排斥社会工作的核心原则和服务方式应用到实际的服务活动安排中，在实践中培养自身的驾驭和掌控能力（Dominelli，2002a：15）。此外，在多米内利看来，反歧视、反排斥社会工作理论逻辑的梳理和服务成效的研究也是非常必要的，因为这种服务模式尽管从 70 年代起就已经有社会工作者开始探索，但是直到 90 年代它才拥有比较清晰的服务定位和基本的理论逻辑框架，无论理论还是实践都仍然面临许多困惑和挑战（Dominelli，2002a：18）。不过，不管怎么改变和调整，多米内利强调，能够满足社会弱势人群的成长改变要求才是关键，这是反歧视、反排斥社会工作能够生存下去的立足之处（Dominelli，2004：12）。

（二）贝弗莉·伯克

像多米内利一样，伯克也是一名具有丰富社会工作实务经验的高校教师（Clifford & Burke，2009：13）。作为一位蓝领阶层出身的黑人女性，伯克从自身的成长经历中就体会到不同文化和种族之间的冲突和张力。大学毕业之后，伯克从事过青年和社区方面的工作，后来又成为社会工作者，与社区中不同的人群打过交道，对于社区中存在的社会歧视和社会排斥以及伦理价值的差异性有很深刻的体会（Clifford & Burke，2009：14）。正是依据这样的生活体验，伯克和简·达尔林普尔（Jane Dalrymple）在 1995 年合作出版了具有广泛影响的《反排斥实践：社会关怀和法律》（*Anti-oppressive practice*：*Social care and the law*）一书，明确提出社会工作者提供的服务既可能造成社会排斥，也可能实现服务对象的增能，这完全取决于社会工作者对自身专业和法律责任的认识以及对社会排斥概念的清晰理解，避免过度使用自己手中握有的专业权威和社会资源，把伦理价值的反思作为社会工作专业服务不可缺少的要素（Dalrymple & Burke，1995：3）。因此，在伯克和达尔林普尔看来，反歧视社会工作实践的核心是一种增能的实践，通过与服务对象建立平等合作的关系，采取"最小介入"（minimal intervention）原则协助服务对象成长（Payne，2005：286）。

伯克还与英国曼彻斯特大学（the University of Manchester）的同事德里克·克利福德（Derek Clifford）合作，把他们长期从事的社会工作理论和实践的研究以及在伦理价值和反歧视、反排斥实践等课程教学方面的内容和思考总结提炼成《社会工作的反排斥伦理和价值》（*Anti-oppressive ethics and values in social work*）一书，在 2009 年正式出版，受到社会工作者的广泛关注和欢迎。[①] 伯克和克利福德强调，这本书探讨的核心焦点是人们所拥有的行动的反身性意识（a reflexive awareness），即人们对自己的社会位置（social location）以及这一位置对自己和周围他人影响的察觉（Clifford & Burke，2009：14）。

伯克和克利福德认为，反歧视、反排斥社会工作有这样一个基本的理论假设：人们

---

① 详细内容请参见 Clifford & Burke（2009）。

生活在充满不确定因素的多元社会中，社会中的每一个人，哪怕是深陷困扰中的服务对象，都需要保护自己，为自己的生活负责。因此，交往过程中谁做决定以及这样的决定对谁有利，就成为日常生活中最基本也是时刻都无法回避的问题。即使社会工作者与服务对象的合作关系也不例外，也涉及交往中权力关系的不平等，特别是早期的社会工作理论，把社会工作者的"专家"地位当作专业服务必不可少的要素。20世纪中后期的民权运动以及服务使用者运动让社会工作者察觉到社会工作专业服务背后所忽视的社会歧视和社会排斥的问题。正是基于这样的逻辑思考，伯克和克利福德强调，社会工作者在专业服务中有一项清晰明确的伦理价值要求，即随时考察社会工作者与服务对象之间的权力关系，邀请服务对象参与服务的决定，由服务对象确定自己的发展方向（Clifford & Burke，2009：8）。

在理解社会工作者与服务对象的合作关系时，伯克和克利福德发现，以往社会工作要么忽视服务对象的要求，强调专业服务和过程管理的重要性，要么简单化地处理两者之间的合作关系，无视社会工作者和服务对象身后的社会关系（Clifford & Burke，2009：9）。除了民权运动和服务使用者运动的影响之外，90年代兴起的灵性（spirituality）思潮也促使社会工作者看到文化的多样性以及在文化影响下人们生活方式的多样性，反思社会工作者与服务对象的交往过程中权力所发挥的作用（Cowden & Singh，2007）。因此，伯克和克利福德倡导一种能够包容不同宗教和文化价值观的社会工作价值理念，这种价值理念注重人与人之间的差异性，既能够接受人们之间的不同宗教信仰和文化习俗，又能够接纳人们的不同生活方式，是一种他们称之为反对社会歧视、社会排斥视角的伦理价值（Clifford & Burke，2009：10 - 11）。

伯克和克利福德坚持认为，这种关注人们之间差异性的价值理念不仅能够让社会工作者拥有在家庭、社区以及社会服务中发现和接纳每个社会成员的不同价值理念的能力，也能够促使社会工作者审视与服务对象及其周围他人交往过程中的权力和资源的运用，把伦理价值的体验与生活事实的分析整合起来，更准确地理解人们在决定过程中的复杂性（Clifford & Burke，2009：11）。显然，在伯克和克利福德的理论逻辑框架中，伦理价值是人们日常社会生活不可缺少的核心元素之一，它本身就是社会生活事实的一部分（Clifford & Burke，2009：13）。因此，社会工作者就不能够把伦理价值与生活事实割裂开来，简单地就伦理价值来讨论伦理价值。特别是在经济全球化的处境下，社会福利服务资金的大幅度削减、管理主义的盛行以及社会工作服务取向的管理化和行政化等，使社会工作伦理价值的倡导显得尤为重要，它与社会工作从诞生之日起所推崇的人文关怀的使命是一脉相承的（Clifford & Burke，2009：49）。

在梳理社会工作伦理价值演变的历史发展过程中，伯克和克利福德发现，社会工作的伦理价值一直被视为社会工作专业服务的重要组成部分，因为社会工作不仅需要关注是什么，也需要关注应该是什么。正是有这样的现实要求，无论怎样看待社会工作专业服务，社会工作者都无法回避伦理价值问题的探讨（Clifford & Burke，2009：49）。伯克和克利福德在回顾研究文献时看到，最早对社会工作伦理价值进行系统整理是来自个案工作的要求，它包括个别化（individualization）、接纳（acceptance）、不批判（non-judgment)、自我决定（self-determination）和保密（confidentiality）等（Biestek，1961：47）。之后，这些要求逐渐被认为是社会工作的一般伦理价值（Clifford & Burke，2009：49）。由于这些伦理价值的要求来自个案工作的社会工作实践，其难免受到个案工作这种工作方式的影响，看不到个案背后的社会和文化的因素（Dominelli，2002d：18）。特别是在服务于社会弱势人群时，这一局限就显得格外突出，常常使社会工作者要么无视社会弱势人群困境背后的社会资源分配不公平或者机会不平等，要么在这样的社会困境面前不知所措（Dominelli，2004：249）。因此，在伯克和克利福德看来，这种注重个人改变的伦理价值要求只有延伸到社会层面，才能跟上社会工作专业服务的发展步伐，把困境中的个人因素与社会因素联结起来，实现个人与环境同时改变（Clifford & Burke，2009：49）。

实际上，这种将个人因素与社会因素整合起来的伦理价值要求在 2004 年发表的国际社会工作者联合会和国际学校社会工作联合会的声明中就已经做了明确的规定，把社会工作界定为促进社会改变和社会成员增能的服务，尊重人权和社会公平是其核心伦理价值要求（IFSW and IASSW，2004：2）。这样，社会工作的伦理价值要求就从个人主义的传统中解放出来，增添了社会层面的意识觉察和提升的元素（Jordan，2004）。不过，这样的伦理价值要求的转变对于伯克和克利福德来说，意味着社会工作需要把伦理价值作为专业服务的一个维度，融入社会工作者做出的每一个决定过程中，它本身就构成社会工作专业意识不可缺少的一部分（Clifford & Burke，2009：50）。因此，可以说，社会工作专业服务也是一种伦理的服务，既需要呈现个人的伦理价值，又需要维护社会成员之间的互助和团结（Bowles et al.，2006：84）。伯克和克利福德强调，正是这种个人因素与社会因素的联结和整合，才是社会工作伦理价值的关键所在；否则，不是突出个人的自由和要求，忽视社会的场景和条件，就是强调社会的责任和伦理，忽视个人的权力和能力（Clifford & Burke，2009：56）。

在分析个人因素与社会因素的结合状况时，人们常常站在一种客观的立场上归纳提炼其中能够作为普遍要求的伦理价值要求，就像社会工作最初总结的个案工作的伦理价值要求那样，只关注共同普遍的要求。这样的总结提炼方式不仅忽视了实际服务中不同参与者各自不同的观察视角，把服务过程简单化和类型化，更为重要的是，它本身就成为限制服务对象成长改变的因素，因为不是协助服务对象呈现与周围他人不同的自己的视角和经验，而是强调统一的伦理价值标准（Ife，2001：106）。伯克和克利福德认为，这种把伦理价值理解成普遍统一要求的想法除了无法实现之外，还会给社会工作者造成这样一种专业错觉：只要遵守这种专业伦理价值的要求，社会工作者所开展的任何专业服务就是"有理有据"的。显然，秉持这样的专业伦理价值很容易导致专业服务的误区，通过强调专业伦理价值的普遍适用性和重要性，放弃对自身服务过程的专业反思（Clifford & Burke，2009：57）。

在伯克和克利福德看来，这种强调普遍适用性的专业伦理价值也有其合理的部分，传承了西方启蒙运动对人的理性和自由价值的肯定，突出表现在对人的自主性和自决能力的强调上。不过，伯克和克利福德认为，这样的理解忽视了人的决定过程的复杂性，看不到人的自主性和自决能力与场景之间的复杂关联（Clifford & Burke，2009：58）。为了修补以往伦理价值对场景忽视的不足，伯克和克利福德借用了女性主义的人际关系中的自主性（relational autonomy）这一概念，强调人的自主性不是某个人独有的，而是在人际互动中呈现出来的（Mackenzie & Stoljar, 2000：67）。这样，伯克和克利福德就把场景的元素引入社会工作伦理价值的考察中，关注的焦点不再是服务对象是否拥有自主性和自决能力，而是如何在特定的社会生活场景中发挥自主性和自决能力（Clifford & Burke, 2009：71）。一旦关注人们如何在特定社会生活场景中做出决定的过程，就必然涉及人际交往过程中的相互影响，人际互动中的权力概念也就自然走进伦理价值的考察范围（Lukes, 2005：66 - 67）。因此，伯克和克利福德相信，人的伦理行为是在特定的社会生活关系网络中呈现出来的，是人们在特定的社会和历史场景中做出决定的能力，与人们在人际交往中的权力运用紧密相关（Clifford & Burke, 2009：72 - 73）。借助伦理价值这样的定位，伯克和克利福德希望能够找到伦理价值观中的个人意志论与宿命决定论之间的平衡，既不过分关注个人的自主性和自决能力，也不过分强调环境的制度条件和结构限制（Clifford & Burke, 2009：76）。

伯克和克利福德还考察了功利主义伦理价值逻辑，发现在实际生活中，由于社会生活事件通常不仅仅有一名参与者，同时还常常涉及有关的制度和规则，因而在做出伦理价值的决定时，就需要计算给不同参与方以及不同利益方带来的可能结果，采用利益最大化的原则。这样，伦理价值就有了一个在复杂的实际社会生活场景中做出合适伦理选择的问题（Clifford & Burke, 2009：89 - 90）。例如，当服务对象的保密原则与他人的利益或者社会的制度和规则相冲突时，这项伦理价值原则就与其他伦理价值相关联，它的取舍就需要根据场景的要求做出判断。因此，伯克和克利福德认为，人们做出伦理价值选择时的社会历史场景就成为理解这一伦理价值选择的依据，包括个人的心理成长以及他所属的群体和单位的变化（Clifford & Burke, 2009：95）。

结合了功利主义伦理价值逻辑考察之后，伯克和克利福德坚信，人们的伦理价值选择与整个特定的社会场景相关联，既包括能够直接面对面互动的小群体，也包括无法直接面对面沟通的社会组织（Clifford & Burke, 2009：95）。为了将这些不同层面的社会场景因素联结起来，伯克和克利福德引入了口述史（oral history）这一操作工具，希望借用个人口述历史的讲述过程，展现社会生活中不同层面的社会场景因素之间的关联和逻辑（Gluck & Patai, 1991：2）。这样，口述历史也就拥有了挖掘和呈现社会弱势人群"被忽视的声音"的作用，达到社会工作所关注的增能效果（Clifford & Burke, 2009：95）。不过，伯克和克利福德发现，即使在服务中使用口述史的技术，社会工作者仍然面临不同社会场景因素如何联结的问题。如果把它们视为只是不同层面因素的系统整合，就像社会工作常用的系统和生态视角，人的社会生活环境就类比成生物环境（Clifford & Burke, 2009：133）。显然，这样的理解根本忽视了人的社会生活与生物世界的一个重要区别，就是社会分化，即人的社会身份是按照人们所属的不同类型的群体的特定社会地位来确定的，具有结构性的特征（Wilks, 2005）。因此，伯克和克利福德极力反对那种把个人与环境的关系作为二元对立的视角，强调每个人都处在不同的社会位置上，运用不同的权力策略，人的成长改变既是个人的（personal），也是社会结构的（political），两者不能拆分开来（Clifford & Burke，2009：97）。

显然，在伯克和克利福德的眼里，个人与环境的联系可以分为两个层面——人际的（relational）和社会结构的，前者关乎人与人之间的互动和沟通，后者涉及人的社会身份的界定和调整。也就是说，人们在运用自己所拥有的权力和资源影响周围他人的同时，也在改变自己的社会身份。这样，人也就不仅仅是问题的解决者，同时还是伦理的行动者，他拥有这样一种能力，在与周围他人的对话交流中能够觉察和审视自己的位置和行动的依据，做出符合自己社会身份的伦理决定（Clifford & Burke，2009：115）。正是因为如此，伯克和克利福德假设，一种有歧视和排斥的社会关系必然表现在人们的人际互动关系中，也表现在人们的社会身份界定上，具有社会结构的特征。这样的发现意味着，任何人都是社会改变的行动者，而社会改变就需要借助人们重新理解和解释自己的社会身份，包括哪些是应该做的，哪些是应该反对的（Clifford & Burke，2009：129）。

伯克和克利福德强调，社会身份的界定也像人际关系一样，不是非此即彼的二元对立逻辑，而是相互影响过程中有所偏向，有时偏向自己这一方，有时偏向另一方，是一种权力的动态影响。这样，秉持公平公正原则在社会生活中就显得非常重要，它的目的既不是社会弱势的一方拿这个原则作为理由反对社会强势的一方，也不是社会强势的一方以此为原则要求社会弱势的一方，而是从相互对立的思维中跳出来，认识到相互之间的差异性，站在差异性的立场上理解各自的想法和要求（Clifford & Burke，2009：131 - 133）。因此，伯克和克利福德借用了女性主义伦理价值的观点，把人际关爱（relational care）作为社会工作伦理价值的基础，倡导一种关爱的伦理（the ethics of care）（Porter，1999：5）。

值得注意的是，伯克和克利福德已经认识到，尽管这种人际关爱很重要，它能够给人际交往中的自我提供成长的空间，但是也容易产生另一种误解，就像后现代主义思潮所推崇的观点那样，因为过分强调差异性，从而导致什么都可以的结果（Clifford & Burke，2009：156）。为此，伯克和克利福德引入了社会行动者的概念，强调人际交往中的自我其实是社会关系网络中的行动者，他需要通过对自己所处的社会位置的反身性的审视以及自己与社会关系网络中他人关系的考察，才能够理解和明确这种日常生活中的差异性。显然，伯克和克利福德所说的差异性远远超出了人际交往的范围，是一种社会交往中的差异性，它的基础在于社会分化和分层。正是在这样的基础上，差异的双方在特定的地点和时间建立了某种联系，同时也产生了某种区别，是特定社会生活场景中的行动者的差异性，具有了场景化（contextualization）和本土化（localization）的特点（Clifford & Burke，2009：160）。否则，社会工作者就会过分强调生活中的差异性，有意或者无意地美化生活中的关爱伦理（McLaughlin，2003：85）。伯克和克利福德在仔细分析了后现代主义的伦理价值逻辑之后指出，这种逻辑虽然关注差异性，但是忽视了连续性，特别是在时间的理解上表现得尤为突出，看不到过去经历与现在经验之间的关联，没有了文化和历史的观察角度（Clifford & Burke，2009：160）。

正是基于对后现代主义思潮提出的差异性伦理价值这样的思考，伯克和克利福德坚持认为，反歧视、反排斥的差异性伦理价值需要借用女性主义的观察视角，运用女性主义对社会分化和分层的关注来弥补后现代主义思潮的不足，把差异性视为既是人际交往的伦理要求（ethical awareness），也是社会交往的政治诉求（political awareness），是两者的相互结合。① 这样，社会工作的专业实践也就同时具有了人际交往和社会交往两个层面的伦理价值要求，它所推崇的公平公正原则也需要在这两个层面上来理解，从一种相互影响的动态视角把握两者之间的关联，绝不是为了达到一方的要求而牺牲另一方的权利，而是对相互之间的差异性的尊重和接纳（Clifford & Burke，2009：172）。因此，归根结底，女性主义所注重的关爱的伦理才是人们社会生活中的基本伦理诉求（Held，2006：22）。当然，它也是社会工作这种以帮助人们改善社会生活状况为目标的专业服务的伦理价值的基础（Clifford & Burke，2009：173）。这样，围绕人际关爱，社会工作的伦理价值也就涉及如何呈现关爱、如何承担关爱、如何给予关爱以及如何接受关爱四个方面（Sevenhuijsen，2003）。

近年来，反歧视、反排斥视角已经受到社会工作者的普遍关注，成为社会工作的一种重要的理论视角（Collins & Wilkie，2010）。尽管不同的社会工作者对反歧视、反排斥视角有不同的理解，有的强调这是一种"批判实践"（critical practice），突出文化反思的重要性（Healy，2000：8）；有的注重解放理论逻辑框架下的实践（emancipatory social work practice），关注个人和社会层面的增能（Pease & Fook，1999：3）；有的则认为最重要的是"文化能力的实践"（culturally competent practice），提升服务提供者的文化敏感性（O'Hagan，2001：2），但是他们都关注社会歧视和社会排斥的消除，认为这样的理念才是社会工作的核心，而且把这样的理念与社会生活场景联结起来，寻找具体的反歧视、反排斥的方法和策略（Burke & Harrison，2002：234）。需要注意的是，因为概念不统一，有的学者还用批判（critical）这一概念替换反歧视、反排斥，强调两者的核心都是意识的提升（Ferguson，2003）。这样做很容易忽视社会结构中存在的不平等现象以及对个人生活的影响（Clifford & Burke，2009：2）。

不过，反歧视、反排斥视角的迅速扩展也受到不少社会工作者的质疑，认为到目前为止，这种视角还没有形成清晰统一的逻辑框架，而且没有充分的证据证明，社会工作的专业服务需要转向反歧视、反排斥视角（Millar，2008）。有的社会工作者甚至指出，反歧视、反排斥视角这样的概念更像是社会工作者自身在专业服务中选择的关注焦点，忽视了社会问题的复杂性和观察问题视角的多元性（Wilson & Beresford，2000）。特别是在社会工作者缺乏社会资源而政府和机构又注重服务的管理和成效的情况下，反歧视、反排斥视角的不足就呈现得更明显，不仅让社会工作者在繁重的工作中面临新的负担，而且迫使社会工作者在已经缺乏社会资源的环境中面对更多的社会挑战（Sakomoto & Pitner，2005）。就实务的操作层面而言，反歧视、反排斥视角既涉及微观层面的服务，也涉及中观层面的服务，甚至还涉及宏观层面的服务，这种复杂的、多层面服务设计显然需要明确的实务指导，以帮助一线社会工作者做出正确的决定（Collins & Wilkie，2010），实现整个系统的改变（Yee，Hackbusch，& Wong，2015）。

---

① 值得注意的是，西方文献在讨论社会交往的政治诉求时，把这一诉求与权力（empower）以及社会资源的运用联系在一起，更接近我们理解的社会诉求。请参见 Walker（1998：203）。

二 反歧视、反排斥社会工作的理论框架

受到种族冲突、民权运动以及经济全球化影响而兴起的反歧视、反排斥社会工作，它的目的是回应人们在社会生活中遭遇的种族和文化方面的歧视和困扰，其核心是让社会工作重新回到开创之初所倡导的社会公平、公正的价值理念的追求上，以尊重人的权利和差异性为出发点，把反对社会歧视和社会排斥作为服务的焦点，并由此整合个人和社会层面的改变，实现一种能够将人的微观、中观和宏观结合在一起的整全视角（Dominelli，2002a：5）。

（一）以社会差异为核心的逻辑架构

反歧视、反排斥社会工作有一个鲜明的特点，也是区别于其他社会工作服务模式的核心特征，它以社会生活与自然和生物世界的差别为整个理论模式建构的出发点，认为社会生活以社会分化和社会分层为人们日常生活的基础，社会差异（social difference）是其最核心的元素，表现为不同的人在社会生活中占据不同的社会位置并且拥有不同的社会身份，与自然和生物世界这种平面展开的系统生态逻辑有着明显的差别。反歧视、反排斥社会工作强调，尽管人们的社会生活千差万别，涉及的社会分化也多种多样，有的很明显，一眼就能分辨出来，有的需要仔细识别，但是在实际的日常生活场景中人们受到什么样的社会分化的影响是非常具体、明确的（Clifford & Burke，2009：29）。正是因为这样独特的理解，反歧视、反排斥社会工作所推崇的这种社会差异就不是一般意义上人们讨论的社会分化的不同类型，而是一种独特的视角，关注社会生活的场景性，在具体的场景中理解人们之间的社会关联，而且这种社会关联总是处在不断的变化中，意味着人们的社会位置和社会身份随着社会场景的变化而变化，这被反歧视、反排斥社会工作称为社会差异的流动性（Clifford & Burke，2009：31）。显然，反歧视、反排斥社会工作希望借助社会差异这一核心元素，创建一种基于社会生活的社会工作服务逻辑，它吸收了女性主义对社会生活中多元声音倾听和关注的要求（Porter，1999：20）。

不过，反歧视、反排斥社会工作强调，这种特定社会生活场景中的社会关联是非常复杂的，不仅包括直接面对面互动的亲密社会关系，也包括不直接交往的正式社会联系，是特定社会生活场景中不同社会关联形成的社会关系网络。正是在这种复杂的社会关系网络中，人们才能够根据周围环境的要求做出伦理的决定，即使社会工作者也一样，需要依据自己所处的社会关系网络做出服务介入的决定（Clifford & Burke，2009：31）。值得注意的是，反歧视、反排斥社会工作把人们的复杂社会关系网络分为两个既相互区别又相互关联的层面：人际关系（relationships），即人与人进行直接面对面互动的社会关系，以及社会系统（social systems），即人们在社会系统或者社会组织中因特定位置而形成的社会关系。也就是说，在反歧视、反排斥社会工作看来，人们的社会生活不仅受到直接交往的人际关系的影响，也受到更为广泛的社会系统的影响，他们之间的社会差异可以从人际关系和社会系统两个层面来理解（Burke & Harrison，2002：229）。这样，反歧视、反排斥社会工作就能够将人际关系层面的改变与社会结构层面的改变整合在一起，

弥补社会建构主义对社会结构因素的忽视。

与社会建构主义不同，反歧视、反排斥社会工作除了引入社会结构这个维度来考察人们的社会生活外，同时还引入了历史的维度来理解人们的社会生活经验，认为社会生活的场景不仅仅是一种生活的事件，更是一种经验的交流，是人们对自己生活所赋予的意义，具有历史传承的特点（Burke & Harrison，2002：229）。在这样的历史传承中，反歧视、反排斥社会工作假设，有三种社会生活历史的分析尤为重要，即个人和家庭的成长史以及社会的发展史，前两种是探讨人际关系层面的生活经验，后一种是了解社会结构层面的生活经验（Clifford & Burke，2009：32）。需要注意的是，在实际的日常生活中人们的这三种社会生活经验并不是截然分开的，而是彼此杂糅、相互影响的（Burke & Harrison，2002：229）。因此，在反歧视、反排斥社会工作的逻辑框架中，对过往社会生活经验的探讨就成为推动人们成长改变不可缺少的重要内涵。

有意思的是，反歧视、反排斥社会工作还把权力（power）关系这个概念引入人们的社会生活中，强调这是社会生活的一个显著特征，无论人际关系还是社会系统中都存在权力关系，而且由于社会生活的复杂性，权力关系也就渗透在人们生活的社会关系网络中。这也意味着，处在不同社会位置的人他们获得社会资源的机会和条件是不均等的。从这个意义上说，社会歧视和社会排斥是社会生活中的普遍现象，包括社会工作者也不例外，因为社会工作者开展任何服务都需要机构给予一定的权力和资源（Clifford & Burke，2009：34）。这种权力关系还意味着，人们之间的交往是一种动态的关联，不仅强势的一方影响弱势的一方，同时弱势的一方也在影响强势的一方，两者的生活就这样动态地联系在一起（Burke & Harrison，2002：229）。正是因为如此，反歧视、反排斥社会工作还借用了女性主义的观点，要求社会工作者学会对人际动态关联中的权力关系和主流价值进行批判反思（critical reflection）（Walker，1998：9）。只有通过这样的批判反思，作为社会生活一员的社会工作者才能发现权力关系中隐藏的社会歧视和社会排斥，协助服务对象找到成长改变的方向（Clifford & Burke，2009：35）。

在反歧视、反排斥社会工作看来，这种以社会差异为核心元素的服务逻辑始终围绕人们的特定社会位置（social location）而展开，既不同于经验学习理论所采纳的对一般生活经验的反思方式，也不同于后现代主义所注重的人际动态关联中的反身性理解，而是通过对沟通交流中的语言和前提假设的检视，反过来理解自己所处的特定社会位置以及与周围他人的关联，从而把握自己与周围他人的差异性。反歧视、反排斥社会工作称这种理解方式为社会位置的反身性检视，它不是要求人们转换到周围他人的位置理解别人的内心感受和想法，而是对自身所处社会位置的特定性进行深入的探询（Clifford & Burke，2009：35）。这样，不仅服务对象是生活的参与者，而且社会工作者也是生活中的一分子，没有人能够成为"局外人"，跳出自己与周围他人的沟通来理解周围他人的生活状况，而且这样的理解既包括自己的优势，也包括自己的局限，以及自己所需要承担的责任，是一种伦理的选择。因此，反歧视、反排斥社会工作倡导一种社会位置的反身性服务，并且把它作为社会工作者处理社会生活冲突的最基本的服务手法（Clifford & Burke，2009：37）。需要注意的是，反歧视、反排斥社会工作并没有将这种社会位置的反身性服务仅仅视为对个人心理层面的检视，也把它作为对人际、社会和历史层面的检视，甚至还包括对个人所处的特定地理位置的检视。只有通过这些不同层面的检视，社会现实才能逐渐呈现出来，社会的差异性才能被人们理解和接纳（Burke & Harrison, 2002：229）。

反歧视、反排斥社会工作认为，这种以社会差异为核心的服务逻辑其实是一种新的观察视角，这种观察视角从人们所处的特定社会位置入手，借助相互影响过程中的权力关系的反身性检视，从人际关系和社会系统组成的社会关系维度以及成长和发展过程中积累的社会生活经验的历史维度考察人们的改变逻辑。因此，反歧视、反排斥社会工作强调，这样的服务逻辑不是在生态系统视角上增添文化分析的维度，而是直接在社会生活本身所拥有的特点上建构新的服务逻辑，有别于以往社会工作服务模式的理论基础和逻辑架构（Burke & Harrison, 2002：229）。这样，社会差异也就成了反歧视、反排斥社会工作理论逻辑解释的核心，目的是寻找一种能够扎根于场景和本土的新的服务逻辑（Clifford & Burke, 2009：37）。

就价值层面而言，反歧视、反排斥社会工作的创建从表面上看就是为了减少或者消除社会生活中的社会歧视和社会排斥问题，包括社会工作专业服务中的权力不平等的现象，实现社会的公平和公正，但是实际上，这样的服务目标本身是存在逻辑矛盾的，因为当人们用一种生活方式替代另一种生活方式时，新的社会歧视和社会排斥也就产生了。如果社会工作者强调他与服务对象站在一起，共同面对社会生活中的不平等现象，这个时候也就产生了"虚假的平等陷阱"（false equality traps），即社会工作者忽视了他与服务对象之间实际存在的社会差异，将社会公平公正原则过分抽象化和浪漫化（Dominelli, 2002e：66）。正是基于这样的思考，反歧视、反排斥社会工作坚持认为，现实社会公平公正的核心是保障每个人受到平等对待这种人人平等的人权（human rights）思想，这才是社会工作的核心价值原则（Dominelli, 2002e：69 - 70）。显然，只有坚持这样的专业伦理价值，社会工作者才能尊重专业服务过程中遇到的每一个人，包括服务对象和周围他人，不会夸大自己的同理心。

不过，反歧视、反排斥社会工作发现，即使把人人平等的人权思想作为社会工作的专业伦理价值，也需要社会工作者转变看待社会生活的视角，不是把它作为衡量和评价社会生活状况的标准，而是当作推进社会生活改变的发展方向，是一个逐渐实现的过程。这意味着社会工作者除了需要将人人平等的人权思想放在具体的生活场景中考察之外，还需要关注专业服务开展的过程，正像反歧视、反排斥社会工作认为的那样，人们怎样应对周围环境的挑战，也就表明人们追求什么样的目标（Dominelli, 2002e：71）。显然，人人平等的人权思想呈现在人们日常生活的应对过程中，同时涉及相互对话交流的双方或者多方以及相互之间的关联方式。正是因为如此，反歧视、反排斥社会工作反对将人们的关注焦点仅仅集中在对话交流的某一方，为某一方争取平等的权利，这样的服务策略不仅容易忽视对话交流的其他方，而且无法带动社会结构层面不平等的改善。因此，反歧视、反排斥社会工作倡导在社会生活中保持一种中立（neutral）的立场，借助这种立场把人们的关注焦点从对话交流的某一方转向对话交流的所有参与方，从而推动社会层面的改变（Dominelli，2002e：72）。

值得注意的是，反歧视、反排斥社会工作所倡导的中立立场，并不是人们通常认为的那种站在第三者位置上的客观分析立场，这种客观立场也主张保持中立的态度，甚至有时也把人们之间的互动关系作为分析的焦点，像家庭就是很好的例子，常常作为社会工作的一个服务单位或者服务领域，被社会工作者从具体的社会场景中抽离出来，转变成社会工作者探索普遍规律的关注焦点（Dominelli，2002e：72）。反歧视、反排斥社会工作强调，这样的客观中立立场可能导致社会关系网络中的人际关系与社会系统之间的人为割裂，让人们看不到人际关系背后存在的社会和文化的差异性，它只是关注个人心理改变的弗洛伊德精神分析思想的延续（Dominelli，2002e：73）。正是因为如此，反歧视、反排斥社会工作借用了女性主义“个人即政治”的观点，把人际关系与社会系统的联结作为社会工作专业服务的关注焦点，主张运用意识提升的方式帮助人们站在中立的立场上了解自己所处的社会位置以及与周围他人和社会系统的关联，从而将个人的成长与社会的改变结合起来，秉持人人平等的价值理念（Dominelli，2002e：74）。

反歧视、反排斥社会工作提出人人平等的价值理念，其核心是认为以往社会工作服务模式过分借助个人化的方式帮助服务对象获取社会资源，导致忽视社会层面存在的社会差异以及社会歧视和社会排斥的现象，从而抹去了社会结构因素对个人生活产生的影响以及个人所拥有的推动社会改变的潜力，把社会资源的分配条件视为是先天给予的，而不是后天努力获得的。这样，通过人人平等价值理念的引入，社会工作专业服务中的伦理和文化的属性就会呈现出来，个人的成长和社会的改变就能够同时成为社会工作专业服务的关注焦点，社会的差异也就能够进入社会工作者的视野，融入促进个人成长的服务过程中（Dominelli，2002e：76）。为了加强这种将个人成长与社会改变联结在一起的考察方式，反歧视、反排斥社会工作还依据两者联结的区域范围将这种考察方式分为微观、中观和宏观三种形式，微观针对的是当地，中观对应的是国家，宏观关注的是全球化（Dominelli，2002e：80）。反歧视、反排斥社会工作强调，在这样的人人平等的价值理念下，社会的公平公正本身就是一个需要不断努力调整、不断重新界定的过程，而它的实现则需要通过特定社会生活场景中的各种不同形式的社会歧视和社会排斥的逐步消除。因此，反歧视、反排斥社会工作坚持认为，从理论逻辑的建构方式上说，倡导人人平等的价值原则其实是反对社会工作长期以来所采取的非此即彼（either/or）的二元对立思维方式，推崇一种相辅相成（both/and）的辩证逻辑（Dominelli，2002e：77）。

（二）动态关联中的社会歧视和社会排斥

正是在以社会差异为核心的理论逻辑框架下，反歧视、反排斥社会工作仔细考察了社会歧视和社会排斥这一影响个人成长改变的社会现象，发现这种社会现象是伴随社会分化和社会分层过程必然产生的。这意味着，反歧视、反排斥社会工作相信这样一种理论假设：社会生活世界是相互影响、相互依赖的，人们的行为和想法是紧密关联在一起的，其中一方的行为和想法改变了，也就会影响沟通交流中的另一方；同样，如果社会弱势人群的行为和想法改变了，也必然会影响社会强势人群的行为和想法。因此，反歧视、反排斥社会工作不赞同将社会弱势人群从他们的社会关系网络中抽离出来，单独就他们面临的困扰开展专业服务，而认为需要用一种相互关联的视角把社会弱势人群放回到他们的日常生活中，从他们与周围环境的相互关联中把握专业服务的方向（Dominelli，2002e：5）。显然，从这样的视角来看，反对社会歧视和社会排斥是社会工作介入社会生活最核心的要求。

在反歧视、反排斥社会工作看来，社会歧视和社会排斥并不是某个人或者某类人的现象，而是一种社会生活动态关联中呈现的现象，至少涉及两个人或者两类人，其中动态关联中的一方在社会资源的获取上处于相对的强势，另一方则处于相对的弱势，强势的一方常常借助社会资源的优势左右弱势的一方，导致弱势的一方逐渐被边缘化，成为社会生活中的"异类"或者"失败者"（Dominelli，2002e：8）。显然，每个人的社会行为是依据特定的社会分化和分层与周围他人紧密关联在一起的，从而又与特定地域和历史处境中的社会、文化和经济等社会关系相联系，呈现互动性和过程性的特点（Dominelli，1996）。这样，社会生活中的种族、性别和阶层等不同方面的歧视和排斥自然也就走进社会工作者的视野，成为社会工作者在社会生活层面开展专业服务不可缺少的重要内容（Burke & Harrison，2002：228）。反歧视、反排斥社会工作强调，尽管这种互动性和过程性直接表现在人们日常生活中的人际沟通交流的层面，但是实际上并不局限于此，因为人际沟通交流本身就是发生在特定的社会生活场景中的，受到特定的社会分化和社会分层的影响。因此，反歧视、反排斥社会工作倡导用一种社会和历史（social-historical）的维度理解人们这种互动性和过程性的社会生活（Dominelli，2002e：9）。

之所以把反歧视、反排斥作为这一社会工作服务模式的名字，反歧视、反排斥社会工作认为，是因为人们面对社会歧视和社会排斥时充满了张力，并不是被动的，也不像人们程式化认为的那样，强势的一方占主动，弱势的一方处于被动，而是会根据自己的利益和兴趣主动寻找应对的方式，反抗这种社会歧视和社会排斥带来的损害（Clifford，1995）。因此，无论强势的一方还是弱势的一方，都在运用自己所拥有的能力和资源影响另一方，正是在这样的动态的相互角力过程中，社会歧视和社会排斥也就呈现在人们面前。也就是说，社会歧视和社会排斥的形成过程其实是反抗社会歧视和社会排斥的过程（Featherstone & Fawcett，1995a）。这意味着，反歧视、反排斥社会工作相信这样一种理论假设：反歧视、反排斥不是一个手段，而是一个过程，是一个不断相互界定和形塑的过程，从社会歧视和社会排斥的界定到反歧视、反排斥的抗争，再到新的社会歧视和社会排斥的界定，社会生活就是在这样的循环往复过程中不断往前迈进，变得更加公平和公正（Dominelli，2002e：9）。

不过，需要注意的是，反歧视、反排斥社会工作并不认同把反歧视、反排斥的抗争等同于对抗（resistance）这样的观点，认为在实际生活中人们有多种不同的抗争选择，既包括形式比较激烈的对抗，也包括方式比较温和的适应（accommodation），前者极力排斥主流的生活方式和价值原则，后者则对主流的生活方式和价值原则采取接纳态度。当然，很多时候，人们可能同时选择了对抗和适应，对社会生活中的某一方面采取对抗的态度，而对另一方面则采取适应的方式（Dominelli，2002e：8）。反歧视、反排斥社会工作强调，无论人们采取的是对抗还是适应，其实质是一样的，都没有从社会分化和社会分层的互动方式入手，改变主流与非主流之间的互动关联方式，两者只是形式不同而已，对抗选择的是非主流的立场，希望把非主流转变成主流，在社会的位置上做出整体调整；适应则选择了主流的立场，认同主流的社会位置，希望将非主流融入主流中（Dominelli，2002e：11）。即使社会工作者也很容易陷入这种对抗和适应的误区中，要么强调服务对象个人的改变，而无视社会场景中的社会歧视和社会排斥，要么只关注社会生活中存在的不平等现象和社会改变的要求，无视服务对象个人成长的需要（Dominelli，2002e：14）。就反歧视、反排斥社会工作而言，它所探寻的恰恰是一种既不同于对抗也不同于适应的服务策略，这种服务策略的核心是抗争互动关联中的社会歧视和社会排斥，化解互动双方之间因社会歧视和社会排斥而产生的矛盾，反歧视、反排斥称之为不对抗的反歧视、反排斥的服务策略（non-oppressive approach）（Dominelli，2002e：13）。显然，反歧视、反排斥社会工作所说的反对社会歧视和社会排斥有其特别的含义，是一种顾及互动双方发展要求并且能够带动双方共同发展的服务逻辑。

为了细致探索这种互动关联中的抗争社会歧视和社会排斥的服务逻辑，反歧视、反排斥社会工作还引入了另一个重要概念，就是身份（identity）。反歧视、反排斥社会工作认为，人们在社会生活的这种互动交流中会形成对自己的认识和评价，明确自己的社会位置以及与周围他人之间的关系，了解自己属于社会生活中的哪类人（Dominelli，2002e：9）。就个人而言，人们在日常生活中通过理性的思考和安排能够将目标与手段联结起来，并且借助社会关系网络中的沟通和协商寻找特定社会生活场景中实现目标的机会。这样，人们的身份就与人们希望实现的目标以及实现目标的能力有着密切联系。不过，反歧视、反排斥社会工作强调，不能因此就把人们的身份理解成个人的心理认同，或者仅仅视为人际沟通中的现象，实际上，无论目标的制定还是手段的使用，都是发生在人们特定的社会关系网络中的，不仅与人们身边的周围他人有关，表现在人际的层面，也与人们所处的社会系统有联系，表现在社会结构的层面。可以说，人们的身份就是在特定社会关系网络中对自己社会位置的确认，同时涉及人际和社会结构两个层面（Dominelli，2002e：10）。

在反歧视、反排斥社会工作的逻辑框架中，身份这个概念具有重要的作用，一方面它与人们的人际网络相连，是人际互动交流过程中对自己位置的确认，包括周围他人怎样看自己以及自己怎样回应周围他人的要求等，具有社会的元素，是社会分化和分层在人际层面上的呈现；另一方面它又与人们的自我联系在一起，是个人内心对自己的认识和评价，包括怎样看待自己以及怎样评价自己，具有心理的元素，是社会分化和分层在心理层面的延伸（Dominelli，2002e：36）。这样，一种社会歧视和社会排斥的社会关系，不仅表现在人际层面的张力和冲突，也表现在个人心理层面的矛盾和紧张。当然，在实际生活中，这两个方面是相互影响的。正是通过这两个方面的相互作用，社会歧视和社会排斥在外部表现为人们社会生活的边缘化，在内部则表现为心理隔阂的加剧。因此，反歧视、反排斥社会工作把"他们－我们"这种身份认同理解成既是社会分化和分层的社会现实，也是人们内化之后的心理现实，两者相互依存，不能拆分开来。同样，反对社会歧视和社会排斥的社会工作服务也需要同时从两个层面入手，围绕人们的身份认同而展开，这被反歧视、反排斥社会工作称为"身份政治"（identity politics）（Dominelli，2002e：38）。显然，反歧视、反排斥社会工作希望借助身份这个概念把人际层面的冲突延伸到社会结构层面，同时又与个人心理层面衔接起来，与以往社会工作要么注重个人心理层面的改变要么关注环境层面的改善这种二元对立的服务逻辑相区别。

不过，值得注意的是，反歧视、反排斥社会工作在强调身份的内部与外部相关联的同时，还提醒社会工作者需要关注身份的流动性（fluid）和多面性（multiple）的特点，即人们的身份认同是产生在特定的人际交往中的，随着人际交往的展开，会不断变化；而且人们的人际交往也不会局限于一种，通常涉及不同的人、不同的方面，从而形成多种不同的身份。正是基于这样的思考，反歧视、反排斥社会工作坚信，人们在社会生活中遭遇的冲突必然会表现在身份的一致性上，包括对过往身份经验的整合以及不同身份之间的协调（Dominelli，2002e：40）。

反歧视、反排斥社会工作强调，身份的形成既是身份认同的形成，把自己归属为某类人，在身份上取得认同，也是身份差异的形成，把自己与他人区别开来。这样，在反歧视、反排斥社会工作看来，一旦人们身份的形成，也就意味着社会差异的形成；而人们身份的变化，也就意味着社会差异的变化。当然，人们身份的形成是发生在具体的社会生活场景中的，以特定的社会差异为基础，而不是没有特定社会结构作为支撑的简单化的人际关系或者生态环境。显然，反歧视、反排斥社会工作是在以社会差异为核心的逻辑框架下考察人们身份形成过程的，它所关注的重点是人们如何通过身份的形成而联结在一起，既相互区别又相互依存。也就是说，人们在界定自己身份的同时，也在界定与自己相关联的周围他人的身份；同样，在明确周围他人身份的同时，也在明确自己的身份（Dominelli，2002e：41）。借助身份这个概念，反歧视、反排斥社会工作把社会层面、人际层面和个人层面三者紧密联系在一起。

（三）"他者化"（othering）过程中的权力关系

在理解身份的具体形成过程中，反歧视、反排斥社会工作引入了女性主义观点，主张权力不是一种固化的等级关系，也不是像人们通常认为的那样，只存在有或者没有两种状态，而是在人际交往过程中不断形成又不断改变的相互影响的力量，是人们在具体的社会生活场景中施加自己影响的能力，既包括人们获取资源的能力，也包括人们劝说他人的能力等不同的方面（Dominelli，2002e：16）。就人际互动的关联方式而言，反歧视、反排斥社会工作认为，权力主要存在三种不同的形式：掌控（power over）、获取（power to）和协同（power of）。掌控是指人们在人际交往中所做的使自己处于主导位置的努力，把他人作为控制的对象，把控人际交往的方向和过程，阻止有碍于主导的因素出现；获取是指人们在实现目标过程中所做的努力，把人际交往中的他人作为可利用的资源，用于自己目标的实现；协同则是指人际交往的双方或者多方为实现某个共同目标一起所做的努力，是相互之间的共同协作，使参与的每一方都能够发挥自己的优势，获得成长和改变（Dominelli，2002e：17-18）。显然，一旦人际交往的双方或者多方采取的是掌控或者获取的方式，这样的人际互动就会产生社会歧视和社会排斥。

　　反歧视、反排斥社会工作仔细分析了产生社会歧视和社会排斥的人际互动过程，发现这种人际互动中的权力关系都有一个明显的特点，就是"他者化"，即在人际交往过程中其中的某一方逐渐被排除在正常的社会生活之外，处于社会的弱势位置（Dominelli，2002e：18）。反歧视、反排斥社会工作提醒社会工作者，不能仅仅从某个人或者某类人来理解社会的弱势，把它作为某种特定的品格或者行为特征，同时还需要将人际互动的双方联系起来，在人际的沟通过程中考察社会弱势的形成过程，这个过程就是"他者化"。因此，"他者化"必定涉及一种对立的看待社会差异的方式，既是夸大，也是矮化，既是将人际交往中的一方视为"好的"并且逐渐累积"好的"理由的过程，也是将另一方视为对立的"不好的"并且逐渐寻找"不好的"证据的过程。显然，"他者化"的结果是社会生活中"他们－我们"之间的明确分割，甚至相互对立（Dominelli，2002e：45）。

　　反歧视、反排斥社会工作强调，这种"他者化"的过程隐藏着失去或者剥夺人性的过程，是人们逐渐失去能力（dis-empowerment）的过程，因为正是借助"他者化"，人际交往中的一方被当作局外人（outsiders），遭受歧视和排斥，逐渐远离主流的社会生活，从而导致社会资源的减少或者丧失。不过，值得注意的是，在反歧视、反排斥社会工作看来，这种"他者化"的过程从表面上看是人际交往中强势的一方排斥和操控弱势的一方，主导整个变化过程；而实际上，是人际交往双方相互影响的过程，既包括强势的一方对弱势的一方施加的影响，也包括弱势的一方对强势的一方产生的作用，他们之间的影响是双向的。也就是说，强势的一方歧视和排斥弱势的一方时，也在故步自封，逐渐关闭自己成长改变的大门。因此，无论"他者化"过程中的人性丧失还是能力失去，都不是针对人际交往中的弱势一方而言的，也涉及强势的一方，只不过双方表现的方式不同。这一特点被反歧视、反排斥社会工作称为"他者化"的动态性（a dynamic process）（Dominelli，2002e：45）。

　　在实际的社会生活中，反歧视、反排斥社会工作认为，这种"他者化"的过程是发生在特定的社会生活场景中的，常常涉及不同的人际关联和不同的生活层面，因而也就自然出现"他者化"的多样性特点，同一个人可能同时在几个不同层面与周围他人交往，产生多个"他者化"的张力；同样，一个人可能在这一方面是人际交往中弱势的一方，但可能在另一方面却是人际交往中强势的一方。反歧视、反排斥社会工作强调，人们在日常社会生活中常常同时扮演着内部人（insider）和外部人（outsider）两种角色，既是社会歧视和社会排斥的施加者，也是社会歧视和社会排斥的受害人。正是通过这两种角色的扮演，人们才能够获得一种社会位置的觉察能力：转化到人际交往中的另一面审视自己。基于此，反歧视、反排斥社会工作坚信，社会工作不仅需要反歧视、反排斥这种社会工作的服务模式，也拥有了实现这种模式的社会基础，就是人们自身所具有的对自己社会位置的觉察能力（Dominelli，2002e：46）。

　　针对人们在"他者化"过程中的应对方式，反歧视、反排斥社会工作强调，从形式上看有多种不同的表现方式，并不仅仅有拒绝和反对等对抗的方式，同时还包括顺从和适应等接受的方式，因为人际交往中的强势一方除了会运用自己的强势迫使弱势的一方放弃自己的看法和立场之外，也会利用自己手中的资源优势吸引弱势的一方接受自己的看法和立场，使自己这一方在人际交往中处于主导地位，保持强势。因此，反歧视、反排斥社会工作希望借助人际交往过程中"他者化"概念的引入，让人们能够从一种人际交往中的整全视角来理解自己所处的位置以及具体的应对方式（Dominelli，2002e：46）。此外，反歧视、反排斥社会工作认为，这种人际交往中的整全视角还意味着，人们的这种"他者化"通常不是只涉及社会生活中的某个方面，如性别、年龄或者种族方面的社会歧视和社会排斥，而是好几个方面。这样，对于人们社会生活中的"他者化"考察就需要放在实际的社会生活场景中，从一种整体的视角来考察。人们面临的如果是性别方面的社会歧视和社会排斥，就注重观察这方面的"他者化"；如果是其他方面的社会歧视和社会排斥，则注重分析其他方面的"他者化"。因此，反歧视、反排斥社会工作坚决反对那种在深入了解人们的社会生活之前就确定考察方向的社会工作服务模式，声称这样做只会忽视社会生活的复杂性，看不到人们作为一个整体在社会生活中的要求，导致用反对社会歧视和社会排斥的方式创造新的社会歧视和社会排斥（Dominelli，2002e：47）。显然，反歧视、反排斥社会工作所强调的整全视角是具有两个层面的内涵的，除了人际交往中的关联外，还包括社会生活中的整体关联，其实质是把人们放回到自己的日常生活场景中。

在深入分析了人们社会生活中的"他者化"过程之后，反歧视、反排斥社会工作还提出另一个重要的概念——命名（naming），即人们在人际交往的权力关系中给自己的应对方式赋予意义的过程。反歧视、反排斥社会工作认为，人们怎样命名，意味着怎样理解自己在人际交往中的权力关系，也意味着怎样施加自己在人际交往中的影响。因此，在反歧视、反排斥社会工作看来，人际交往中的命名也就拥有了对自身所处的独特社会位置以及与周围他人差异性理解的功能。也就是说，只有通过命名和再命名这样的方式，人们才能不断深化对自己生活处境的认识。正是就这个意义而言，反歧视、反排斥社会工作强调，社会工作不是一种工具包（the toolkit approach），只需要针对人们面临的具体技术层面的困难，而必须结合命名和再命名这样的意识层面的自觉和提升；否则，人们在人际交往中的权力关系是无法得到改善的（Dominelli，2002e：53）。

反歧视、反排斥社会工作还把对这种权力关系中的"他者化"过程的自觉与人们的文化能力（cultural competence）联系起来，认为这种自觉是对自己所处的社会位置背后的文化逻辑进行反思的能力，并不是对已经给定的事实进行经验的总结，因而察觉经验事实背后的文化逻辑以及其中所隐藏的社会歧视和社会排斥就成为这种自觉方式的关键。在反歧视、反排斥社会工作的理解逻辑框架中，文化不是一个静态的事实，可以作为人们站在客观位置上进行科学考察的对象，而是人们生活于其中并且经常不自觉地按照它的要求行动的一种动态的现象。显然，从这样的理解逻辑框架出发，文化能力是每个人都具有的，表现在与周围他人交往的权力关系中，并不是专家的"专利"，而反歧视、反排斥社会工作所倡导的在人际交往的权力关系中考察社会歧视和社会排斥也就成为人们提升文化能力的核心所在（Dominelli，2002e：53）。

同样，社会工作者与服务对象之间的服务合作关系也必然涉及人际交往权力关系中的"他者化",这也是反歧视、反排斥社会工作提倡把反对社会歧视和社会排斥作为社会工作的核心任务的原因之一。反歧视、反排斥社会工作发现,以往社会工作的服务模式要么直接强调社会工作者的专家地位,主张由社会工作者主导整个服务过程的安排;要么虽然提倡社会工作者与服务对象之间的平等合作关系,但是仅仅强调这是社会工作伦理价值的要求,缺乏现实基础的考察,从而导致价值理念与实际服务之间的冲突。反歧视、反排斥社会工作认为,改变这种服务现状的唯一方式,是把社会工作的服务过程放回到具体的社会生活场景中,将社会工作的伦理价值要求与具体服务结合起来。这样,社会工作者在专业服务过程中的伦理价值要求就与具体的社会生活场景以及与之互动交往的服务对象紧密联系在了一起,成为推动服务对象成长改变不可缺少的元素(Dominelli,2002e:57)。在反歧视、反排斥社会工作看来,这种转变的实质是用互动关联的过程视角替代以往科学理性的"专家"视角或者以需求为导向的人本视角(Burke & Harrison,2002:230)。

(四)伦理价值立场的社会工作实践

在动态关联的过程视角下,反歧视、反排斥社会工作把伦理价值方面的考察引入社会工作实践中,认为伦理价值是社会工作实践不可缺少的核心要素之一,甚至直接称社会工作为一种伦理价值的实践。反歧视、反排斥社会工作强调,这种伦理价值实践的定位不仅与社会工作长期以来所坚持的伦理价值要求有关,更为重要的是,它本身就是社会工作实践展开过程必不可少的一部分,因为社会工作实践不仅仅涉及服务对象一个人,同时还需要呈现服务对象日常生活环境中的周围他人,特别是对服务对象日常生活起着重要作用的照顾者的感受和想法,每个人的感受和想法是与周围他人紧密关联在一起的。因此,在反歧视、反排斥社会工作看来,伦理价值立场不是社会工作这个专业独有的需要秉持的伦理价值原则,而是人们日常社会生活的一项基本要素,只有借助这个要素,专业实践中关联方的不同感受和想法才能呈现出来,让人们看到相互之间的关联方式和过程,从而打开相互理解的大门(Clifford & Burke,2009:2)。

反歧视、反排斥社会工作假设,人们在日常社会生活中同时受到两个观察要素的影响,一个是事实分析,向人们展现事情本身的样子,回答是什么这样的问题,涉及事情是否真实的思考;另一个是伦理价值判断,向人们呈现事情应该的样子,回答应该成为什么的问题,涉及事情是否合理的判断。显然,前者关注的是事实关联,把服务对象视为观察的对象,这样的服务逻辑自然使服务对象成为社会工作者眼中的分析对象,即使社会工作者注意倾听服务对象的内心感受和想法,也只是社会工作者自己认识到的,缺乏对自身观察视角的觉察。后者就不同了,首先注重的是伦理价值关联,把服务对象当作与自己一样有着不同观察视角的社会生活的参与者,社会差异成了理解服务对象的前提,社会工作者随时都需要审视自己观察视角背后所坚持的伦理价值基础。因此,反歧视、反排斥社会工作强调,坚持伦理价值立场的核心,并不是树立一些普遍化的伦理价值标准,要求社会工作者按照这种标准行动,而是培养社会工作者内心的警觉意识,对自己观察到的客观事实保持开放的态度,从而找到深入理解他人的方式和途径(Clifford

& Burke，2009：3）。

在反歧视、反排斥社会工作的理论逻辑框架中，这种伦理价值立场与人们的观察视角直接相关联，依据的是社会分化和分层的基本假设，把人们放回到自己的日常生活中，从相互关联的生活处境中理解自己所处的位置和日常生活的应对方式。这样，社会差异就成了反歧视、反排斥社会工作的最基本的理论假设，而社会歧视和社会排斥则是一种不公平的社会差异的表现方式，呈现在人际和社会两个层面上。也就是说，反歧视、反排斥社会工作所说的伦理价值立场需要从两个层面来理解：一个是人际交往层面，表明个人的任何行为和想法不能简单从个人的角度解释，而需要在与周围他人，特别是重要他人的相互关联中来考察，具有了与周围他人直接相关联的伦理价值要求；另一个是社会结构层面，说明个人的任何行为和想法也不能笼统从环境的角度分析，而需要把环境理解成受到特定文化和历史影响而形成的社会分化和分层，并且在与社会分化和分层中的特定社会位置的相互关联中来分析，具有了与特定社会位置直接相关联的伦理价值要求（Clifford & Burke，2009：16）。

之所以从两个层面来理解社会工作的伦理价值立场，反歧视、反排斥社会工作强调，是为了把服务对象放回到日常生活中，从实际的生活场景出发，把个人的行为与特定的社会处境联系起来。这样，在反歧视、反排斥社会工作看来，伦理价值立场的问题其实是如何理解服务对象的问题，如果把服务对象从日常生活中抽离出来，社会工作者的关注焦点就在服务对象上，回答是什么这样的客观事实问题；如果把服务对象放回到日常生活中，社会工作者的关注焦点就在服务对象与日常生活的动态关联上，回答应该怎样应对的伦理价值判断问题。因此，把伦理价值立场引入社会工作中并作为社会工作的最基本的理论假设，这样做的目的不是强调伦理价值本身的重要性，而是呈现反歧视、反排斥社会工作所推崇的独特的观察视角：在动态的社会场景关联中理解个人的应对方式（Clifford & Burke，2009：16）。值得注意的是，这样的观察视角涉及两个方面的关注焦点的转变：从是什么的事实分析转向应该怎样应对的伦理价值判断；从日常生活抽离的事实考察转向日常生活关联的动态理解。为了帮助社会工作者进一步了解这种日常生活动态关联的观察视角，反歧视、反排斥社会工作还把个人的应对行为与周围环境的动态关联分为三个基本的层面：微观、中观和宏观。微观指的是能够经常直接面对面进行互动交流的沟通层面，像家庭、同伴等就是很典型的例子；中观是指能够进行直接互动但交流的方式比较正式而且次数比较少的沟通层面，像社会组织、社区等就是这样的沟通层面；宏观则是指无法进行直接互动而需要借助间接方式沟通的层面，如社会的经济、政治等就是这一沟通层面的代表（Clifford & Burke，2009：20）。

反歧视、反排斥社会工作坚持认为，人与周围环境的这种动态关联是多层面的，既不能把它简化为某个层面的动态关联，突出这个层面的重要性，忽视其他不同层面的影响，也不能将这些不同层面的动态关联进行简要概括，强调宏观层面的决定作用。实际上，这些不同的沟通层面是相互关联的，它们本身就是一个相互影响的整体。反歧视、反排斥社会工作强调，之所以关注社会工作的伦理价值的立场，是为了提供一种能够同时针对个人日常生活中不同层面而开展服务的整全视角，包括个人内心的感受和想法等个人心理层面的因素，绝不是为了反对弗洛伊德精神分析学派而注重个人生活经验的社会层面的分析（Clifford & Burke，2009：21）。如果那样做，也会像弗洛伊德精神分析学派一样，把个人的生活经验从日常生活中抽离出来，只是抽离的是个人社会生活的经验（Healy，2005：189）。

社会工作的这种伦理价值的立场，在反歧视、反排斥社会工作看来，很容易受到社会工作者的抵触，因为伦理价值在人们的眼里不是一种"科学"，而是某个人或者某群人自身的主观偏好，特别在以科学研究为宗旨的学术圈里，更是如此（Humphries，2004）。显然，伦理价值立场引入的挑战首先不是来自服务对象，而是社会工作者，是把伦理价值与客观事实对立起来并且无视伦理价值影响的"真理观"（Beckett，2007）。这样的误解常常表现为人们把伦理价值当作个人的情感和偏好，认为它与个人的认知无关，不涉及如何看待周围环境这样的个人的观察、分析和思考。反歧视、反排斥社会工作强调，实际上，个人的任何观察、分析和思考都需要有一定的伦理价值做支撑，表现为个人站在什么位置来理解周围环境的挑战，以及对周围环境的接纳和开放的程度。因此，引入伦理价值立场就能够帮助社会工作者在专业服务的开展过程中警觉和审视客观事实分析背后的伦理价值的基础，避免因坚持客观事实分析而带来的社会歧视和排斥（Clifford & Burke，2009：25）。

另一种常见的对伦理价值立场的误解是把伦理价值视为文化和宗教的现象，认为不同的文化和宗教具有不同的伦理价值。这样的观点虽然把伦理价值立场与特定的社会和文化联系起来，强调伦理价值立场的场景性和变动性，但是忽视了伦理价值立场的关联性，无视社会现象在社会分化和分层基础上的相互影响、相互关联的现实。这样，就会不自觉地突出不同文化和宗教之间的差别，看不到相互之间的关联。显然，这样的误解其实质是通过强调伦理价值立场的相对性而突出群体的独特性，从而既牺牲了个人的独特性，又无视个人站在独特社会位置上与周围他人的关联性，以及个人与周围他人之间对话交流的必要性（Clifford & Burke，2009：27）。反歧视、反排斥社会工作强调，之所以引入伦理价值立场，是因为以往的这种把伦理价值视为绝对标准的观点不仅无法实现，而且损害了社会工作者在特定生活场景中开展专业服务的能力，不是把自己投入具体的生活场景中敏锐察觉自己的应对行为背后所隐藏的社会歧视和排斥，而是依据生活场景之外的某项伦理价值原则迫使服务对象按照自己的意愿行动，必然造成更为严重的社会歧视和排斥（Clifford & Burke，2009：28）。

反歧视、反排斥社会工作坚持认为，人的伦理价值立场与事实的客观分析是不能够拆分开来的，一旦两者割裂开来，不是强调伦理价值的绝对标准，就是相信现实世界的客观分析，导致曲解场景的复杂性（Beckett，2007）。这种场景的复杂性，在反歧视、反排斥社会工作看来，还表现为现实生活中的不确定性（an uncertain world），即人们需要面对未来这种还没有完全变成现实的生活状况，在这种状况中，无论人们如何细致分析，都只能了解和掌握现实生活中某种程度或者某个方面的客观现实。正是基于这样的思考，反歧视、反排斥社会工作相信，在这种不确定的现实世界中，人们显然无法完全依靠理性的思维能力安排日常生活，而需要凭借伦理价值的判断。更何况社会工作者的努力也只是影响服务对象成长改变的因素之一，而且很多时候，这样的影响并不在服务对象日常生活中起主导作用（Clifford & Burke，2009：4）。

值得注意的是，正是对社会工作伦理价值立场的思考，反歧视、反排斥社会工作发现，社会工作者在专业服务中不仅需要关注服务对象如何成长改变，而且需要随时回到自己所在的社会位置，反观自己所使用的应对方式以及这种应对方式中的权力关系和潜在逻辑，对自己的伦理价值立场本身进行审视。这样，反歧视、反排斥社会工作所坚持的伦理价值立场也就具有了不断对自己所处的社会位置进行反思批判的要求（Clifford & Burke，2009：6 - 7）。反歧视、反排斥社会工作强调，在实际的专业服务开展过程中，社会工作者既需要与服务对象打交道，也需要与服务对象的照顾者以及其他的重要他人交流。显然，在这样的复杂的工作场景中社会工作者随时需要反观自己的状况，调整自己社会位置的问题；否则，专业服务的进程就会受到影响（Clifford & Burke，2009：8）。实际上，之所以提倡反歧视、反排斥社会工作，其中的原因之一就是受到服务使用者运用（services-user movements）的影响，让社会工作者有机会审视自己所处的社会位置，看到伦理价值立场在专业服务中的重要性（Dalrymple & Burke，2006：7）。

（五）拥有相对自主性（relatively autonomous）的服务对象

在对待服务对象的态度上，反歧视、反排斥社会工作也有自己的理解，认为正是基于伦理价值立场的要求，社会工作者就不能采用问题的视角，只关注服务对象面临的问题和困扰，那样只会导致服务对象放弃自己的生活责任，而需要把服务对象当作有能力承担自己的生活责任并且自己能够做出选择的人。这样，社会工作者在专业服务中就不是主导者，指导专业服务的安排和服务对象的成长改变，而是协助者，协助服务对象实现自己的成长改变目标。显然，这是一种以服务对象为本的服务策略，只不过反歧视、反排斥社会工作更为强调特定社会生活场景对服务对象的影响，把服务对象放回到了自己的日常生活中（Dominelli，2002e：25）。

反歧视、反排斥社会工作假设，服务对象就像社会工作者一样，也具有为了实现自己的目标而采取某种行动的能力，包括明确自己的目标、选择行动的方案以及维护有价值的社会关系等，能够建立起自己的应对环境挑战的互动方式（Dominelli，2002e：65）。反歧视、反排斥社会工作发现，一旦服务对象认识到了自己生活中的改变能力和改变资源，就能够成为自己生活的行动者和改变者，他在特定生活场景中的自主性就能够被调动起来。因此，反歧视、反排斥社会工作反对以往社会工作中的问题视角，认为这种把服务对象当作帮助对象的观点虽然也能够解决服务对象的问题，但是并不能给服务对象带来成长改变，只会迫使服务对象在困境中进一步放弃自己的自主性（Dominelli，2002e：96）。

为了帮助服务对象发现自己的能力和资源，反歧视、反排斥社会工作认为，关注社会差异就成为不可忽视的服务要素，只有通过这种社会差异的考察，服务对象才能了解自己所处的社会位置以及自己的真实需要，特别是其中的社会歧视和社会排斥，则是服务对象深入了解自己真实需要的直接障碍。这样，反歧视、反排斥社会工作就把服务对象自主性的培养与社会歧视和社会排斥的消除联系起来，强调通过关注改变能力和改变资源与服务对象建立一种改变导向的人际关系（a change-oriented relationship）。在这样的人际关系中，服务对象就从被动的改变对象转变成主动的改变者，社会工作者也从"专家式"的指导者转变成"同伴式"的协助者，更为重要的是，服务的焦点也因此转向如何协助服务对象施展自己的能力，学会管理自己的生活，服务对象的自主性才能够得到尊重和保障（Dominelli，2002e：96）。

反歧视、反排斥社会工作不赞同以往社会工作把服务对象的自主性提升看作个人增能的观点，认为这样理解只会把服务对象与周围他人割裂开来，甚至对立起来，仅仅关注服务对象个人的需要，而忽视周围他人的发展要求以及对服务对象的影响。这样，服务对象的增能就会失去社会生活的基础。因此，反歧视、反排斥社会工作希望倡导另一种帮助服务对象提升自主性的方式，把服务对象放回到自己的日常生活中，同时在人际和社会两个层面上促进服务对象的成长改变。也就是说，服务对象自主性的提升依赖场景化（contexualized）和整体性（holistic）改变视角的建立，即使选择某一个生活方面的改变，也需要从这种相互关联的整全视角来理解（Dominelli，2002e：108）。

就个人的具体成长改变过程而言，反歧视、反排斥社会工作认为，服务对象的自主性提升还需要借助社会身份的转变，包括服务对象怎样看待自己以及希望别人怎样看待自己。在反歧视、反排斥社会工作看来，服务对象界定自己身份的过程既是调整自己的应对行为，也是改变与周围他人关系并且了解自己的社会生活处境的过程。如果服务对象能够明确自己的社会位置，找到这一位置所处的社会场景，有了清晰的社会身份定位，就能够将个人的应对行为、人际关系以及社会处境联系起来，避免陷入相互割裂、相互冲突的问题状态中。因此，反歧视、反排斥社会工作强调，社会身份的界定在服务对象的成长改变中发挥着重要的作用，它不仅仅是服务对象怎么看待自己的问题，同时还是如何明确自己社会位置的问题，是对自己生活状况的觉察。从这个意义上说，关注服务对象的社会身份的界定比直接寻找服务对象的需求更能够有效回应服务对象的生活需要，特别对于那些来自不同文化背景中的服务对象，更是如此（Dominelli，2002e：107）。

正是基于对社会身份重要性的认识，反歧视、反排斥社会工作认为，社会工作者与服务对象建立的专业合作关系只是服务对象众多人际关系中的一种，这种人际关系的核心任务不是去替代那些给服务对象造成伤害的有问题的人际关系，或者只是指导服务对象提高问题解决的能力，而是帮助服务对象在自己的日常人际关联中重新找回有尊严的社会身份。显然，要做到这一点，社会工作者首先需要审视自己的社会身份的界定，警觉社会身份界定中隐藏的社会歧视和社会排斥，把自己作为服务对象成长改变的协助者，而不是指导者（Dominelli，2002e：108）。

值得注意的是，为了帮助服务对象重新找回有尊严的社会身份，反歧视、反排斥社会工作还提倡一种将面临类似身份困扰的服务对象组成小组的工作方法（identity-based group），认为在这样的互助小组中，服务对象才能够从原来孤立、分割的社会生活场景中走出来，重新理解自己的社会身份，找到与周围他人相互合作的方式，从而围绕社会身份的界定和再界定过程建立起积极的社会支持网络，其中反歧视、反排斥的应对方式的寻找和联盟建设尤为重要，是转变人们社会身份的关键（Dominelli，2002e：111－112）。为此，反歧视、反排斥社会工作还引入了另一个重要概念，就是命名，强调命名既是人们赋予自己身份以意义的过程，也是人们接纳自己身份实现内化的过程，人们以什么方式命名，就会以什么样的方式行动。这样，如何帮助服务对象在困境中进行积极的身份命名，就成为反歧视、反排斥社会工作在专业服务开展过程中促进服务对象增能不可缺少的重要一环（Dominelli，2002e：112）。

在帮助服务对象建立积极的社会身份认同过程中，反歧视、反排斥社会工作认为，除了关注服务对象的身份命名之外，同时还需要注重服务对象人际沟通过程的考察，了解服务对象如何在人际沟通中重新界定自己的身份，是一种过程导向的服务。反歧视、反排斥社会工作强调，之所以把过程这个概念引入服务对象社会身份认同中，并不是因为像人们通常理解的那样，社会身份界定需要时间，过程是必不可少的条件，而是因为只有在人际沟通的过程中，服务对象才能从个人孤立、隔离的生活状态中走出来，逐渐学会在人际互动的场景中理解自己的想法和要求，把场景化和整体性的视角融入自己的社会身份界定中，实现从问题困境中的"私人化困扰"（private trouble）的理解向"公众化困扰"（public trouble）理解的转变（Dominelli，2002e：116）。

反歧视、反排斥社会工作坚持认为，社会身份界定视角转变的实质，是发掘和培育服务对象的自主性，把服务对象看作有能力为自己做出决定和行动的人，而不是分析的对象或者服务的对象。因此，反歧视、反排斥社会工作倡导一种以服务使用者为中心（service user-centered）并且能够结合社会歧视和社会排斥消除的服务模式（Dominelli，2002e：116）。

（六）整全视角的服务介入策略

正是基于以社会差异为核心的逻辑架构以及服务对象所拥有的相对自主性的考察，反歧视、反排斥社会工作认为，社会工作者在服务中需要坚持一种整全视角的介入策略，这种介入策略不同于以往的社会工作服务模式，只是关注服务对象日常生活中的某个方面或者某个层面的介入。它首先表现为内外整合的要求，既关注做什么这种由内向外的服务介入策略，以便及时应对周围环境的要求，也关注如何对行动经验进行反思这种由外向内的服务介入策略，以便帮助服务对象提升对自己的了解，找到进一步成长改变的方向。这样，通过由内向外的行动以及由外向内的反思这两种过程的不断循环，服务对象才能在应对周围环境的行动过程中找到前进的方向，并且在前行的过程中发掘更有效的应对方式（Dominelli，2002a：8－9）。显然，反歧视、反排斥社会工作把经验学习理论中的反思（reflection）概念引入了社会工作的专业服务中，强调社会工作是一种需要对行动经验进行反思的实践，而社会工作者则是反思的实践者（the reflective practitioner）（Schön，1983：168－203）。

在反歧视、反排斥社会工作看来，作为整全视角的介入策略还有另一个方面的要求，就是从生活的不同层面安排专业服务活动，既涉及个人的，也涉及群体和文化的；既包括进行直接沟通交流的人际层面，也包括不直接相互影响的社会结构层面。反歧视、反排斥社会工作强调，即使社会工作者在某个服务阶段或者某个服务时间点重点关注服务对象某个层面的服务，也不能忽视其他层面的要求，因为服务对象各个层面的需求是相互关联的，只要其中某个层面的要求发生了变化，就会影响其他层面；同样，在服务过程中，服务对象其他层面要求的变化也会影响正在开展服务的层面（Dominelli，2002e：85）。正是基于不同生活层面相互关联这样的理解，反歧视、反排斥社会工作提醒社会工作者，尽管服务对象遭遇的问题经常表现在人际层面，但是服务的设计绝不能只关注这一层面的改变，而需要同时注意其他层面的要求（Dominelli，2002e：86）。因此，反歧视、反排斥社会工作反对以往社会工作服务模式中常见的二元对立的思维，倡导一种能够将不同层面联系起来注重整体的逻辑框架（Dominelli，2002a：9）。

值得注意的是，在帮助服务对象看到不同生活层面之间的联系，建立整全的生活观察视角时，反歧视、反排斥社会工作不赞同以往社会工作服务模式的观点，把社会工作者作为帮助服务对象重新理解自己生活故事的"专家"，让服务对象的生活故事符合"专家"认可的社会主流的标准，而是注重由服务对象自己梳理生活的经验，对自己的生活经验进行重新命名，找到生活中新的意义（Dominelli，2002e：86）。反歧视、反排斥社会工作强调，整全视角的服务介入策略还要求社会工作者不能仅仅关注服务对象在与社会工作者交往过程中的生活经验的重新理解，同时还需要把服务对象放回到日常生活的关系网络中，了解服务对象在与身边重要他人互动过程中的生活经验的重新梳理。只有这样，社会工作者才不会夸大或者忽视专业合作关系的重要性，把专业合作关系作为服务对象日常生活中多重生活关系的一种，运用整全视角理解专业服务过程（Dominelli，2002e：87）。

对于反歧视、反排斥社会工作而言，生活故事的重新梳理永远不是单向的，不仅是社会工作者帮助服务对象重新理解自己的生活故事，也是服务对象帮助社会工作者重新解释自己的生活经验，是交错影响的过程。反歧视、反排斥社会工作相信，社会工作专业服务开展的过程就是社会工作者与服务对象相互影响、重新理解自己的过程，而这一过程的线索就是服务对象问题的界定以及问题解决方法的寻找。反歧视、反排斥社会工作强调，正是在这样的交错影响的专业服务合作过程中，社会工作者和服务对象才有了机会重新审视各自所处的社会位置以及相互配合的方式（Dominelli，2002e：87）。

一旦社会工作者运用整全视角重新审视专业服务合作关系，反歧视、反排斥社会工作认为，社会工作者与服务对象之间的权力关系就成为关注的焦点，无论社会工作者还是服务对象，都既拥有影响对方的能力，也受到对方的影响。因此，社会工作者与服务对象的关系并不像以往有些社会工作服务模式认为的那样"一边倒"，即社会工作者是服务的"专家"，而服务对象只是服务的接受者（Dominelli，2002e：87）。实际上，社会工作者既不是服务中所有事情的"专家"，服务对象也不是专业服务的被动接受者，两者在专业服务中需要不断地协商，可能这一次社会工作者是服务过程的主要影响者，但下一次可能就不是，服务对象成了服务过程的主要影响者。反歧视、反排斥社会工作强调，专业服务过程其实是双方协商、达成妥协的过程，绝不是服务计划的简单实施（Dominelli，2002e：88）。

整全视角的另一个重要方面是对社会身份的理解。在反歧视、反排斥社会工作看来，人们的社会身份标志着一种生活状态，这种状态的核心是人们在人际交往中怎样看待自己，即人们的自我意识。如果把人们的自我意识放在日常生活的人际交往中来理解，它就与人们的改变动力紧密联系在一起，因为怎样看待自己意味着想成为什么样的人。这样，人们的社会身份又与应对行为关联在一起，而应对行为又会影响人们的人际交往状况，从而形成围绕人们社会身份的成长改变的整全视角的理解（Dominelli，2002e：90）。不过，需要注意的是，反歧视、反排斥社会工作对社会身份这个概念的考察并不仅仅局限于直接面对面交流的人际层面，同时还把它放在更为广泛的社会文化层面来理解。因此，反歧视、反排斥社会工作坚持认为，人们的社会身份其实是对自己所处的社会位置的理解，包括自己对社会层面的改变要求和应对方式的认识（Dominelli，2002a：9）。

反歧视、反排斥社会工作强调，整全视角介入策略的核心是把社会工作放回到服务对象和社会工作者的日常生活中去理解，它与以往社会工作服务模式相比，只是关注社会工作者与服务对象之间的互动影响的介入策略不同，走的是场景化服务的路线（Dominelli，2002e：36）。反歧视、反排斥社会工作相信，场景化是社会工作区别于其他助人服务的关键所在，特别是对于以反对社会歧视和社会排斥为目标的社会工作服务来说，更是如此，因为社会歧视和社会排斥本身就是社会生活场景中的现象，而针对这种现象的服务也自然需要在社会生活场景中展开（Dominelli，1997b：69）。为了帮助社会工作者更好地了解社会生活场景的特征，反歧视、反排斥社会工作还对社会生活场景进行了细致分层，认为社会生活场景是一种同心圆式的多层结构，中心是个人或者自我，由个人、家庭、社区、国家、全球逐层向外扩展，形成个人社会生活的多层的人际网络。社会工作者就是帮助服务对象在这种多层的人际网络中明确自己的社会位置，做出积极有效的回应，或者为服务对象提供有利于成长改变的社会环境（Dominelli & Gollins，1997）。

（七）过程视角的增能逻辑

针对社会工作服务中常用的增能原则，反歧视、反排斥社会工作也有自己独特的理解，认为增能绝不可能仅仅是自我增能，只关乎自己能力的提升，它必然还涉及人际交往中的周围他人，是在与周围他人的沟通交流中的增能，与周围他人的成长改变紧密联系在一起，甚至不局限于此，还涉及像家庭、社区、组织等社会层面的集体增能（collective empowerment）（Dominelli，2002e：117）。显然，这种增能原则背后有这样一种理论假设：在日常生活中人与人之间是相互关联、相互影响的，纯粹的独立的个人是不存在的。反歧视、反排斥社会工作指出，一旦像心理动力学派那样只关服务对象的个人心理状况，无论社会工作者还是服务对象都会不自觉地忽视周围他人在服务对象增能过程中的重要作用，看不到人与人之间的互助和团队意识的价值，弱化社会公平的伦理价值原则。这样，个人的成长改变也就会缺乏历史和文化维度的考察（Dominelli，2002e：121）。

反歧视、反排斥社会工作认为，正是由于从一种相互关联的角度理解服务对象的增能，所以增能过程必然涉及互动双方的相互影响，是一种动态的权力关系，由互动双方一起在具体的社会生活场景中实现相互的增能（Dominelli，2002e：121）。反歧视、反排斥社会工作强调，这样的相互增能过程其实是互动双方通过相互沟通和协商一起把一种目标模糊不清、时常伴随冲突的应对方式转变成目标明确并且能够相互合作的交流方式，使人们在理解自己不同需要的时候能够了解与周围他人的关联；同样，在了解周围他人需要的时候能够明了自己的要求（Dominelli，2002e：129）。反歧视、反排斥社会工作还借用了社会发展（social development）的概念来延伸相互增能的内涵，指出相互增能不仅仅是人际层面的改善，同时还包括社会层面的改善，这样的改善使人们对自己的社会位置有更清晰的认识，也更了解未来的发展方向（Dominelli，2002e：131）。

在反歧视、反排斥社会工作看来，这种过分强调个人能力和责任的个人增能的观点来自市场经济对个人理性的要求，市场经济虽然能够激发个人的成长改变动机，但是也会带来恶性竞争，更为重要的是，这种个人自足（self-sufficiency）的理念根本破坏了人与人之间相互关怀的要求，使人们只关注自己的需要，而把周围他人作为实现自己目标的资源，最终导致人与人之间的隔阂和社会的两极分化，产生更多的社会歧视和社会排斥（Dominelli，2002e：139）。因此，反歧视、反排斥社会工作倡导一种过程视角的增能，把周围他人以及社会组织和文化层面的改变也融入增能的过程中。这样，增能就同时表现为个人的增能和集体的增能。反歧视、反排斥社会工作强调，这种过程视角的增能既不是在个人增能基础上添加集体增能的元素，以保证社会的公平公正，也不是在集体增能过程中加入个人增能的元素，满足个人成长改变的要求，而是推崇一种崭新的人与人、人与社会相互关联的伦理价值，消除二元对立的思维方式（Dominelli，2002e：146）。

之所以倡导过程视角的增能，反歧视、反排斥社会工作认为，是因为无论服务对象、周围他人还是社会工作者，都生活在特定的社会生活场景中，受特定文化的影响，没有人能够摆脱这种影响站在客观的立场上指导自己或者他人增能。为此，反歧视、反排斥社会工作引入了意识提升（consciousness-raising）这一概念，强调人们只有通过文化意识的警觉，才能从熟视无睹的日常生活的应对方式中发现社会歧视和社会排斥的具体表现，找到成长改变的方向和途径，实现增能。显然，这样的文化意识的警觉只可能发生在与周围他人的对话交流过程中，通过周围他人差异性的呈现让人们看到相互之间的差别，从而促使人们审视自己所处的社会位置，提升自己的意识，而自我意识的提升又会导致新的差异性的出现，为新一轮的自我意识的提升提供机会和条件（Dominelli，2002e：147）。

为了帮助人们掌握意识提升的具体方法，反歧视、反排斥社会工作还对意识提升的方式做了细致的区分，认为主要涉及三个方面：对社会关系中的动态权力关系进行评估、对不断改变的个人社会位置进行评估以及在对话中培养文化自觉意识（Clifford & Burke，2009：185）。反歧视、反排斥社会工作从女性主义研究中汲取积极的思想元素，认为人们在社会生活的交往中必定涉及权力关系，而这种权力关系又会内化为人们内心的感受和想法，或者转换为日常生活中的社会制度安排。在这样的处境中，反思社会生活中的动态权力关系就成为人们观察和了解自己生活处境的重要方式（Walker，1998：9）。反歧视、反排斥社会工作强调，正像女性主义认为的那样，权力关系的反思与伦理价值的批判是紧密联系在一起的（Hutchings，2000）。这样，动态权力关系的评估其实是人们运用反思和批判的方式对自己的生活处境进行探索，是人际层面的自我身份的考察。在反歧视、反排斥社会工作看来，人与人之间的动态权力关系是发生在特定社会生活场景中的，并不是相互割裂的，而是一种围绕特定社会位置形成的社会关系网络。因此，意识的提升也就必然涉及对自己所处的社会位置进行评估，它是人们对自我身份的一种社会和历史的审视（Dominelli，2002e：186－187）。反歧视、反排斥社会工作声称，无论人际层面的自我身份的考察还是社会层面的自我身份的审视，其核心是在与周围他人的对话中保持对社会差异和社会不平等的敏感，培养文化的自觉意识（Dominelli，2002e：188）。

值得注意的是，尽管反歧视、反排斥社会工作倡导一种过程视角的增能，但是它明确表示反对那种只注重眼前利益的短期效益主义（short-termism）的观点，如认为只要互动双方中的一方或者某个方面发生改变，就会导致整体发生改变，或者认为只要在一种社会生活场景中发生了改变，就会使整个生活发生改变。反歧视、反排斥社会工作认为，这种过程视角的增能逻辑至少混淆了短期和长期之间的差别，看不到社会生活现象的复杂性，在时间和空间上偷换了短期和长期的概念，把特定范围和特定时间的改变直接等同于整体的改变（Dominelli，2002e：152）。显然，如果把人与人之间的关联看作人际关联，认同后现代主义的基本理论假设，就会看不清短期和长期之间的关系，不自觉地把短期的改变当作长期的改变。因此，反歧视、反排斥社会工作强调，人与人之间的关联包括两个层面，除了人际层面之外，还包括社会层面；相应地，人们的增能也涉及两个层面——人际层面的个人增能和社会层面的集体增能，而且这两个层面的增能是不能拆分开来的（Dominelli，2002e：162）。

如果从一种过程的视角理解增能，反歧视、反排斥社会工作发现，在专业服务中一种有趣的现象就会出现，不介入也变成了一种影响互动关系改变的有力方式，甚至是不可缺少的重要方式，而这一方式长期以来被视为一种无力或者失败的表现，排除在社会工作服务计划的考察范围之外。这样，人们在增能过程中就需要学习一种不介入的应对方式，或者说，需要从积极的角度理解不介入，把它也作为人们影响周围环境的重要方式（Dominelli，2002e：152）。

（八）协商式的专业合作关系

反歧视、反排斥社会工作还把过程视角的增能逻辑运用到社会工作者与服务对象的专业合作关系的考察中，假设服务对象也像其他人一样是生活的参与者，拥有影响和改变自己生活的能力，能够自主做出选择和决定。反歧视、反排斥社会工作认为，这样理解服务对象除了能够让社会工作者关注服务对象在困境中的能力和自主性之外，更为重要的是，转变观察的视角，把专业合作关系视为一种动态的现实建构的过程，而服务对象是这一现实建构的重要参与者。反歧视、反排斥社会工作强调，正是在专业服务的场景中，无论社会工作者还是服务对象才拥有了协商的机会，能够一起在模糊不清并且不断变化的特定生活场景中界定问题，寻找问题的解决方法。尽管反歧视、反排斥社会工作也关注服务对象的能力和优势，但是与优势视角社会工作不同，它把服务对象视为现实生活的协商者，更为关注服务对象在现实生活中的自主性和参与性（Dominelli，2002e：182）。

正是依据对人们自主性和参与性的思考，反歧视、反排斥社会工作认为，社会工作者并不是服务对象能力和优势的发掘者，而是与服务对象一样只是现实生活的协商者，通过专业服务知识和技能的运用，在对话协商过程中帮助服务对象明确希望实现的改变目标，并且协助服务对象提高实现目标的能力，包括加强服务对象的应对能力、扩展服务对象的人际网络以及增强服务对象的支持系统等。反歧视、反排斥社会工作强调，这样的对话协商过程是双向的，并不仅仅是社会工作者对服务对象施加影响，同时还是服务对象影响社会工作者的过程。显然，反歧视、反排斥社会工作之所以强调人们的自主性和参与性，是因为在它看来，服务对象也像人们一样拥有自我觉察的能力，能够认识和了解自己的生活状况，并且对自己的未来生活做出选择（Dominelli，2002e：182）。

在这种双向的相互影响过程中，反歧视、反排斥社会工作发现，作为服务提供方的社会工作者的自我觉察能力发挥着重要的作用，是否能够及时觉察自己的社会身份对服务方式的影响，意味着社会工作者能否同理服务对象在不同社会生活处境中的表现，尊重和理解服务对象的差异性。正是因为如此，反歧视、反排斥社会工作强调，社会工作者在专业服务开展之前是无法将专业服务的焦点锁定在某种社会差异和社会歧视的表现上的，如像女性主义社会工作所关注的性别差异，或者激进社会工作（radical social work）所注重的阶级差异等，而需要根据与服务对象的对话协商过程确定具体的服务焦点和服务的方法；否则，只会导致专业服务过程中的社会歧视和社会排斥现象的出现。反歧视、反排斥社会工作认为，在这样的自我察觉的过程中，社会工作者还有一项重要的任务，就是把自己放回到社会服务机构中，对自己所处的社会服务机构中的社会位置进行审视，并由此延伸有关专业服务的社会场景方面的理解（Dominelli，2002e：182）。

与以往的其他社会工作服务模式不同，反歧视、反排斥社会工作非常关注社会工作者与服务对象之间的协商过程的考察，认为正是借助双方的具体协商过程，专业服务合作关系才能够发生改变和转换，朝积极健康的方向发展。也就是说，社会工作者首先需要改变对专业合作关系的看法，不是把它当作促进服务对象改变的手段，而是作为倾听服务对象遭遇，并且与服务对象一起界定问题、一起寻找解决方法的机会。这样，社会工作专业服务的焦点也就自然转向了场景，通过专业服务中的关联，互动双方才能体验和观察具体场景中各自的要求和资源，并且借助问题的界定和解决方法的寻找这一专业服务过程一起重新建构专业服务的合作关系。特别是在差异性比较大的服务对象面前，或者比较复杂的社会生活场景中，专业服务的这种协商特点就会显得更为突出（Dominelli，2002e：183）。

反歧视、反排斥社会工作坚持认为，在这样的协商式的专业服务关系中，社会工作者的自我觉察能力对专业服务的推进起着很重要的作用，除了在专业服务过程中能够不断体验自己的感受、想法和行动，审视自己所处的社会位置，从而调整与服务对象的互动方式之外，也在不断评估和理解服务对象的状况，将服务对象的改变要求融入自己的考察范围内，扩展自己的观察视野，形成一种被反歧视、反排斥社会工作称为专业服务关系中的整全的观察视角（a holistic approach to client-worker relationships）（Dominelli，2002e：184）。显然，反歧视、反排斥社会工作所说的自我觉察能力其实是一种协商过程中反观自己位置的能力，即反身性，正是借助这种反身性，人们对自身状况的觉察才能与对周围他人的理解紧密联结起来，打开自己的观察视野。因此，反歧视、反排斥社会工作强调，一旦社会工作者从字面上来理解自我觉察的内涵，把自我觉察简单解释成对自己生活状况的审视，就自然会把服务目标确定为帮助服务对象了解自己的真实需要，从而忽视场景因素对服务对象自我觉察能力的影响。这样做从表面上看，让服务对象更加明了自己的真实需要，但实际上却使服务对象逐渐失去自我觉察的能力（Dominelli，2002e：185）。

反歧视、反排斥社会工作强调，之所以把社会工作者与服务对象之间的专业合作关系理解成一种协商的关系，是因为反歧视、反排斥社会工作秉持这样一种服务理念：人们的生活是相互关联的，每个人都需要承担自己的生活责任（Dominelli，2002e：183）。在反歧视、反排斥社会工作看来，专业服务关系中的协商具有了两方面的功能：一方面帮助服务对象体验自己的生活是如何与周围他人相互关联的；另一方面协助服务对象了解自己在这种关联中的发展要求。这样，生活责任的培养就成为协商过程中无法回避的主题，也是社会工作者协助服务对象成长改变的关键所在（Dominelli，2002e：185）。需要注意的是，反歧视、反排斥社会工作所理解的责任，不同于人们把它作为一种伦理要求的想法，而是作为人们社会生活处境的一项基本要求，是一种社会现实，由人们生活的社会环境本身特点所决定，表明人们对特定社会生活场景中个人成长改变要求的理解和把握的能力。这样，人们的责任感越强，也就越能够投入具体的社会生活场景中，越能够在与周围他人的关联中做出自己的决定，对自己所处的社会位置保持良好的自我觉察能力（Dominelli，2002e：185）。

反歧视、反排斥社会工作认为，这种协商式的专业关系的核心要求就是转变人们对互动中权力关系的把握方式，从"给予－接受"这种静态的权力关系方式转变成协商式的动态权力分享（power-sharing），既不把服务对象视为被动的服务接受者，也不把社会工作者作为服务的指导专家，而是采取以服务对象为主导的服务合作关系，注重服务对象自身行动和改变能力的培养，让服务对象成为自己生活的专家。社会工作者只是服务对象成长改变的协助者，他的作用是帮助服务对象在生活困境中找到成长改变的方向和途径，包括增强服务对象的自我决定和选择的能力（Dominelli，2002a：10）。因此，反歧视、反排斥社会工作强调，社会工作者与服务对象之间的专业合作关系的基础是分享式的权力关系，只有在这样的关系中，服务对象才能够逐渐消除自己在社会生活中所获得的"病人"和"受助对象"的社会身份，建立起成长改变的信心和希望（Dominelli，2002a：7）。正是从这个意义上说，社会工作需要的是一种去专业化（deprofessionalizing），不再把专业的信心建立在"专家式"的辅导治疗服务所体现的等级权力关系上（Dominelli，1996）。这样，团队工作方式也就成为比较现实可行而且富有成效的服务方式，受到反歧视、反排斥社会工作的关注（Dominelli，2002a：6）。

尽管反歧视、反排斥社会工作所倡导的这种以社会差异为核心的服务逻辑框架包含非常丰富的内容，既涉及人际和社会层面的动态的权力关系和伦理价值实践的要求，也涉及社会工作者与服务对象之间的协商式的服务合作关系和过程视角的增能逻辑，但是实际上其核心是一种注重场景化和在地化知识的服务逻辑，这样的服务逻辑也自然需要一些不同于以往社会工作服务模式的服务方法作为技术保障（Clifford & Burke，2009：38）。

三　反歧视、反排斥社会工作服务技巧的基本逻辑

对于反歧视、反排斥社会工作来说，站在伦理价值的立场对自己所处的社会位置进行审视是整个服务模式的关键。这样的审视既不同于生态系统视角所强调的对环境适应成效反馈信息的处理，依据的是循环影响的逻辑，也不同于经验学习理论所注重的对个人经验的反思，采用的是实践反思的逻辑，而是对自己所处的伦理价值场景的实践推理（practice reasoning），运用了反歧视、反排斥的观察视角，其中最为核心的技术是反身性思维（reflexive thinking）和批判性思维（critical thinking）（Clifford & Burke，2009：38）。

（一）反身性思维

在反歧视、反排斥社会工作看来，反身性思维代表人们对自身所处的社会位置的审视能力，它主要包括三个方面的自我觉察：自身所处的社会位置、与自身社会位置相关联的周围他人以及相互之间渗透着社会歧视和社会排斥的动态权力关系（Clifford & Burke，2009：38）。反歧视、反排斥社会工作认为，反身性思维的第一个很重要的要求，就是在与周围他人的关联中确定自己的社会位置，而不是把自己从日常生活的社会关系中抽离出来，只关注自己的要求；否则，人们只会局限于自己的观察视角中，专注于自己的利益，看不到与周围他人的关联，不仅会失去对周围他人的敏锐观察能力和同理心，还可能把自己的要求与周围他人对立起来。反歧视、反排斥社会工作强调，人们只有扩展自己的观察视野，把周围他人纳入自身社会身份的审视范围内，才能够在审视自己的社会身份时，不忽视周围他人的要求；在了解周围他人的需要时，又能够联系自己的社会位置，把周围他人当作与自己一样拥有对自己和周围他人关怀能力的人（Clifford & Burke，2009：39）。

反身性思维的第二个要求，是把自己视为伦理的行动者（the moral actor）。反歧视、反排斥社会工作认为，正是因为人们的社会身份只有在与周围他人的关联中才能确立这一事实，所以人们首先需要把自己作为行动者，而且是伦理的行动者，这样的行动者在成长过程中随时随地都需要处理与周围他人的关系，做出伦理和责任的选择，他们既是社会生活的参与者，也是社会生活的观察者，无法从自己的日常生活中脱离出来。反歧视、反排斥社会工作坚决反对把社会工作伦理价值作为抽象的专业伦理守则，强调这样做只会促使社会工作者以伦理关怀的名义站在动态的日常社会生活之外，不是去关注具体服务场景中与周围他人的关联，明了自己的社会位置和所需要承担的社会责任，而是依据抽象的伦理价值标准弱化自己的责任意识和审视能力（Clifford & Burke，2009：39）。

反歧视、反排斥社会工作认为，反身性思维的第三个要求是对话（dialogue），即无论社会工作者还是服务对象都是伦理的行动者，因为专业服务的诉求，双方才走到一起，围绕服务对象的问题和解决的方法相互交流、相互影响（Clifford & Burke，2009：40）。不过，需要注意的是，与以往社会工作服务模式不同，反歧视、反排斥社会工作把专业服务中的对话与对自身的社会位置的审视联系在一起，强调这种对话的目的是增强社会

工作者和服务对象的反身性（Ramazanoglou & Holland，2002：118）。这样，专业服务的对话焦点也就集中在服务对象与身边重要他人之间的相互交流上，既包括其中具有影响力的周围他人，也包括那些需要照顾的周围他人。当然，对于社会工作者来说，这样的对话还有另一方面的要求，促进对自己所处的服务提供者位置的反思，涉及社会工作者在专业服务团队中的社会位置以及专业服务提供的社会机制（Clifford & Burke，2009：40）。

有意思的是，反歧视、反排斥社会工作在倡导反身性思维过程中特别关注人们自身的感受（feelings），把它作为推动人们成长改变的起点和基础，与以往社会工作要么注重动机，要么注重认知和行为的现象不同，认为在日常的社会生活场景中人们首先需要做的是如何面对现实生活的挑战，是对自身所处的社会位置的确认和调整。因此，在反歧视、反排斥社会工作的逻辑框架下，关注感受就具有了觉察自身所处社会位置的作用，并由此可以延伸到对自身观察视角的审视（Clifford & Burke，2009：41–42）。反歧视、反排斥社会工作强调，由于自我觉察是人们在特定社会生活场景中带动自身成长改变的关键，因此它的关注焦点就不能仅仅是生活经验中的不足，同时还需要包括生活经验中的优势以及特定场景中的感受（Clifford & Burke，2009：42）。

（二）批判性思维

帮助人们探索自身社会位置的另一项重要服务技术，是批判性思维。它是指人们在对自身所处社会位置进行审视的过程中寻找和审查证据的相关性和可采用性，以便准确了解自己的生活状况，明确前行的方向（Clifford & Burke，2009：38）。反歧视、反排斥社会工作强调，它所推崇的批判性思维类似于人们通常所说的理性思维，是一种具有合理推论的逻辑思维，要求任何结论都需要建立在可信的实际证据基础之上。显然，这样的批判性思维并不是社会工作独有的，而是任何社会科学都需要遵循的思维方式，只是在社会工作领域，特别是在反歧视、反排斥视角下，更为关注对证据背后所坚持的伦理价值立场的考察。因为在反歧视、反排斥社会工作看来，人们的任何分析和看法都是建立在特定的伦理价值立场上的，只要人们的伦理价值立场改变了，即使面对同一件事情，他们的看法和分析也会随之改变（Clifford & Burke，2009：42）。

反歧视、反排斥社会工作发现，人们在交流分享伦理价值方面的事情时，不仅仅会表达自己的观点，同时还常常呈现自己观察到的证据，甚至有时也会展现自己的推理过程，以便让别人相信自己的观点是"有理有据"的。基于这样的观察，反歧视、反排斥社会工作将批判性思维分为三个基本要素：证据（evidence）、伦理价值（values）和推理逻辑（the logical of the argument）。相应地，所谓批判性思维也就是对这三个基本要素的审视和考察（Clifford & Burke，2009：42）。具体而言，针对证据，社会工作者需要围绕问题考察正在发生什么、过去发生了什么以及相关人员的改变动机和预期结果。反歧视、反排斥社会工作相信，事情的发生是一个过程，既涉及现在，也涉及过去和未来，一种理性的思维方式是不能抽取其中一个片段或者一个层面作为证据的。反歧视、反排斥社会工作强调，由于社会工作是一种伦理价值的实践，因此也就需要考察人们行动背后所秉持的伦理价值，包括个人、职业和社会等不同层面的伦理价值标准，而且这些伦理价值标准常常处于冲突之中。针对推理逻辑，反歧视、反排斥社会工作坚持认为，社会工作者需要重点关注推理的逻辑基础，如推理过程是否具有明确的假设、这些假设是否合理等（Clifford & Burke，2009：43）。

与以往社会工作服务模式对事实的分析不同，反歧视、反排斥社会工作是从两个方面着手考察的：一个是人们通常所说的事实，这个方面也是以往社会工作服务模式考察的重点；另一个是人们心里希望看到的事实，这个方面与人们所秉持的伦理价值直接相关。反歧视、反排斥社会工作强调，当人们面对周围环境的挑战时，这两个方面的要求是同时出现的，而且常常交错在一起，很难截然分开。这意味着，事实的探寻绝不是"是什么"这样的事实分析，而需要随时审视事实背后的伦理价值标准。只有这样，人们才不会以自己的事实判断标准评判周围他人的对错，而能够理解周围他人与自己的区别，包括社会工作者对自身所拥有的专业权威的警觉（Clifford & Burke，2009：44）。

在反歧视、反排斥社会工作看来，反身性思维与批判性思维是无法拆分开的，就像一枚钱币的两面，不仅反身性思维需要借助批判性思维才能促使人们在协商过程中真正找到自己的社会位置，而且批判性思维也需要依赖反身性思维才能帮助人们厘清事实背后的伦理价值依据。如果说反身性思维是人们审视自己所处的特定社会位置，那么批判性思维则是人们审视自己与周围他人的动态协商过程，两者一起构成人们在特定社会生活场景中促进自身成长改变的"实践推理"过程（Clifford & Burke，2009：47）。

反歧视、反排斥社会工作所推崇的在特定社会生活场景的自我觉察能力，其实与西方17世纪兴起的启蒙运动思想是一脉相承的，相信人具有决定自己未来的理性能力。这样的理性能力到了20世纪80年代之后逐渐转向对自身主观偏见的内心审视，特别是在90年代"第三条道路"思潮的影响下，人们开始放弃二元对立的思维，关注特定场景中具体增能的过程，而多元文化的影响则进一步强化了场景化和本土化的自觉意识，促使社会工作专业服务转向对人们差异性的尊重和接纳（Okitikpi & Aymer，2010：41 – 60）。反歧视、反排斥社会工作强调，进入21世纪，随着全球化的交流的增强和竞争的加剧，社会工作者的服务环境发生了明显的改变，不仅需要注重稀缺服务资源的运用，而且服务的角色也变得越来越多样，需要学会运用不同的专业服务手法开展服务。在这样复杂的服务环境要求下，保持反歧视、反排斥的服务视角就显得尤为重要，它能够帮助社会工作者重新回到服务的原点审视自己的专业服务，找到往前迈进的方向（Okitikpi & Aymer，2010：160）。

尽管这种以社会差异为核心服务逻辑架构的反歧视、反排斥社会工作在实际的专业服务中面临不少的实际操作问题，但是它借助动态关联中的社会歧视和社会排斥以及"他者化"过程中的权力关系的分析，对社会工作的伦理立场、服务对象拥有的相对自主性、服务介入的整全视角、过程中的增能逻辑以及协商式的专业服务关系进行了深入的考察，并且总结提炼了实现这一目标的反身性思维和批判性思维两种重要的"实践推理"技术。显然，反歧视、反排斥社会工作并不是"专家"设想出来的服务逻辑，而是根植于社会弱势人群反对社会歧视和社会排斥的基本需要，是一种既老又新的服务策略（Macey & Moxon，1996）。多米内利坚信，反歧视、反排斥社会工作反映的是人们寻求公平社会、让自己潜能发挥的基本诉求，虽然前行的路上面临多重困难，但前景一定是光明的

（Dominelli，2002a：17）。

第三节 倡导视角的社会工作

一 倡导视角的社会工作的演变

尽管倡导视角的社会工作（advocacy approach in social work）伴随社会工作的整个发展过程，从产生之日起，就已经受到社会工作者的关注，但是直到 20 世纪 70 年代，在注重提高人们资源获取能力的个案倡导（case advocacy）和关注社会改变帮助人们获得更公平机会的社会倡导（cause advocacy）的影响下，倡导视角的社会工作才真正转变成社会工作的一种常见服务模式，得到社会工作者的普遍认可（Payne，2005：297）。特别是在 80 年代的精神障碍患者康复服务和学习障碍患者的服务中，倡导手法的运用被视为服务成功的关键因素之一（Payne，2005：299）。

在社会工作的发展初期，倡导视角的社会工作通常作为一种面向弱势人群的具体服务，但是随着七八十年代兴起的民权运动和服务使用者运动的影响，倡导视角的社会工作的服务形式发生了明显变化，服务内容也变得越来越丰富，从关注服务对象的直接需求满足逐渐转向关注弱势人群基本权益的保障，涉及基本权益的争取以及社会政策的倡导和改变等。因此，倡导视角的社会工作的基本服务内容可以概括为四个主要方面：保护弱势人群、创造支持环境、保障基本权益和增强身份认同（Freddolino，Moxley，& Hyduk，2004）。它遵循三项基本的服务原则。①处境原则，即社会工作者倡导的依据是服务对象自身的现实需要，是服务对象对自身现实处境的理解，不是社会工作者所秉持的社会公正的价值标准。这样，在倡导的服务中社会工作者就需要随时与服务对象沟通，了解服务对象在自身处境中的真实需要。②增能原则，即社会工作者的倡导服务不是替代服务对象做出决定，而是协助服务对象做出更适合自己生活要求的决定。正是基于这样的认识，倡导视角的社会工作要求社会工作者在倡导服务中除了需要征得服务对象的同意之外，还需要从促进服务对象自我决定能力的角度出发设计倡导服务。③互助原则，即社会工作者的倡导服务不仅仅针对某一个服务对象，同时还通过对某一个服务对象的服务将类似的服务对象联系起来，让他们相互支持、相互帮助，消除因隔离而带来的无助、无力等消极的感受（Rose，1990）。

显然，从基本的服务原则来看，倡导视角的社会工作与增能视角的社会工作很相似，两者都强调通过服务对象互助的方式消除他们的无助和无力感，增强他们的自我决定的能力，而且两者都受到社会批判理论、女性主义和反歧视、反排斥视角的影响。不过，在服务的形式上，两者存在明显的差别。增能视角的社会工作是直接协助服务对象提高自我决定和行动的能力，包括帮助服务对象运用自身拥有的能力解决自我决定和行动中的障碍以及增强服务对象的自信和自我价值感等；倡导视角的社会工作就不同了，它关注如何代表服务对象争取必要的社会资源和基本的权益保障，使服务对象自身拥有的潜力能够更好地发挥出来（Payne，2005：295）。可以说，倡导视角的社会工作是在服务对象缺乏自我决定所需要的能力和机会时所使用的一种社会工作服务方式，它的目的与增能视角社会工作一样，也是提高服务对象的自我决定和行动的能力。从这个意义上说，倡导视角的社会工作不是一种可以供社会工作者选择的服务方式，可有可无，而是每个社会工作者都必须掌握的一种服务，因为在社会场景中服务对象就会面临自我选择和决定能力不足的困难（Schneider & Lester，2001：xi）。特别是针对功能障碍的服务对象，如学习障碍患者和精神障碍患者等，他们就更需要社会工作的倡导服务（Payne，2005：299）。实际上，在日常的社会工作专业服务中，大部分社会工作者都会使用到倡导服务的技术，或者把倡导服务作为专业服务活动的一部分；有的甚至直接运用服务对象倡导（client advocacy）的方式（Ezell，1994）。

在倡导视角的社会工作的发展过程中，不同的学者对倡导服务做出了不同的解释，有的关注精神障碍患者和学习障碍患者的社区参与实践（Rose，1990）；有的注重健康和社会照顾领域倡导服务技术的总结（Bateman，2000：13）；有的强调在社区和社会层面上通过倡导服务的运用推动社会的改变（Brueggemann，2002：2）。其中，影响最大也最受社会工作者欢迎的是由罗伯特·施耐德（Robert Schneider）和罗利·莱斯特（Lori Lester）在2001年正式出版的《社会工作倡导：一种新的行动框架》（*Social work advocacy：A new framework for action*）一书，成为社会工作者在倡导服务中维护服务对象的法律权益和社会权益的通用实践蓝本（Payne，2005：307）。

（一）罗伯特·施耐德和罗利·莱斯特

施耐德和莱斯特作为美国弗吉尼亚联邦大学的两名教师在90年代目睹了这个学校的学生多年以来一直坚持的倡导运动，发现这种方式在社会改变中发挥着重要的作用，这是其他社会工作服务方式无法做到的，但是，有意思的是，倡导运动的参与者和组织者却不是社会工作专业的学生。他们从中受到启发，决定对社会工作倡导服务发展的历史社会脉络进行梳理，以便为社会工作者找到一种崭新的、清晰的行动逻辑和框架，将社会工作的倡导服务传统能够延续下去。正像他们自己所说的那样，希望社会工作的倡导服务在经历了百年的努力和探索之后，能够延续到下一个一百年（Schneider & Lester，2001：x）。

在对倡导服务的历史回顾过程中，施耐德和莱斯特发现，倡导这个概念是非常模糊的，有多种不同的解释，有的直接把倡导等同于社会工作，认为倡导这个概念只是社会工作在不同场合的另一种说法，贯穿社会工作的各个发展时期，在某种程度上两者可以直接相互替换（Leighninger，1987：142）；不过，大多数社会工作者还是把倡导作为一种独特的社会工作服务方式或者模式，强调到了60年代之后，才出现有关倡导的清晰定义以及倡导服务的基本原则和相关要素的讨论（Gilbert & Specht，1976）。因此，在施耐德和莱斯特看来，每个社会工作者都需要重新回顾社会工作发展的历史社会脉络，梳理倡导概念的演变过程和它的基本内涵（Schneider & Lester，2001：6）。

为了帮助社会工作者理解倡导概念的基本内涵以及使用时所采取的主要策略，施耐德和莱斯特从历史发展的时间维度对倡导概念进行了系统的整理，发现倡导内涵受社会工作者关注的情况经历了四次起伏。第一次起伏发生在1919年前后。在1919年之前，随着西方工业化和城市化的发展，社会贫困的问题变得越来越突出，在慈善组织运动和睦邻友好运动的推动下，社会工作者开始关注社会公平正义等倡导的主题，并且在 1911 年成立了有关生活和工作标准委员会（the Committee on Standards of Living and Labor）以及住房、健康和休闲的专门委员会（the Committee on Housing, Health & Recreation），以保障贫困人群基本生活需求能够得到满足（Schneider & Lester，2001：28）。特别是在亚当斯的带领下，形成了通过法律的程序推动社会政策改变的倡导服务的基本框架，出现了影响决策者和采取集体行动（collective action）等常用的倡导服务的基本策略，对社会工作专业服务的发展产生了重要的影响（Schneider & Lester，2001：31）。不过，需要注意的是，里士满领导的慈善组织运动与关注社会公平正义的睦邻友好运动不同，它注重的是社区的公平正义。正是因为如此，倡导服务在社会工作发展之初就出现了两种基本的取向：关注个人改变的社区公平正义倡导和关注政策改变的社会公平正义倡导（Schneider & Lester，2001：10）。但是，1919 年之后，在第一次世界大战和俄国十月革命的影响下，社会工作在专业化的发展口号下引入了心理学作为自身理论的基础，服务的关注焦点开始转向个人的内部心理，注重环境改变的倡导服务逐渐淡出社会工作者的视野（Schneider & Lester，2001：32）。

第一次世界大战之后出现的经济大萧条给倡导服务提供了新的发展契机，使社会工作重新关注社会环境的问题，回到注重环境改变的倡导服务，出现倡导服务的第二次起伏（Schneider & Lester，2001：37）。与第一阶段倡导服务不同，这一阶段倡导服务面临的是经济形势恶化带来的紧急经济救助和基本生活保障的问题。除了积极参与政府的紧急经济援助政策的制定之外，社会工作者也开始重新评估倡导服务在社会工作专业服务中的位置和作用，主张通过政治和法律的参与活动增强社会工作的社会影响力，并且把社会行动（social action）视为社会工作的一种常见的基本工作方法（Lee，1935：259）。施耐德和莱斯特发现，这一阶段的倡导服务比较注重政策法律的改变，要求社会工作者学会运用游说（lobbing）的方法影响政策法律的制定者，包括与政策法律专家建立联盟、了解政策法律出台的程序以及掌握服务推进的步骤等（Maslen，1944：273）。但是，由于社会工作者不仅仅代表他的专业，需要为服务对象负责，同时还代表服务机构，需要向服务出资方交代。这种双重角色的处境使社会工作者在资金和竞争的压力下自然转向注重个人成长改变的服务，放弃社会环境改善的要求（Schneider & Lester，2001：41）。

到了 60 年代，社会环境发生了急剧变化，美国总统约翰逊（Lyndon B. Johnson）执政之后，开始在国家层面强力推行反贫困运动，对当时广泛存在的弱势人群的种族歧视问题和城市内的不良生活环境进行整治，倡导采用有效的能力培训和健康服务以及公平机会的提供等方式激活经济的发展。在这样的政策影响下，社会环境的改善重新受到社会工作者的青睐，促使社会工作的发展转入倡导服务的第三次起伏阶段（Schneider & Lester，2001：44）。这一阶段的倡导服务有一个显著特点，就是与日常的社会工作服务进行对接，成为日常社会工作服务的延伸或者深化，转化为社会工作日常服务中不可或缺的内容。例如，把倡导服务作为社会冲突中的协调者（a partisan in a social conflict），区别于社会工作日常服务中的咨询者、教育者或者资源链接者等专业角色（Grosser，1965）；或者直接针对个案服务中的服务对象，强调倡导服务在革新服务方式上的独特作用，把倡导服务作为社会工作日常服务的扩展（Briar，1968）。这一阶段还出现了推广倡导服务的专门委员会，并且针对倡导服务进行专门的界定，认为它是一种"为他人而争取社会改变"的服务（Ad Hoc Committee on Advocacy，1969）。但是，到了70年代，由于筹措服务资金的压力，社会工作者并没有积极参与当时兴起的民权运动，受到社会的批评（Dumont，1970）。

值得注意的是，尽管倡导服务在70年代的实际运用中并没有什么突破，但是在理论内涵的探讨上却有了新的发现，不仅继续之前微观层面的尝试，加强微观层面与宏观层面的联结，如把倡导服务与家庭服务相结合，形成家庭和社会相互影响的综合改变方式（Riley，1971），还开始了宏观层面上的探索，把倡导服务直接与农村发展计划联系在一起（Ross，1977），或者从社会政策的角度入手，挖掘倡导服务在儿童社会福利运动中的作用（Takanishi，1978）。因此，进入70年代后，倡导服务在个人和社会改变中的独特作用呈现得越来越清晰，成为社会工作多种专业服务方式中的一种（Reid，1977）。

施耐德和莱斯特发现，对于社会工作来说，80年代是一个重要的转折阶段，里根政府上台之后，开始强力推行市场经济，把私人慈善和志愿服务引入公共服务中，并且开始大幅度削减服务资金，导致社会工作越来越从直接服务中抽离出来，朝服务管理方向发展，成为服务资源的挖掘者和链接者（Schneider & Lester，2001：49）。就倡导服务而言，分割化的现象越来越严重，除了倡导服务的领域越来越多样之外，同时还出现了外部倡导、内部倡导和自我倡导等不同的倡导方式（Schneider & Lester，2001：50）。进入90年代，由于种族和文化冲突的加剧，社会工作重新回到社会公平公正的主题，把倡导服务作为一种重要的专业服务来看待，几乎出现在任何一本社会工作专业书的介绍中。这样，倡导服务就进入了第四次起伏阶段（Schneider & Lester，2001：51）。不过，这一阶段的倡导服务与以往的倡导服务存在明显的不同，不仅服务的范围和领域进一步扩展，而且常常与文化的反思和批判能力结合在一起，具有了增能的元素（DuBois & Miley，1996：48）。正是基于这样的实践经验，美国社会工作者协会在1996年修订的社会工作伦理守则中明确规定了社会工作者的倡导责任，把推进社会公平正义作为社会工作的重要伦理价值，要求社会工作者保持文化的敏感性，消除像社会歧视、社会排斥以及贫困等任何形式的社会不公平现象（National Association of Social Workers，1996：1-2）。

施耐德和莱斯特认为，虽然自60年代以来，倡导服务在很多社会工作领域取得了不错的服务成效，得到了社会工作者的普遍认可，已成为社会工作的一种重要服务方式，但是到目前为止，仍没有形成清晰一致的概念界定，导致倡导服务在具体的实践中缺乏可以实施的操作框架，不是无法执行，就是缺乏必要的技能培训（Schneider & Lester，2001：51）。实际上，更为重要的是，社会工作者对倡导服务的定位不清晰，没有能够从专业实践中将倡导的角色与社会工作的一般角色区别开来，从而时常出现概念混淆的现象（Schneider & Lester，2001：52）。

（二）倡导服务的最新发展

经历了19世纪末20世纪初的基本生活条件保障的倡导服务和20世纪60年代兴起的

基本生活权益保障的倡导服务之后，社会工作在 90 年代开始推崇服务使用者的概念（consumerism），强调服务对象不是传统意义上的服务的被动接受者，而是拥有平等权力的服务购买方，他们有权利要求社会工作者提供高质量的及时的专业服务。这样，服务对象对专业服务的选择能力和个人的自主性就受到社会工作者的关注，他们从服务的被动接受逐渐转向主动的参与，包括服务计划的制订、服务阶段的设置、服务方式的选择以及服务成效的评估等，都需要服务对象的参与，由服务对象来主导，或者由服务对象选择服务的提供者和服务的具体安排（Schneider & Lester，2001：319）。相应地，倡导服务的焦点也就集中在微观和中观层面的资源保障上，以确保接受服务的某个人或者某群人在成长改变过程中能够得到及时有效的服务（Schneider & Lester，2001：321）。

　　21 世纪在社会生活领域的另一个显著变化是信息社会的到来，计算机和英特网技术被广泛采用，从而促使沟通的互动性和信息处理的即时性成为社会工作专业服务的基本要求。倡导服务也不例外，它在现代信息处理技术上发展出多种不同的服务方式，包括运用手机和计算机技术开设的艾滋病患者支持小组（Werner，1998）、性侵受害者互助小组以及情感和慢性病患者自助小组等（Schopler，Abell，& Galinsky，1998）。显然，正是通过现代信息处理技术的运用，倡导服务才能够在更广阔的空间上使用，也具有了及时性的特点，能够快速回应服务对象在社会改变层面上的需要（Beimers，2016）。

　　就倡导服务的内涵而言，进入 21 世纪，出现了三个方面的明显变化。①关注文化能力（cultural competence）。由于全球化进程的加速，不同文化之间的交流成为迫切要求，多元文化的包容和社会的融合受到人们的关注。在这样的社会处境下，社会工作者在专业服务中就需要保持文化的敏感性，学会从文化的视角理解服务对象的不同文化诉求，接纳多元文化之间存在的差异，保持文化的自觉能力。②注重家庭为本的服务取向（family-centered approach）。家庭是联结个人与社区的重要单位，也是呈现文化能力的重要场所。当个人需要融入社区、提高社会参与时，家庭就成为最基础也是最重要的社会支持。因此，通过家庭为本服务的倡导，就能够把个人微观层面的社会支持改变与社区中观层面甚至社会宏观层面的社会支持改变联结起来，达到社会改变的服务成效。否则，社会层面的改变是很难实现的。③强调增能和自我倡导（self-advocacy）。在服务使用者概念的影响下，特别是自助互助小组的兴起，倡导服务逐渐转向自助互助的方式，由面临相同困扰的服务对象自己组织起来，共同面对需要克服的困难，一起寻找解决的方法，提升解决问题的能力，并且在这个过程中提高互助的意识以及相互支持的能力。这样，倡导服务常常与增能结合在一起，有时两者甚至相互替换（Schneider & Lester，2001：329－333）。

　　实际上，90 年代之后，倡导服务就已经开始与增能服务相结合，融入具体的弱势人群的服务中，强调提高弱势人群自身争取资源和运用资源的能力（Sommer，1990），或者把倡导服务作为实现增能的重要方式，运用到增能服务中（Parsloe，1996a：9）。这也意味着，一旦社会工作者站在服务对象的角度理解倡导服务的内涵时，代表服务对象表达诉求与帮助服务对象提高表达诉求的界限是很难截然分开的，两者常常需要结合在一起（Payne，2005：302）。因此，倡导服务与增能服务的结合是社会工作专业服务发展的必然趋势，代表专业服务视角转向服务使用者（Talbot & McMillin, 2014）。

二 倡导视角的社会工作的理论框架

倡导视角的社会工作之所以能够成为一种专门的服务模式，是与两种倡导服务方式的创立分不开的，即个案倡导和社会倡导。前者从个案入手，把帮助人们提高资源获取的能力作为服务目标，是成长改变导向的；后者从人群入手，强调社会层面的改变，把社会公平机会的提供作为服务目标，是社会环境导向的（Payne, 2005: 298 - 299）。实际上，这两种倡导服务方式代表倡导服务的两种基本类型，奠定了倡导服务的基础，构成倡导服务的基本逻辑框架，使倡导服务有了自己独特的内涵和要素，有别于其他的社会工作服务模式。

（一）社会和伦理责任为本的专业服务

在倡导视角的社会工作看来，社会工作之所以能够成为一种专业服务，是因为它不同于心理治疗，绝不仅仅是社会工作者对个人的临床心理治疗服务，同时还有一个显著的特点，把人放在具体的社会环境中来理解。这样，社会工作就具有了对个人和社会环境的双重责任，既要促进社会环境中的个人成长改变，让个人承担起社会的责任，也要促进社会的改变，保障社会环境的公平公正，让社会拥有伦理的责任（Schneider & Lester, 2001: 73）。

就社会改变的伦理责任而言，倡导视角的社会工作认为，社会工作者有责任在机构内或者机构外倡导争取更丰富的资源，以适应服务对象成长改变的需要，包括保证资源获取的程序和方式更为透明和公正，这是社会工作伦理价值的核心要求之一。此外，在整个社会层面，社会工作者也拥有责任推进社会基本福利的保障，让社会弱势人群也享有平等生活的权利。例如，关注社会生活条件是否能够满足人们的基本需要，或者倡导与社会公平公正原则一致的社会、经济政策和文化价值观等。特别是法律法规的出台和实施，它们对人们生活的影响更为显著。因此，倡导视角的社会工作也把社会政策和法律法规的改善作为社会工作者的倡导服务内容之一（Schneider & Lester, 2001: 74）。

就个人成长改变的社会责任来说，倡导视角的社会工作发现，以往的社会工作服务模式太关注直接的人际互动关系对人们生活的影响，看不到人际互动关系背后的社会结构层面的因素对人们生活的作用。这样，不是夸大临床专业服务的作用，忽视社会层面改变的倡导服务的价值，就是把临床专业服务与倡导服务对立起来，强调它们是完全不同的两种服务，无论在价值理念、服务原则还是在服务方法和服务程序上，都是不同的，甚至相互对立。正是基于这样的观察，倡导视角的社会工作坚持认为，人们生活的社会环境是多层面的，既涉及直接相互影响的人际关系，也涉及不直接相互影响的社会关系，两者交错在一起，无法截然分开。显然，在社会工作专业服务实施过程中，社会工作者就有责任将关注直接人际互动关系的临床专业服务与注重社会层面改变的倡导服务整合起来，拓展个人成长改变的视野，提升个人的社会责任意识以及承担社会责任的能力（Schneider & Lester, 2001: 75）。

倡导视角的社会工作强调，"人在情境中"这一社会工作的基本假设蕴含着，社会工作是一种以社会和伦理责任为本的专业服务，它不同于心理治疗，需要把人放在大的社会场景中来理解（Schneider & Lester，2001：75）。实际上，社会工作在产生之初就已经运用这样的视角开展专业服务了，最为典型的是睦邻友好运动的领袖亚当斯，她不仅通过服务于社区中的弱势人群将不同阶层的社会成员联系在一起，而且借助科学研究、公民教育和政治联盟等手段倡导社会政策和法律的改善，将人际层面的改变与社会层面的改善结合在一起。这样的服务原则和方式即使在现在开展的倡导服务中也一直沿用（Reisch，1986）。倡导视角的社会工作发现，社会工作在摆脱宗教的直接掌控成为专业服务的同时，也面临承接宗教对人的灵性关怀的要求，伦理价值就成为社会工作不可或缺的部分；否则，社会工作就可能变成纯粹的技术和工具，失去最具有影响力的心灵关怀的改变要素（Schneider & Lester，2001：76）。

倡导视角的社会工作还对倡导服务中呈现的伦理价值进行细致的整理，认为倡导服务至少具备六个方面的伦理价值的要求，包括尊重个人的价值和权利、给个人选择的权利、由个人自己做出决定、同理不幸的遭遇、采用增能和优势视角以及关注社会公正公平等（Schneider & Lester，2001：77 - 78）。显然这些伦理价值与社会工作所秉持的专业伦理价值是高度一致的，可以说，倡导服务所推崇的伦理价值体现了社会工作的核心伦理价值（Levy，1974）。因此，在倡导视角的社会工作看来，完全有理由相信，社会工作者在实施倡导服务时，也是在推进社会工作的专业服务，更为重要的是，与其他专业服务方式相比，倡导服务面临的伦理价值挑战更为突出，正是依据这样的伦理价值开展专业服务，社会工作者在倡导服务中的专业认同度是非常高的（Schneider & Lester，2001：79）。

不过，倡导视角的社会工作提醒社会工作者，尽管倡导服务是社会工作专业服务中不可缺少的部分，但是在具体的实施过程中仍然面临很多因素的制约。这些制约因素，在倡导视角的社会工作看来，可以简要分为两大类：历史的和专业的。就历史的制约因素而言，倡导视角的社会工作认为，它主要涉及专业服务的历史定位和服务运行的管理主义考虑。为了获得专业身份的认可和社会的认同，社会工作者在专业服务发展过程中，特别是在专业化发展的初期，非常注重微观层面的直接服务提供，把社会工作视为一种临床服务，较少关注外部宏观社会环境的改善。尤其到了80年代之后，在政府大幅度削减社会福利服务资金的环境下，社会工作者的服务角色越来越偏向管理者，作为服务资源的链接者和多种不同服务整合的个案管理者。显然，在这样的专业服务的定位下，倡导服务的发展就会受到限制（Schneider & Lester，2001：82）。与专业服务的定位相关联，在倡导服务的专业发展方面，由于社会工作忽视倡导服务的发展，倡导服务至今仍缺乏清晰一致的定义，也没有广泛认可的培训课程，即使有接纳倡导服务开展的机构，也非常少，甚至很多社会工作者对倡导服务还存在误解，如把倡导服务等同于社会行动这种对抗的方式，或者将倡导服务视为反专业化等，使一提及倡导服务，人们就会感到害怕和紧张（Schneider & Lester，2001：81 - 82）。实际上，倡导服务通常要比一般的社会工作临床服务更为复杂，耗费的精力更多，时间也更长，更考验社会工作者的耐心和技巧，当然，它的具体实施也需要更广泛的支持（Schneider & Lester，2001：83）。

（二）行动导向（action-oriented）的社会改变

在倡导视角的社会工作的逻辑框架中，倡导服务是一种注重社会改变的专业服务活动，有别于其他的助人专业服务（Kaminske & Walmsley，1995）。虽然这种专业服务活动有明确的服务焦点，集中在社会层面的改变上，但是在实际的服务中由于社会层面的改变无法与个人层面的改变截然分开，倡导服务几乎涉及所有的社会工作者需要扮演的角色，这也使社会工作者经常分不清倡导服务的特点，把它等同于社会行动或者社会改革等社会层面改变特征比较明显的服务活动（Sosin & Caulum，1983）。倡导服务的另一个显著特征是它的复杂性，常常涉及多个方面的改变，如个人权利意识的提升、社会公平观念的建立、个人行动能力的提高以及法律和政策的改变等，使社会改变的呈现缺乏统一的观察角度，既可以从个人角度来解释，也可以从群体或者社会角度来理解（Schneider & Lester，2001：58）。为此，施耐德和莱斯特提出从行动这个核心概念出发明确社会层面改变的行动特征，以区别于其他的社会工作服务模式，并由此界定倡导服务的内涵（Schneider & Lester，2001：59－63）。施耐德和莱斯特这一建议得到了社会工作者的普遍认可，成为理解倡导服务的基本逻辑框架（Payne，2005：295）。

之所以从行动出发理解倡导服务，倡导视角的社会工作认为，除了因为行动能够清晰地界定和测量之外，更为重要的是，社会工作是一种注重介入和改变的服务，行动最能够体现社会工作的这种本质特征。从实际的服务来说，社会工作者只有关注倡导服务的行动，才能够解释清楚倡导服务的具体的方式、步骤和程序，了解倡导服务的判断标准，从而把倡导服务与其他服务区别开来。这样，总结出来的倡导服务就能够运用于不同的服务对象，包括个人、家庭、小组、社区，甚至社会组织等，也能够运用于不同的服务领域，不仅仅局限在倡导服务比较关注的精神健康服务和残疾人服务中（Schneider & Lester，2001：64）。倡导视角的社会工作强调，由于倡导服务比较复杂，而且通常需要花费的时间比较长，因此，如果仅仅从社会层面改变的服务成效评价倡导服务，就可能忽视倡导服务本身的特征，或者把其他带动社会层面改变的方式，如经济、政治或者法律手段等，也视为倡导服务的一部分，导致倡导服务缺乏清晰的边界（Schneider & Lester，2001：65）。

针对倡导服务的具体行动，倡导视角的社会工作提出，倡导服务是一种在社会的公共场合代表服务对象或者社会弱势人群表达他们的意愿，并且通过有意识地影响决策者的方式争取社会层面改变的服务（Schneider & Lester，2001：65）。显然，就倡导视角的社会工作来说，它拥有两种重要的带动社会层面改变的行动。一是在社会的公共场合代表服务对象表达意愿的行动（representation）。这种表达意愿的行动具有代表性（exclusive）和平等性（mutual）的特征，即能够根据服务对象的要求表达意愿，并且在整个表达意愿的过程中保持与服务对象平等交流的关系。二是有意识地影响决策者的行动（influence）。这种影响行动具有规划性和步骤性，即在实施之前就有充分的调查和研究，并且在实施的过程中有规范的程序作为指导，它不是一时兴起的盲动（Schneider & Lester，2001：66－68）。需要注意的是，倡导视角的社会工作所说的决策者既包括政策和法律的制定者，也包括单位的管理者，是那些在不同制度层面上拥有资源的人，他们的决定能够影响服务对象的生活安排（Hepworth, Rooney, & Larsen, 1997：83）。

倡导视角的社会工作发现，一旦从倡导服务的行动特征来界定倡导服务，它的概念边界就会变得更为清晰，不再是无所不包的社会层面的改变服务。例如，倡导服务中社会工作者也需要与资源拥有者协商，但是这样的协商与资源链接的协商不同，它是在社会的公共场合代表服务对象提出诉求，目的是影响资源拥有者做出的决定，改善以往的资源分配方式（Schneider & Lester, 2001：69）。同样，倡导服务也与临床社会工作不同，它关注的重点是社会层面的改变，不是临床社会工作所注重的特定场景中微观层面的介入（Northen, 1995：7 - 8）。与倡导服务最容易混淆的概念是社会行动。实际上，倡导服务吸收了很多社会行动的元素，像有意识地影响决策者、运用社会公共平台表达意愿以及挑战不公平的资源分配方式等，但是两者还是有明显的区别，倡导服务强调的是代表服务对象表达意愿，而且表达过程中需要遵循代表性和平等性的原则。可以说，倡导服务是一种服务取向的社会行动（Schneider & Lester, 2001：73）。

因此，倡导视角的社会工作强调，有效的倡导服务需要具备六个方面的特征。①行动导向。倡导不是一种态度或者信仰，而是具体的行动，只有借助像代表和影响这样的倡导行动，才能实现社会层面的改变。②抗争不公平。改变不公平的现状不仅是伦理价值的要求，而且是服务对象自身发展的诉求，是专业服务的核心组成部分，它能够给服务对象潜能的发挥提供更多的机会和更大的空间。③人文关怀。倡导服务是一种具有强烈价值取向的服务，社会工作者需要承担社会和伦理的责任，把社会层面的改变作为专业服务不可或缺的部分。④政策服务双重视角。服务对象的成长改变既需要日常服务的帮助，也需要社会政策的支持，实际上，任何一种日常服务都是在一定政策指导下开展的，两者的结合才是社会工作者需要坚持的。⑤耐心和希望。倡导服务面对的困扰比较复杂，涉及对不公平社会现状的抗争，而且通常服务对象自己也逐渐或者已经失去了信心。针对这样的服务处境，社会工作者的坚持和耐心就显得十分重要，它本身就能够给服务对象带来成长改变的信心。⑥增能。尽管从表面上看倡导服务是社会工作者代表服务对象表达改变的意愿和影响资源分配的决策者，但是实际上在整个倡导服务过程中，社会工作者需要与服务对象保持平等协商的关系，关注服务对象自身表达能力的提升，让服务对象对自己的能力更有信心（Schneider & Lester, 2001：79 - 80）。显然，这六个方面的特征其实是围绕倡导服务的行动导向和社会改变这两个核心焦点展开的，可以说，倡导服务是行动导向的社会改变。

值得注意的是，针对倡导服务有不同的分类和称呼，除了通常认为的个案倡导和社会倡导之外，还可以依据服务的规模和侧重点把倡导服务分为案主倡导（client advocacy）、政策法律倡导（legislative advocacy）和社会倡导（cause advocacy）。案主倡导是针对案主的成长改变要求推动机构服务程序和规则的改变，它偏向于一对一的临床个案服务。政策法律倡导则注重社会政策和法律层面的改变，它涉及的服务对象比较多，影响的范围比较广。社会倡导关注社会层面的改变，包括社会政策和法律的改变，不过，它侧重通过组织联盟的方式实现这种社会宏观层面的改变（Schneider & Lester, 2001：92）。

（三）代表与影响

在倡导视角的社会工作看来，代表作为倡导服务的一种重要服务方式，是倡导服务的核心元素之一。一旦社会工作脱离了代表，它也就不是倡导服务了。在代表服务对象表达意愿的过程中，社会工作者如何与服务对象相互沟通是整个服务的关键。倡导视角的社会工作认为，尽管这种相互之间的沟通也像一般人际沟通那样可以采取口头或者书面等不同的形式，但是它与一般人际沟通相比，具有三个方面的特征——代表性、平等性和社会公共场合的运用（the use of a forum），它是运用社会公共场合代表服务对象表达意愿，呈现服务对象的成长改变要求（Schneider & Lester，2001：94）。

就代表性而言，在倡导服务中社会工作者代表的不是自己，也不是社会工作服务机构，而是服务对象。倡导视角的社会工作强调，社会工作者只有站在服务对象的位置，围绕服务对象的需求，并且在整个服务过程中与服务对象建立这样的以促进服务对象成长改变为目标的服务关系，才能使服务对象的真实要求呈现出来，保证倡导服务的基础（Moxley & Freddolino，1994）。因此，倡导视角的社会工作认为，无论表达的内容和方式怎么不同，社会工作者的任务是相同的，就是代表服务对象表达他们的成长改变意愿，这是开展倡导服务社会工作者首要需要遵守的原则。一旦在实际的服务过程中出现服务对象的成长改变意愿与机构的服务准则或者社会的政策不一致的情况，社会工作者就需要把服务对象的成长改变意愿放在首位。不过，需要注意的是，这里所说的把服务对象成长改变意愿放在首位并不意味着，服务对象想怎么样就怎么样，而是指社会工作者需要从有利于服务对象成长改变的角度出发，代表服务对象表达意愿，为服务对象争取更为公平的发展机会。实际上，一味地考虑服务对象的个人要求，就会使服务对象的成长改变陷入困境（Schneider & Lester，2001：95）。

倡导服务之所以在整个服务的实施过程中特别关注社会工作者与服务对象之间的平等性，是因为在倡导视角的社会工作看来，只有通过这种平等方式的交流，社会工作者才能保持开放的态度，接纳服务对象的不同，理解服务对象的成长改变意愿，而不是社会工作者自以为的服务对象的需求。倡导视角的社会工作强调，无论服务的程序还是服务的内容，都不能以社会工作者为主导，而是社会工作者与服务对象协商的结果。倡导视角的社会工作坚信，只有采用这样的方式推进倡导服务，才能实现社会工作长期以来所坚持的一项重要价值原则——服务对象自决（Schneider & Lester，2001：95）。

社会公共场合的运用是倡导服务的另一个重要特征。在倡导视角的社会工作看来，倡导服务的一项重要任务是解决服务对象的成长改变意愿与决策者或者社会大众认识不一致甚至冲突的现象。这样，社会工作者如何选择和运用社会公共场合就成为倡导服务是否能够取得成功的关键。例如，居民听证会、议事会、咨询会和研讨会等，就是社会工作者常用的社会公共平台，在这些公共平台上社会工作者能够把服务对象的成长改变意愿呈现给决策者，让决策者了解服务对象的真实感受和想法，从而调整现有的相关政策（Schneider & Lester，2001：96）。倡导视角的社会工作认为，倡导服务所说的社会公共场合的运用绝不是在公共场合表达服务对象意愿那么简单，其中最为核心的有三个方面需要改善：提升公众意识、制作提案或者议案以及建立意愿表达的渠道（Kutchins & Kutchins，1987）。因此，科学研究、公众教育、法律运用以及组织联盟等，就成为倡导服务的重要手段（Bobo，Kendall，& Max，1996：105）。

倡导服务的另一种重要的服务方式是影响，它借助服务对象成长改变意愿的沟通和呈现促使决策者的想法和行为发生改变，从而实现社会改变的目标（Schneider & Lester，2001：116）。就具体的影响过程而言，倡导服务可分为三个阶段：明确问题和设置目标、收集事实，以及制定服务策略和方法。倡导视角的社会工作认为，影响方式使用的第一步是让相关方探讨服务对象到底面临什么方面的困扰，特别是社会层面存在什么阻碍、谁拥有改变的决策权以及改变的资源怎样等，在此基础上，确定倡导服务的目标（Reisch，1990）。完成了这一步工作之后，倡导服务就需要进入收集事实的阶段。倡导视角的社会工作强调，在具体的倡导服务中，尽管有的偏向运用情感来打动人，有的注重运用事实来说服人，但是不管运用哪种方式，都不能把倡导服务误读成替代服务对象表达成长改变意愿，而是客观呈现服务对象面临的社会层面的挑战。因此，事实的收集和呈现就成为倡导服务中重要的一环（Schneider & Lester，2001：53 – 58）。根据倡导服务的实践经验，倡导视角的社会工作设计了三种服务策略和方法。第一种针对的是那些认同社会工作者的价值理念但是缺乏必要知识的决策者。面对这一类决策者，社会工作者可以采用合作的策略（collaborative strategies），通过事实的呈现、资料的分享以及相关知识的输送，与决策者建立合作联盟，一起针对服务对象面临的问题寻找解决的方法和途径。第二种针对的是社会工作的同情者，他们不认同或者不关心社会工作者提出的议题。面对这样的处境，社会工作者可以采取竞选的策略（campaign strategies），即站在服务对象的角度劝说决策者，让他们相信服务对象成长改变意愿的满足不仅不会损害决策者的利益，而且会给决策者带来更大的收益。第三种针对的是社会工作的反对者，即那些不认同社会工作甚至对社会工作抱有偏见的决策者。面对这种类型的决策者，社会工作者可以采取抗争的策略（contest strategies），借助公共场合服务对象成长改变意愿的呈现，公开对质决策者的做法，促使决策者改变不合适的行为表现（Schneider & Lester，2001：125 – 126）。

尽管倡导视角的社会工作把倡导服务的方式分为了代表和影响，但是在实际服务中，两者是很难截然分割的，代表服务中常常需要运用影响的方式；同样，影响服务中又需要借助代表方式的运用。不过，两者的目的是一样的，都是帮助服务对象实现社会层面的改变，只是前者注重站在服务对象个人的角度，后者侧重社会群体和组织利益的分析（Schneider & Lester，2001：134）。

倡导服务虽然经历了一百多年的发展，但是直到70年代之后才真正被社会工作者认同为一种服务模式，特别是代表和影响这两种倡导服务的专业服务方式的提炼，进一步明确了倡导服务的独特作用。这种服务以社会和伦理责任为本，是一种行动导向（action-oriented）的社会改变。除了需要特定的知识和技巧之外，倡导服务还要求社会工作者具备一项重要的品格，就是坚持（persistence），这也是倡导服务的一个重要特征（Yep，1992：39）。如果说其他社会工作服务模式是社会工作者在专业服务中的一种选择，那么倡导服务则是社会工作者必备的能力，它帮助社会工作者看到社会层面改变的要求（Schneider & Lester，2001：xi）。

第八章　多元文化视角

多元文化视角（multicultural perspective）的出现是西方社会 20 世纪 80 年代之后国际化和全球化进程加快的必然结果，它的目的是解决由此出现的种族冲突和国际冲突问题，把西方社会工作一直忽视的文化维度的考察引入社会工作的专业服务中，改变以往社会工作的单一思维逻辑，提高人们在多元文化处境中的应对能力（Robbins，Chatterjee，& Canda，2006：126）。多元文化视角认为，人们的日常生活处境既不是临床的，也不是生态的，而是包含文化历史要素的特定社会历史处境，需要社会工作者把文化历史的分析与社会权力的分析结合起来，这样，才能真正实现社会工作的整全理解（Cox & Ephross，1998：23）。在理解不同文化的交流过程中，社会工作理论出现了两种常见的解释模式。如果关注种族文化在与主流文化遭遇过程中的社会歧视和社会排斥的消除，依据的就是种族文化敏感的社会工作的理论逻辑；如果注重多元文化交流中批判思维和自觉意识的提升，就是运用了多元文化社会工作的理论解释框架（Sundar，2009：99）。

第一节　种族文化敏感的社会工作

一　种族文化敏感的社会工作的演变

从 80 年代起，由于西方国家种族冲突和国际冲突的加剧以及社会民权运动的兴起，种族歧视和文化排斥的现象变得日益突出，成为人们普遍关注的社会热点问题。在回应这一社会热点问题过程中，除了从反歧视、反排斥和增能的视角入手提高人们的应对能力外，还有另一种以种族和文化的敏感性为焦点，提升人们的不同文化之间的沟通交往能力，尤其是与主流文化的对话能力（Payne，2005：269）。实际上，在 80 年代就出现了一系列有关应对种族和文化冲突的社会工作的课程教材，有的关注种族文化敏感能力的培养，[1] 有的注重种族文化中的批判反思能力，[2] 有的则强调种族文化概念在临床实践中的运用等。[3] 尽管关注的焦点各不相同，但是它们的目标是一致的，都是帮助社会工作者

---

[1]　具体内容请参见 Devore & Schlesinger（1981）。

[2]　具体内容请参见 Jacobs & Bowles（1988）。

[3]　具体内容请参见 Pinderhughes（1989）。

重新理解社会工作的理论和实践，在多元文化交流的社会中改变原有的一元的思维逻辑（Payne，2005：271）。

种族文化敏感的社会工作（ethnic-sensitive social work）假设，种族文化是一种文化的差异性，根植于共享这些文化的人们的日常生活中，它不是固定不变的，而是随着生活的变化而变化，在这样的变化过程中，种族文化一方面转化为个人自我身份的认定，另一方面则外化为群体的共同现象（Devore & Schlesinger，1999：27）。正是在这样的假设基础上，种族文化敏感的社会工作形成了自己独特的理论逻辑框架，认为这种社会工作模式关注个人和种族历史的考察，把它作为理解服务对象不可或缺的内容，也是服务对象自我身份认定的重要组成部分，无论问题的界定还是服务的介入，都需要关注种族文化层面的影响以及与主流文化遭遇过程中的冲突，包括无助、失望等各种文化交流中的无力感和遭受社会排斥的经历（Devore & Schlesinger，1999：114）。种族文化敏感的社会工作强调，之所以把种族文化敏感作为社会工作的核心，是因为在多元文化的社会中实现社会公平公正的目标自然表现为对不同种族文化的尊重，社会工作的专业服务过程也不例外。这样，种族文化敏感就成了社会工作者在多元文化社会中开展社会工作专业服务的基础，也是服务的核心所在（Payne，2005：271）。

90 年代之后，西方社会的福利制度面临重大的改革，不仅把社会组织、志愿服务和市场机制引入社会服务中，强调多元福利的服务逻辑和工作机制，而且开始关注以基本权益保障为基础的服务，要求社会工作者能够把个人的困扰与社会问题联系起来，结合种族文化交流中的不公平现象开展专业服务，以保障少数族群和弱势人群能够得到公平的对待（Devore & Schlesinger，1999：156）。种族文化敏感的社会工作坚信，追求公平公正的对待是人们日常生活的基本诉求，特别是在全球化和国际化步伐不断加快的当今社会中，这一基本诉求表现得越来越突出，这也就为种族文化敏感的社会工作的实践提供了现实的基础（Devore & Schlesinger，1999：157）。值得注意的是，种族文化敏感的社会工作所说的文化敏感不是专指少数族群的生活经历和文化自觉的要求，而是就不同文化交流中普遍存在的权力关系来说的，是多元文化社会交流中的普遍现象。这也意味着，种族文化敏感的社会工作具有了一般专业实践和理论上的价值（Devore & Schlesinger，1999：127）。

尽管不同的学者从不同的专业实践经验出发对种族文化敏感的社会工作进行了积极的探索，提出了自己的理论解释（Dhooper & Moore，2001：3），但是就一般的实践模式而言，维尼塔·旦弗恩（Wynetta Devore）和艾力弗雷德·斯切莱辛格（Elfriede G. Schlesinger）是种族文化敏感的社会工作这一模式的主要倡导者，他们不仅在 1981 年就正式出版了《种族文化敏感的社会工作实践》（*Ethnic-sensitive social work practice*）一书，把这种服务模式命名为种族文化敏感的社会工作，而且在之后的近二十年里，一直不断地探索这种模式的运用范围和运用方式，修订种族文化敏感的社会工作的理论架构和操作程序，使之成为处理种族文化冲突的重要服务模式之一，受到广泛的欢迎（Payne，2005：280）。

（一）维尼塔·旦弗恩和艾力弗雷德·斯切莱辛格

旦弗恩和斯切莱辛格从 80 年代初就开始关注种族文化冲突的问题，在积累了丰富的少数族群的服务经验之后，他们开始梳理自己的实践经验和服务模式，与其他社会工作者不同，他们并没有从个人心理或者社会环境入手分析美国黑人和其他少数族群的生活经验，而是从历史的角度出发，尝试运用历史文化的视角梳理美国黑人和其他少数族群成为美国公民的生命历程（Payne，2005：288）。这样，历史文化的视角就成了这一服务模式的显著特征，无论服务对象的需求评估还是服务介入策略的安排都少不了历史文化的考察。

为了了解美国黑人和其他少数族群社会地位的状况以及形成的原因，旦弗恩和斯切莱辛格仔细梳理了美国移民政策的演变过程，发现美国从 1891 年起就开始对移民有所限制，并且从 1906 年起要求移民必须掌握英语，学习美国人的生活方式，像美国人一样生活。到了 1965 年，美国对移民政策进行了重新调整，取消了对一些亚洲国家的移民限制，并且鼓励技术移民，使美国社会出现了多样化的生活方式（Devore & Schlesinger，1999：8 - 11）。正是在这一时期，一直处于主导的把美国社会当作"大熔炉"（a melting pot）的观点开始出现松动，多元文化的想法逐渐被人们接受（Devore & Schlesinger，1999：34）。到了 90 年代，美国克林顿政府通过了《个人责任法案》（the Personal Responsibility Act），重点打击和取缔非法移民，以保障合法移民的权益（Devore & Schlesinger，1999：12）。

梳理了美国移民政策的演变历史之后，旦弗恩和斯切莱辛格继续分析历史经验背后的文化逻辑，尝试将历史的梳理与文化的分析结合起来，找到理解种族文化冲突的新的分析视角。他们认为，尽管从历史的角度来看美国政府根据当时社会发展的不同要求对移民政策进行了多次调整，以便满足社会不断发展的要求，但是从文化的角度来看实际上历史经验背后只有一种文化的逻辑，就是成为美国公民，包括新的生活方式的学习和原来生活方式的放弃（Devore & Schlesinger，1999：13）。显然，这是一种殖民主义的逻辑，把移民看作放弃自己原有落后的文化学习美国先进文化的过程，这样，美国文化成了先进理念和文明生活的标准（Dinnerstein & Reimers，1975：14）。而在实际生活中，情况却并非如此简单，除了不同种族之间的婚姻变得越来越普遍，出现了混合型的种族文化之外（Lieberson，1985：178），即使占主导的"白人"文化之间也因来源的差异而出现了不同的类型，就连少数族群自身在成为"美国人"的过程中也很难摆脱原有家庭、语言、生活习惯以及宗教的影响（Devore & Schlesinger，1999：18）。因此，文化交流的结果不是少数族群放弃了自己的原有文化，接受了主流文化，而是创新文化的过程（Devore & Schlesinger，1999：16）。

正是基于种族冲突的历史文化分析，旦弗恩和斯切莱辛格认为，在像美国这样的多元文化交流的社会中，种族文化敏感就成为社会工作者开展专业服务不可缺少的基本能力。这也是旦弗恩和斯切莱辛格全力倡导种族文化敏感的社会工作的原因所在。在他们看来，一旦社会工作者在多元文化的社会中缺乏种族文化敏感的能力，不仅无法准确评估服务对象的需求，而且会出现文化压迫的现象，无视专业服务关系的社会基础（Devore & Schlesinger，1999：16）。为此，旦弗恩和斯切莱辛格对社会工作服务模式进行了细致考察，分析这些不同服务模式是如何处理种族文化影响这一社会现实的（Devore &

Schlesinger，1999：111）。

　　旦弗恩和斯切莱辛格发现，根据对种族文化影响的理解可以把社会工作服务模式分为三种类型。第一种类型只是分析种族文化对个人生活的影响，把种族文化视为人们在社会生活中遭遇的某个社会影响因素。如心理社会模式、问题解决模式、任务中心模式和社会结构模式（the structural approach）等，就是这种类型的代表，它们关注的焦点或者在个人心理的改变上，或者在社会结构的改变上，把种族文化冲突视为影响个人心理或者社会结构的一个因素，而且通常只是分析这种社会因素的负面影响，并没有把种族文化冲突单独抽离出来进行深入的考察，融入社会工作的服务介入过程中。第二种类型是把种族文化的影响单独抽离出来作为人们日常社会生活的一个层面，关注在这个层面中个人心理改变与社会环境改变之间的关系。系统和生态视角为这种类型的服务模式提供了逻辑基础，而过程阶段模式（the process stage approach）等就是这种类型服务模式的典型，专门探索种族文化冲突的具体解决过程。这种类型的服务模式已经把种族文化冲突融入具体的服务介入过程中，成为专门应对种族冲突的服务模式。第三种类型则是把种族文化的影响放回到人们的日常生活中，从观察视角的哲学层面理解种族文化冲突作为多元文化交流中的普遍现象的作用。这样，种族文化冲突就不是人们日常生活的一个层面，而是不同文化背景的人进行沟通交流的基本方式，是一种观察视角。种族文化敏感的社会工作就是这种类型的服务模式，它关注人们在多元文化社会中应对不同生活方式挑战的具体过程，包括专业服务关系的建立和维持，它本身就是来自不同文化背景的社会工作者与服务对象之间的对话交流过程，需要社会工作者具有种族文化的敏感性（Devore & Schlesinger，1999：114–115）。

　　在旦弗恩和斯切莱辛格看来，第三种类型的服务模式与第一种和第二种类型的社会工作服务模式有着紧密的内在联系，它是在前两种类型的服务模式基础上发展出来的，为了解决前两种类型的服务模式中存在的两个方面的理论不足。第一个是需求评估方面的。前两种类型的服务模式没有解释清楚种族文化冲突对个人生活的影响，特别是与个人问题之间的关联，导致社会工作者无法从服务对象的角度清晰界定种族文化冲突对其日常生活的影响，准确确定社会工作的服务介入焦点。第二个是现实理解方面的。前两种类型的服务模式只关注种族文化冲突带来的负面影响，并且希望通过社会工作的服务介入过程消除这些负面的影响，并没有把种族文化冲突视为多元文化交流的普遍现象，无法在分析种族文化冲突时，既能够看到它的负面影响，也能够发现它的积极作用，保持客观的分析态度（Devore & Schlesinger，1999：117）。旦弗恩和斯切莱辛格强调，种族文化敏感的社会工作的核心就是弥补前两种类型的服务模式的不足，对种族文化冲突这一事实做出更客观的分析，并且在此基础上规划更有针对性的专业服务（Devore & Schlesinger，1999：118）。

　　显然，到了90年代中后期，旦弗恩和斯切莱辛格在讨论种族文化冲突时，已经从纯粹的种族冲突分析中摆脱出来，更倾向于把它作为一般意义上的多元文化交流中的普遍现象来讨论（Devore & Schlesinger，1999：xvi）。这样，种族文化敏感的社会工作就从最初的种族歧视和文化排斥的关注转向社会工作一般理论逻辑和观察视角的探讨（Payne，2005：271）。

（二）种族文化敏感的社会工作的最新发展

进入 21 世纪，对于种族文化冲突的理解发生了根本改变，不再把种族文化冲突视为人们日常生活的某个方面或者某个阶段需要处理的问题，而是作为日常生活中随时都可能遭遇的现实，涉及人们日常生活的各个方面，它不仅为人们提供了界定自我身份的基础，也为周围他人提供了发展的条件。这样，种族文化冲突就与性别、阶级、年龄、居住地，甚至身体健康状况紧密联系在一起，共同构建了人们日常生活中的种族歧视和文化排斥这一事实，成为人们成长改变的基本机制（Sisneros et al.，2008：90）。因此，这一阶段有关种族文化冲突的讨论就集中在了人们的多元身份上（multiple identities），强调这些不同身份之间是相互影响的，它们一起组合成了人们日常生活中复杂的人际网络，而人们就生活在这样的动态、复杂的人际网络中（Sisneros et al.，2008：86）。

与此相关，多元文化之间的对话交流受到人们越来越多的关注，当今社会被视为多元文化的社会，这几乎成了人们的普遍共识。在这样的社会共识下，种族文化敏感的社会工作也开始探索跨文化或者多元文化之间的交流，既包括考察社会成员如何从一种文化的生活方式转换成另一种文化的生活方式，也包括分析不同文化之间如何相互影响，以及不同代际的移民如何相互适应等，逐渐转向了社会生活中不同文化人群之间的相互理解（Devore & Schlesinger，1999：26）。显然，这样的转变使种族文化敏感的社会工作越来越与多元文化社会工作的认识趋同（Kang，Harington，& Park，2015）。

这种多元文化的要求不仅表现在服务对象的日常生活中，也表现在社会工作者的培养过程中，社会工作者只有具备了这种多元文化环境中工作的能力，才能够开展种族文化敏感的社会工作服务（Barker，2003：105）。因此，把多元文化的要求引入社会工作教育以及社会工作者的服务管理中就显得非常必要（Thyer & Myers，2009）。美国社会工作教育委员会（the Council on Social Work Education）在 2008 年对社会工作教育项目做出了明确的规定，要求社会工作教育项目无论在学员的来源方面还是师资队伍的构成方面都需要有广泛的代表性，以保障多元文化的教育要求（Council on Social Work Education，2008：3 - 5）。这样的规定对社会工作者的多元文化价值理念和意识的培养起到了积极的指导作用（Thyer & Myers，2010：5）。

此外，90 年代后期兴起的证据为本的社会工作实践（the evidence-based practice）也对种族文化敏感的社会工作的发展产生了重要的影响，不仅把研究直接引入社会工作专业实践中，对种族文化敏感的社会工作的服务成效进行评估，以便找到有科学研究证据的有成效的种族文化敏感的社会工作，而且出现了证据为本的种族文化敏感的社会工作的专业实践（Thyer et al.，2010：ix）。这种专业实践的目的是把科学研究、临床技术、服务对象的偏好和价值以及独特的工作环境四个方面的要求结合起来，提升服务弱势人群的科学性和有效性（Thyer & Myers，2010：12）。有意思的是，在证据为本的种族文化敏感的社会工作专业实践中还出现了与优势视角和抗逆力视角相结合的趋势，认为这样的结合有利于社会工作者在多元文化的工作场景中克服文化交流中的障碍，与不同文化背景的服务对象建立信任合作的专业关系（Evans，Banks，& Dungy，2010：49 - 50）。

二 种族文化敏感的社会工作的理论框架

尽管种族文化敏感的社会工作有不同的解释重点，有的注重种族文化身份对种族成员个人和群体生活的影响，有的侧重种族的弱势社会位置对种族成员生活边缘化的作用，有的则强调种族文化作为观察视角在理解种族成员社会身份和社会地位中的意义，但是它们都需要关注种族文化冲突这一现实，从种族文化冲突的社会等级（social stratification）和种族身份意义（the meaning of ethnicity）这两个表现维度入手形成社会工作的服务逻辑，围绕种族文化敏感这个核心概念建构理论的解释框架（Devore & Schlesinger，1999：21－22）。可以说，种族文化敏感的社会工作就是针对种族文化冲突而开展的社会工作，目的是提升社会工作者应对种族冲突的文化敏感性。

（一）种族文化冲突

在种族文化敏感的社会工作看来，种族文化冲突是一个不争的事实。尽管针对由工业化和城镇化带来的大规模移民有多种不同角度的解释，都希望这些移民能够突破原有文化的束缚，适应新的文化的要求，成为新的公民，就像 19 世纪后期美国社会对移民所秉持的"大熔炉"的观点那样，关注统一的"美国人"的身份标准，要求移民按照这种标准安排生活，但是在实际的生活中，要让人们彻底放弃原有的文化是很难做到的，他们除了需要与原有亲属和朋友保持联系，还常常受到原有的语言、习俗以及宗教等因素的影响（Devore & Schlesinger，1999：25）。因此，种族文化敏感的社会工作坚持认为，这种让人们放弃原有文化影响的观点只是一种美好的愿望，并不是现实（Devore & Schlesinger，1999：33）。种族文化敏感的社会工作强调，这种观点背后反映的是对种族文化的轻视，甚至歧视，把种族文化视为落后的、需要抛弃的东西（Gordon，1964：136）。如果社会工作者采取这种观点开展专业服务，实际上就会成为社会歧视的一部分，并因此而产生更严重的社会歧视（Devore & Schlesinger，1999：34）。

显然，文化差异是一种普遍现象，不同的种族有不同的文化，这种种族文化并不会因文化之间的交流而消失（Kibria，1997）。种族文化敏感的社会工作发现，不同种族文化之间存在冲突，其中占据主导的一方总是不自觉地歧视或者排斥弱势的一方，从而导致种族文化之间的张力出现。对于产生这种张力的直接原因，不同的理论有不同的解释，有的从社会资源的有限性出发，强调不同种族文化之间的交流其实是争夺有限的社会资源的过程，占据主导的一方会运用自己所掌握的策略争取更多的社会资源，排斥交流中的其他方，将其他方边缘化。因此，只要社会资源有限，种族文化之间的冲突就会存在（Hraba，1979：92）。种族文化冲突的另一种解释是种族文化中心主义（ethnocentrism），假设人们总是运用自己的文化标准和行为准则看待其他种族的文化，自觉或者不自觉地矮化其他种族的文化，就会导致种族文化交流出现不可避免的冲突（Jaynes & Williams，1989：166）。不过，无论资源的争夺还是种族文化的中心主义，其实都与背后的社会运行机制有着密切的联系，是种族文化冲突的深层原因（Devore & Schlesinger，1999：35）。这样，有关种族文化冲突的理解就从直接的人际互动分析延伸到了社会结构的考察。

正是基于对种族文化冲突的深度考察，种族文化敏感的社会工作提出从多元种族文化视角理解社会工作的要求，认为既然种族文化冲突是不可避免的，社会工作就不是消除种族文化冲突，实现社会的公平公正这种"绝对"的价值标准，而是运用多元文化的视角，协助不同的种族管理好相互之间的冲突，避免因种族文化冲突影响日常生活的安排（Devore & Schlesinger，1999：36）。种族文化敏感的社会工作假设，对于大多数人来说，一方面希望能够得到平等的机会，另一方面又希望继续保持原有的文化联系，不断在两者的拉扯之间维持平衡。因此，社会工作者的作用就是协助他们实现这种多元文化交流中的平衡，争取更多的公平机会（Devore & Schlesinger，1999：37）。需要注意的是，种族文化敏感的社会工作还把多元文化交流中的平衡要求与种族歧视和文化排斥联系在一起，强调种族文化交流就是不平等的，包含了种族歧视和文化排斥，人们正是在这样的种族歧视和文化排斥的经历中理解社会公平的要求，审视自身原有文化的不足，找到种族文化与社会公平之间的平衡点。可以说，多元文化交流中的平衡寻找其实是通过种族文化冲突的审视创新原有种族文化的过程（Devore & Schlesinger，1999：39）。

在种族文化敏感的社会工作看来，种族文化冲突不仅仅表现为不同种族文化之间的张力，同时还表现为这些不同种族文化在特定社会处境遭遇中因不同社会位置而产生的张力，这种张力往往与人们的经济收入、教育背景以及生活方式等有着密切的联系，是一种阶级的等级。它标志着人们在社会生活中拥有不同的社会位置（Devore & Schlesinger，1999：44）。为此，种族文化敏感的社会工作引入了一个重要概念——种族阶级（ethclass），把种族文化冲突与种族社会地位冲突联系起来，用于解释多元文化交流中种族文化面临的复杂处境以及应对来自纵向的文化和横向的社会两个维度的冲突（Devore & Schlesinger，1999：55）。

种族文化敏感的社会工作强调，种族文化冲突中的这两个维度的张力在实际生活中是交错在一起的，很难清楚地区分出谁先谁后，或者谁影响谁，它们相互作用，一起构成种族文化交流中各自独特的处境和遭遇。这一特征被种族文化敏感的社会工作称为种族现实（ethnic reality），以强调现实生活的复杂、多元的特点（Devore & Schlesinger，1999：55）。不过，就个人的成长改变而言，种族文化敏感的社会工作认为，在这样的种族现实中，人们首先需要回答文化身份的问题，只有了解了自己种族文化的根基，才能明确未来的生活方向，在复杂、多元的现实生活中找到应对社会冲突的方法，明确自己的社会身份。因此，种族文化敏感的社会工作要求社会工作者首先运用历史的视角了解服务对象在文化身份方面的冲突，然后才是帮助他们分析与主流文化交流中的社会身份的冲突（Devore & Schlesinger，1999：56）。

为了把握好文化身份与社会身份之间复杂的平衡关系，种族文化敏感的社会工作还引入了生命历程（the life course）的概念，认为种族文化冲突涉及的文化和社会两个维度的张力背后有一条主线，就是生命历程，它不是像成长阶段理论或者生命周期理论所说的那样在某个人生发展阶段做什么固定安排，而是个人在现实的社会生活遭遇中不断选择未来发展方向的过程，是个人成长的经历（Germain，1990）。种族文化敏感的社会工作强调，这样的观察视角促使人们回到现实社会生活的场景中，通过应对现实生活中的冲突明确未来的发展方向，包括家庭成员之间的家庭冲突以及种族、阶级和性别之间的社会冲突等。这样，现实生活中的遭遇就成了人们成长经历中的暂时性的社会生活的结构，通过个人的选择，人们不仅影响个人自己的生活，也在影响社会的生活，人们的文化身份和社会身份联结在一起（Devore & Schlesinger，1999：64）。此外，种族文化敏感的社会工作还从生活模式中借用了三个层次的时间概念，即个人时间、社会时间和历史时间，以呈现个人在现实生活遭遇中的复杂的社会结构，把个人的经验、人际交往的经验以及社会处境的经验整合起来，放在生命历程的逻辑框架内（Devore & Schlesinger，1999：66）。

（二）生命历程中的问题解决

尽管种族文化冲突涉及的生活层面很多，内容也比较复杂，但是种族文化敏感的社会工作认为，服务中有一个核心焦点是不会改变的，这就是问题解决导向，即社会工作者所做的所有努力都是协助服务对象解决生活中遭遇的问题。只有解决了现实生活中的问题，服务对象的生活才能改变（Devore & Schlesinger，1999：139）。正是基于这样的认识，种族文化敏感的社会工作围绕问题解决提出五项基本理论假设：①个人在成长过程中总是面临不同的问题；②现实生活问题的解决是最为重要的；③种族文化是个人身份认同和能力的重要来源，也是生活压力的重要来源，而社会地位是生活机会的主要决定因素；④社会处境和资源影响个人生活质量的提升；⑤无意识现象影响个人功能的发挥（Devore & Schlesinger，1999：139 – 140）。显然，种族文化敏感的社会工作把服务的焦点放在了现在，通过现实生活问题的分析呈现纵向文化维度和横向社会维度的张力，并且关注其中无意识对个人生活产生的重要影响。因此，可以说，种族文化敏感的社会工作所倡导的问题解决导向的服务逻辑包含了生命历程的逻辑框架。

与心理社会治疗模式的服务逻辑不同，问题解决导向并不聚焦于个人心理动力的改变，而是关注现实生活场景中个人实际问题的解决。正是在这一点上，种族文化敏感的社会工作发现，问题解决导向与种族文化冲突的解决要求取得了一致（Devore & Schlesinger，1999：118）。因此，种族文化敏感的社会工作对问题解决服务逻辑框架的形成过程进行了仔细考察，认为波尔曼在1957年提出并随后不断完善的问题解决模式中有两个观点对种族文化敏感的社会工作产生了重要影响，成为种族文化敏感的社会工作的核心概念：一个是此时此地（the here-and-now）的概念，强调现实的问题解决是个人成长改变的关键，而不是过往的创伤经历，这使种族文化敏感的社会工作与心理动力的服务逻辑明确区别开来；另一个是全人（the person as a whole）的概念，坚信人是一个整体，是作为一个整体的人在现实生活中发挥作用的，包括文化层面的影响，而不能分割成不同的部分碎片式地考察（Perlman，1986：249 – 250）。种族文化敏感的社会工作还对任务中心模式的问题解决服务逻辑框架做了认真分析，指出这一模式把服务对象视为问题的解决者，强调他们自身就具有问题解决的能力（Reid，1986：270）。种族文化敏感的社会工作非常赞同这一观点，要求由服务对象来界定自己面临的问题，这不仅仅是为了调动服务对象的改变动力，更为重要的是，这种界定问题的方式让服务对象拥有了选择权，能够真正激发服务对象的主动解决问题的能力，避免专业服务中的社会歧视和社会排斥现象（Devore & Schlesinger，1999：121）。

种族文化敏感的社会工作发现，仅仅从问题解决导向入手，只是关注服务对象个人，把问题视为服务对象个人需要应对的任务，看不到问题发现和解决过程中与周围他人的复杂关联，这显然会限制社会工作者从更宽阔的社会视角理解服务对象的问题以及问题解决的过程（Devore & Schlesinger，1999：122）。正是基于这样的考察，种族文化敏感的社会工作从强调在社会环境中理解服务对象要求的社会结构模式（the structural approach）中汲取有益的观点，把对问题的分析拆分成两个部分：问题关注点的分析（locus of concern）和问题关注人的分析（person engaged）。前者注重考察需要社会工作介入的理由；后者关注分析社会工作介入的相关受益方（Wood & Middleman，1989：27）。这样，问题解决的服务逻辑框架就能够与社会环境的分析结合在一起，个人在现实生活中遭遇的问题也就不仅仅是个人的，同时还涉及相关联的周围他人（Devore & Schlesinger，1999：123）。问题解决的服务逻辑也因此拥有了社会的元素，跳出了个人视野的局限。

对于种族文化敏感的社会工作来说，生态系统视角的影响是非常明显的，它把问题解决的过程视为个人与环境动态的相互影响的过程。这样，问题解决服务逻辑的焦点就集中在了个人与环境的转换过程中，既涉及个人的影响，也关乎环境的作用，而且两者处于动态的相互影响过程中，其中任何一方的变化都会影响另一方（Devore & Schlesinger，1999：124）。种族文化敏感的社会工作还吸收了平克斯和明南汉在描述系统视角的社会工作时提出的资源概念，将问题解决与资源运用结合在一起（Pincus & Minahan，1973：11）。特别是，为了突出问题解决过程中个人与环境相互转换这个服务焦点，种族文化敏感的社会工作把生态视角的社会工作中的"个人－环境的契合性"（person-environment fit）概念运用到社会工作的专业实践中，作为理论建构的核心概念之一，强调从发展角度来看，问题解决过程其实就是个人与环境交互影响并且找到平衡发展的个人成长改变过程（Germain & Gitterman，1986：619）。这样，种族文化敏感的社会工作在问题解决的服务逻辑上又增添了新的个人成长改变的时间维度，提出现实生活的问题不仅仅需要放在静态的社会环境中来理解，同时还需要放在个人成长发展的过程中来考察，它是个人生命经历中的成长问题（problems in living）。正是依据这样的理解，种族文化敏感的社会工作还对生态视角的社会工作的适应能力（competence）进行了细致考察，以突出成功的应对经历对个人问题解决能力提升的重要影响，包括个人对自己身份的认同以及对自己的信心等。因此，在种族文化敏感的社会工作逻辑框架中，个人的能力和信心等就不是脱离外部环境的内部心理素质，而是特定生命经历中与周围环境的关联状态；个人也不是受环境影响的被动适应者，而是有着成长目标和潜力的主动参与者（Devore & Schlesinger，1999：127）。

种族文化敏感的社会工作还受到增能社会工作的影响，把社会结构对个人成长改变的作用也作为理论建构中的一个重要思考方面。这样，问题解决也就具有了社会结构考察的要求，不仅仅是人与人或者人与环境直接相互转化的分析（Devore & Schlesinger，1999：129）。种族文化敏感的社会工作发现，社会环境不同于生态环境，每个人在生活中的社会位置是不同的，导致人与人之间的互动交流具有了权力关系的影响，表现为社会歧视和社会排斥，而社会歧视和社会排斥所依据的基础是社会制度运行中的不公平这种社会结构的影响因素（Lee，1996：220）。因此，问题的解决也就与社会结构的分析无法分割开来，包括受歧视、受排斥的历史和政策分析，它是自我增能的过程（Devore & Schlesinger，1999：129）。

正是沿着增能社会工作的自我增能的思路，种族文化敏感的社会工作引入了文化自觉（cultural awareness）的概念，认为在多元社会中运用社会结构的分析方法理解服务对象面临的问题是不够的，除了无法让服务对象自己界定问题，呈现服务对象自己的感受和想法之外，更为重要的是，这样的服务逻辑忽视了多元社会中服务对象来自不同的文化和社会背景的现实，看不到服务对象作为独特的个体有自己不同的文化价值认同和未来发展目标的要求（Green，1995：8）。种族文化敏感的社会工作强调，之所以关注文化自觉，原因不是要让人们注意到不同的文化有不同的行为习俗和价值信仰的系统，而是在多元社会中不同文化背景的人需要通过对话交流过程转换不同价值标准，以便明确自己所认同的价值原则。这样，人与环境交流过程中的问题也就具有了价值层面的表现，是不同价值标准在现实生活问题中的碰撞；同样，问题的解决也因此具有了价值层面的要求（Green，1995：12）。种族文化敏感的社会工作坚持认为，文化自觉概念的引入其实是在生态系统视角的逻辑框架上增加文化的维度，同时把社会工作者的角色界定为多元文化转化的分析者和协调者（Devore & Schlesinger，1999：131）。显然，种族文化敏感的社会工作越来越朝向从生命历程的角度理解问题解决过程，把个人成长中的问题解决与社会身份的认同和文化身份的认同联系起来。

此外，种族文化敏感的社会工作还提出种族文化能力（ethnic competence）这一概念，以突出不同文化交流过程中的文化价值层面的识别能力和应对能力（Green，1995：32）。针对文化价值层面的这一能力，种族文化敏感的社会工作认为，少数族群的社会工作专业实践为此提供了现实的基础，包括如何在少数族群的工作场景中与服务对象建立信任合作的专业关系、如何从少数族群的文化价值假设出发开展专业服务以及如何处理少数族群在日常生活中的社会歧视和社会排斥等问题（Lum，1992：3）。种族文化敏感的社会工作强调，虽然社会工作的产生与种族文化之间的交流和冲突有着密切的关联，但是在之后的专业化的追寻过程中却逐渐远离这一主题，一直缺乏从种族文化的视角审视社会工作的服务过程和服务方式，导致社会工作在种族文化的交流和冲突中缺乏应对的能力。而种族文化能力的提出就是为了弥补社会工作在这一实践领域的不足，将问题解决的能力放在生命历程中的种族和阶级这两个维度的冲突中来考察，使问题解决导向具有了现实的历史和社会基础（Devore & Schlesinger，1999：135）。

（三）种族 - 阶级双维度的综合服务策略

针对种族文化交流中的冲突，种族文化敏感的社会工作提出综合服务策略，要求社会工作者同时关注微观个人层面的改变和宏观环境系统层面的改变（Devore & Schlesinger，1999：148）。种族文化敏感的社会工作认为，之所以采取这种微观和宏观层面相综合的服务策略，是因为人的任何成长改变都是发生在特定的环境系统中的，既需要个人的调整，也需要环境系统的改善，两者之间相互作用，共同影响个人成长改变的逻辑。显然，作为现实生活一部分的种族阶级冲突，也发生在人与环境系统的相互影响过程中，符合人与环境相互影响、相互依赖的系统逻辑。因此，作为种族文化敏感的社会工作的服务介入策略，也需要同时关注个人层面和环境系统层面的改变，运用循环影响的服务逻辑。不过，需要注意的是，种族文化敏感的社会工作所说的综合服务策略与人们所强调的不同社会工作方法综合运用的服务策略是不同的，它关注的是综合服务策略背后的社会工作的服务逻辑框架，要求社会工作者围绕现实生活中的问题组织服务的策略，可以说，是一种问题解决导向的综合服务策略（Devore & Schlesinger，1999：149）。

正是围绕服务对象在社会生活中所遭遇的现实问题，种族文化敏感的社会工作的服务策略也就具有了个性化的特征，需要社会工作者根据服务对象所处困境的特定时间点综合评估服务对象的成长改变要求，如不同成长发展阶段的生活任务、对不同任务的把控能力、个人和系统问题的表现以及亲密关系中的冲突等，涉及种族和阶级两个维度。值得注意的是，种族文化敏感的社会工作在排列服务关注的焦点时把微观个人和宏观系统的阶级维度放在首位，因为它认为任何社会生活中的现实问题都是发生在人与环境的相互影响过程中的，个人无法脱离特定的现实环境来理解自己的身份，呈现自己的成长改变要求。因此，在运用种族文化敏感的社会工作的综合服务逻辑框架时，社会工作者首先需要了解服务对象在横向的社会关系和社会结构方面的生活状况以及其中可能存在的改变资源，特别是社会地位的影响；其次才是考察服务对象在纵向历史处境中的个人成长改变要求以及其中可能存在的改变能力，特别是社会身份的作用。当然，在实际生活中，这两个方面的分析并不是这样可以截然分开的，需要相互印证、相互补充（Devore & Schlesinger，1999：153）。这样，种族和阶级这两个维度的分析就能够联系起来，整合到种族文化敏感的社会工作的服务策略中。

有意思的是，种族文化敏感的社会工作并没有像一般社会工作服务模式那样把服务对象锁定在遭遇生活困难并且向社会工作者求助的服务对象身上，而是要求社会工作跳出求助的服务对象来理解服务的需求，在确定服务对象时，需要将目前的服务对象概念内涵做两个方面的延伸：一类是遇到相同或者相似的生活困难但没有寻求社会工作者帮助的需要服务的对象；另一类是与服务对象遭遇的问题相关联并且需要支持的周围他人。这样，种族文化敏感的社会工作就将服务对象放回到了他自己的社会网络中，转化成需要服务的对象（Devore & Schlesinger，1999：149）。显然，种族文化敏感的社会工作在评估服务对象的需求时，同样也是把他们放在种族和阶级这两个维度的综合分析框架中的。

种族文化敏感的社会工作还借用了通用模式的服务逻辑，要求社会工作者针对服务对象的问题采用一种整全的服务介入视角（a holistic view of practice），把个人不同的系统以及不同层面的因素联系起来，形成整合的服务逻辑框架，以应对日常生活中不同层面的要求以及相互之间循环影响的复杂现实（McMahon，1995：2）。种族文化敏感的社会工作强调，尽管整个专业服务过程都是围绕服务对象的问题界定和问题解决的过程展开的，但是社会工作者仍然需要从一种优势视角来理解服务对象的成长改变要求，把服务对象，包括周围他人视为有解决问题能力和资源的人，而社会工作者则是协助者，帮助服务对象挖掘和运用自身所拥有的各种能力和资源，实现服务对象所希望的成长改变目标（Devore & Schlesinger，1999：160）。

正是在这样的整全服务介入视角的要求下，种族文化敏感的社会工作认为，社会工作者在专业服务中需要具备多层次的理解，包括专业的价值理念、人类行为的规律以及相关的社会服务政策和机制等，能够把握日常生活中种族－阶级双维度的综合服务要求（Devore & Schlesinger，1999：92）。值得关注的是，种族文化敏感的社会工作在列举多层次的理解要求时，专门把社会工作者对自己种族文化价值的审视以及服务流程对服务对象的影响挑选出来。这意味着，在种族文化敏感的社会工作的服务策略中，社会工作者的文化自觉能力是其重要的一部分，它不是站在"专家"的立场上对服务对象的种族文化背景和伦理价值标准进行客观分析，找到专业服务的依据，而是把自己融入与服务对象的对话交流的服务过程中，通过对自身伦理价值和服务过程的审视了解服务对象的需求和服务安排的合理性（Devore & Schlesinger，1999：167－168）。这样，种族文化敏感的社会工作就改变了以往社会工作服务介入的基本策略，把服务介入过程作为带动社会工作者和服务对象提升文化自觉的重要手段，并由此提高服务对象在多元文化社会中的应对能力。

种族文化敏感的社会工作与以往社会工作服务模式不同，它是从历史文化的视角考察多元社会中普遍存在的种族文化冲突的社会问题，围绕种族文化敏感这个核心概念建构种族文化冲突在社会和文化两个维度上的解释框架，把微观的问题解决逻辑与宏观的生命历程逻辑整合起来，通过种族－阶级双维度的综合服务策略解决种族文化冲突。可以说，种族文化敏感的社会工作为社会工作者打开了理解社会工作的另一扇大门，从历史文化视角审视社会工作的服务逻辑框架。正像种族文化敏感的社会工作的主要创建者旦弗恩所强调的那样，"这个模式就是鼓励社会工作者跳出从心理角度考察生活问题的困境，还原生活原本的复杂多样的面貌"（Devore，1983）。

第二节　多元文化社会工作

一　多元文化社会工作的演变

欧洲在北美殖民化过程中面临严峻的文化冲突问题，早在 19 世纪后期就出现了多元文化的倡导，希望创造一种能够包容不同文化并且能够为不同的人提供均等机会的公平社会，以纠正当时美国社会流行的以欧洲白人文化为标准的种族中心主义和文化"熔炉"（melting pot）理论（Gordon，1964：135）。特别是，80 年代之后，随着国际化和全球化进程的加快，多元社会中的种族文化冲突受到人们越来越多的关注，多元文化思想再次走进人们的视野，成为社会工作理论的讨论焦点（Robbins，Chatterjee，& Canda，2006：126）。

多元文化是一种哲学视角，它给社会工作者提供了理解多元社会中处理种族文化冲突的基本逻辑框架，要求社会工作者尊重和认可社会的多元化，关注不同种族文化的人们一起和谐生活给社会带来的价值，它的目的是促进不同种族文化的成员进行充分的社会参与和社会融合（Sundar，2009：98）。显然，多元文化社会（multicultural social work）工作的核心是摆脱以往社会工作从单一视角理解服务对象和服务过程的不足，从多元的视角考察多元社会中不同种族文化之间的交流，包括不同种族文化对人们身份认同和行为规范的影响等。尽管不同的学者对多元文化社会工作的内涵有不同的理解，但是他们都注重对多元社会中种族文化与人们身份认同以及社会公平之间关系的考察，并且把这些主题视为多元文化社会工作理论建构的核心（Sundar，2009：99）。

多元文化社会工作所秉持的价值理念其实是对民主社会公正平等观的挑战，因为它要求社会工作者在平等对待每一位社会成员的同时，尊重和支持他们之间的差异性（Abu-Laban，2002）。这意味着，社会工作者一方面需要为人们提供充分的社会参与机会，实现社会的公平公正；另一方面需要维护人们的传统习俗，增强人们的社会支持（Sundar，2009：99）。显然，民主社会的公正平等观就不赞同这样的逻辑，它要求人们放弃自己的独特性，遵守社会的共同价值标准，从而保障每一位社会成员平等权利的实现。这就是民主社会公正平等观所强调的"差异无视"（difference blindness）原则（Gutmann，1994：4）。尽管之后民主社会公正平等观也做了调整，把人们的差异性引入价值原则中，强调公正平等是一个对话的过程，需要双方认同相互之间的差异性，但是这种只关注文化差异的观点也受到人们的质疑，它忽视了对文化交流中的权力关系以及相关联的社会歧视和社会排斥机制的分析（Rattansi，2004）。而这一点恰恰是多元文化社会工作关注的重点，也是多元文化社会工作保持社会的公正公平与差异性之间平衡的关键所在（Sundar，2009：100）。

多元文化社会工作的核心就是呈现多元社会交流中的文化差异，让社会工作者掌握在这种处境中工作的文化应对能力（cultural competence）（Payne，2005：280）。它需要社会工作者改变观察的视角，把文化元素引入服务对象和处境的理解框架中，既需要与不平等的社会结构分析联系在一起，考察权力的关系，也需要与人们的身份认同结合起来，理解人们的成长改变要求（Cox & Ephross，1998：23）。特别是，在社会工作者与服务对象之间的专业合作关系中，也隐藏着权力关系的影响以及社会歧视和社会排斥的现象。多元文化服务理念的引入就能够帮助社会工作者自觉审视专业服务的开展过程，避免把自己的价值标准强加给服务对象，将文化自觉也作为专业服务逻辑中必不可少的核心元素之一（Weaver，1999）。

进入 21 世纪，全球化的发展进程进一步加快，除了国际之间的经济、社会、文化等方面的交流不断加强之外，技术革新的势头更是迅猛，特别是互联网技术的发展，进一步促进全球范围内不同区域之间的对话，使多元文化之间的交流深入人们的日常生活中，成为人们常见的生活主题（Kivisto，2002：110）。相应地，关注多元社会中不同文化成员之间相互交流的多元文化社会工作的重要性也变得越来越突出，受到人们普遍的关注，成为社会工作的一个重要理论流派（Sundar，2009：102）。

由于多元文化社会工作的理论逻辑比较松散，缺乏明确清晰的边界，多元文化社会工作的发展过程中出现纷杂多样的现象，参与多元文化社会工作讨论的学者虽然并不少，但是没有形成较为清晰的理论共识，其中美国学者约瑟·稀思纳罗斯（Joese A. Sisneros）结合自己多元文化实践的多年经验，对多元文化社会工作进行了细致的梳理和阐述（Sisneros et al.，2008：xi）。

（一）约瑟·稀思纳罗斯

稀思纳罗斯作为美国新墨西哥高地大学（the New Mexico Highlands University）的一名社会工作专业的教师，主要负责大学本科和硕士的多元文化课程的讲授，他特别关注美国拉丁裔社区的发展，曾经在社区精神康复中心作为一名一线社工和项目管理者工作了 33 年，具有丰富的服务拉丁裔社区的实务经验（Sisneros et al.，2008：xi）。他与同事合作，在 2008 年正式出版了《批判多元文化社会工作》（*Critical multiculatural social work*）一书，对多元文化社会工作的理论和实践进行了系统的整理。①

稀思纳罗斯发现，进入 21 世纪，创建多元文化社会工作的要求在社会工作领域得到了普遍认可，2001 年，美国社会工作者协会在搜索和分析了从 1990 年到 2000 年十年之间的有关种族文化的社会工作研究后制定了社会工作实践中的文化应对能力标准（the standards for cultural competence），在全美范围内进行推广；同年，美国社会工作教育委员会颁布了全美的教育政策和学位授予标准，其中专门提到把倡导社会的多元化和推进社会公正公平作为工作的宗旨。但是，在实际的社会工作教育中，还远没有形成清晰一致的课程教育框架，能够把社会的多元化以及反对社会歧视和社会排斥的要求纳入其中（Schmitz, Stakeman, & Sisneros, 2001）。尤其是作为课程教育重要手段的教材，也缺乏指导社会工作者从批判的视角开展多元文化实践的内容，导致多元文化社会工作教育远远滞后（Sisneros et al.，2008：xiii）。

正是基于这样的观察和思考，稀思纳罗斯对多元文化社会工作的理论基础进行了系统的回顾和整理，发现多元文化这一来自加拿大学者的概念包含了非常丰富的内容，有多种不同的理解视角，但是依据对文化差异性和权力关系这两个核心概念的认识，概括起来，多元文化主要包括保守的（conservative）、激进的（liberal）和多元的（pluralist）三种不同解释（Sisneros et al.，2008：4）。多元文化的保守解释把西方白人的文化价值标准视为先进的，也是最符合人性的，需要其他种族学习和适应，它否认社会歧视和社会排斥的存在，也不认可权力关系的分析，把种族边缘化当作种族自身文化缺陷的表现（Gordon, 1964：16）。多元文化的激进解释像多元文化的保守解释一样，也否认不同的种族拥有不同的社会资源和机会，也不关注权力关系在文化交流中的影响，而是强调所有的种族文化都应该一视同仁，不考虑每个种族文化各自的独特性和差异性，否则，社会就会顾此失彼，失去公正公平（Huang, 1995）。多元文化的多元解释尽管关注种族文化的多元性和差异性，也认同不同种族文化之间相互适应、相互包容的必要性，但是仍然忽视不同文化交流中的权力关系以及其中存在的社会歧视和社会排斥现象，相信一个理

① 详细内容请参见 Sisneros et al.（2008）。

想社会既能包容不同文化的差异性又能平等对待不同的文化（Sisneros et al.，2008：5）。

稀思纳罗斯认为，虽然多元文化的多元解释能够包容和尊重不同文化的差异性，但是它过于理想化，看不到这种解释方式的内在矛盾，即站在文化之外的"客观"立场上理解文化自身的主观意义，忽视了文化交流中普遍存在的权力关系，也不关注文化交流中的自我反思对于理解文化逻辑的重要性。稀思纳罗斯强调，这种看似"客观"的分析实际上只会使主流文化更加主流、弱势文化更加弱势，加剧社会的两级对立和贫富分化（Sisneros et al.，2008：5）。因此，稀思纳罗斯积极倡导把批判的视角引入多元文化中，改造多元文化的解释逻辑，创造一种他称之为批判多元文化（critical multiculturalism）的解释框架（Sisneros et al.，2008：6）。

稀思纳罗斯还从巴西批判教育学家保罗·弗莱雷和德国法兰克福学派的批判理论中汲取思想，认为多元文化社会工作需要超越文化差异的"客观"考察，把多元文化的交流放在特定的社会历史场景中，理解其中的权力关系以及社会歧视和社会排斥的社会运行机制。这样，阶级、场景化和权力关系等社会层面的理解就成为多元文化社会工作理论逻辑框架中的重要组成部分，特别是这些社会层面的因素与社会歧视和社会排斥机制之间内在关系的分析，则被视为多元文化社会工作的核心内容之一。需要注意的是，稀思纳罗斯还把批判意识（critical consciousness）这个概念引入多元文化社会工作中，以强调多元文化交流中意识自觉的重要性，转变以往社会工作的"客观"观察和分析的思维逻辑，把多元文化冲突场景中的历史和社会位置的自我审视作为服务实施的重要路径（Sisneros et al.，2008：6）。显然，在批判多元文化的解释框架下，社会工作者的角色发生了明显改变，成为多元文化交流的经历者和文化冲突社会机制的觉察者（Fuller，2000：35）。

（二）多元文化社会工作的最新发展

由于批判多元文化的解释框架同时关注历史文化和社会关系两个方面的影响因素，更符合人们日常生活的实际生活处境，所以这一解释框架受到社会工作者的普遍欢迎，成为21世纪多元文化社会工作占主导的理论解释逻辑（Sundar，2009：102 - 103）。当然，这样的理论解释框架在之后的探索中也得到不断的丰富和完善，有的学者把批判视角与反种族主义的想法结合起来，挑战社会工作长期以来的错误观点，把社会工作视为可以超越历史、超越政治的专业实践，强调社会工作的核心是创造一种有利于服务对象和社会工作者进行批判反思的处境，使社会歧视和社会排斥的文化社会机制能够呈现出来（Nylund，2006）。有的学者则注重思维方式的转变要求，认为批判视角与多元文化的结合是为了给社会工作者提供一种崭新的思维方式，这种方式与以往社会工作的类型化思维方式不同，不是关注专业实践中的内容分析，而是注重把专业实践中的对立两极"中心"和"边缘"、"主流"和"另类"等联系起来，运用两者在特定社会历史处境实务场景中的关联分析相互之间的动态权力关系（Keenan，2004）。显然，这些多元文化社会工作的讨论已经超出了具体理论概念和逻辑框架建构的内容，转向社会工作的基本理论问题和学科性质的分析。

不过，需要注意的是，尽管多元文化社会工作已经取得了基本共识，把批判多元文化作为这一模式的基本理论解释框架，但是就具体的理论模式而言，它仍然存在多种不同的解释逻辑（Tsang & George，1998）。有的偏向反种族主义视角，把多元文化社会工作理论解释的重点放在种族文化不平等的社会结构的各种表现上（McDowell，2004）；有的注重批判视角的运用，强调多元文化社会工作理论的解释需要具有包容性，能够囊括年龄、性别、宗教、能力甚至国籍等方面存在的不平等，从社会普遍存在的不平等这一要素出发建构理论解释的逻辑（MIcek，2014）；有的侧重社会歧视和社会排斥的解释视角，把反对社会压迫作为多元文化社会工作理论建构的核心（Dominelli，2002e：132）。显然，多元文化社会工作是一个相对比较松散的理论模式，除了批判视角之外，它与反种族主义理论和反歧视、反排斥理论有着紧密的联系（Van Soest，Canon，& Grant，2000）。

由于多元文化的讨论常常涉及国家的相关政策和文化的价值取向，多元文化社会工作表现出鲜明的地域特点。在美国和大部分欧洲国家，多元文化社会工作常常被理解成"跨文化"（cross-cultural）、"反种族主义"（anti-racist），或者"反歧视"（anti-discriminatory）社会工作的实践。近年来，这一取向逐渐转向从服务使用者一般意义上重新审视多元文化社会工作的理论逻辑，把多元文化社会工作实践与基本人权的保障联系在一起；在加拿大，情况有所不同，多元文化社会工作的讨论主要集中在文化的多元性和差异性上，因此，反对种族主义的社会工作实践一直受到社会工作者的普遍关注（Sundar，2009：105）。

在多元文化社会工作理论发展的同时，它也面临来自不同方面的批评和质疑。首先的困惑是来自多元文化社会工作的理论倡导与实际服务之间的矛盾，不少学者发现，尽管多元文化社会工作的理论构想很完美，让不同的文化在相互尊重的前提下维护原有的文化联系，但是实际上，这样的理论倡导因过分关注文化的多元性和差异性而牺牲了不同文化之间的关联性，从而出现"各说各的"现象，导致多元文化社会工作过于理想化（Bissoondath，1994：163）。从理论的解释逻辑来看，多元文化社会工作仍然带有文化本质主义（cultural essentialism）的色彩（Abu-Laban，2002），它仍然假设文化可以独立于特定的历史和社会场景而存在，看不到国际化和全球化情境下处于弱势的少数族群文化面临的强烈冲击，这种冲击有时候是灾难性的（Ife，2008：79）。当然，最为实际的是来自政策决策者的担心，他们总是站在管理者的角度来理解文化的多元性和差异性，有意识地控制多元文化的开放程度和交流程度（Bedard，2000：55）。

反对社会歧视、包容多元文化已经成了当今社会发展的一个基本趋势，而多元文化社会工作只是这种社会发展趋势的表现，特别是移民人口急剧变化的美国，情况更是如此，他们把尊重多元化、反对社会歧视作为社会工作的一项基本伦理准则，要求每一位社会工作者在实际的专业服务中都能遵守这一伦理标准（National Association of Social Workers，2001：2-3）。

二 多元文化社会工作的理论框架

多元文化社会工作是围绕社会多元性和差异性而建构的服务模式，它的核心是帮助人们提高在多元文化交流中的文化应对能力，既能够理解主流文化的要求，又能够尊重其他文化的不同（Payne，2005：280）。尽管多元文化社会工作有不同的解释逻辑，但是它们的理论关注焦点是相同的，都是注重如何把批判的视角引入多元文化中，通过特定社会处境中的权力关系和社会歧视机制的考察，分析多元文化对人们日常生活的影响，特别是对社会的公正公平发挥的作用，从而实现社会工作对社会环境改善的承诺。简单地说，多元文化社会工作是在解释多元文化、差异性和社会不平等三个重要概念之间的逻辑关系（Sisneros et al.，2008：3）。

（一）多元文化中的种族和权力冲突

多元文化社会工作在考察文化对个人日常生活的影响时发现，以往社会工作尽管也会涉及文化因素的分析，但是通常是站在"客观"的立场上运用因果单向分析逻辑解释文化产生的影响，这样的解释方式不仅忽视了语言、宗教和历史在文化的形成和维持中发挥的重要作用，不自觉地把个人人格的内涵简单化，看不到个人成长改变要求中的特定历史文化的影响，而且会无视种族文化与主流社会之间的复杂关系，淡化相互之间的矛盾和冲突，特别是其中存在的社会不平等以及社会歧视和社会排斥（Robbins，Chatterjee，& Canda，2006：129）。甚至，社会工作者与服务对象之间的不平等权力关系也会被"合理化"（Green，1982：11）。

正是依据这样的考察和分析，多元文化社会工作倡导把权力冲突和社会歧视引入社会工作的理论逻辑框架中，关注不同文化之间相互作用的权力关系以及与此相关的社会歧视，涉及个人和组织结构等不同层面的冲突（Feagin & Feagin，1993：15）。多元文化社会工作认为，这样的权力冲突是与文化认同有关联的，处于社会主流的文化常常把自己的文化价值作为标准，有意无意地歧视其他文化，要么强调其他文化缺乏主流文化所具有的"优秀品格"，要么直接指出其他文化所存在的"不良品格"，这些品格是主流文化所不认同的（Howard & Scott，1981：147）。这样，多元文化社会工作就把文化的多元性和差异性与社会关系的权力分析结合在了一起，强调多元文化之间的交流是特定历史社会场景中权力关系的相互作用。

为了清晰解释多元文化之间的交流机制以及其中存在的权力关系，多元文化社会工作借用了文化人类学中的双重视角理论（the dual perspective），认为个人在成长过程将遭遇两种功能完全不同的文化系统：成长系统（the nurturing system）和维持系统（the sustaining system）。前者是指个人成年之前的养育系统，也是个人原初的非正式支持系统，是个人价值标准形成的主要依据；后者是指个人成年之后的维护系统，也是个人的主要正式支持系统，对个人是否能够成为社会成员并且能够受到社会尊重有重要影响（Norton，1978：14）。一旦个人成年进入社会之后，就会面临成长系统和维持系统之间的冲突，因为成长系统主要受个人原初文化的影响，具有强烈的情感联系和价值认同，而维持系统却面临主流文化的作用，主要关乎个人的社会地位，两者关注的焦点不同，但都是个人成长改变过程中所需要的。因此，就会出现这样的情况，在成长系统被看重的行为标准，在维持系统却得不到赞同；在维持系统受尊重的品格，在成长系统却不受重视，两个系统之间常常发生冲突（Norton，1978：16）。

多元文化社会工作提醒社会工作者，尽管所有的人在成长过程中都会面临成长系统和维持系统这两个系统之间的冲突，但是这并不意味着每个人面临的文化冲突是相似的，实际上，处于社会弱势的少数族群面临的冲突就更为剧烈，因为他们的成长系统与社会主流的维持系统的差异比较大，在适应过程就会遭遇更强烈的冲击。与此相反，处于社会强势的民族的价值标准与维持系统的差距比较小，面临的冲突也会因此小一些（Robbins，Chatterjee，& Canda，2006：135）。这样，人们的成长过程其实是两种文化的社会化过程（bicultural socialization），既涉及原初文化的调整，又涉及主流文化的吸收，是在两种文化的碰撞中寻找新的适应方式（Lum，1995）。

在多元文化社会工作看来，原初文化与主流文化之间的冲突是个人成长过程中必然需要面对的生活场景，这本身并不会给个人的生活造成困扰，造成困扰的直接原因是个人在面对这样的生活场景时觉得无法应对，总是从一种文化系统出发寻找解决的方法。这样，不是过分偏向原初文化系统的影响，就是过分注重主流文化的要求，而不能平衡两种文化系统之间的不同要求（Galan，1992：236）。当然，如果个人能够在两种文化的冲突中找到应对的方法，他也就能够应对这种生活处境，成功实现两种文化的社会化。因此，可以说，个人的成长过程其实是对两种文化的社会适应过程（Robbins，Chatterjee，& Canda，2006：136）。

不过，需要注意的是，多元文化社会工作所说的两种文化的社会化有其独特的要求，不是指一种类型化的静态分析，比较两种文化的异同，而是一种相互转换的动态考察，关注不同文化遭遇中的界限确定，是对两种文化的发展脉络的深入理解，既包括对原初文化的重新审视和调整，也包括对主流文化的深度考察和学习。多元文化社会工作强调，这种理解和学习必定是处境化的，发生在两种文化遭遇的特定历史社会场景中，根本无法脱离具体的生活场景抽象地讨论两种文化的社会化，因此，它是两种文化在特定历史社会场景中的相互融合（Robbins，Chatterjee，& Canda，2006：137）。

实际上，多元文化社会工作对种族和权力冲突的理解包含了几种不同社会理论的融合，需要社会工作者在观察视角上做一个转变，把社会理论的重要观点和核心概念引入社会工作中，改变以往社会工作的实证主义的分析逻辑：从关注客观知识的认识转向特定社会历史处境中理解人的行为表现的批判理论；从注重社会结构的中立分析转向通过互动理解相互建构过程的社会建构主义；从侧重生态系统的科学分析转向权力关系中社会歧视和社会排斥运行机制揭示的反歧视、反排斥理论。多元文化社会工作强调，这种观察视角转变的关键，是对社会事实的理解，把它作为特定社会历史处境中不断相互建构的过程，与我们每一个人每一天的生活紧密联系在一起（Sisneros et al.，2008：7）。

（二）社会歧视中的批判思维

与以往社会工作的实证主义逻辑不同，多元文化社会工作把社会歧视和社会排斥视为人们日常生活的一个基本事实，强调这是在多元文化交流中权力关系相互作用的必然结果，尽管之前的社会工作很少关注这一方面的分析，但是这是社会生活场景的最核心特征，脱离了这一方面的考察，社会工作就会陷入自然物理环境或者生态环境的逻辑框架中（Meyer，1994：731）。多元文化社会工作坚持认为，正是在这样的社会歧视和社会排斥的日常生活场景中，人们需要借助批判思维这种方式，才能够深入分析表面的现象，探索特定社会历史处境中不同元素之间的内在关联以及动态的相互影响过程，把自我反思（self-reflection）、知识建构（knowledge building）以及权力关系的理解三者整合起来，建构多元文化的特定社会历史处境中的分析逻辑框架（Sisneros et al.，2008：6）。因此，批判思维是一种不同于实证主义因果分析的思维逻辑，它既涉及个人经历的考察，也涉及权力关系的分析，两者缺一不可（Giroux，1993：376）。而且，值得注意的是，由于批判思维把特定社会历史处境的理解与自我反思联系在了一起，因此，它也就与特定社会历史处境中的行动密切相关，不仅仅是认知层面的改变和调整，同时还是人们行动策略的规划和组织（Sisneros et al.，2008：7）。

就社会歧视和社会排斥而言，多元文化社会工作认为，它的运行机制是非常复杂的，除了与界限分明、一眼就能识别的权力结构上的差别有关之外，还与人们日常生活中非常细微而且通常是无意识的态度和行为有联系。这样，社会歧视和社会排斥的分析也就需要区分出不同的层次（Bell，1997：4）。多元文化社会工作发现，根据影响的层面，可以把社会歧视和社会排斥分为三种：个人的（individual）、机构的（institutional）和文化/社会的（cultural/societal）。这三种社会歧视和社会排斥相互影响，一起构成个人生活其中的特定社会历史的生活场景（Hardiman & Jackson，1997：42）。需要注意的是，社会歧视和社会排斥的表现方式是多种多样的，既有资源分配不公的社会边缘化（marginalization），也有语言和行为强迫的暴力（violence），以及个人矮化的无力感（powerlessness）和价值强权的文化霸权（cultural imperialism）等（Young，1990：39）。它不仅损害弱势方的利益，也损害强势方的利益，是一把双刃剑（Bell，1997：13）。

在多元文化社会工作看来，当人们面对日常生活场景中的社会歧视和社会排斥时，需要借助批判意识，对自己所认同的行为和态度以及机构和文化/社会运行机制背后的假设前提进行审视，分析其中所隐藏的社会歧视和社会排斥，找到个人内化的社会歧视和社会排斥与机构和文化/社会运行机制中存在的社会歧视和社会排斥之间的关联。这样，人们就能够了解特定历史社会处境中个人与社会之间的社会歧视和社会排斥的动态影响机制（Gil，1998：57）。这一过程被多元文化社会工作称为批判意识的启动阶段。经过启动阶段之后，多元文化社会工作认为，人们的注意力就需要转向特定社会历史处境中的行动，通过行动把自我反思所得到的新的知识运用到具体的生活场景中，从而增加人们行动的自觉性。这样，人们就能够把自己个人的成长改变与周围环境的改善联系起来，形成一种动态的关联。多元文化社会工作强调，人们在这样的个人与周围环境的动态的相互影响过程中需要培养一种批判分析能力，把事实视为一种不断革新的过程，而不是以往那种可以与行动分割开来的类型化分析（Sisneros et al.，2008：9）。

因此，自觉（self-awareness）就被作为多元文化社会工作的一个重要概念融入服务模式的理论逻辑框架中，它是指个人在特定历史社会场景中对自我身份的觉察能力，包括对社会环境中存在的社会歧视和社会排斥的了解，以及以此为基础的行动能力（Sisneros et al.，2008：20）。多元文化社会工作强调，这种自觉能力需要借助一种重要的反思（reflection）思维方式，即对个人的价值、态度和生活经历进行审视，检视个人在与周围他人交往过程中所存在的偏见以及这样的偏见对周围环境中的社会歧视和社会排斥产生的影响，从而自觉改善自己的态度和行为，打破社会歧视和社会排斥的恶性循环圈（Kondrat，1999）。这样，借助反思，人们就能够在特定的社会历史处境中了解与自己生活经历不同的人，明确自己的成长改变要求，并且能够根据社会环境的变化做出及时的调整（Sisneros et al.，2008：22）。

为了帮助社会工作者准确把握反思这种思维方式的内涵，多元文化社会工作还专门针对反思进行了细致的分析，发现它有三种常见的形式：反思性自觉（reflective self-awareness）、反身性自觉（reflexive self-awareness）和批判性反思（critical reflectivity）。反思性自觉是指人们对自己生活状况的审视，以便了解自己生活经验中的偏见以及个人身份的建构过程，它的关注重点在人们自己的身上；反身性自觉是指人们对自己与周围他人互动过程中个人生活经验产生过程的审视，目的是理解个人生活经验产生的社会处境以及与周围他人动态的关联方式，它的关注重点在互动关联中的个人身上，是把反思性自觉放在人际的动态关联中；批判性反思则与前两种反思不同，它是更深层次的探索，把反思放在人际互动的社会结构中来审视，也就使人们具有了社会结构的自觉意识（Kondrat，1999）。

不过，值得注意的是，多元文化社会工作提醒社会工作者，不论采用哪种形式的反思，也不管它们的关注重点如何不同，但是反思的焦点只有一个，就是审视如何改变，不是分析事实是什么，也不是评价应该怎样。多元文化社会工作认为，只有这样的反思，才能减少人们的内疚、自责、抱怨和愤怒等阻碍个人成长改变的因素，帮助人们开启特定社会历史处境中新的自觉意识，包括对以往生活经验的重新认识和未来应对行为的重新调整（Schmitz，Stakeman，& Sisneros，2001）。因此，多元文化社会工作强调，对特定社会历史处境中个人生活状况的深入反思，就是人们探索新的应对行为和态度的过程，意味着人们在特定社会历史处境中的生活自觉能力的提升（Sisneros et al.，2008：24）。

（三）社会历史处境中的自我身份

对于多元文化社会工作来说，人们的生活就是围绕特定社会历史处境中的自我身份展开的，即在与周围他人的交往中明确自己的社会位置，确定自己的成长改变目标，它涉及在两种不同文化交流中人们对自己身份的确认（Sue & Sue，1999：128）。多元文化社会工作认为，尽管多元文化的交流会涉及不同文化之间的碰撞，但并不会因此形成多元文化的身份，只会培养人们在多元文化交流中的应对能力，以适应同一社会场景中不同文化的要求。因为人们的身份本身就是在与其他不同身份的交流中形成的，它并不是类型化静止的东西，而是动态的相互影响过程，多元文化社会只是为人们提供了不同文化相互影响的机会，使人们的文化身份在日常生活中的重要性变得越来越突出（Robbins，Chatterjee，& Canda，2006：139）。显然，多元文化社会工作在理解人们的自我身份时，采用的是社会建构主义的视角，关注多元文化交流的社会生活场景中人们自我身份的建构过程（Rotheram & Phinney，1993：15）。

正是依据这样一种社会建构主义的视角，多元文化社会工作尝试把多元文化交流中自我身份建构的逻辑融入社会工作"人在情境中"的基本理念中，对社会工作的基本理论逻辑进行改造，提出双维度的文化身份理解模式，即把人们生活的场景理解成原初的家庭文化和主流的社会文化两个维度的，分别用 X 表示原初的家庭文化，Y 表示主流的社会文化。这样，"人在情境中"就简化为人们在特定的原初家庭文化 X 维度与主流的社会文化 Y 维度的碰撞中明确自己身份的过程。多元文化社会工作强调，借助这种双维度的理解模式社会工作者就能够把个人的经验整合与文化适应结合起来，使多元社会中的文化要素真正融入社会工作的理论逻辑框架中（Robbins，Chatterjee，& Canda，2006：140）。

有意思的是，多元文化社会工作很快就发现，这种双维度的理解模式只是解释了人们在特定时间点的自我身份建构的文化逻辑，但是实际上，人们的生活是不会停止的，因此，多元文化社会工作在原来双维度的基础上又增添一个新的时间维度，表示人们的自我身份是一个不断建构的过程。多元文化社会工作强调，尽管从形式上看，这样的转变只是增添了一个新的理解维度，从原来的两个维度的理解变成了现在的三个维度，但是它的内涵却发生了根本改变，从注重社会现状分析转向注重历史过程分析。这样，人们对自身经验的梳理和反思，就成为多元社会中文化身份建构不可缺少的核心要素，历史处境也就自然成为人们生存的依据和超越的条件（Robbins，Chatterjee，& Canda，2006：148）。

多元文化社会工作坚持认为，这种多元文化交流的目的既不是舍弃一种文化，也不是协调两者的冲突，而是帮助人们跳出原有文化的限制，对不同文化有更深切的理解，从而能够支持人们在多元社会中做出更包容、更理性的选择。因此，多元文化社会工作强调，在多元文化交流中人们需要站在更高层次来理解自己与周围他人之间的相互影响，即一个不偏袒其中任何一方的文化转换（transculturality）的角度，能够同时顾及不同文化之间的相互差别和共同之处（Lum，1982）。显然，这种文化转换的视角既不是技术层面的问题，也不是支持关系建设的问题，而是涉及观察视角的转变，它意味着在多元文化交流中人们自我身份的明确还需要借助自觉意识的提升（Robbins，Chatterjee，& Canda，2006：149）。从这个意义上说，自我身份的探索过程其实是一种灵性的旅程（a spiritual endeavor），它就是要从自己原初文化的束缚中解放出来，挑战那些"熟视无睹"的想法和习惯，使自己变得更加开放和包容，内心更加安全（inner sense of security），能够欣赏不同文化各自的独特之处（Sue & Sue，1999：136）。

（四）文化能力（cultural competence）

在多元文化社会工作看来，不仅服务对象在日常生活中面临多元文化的挑战，就是社会工作者在专业服务过程中也同样面临多元文化的处境，甚至社会工作本身也是在一定的社会历史处境中产生的，它也无法摆脱特定文化的限制，包括占主导的欧美白人文化的影响（Robbins，Chatterjee，& Canda，2006：131）。正是基于此，美国社会工作者协会在 2001 年正式颁布了在多元文化处境中开展专业社会工作服务的规定，要求社会工作者在专业服务中随时对自己的文化价值和信仰进行审视，培养自己的文化自觉意识，学会欣赏不同文化的不同生活方式，掌握多元文化处境中开展专业服务的文化能力（National Association of Social Workers，2001：1）。这样，文化能力就成为社会工作者开展多元文化社会工作的一项基本要求。

多元文化社会工作认为，文化能力就是社会工作者在专业服务过程中既了解自己的观察视角，也理解服务对象的观察视角，不会因为服务对象所秉持的文化价值与自己的不同，就采取否认、歧视的态度（Sue & Sue，1999：29）。其核心就是要求社会工作者能够转换到服务对象的位置，从他的角度来观察和体会社会生活中的不同要求，并且能够协助服务对象改善他的生活状况和周围环境的资源条件（Walters et al.，2003：329－330）。多元文化社会工作强调，尽管不同的学者对文化能力的具体内涵有不同的认识，但是他们都普遍认同，文化能力绝不仅仅是多元文化交流中的知识和技能，更是它所要求的文化自觉意识（Williams，2006）。一旦缺乏这种自觉意识，社会工作者就无法在多元文化的处境中与不同文化背景的服务对象进行交流，更谈不上开展专业服务。因此，文化能力就包括了不同文化差异的接纳、原初文化偏见的审视、文化权力关系的自觉，以及服务中所需要的知识、技能和资源的确认四个主要方面（Lum，1999：29）。此外，也有学者提醒社会工作者，既然多元文化社会工作涉及不同文化之间的交流，文化能力也就必然涉及不同文化转换所需要的灵性（Canda，Carrizosa，& Yellow Bird，1995：22）。

为了深入了解文化能力的学习机制，多元文化社会工作还对如何转换成拥有文化能力的社会工作服务进行了仔细观察，发现从无视文化的存在到有效回应文化的要求这个转变过程中，批判视角的掌握至关重要，它不仅影响人们怎样面对不同文化的差异，而且直接影响人们怎样理解自己的文化身份（Dean，2001）。多元文化社会工作认为，批判视角其实是一个比较宽泛的概念，主要是指人们对自身所处的社会历史处境的审视和反思，它涉及多种不同观点的整合，包括历史和社会政策脉络的考察、种族和阶级处境的审视、社会生态关系的理解以及女性主义的权力关系分析等（Sisneros et al.，2008：100）。多元文化社会工作强调，只有借助批判的视角，社会工作者才能警觉自己所坚持的专业服务原则中隐藏的社会歧视和社会排斥，并且通过社会歧视和社会排斥的消除挖掘服务对象的能力（Van Soest，2003：375）。

对于文化能力的强调，在多元文化社会工作看来，其实意味着社会工作服务方式的改变，从原来注重专业的"客观"分析和过程的"科学"把握这种以社会工作者为主导的服务逻辑，如服务对象需求的客观评估、服务计划的科学制订以及服务过程的规范管理等，转向特定社会历史处境中不同文化逻辑的理解和伦理价值的审视这种以文化自觉意识为核心的服务逻辑。这样，社会工作者与服务对象之间信任合作关系的建立和保持就变得非常重要，因为它是社会工作者投入特定历史社会生活场景中的前提，也是社会工作者理解服务对象在特定历史社会生活场景的成长改变愿望的条件。为此，多元文化社会工作建议社会工作者，在与服务对象建立了稳定信任的关系之后再开展需求评估，而且在整个服务过程中还需要保持开放和好奇的学习心态，随时与服务对象一起开启不同文化的探索旅程（Dean，2001）。在这个过程中，服务对象的优势挖掘是不可忽视的，因为多元文化社会工作的服务目的不是修补或者治疗服务对象的问题，而是促进服务对象在特定社会历史处境中的成长改变能力的提升，其核心表现就是多元文化处境中的文化能力（Sisneros et al.，2008：101）。

尽管文化能力的概念让社会工作者看到了另一种哲学观察视角的社会工作服务逻辑，受到社会工作者的普遍欢迎，但是在实际的服务中它也受到许多批评。首先的质疑来自这一概念在实际运用时所呈现的问题，社会工作者常常把它作为把控服务过程、影响服务对象的技术手段，而这一概念所包含的理念却很难实现，因此，这种偏向抽象理念的概念在实际服务中的适用度就受到人们的怀疑（Williams，2006）。由此，人们开始质疑，社会工作者是否在实际服务中真的能够做到搁置自己文化价值标准的影响，从更高的、能够公平看待双方文化价值差异的角度理解服务对象的生活状况（Yan & Wong，2005）。不过，更为根本的质疑是，认为文化能力这个概念已经假设了文化是稳定的、连续的这种本质主义的观点，不自觉地把问题归结为服务对象在多元文化交流中存在的文化能力不足，同时也限制了社会工作者对自己所秉持的文化价值的深入审视和批判（Park，2005）。

多元文化社会工作与种族文化敏感的社会工作相似，也是关注社会历史处境中普遍存在的种族文化冲突这个主题，也是把种族文化冲突与社会权力冲突结合在一起进行分析（Baron，Grusky，& Treiman，1996：364）。所不同的是，多元文化社会工作注重多元文化交流场景中的批判思维的培养，把特定社会历史处境中的自我反思作为超越文化、超越历史的必要过程，表现为特定社会历史处境中自我身份的建构，其核心就是多元社会中的文化能力的提升。随着21世纪人口流动的加剧和国际间文化交流的增强，多元文化这个主题在社会工作领域的重要性变得越来越突出，不仅涉及社会工作服务方法和技术的重新审视，而且涉及社会工作理论基础和观察视角的重新考察，亟须社会工作者更多的关注和探索（Robbins，Chatterjee，& Canda，2006：153）。

第九章　批判视角

在西方社会 20 世纪七八十年代兴起的批判理论的影响下，社会工作开始尝试运用社会结构的分析来理解个人与环境的关系，注重社会处境中批判意识的培养，把社会改变也作为社会工作的一个重要考察维度，形成了社会工作的批判视角（critical perspective）（Hick & Pozzuto，2005：x）。批判视角假设，社会是有结构的，个人与社会结构之间是一种动态的关联，在社会结构影响个人的同时，个人也在影响社会结构（Fook，2002：5）。因此，社会工作实践也就不是一种纯粹的专业技术的实践，它同时包含了伦理的关怀，需要通过主流意识的批判和反思找到消减社会不公平的方法和路径，将个人的成长与社会的改善结合起来（Ife et al.，2005：6）。当然，人们对于社会结构的理解是不同的，如果只是强调运用批判理论的社会结构视角审视个人在日常生活中遭遇到的问题，克服心理学视角的不足，就是批判社会工作（Fook，2002：5）；如果注重采用性别视角理解女性的独特生活经验和个人成长要求，倡导一种尊重女性差异性的平等关系的创建，则是女性主义社会工作（Orme，2009：65）。

第一节　批判社会工作

一　批判社会工作的演变

由于受到法兰克福学派的影响，60 年代末 70 年代初一些社会工作者开始从社会结构的维度重新思考社会工作理论的基本定位（Hick & Pozzuto，2005：x）。他们认为，无论是 60 年代之前盛行的心理动力学派还是当时时兴的系统视角，都忽视了一个根本的事实：人是生活在社会环境中的，社会性就成为理解人的成长改变规律的核心和基础（Payne，2005：232）。而传统的社会工作不是将复杂的社会问题简化为个人的心理问题，给个人的生活贴上负面的社会标签，就是运用适应或者匹配的概念敦促个人遵循现行的社会规则，无视社会环境背后的社会逻辑以及可能存在的不合理之处。这样，社会工作就很容易成为管理者的工具，放弃所需要承担的社会责任和所需要倡导的社会公平的伦理价值（McIntyre，1982）。正是因为如此，60 年代末出现了激进社会工作（radical social work），这一批判社会工作（critical social work）的早期形式，第一次将社会结构作为理论建构的核心引入社会工作中，强调社会是有结构的，物质生活是整个社会系统的基础，对个人的社会关系起着决定作用，社会的不公平来自物质生产中的不平等位置，这样的不公平只有通过促进参与和分享的社会改变才能得以消除，而要实现这一目标就需要将一般的实践（practice）转变成在一定理论指导下并且能够带动社会改变的社会实践（praxis）（Payne，2005：229－230）。自此，社会工作理论开始出现一种新的发展取向，完全不同于传统的社会工作，具有四个方面的重要特征：①运用社会结构的视角分析个人问题；②警觉社会工作的社会控制功能；③保持对社会不公平现象的批判；④注重个人的解放和社会的改变（Hick & Pozzuto，2005：x）。

批判社会工作之所以注重个人问题的社会结构视角的分析，并不是为了否定对个人帮助的重要性，而是认为个人、家庭、群体或者社区面临的问题并不完全是由他们自己导致的，同时他们还受到自己无法掌控的社会因素的影响，甚至有时这样的社会影响因素连他们自己都没有意识到（Ife et al.，2005：4）。因此，批判社会工作强调，仅仅对个人进行帮助是不够的，社会工作者还需要跳出个人分析的视野从社会结构的角度理解个人面临的问题，将个人与社会结构联系起来，把社会改变也作为社会工作的服务目标之一。这样，批判社会工作就拥有了另一种观察"人在情境中"的视角，即把个人的问题放在大的社会背景中进行考察，理解个人问题背后的社会结构因素，或者把社会的问题放在与个人的关联中进行分析，理解社会结构因素对个人生活的影响（Ife et al.，2005：5）。批判社会工作坚信，社会也需要改变，因为社会生活中始终存在权力的不平等，处于弱势的一方常常遭受社会的忽视或者排斥，就像社会工作者一样，他在专业服务中拥有比服务对象更大的权力，如果社会工作者不对自己提供的服务保持警觉，就会按照自己理解的专业标准强迫服务对象做出改变，忽视服务对象自身的成长改变要求（Ife et al.，2005：5－6）。正是基于这样的理解，批判社会工作宣称，社会工作是一种带有强烈价值介入的服务，不仅无法像传统社会工作那样采取客观中立的态度，而且需要明确服务的价值基础，保持价值的警觉。只有这样，社会工作才能真正拥有解放的元素，打破传统服务所依据的决定论的哲学逻辑（Ife et al.，2005：6）。

在批判社会工作看来，批判视角与传统服务逻辑的根本区别在于对社会的看法（Pozzuto et al.，2005：25）。批判社会工作引入了批判理论的观点，认为针对社会的看法有两种不同的理论逻辑：一种认同现有的社会规则，注重运用技术理性的逻辑整理服务的经验，追求适应所有社会场景的普遍化技术知识；另一种怀疑现有的社会规则，采取批判的态度审视服务的经验，倡导能够带动当下社会场景改变的自决知识（Horkheimer，1972：197）。显然，这种自决知识与具体的社会场景相关联，需要培养一种特定社会场景中审视自己的行动能力（reflexive action）（Habermas，1972：316）。这样，传统的社会工作自然会把服务的焦点放在有需要的个人或者人群上，在预先设定好的有限的环境中开展专业服务。而批判社会工作所要做的恰恰是打破这样的服务逻辑，把个人的改变与社会场景的改变联系起来，从相互影响的动态角度理解个人的改变，视个人为社会的人，除了拥有个人改变的要求之外，同时也承担着社会改变的责任（Pozzuto et al.，2005：30）。

尽管在社会民权运动的影响下，六七十年代已经出现了以马克思主义理论为基础的激进视角的批判社会工作，但是随着公正平等思想深入人心，反性别歧视、反种族歧视、反年龄歧视等争取平等的观点受到人们越来越多的关注。到了 90 年代，批判社会工作开始转向对一般社会歧视的抗争，不再聚焦于某一种社会不公平现象的改变上，而是吸纳更为广泛的批判理论的研究成果，推崇增能和倡导的实践（Payne，2005：227）。激进视角也因此失去了社会实践的基础，慢慢退出批判社会工作的主流视野（Howe，2009：130）。此时的批判社会工作有两个核心的理论建构的基本概念：①批判思维（critical thinking）或者批判反思（critical reflection），即以一种探究的方式运用反思，对反思过程本身进行回顾和审视；②霸权（hegemony），即社会规则的维持需要借助文化和政治的权力影响。这样，批判社会工作也就更为关注批判思维的运用以及对主流意识和信念的改善。值得注意的是，批判社会工作出现这样的理论转变，是与 90 年代兴起的后现代思潮和社会建构主义思想分不开的，它们把社会工作的关注焦点引向了日常生活中权力的具体建构过程（Payne，2005：232）。

不过，批判社会工作虽然在 90 年代之后理论的逻辑发生了重大变化，但是仍然保持着从批判理论引入的批判视角，具有与之前的理论相似的基本分析框架，主要表现为：关注问题的社会结构分析以及对社会公平的追求，注重生活中的权力分析以及主流意识的批判，强调不公平是一种机制和过程，并且侧重把意识的提升和社会的行动作为实现个人和社会改变的基本策略（Howe，2009：131－138）。因此，批判社会工作也就具有了四个方面的基本理论假设：①站在社会弱势人群的立场表达他们的改变意愿；②与服务对象保持平等对话的沟通方式；③注重分析社会系统对个人经验和社会关系的作用；④推动能够改变主流意识并且能够增加社会公平的个人和社会的改变（Healy，2000：2）。可见，批判社会工作不是某一种理论，而是在批判视角下整合了社会结构分析并且注重社会公平，强调通过审视现有社会中的不公平之处和平等对话的方式，实现个人和社会改变的一种理论流派（Payne，2005：228）。

显然，批判社会工作所秉持的理论哲学基础与实证主义存在根本的不同，它不赞同实证主义科学理性的这种因果直线思维逻辑，认为人们在改变环境的同时，也在改变自己，是一种双向的交互影响。这样，平等的对话就显得尤为重要，是人们寻求个人和社会改变的基础，因为只有在平等的讨论和分析中人们才能培养起反思和批判的能力，提升个人自觉和社会公平的批判意识，从而找到个人成长和社会改变的方向和途径（Howe，2009：138）。

正是因为如此，批判社会工作就有了广义和狭义之分。狭义的批判社会工作是指兴起于六七十年代深受批判理论影响并且以追求社会公平和解放为目标的社会工作理论，它有自己一套独特的伦理价值标准，注重问题的社会结构分析，尝试通过揭示社会现象背后所隐藏的社会不公平和社会排斥，实现真正的社会改变。显然，这一理论不仅吸收了马克思的历史唯物主义思想，而且汲取了女性主义、种族理论、批判神学等不同理论流派的观点（Gray & Webb，2009：77）。广义的批判社会工作则是从提高一般实务模式的服务成效角度出发进行探索，围绕如何最大化地实现社会工作者和服务对象的潜能，在实际的服务中找到最佳的实践方式。此时的批判则是指对现有实践方式的反思和审视，是一种不断寻找现有服务的不足并努力加以改善的态度，没有专门的理论来源，也不强调问题的社会结构分析（Gray & Webb，2009：77），但是认为在社会生活中人们面临社会歧视和社会排斥的问题，这些社会问题影响个人的成长（Payne，1996：25）。因此，广义的批判社会工作也像狭义的批判社会工作一样，注重社会工作的挖掘潜能、寻求解放的功能，只是它偏向一般人性意义上的解释，并不局限于社会结构的分析和社会层面的改变（Gray & Webb，2009：77-78）。从这个意义上说，批判社会工作不是一个理论流派，而是社会工作实践的一种基本视角，把人视为社会的人，不仅行动构成理解生活的重要组成部分，而且伦理选择也成为日常生活的必要内涵，有别于实证主义和生态系统对人的理解（Ferguson，2003）。

批判社会工作在发展演变的过程中，出现过不同的流派，有的侧重于社会结构的分析（Moreau，1990），有的关注理解的多样性和差异性（Gray & Webb，2009：77），其中有两位重要的影响人物——简·福克（Jan Fook）和凯伦·黑莉（Karen Healy）。前者倡导运用批判理论开展社会工作的批判实践，她在2002年正式出版了《社会工作：批判理论和实践》（*Social work：Critical theory and practice*）一书，成为批判社会工作的经典；后者从后结构主义视角出发，对批判社会工作进行了重新阐述，她在2000年撰写了《社会工作实践：改变的当代视角》（*Social work practice：Contemporary perspectives on change*）一书，受到同行的欢迎（Payne，2005：236）。

（一）简·福克

福克是一位澳大利亚学者，她在70年代中叶开始踏入社会工作领域，接受为期4年的社会工作本科教育。学习中，福克也像所有社会工作者一样面临两个"阵营"的艰难选择：一边关注社区，注重社会的改变；一边关注个案，强调心理的调整。开始时，福克毫不犹豫地选择了后者，一心想成为一名具有专业素养的个案工作者，但是在专业实习中她被分配到了社区发展的项目组。这次社区发展的参与经验让她认识到了居民在社区日常生活中的真正需要，同时在她内心也产生了一个深深的疑问：为什么社会工作者在选择社区工作时必须牺牲个案工作（Fook，2002：6）？

所幸的是，福克毕业之后得到了一份能够同时将社区工作与个案工作结合起来运用的工作，帮助社区中的智障者和他们的家庭。福克发现，这类家庭既需要一对一直接的个案辅导，关注家庭成员在个人生活和工作中遭遇的创伤，也需要共同参与的志愿服务和社区活动，让不同家庭之间形成相互支持的关系。从这段工作经历中，福克看到了微观的个案工作与宏观的社区工作相互结合的可能（Fook，2002：6）。1981年，福克应聘得到了第二份工作，给社会福利专业的学生介绍社会福利的入门知识。在与学生的交流中，福克深刻体会到了社会工作者作为社会福利服务系统的一部分所面临的角色冲突：一方面他们需要面对社会生活中的弱势人群，直接针对这些弱势人群的需要开展服务，保障社会福利服务的落实；另一方面他们又需要面对社会学家的批评，质疑他们缺乏社会反思的能力，成为社会控制的工具，丢失了社会公正的价值理念。正是基于这样的考察，福克从80年代起开始思考如何将批判视角引入传统的个案辅导中，使个案辅导同时具有社会维度的分析和批判的价值立场（Fook，2002：6）。福克坚信，微观实务与宏观实务的区分是毫无意义的，社会工作已经走到了需要一种崭新的整全视角的发展阶段（Fook，1987）。

怀着这样的抱负，福克开始了研究生阶段的学习，而学习中角色位置的反差进一步坚定了福克创建这种整全视角的决心。福克发现，教授课程的大多是社会学老师，他们关注的是社会的分析，而自己是一位社会工作者，总是思考如何行动的问题。尽管不少的社会学老师并不了解具体实践中的限制和困难，但是福克觉得，他们的批判是有益的，在微观的个案服务中确实需要吸纳社会分析的视角，因为只有这样，个案服务才能与社会发展联结起来，融入现实的社会生活中。在福克看来，对于社会工作者而言，仅仅拥有社会分析的视角是不够的，还需要考察具体的行动策略，否则，这样的社会分析只能停留在概念层面，像批判社会工作早期的激进视角以及女性主义社会工作就存在这方面的不足（Fook，1995：2 - 4）。

毕业之后，福克来到了大学，从此开始了她的社会工作研究和探索。她对批判社会工作的社会发展脉络和历史演变过程进行了系统整理，发现社会工作从产生之日起就强调人类生活的社会性，注重分析社会场景对个人生活的影响，而不是仅仅关注个人的心理特征（Fook，2002：3）。社会工作的这一社会场景的意识受到同一时期社会学发展的影响，在社会学关于社会规则和社会公平讨论的启发下，社会工作看到了贫困人群背后的社会原因，如居住环境的拥挤、教育资源的匮乏以及公共健康服务的不足等（Howe，2009：122）。福克认为，在社会工作发展的早期，尽管弗洛伊德这种以原则为先导（rule-bound）的观察视角受到人们的欢迎，但是批判社会工作所强调的整全视角和场景视角在汉密尔顿的"人在情境中"这一社会工作核心概念中得到了很好的体现（Fook，2002：4）。

福克强调，到了60年代，在民权运动的启发下，社会工作重新站在了社会的角度审视专业服务的逻辑，认为传统的心理分析和心理治疗只关注从个人角度解释人们在日常生活中面临的问题，根本忽视了这些问题背后的社会经济结构和历史条件（Fook，1993：3）。不过，这一时期还有另一个有趣的现象，也推动了社会工作吸收社会科学的理论重新理解社会工作的服务逻辑和方法。在60年代，由于美国大学快速扩张，社会学专业的毕业生也开始把社会工作作为自己理想职业的选择目标之一，他们进入社会工作领域，从社会科学的视角出发批评传统社会工作的服务逻辑，揭示出这种注重个人心理分析的服务所隐藏的社会污名的作用，有的甚至直接从马克思的理论中汲取社会结构分析的视角，要求社会工作重新界定自己的学科定位（Howe，2009：124 - 126）。

通过批判社会工作的整理，福克发现，在60年代至80年代之间，批判社会工作有了自己的理论模式，前期主要称为激进社会工作，[①] 后期主要称为结构社会工作（structural social work）。[②] 尽管它们的称呼不一样，但是核心观点是相同的，认为传统的社会工作过于偏向从个人心理的角度解释社会弱势人群遭遇的问题，导致社会问题的个人化，因而社会工作也就需要跳出传统社会工作的心理学的视角，从社会结构的角度审视社会工作的服务逻辑，重新走入人们的日常社会生活场景中。福克还发现，同一时期，女性主义

---

① 具体内容请详见 Bailey & Brake（1975）。
② 具体内容请详见 Moreau（1979）。

社会工作得到了发展，对批判社会工作产生了重要影响，因为女性主义社会工作也注重微观个人经验与宏观政治经验相结合的整全视角的分析，只是女性主义社会工作更偏向从性别视角理解个人与社会之间的内在关联（Fook，2002：5）。

90 年代之后，后现代主义思潮受到社会工作者的关注，渐渐影响批判社会工作的发展，人们开始质疑结构社会工作中的个人与社会二元对立的社会结构分析的逻辑，把批判视角作为批判社会工作最核心的特征（Gray & Webb，2009：77）。正是在后现代主义思潮的启发下，福克也开始从个人与社会二元对立的思维逻辑束缚中解脱出来，站在知识论的角度重新思考批判社会工作的服务逻辑（Fook，2004：30）。她从美国教学家尚恩那里吸收了反思学习的概念，运用到批判社会工作实践中，强调社会工作实践与反思学习一样是一种关于如何行动的科学，其中既涉及社会场景的批判，也涉及生活经验的反思（White，Fook，& Gardner，2006：42）。这样，反思性提问在社会工作实践中就有了极其重要的作用，不仅能够帮助社会工作者发现行动中所隐含的理论逻辑，而且能够帮助社会工作者解构和重构自己的实践经验（Fook，1996：5）。自此，批判社会工作具有了更宽广的理论理解的视野，不再局限于激进社会工作和结构社会工作所强调的宏大社会结构的分析，而是注重主流意识与个人限制的内在关联以及个人成长与社会改变之间相互影响的动态考察（Payne，2005：245 - 246）。

（二）凯伦·黑莉

黑莉也是一位澳大利亚学者，她在 90 年代之后才进入社会工作领域开始社会工作理论逻辑的探索。与福克不同，黑莉并没有经历从传统社会工作走向批判社会工作的矛盾和挣扎，首先引起黑莉关注的是 90 年兴起的后现代主义理论思潮给批判社会工作带来的挑战，使批判社会工作失去"客观真理"的宏大描述基础，面临多样化和不确定性的理论和实践的困境。为了回答这一理论挑战，黑莉开始了运用批判后结构主义理论（critical poststructural theories）改造批判社会工作的探索之路（Healy，2000：143）。

黑莉发现，进入 20 世纪后半叶，社会福利服务系统就开始发生明显的变化，二元对立的社会现象逐渐被多元的社会现实取代（Esping-Andersen，1990：223），特别是在 90 年代之后，面对多样化的挑战，人们把注意力投向了在地（locality）的实践，这种小范围内的、与个人生活经验之间相关联的场景实践（Healy，1998）。这样，社会结构的宏大分析就需要转变成日常生活的话语分析（discourse analysis），特定场景中的具体实践过程，包括其中的权力、身份和改变过程，就自然变成社会工作理论建构的核心内容（Healy & Mulholland，1998）。

尽管批判的传统从社会工作产生之日起就已经出现，成为社会工作有别于其他助人专业的最核心的特征之一，但是黑莉认为，真正把批判视角作为社会工作的核心内涵来建构社会工作理论是 20 世纪 60 年代之后的事情（Healy，2000：2 - 3）。正是在这一时期，人们才看清楚弗洛伊德精神分析学派的根本局限，忽视人们生活的社会场景及其对社会公平的追求，当然，这样的理论模式也无法帮助社会工作者发现，社会工作的具体实践与其背后的社会权力的内在关联（Sarri & Sarri，1992）。黑莉强调，在批判传统和激进社会运动的影响下，社会工作在六七十年代重拾批判视角，将社会工作实践从直接的服务延伸到背后的社会结构的影响，开始尝试一种能够将个人成长和社会改变结合起来的整全视角。从这个意义上说，批判社会工作是一个比较宽泛的称呼，包括反种族主义社会工作（anti-racist social work）、多元文化社会工作（multi-cultural social work）、反排斥和反歧视社会工作（anti-oppressive and anti-discriminatory social work）、女性主义社会工作（feminsit social work）、马克思主义社会工作（maxist social work）、激进和结构社会工作、社区社会工作以及参与式行动研究等（Healy，2000：3）。显然，这种社会工作不是一种理论流派，而是一种与传统社会工作根本不同的思维逻辑，把人视为社会人的一种社会工作实践（Rojek，Peacock，& Collins，1988：24）。

在黑莉看来，正是在批判视角的影响下，社会工作实践不再被视为一个是什么的纯粹技术理性的实践，而是同时需要回答应该是什么的伦理价值的实践。这样，实践就自然成为理论建构不可缺少的一部分，需要与理论结合起来一同考察。这就是批判社会工作推崇将理论和实践融合成一体的社会实践的原因（Healy，2000：1）。不过，黑莉发现，在实际的服务中，理论与实践的结合是非常困难的，存在逻辑上的矛盾，特别是在后工业时期，整个社会经济状况发生了急剧变化，与60年代根本不同。首先，国际化的发展趋势增进了区域与区域之间的交流，使社会的变化不断加速；其次，西方福利国家大幅度削减福利服务开支，改变了以往以国家为主导的社会福利服务提供的方式，多元主体参与成为显著的特征。还有70年代之后管理主义的盛行等，这些改变促使人们不得不重新审视社会工作的实践和理论的逻辑（Healy，2000：1）。

正是在这样的社会发展的要求下，黑莉认为，社会工作的实践处境已经与之前倡导社会结构分析时不同，不确定性和场景性变得越来越突出（Healy，2000：4）。因此，理论和实践的融合也变得越来越困难，不仅之前的批判社会工作理论描述过于宏大、抽象，很难与实际的社会工作场景联系起来，而且之前的批判社会工作理论运用的是二元对立思维方式，很容易忽视多元主体参与的事实，过分简单化地理解社会工作实践过程中存在的权力、身份等方面的冲突（Healy，2000：4－5）。尤其需要关注的是，之前的批判社会工作只注重通过个人的改变实现社会层面的改变，只强调社会结构对个人成长的影响，看不到日常生活实践中存在的解放自己的空间，也无法察觉个人的日常生活实践与社会改变之间的内在关联（Dixon，1989）。黑莉宣称，之前注重社会结构分析的批判社会工作已经不适应当前社会发展的要求，社会工作者需要对此进行改造，突出个人日常生活场景的作用及其他的社会性和历史性（Healy，2000：5）。

黑莉通过阅读大量的后现代理论发现，批判后结构主义理论可以为批判社会工作找到新的理论基础，因为这些理论讨论的恰恰是宏大的现代社会理论在后现代的多元和不确定的社会处境中面临的困境，而之前的批判社会工作就是这种现代社会理论的代表。黑莉认为，批判后结构主义理论有一个显著的特征，关注在地性和场景性，并且通过在地性和场景性把理论建构的焦点从抽离场景的宏大描述转向日常生活的过程描述（Butler，1995：56）。这一理论的转向显然对于深陷困境的批判社会工作来说有很大的启发，让社会工作者看到建构批判社会工作的另一种理论基础。黑莉强调，批判后结构主义理论，特别是福柯有关权力的论述以及激进后结构女性主义的观点，为批判社会工作的理论重构提供了有益的思路，因为这种后结构主义理论不仅批评西方启蒙运动对人的理性过度推崇的误解，怀疑实证主义把人的身份视为固定不变并且可以决定历史进程的理论假设，而且注重在后现代的社会处境中重新建构新的理论基础（Healy，2000：5 - 6）。

在批判后结构主义理论的基础上，黑莉开始了批判社会工作的理论重构工作。她认为，之前的批判社会工作把理论建构的重心放在了个人的社会行动上，强调这是带来社会改变的核心，但是从批判后结构主义理论来看，这样的认识必定会把个人与社会对立起来，察觉不到个人在日常生活中与周围他人相互作用的权力影响过程，而实际上，社会改变的基础是日常生活中话语权力（the power of discourses）的作用过程，包括个人对自己的社会身份和成长改变的认识，都离不开具体的生活场景。因此，黑莉强调，生活场景才是批判社会工作理论重构需要寻找的基础（Healy，2000：7）。

为了找到批判社会工作理论重构的基本逻辑，黑莉还专门整理了批判社会工作理论发展的历史脉络，发现正是在批判社会理论的影响下，社会工作才能从20年代至60年代盛行的弗洛伊德精神分析学派的束缚中解脱出来，看到这种注重个人心理改变的传统社会工作所忽视的社会场景的要求，把社会公正的倡导和社会结构的分析作为社会工作实践和理论建构不可缺少的核心内容（Rojek，Peacock，& Collins，1988：20 - 21）。黑莉认为，就批判视角而言，批判社会工作吸收的就不仅仅是马克思主义和法兰克福学派的思想，同时还包括女性主义、批判教育学、激进社会学和解放神学等，是一种广义上的批判社会理论，其核心是让社会工作从关注个人心理和人际互动延伸到个人行为背后的社会结构，倡导一种集体的社会实践（collective practice）（Healy，2000：12 - 13）。在黑莉看来，尽管批判社会工作的理论来源非常丰富，甚至可以说有些纷杂，但是这并不妨碍共同理论假设的建立，即在批判社会理论基础上相信更公正的社会改变和更健康的个人成长是可能的（Healy，2000：14）。

与福克感受到的微观个案服务与宏观社区服务之间的冲突不同，黑莉首先察觉到的是批判社会工作在90年代面临的理论与实践之间存在的鸿沟。她从这一问题着手批判社会工作理论重建的梳理，她发现，尽管不同的学者在创建批判社会工作过程中吸收了不同批判社会理论的思想，但是他们都关注理论与实践的内在关联，都相信人拥有自觉（self-conscious）和集体行动（collective action）的能力，能够帮助自己从主流意识的束缚中解脱出来（Healy，2000：14）。而这样的想法可以追溯到西方18世纪兴起的思想启蒙运动对人的平等和自由的追求，相信人是理性的人，有行动的能力，不仅社会形塑人，同样人也可以改变社会（Fay，1987：132）。

在黑莉看来，批判社会理论的来源可以归结到德国启蒙哲学家黑格尔（G. W. F. Hegel）的贡献，她认为正是黑格尔的辩证法以及之后的辩证唯物主义的发展，向人们展现了批判社会理论的哲学基础，相信人有自觉意识（self-conscious reason），能够认识到自己与外部世界之间的辩证关系（Healy，2000：14）。黑莉认为，黑格尔所说的自觉意识主要涉及三个方面。第一，个人的想法无法与现实割裂开来，既无法从现实中抽离出来，同时也在影响现实，是在现实的影响下创造现实的过程。第二，所有的事物都有一个成为（becoming）的过程，每一种特质都包含它的相反面，因而每一种事物都具有其内在相互冲突的两面。这样，成长的过程就成为显现的现实与自己矛盾的另一潜在面相互角力的过程，从而形成能够包容矛盾两面的新的事物。一旦新的事物形成，又会出现新的内在相互冲突的矛盾两面。第三，所有的事物是相互关联的，构成社会的整体性。这种整体性是镶嵌在具体的场景中的，是特定场景中某一时刻的整体性，只有融入这样的特定场景中的某一时刻，才能了解事物之间的整体关联（Healy，2000：14 - 15）。黑莉强调，正是在黑格尔辩证思维的影响下，批判社会理论也就找到了批判视角的哲学基础，即对社会发展潜在矛盾面的发掘（Healy，2000：14）。

　　跟随黑格尔辩证法的探究，黑莉发现，马克思的辩证唯物主义是现代批判社会理论形成的基础，它奠定了批判社会理论的基本社会结构分析框架（Kellner，1993）。与黑格尔不同，马克思强调辩证逻辑的物质性，认为虽然意识对物质具有能动作用，但起决定作用的是物质。马克思还运用黑格尔的辩证法重新审视人类社会历史发展的历程，把社会性和历史性作为社会发展的基础，坚信生产力决定生产关系，生产关系决定上层建筑，创造了历史唯物主义（Healy，2000：15 - 16）。

　　黑莉对唯物辩证法的发展进行了全面梳理，她发现，20 世纪之后，德国的法兰克福学派继承了马克思的辩证唯物主义思想，正式开启了批判社会理论的发展历程。法兰克福学派虽然注重分析社会的经济、政治、文化与个人心理之间的关系，但是仍然保持着马克思的社会结构分析的逻辑框架，把资本主义制度视为资本主义社会一切不公平社会现象的根源（Healy，2000：17）。哈贝马斯（Jürgen Habermas）是其中的代表人物之一，他认为由启蒙运动引发的现代性是一项未完成的事业，需要通过沟通行为的重塑对马克思的历史唯物主义进行改造，解决理论与实践之间存在的鸿沟（Lechte，1994：187）。因此，在黑莉看来，批判社会理论不是一种理论流派，而是一种理论的取向，这种社会理论建立在西方启蒙运动有关人的理性的假设基础之上，是对人在一定社会生活环境中的理性思维能力和行动能力的考察（Healy，2000：18）。正是依据这一理论假设基础，社会批判理论坚信，只有通过对社会不公平现象的揭示和抗争，个人的解放和社会的改变才能结合起来（Fay，1987：4）。

　　通过对批判社会理论的梳理，黑莉察觉到，批判社会理论与马克思主义的基本观点是一致的，都希望将人的思想与行动联系起来，把人的理性反思作为行动的基础，通过被压迫者的增能促使个人的成长与社会的改变结合起来。黑莉强调，尽管到目前为止，马克思主义仍然是批判社会理论的重要理论来源，但是目前批判社会理论的发展已经远远超出马克思主义和法兰克福学派的影响，它同时吸收了像女性主义、反种族主义、反殖民主义等其他社会科学的研究成果（Healy，2000：18）。不过，90 年代之后，由于一方面西方国家大力推行多元福利主义，另一方面后现代主义思潮得到不断推广，批判社会理论的社会结构分析框架面临严峻的挑战，甚至有些学者直接提出，注重社会结构分析的批判社会工作已经过时了（Langan，1998：215）。

　　为此，黑莉开始寻找后结构主义理论来帮助社会工作者应对批判社会理论面临的挑战，她从儿童保护的实践入手，反思社会工作者应该如何学习和运用后结构主义理论

（Healy，1998）。黑莉认为，通常情况下，社会工作者要么拒绝后结构主义理论，把这种理论视为提倡生活的不确定性、多样性和复杂性的代表，与批判社会工作寻找社会发展普遍规律的要求正好相反（Walby，1992：51）；要么只接受后结构主义理论中的某些观点，用来修补批判社会工作的理论逻辑。例如，社会工作者常常选取福柯的有关自下而上的权力的描述，补充马克思的自上而下的权力结构分析（Healy，2000：58－60）。实际上，这两种对待后结构主义理论的态度都过于消极、片面，没有从后结构主义理论自身的角度理解它的贡献，忽视了后结构主义理论的核心是解构对事物背后本质追求的逻辑，倡导一种关注场景多样性和复杂性的理论建构视角（Laird，1995a）。正是在后结构主义理论追求多样性的启发下，黑莉看到了在场景实践中建构理论的哲学基础，她指出，后结构主义理论不仅与批判社会工作所强调的批判视角一致，而且给批判社会工作提供了在90年代多元福利服务系统中开展专业社会工作的理论基础，即需要把社会工作的关注焦点锁定在特定历史的、在地的实践场景中，注重实践场景理解的开放性和多样性，放弃之前批判社会工作对事物背后本质及其问题原因的寻找（Healy，2000：61－62）。

黑莉还从后结构主义理论中借用了话语分析的方法（discourse analysis approach），将社会工作者的关注焦点直接引向特定实践场景中的对话过程和权力的相互影响过程，让实践过程本身成为多元主体参与问题的探究和呈现自己的理解，并且一起推动实践改变的过程（Healy & Mulholland，1998）。黑莉坚信，之前的批判社会工作过于关注宏大理论的建构，因而忽视了在地实践场景的复杂性和连续性，这一点既是后结构主义理论带给社会工作的重要启示，也是批判社会工作在90年代之后需要转变的关键点。正是依据这样的思考，黑莉倡导一种能够容纳后结构主义理论的批判社会工作，这种批判社会工作关注特定场景的社会工作实践，并且借助话语分析的方法深入实践场景中，呈现不同参与主体的相互影响过程，找到特定实践场景中社会工作的实践空间（Healy，2000：68）。

围绕场景中的实践，黑莉在90年代参与了为期两年的"年轻妇女反家暴项目"。这是一个社区的项目，服务的内容涉及遭受家暴的年轻妇女、家庭以及她们生活的社区（Healy，2000：68）。为了让自己融入项目实施的具体实践场景中，黑莉首先作为一名社会工作者参与到具体的服务安排中，她认为只有这样，自己才能有机会在具体的实践场景中与相关各方接触，了解他们各自不同的想法和观察视角，从而为自己成为一名实务场景中的研究者找到实践的基础。这样，实务研究者才能够真正走进具体的实践场景中，探究实务开展的经验，在实务、理论和研究三个维度上理解实务的推进过程，避免把自己作为实务场景之外的研究者，只是关注抽离场景并且可以提炼出宏大理论的"客观"实务资料（Healy，2000：68－70）。显然，在黑莉的逻辑框架中，无论实务还是研究都是推动日常生活改变的工具，两者是不可分割的，都需要放在具体的实践场景中（Healy，2000：70）。

经过两年在实务中研究的体验，黑莉发现，之前批判社会工作所依赖的意识提升（consciousness raising）和集体行动（collective action）这两项核心服务技术需要重新来理解（Healy，2000：137）。黑莉认为，意识提升只是关注群体的共同意识，忽视了行动者自己的生活场景以及其中的生活体验，看不到生活的差异性，也过于简单化地理解人的想法与行动之间的复杂关系，无法察觉特定场景和非理性因素对人的行动的影响（Healy，2000：137－138）。正是基于这样的观察，黑莉从后结构主义理论中汲取有益的想法，把反身性的概念引入批判社会工作的实践中，强调通过特定实践场景中对自身状况的反思，将批判社会工作所秉持的社会公正和平等的伦理价值理念融入日常生活中（Leonard，1994）。相应地，建立在群体共同身份认可基础之上的集体行动的服务技术也需要改变，因为在后结构主义理论看来，人的自决是靠对自己日常生活处境的理解，而无法代表他人或者由他人来代表（Healy，2000：138）。

通过梳理社会工作理论与实践之间存在的鸿沟及其历史发展的脉络，黑莉认识到，这种理论与实践割裂的现象是 90 年代之后社会服务面临的共同遭遇，不仅社会工作是这样，教育、护理等领域也是如此。这意味着实践场景的复杂性和变动性在不断增加，已经成为像社会工作这样的实践学科必须面对的实践难题，也是理论难题，需要理论和实践之间更为开放、动态的交流，而不仅仅是理论指导实践这种单向的关系（Fook，Ryan，& Hawkins，2000：34）；否则，理论只能成为一种智力游戏，纯粹出于学者对学术的好奇心，根本无法回应实践场景中呈现出来的复杂需求（Healy，2005：220－221）。黑莉强调，如果社会工作者看不到这一点，就会错误地把理论与实践之间的鸿沟解释为社会工作自身功能存在矛盾性，它一方面需要服务社会的弱势人群，另一方面又需要维护社会的管理功能（Mowbray，1993：65）；或者直接将理论与实践之间的矛盾归结为社会工作对实际生活中的政治复杂性的无视和低估（Ife，1997：169）；或者强调社会弱势人群自身改变愿望的不足等（Dixon，1989），忽视理论与实践冲突的现实条件和哲学基础（Healy，2005：221）。

有意思的是，黑莉还从实践为本的研究（practice-based research）中受到启发，认为 90 年代兴起的这种在实践场景中开展理论探索的研究正好弥补了批判社会工作面临的困境。她发现，从这种视角开展研究就会强调实践的场景性，注重研究者参与到实践场景中，通过与实践者的平等对话提炼实践场景中的理论（Wise，1990：247）。黑莉强调，这种实践为本的研究视角与其说是一种新的研究逻辑，还不如说是一种新的理解理论与实践关系的哲学视角，它把实践场景作为理论建构的核心，以此带动实践场景的改变，从而为理论的重新建构创造条件，挑战传统的抽离实践场景的理论知识观（Healy，2005：221）。因此，黑莉不赞同之前的批判社会工作的观点，把实践场景的考察作为社会结构分析之余的补充，仅仅视为一种实践的策略，以便照顾到服务对象的个别化需求。显然，这样的看法没有认识到实践场景的哲学内涵，既简化了理性思维与具体行动之间的复杂关联，也割裂了理论思考与场景改变之间的动态联系（Healy，2005：222）。

此外，黑莉还专门考察了市场化给社会工作带来的冲击，她赞同女性主义社会工作的观点，认为市场化的强调就会迫使社会工作的发展更需要依赖资金的提供、服务的管理以及服务成效的科学证据，把服务技能（competency）视为社会工作的核心，倡导一种能力为本的服务（competency-based approach），但是同时也会忽视服务中的人文关怀以及专业信任关系的重要性（Healy，2002）。因此，对于社会工作来说，它的困境表现为：一方面需要遵循市场化的最大效益原则，另一方面又需要保持个人福祉和社会公正的伦理价值追求（Healy，2005：223）。

21世纪之后，在批判后结构主义理论的启发下，黑莉正式提出运用后结构主义理论的观点改造批判社会工作的要求，把社会工作的焦点锁定在场景实践中，让社会工作直接关注历史的、在地的实践，在具体的实践场景中寻求个人和社会的改变。为此，黑莉倡导实践为本的社会工作研究，鼓励社会工作者走进实践场景中，在实践场景中开展服务、提炼理论，认为只有这样，社会工作才能面对多元福利社会和国际化发展趋势带来的挑战，协助人们在日常的生活场景中做出理性的决定，真正找到自己的专业位置（Healy，2000：146）。在黑莉的理解中，改造后的批判社会工作虽然也认可社会结构对个人生活的影响和秉持社会公正价值理念的重要性，但是需要融入一种批判的反身性视角（a critical and self-reflexive stance），关注场景实践中自身的位置和共同参与的原则（Healy，2005：219－220）。

值得注意的是，在批判社会工作的发展进程中，特别是21世纪之后，针对批判是有不同理解的，有的学者只是站在对实证主义技术理性批判的角度提倡运用批判视角开展社会工作服务，认为价值判断是社会工作服务中的核心部分，不可或缺（Payne，Adams，& Dominelli，2002：1）。有的学者甚至提出，批判视角的社会工作之所以与之前的社会工作有差别，不是因为运用社会结构分析视角，而是因为把社会工作视为一种伦理价值的实践，倡导社会公平是其本质的内涵（Dominelli，2002c：25）。从这个意义上说，批判社会工作不是一个理论流派，而是对传统的以实证主义哲学为基础的社会工作实践的批判和提升，它把伦理价值也视为社会工作实践的一个重要维度。这样，批判视角就与反身性紧密联系在一起，是人们在实践中反过来审视自己的行为和伦理价值的能力，以弥补技术理性实践的不足。当然，在这样的批判视角下，社会工作者也就不是执行预先设计好的服务方案的"专家"，而是伴随专业实践展开过程不断成长的实践者（Dominelli，2002c：26）。

显然，这种从宽泛意义上理解的批判社会工作，只是把批判视角作为促进社会工作者在专业实践中保持开放态度和持续反思能力的核心元素，以便接纳实践中呈现出来的不同的观察视角和生活经验（Brechin，2000：26）。这种广义上的批判社会工作通常有两个核心指导原则：第一，平等对待原则，即把他人视为与自己一样拥有尊严和价值的个体，并且在整个专业服务过程中都以此为价值基础开展专业服务；第二，不知道（not-knowing）原则，即对周围环境和他人保持开放的态度，不预先假设答案，而是保持一种探究的好奇心，接纳整个专业服务过程中出现的各种变化，并且积极寻找相应的解决办法，不固守原有的观念和做法（Brechin，2000：30－31）。因此，在广义的批判社会工作看来，批判视角的社会工作实践是一种由思考和行动不断相互转换而构成的循环圈，思考需要带动行动，行动能够激发思考，而反身性则是这种循环过程中实践者对自身状况的审视。这样，社会工作者就能够在具体的实践场景中与服务对象一起往前迈进，应对生活中面临的风险和挑战（Payne，Adams，& Dominelli，2002：3）。与注重社会结构分析的狭义的批判社会工作不同，广义的批判社会工作把行动视为整个理论架构的核心，强调一切思考和反身性的审视都是为了更有效地行动，包括行动前的方案设计、行动中的策略选择以及行动后的成效考察。值得注意的是，广义的批判社会工作还把证据的寻找作为批判性思考和反身性审视的重要内容，认为只有借助具体场景中的行动证据的搜集和分析，社会工作者才能帮助人们找到能够有效应对目前生活中的困难的有效方法（Payne，Adams，& Dominelli，2002：6）。因此，简单地说，广义的批判社会工作就是借助具体场景中的反身性审视将人们的思考和行动紧密联系在一起的一种批判视角，它通过扎根日常生活场景中的实践帮助人们逐渐从直接人际关联的理解延伸到背后社会处境的考察（Payne，Adams，& Dominelli，2002：12）。

可见，如果从广义的层面来理解，批判社会工作就不是一种社会结构的分析，而是社会工作实践普遍需要采取的一种观察视角，是社会工作在 90 年代之后出现的一种转向。它把人视为社会的人，强调社会工作实践的伦理价值的要求和寻求社会改变的诉求（Gray & Webb，2009：78）。这样，批判社会工作也就拥有了广泛丰富的实践经验和思想来源，包括反思性的实践（Schön，1983：21）、批判最佳实践（critical best practice）（Ferguson，2003）、服务使用者运动（the service user movement）（Bersfrod & Croft，2004）、优势视角（Saleebey，2002：2）以及增能视角等（Braye & Preston-Shoot，1995：12）。就理论层面的转变而言，后现代主义思潮，包括后结构主义理论，成为批判社会工作的重要理论支撑（McBeath & Webb，1991）。

二 批判社会工作的理论框架

实际上，批判社会工作并不是指某种具体的理论模式，而是容纳了不同理论模式的一种统称，这种社会工作通常以后现代主义和批判理论作为理论逻辑框架的哲学基础，相信人是社会、历史的人，关注人的解放和社会的发展，认为更人性化的社会是可能的，但需要现有社会关系的根本改变（Gray & Webb，2009：80）。尽管批判社会工作由于受到批判理论的影响，对"批判"一词有不同的理解，有的侧重社会结构的改变，有的注重社会关系的改善，但是都强调，人的成长改变不仅仅是个人生活经验的变化，同时还涉及隐藏在个人生活经验中的更深层面的改变，即社会层面的改变或者社会公正的实现（Hick & Pozzuto，2005：x）。因此，可以说，批判社会工作是一种将个人层面的改变与社会层面的改变结合在一起的理论探索。值得注意的是，这种结合在后现代主义思潮，特别是后结构主义理论的启发下，有了新的理解，不再强调宏大的理论描述和唯一的伦理价值标准，而是关注社会工作实践的场景性、多样性和变动性（Hick & Pozzuto，2005：xi）。这样，主流意识中的权力运作以及差异性等就成为批判社会工作理论建构中需要重点考察的内容（Gray & Webb，2009：80）。批判社会工作需要处理三个方面的重要关系：社会工作者与服务对象之间的权力不平等、日常生活的直接实践与社会改变之间的矛盾以及个人的成长改变与多元视角之间的冲突（Fook，2005：231）。

（一）批判社会工作的两种理论取向

就理论建构的焦点和方式而言，可以把批判社会工作分为两种取向：一种主要受到 70 年代之前的现代理论范式的影响，注重社会现象背后社会结构本质的分析，采取一种简化还原主义的逻辑（reductionist）揭示社会现象；另一种主要汲取 70 年代之后的后现代主义理论范式，反对社会现象背后社会本质的存在，强调不同的参与者有不同的理论建构的出发点和观察视角，注重相互之间的差异性，并且把差异性作为社会现象解释的基础（Webb & McBeath，2005：167）。显然，批判社会工作的这两种理论取向反映的是两种理论建构的哲学逻辑，它们的目的是不同的：前者追求普遍化、一致化的社会现象的宏大规律解释，是一种静态的分析；后者注重场景化、差异化的社会现象的微观动态考察，是一种动态的理解（McBeath & Webb，1991）。

从批判社会工作的理论发展历程来看，注重社会结构分析的批判社会工作出现较早，它在 60 年代末就已经受到学者的关注（Alinsky，1969：4-5）。之后，在 70 年代和 80 年代早期，这种理论取向的批判社会工作逐渐受到学者的欢迎，出现了运用马克思主义理论逻辑框架分析社会工作的激进社会工作（Corrigan & Leonard，1978：54）以及注重个人改变与社会结构改变相结合的结构社会工作（Moreau，1979）。80 年代之后，在经济市场化和东欧共产主义运动受挫的冲击下，批判社会工作跌入低谷（Payne，2005：233）。直到 90 年代，在女性主义的影响下，社会歧视和社会排斥现象再次受到人们的关注，批判社会工作也因此重新回到人们的视野范围内（Ife et al.，2005：3）。值得注意的是，90 年代批判社会工作出现了新的发展取向，在后现代主义思潮，特别是后结构主义理论的影响下，批判社会工作开始关注一直受到人们忽视的日常生活实践，通过日常生活实践挑战隐藏在其中的社会结构层面的改变（Pease & Fook，1999：3）。自此，批判社会工作出现了两种完全不同的理论建构的逻辑：前者关注个人在社会场景中的改变规律，后者注重日常生活经验在推动社会层面改变中的作用（Ife et al.，2005：4）。

之所以需要把马克思主义的社会结构分析方法引入社会工作中，在批判社会工作看来，是因为无论社会工作者是否承认，他们都需要在特定的社会环境中与服务对象建立起专业的服务关系。这样的专业关系自然受到社会环境中的社会结构因素的影响，使社会工作者在服务中面临双重角色的困境：一方面需要遵循政府管理体制的要求，为有需要的弱势人群提供专业服务，保障个人的福祉；另一方面又需要站在弱势人群的角度，揭示政府管理体制中存在的不足，推动社会层面的改变，倡导社会的公正（Rojek，1986）。为此，社会工作者从批判社会理论中汲取了四个重要概念：社会规则（the social order）、权力关系（power relations）、理性自觉（the rational self-consciousness）和过程参与（participation）（Healy，2000：19）。社会规则是指社会现象并不是孤立的，相互之间有其内在的联系，它们相互作用一起作为社会这个整体而存在。这样，个人的任何生活经历就会受到背后社会规则的影响，而作为人，也就有了社会性和历史性，个人的成长改变与社会的变迁就紧密联系在一起，无法割裂开来。在社会生活中矛盾冲突在所难免，权力关系就成为理解现实社会生活的最重要工具，只有借助权力关系的分析，社会工作者才能帮助社会弱势人群找到那些被人们忽视而又是社会改变的重要力量。理性自觉则是对自身的社会处境，特别是社会现象背后社会结构的理解，通过意识提升这样的理性自觉，社会工作者才能帮助人们提高对社会环境的适应和把控能力。而过程参与则强调改变是一个过程，人们只有通过具体的参与行动，才能带动社会的改变，从而个人也能够在其中获得成长（Healy，2000：20 - 21）。

因此，这种注重社会结构分析的批判社会工作也就需要关注社会层面因素的影响，特别是权力结构之间存在的冲突，让不同人群的不同需要能够公平地呈现出来；同时学会批判思维，关注日常生活中那些容易产生边缘化现象的生活经验和习惯性想法（de Maria，1992）。当然，这样的批判社会工作还需要社会工作者与弱势人群建立一种批判对话的机制（critical dialogue），让弱势人群能够逐渐意识到生活中存在的社会歧视和社会排斥的现象，挑战主流意识中隐藏的不公正（Payne，2005：236）。具体而言，与传统的注重个人心理改变的社会工作相比，这种批判社会工作在理论逻辑建构方面具有四个核心要求：①社会结构分析，即把个人在生活中遭遇的问题放在特定的社会处境中来考察，呈现社会层面的因素如何影响个人问题的形成；②社会控制分析，即从社会控制的角度理解社会工作的开展过程，特别是社会工作者与服务对象之间的相互交流，警觉社会工作者的权力运作方式，倡导一种平等的专业关系；③社会公正实践，即把社会公正的倡导作为社会工作专业服务的核心，围绕这个核心组织和开展专业服务，减少社会歧视和社会排斥；④个人解放和社会改变的结合，即把个人的成长改变与社会的发展结合起来，通过个人参与社会发展的过程实现个人的成长改变，从而促进两者的相互转化（Fook，2003）。值得注意的是，就个人解放与社会改变的结合方式而言，有两种常见的不同理解：一种注重渐进式的社会改良；另一种强调社会结构的改变（Ife，1997：3）。

关注场景实践的批判社会工作主要是由澳大利亚和加拿大学者提出的，其中的代表人物包括澳大利亚的简·福克（Jan Fook）、凯伦·黑莉（Karen Healy）、斯蒂文·黑科（Steven Hick）、吉姆·伊福（Jim Ife）以及加拿大的学者皮特·利奥纳多（Peter Leonard）、罗伯特·穆莱利（Robert Mullaly）和艾米·罗斯特尔（Amy Rossiter）等（Gray & Webb，2009：79）。他们在之前社会结构分析的视角上融入了后现代主义的观点和想法，强调注重社会结构分析的批判社会工作是对传统的关注个人心理改变的社会工作的批判，把社会层面的改变纳入社会工作的实践中；而注重场景实践的批判社会工作则是对关注社会结构层面改变的社会工作的批判，把生活场景的实践视为专业服务的基础，超越个人与社会二元对立的理论逻辑的建构方式（Healy，2000：24）。

在关注场景实践的批判社会工作看来，这种注重社会结构分析的批判社会工作因过于强调社会层面因素的影响，必然导致对个人在具体实践场景中产生的个人经验的忽视，甚至曲解，出现至少三个方面的理论困扰。第一，社会结构分析暗含对现有社会性别权力关系的维护，而不是公平关系的倡导。关注场景实践的批判社会工作认为，尽管之前的关注社会结构分析的批判社会工作注重倾听社会弱势人群的声音，主张为他们争取更公平的待遇，但是这种二元对立的思维方式本身就没有把女性主义倡导的注重关系中的情感关联的思维方式吸纳进去，依然无视社会生活中存在的性别不平等。第二，社会结构分析隐藏着对个人日常生活经验的忽视，看不到日常生活经验的价值，很容易出现依据社会结构层面改变的要求迫使个人放弃合理的个人改变愿望的现象。第三，社会结构分析意味着无视社会工作实践中的微观服务经验，只注重个人作为社会人的要求和责任以及抽离日常生活场景的宏大经验描述，不去关注个人在日常生活中的其他方面的生活体验（Fook，2002：7-8）。总之，社会结构分析背后的二元对立逻辑必然导致性别的对立、个人与社会的对立以及微观与宏观的对立。

正是由于社会结构分析视角导致了批判社会工作理论发展的困境，关注场景实践的批判社会工作认为，社会工作需要放弃的是社会结构分析视角中的二元对立思维，而不是批判的视角。关注场景实践的批判社会工作强调，这种"非黑即白"的二元对立思维实际上仍然是一种决定论的命运观，把人只分为相互对立的两大类，即强势与弱势、主流与非主流等，看不到特定生活场景的复杂性以及人在其中发展的多种可能性，从而忽视人的自决能力（Fook，2002：9）。同样，从社会工作者与服务对象的交往关系来说，也被这种二元对立思维简化为有权与无权的关系，而社会工作者的处理方式也只有扮演有权的"专家"角色或者去权的平等参与两种方式。如果从这种观察视角重新审视批判社会工作就能够发现，之前关注社会结构分析的批判社会工作并没有给服务对象带来增能，相反，还常常使他们陷入与自己生活经验相割裂的困境中（Fook，2002：11）。

正是基于对社会结构分析中二元对立思维的反思，批判社会工作从90年代之后开始吸收后现代主义的一些观点，把社会工作的服务焦点投向了人们日常生活中的场景实践，尝试在具体的场景实践中将个人的成长与社会的改变结合起来，弥补之前批判社会工作的理论缺陷（Fook，2003）。尽管针对场景实践的内涵有不同的理解，但是实际上，这种关注场景实践的批判社会工作是希望实现五个方面的联结，即社会与个人、宏观与微观、理论与实践、社会工作者与服务对象以及结构改变与话语改变等，让日常生活中的不同方面都能够同时呈现出来，从而避免再次陷入二元对立的思维困境（Ife，2005：55）。

仔细比较就能够发现，这种注重场景实践的批判社会工作与注重社会结构分析的批判社会工作存在很多方面的差别，但从理论建构来说，这些差别主要体现在对批判社会工作的四个核心概念的不同理解上，即社会规则、权力关系、理性自觉和过程参与。在社会规则方面，注重场景实践的批判社会工作认为，除了需要关注个人生活安排对社会结构层面的影响之外，还需要考察不同类型的社会不平等，把在地的场景实践作为核心理解个人成长与社会改变之间的内在关联，避免过分偏向某一种或者某几种类型的社会结构分析；在权力关系方面，注重场景实践的批判社会工作强调，权力关系存在于所有的人际关系中，它的考察重点需要放在权力的在地场景实践和维持上，通过话语分析挑战在地场景实践中占主导的意识，使权力关系在日常生活中能够以更加积极的方式呈现出来；就理性自觉来说，注重场景实践的批判社会工作也与注重社会结构分析的批判社会工作不同，不是关注社会处境中社会结构意识的提升，而是关注在地场景实践中差异和多样意识的提升，帮助人们有效应对生活场景的变动性和不确定性；在过程参与方面，注重场景实践的批判社会工作把人们的日常生活经验作为个人成长改变的基础，侧重平等对话机制的建设，借助相互之间的不断交流促进人们的平等参与（Allan，2003：47-49）。可以说，受到后现代主义思潮影响的批判社会工作把理论建构的焦点放在了日常生活的场景实践上，而不是社会处境中的社会结构分析上，围绕场景实践重新梳理社会工作的批判视角。值得注意的是，尽管注重场景实践的批判社会工作采取了与注重社会结构分析的批判社会工作不同的理论建构逻辑，但是两者仍然有相同的地方，保持着批判社会工作所强调的社会结构的分析视野、权力关系的考察维度、社会伦理的实践要求以及社会工作者与服务对象之间的平等对话（Allan，2003：47）。

针对批判社会工作，尽管不同的学者有不同的理解，特别是有关现代理论建构模式与后现代理论建构模式之间的冲突更为明显，形成立场鲜明的两种理论取向，导致学界到目前为止还没有就批判社会工作达成一致的共识，但是也有一些核心概念已经得到了广泛的认可，成为批判社会工作不可缺少的核心理论元素（Fook，2002：17）。这些理论元素包括以下几种。①主流意识。在社会生活中，不同社会地位的人有不同的意识，其中占主导位置并且对其他社会地位人群生活产生重要影响的意识，就是主流意识。主流意识这个概念意味着批判社会工作从社会的视角来理解人，假设社会生活是由不同社会地位的人相互影响而形成的，不是像之前社会工作认为的那样，可以由某个抽象的人来代表所有的人。对主流意识中的"虚假意识"（false consciousness）进行批判，既是自我觉醒的过程，也是社会改变的过程（Fook，2003）。②自我反思和批判分析。由于新的知识来自对之前主流意识的批判和超越，因此，对自身所处的社会状况进行自我反思和批判分析，就成为人们获取新知识的必要手段（Ife et al.，2005：21）。③个人成长与社会改变。在社会生活中，个人的成长与社会的改变是无法分割开来的，社会的改变影响个人的成长，同样，个人的成长也会影响社会的改变。实际上，人是社会生活中的人，个人与社会构成生活改变的两面。如果过分强调个人，就会出现社会污名的问题；如果过分强调社会，就会出现个人责任的放弃（Fook，2003）。④参与。让服务对象参与服务的过程，不仅是为了调动服务对象的改变动力，给服务对象提供与社会工作者平等对话的机会，更为重要的是，人是社会的人，只有参与整个改变的过程，才能了解自己所处的社会环境，在社会环境中进行自我反思和批判分析，寻找成长改变的方向和途径（Gray & Webb，2009：76）。可见，无论哪种理论取向的批判社会工作，它们的服务目标是一致的，都是提高人们在社会生活中的自决能力，通过"助人"实现"自助"的目标，摒弃传统社会工作的决定论的观点（Fook，2003）。

（二）批判反思视角

对于批判社会工作来说，"批判"一词不仅意味着社会场景中开展专业服务的实践要求，也是一种有关什么是事实的理论逻辑思维的诉求，因为在这样的社会场景中开展专业服务时，影响就是双向的，个人影响周围社会环境的同时，社会环境也在影响个人，人们已经无法按照实证理性的线性因果思维方式寻找专业服务的逻辑（Rossiter，1996）。这样，不是客观事实，而是经验事实（empirical reality）成为社会工作者需要关注的对象，它既涉及参与其中的人们的体验，也涉及人们在其中的应对行动（Agger，1998：4 - 5）。显然，这种经验事实依赖人们之间的互动和自我反思，而相互之间的对话沟通成了人们实现成长改变不可或缺的具体过程，人们把控自己命运的自决意识和能力也只有在这样的过程中才能得到提升（Fook，2002：17）。

因此，在批判社会工作的理论逻辑框架中，社会事实就不是在那里的一种客观事实，而是借助人们与社会环境之间的相互影响一起建构的，不仅与人们的感受、想法等内心状况紧密关联，而且与人们遭遇的外部社会环境密切相关。这样，个人的成长与社会的改变就无法分割开来，都需要借助对话沟通方式的改变才能得以实现。批判社会工作认为，所谓的批判视角就是把人们的对话沟通方式放在社会结构分析的框架中审视，强调人们的对话沟通中包含权力的关系，而社会工作就是帮助人们了解在特定社会处境中个人的成长改变要求与社会环境之间的冲突以及其中存在的不合理和不公平之处，并且通过挑战这样的不公平，让个人的成长与社会的改变紧密结合起来，相互促进（Fook，2002：18）。当然，在后现代主义思潮的影响下，批判社会工作更为关注这种对话沟通方式的多元性，假设不同的人即使在同一社会处境中也具有不同的观察和理解的视角；同样，即使同一个人，在不同的社会处境中也会拥有不同的观察和理解的角度（Rossiter，1996）。正是基于这样的考察，批判社会工作坚信，针对这种经验事实，自我反思的过程就变得尤其重要，它是帮助人们在对话沟通过程中挑战主流意识中的不公平现象的必要手段，也是帮助人们深入社会生活场景并且促进个人成长与社会改变相结合的重要条件（Fook，2002：18）。

显然，在批判社会工作看来，批判与自我反思紧密关联在一起，通过自我反思揭示场景中存在的不公正之处。因此，场景对于批判社会工作而言，重要性是不言而喻的。它不仅是人们成长改变的条件和基础，也是人们成长改变的组成部分（Fook，2002：19）。之所以强调场景的重要性，是因为社会工作的实践场景在90年代之后发生了巨大变化，在全球化运动的影响下，场景在不断延伸，而且对人们生活的影响也变得越来越剧烈、越来越多样：一方面，人们的全球化意识在不断提升，从全球化的视角审视在地的实践成为人们日常实践的普遍要求；另一方面，文化和种族的冲突也随着全球化的发展进程不断加剧，关注在地实践的呼声成为人们普遍的共识（Midgley，2001）。此外，由于受全球化的影响，场景的变动性和复杂性也不断增加，不仅场景变化的速度加快，生活变得越来越具有不确定性，而且场景的内在关系也变得越来越复杂，人们的日常生活在不同时间、不同地点呈现不同的样式（Hogan，1996：275）。

面对全球化给人们生活带来的变化，批判社会工作倡导社会工作者回到社会工作理论的原点"人在情境中"，重新审视场景的内涵以及它与人们成长改变之间的关联，以便能够及时回应日益复杂化的场景变化和多样化的生活经验的要求（Fook，2002：29）。为此，批判社会工作从后现代主义思潮和后结构主义理论中汲取有益的想法，把人们的日常生活实践作为理论建构的焦点，反对脱离日常生活经验的宏大描述，认为后现代主义思潮和后结构主义理论至少为批判社会工作提供了九个方面的理论思考。①人的成长改变与生活场景的关联。后现代主义思潮和后结构主义理论把生活场景作为理论考察的重点，关注人们在日常生活场景中的实践经验。这样，批判社会工作就能够把社会结构分析与日常生活实践经验紧密结合起来，细致地考察人们在日常生活场景中的实践经验的形成过程和成长改变的发生过程。②二元对立的思维局限。后现代主义思潮和后结构主义理论强调，宏大描述的背后是二元对立的思维方式，这种思维方式简化了人与环境之间的复杂的、动态的联系，只有回归生活场景的实践，人才能避免陷入二元对立的思维困境中。③多元性。在后现代主义思潮和后结构主义理论看来，每个人都有自己参与生活场景实践的位置和角度，与他人不同，因此，追求多元的话语描述、认同人与人之间的不同，就成为日常生活场景实践的目标，也是社会工作专业服务的现实要求。④差异性。后现代主义思潮和后结构主义理论坚持认为，正是由于人们日常生活场景实践的多元化，差异性成了这种场景实践的经验方式，在多元化的生活处境中寻求自己的发展方向和路径，是人们在日常生活实践中必然需要面对的任务。⑤社会身份和主体性（subjectivity）。后现代主义思潮和后结构主义理论把人放在具体的场景中与周围他人关联在一起来理解，相信人的任何感受、想法和行动都脱离不开具体生活场景的影响，而且它本身又构成生活场景改变的一部分。这样，通过主体性和社会身份的概念去替代性格这一概念，人们在理解人的主动性和自觉性时能够与具体的生活场景结合起来，更深入地理解他人的要求。⑥知识和权力。在后现代主义思潮和后结构主义理论的思维逻辑框架中，知识的生产与权力的运作是密切关联在一起的，社会弱势人群呈现的需要不仅仅是自身的成长改变的要求，同时还是权力作用的方式，两者结合在一起考察时，才能揭示社会弱势人群在日常生活场景中的真实需要。⑦理论知识的日常化。后现代主义思潮和后结构主义理论发现，一旦知识与权力捆绑在一起，理论知识就成为人们了解和驾驭自身生活场景实践的工具，不再仅仅局限于"专家"的专业知识，这样，社会弱势人群的生活实践知识就能够得到自己以及人们的关注和认可，真正实现社会弱势人群的增能。⑧理论知识的多样性。批判社会工作认为，正是因为后现代主义思潮和后结构主义理论对理论知识内涵的多样化解释，让社会工作者看到了更生活化、更灵活的专业实践方式，所以社会工作者不再仅仅局限于标准化、科学化的实践模式。⑨主流意识的解构。批判社会工作还从后现代主义思潮和后结构主义理论中吸收了解构的概念，强调只有对社会主流意识中的不公平之处进行审视和挑战，才能减少权力的不平等，给人们的成长改变提供更大的空间（Fook，2002：13－14）。总之，批判社会工作的理论建构核心不是考察是否采取激进的社会结构分析方法，而是关注能否增加主流意识批判的空间并由此带动社会弱势人群的增能（Fook，2002：14）。

　　正是在后现代主义思潮和后结构主义理论的启发下，批判社会工作发现，社会工作需要改变的不仅是一些重要的概念，而且首先是观察社会现象的视角，是对什么是社会事实的重新思考（Fook，2002：16）。批判社会工作认为，后现代主义思潮和后结构主义理论所探讨的后现代的思维方式恰恰是批判社会工作所要探寻的，两者具有很大的相似性，都认同一种互动中反思的知识学习方式，都强调个人局限与社会主流之间的内在关联，都关注个人成长与社会改变同时实现的可能性（Fook，2002：17）。在批判社会工作看来，这种新的观察视角不同于传统的以追求普遍化知识为目标的理论逻辑，不是注重抽象的、没有时间限制并且可以运用于不同场景的理论解释，而是关注具体场景中在地知识的形成过程，侧重考察怎样和为了什么。这样，理论探寻的重点就不再是"是什么"的知识，而是如何成为（being）的知识，知识和行动具有了同等重要的地位（Fook，2002：33）。

　　批判社会工作对这种新的知识逻辑进行了梳理和总结，认为它具有三个方面的重要特征。①注重过程。这种新的知识不仅关注是什么，也关注怎样，将知识视为一个不断形成和变化的过程，需要不断创新。②注重人。这种知识与提供知识的人是紧密相联的，不同的人提供的知识是不同的，因为他们站在不同的社会位置，从不同的角度看待生活中发生的事情。即使同一个人，他所提供的知识也会因为他自身所选择的位置不同而有所不同。这也意味着，社会工作者需要采取一种多元的视角理解服务对象和周围他人。③注重场景。这种知识脱离不开具体的场景，是人们在具体的场景中的经验，以及对这种场景做出的回应。这种知识本身就构成人们与场景的关联方式，而一旦这种知识发生了变化，人们与场景的关系也就自然发生改变（Fook，2002：33-34）。显然，这种后现代的知识观并没有把理论和实践拆分开来，而是强调多元化的理论和实践的关联方式。因此，如何用多元化的视角理解社会工作实践就成为这种批判反思视角的关键（Fook，1999a：196）。

批判社会工作发现，他们遭遇的在场景中学习的困扰其实反思教育学在七八十年代也经历过。为此，批判社会工作从反思教育学中吸收了反思学习的概念，他们认同反思教育学对人的理解以及对反思学习过程的探究，认为现代社会所推崇的实证理性是专业学习与专业实践之间出现鸿沟的根本原因，因为这种实证理性只是关注如何发展和使用实践的知识，假设人只要掌握了这种实践的知识，就能够在实践中顺利地运用出来（Argyris & Schön，1976：24）。显然，这种实践知识是一种运用验证方法（experimental approach）探究出来的知识，要求研究者站在实践场景之外，通过客观的方式总结、提炼实践知识，这是一种自上而下的知识探究方式（Schön，1983：54-57）。反思学习就不同了，它需要实践者根据实践场景的要求选择和调整行动的策略，从实践经验中发展出实践智慧，即一种能够直接指导实践的理论，这种实践理论是通过自下而上的知识探究方式产生的，不仅需要直接回应来自实践场景中的各种挑战，而且需要在场景实践中学会反思自身的处境，以便根据实践场景的要求及时做出适当的调整或者寻找新的应对策略（Schön，1983：26-27）。

从反思教育学的反思学习概念出发，批判社会工作进一步梳理了女性主义的知识观，认为女性主义也是一种场景为本的知识逻辑，如果在此基础上结合后现代主义所强调的知识主体性的概念，就可以归纳出一种新的场景实践的知识逻辑（Fook，2002：40）。这种知识逻辑不同于实证理性，要求实践者把自己融入具体的实践场景中，在场景中探究和理解实践的逻辑，通过不断反思总结和提炼实践中的经验。批判社会工作强调，这是一种整全的视角，需要实践者在具体的场景围绕自己的实践做出整全的解释和回应，而不能像传统社会工作那样只是截取场景中的某个方面进行分析和干预，更不能像传统社会工作那样预先设计好干预的模式和技巧强行推进专业服务。批判社会工作称这种不同于实证理性的实践知识为一种需要借助体验方法（experiential approach）探究的知识，它是关于特定实践场景中是什么和怎样做的知识（Fook，2002：40）。

这种场景实践的知识不再仅仅关注理性的概念和分析，同时还注重身体和情感的知识（bodily and emotional knowledge），放弃了原来的简单的因果直线或者循环式的思维方式，而是把场景实践中的不断反思和应对以及权力运行机制的理解作为核心（Rojek，Peacock，& Collins，1988：134）。批判社会工作认为，只有这样，社会工作者才能在复杂多样的场景实践中帮助服务对象挖掘之前一直受到忽视的那些非理性的知识。显然，这些知识也是服务对象驾驭场景实践的重要方式，构成服务对象生活多样性不可缺少的部分（Healy，2000：52）。因此，批判社会工作强调，社会工作的服务焦点需要放在服务对象的在地实践场景中，考察服务对象与身边重要他人的关系是如何发展变化的，并且通过权力关系的反思呈现多元的声音，特别是社会弱势人群的发展要求，建立一种特定场景实践中的有条件的联盟（provisional coalitions）（Healy，2000：54）。显然，在批判社会工作的理论逻辑框架中，建立一种开放、对话的机制远比一种标准化的规范操作程序更为重要，因为在这样的对话机制中，不同的声音才能够呈现出来，服务对象那些在地的日常生活经验才能够得到"专家"的认可，生活中的不同可能性才能够被挖掘出来，多元的成长改变才能够实现，无论理论还是实践都成为知识探究过程中不可缺少的部分（Healy，2000：55）。

批判社会工作强调，这种批判反思视角说到底是在个人内心、人际关系和社会结构三个方面挑战主流的意识，认可多元生活的可能，倡导一种在对话与沟通过程中的体验和反思的知识学习方式（Fook，2002：41）。与反思学习相似，批判反思视角也注重实践者的场景融入，也关注实践者如何在具体的实践场景中通过反思探究有效应对场景挑战的方法，甚至也要求实践者学会把实践场景作为一个整体从中寻找有效的应对策略。不过，两者也有所不同，批判反思视角更注重权力关系以及主流意识形成和维持过程的分析，以便揭示现有权力关系中存在的不平等、不公正的现象。正是因为如此，批判反思视角也就具有了意识解放的功能，帮助人们从现有的生活束缚中解脱出来，不仅仅是实践场景中有效应对方式的反思和学习（Fook，1999a：208）。从这一点来说，批判反思视角比反思学习更能够走进人们的内心深处，感受社会历史处境中人们选择的张力以及生活的复杂性和多种选择的可能（Fook，2002：39）。

（三）权力关系

权力关系是批判社会工作探讨的重要概念之一，无论哪种取向的批判社会工作都认为，社会生活的一个重要特征就是权力的划分，不同的人拥有不同的权力，而拥有不同权力的人又拥有不同的资源和机会，社会工作帮助的社会弱势人群不仅仅是生活困难，同时还表现出无力感。这样，给社会弱势人群增能就成为社会工作专业服务的一项普遍要求（Fook，2002：45）。批判社会工作发现，如果不把社会弱势人群的增能与批判社会工作提倡的社会结构分析结合在一起，就会陷入增能与失能二元对立的逻辑困境，即某些人的增能意味着其他一些人的失能，社会工作者的增能意味着服务对象的失能（Fook，1987）。为此，批判社会工作开始重新审视权力关系背后的哲学逻辑，强调增能之所以在实际的服务过程中遭遇很多社会工作者的抗拒，是因为人们把权力关系仅仅视为上下等级之分，即权力结构上的差别，将有权和无权作为生活中完全对立的两面，忽视了生活中的复杂性和差异性（Fook，2002：48－51）。

在梳理了后结构主义理论之后，批判社会工作借用了法国社会学家福柯有关权力的描述来重新理解社会工作中的权力问题，认为除了结构权力之外，日常生活中还有另一种权力，这种权力的运作方式完全不同于结构权力（Foucault，1978：70）。它具有三个方面的重要特征：①这种权力是一种运作，不是已经拥有的固定结构，它呈现出来的是一种过程，而不是预先设计好的位置等级；②这种权力具有生产性，不仅仅是压制和限制，同时还能够带来生活的改变；③这种权力是一种自下而上的运作方式，不同于自上而下的结构权力（Sawicki，1991：21）。在批判社会工作看来，福柯权力观给社会工作的重要启发不是否定结构权力的存在和它所发挥的重要作用，而是日常生活中存在另一种自下而上的权力运作方式。这种权力观能够帮助社会工作者从服务对象的日常生活实践出发解释社会结构的影响，理解生活场景实践中的权力运作方式和它的基本逻辑，找到从生活场景实践出发促进个人成长和社会改变的理论基础（Healy，2000：45）。

一旦从这种自下而上的权力观来理解社会工作实践，批判社会工作认为，所谓的理论也只是一种有关事实的说法，它既无法脱离具体的生活场景来理解，也无法绕开权力关系发挥作用。因此，哪怕是社会工作者所说的专业建议，也需要结合具体的实践场景，放在与服务对象以及周围他人的权力关系中来考察（Healy，2000：62）。这样，专业实践中的自我反思就显得尤为重要，它能够帮助社会工作者时刻警觉特定实践场景中的权力关系，避免以科学为借口忽视服务对象或者周围他人的生活经验和成长要求（Rojek，Peacock，& Collins，1988：137）。

批判社会工作还借助福柯有关权力的描述进一步讨论了权力和知识的关系，认为这种自下而上的权力与人们的身体和生存方式是紧密关联的，存在于人们的日常生活中，本身就是人们日常生活经验的重要组成部分（Foucault，1978：70）。批判社会工作强调，正是福柯有关权力与知识关系的描述让社会工作者看到了另一种理论建构的方式，不再把日常生活中的知识探索与权力关系分割开来。这样，日常生活中的微观权力关系在社会工作理论逻辑建构上就具有了重要的价值，它不是作为宏观社会结构权力关系的延伸，或者个性化的展现，而是作为一种差异性和多样性社会工作实践的理论基础，一种围绕日常生活实践并且以此为基础延伸出社会结构权力关系的理论探究方式（Healy，2000：64）。

正是在后结构主义理论的影响下，批判社会工作强调，传统的二元对立的权力观过分简化了人们在日常生活中遭遇的复杂权力关系，不仅社会工作者不是"专家"，而且服务对象也不是被动的需要改变的服务接受者，甚至在专业服务中社会工作者需要处理的也不只是与服务对象的权力关系，还包括与服务对象一起生活的周围他人，是一种复杂的多元化的权力关系。显然，这种权力关系的分析关注的就不是无权与有权之间的抗争，而是场景化、个性化的日常权力运作的丰富性（Healy，2000：65－66）。它具有四个方面的特征：①关注场景性，分析特定生活场景中现有权力关系的建立和维护的过程；②注重差异性，运用多元的视角理解不同主体参与对话沟通的过程；③侧重变化性，重点探讨权力关系的相互影响的动态过程；④强调生产性，关注权力关系中不同主体对生活经验的解释过程以及对生活意义的建构过程（Fook，2002：54）。这样，权力关系的分析就与意义的解释过程以及具体的生活场景结合在了一起。

正是依据这样的权力与知识关系的理解，批判社会工作还从马克思主义理论中吸收了意识形态（ideology）这一概念，并且把它放在后现代主义的理论逻辑框架下来考察，认为马克思主义所强调的意识形态是在运用宏大的社会结构分析时提出的概念，目的是揭示在社会处境中主流意识对维护现有不平等权力关系的作用以及对个人生活的影响。因而,对主流意识中隐藏的不公平进行揭示和批判就成为批判社会工作的重要内容(Fook,2002:56－57)。这样的揭示不仅仅是为了让社会弱势人群取得更为平等的权力这种伦理层面的要求,更为重要的是,它是帮助人们去除社会虚假意识、认识社会事实的必要手段,使社会弱势人群的行动能够建立在自觉的理性之上,拥有社会批判和改变的能力(Dominelli,1996)。不过,批判社会工作同时也指出,过分注重宏大的社会结构分析而不关注个人生活经验的差异性,只会导致个人与场景的割裂,甚至把两者对立起来,从而破坏个人在场景中的自觉理性。因此,场景中的话语分析就被视为后现代主义视角下揭示主流意识中不公平现象的重要手段(Purvis & Hunt,1993)。

在批判社会工作看来,所谓的话语分析就是对个人沟通的社会网络进行分析,揭示其中的权力关系以及不公平的现象(Fook,2002:63)。它是人们通过语言建构自己生活经验的意义并且与周围他人进行对话沟通的过程,借助这个过程,人们与场景就能够建立起紧密的、相互影响的关系,而人们在场景中行动的自觉能力也就能够得到提升(Purvis & Hunt,1993)。这样,运用语言就不仅仅是呈现自己生活经验的过程,同时还是人们根据场景的变化做出行动回应的过程,既涉及生活场景的融入,也涉及生活场景中成长改变的实现(Weedon,1987:108)。批判社会工作认为,从这一点来说,后现代主义思潮和后结构主义理论提出的话语分析本身就包含了反思和批判的要求,与批判社会工作所倡导的批判反思的视角是一致的(Fook,2002:64)。

为了进一步揭示人们在成长改变过程中的权力关系,批判社会工作还把话语分析与权力关系的考察结合起来,强调话语是人们在特定生活场景中建构生活意义的尝试,必然涉及相互之间的权力关系以及社会主流意识的影响。这样,人们话语呈现的过程就成为生活把控的过程,是个人生命故事的展现,称为叙事(narrative)。对于批判社会工作而言,把之前社会工作所关注的事实分析转变为生活经验的叙事,是为了让社会工作者看到生活经验呈现的多种可能和多种途径,由此重构个人的生活,避免因强调客观事实而忽视服务对象自己的生活经验和经验建构的方式(Fook,2002:67)。批判社会工作坚持认为,之所以关注个人生命故事的叙事,是因为借助这个概念可以把服务对象在生活中的独特位置和个人的主体性呈现出来,而且任何生命故事的叙事都离不开特定的生活场景。这样,通过特定故事的叙事就能够对变化中的生活场景进行解释,同时通过这样的解释又能够进一步回应生活场景的要求,个人的成长改变也就成为生命故事的叙事和再叙事的过程(Ife,1997:130－131)。

批判社会工作强调,如果从叙事的角度理解个人生活经验的呈现过程,就自然会把理论视为生活知识的探索方式,是人们与自己的生活场景对话并且驾驭生活场景变化的方式,在不同场景、不同时间,人们的理论也就有所不同。因此,批判社会工作认为,理论一旦脱离具体的生活场景,变成宏大的客观描述,就会割裂它与叙事者以及特定生活场景的关联,从而丧失理论自身的价值,不仅无法带动实践的改变,甚至还可能给实践造成更多的阻碍。这样,理论就不再是人们通常认为的规律和标准,而是带动生活场景改变的智力工具(intellectual tools)(Fook,2002:69)。

显然，在后现代主义思潮和后结构主义理论的影响下，与权力关系相关联的增能就需要做出新的解释。批判社会工作认为，原有的增能概念只关注宏大的社会结构分析，脱离了人们的日常生活场景，因此，需要转变观察角度，把增能放在具体的日常生活场景中来考察。这样，增能也就具有了四个方面的特征：①场景性，即增能是在具体的生活场景中发生的，不仅受到变化中的生活场景的影响，也影响生活场景的变化；②多层性，即增能经常在几个不同生活层面同时展开，甚至有时还相互冲突；③多元性，即增能不仅仅涉及服务对象与社会工作者之间的互动，同时还涉及服务对象与其他周围他人之间的权力关系；④创造性，即不能把增能简单视为一种权力游戏、控制的手段，它同时也具有创造性的一面，产生新的权力关系和新的知识（Fook，2002：101）。显然，在批判社会工作的逻辑框架中，增能是一种复杂的、多向的权力关系变化过程，只有把它放在具体的生活场景中来考察，才能了解增能是否实现以及具体的实现过程。

值得注意的是，批判社会工作还将增能与后现代主义的解构（deconstruction）和建构（reconstruction）的概念联系在一起，强调生活场景中的增能需要对权力关系中隐藏的不公平的主流意识进行批判，它涉及原有权力关系的解构、对主流意识的抵抗和挑战以及新型权力关系的建构等不同环节（Fook，2002：104）。通过这些服务环节，批判社会工作认为，社会工作者才能够帮助人们建立与场景的关联感，培养人们的场景实践的责任意识，即在场景中实践并且推动场景改变（Fook，Ryan，& Hawkins，2000：121）。

（四）主体性（subjectivity）与差异性（difference）

在后结构主义理论的影响下，批判社会工作还借用了主体性的概念去替代传统的身份概念，认为在实际的日常生活中根本不存在可以抽离生活场景的预先假定的社会身份，社会身份是人们在与周围他人交往过程中呈现的状况，是人们在这个交往过程中对自身和周围他人的感受和认识（Healy，2000：45）。显然，这样的内涵已经远远超出了传统的身份概念，包含个人主观的感受以及个人与周围他人一种积极主动的关联，是个人的主体性（Weedon，1987：32）。批判社会工作强调，只有借助主体性的概念，社会工作者才能够将人们自身所处的社会位置以及与周围他人的关联囊括到场景实践的视野中，消除二元对立的观察视角，发掘场景实践中存在的不同层面、不同主体之间的改变的多种可能性（Healy，2000：46）。

批判社会工作坚持认为，这种社会身份观点的背后是一种静态的、"本质主义"的观察视角，假设任何现象背后都有一种固定不变的"本质"存在，而人们的社会身份就是这种"本质"的体现。放弃社会身份也就意味着放弃这种"本质主义"的观察视角，把场景实践中差异性作为关注的焦点，不再考察某种现象的固定"本质"，而是分析特定场景中不同主体之间动态的相互协商以及反思自身处境的反身性过程（Healy，2000：47）。这样，需要挑战的主流意识就不仅仅局限于权力关系中的不平等，同时还涉及传统的整全视角，即把现象视为相互关联的，是整体的一部分。批判社会工作强调，在这样的整全视角下，任何局部只有放在整体的逻辑框架下才有自己的位置和价值，与此相对应的在地的经验就自然被忽视，处于边缘的位置，甚至被排除在意识范围之外（Pringle，1995：210）。

正是基于对"本质主义"思维局限的思考，批判社会工作还从女性主义思想中吸收了有益的想法，把场景性和协商互动性当作人们确定自己社会身份的两个必要元素。这样，社会身份的确认就与特定场景中人们对自身处境的理解以及与周围他人的协商互动紧密联系在一起，是一个需要不断探索、不断对话、不断反思的过程，以便能够揭示主流意识中隐藏的不平等的权力关系和"本质主义"的观察视角，让人们的主体性有更大的呈现空间和更多的呈现途径（Conley，1992：38）。

批判社会工作发现，即使把差异性作为社会工作关注的焦点，也不意味着是对传统的"本质主义"的批判，实际上，针对差异性也有两种完全不同的理解：一种把差异性作为前提，以便以此为基础划清与主流意识之间的界限，并且与之进行抗争；另一种把差异性作为思维方式，以在地的经验为基础与主流意识进行对话，在对话中寻找相互之间的界限（Webb & McBeath，2005：174）。显然，前者的差异性注重的是自身在现有社会系统中的位置，是对自身的社会身份的界定，并没有跳出自身经验的限制对现有主流意识中的不公平进行挑战。所以，这样的差异性不仅不会带来人们主体性的提升，甚至还可能阻碍人们主体性的发展，陷入原有权力关系的对抗中。后者的差异性就不同了，它把差异性作为成长改变的起点，通过与不同主体的对话交流，挑战主流意识中的不公平，找到一起成长改变的发展空间。因此，后者的差异性是一种观察视角，它要求人们从以日常习惯的二元对立视角转变成以多元的视角看待日常生活，超越自身当下生活经验的限制，从更广的社会处境中理解自身的成长改变的要求（Webb & McBeath，2005：175）。对此，不同的学者有不同的称呼，有的称之为"场景实践"（contextual practice），侧重特定场景中的实践知识（Fook，2002：143）；有的称之为"集体记忆工作"（collective memory work），强调协同成长的要求（Pease & Fook，1999：147）。

显然，批判社会工作所推崇的差异性是一种观察视角，它要求社会工作者在实践场景中不断对自身所处的社会位置和观察视角进行审视，避免将自己的主观偏好强加给周围他人，并由此带动相互之间的尊重和接纳。可以说，差异性是一种探索过程，它帮助人们在与周围他人的对话交流中不断确认自己的社会身份和位置（Webb & McBeath，2005：183）。正是因为如此，批判社会工作吸收了后结构女性主义的观点，反对黑格尔通过正反题达到合题的辩证思维，认为这种辩证思维只看到事情的正反两面，却忽视了生活的复杂性和多样性，导致过分简单化、对立化地理解人们的成长改变要求（Cixous，1981：250）。批判社会工作强调，人们如果运用这样的辩证思维，自然就会关注宏大的社会叙事，寻找普遍化、抽象化的社会发展的"真理"，看不到差异性的哲学意义（Conley，1992：38）。这样，个人的日常生活经验也就被排除在了人们的观察视野之外，个人生活中的主体性就被淹没在意识之外（Healy，2000：48 - 49）。

在批判社会工作看来，关注差异性的核心就是把人放回到历史的、当下的处境中，借助对话协商和自我反思提高人们在特定场景中的实践能力。正是在这样的场景实践中，批判社会工作认为，主体性和差异性紧密结合在了一起，相互促进，缺一不可。一方面，人们需要不断地与周围他人进行协商沟通，明确相互之间的差异；另一方面，人们又需要在这样的差异中做出自己的抉择，明确自己的实践方向和途径。同样，一旦人们做出了自己的抉择，开始自己的实践尝试时，又需要与周围他人对话交流，明确相互之间的差异。可见，主体性和差异性在特定的场景实践中联系在了一起，它们只是一件事情的两个方面：对于自己来说，就是主体性；对于周围他人而言，就是差异性（Healy，2000：51）。

值得注意的是，在批判社会工作的理论逻辑框架中，主体性与差异性是相互作用、相互转化的，表现为人际关系的内化和外化，内化就是对自己主体性的认识，外化则是对差异性的理解（Sands，1996）。这样，无论主体性还是差异性都始终处在不断变化之中，并不是某种固定不变的本质特征，而且主流意识中的不公正现象既表现为人们对个人主体性的误读，也表现为对差异性的曲解，是两者相互作用过程中的动态表现（Fook，2002：70）。当然，个人的身体也一样，不是纯粹的生理现象，也受到人际关系和特定场景的影响，成为人们自主性和差异性的重要组成部分（Healy，2000：49）。可以说，主体性和差异性是密切关联的，两者不能拆分开来，它们一起构成社会工作实践的核心：在推动社会改变的同时，接纳人们更多的差异性（Fook，2002：70）。

批判社会工作强调，之所以推崇主体性和差异性的概念，是因为希望改变传统社会工作二元对立的思维方式。这种思维方式不仅容易导致类型化地理解服务对象，常常看不到服务对象自身拥有的生活经验和能力，而且容易把服务对象与周围他人或者周围环境对立起来，忽视服务对象自身拥有的社会支持和资源，最终使服务对象无法找到问题解决的有效方法（Berlin，1990）。显然，传统社会工作二元对立的思维方式不仅无法回答变动的场景中人们的应对方式如何变化以及如何在变动的场景中找到个人的自主性等问题，而且可能给弱势人群带来污名效应，让他们觉得自己无法解决生活中面临的问题，是需要帮助的对象（Fook，2002：74）。为此，批判社会工作提出多元思维的方式，认为需要把人们放在特定的场景中来理解，考察特定场景中人们改变的多样性和复杂性（Newton，1988）。

这样，所谓的主体性就自然转变成身处场景中寻求改变的人们的主体性，这种主体性不仅是变动的，而且是场景化的，是人们在特定场景实践中与周围环境的关联方式。显然，这样的关联方式可以是多样化、多层次的，甚至是相互矛盾的，但是它们都围绕人们在场景实践中的位置展开，具有位置性（positionality）。也就是说，场景实践中不同位置的人就有了不同的关联方式，即使同一个人，他与周围环境的关联方式也会随着场景实践位置的变化而变化（Sands，1996）。批判社会工作认为，用位置性去解释社会身份的概念，除了希望说明人们拥有多样性的社会身份之外，更为重要的是，把人们的社会身份与具体的实践场景结合起来，既能够看到社会身份的一致性，又能够察觉社会身份的变动性，呈现人们自身拥有的在特定场景实践中的主体性，避免陷入二元对立的思维困境（Fook，2002：75）。

正是借助场景实践中的位置性，批判社会工作将人们不同层面的经验和不同阶段的经验整合起来，提出整全自我（whole self）的概念，强调人们的自我拥有这样的能力，能够在具体的场景实践中把自己生活中的不同经验联结起来，整合成相互关联的整体，特别是有关身体和健康的体验，也成为人们日常生活经验中不可缺少的组成部分（Leonard，1997：41–43）。这样，身体和健康的经验就不仅与人们的身体相关联，而且与人们在场景实践中的其他安排联系在一起，成为人们自我体验中的重要内容，也是人们主体性的重要呈现方式（Fook，2002：77）。

为了摆脱二元对立的思维逻辑，批判社会工作还从后现代女性主义的思想中寻找积极的养分，吸收了女性主义学者提出的协同（both-and）概念，强调差异性不是证明自己与别人的差别，而是呈现人们之间的不同，包括不同的位置、不同的观察视角以及多样化的生活经验等，建立一种协同发展的关系（Sands & Nuccio，1992）。这样，差异性就与人们的社会身份建构联系在一起，融入在人们的具体场景实践中（Brown，1994：42）。批判社会工作坚信，只有摆脱了二元对立的思维困境，社会工作者才能够真正看到社会弱势人群的主体性所在，协助他们通过差异性的寻找实现自我增能（Fook，2002：84）。

（五）场景实践

由于受到后现代主义思潮和后结构主义理论的启发，批判社会工作将社会工作的服务焦点从普遍化、模式化的服务探索转向了人们日常生活中的帮助，提出场景实践的概念，强调社会工作服务是一种场景中的工作，除了需要关注场景的要求和挑战之外，同时还需要找到应对场景要求和挑战的方法，是在具体场景中寻找应对场景要求和挑战的方法并且能够带动场景一起发生改变的实践过程。这一过程被称为场景实践（Fook，2005：233）。显然，依据场景实践的观点，社会工作就不是某种固定不变的模式，而是随着场景不断变化的实践过程，是人们在场景中探索、成长的过程，它本身就构成场景改变的一部分（Fraser & Nicholson，1990：21）。

批判社会工作强调，针对这种场景实践，需要从历史的视角来审视，它既与过往的场景实践相关联，是在原来场景实践基础上的发展，也与未来的场景发展相联系，是未来场景实践的基础，可以说，是一个无法间断的连续实践过程（Healy，2000：123）。批判社会工作认为，在这样的场景实践中，人们需要借助的不是抽离场景的客观分析，因为那样做根本无法找到场景实践的逻辑，而需要融入场景实践中，直接从人们的日常生活经验入手，采用话语分析的方式，通过场景实践中权力运作机制的审视以及主流意识中不公正现象的挑战找到未来发展的方向和可改变的空间（Rojek，Peacock，& Collins，1988：170）。

批判社会工作发现，七八十年代西方社会进入后工业化之后，整个社会思潮越来越转向差异化和个性化的要求，作为社会福利服务系统重要一环的社会工作也不例外，也开始关注服务对象的日常生活经验（Esping-Andersen，1996：26）。尤其是在后现代主义思潮和后结构主义理论的影响下，批判社会工作开始直接挑战传统的社会工作，把在地的实践和服务对象的日常生活经验作为社会工作服务的基础，由此寻求社会改变的途径和方法，而不是相反，在社会层面的改变下考察个人生活受到的影响。批判社会工作强调，只有关注场景对人的影响，社会工作才能真正走进服务对象的日常生活中，把人的成长改变作为中心去理解像医学、法律等"强势"学科对人的生活的影响，这也为社会工作找到自己的学科基础（Healy，2000：125）。

批判社会工作还从福柯的后结构主义理论中借用了微观政治（politics of detail）的概

念，强调在地的场景和实践才是人们分析和行动的基础。在这样的基础上，不是宏大的社会结构分析，而是人们的日常生活实践成了社会工作服务关注的焦点，包括场景的联结、场景中改变意愿的寻找、场景中困难的克服以及场景改变的实现等，都成为社会工作需要考察的重要内容，特别是对场景中的权力关系和运行机制的分析以及对其中不公平现象的挑战，更是社会工作实践不可忽视的内容（Healy，2000：51－52）。显然，场景实践的提出不仅仅是为了让社会工作服务更加聚焦，更为重要的是，它为社会工作提供了一种崭新的理解实践和改变的视角（Fook，2002：142）。

由于批判社会工作把场景实践作为考察的核心，因此，也就需要重新理解理论与实践的关系。批判社会工作认为，在场景实践的逻辑框架下，理论就不再是可以抽离场景的普遍化的知识，它也无法站在场景之外的客观立场上指导场景实践。这样，理论就不再是场景实践的前提，而是场景实践的工具，理论是否有效不在于理论本身，而在于人们如何根据场景的要求选取合适的理论并对理论进行适当的调整（Healy，2000：122）。批判社会工作强调，之所以注重社会工作理论的探究，并不是为了把控社会工作实践，而是为了呈现社会工作实践的经验，让社会工作者能够更为准确地理解场景实践的逻辑，并且尝试为场景中出现的新的实践问题提供解释，引导社会工作者进行进一步的实践探索（Gorman，1993）。

在批判社会工作看来，场景实践的背后存在一项重要的理论假设，即场景实践中不存在完全的"真理"，无论哪一种理论解释都只是场景实践"真理"的部分呈现，因此，也就没有必要强调哪种理论强哪种理论弱，而需要关注如何保持开放的态度，场景化地理解不同参与者的不同想法和解释角度。批判社会工作坚持认为，相信"真理"只能部分呈现这样的观点并不意味着谁都是对的，或者怎样理解都可以，而是要求人们融入具体的场景实践中，关注生活经验的呈现过程，并且把这样的"真理"呈现视为场景改变的一部分，学会从改变的视角理解理论的建构过程（Healy，2000：123）。因此，在批判社会工作的逻辑框架中，就不存在生活之上的普遍化的完全"真理"，只有日常生活中并且能够带动日常生活改变的经验解释（Gorman，1993）。

场景实践的一个重要挑战，在批判社会工作看来，是转变人们理论探究的方式，不再依靠理论指导日常生活实践这样的从宏观到微观的二元思维逻辑，而是从日常生活出发，通过参与者的日常生活经验的扩展，将日常生活与宏观的社会结构联系起来，走一种从微观向宏观的深度延伸的探索路径。这样的理论探究方式也就需要把日常生活实践放在第一位，关注生活的多样性和复杂性，让理论始终扎根在日常生活实践中，成为日常生活实践不可缺少的一部分，既吸纳后现代主义思潮对传统理论逻辑的批判，强调日常生活经验的重要性，又继承唯物主义的观点，注重日常生活实践的社会结构的限制。因此，批判社会工作认为，社会工作服务的起点就是服务对象的日常生活实践，他在哪里遇到问题，他有什么感受，就是社会工作者着手的服务之处，也是社会工作者与服务对象一同探究如何理解生活之处。这样，实务和理论就成为带动生活改变的两个"车轮"，两者相辅相成，一起推动场景实践的不断深入（Hick & Pozzuto，2005：xvi）。

批判社会工作坚持认为，之所以强调场景在社会工作实践中的重要性，是因为在实际的服务中，社会工作者针对的不是一个或者一类服务对象，而是多种不同的参与者，他们不仅各自的位置不同，而且常常存在利益冲突。这样，社会工作者就不能将这样复杂的服务关系简化为社会工作者与服务对象两者之间的互动交流，而需要将服务对象放回到他们的日常生活中，在具体的场景下理解日常生活中的这种复杂关联。因此，场景以及场景中的实践就成为社会工作的关注焦点（Fook，Ryan，& Hawkins，1997）。为此，批判社会工作提醒社会工作者需要转变实务的理解视角，突出场景的五个方面的特征。①场景化。把场景的理解作为实践的基础，在场景中寻找改变的机会和条件。②位置性。关注人们的场景位置（positionality），以此作为人们的反思基础。③整体性。注重场景中的整体实践能力，避免任意分割场景的内容。④转换性。在场景实践中总结实践理论，让理论能够随着场景的改变而转换，支持场景的改变。⑤重塑性。根据场景的要求重塑实务的技巧，使服务技术能够适应场景化的要求（Fook，2002：143）。显然，批判社会工作所说的场景有其特别的含义，它不仅拥有实务层面的内涵，也拥有理论层面的关怀。

与传统社会工作相比，批判社会工作所说的场景有一个最基本的特征，就是它的不确定性，即场景始终处于变化中，这种变化不受意识控制，往往超出意识可以预测的范围（Leonard，1997：108）。这样，人们首先需要面对的是场景的不确定性，也就是场景中出现的与自己预测不同的方面。只有这样，人们才能放下自己经验的"包袱"，走进生活的场景中，挖掘生活中的不同经验，拓宽自己的观察视角；否则，人们只会看到自己想看的"场景"，融入不到场景中，也无法找到场景中的实践方向和途径（Fook，2002：144）。这样，对于社会工作者来说，学会同时从不同的位置理解场景中发生的事件尤为重要，因为即使对同一事件，实践场景中不同位置的人也会有不同的理解角度，多元化的理解成了场景实践的一种基本方式（Fook，Ryan，& Hawkins，2000：191）。相应地，对于场景实践中的服务对象而言，他的身份也是多元化的，既可能是受助的对象，也可能是助人者，甚至还可能拥有其他的身份（Fook，2002：145）。

正是基于对场景和场景实践的考察，批判社会工作提出场景能力（the contextual competence）的概念，认为社会工作服务的核心就是将人们的实践与具体的场景联系起来，协助人们融入具体的场景中并且学会在具体场景中做出实践的选择与安排，放弃人际关系辅导或者心理治疗这样的抽离场景的服务逻辑（Fook，2002：146）。批判社会工作强调，借助场景能力的概念，就能够使社会工作避免陷入二元对立的困境中，要么把人们视为环境的受害者，要么把人们作为环境的改造者，而实际上人们的日常生活恰恰介于两者之间，既受到环境的影响，也在影响环境，是具体场景中的实践。这样，场景就不是人们实践的一个条件，而是随着人们实践一起变化的处境，人们的个人成长也就与社会改变交汇在一起，两者根本无法拆分开来，人们在其中所呈现出来的实践能力就是场景能力（Fook，2002：162）。

不过，值得注意的是，批判社会工作发现，在实际的服务中，人们常常面临对改变充满敌意或者困难重重的处境，这样的处境常常也是人们放弃改变努力的重要原因之一。为此，批判社会工作认为，场景实践的概念正好能够弥补传统社会工作实践中这方面存在的不足，因为借助场景实践的概念，就能够帮助人们关注日常生活中的具体实践环境，寻找其中容易发生改变的微小处境，在这样的微小处境中开始改变的实践尝试。因此，批判社会工作假设，无论社会环境多么困难，人们总能够开始自己生活改变的实践尝试，承担起生活改变的责任，呈现自己对生活的影响和掌控能力（Fook，2002：162）。当然，对于场景实践中的人们来说，他们就需要具备不断学习的能力。这种不断学习的能力，在批判社会工作看来，有其特别的要求，不是人们通常认为的那种过往经验的学习方式，而是如何面对当下实践处境中出现的不可预知的变化，并且在这样的变化处境中找到问题解决的方法。显然，这是一种不可预测的变动场景中的学习（Fook，2002：156）

批判社会工作强调，正是因为场景实践中需要应对不断变化的环境，所以人们就需要运用一种批判反思的学习方式，把自己投入场景中，对自身的场景实践方式进行反思，找到新的、能够更有效应对场景变化的实践方式；同时，人们还需要考察在应对场景变化过程中的权力运作方式，挑战其中存在的不公平现象，探索新的、能够更好呈现不同参与者想法的实践方式。显然，这是一种创新知识的学习方式，既没有固定的模式可以套用，也没有预先计划好的标准可以参考，需要人们在场景实践中根据当下场景的变化运用自身的反思和批判能力不断改造和创新原有的知识（Fook，2002：156）。有意思的是，批判社会工作还把这种场景实践的创新知识学习方式与实务评估和科学研究联系起来，认为这三者实际上是紧密关联在一起的，它们一起构成场景实践知识创新不可缺少的循环圈（Fook，2000a）。为了与可以重复比较的传统的科学实验的研究方法区别开来，批判社会工作借用了增能社会工作的想法，称这种场景实践的研究方法为实践实验法（experiment in practice），它以场景实践本身为研究对象，既不可重复，也无法比较（Adams，1996：138）。

批判社会工作认为，在场景实践中人们也需要不断超越当下场景实践的个人经验限制，能够更为有效地应对场景中的挑战，拓展场景的视野，并且在更宽广的场景中进一步深化自己的场景实践。这样，在场景实践不断深入的同时，人们也就能够不断超越当下场景实践的经验限制，将个人的成长与环境的改变紧密结合起来（Fook，2002：158 - 159）。可以说，批判社会工作的场景实践走的是一条不同于传统的抽离场景的理性提升的路径，它是通过不断超越当下场景实践经验限制深入场景实践的理性提升的模式。

（六）问题的建构与解构

针对问题界定和需求评估过程，批判社会工作也有自己独特的理解，由于受到后现代主义思潮和后结构主义理论的启发，它把问题的界定与人们身份的确认以及权力关系的影响联系在一起，不赞同传统社会工作的问题界定的逻辑，把问题从人们的日常生活中抽离出来进行分析，明确生活中哪些方面出现了问题，探询这些问题出现的原因，以便根据这些原因制订服务介入的计划，开展专业的服务（Compton & Galaway，1999：212）。批判社会工作强调，尽管这种问题界定的方式采用了客观中立的"科学"分析逻辑，包括资料的收集、整理和分析，但是实际上，在现实的生活中人们的问题界定必然涉及相互之间的身份确认和权力关系的影响，包括谁有权力界定问题以及谁在问题的界定中受益等，并不是纯粹的"科学"分析的过程（Fook，2002：115）。

批判社会工作发现，传统社会工作在界定问题的过程中经常采用类型化的标签方法，即把人们在日常生活中遭遇的问题进行类型化的概括，标定他们具有什么样的特征。显然，这种类型化的思维方式是以类属为思维的基本单位的，它的目的是找到同一类人或者同一类问题的共同特征（Fook，2002：117）。批判社会工作认为，这种类型化的思维方式反映的是科学理性的逻辑，无论问题困境中的人还是环境都被简化为某种类型化的特征，而且这些类型化的特征又在时空上被简化为某种类型化的因果关系。这样，不仅服务对象成了问题界定中的被动接受者，社会工作者成了"专家"，更为重要的是，整个问题的界定过程就成为抽离服务对象日常生活场景的过程，问题变成了没有生活场景的某种类型化的特征（Fook，2002：117 – 118）。

为此，批判社会工作提出另一种完全不同于传统社会工作的问题界定的方式，它要求人们把问题放回到日常生活场景中，将问题的界定视为社会工作者与服务对象以及周围他人相互协商、相互影响的过程，采用的是一种建构的视角（Fook，2002：118）。这种建构视角涉及六个方面的要求：①关注场景，把问题场景视为由多个因素相互影响而形成的，具有复杂性和变动性，放弃传统的因果和循环思维方式；②注重意义解释，将问题界定当作不断协商、持续建构的过程，放在具体的实践场景中和变化着的人际关联中来考察；③强调反身性，假设问题界定受到人们自身视角的影响，人们站在什么位置、运用什么视角理解问题，就意味着怎样界定问题的内涵；④侧重批判性，认为问题界定需要标签，只有通过对现有问题标签进行审视，找到更为有效呈现问题场景的新标签，才能改变人们对问题的理解方式；⑤提升自觉意识，审视新的问题标签是否有利于服务对象的成长改变；⑥保持开放性，创造接纳的空间，让人们认识到场景的变化对自身的影响（Fook，2002：118 – 119）。显然，这种问题界定的建构视角与场景实践的逻辑是一致的，只是它针对的是人们在日常生活中遭遇的问题。

批判社会工作认为，一旦人们运用建构视角理解日常生活中遭遇的问题，就需要学会从多种不同角度理解问题，呈现问题场景中不同参与者的不同位置和不同的理解方式，关注问题建构的具体过程，避免过度解释问题，将人们在日常生活中遭遇的问题"问题化"（Featherstone & Fawcett，1995c）。批判社会工作强调，这种多重建构的视角可以拓宽人们的观察视野，帮助人们在问题界定过程中发现一些看起来相互矛盾的影响因素，警觉主流意识的影响以及对场景中不同参与者的不同作用（Fook，2002：119）。

在批判社会工作看来，社会工作者也一样，他们在专业服务过程中也有一项重要的任务，学会从多重建构的视角理解专业服务开展的过程，把专业服务视为社会工作者的场景实践，除了需要呈现自己的理解之外，同时还需要保持开放的态度，创造一种协商对话的机制，不断对自己的"专业"解释进行审视。批判社会工作强调，这种审视不是为了促使不同参与方达成共识，而是为了实现最大化的经验交流和对话，让不同参与者的声音都能够被他人听到，而且能够得到他人的尊重（Fook，2002：120 – 121）。

从这种对话交流的角度来看，批判社会工作认为，传统的社会工作把问题的界定与服务的介入严格区分开来作为专业服务的两个步骤，这样的观点存在问题，与实际生活不相符。实际上，人们在界定问题的过程中就已经在发生改变，不仅对问题的理解与之前有所不同，而且对自己的身份感受以及资源运用的能力也在变化（Fook，2002：121）。因此，批判社会工作坚信，这两个步骤事实上是无法分割开来的，社会工作者需要将人们的关注焦点从问题界定的结果转向问题界定的过程，考察人们是如何围绕问题相互影响、相互建构的，从问题界定入手直接开始服务介入的过程，协助人们寻找一种积极的对话交流的方式，既能够呈现自己的想法，也能够尊重周围他人的要求（Fook，2002：124）。

为了帮助人们实现观察视角的转变，批判社会工作建议人们避免使用像"事实"、"真理"等这种客观描述的方式，因为这样的描述方式只会让人们忽视事实背后的观察角度，看不到其中的个人经验以及可以成长改变的空间。为此，人们可以采用像观点、经验等能够呈现个人观察视角的描述方式。这样做不仅仅能够帮助人们更为准确地呈现日常生活场景中的实践经验，更为重要的是，能够给周围他人提供可以呈现自己不同经验和想法的空间。这样，反过来，又能够进一步促使人们运用反思的方式审视自己的经验，从而提升人们的自觉意识。因此，批判社会工作倡导一种个人经验的对话方式，鼓励人们从自己的经验出发表达自己的感受和观点，同时关注与周围他人之间的对话和交流，把问题界定视为问题的建构与解构的过程（Fook，2002：125）。

值得注意的是，批判社会工作还对这种问题建构和解构的探寻方式进行了探索，发现可以借用民族志的田野调查方式，因为民族志的田野调查也像批判社会工作一样注重融入他人的日常生活中观察他人的生活，绝不是站在他人生活之外给予"专家式"的指导，而且两者考察的焦点也相似，都关注人们的行动与他们生活的场景之间的内在关联，只是批判社会工作更为强调如何应对环境的要求，不仅仅局限于对现象的分析（Fook，2002：129）。因此，批判社会工作认为，在问题建构和解构的探寻过程中社会工作还需要学习参与式行动研究（Whyte，1991：3）、协同式探寻（Heron，1996：4）等注重如何应对环境要求的探寻方式，把问题的分析转变成问题的探寻过程，与服务对象一起寻找更为积极有效应对问题的途径和方式（Fook，2002：129－130）。这样，批判社会工作就将实务和研究紧密结合在一起了，共同探究如何在特定场景中做出有效的应对行为。具体而言，这样的探究分为五个步骤：①解构问题，指出现有问题描述中被忽视的内容；②挑战假设，解释现有假设中没有成效的方面；③外化问题，对问题进行重新命名；④重构故事，变被动的描述为主动的描述；⑤创造观众，建构新的故事（Fook，2002：140－141）。

（七）话语分析

在社会场景中开展专业服务与传统社会工作推崇的在自然物理场景中开展专业服务不同，它不仅与人们怎么想有着紧密关联，而且与人们怎么做也密切相关，更为重要的是，每个人都是社会场景中的人，无法跳出场景站在"客观"的立场上来观察场景，他们既受社会场景的影响又影响社会场景（Healy，2000：30）。这样，意识提升（consciousness raising）和集体行动（collective action）就成为在社会场景中开展专业服务的重要手段，因为在社会场景中每个人的经历和经验都是有局限的，人们只有借助反思和批判的方式，才能让自己从当下场景的经验中退后一步，从个人经验的局限中解脱出来，理解个人经验背后的社会结构的影响根源（Gutiérrez，1995）。因此，在批判社会工作看来，意识提升是人们探寻个人经验的社会本质的方式，是人们寻找社会真实的过程。不过，需要注意的是，批判社会工作认为，一旦人们开始提升意识，就不再局限于自身的个人经验，群体的利益和改变愿望就会呈现出来，集体行动也就自然成为人们自觉行动的一部分（Healy，2000：31）。

批判社会工作认为，之所以在社会场景的专业服务中关注意识提升和集体行动，是因为与自然物理环境相比，社会场景的理论假设在以下三个方面存在不同：①在社会场景中，人们生活的物质世界与精神世界是紧密关联在一起的，人们意识的改变是社会改变的基础（Freire & Moch，1990）；②意识提升是人们在社会场景实践中提升理性自觉能力的重要方式，只有借助这种方式，人们才能发展出对社会实践和自我理解的自觉意识，提高人们把控自己生活的能力（Fay，1987：39）；③自我反思是意识提升的基础，它涉及不同主体之间的对话交流以及对自己的审视（Mullaly，1993：165 - 166）。因此，批判社会工作强调，通过意识提升和集体行动，社会弱势人群就能够在自身的弱势社会处境中理解与社会强势人群之间的权力关系和利益冲突，达到对社会的一种整全（social totality）的认识。这样，个人的成长过程也就与社会的改变过程紧密联系在一起，无法相互拆分开来（Healy，2000：32）。

在后现代主义思潮和后结构主义理论的影响下，意识提升与集体行动融合在了一起，表现为特定场景中生活意义的建构过程，它与场景参与者所使用的语言和具体的对话过程密切相关（Weedon，1987：33）。批判社会工作称之为话语，即人们借助语言这个工具在具体场景的对话过程中建构社会的现实（Healy，2000：39）。显然，在批判社会工作的逻辑框架中，语言在人们日常生活中发挥着至关重要的作用，它不仅形塑人们怎么说、怎么想，而且建构了特定场景中的"事实"，成为人们生活中可以感觉到和察觉到的经验。批判社会工作还挑战传统的社会工作，声称话语之外不存在任何事实（McHoul & Grace，1991：31）。当然，这样的假设并不意味着语言能够产生经验，而是强调经验的形成离不开语言的使用。

批判社会工作还从福柯的后结构主义理论中汲取有益的想法，坚持认为，话语的呈现涉及四个方面的特征。①独特性。任何话语都是特定场景中独特规则和程序的表现，与特定的时间和地点相联系（Foucault，1981：52）。②与权力的关联性。话语总是与权力联系在一起，不同的话语展现出不同的权力关系（Foucault，1991：27）。③不连贯性。话语并不是连贯的，不仅同一场景有不同的参与者，他们每个人的话语不同，而且即使同一个参与者，也会在同一场景中需要和多个不同参与者对话，甚至有时这样的对话还相互矛盾（Foucault，1980：80）。④外显性（exteriority）。正是因为话语是相互对话交流的过程，因此人们只需要探究话语是如何产生的、对谁造成了什么影响，而不需要探究话语背后的"深层事实"（Foucault，1981：67）。

正是依据语言和话语在人们经验建构中的重要性，批判社会工作提出话语分析的方法，认为人们不需要像传统思维方式那样通过分析现象背后的原因寻找事实，只需要呈现特定场景话语中的相互矛盾之处，觉察到被自己忽视的经验，打开自己的视野，从而延伸自己的理解（Healy，2000：42）。因此，对于批判社会工作而言，所谓分析不是寻找现象背后的本质这种静态的思维方式，而是对自己在特定场景中的对话交流过程的动态体察。具体来说，它包括两个方面——解构和建构。揭示特定场景对话交流中的矛盾之处，让相互对立的两个方面呈现出来，进行重新审视，这被称为解构（Davies，1994：39）。建构则是针对解构之后出现的经验冲突探寻新的解释方式，让不同方面的经验能够更好地呈现出来，拓展人们理解的视野（Pringle，1995：199）。值得注意的是，无论解构还是建构都不只是经验重新组合那么简单，其中必然涉及权力关系的冲突、对主流意识的挑战以及公平意识的倡导等，实际上，它是争取社会公平发展的过程，权力关系的分析是其不可缺少的内容（Fook，2002：89）。

在话语分析中，批判社会工作认为有两个重要的概念：位置化（positioning）和命名（naming）。位置化是指将人们的经验和感受与其所处的场景中的对话交流的位置联系起来，提高人们对自身所处的场景以及与周围他人关联的自我觉察能力。命名则是指选择不同方式和角度呈现自己的经验，提升人们对自身经验的自我批判能力（Fook，2002：89—90）。批判社会工作假设，人们在日常生活中始终处于与周围他人的对话交流中，除了命名之外，位置化是这种动态交流方式的核心特征，不同位置的人观察事情的角度和体验到的经验是不同的；同样，观察角度和体验方式的改变也会让人们发现位置的变化。因此，位置化和命名就成为带动人们提升自我觉察意识的重要手段，当然，它们也是话语分析的重要工具（Fook，2002：90）。

为了帮助人们深入了解话语分析的内涵，批判社会工作还将后结构主义理论提出的话语分析与批判社会工作推崇的批判反思方式做了对比，发现两者虽然都强调发掘日常生活经验中的矛盾之处，寻找更为合理的经验解释方式，提升人们对自身经验的觉察能力，但是两者还是有所区别，不能等同。话语分析只是人们对话交流的分析方法，不受具体的对象和场景的限制，只要是人们日常生活中的对话交流，就可以使用这种分析方法。而批判反思通常是对个人自身经验进行审视，是个人自身对话交流经验的分析，这样的分析常常涉及社会结构的探讨以及个人在其中所能发挥作用的询问（Fook，2002：98）。可以说，话语分析更偏向于对话交流中的权力关系分析和生活经验的审视，批判反思则更注重对话交流的历史社会分析以及增能的考察（Francis，1997）。

相应地，批判社会工作还进一步区分了反思性（reflectivity）和反身性（reflexivity）这两个看上去很相似的概念，强调反思性来自专业实践者和教育者的探索，目的是促进人们对自身实践过程的审视和觉察，以保证专业服务和教育的品质和成效；反身性来自社会科学研究者的实践，目的是帮助人们明了自己在特定社会处境中的位置，审视自己在其中所发挥的作用（Fook，1999b：19）。不过，批判社会工作认为，在实际服务中对实践过程的反思和自身位置的审视是紧密联系在一起的，特别是在多个参与者或者复杂问题的实践中，两者不仅不能分割开来，而且相互促进，它们一起构成特定场景实践的探索过程（Fook，2002：43—44）。

批判社会工作提醒社会工作者，不能把话语分析简单地等同于一种社会工作的实践方式。实际上，话语分析的核心是希望改变人们的知识观，不再把知识视为一种固定的、客观的概念系统，如果是那样，社会工作实践自然就与社会工作研究相对立，服务的提供者就与服务的接受者相对立（Fook，2002：44）。批判社会工作强调，话语分析认同的是一种多元、动态的知识观，这种知识观不仅以场景为基础，注重场景实践方式的探究，而且关注不同参与者之间的对话交流以及多元视角的接纳和理解，它是一种场景实践过程中的尝试性知识建构，其中包含对平等合作关系的探寻（Rodwell，1998：8-11）。显然，从这个意义上说，话语分析同时也是一种研究方式，它通过变动场景实践中的自我审视以及权力关系的分析，帮助人们找到更为合理的呈现自身实践经验的话语方式（Fook，2003）。为此，批判社会工作还专门总结提出关键事件分析技术（critical incident techniques），要求人们围绕场景实践中的关键事件呈现自己的描述来作为研究的蓝本，探究场景实践的意义建构的具体过程和机制（Fook，2002：99-100）。

（八）场景化的专业合作关系

在专业合作关系方面，批判社会工作也与传统社会工作不同，不再把社会工作者与服务对象的合作关系专门从日常生活中抽离出来进行分析和规范，认为这样做不仅会简单化地理解专业合作关系，而且会促使社会工作者仅仅关注专业合作关系建立的技术和方式，忽视服务对象作为实践者在社会生活场景中自身的理解和选择（Mullaly & Keating，1991）。这样，专业合作关系就不再依据服务对象自身的需要，而更多地凭借社会工作者自身的利益和假设（Payne，2005：234）。实际上，在批判社会工作看来，社会工作者与服务对象的专业合作关系并不是凭空出现的，需要特定的机构、服务系统和国家的福利服务保障制度作为支撑。从这样的处境化的角度来理解，在专业合作关系的建立过程中就必然涉及社会工作者与服务对象之间的权力差异、相互差异性生活的呈现和接纳以及社会工作的社会控制功能的运行等。因此，批判社会工作倡导一种日常生活过程的微观权力分析，把专业合作关系放在特定的场景中来考察（Hick & Pozzuto，2005：xii）。

正是基于专业合作关系的场景化分析，批判社会工作发现，日常生活与社会结构的关系就不是"谁确定谁"这种简单的因果关系，而是一种相互作用的动态关联。这样，在分析考察中既可以避免制度决定论，看不到个人的能动作用，也可以避免个人"英雄主义"，察觉不到环境的限制和条件（Hick，2005：41）。不过，批判社会工作强调，这样理解的核心是想破除人们惯有的二元对立的思维方式，即要么认为社会工作者的理解优于服务对象，要么觉得服务对象的理解优于社会工作者；而在实际的服务中，两者的影响是相互促进、相互转化的，根本无法割裂开来。这意味着人们需要运用一种反身性的思维方式，在特定场景的人际关联中审视自己的日常生活经验和其中隐藏的权力关系，警觉自己所处的位置以及与社会结构之间的关联（Smith，1987：151）。

批判社会工作不认同传统社会工作的专业合作关系的处理原则，认为社会工作者不仅需要与服务对象建立一种信任合作的关系，以便为专业服务的开展提供保障，而且需要将权力关系的分析引入专业合作关系建立和维护的过程中，不断审视自己与服务对象的对话交流过程，尽可能减少自己的"主动"介入，让服务对象的声音和要求能够更充分地呈现出来，找到与服务对象共同开展服务的日常生活经验的基础（Healy，2000：

33－34）。这样，专业合作关系的建立和维护过程就是让服务对象体验平等关系的寻找、呈现和实现的过程，构成社会工作专业服务不可缺少的重要一环（Mullaly，1993：156）。因此，在批判社会工作看来，在专业合作关系建立过程中，就包含了服务对象能力的挖掘和提升；同样，服务对象的增能过程也就与专业合作关系的建立有了紧密的关联，它们都发生在特定的场景实践中（Fook，1993：102）。正是基于这样的思考，批判社会工作强调，社会工作是一种平等关系的实践，它要求社会工作者在特定的场景实践中理解自己与服务对象之间的差异性，评估不同参与者的认识，反思自身与服务对象之间的责任关联（Ward & Mullender，1991）。

对于社会工作的社会控制功能，批判社会工作也有自己独特的理解，认为那种将社会控制视为个人自主性损害的观点，来自二元对立的思维逻辑。如果把专业合作关系放在具体的场景中，批判社会工作强调，社会控制就不是是否存在的问题，而是社会工作专业服务开展的前提条件，社会工作者需要运用批判反思的方式提升人们的自觉意识，超越现有的社会控制。从这个意义上说，社会工作不是给定的，而是在具体的场景中社会工作者与服务对象一起实现的过程（Healy，2000：77）。

批判社会工作提醒社会工作者，这种平等关系是无法直接给予的，而需要在具体的场景中借助知识、技能和任务的分享与学习，挑战主流意识中的不公平现象，才能实现权力关系的重新分配（Phillips，1991：123）。为此，社会工作者就需要放弃一些常见的误解，例如，认为自己拥有比服务对象更多的权力，是专业服务中强势的一方，或者认为服务对象是需要帮助的对象，在专业服务中是弱势的一方。实际上，在不同的场景中，无论社会工作者还是服务对象他们呈现出来的权力关系状态都不是单一的，即可能在一种场景中是"强势"，而在另一种场景中却是"弱势"，甚至在同一场景中，针对不同的参与者表现出不同的权力关系状态。因此，社会工作者只有把自己融入具体的场景实践中，才能揭示专业合作关系中的不公平现象（Healy，2000：87）。批判社会工作强调，在专业合作中社会工作者需要警觉权力关系的多样性；否则，就可能简化甚至无视专业合作中的不公平现象（Healy，2000：77）。

值得注意的是，批判社会工作还针对专业合作关系的发展焦点提出了自己的理解，它不认同传统社会工作的看法，认为之所以需要强调专业合作中权力关系的多样性，原因并不仅仅是让社会工作者能够有效地处理与服务对象的复杂的合作关系，更为重要的是，能够促使社会工作者将专业合作关系的发展焦点从助人导向转向自助导向，即借助社会工作者与服务对象之间的权力关系的理解和调整，推动服务对象关注自己的日常生活经验，并协助服务对象从自己的日常生活经验中找到前行的方向和途径（Healy，2000：87－88）。因此，社会工作者就需要在专业服务中挑战自己的"专家"位置，拓宽服务对象的发展空间，让服务对象通过专业服务的过程实现自我增能（Healy，2000：89）。

显然，在批判社会工作的理论逻辑框架中，专业合作关系的建立与专业服务的开展是同步进行的，都发生在特定的社会工作者与服务对象进行对话交流的实践场景中。这样，融入专业服务的场景中并且随着专业服务的开展不断深入场景，就成为社会工作者把握专业合作关系发展的主线。这也意味着，社会工作专业合作关系的建立始终都需要围绕特定的专业服务的场景，在场景中挖掘和调动服务对象的改变动力和能力，并由此推动场景的改变，延伸场景的探索，逐渐将个人成长与社会改变联结起来，实现一种人与环境双赢的改变策略（Pringle，1995：207）。正是在这样的服务对象成长改变的主线下，专业合作关系也就有了不可或缺的作用，它本身就构成服务对象成长改变的一部分。不过，对于社会工作者而言，这样的服务推进离不开思维方式的转变，从注重实证分析转向反身性的审视，学会在特定场景的人际关联中选择自己的位置和行动策略，并由此带动场景的改变，为服务对象的成长创造更为有利的发展条件和机会（Healy，2000：96）。

有意思的是，批判社会工作称这种反身性的审视为一种差异性的服务策略，它不是追求超越场景的普遍性的一致认识，而是寻找特定场景的具体实践策略。这种实践策略除了关注在地的条件和历史处境之外，同时还关注人们针对这种特定场景所做的选择和所采取的行动（Healy，2000：126）。批判社会工作强调，正是借助差异性的服务策略，社会工作者才能将自己的场景实践过程呈现出来，展现在服务对象的面前，让服务对象在专业服务的过程中真正体会到尊重和平等（Healy，2000：126 - 127）。因此，在批判社会工作的理论逻辑框架中，公正平等的原则并不与差异性相矛盾，相反，它恰恰需要借助对差异性的包容和认可来实现（Scott，1994：297）。可见，社会工作者在将专业合作关系场景化的过程中，也在促使服务对象实践的场景化，他们在场景的遭遇中通过反身性审视能力的培养一起寻找特定场景中的实践策略，将个人的成长与社会的改变紧密结合起来（Healy，2000：135）。

不过，值得注意的是，尽管批判社会工作推崇这种注重差异性的服务策略，但是在实际的服务中它发现，场景实践是离不开具体的环境和历史社会的结构的，过分关注语言和话语的作用，就会忽视实践场景中的物质维度的要求，两者之间就会产生冲突（Healy，2000：140）；同样，过分强调日常生活的场景实践具有多样性和复杂性，也会无视现实中的结构性权力关系以及这种权力关系对日常生活的影响（Fook，2002：160）。当然，最具挑战的困境是，过分注重差异性会导致日常生活的不确定性，从而陷入生活的不可知论（Ife，1999：220）。显然，在后现代主义思潮的影响下，批判社会工作在把注意焦点引向日常生活的场景实践，关注服务的差异性、多样性和复杂性的同时，还需要面对物质层面的不公平以及历史社会的结构（Hancock & Taylor，2001：74）。它既需要避免服务的污名化，也需要警觉服务的理想化（Pease，Allen，& Briskman，2003：7）。

批判社会工作经过几十年的发展形成了两种不同的理论取向：一种关注社会结构的宏大叙事，另一种则偏向日常生活的场景实践。但是不论哪种理论取向，批判社会工作都认同批判反思视角，都把权力关系的分析作为理解社会和历史发展的核心内容，都强调人的主体性，推崇差异性的服务策略，并且注重通过建立场景化的专业合作关系在具体的场景实践中与服务对象一起对问题的日常生活经验进行解构与建构（Fook，2005：232）。批判社会工作认为，只有通过历史和社会视角的引入以及场景实践的强调，实践才不至于沦为理论的木偶（Fook，2000b：37），理论也才能够成为实践创新的动力来源（Healy，2000：148）。批判社会工作坚信，人是历史和社会中的人，社会工作者所要做的就是与服务对象一起寻求历史社会场景实践中的多样的成长改变之路（Leonard，1997：125）。

第二节　女性主义社会工作

一　女性主义社会工作的演变

尽管第一波（the first wave）女性主义在 19 世纪中后期就已经出现，[1] 并且对当时社会工作的诞生和发展产生了重要影响，但是实际上，一直到 20 世纪初"女性主义"这个词才渐渐得到社会的认可，而真正开始将女性主义与社会工作连在一起使用，称为女性主义社会工作（feminist social work），则是在 20 世纪 60 年代至 70 年代之间（Delmar，1994：7）。伴随第二波（the second wave）女性主义的出现，社会工作者才逐渐将女性主义的一些基本原则运用到实际的服务中（Kemp & Brandwein，2010），意识到女性在私人领域遭受到的歧视和不公平待遇与她们的社会身份有着密不可分的关系，并试图从更为开阔的社会视野和人文关怀的角度理解女性在日常生活中面临的困难，特别是家庭暴力、强奸和卖淫等涉及性别歧视的行为（Payne，2005：256）。

到了 20 世纪 80 年代，女性主义社会工作才真正开始走向成熟，逐渐得到社会的广泛认可（Valentich，2011）。女性主义社会工作不仅拥有自己相对独特的服务领域，如家庭暴力、性骚扰以及未婚先孕等，而且将女性主义的一些原理运用到实际的服务中，产生出一批有影响的服务模式，并且在此基础上总结提炼独特的理论框架，如女性主义与家庭社会工作的结合（Brook & Davis，1985：3）、女性服务对象的服务原理（Burden & Gottlieb，1987：2）、女性为本的社会工作（women-centered practice）（Hammer & Statham，1988：57）以及女性主义社会工作的基本服务原理等（Dominelli & Mcleod，1989：5）。90 年代之后，随着实践的不断深入，女性主义社会工作的影响也从具体独特的领域扩展到一般主流的服务领域，如社会工作的临床服务、[2] 弱势人群的社区照顾[3]以及社会歧视的消除等。[4] 此外，在社会工作教育、研究以及行政管理等方面，女性主义社会工作也得到人们的普遍关注和肯定（Valentich，2011）。可以说，此时的女性主义社会工作已经在一般意义上对社会工作的实务和理论发挥着积极的影响，成为社会工作领域中具有广泛影响力的基本理论视角之一（Valentich，1996：307）。

所谓女性主义社会工作，是指以女性生活经验为分析的出发点，探讨女性的社会身份与其个人生活困境之间关系的一种社会工作实践。这种社会工作实践注重女性的独特生活经验和个性化的需要，并且通过社会工作者与服务对象之间平等关系的创建帮助女

---

[1]　女性主义（feminism）、女权运动（the women's movement）和女性主义社会工作（the feminist social work）这三者是不同的，女性主义是挑战性别主流意识的理论建构和思想观点，女权运动是试图推动社会改变、争取男女性别平等的社会运动，女性主义社会工作则是在女性主义和女权运动影响下开展的帮助弱势人群的服务。有关三者关系的讨论详见 Brandwein（1985）。

[2]　具体内容请详见 Bricker-Jenkins，Hooyman，& Gottlieb（1991）。

[3]　具体内容请详见 Orme（2001）。

[4]　具体内容请详见 Langan & Day（1992）。

性处理社会生活中存在的结构性不平等。尽管女性主义社会工作开始于女性社会工作者帮助女性服务对象的实践过程中，但是实际上，之后的女性主义社会工作的发展已经远远超出了女性人群的服务，包括女性与男性关系的处理、女性与孩子关系的处理以及女性与老人关系的处理等，涉及人们在日常生活中的基本社会关系，覆盖婚姻家庭、亲子和老年人等不同领域的服务（Dominelli，2002f：7）。值得注意的是，在女性主义社会工作不断推广的过程中，它的边界也变得越来越模糊。因此，给女性主义社会工作下一个明确的定义就变得非常困难，不同的学者有不同的看法。不过，概括起来，女性主义社会工作仍然有一些共同认可的看法，都关注个人生活的社会处境、强调女性的独特社会位置和生活经验、注重"个人即政治"的社会结构分析以及倡导平等关系的建设等（Land，1995b：17）。简单而言，女性主义社会工作涉及四种常见的不同服务逻辑：①女性处境（women's conditions）的社会工作，这种服务关注女性现实生活条件的改善和社会歧视的消除；②女性为本的社会工作，这种服务强调女性具有自己独特的生活经验和个性化的需求；③女性视角的社会工作（women's different voice），这种服务突出女性具体独特的观察视角，注重平等关系的建立；④多元的社会工作（working with diversity），这种服务把女性的独特生活经验视为差异化生活的代表，强调一种能够包容不同人群生活经验的多元化的社会工作服务（Orme，2002a：224）。

需要注意的是，女性主义社会工作的产生不仅受到女性主义和女权运动的影响，而且它的推广也离不开女性主义和女权运动的发展（Valentich，2011）。在女性主义社会工作者的推动下，80年代美国、加拿大相继成立了女性主义社会工作协会（the Association of Women in Social Work），倡导在高校的社会工作教育中引入女性主义的相关课程，把女性主义视角和原理运用到社会工作的专业实践中。1995年，美国社会工作者协会专门成立了一个部门，负责全国范围内的女性主义社会工作的服务推进、模式总结和课程教学等事项，有力推动了女性主义社会工作的发展。自此，女性主义社会工作在美国、英国、加拿大、澳大利亚等国家得到广泛的社会认可，成为影响国际社会工作发展的一个重要理论视角（Valentich，1996：284）。此外，在女性主义研究者的倡导下，女性主义社会工作的专门杂志《联盟：女性与社会工作期刊》（*Affilia：Journal of Women and Social Work*）在1986年正式创办，成为探索、研究和总结女性主义社会工作的价值、理论和知识的重要阵地和国际交流平台（Barretti，2001）。

在90年代第三波女性主义的影响下，女性主义社会工作开始反思自身的多元化需求，重新思考女性身份的社会建构的特征以及女性需求的多样性和变动性的特点，逐渐放弃之前追求单一标准化的逻辑，采取多元化的视角（Kemp & Brandwein，2010）。不过，对于多元化，不同的学者有不同的理解，这也形成女性主义社会工作在90年代之后的三个基本的理论发展取向。①多元需求中的女性主义视角。这种理论取向承认社会发展的多元化需求，但是认为过分强调多元化会导致社会的松散和冲突，破坏女性社会工作的前提，因此需要在多元化的女性主义社会工作实践中找到共同一致的理论逻辑框架，保持女性主义的立场。②反歧视、反排斥的视角。这一理论取向不仅认同社会发展的多元化要求，而且强调性别歧视只是社会多种歧视中的一种，因此不能把女性主义社会工作局限在女性主义的视角下，而需要从社会生活的多样化需求出发，站在反歧视、反排斥的立场理解人们的实际需求。③多元的视角。这一理论取向认同社会发展的多元化要求，但是认为这种多元化要求的核心是放弃宏大、抽象的理论追求，而是选择具体场景中的相互动态建构的逻辑，把差异性作为理解多元的前提和资源（White，2006：5）。

显然，女性主义社会工作是一个比较庞杂的理论流派，尽管不同的历史发展阶段受到不同女性主义思想的影响，而且不同的学者对女性主义社会工作的实务关注焦点和理论探讨层面也会有较大的差异，但是就女性主义社会工作的理论建构而言，可以明显地划分为两个阶段：第一个阶段是从 80 年代初期到 90 年代中期，由于受到第二波女性主义的影响，女性主义社会工作表现为社会和结构的分析视角，代表人物是英国的社会工作学者丽娜·多米内利（Lena Dominelli）（Payne，2005：268）；第二个阶段是从 90 年代开始的，在第三波女性主义的影响下，女性主义社会工作开始注重女性身份、主体性、差异性、权力、话语等理论主题的探讨，推崇一种多元的视角（Kemp & Brandwein，2010），这一时期的代表人物是英国社会工作学者约恩·欧米（Joan Orme）。她尝试将人们日常生活中的照顾经验与性别分析结合起来，探索社区照顾背景下女性主义社会工作的实践模式和理论逻辑（Orme，2001：ix）。

（一）丽娜·多米内利

多米内利[①]早期一直关注英国的社区和社会发展的议题，参与了很多有关社区和社会发展的实务和研究项目，具有丰富的实务经验（Adams，Dominelli，& Payne，2002：xi-ii）。她在自己的实务探索中发现，尽管社会工作者早在 20 世纪 60 年代末 70 年代初就已经意识到弗洛伊德心理取向的个案工作的局限，把社会结构的分析视角引入个案工作中，但是在实际的服务中，个案工作与社会结构之间始终存在难以跨越的鸿沟，尤其是在社区的服务场景中，需要直接面对社会生活中的歧视和排斥，因此也就需要借助女性主义的分析框架，帮助社会工作者将微观的个人生活困难与背后宏观的社会结构的不平等联系起来（Dominelli & McLeod，1982：87）。进入 80 年代，多米内利开始反思女性的社会地位和社会身份，她观察到，女性在日常生活中通常被视为照顾者和依赖者：要么作为丈夫、孩子和老人的照顾者，她们的价值体现在被照顾者的满意上；要么作为家庭的依赖者，负责家庭日常生活的安排，根本没有自身的独立社会地位和社会身份（Dominelli，1986：158）。有鉴于此，多米内利倡导一种能够将追求性别平等的理念纳入实践中的女性主义社会工作，帮助女性摆脱主流性别意识加给她们的束缚，让女性真正成为自己生活的行动者和掌控者（Dominelli & McLeod，1989：1）。多米内利建议，将社会结构的分析视角引入女性主义社会工作的实践中，以突出社会工作实践的社会处境和社会改变的要求（Dominelli & McLeod，1989：28）。

到 90 年代，多米内利与其他女性主义社会工作者一起开始创建具有性别视角的社会工作，她们强调，以往的社会工作以追求科学的社会工作为名义，实际上采取的却是把

[①] 多米内利也是反歧视、反排斥社会工作的代表人物，她在反歧视、反排斥社会工作中的贡献已经在"反歧视、反排斥社会工作"这一节中做了详细介绍，这里不再赘述。

人作为物这种以掌控为目的的男性思维方式，根本忽视了女性自身独特的社会位置和生活经验。因此，这样的社会工作只会导致"科学"名义的社会排斥和社会歧视，根本无法实现社会工作所倡导的对人尊重的价值原则（Dominelli，1991a：2）。为此，多米内利还对这种性别视角的社会工作进行总结，认为这样的女性主义社会工作具有五个方面的基本服务原则。①个人即政治（The personal is political）。个人的生活困难需要与背后的社会结构分析结合起来。②平等关系（egalitarian relation）建立。运用平等的社会关系替代不平等的控制关系，消除不平等。③相互依存（interconnectedness）。需要把生活的不同方面以及生活中的相关方联系起来考察。④理论与实践对话（a dialectic relationship between theory and practice）。理论与实践不能人为地拆分开来，两者只有在对话中，才能相互促进。⑤社会权利天赋观。个人拥有社会权利不是因为他的社会地位高低，而是作为人的存在本身（Dominelli，1992：82）。

随着女性主义社会工作实践的深入，多米内利尝试从更为宽广的范围来理解性别的不平等。她发现，性别不平等其实是人们日常生活中多种社会不平等中的一种，其他的如种族不平等就是一个典型的例子。从这个意义上说，性别不平等与种族不平等是没有区别的，都构成女性主义社会工作需要面对并且需要解决的目标（Dominelli，1991b：35）。正是基于这样的思考，多米内利要求社会工作者从更广泛的社会结构角度来理解女性主义社会工作，而不能仅仅局限于性别视角，甚至还直接提出运用社会学的视角审视女性主义社会工作（Dominelli，1997b：1）。这样，多米内利就从性别平等的倡导上升到一般社会歧视的消除，把女性主义视为理解由多个人群相互影响构成的社会现象的基本视角（White，2006：11）。

进入 21 世纪，在多米内利的女性主义社会工作理论逻辑框架中，性别视角只是社会工作者帮助女性服务对象的分析起点，其重点是以女性的独特生活经验为基础倡导一种新的社会工作服务逻辑，这种服务不是关注共同的、普遍化的服务需求，而是注重独特的、个性化的服务要求，包括用心倾听女性服务对象自身的声音、让女性服务对象自己来表达她们的现实需求、关注女性服务对象自身的能力以及运用女性服务对象自身的经验创造她们自己的生活现实等（Dominelli，2002b：97）。自此，多米内利开始关注服务的多元化，不仅强调女性自身就是多元的，有着各自不同的生活经验，过分注重女性作为性别的不同需求只会导致女性之间的压迫和歧视，而且认为女性作为一个个体有着自己的生活处境，需要为自己的生活做出决定。只是女性的个人生活经历不能与其背后的社会结构割裂开来，需要运用一种社会结构的分析视角理解个人的独特生活经验。这样，个人的问题也就具有了社会改变的空间和解决的路径（Dominelli，2002f：162 – 163）。

多米内利观察到，在 90 年代全球化和国际化运动的影响下，强调政府、市场、民间以及非正式资源综合运用的多元化的混合社会照顾方式受到追捧，在地的多元化的独特经验得到重视（Dominelli & Hoogvelt，1996）。这样，女性主义社会工作开始放弃把性别视角作为一种标准的单元逻辑，取而代之的是对多元化服务逻辑的追求（Dominelli，1997a：89）。特别是在后现代主义思潮的影响下，主体性、多元化、差异性等成为社会工作理论建构的核心概念，理论的个别化倾向越来越突出（Lloyd，1998）。针对这一社会工作的理论发展取向，多米内利有自己的看法，一方面她认为以往的社会工作只追求普遍化、一致化的服务逻辑，忽视了人的差异性，因此，对差异化的强调能够激发社会工作者对服务对象个人独特经验和生活处境的关注；另一方面她对社会工作理论的过度个别化表示担心，强调女性主义社会工作的出发点就是对性别平等的追求，如果只关注服务对象的个别化需求，就会忽视个人生活经验背后的社会结构的影响，从而使女性主义社会工作失去其最为核心的对社会的关怀（Dominelli，2002f：57－58）。多米内利坚持认为，从女性主义发展出来，也是被女性主义社会工作不断实践的依存（interdependence）、互惠（mutuality）和交互（reciprocity）的人际关系，反映的是个人生存的社会本质，它为社会工作提供了一种有着社会关怀的服务基础，避免个人与社会的断裂和对立。而这样的服务基础也会在后现代主义所强调的差异性中受到威胁，面临怀疑（Dominelli，2002f：63）。

多米内利在她 2002 年出版的女性主义社会工作的经典论著《女性主义社会工作的理论与实践》（*Feminist social work theory and practice*）一书中，将女性主义社会工作归纳为四个核心理论观点以及四个相对应的实践取向。①"个人即政治"。这一理论观点注重日常生活的社会结构分析，把个人生活中的问题与背后的社会结构因素联系起来。②尊重多元化。这一理论观点强调生活的多元化特点，关注女性个别化、独特性的生活经验和改变要求。③寻求平等社会关系。这一理论观点侧重平等社会关系的建立，强调通过平等社会关系的建立突破社会主流性别意识所推崇的不平等的"控制与被控制"的社会关系。④关注社会改变。这一理论观点注重把个人放到社会场景中，从社会改变的角度理解个人的改变要求（Dominelli，2002f：3）。与同时代的其他学者相比，多米内利所倡导的女性主义社会工作更偏向于社会结构的分析（Payne，2005：268）。也正是因为如此，多米内利在之后的研究中逐渐放弃仅仅从女性主义角度来理解社会处境中的性别不平等，将它作为人们在社会处境中面对多种不平等关系中的一种，转向反歧视、反排斥社会工作这种从社会结构分析视角考察社会不平等关系的社会工作实践（Dominelli，2004：12）。

（二）约恩·欧米

欧米作为英国格拉斯哥大学（the University of Glasgow）的一名社会工作教授，与多米内利一样也非常关注女性主义社会工作的理论建构，但两者明显不同的是，欧米更为注重具体领域的女性主义社会工作实践，她从 90 年代初就开始关注社区场景中施暴者的社会工作干预和研究，尝试从女性主义视角梳理暴力行为背后的意义解释（Orme，1994：170）。之后，欧米一直专注于社区场景中的社会照顾和社会工作实践，她发现这样的实务和研究脱离不开性别视角，因为女性在家庭和社区照顾中承担着极其重要的责任，无论她们的自我认同还是社会身份都与照顾责任有着密不可分的关联（Orme，2001：ix）。

正是基于这样的观察和思考，欧米对社会工作的一个重要实践场域——社区照顾的历史发展脉络进行了详细的梳理，她发现对社区照顾的重视与英国在 1990 推行的《国家健康服务与社区照顾法案》（The National Health Service and Community Care Act 1990）有着直接的关系。正是这一法案确立了在社区场景中为有需要的服务对象提供一种能够将健康和社会服务整合于一体的综合服务理念，并且在此基础上提出了一种新的服务概念和服务方式，称为照顾管理（care management），目的是希望充分利用多方资源，特别是社会力量和非正式资源帮助服务对象尽可能延长在社区中生活的时间（Orme，2001：1）。

欧米认为，尽管社区照顾的服务理念是在英国 1990 年的《国家健康服务与社区照顾法案》中得以确立的，但是实际上，对社区照顾的关注在英国有着历史的传统，一直在历史的变革中延续着（Orme，2001：34）。从政策逻辑的角度来看，欧米认同社区照顾三类型的划分法，即根据政策对社区照顾内涵的理解，把社区照顾分为"社区中的照顾"（in the community）、"由社区照顾"（by the community）（Abrams，1977）以及"整合照顾"（packaging care）（Orme，2001：34）。欧米强调，第一种社区照顾是把社区理解成提供照顾服务的具体场所，不同于传统的机构照顾，是机构照顾服务的延伸（Orme，2001：34）。由于受到《1959 年英国精神健康法案》（the Mental Health Act of 1959）和《1962 年医院计划》（1962 Hospital Plan）的影响，大批精神病医院被关闭，取而代之的是社区中的小规模的照顾中心，它们倡导在社区的自然社会支持网络中由政府向有需要的人群提供社区为本的家庭服务，以提高服务对象的满意感（Payne，1995：13）。到了 80 年代，英国的社会服务政策开始发生转变，从注重政府的作用转向非正式资源的运用，"由社区照顾"逐渐取代"社区中的照顾"（Orme，2001：36）。这样，社区就不再被视为一个提供服务的场所，而是服务组织的区域，社区资源的运用成为服务开展不可缺少的部分（Orme，2001：46）。社会工作者也因此拥有了另一种专业身份——社会照顾的规划（social care planning），即利用社区在地的正式和非正式的资源帮助服务对象解决日常生活中的问题（Barclay，1982：198）。80 年代末，在多元社会福利服务制度的影响下，社区照顾的内涵又出现明显的改变，服务关注的焦点从服务的提供者逐渐转向服务的对象，个性化的整合服务成为整个社区照顾的核心，目的是帮助服务对象尽可能按照正常的生活方式在社区中生活，延长他们的社区生活时间（Griffiths，1988：3）。

在欧米看来，即使这种整合照顾的社区理解也存在误区，关注的仍然是服务，而不是人的成长（Orme，2001：122 - 123）。欧米认同这样的看法，如果关注人的成长，就需要考察个人的自觉意识和自我身份认同，把社区作为个人行动的场所，只有通过个人的参与和行动，才能将个人的成长与社区环境的改变结合起来，培养起个人的责任感和归属感（Green，1996：vii）。因此，从这个意义上说，社区是实现个人成长与社会改变的重要场域，它能够把服务对象个人的改变放回到具体的社会场景中，与具体场景中的社会改变联系在一起，将个人真正转化为社会的人。欧米认为，这恰恰体现了女性主义"个人即政治"的重要论断，也说明这一社区照顾发展趋向中社会工作所要承担的责任（Orme，2001：75）。

与一般的社会工作实践参与者不同，欧米非常注意研究，她认为社会工作者需要在真实的实践场域中思考社会工作的认识论和方法论的问题，因为说到底，社会工作实践就是探索如何理解不同社会处境中的人的不同经历以及如何让改变发生（Orme，1997：113）。但是，她发现社会工作者，包括女性主义社会工作者，越来越不喜欢社会工作理论的探究，怀疑社会工作理论的价值，甚至出现一种反理论的倾向，认为社会工作是一种实践的学科，有没有理论都不影响怎么做。对于女性主义社会工作者来说，还有另一层担心，就是关注社会工作理论会不自觉地将理论与实践对立起来，要求实践按照预定的理论模式去实施。这样，社会工作实践就会成为人们实施二元对立掌控逻辑的工具，失去女性主义社会工作原本所倡导的对人的关怀以及对平等关系创建的要求（Orme，2003）。

之所以出现这样的现象，欧米认为这与第二波女性主义的主张以及这一主张提出的社会处境有着密切的关系。一方面，第二波女性主义提出"个人即政治"的口号后，社会工作开始反思弗洛伊德心理导向的个案工作，走一种"去个人化问题"（de-individualise the problem）的服务线路，强调从社会处境出发解决个人遭遇的困境（Hale，1983：168）。这样，社会工作就成为在社会处境中增进个人自决的服务（Wilson，1980：42）。另一方面，女性主义社会工作又常常是在家庭的机制或者政府的机制下实施的，权力关系以及二元对立的掌控逻辑成为女性主义社会工作必须面对的挑战。因此，如何协调个人自决与社会处境的冲突也就变成了社会工作的一个基本的实务问题，同时也是理论问题（Orme，2003）。

正是在这样的理论与实践、信念与行动的矛盾中，女性主义社会工作开始了自己的探索，选择了抗拒理论的方式，认为即使有所谓的社会工作理论，也只是类似于家庭治疗和弗洛伊德精神分析之类的，既不关注个人的自觉意识，也不注重社会的处境分析（Orme，2003）。而女性主义早期的理论研究也恰恰反映的是这种理论取向，只维护了受过良好教育的白人中产女性的社会位置（Stanley & Wise，1990：262）。在欧米看来，这样的理论建构方式一方面导致女性主义的理论分析太过抽象，无法与具体的实践经验联系起来；另一方面又没有触及女性主义社会工作实践的关键问题：如何处理个人自决与社会控制之间的矛盾。这就必然促使女性主义社会工作反对理论的思考，而选择一种价值的态度。不过，欧米提醒女性主义社会工作者，这样理解社会工作理论是很危险的，因为会忽视实践经验的丰富性和模糊性，也看不到解释的多样性和关联性，最终损害女性主义社会工作的经验积累和知识生产（Orme，2003）。因此，欧米尝试创建一种能够将个人自决意愿与社会控制处境结合起来的女性主义社会工作的理论框架，她称之为公正实践（just practice）（Orme，2002b）。

欧米觉得，女性主义的实践处境与社会工作相似，同样也面临理论与实践之间的鸿沟以及理论本质是什么的困惑。正是从这个角度来看，对于女性主义与社会工作关系的考察其实是对社会工作理论本质的追问（Orme，2009：65）。欧米发现，女性主义与社会工作在以下三个方面有着高度的一致性。第一，两者享有共同的价值理念和理论的逻辑基础。两者都强调需要把人放在社会处境中来理解，社会工作主张"人在情境中"，女性主义则倡导"个人即政治"（Collins，1986）。而且有意思的是，两者都注重平等关系的建立，既关注个人的福祉，又关注社会的公平（Orme，2009：69）。第二，两者都关注女性的实践。尽管社会工作的服务对象要比女性主义实践广得多，但是从服务的根本关系来看，主要涉及异性之间的性别关系、长辈与晚辈之间的照顾关系以及晚辈与长辈之间的赡养关系，而这些关系都与女性有联系，都关系到女性的社会位置和作用。第三，两者都倡导运用性别视角理解女性的社会实践。性别视角是女性主义的一项重要观察视角，这一视角所倡导的平等原则已成为社会工作实践的一般原则（Orme，2002a：225）。

欧米在梳理女性主义与社会工作之间的关系时发现，在后现代主义思潮的影响下，无论女性主义还是社会工作都逐渐放弃一种类型化分析的本质主义的观点，而采取后现代主义所推崇的差异化视角，即注重服务对象在特定场景中的独特的个性化经验，关注服务对象自身界定自己与周围世界的方式以及在其中所呈现的个人的主体性（Sands & Nuccio，1992）。欧米强调，这种差异化视角只有借助女性主义一直所秉持的关怀、信任和同理的关怀伦理（ethic of care），才能得以实现（Parton，2003），从而使社会工作避免陷入传统的二元对立的掌控的实证主义逻辑中（Orme，2009：72）。正是基于对差异化视角的理解，欧米建议社会工作重新考察个人身份与权力的关系，认为这一主题涉及个人与社会关系的核心，也是社会工作理论的核心，个人如何理解自己与周围世界的关系，就意味着个人如何在社会生活中施加自己的影响，呈现自己的成长改变要求。因此，强调差异化其实就是关注特定处境中个人经验的个别化过程，将特定历史和社会处境融入个人经验的建构中，它根本不同于传统社会工作探索普遍化规律的思维逻辑（Orme，2009：73）。

欧米强调，这种后现代主义所推崇的差异化视角给女性主义社会工作开启了新的理论建构的思路，它把个人的身份认同与特定场景中的主体性联系在一起，从而为女性主义所倡导的"个人即政治"的社会结构分析视角找到了内在的关联，将微观与宏观紧密结合在了一起。这样，女性主义社会工作就不再仅仅是一个服务领域，或者一个理论流派，同时还是社会工作者在社会处境中开展专业服务的一个基本视角，能够将个人的成长与社会的改变紧密结合在一起（Orme，2009：74）。

二　女性主义社会工作的理论框架

尽管女性主义社会工作的理论关注焦点比较广泛，内容也比较庞杂，但是说到底，它始终围绕女性主义同时也是社会工作的两个根本问题展开讨论的：一是如何理解女性；二是如何理解女性的社会处境（Orme，2002a：218）。对于第一个问题的回答构成了对女性自身独特生活经验和成长需求的解释，对于第二个问题的理解则呈现了性别社会的结构和特征。因此，可以说，女性主义社会工作就是在这两个基本问题的考察基础上建立起来的社会工作理论框架。

（一）"个人即政治"的社会结构分析视角

打破私人与公共生活的二元对立划分，把个人的日常生活放在社会处境中来考察，这是女性主义社会工作的一个核心观点（Dominelli，2002f：36）。女性主义社会工作吸收了女性主义"个人即政治"的看法，认为个人日常生活中遭遇的问题，这种通常被认为是私人生活领域的事件，其实有着背后社会结构因素的影响，反映出女性在社会公共领域的社会身份和社会处境（Smith，1987：2）。因此，社会工作者需要从社会结构分析的视角理解个人的问题，把女性放在社会分工、地位等级这样的社会处境中理解她们的遭遇，而不能仅仅从个人或者家庭这样的私人生活处境出发分析女性所面临的困境。不过，需要注意的是，女性主义社会工作所说的社会处境不是一个笼统的生活背景或者"自然"生态环境的概念，而是有着权力冲突、地位差异和劳动分工的社会结构（Dominelli，2002f：37）。

正是基于对社会处境的社会结构分析，女性主义社会工作看到了传统社会工作只关注个人困扰分析的问题所在，认为这样做只会无视特定社会处境中女性所处的特定社会位置以及由此而形成的特定的成长要求（Dominelli & McLeod，1989：29）。因此，在女性主义社会工作看来，以往的社会工作理论框架根本无法容纳女性的独特生活经验，也无法回应女性的真实的现实需求，需要对此进行改造，将女性主义的社会结构视角引入社会工作的专业服务中，使社会工作拥有一种关注社会平等的反社会歧视（包括性别歧视）的批判立场。女性主义社会工作强调，只有拥有了这样的批判立场，社会工作才能够接纳社会处境中的个人独特性，认同服务对象自决的原则，采取由"服务对象主导"（client-led）的服务策略，真正实现女性的增能（Dominelli，2002f：71）。

就女性主义社会工作而言，采取"个人即政治"的社会结构分析视角还有另一个重要原因：不再把女性视为问题的替罪羊或者受害者，放弃像治疗、辅导等明显带有标签作用的用词，而是从一种被女性主义社会工作称为社会改变的视角出发理解女性的个人成长改变要求（Orme，2009：68）。这样，社会工作就可以把个人的成长要求与社会处境的结构分析结合起来，不再纠结于个人问题还是社会责任的探讨，转向一种整合的服务策略，目的是提供一种既能够促进社会处境的改善又能够带动个人成长的服务（Bricker-Jenkins，1991：284）。

对家庭治疗的批判是女性主义社会工作的一项重要的改造传统社会工作的努力，它认为家庭治疗缺乏对社会处境的考察，看不到社会处境中的权力关系等社会结构因素对家庭的影响，只关注家庭成员之间的关系，不是强调家庭成员之间的沟通，就是注重家庭系统之间的循环逻辑（Nelson-Gardell，1995）。这样理解家庭只会导致个人与家庭系统的对立，要么只关注家庭系统，不强调家庭成员的自我身份和自主性；要么只注重某个或者某些家庭成员的成长改变要求，而无视整个家庭系统，最终无法将家庭成员的成长改变要求与家庭系统的变化整合起来（James & McIntyre，1989）。女性主义社会工作认为，改变这种理论困境的有效办法是加入女性主义的"个人即政治"的社会结构分析视角，使家庭治疗既注重家庭成员个人的独特经验和成长要求，又关注家庭系统在社会结构处境中的改变要求（MacKinnon & Miller，1987）。

女性主义社会工作在改造家庭治疗的同时，也对有着广泛影响的社会工作的生活模式提出了尖锐的批评，认为这种以生态系统视角为逻辑基础建构起来的社会工作服务模式根本误读了社会处境，看不到社会是由不同人群组织起来并且拥有不同的社会地位和权力关系这一现实，因此，也就自然察觉不到女性在这样的以男性为主导的社会中所遭受到的社会歧视和社会排斥（Gould，1987）。女性主义社会工作坚持认为，相比生态系统视角，社会冲突模式更有利于人们理解现实的真实处境，看到权力冲突这样的现实，从而找到阻碍社会发展的社会结构方面的因素，推动社会的改善。只有做到这样观察视角的改变，社会工作才可能具有社会改变的维度（Valentich，1996：288）。

生态系统视角的另一个重要概念——共生性（codepedence），虽然在社会工作实务中经常被用来作为解释的理论框架，但是也受到女性主义社会工作的强烈质疑（Anderson，

1994）。女性主义社会工作认为，这一概念揭示了事物之间的关联性，也看到了相互之间的交互影响的特征，但是没有发现其中存在的权力关系以及社会地位的不平等。这样，社会工作者就会不自觉地把关注的焦点锁定在人际关系的层面，成为不平等关系的维护者（Frank & Golen，1992）。因此，女性主义社会工作倡导社会工作选择另一种理论逻辑框架，能够在人际关系基础上延伸出社会结构的分析，把社会的改变也融入人际关系的考察中（Collins，1993）。为此，女性主义社会工作还提出将生态系统视角与女性主义视角融合在一起的生态女性主义模式（eco-feminism）（Valentich，1996：290）。

尽管女性主义社会工作在理论上有自己的定位，也有自己的解释框架，但是在实际服务过程中仍然面临来自很多方面的挑战。通常情况下，女性主义社会工作的社会结构分析视角只是作为一种观点，穿插在女性主义社会工作实践中，并没有形成自己清晰明确的操作步骤和方法（Bricker-Jenkins & Hooyman，1986：29）。女性主义社会工作强调，在实务层面，"个人即政治"的社会结构分析视角就是要保障社会处境中个人的自我实现，一方面通过问题呈现的对话方式（a problem-posing dialogue）提升服务对象在个人、人际以及社会三个层面的自觉意识；另一方面调动服务对象身边的社会资源，创造一种有利于服务对象个人成长的人际关系和社会处境（Bricker-Jenkins，1991：290）。在女性主义社会工作看来，这种社会结构分析视角不同于以往因果分析的逻辑，它有一个显著特点，就是关注现在和未来，秉持的是一种未来导向的发展逻辑（Valentich，1996：290）。

（二）性别视角

女性主义社会工作在发展之初就认识到，女性作为孩子的母亲和家庭的操持者在生活中承担着与男性完全不同的社会角色，无论对自己还是对社会，她们都有自己不同的看法和经验（Seigfried，2009：51）。但是，男性把自己独特社会位置的经验和理解视为人类普遍的感受方式，强调规律是普遍的、科学的。正是在这样的男性"科学"思维方式的指导下，传统的社会工作根本无视男女之间的差别，采取的是一种无性别的普遍化的理论建构方式（Harding，1990：110）。这样，从表面上看，只是忽视了女性的独特经验，但实际上，女性自然成了男性的附庸，没有了自己的位置和价值（Dominelli，2002f：7）。为此，女性主义社会工作提出一种以女性为中心的服务模式（women-centered approach），要求社会工作者在服务女性服务对象时，站在女性的社会位置，关注女性独特的生活经验和成长要求，而不再依据一种普遍化、科学化的社会工作服务逻辑（Hammer & Statham，1988：2）。这种拥有了性别视角的社会工作服务模式需要具备：①尊重女性，认可女性的价值（Dominelli，1997b：28）；②承认女性生活经验的独特性（Hudson，1989：73）；③由女性自己做出决定（Hammer & Statham，1988：57）。

不过，值得注意的是，尽管女性主义社会工作强调性别视角，注重女性独特的生活经验和成长要求，但是这并不意味着，女性主义社会工作就排斥男性，不关注男性的生活经验和成长要求，实际上，女性主义社会工作之所以倡导性别视角，是因为传统的社会工作塑造了虚幻的"科学"的服务逻辑，让社会工作者看不清专业服务实现的社会处境，最终成为性别歧视的制造者。因此，倡导性别视角不仅仅是为了让女性提高对自己生活的掌控能力，同时还是为了将社会工作转化为一种增能的方式，减少社会的歧视和排斥（Dominelli，2002f：6）。这样，女性主义社会工作就与性别角色的分析和权力分析紧密联系在了一起，除了男性和女性承担的社会角色各不相同之外，他们在社会生活中的社会位置和权力关系也是不同的，这些因素相互作用一起影响女性做出的行动决定（Worell & Remer，1992：88）。

就具体的服务过程而言，女性主义社会工作的性别视角主要体现在三个方面。①从女性服务对象经验到的开始。女性主义社会工作强调，任何问题都是在人们生活中发生的，不能脱离人们的生活界定问题，女性所遭遇到的问题自然与女性的日常生活以及她们的生活经验紧密联系在一起。因此，针对女性服务对象，问题的界定也就需要从女性的生活经验出发，而不能依据没有性别视角的一般标准（Hammer & Statham，1988：14）。②由女性服务对象主导服务的进程。女性主义社会工作认为，无论问题的评估过程还是服务计划的制订和实施过程，对于女性服务对象来说，都是她们从自己的生活经验出发重新理解自己面临的挑战过程，她们不仅是自己生活的经历者，而且是自己生活的改变者。为此，社会工作者需要转变服务角色，让女性服务对象主导整个服务的进程，提升她们的自觉意识和对自己生活的掌控能力（Dominelli，1997b：246）。③把平等关系的建立作为服务的目标。女性主义社会工作不认同传统社会工作的观点，强调平等专业关系的建立不是专业服务的手段，而是专业服务的目标。如果把专业关系作为手段，就会不自觉地将服务对象，包括女性服务对象视为实现目标的手段，忽视女性服务对象自身独特的生活经验和成长要求，出现本末倒置现象（Dominelli，1992：87-88）。尽管女性主义社会工作的性别视角来自服务女性服务对象的实践经验，但是实际上，它给社会工作的启示远远超出了女性服务的领域，对整个社会工作的服务策略和理论逻辑提供了新的观察视角（White，2006：21）。

在女性主义社会工作的逻辑框架中，倡导性别视角的目的不仅仅是让人们关注女性独特的社会位置和个性化的成长要求，更为重要的是，挑战传统社会工作这种性别中立化的观察视角，让性别这一概念真正成为社会工作理论逻辑建构的核心之一，放弃由男性创立的普遍化、科学化的实证主义逻辑。只有这样，对个人的独特性以及社会处境的考察，才能真正成为社会工作理论逻辑的一部分，社会工作也因此才能走进社会的处境，并且在现实的社会处境中帮助有需要的服务对象，成为社会改变的有力推动者（Dominelli，2002f：9）。女性主义社会工作强调，性别视角的引入给社会工作者提供了从社会的角度重新理解社会工作的机会，将社会工作的开展与社会处境联系在一起，使社会工作真正具有了"社会性"（Dominelli，1998：45）。这样，女性也就不仅仅代表女性，她的内涵完全超出了性别（Dominelli，2002f：9）。

值得注意的是，女性主义社会工作在提出性别视角的同时，也提醒社会工作者避免陷入"虚假的平等陷阱"（false equality traps），因为运用性别视角容易使社会工作者产生一种错觉，似乎所有的女性都具有相同或者相似的生活经历和成长改变的要求，这样就会导致以反对性别歧视为理由的新的社会歧视（Barker，1986）。这一困境在后现代主义的视角下显得更为突出，它们根本否认这种类型化的性别平等需要的存在，认为虚假的平等陷阱反映的不仅仅是不同的女性具有不同的生活经历和成长要求这一现实，同时还体现了在人际互动过程中理解个人成长的要求。这样，权力分析就成为理解女性成长改变需求不可缺少的维度，既包括女性与男性之间的互动，也包括女性与女性之间的沟通（Dominelli，2002f：80）。

女性主义社会工作还把女性主义提出的"他者化"（othering）概念也引入社会工作的实践中，与性别视角结合起来，认为传统社会工作将他人视为一个"客观"的观察对象，就是"他者化"的代表。在这样的"他者化"过程中，有着自己独特生活经验和成长要求的个体，包括女性，也就被曲解，使个人成为由他人界定的人，失去了为自己说话的权力（Pringle，1992）。在女性主义社会工作看来，正是通过这样的"他者化"过程，女性的独特生活经验就被解释成性格的不足或者生理的缺陷，她们也因此成为被掌控的对象，转化成二元对立掌控逻辑中的一部分（Dominelli，2002f：88）。实际上，这种二元对立的"他者化"过程在日常生活中随处可见，已经构成人们"正常"生活的一部分，作为组织自己生活经验、排斥他人的重要手段。这也意味着，性别不平等不只是一种待遇和机会，也是人们习以为常的二元对立的掌控思维方式（Dominelli，2002f：92）。

为此，女性主义社会工作强调，引入女性主义的性别视角就能够使社会工作认识到二元对立思维方式的问题所在，放弃习以为常的是与否的线性思考逻辑，而是采取一种整合（both/and）的观察视角，避免把男性与女性对立起来（Brandwein，1986：260）。女性主义社会工作认为，转变这种二元对立思维方式的关键是改变社会工作的观察视角，把社会场景维度的考察引入社会工作实践中，视性别为社会建构的，在特定的社会处境中探索人们性别的建构过程以及自我身份的认同过程（Dominelli，2002f：93）。这样，女性主义社会工作的性别视角也就具有了挑战二元对立的掌控逻辑和倡导多元化生活的要求（Dominelli，2002f：161）。

（三）多元视角

在女性主义社会工作看来，由于受到早期女性主义注重男女性别平等倡导的影响，女性主义社会工作在80年代之前采取的是一种一致化的思维方式，把女性视为有着共同的生活经验和成长要求的人群，目的是消除男女之间的性别不平等；到了80年代后期，女性主义的关注焦点发生了明显转变，认识到女性之间也存在差异，开始放弃一致化的思维方式，采取一种多元化的分析视角，女性主义社会工作也因此发生了观察视角的转变（Langan，1992：3-4）。女性主义社会工作认为，无论从理论建构还是实务操作层面上说，这一改变都具有深远的意义，它促使女性主义社会工作从外部性别平等待遇的追求和不平等性别社会处境的批判转向内部思维逻辑和价值立场的审视。也正是因为如此，女性主义社会工作看到了这种男女性别平等追求下的西方中产阶级白人女性的霸权，以及不同社会处境中多元生活的可能（Asfar & Maynard，1994：1）。

对于多元化的探寻，女性主义社会工作呈现两个方向：一个注重从女性主义视角理解女性生活中的多元化需求，将性别歧视与阶级歧视、种族歧视、健康歧视以及年龄歧视等联系在一起，强调女性在日常生活中遭遇到的不平等是多方面的，每个女性的生活经历和成长要求不尽相同（Dominelli & McLeod，1989：3－4）；另一个强调从一般化的反歧视、反排斥视角理解女性生活中的多元化成长要求，认为女性在日常生活中首先遭遇的不一定是性别不平等，也可能是其他的不平等，因此，无法预先假设从女性视角入手考察女性在日常生活中的多元化需求（Watson，1999：4－5）。显然，与第一个注重女性生活多元化的方向相比，第二个方向注重的是生活本身的多元化，它具有更大的包容性，也更能够呈现真实的社会现实。这样，女性主义社会工作的探索也就从性别的多元视角转向了哲学层面的多元视角（White，2006：9）。

首先从一般意义上提出多元化视角的是美国黑人女性主义社会工作者，她们不满于以往女性主义过度追求性别平等的现象，认为这种理解视角根本忽视了美国黑人女性与白人女性之间的差别，把白人女性的文化标准强加给黑人女性。实际上，美国黑人女性首先遭受的生活压力来自种族的歧视，她们与黑人男性一样面临种族歧视的挑战（Watt & Cooke，1989：75）。之后，在残疾女性的社会工作实务中也提出了类似的诉求，女性主义社会工作者认为，不是性别歧视，而是残疾歧视成为残疾女性首先需要面对的生活任务（Fawcett，1998）。此外，还有像同性恋（Crosis-Brown，1992：202）、精神健康（Ashurt & Hall，1989：2）以及老年人（Doress & Siegal，1987：5）的社会工作实务和研究也倡导从多元视角理解女性服务对象。

自此，女性主义社会工作开始探索一种全新的理论建构的逻辑，注重生活的多样性，在一致性中寻求多元化，不再把差异性和独特性作为总结提炼一致性的基础，而是把一致性视为探索差异性和独特性的条件。显然，这种多元视角挑战的是女性主义社会工作的一致化思维方式，要求社会工作无论在理论还是实务层面都需要把差异性和独特性作为关注的焦点（Phillipson，1991：18）；认为如果社会工作抱着一致化思维方式不放，就会不自觉地陷入西方中产阶级白人女性的理论建构的困境中（Hudson et al.，1994：9）。而实际上，这种普遍化、一致化的女性主义理论逻辑框架是根本不存在的，它本身就是女性主义所反对的，因为这样的一致化思维逻辑只会导致新的社会歧视和社会排斥（Kemp & Brandwein，2010）。

伴随90年代第三波女性主义对差异性和独特性的强调，女性主义社会工作的多元视角逐渐获得了社会工作的认可（Valentich，2011）。特别是在后现代主义和后结构主义理论的影响下，之前女性主义社会工作所推崇的一致化思维方式受到猛烈的冲击，人们开始在哲学层面思考这种普遍化、科学化思维逻辑的困境所在，把关注的焦点投向了人们多样化的在地的生活经验和知识（Lloyd，1998）。这样，与一致化思维方式不同的多元化和差异性成为社会工作理论探讨的核心，而女性主义社会工作也因此围绕多元化和差异性开始理论逻辑框架的探索（Kemp & Brandwein，2010）。

在理论层面首先对女性主义社会工作的一致化思维方式提出直接挑战的是女性主义倡导的立场理论（standpoint theory）。立场理论认为，无论黑人女性主义提出的多元视角还是之前白人女性主义提出的以女性为中心的性别视角，都有其合理的地方，但是它们忽视了一个很重要的事实：任何人的观察和理解都有自己的立场，这个立场来自人们所处的社会位置，社会位置不同，观察和理解的也就有所差别（Swigonski，1994）。立场理论吸收了马克思主义的观点，假设人的知识是在地化（local）和处境化（situated）的，女性主义反映的是女性所处社会位置上的事实，而处于主流的意识就会借助普遍的"真理"、"事实"的标签排斥处于弱势位置的女性的知识（Hartstock，1997）。这样，通过立场理论所产生的知识也就具有了消除社会歧视和社会排斥的功能（Collins，1997）。这种立场理论的知识是一种"内部知情者的知识"（insider knowledge），是个人对自己所处社会位置的生活经验的呈现，既不同于纯粹的个人主观的经验，也不同于纯粹客观化的知识，而是处于两者之间的一种知识（Changfoot，2004）。显然，立场理论为女性主义社会工作探寻多元化视角提供了有力的理论支撑，它让社会工作者看到，所谓知识是对自己所处社会位置的自觉，站在不同的社会位置就能看到不同的社会事实，社会事实是多元的，而女性所处的弱势位置让她们不仅对自己的社会位置也对主流意识以及其中存在的歧视和排斥有深刻的理解（Swigonski，1993）。到目前为止，立场理论仍旧是影响女性主义社会工作实践和理论探索的重要理论之一（Sosulski，2009）。

在女性主义社会工作看来，女性主义的立场理论之所以重要，是因为它没有把知识与价值割裂开来，而是通过每个人所处的社会位置这个概念将知识与价值结合在一起（Swigonski，1993）。这样，在社会工作的专业服务中就具有了女性主义所倡导的关怀要素，而在关怀中又拥有社会工作所注重的专业知识，使社会工作长期以来存在的知识与价值之间的冲突得到了有效解答（Orme，2003）。这同时也意味着，社会工作需要另一种新的理论和实务的逻辑框架，把关注的焦点锁定在两个方面的个人自觉意识上：个人在社会结构中的位置以及这样的位置与个人生活经验之间的关联（Hartstock，1987：178）。从这个意义上说，女性主义社会工作需要倡导"从服务对象所在的开始"（begin where the client is）这一社会工作的基本服务原则，通过社会位置的反思让服务对象个人的生活经验与背后的社会结构分析结合起来，展现女性主义社会工作所推崇的"个人即政治"的社会结构分析视角（Swigonski，1993）。

在立场视角影响女性主义社会工作的同时，后现代主义思潮也给女性主义社会工作带来了巨大的冲击。与立场视角不同，后现代主义更为强调个人经验的建构性、变动性和不确定性，注重人与人之间的差异性和多样性（Orme，2003）。显然，这样的理论取向与女性主义社会工作所追求的多元化视角是一致的。正是因为如此，女性主义社会工作才把后现代主义理论作为建构女性主义社会工作理论逻辑框架的重要依据，强调通过差异性的分析，摆脱传统社会工作二元对立思维逻辑的困境（Dominelli，2002b：103）。后现代主义给女性主义社会工作重新思考个人与环境的关系提供了新的启发，它让女性主义社会工作看到，个人与环境之间并不是一种静态的关联，而是一种动态的相互建构过程，个人在成长的同时，也在建构环境（Collins，1986）。女性主义社会工作认为，通过这种个人与环境相互建构的观点就可以帮助社会工作摆脱类型化的掌控分析逻辑，选择一种双赢（both-and）的服务框架，不再把个人与环境对立起来（Sands & Nuccio，1992）。因此，女性主义社会工作强调，社会工作是一种反思性的实践，需要社会工作者具有一种反思的能力，能够不断对二元对立的类型化分析进行审视，通过这样的审视找到差异性的经验所在，让个人独特的生活经验呈现出来（Williams，1996：72）。

女性主义社会工作还吸收了后现代主义的反本质主义（anti-essentialism）的立场，认为这种从现状抽离出背后本质的类型化思维方式只会使理论概念与服务对象的具体实践场景相脱离，导致社会工作者把自己的意愿强加给服务对象，排斥服务对象自身的独特生活经验（Rossiter，2000：36）。因此，女性主义社会工作建议把后现代主义所倡导的差异性作为社会工作理论建构的焦点，关注人与人、女性与女性之间的差异（Sands & Nuccio，1992）。女性主义社会工作强调，关注差异性的核心就是放弃普遍化、一致化的思维方式，不再把人与人之间的差异性作为"他者化"的工具，服务于二元对立的掌控逻辑，而是将差异性作为理解多元化的条件，学会在特定的社会场景中分析社会歧视产生的机制（Featherstone & Fawcett，1995b）。这样，差异性也就成为人们成长改变的能力，帮助人们了解自己的独特社会处境以及自己拥有的独特生活经验，使人们能够更好地融入自己的生活处境中，学会用一种整全的视角理解自己的生活处境（Dominelli，2002f：35 - 36）。

尽管在差异性的理解中后现代主义的个人化倾向让女性主义社会工作担心是否会转变成相对主义，失去对女性主义所追求的社会公平的关注（Dominelli，2002f：57），但是女性主义社会工作同时也发现，后现代主义所强调的差异性概念给多元化的个人独特生活经验和成长要求提供了展现的空间，让社会工作有机会在具体的社会场景中更细致地考察社会工作与社会公平之间的关联（Rossiter，2000：84）。更为重要的是，后现代主义把知识的分析与权力的分析联系在一起，这样，知识就变成知道的过程，其中包含权力的影响。因此，女性主义社会工作强调，不是社会身份，而是权力关系的考察，才是社会工作理论建构的核心，因为只有通过权力关系的分析，人们才有可能了解社会身份的建构过程以及其中呈现出来的成长改变中的社会公平要求（Orme，2003）。

正是在知识与权力关系的思考基础上，女性主义社会工作要求社会工作者放弃代表弱势声音这种浪漫化的自我理想，转向采用一种协同方式，与服务对象一起在现实的社会处境中寻找成长改变的路径，呈现社会公平的要求（Trinder，2000：59）。这样，知识不仅具有了处境化的社会建构的特点，也具有了超越当下二元对立的掌控权力关系，追求社会公平的发展要求（Orme，2003）。女性主义社会工作强调，与服务对象保持协同方式不仅仅是一种技术层面的要求，让服务对象有充分的机会参与整个服务过程，同时还具有哲学层面的内涵，把知识看作人们在特定社会处境中建构的过程。这样，协同伙伴关系（partnership）的建立也就拥有了创造社会公平和生产知识的功能，为多元化的知识提供了展现的平台和发展的条件（Van den Berg，1995：xxxv）。

除了女性主义的立场理论和后现代主义思潮对女性主义社会工作的多元视角产生了重要影响之外，90 年代的全球化和国际化运动也给女性主义社会工作的多元化视角提供了有益的启发，它让社会工作看到多元文化交流中在地文化和知识的重要性以及与女性独特生活经验之间的内在关联（Hyde，2008：219），特别是在文化殖民霸权下，在地女性主义社会工作所做的文化权力的抗争（Barkdull，2009）。值得注意的是，后现代主义思潮并不是一个可以清晰界定的理论流派，它的内容非常庞杂，理论流派众多，因此，它对女性主义社会工作的影响也就比较多样，很难清晰归纳出两者之间的关系（Sands &

Nuccio，1992）。

（四）平等关系视角

对平等关系的强调来自女性自身的生活经验以及对社会歧视的观察，它构成女性主义社会工作的一项重要视角，意味着女性主义社会工作反对任何形式的专家身份，倡导一种平等的沟通交流方式，避免给服务对象贴上专家诊断的标签，强调服务对象才是自己生活的专家，而社会工作者只是协助者，帮助服务对象在社会处境中实现个人成长改变的要求（Valentich，1996：290）。在女性主义社会工作看来，这种平等关系的倡导不仅仅是专业关系建立那么简单，同时还具有哲学知识观层面的内涵，核心是反对传统社会工作所秉持的实证主义二元对立的掌控逻辑，不赞同把普遍化、一致化的思维逻辑作为服务的唯一标准，而是关注服务对象自身拥有的独特的生活经验和成长要求（Dominelli，2002f：17－18）。

女性主义社会工作坚持认为，无论服务对象还是社会工作者，只有在这种平等关系中才能够探讨权力分享的问题，寻找阻碍平等关系建立的原因，并且设法找到克服这些困难的具体方法和途径，超越虚假的平等陷阱，尊重相互之间的差异性，创造一种能够呈现自己独特生活经验的生活方式（White，2006：16－17）。女性主义社会工作强调，这种平等关系不是传统社会工作所说的权力的平等，而是一种观察视角的转变，它至少包含三个要素。①关联性（interconnectedness），即把个人视为与他身边的周围他人联系在一起，其中任何一个人的变化都会影响其他人。因此，对个人的理解也就不能与他身边的周围他人割裂开来；否则，个人只能成为观察的对象，而不是理解的对象。②互惠性（mutuality），即在人际交往中所有方都是参与者，都是互动关系的受益者，又是互动关系的贡献者。如果只偏向一方，双方的关系就会失衡，转变成依赖与被依赖的掌控关系。③交互性（reciprocity），即个人在影响周围他人的同时，周围他人也在影响自己，个人怎样影响周围他人，也意味着周围他人怎样影响自己，个人对周围他人是负有责任的。特别是在模糊的现实处境中，这种责任感就显得尤为重要，它直接影响人们如何处理与周围他人的关系（Dominelli，2002f：37－38）。显然，女性主义社会工作对人际关系的理解与传统社会工作不同，不是从单向的角度考察人际互动，只强调强势的一方放下身段，而是从一种双向或者多向的角度重新理解人际关系，通过平等关系的建立，创造一种具有包容性的人际关联的方式，尊重人的差异性，让每个人的独特生活经验和成长改变要求能够更好地呈现出来（Dominelli，2002f：38）。

有意思的是，女性主义社会工作还把这种平等的人际关系与背后的社会处境联系在一起，认为通过这种平等的人际关系的创造与再创造的过程，人们就拥有了影响社会环境，甚至改变社会环境的能力。这样，女性主义社会工作所倡导的平等关系也就具有了人际和社会处境两个层面的内涵，与女性主义社会工作所推崇的"个人即政治"的社会结构分析视角联系在了一起（Dominelli，2002f：39）。女性主义社会工作强调，这种平等关系的建立是一个过程，是不断挑战专家式的掌控关系，让看似缺乏专业知识的一方呈现自己独特生活经验的过程。当然，它同时也是弱势的一方找到有效应对自己生活中的困难，并且拥有影响周围他人和环境能力的过程（Belenky et al.，1997：69）。

从 90 年代①起，女性主义社会工作在讨论社会场景中个人的社会转变能力时，就引入了增能社会工作的增能概念，将增能概念视为女性主义社会工作理论逻辑框架中的一个重要概念，与平等关系视角结合在一起（White，2006：23）。女性主义社会工作认为，引入增能概念不仅能够让社会工作者了解社会工作专业服务开展所处的社会场景的特征，接纳社会场景中的权力掌控关系，更为重要的是，把平等关系的建立作为实现社会改变的策略，在提升个人对自己生活的影响能力的同时，也提升社会环境对个人成长的支持能力（Dominelli，2002f：38）。女性主义社会工作强调，只有把增能概念放在平等关系视角中来考察，才能够避免两种危险的发展取向：一是只注重个人的增能，忽视社会环境改变的要求，导致一种"理想化"的增能，失去个人增能的现实社会条件；二是只关注社会环境改变的要求，无视个人的成长改变，导致另一种形式的社会排斥，陷入虚假的公平陷阱中（White，2006：24-25）。可以说，平等关系视角为增能的实施提供了现实的逻辑框架和路径，而增能概念的引入又进一步深化了平等关系的内涵。

除了在平等关系中引入增能的概念之外，女性主义社会工作还对如何建立平等关系展开了深入讨论，认为平等关系建立的核心不是尊重他人，而是尊重他人的生活经验（valuing client knowledge），这意味着需要由服务对象自己来呈现生活中的个人经验和成长改变的要求，而不能由社会工作者来概括和诊断（Dominelli，2002f：72）。这样，无论服务对象在日常生活中遭遇什么问题或者提出什么方面的成长改变要求，这些都不能成为社会工作的关注焦点，因为一旦把这些问题或者成长要求作为关注焦点，服务对象个人独特的生活经验就会被淹没，他自己理解生活的独特视角就会被忽视，服务对象也就成了社会工作者观察、分析的对象，问题和成长要求也就成了社会工作者实现二元对立掌控逻辑的手段（Belenky et al.，1997：124）。因此，女性主义社会工作强调，尊重他人生活经验的核心是放弃普遍化、一致化的思维逻辑，接纳人与人之间的差异，让女性用自己的方式说出自己感受到的生活经验，把多元化和差异性作为社会工作理论建构的核心（Dominelli，2002f：74）。

值得注意的是，女性主义社会工作还将平等关系视角与"个人即政治"的社会结构分析视角结合在一起来考察，从社会学吸收了自我身份（self-identity）的概念，强调传统二元对立的思维逻辑不仅塑造了普遍、抽象的宏大描述，而且形成了固定化、类型化的自我。实际上，个人的自我并不是某种预先给定的品格，而是在实际生活的不断选择中通过不断反观自己（reflexive action）所形成的自我身份，这样的自我身份又在不断影响自我选择（Giddens，1991：33）。这样，个人的自我身份也就与周围他人紧密联系在了一起，通过个人遭遇的问题以及问题解决的机制将周围他人的生活经验转化为个人独特生活经验和成长改变要求的一部分（Orme，2001：221）。在女性主义社会工作看来，社会环境的内涵同样也需要重新理解，因为就根本不存在传统社会工作所说的客观环境，任何社会环境都与不断形塑自己生活的个人联系在一起，是个人自我身份不断创造和再创

---

① 尽管增能概念在 70 年代就已经出现，而且在 80 年代受到许多社会工作者的关注，但是在 90 年代之前并没有引起女性主义社会工作者的注意。

造的过程。因此，可以说，社会环境是一种主观的环境，它与个人的成长改变联系在一起（Lane，1999：145）。

正是基于对个人与环境这样的重新考察，女性主义社会工作认为，传统社会工作把个人与环境对立起来的二元划分逻辑是错误的，只会导致这样的现象出现：要么注重个人忽视环境，要么强调环境忽视个人，或者只关注人际关系，看不到个人与环境的动态关联以及相互之间的交互性（Pateman，1989：131）。在女性主义社会工作看来，转变这种观察视角的关键，是把多元化视角引入个人与环境的互动中，突出个人与环境互动的目的是呈现更为多样的不同经验，尊重人的差异性，实现一种双赢的平等关系。因此，女性主义社会工作要求对传统社会工作进行改造，把个人的自我身份视为社会工作关注的焦点，通过个人自我身份的建构和再建构过程，将个人的成长改变与社会环境的改善结合起来（Orme，2001：228）。女性主义社会工作强调，这样的社会工作服务逻辑也就具有了通过平等关系创建推动社会公正的要求，是一种社会公正导向的实践（just practice），而社会工作者与服务对象之间的专业关系建立过程也就成为展现和转化这种社会公正导向实践的平台（Orme，2001：238）。这样，作为社会工作专业关系建立的一个重要概念——同理，也就需要放在女性主义视角下来重新审视，融入"个人即政治"的社会结构分析视角和平等关系视角，使同理概念不再是纯粹的心理体验，或者人际沟通过程中的情感共鸣的技巧，而是社会场景中的增能方式（Orme，2009：74）。

不过，需要注意的是，女性主义社会工作所倡导的"个人即政治"的社会结构分析视角、性别视角、多元视角和平等关系视角等并不是相互孤立的，它们之间除了有很多内容是相互交叉的之外，它们本身作为一个整体呈现了女性在特定社会处境中的独特生活体验以及有关理论逻辑的思考，给社会工作带来哲学层面的启发（Dominelli，2002f：161）。如果说"个人即政治"的社会结构分析视角是把人放在社会结构中进行考察，性别视角是强调女性的独特社会处境和个人经验，那么多元视角和平等关系视角则是倡导尊重差异性，关注一种能够带来个人与社会层面同时增能的协同伙伴关系，其核心是要求社会工作放弃传统的二元对立的掌控逻辑，创建一种能够呈现不同声音的多元化的思维方式（Valentich，2011）。

显然，女性主义社会工作所推崇的这种多元化的思维方式与国际化和全球化运动关注在地经验和文化的诉求是一致的，而且与多元福利制度下强调多方参与的混合经济照顾模式不谋而合（Khan & Dominelli，2000）。可以说，女性主义社会工作所推崇的多元化思维方式是 90 年代之后国际社会的一种基本发展趋向。从这个意义上说，正像美国女性主义社会工作倡导者艾玛·格劳丝（Emma Gross）在妇女与社会工作国际杂志《联盟：女性与社会工作期刊》（*Affilia*：*Journal of Women and Social Work*）的 1998 年首卷上所言："现在需要对社会工作理论和实务的基本假设进行系统的回顾和审视。"（Gross，1998）只有通过这样的回顾和审视，我们才能找到未来前行的方向（Khan & Dominelli，2000）。

第十章　社会发展视角

　　尽管社会发展的理念从社会工作诞生之日起就已经蕴含在社会工作的具体服务中，但是真正成为一种社会工作的观察视角则是 20 世纪八九十年代在多元福利主义的倡导下以及国际化运动的影响下出现的，它注重社区为本的社会工作实践，强调从社会发展的角度来理解个人的成长，尝试将个人的成长与社会的改变结合起来，形成一种能够将微观社会工作服务与宏观社会工作联结成一体的整全视角，称为社会发展视角（social developmental perspective）（Mosely, 2016）。社会发展视角假设，人首先作为一种社会的存在，需要放在社会生活的场景中从社会的角度来理解个人的成长要求，而不能站在个人的立场上从心理层面分析个人的成长需要，这样，参与就成为联结个人成长和社会改变的重要方式，而如何改变就成为整个社会工作专业实践的焦点（Midgley & Conley, 2010：xiv）。因此，社会工作专业实践也就不能人为地分割为微观和宏观两个方面或者两个领域，它同时需要拥有微观服务的要求和宏观服务的理念，走一种综合化的服务路线（Reisch, 2016）。当然，人们在探寻这种综合化的服务路线时，对于个人成长与社会改变之间的关系有不同的理解，如果强调运用社会投资的策略将人们物质生活水平的改善与社会参与能力的提升结合在一起，就是发展性社会工作（Midgley & Conley, 2010：xiii）；如果注重采用社会建构的视角理解个人成长与社会改变之间的复杂动态关系，推崇个人的自决和平等关系的建立，则是宏观社会工作（Long, Tice, & Morrison, 2006：17）。

第一节　发展性社会工作

一　发展性社会工作的演变

　　发展性社会工作（developmental social work）的出现可以追溯到社会工作开创之初对消除社区贫困和促进社区发展的强调，特别是第二次世界大战之后发展中国家开始倡导社会发展的策略，它们在追求经济的快速发展和社会现代化的进程中发现，经济的高速发展尽管可以推动人们物质生活水平的普遍改善，但是无法消除生活贫困、贪污腐败等方面的社会问题，甚至从某种程度上说，反而加剧了社会的两极分化以及贫富之间的矛盾冲突。为此，另一种强调以人为本的社会发展的策略逐渐取代以往的经济发展的策略，受到人们的关注，成为一种新型的社会发展策略。这种新型的社会发展策略注重经济发展与社会发展的平衡，强调经济发展需要惠及所有的人，而社会发展需要引入投资的概念促进经济的发展。正是在这样的社会发展策略的指导下，发展性社会工作产生了，它沿用了社会发展策略中的生产性社会福利（the productivist approach to social welfare）的服务逻辑，提出一种以社会发展为核心的新型的社会工作服务模式（Midgley & Conley，2010：xiv）。

发展性社会工作，有时又称为社会工作的社会发展视角（the social development approach to social work），它拥有自己的实践逻辑、服务方式、理论假设和基本原理。虽然它直接起源于发展中国家，特别是南非的发展性社会工作的尝试和经验总结，但是随着社会发展理念的推广，发展性社会工作已经逐渐得到西方发达国家的认可，成为国际社会工作领域中有影响的一种服务模式。发展性社会工作的一个核心要素就是投资策略的运用，它把投资与社会工作服务结合在一起，不仅注重服务对象的能力挖掘和增能，而且关注社会投资的运用，以此带动服务对象参与社区和促进经济发展能力的提升。就具体的社会投资方式而言，它涉及工作能力的培训、工作岗位的安排、孩子照顾、成人识字、微型企业的创办以及资产储蓄账户的设置等，需要运用广泛的政府资源满足服务对象的物质方面的基本需求，并以此为基础激发服务对象的生活改变的意愿和目标（Midgley & Conley，2010：xiii）。显然，发展性社会工作针对的是那些面临贫困问题的服务对象，帮助他们重新面对社会和经济发展中的各种挑战，找到应对这些挑战的解决方法（Midgley & Conley，2010：xiv）。

与社会投资概念相对应，发展性社会工作的另一个核心要素是社区为本的实践。发展性社会工作认为，大多数的社会工作服务对象都可以在社区的生活场景中获得相关的服务，从而能够在社区中建立起一种相互支持的生活方式，避免因过度依赖机构院舍的服务而使服务对象与社区生活隔绝，导致生活能力的弱化。正是基于这样的考察，发展性社会工作提出社会参与的概念，强调不是通过社会工作者给予服务对象"专家式"的指导帮助服务对象解决日常生活中面临的问题，而是借助服务对象的参与和自决过程实现服务对象能力的提升。在这个过程中，社会工作者只是服务对象成长发展过程中的支持者和合作者。此外，还有像国际化意识（international awareness）和权益为本（rights-based）等也是发展性社会工作的重要元素，它要求社会工作者在运用发展性社会工作服务模式时，关注不同国家和地区自己的实践经验和要求，突出民主参与和社会公正的服务目标（Midgley & Conley，2010：xiv）。

值得注意的是，一提起发展性社会工作，就容易让人们想到社会发展，这两个概念常常混淆在一起，很难区分开来。实际上，尽管发展性社会工作与社会发展密切相关，甚至可以说，发展性社会工作就是在社会发展的脉络下成长起来的，但是两者仍有明显区别，社会发展是指包括社会工作服务在内的能够带动社会改变和社会进步的所有社会活动，它是一种非常广泛的跨专业并且与社会的经济发展项目密切关联的活动。发展性社会工作就不同了，它要比社会发展的内涵窄一些，专门指一种以社会发展为目标注重社会投资的社会工作服务模式（Midgley & Conley，2010：xiv）。

尽管发展性社会工作产生于发展中国家，并且常常作为发展中国家推进社会发展的一项重要措施，但是随着社会发展理念的普及和推广，越来越多的西方社会工作者开始把注意力投向发展性社会工作，尝试将发展性社会工作的理念和方法运用到发达国家的社会工作实践中，他们坚持认为社会发展不是区域问题，而是全球化的议题，不仅发展中国家面临这样的困扰，发达国家同样也面临这样的挑战（Midgley & Conley，2010：xiv）。特别是在国际社会发展联合会（the International Consortium for Social Development）和《社会发展问题》（*Social Development Issues*）国际杂志的推动下，20世纪八九十年代产生了一大批有关发展性社会工作的学术论文和研究报告，发展性社会工作开始被西方发达国家的社会工作学者接受，像发展性社会工作的理论框架、运用范围以及国际化等主题逐渐成为社会工作学者讨论的焦点（Sanders，1982：2-3）。

对于发展性社会工作，人们通常有一种误解，认为它服务的是那些被贫困问题困扰但仍能够工作的弱势人群，主要是通过社区发展的项目或者像宏观社会工作实践这样的间接服务方式实现的，不同于主流的传统社会工作，不是针对像受虐儿童、精神障碍患者、流浪乞讨人员、残障人士以及失智失能老年人等那些需要治疗和照顾的弱势人群开展服务，采用的方法自然也就偏向发展，而不是传统的治疗取向（Midgley & Conley，2010：xv）。实际上，发展性社会工作尽管在开创之初注重的是被贫困问题困扰的弱势人群，但是随着发展性社会工作的推广，它的基本原理和主要实践手段开始逐渐运用到主流的传统社会工作实践领域，如儿童福利（Conley，2010：49-50）、精神健康（Caplan，2010：83-84）、残障人士（Knapp & Midgley，2010：102-103）、老年社会工作（Giunta，2010：67-68）以及社会救助和社会矫正等（Rainford，2010：139-141）。可以说，发展性社会工作与传统社会工作的界限已经不是截然分开的，不仅发展性社会工作的原理和方法可以运用到传统的社会工作实践中，而且传统社会工作的原理和方法也可以运用到发展性社会工作中，它们本身就是社会工作实践和理论探索中不可缺少的部分（Midgley & Conley，2010：xv）。

不过，社会工作者同时也需要关注发展性社会工作与传统社会工作之间的差别。相比较而言，发展性社会工作的服务重点不是问题的治疗和修补，而是问题的预防和能力的发展。正是因为如此，发展性社会工作坚决反对运用机构院舍的照顾方式，认为这种照顾方式只会增加服务对象的依赖以及与实际日常生活的割裂，而且这种注重建立和维持服务提供者与服务对象之间的专业关系的服务方式极容易导致受助身份的固化，损害服务对象的改变动力和改变能力。因此，发展性社会工作注重的是通过社区项目的参与和自决挖掘和提升服务对象的能力（Midgley & Conley，2010：xv-xvi）。

在发展性社会工作的形成、发展和推广过程中，美国知名社会工作学者詹姆斯·梅志里（James Midgley）发挥了重要的作用，他不仅是发展性社会工作的提出者，也是发展性社会工作的主要推动者（Midgley & Conley，2010：xii）。

（一）詹姆斯·梅志里

梅志里是加利福尼亚大学社会福利学院（the School of Social Welfare University of California）的一名教师，他的主要研究领域是社会福利和社会政策，他一直关注社会发展的主题，从 20 世纪七八十年代起就开始探索社会发展视角如何运用到社会工作的实践中（Midgley，1993）。在 1995 年，梅志里出版了《社会发展：社会福利的社会发展视角》（*Social develop-ment：The developmental perspective in social welfare*）一书，受到广泛的好评，被视为发展性社会工作的重要经典著作。① 在几十年的实践和理论探索中，梅志里发表了许多有关发展性社会工作的论文和专著，成为这一领域的国际知名学者（Midgley & Conley，2010：xii）。

为了开创发展性社会工作这一崭新的社会工作服务模式，梅志里对发展性社会工作的由来以及演变的历史过程进行了细致的梳理。他发现，发展性社会工作的服务理念可以追溯到社会工作发展之初由亚当斯创立的睦邻友好运动，因为睦邻友好运动不同于里士满提出的个案服务模式，它以社区为本，通过社区的教育、娱乐和活动等手段挖掘社区中的积极分子，并借助社区积极分子的参与和互助改造社区的邻里关系，推动整个社区服务水平的改善（Midgley，2010c：5）。梅志里认为，尽管社区社会工作在社会工作中所占的比重不大，是一个很小的服务领域，但是它为社会工作者提供了运用发展理念开展社会工作的场所，注重社会工作的社会改变功能。实际上，这种注重社会改变的社会工作在社会工作的历史发展进程中从来没有中断过，只是有时候没有成为社会工作的主流，为人们所忽视（Midgley，2010c：6）。

在梅志里看来，20 世纪三四十年代是一个比较特殊的历史发展阶段，社会工作所具有的社会改变的功能再度受到人们的关注。在 30 年代经济危机的影响下，美国罗斯福政府开始采取大刀阔斧的新政改革，社会工作者也参与其中，他们把社会发展的理念融入经济的改革中，倡导整合经济发展和社会发展的要求，引入了劳动者权益和最低工资待遇等经济公平的观念，为所有的劳动者提供生活的基本保障。此外，他们还强调在教育、健康和住房等领域输入投资的概念，主张通过社会投资和发展性社会福利的倡导增强社会长远发展的持久力和稳定性。跟随美国的新政改革步伐，英国以及其他欧洲国家也实行了与美国相似的国家福利的社会政策（Midgley，2010c：6）。

梅志里在查阅和梳理相关的文献资料时发现，第二次世界大战之后，许多发展中国家在欧美发达国家的影响下逐渐引入了社会工作，把它作为整个国家的社会福利服务体系中的一部分，以应对战争之后出现的社会问题，如流浪乞讨、青少年犯罪和儿童虐待等（Midgley，2010c：7）。特别是英国殖民主义者，为了加强殖民国家的社会管理，他们组织召开了多次由社会工作者和社会福利管理者参加的会议，在这些会议中提出社区发展和社会发展的概念，前者注重在地的社会服务，后者强调整个区域的社会改良，但是两者的目的是一致的，都是推动社会和个人福祉的提升（United Kingdom，Colonial Office，1954：14）。不过，梅志里强调，在社区发展和社会发展概念的宣传和推广过程中，联合国和其他一些国际组织发挥了极其重要的推动作用，它们不仅为各国政府的社区发展和社会发展的项目提供技术指导和资金支持，而且组织了多次以社区发展和社会发展为主题的国际会议，让人们有一个相互交流的国际平台。值得注意的是，在社区发展和社会发展概念推广之初，主要采取的是一种自上而下的策略，把它视为国家和政府的责任；但是随着实践经验

① 具体内容请详见 Midgley（1995）。

的积累，人们逐渐意识到，社区发展和社会发展依赖普通居民的参与，是一种自下而上的草根式参与策略，目的是提高居民自身管理自己生活的能力（Midgley，2010c：8）。

到了70年代，社区发展和社会发展的内涵有了一个根本的改变，开始强调大众在发展项目中的主动参与。梅志里注意到，这一改变一直影响至今，成为人们理解社区发展和社会发展的一个基本逻辑框架。这一逻辑是与当时兴起的志愿服务紧密关联的，也与第三世界的反殖民运动有着内在的联系，人们开始怀疑那种自上而下的专家式的指导，要求把生活的权力重新归还给每个人。特别是在女权主义运动以及其他一些倡导权力平等的社会运动的影响下，无论西方发达国家还是发展中国家都开始关注让大众主动参与的发展策略，寻找一种能够替代传统的以政府为主导的发展逻辑（Midgley，2010c：8）。

七八十年代发展性社会工作在理论的提炼上有了较大的发展，创建了由美国中西部大学首先倡导的国际社会发展大学联盟（the Inter-University Consortium for International Social Development），之后这一大学联盟得到了快速发展，更名为国际社会发展联盟。国际社会发展联盟的主要目标是通过举办专题的会议和创办专门的国际杂志《社会发展问题》将社会发展的理念传播给美国的社会工作者和研究者。与此同时，这一联盟还专门在美国的明尼苏达大学（the University of Minnesota）设置了专项的社会工作项目，用于鼓励社会发展方面的教育和研究（Midgley，2010c：9）。第一部有关社会发展的社会工作论著是由明尼苏达大学的约翰·琼斯（John Jones）和他的同事拉玛·潘迪（Rama Pandey）一起编写而成的，他们第一次从社会工作的角度系统阐述社会发展概念的内涵、方法以及与社会工作的内在关联，并且在1981年获得了正式出版（Jones & Pandey，1981：1）。这一时期，在学术杂志上也开始出现有关社会发展视角的讨论，有学者尝试将社会发展的视角运用到社会工作的实践中（Paiva，1977）。发展性社会工作的理论逻辑整理开始受到人们的普遍关注（Midgley，2010c：9）。

梅志里注意到，随着发展性社会工作理论成果的不断涌现，新的挑战又出现了，到目前为止，发展性社会工作缺乏清晰一致的概念界定，不同的学者对此有不同的理解，导致发展性社会工作的内涵模糊不清，这既不利于社会工作专业实践的展开，也不利于理论逻辑框架的构建。为此，梅志里认真梳理了发展性社会工作的理论研究成果，并对它们进行了仔细的分析和比较，认为就理论的出发点而言，可以把发展性社会工作粗略地分为两大类（Midgley，2010c：9）：一类是从参与者的角度出发的，强调社会发展就是个人成长和自我实现的过程，通过个人的成长和自我实现才能提升人们参与社会的能力，从而创造出有关怀、有担当的平等社会（Maas，1984：3）；另一类是从社会的角度来理解社会发展的要求，注重宏观的社会工作实践，将社区组织、政策分析、项目规划、管理和评估融合在一起，突出社区层面的社会工作专业实践，甚至有学者直接将发展性社会工作与社区层面的服务等同起来（Spergel，1978：32）。

这一时期另一个让社会工作者感到困惑的理论问题是，社会发展的视角是否能够被运用到所有的社会工作领域。梅志里经过仔细的分析比较发现，尽管这一想法提出的时间是80年代，但是真正将社会发展理念与主流社会工作实践进行结合的是90年代（Midgley，2010c：10），包括把社会发展理念作为整个社会工作理论的基本框架的探索

（Billips，1994：37）以及在社会工作的临床实践领域融入发展理念的尝试等（Elliott &
Mayadas，1996），都体现了发展性社会工作对主流社会工作的实践和理论框架提出的挑
战。此时的发展性社会工作开始寻找一种整合的服务模式，既能够吸收社会发展的理念，
又能够延续传统社会工作实践的要求（Elliott，1993）。

随着发展性社会工作的推广，它自身存在的理论不足逐渐显现出来，缺乏清晰明确
的描述性定义成为人们批评的焦点，这让社会工作者无法准确把握它的内涵，使这一概
念在具体的实践过程中变得模棱两可，无法操作，更像是一套伦理价值的要求，不是具
体可以执行的实务策略和方法（Khindukas，1987）。同时，在90年代由于撒切尔和里根
政府上台之后对社会福利制度进行了大刀阔斧的改革，把市场机制引入社会服务中，人
们的社会福利服务理念出现了根本转变，不再是仅仅突出政府的作用，而是推崇一种多
方参与的混合式的综合服务（Midgley，2010c：10）。

梅志里注意到，社会发展理念的推广与90年代联合国的努力是密不可分的。正是在
联合国工作人员的推动下，1995年在丹麦的哥本哈根举办了具有长久深远影响的社会发
展国际高峰论坛，不仅许多国家的领导人参加了这次高峰论坛，而且在这次高峰论坛上
通过了长远的社会发展的目标，称为《哥本哈根宣言》（The Copenhagen Declaration）（U-
nited Nations，1996）。之后，联合国在2000年又通过了千年发展目标（Millennium Devel-
opment Goals），强调通过国际间的合作减少地区的贫困，改善妇女的地位和提高儿童的健
康水平（United Nations，2005：1）。这样，社会发展的理念就逐渐从发展中国家的主要议
题转变成了国际的关注焦点，开始走上国际舞台（Midgley，2010c：11）。

与此同时，各地的社区为本的实践受到人们越来越多的关注，成为社区层面开展专
业服务的主流。这一发展趋势与发展中国家非政府组织的快速发展，以及社区居民和非
政府组织参与社区建设的热情是分不开的。事实上，从70年代起一些非政府组织就开始
参与当地的社区发展，随着影响不断扩大，非政府组织逐渐被视为社区发展中一支不可
缺少的重要推动力量。特别是女性社区参与的倡导，它与女性平等权力的争取结合在一
起，成为女性社会生活保障中不可缺少的部分。像小额贷款、微型企业等妇女合作项目
也逐渐引入发展性社会工作中，作为发展性社会工作的一项重要服务策略受到人们的欢
迎。此外，环境保护运动也在这一时期兴起，他们提出可持续性发展的理念，这一理念
符合社会发展的基本诉求，也逐渐转化成社会发展理念的核心内涵之一，融入社区为本
的实践中（Midgley，2010c：11）。

在梅志里看来，正是在政府、非政府组织和市场三方的相互作用下，社会发展的理
念才有了自己独特的框架和内涵，区别于传统社会工作的服务逻辑，呈现一种整全的视
角，能够同时结合政府、社区和市场的要求（Midgley，1993）。梅志里强调，这种多元的
服务框架并不否认或者怀疑政府在其中发挥的积极作用，只是政府不再作为服务的唯一
提供方直接参与服务的输送过程，而需要站后一些，同时运用管理和监督的手段把控服务
的整体发展。这个整体发展的框架就是社会发展的理念（Midgley，1995：3）。梅志里坚持
认为，如果从这样的角度理解社会发展的内涵，就需要把经济的发展和社会政策的制定放在
更为广阔的社会发展的背景下来考察，这样，经济的发展就需要能够带动社会福利服务的改

善，而社会福利服务政策的制定又能够支持经济的发展，使两者相互依存、相互促进，避免陷入传统的将两者视为相互对立的思维逻辑框架中（Midgley，2010c：11 – 12）。

在发展性社会工作的演变过程中，梅志里发现，其中有一个很重要的概念——能力（capacity）也是在这一时期出现的（Sen，1999：3）。这一概念丰富了社会发展的内涵，它对社会发展中的人有了明确的界定，是一种能够拥有更大选择能力的人。也就是说，通过社会发展，人们能够拥有更多的机会选择自己所喜欢的生活，能够更好地发挥自己的能力和才华（Midgley，2010c：12）。与这一概念相关的，是另一个被称为资产（assets）的概念，它是指社区所拥有的能够带来社区发展的各种类型的条件，包括有形的和无形的（Kretzman & McKinght，1993：13）。这样，社会工作者在社区发展中就有一项重要的任务，就是帮助社区居民找到那些被人们忽视的资产，并且协助居民学会有效地使用这些资产。有意思的是，有学者将能力和资产这两个概念结合在了一起，强调人们的一种重要能力就是如何有效运用资产，而资产的运用又能够带来人们能力的提升（Moser & Dani，2008：121）。当然，对于资产的运用，不同的学者有不同的侧重，有的强调资金（financial assets），有的注重文化（cultural assets），但是他们都相信，每个社区，哪怕是贫困的社区也都有自己的社区发展的资产（Midgley，2010c：12）。

尽管到目前为止，有关发展性社会工作的内涵仍处在不断的争论中，没有明确一致的答案，但是越来越多的学者认为，发展性社会工作所强调的成长、能力、增能等重要概念并不是发展性社会工作所独有的，它们适用于所有的社会工作实践。因此，发展性社会工作倡导社会工作者放弃传统的二元对立的思维方式，避免人为地将临床社会工作与宏观社会工作割裂开来（Elliott & Mayadas，2001）。这样，发展性社会工作的核心概念如社会投资、经济参与等经济方面因素也就具有了哲学层面的内涵，让社会工作重新回归日常的现实生活中（Midgley，2010c：12）。在梳理发展性社会工作的服务逻辑和理论框架的过程中，南非的发展性社会工作实践成为非常重要的经验来源，包括南非的社会工作学者也为发展性社会工作的理论化做出了重要的贡献（Lomard，2008）。

（二）发展性社会工作的最新发展状况

尽管发展性社会工作与传统主流的社会工作之间的内在关联到目前为止仍众说纷纭，没有一致的看法，但是不可否认的是，发展性社会工作的社会发展的理念受到越来越多的社会工作者的重视，已成为社会工作的一个重要实践领域和理论模式（Gray，1998：4）。就发展性社会工作而言，也正在努力融入传统主流的社会工作实践领域中，如在儿童保障领域，发展性社会工作开始尝试将贫困家庭的脱贫与儿童保障结合起来，在帮助贫困家庭学会资产积累和社会投资的同时，提高家庭儿童权益的保障能力，当然，这样的结合需要社会工作者放弃传统的只关注父母和家庭不足的观点，转向接纳父母和家庭的现实困难，给他们提供更好的照顾孩子的社会支持（Conley，2010：49）。在老年人服务方面，发展性社会工作倡导一种积极老龄化（productive aging）的服务框架，在社区层面给老年人提供像志愿服务、非正式照顾等不同形式的社区参与的机会，增强老年人作为积极贡献者的社会角色（Giunta，2010：68）。在精神健康领域，发展性社会工作也有自己独特的想法，他们把财务管理、创业培训、资源获取、团队工作方式等也融入传统的精神健康服务中，并且通过社会企业建设等方式增加精神障碍患者就业的渠道（Caplan，2010：83）。在社会救助服务方面，发展性社会工作的优势就更为明显，除了传统的救助服务之外，社会工作者还可以把微型企业以及社会投资等概念引入社会救助中，提升服务对象对抗贫困的能力（Midgley，2010b：122）。在传统社会工作服务领域的社会矫正方面，发展性社会工作的社会投资理念有了更为重要的作用，它不仅能够增加服务对象与他人交往的机会，帮助服务对象融入社区生活，而且能够将一般的社区服务与就业机会和房屋租赁等现实的生活诉求结合起来，帮助服务对象更好地回归家庭（Rainford，2010：139－141）。此外，还有像残疾人服务（Rainford，2010：139－141）、流浪乞讨人员救助（Ferguson，2010：161）等，都能够把发展性社会工作的核心理念和技术与传统的社会工作方法结合起来，提高服务的成效。

近年来，发展性社会工作在理论内涵上有了新的突破，除了注重原有的经济发展与社会服务相结合的社会发展的理念之外，开始强调这样的发展是一个过程，目的是通过个人和社会能力的提升实现可持续发展（Elliott，2012：107）。这样，在原来经济和社会的维度上，又融入了环境气候的维度，社会发展就不仅仅是人的活动领域之间的平衡，同时还包含了人与环境之间的动态发展的持续平衡，即可持续性发展（Drolet & Sampson，2014）。有学者认为，社会工作倡导公平、平等的价值理念，说到底就是为了社会的可持续的发展，这与可持续性发展的理念是一致的，而且社会工作拥有一套比较完整的实践的方法和技术保证这一价值理念的实现，因此，它可以在可持续性发展的国际化交流中发挥重要的作用（Norton，2012）。

将环境因素纳入社会工作的服务框架内，突出可持续性发展的要求，这种社会工作被称为绿色社会工作（green social work）（Dominelli，2011）。绿色社会工作的出现不仅仅是为了处理因环境危机给人们造成的困扰，同时还寻求一种环境公平（environmental justice）的价值理念，倡导人们放弃那种以人类为中心的二元思维方式，强调运用这样的思维方式处理环境危机，只会加强人们对环境掌控的要求，环境破坏也就在所难免（Dominelli，2014）。这样，整合的服务要求也就从经济和社会的协调发展延伸到包括环境在内的可持续性发展（Drolet et al.，2015）。

尽管发展性社会工作通过二十多年的发展已经获得社会的认可，并且被视为社会工作的一个重要理论流派和实践领域，但是至今人们对于发展性社会工作内涵的认识仍模糊不清，既没有清晰一致的概念界定，也缺乏作为示范的具体事例，导致不同的人有不同的认识（Midgley & Conley，2010：194）。更为严重的是，这种倡导权利为本（rights-based）的发展性社会工作与传统治疗取向的社会工作形成鲜明的对比，在急需修补治疗的弱势人群的服务中，如儿童保护等，常常使一线社会工作者不知所措，陷入实践的困境（Loffell，2008）。由于发展性社会工作需要一定社会资金的注入作为社会发展的资产，这就对发展性社会工作的运用提出了前提条件，也是阻碍发展性社会工作推广的一个重要影响因素（Midgley & Conley，2010：194）。就理论的逻辑框架而言，发展性社会工作面临的主要质疑来自对贫困原因的理论分析，有学者认为，强调经济发展与社会发展平衡协调的理念是基于市场经济社会制度的认可，缺乏审视贫困背后的社会结构因素的批判视角。这样，发展性社会工作也就自然面临成为政府管理工具的风险（Midgley & Conley，2010：197）。此外，值得注意的是，发展性社会工作重点服务的是那些能够参与社会生活和经济生产的贫困人群，而实际上，社会工作首先需要服务的是那些无法参与经济生产甚至社会生活，依赖他人长期照顾的弱势人群。因此，推进发展性社会工作的目的并不是取代以修补、治疗为重点的传统社会工作，而是对这样的传统社会工作进行补充，让社会工作者看到在传统社会工作之外的其他需要服务的人群（Midgley & Conley，2010：201）。特别是在院舍机构之外的社区场景中，社区参与、社会投资以及资源和能力的运用成为服务对象实现增能不可缺少的重要方式，它与社会工作倡导的专业价值理念是一致的，具有广泛的运用空间（Midgley & Conley，2010：204）。

二　发展性社会工作的理论框架

虽然不同的学者对发展性社会工作有不同的理解，要达成清晰一致的认识似乎仍存在不少的困难，但是这也说明社会发展理念内涵的丰富性和开放性。就服务逻辑的理论框架而言，发展性社会工作已经与传统社会工作有了明确的区分，它注重的是开放处境中的发展和改变，而不是给定条件下的修补和预防，那些能够带来发展和改变的能力、资产、增能、自决和参与等概念就成为这一理论模式考察的重点，之前一直被忽视的像社会投资、社会权益等内容也成为社会工作不可忽视的重要内涵之一（Midgley，2010c：13）。这样，发展性社会工作的目的也就不局限于个人的成长改变，同时还包括平等关系和社会公正的倡导。

（一）以发展为导向

发展性社会工作认为，对于社会工作而言，首先需要解决的一个理论问题是服务的目标和焦点，即社会工作自身的功能。如果把社会工作视为对"有问题"的人群开展的服务，那么它的功能就是修补、治疗取向的，目的是消除给自己和社会带来困扰的不足部分，这种观点背后存在这样的理论假设：服务对象是有问题的人。如果把社会工作当作带动人们成长改变的服务，那么它的功能就是改变和发展取向的，目的是发掘人们拥有的改变能力和资源，它相信服务对象是拥有改变能力和要求的人。这样，发展性社会工作也就拥有了与传统修补治疗取向社会工作不同的服务逻辑（Midgley，2010c：13）。

在发展性社会工作看来，人的成长改变是一个连续不断的过程，在这个过程中既有直线改变的方式，也有其他改变的方式，甚至几种改变方式混杂在一起，无法预先设定哪种改变的方式。而且，从服务的层面来说，既有微观个人层面的成长和改变，也有宏观社会层面的发展和进步，不能像传统社会工作那样将两者人为地割裂开来。实际上，微观个人层面的改变就能够带动宏观社会层面的发展；同样，宏观社会层面的发展也能够促进微观个人层面的改变。发展性社会工作强调，通过发展这个概念就能够把微观个人和宏观社会的改变联结起来，相互促进，更为重要的是，从发展这个概念入手，还能够促进一直为传统社会工作所忽视的弱势人群物质生活方面的改善，如健康管理、脱贫、脱盲等，让社会工作服务与人们的日常生活的改变结合得更为紧密（Midgley，2010c：13）。不过，值得注意的是，这种与生活改变的结合要求也会给发展性社会工作带来另一方面的困惑——发展概念的模糊不清，因此，概念边界的划分就显得尤为重要（Midgley & Conley，2010：194）。

正是围绕发展这个核心概念，发展性社会工作将能够带动人们改变和发展的一系列散落在不同社会工作服务模式中的概念重新组合起来，其中包括优势视角中的能力概念、增能社会工作中的增能和意识提升概念、资产为本的社区工作中的资产和能力概念等。这些概念尽管各有所侧重，运用在不同的专业服务的实践场景中，但是都聚焦于一个服务焦点，就是服务对象的发展和改变（Midgley，2010c：13－14）。值得注意的是，传统社会工作常常把能力、增能等概念运用于微观的专业实践中，而发展性社会工作则是将这些概念的运用扩展到社区甚至更大的宏观层面，同时与资产等宏观层面改变常用的概念结合起来，形成一种以发展为导向的社会工作来看待社会改变的新的视角（Kretzman & McKinght，1993：16）。

发展性社会工作强调，尽管像能力、增能和资产等概念在发展性社会工作专业实践中有着很重要的作用，是带动服务对象改变的基础，但是由这些概念引发的改变仍旧是针对当下的一个短期目标。因此，发展性社会工作倡导另一种能够带来长期改变的社会工作实践方式，就是社会投资，把它视为与能力、增能等同样重要的一个概念（Midgley，1999）。发展性社会工作坚持认为，社会投资对于社会发展来说尤为重要，它涉及一系列专业的服务介入，包括人力和社会资本的调动、工作岗位的开发和自我就业以及资产的积累等，使社会工作专业服务具有了长期服务的潜力和物质生活改善的能力（Midgley & Sherraden，2009：276）。在发展性社会工作看来，这正是倡导发展性社会工作的一个重要原因，特别是在90年代社会发展的诉求不断提高的情况下，发展性社会工作显示出自己的独特作用和价值，能够克服传统社会工作视野过于狭窄的局限（Midgley，2010c：15）。

此外，发展性社会工作还提出社会融合（social integration）和正常化（normalization）的概念，认为发展性社会工作不同于传统的以修补治疗为取向的社会工作服务，不是让服务对象从自己的日常生活中抽离出来进行辅导和治疗，或者给服务对象提供一些弥补不足所需要的社会支持，而是引导服务对象回归自己的家庭和社区，融入自己的日常生活中，培养和提升服务对象在社区生活中的独立生活的能力，过一种有尊严的正常化的社区生活（Midgley，2010c：15）。

（二）以社区为场景

发展性社会工作的服务重点是帮助那些在社区生活中遭遇困扰的人群，它不同于机构院舍的服务，不是在给定的服务范围内开展特定的服务，而是针对人们在日常生活中遭遇的困扰开展综合性的服务。无论从50年代发展中国家的发展性社会工作的实践经验还是目前国际化平台上的发展性社会工作的探索来看，发展性社会工作的主要实践场域都是在社区，是一种社区工作的服务形式（Midgley & Tang，2001）。因此，发展性社会工作也像一般的社区工作一样，注重社区能力的建设、社区居民的参与以及社区服务项目的策划等。与一般社区工作不同的是，发展性社会工作更为关注社区服务中经济元素的运用和社会投资概念的采纳（Midgley，2010a：167）。显然，发展性社会工作更适合发展中国家的现实需要，因为在发展中国家社区发展中的贫困以及因贫困带来的社会边缘化的问题更为突出。

尽管社区服务中经济元素运用的重要性已经被许多社会工作者认可，但是在发展性社会工作看来，实际上真正运用经济元素开展社会工作服务的不多，这除了资源不足等现实困难的影响之外，传统的社会工作服务一直把经济元素的运用排除在专业服务之外，从而导致这方面的服务经验的不足和服务手法的欠缺。在实际的服务中，社会工作者经常采用的手法包括挖掘贫困人群的能力、加强社区的支持网络、推动居民的参与等，以此带动社区贫困人群的增能，改善他们的物质生活状况（Midgley，2010a：167）。从物质生活水平改善这个意义上说，像社会投资、资产账户等概念的运用，就有了更有针对性的服务策略和方法，也让社会工作在社会发展和社区发展中有了自己的独特位置和功能（Midgley & Tang，2001）。

就以社区为实践场景的社区工作而言，它主要包括三种基本的社区中开展专业服务的实践路径：在地发展（locality development）、社会策划（social planning）和社会行动（social action）（Rothman，1968：45）。在地发展是注重邻里互助的社区建设，是一种自下而上的服务策略；社会策划则是关注社会服务在社区层面的协调和实施，是一种自上而下的服务策略；社会行动则是强调通过组织社区居民一起倡导社会环境的改善，是一种社会倡导的服务策略（Midgley，2010a：168–169）。尽管社区工作的专业服务的实践策略有很多，手法也各不相同，但是它们都有一个共同的特点，就是在社区自然生活场景中开展服务，帮助在日常生活中遭遇困难的弱势人群（Weil & Gamble，1995：592）。而这一点恰恰也是发展性社会工作关注的重点。正是因为如此，发展性社会工作常常从社区工作的发展历史中寻找自己的实践和理论基础。

在发展性社会工作看来，当服务对象面临一种长期的生活困境时，如贫困就是比较典型的例子，他们所需要的服务就不仅仅是传统社会工作所倡导的短期的辅导和支持，同时还需要一种长期的帮助和支持。而开展这种长期帮助和支持服务的最好场所不是机构院舍，而是社区，即人们日常的自然生活场景（Midgley，2010c：15）。发展性社会工作强调，只有在这样的社区自然生活场景中，人们才能够建立和维护日常生活所需要的基本尊严，包括日常生活的安排、亲情的支持以及社会参与等，才会有真正的人的成长和发展（Midgley，2010a：170）。

就社会工作的环境改变功能而言，发展性社会工作认为，只有在社区的自然生活场景中，人们才能够对社会和政策因素的影响有所体验，才能参与社会的改变过程，克服传统社会工作过于关注个人心理困扰的局限，把社会环境改变也作为社会工作的重要服务内容，体现社会工作所倡导的公平正义的价值理念（Midgley，2010c：17）。这样，社会工作关注的个人改变就能够与社区资源的获取、在地支持网络的建设以及社会政策的倡导等结合起来，在多个系统层面上推动弱势群体生活状况的改善（Midgley，2010c：19）。因此，发展性社会工作强调，不能把发展性社会工作所注重的社区实践理解为社区层面的改变，实际上，它同时还涉及个人的成长和社会政策的倡导。这也是发展性社会工作区别于社区工作的一个重要方面，在发展性社会工作的逻辑框架中，社区只是专业实践的场景，不是专业实践的内容（Midgley，2010c：20）。

（三）投资策略（investment strategies）

发展性社会工作与传统社会工作的一个重要区别就是投资策略的运用。在发展性社会工作看来，提升贫困弱势人群生活水平最直接也是最有效的方法是投资策略的运用。通过投资，服务对象不仅能够获得经济生活参与的机会，也能够增加个人和家庭的收入，更为重要的是，还能够获得像住房、医疗、教育以及娱乐等相关的生活保障条件，使服务对象能够真正感受到能力的提升（Midgley，2010c：21）。为此，发展性社会工作开拓了不同形式的投资策略，常见的有人力资本投资（human capital investments）、岗位开发（employment）、小微信贷（microcredit）、小微企业（micro-enterprises）和资产账户（asset accounts）等（Midgley，2010c：21-22）。此外，发展性社会工作把与投资策略相关的成本效益的观点也引入社会工作的专业实践中，强调社会工作服务需要评估服务成本和成效，力求服务效益的最大化（Midgley，2010c：24）。

发展性社会工作认为，服务对象的自决和参与是发展性社会工作区别于传统社会工作的一个重要方面，因为只有通过服务对象的自决和参与，才能打破传统社会工作"专家"知识的服务框架，让服务对象的声音真正被周围他人和社会工作者听到，由服务对象自己去经历自己的生活，决定自己生活的安排。这样，社会工作者与服务对象之间就是一种平等对话的关系。借助这样的对话，服务对象的改变意愿以及对自己生活安排做出的决定就能够得到社会工作者的尊重和支持，而这样的尊重和支持又能够进一步推动服务对象改变意愿和自决能力的提升（Midgley，2010c：16）。因此，可以说，发展性社会工作所倡导的投资策略其实也是服务对象自决能力的一种体现。

发展性社会工作强调，它所推崇的不是一种机构为本的实践（office-based practice），而是走出机构深入社区并且与服务对象一起工作的服务模式。这种服务模式就需要围绕服务对象的发展，促进服务对象参与社区，融入社区的生活中，并且协助服务对象学会在社区生活场景中运用投资策略安排好自己的日常生活，为自己的生活做出决定，同时借助资产的积累带动整个社区的发展（Midgley，2010c：17）。发展性社会工作尽管仍然面临很多质疑，但是已经拥有了自己独特的服务框架和实践领域，受到人们的普遍关注（Midgley & Conley，2010：203）。

第二节　宏观社会工作

一　宏观社会工作的演变

根植于19世纪末20世纪初的睦邻友好运动的宏观社会工作（macro social work），聚焦社会结构、人群以及服务过程之间复杂动态关系的系统考察（Netting，2008：139）。特别是在 30 年代世界经济危机的冲击下，人们认识到社会因素对弱势人群的影响；到了 40 年代末社区组织已正式成为社会工作的一种重要方法；而二战之后"社会"元素受到人们的重视，被视为社会工作不可缺少的部分（Bisno，1956）。进入 60 年代，在健康照顾和社会服务长期规划要求的影响下，宏观社会工作逐渐进入社会工作者的视野（Rothman & Mizrahi，2014）。不过，与微观社会工作相比，宏观社会工作的发展是比较缓慢的，直到 90 年代初，有关宏观社会工作的讨论和研究才逐渐增多，成为社会工作的一个重要实践领域和理论流派（Brueggemann，2002：xxi）。

宏观社会工作是一种通过特定的规划、组织、监督和评估等方式在比较大的范围内实施的社会服务策略，它通常涉及人群、社区、组织以及政策等宏观层面的发展（Meenaghan，Washington，& Ryan，1982：6）。宏观社会工作的一个显著特征，就是规模比较大、影响范围比较广，它涉及宏观系统之间关系的考察，在宏观层面挖掘和扩展人们成长改变的机会。正是对社会因素的关注，注重考察社会因素对人们成长改变的影响，才使社会工作明显区别于其他助人的服务（Long，Tice，& Morrison，2006：3）。

在宏观社会工作发展初期，这种服务通常被称为间接社会工作（indirect work），它与临床的直接社会工作形成鲜明的对比，专注于社会环境的改变，为服务对象的成长提供有力的环境支持。但是，随着宏观社会工作的发展，这一概念的界定受到人们越来越多的质疑，人们发现，宏观层面的服务介入也涉及人与人之间的直接影响，只是这种影响的焦点不是个人、家庭等微观层面的因素，而是社会组织、社区、国家甚至国际等宏观层面的因素（Pierce，1989：167）。因此，这种宏观社会工作也是一种直接的社会工作，是一种宏观层面的直接社会工作（Long，Tice，& Morrison，2006：3）。对于宏观社会工作，另一种常见的理解是把它等同于社区组织（Weil，1996）。特别是在讨论宏观社会工作与社区工作的关系时，人们常常把两者混淆在一起，将宏观社会工作的服务局限在社区的范围内，强调这是一种以社区为本开展的专业服务，涉及社区中社会组织的资源和权力等宏观因素的考察（Long，Tice，& Morrison，2006：3-4）。

实际上，宏观社会工作是在社区、组织、社会和国际层面上解决社会问题，促进社会改变的社会工作服务策略。它不仅是一个社会工作实践领域，而且是一种社会工作的理论流派，因为它有自己的关注焦点、服务目标和理论逻辑，注重人们生活中不公平因素的消除，目的是站在社会环境的角度减少人们困扰出现的可能。这样，倡导也就成为这种服务的重要手法，而社会现实被视为一个建构的过程，需要人们积极的参与（Brueggemann，2002：3）。显然，这种观察视角不同于传统微观的临床社会工作，仅仅把环境作为一种需要人们适应的外部现实条件。

宏观社会工作强调，它之所以有别于其他社会工作理论流派，是因为它反对传统社会工作要么把社会环境视为一种给定的外部条件，只关注个人内部心理的调整，根本忽视环境因素对人的影响；要么把社会环境作为一种"自然"的外部条件，只注重不同系统之间的平衡，根本无视人的参与和意义解释的重要性（Reisch & Garvin，2016：4）。正是基于这样的理论基础的批判反思，宏观社会工作开始了自己的理论框架的建构，突出社会公平和公正在社会工作服务中的核心位置，并围绕这一核心寻找社会系统改变的可能（Mizrahi，2015：204）。因此，简而言之，宏观社会工作是一种有关社会层面改变的理论模式，目的是创造一个美好的社会（Reisch，2016）。

与以往的传统社会工作总是从个人角度来理解社会问题不同，宏观社会工作是站在社会层面上理解人们在日常生活中所遭遇的问题的，认为社会问题渗透在社会机构的日常安排中并且作为社会运行的一部分，由此才导致个人困扰的出现，其中常见的困扰包括种族歧视、权力不平等以及贫富两极分化等（Brueggemann，2002：3）。这样，无论在社会工作实践中还是理论架构方面，都需要考察一个很重要的因素，就是社会伦理（social moral），因为人们的任何行为都是特定社会场景中的伦理选择，是对目前社会运行中的伦理安排的反思和回应。也正是因为如此，伦理责任（macro responsibility）就成为社会工作者的一项基本的工作责任，倡导社会公平、促进社会福祉也就成为社会工作的一项基本伦理价值要求（National Association of Social Workers，2008）。

显然，社会工作对宏观实践的关注是从社会工作专业诞生之日起就开始了，一直延续至今，它已经成为社会工作不可或缺的部分，不仅融入在社会工作的伦理价值的要求中，也贯穿于社会工作的专业服务过程中。作为一种从社会立场思考的独特理论视角的宏观社会工作，它不再把个人与社会割裂开来，而是采用一种社会场景中个人与社会整合的角度审视社会工作的专业服务过程，突出社会工作的社会本质，将个人的改变与社会场景的改变联结起来，使社会工作真正走进现实的社会生活中，实现社会工作所倡导的增加整个社会福祉的目标（Long，Tice，& Morrison，2006：17）。

在宏观社会工作看来，与传统的微观临床社会工作一样，它也有自己所要求的资料的收集、问题的界定、方案的设计、资源的调动、服务的实施和成效的评估等专业实践的流程，也倡导依据科学研究证明的经验知识开展专业服务（Reisch，2012：128）。就这一点而言，宏观社会工作与微观社会工作没有什么不同之处，都是社会工作专业服务的一部分，只是宏观社会工作注重的是社会层面的改变。而在实际的服务中，微观社会工作与宏观社会工作是相互补充、相互支持的，个人改变需要依赖社会环境的改善，社会环境的改善又会促进个人的改变。因此，宏观社会工作强调，平衡微观社会工作与宏观社会工作的发展要求才是社会工作者真正需要思索的问题，而不是需不需要宏观社会工作（Rothman & Mizrahi，2014）。

值得注意的是，2011 年对全美社会工作者的调查显示，只有 8.8% 的社会工作专业硕士选择了宏观社会工作作为自己专攻的实践领域（Council on Social Work Education，2012：13）。这意味着，到目前为止，宏观社会工作仍然是少数人的选择，并没有得到主流社会工作的关注（Reisch，2016）。正是因为如此，2013 年美国社会工作教育委员会成立了专门的机构推进宏观社会工作实践，这个机构由社会工作不同领域的专家教授组成，目的是通过制订具体的发展计划有步骤地提高社会工作者的宏观社会工作实践能力，倡导一种整合微观和宏观的综合服务，以实现社会工作专业伦理所要求的个人成长和社会改变的双重目标（Reisch，2016）。

将微观与宏观整合起来的综合服务，已经成为目前社会工作的一个基本发展趋势，因为进入 21 世纪，人们遭遇的问题越来越复杂，例如，艾滋病的防治、家庭暴力的综合治理、长期流浪乞讨人员的处置、移民和难民的安置以及种族和文化歧视的消除等，都既涉及微观的社会工作服务，也涉及宏观的社会工作服务，其中还常常关乎人权的基本保障。因此，在这样的服务处境中，社会工作者就需要采用一种不同于传统的、能够将微观服务和宏观服务整合为一体的综合服务，针对同一个问题在多个层面上同时开展介入（Mizrahi & Morrison，2013：43）。特别是在美国奥巴马总统的推动下，社会工作者被视为重要的"社区组织者"（community organizer-in-chief），综合服务也就成为其最重要的服务手段（Reisch，2016）。

在宏观社会工作的理论总结与推广过程中，有两位重要的学者：一位是美国泽维尔大学（Xavier University）的社会工作研究者丹尼斯·朗（Dennis D. Long）；[1] 另一位是日本九州保健福祉大学（Kyushu University of Health and Welfare）的社会工作教授威廉·布鲁格曼（William G. Brueggemann）。[2] 他们分别对宏观社会工作的理论框架进行了阐述，建构起宏观社会工作的基本服务逻辑。

（一）丹尼斯·朗

朗一直从事社会福利、服务评估等宏观社会工作方面的研究（Long，2000）和社会工作的专业教育（Long & Heydt，2000），他发现社会工作教育中存在忽视宏观社会工作课程教育的问题，不仅这方面的教材很少，而且能够运用优势视角在宏观层面上挖掘社会资源开展社会工作专业服务的少之又少。于是，朗在2006年与同事合作出版了第一本从优势视角阐述宏观社会工作理论框架的社会工作专业书，以便能够为社会工作者打开宏观社会工作实践的大门（Long，Tice，& Morrison，2006：xvii）。

为了帮助社会工作者了解宏观社会工作的历史发展脉络，朗和他的同事对宏观社会工作的由来进行了梳理。他们发现，在社会工作产生之初宏观社会工作就已经成为社会工作的基本观察视角和重要实践领域。像里士满就倡导采用一种社会的宏观视角理解自我，对服务对象在社区生活中面临的问题进行"社会诊断"，了解服务对象在社会处境，包括经济条件、邻里关系以及机构服务中的需求（Richmond，1917：368）。这种需要的满足就涉及个人生活的改善和社会环境的改变，以及两者相互促进的积极关系的建立（Richmond，1917：25）。社会工作的另一位创始人亚当斯则直接把社区这种宏观的区域作为社会工作专业服务开展的重要场所，通过社区居民的组织和调动促进社会和经济层面的改革（Haynes & Holmes，1994：65）。显然，在亚当斯眼里，社会工作就是一种以社区为本、关注社会层面改变的学科（Long，Tice，& Morrison，2006：7）。

对于宏观社会工作来说，20世纪三四十年代是一个重要历史发展阶段，随着经济危机的蔓延和加深，人们逐渐察觉到，生活贫困不是一个个人的问题，而是由社会环境的影响导致的，因此，也就需要建立一种能够帮助人们应对生活贫困的社会公共服务机制，包括社会保险制度、社会救济制度以及社会福利和健康服务制度等，让人们在严重的经济危机面前有能力应对日常生活中的困难（Long，Tice，& Morrison，2006：8）。这也就

---

① 有关他的宏观社会工作论述的具体内容，请参考阅读 Long，Tice，& Morrison（2006）。
② 有关他的宏观社会工作论述的具体内容，请参考阅读 Brueggemann（2002）。

对社会工作者提供了一个重要挑战：在社会层面设计和规划社会工作专业服务，促进社会宏观层面的改变。宏观社会工作也由此受到人们的关注，成为专业服务中一个重要的领域（Miley，O'Melia，& DuBois，2001：268 - 269）。

到了 50 年代，由于第二次世界大战的结束，由政府主导的社会和经济方面的政策开始受到人们的质疑，西方社会又重新回到了第二次世界大战之前的生活状况，对于普通的个人和家庭来说，工作安排成为头等重要的大事（Long，Tice，& Morrison，2006：9）。特别是到了 60 年代中期，人们开始自愿组织起来反对战争、争取平等的社会权利，包括倡导男女平等的女性主义运动等，社会的公平公正成为人们关注的焦点。正是在这样的思想氛围下，人们从社会制度的角度重新审视以往的以慈善为核心的社会服务理念，认为这样的服务理念关注的仍然是"如何赚钱"和"如何使用钱"，并没有承担起每个人都需要承担的社会公平公正倡导的责任（Romanyshyn，1971：131）。这样，倡导社会公平公正的社会层面的改变也就自然走进社会工作者的视野，成为社会工作专业服务中不可或缺的部分（Long，Tice，& Morrison，2006：12）。

80 年代，撒切尔和里根政府上台之后推行了一系列社会福利服务政策的改革，把市场竞争机制引入社会服务中，并且强调社会服务的目的不是争取社会的公平公正，而是为整个社会提供安全保障网（safety net）（Piven & Cloward，1982：13）。宏观社会工作也因此受到极大的挑战，一方面需要面对政府福利服务开支大幅度削减之后出现的资金困境；另一方面又需要扭转市场竞争机制引入社会服务之后产生的对社会公平公正的忽视（Long，Tice，& Morrison，2006：13）。不过，值得注意的是，这一时期服务对象作为服务的消费者，他们的权利受到了社会的重视，他们也由此成为推动社会层面改变的重要力量（Long，2000）。尽管在八九十年代社会层面的改变不再被作为社会工作专业服务的重要方面，但是仍然有一些学者坚持认为，为那些无法工作的弱势人群倡导平等权利是必要的，因为日常生活中就存在不平等的就业工作机会和社会歧视的现象（Cancian，2001）。

"9·11 事件"给美国以及西方国家造成了深远的影响，也给社会工作的发展提出了新的挑战，反对恐怖主义以及国家安全成了人们关注的焦点，它与人们的日常生活息息相关，而宏观层面的社会工作也因此再度受到人们的关注（Long，Tice，& Morrison，2006：15）。特别是进入 21 世纪，国际社会对可持续发展理念的倡导，让社会工作者看到在可持续的宏观系统层面规划社会服务的必要性，这样，宏观社会工作也就从国家层面迈向了国际层面（Norton，2012）。

回顾了宏观社会工作的发展历史之后，朗与他的同事对宏观社会工作给出了自己的理解和内涵解释，认为社会工作强调助人自助，这项原则在社会宏观层面则体现为对服务使用者的尊重，由他们来带动社会宏观层面的改变，因为服务使用者只有参与了服务的整个过程，他们才能在自己的日常生活中提升掌控自己生活的能力（Long，Tice，& Morrison，2006：18 - 19）。朗与他的同事建议用"服务使用者"这个词去替代服务对象，他们强调，一旦社会工作者把接受服务方称为服务对象，就会不自觉地将自己视为服务的提供者，这样，社会工作者就被置于"专家"的位置，假设他们最了解服务对象的问题和需求，能够为服务对象做出生活改变的正确决定。显然，这是一种权力不平等的专业实践，损害的是服务对象自身拥有的能力（Long，Tice，& Morrison，2006：19）。正是基于这样的考察，朗与他的同事倡导一种服务使用者为本的宏观社会工作实践，并且把尊重服务使用者作为宏观社会工作的首要服务原则（Long，Tice，& Morrison，2006：3）。

在服务使用者为本的专业实践基础上，朗与他的同事又引入了增能的概念，强调服务使用者需要为自己的生活改变做出自己的决定，而社会工作者只是提供这种场所和机会让服务使用者能够依据自己的能力和资源做出自己生活安排的决定（Delgado，2001：33）。朗与他的同事相信，只要服务使用者开始运用自己的能力和资源为自己的生活改变做决定，他就拥有了参与日常生活的积极性，成为日常生活改变的推动者。这样，服务使用者就成了自己生活的专家，通过社会工作者的协助实现生活的自决（Long，Tice，& Morrison，2006：18）。

在帮助服务使用者实现生活自决的过程中，朗与他的同事还引入了优势视角，要求社会工作者关注弱势人群的资产、能力和改变的潜能，超越传统社会工作以问题为中心而设计的问题解决策略，把服务的焦点放在如何改变，而不是问题是什么上，鼓励服务使用者在改变过程中不断学习和成长（Long，Tice，& Morrison，2006：19）。值得注意的是，朗与他的同事对宏观社会工作的理论架构并没有仅仅停留在优势视角上，还在优势视角的基础上增加了资产建设（asset building）的内容，认为外部的环境资源也有一个累积、创造的过程（Long，Tice，& Morrison，2006：20）。这样，朗与他的同事就自然把生态视角融入宏观社会工作的理论框架中，将个人的能力与环境中的资产视为相互作用、相互转化的生态循环系统，社会工作者对于人与环境之间关系的理解也就决定了社会工作服务的基本策略（Germain，1979：2）。为此，朗与他的同事还专门把生态系统中的资产建设分为四个步骤：评估社区的优势、在服务人群与社区资源之间建立关联、协助服务人群使用能力解决社区中的问题、通过政策倡导等手段巩固服务人群的改变成果（Long，Tice，& Morrison，2006：42）。

就宏观社会工作的伦理价值依据而言，朗与他的同事强调，尽管宏观社会工作是在社会宏观层面开展社会工作专业服务，但是这并不意味着社会工作者可以通过政策的倡导有权强迫服务人群发生改变；相反，最终是否需要改变以及怎么改变是由服务人群自己来决定的，社会工作者只是协助者，协助服务人群做出自己生活改变的决定，即宏观社会工作的核心是增强服务人群的生活自决（Long，Tice，& Morrison，2006：43）。

（二）威廉·布鲁格曼

与朗相同，布鲁格曼也非常关注社会环境的改变，他在社区服务中发现，即使在90年代从社会环境入手讨论如何创造一种安全、平等、温馨的社会环境的社会工作实践非常少，特别是有关社区场景中开展宏观社会工作实践的书更是寥寥无几，于是，他在1996 年根据自己的实践经验正式出版了《宏观社会工作》（*The practice of macro social work*）一书，受到社会工作者的欢迎，被视为宏观社会工作的代表作。[①] 之后，随着"后

---

① 详细的内容请参见 Brueggemann（1996）。

现代社会"（post-modern era）的来临，布鲁格曼意识到需要从新的后现代的视角理解社会问题和社区服务，转变传统的现代思维方式，重新梳理宏观社会工作的实践路径和方法（Brueggemann，2002：xxi）。

布鲁格曼发现，这种"后现代社会"的出现是西方社会在不断反思现代社会不足中的深度转型，它从传统的二元对立的现代思维方式转向了新的超越二元对立的建构思维方式，社会被理解成人们一起建构的过程（Drucker，1989：3 - 4）。这样，个人与环境就不再被作为相互对立的两端，强制地从人们的日常生活抽离出来考察两者之间的相互关系。个人重新回到了自己的日常生活中，而日常生活也就成为个人实现生活改变的条件和过程（Brueggemann，2002：396）。

布鲁格曼强调，"后现代社会"的出现不仅与后现代主义思潮的兴起有着密切的联系，也与女性主义运动、和平运动和环保运动等有着内在的关联。到了90年代，出现了第三波女性主义运动，她们的抗争不再仅仅停留在对平等机会的争取和男性主导的社会主流权力结构的批判上，同时还反对二元对立的不平等的思维方式，她们认为在这种思维方式下，像女性这样的社会生活中的弱势人群就会失去自决的机会和能力。这一时期的和平运动和环保运动一样，也开始从二元对立的现代思维方式中摆脱出来，不再聚焦于反对战争或者倡导环境保护这样的具体行动上，而是关注个人自决意识和能力的提升，一种能够消除二元对立的新的思维方式（Brueggemann，2002：397 - 398）。这样，在国际范围内就形成了一种新的社会运动的发展趋势，关注在地经验和文化的建设，被称为一种"自产社会"（self-production of society），即倡导人们通过发展在地的经验和文化参与社会现实的建构过程，并由此提升人们的自决意识和能力（Buecher & Cylke，1997：577）。显然，这不是一种自上而下的"专家式"的现代思维方式，而是一种自下而上注重人们自决的建构思维方式（Brueggemann，2002：412）。

正是在"后现代社会"考察的基础上，布鲁格曼提出一种注重在地参与的自决的发展观，不同于注重理性掌控能力培养的现代社会的发展观，认为社会现实是一个建构的过程，改变生活的只有人们自己，其核心表现在人们的自决意愿和能力上（Brueggemann，2002：419）。为此，布鲁格曼还将这种发展观概括为七个方面的要求：①把社区作为人们参与在地生活的基础；②注重人们社区日常生活的参与；③关注自下而上的决定方式；④尊重生活的多样性；⑤减少权力掌控组织系统的影响；⑥弱化政府行政化管理的方式；⑦促进与政府、社会组织和专业群体的平等合作关系（Brueggemann，2002：422 - 423）。布鲁格曼强调，只有通过培养人们的自决意愿和能力，才能够创造一种属于人们自己的社区和社会（Brueggemann，2002：423）。

一旦把人们放回到他们的日常生活中来考察他们的成长和改变，布鲁格曼认为，这就意味着个人的心理不是可以脱离社会环境的个人内部的心理特征，而是镶嵌在社会环境中并且随着社会环境变化而变化的个人的心理状况。这样，个人的心理改变始终处于社会环境之中，与社会环境的改变紧密联系在一起，具有社会性（Specht & Courtney，1994：27）。这样，宏观社会工作就不仅仅是社会宏观层面的改变，同时还与个人微观层面的心理改变紧密结合在一起。就这一点而言，宏观社会工作是一种把人放回到日常生活中的观察视角，是一种从社会角度入手规划社会工作专业服务的逻辑框架，它不仅存在于社会宏观层面的改变中，也存在于个人微观层面的辅导中，促使社会工作回归到现实社会问题的解决和社会改变的轨道上（Brueggemann，2002：438）。

为了帮助社会工作者找回这种社会改变的服务逻辑，布鲁格曼对以往社会工作服务模式的逻辑基础进行了回顾和总结。他发现，注重个人心理改变的服务模式依据的是西方个人主义的价值理念，强调个人需要对自己的生活负责，需要学会适应外部的生活环境。正是在这样的价值理念的指导下，社会工作的专业服务就聚焦在个人内部心理的调整以及对外部社会环境的适应上，而改变这种服务模式的唯一方式就是回到服务对象的日常生活中，协助服务对象学会帮助自己（Brueggemann，2002：29 - 32）。另一种常见的社会工作服务模式是关注亲子关系或者家庭结构。这种服务模式虽然不再把问题视为个人导致的，但是也像注重心理辅导的服务模式一样专注于亲子关系或者家庭结构不足的修补，把这些不足从人们的日常生活中抽离出来进行干预。类似的还有关注邻里结构的服务模式，像同伴学习就是典型的例子，这类服务关注的焦点在邻里关系的影响上（Brueggemann，2002：33）。此外，还有从生态系统视角架构社会工作服务模式的，这种模式将宏观环境系统纳入专业服务范围内，倡导不同系统之间的平衡，不过，它没有看到个人自决在生活改变中的作用以及不同人群有着不同利益的社会现实（Brueggemann，2002：35 - 37）。

布鲁格曼认为，尽管以往社会工作有着多种不同的服务模式，但是这些模式都是依据西方个人主义价值原则确立的，注重个人的价值、尊严和独立，要求个人能够理性地安排自己的生活。实际上，这些服务模式都是建立在受到西方启蒙运动影响的现代思维的基础之上，采取的是一种二元对立的思维方式（Brueggemann，2002：39）。正是因为如此，布鲁格曼倡导一种"后现代社会"的社会思维方式（social thinking），假设人们是生活在自己的日常社会生活中的，只有通过在地生活的参与，才能找到有效应对社会问题的方法，而宏观社会工作恰恰就是通过人们的在地参与，帮助人们提高驾驭自己生活的能力，过一种让人们自己感觉有意义的生活（Brueggemann，2002：3）。

二 宏观社会工作的理论框架

宏观社会工作是一种从宏观社会处境入手分析人们在日常生活中遭遇困境的服务框架，它不同于从个人适应或者个人抗逆力着手的微观辅导的视角，不仅关注问题的消除，也注重问题的预防，特别是深藏于社会处境背后的社会结构中的社会歧视和社会排斥的消除，是宏观社会工作的关注重点，它倡导的是一种在日常社会生活处境中并且伴随日常社会生活处境一起改变的专业服务方式（Reisch，2016）。显然，这种服务方式不同于传统的社会工作，依据的是一种自下而上的经验知识的逻辑，主张建立一种去中心化的专业服务合作关系，通过服务过程中的平等对话帮助服务对象挖掘改变的意愿和能力（Long，Tice，& Morrison，2006：54）。

（一）社会思维

在宏观社会工作看来，解决社会宏观层面的问题通常有两种不同的思维方式。一种是自 17 世纪启蒙运动起所推崇的二元对立的思维方式，称为理性问题解决（rational prob-lem-solving），它从人的理性入手，注重问题的分析、诊断和解决。这种思维方式影响现代社会生活的各个方面，并在 19 世纪末 20 世纪初随着社会工作的专业化和科学化开始走进社会工作，成为社会工作服务模式的主导理论框架。特别是在社会工作的通用服务模式中，这一思维方式的特征表现得更为明显。另一种是从 20 世纪 70 年代开始所倡导的社会建构的思维方式。这种思维方式强调，运用传统的理性问题解决只会加剧社会的两极分化，产生一种"精英"社会，而社会弱势人群则会变得更为弱势。更为重要的是，传统的理性问题解决把问题从日常社会生活中抽离出来，借助个人理性这项工具寻找问题解决的方法，使整个问题解决过程中没有社会的位置。而引入社会建构的思维就是要把社会的元素融入社会工作专业服务的每个环节，让社会工作真正成为"社会"工作（Brueggemann，2002：3）。

一旦把人视为社会的人，服务对象就成为社会改变的推动者，而不仅仅是面临问题需要社会工作者帮助的人。这样，宏观社会工作的关注焦点也就自然转向了社会问题的界定和社会改变的创造。宏观社会工作强调，当社会工作者面对在日常生活中遭遇问题的服务对象时，他对待服务对象的态度决定了专业服务的走向。如果社会工作者关注问题困境中服务对象的内心困扰或者外部环境，就会采取理性问题解决的思维方式；如果社会工作者关注问题的社会处境以及服务对象与社会处境之间的动态关联方式，就会运用社会建构的思维方式。正是基于这种社会问题的界定方式，社会工作者的专业服务也就变成了挖掘服务对象的改变意愿和能力，带动社会的改变（Brueggemann，2002：4）。宏观社会工作宣称，社会改变不是来自社会的"精英"，而是日常社会生活中遭遇困扰的社会弱势人群，他们才是社会发展中问题的亲身经历者，同时也是拥有自身能力能够带动社会生活改变的力量（Brueggemann，2002：8）。

在宏观社会工作的逻辑框架中，个人改变与社会改善是同步的，两者相互作用、相互转化，不能人为地拆分开来。宏观社会工作认为，在社会工作者的帮助下，服务对象不仅在寻找问题解决的方法和途径，也在建构社会的现实，推动社会的改变。因此，从这个角度来说，社会工作者通过协助服务对象解决日常生活中面临的问题，创建一种更为公平公正的社会。这样，社会工作也就具有了挖掘人的改变潜力，挑战社会不公正和消除社会歧视的社会属性。值得注意的是，宏观社会工作提醒社会工作者在专业服务开展过程中不能过度地强调社会环境或者社会制度改善的重要性，因为一种社会环境和参与其中的人紧密联系在一起，人们只有通过自身改变意愿和能力的提升，才能创造一种更有希望、更有意义的生活。说到底，社会工作是一种协助人们，特别是社会弱势人群在现实社会生活中寻找心灵解放的社会服务（Brueggemann，2002：9）。

宏观社会工作强调，这种把社会现实视为社会建构过程的社会思维，与西方启蒙运动所推崇的二元对立的思维根本不同。二元对立的思维注重的是个人的自由，关注个人如何通过一种理性的行动方式实现自己预定的生活目标，而整个现代社会就是依据这样的个人理性自由原则建立起来的（Brueggemann，2002：19）。宏观社会工作发现，这种二元对立的个人理性思维方式源于经济生产的需要，是人们驾驭物质生产过程的工具。但是，这样的思维方式放在社会生活领域就会遭遇困难，因为社会不是由一种类型的人组成的，他们之间就存在权力和利益的差异。这样，社会公平公正也就成为社会生活领域的一项根本诉求（Brueggemann，2002：20）。

就个人而言，宏观社会工作认为，二元对立的个人理性思维运用物理科学的还原方式把社会简化为由无数个人组成的单位，个人也就变成这个社会的"原子"。这样，个人就失去了为自己生活做出决定的成长发展空间，转变成社会"精英"分析的对象，物化为生活中遇到困难有问题需要帮助的对象（Winter，1966：7-9）。这样的观点在社会工作的生态系统视角中也有所体现，个人只是作为一个系统或者系统中的一个单位，而个人所拥有的参与生活、为自己生活做出决定的能力却被剔除在社会工作的理论框架之外（Hornick & Burrows，1987：143）。因此，在宏观社会工作看来，建立这种"后现代社会"的社会建构思维方式的核心，就是放弃这种被动的、还原式的现代自我观，承认人是一种社会存在（social beings），拥有一种社会自我（social self），能够参与自己的社会生活，为自己的社会生活做出决定。这样，服务对象就不是被动的、需要接受服务的对象，而是拥有自决能力，能够带动自己生活改变的积极参与者（Brueggemann，2002：21）。

宏观社会工作坚持认为，人的社会自我具有两个重要特征：一是主动性（activity），即人能够参与到自己的日常社会生活中，承担起自己的生活责任，他既不是指令的被动接受者，也不是外部环境的适应者，而是生活的积极参与者和成长改变的推动者；二是自主性（autonomy），即人对生活有自己的理解和意义解释，能够为自己的生活做出决定，他既不是他人生活的复制，也不是命运安排的棋子，而是能够通过自己的行动改变自己命运的人。宏观社会工作强调，人只有通过解决自己生活中的社会问题的过程，才能实现社会的改变。因此，从这个意义上说，社会改变不可能来自外部，不管外部条件如何紧迫，也不可能来自"专家"，不管他们多么专业，甚至都不可能来自指令式的工作方式（acting on people），不管工作要求如何具体，都只能够来自服务对象自己，通过他们自己的行动找到他们日常社会生活中的问题的解决方法，从而带动社会的改变（Brueggemann，2002：21）。

对于宏观社会工作而言，当下具有理论层面的内涵，它对于服务对象的改变发挥着极其重要的作用，因为只有在当下的处境中，服务对象才能与周围他人建立起一种活生生的经验现实世界，从而开始现实的建构过程。社会工作者的专业服务也一样，也需要借助此时此刻的当下遭遇，推动服务对象参与到自己的日常社会生活中，为自己的生活安排做出决定，让服务对象成为自己生活的引领者。因此，宏观社会工作坚信，服务对象的成长改变过程就是自我发现的过程，借助日常社会生活中的问题解决提升自我参与和自我决定的能力（Brueggemann，2002：22）。

显然，在社会思维的逻辑框架下，宏观社会工作与微观社会工作的结合就成为一项现实的需要，它让社会工作者走出办公室，走进服务对象的日常生活，用整全的视角理解服务对象的生活处境以及面临的生活挑战（Chambers，1980：20）。从社会工作的发展历史来看，有关微观社会工作与宏观社会工作的争论由来已久，无论微观社会工作还是宏观社会工作都无法说服对方放弃自己的观点。实际上，微观社会工作与宏观社会工作的分割恰恰代表的是现代的二元对立思维，它是现代社会发展的必然结果（Brueggemann，2002：22）。一旦社会工作者的思维方式转变成了"后现代社会"的社会建构，他就需要采取一种整全的视角同时关注服务对象在微观和宏观两个不同层面的需求，综合运用微观社会工作和宏观社会工作的服务方法，放弃两者的对立和分割。这样，服务对象也就同时成了微观层面生活的改变者和宏观层面生活的推动者（Vodde & Gallant，2002）。因此，宏观社会工作坚持认为，所谓宏观社会工作实践，不是仅仅指社会宏观层面的专业服务，也不是指社会工作专业服务的高级阶段，而是一种社会思维逻辑框架下的专业实践，它要求社会工作者在日常社会生活中从多个层面、多个角度来理解服务对象的需求，开展一种将微观与宏观结合在一起的整全视角的综合服务（Long，Tice，& Morrison，2006：76）。

（二）社会改变

正是在社会思维逻辑框架的指导下，宏观社会工作对于服务对象在日常社会生活中遭遇的问题也有了自己不同的理解，认为这些问题不能仅仅从个人的角度去界定，同时还需要放在社会生活的场景中从社会的角度去理解。这样，宏观社会工作也就对服务对象的问题有了自己的界定方式，称之为社会问题（social problem）。宏观社会工作强调，只有当服务对象的问题成为社会问题时，才需要社会工作者的介入。而成为社会问题就需要符合三个方面的特征：①它是一群人所经历的事件，不是一个人的经历；②问题的产生明显受到外部社会环境因素的影响，它给服务对象的日常生活造成了困扰；③问题的解决依赖服务对象私人和公共生活两个层面的合作（Brueggemann，2002：43-44）。显然，与传统社会工作相比，宏观社会工作在界定问题时，更偏向于社会性的考察，注重在社会生活场景中理解问题的内涵。

正是基于对服务对象遭遇问题的社会性考察，宏观社会工作认为，服务对象的问题不仅复杂多样，问题的不同层面、不同方面之间相互影响，而且随着社会生活场景的变化而变化，具有明显的动态性。因此，针对服务对象的问题而采取的改变策略也就需要依据特定社会生活场景中的问题关联方式做具体的分析，它无法从一种社会生活场景中生搬硬套到另一种社会生活场景中，也无法从一个层面的尝试直接运用到另一个层面的改变上，而需要采取一种随机应变的方式（contingency approach）。值得注意的是，宏观社会工作在专业实践中发现，服务对象问题中的任何一个方面发生改变都会影响其他的生活方面，从而带来服务对象整个生活的改变（Brueggemann，2002：45）。

在针对问题的改变策略的讨论中，宏观社会工作仔细比较了传统社会工作的理性问题解决的方式，认为这种改变策略依据的是现代科学的实证主义逻辑，它假设存在普遍、一致的客观规律，通过客观规律的分析就能找到解决问题的应对策略，而一旦拥有了这样的应对策略，就能够解决所有相关的问题，不受时间和地域的限制。宏观社会工作认为，实际上，现实生活要比理论复杂得多，很难用一种方法解决所有相关问题。因此，宏观社会工作倡导另一种问题改变的策略，不是从过去的经历中找到不足之处，由此提出改变的策略，而是直接从社会改变入手，关注哪些方面可以改变以及哪里可以开始改变。这样，能力和资源的挖掘就成为社会工作专业服务必须考察的内容，这是一种资产为本的能力取向的改变策略（assets-based strength approach），目的是创造一个更好的社会，而不仅仅是消除日常社会生活中面临的问题（Brueggemann，2002：46）。

宏观社会工作认为，尽管社会工作者在专业服务中需要分析和考察服务对象在日常社会生活中遭遇的问题，了解社会环境对问题的影响，包括给服务对象带来什么方面的困扰以及给服务对象的成长改变造成什么阻碍，但是这并不意味着社会工作者需要纠结于分析问题产生的过往原因、谁需要受到责备以及如何阻止这样的问题出现等，因为改变只可能发生在还没有成为事实的那些服务对象有梦想并且愿意开始行动尝试的方面，通过自己的行动参与生活现实的建构过程（Brueggemann，2002：47）。为此，社会工作者就需要运用社会思维，将服务对象的改变尝试放在他的社会关系中，并且通过与周围他人合作的意义寻找过程，建立起社会成员之间的互动方式，从而逐渐实现社会宏观层面的改变。宏观社会工作强调，一旦脱离了社会思维，社会改变也就无法实现，人们就会不自觉地转向关注那些可以抽离具体现实生活的技术改变（Brueggemann，2002：67）。

宏观社会工作之所以强调社会思维在社会改变中的重要作用，是因为它认为只有把服务对象放在日常社会生活的对话交流中，才能与周围他人形成一种"双向式的反思"（mutual reflection），从而带动相互之间交流的深入，发展出能够相互理解的社会身份和行动策略，摆脱传统现代社会因推崇理性问题解决思维方式而导致的与社会的割裂和疏离。宏观社会工作认为，这种"双向式的反思"不同于传统现代社会所倡导的理性问题解决的科学思维，它能够更丰富地呈现人们在特定社会生活场景中的感受和经验，接近日常社会生活中的现实，找到社会改变的路径和方法（Brueggemann，2002：73－74）。

宏观社会工作还对这种社会改变的具体方式进行了探究，发现这种改变方式注重人们的感受和价值的考察，认为这与传统的现代科学所注重的理性思维不同，并没有把感受和价值排除在现实之外，而是把它们作为现实构建的重要组成部分（Brueggemann，2002：68）。宏观社会工作甚至提出，社会工作就是一种以价值为中心的思维方式（value-centered thinking）。它强调，如果社会工作者只注重"客观"事实，就会不自觉地陷入命运决定论的泥潭中，看不到每个人（包括服务对象）身上所具有的为自己生活做出决定的能力。在宏观社会工作看来，"客观"事实就是那样，但并不代表它就应该那样，价值不仅给了人们思考的方向，也给了人们努力的目标，并由此构成了现实的一部分（Brueggemann，2002：69）。此外，宏观社会工作还把直觉也引入社会工作的考察范围内，认为人与环境的交流不仅仅局限在理性概念思考上，同时还包括像直觉、感觉等这些被现代社会视为非理性的沟通，而且这样的非理性交流方式与环境的结合更为直接也更为紧密，也是人们日常社会生活经验中不可缺少的重要组成部分（Brueggemann，2002：70－71）。

值得注意的是，宏观社会工作还把行动作为社会改变出现的重要元素，它从社会心理学中借用了符号互动理论的行动概念，认为人们的行动不是简单、机械的计划执行，而是把自己投入具体的生活场景中体验改变的过程，在这个过程中人们不仅把生活的意义赋予行动中，而且通过人际互动与周围他人一起创造生活的意义。也就是说，人们通过行动创造生活的意义，又通过生活的意义改变行动，两者交织在一起，无法拆分开来（Blumer，1969：14 - 15）。这样，行动中思考（thinking as doing）就成为人们寻求改变的重要手段，而行动中的失败也就与成功一样有了重要价值，是人们学习的重要经验基础。正是因为如此，宏观社会工作强调，生活中的学习不是按照计划去行动，而是学会应对生活中的失败和不完美，能够从失败中调整自己的行动策略，最终找到成功的路径和方法（Brueggemann，2002：74）。

宏观社会工作坚持认为，现代社会以经济为基础，并以此来审视社会生活的安排，因此，它强调一种个人理性的问题解决的思维方式，甚至把人际互动也理解为利益的理性互换，注重的是个人的理性选择和成效的最大化，根本无视人们日常生活的社会性（Zey，1998：2）。这样，依据现代社会思维方式建立起来的社会工作也就自然关注个人理性的掌控能力以及对环境的适应性（Checkoway，1997：13）。为此，宏观社会工作提出，只有将注重个人理性的问题解决思维方式放到具体的社会生活场景中，关注面对面的人际互动以及"双向式的反思"，才能从现代社会的理性问题解决思维的局限中摆脱出来，建立起一种能够适应"后现代社会"的新的以社会思维为基础的社会工作服务模式，真正注重人的成长和社会的改变（Brueggemann，2002：75）。

（三）能力策略（strengths orientation）

在专业服务的具体安排上，宏观社会工作提倡一种以促进社会改变为核心的能力取向的实践策略，它包括四项重要的服务原则：第一，寻找机会让服务对象直接参与，如组织服务对象的互助队或者建立服务对象的例会制度等，给服务对象提供直接参与专业服务的机会，而不是把服务对象仅仅视为服务的对象；第二，鼓励服务对象学会主动掌控自己的生活，包括提供相关的资讯、教育和培训，以协助服务对象提高对生活变化的回应能力，增强服务对象的生活掌控感；第三，挖掘服务对象的改变能力，包括服务对象的兴趣爱好、特长和优势等，促使服务对象身份的改变，从受助对象变成服务提供者，再转变成社会改变的推动者；第四，建立一种以优势为基础的合作联盟（the strengths-based alliances），如服务对象之间的互助、服务对象与周围他人之间的协同以及社会工作者与服务对象之间的专业合作等，帮助服务对象在日常社会生活中找到改变的能力和资源，创造一种能够带来社会改变的合作联盟（Long，Tice，& Morrison，2006：60）。

宏观社会工作认为，这种能力策略的核心是让服务对象成为专业服务的主导者，由他们自己做出生活改变的决定，规划生活改变的安排，而社会工作者只是作为服务对象改变的协助者和合作者，挖掘服务对象的改变意愿和改变能力，为服务对象的生活自决提供机会和支持（Tower，1994）。这样，社会工作者就需要从传统社会工作的帮助者转变成协助者，把生活改变的权利归还给服务对象自己，不再是通过直接的服务指导服务对象如何发生改变，而是借助服务对象改变能力和资源的挖掘，促进服务对象成为自己生活的改变者，主动参与到日常社会生活的改变中。宏观社会工作提醒社会工作者，尽管在社会思维的框架下社会工作者失去了"专家"的位置，但是这并不意味着社会工作者在服务对象成长改变过程中的重要性降低了，恰恰相反，是重要性提升了，只是社会工作者的服务手法发生了根本转变，注重服务对象的能力提升，是一种增能的策略（Long，Tice，& Morrison，2006：63）。

正是因为在社会思维下社会工作者的专业定位发生了根本改变，宏观社会工作强调，社会工作者的服务方式也需要发生相应的改变，专业的好奇心就变得非常重要，不是假设自己掌握了专业知识，最了解服务对象的需求，而是需要保持一种不知道的（not-knowing）状态，相信服务对象是自己生活的亲历者，最了解现实生活的要求（Green & Lee，2002：184）。这样，倾听就成为社会工作的一项重要服务技术，它不仅仅是帮助社会工作者找到服务对象自身所拥有的能力和资源的重要手段，同时还具有服务策略层面的价值，能够借助社会工作者的倾听让服务对象看到自己的改变能力，并且通过这种改变能力的运用增强服务对象对日常社会生活的把控感，从而提升服务对象对自己生活的自决能力（Long，Tice，& Morrison，2006：63）。

与传统社会工作不同的是，在宏观社会工作看来，生活中的多样性，如年龄、性别、种族和文化等，就成为服务对象成长改变的重要能力和资源，它们既是服务对象自身社会身份的重要组成部分，是服务对象参与社会生活不可回避的内容，也是服务对象独特生活资源和个性化生活安排能力挖掘过程中的现实，是服务对象学习如何联结微观的个人成长与宏观的社会改变的有效途径（Long，Tice，& Morrison，2006：65－66）。宏观社会工作认为，对于个人成长和社会改变而言，文化能力的引入使社会工作专业服务拥有了一个新的历史维度，这一维度是人们和社会确定自己身份的重要依据，它帮助社会工作者从关注当下社会处境中问题的解决和生活改变转向注重历史的考察和未来生活意义的解释（Lum，2004）。

在宏观社会工作的理论逻辑框架中，社区具有了特别重要的意义，与机构单位相比，社区是服务对象直接体验日常社会生活的重要场所，也是服务对象为自己生活安排做出决定的重要场景。正是因为如此，宏观社会工作认为，就服务对象自我的成长改变而言，社区不仅是服务对象自我成长的重要资源，也是服务对象自我成长的呈现之处和实现方式（Long，Tice，& Morrison，2006：115）。宏观社会工作强调，只有让服务对象参与到社区的日常社会生活中，服务对象的自我发展才能弥补因现代社会发展要求而出现的过于强调个人理性以及缺乏社会性的问题。这样，社区的日常社会生活经验也就具有了修补和充实人性的作用，成为服务对象自我发展的重要资源（Winter，1966：8）。宏观社会工作发现，在社区日常社会生活中，服务对象的自我成长总是与周围他人联系在一起，他在成就自己的过程中就在影响周围他人，始终需要处理自己与周围他人的关系。因此，在社区日常生活中建立和维持一种互惠式（mutuality）的关联也就成为服务对象呈现真实自我成长的唯一方式，也是服务对象施加自己的积极影响推动社会改变的重要手段和方式（Long，Tice，& Morrison，2006：116）。

值得注意的是，宏观社会工作在批评现代社会过于强调个人理性基础之上，提出了自己对机构的社会工作专业服务的理解，认为这种社会工作专业服务就是要在纯粹的以市场为导向的组织和以行政管理为目标的组织中找到一种可以弥补的服务形式，帮助人们建立一种积极的社会关联（Salamon，1995：15）。宏观社会工作强调，这种机构中的社会工作专业服务注重的是人们的参与、尊重和多样化的生活方式，它提供的是一种社会产品，如归属感、责任感和公共精神等，能够激发人们参与和改变社会生活的意愿和能力，减少人们之间的敌对和疏离（Long，Tice，& Morrison，2006：246）。

就服务策略的具体实施步骤而言，宏观社会工作吸收了增能视角通用模式的理论框架，把服务的重点放在如何改变，而不是问题的界定上，并以此为基础确定了对话（dialogue）、发现（discovery）和发展（development）三个主要实施步骤（Miley，O'Melia，& DuBois，2001：97）。宏观社会工作认为，所谓对话，就是在与服务对象的最初接触中通过平等的交流建立一种积极的合作关系，尊重服务对象的独特生活经验，关注服务对象自身的发展要求；发现则是指社会工作者协助服务对象挖掘自身拥有的能力和资源，找到一个可以帮助服务对象实现预期目标的解决方案；而发展是指社会工作者通过推动行动方案的执行，创造机会让服务对象学会调动资源、建立联盟以及整合个人成长与社会改变，实现生活积极改变的循环圈（Long，Tice，& Morrison，2006：64）。不过，需要注意的是，宏观社会工作强调，在服务策略的实施过程中社会工作者始终需要尊重服务对象的差异性，由服务对象来决定自己的生活安排，并且在做好经验反思的前提下与服务对象保持良好的沟通（Long，Tice，& Morrison，2006：65）。

（四）服务策划者

尽管从事宏观社会工作服务的社会工作者有很多种角色，常见的包括项目策划者、社区组织者、教育者、倡导者、政策分析者以及资源链接者等，但是就服务焦点和层次而言，从事宏观社会工作服务的社会工作者有一个很重要的角色，就是服务策划者，即服务系统提供和输送的规划者。与传统社会工作不同，宏观社会工作关注的不是在服务活动层面考察服务的组织和实施，而是在服务系统层面规划服务的安排、监督和评估，它是一种在社会发展层面对服务所做的规划，目的是创造一种更为公平公正的社会。这样，它就涉及政策的分析、利益相关的考察、服务的倡导以及资金的申请和分配等，在一个比较宏观的层面推进社会工作专业服务的组织和实施（Long，Tice，& Morrison，2006：56）。

宏观社会工作发现，实际上在推进宏观层面的社会工作服务时，社会工作者通常采用一种团队的工作方式，这样，就需要社会工作者具有一种团队工作的能力，成为工作团队的领导者，包括创造一种平等对话的团队沟通机制、促进所有成员的参与、形成团队工作的行动方案、协调团队成员之间的工作以及提升团队成员的能力等。宏观社会工作认为，社会思维的培养和社会改变的实现最直接的体现就是团队工作方式，因此，它不仅对于社会工作者来说具有专业的价值，对于服务对象而言也具有成长改变的作用（Long，Tice，& Morrison，2006：57）。此外，宏观社会工作还特别强调社会工作者在社会环境改变中发挥的作用，因为这常常与服务对象长远的利益联系在一起，包括社会歧视的消除、公平机会的提供以及多样性的尊重等，特别是那些因过分注重个人理性的解决问题能力而导致的现代社会生活中的冲突，需要社会工作者的参与和介入，提供有针对性的应对措施（Brueggemann，2002：396）。

宏观社会工作不只是宏观层面的服务，也不只是服务范围的扩展，它作为社会工作专业服务的必要组成部分，越来越受到人们的关注，而在后现代主义思潮的推动下，人们已经看到了个人成长与社会改变之间的内在关联以及在地发展的重要性（Fogel & Ersing，2016）。宏观社会工作虽然目前还面临人才短缺、课程不规范、社会认同度不高以及被边缘化等方面的问题（Reisch，2016），但是它作为一种能够整合个人成长和社会改变的新的社会建构的知识观，正在被人们接受，也让人们认识到在日益复杂的社会问题面前社会工作需要一种能够将微观和宏观联结成一体的整全视角。正像宏观社会工作所倡导的，我们不仅需要解决一些具体的问题，也需要创造一个更公平的社会，我们的目标只有一个，就是让我们的心灵有安身之处（Mosely，2016）。

结　语

一　社会工作理论的基本命题

通过回顾和整理社会工作理论可以发现，尽管社会工作理论的主题呈现多样化的特点，有的关注个人心理的改变，建构以个人心理为主导的理论；有的注重人与人之间的动态关联，创建以人际关系为主导的理论；也有的侧重社会层面的改变，构思以社会结构为主导的理论，但是它们的关注焦点只有一个，就是推动生活的改变，这种改变可以是个人层面，也可以是人际层面和社会层面，甚至是几个层面的整合。因此，可以说，社会工作是一门有关社会弱势人群如何改变的学科（Gray & Webb，2009：76）。它的理论建构焦点也就需要集中在社会弱势人群如何改变上，而不仅仅是对社会弱势人群现有生活困境的现象分析。这样，社会弱势人群的改变就不仅是一个实务问题，也是这门学科需要解答的最核心的理论问题，是整个社会工作理论逻辑框架建构的依据（Howe，2009：2 – 3）。

正是因为如此，社会工作理论的建构就离不开社会弱势人群改变的三个基本问题：①改变如何可能，即社会弱势人群的改变与什么因素相关，它到底发生在哪里；②改变如何发生，即社会弱势人群改变的发生过程是如何实现的，它包括哪些具体的程序、步骤、策略和方法；③改变如何维持，即在帮助社会弱势人群实现改变的过程中，社会工作者与服务对象需要建立什么样的信任合作关系、这样的专业关系在服务过程中如何维持，以保证专业服务成效的持续性。显然，针对第一个基本问题的思考是分析社会弱势人群的现实生活状况以及影响其改变的因素，如果关注个人心理因素的影响，就偏向了以个人心理为主导的理论，它假设个人的心理是影响个人适应环境的重要因素；如果注重人际互动关系，就朝向了以人际关系为主导的理论，它强调人与人之间是相互影响的，只有保持相互之间的平衡，才能找到生活改变的方法和路径；如果侧重社会因素的影响，就走向了以社会结构为主导的理论，它相信社会环境才是影响个人发展的关键因素，只有推动社会环境的改变，个人的成长才有现实的空间。值得注意的是，关注生活的阻碍因素只是社会工作理论建构的一种方向，实际上，如何改变才是重要的，这样，社会工作理论建构也就有了另一个方向，即关注社会弱势人群的能力和资源（Long，Tice，& Morrison，2006：63）。

对于第二个基本问题的回答，就给出了社会工作理论的服务框架，包括服务的基本逻辑、服务的基本程序、服务的策略和方法等，如果强调个人心理层面的改变，就会采用适应的服务逻辑，通过个人心理的调整适应外部环境的要求；如果注重人际层面的改变，就会运用循环的服务逻辑，借助社会关系和互动关系的把握找到平衡双方或者多方的有效策略；如果关注社会层面的改变，就会应用批判反思的服务逻辑，侧重意识提升和服务自决，带动社会弱势人群的增能（Dominelli，2002a：3）。当然，这三个层面的服务逻辑并不是截然分开的，实际上，不少学者尝试将几种服务逻辑融合在一起，以提升社会工作理论的适应性和有效性（Brueggemann，2002：xxi）。

针对第三个基本问题，不同的理论流派给出了不同的解释，有的学者认为社会工作就是一种专业的服务，具有自己的专业知识体系和专门的训练要求，在具体的服务中社会工作者就需要向处于社会弱势处境中的服务对象提供专业的指导（Rapp & Goscha，2006：3）；而有的学者强调，社会工作是一种强调"助人自助"价值理念的学科，纯粹的"专家式"服务关系只会损害服务对象的改变意愿和能力，使原本弱势的群体更加陷入社会的弱势处境中（Saleebey，2002：2）；有的学者则坚信，社会工作者与服务对象的专业合作关系反映的是特定社会制度的安排，无论社会工作者还是服务对象都无法摆脱社会处境的影响，因此，社会工作者就需要对这样的专业合作关系保持警觉，随时审视其中隐藏的不平等关系并设法减少这样的不平等的交流（Payne，2005：230）。

值得注意的是，这三个基本问题是紧密关联在一起的，对于第一个问题"改变如何可能"的回答也就会影响第二个问题和第三个问题的答案；同样，对于第二个问题"改变如何发生"和第三个问题"改变如何维持"的回答，也会影响对第一个问题的思考。特别是第一个问题和第二个问题，它们在实际服务中相互印证，很难拆分开来。

二　社会工作理论的逻辑基础

对于社会工作理论这三个基本问题的回答，说到底，是需要解答"人在情境中"这一社会工作理论的逻辑基础，即人与环境的关系。对于这一问题的回答，也就决定了社会工作理论的基本框架（Coulashed & Orme，2006：9）。因此，"人在情境中"也就成为社会工作这门学科的核心理论命题。无论哪种理论模式的分析，还是哪种服务手法的探讨，最后都可以归纳为怎么理解人与环境的关系。然后，对于人与环境的关系，不同的学者由于依据不同的理论哲学基础，他们对于这个问题就有了不同的理解，到目前为止还没有形成一致的看法，使社会工作理论呈现繁杂多样的形态（Howe，2009：4）。

就人与环境的关联方式而言，目前的社会工作理论主要有四种理解：第一种，把环境视为人生活的背景，注重人对环境的适应；第二种，把环境视为人与人或者系统与系统之间的互动关联，强调相互适应；第三种，把环境视为一种社会的处境，具有社会结构的安排，而人只能依据社会结构的安排做出生活的调整；第四种，把环境视为一种社会建构的过程，强调环境影响人的同时，人也在影响环境。一旦把环境作为人们生活的背景，就会假设环境是外在于人存在的某种生活状态，完全超出了人的把控能力。因此，对于一种给定的环境来说，人唯一能够改变的就是调整自己，去适应环境的变化和要求。显然，这种有关人与环境关系的看法依据的是实证主义的逻辑框架，特别是在社会工作理论发展的早期十分普遍（Dominelli，2002a：3）。

　　把人与环境的关系理解成人与人或者系统与系统之间的关系，这样的观点通常来源于沟通理论或者生态系统理论，这种理论不再把人与环境对立起来，而是依据系统和生态运行的规律注重不同系统之间的相互影响，采用的是一种循环逻辑。这样，人与物的关系就转变成人与人的关系，尽管它克服了人对环境单方面适应的不足，同时注重人与环境相互之间的双向适应，但是它并没有跳出实证主义的基本逻辑框架（Dominelli，2002a：4）。

　　一旦社会工作者站在社会的角度来理解人的成长改变要求时，就会突出人的成长环境的社会性，它不像外部的物理环境那么简单，而是具有特定的社会制度安排和社会角色要求的环境，背后拥有一定的社会结构。更为重要的是，在这种社会性的环境中，人们只有拥有了对自己生活处境的批判反思的能力时，才能够从自己生活经验的束缚中解脱出来，找到生活处境中存在的不公平、不平等的现象，并且通过改变这种不公平、不平等的现象，最终推动社会环境的改善。显然，这样的观点依据的是社会理论对社会的理解（Gray & Webb，2009：77）。

　　在后现代主义思潮的影响下，社会工作也对人与环境的关系有了全新的理解，不再把个人与环境对立起来，而是作为相互交融在一起的过程。这样，环境就不是预先给定的，而是人们通过自己的参与和行动建构的过程；个人也不是抽象的，总是生活在一定的社会环境中，受到社会环境的影响，同时也在影响社会环境（Brueggemann，2002：9）。因此，在社会建构的观察视角下，个人的成长就必然与社会环境的改变联系在一起，而社会环境的改变也必然与个人的成长密不可分，这也意味着社会工作需要走一种综合服务的路径，能够同时将微观的服务与宏观的服务整合起来，形成一种动态的、整全的服务视角（Mosely，2016）。

参考文献

〔美〕乔治·H. 米德，1992，《心灵、自我与社会》，赵月瑟译，上海译文出版社。

〔奥〕西格蒙德·弗洛伊德，1986，《弗洛伊德后期著作选》，林尘、张唤民、陈伟奇译，上海译文出版社。

Abeles, G. (1976). "Researching the unresearchable: Experimentation on the double bind." In C. E. Sluzki and D. C. Ransom (eds.). *Double bind: The foundation of communicational approach to the family* (pp. 113 – 149). New York: Grune & Stratton.

Abramovitz, M. (1998). "Social work and social reform: An arena of struggle." *Social Work*, 43 (6), 512 – 526.

Abrams, P. (1977). "Community care: Some research problems and priorities." *Policy and Politics*, 6 (2), 125 – 151.

Abu-Laban, Y. (2002). "Liberalism, multiculturalism, and the problem of essentialism." *Citizenship Studies*, 6 (4), 459 – 482.

Ad Hoc Committee on Advocacy (NASW) (1969). "The social worker as advocate: Champion of social victim." *Social Work*, 14 (2), 16 – 22.

Adams, R. (1990). *Self-help, social work and empowerment*. London: Macmillan.

Adams, R. (1996). *Social work and empowerment* (2nd ed.). London: Macmillan.

Adams, R. (2003). *Social work and empowerment* (3rd ed.). Basingstoke: Palgrave.

Adams, R., Dominelli, L., & Payne, M. (2002). *Social work: Themes, issues and critical debates* (2nd eds.). New York: Palgrave.

Addams, J. (1902). *Democracy and social ethics*. New York: Macmillan.

Addams, J. (1910a). "Charity and social justice." *In Proceedings of the thirty-seventh Conference of Charities and Corrections* (pp. 1 – 28). Fort Wayne, Ind.: Archer Printing Co.

Addams, J. (1910b). *Public activities and investigations. Jane Addams: A centennial reader* (p. 42). New York: Macmillan.

Addams, J. (1910c). *Twenty years at Hull-House*. New York: Macmillan.

Addams, J. (1917). *Address to the Women's City Club of Chicago. Meeting of Women's City Club*, 2 – 4. Jane Addams Papers (reel 48, 811 – 813), Central Washington University, Ellensburg, WA.

Agger, B. (1998). *Critical social theories*. Boulder and Oxford: Westview Press.

Aguilar, M. A. (1997). "Re-engineering social work's approach to holistic healing." *Health and Social Work*, 22 (2), 83 – 86.

Ahmad, B. (1990). *Black perspectives in social work.* Birmingham: Venture.

Aldridge, D., & Rossiter, J. (1983). "A strategic approach to suicidal behavior." *Journal of Strategic and Systemic Therapies*, 2 (1), 49 – 62.

Alinsky, S. (1969). *Reveille for radical.* New York: Random House.

Allan, J. (2003). "Theorizing critical social work." In J. Allan, B. Pease and L. Briskman (eds.). *Critical social work: An introduction to theories and practices* (pp. 32 – 51). St. Leonards, NSW: Allen & Unwin.

Allen, J. R. (1987). "The use of strategic techniques in large systems: Mohandas K. Gandi and the Indian Independence movement." *Journal of Strategic and Systemic Therapies*, 6 (1), 57 – 64.

Allison, S., Stacey, K., Dadds, V., Roeger, L., Wood, A., & Martin, G. (2003). "What the family brings: Gathering evidence for strengths based work." *The Association for Family Therapy and Systemic Practice*, 25 (2), 263 – 284.

Anderson, K. M. (1997). "Uncovering survival abilities in children who have been sexually a-bused." *The Journal of Contemporary Human Services*, 78 (6), 592 – 599.

Anderson, S. C. (1994). "A critical analysis of the concept of codepedencey." *Social Work*, 39 (6), 677 – 686.

Anderson, S. C., Wilson, M. K., Mwansa, L-K., & Osei-Hwedie, K. (1994). "Empowerment and social work education and practice in Africa." *Journal of Social Development in Africa*, 9 (2), 71 – 86.

Aptekar, H. H. (1955). *The dynamics of casework and counseling.* Boston: Houghton Mifflin.

Argyris, C., & Schön, D. (1976). *Theory in practice: Increasing professional effectiveness.* San Francisco: Jossey-Bass.

Asfar, H., & Maynard, M. (1994). *The dynamics of race and gender: Some Feminist interventions.* London: Taylor and Francis.

Ashurt, P., & Hall, Z. (1989). *Understanding women in distress.* London: Tavistock/Routledge.

Attneave, C. L. (1976). "Social networks as the unit of intervention." In Phillip J. Guerin, Jr. (ed.). *Family therapy* (pp. 220 – 232). New York: Gardiner Press.

Austin, L. N. (1939). "The evolution of our case work concepts." *Family*, 19 (1), 48 – 49.

Austin, L. N. (1948). "Trends in differential treatment in social casework." *Social Casework*, 29 (2), 203 – 211.

Austin, L. N. (1983). Foreword. In Howard J. Parad (13th ed.), *Crisis intervention: Selected Readings* (pp. *xi – xiv.*). New York: Family Service Association of America.

Bailey, R., & Brake, M. (1975). *Radical social work.* New York: Pantheon Books.

Bandler, B. (1963). "The concept of ego-supportive psychotherapy." In H. Parad and R. Miller (eds.). *Ego-oriented casework: Problems and perspectives* (pp. 27 – 44). New York: Family Service Association of America.

Bandler, L. (1963). "Some aspects of ego growth through sublimation." In H. J. Parad & R. Miller (eds.). *Ego-oriented casework* (pp. 14 – 26). New York: Family Service Association of America.

Bandura, A. (1977). *Social learning theory.* Englewood Cliffs NJ, New Jersey: Prentice-Hall.

Bandura, A. (1982). "Self-efficacy mechanism in human agency." *American Psychologist*, 37 (4): 122 – 147.

Bandura, A. (1986). *Social foundations of thought and action: A social cognitive theory.* Englewood Cliffs, NJ: Prentice-Hall.

Banks, S. (1999). "The social professions and social policy: Proactive or reactive?" *European Journal of Social Work*, 2 (3), 327 – 339.

Barber, J. G. (1991). *Beyond casework.* London: BASW/Macmillan.

Barclay, P. (1982). *Social workers: Their role and tasks.* London: Bedford Square Press.

Barkdull, C. (2009). "Exploring intersections of identity with Native American women leaders." *Affilia*, 24 (2), 120 – 136.

Barker, H. (1986). "Recapturing sisterhood: A critical look at 'Process' in feminist organization and community action." *Critical Social Policy*, 16 (3), 80 – 90.

Barker, R. (2003). *The social work dictionary* (5th ed.). Washington, DC: NASW Press.

Barnes, J. A. (1954). "Class and communities in a Norwegian island parish." *Human Relations*, 7 (1), 39 – 58.

Baron, J. N., Grusky, D. B., & Treiman, D. J. (1996). "Social differentiation and inequality: Some reflections on the state of the field." In J. N. Baron, D. B. Grusky and D. J. Treiman (eds.). *Social differentiation and social inequality: Essays in honor of John Pock* (pp. 345 – 365). Boulder, CO: Westview Press.

Barretti, M. (2001). "Social work, women, and feminism: A review of social work journals, 1998 – 1997." *Affilia*, 16 (3), 266 – 294.

Barry, K., Zeber, J., Blow, F., & Valenstein, M. (2003). "Effects of strengths model versus assertive community treatment model on participant outcomes and utilization: A two-year follow-up." *Psychiatric Rehabilitation Journal*, 26 (2), 268 – 277.

Barry, M., & Hallett, C. (eds.) (1998). *Social exclusion and social work: Issues of theory, policy and practice.* Lyme Regis: Russell House.

Barth, D. F. (2008). "Hidden eating disorders: Attachment and affect regulation in the therapeutic relationship." *Clinical Social Work Journal*, 36 (4), 355 – 365.

Bartlett, H. M. (1958a). "Toward clarification and empowerment of social work practice." *Social Work*, 3 (1), 3 – 9.

Bartlett, H. M. (1958b). "Working definition of practice." *Social Work*, 3 (2), 5 – 8.

Bartunek, J. M., & Moch, M. K. (1994). "Third-order organizational change and the Western mystic tradition." *Journal of Organizational Change Management*, 7 (1), 24 – 41.

Bateman, N. (2000). *Advocacy skills for health and social care professionals.* London: Jessica

Kingsley.

Bateson, G. (1979). *Mind and nature: A necessary unity.* New York: E. P. Dutton.

Beck, A. T., & Weishaar, M. (1989). "Cognitive therapy." In A. Freema., K. M. Simon, L. E. Beutler & H. Arkowitz (eds.). *Comprehensive handbook of cognitive therapy* (pp. 21 – 36). New York: Plenum.

Beck, J. (1995). *Cognitive therapy: Basics and beyond.* New York: Guilford Press.

Beckett, C. (2006). *Essential theory for social work practice.* London: Sage.

Beckett, C. (2007). "The reality principle: Realism as an ethical obligation." *Ethics and Social Welfare,* 1 (3), 269 – 281.

Bedard, G. (2000). "Deconstructing whiteness: Pedagogical implications for anti-racism education." In A. M. Calliste and G. J. Dei (eds.). *Power, knowledge, and anti-racism education: A critical reader* (pp. 41 – 56). Hlifax, NS: Fernwood Publishing.

Beebe, B., & Lachmann, F. M. (1988). "Mother-infant mutual influence and precursors of psychiatric structure." In A. Goldberg (ed.). *Progress in self psychology* (vol. 3, pp. 3 – 25). Hillsdale, NJ: Analytic Press.

Beimers, D. (2016). "Legislative advocacy days: Building political self-efficacy in social work students." *Journal of Political Practice,* 15 (4), 269 – 288.

Bein, A. (2008). *The Zen of helping: Spiritual principles for mindful and open-hearted practice.* Hoboken, NJ: Wiley & Sons.

Belenky, M. F., Clinchy, M. B., Goldberger, N. R., Tarule, M. J. (1997). *Women's ways of knowing: The development of self, voice and mind.* New York: Basic Books.

Bell, E., & Taylor S. (2004). "From outward bound to inward bound: The prophetic voices and discursive practices of spiritual management development." *Human Relations,* 57 (4), 439 – 466.

Bell, H. (2003). "Strengths and secondary trauma in family violence work." *Social Work,* 48 (4), 513 – 522.

Bell, L. A. (1997). "Theoretical foundations fro social justice education." In M. Adams, L. A. Bell and P. Griffin (eds.). *Teaching for diversity and social justice: A sourcebook* (pp. 3 – 15). New York: Routledge.

Bellak, L., Hurvich, M., & Gediman, H. (1973). *Ego functions in schizophrenics, neurotics, and normal* (eds.). New York: John Wiley & Sons.

Benedict, R. (1934). *Patterns of culture.* New York: Houghton Mifflin.

Bennett, S. (2008). "The interface of attachment, transference, and countertransference: Implications for the supervisory relationship." *Smith College Studies in Social Work,* 78 (2/3), 301 – 320.

Berg, I. K., & Kelly, S. (2000). *Building solutions in child protective services* (p. 78). New York: W. W. Norton.

Berg, I. K., & Reuss, N. (1998). *Solutions step by step: A substance abuse treatment manual.* New York: W. W. Norton.

Berger, R. , & Federio, R. (1982). *Human behavior: A social work perspective* (p. 39). New York: Longman.

Berlin, I. J. , Cassidy, J. , & Appleyard, K. (2008). "The influence of early attachments on other relationship." In J. Cassidy & P. R. Shaver (eds.). *Handbook of attachment: Theory, research, and clinical applications* (2nd ed.) (pp. 333 – 347). New York: The Guilford Press.

Berlin, S. (1983). "Cognitive-behavioral approaches." In A. Rosenblatt & D. Waldfogel (eds.). *Handbook of clinical social work* (pp. 1095 – 1119). San Francisco: Jossey-Bass.

Berlin, S. (1990). "Dichotomous and complex thinking." *Social Service Review*, 3 (1), 46 – 59.

Berlin, S. (2002). *Clinical social work practice: A cognitive-integrative perspective.* New York: Oxford University Press.

Berman, S. , & Rickel, A. (1979). "Assertive training for low income black parents." *Clinical Social Work Journal*, 7 (1), 123 – 132.

Berman-Rossi, T. (1991). "Elderly in need of long-term care." In A. Gitterman (ed.). *Handbook of social work practice with vulnerable populations* (pp. 503 – 548). New York: Columbia University Press.

Bernstein, R. (1983). "Are we still stereotyping the unmarried mother?" In Howard J. Parad (13th ed.). *Crisis intervention: Selected Readings* (pp. 100 – 110). New York: Family Service Association of America.

Bersfrod, P. , & Croft, S. (2004). "Service users and practitioners reunited: The key component for social work reform." *British Journal of Social Work*, 34 (1), 53 – 68.

Bertalanffy, L. (1962). "General systems theory: A critical review." *General Systems Yearbook*, 7 (1), 1 – 20.

Bertalanffy, L. (1968). *General systems theory, human relations.* New York: Braziller.

Bertolino, B. , & O'Hanlon, B. (1999). *Invitation to possibility land: An intensive teaching seminar with Bill O' Hanlon.* Philadelphia: Brunner/Mazel.

Besthorn, F. H. (2000). "Toward a deep-ecological social work: Its environmental, spiritual and political dimensions." *The Spirituality and Social Work Forum*, 7 (2), 1/6 – 7.

Besthorn, F. H. (2001). "Transpersonal psychology and deep ecological philosophy: Exploring linkages and applications for social work." In E. R. Canda and E. D. Smith (eds.). *Transpersonal perspectives on spirituality in social work* (pp. 23 – 44). Binghamton, NY: Naworth Press.

Besthorn, F. H. (2002). "Radical environmentalism and the ecological self: Rethinking the concept of self-identity for social work practice." *Journal of Progressive Human Services*, 13 (1), 53 – 72.

Besthorn, F. H. , & Canda, E. R. (2002). "Revisioning environment: Deep ecology for education and teaching in social work." *Journal of Teaching in Social Work*, 22 (1/2), 79 – 101.

Besthorn, F. H. , & McMillen, D. P. (2002). "The oppression of women and nature: Ecofeminism as a framework for an expanded ecological social work." *Families in Societies*, 83 (3),

221 – 232.

Betz, J. , Hartman, P. , Jaroslaw, A. , Levine, S. , Schein, D. , Smith, G. , & Zeiss, B. (1961). *A study of the usefulness and reliability of the Hollis treatment scheme: A continuation of previous research in this area.* Master's thesis. New York: Columbia University, School of Social Work.

Bhagwan, R. (2010). "Spirituality in social work: A survey of students at South African University. " *Social Work Education*, 29 (2), 188 – 204.

Biegel, D. E. , Tracy, E. M. , & Song, L. (1995). "Barriers to social network interventions with persons with severe and persistent mental illness: A survey of mental health case managers. " *Community Mental Health Journal*, 31 (4), 335 – 349.

Biestek, F. (1961). *The casework relationship.* London: Allen and Unwin.

Billips, J. (1994). "The social development model as an organizing framework for social work practice . " In R. G. Meinert, J. T. Pardeck and W. P. Sullivan (eds.). *Issues in social work: A critical analysis* (pp. 21 – 38). Westpot, CT: Auburn House.

Bisno, H. (1956). "How social will social work be?" *Social Work*, 1 (2), 12 – 18.

Bissoondath, N. (1994). *Selling illusion: The cult of multiculturalism in Canada.* Toronto, ON: Penguin Books.

Black, C. J. (2003). "Translating principles into practice: Implementing the feminist and strengths perspectives in work with battered women. " *Journal of Women & Social Work*, 18 (3), 332 – 349.

Black, R. , & Weiss, J. (1991). "Chronic physical illness and disability. " In A. Gitterman (ed.). *Handbook of social work practice with vulnerable populations* (pp. 137 – 164). New York: Columbia University Press.

Blackwell, C. W. , Dziegielewski, S. F. , & Jacinto, G. A. (2006). "The use of a strengths-based approach in addressing discrimination against gays and lesbians. " *Journal of Human Behavior in the Social Environment*, 14 (3), 1 – 17.

Blakey, T. J. , & Dziadosz, G. M. (2015). "Application of attachment theory in clinical social work. " *Health & Social Work*, 25 (4), 1 – 7.

Blos, P. (1975). "The second individuation process of adolescence. " In Aaron Esman (ed.). *The psychology of adolescence: Essential readings* (pp. 156 – 177). New York: International University Press.

Blumer, H. (1969). *Symbolic interactionism: Perspective and method.* Englewood Cliffs, NJ: Prentice-Hall.

Blundo, R. , & Greene, R. R. (2008). "Social construction. " In Robert R. Greene (3rd ed.). *Human behavior theory and social work practice* (pp. 237 – 264). New Jersey: Transaction Publisher.

Blundo, R. (2006). "Shifting our habits of mind: Learning to practice from a strengths perspective. " In D. Saleebey. *The strengths perspective in social work perspective* (pp. 25 – 45) (4th ed.). Boston: Pearson Education, Inc.

Bobo, K. , Kendall, J. , & Max, S (1996). *Organizing for social change: A manual for activists in the 90s* (2nd eds.). Santa Ana, CA: Seven Locks Press.

Bodian, S. (1995). "Simple in means, rich in ends: An interview with Arne Naess. " In G. Sessions (ed.). *Deep ecology for the the 21st century: Readings on the philosophy and practice of the new environmentalism* (pp. 26 – 36). Boston: Shambhala.

Bogo, M. , Regehr, C. , Baird, S. , Paterson, J. , & LeBlanc, V. R. (2016). "Cognitive and affective elements of practice confidence in social work students and practitioners. " *British Journal of Social Work*, 56 (6), 1 – 18.

Boie M. (1937). "The case worker's need for orientation to the culture of the client. " *In Proceedings of the National Conference of Social Work* (pp. 112 – 123). Chicago: University of Chicago Press.

Bolman, L. G. , & Deal, T. E. (1991). *Reframing organizations: Artistry, choice, and leadship.* San Francisco: Jossey-Bass Publishers.

Borduin, C. M. , Mann, B. J. , Cone, L. T. , Henggeler, S. W. , Fucci, B. R. , Blaske, D. M. , & Williams, R. A. (1995). "Multisystemic treatment of serious juvenile offenders: Long-term prevention of criminality and violence. " *Journal of Counseling and Clinical Psychology*, 63 (5), 569 – 576.

Boscolo, L. , Cecchin, G. , Hoffman, L. , & Penn, P. (1987). *Milan systemic family therapy: Conversations in theory and practice.* New York: Basic Books.

Bottrell, D. (2009). "Dealing with disadvantage: Resilience and the social capital of young people's networks. " *Youth & Society*, 40 (4), 476 – 501.

Bowlby, J. (1979). "Psychoanalysis as art and science. " *International Review of Psycho-Analysis*, 6 (3), 3 – 14.

Bowlby, J. (1980). *Attachment and loss, Vol. III: Loss, sadness and depression.* New York: Basic Books.

Bowlby, J. (1982). *Attachment and loss, Vol. I: Attachment* (2nd ed.). New York: Basic Books.

Bowles, W. , Collingridge, M. , Curry, S. , & Valentine, B. (2006). *Ethical practice in social work: An applied approach.* Maidenhead: Open University Press.

Brandon, D. (1976). *Zen and art of helping.* London: Routledge & Kegan Paul.

Brandon, D. (1979). "Zen practice in social work. " In D. Brandon and B. Jordan (eds.). *Creative social work* (pp. 20 – 35). Oxford, England: Basil Blackwell.

Brandon, D. (2000). *Tao of survival: Spirituality in social care and counseling.* Birmingham: Ventrue.

Brandwein, R. (1985). "Feminist thought structure: An alternative paradigm of social change for social justice. " In D. Gil, & E. Gil (eds.). *Toward social and economic justice* (pp. 167 – 182). Cambridge, MA: Schenkman.

Brandwein, R. (1986). "A feminist approach to social policy. " In N. Van den Bergh, & L.

Cooper (eds.). *Feminist visions for social work* (pp. 250 – 261). Silver Spring, MD: NASW Press.

Braye, S., & Preston-Shoot, M. (1995). *Empowering practice in social care.* Buckingham: Open University Press.

Brearley, J. (1991). "A psychodynamic approach in social work." In J. Lishman (ed.). *Handbook theory for practice teachers in social work* (pp. 48 – 63). London: Jessica Kingsley.

Brechin, A. (2000). "Introducing critical practice." In A. Brechin, H. Brown and M. Eby (eds.). *Critical practice in health and social care* (pp. 26 – 45). London: Open University Press.

Bretherton, I. (1992). "The origins of attachment theory: John Bowlby and Mary Ainsworth." *Developmental Psychology*, 28 (5), 759 – 775.

Bretherton, L., & Munholland, K. A. (2008). "Internal working models in attachment: Elaborating a central construct in attachment theory." In J. Cassidy and P. R. Shaver (eds.). *Handbook of attachment: Theory, research, and clinical applications* (2nd ed.) (pp. 102 – 127). New York: The Guilford Press.

Briar, S. & Mill, H. (1971). *Problems and issues in social casework.* New York: Columbia University Press.

Briar, S. (1968). "The casework predicament." *Social Work*, 1 (1), 5 – 11.

Briar, S. (1990). "Empiricism in clinical practice: Present and future." In L. Videka-Sherman and W. J. Reid (eds.). *Advances in clinical social work research* (pp. 43 – 61). Silver Spring, MD: NASW Press.

Bricker-Jenkins, M., & Hooyman, N. R. (eds.) (1986). *Not for women only: Social work practice for a feminist future.* Silver Spring, MD: National Association of Social Workers.

Bricker-Jenkins, M. (1991). "The propositions and assumptions of feminist social work practice." In M. Bricker-Jenkins, N. R. Hooyman, & N. Gottlieb (eds.). *Feminist social work practice in clinical settings* (pp. 271 – 303). Newbury Park, CA: Sage.

Bricker-Jenkins, M., Hooyman, N. R., & Gottlieb, N. (eds.) (1991). *Feminist social work practice in clinical settings.* Newbury Park, CA: Sage.

Brieland, D. (1990). "The Hull-House tradition and the contemporary social worker: Was Jane Addams a social worker?" *Social Work.* 35 (2), 134 – 138.

Brieland, D. (1997). "Social Work Practice: History and Evolution." In Richard L. Edwards (ed.). *The Encyclopedia of Social Work* (19th ed.) (pp. 2247 – 2257), Washington, NASW Press.

Bronfenbrenner, U. (1989). "Ecological systems theory." *Annals of Child Development*, 6 (2), 187 – 249.

Brook, E., & Davis, A. (1985). *Women, the family and social work.* London: Tavistock.

Bross, A. (1982). *Family therapy: Principles of strategic practice.* (ed.) New York: Guilford Press.

Brown, C. (1994). "Feminist postmodernism and the challenge of diversity." In A. Chambon and

A. Irving (eds.). *Essays on postmodernism and social work* (pp. 35 – 48). Toronto: Canadian Scholar's Press.

Brown, J. A. (1980). "Cild abuse: An existential process. " *Clinical Social Work Journal*, 8 (2), 108 – 111.

Brown, J. A. , & Romanchuk, B. (1994). "Existential social work practice with the aged: Theory and practice. " *Journal of Gerontological Social Work*, 23 (1/2), 49 – 65.

Brown, L. N. (1993). "Groupwork and the environment: A systems approach. " *Social Work in Group*, 16 (1/2), 83 – 95.

Brueggemann, W. G. (1996). *The practice of Macro social work* . Belmont, CA: Books/Cole.

Brueggemann, W. G. (2002). *The practice of Macro social work* (2nd ed.). Belmont, CA: Books/Cole.

Bruner, E. (1986). "Ethnography as narrative. " In V. Turner and E. Bruner (eds.) , *The anthropology of experience* (pp. 142 – 157). Chicago: University of Illinois Press.

Buecher, S. , & Cylke, F. K. (1997). "The centrality of social movements. " In Steven M. Buecher and F. Kurt Cylke (eds.). *Social movements: Perspectives and issues* (pp. 558 – 579). Mountain View, CA: Mayfield.

Bulter, A. C. , Chapman, J. E. , Forman, E. M. , & Beck, A. T. (2006). "The empirical status of cognitive behavioral therapy: A review of meta-analyses. " *Clinical Psychology Review*, 26 (1), 17 – 31.

Burden, D. S. , & Gottlieb, N. (eds.) (1987). *The women client: Providing services in a changing world*. New York: Tavistock.

Burke, B. , & Harrison, P. (2002). "Anti-oppressive practice. " In R. Adams, L. Dominelli, & M. Payne (2nd eds.). *Social work: Themes, issues and critical debates* (pp. 227 – 236). New York: Palgrave.

Burn, C. , & Rapp, R. C. (2001). "Strengths-based case management: Individuals' perspectives on strengths and the case manager relationship. " *Social Work*, 46 (2), 278 – 288.

Butler, J. (1995). "Contingent foundations: Feminism and the question of ' postmodernism ' . " In S. Benhabib, J. Bulter, D. Cornell and N. Fraser (eds.). *Feminist contentions: A philosophical exchange* (pp. 35 – 57). New York: Routledge.

Cade, B. (1980). "Strategic therapy. " *Journal of Family Therapy*, 2 (1), 89 – 99.

Cancian, M. (2001). "Rhetoric and reality of work-based welfare reform. " *Social Work*, 46 (4), 309 – 314.

Canda, E. R. (1988). "Spirituality, religious diversity, and social work practice. " *Social Casework*, 69 (4), 238 – 247.

Canda, E. R. (1990). "An holistic approach for social work practice. " *Social Thought*, 16 (3), 3 – 13.

Canda, E. R. (1991). "East/West philosophical synthesis in transpersonal theory. " *Journal of Sociology and Social Welfare*, 18 (4), 137 – 152.

Canda, E. R. (1997). "Spirituality." In R. L. Edwards (19th ed.). *Encyclopedia of social work* (pp. 299 – 310). Washington, DC: NASW Press.

Canda, E. R. (1998). "Afterword: Linking spirituality and social work: Five themes for innovation." In E. R. Canda (ed.). *Spirituality and social work: New directions* (pp. 97 – 106). Binghamton, NY: Haworth Press.

Canda, E. R. (2005). "The future of spirituality in social work: The farther reaches of human nurture." *Advance in social work*, 6 (1), 87 – 108.

Canda, E. R. (2008). "Foreword." In A. Bein. *The Zen of helping: Spiritual principles for mindful and open-hearted practice* (pp. ix – xi). Hoboken, NJ: John Wiley & Sons.

Canda, E. R., & Furman, L. D. (2010). *Spiritual diversity in social work practice: The heart of helping* (2nd eds.). New York: Oxford University of Press.

Canda, R. E. (2009). "Chronic illness and transresilience along my spiritual path." In D. Saleebey (5th ed.). *The strengths perspective in social work practice* (pp. 72 – 92). Boston: Pearson A and B.

Canda, R. E., Carrizosa, S., & Yellow Bird, M. (1995). *Cultural diversity in child welfare practice: A training curriculum for cultural competence.* Lawrence, Kansas: The University of Kansas School of Social Welfare.

Caplan, G. (1974). *Support systems and community mental health.* New York: Basic Book.

Caplan, M. A. (2010). "Social investment and mental health: The role of social enterprise." In J. Midgley and A. Conley (eds.). *Social work and social development: Theories and skills for development social work* (pp. 71 – 86). New York: Oxford University Press.

Carlson, B. E. (1991a). "Causes and maintenance of domestic violence: An ecological analysis." *Social Service Review*, 58 (5), 569 – 587.

Carlson, B. E. (1991b). "Domestic violence." In A. Gitterman (ed.), *Handbook of social work practice with vulnerable populations* (pp. 471 – 502). New York: Columbia University Press.

Carmody, D. L. (1991). "Spirituality as empowerment." *Studies in Formative Spirituality*, 12 (1), 23 – 33.

Carpenter, D. E. (1996). "Constructivism and social work treatment." In Francis J. Turner (4th ed.). *Social work treatment: Interlocking theoretical approaches* (pp. 146 – 167). New York: The Free Press.

Carpenter, D. E. (2011). "Constructivism: A conceptual framework for social work treatment." In Francis J. Turner (5th ed.). *Social work treatment: Interlocking theoretical approaches* (pp. 117 – 133). New York: Oxford University Press.

Carroll, M. M. (1997). "Spirituality and clinical social work: Implications for past and current perspectives." *Arete*, 22 (1), 25 – 34.

Carroll, M. M. (1998). "Social work's conceptualization of spirituality." In E. R. Canda (ed.). *Spirituality in social work: New directions* (pp. 1 – 13). Binghamton, New York: Haworth Press.

Carroll, M. M. (1999). "Spirituality and alcoholism: Self actualization and faith stage." *Journal of Ministry in Addiction and Recovery*, 6 (1), 67 – 84.

Carter, B., & McGoldrick, M. (2005). *The expanded family life cycle: Individual, family, and societal perspectives*. Boston: Allyn & Bacon.

Cath, S. H. (1983). "Some dynamics of the middle and later year." In Howard J. Parad (13th ed.). *Crisis intervention: Selected Readings* (pp. 174 – 190). New York: Family Service Association of America.

Cews, D., & Besthorn, F. H. (2016). "Ecosocialwork and transformed consciousness: Reflections on eco-mindfulness engagement with the silence of nature world." *Journal of religion & Spirituality in Social Work: Social Thought*, 35 (5), 91 – 107.

Chambers, C. A. (1971). *Paul U. Kellogg and the Survey*. Minneapolis: University of Minnesota Press.

Chambers, C. A. (1980). "Social service and social reform: A historical essay." In F. R. Breu and S. J. Diner (eds). *Compassion and responsibility: Readings in the history of social welfare policy in the United States* (pp. 18 – 32). Chicago: University of Chicago Press.

Changfoot, N. (2004). "Feminist standpoint theory, Hegel and the dialectical self: Shifting the foundations." *Philosophy & Social Criticism*, 30 (4), 477 – 502.

Chapin, R. K. (1995). "Social policy development: The strengths perspective." *Social Work*, 40 (4), 506 – 514.

Chaskel, R. (1983). "Assertive casework in a short-term situation." In Howard J. Parad (13th ed.). *Crisis intervention: Selected Readings* (pp. 237 – 247). New York: Family Service Association of America.

Checchin, G., Lane, G., & Ray, W. A. (2003). "Prejudice and position: Fostering the symptoms of happiness in brief therapy." *Journal of Brief Therapy*, 2 (1), 101 – 108.

Checkoway, B. (1997). "Core concepts for community change." In Marie Weil (ed.). *Community practice: Models in action* (pp. 1 – 15). New York: Haworth Press.

Cherus, L. A. (2016). "A self psychologist approaches retirement: 'Forced' termination with highly vulnerable clients." *Clinical Social Work*, 44 (5), 150 – 159.

Chubb, H. (1982). "Strategic brief therapy in a clinic setting." *Psychotherapy: Theory, Research and Practice*, 19 (1), 160 – 165.

Cigno, K., & Bourn, D. (eds.) (1998). *Cognitive-behavioral social work in practice*. Aldershot: Ashgate.

Cigno, K. (1993). "Changing behavior in a residential group setting for elderly people with learning difficulties." *British Journal of Social Work*, 23 (3), 629 – 642.

Cigno, K. (2002). "Cognitive-behavioral practice." In R. Adams, L. Dominelli and M. Payne (2nd eds.). *Social Work: Themes, issues and critical debates* (pp. 180 – 190). New York: Palgrave.

Cixous, H. (1981). "Laugh of the Medusa." In E. Marks and I. de Courtivron (eds.), *New*

French Feminisms: *An anthology* (pp. 245 – 264). Sussex: The Harvester Press.

Clark, J. J., Leukefeld, C., & Godlaski, T. (1999). "Case management and behavioral contracting: Components of rural substance abuse treatment." *Journal of Substance abuse treatment*, 17 (4), 293 – 304.

Clark, M. D. (1999). "Strength-based practice: The ABCs of increasing motivation with juvenile offenders." *Juvenile and Family Court Journal*, 50 (1), 33 – 42.

Clifford, D. J. (1995). "Methods in oral history and social work." *Journal of the Oral History Society*, 23 (2), 65 – 74.

Clifford, D., & Burke, B. (2009). *Anti-oppressive ethics and values in social work*. London: Palgrave Macmillan.

Cnaan, R. A., Wineburg, R. J., & Boddie, S. C. (1999). *The newer deal*: *Social work and religion in partnership*. New York: Columbia University Press.

Coates, J. (2003a). "Exploring the roots of the environmental crisis: Opportunity for social transformation." *Critical Social Work*, 15 (2), 116 – 125.

Coates, J. (2003b). *Ecology and social work*: *Towards a new paradigm*. Halifax, NS: Fernwood Publishing.

Coates, J. (2007). "From ecology to spirituality and social justice." In J. Coates, J. R. Graham, B. Swartzentruber and B. Ouelette (eds.). *Spirituality and social work*: *Selected Canadian Readings* (pp. 213 – 228). Toronto: Canadian Scholars' Press.

Coates, J., Gray, M., & Hetherington, T. (2006). "An 'ecospiritual' perspective: Finally, a place for idigenous approaches." *British Journal of Social Work*, 36 (2), 381 – 399.

Cole, D. R. (1982). *Helping*. Toronto: Butter worths.

Collins, B. G. (1986). "Defining feminist social work." *Social Work*, 31 (3), 214 – 219.

Collins, B. G. (1993). "Reconstructing codependency using self-in-relation theory: A feminist perspective." *Social Work*, 38 (4), 470 – 476.

Collins, P. H. (1997). "Comment on Hekman's truth and method: Feminist standpoint theory revisited." *Journal of Women in Culture and Society*, 22 (2), 201 – 212.

Collins, S., & Wilkie, L. (2010). "Anti-Oppressive Practice and Social Work Students' Portfolios in Scotland." *Social Work Education*, 29 (7), 760 – 777.

Compton, B., & Galaway, B. (eds.) (1994). *Social work processes* (5th ed.). Pacific Grove, CA: Brooks/Cole.

Compton, B., & Galaway, G. (1999). *Social work processes*. Pacific Grove: Brooks Cole.

Conley, A. (2010). "Social development, social investment, and child welfare." In J. Midgley and A. Conley (eds.). *Social work and social development*: *Theories and skills for development social work* (pp. 31 – 54). New York: Oxford University Press.

Conley, V. A. (1992). *Hélène Cixous*. New York: Havester Wheatsheaf.

Consedine, J. (2002). "Spirituality and social justice." In M. Nash and B. Stewart (eds.). *Spirituality and social care*: *Contributing to personal and community well-being* (pp. 31 – 48).

London: Jessica Kingsley.

Cooper, S. (1980). The master's and beyond. In J. Mishne (ed.). *Psychotherapy and training in clinical social work* (pp. 19 – 35). New York: Gardner Press.

Corey, G. (2009). *Theory and practice of counseling and psychotherapy* (8th ed.). Beltmont, CA: Books/Cole Cengage Learning.

Corrigan, P., & Leonard, P. (1978). *Social work practice under capitalism: A Marxist approach.* London: Macmillan.

Cottone, R. (2007). "Paradigms of counseling and psychotherapy, revisited." *Journal of Mental Health Counseling*, 29 (2), 189 – 203.

Coulashed, V., & Orme, J. (2006). *Social work practice* (4th eds.). Bashingstoke: Palgrave Macmillan.

Council on Social Work Education (2008). *Educational policy and accreditation standards.* Alexandria. VA: Author.

Council on Social Work Education. (2012). 2011 *statistics on social work education in the United States.* Alexandria, VA: Author.

Cowden, S., & Singh, G. (2007). "The 'user': Friend, foe or fetish?: A critical exploration of user involvement in health and social care." *Critical Social Policy*, 27 (1), 5 – 23.

Cowger, C. D. (1992). "Assessment of client strengths." In D. Saleeley (ed.). *The strengths perspective in social work practice* (pp. 139 – 147). New York: Longman.

Cowger, C. D. (1994). "Assessing client strengths: Clinical assessment for client empowerment." *Social Work*, 39 (3), 262 – 268.

Cowger, C. D. (1998). "Clientilism and clientification: Impediments to strengths based social work practice." *Journal of Sociology and Social Welfare*, 25 (1), 24 – 36.

Cowger, C. D., & Snively, C. A. (2002). "Assessing client strengths: Individual, family and community empowerment." In D. Saleebey (ed.). *The strengths perspective in social work practice* (pp. 106 – 123). Boston: Allyn & Bacon.

Cowger, C. D., Anderson, K. M., & Snively, C. A. (2006). "Assessing strengths: The political context of individual, family, and community empowerment." In D. Saleebey (4th ed.). *The strengths perspective in social work perspective* (pp. 93 – 115). Boston: Pearson Education, Inc.

Cowley, Au-Deane S. (1993). "Transpersonal social work: A theory for the 1990s." *Social Work*, 38 (5), 527 – 534.

Cowley, Au-Deane S. (1996). "Transpersonal social work." In Francis J. Turner (ed.). *Social work treatment: Interlocking theoretical approaches* (pp. 663 – 698). New York: The Free Press.

Cowley, Au-Deane S. (1999). "Transpersonal theory and social work practice with couples and families." *Journal of Family Social Work*, 2 (2), 5 – 21.

Cowley, Au-Deane S. (2001). "Cosmic consciousness: Path or pathology?" In Edward, R. Canda and Elizabeth D. Smith (eds.). *Tanspersonal perspectives on spirituality* (pp. 77 – 94). New

York: The Haworth Press, Inc.

Cox, A. L. (2001). "BSW students favor strengths/empowerment-based general practice." *The Journal of Contemporary Human Services*, 82 (3), 305 – 313.

Cox, C. (1992). "Expanding social work's role in home care: An ecological perspective." *Social Work*, 37 (1), 179 – 183.

Cox, C. B., & Ephross, P. H. (1998). *Ethnicity and social work practice*. New York: Oxford University Press.

Cox, E. O. (1989). "Empowerment of the low income elderly through group work." In Judith A. B. Lee (ed.). *Group work with the poor and oppressed* (pp. 111 – 125). New York: Haworth Press.

Cree, V. E. (2002). "The changing nature of social work." In R. Adams, L. Dominelli, & M. Payne (2nd eds.), *Social work: Themes, issues and critical debates* (pp. 20 – 29). New York: Palgrave.

Crosis-Brown, H. (1992). "Lesbians, the state and social work practice." In M. Langan and L. Day (eds.). *Women's oppression and social work: Issues in anti-discriminatory practice* (pp. 187 – 203). London: Routledge.

Culpitt, I. (1992). *Welfare and citizenship: Beyond the crisis of the welfare state*. London: Sage.

Cyt, F. E., & Wattenberg, S. H. (1983). "Social work in a preventive program of maternal and child health." In Howard J. Parad (13th ed.). *Crisis intervention: Selected Readings* (pp. 88 – 99). New York: Family Service Association of America.

Dagirmanjian, S. Eron, J., & Lund, T. (2007). "Narrative solutions: An integration of self and systems perspectives in motivating change." *Journal of Psychotherapy Integration*, 17 (1), 70 – 92.

Dalrymple, J., & Burke, B. (1995). *Anti-oppressive practice: Social care and the law*. Palgrave Macmillan.

Dalrymple, J., & Burke, B. (2006). *Anti-oppressive practice: Social care and the law* (2nd eds.). Maindenland: Open University Press.

Damianakis, T. (2006). "Seeking the spiritual in anti-oppressive organizational change." http://cronus. uwindsor. ca/ units/ socialwork/ critical. nsf/ main/ E69344834B819BFB852571.

Dattilio, F. M., & Freeman, A. (1992). "Introduction to cognitive therapy." In A. Freeman and F. M. Dattilio (eds.). *Comprehensive casebook of cognitive therapy* (pp. 3 – 11). New York: Plenum Press.

Davies, B. (1994). *Poststructuralist theory and classroom practice*. Geelong: Deakin University Press.

de Maria, W. (1992). "On the trail of a radical pedagogy for social work education." *British Journal of Social Work*, 22 (3), 231 – 252.

de Shazer, S. (1985). *Keys to solutions in brief therapy*. New York: W. W. Norton.

de Shazer, S. (1994). *Words were originally magic*. New York: W. W. Norton & Company, Inc.

De Young , P. (2003). *Relational psychotherapy: A primer*. New York: Brunner-Routledge.

Dean, A. , & Ensel, W. M. (1982). "Modeling social support, life events, competence, and depression in the context of age and sex. " *Journal of Community Psychology*, 10 (3), 392 – 408.

Dean, R. (1993). "Constructivism: An approach to clinical practice. " *Smith College Studies in Social Work*, 63 (2), 127 – 146.

Dean, R. (2001). "The myth of cross-cultural competence. " *Families in Society*, 82 (6), 623 – 630.

Dean, R. , & Fenby, B. (1989). "Exploring epistemologies: Social work action as a reflection of philosophical assumptions. " *Journal of Social Work Education*, 25 (1), 46 – 54.

DeKlyen, M. , & Greenberg, M. T. (2008). "Attachment and psychopathology in childhood. " In J. Cassidy and P. R. Shaver (eds.). *Handbook of attachment: Theory, research, and clinical applications* (2nd ed.) (pp. 637 – 665). New York: The Guilford Press.

Delgado, M. (2001). *Community social work practice in an urban context: The potential of a capacity-enhanced perspective*. New York: Oxford University Press.

Delmar, R. (1994). "What is feminism?" In A. C. Herman, & A. J. Stewart (eds.). *Theorizing feminism: Parallel trends in the humanities and social sciences* (pp. 5 – 25). Boulder, CO: Westview Press.

Department of Applied Social Sciences (2003). *Historical development of social work theories: Reading materials*. Hong Kong: Hong Kong Polytechnic University.

Derezotes, D. S. (2006). *Spirituality oriented social work practice*. Boston: Pearson Education, Inc.

Devore, W. , & Schlesinger, E. G. (1981). *Ethnic-sensitive social work practice*. ST. Louis: C. V. Mosby.

Devore, W. (1983). "Ethnic realty: The life model and work with Black families. " *Social Casework: The Journal of Contemporary Social Work*, 64 (5), 525 – 531.

Devore, W. , & Schlesinger, E. G. (1999). *Ethnic-sensitive social work practice* (fifth eds.) Boston: Allyn and Bacon.

Dewane, C. J. (2006). "Use of self: A primer revisited. " *Clinical Social Work Journal*, 34 (4), 543 – 558.

Dhooper, S. S. , & Moore, S. E. (2001). *Social work practice with culturally diverse people*. Thousand Oaks, CA: Sage.

DiBlasio, F. A. (1993). "The role of social workers' religious beliefs in helping family members forgive. " *Families in Society*, 74 (3), 167 – 170.

Dinnerstein, L. , & Reimers, D. M. (1975). *Ethnic Americans: A history of immigration and assimilation*. New York: Dodd, Mead.

Dixon, J. (1989). "The limits and potential of community development for personal and social change. " *Community Health Studies*, 13 (1), 82 – 92.

Dobson, K. S. , & Block, L. (1988). "Historical and philosophical bases of the cognitive-behavioral therapies. " In K. S. Dobson (ed.), *Handbook of cognitive-behavioral therapies* (pp. 3 –

38). New York: Guilford.

Doel, M., & Lawson, B. (1986). "Open records: The client's right to partnership." *British Journal of Social Work*, 16 (4): 407 – 430.

Doel, M. & Marsh, P. (1992). *Task-centered social work*. Aldershot: Ashgate.

Doel, M. (1994). "Task-centered work." In Hanvey, C. and Philportt, T. (eds.). *Practical social work* (pp. 22 – 36). London: Routledge.

Doel, M. (2002). "Task-centered work." In Robert Adams, Lena Dominelli and Malcolm Payne (2nd ed.). *Social work: Themes, issues and critical debates* (pp. 191 – 199). New York: Palgrave Macmillan.

Doherty, W. J. (1981a). "Cognitive processes in intimate conflict, I: Extending attribution theory." *American Journal of Family Therapy*, 9 (2), 3 – 12.

Doherty, W. J. (1981b). "Cognitive processes in intimate conflict, II: Efficacy and learned helplessness." *American Journal of Family therapy*, 9 (2), 35 – 44.

Dollard, J., & Miller, N. E. (1950). *Personality and psychotherapy: An analysis in terms of learning, thinking and culture*. New York: McGraw-Hill.

Domanski, T. P., Johns, M. M., & Manly, M. A. G. (1960). *An investigation of a scheme for the classification of casework treatment activities*. Master's thesis. Northampton, Mass: Smith College School for Social Work.

Dominelli, L., & Gollins, T. (1997). "Men, power and caring relationships." *The Sociological Review*, 45 (3), 396 – 415.

Dominelli, L. (1986). *Love and wages: The impact of imperialism, state intervention and women's domestic; labour on workers control in Algeria*, 1962 – 1972. Norwich: Novata Press.

Dominelli, L. (1988). *Anti-racist social work*. London: Macmillan.

Dominelli, L. (1991a). *Gender, sex offenders and probation practice*. Aldershot: Avebury.

Dominelli, L. (1991b). "Race, gender and social work." In M. Davis (ed.). *The sociology of social work* (pp. 35 – 64). London: Routledge.

Dominelli, L. (1992). "More than a method: Feminist social work." In K. Campbell (ed.). *Critical feminism: Argument in the disciplines* (pp. 75 – 92). Buckinghham: Open University Press.

Dominelli, L. (1993). *Social work: Mirror of society or its conscience?* Sheffield: Department of Sociological Studies.

Dominelli, L. (1996). "Deprofessionalizing social work: Anti-oppressive practice, competencies and postmodernism." *British Journal of Social Work*, 26 (1), 153 – 175.

Dominelli, L. (1997a). "International social development and social work: A feminist perspective." In M. C. Hokenstad and J. Midgley (eds.). *Issues in international soil work: Global challenges for a new century* (pp. 89 – 112). Washington DC: NASW Press.

Dominelli, L. (1997b). *Sociology for social work*. Basingstoke: Macmillan.

Dominelli, L. (1998). "Globalization and gender relations in social work." In B. Lesnik (ed.).

Countering discrimination in social work (pp. 23 – 46). Aldershot: Ashgate.

Dominelli, L. (1999). *Community approaches to child welfare. International perspective.* Aldershot: Avcbury.

Dominelli, L. (2002a). "Anti-oppressive practice in context." In R. Adams, L. Dominelli, & M. Payne (2nd eds.). *Social work: Themes, issues and critical debates* (pp. 3 – 19). New York: Palgrave.

Dominelli, L. (2002b). "Feminist Theory." In M. Davies (ed.). *The Blackwell Companion to Social Work* (pp. 96 – 105). Oxford: Blackwell.

Dominelli, L. (2002c). "Values in social work: Contested entities with enduring qualities." In R. Adams, L. Dominelli and M. Payne (eds.). *Critical practice in social work* (pp. 15 – 26). New York: Palgrave.

Dominelli, L. (2002d). "Values in social work." In Adams, R., Dominelli, L., and Payne, M. (eds.). *Critical practice in social work* (pp. 16 – 27). Basingstoke: Palgrave Macmillian.

Dominelli, L. (2002e). *Anti-oppressive social work theory and practice.* New York: Palgrave.

Dominelli, L. (2002f). *Feminist social work theory and practice.* Basingstoke: Palgrave.

Dominelli, L. (2004). *Social work: Theory and practice for a changing profession.* Cambridge: Polity Press.

Dominelli, L. (2011). "Climate change: Social workers' roles and contributions to policy debates and interventions." *International Journal of Social Welfare*, 20 (4), 430 – 438.

Dominelli, L. (2014). "Promoting environmental justice through green social work practice: A key challenge for practitioners and educators." *International Social Work*, 57 (3), 338 – 345.

Dominelli, L., & Hoogvelt, A. (1996). "Globalization and technocratisation of social work." *Critical Social Policy*, 47 (2), 45 – 62.

Dominelli, L., & McLeod, E. (1982). "The personal and the apolitical: Feminism and moving beyond the integrated methods approach." In R. Bailey and P. Lee (eds.). *Theory and practice in social work* (pp. 65 – 89). Oxford: Basil Blackwell.

Dominelli, L., & Mcleod, E. (1989). *Feminist social work.* Basingstoke: Macmillan-now Palgrave Macmillan.

Dore, M. M. (1990). "Functional theory: Its history and influence on contemporary social work practice." *Social Service Review*, 64 (3): 358 – 374.

Doress, P. B., & Siegal, D. L. (1987). *Ourselves growing older.* New York: Simon and Schuster.

Drolet, J. L., & Sampson, T. (2014). "Addressing climate change from a social development approach: Small cities and rural communities' adaptation and response to climate change in British Columbia, Canada." *International Social Work*, 2014, 75 (1), 1 – 13.

Drolet, J., Hu, H., Taylor, M., & Dennehy, A. (2015). "Social work and sustainable social development: Teaching and learning strategies for 'green social work' curriculum." *Social Work Education*, 2015, 34 (5), 528 – 543.

Drucker, P. F. (1989). *New realities in government and politics, in economics and business, in society and world view.* New York: Harper and Row.

DuBois, B. , & Miley, K. K. （1996）. *Social work: An empowering profession* （2nd eds. ）. Boston: Allyn & Bacon.

DuBois, B. , & Miley, K. K. （2002）. *Social work: An empowering profession* （4th eds.) Boston: Allyn and Bacon.

Dumont, M. （1970）. "The changing face of professionalism. " *Social Policy*, 1 （1）, 26 – 31.

Dunbar, H. T. , Mueller, C. W. , Medina, C. & Wolf, T. （1998）. "Psychological and spiritual growth in women living with HIV. " *Social Work*, 43 （3）, 144 – 154.

Dunlap, K. M. （1996）. "Functional theory and social work practice. " In Francis J. Turner （ed.). *Social work treatment: Interlocking theoretical approaches* （pp. 319 – 340）. New York: The Free Press.

Dyche, L. , & Zayas, L. H. （2001）. "Cross-cultural empathy and training the contemporary psychotherapist. " *Clinical Social Work Journal*, 29 （3）, 245 – 258.

Efran, J. , Lukens, M. , & Lukens, R. （1990）. *Language, structure and change: Frameworks of meaning in psychotherapy* （p. 47）. New York: W. W. Norton.

Ell, K. （1996）. Crisis theory and social work practice. In Francis J. Turner （ed.). *Social work treatment: Interlocking theoretical approaches* （pp. 168 – 190）. New York: The Free Press.

Elliott, D. （1993）. "Social work and social development: Towards an integrative model for social work practice. " *International Social Work*, 36 （1）, 21 – 37.

Elliott, D. （2012）. "Social Development and Social Work. " In L. M. Healy and R. J. Link （eds.). *Handbook of international Social Work* （pp. 102 – 108）. New York: Oxford University Press.

Elliott, D. , & Mayadas, N. （1996）. "Social development and clinical practice in social work. " *Journal of Applied Social Sciences*, 21 （1）, 61 – 68.

Elliott, D. , & Mayadas, N. （2001）. "Psychosocial approaches, social work and social development. " *Social Developmental Issues*, 23 （1）, 5 – 13.

Elson, M. （1986）. *Self psychology in clinical social work.* New York: Norton.

Epstein, I. （2001）. "Using available clinical information in practice-based research: Mining for silver while dreaming of gold. " *Social Work in Health Care*, 33 （3/4）, 15 – 32.

Epstein, N. B. , & Bishop, D. B. （1981）. Problem-centered systems therapy of the family. In A. S. Gurman and D. P. Kniskern （eds.), *Handbook of family therapy* （pp. 444 – 482）. New York: Brunner/Mazel.

Erikson, E. （1950）. *Childhood and society.* New York: W. W. Norton.

Erikson, E. （1959）. "Identity and the life cycle. " *Psychological Issues*, 1 （1）, 50 – 100.

Esping-Andersen, G. （1990）. *The three worlds of welfare capitalism.* Cambridge: Polity Press.

Esping-Andersen, G. （1996）. "After the golden age? Welfare state dilemmas in a global economy. " In G. Esping-Andersen （ed.), *Welfare sates in transitions: National adaptations in global economies* （pp. 1 – 31）. London: Sage.

Evans, R. （1976）. "Some implications of an integrated model of social work for theory and practice. " *British Journal of Social Work*, 6 （2）, 177 – 200.

Evans, T. A. , Banks, T. , & Dungy, K. (2010). "Social work practice with African Americans. " In B. A. Thyer and L. L. Myers (3rd eds.). *Cultural diversity and social work practice* (pp. 29 – 73). Springfield, Illinois: Charles C Thomas Publisher LTD.

Ezell, M. (1994). "Advocacy practice of social workers. " *Families in Society: The Journal of Contemporary Human Services*, 75 (1), 36 – 46.

Faatz, A. J. (1953). *The nature of choice in casework process.* Chapel Hill: University of North Carolina Press.

Faatz, A. J. (1985). *The nature of choice: And other selected writings.* New York: NY: AMS.

Fankin, C. , & Nurius, P. S. (eds.) (1998). *Constructivism in practice methods and challenges.* Milwaukee, WI: Families International.

Fawcett, B. (1998). "Disability and social work: Application from poststructuralism, postmodernism and feminism. " *British Journal of Social Work*, 28 (2), 263 – 277.

Fay, B. (1987). *Critical social science: Liberation and its limits.* Ithaca: Cirnell University Press.

Feagin, J. R. , & Feagin, C. B. (1993). *Racial and ethnic relations* (4th eds.). Englewood Cliffs NJ: Prentice – Hall.

Featherstone, B. , & Fawcett, B. (1995a). "Power, difference and social work: An exploration. " *Social Work Education*, 15 (1), 56 – 67.

Featherstone, B. , & Fawcett, B. (1995b). "Feminism and child abuse: Opening up some possibilities. " *Critical Social Policy*, 42 (1), 61 – 80.

Featherstone, B. , & Fawcett, B. (1995c). "Oh no! Not more ' isms ' . " *Social Work Education*, 14 (3), 25 – 43.

Ferguson, H. (2003). "Outline of a critical best practice perspective on social work and social care. " *British Journal of Social Work*, 33 (10), 1005 – 1024.

Ferguson, K. (2010). "Social development, social enterprise, and homeless youth. " In J. Midgley and A. Conley (eds.). *Social work and social development: Theories and skills for development social work* (pp. 145 – 166). New York: Oxford University Press.

Fisch, R. , Weaklan, J. H. , & Segal, L. (1982). *The tactics of change: Doing therapy briefly* (pp. 134 – 152). San Francisco: Jossey-Bass Publishers.

Fisher, D. D. V. (1991). *An introduction to constructvism for social workers.* New York: Praeger.

Fleming, R. C. (1981). "Cognition and social work practice: Some implications of attribution and concept attainment theories. " In A. N. Maluccio (ed.). *Promoting competence in client* (pp. 55 – 73). New York: Free Press.

Flexner, A. (1915). "Is social work a profession?" *In Proceedings of the National Conference of Charities and Corrections*, 1915 (pp. 576 – 590). New York: Columbia University Press.

Fogel, S. J. , & Ersing, R. (2016). "Macro-focused social work dissertation: A preliminary Look at the numbers. " *Journal of Social Work Education*, 52 (2), 170 – 177.

Folgheraiter, F. (2004). *Relational social work: Toward networking and society practices.* London: Jessica Kingsley Publishers.

Fook, J. (1987). "Empowerment as a goal in casework: Structural perspectives in casework: Can they guide practice?" *Australian Social Work*, 40 (3), 43 – 54.

Fook, J. (1993). *Radical casework: A theory for practice*. St Leonard's NSW: Allen and Unwin.

Fook, J. (1995). "Beyond structuralism?", paper presented at the "Narratives of Change" Conference, Monash University, Gippsland, 28 November.

Fook, J. (1996). *The reflective researcher: Social work theories of practice and research*. St Leonards, NSW: Allen & Unwin.

Fook, J. (1999a). "Critical reflection in education and practice. " In B. Pease and J. Fook (eds.). *Transforming social work practice* (pp. 195 – 209). London: Routledge.

Fook, J. (1999b). "Reflexivity as method. " In J. Daly, A. Kellehear and E. Willis (eds.). *Transforming social work practice* (pp. 11 – 20). London: Routledge.

Fook, J. (2000a). "What is the aim of the bachelor of social work?" *Australia Social Work*, 54 (1), 20 – 42.

Fook, J. (2000b). "Critical perspective on social work practice. " In I. O'Connor, P. Smyth and J. Warburton (eds.). *Contemporary perspectives on social work and the human services: Challenges and change* (*pp.* 108 – 130). Sydney: Pearson Education.

Fook, J. (2002). *Social work: Critical theory and practice*. London: Sage.

Fook, J. (2003). "Critical social work: The current issues. " *Qualitative Social Work*, 2 (2), 123 – 130.

Fook, J. (2004). " What professionals need from research: Beyond evidence-based practice. " In D. Smith (ed.). *Social work and evidence-based practice* (pp. 29 – 46). London: Jessica Kingsley Publishers.

Fook, J. (2005). "Challenges and directions for critical social work. " In S. Hick, J. Fook and R. Pozzuto (eds.). *Social work: A critical turn* (pp. 231 – 237). Toronto: Thompson Educational Publishing, Inc.

Fook, J. , Ryan, M. , & Hawkins, L. (1997). "Towards a theory of social work expertise. " British Journal of Social Work, 27 (3), 399 – 417.

Fook, J. , Ryan, M. , & Hawkins, L. (2000). *Professional expertise: Practice, theory and education for working in uncertainty*. London: Whiting and Birch.

Ford, G. (1996). "An Existential Model for promoting life change. " *Journal of Substance Abuse Treatment*, 13 (2), 151 – 158.

Forsythe, B. (1995). "Discrimination in social work: An historical note. " *British Journal of Social Work*, 25 (1), 1 – 16.

Foucault, M. (1978). "Interview with Lucette Finas. " In M. Morris and P. Patton (eds.). *Michel Foucault: Power, truth and strategy* (pp. 67 – 75). Sydney: Feral Publications.

Foucault, M. (1980). "Truth and power. " In C. Gordon (ed.). *Power/knowledge: Selected interviews and other writings* 1972 – 1977 (*pp.* 78 – 108). New York: Pantheon Books.

Foucault, M. (1981). "The order of discourse. " In R. Young (ed.). *Untying the text: A post-*

structuralist reader (pp. 48 – 78). London: Routledge and Kegan Paul.

Foucault, M. (1991). *Discipline and punish: The birth of the prison* (*trans. A. Sheridan*). London: Penguin.

Fournier, R. F. (1990). "Social work, spirituality and suicide: An odd mix or a natural blend?" *Social Thought*, 16 (3), 27 – 35.

Francis, D. (1997). "Critical incident analysis: A strategy for developing reflective practice." *Teachers and Teaching: Theory and Practice*, 3 (2), 169 – 188.

Frank, J. (1974). *Persuasion and healing* (Rev. ed.). New York: Schocken Books.

Frank, P. B., & Golen, G. K. (1992). "Blaming by naming: Battered women and the epidemic of co-depedence." *Social Work*, 37 (1), 1 – 19.

Frankin, C., & Nurius, P. (1996). "Constructivist therapy: New directions in social work practice." *Families in Society*, 77 (6), 323 – 335.

Franklin, C. (1995). "Expanding the vision of the social constructionist debates: Creating relevance for practitioners." *Families in Society: Journal of Contemporary Human Services*, 9 (3), 395 – 407.

Franklin, C., & Gerlach, B. (2007). "Clinical applications of solution-focused brief therapy in public school." In T. S. Nelson and F. N. Thomas (eds.). *Handbook of solution-focused therapy: Clinical applications* (*pp.* 168 – 169). Philadelphia, PA: Haworth Press.

Franklin, C., & Jordan, C. (1998). *Family practice: Brief systems methods for social work*. Pacific Cove, CA: Brooks/Coles.

Franklin, C., & Nurius, P. (1996). "Constructive therapy: New directions in social work practice." *Families in Society*, 77 (6), 323 – 325.

Fraser, N., & Nicholson, L. (1990). "Social criticism without philosophy: An encounter between feminism and postmodernism." In L. Nicholson (ed.). *Feminism/postmodernism* (pp. 19 – 38). New York: Routledge.

Freddolino, P. O., Moxley, D. M., & Hyduk, C. A. (2004). "A differential model of advocacy in social work practice." *Families in Society*, 85 (1), 119 – 128.

Fredriksen-Goldsen, K. I., Woodford, M. R., Luke, K. P., & Gutiérrez, L. (2011). "Support of sexual orientation and gender identity content in social work education: Results from national surveys of U. S. And Anglophone Canadian faculty." *Journal of Social Work Education*, 47 (1), 19 – 35.

Freedberg, S. (2009). *Relational theory for social work practice: A feminist perspective*. New York: Routledge.

Freeman, D. R. (2001). "The relationship between spiritual development and ethnicity in violent men." In Edward, R. Canda and Elizabeth D. Smith (eds.). *Tanspersonal perspectives on spirituality* (pp. 95 – 107). New York: The Haworth Press, Inc.

Freeman, E. (1984). "Multiple losses in the elderly: An ecological approach." *Social Casework*, 65 (5), 287 – 296.

Freire, P. (1972) (reprinted 1986). *Pedagogy of the oppressed.* Harmondsworth: Penguin.

Freire, P. , & Moch, M. (1990). "A critical understanding of social work. " *Journal of Progressive Human Services*, 1 (1), 3 - 9.

Freud, A. (1936). *The ego and the mechanisms of defense.* New York: International University Press.

Frohberg, M. (1967). "Existentialism: An introduction to the contemporary conscience. " *Perceptions*, 1 (1), 24 - 32.

Fuller, S. (2000). "Social epistemology as a critical philosophy of multiculturalism. " In R. Mahalingan and C. McCarthy (eds.). *Multicultural curriculum: New directions for social theory, practice, and policy* (pp. 15 - 37). New York: Routledge.

Galan, F. J. (1992). "Experiential focusing with Mexican American males with bicultural identity problems. " In K. C. Corcoran (ed.). *Structuring practice: Effective practice for common client problems* (pp. 234 - 254). Chicago: Lyceum Books.

Gambrill, E. D. (1983). "Behavioral intervention with child abuse and neglect. " In M. Hersen, R. Eisler and P. Miller (eds.). *Progress in Behavior modification* (pp. 1 - 56). New York: Academic Press.

Ganzer, C. , & Ornstein, E. D. (2008). "In and out of enactments: A relational perspective on the short-and long-term treatment of substance abuse. " *Clinical Social Work Journal*, 36 (2), 155 - 164.

Garrett, A. (1958). "Modern casework: The contributions of ego psychology. " In H. J. Parad (ed.). *Ego psychology and dynamic casework* (pp. 38 - 52). New York: Family Service Association of America.

Gelfand, B. (1988). *The creative practitioner: Creative theory and method for the helping services.* New York: Haworth Press.

Gergen, J. K. (1985). "The social constructionist movement in modern psychology. " *American Psychology*, 40 (2), 266 - 275.

Gergen, J. K. (1999). *An invitation to social construction.* London: Sage Publications.

Germain, C. (1968). "Social study: Past and future. " *Social casework*, 49 (7), 403 - 409.

Germain, C. (1979). *Social work practice: People and environments.* New York: Columbia University Press.

Germain, C. B. (1970). "Casework and science: A scientific encounter. " In R. W. Roberts and R. H. Nee (eds.). *Theories of social casework* (pp. 3 - 33). Chicago: University of Chicago Press.

Germain, C. B. (1973). "An ecological perspective in casework practice. " *Social Casework*, 54 (6), 323 - 331.

Germain, C. B. (1976). "Time: An ecological variable in social work practice. " *Social Casework*, 57 (4), 419 - 426.

Germain, C. B. (1978a). "General systems theory and ego psychology: An ecological perspective. "

Social Service Review, 52 (4), 535 – 550.

Germain, C. B. (1978b). "Space: An ecological variable in social work practice." *Social Casework*, 59 (9), 515 – 522.

Germain, C. B. (1983). "Using social and physical environment." In A. Rosenblatt and D. Waldfogel (eds.). *Handbook of clinical social work* (pp. 110 – 134). San Francisco: Jossey-Bass.

Germain, C. B. (1984). "The elderly and the ecology of death: Issues of time and space." In M. Tallmer et al. (eds.). *The life-threatened elderly* (pp. 195 – 207). New York: Columbia University Press.

Germain, C. B. (1985a). "The place of community work within an ecological approach to social work practice." In S. H. Taylor and R. W. Roberts (eds.). *Theory and practice of community social work* (pp. 30 – 55). New York: Columbia University Press.

Germain, C. B. (1985b). "Understanding and changing communities and organizations in the practice of child welfare." In J. Laird and A. Hartman (eds.). *A handbook of child welfare: Context, knowledge, and practice* (pp. 122 – 148). New York: Free Press.

Germain, C. B. (1991). *Human behavior in the social environment: An ecological perspective.* New York: Columbia University Press.

Germain, C. B. (1994a). "Emerging conceptions of family development over the life course." *Families in Society*, 75 (5), 259 – 267.

Germain, C. B. (1994b). "Human behavior and the social environment." In F. G. Reamer (ed.). *The foundations of social work knowledge* (pp. 88 – 121). New York: Columbia University Press.

Germain, C. B. (ed.) (1979). *Social work practice: People and environment.* New York: Columbia University Press.

Germain, C. B. , & Gitterman, A. (1980). *The life model approach to social work practice.* New York: Columbia University Press.

Germain, C. B. , & Gitterman, A. (1987). "Ecological perspective." In A. Minahan (ed.). *Encyclopedia of social work* (*Vol.* 1, 18th ed. , pp. 488 – 499). Silver Spring, MD: National Association of Social Workers.

Germain, C. B. , & Gitterman, A. (1995). "Ecological perspective." In A. Edwards (ed.). *Encyclopedia of social work* (19th ed. , pp. 816 – 824). Silver Spring, MD: National Association of Social Workers.

Germain, C. B. (1990). "Life forces and the anatomy of practice." *Smith College Studies in Social Work*, 60 (1), 138 – 152.

Germain, C. B. , & Gitterman, A. (1986). "The life model of social work practice revisited." In J. Turner (ed.). *Social work treatment: Interlocking theoretical approaches* (pp. 618 – 644). New York: The Free Press.

Germer, C. K. , Siegel, R. D. , & Fulton, P. R. (2005). *Mindfulness and psychotherapy.* New

York: Guilford Press.

Gerwood, J. (1993). "Nondirective counseling interventions with schizophrenics." *Psychological Reports*, 73 (2), 1147 – 1151.

Gharajedaghi, J. (2007). "Systems thinking: A case for second-order learning." *The Learning organization*, 14 (4), 473 – 479.

Giddens, A. (1991). *Modernity and self-identity: Self and society in the late modern age.* Cambridge: Polity.

Gil, D. G. (1998). *Confronting injustice and oppression: Concepts and strategies for social workers.* New York: Columbia University Press.

Gilbert, N., & Specht, H. (1976). "Advocacy and professional ethics." *Social Work*, 21 (4), 288 – 293.

Giles, T. R. (1983). "Probable superiority of behavioral intervention: A traditional comparative outcome." *Journal of Behavior Therapy and Experimental Psychiatry*, 14 (1), 29 – 32.

Gilgun, J. F. (1994). "An ecosystemic approach to assessment." In B. A. Compton and B. Galaway (eds.). *Social work processes* (pp. 380 – 394). Pacific Grove, CA: Brooks/Cole.

Gingerich, W., & Eisengart, S. (2000). "Solution-focused brief therapy: A review of outcome research." *Family Process*, 39 (4), 477 – 496.

Giroux, H. A. (1993). "Literacy and the politics of difference." In C. Lankshear and P. L. McLaren (eds.). *Critical literacy: Politics, praxis, and the postmodern* (pp. 367 – 378). Albany: State University of New York.

Gitterman, A., & Germain, C. B. (1981). "Education for practice: Teaching about the environment." *Journal of Education for Social Work*, 17 (3), 44 – 51.

Gitterman, A. (1971). "Group work in the public schools." In W. Schwartz and S. Zelba (eds.). *The practice of group work* (pp. 45 – 72). New York: Columbia University Press.

Gitterman, A. (1979). "Group work content in an integrated method curriculum." In S. Abels and P. Abels (eds.). *Social work with groups: Proceedings 1979 symposium* (pp. 66 – 81). Louisville, KY: Committee for the Advancement of Social Work with Groups.

Gitterman, A. (1991a). "Creative connections between theory and practice." In M. Weil, K. Chan and D. Southerland (eds.). *Theory and practice in social group work: Creative connections* (pp. 13 – 28). Binghamton, NY: Haworth Press.

Gitterman, A. (1991b). "Introduction to social work practice with vulnerable populations." In A. Gitterman (ed.). *Handbook of social work practice with vulnerable populations* (pp. 1 – 34). New York: Columbia University Press.

Gitterman, A. (1996). "Advances in the life model of social work practice." In Francis J. Turner (4th ed.). *Social work treatment: Interlocking theoretical approaches* (pp. 389 – 408). New York: The Free Press.

Gitterman, A., & Germain, C. B. (1976). "Social work practice: A life model." *Social Service Review*, 50 (5), 601 – 610.

Gitterman, A. , & Germain, C. B. (2008). *The life model of social work practice*: *Advances in theory and practice* (3rd eds.). New York: Columbia University.

Gitterman, A. , & Shulman, L. (2005). "The life model, oppression, vulnerability and resilience, mutual aid, and the mediating function. " In A. Gitterman and L. Shulman (3rd eds.). *Mutual aid groups, vulnerable and resilient populations, and the life cycle* (pp. 3 – 37). New York: Columbia University Press.

Giunta, N. (2010). "Productive aging and social development. " In J. Midgley and A. Conley (eds.). *Social work and social development*: *Theories and skills for development social work* (pp. 55 – 70). New York: Oxford University Press.

Glassman, U. , & Kates, L. (1990). *Group work*: *A humanistic approach*. Newbury Park, CA: Sage.

Glicken, M. D. (2004). *Using the strengths perspective in social work practice*: *A positive approach for the helping professions*. Boston: Allyn and Bacon.

Gluck, S. B. , & Patai, D. (eds) (1991). *Women's words, the feminist practice of oral history*. London: Routledge.

Gockel A. (2010). "The promise of mindfulness for clinical practice education. " *Smith College Studies in Social Work*, 80 (2/3), 248 – 268.

Golan N. (1978). *Treatment in crisis situation*. New York: Free Press.

Golan, N. (1987). Crisis intervention. In A. Minahan (ed.). *Encyclopedia of social work* (18th ed.), Vol. 1. (pp. 360 – 372). Washington DC: National Association of Social Workers.

Goldstein, E. G. (1980). "The knowledge base of clinical social work. " *Social Work*, 23 (3), 173 – 178.

Goldstein, E. G. (1983). "Issues in developing systemic research and theory. " In Diana Waldfogel, and Aron Rosenblatt (eds.). *Handbook of clinical social work* (pp. 5 – 25). San Francisco: Jossey-Bass.

Goldstein, E. G. (1984). *Ego psychology and social work practice* (1st ed.). New York: The Free Press.

Goldstein, E. G. (1990). *Borderline disorders*: *Clinical models and techniques*. New York: Guilford Press.

Goldstein, E. G. (1995). *Ego psychology and social work practice* (2nd ed.). New York: The Free Press.

Goldstein, E. G. (1996). "Ego psychology theory. " In Francis J. Turner (4th ed.). *Social work treatment*: *Interlocking theoretical approaches* (pp. 191 – 217). New York: The Free Press.

Goldstein, E. G. , Miehls, D. , & Ringel, S. (2009). *Advanced clinical social work practice*: *Relational principles and techniques*. New York: Columbia University Press.

Goldstein, H. (1973). *Social work practice*: *A unitary Approach*. Columbia: University of South Carolina Press.

Goldstein, H. (1981). *Social learning and change*: *A cognitive approach to human services*. Columbia: University of South Carolina Press.

Goldstein, H. (1982). "Cognitive approaches to direct practice." *Social Service Review*, 56 (2), 541 – 555.

Goldstein, H. (1984a). "A cognitive-humanistic approach to practice: Philosophical and theoretical foundations." In H. Goldstein (ed.). *Creative change: A cognitive-humanistic approach to social work practice* (pp. 3 – 32). New York: Tavistock Publications.

Goldstein, H. (1984b). "A framework for cognitive-humanistic practice." In H. Goldstein (ed.). *Creative change: A cognitive-humanistic approach to social work practice* (pp. 33 – 66). New York: Tavistock Publications.

Goldstein, H. (1984c). "Preface." In H. Goldstein (ed.). *Creative change: A cognitive-humanistic approach to social work practice* (pp. x – xiv). New York: Tavistock Publications.

Goldstein, H. (1984d). "Summing up: The integration of the philosophy, theory, and practice of cognitive-humanism." In H. Goldstein (ed.). *Creative change: A cognitive-humanistic approach to social work practice* (pp. 278 – 298). New York: Tavistock Publications.

Goodman, N, (1984). *Of mind and other matters.* Cambridge, MA: Harvard University Press.

Gordon, M. M. (1964). *Assimilation in American life: The role of race, religion and national origins.* New York: Oxford University Press.

Gordon, R. (1983). An operation classification of disease prevention. In J. A. Steinberg and M. M. Silverman (eds.). *Preventing mental disorders* (pp. 20 – 26). Rockville, MD: DHHS.

Gordon, W. E. (1969). "Basic constructs for an integrative and generative conception of social work." In G. Hearn (ed.). *The general systems approach: Contributions toward a holistic conception of social work* (pp. 5 – 11). New York: Council on Social Work Education.

Gorman, J. (1993). "Postmodernism and the conduct of inquiry in social work." *Affilia*, 8 (3), 247 – 264.

Gotterer, R. (2001). "The spiritual dimension in clinical social work practice: A client perspective." *Families in Society*, 82 (2), 197 – 218.

Gould, K. H. (1987). "Life model versus conflict model: A feminist perspective." *Social Work*, 32 (4), 346 – 351.

Gray, M. (1998). *Developmental social work: Theory and practice. Cape and practice.* Cape Town: David Phillip.

Gray, M. (2011). "Back to basics: A critique of the strengths perspective in social work." *Families in Society: The Journal of Contemporary Social Services*, 92 (1), 5 – 11.

Gray, M., & Webb, S. A. (2009). Critical social work. In M. Gray and S. A. Webb (eds.). *Social work theories and methods* (pp. 76 – 85). London: Sage.

Graycar, A. (1983). "Informal, voluntary and statutory services: The complex relationship." *British Journal of Social Work*, 13 (4), 379 – 393.

Green, D. G. (1996). *Community without politics: A market approach to welfare reform.* London: Institute of Economic Affairs.

Green, G. J. , & Lee, M. （2002）. "The social construction of empowerment. " In M. O'Melia and K. Miley （eds. ）. *Pathways to power*: *Readings in contextual social work practice* （pp. 179 – 190）. Boston: Allyn & Bacon.

Green, J. W. （1982）. *Cultural awareness in the human service*. Englewood Cliffs, NJ: Prentice-Hall.

Green, J. W. （1995）. *Cultural awareness in human services* （2nd ed. ）. Boston: Allyn & Bacon.

Greene, G. J. （1989）. "Using the written contract for evaluating and enhancing practice effectiveness. " *Journal of Independent Social Work*, 4 （1）, 135 – 155.

Greene, G. J. （1996）. "Communication theory and social work intervention. " In Francis J. Turner （4th ed. ）. *Social work treatment*: *Interlocking theoretical approaches* （pp. 116 – 145）. New York: The Free Press.

Greene, G. J. （2002）. "The Mental Research Institute approach to strategic therapy. " In A. R. Roberts and G. J. Greene （eds. ）. *Social Workers' desk reference* （pp. 125 – 130）. New York: Oxford University Press.

Greene, G. J. （2006）. "Dialectical-pragmatic therapy （DPT）: An integrative approach to brief treatment. " *Journal of Brief Therapy*, 5 （1）, 117 – 145.

Greene, G. J. （2011）. "Strategic therapy and social work intervention. " In Francis J. Turner （ed. ）. *Social work treatment*: *Interlocking theoretical approaches* （pp. 486 – 512）. New York: The Oxford University Press.

Greene, G. J. , & Lee, M. （2002a）. "Using social constructivism in social work practice. " In A. R. Roberts and G. J. Greene （eds. ）. *Social worker's desk reference* （pp. 143 – 149）. New York: Oxford University Press.

Greene, G. J. , & Lee, M. （2002b）. "The Social Construction of Empowerment. " In M. W. O'Melia and K. K. Miley （eds. ）. *Pathways to Power*: *Readings in Contextual Social Work Practice* （pp. 175 – 201）. Boston, MA: Allyn & Bacon.

Greene, G. J. , Jones, D. H. , Frappier, C. , Klein, M. , & Culton, B. （1996）. "School social workers as family therapists: A dialectical-systemic-constructivist model. " *Social Work Education*, 18 （2）, 222 – 236.

Greene, R. R. （1986）. *Social work with the aged and their families*. Hawthorne NY: Aldine de Gruyter.

Greene, R. R. （1989）. "A life systems approach to understanding parent-child relationships in aging families. " In G. A. Hughston, V. A. Christopherson and M. J. Bonjean （eds. ）. *Aging and family therapy*: *Practitioner perspectives on Golden Pond* （pp. 57 – 70）. New York: Haworth.

Greene, R. R. （2007）. *Social work practice*: *A risk and resilience perspective*. Montery, CA: Brooks/Cole.

Greene, R. R. （2008a）. "Carl Rogers and the person-centered approach. " In Roberta R. Greene （ed. ）. *Human behavior theory and social work practice* （pp. 113 – 131）. New Jersey: Transaction Publishers.

Greene, R. R. (2008b). "General systems theory." In Roberta R. Greene (ed.). *Human behavior theory and social work practice* (pp. 165 – 197). New Jersey: Transaction Publishers.

Greene, R. R. (2008c). "Ecological perspective: An eclectic theoretical framework for social work practice." In Roberta R. Greene (ed.). *Human behavior and social work practice* (pp. 199 – 236). New Jersey: Transaction Publishers.

Greene, R. R., & Barnes, G. (1998). "The ecological perspective, diversity, and culturally competent social work practice." In R. R. Greene & M. Watkins (eds.). *Serving diverse constituencies: Applying the ecological perspective* (pp. 63 – 96). Hawthorne, NY: Aldine de Gruyter.

Greene, R. R., & Blundo, R. (1999). "Postmodern critique of systems theory in social work with the aged and their families." *Journal of Gerontological Social Work*, 31 (3/4), 87 – 100.

Greene, R. R., & Watkins, M. (eds.) (1998). *Serving diverse constituencies: Applying the ecological perspective*. Hawthorne, NY: Aldine de Gruyter.

Griffith, J. L., & Griffith, M. E. (2002). *Encountering the sacred in psychotherapy*. New York: Guilford Press.

Griffiths, R. (1988). *Community care: An agency for action*. London: HMSO.

Grinnell, R. M., Kyte, N. S., & Bostwick, G. J. (1981). "Environmental modification." In Anthony N. M. (ed.). *Promoting competence in clients: A new/old approach to social work practice* (pp. 152 – 184). New York: Free Press.

Gross, E. (1998). "Reevaluating feminist thought for social work practice." *Affilia*, 13 (1), 5 – 8.

Grosser, C. F. (1965). "Community development programs serving the urban poor." *Social Work*, 7 (1), 15 – 21.

Grossman, D. R. (1993). "Teaching a constructivist approach to clinical practice." *Journal of Teaching in Social Work*, 8 (1/2), 55 – 75.

Gurteen, R. H. (1983). *Handbook of Charity Organization*. Baltimore: School of Social Work, University of Maryland.

Gutiérrez, L. M. (1990). "Working with women of color: An empowerment perspective." *Social Work*, 35 (1), 149 – 155.

Gutiérrez, L. M., DeLois, K. A., & GlenMaye, L. (1995). "Understanding empowerment practice: Building on practitioner-based knowledge." *Families in Society*, 76 (8), 534 – 542.

Gutiérrez, L. M. (1995). "Understanding the empowerment process: Does consciousness-raising make a difference?" *Social Work Research*, 19 (2), 229 – 237.

Gutmann, A. (1994). "Introduction." In C. Taylor and A. Gutmann (eds.). *Multiculturalism* (pp. 3 – 24). Princeton, NJ: Princeton University Press.

Habermas, J. (1972). *Knowledge and human interests*. Boston: Beacon Press.

Hacker, D. (1994). "An existential view of adolescents." *The Journal of Early Adolescence*, 14 (3), 300 – 327.

Hadley, M. (2009). "Relational theory." In J. Berzoff, L. Melano Flanagan and P. Hertz (eds.).

Inside out and outside in: Psychodynamic clinical theory and psychopathology in contemporary multicultural contexts (pp. 205 – 227). New York: Jason Aronson.

Haight, W. L., & Taylor, E. H. (2007). *Human behavior for social work practice: A developmental-ecological framework.* Chicago: Lyceum Books.

Haight, W. L., Kagle, J. D., & Black, J. E. (2003). "Understanding and supporting parent-child relationship during foster care visits: Attachment theory and research." *Social Work*, 48 (2), 195 – 207.

Hale, J. (1983). "Feminism and Social Work Practice." In B. Jordan and N. Parton (eds). *The Political Dimensions of Social Work* (pp. 167 – 187). Oxford: Blackwells.

Haley, J. (1963). *Strategies of psychotherapy.* New York: Grune & Stration.

Haley, J. (1973). *Uncommon therapy: The psychiatric techniques of Milton H. Erickson, MD.* New York: W. W. Norton.

Haley, J., & Richeport-Haley, M. (2007). *Directive family therapy.* New York: Haworth Press.

Hamilton, G. (1940). *Theory and practice of social casework.* New York: Columbia University Press.

Hamilton, G. (1941). "The underlying philosophy of social casework." *The Family*, 18 (1), 139 – 148.

Hamilton, G. (1951). *Theory and practice of casework* (2nd ed.). New York: Columbia University Press.

Hammer, J., & Statham, D. (1988). *Women and social work: Towards a more women-centred practice.* Basingstoke: Macmillan-now Palgrave Macmillan.

Hancock, P., & Taylor, M. (2001). *Work, postmodernism and organization: A critical introduction.* London: Sage.

Hankins, F. (1930). "Contributions of sociology to social work." *In Proceedings of the National Conference of Social Work.* Chicago: University of Chicago Press.

Hanson, M. (1991). "Alcoholism and other drug addictions." In A. Gitterman (ed.), *Handbook of social work practice with vulnerable populations* (pp. 65 – 100). New York: Columbia University Press.

Hardiman, R., & Jackson, B. W. (1997). "Conceptual foundations for social justice courses." In M. Adams, L. A. Bell and P. Griffin (eds.). *Teaching for diversity and social justice: A sourcebook* (pp. 30 – 43). New York: Routledge.

Harding, S. (1990). "Feminism, science and the Anti-Englightment critiques." In L. Nicholson (ed.). *Feminism/ Postmodernism* (96 – 120). London: Routledge.

Hartman, A. (1970). To think about the unthinkable. *Social Casework*, 51 (8), 467 – 474.

Hartmann, H., & Kris, E. (1945). "The generic approach in psychoanalysis." *Psychoanalytic Study of the Child*, 1 (2), 11 – 29.

Hartmann, H. (1939). *Ego psychology and the problem of adaptation.* New York: International University Press.

Hartstock, N. (1987). "The Feminist Standpoint: Developing ground for a specifically feminist

Historical Materialism. " In S. Harding (ed.). *Feminism and Methodology : Social Science Issues* (*pp.* 157 – 180). Milton Keynes : Open University Press.

Hartstock, N. (1997). "Standpoint theories for the next century. " *Women and Politics*, 18 (3), 93 – 101.

Haynes, K. S. (1998). "The one hundred-year debate : Social reform versus individual treatment. " *Social Work*, 43 (6), 501 – 509.

Haynes, K. S. , & Holmes, K. A. (1994). *Invitation to social work*. New York : Longman.

Healy, K. (1998). "Participation and child protection : The importance of context. " *British Journal of Social Work*, 28 (9), 897 – 914.

Healy, K. (2000). *Social work practice : Contemporary perspectives on change*. London : Sage.

Healy, K. (2002). "Managing human services in a market environment : What role for social workers?" *British Journal of Social Work*, 32 (5), 527 – 540.

Healy, K. (2005). "Under reconstruction : Renewing critical social work practices. " In S. Hick, J. Fook and R. Pozzuto (eds.). *Social work : A critical turn* (pp. 219 – 229). Toronto : Thompson Educational Publishing, Inc.

Healy, K. (2015). *Social work theories in context : Creating frameworks for practice*. Basingstoke : Palgrave Macmillan.

Healy, K. , & Mulholland, J. (1998). "Discourse analysis and activist social work : Investigating practice processes. " *Journal of Sociology and Social Welfare*, 25 (3), 3 – 27.

Hearn, G. (1969). *The general systems approach : Contributions toward an holistic conception of social work*. New York : Council on Social Work Education.

Heath, A. W. , & Ayers, T. C. (1991). "MRI brief therapy with adolescent substance abusers. " In T. C. Todd and M. D. Selekman (eds.). *Family therapy approaches with adolescent substance abusers* (pp. 49 – 69). Boston : Allyn & Bacon.

Heilig, S. M. , & Klugman, D. J. (1983). "The social worker in a suicide preventive center. " In Howard J. Parad (ed.). *Crisis intervention : Selected Readings* (pp. 274 – 283). New York : Family Service Association of America.

Held, V. (2006). *The ethics of care : Personal, political and global*. Oxford and New York : Oxford University Press.

Hepworth, D. H. , & Larson, J. A. (1990). *Direct social work practice : Theory and skills*. Belmont, CA : Wadsworth.

Hepworth, D. H. , Rooney, R. H. , & Larsen, J. A. (1997). *Direct social work practice : Theory and skills* (5th eds.). Pacific Grove, CA : Brooks/Cole.

Heron, J. (1996). *Co-operative inquiry : Research into the human condition*. London : Sage.

Herr, J. J. , & Weakland, J. H. (1979). *Counseling elders and their families : Practical techniques for applied gerontology*. New York : Springer Publishing Co.

Hesse, E. , & Main, M. (2000). "Disorganized infant, child, and adult attachment : Collapse in behavioral and attentional strategies. " *Journal of the American Psychoanalytic Association*, 48

（4），1097 – 1128.

Hick, S. （2005）. "Reconceptualizing critical social work." In S. Hick, l. Fook and R. Pozzuto （eds.）. *Social work: A critical turn* （pp. 39 – 51）. Toronto: Thompson Educational Publishing, Inc.

Hick, S., & Pozzuto, R. （2005）. "Introduction: Towards ' becoming' a critical social worker." in S. Hick, l. Fook and R. Pozzuto （eds.）. *Social work: A critical turn* （pp. ix – xviii）. Toronto: Thompson Educational Publishing, Inc.

Hick, S. F. （2009）. "Mindfulness and social work: Paying attention to ourselves, our clients, and society." In Steven F. Hick （ed.）. *Mindfulness and social work* （pp. 1 – 30）. Chicago, IL: Lyceum Books.

Hill, M. （2002）. "Network assessment and diagrams: A flexible friend for social work practice and education." *Journal of Social Work*, 2 （2）, 233 – 254.

Hill, R. （1983）. "Generic features of families under stress." In Howard J. Parad （ed.）. *Crisis intervention: Selected Readings* （pp. 32 – 52）. New York: Family Service Association of America.

Hodge, D. R. （2005）. "Perceptions of compliance with the profession's ethical standards that address religion: A national study." *Journal of Social Work Education*, 41 （2）, 279 – 296.

Hoffman, L. R. （1985）. "Beyond power and control: Toward a second-order family systems therapy." *Family Systems Medicine*, 3 （2）, 381 – 396.

Hoffman, L. R. （2002）. *Family therapy: An intimate history.* New York: W. W. Norton & Company, Inc.

Hoffman, L. R. （2007）. *Changing perspective-changing solution: Activating internal images for change in systemic brief therapy.* Heidelberg, Germany: Carl-Auer Verlag.

Hogan, T. （1996）. "Globalization: Experiences and explanations." In A. Kellerhear （ed.）. *Social self, global culture* （pp. 275 – 288）. Melbourne: Oxford University Press.

Hollingshead, A. B., & Redlich, F. C. （1958）. *Social class and mental illness.* New York: Wiley.

Hollis, E. V., & Taylor, A. L. （1951）. *Social work education in the United States: A report of a study made for the National Council on Social Work Education.* New York: Columbia University Press.

Hollis, F. （1949）. "The techniques of casework." *Journal of Social Casework*, 30 （June）, 235 – 244.

Hollis, F. （1968）. *A typology of casework treatment.* New York: Family Service Association of America.

Hollis, F. （1970）. "The psychosocial approach to the practice of casework." In R. Roberts & R. Nee （eds.）. *Theories of social casework* （pp. 33 – 75）. Chicago: University of Chicago Press.

Hollis, F. （1972）. *Casework: A psychosocial therapy.* New York: Random House.

Holmes, G. E., & Saleebey, D. （1993）. "Empowerment, the medical model and the politics of clienthood. " *Journal of Progressive Human Service*, 4 (1), 61 – 78.

Horkheimer, M. (1972). *Critical theory.* New York: Herder and Herder.

Hornick, J. P. , & Burrows, B. (1987). "Program evaluation. " In Richard M. Grinnell (3rd ed.). *Social work research and evaluation* (pp. 143 – 164). Itasca, IL: Peacock.

Howard, A. , & Scott, R. A. (1981). "The study of minority groups in complex societies. " In R. H. Munroe, R. L. Munroe and B. B. Whiting (eds.). *Handbook of cross cultural development* (pp. 113 – 149). New York: Garland Press.

Howard, M. O. , McMillan, C. J. , & Pollio, D. E. (2003). "Teaching evidence-based practice: Toward a new paradigm for social work education. " *Research on Social Work Practice*, 13 (2), 234 – 259.

Howe, D. (1987). *An introduction to social work theory: Making sensing in practice.* Vermont USA: Ashgate Publishing Limited.

Howe, D. (1993). *On being a client: Understanding the process of Counseling and psychotherapy.* London: Sage.

Howe, D. (1995). *Attachment theory for social work practice.* Basingstoke: Macmillan.

Howe, D. (1996). "Attachment theory in child and family social work. " In David Howe (ed.). *Attachment and loss in child and family social work* (pp. 1 – 17). England: Ashgate Publishing Limited.

Howe, D. (2001). "Age at placement, adoption experience and adult adopted people's contact with their adoptive and birth mothers: An attachment perspective. " *Attachment & Human Development*, 3 (2), 222 – 237.

Howe, D. (2002). "Psychosocial work. " In Robert Adams, Lena Dominelli and Malcolm Payne (eds.). *Social work: Themes, issues and critical debates* (pp. 170 – 179). New York: Palgrave.

Howe, D. (2009). *A brief introduction to social work theory.* Basingstoke: Palgrave Macmillan.

Howe, D. , Brandon, M. , Hinings, D. , & Schofield, G. (1999). *Attachment theory, child development and family support: A practice and assessment model.* Basingstoke: Palgrave Macmillan.

Hraba, J. (1979). *American ethnicity.* Itasca, IL: F. E. Peacock.

Huang, K. (1995). "Tripartite cultural personality and ethclass assessment. " *Journal of Sociology and Social Welfare*, 22 (1), 99 – 119.

Hudson, A. (1989). "Changing perspectives: Feminism, gender and social work. " In M. langan and P. Lee (es.). *Radical social work today* (pp. 58 – 76). London: Unwin Hyman.

Hudson, A. Ayerson, L. , Oakley, C. , & Patocchi, M. (1994). "Practising feminist approaches. " In T. Philpot (ed.). *Practising social work* (pp. 1 – 22). London: Routledge.

Hudson, B. L. , & MacDonald, G. M. (1986). *Behavioral social work: An introduction.* London: Macmillan.

Humphries, B. (2004). "An unacceptable role for social work: Implementing immigration policy. "

British Journal of Social Work, 34 （1）, 93 – 107.

Hutchings, K. （2000）. "Toward a feminist international ethics. " *Review of International Studies*, 26 （1）, 111 –130.

Hyde, C. （2008）. "Feminist social work practice. " In T. Mizrahi & L. Davis （eds. ）. *Encyclopedia of social work* （20th ed. , Vol. 2） （pp. 216 –221）. New York, NY: NASW Press.

Ife, J. （1997）. *Rethinking social work: Towards critical practice.* Melbourne: Longman.

Ife, J. （1999）. "Postmodernism, critical theory and social work. " In B. Pease and J. Fook （eds. ）. *Transforming social work practice* （pp. 211 –223）. Sydney: Allen & Unwin.

Ife, J. （2001）. *Human rights and social work: Towards a right-based practice.* Cambridge: Cambridge University Press.

Ife, J. （2005）. "Human rights and critical social work. " In S. Hick, l. Fook and R. Pozzuto （eds. ）. *Social work: A critical turn* （pp. 55 –66）. Toronto: Thompson Educational Publishing, Inc. .

Ife, J. （2008）. *Human Rights and Social Work: Towards Rights-Based Practice.* Port Melbourne, Cambridge University Press.

Ife, J. , Healy, K. , Spratt, T. , & Solomon, B. （2005）. "Current understandings of critical social work. " In S. Hick, l. Fook and R. Pozzuto （eds. ）. *Social work: A critical turn* （pp. 3 –23）. Toronto: Thompson Educational Publishing, Inc.

Imbrogno, S. , & Canda, E. R. （1988）. "Social work as a holistic system of activity. " *Social Thought*, 14 （1）, 16 –29.

Imre, R. W. （1970）. "A theological view of social casework. " *Social Casework*, 52 （9）, 578 – 585.

International Federation of Social Workers （IFSW） and International Association of Schools of Social Work （IASSW） （2004）. *Ethics in social work, statement of principles.* Berne, Switzerland: IFSW/IASSW.

Jackson, J. K. （1956）. "The adjustment of the family to alcoholism. " *Marriage and Family Living*, 18 （4）, 561 –569.

Jacobs, C. , & Bowles, D. D. （eds. ） （1988）. *Ethnicity and race: Critical concepts in social work.* Silver Spring, MD: National Association of Social Workers.

Jacobs, C. （2010）. "Exploring religion and spirituality in clinical practice. " *Smith College Studies in Social Work*, 80 （2/3）, 98 –120.

Jacobson, E. （1964）. *The self and the object world.* New York: International University Press.

James, K. , & McIntyre, D. （1989）. "A momentary gleam of enlightenment: Towards a model of feminist family therapy. " *Journal of Feminist Family Therapy*, 1 （3）, 3 –24.

Jansen, M. , & Meyers-Abell, J. （1981）. "Assertive training for battered women: A pilot program. " *Social Work*, 26 （2）, 164 –175.

Jarrett, M. C. （1919）. "The psychiatric thread running through all social work. " *In Proceedings of the National Conference of Social Work* （pp. 587 –593）. Chicago: Rogers & Hall.

Jaynes, G. D. , & Williams, R. M. Jr. (1989). *A common destiny*: *Blacks and American socie-ty*. Washington D. C. : National Academy Press.

Jehu, D. (1972). *Behavior modification in social work*. (ed.). Chichester: John Wiley.

Jockel, E. (1937). "Movement toward treatment in the application interview in a family agency. " *Journal of Social Work Process*, 1 (1), 32 – 40.

Jones, J. , & Pandey, R. (eds.) (1981). *Social development*: *Conceptual, methodological and policy issues*. New York: St. Martin's Press.

Jones, M. (2000). "Hope and despair at the front line: Observations on integrity and change in the human services. " *International Social Work*, 3 (3), 365 – 380.

Jordan, B. (2004). "Emancipatory social work: Opportunity or oxymoron?" *British Journal of So-cial Work*, 34 (1): 5 – 19.

Jordan, J. V. (1991a). "Empathy, mutuality and therapeutic change: Clinical implications of a relational model. " In J. V. Jordan, A. G. Kaplan, J. B. Miller, L. P. Stiver and J. L. Surrey (eds.). *Woman's growth in connection* (pp. 283 – 290). New York: Guilford Press.

Jordan, J. V. (1991b). "The meaning of mutuality. " In J. V. Jordan, A. G. Kaplan, J. B. Miller, L. P. Stiver and J. L. Surrey (eds.). *Woman's growth in connection* (pp. 81 – 96). New York: Guilford Press.

Jordan, J. V. (1997). "A relational perspective for understanding woman's development. " In J. V. Jordan (ed.). *Woman's growth in diversity*: *More writings from the stone center* (pp. 9 – 24). New York: Guilford Press.

Joseph, M. V. (1987). "The religious and spiritual aspects of social work practice: A neglected dimension of social work. " *Social Thought*, 13 (1), 12 – 23.

Judy, D. (1994). "Transpersonal psychology: Coming of age. " *ReVision*, 16 (3), 99 – 101.

Kaminske, L. , & Walmsley, C. (1995). "The advocacy brief: A guide for social workers. " *The Social Work*, 63 (1), 53 – 58.

Kammerman, S. , Dolgoff, R. , Getzel, G. , & Nelsen, J. (1973). "Knowledge for practice: So-cial science in social work. " In Alfred J. Kahn (ed.). *Shaping the new social work* (pp. 97 – 148). New York: Columbia University Press.

Kanel, K. (2003). *A guide to crisis intervention* (2nd ed.). Pacific Grove, CA: Brooks/Cole.

Kang, W-M, Harington, P. , & Park, H-J. (2015). "Double empowerment: The roles of ethnic-based groups in the Korean community in New Zealand, implications for social work practice. " *Journal of Social Work*, 15 (4), 371 – 389.

Kaplan, A. , & Surrey, J. L. (1984). "The relational self in women: Developmental theory and public policy. " In Lenore Walker (ed.). *Women and mental health policy* (pp. 79 – 94). Beverly Hills, Calif: Sage Publications.

Kaplan, D. M. , & Mason, E. A. (1983). "Maternal reactions to premature birth viewed as an a-cute emotional disorder. " In Howard J. Parad (ed.). *Crisis intervention*: *Selected Readings* (pp. 118 – 128). New York: Family Service Association of America.

Kasius, C. (ed.) (1950). *A comparison of diagnostic and functional casework concepts.* New York: Family Service Association of America.

Kearney, J. (1986). "A time for differentiation: The use of a systems approach with adolescents in community-based agencies." *Journal of Adolescence*, 9 (3), 243 – 256.

Keenan, E. (2004). "From sociocultural categories to socially located relations: Using critical theory in social work practice." *Families in Society*, 85 (4), 539 – 547.

Keim, J. (2000). "Strategic family therapy: The Washington School." In A. M. Horne (ed.). *Family counseling and therapy* (pp. 170 – 207). Itasca, IL: F. E. Peacock Publishers.

Keller, T. E., Spieker, S. J., & Gilchrist, L. (2005). "Patterns of risk and trajectories of pre-school problem behaviors: A person-oriented analysis of attachment in context." *Development and Psychopathology*, 17 (2), 349 – 384.

Kellner, D. (1993). "Critical theory today: Revisting the classics." *Theory, Culture and Society*, 10 (1), 43 – 60.

Kelly, M. S., Kim, J. S., & Franklin, C. (2008). *Solution-focused brief therapy in schools: A 360 – degree view of the research and practice principles.* New York: Oxford University Press.

Kemp, S. P., & Brandwein, R. (2010). Feminisms and social work in the United States: An intertwined history. *Affilia*, 25 (4), 341 – 364.

Kemp, S. P. (1995). "Practice with communities." In C. H. Meyer & M. A. Mattaini (eds.). *The foundations of social work practice: A graduate text* (pp. 176 – 204). Washington, DC: National Association of Social Workers.

Kemp, S. P., Whittaker, J. K., & Tracy, E. (1997). *Person-environment practice: The social ecology of interpersonal helping.* New York: Aldine de Gruyter.

Kernberg, O. (1976). *Object relations theory and clinical psychoanalysis.* New York: Jason Aronson.

Khan, P., & Dominelli, L. (2000). "The impact of globalization and social work practice in the UK." *European Journal of Social Work*, 3 (2), 95 – 108.

Khindukas, S. (1987). "Development and peace: The complex nexus." *Social Development Issues*, 10 (3), 19 – 30.

Kibria, N. (1997). "The construction of 'Asian American': Reflections on intermarriage and ethnic identity among second generation of Chinese and Korean American." *Ethnic and Racial Studies*, 20 (3), 523 – 544.

Killilea, Marie (1976). "Mutual help organizations: Interpretations in the literature." In Gerald Caplan and Marie Killilea (eds.). *Support systems and mutual help: Multi-disciplinary explorations* (pp. 37 – 87). New York: Grune & Stratton.

Kirst-Ashman, K. K., & Hull, G. H. (1996). *Understanding generalist practice* (2nd eds.). Chicago: Nelson Hall.

Kisthardt, W. E. (2006). "The opportunities and challenges of strengths-based, person-centered practice: Purpose, principles, and applications in a climate of system's integration." In

D. Saleebey (4th ed.). *The strengths perspective in social work perspective* (pp. 171 – 196). Boston: Pearson Education, Inc.

Kivisto, P. (2002). *Multiculturalism in a global society*. Oxford: Black Well.

Kleckner, T., Amendt, J. H., Frank, L., Bland, C., & Bryant, R. (1992). "The myth of the unfeeling strategic therapist." *Journal of Marital anf Family Therapy*, 18 (1), 41 – 51.

Klein, D. C., & Ross, A. (1983). "Kindergarten entry: A study of role transition." In Howard J. Parad (13th ed.). *Crisis intervention: Selected Readings* (pp. 140 – 148). New York: Family Service Association of America.

Klugman, D. (1997). "Existentialism and constructivism: A Bi-polar Model of subjectivity." *Clinical Social Work Journal*, 25 (3), 297 – 313.

Knapp, J., & Midgley, J. (2010). "Developmental social work and people with disabilities." In J. Midgley and A. Conley (eds.). *Social work and social development: Theories and skills for development social work* (pp. 87 – 104). New York: Oxford University Press.

Kominkiewicz, F. B. (2006). "Heideggerian existentialism and social work practice with death and survivor bereavement." *The Social Science Journal*, 43 (2), 47 – 54.

Kondrat, M. E. (1995). "Concept, act, and interest in professional practice: implications of an empowerment perspective." *Social Service Review*, 69 (3), 305 – 328.

Kondrat, M. E. (1999). "Who is the 'self' in self-awareness: Professional self-awareness from a critical theory perspective." *Social Service Review*, 73 (4), 451 – 477.

Kramer, R. (1995). "Carl Rogers meets Otto Rank: The discovery of relationship." In T. Pauchant and Associates (eds.). *In search of meaning: Managing for the health of our organization, our communities, and the natural world* (pp. 197 – 223). San Francisco, CA: Jossey-Beguass.

Kretzman, J., & McKinght, J. (1993). *Building community from the inside out: A path toward finding and mobilizing a community's assets*. Evanston, IL: Institute for Policy Research, Northwest and University.

Krill, D. F. (1966). "Existentialism: A philosophy for our current revolutions." *Social Service Review*, 40 (3), 289 – 301.

Krill, D. F. (1968). "A framework for determining client modifiability." *Social Casework*, 49 (10), 602 – 611.

Krill, D. F. (1969). "Existential psychotherapy and the problem of anomie." *Social Work*, 14 (2), 33 – 49.

Krill, D. F. (1978). *Existential social work*. New York: The Free Press.

Krill, D. F. (1986). *The beat worker*. Lanham MD: University Press of America.

Krill, D. F. (1990). *Practice wisdom: A guide for helping professionals*. Newbury Park, CA: Sage.

Krill, D. F. (1996). Existential social work. In Francis J. Turner (ed.). *Social work treatment: Interlocking theoretical approaches* (pp. 251 – 281). New York: The Free Press.

Krill, D. F. (2011). "Existential social work." In Francis J. Turner (ed.). *Social work treatment: Interlocking theoretical approaches* (pp. 179 - 204). New York: Oxford University Press.

Krill, D. F. (2014). "Existential social work." *Advances in Social Work*, 15 (1), 117 - 128.

Kroeber, T. C. (1963). "The coping functions of ego mechanisms." In Robert F. White (ed.). *The study of lives* (pp. 179 - 198). New York: Atherton Press.

Kutchins, H., & Kutchins, S. (1987). "Advocacy and the adversary system." *Journal of Sociology and Social Welfare*, 14 (3), 119 - 133.

Laird, J. (1989). "Women and stories: Restoring women's self-constructions." In M. McGoldrick, F. Wash and C. Anderson (eds.). *Women in families* (pp. 420 - 450). New York: Norton.

Laird, J. (1993). "Revisioning social work education: A social constructionist approach." *Journal of Teaching in Social Work*, 8 (1/2), 67 - 79.

Laird, J. (1995a). "Family centred practice in the postmodern era." *Family in Society*, 76 (3), 150 - 162.

Land, J. (1995b). "Feminist social work in the 21st century." In N. Van Den Bergh (ed.). *Feminist practice in the 21st century* (pp. 3 - 19). Washington, DC: NASW Press.

Lane, M. (1999). "Community development and a postmodernism of resistance." In B. Pease and J. Fook (eds.). *Transforming social work practice: Postmodern critical perspectives* (pp. 131 - 148). London: Routledge.

Langan, M. (1992). "Introduction: Women and social work in the 1990s." In M. Langan and L. Day (eds.). *Women, oppression and social work: Issues in anti-discriminatory practice* (pp. 1 - 18). London: Routledge.

Langan, M. (1998). "Radical social work." In R. Adams, L. Dominelli and M. Payne (eds.). *Social work: Themes, issues and critical debates* (pp. 207 - 217). London: Macmillan.

Langan, M., & Day, L. (eds.) (1992). *Women, oppression and social work: issues in ant - discriminatory practice*. London: Routledge.

Langer, N. (2004). "Resiliency and spirituality: Foundations of strengths perspective counseling with the elderly." *Educational Gerontology*, 30 (7), 611 - 617.

Lantz, J (1996). "Cognitive theory and social work treatment." In Francis J. Turner (4th ed.). *Social work treatment: Interlocking theoretical approaches* (pp. 94 - 115). New York: The Free Press.

Lantz, J. (1987). "The use of Frankl's concepts in family therapy." *Journal of Independent Social Work*, 2 (2), 65 - 80.

Lantz, J., & Greenlee, R. (1990). "Existential social work with Vietnam veterans." *Journal of Independent Social Work*, 5 (1), 39 - 52.

Lantz, J., & Kondrat, M. (1997). "Evaluation research problems in existential psychotherapy with couples and families." *Journal of Family Psychotherapy*, 8 (2), 55 - 72.

Lantz, J. (1999). "Existential marital psychotherapy and the experience of managed care." *Jour-

nal of Couples Therapy, 8 （3 – 4）, 109 – 114.

Laughlin, H. P. （1979）. *The ego and its defense* （2nd ed.）. New York: Jason Aronson.

Lazarus, R. S., & Folkman, S. （1984）. *Stress, appraisal, and coping.* New York: Springer.

Lechte, J. （1994）. *Fifty key contemporary thinkers: From structuralism to postmodernism.* London: Routledge.

Lecomte, R. （1975）. "Basic issues in the analysis of theory for practice in social work." Ph. D. Thesis, Ann Arbor, MI.: Bryn Mawr College, *The Graduate School of Social Work and Social Research.*

Lee, J. A. B. （1989）. "An ecological view of aging: Luisa's Plight." *Journal of Gerontological Social Work*, 14 （1 – 2）, 175 – 190.

Lee, J. A. B. （1996）. "The empowerment approach to social work practice." In Francis J. Turner （4th ed.）. *Social work treatment: Interlocking theoretical approaches* （pp. 218 – 249）. New York: The Free Press.

Lee, J. A. B. （2000）. *The empowerment approach to social work practice: Building the beloved community.* New York: Columbia University Press.

Lee, J. A. B. （2001）. *The empowerment approach to social work practice: Building the beloved community* （2nd ed.）. New York: Columbia University Press.

Lee, M. Y. （2003）. "A solution-focused approach to cross-cultural clinical social work practice: Utilizing cultural strengths." *The Journal of Contemporary Human Services*, 84 （3）, 385 – 395.

Lee, M. Y. （2011）. "Solution-focused theory." In Francis J. Turner （5th ed.）. *Social work treatment: Interlocking theoretical approaches* （pp. 460 – 476）. New York: Oxford University Press.

Lee, M. Y., Greene, G. J., Hsu, K. S. Y., Solovey, A., Grove, D., Frazer, J. S., Washburn, P., & Teater, B. （2009）. "Utilizing family strengths and resilience: Integrative family and systems treatment with children and adolescents with severe emotional and behavioral problems." *Family Process*, 48 （3）, 295 – 416.

Lee, M. Y., Ng, S., Leung, P. P. Y., & Chan, C. L. W. （2009）. *Integrative body-mind-spirit social work: An empirically based approach to assessment and treatment.* New York: Oxford University Press.

Lee, M. Y., Sebold, J., & Uken, A. （2003）. *Solution-focused treatment with domestic violence offenders: Accountability for change* （p. 34）. New York: Oxford University Press.

Lee, M. Y., Uken, A., & Sebold, J. （2007）. "Role of self-determined goals in predicting recidivism in domestic violence offenders." *Research on Social Work Practice*, 17 （1）, 30 – 41.

Lee, P. R. （1935）. "The social worker and social action." In P. R. Lee （ed.）. *Social work as cause and function and other papers* （pp. 257 – 268）. New York: Columbia University Press.

Lee, P. R. （1937）. *Social work as cause and function and other papers.* New York: Columbia University Press.

Leighninger, L. （1987）. *Social work: Search for identity.* New York: Greenwood Press.

Leighninger, R. D. (1978). "Systems theory." *Journal of Sociology and Social Welfare*, 5 (4), 446 – 480.

Lemon, S. D., Newfield, N. A., & Dobbins, J. E. (1993). "Culturally senstive family therapy in Appalachia." *Journal of Strategic and Systemic Therapies*, 12 (1), 8 – 26.

Leonard, P. (1994). "Knowledge/power and postmodernism: Implications for the practice of a critical social work education." *Canadian Social Work Review*, 11 (1), 11 – 26.

Leonard, P. (1997). *Postmodern welfare: Reconstructing an emancipatory project.* London: Sage.

Levy, C. (1974). "Advocacy and the injustice of justice." *Social Service Review*, 48 (1), 29 – 50.

Lewandowski, C. A., & Hill, T. J. (2009). "The impact of emotional and and material social support on women's drug treatment completion." *Health and Social Work*, 34 (3), 213 – 221.

Lewis, H. (1982). *The intellectual base of social work practice.* Washington, DC: National Association of Social Workers.

Lewis, V., & Allen-Byrd, L. (2007). "Coping strategies for the stages of family recovery." *Alcoholism Treatment Quarterly*, 25 (1), 105 – 124.

Libassi, M. F., & Maluccio, A. N. (1982). "Teaching the use of ecological perspective in community mental health." *Journal of Education for Social Work*, 18 (2), 94 – 100.

Lieberman, E. J. (1985). *Acts of will: The life and work of Otto Rank.* New York, NY: Free Press.

Lieberson, S. (1985). "Unhyphenated white in the United States." In R. Alba (ed.). *Ethnicity and race in the U. S. A. : Toward the twenty-first century* (pp. 159 – 180). London: Routledge & Kegan Paul.

Lindemann, E. (1944). Symptomatology and management of acute grief. *American Journal of Psychiatry*, 101 (2), 141 – 148.

Lindemann, E. (1983). "Symptomatology and management of acute grief." In Howard J. Parad (ed.). *Crisis intervention: Selected Readings* (pp. 7 – 21). New York: Family Service Association of America.

Linehan, M. H. (1993). *Cognitive behavioral treatment of borderline personality disorder.* New York: Guiford.

Lloyd, L. (1998). "The post and the anti-analyzing change and changing analyses in social work." *British Journal of Social Work*, 28 (7), 709 – 727.

Loffell, J. (2008). "Developmental social welfare and the child protection challenge in South Africa." *Practice: Social Work in Action*, 20 (2), 83 – 92.

Lomard, A. (2008). "The implementation of the White Paper for social welfare: A ten-year Review." *The Social Work Practitioner-Researcher*, 20 (2), 137 – 153.

Long, D. D. (2000). "Welfare reform: Asocial work perspective for assessing success." *Journal of Sociology and Social Welfare*, 27 (1), 61 – 78.

Long, D. D., & Heydt, M. J. (2000). "Qualitative analysis of a BSW field placement with a hospital-owned physician practice in a skilled nursing facility." *Health and Social Work*, 25 (2),

210 – 218.

Long, D. D. , Tice, C. J. , & Morrison, J. D. (2006). *Macro social work practice*: *A strengths perspective*. Belmont, CA: Thomson Higher Education.

Lowe, R. (1991). "Postmodern themes and therapeutic practices: Notes towards the definition. " *Dulwich Center Newsletter*, 3 (1), 41 – 53.

Lowery, C. T. , & Mattaini, M. A. (1999). "The science of sharing power: Native American thought and behavior analysis. " *Behavior and Social Issues*, 9 (1), 3 – 23.

Lukes, S. (2005). *Power*: *A radical view* (pp. 66 – 67). Basingstoke: Palgrave Macmillan.

Lum, D. (1982). "Toward a framework for Social work practice with minorities. " *Social Work*, 27 (3), 244 – 249.

Lum, D. (1992). *Social work practice and people of color*. Pacific Grove, CA: Brooks/Cole.

Lum, D. (1995). "Cultural values and minority people of color. " *Journal of Sociology and Social Welfare*, 22 (1), 59 – 74.

Lum, D. (1999). *Cultural competent practice*: *A framework for growth and action*. Pacific Grove, CA: Brooks/Cole, p. 29.

Lum, D. (2004). "Social work in a multicultural society. " *Social Work*, 49 (1), 1 – 15.

Maas, H. (1984). *People and contexts*: *Social development form birth to old age*. Englewood Cliffs, NJ: Prentice Hall.

MacDonald, A. J. (2007). "Applying solution-focused brief therapy to mental health practice. " In T. S. Nelson and F. N. Thomas (eds.). *Handbook of solution-focused brief therapy*: *Clinical applications* (pp. 267 – 294). Philadelphia, PA: Haworth Press.

MacDonald, G. (2007). "Cognitive behavioral social work. " In Lishman, J. (2nd ed.). *Handbook for practice learning in social work and social care*: *Knowledge and theory* (pp. 169 – 187). London: Jessica Kingsley.

MacDonald, G. , Sheldon, B. , & Gillespie, J. (1992). "Contemporary studies of the effectiveness of social work. " *British Journal of Social Work*, 22 (6), 615 – 643.

Macey, M. , & Moxon, E. (1996) . "An examination of anti racist and anti oppressive theory and practice in social work education. " *British Journal of Social Work*, 26 (3), 297 – 314.

Mackenzie, C. , & Stoljar, N. (eds.) (2000). *Relational autonomy*: *Feminist perspectives on autonomy*, *agency and the social self*. Oxford: Oxford University Press.

MacKinnon, L. , & Miller, D. (1987). "The new epistemology and the Milan approach: Feminist and social-political considerations. " *Journal of Marital and Family Therapy*, 13 (2), 139 – 155.

Maclaren, C. , & Freeman, A. (2006). "Cognitive behavior therapy model and techniques. " In T. Ronen and A. Freeman (eds.). *Cognitive behavioral therapy in clinical social work practice* (pp. 25 – 44). New York: Springer Publishing Company.

Maguire, L. (1983). *Understanding social networks*. Beverly Hills, CA: Sage Publications.

Mahler, M. S. (1971). "A study of the separation -individuation process and its possible application to borderline phenomena in the psychoanalytic situation. " *Psychoanalytic Study of the Child*, 26 (1), 403 – 424.

Mahler, M. S. , Pine, F. , & Bergman, A. (1975). *The psychological birth of the human infant.* New York: Basic Books.

Mahoney, M. J. (1991). *Human change processes: The scientific foundations of psychotherapy.* New York: Basic Books.

Mahoney, M. J. (1993). "Introduction to special section: Theoretical developments in the cognitive psychotherapies. " *Journal of Counseling and Clinical Psychology*, 61 (3), 187 – 193.

Mahoney, M. J. (1995). "Theoretical developments in the cognitive psychotherapy. " In M. J. Mahoney (ed.), *Cognitive and constructivist psychotherapies* (pp. 3 – 19). New York: Springer.

Makari, G. (2008). *Revolution in Mind.* New York, NY: Columbia University Press.

Mancoske, R. (1981). "Sociological perspectives on the ecological model. " *Journal of Sociology and Social Welfare*, 8 (4), 710 – 732.

Mann, B. (1987). "Working with battered women: Radical education or therapy. " In Ellen Pence (ed.). *In our best interest: A process for personal and social change* (pp. 104 – 116). Duluth: Minnesota Program Development.

Markowitz, M. A. , & Nitzberg, M. L. (1982). "Communication in the psychiatric halfway house and the double bind. " *Clinical Social Work Journal*, 10 (2), 176 – 189.

Marty, D. , Rapp, C. A. , & Carlson, L. (2001). "The experts speak: The critical ingredients of strengths model case management. " *Psychiatric Rehabilitation Journal*, 24 (2), 214 – 221.

Maslen, S. (1944). "Methods of action on Housing legislation. " In Proceedings of the National Conference of Social Work: Selected papers, Seventy-first anniversary meeting, Cleveland, Ohio, May 21 – 27, 1944. New York: Columbia University Press.

Matsuoka, J. K. , & Benson, M. (1996). "Economic change, family cohesion, and mental health in a rural Hawaii community. " *Families in Society*, 77 (2), 108 – 116.

Mattaini, M. A. , & Kirk, S. A. (1991). "Assessing assessment in social work. " *Social Work*, 36 (2), 260 – 266.

Mattaini, M. A. , Lowery, C. T. , & Meyer, C. H. (2002). *Foundations of social work practice: A graduate text.* Washington DC: NASW.

Maturana, H. , & Varela, F. J. (1987). *The tree of knowledge: The biological roots of human understanding* (pp. 95 – 97) . Boston: Shambhala Publications.

Mayer, R. E. (1994). *Problem solving. Encyclopedia of Human Behavior. Vol. 3.* San Diego: Academic Press.

McBeath , G. B. , & Webb, S. A. (1991). "Social work, modernity and postmodernity. " *The Sociological Review*, 39 (1), 171 – 192.

McBee, L. (2008). *Mindfulness-based elder care: A CAM model for frail elders and their caregivers.* New York: Springer.

McDowell, B. (1994). "An examination of the ecosystems perspective in consideration of new theories in biology and thermodynamics. " *Journal of Sociology and Social Welfare*, 21 (2), 49 –68.

McDowell, T. (2004). "Exploring the racial experience of therapists in training: A critical race theory perspective. " *The American Journal of Family Therapy*, 32 (4), 305 – 324.

McHoul, A. , & Grace, W. (1991). A Foucault primer: Discourse, power and the subject. Melbourne: Melbourne University Press.

McIntyre, D. (1982). "On the possibility of 'radical' casework: 'A radical dissent' . " *Contemporary Social Work Education*, 5 (3), 191 – 208.

McIntyre, E. L. G. (1986). "Social networks: potential for practice. " *Social Work*, 31 (3), 421 – 426.

McLaughlin, J. (2003). *Feminist social and political theory: Contemporary debates and dialogues.* Basingstoke: Palgrave Macmillan.

McLauglin, K. (2014). "Empowering the people: 'empowerment' and British Journal of Social Work, 1971 – 99. " *Critical and Radical Social Work*, 2 (2), 203 – 216.

McMahon, M. O. (1990). *The general method of social work practice: A problem-solving approach* (2nd ed.). Englewood Cliffs, NJ: Prentice-Hall.

McMahon, M. O. (1995). *The generalist social work practice* (3rd ed.). Boston: Allyn & Bacon.

McMillen, C. J. (1992). "Attachment theory and clinical social work. " *Clinical Social Work Journal*, 20 (2), 205 – 218.

Mead, M. (1935). *Sex and temperament in three primitive societies.* New York: Morrow.

Mechanic, D. (1974). "Social structure and personal adaptation: Some neglected dimensions. " In George V. Coelhe, David A. Hamburg, and John E. Adams (eds.). *Coping and adaptation* (pp. 32 – 46). New York: Basic Books.

Meenaghan, T. M. , Washington, R. O. , & Ryan, R. M. (1982). *Macro practice in the human services.* New York: Free Press.

Meichenbaum, D. (1977). *Cognitive behavior modification.* New York: Plenum.

Melbourne Academic Mindfulness Interest Group. (2006). "Mindfulness-based psychotherapies: A review of conceptual foundations, empirical evidence and practical considerations. " *Australian and New Zealand Journal of Psychiatry*, 20 (2), 285 – 294.

Meyer, C. H. (1973). "Purpose and boundaries casework fifty years later. " *Social Casework*, 54 (2), 269 – 275.

Meyer, C. H. (1976). *Social work practice: The changing landscape* (2nd ed.). New York: Free Press.

Meyer, C. H. (1979). "What directions for direct practice?" *Social Work*, 24 (2), 267 – 272.

Meyer, C. H. (1983). *Clinical social work in the ecosystems perspective.* New York: Columbia University Press.

Meyer, J. W. (1994). "The evolution of modern stratification systems. " In D. B. Grusky (ed.). *Social stratification: Class, race, and gender in sociological perspective* (pp. 730 – 737). Boulder, CO: Westview Press.

MIcek, S. (2014). "Are we doing enough to develop cross-cultural competencies for social work." *British Journal of Social Work*, 2014 (44), 1984 – 2003.

Midgley, J. (1993). "Ideological roots of social development strategies." *Social Development Issues*, 15 (1), 1 – 13.

Midgley, J. (1995). Social development: The developmental perspective in social welfare. Thousand Oaks, CA: Sage Publications.

Midgley, J. (1999). "Growth, redistribution and welfare: Towards social investment." *Social Service Review*, 77 (1), 3 – 21.

Midgley, J. (2001). "Issue in international social work: Resolving critical debates in the profession." *Journal of Social Work*, 1 (1), 21 – 36.

Midgley, J. (2010a). "Community practice and developmental social work." In J. Midgley and A. Conley (eds.). *Social work and social development: Theories and skills for development social work* (pp. 167 – 189). New York: Oxford University Press.

Midgley, J. (2010b). "Poverty, social assistance, and social investment." In J. Midgley and A. Conley (eds.). *Social work and social development: Theories and skills for development social work* (pp. 105 – 125). New York: Oxford University Press.

Midgley, J. (2010c). "The theory and practice of developmental social work." In J. Midgley and A. Conley (eds.). *Social work and social development: Theories and skills for development social work* (pp. 1 – 28). New York: Oxford University Press.

Midgley, J., & Conley, A. (2010). "Limitations and prospects of developmental social work." In J. Midgley and A. Conley (eds.), *Social work and social development: Theories and skills for development social work* (pp. 194 – 204). New York: Oxford University Press.

Midgley, J., & Sherraden, M. (2009). "The social development perspective in social policy." In J. Midgley and M. Livermore (eds.). *The handbook of social policy* (pp. 263 – 278). Thousand Oaks, CA: Sage Publications.

Midgley, J., & Tang, K. L. (2001). "Social policy, economic growth and developmental welfare." *International Journal of Social Welfare*, 10 (4), 263 – 278.

Miehls, D. (2011). "Relational theory and social work." In Francis J. Turner (ed.). *Social work treatment: Interlocking theoretical approaches* (pp. 401 – 412). New York: Oxford University Press.

Mikulincer, M., & Shaver, P. R. (2009). "An attachment and behavioral systems perspective on social support." *Journal of Social and Personal Relationships*, 26 (1), 7 – 19.

Miley, K. K., O'Melia, M., & DuBois, B. (2001). *Generalist social work practice: An empowering approach*. Boston: Allyn & Bacon.

Millar, M. (2008). " 'Anti oppressiveness': critical comments on a discourse and its content." *British Journal of Social Work*, 38 (2), 362 – 376.

Miller, J. B., & Stiver, I. P. (1997). *The healing connection: How women form relationships in therapy and in life*. Boston: Beacon Press.

Miller, J. B. (1991). "The construction of anger in women and men." In J. V. Jordan, A. G. Kaplan, J. B. Miller, L. P. Stiver and J. L. Surrey (eds.). *Woman's growth in connection* (pp. 181 – 196). New York: Guilford Press.

Miller, N. E., & Dollard, J. (1941). *Social learning and imitation.* New Haven: Yale University Press.

Mitchell, S., & Aron, L. (1999). *Relational psychoanalysis: The emergence of a tradition* (p. 13). Hillsdale, NJ: Analytic Press.

Mizrahi, T. (2015). "Community organizing principles and guidelines." In K. Corcoran & A. R. Roberts (eds.). *Social workers' desk reference* (3rd ed., pp. 194 – 206). New York: Oxford University Press.

Mizrahi, T., & Morrison, J. (eds.). (2013). *Community organization and social administration: Advances, trends, and emerging principles.* New York, NY: Routledge.

Mo, Y. L. (2003). "A solution-focused approach to cross-cultural clinical social work practice: Utilizing cultural strengths." *Families in Society*, 84 (3), 385 – 395.

Modrcin, M., Rapp, C., & Chamberlain, R. (1985). *Case management with psychiatrically disabled individuals: Curriculum and training program.* Lawrence, KS: University of Kansas School of Social Welfare.

Moley, V. (1983). "Interactional treatment of eating disorders." *Journal of Strategic and Systemic Therapies*, 2 (1), 10 – 28.

Moon, K. A. (2007). "A client-centered review of Rogers with Gloria." *Journal of Counseling & Development*, 85 (3), 277 – 285.

Moran, D. J. (2008). "The three waves of behavior therapy: Course corrections or navigation errors?" *The Behavior Therapist*, Special Issue, Winter, 147 – 157.

Mor-Barak, M, E. (1988). "Support systems intervention in crisis situations: theory, strategies and a case discussion." *International Social Work*, 31 (4): 285 – 304.

Moreau, M. (1979). "A structural approach to social work practice." *Canadian Journal of Social Work Education*, 5 (1), 78 – 94.

Moreau, M. J. (1990). "Empowerment through advocacy and consciousness-raising: Implications of a structural approach to social work." *Journal of Sociology and Social Welfare*, 17 (2), 53 – 68.

Morin, R. C., & Seidman, E. (1986). "A social network approach and the revolving door patient." *Schizophrenia Bulletin*, 12 (2), 262 – 273.

Morris, T. (2006). *Social work research methods: Four alternative paradigms.* Thousand Oaks, CA: Sage.

Mosely, J. E. (2016). "Yes, macro practice matters: Embracing the complexity of real-world social work." *Human Service organization: Management, Leadership & Government*, 21 (2), 4 – 6.

Moser, C., & Dani, A. A. (eds.) (2008). *Assets, livelihood, and social policy.* Washington, DC: The World Bank.

Mowbray, M. (1993). "The medicinal qualities of localism: A history perspective." In R. Thorpe and J. Petruchenia (eds.). *Community work or social change? An Australian perspective* (pp. 50 - 66). Sydney: Halc and Iremonger.

Moxley, D. P. , & Freddolino, P. P. (1994). "Client-driven advocacy and psychiatric disability: A model for social work practice. " *Journal of Sociology and Social Welfare*, 21 (2), 91 - 108.

Mullaly, R. (1993). *Structural social work: Ideology, theory and practice.* Toronto: McClelland and Steward.

Mullaly, R. P. , & Keating, E. F. (1991). "Similarities, differences and dialectics of radical social work. " *Journal of Progressive Human Services*, 2 (2), 49 - 78.

Mullender, A. , & Ward, D. (1991). *Self-directed groupwork: Users take action for empowerment.* London: Whiting & Birch.

Munson, M. R. , & McMillan, J. C. (2008). "Nonkin natural mentors in the lives of older youths in foster care. " *Journal of Behavioral Health Services*, 35 (4), 454 - 468.

Myer, R. A. (2001). *Assessment for crisis intervention: A triage assessment model.* Belmont, CA: Brooks/Cole.

Naess, A. (1973). "The shallow and the deep, long range ecology movement. " *Inquiry*, 16 (2), 95 - 100.

Naess, A. (1995). "The deep ecological movement: Some philosophical aspects. " In G. Sessions (ed.). *Deep ecology for the 21st century: Readings on the philosophy and practice of the new environmentalism* (pp. 204 - 212). Boston: Shambhala.

Nagel, J. J. (1988). "Can there be a unified theory for social work practice?" *Social Work*, 33 (4), 359 - 370.

Naparstek, A. J. , Beigel, D. E. , & Spiro, H. R. (1982). *Neighborhood networks for human mental health care.* New York: Plenum.

Nardone, G. (1995). "Brief strategic therapy of phobic disorder: A model of therapy and evaluation research. " In J. H. Weakland and W. A. Ray (eds.). *Propagations: Thirty years of influence from the Mental Research Institute* (pp. 86 - 106). New York: Haworth Press.

Nardone, G. , & Watzlawick, P. (1993). *The art of change: Strategic therapy and hypnotherapy without trance.* San Francisco: Jossey-Bass Publishers.

National Association of Social Workers (1996). *Code of Ethics.* Washington, DC: Author.

National Association of Social Workers (2001). *NASW standards for cultural competence in social work practice.* Washington, DC: Author.

National Association of Social Workers (2008). *The code of ethics of the National Association of Social Workers.* Washington, DC: Author.

Nelsen, J. (1980). *Communications theory and social work practice.* Chicago: University of Chicago Press.

Nelson-Gardell, D. (1995). "Feminism and feminist social work. " *Journal of Family Social Work*, 1 (1), 77 - 95.

Netting, F. E. (2008). "Macro social work practice. " In T. Mizrahi, & L. E. Davis (eds.). *En-*

cyclopedia of social work (*Vol.* 3, pp. 139 – 144). Washington, DC: NASW Press; New York, NY: Oxford University Press.

Newton, J. (1988). "History as usual? Feminism and the new historicism. " *Cultural Critique*, 9 (1), 87 – 121.

Ng, H. – Y. (2003). "The 'social' in social work practice: Shamans and social work. " *International social work*, 46 (3), 289 – 301.

Nichols, M. P. , & Schwartz, R. C. (2004). *Family therapy concepts and methods* . New York: Pearson Education, Inc.

Nilsson, I. , Jansson, L. , & Norberg, A. (1999). "Crisis phenomenon after stroke reflected in an existential perspective. " *International Journal of Aging and Human Development*, 49 (4), 259 – 277.

Norman, J. (2000). "Constructive narrative in arresting the impact of post-traumatic stress disorder. " *Clinical Social Work Journal.* 28 (3), 303 – 319.

Northen, H. (1994). *Clinical social work* (2nd ed.) New York: Columbia University Press.

Northen, H. (1995). *Clinical social work : Knowledge and skills.* New York: Columbia University Press.

Norton, C. L. (2012). "Social work and the environment: An eco-social approach. " *International Journal of Social Welfare*, 21 (2), 299 – 308.

Norton, D. (1978). *The dual perspective : Inclusion of ethnic minority content in the social work curriculum.* Washington DC: Council on Social Work Education.

Nylund, D. (2006). "Critical multiculturalism, whiteness, and social work: Towards a more radical view of cultural competence. " *Journal of of Progressive Human Service*s, 17 (2), 27 – 42.

O'Connell, B. , & Palmer, S. (2003). *Solution-focused therapy : A handbook for health care professionals.* London: Sage.

O'Hagan, K. (1986). *Crisis intervention in social services.* Basingstoke: Macmillan-now Palgrave Macmillan.

O'Hagan, K. (2001). *Cultural competence in the caring professions.* London: Jessica Press.

Oakley, V. (1955). Cathedral of compassion: Dramatic outline of the life of Jane Addams 1860 – 1935. Philadelphia: Press of Lyon and Armor.

Okitikpi, T. , & Aymer, C. (2010). *Key concepts in anti-discriminatory social work.* London: Sage.

Orme, J. (1994). "Violent Women. " In C. Lupton and T. Gillespie (eds.). *Working with Violence* (pp. 170 – 189). Basingstoke: BASW Macmillan.

Orme, J. (1997). "Research into Practice. " In G. Mckenzie, J. Powell and R. Usher (eds.). *Understanding Social Research* (pp. 112 – 123). Basingstoke: Falmer Press.

Orme, J. (2001). Gender and community care: Social work and social care perspectives. Basingstoke: Palgrave Macmillan.

Orme, J. (2002a). "Feminist Social Work. " In R. Adams, L. Dominelli and M. Payne (2nd eds.). *So-*

cial Work: Themes, Issues and Critical Debates (pp. 218 – 226). Basingstoke: Palgrave Macmillan.

Orme, J. (2002b). "Social Work, Gender, Care and Justice." *British Journal of Social Work*, 32 (6): 799 – 814.

Orme, J. (2003). " 'It's feminist because I say so!' : Feminism, social work and critical practice in UK." *Qualitative Social Work*, 2 (2), 131 – 153.

Orme, J. (2009). "Feminist social work." In M. Gray and S. A. Webb (eds.). *Social work theories and methods* (pp. 65 – 75). London: Sage.

Orsillo, S. M., Roemer, L., Lerner, J. B., & Tull, M. T. (2004). "Acceptance, mindfulness and cognitive-behavioral therapy: Comparison, contrasts, and application to anxiety." In S. C. Haynes, V. M. Follette, and M. M. Linehan (eds.). *Mindfulness and acceptance: Expanding the cognitive-behavioral tradition* (pp. 66 – 95). New York: The Guilford Press.

Pack, M. J. (2012). "Critical incident stress management: A review of literature with implications for social work." *International Social Work*, 56 (5).

Page, T. (2011). "Attachment theory and social work treatment." In Francis J. Turner (ed.). *Social work treatment: Interlocking theoretical approaches* (pp. 30 – 47). New York: The Free Press.

Paiva, F. J. X. (1977). "A conception of social development." *Social Service Review*, 51 (2), 327 – 336.

Panyda, V. (2013). "From task-centered social work to evidence-based and integrative practice." *Social Work Education*, 32 (1), 13 – 138.

Parad, H. J. (1961). *Action for mental health, final report of the Joint Commission on mental illness and health.* New York: Basic Books.

Parad, H. J. (1965). *Crisis intervention: Selected readings.* New York: Family Service Association of America.

Parad, H. J. (1983a). "Introduction." In Howard J. Parad (ed.). *Crisis intervention: Selected Readings* (pp. 1 – 4). New York: Family Service Association of America.

Parad, H. J. (1983b). "Preventive casework: Problems and implications." In Howard J. Parad (13th ed.). *Crisis intervention: Selected Readings* (pp. 284 – 298). New York: Family Service Association of America.

Parad, H. J., & Caplan, G. (1983). "A framework for studying families in crisis." In Howard J. Parad (ed.). *Crisis intervention: Selected Readings* (pp. 53 – 72). New York: Family Service Association of America.

Parad, H. J., & Parad, L. G. (1990a). *Crisis intervention.* Milwaukee: Families International.

Parad, H. J., & Parad, L. G. (1990b). *Crisis intervention book 2: The practitioner's sourcebook for brief therapy.* Milwaukee, WI: Family Service America.

Park, Y. (2005). "Culture as deficit: A critical discourse analysis of the concept of culture in contemporary social work discourse." *Journal of Sociology and Social Welfare*, 32 (3), 11 – 33.

Parrott, W. G. (2004). "Positioning and the emotion." In R. Hare and F. Moghaddam (eds.).

The self and others: Positioning individuals and groups in personal, political, and cultural con-texts (pp. 29 – 43). New York: Praeger.

Parsloe, P. (1996a). "Empowerment in social work practice." In P. Parsloe (ed.). *Pathways to empowerment* (pp. 1 – 10). Birmingham: Venture.

Parsloe, P. (1996b). "Helping individuals to take power." In P. Parsloe (ed.). *Pathways to empowerment* (pp. 111 – 123). Birmingham: Venture.

Parsons, R. J. (1989). "Empowerment for role alternatives for low income minority girls: A group work approach". In Judith A. B. (ed.). *Group work with the poor and oppressed* (pp. 27 – 46). New York: Haworth.

Parton, N. (1994). "Problematics of government, (post) modernity and social work." *British Journal of Social Work*, 24 (1), 9 – 32.

Parton, N. (1998). "Advanced liberalism, postmodernity and social work: Some emerging social configurations." *Social Thought*, 18 (3), 71 – 88.

Parton, N. (2003). "Rethinking professional practice: The contribution of social constructionism and feminist's 'ethic of care'." *British Journal of Social Work*, 33 (1), 1 – 16.

Parton, N., & O'Byrne, P. (2000). *Constructive social work: Towards a new practice.* Bashing-stoke: Palgrave Macmillan.

Pateman, C. (1989). *The disorder of women.* Cambridge: Polity Press.

Patterson, C. (1990). "Involuntary clients." *Person-centered Review*, 5 (3), 316 – 320.

Payne, M. (1991). *Modern social wok theory: A critical introduction.* London: Macmillan.

Payne, M. (1992). "Psychodynamic theory within the politics of social work theory." *Journal of Social Work Practice*, 6 (2), 141 – 149.

Payne, M. (1995). *Social work and community care.* Basingstoke: Macmillan.

Payne, M. (1996). *What is professional social work?* Birmingham: Venture Press.

Payne, M. (1999). "Social construction in social work and social action." In A. Jokinen, K. Ju-hila & T. P. s. (eds.). *Constructing social work practice* (pp. 25 – 65). Aldershot: Ashgate.

Payne, M. (2000). *Teamwork in multi-professional care.* London: Macmillan.

Payne, M. (2005). *Modern social work theory* (3rd ed.). New York: Palgrave Macmillan.

Payne, M. (2011). *Humanistic social work: Core principles in practice.* London: LYCEUM Books Inc.

Payne, M., Adams, R., & Dominelli, L. (2002). "On being critical in social work." In R. Adams, L. Dominelli and M. Payne (eds.). *Critical practice in social work* (pp. 1 – 12). New York: Palgrave.

Pease, B., & Fook, J. (eds.) (1999). *Transforming social work practice: Postmodern critical perspectives.* London: Routledge.

Pease, B., Allen, J., & Briskman, L. (2003). "Introducing critical theories in social work." In J. Allan, B. Pease and L. Briskman (eds.). *Critical social work: An introduction to theories and practices* (pp. 1 – 14). St. Leonards, NSW: Allen & Unwin.

Pedrotti, J. T. (2007). "Eastern perspectives for positive psychology." In C. R. Snyder and S.

J. Lopez (eds.). *Positive psychology*: *The scientific and practical explorations of human strengths* (*pp.* 37 – 50). Thousand Oaks, California: Sage Publications, Inc.

Perkins, K. , & Tice, C. (1999). "Family treatment of older adults who misuse alcohol: A strengths perspective. " *Journal of Gerontological Social Work*, 31 (3/4), 169 – 185.

Perlman, H. H. (1957). *Social casework*: *A problem-solving process*. Chicago: University of Chicago Press.

Perlman, H. H. (1970). "The problem-solving model in social casework. " In Roberts, R. W. , & Nee, R. H. (eds.). *Theories of social casework* (pp. 131 – 179). Chicago: University of Chicago Press.

Perlman, H. H. (1979). *Relationship*: *The heart of helping people*. Chicago: University of Chicago Press.

Perlman, H. H. (1983). "Some notes on the waiting list. " In Howard J. Parad (ed.). *Crisis intervention*: *Selected Readings* (pp. 193 – 201). New York: Family Service Association of America.

Perlman, H. H. (1986). "The problem-solving model. " In F. J. Turner (ed.). *Social work treatment* (pp. 245 – 266). New York: Free Press.

Pernell, R. B. (1986). "Empowerment and social group work. " In Marvin Parnes (ed.). *Innovations in social group work* (pp. 107 – 118). New York: Haworth Press.

Phillips, A. (1991). Engendering democracy. Cambridge: Polity Press.

Phillipson, J. (1991). *Practising equality*: *Women, men and social work*. London: Central Council for Education and Training in Social Work.

Pierce, D. (1989). *Social work and society*: *An introduction*. New York: Longman.

Pilalis, J. (1986). "The integration of theory and practice: A re-examination of a paradoxical expectation. " *British Journal of Social Work*, 16 (1), 79 – 96.

Pincus, A. , & Minahan, A. (1973). *Social work practice*: *Model and method*. Itasca, IL: Peacock Publishers.

Pinderhughes, E. B. (1989). *Understanding race, ethnicity and power*: *The key to efficacy in clinical practice*. New York: Free Press.

Piven, F. E. , & Cloward, R. A. (1982). *The new class war*: *Reagan's attack on the welfare state and its consequences*. New York: Pantheon Books.

Porter, F. (1999). *Feminist perspectives on ethics*. London and New York: Longman.

Pozzuto, R. , Angell G. B. , Dezendorf (2005). "Therapeutic critique: Traditional versus critical perspective. " In S. Hick, l. Fook and R. Pozzuto (eds.). *Social work*: *A critical turn* (pp. 25 – 38). Toronto: Thompson Educational Publishing, Inc.

Pray, K. L. M. (1947). "A restatement of the generic principles of social casework practice," *Journal of Social Casework*, 28 (2), 283 – 290.

Pray, K. L. M. (1949). *Social work in a revolutionary age and other papers*. Pennsylvania: University of Philadelphia.

Prest, L., & Keller, J. (1993). "Spirituality and family therapy: Spiritual beliefs, myths and metaphors. " *Journal of Marital and Family Therapy*, 19 (2), 137 – 148.

Preston-shoot, M., & Agass, D. (1990). *Making sense of social work: Psychodynamics, systems and sense.* Basingstoke: Palgrave Macmillan.

Pringle, K. (1992). "Child sexual abuse perpetrated by welfare professionals and problem of men. " *Critical Social Policy*, 36 (1), 4 – 19.

Pringle, R. (1995). "Destabilizing patriarchy. " In B. Caine and R. Pringle (eds.), *Transitions: New Australian Feminism* (pp. 198 – 211). St Leonard's NSW: Allen and Unwin.

Purvis, T., & Hunt, A. (1993). "Discourse, ideology, discourse, ideology, discourse, ideology. " *British Journal of Sociology*, 44 (3), 473 – 499.

Quartz, S. R., & Sejnowsky, T. J. (1997). "The neural basis of cognitive development: A constructivist manifesto. " *Behavioral and Brain Sciences*, 20 (4), 537 – 596.

Rainford, W. (2010). "Crime, social development, and correctional social work. " In J. Midgley and A. Conley (eds.), *Social work and social development: Theories and skills for development social work* (pp. 126 – 144). New York: Oxford University Press.

Ramazanoglou, C. F., & Holland, J. (2002). *Feminist methodology: Challenges and choices.* London: Sage Publications.

Ramsay, R. F. (2003). "Transforming the working definition of social work into the 21st century. " *Research on Social Work Practice*, 13 (3), 324 – 338.

Rank, O. (1945). *Will therapy and truth and reality* (J. Taft, Trans.). New York: Knopf. Chap.

Rank, O. (1978). *Will therapy: The therapeutic applications of will psychology* (J. Taft, Trans.). New York, NY: Knopf (Original work published 1929).

Rank, O. (1996). "Psychology and the soul. " *Journal of Religion and Health*, 35 (3), 193 – 201.

Rapaport, D. (1959). "An historical survey of psychoanalytic ego psychology. " *Introduction to Psychological Issues*, 1 (3), 5 – 17.

Rapoport, L. (1983a). "The state of crisis: Some theoretical considerations. " In Howard J. Parad (13th ed.). *Crisis intervention: Selected Readings* (pp. 22 – 31). New York: Family Service Association of America.

Rapoport, L. (1983b). "Working with families in crisis: An exploration in preventive intervention. " In Howard J. Parad (13th ed.). *Crisis intervention: Selected Readings* (pp. 129 – 139). New York: Family Service Association of America.

Rapoport, R (1983). "Normal crises, family structure, and mental health. " In Howard J. Parad (13th ed.). *Crisis intervention: Selected Readings* (pp. 75 – 87). New York: Family Service Association of America.

Rapp, C. A. (1993). "Theory, principles, and methods of strengths model of case management. " In M. Harris & H. Bergman (eds.). *Case management: Theory and practice* (pp. 143 – 164). Washington, DC: Center for mental health Services.

Rapp, C. A. (2006). "Strengths-based case management: Enhancing treatment for persons with substance abuse problems. " In D. Saleebey (4th ed.). *The strengths perspective in social work perspective* (pp. 128 – 147). Boston: Pearson Education, Inc.

Rapp, C. A. , & Chamberlain, R. (1985). "Case management services for the chronically mentally ill. " *Social Work*, 30 (4), 417 – 422.

Rapp, C. A. , & Goscha, R. J. (2006). *The strength model: Case management with people with psychiatric disabilities* (2nd ed.). New York: Oxford University Press.

Rapp, C. A. , & Sullivan, W. P. (2014). "The strengths model: Birth to toddler-hood. " *Advances in Social Work*, 15 (1), 129 – 142.

Rapp, R. C. (2007). "The strengths perspective: Proving 'My strengths' and 'It works' . " *Social Work*, 52 (2), 185 – 186.

Rasmussen, B. M. , & Mishna, F. (2003). "The relevance of contemporary psychodynamic theories to teaching social work. " *Smith College Studies in Social Work*, 74 (1), 31 – 47.

Rattansi, A. (2004). "Dialogues on difference: Cosmopolitans, Locals, and 'others' in a post-national age. " *Sociology*, 38 (3), 613 – 621.

Reid, M. J. (1996). "Task-centered social work. " In Francis J. Turner (4 ed.). *Social work treatment: Interlocking theoretical approaches* (pp. 617 – 640). New York: The Free Press.

Reid, W. J. & Shyne, A. W. (1969). *Brief and extended casework.* New York: Columbia University Press.

Reid, W. J. (1977). "Social work for social problems. " *Social Work*, 22 (5), 374 – 381.

Reid, W. J. (1986). "Task-centered social work. " In J. Turner (ed.), *Social work treatment: Interlocking theoretical approaches* (pp. 267 – 295). New York: The Free Press.

Reid, W. J. (1987). "The family problem solving sequence. " *American Journal of Family Therapy*, 14 (3), 135 – 146.

Reid, W. J. (1990). "An integrative model for short-term treatment. " In R. A. Wells and V. J. Giannetti (eds.). *Handbook of the brief psychotherapies* (pp. 55 – 77). New York: Plenum Press.

Reid, W. J. (1992). *Task strategies: An empirical approach to clinical social work.* New York: Columbia University Press.

Reid, W. J. (2000). *The task planner: An intervention resource for human service planners.* New York: Columbia University Press.

Reisch, M. (1986). "From cause to case and back again: The reemergence of advocacy in social work. " *Urban and Social Change Review*, 19 (1), 20 – 24.

Reisch, M. (1990). "Organizational structure and client advocacy: Lessons from the 1980s. " *Social Work*, 35 (1), 73 – 74.

Reisch, M. (2012). "Intervention with communities. " In C. Glisson, C. N. Dulmus, & K. M. Sowers (eds.). *Social Work Practice with Groups, Communities, and Organizations: Evidence-Based Assessments and Interventions* (pp. 81 – 130). Hoboken, NJ: Wiley Publishing.

Reisch, M. (2016). "Why macro practice matters. " *Human Service organization: Management, Leadership & Government*, 21 (2), 1 – 3.

Reisch, M. , & Garvin, C. （2016）. *Social work practice and social justice: Concepts, challenges, and strategies.* New York, NY: Oxford University Press.

Reynolds, B. （1964）. *An uncharted journey: Fifty years of growth in social work.* Hebron, CT: Practitioner's Press.

Richmond, M. E. （1901）. "Charitable cooperation. " *In Proceedings of the National Conference on Charities and Corrections*, 1901 （pp. 298 – 313）. Boston: Press of Geoge H. Ellis.

Richmond, M. E. （1917）. *Social diagnosis.* New York: Russell Sage Foundation.

Richmond, M. E. （1920）. "Some next steps in social treatment. " *In Proceedings of the National Conference on Social Work*, 1920 （pp. 254 – 267）. Chicago: University of Chicago Press.

Richmond, M. E. （1922）. *What is social case work?* New York: Russell Sage.

Riessman, C. K. , & Quinney, L. （2005）. "Narrative in social work: A critical review. " *Qualitative Social Work*, 4 （4）, 392 – 412.

Riley, P. V. （1971）. "Family advocacy: Case to cause and back to case. " *Child Welfare*, 50 （7）, 374 – 383.

Robbins, S. P. , Chatterjee, P. , & Canda, E. R. （2006）. *Contemporary human behavior theory; A critical perspective for social work* （2nd ed. ）. Boston: Pearson Education, Inc.

Roberts, A. R. （2000）. "An overview of crisis theory and crisis intervention. " In Roberts, A. R. （2nd ed. ）. *Crisis intervention handbook* （pp. 3 – 30）. New York: Oxford University Press.

Roberts, A. R. , & Dziegielewski, S. P. （1995）. "Foundation skills and applications of crisis intervention and cognitive therapy. " In Roberts, A. R. （ed. ）. *Crisis intervention and time-limited cognitive treatment* （pp. 3 – 27）. Thousand Oaks, CA: Sage.

Roberts, R. （1990）. *Lessons from the past: Issues for social work theory.* London: Routledge.

Roberts, R. W. , & Nee, R. H. （eds. ） （1970）. *Theories of social casework.* Chicago: University of Chicago Press.

Robinson, V. P. （1930）. *A changing psychology in social casework.* Chapel Hill: University of North Carolina Press.

Robinson, V. P. （1962）. *Jessie Taft: Therapist and Social work educator.* （ed. ） Philadelphia: University of Pennsylvania Press.

Robinson, V. P. （ed. ） （1978）. *The development of a professional self: Teaching and learning in professional helping processes selected writings*, 1930 – 1968. New York: AMS Press.

Rodway, M. R. （1986）. "Systems theory. " In F. J. Turner （ed. ）. *Social work treatment: Interlocking theoretical approaches* （pp. 514 – 539）. New York: Free Press.

Rodwell, M. K. （1990）. "Person/environment construct: Positivist versus naturalist, dilemma or opportunity for health social work research and practice?" *Social Science and Medicine*, 31 （1）, 27 – 34.

Rodwell, M. K. （1998）. *Social work constructivist research.* New York: Garland.

Rogers, C. R. （1961）. *On becoming a person.* Boston: Houghton Mifflin.

Rojek, C. （1986）. "The 'subject' in social work. " *British Journal of Social Work*, 16 （1）, 65 – 77.

Rojek, C., Peacock, C., & Collins, S. (1988). *Social work and received ideas*. London: Routledge.

Romanyshyn, J. M. (1971). *Social welfare: Charity to justice*. New York: Random House.

Ronen, T., & Freeman, A. (2006). "Introduction." In T. Ronen and A. Freeman (eds.). *Cognitive behavioral therapy in clinical social work practice* (pp. *xix* – *xxx*). New York: Springer Publishing Company.

Ronen, T. (2001). "Collaboration on critical questions in child psychotherapy: A model linking referral, assessment, intervention, and evaluation." *Journal of Social Work Education*, 1 (2), 1 – 20.

Ronen, T. (2002). "Cognitive-behavioral therapy." In M. Davies (2nd ed.), *The Blackwell companion to social work* (pp. 165 – 174). Oxford: Blackwell.

Ronen, T. (2006). "Clinical social work and its commonalities with cognitive behavior therapy." In T. Ronen and A. Freeman (eds.), *Cognitive behavioral therapy in clinical social work practice* (pp. 3 – 24). New York: Springer Publishing Company.

Roose, R., Roets, G., & Schiettecat, T. (2014). "Implementing a strengths perspective in child welfare and protection: A challenge not to be taken lightly." *European Journal of Social Work*, 2014, 17 (1), 3 – 17.

Rose, S. D. (1981). "Cognitive behavioral modification in groups." *International Journal of Behavioral Social Work and Abstracts*, 1 (1), 27 – 38.

Rose, S. D. (2004). "Cognitive-behavioral group work." In C. Garvin, L. M. Gutiérrez, & M. J. Galinsky (eds.). *Handbook of soial work with groups* (pp. 111 – 136). New York: Guilford.

Rose, S. M. (1990). "Advocacy/empowerment: An approach to clinical practice for social work." *Journal of Sociology and Social Welfare*, 17 (2), 41 – 52.

Rosen, A. (1994). "Knowledge use in direct practice." *Journal of Social Service Review*, 68 (3), 561 – 577.

Rosen, A. (1996). "The scientific practitioner revisited: Some obstacles and prerequisites for full implementation in practice." *Social Work Research*, 20 (1), 104 – 113.

Rosen, A., & Levine, S. (1992). "Personal versus environmental emphases in social workers' perceptions of client problems." *Social Service Review*, 66 (1), 85 – 96.

Rosenbaum, M., & Ronen, T. (1998). "Clinical supervision from the standpoint of cognitive-behavioral therapy." *Psychotherapy*, 35 (3), 220 – 229.

Ross, R. J. S. (1977). "The new left and the human service professions." *Journal of Sociology and Social Welfare*, 4 (5), 694 – 706.

Rossiter, A. (1996). "A perspective on critical social work." *Journal of Progressive Human Services*, 7 (2), 23 – 41.

Rossiter, A. (2000). "The postmodern feminist condition: New conditions for social work." In B. Fawcett, B. Featherstone, J. Fook, & A. Rossiter (eds.), *Practice and research in social work*: *Postmodern feminist perspectives* (pp. 24 – 38). New York, NY: Routledge.

Rotheram, M. J. , & Phinney, J. S. (1993). "Introduction: Definitions and perspectives in the study of children's ethnic socialization." In J. S. Phinney and M. J. Rotheram (eds.). *Children's ethnic socialization* (pp. 10 – 28). Newbury Park, CA: Sage.

Rothman, J. , & Mizrahi, T. (2014). "Balancing micro and macro practice: A challenge for social work." *Social Work*, 59 (1), 1 – 3.

Rothman, J. (1968). "Three models of community organization practice." In National Conference on Social Welfare: *Social Work Practice* (pp. 16 – 47). New York: Columbia University Press.

Rothman, J. (1994). *Case management*: *Integration of individual and community practice*. Englewood Cliffs, NJ: Prentice Hall.

Rowe, W. (1981). "Laboratory training in the baccalaureate curriculum." *Canadian Journal of Social Work Education*, 7 (3), 93 – 104.

Rowe, W. (1996). Client-centered theory: A person-center approach. In Francis J. Turner (4th ed.). *Social work treatment*: *Interlocking theoretical approaches* (pp. 69 – 93). New York: The Free Press.

Rubin, G. K. (1962). "Helping a clinic patient modify self destructive thinking." *Social Work*, 7 (1), 76 – 80.

Russel, R. (1998). "Spirituality and religion in graduate social work education." In E. R. Canda (ed.). *Spirituality and social work*: *New directions* (pp. 15 – 29). Hazleton, PA: Haworth Press.

Rutter, M. , & Rutter, M. (1993). *Developing minds*: *Challenge and continuity across the life span*. New York: Basic Books.

Saari, C. (1986). *Clinical social work treatment*: *How does it work?* New York: Gardner.

Saari, C. (1992). "Person-in-environment reconsidered: New theoretical bridges." *Child and Adolescent Social Work Journal*, 9 (2), 205 – 219.

Saari, C. (1999). "Intersubjectivity, language and culture: Bridging the person/environment gap." *Smith College Studies in Social Work*, 69 (2), 221 – 237.

Sable, P. (2007). "Accentuating the positive in adult attachments." *Attachment and Human Development*, 9 (2), 361 – 374.

Sable, P. (2010). "The origins of an attachment approach to social work practice with adults." In S. Bennett and Judith K. Nelson (eds.). *Adult attachment in clinical social work*: *Practice, research and policy* (pp. 17 – 29). New York: Springer.

Sakomoto, I. , & Pitner, O. (2005). "Use of critical consciousness in anti oppressive social work practice: Disentangling power dynamics at personal and structural levels." *British Journal of Social Work*, 35 (4), 435 – 452.

Salamon, L. M. (1995). *Partnership in public service*: *Government-Nonprofit relations in the modern welfare state*. Baltimore: Johns Hopkins University Press.

Salamon, L. , Anheier, H. , & List, R. (1999). *Global Civil Society*: *Dimensions of the Nonprofit*

Sector. Baltimore, MD: Johns Hopkins Center for Civil Society Studies.

Saleebey, D. (1996). "The strengths perspective in social work practice: Extensions and cautions. " *Social Work*, 41 (3), 296 – 305.

Saleebey, D. (2001). *Human behavior and social environments: A biopyshosocial approach*. New York: Columbia University Press.

Saleebey, D. (2002). *The strengths perspective in social work practice* (3rd ed.). Bostn, MA: Ally & Bacon.

Saleebey, D. (2004). " 'The power of place': Another look at the environment. " *Families in Society*, 85 (1), 7 – 16.

Saleebey, D. (2006a). *The strengths perspective in social work perspective* (4th ed.). Boston: Pearson Education, Inc.

Saleebey, D. (2006b). "Introduction: Power in the people. " In D. Saleebey (4th ed.). *The strengths perspective in social work perspective* (pp. 1 – 24). Boston: Pearson Education, Inc.

Saleebey, D. (2006c). "The strengths approach to practice. " In D. Saleebey (4th ed.). *The strengths perspective in social work perspective* (pp. 77 – 92). Boston: Pearson Education, Inc.

Saleebey, D. (2006d). "Community development, neighborhood empowerment, and individual resilience. " In D. Saleebey (4th ed.). *The strengths perspective in social work perspective* (pp. 241 – 260). Boston: Pearson Education, Inc.

Sallee, A. , Giardino, A. P. , & Sanborn, R. D. (2012). "Family strengths: A long tradition. " *Journal of Family Strengths*, 12 (1), 1 – 15.

Sanders, D. S. (ed.) (1982). *The development perspective in social work*. Manoa, HI: University of Hawaii Press.

Sands, R. (1996). "The elusiveness of identity in social work practice with women. " *Clinical Social Work Journal*, 24 (2): 167 – 186.

Sands, R. , & Nuccio, K. (1992). "Postmodern feminist theory and social work. " *Social Work*, 37 (6), 481 – 576.

Sarason, I. G. , & Sarason, B. R. (2009). "Social support: Mapping the construct. " *Journal of Social and Personal Relationships*, 26 (1), 113 – 120.

Sarri, R. , & Sarri, C. (1992). "Organization and community change through participatory action research. " *Administration in Social Work*, 16 (3/4), 99 – 122.

Sawicki, J. (1991). *Disciplining Foucault: Feminism, power and the body*. New York: Routledge.

Schmitz, C. L. , Stakeman, C. , & Sisneros, J. (2001). "Educating professionals for practice in a multicultural society: Understanding oppression and valuing diversity. " *Families in Society*, 82 (6), 612 – 622.

Schneider, R. L. , & Lester, L. (2001). *Social work advocacy: A new framework for action*. Belmont CA: Brooks/Cole.

Schön, D. A. (1983). *The reflective practitioner: How professionals think in action*. New York: Basic Books.

Schön, Donald A. (1991). *The reflective practitioner: How professionals think in action.* Aldershot: Avebury.

Schopler, J. H., Abell, M. D., & Galinsky, M. J. (1998). "Technology-based groups: A review and conceptual framework framework for practice." Social Work, 43 (3), 254 – 268.

Schore, J. R., & Schore, A. N. (2008). "Modern attachment theory: The central role of affect regulation in development and treatment." *Clinical Social Work Journal*, 36 (1), 9 – 20.

Schwartz, R. (1982). "Cognitive-behavior modification: A conceptual review." *Clinical Psychology Review*, 2 (3), 267 – 293.

Scott, J. (2000). *Social network analysis: A handbook* (2nd ed.). London: Sage Publications.

Scott, J. W. (1994). "Deconstructing equality-versus-difference: Or, the uses of poststructuralist theory for feminism." In S. Siedman (ed.). *The postmodern turn: New perspectives on social theory* (pp. 282 – 298). Cambridge: Cambridge University Press.

Segal, L. (1980). "Focused problem resolution." In E. R. Tolson and W. J. Reid (eds.). *Models of family therapy* (pp. 199 – 223). New York: Columbia University Press.

Segal, L. (1991). "Brief family therapy." In A. M. Home and L. Passmore (2nd eds.). *Family counseling and therapy* (pp. 179 – 206). ITASCA, IL: F. E. Peacock Publishers.

Segal, L., & Bavelas, J. B. (1983). "Human systems and communication theory." In B. B. Wolman and G. Stricker (eds.), *Handbook of family and marital therapy* (pp. 61 – 76). New York: Plenum Press.

Seigfried, C. H. (2009). "The courage of one's convictions or the conviction of one's courage? Jane Addams's principled compromises." In M. Fischer, C. Nackenoff and W. Chmielewski (eds.). *Jane Addams and the practice of democracy* (pp. 40 – 64). Urbana, IL: University of Illinois Press.

Seligman, M. E. P., & Csikszentmihalyi, M. (2000). "Positive psychology: An introduction." *American Psychologist*, 55 (1), 5 – 14.

Sen, A. (1999). Development as freedom. New York: Knopf.

Sevenhuijsen, S. (2003). "The place of care: The relevance of the feminist ethic of care for social policy." *Feminist Theory*, 4 (2), 179 – 197.

Shapiro, Ben-Zion (1991). "Social action, the group and society." *Social Work with Groups*, 14 (3/4): 7 – 22.

Shaver, P. R., & Mikulincer, M. (2009). "An overview of attachment theory." In J. H. Obegi and E. Berant (eds.). *Attachment theory and research in clinical work with adults* (pp. 17 – 45). New York: Guilford.

Sheldon, B. (1978). "Theory and practice in social work: A re-examination of a tenuous relationship." *British Journal of Social Work*, 8 (1), 1 – 22.

Sheldon, B. (1995). *Cognitive-behavioral therapy: Research, practice and philosophy.* London: Routledge.

Sheldon, B. (1998). "Research and theory." In Cigno, K. And Bourn, D. (eds.), *Cognitive-behavioral social work in practice* (pp. 1 – 38). Aldershot: Ashgate Arena.

Sherman, E. , & Siporin, M. (2008). "Contemplative theory and practice for social work. " *Journal of Religion & Spirituality for Social Work*, 27 (3), 259 – 274.

Sherr, Michael E. (2008). *Social Work with Volunteers.* Chicago, Illinois: Lyceum Books, Inc.

Shoham, V. , Rohrbaugh, M. J. , & Cleary, A. A. (2008). "Brief strategic couple therapy. " In A. S. Gurman (4th ed.), *Clinical handbook of couple therapy* (pp. 299 – 322). New York: Guilford Press.

Shorrock, A. (2008). *The transpersoanl in psychology, psychotherapy and counseling.* New York: Palgrave Macmillian.

Shulman, L. (1979). *The skills of helping individuals and groups* (p. 9). Itasca, IL: F. E. Peacock.

Shutty, M. S. , & Sheras, P. (1991). "Brief strategic psychotherapy with chronic pain patients: Reframing and problem resolution. " *Psychotherapy*, 28 (5), 636 – 642.

Sibeon, R. (1990). "Comments on the structure and forms of social work knowledge. " *Social Work and Social Sciences Review*, 1 (1), 29 – 44.

Siegal, H. A. Li, l. , & Rapp, R. C. (2002). "Case management as a therapeutic enhancement: Impact on post-treatment criminality. " *Journal of Addictive Diseases*, 21 (1), 37 – 46.

Siegal, H. A. , Rapp, R. C. , Li, L. , Saha, P. , & Kirk, K. (1997). "The role of case management in retaining clients in substance abuse treatment: An exploratory analysis. " *Journal of Drug Issues*, 27 (8), 821 – 831.

Siegler, R. S. (1986). *Children' thinking.* Englewood Cliffs, NJ: Prentice-Hall.

Simon, B. L. (1990). "Rethinking empowerment. " *Journal of Progressive Human Services*, 1 (1), 27 – 39.

Simon, B. L. (1994). *The empowerment tradition in American social work: A history.* New York: Columbia University Press.

Simpson, G. A. , Williams, J. C. , & Segall, A. B. (2007). "Social work education and learning. " *Clinical Social Work Journal*, 35 (1), 3 – 14.

Simpson, J. A. , & Belsky, J. (2008). "Attachment theory within a modern evolutionary framework. " In J. Cassidy & P. R. Shaver (eds.). *Handbook of attachment: Theory, research, and clinical applications* (2nd ed.) (pp. 131 – 157). New York: The Guilford Press.

Sinscheimer, R. (1969). "The existential casework relationship. " *Social Casework*, 50 (2), 67 – 73.

Siporin, M. (1970). "Social treatment: A new-old helping method. " *Social Work*, 15 (1), 13 – 26.

Siporin, M. (1975). *Introduction to social work practice.* New York: Macmillan.

Siporin, M. (1980). "Ecological systems theory in social work. " *Journal of Sociology and Social Welfare*, 7 (4), 507 – 532.

Siporin, M. (1985). "Current social work perspectives on clinical practice. " *Clinical Social Work Journal*, 13 (3), 198 – 217.

Sisneros, J., Stakeman, C., Joyner, M., & Schmitz, C. L. (2008). *Critical multicultural social work*. Chicago: Lyceum Books Inc.

Slaikeu, K. A. (1990). *Crisis intervention: A handbook for practice and research* (2nd ed.). Boston: Allyn and Bacon.

Smalley, R. E. (1967). *Theory for social work practice*. New York: Columbia University Press.

Smalley, R. E. (1970). "The functional approach to casework." In R. W. Roberts and R. H. Nee (eds.). *Theories of social casework* (pp. 77 – 128). Chicago: University of Chicago Press.

Smith, B. (1968). "Competence and socialization." In John A. Clausen (ed.). *Socialization and society* (pp. 270 – 320). Boston: Little Brown.

Smith, D. E. (1987). *The everyday world as problematic: A feminist sociology*. Toronto: Routledge & Kegan Paul.

Smith, E. (1995). "Addressing the psychospiritual distress of death as reality: A transpersonal approach." *Social Work*, 40 (3), 402 – 413.

Smith, E. D. (2001). "Alleviating suffering in the face of death: Insights from constructivism and a transpersonal narrative approach." In Edward, R. Canda and Elizabeth D. Smith (eds.). *Tanspersonal perspectives on spirituality* (pp. 23 – 44). New York: The Haworth Press, Inc.

Solomon, B. B. (1976). *Black empowerment: Social work in oppressed communities*. New York: Columbia University Press.

Solomon, M. (2009). "Attachment repair in couples therapy: A prototype for treatment of intimate relationships." *Clinical Social Work Journal*, 37 (3), 214 – 223.

Sommer, R. (1990). "Family advocacy and the mental health system: The recent rise of the Alliance for the Mentally Ill." *Psychiatric Quarterly*, 61 (3), 205 – 221.

Soo-Hoo, T. (1995). "Implementing brief strategic therapy within a psychiatric residential/day-treatment center." In J. H. Weakland & W. A. Ray (eds.). *Propagations: Thirty years of influence from the Mental Research Institute* (pp. 107 – 128). New York: The Haworth Press.

Sosin, M., & Caulum, S. (1983). "Advocacy: A conceptualization for social work practice." *Social Work*, 28 (1), 12 – 17.

Sosulski, M. R. (2009). "Developing a standpoint method with cases: Authority, subjectivity, reflection." *Affilia*, 24 (3), 226 – 256.

Sousa, L., Ribeiro, C., & Rodrigues, S. (2006). "Intervention with multi-problem poor clients: Toward a strengths-focused perspective." *Journal of Social Work Practice*, 20 (2), 189 – 204.

Specht, H., & Courtney, M. E. (1994). *Unfaithful angels: How social work has abandoned its mission*. New York: The Free Press.

Specht, H. (1988). *New directions for social work practice*. Englewood Cliffs, New Jersey: Prentice-Hall, Inc.

Specht, H., & Courtney, M. (1994). *Unfaithful angels: How social work has abandoned its mission*. New York: Free Press.

Speer, P. W., & Peterson, N. A. (2000). "Psychometric properties of an empowerment scale:

Testing cognitive, emotional, and behavioral domains. " *Social Work Research*, 24 (2), 109 – 118.

Spencer, S. (1956). "Religion and social work. " *Social Work*, 1 (3), 19 – 26.

Spencer, S. (1957). "Religious and spiritual values in social casework practice. " *Social Casework*, 38 (10), 519 – 525.

Spencer, S. (1961). "What place has religion in social work education?" *Social Service Review*, 35 (1), 161 – 170.

Spergel, I. (1978). "Social development and social work. " In S. Slevin (ed.). *Social administration* (pp. 24 – 35). New York: Haworth Press.

Sperry, R. W. (1993). "The impact and promise of the cognitive revolution. " *American Psychologist*, 48 (1), 878 – 885.

Spiegler, M. D. , & Guevremont, D. C. (2010). *Contemporary behavior therapy* (5th eds.). Belmont, CA: Wadsworth.

Stamm, I. (1959). "Ego psychology in the emerging theoretical base of social work. " In Alfred J. Kahn (ed.). *Issues in American social work* (pp. 80 – 109). New York and London: Columbia University Press.

Staniforth, B. , Fouché, C. , & O'Brien, M. (2011). "Still doing what we do: Defining social work in the 21st century. " *Social Work*, 11 (2), 191 – 208.

Stanley, L. , & Wise, S. (1990). *Feminist Praxis: Research, Theory and Epistemology in Feminist Sociology.* London: Routledge.

Stannard, R. P. (1999). "The effect of training in a strengths model of case management on client outcomes in a community mental health center. " *Community Mental Health Journal*, 35 (1), 169 – 179.

Steckler, L. H. (2006). "Somatic soulmates. " *Body, Movement and Dance in Psychotherapy*, 1 (1), 29 – 42.

Stein, E. S. (2010). "Otto Rank: Pioneering ideals for social work theory and practice. " *Psychoanalytic Social Work*, 17 (2), 116 – 131.

Sterlin, R. A. (2006). "Where relational theory and attachment theory intersect: A real relationship and a real attachment. " *Clinical Social Work Journal*, 34 (2), 161 – 174.

Stevenson, O. (1971). "Knowledge for social work. " *British Journal of Social work*, 1 (2), 225 – 237.

Stevenson-Hinde, J. (2007). "Attachment theory and John Bowlby: Some reflections. " *Attachment and Human development*, 9 (4), 337 – 342.

Stewart, B. (2002). "Spirituality and culture: Challenges for competent practice in social care. " In M. Nash and B. Stewart (eds.). *Spirituality and social care: Contributing to personal and community well-being* (pp. 49 – 68). London: Jessica Kinsley.

Stolorow, R. D. , & Atwood, G. (1992). *Contexts of being: The intersubjective foundations of psychological life.* Hillsdale, NJ: Analytic Press.

Strean, H. S. (1996). "Psychoanalytic theory and social work treatment." In Francis J. Turner (4th ed.). *Social work treatment: Interlocking theoretical approaches* (pp. 523 – 554). New York: The Free Press.

Strean, H. S. (ed.) (1971). *Social casework theories in action.* Metuchen, NJ: Scarecrow.

Stretch, J. (1967). "Existentialism: A proposed philosophical orientation for social work." *Social Work*, 12 (4), 97 – 102.

Stroup, H. (1962). "The common predicament of religion and social work." *Social Work*, 7 (2), 89 – 93.

Stuart, R. B. (1971). "Behavioral contracting with families of delinquents." *Journal of behavior therapy and Experimental Psychiatry*, 2 (1), 1 – 11.

Studt, E. (1968). "Social work theory and implications for the practice of methods." *Social Work Education Reporter*, 16 (2), 22 – 46.

Sue, D. W., & Sue, D. (1999). *Counseling the culturally different: Theory and practice* (3rd ed.). New York: John Wiley and Sons.

Sullivan, W. P., & Rapp, C. A. (1994). "Breaking away: The potential and promise of a strengths-based approach to social work practice." In Roland G. Meinert, John T. Pardeck and William P. Sullivan (eds.). *Issues in social work: A critical analysis* (pp. 83 – 104). Westport: Greenwood Publishing Group, Inc.

Sullivan, W. P., & Rapp, C. A. (2006). "Honoring philosophical traditions: The strengths model and the social environment." In D. Saleebey (4th ed.). *The strengths perspective in social work perspective* (pp. 261 – 278). Boston: Pearson Education, Inc.

Sullivan, W. P., Wolk, J., & Hartmann, D. (1992). "Case management in alcohol and drug treatment: Improving client outcomes." *Families in Society*, 73 (4), 195 – 204.

Sundar, P. (2009). "Multiculturalism." In M. Gray and S. A. Webb (eds.). *Social work theories and methods* (pp. 98 – 108). London: Sage.

Sutton, C. (2000). "Cognitive-behavioral theory: Relevance for social work." *Cognitive Behavioral Social Work Review*, 21 (1), 22 – 46.

Swaine, R. L., & Baird, V. (1977). "An existentially based approach to teaching social work practice." *Journal of Education of Social Work*, 13 (3), 99 – 106.

Swigonski, M. E. (1993). "Feminist standpoint theory and questions of social work research." *Affilia*, 8 (2), 171 – 183.

Swigonski, M. E. (1994). "The logic of feminist standpoint theory for social work research." *Social Work*, 39, 387 – 393.

Taft, J. (1916). *The women movement from the point of view of social consciousness.* Chicago: University of Chicago Press.

Taft, J. (1919). "Qualifications of the psychiatric social worker." *In Proceedings of the National Conference of Social Work* (pp. 593 – 599). Chicago: Rogers & Hall.

Taft, J. (1920). "The problems of social casework with children." *In Proceedings of the National*

Conference of Social Work (pp. 372 – 378). Chicago: University of Chicago Press.

Taft, J. (1922). "The social worker's opportunity." *In Proceedings of the National Conference of Social Work* (pp. 368 – 372). Chicago: Chicago University Press.

Taft, J. (1923). "Progress in social casework in mental hygiene." *In Proceedings of the National Conference of Social Work* (pp. 336 – 341). Chicago: Chicago University Press.

Taft, J. (1924). *Otto Rank.* New York: Julian. See foreword.

Taft, J. (1927). "The function of a mental hygienist in a children's agency." *In Proceedings of the National Conference of Social Work* (pp. 396 – 401). Chicago: University of Chicago Press.

Taft, J. (1932a). "The time element in mental hygiene therapy as applied to social casework." *In Proceedings of the National Conference of Social Work* (pp. 368 – 381). Chicago: University of Chicago Press.

Taft, J. (1932b). "The time element in therapy." *In Proceedings of the National Conference of Social Work* (pp. 8 – 14). Chicago: University of Chicago Press.

Taft, J. (1933). *The dynamics of therapy in a controlled relationship.* New York: Macmillan, see "Conclusion".

Taft, J. (1937). "The relation of function to process in social casework." *Journal of Social Work Process*, 1 (1), 1 – 18.

Taft, J. (1950). "A conception of the growth process underlying social casework practice." *Social Casework*, 31 (8), 311 – 318.

Taft, J. (1958). *Otto Rank: A biographical study based on notebooks, letters, collected writings, therapeutic achievements and personal associations.* New York: Julian Press.

Taft, J. (1978). "Translator's introduction: The discovery of the analytic situation." In O. Rank (ed.). *Will therapy: The therapeutic applications of will psychology* (J. Taft, Trans.) (pp. xi – xxi). New York, NY: Knopf (Original work published in 1929).

Takanishi, R. (1978). "Childhood as a social issue: Historical roots of contemporary child advocacy movements." *Journal of Social Issues*, 34 (2), 8 – 28.

Talbot, E. P., & McMillin, J. A. (2014). "The social work reinvestment initiative: Advocacy and social work practice." *Social Work*, 59 (3), 201 – 210.

Taylor, J. (1997). "Niches and practice: Extending the ecological perspective." In D. Saleebey (2rd ed.). *The strengths perspective in social work practice* (pp. 217 – 227). New York: Longman.

Tennen, H., Eron, B., & Rohrbaugh, M. (1991). "Paradox in context." In G. R. Weeks (ed.). *Promoting change through paradoxical therapy* (pp. 187 – 215). New York: Brunner/Mazel, Inc.

Terry, L. L. (1992). "I want my old wife back: A case illustration of a four-stage approach to feminist-informed strategic/systemic therapy." *Journal of Strategic and Systemic Therapies*, 11 (1), 27 – 41.

Thomas, D. (1985). *Comparing theories of child development.* Belmont, CA: Wadsworth.

Thomas, E. J. (1970). "Behavior modification and casework." In R. Roberts and R. Nee (Eds.), *Theories of social casework* (pp. 181 – 218). Chicago: University of Chicago Press.

Thomas, E. J. (1971). "The behavior modification model and social casework." In Strean, H. S. (ed.). *Social casework: Theories in action* (pp. 267 – 296). Metuchen, NJ: Scarecrow Press.

Thomas, M., & Pierson, J. (1995). *Dictionary of social work.* London: Collins Educational.

Thomlison, B., & Thomlison, R (1996). "Behavior theory and social work treatment." In Francis J. Turner (4 th ed.). *Social work treatment: Interlocking theoretical approaches* (pp. 39 – 68). New York: The Free Press.

Thomlison, R. J. (1981). "Behavioral family intervention with the family of a mentally handicapped child." In D. Freeman and B. Trute (eds.). *Treating families with special needs* (pp. 15 – 42). Ottawa: Canadian Association of Social Workers.

Thomlison, R. J. (1984). "Phobic disorders." In Francis Turner (ed.). *Adult psychotherapy: A social work perspective* (pp. 280 – 315). New York: Free Press.

Thomlison, R. J., & Thomlison, B. (2011). "Cognitive behavior therapy and social work treatment." In Francis J. Turner (5th ed.). *Social work treatment: Interlocking theoretical approaches* (pp. 77 – 103). New York: Oxford University Press.

Thompson, N. (1992). *Existentialism and social work.* Aldershot: Avebury.

Thrasher, S. P., & Mowbray, C. T. (1995). "A strengths perspective: An ethnographic study of homeless women with children." *Health & Social Work*, 20 (2), 93 – 101.

Thyer, B. A., & Hudson, W. W. (1987). "Progress in behavioral social work: An introduction." *Journal of Social Work Research*, 10 (2/3), 1 – 6.

Thyer, B. A. (1987). "Behavioral social work: An overview." *Behavior Therapist*, 10 (2), 131 – 134.

Thyer, B. A. (1991). "Behavioral social work: It is not what you think." *Arete*, 16 (1), 1 – 9.

Thyer, B. A., & Myers, L. L. (2009). "Religious discrimination in social work academic programs: Whither social justice?" *Journal of Religion & Spirituality in Social Work*, 28 (2), 144 – 160.

Thyer, B. A., & Myers, L. L. (2010). "Cultural diversity and social work practice: An evidence-based approach." In B. A. Thyer and L. L. Myers (eds). *Cultural diversity and social work practice* (pp. 3 – 28). Springfield, Illinois: Charles C Thomas Publisher LTD.

Thyer, B. A., Wodarski, J. S., Myers, L. L., & Harrison, D. F. (2010). *Cultural diversity and social work practice.* Springfield, Illinois: Charles C Thomas Publisher LTD..

Tijerina, M. (2009). "Mexican American women's adherence to hemodialysis treatment: A social constructivist perspective." *Social Work*, 54 (2), 216 – 228.

Timms, N. (1997). "Taking social work seriously: The contribution of the Functional School". *British Journal of Social Work*, 27 (5), 723 – 737.

Tolson, E. R., Reid, W. J., & Garvin, C. D. (1994). *Generalist practice: A task-centered ap-*

proach. New York: Columbia University Press.

Tosone, C. (2004). "Relational social work: Honoring the tradition." *Smith College Studies in Social Work*, 74 (4), 475 – 487.

Tower, K. D. (1994). "Consumer-centered social work practice: Restoring client self-determination." *Social Work*, 39 (2), 191 – 196.

Towle, C. (1949). "Helping the client to use his capacities and resources." *In Proceedings of the National Conference of Social Work*, 1948 (pp. 258 – 279). New York: Columbia University Press.

Towle, C. (1954). *General objectives of professional education.* Chicago: University of Chicago Press, See "The Learner in Education for the professions".

Tracy, E. M., & Biegel, D. E. (1994). "Preparing social workers for social network interventions in mental health practice." *Journal of Teaching in Social Work*, 10 (1), 19 – 41.

Tracy, E. M., & Brown, S. (2011). "Social networks and social work practice." In Francis J. Turner (5th ed.). *Social work treatment: Interlocking theoretical approaches* (pp. 447 – 459). New York: Oxford University Press.

Tracy, E. M., & Whittaker, J. K. (1990). "The social network map: Assessing social support in clinical practice." *Families in Society: The Journal of Contemporary Human Services*, 27 (5), 461 – 470.

Trinder, L. (2000). "Reading the texts: Postmodern feminism and the 'doing' of research." In B. Fawcett, B. Featherstone, J. Fook and A. Rossiter (eds). *Practice and research in social work* (pp. 39 – 61). London: Routledge.

Tsang, A., & George, U. (1998). "Towards an integrated framework for cross-cultural social work practice." *Canadian Social Work Review*, 15 (1), 73 – 93.

Turner, A. (2007). "Thinking and practicing beyond the therapy room: Solution-focused brief therapy, trauma, and child protection." In T. S. Nelson and F. N. Thomas (eds.). *Handbook of solution-focused therapy: Clinical applications* (pp. 295 – 314). Philadelphia, PA: Haworth Press.

Turner, F. J. (1996). "Theory and social work treatment." In Francis J. Turner (4th ed.). *Social work treatment: Interlocking theoretical approaches* (pp. 1 – 17). New York: The Free Press.

Turner, F. J. (1997). "Social work practice: Theoretical base." In Richard L. Edwards (ed.). *The Encyclopedia of Social Work* (19th ed.) (pp. 2248 – 2265). Washington, NASW Press.

Turner, J., & Jaco, R. M. (1996). "Problem-solving theory and social work treatment." In Francis J. Turner (4th ed.). *Social work treatment: Interlocking theoretical approaches* (pp. 503 – 522). New York: The Free Press.

Tyson, P. (2000). "Psychoanalysis, development, and the life cycle." *Journal of the American Psychoanalytic Association*, 48 (4), 1045 – 1049.

United Kingdom, Colonial Office (1954). *Social development in the British Colonial Territories.*

London: HMSO.

United Nations (1996). *Report of the World Summit for Social Development: Copenhagen*, 6 – 12 *March* 1995. New York.

United Nations (2005). Investing in development: A practical plan to achieve the Millennium Development Goals. New York.

Usher, C. (1989). "Recognizing cultural bias in counseling theory and practice: The case of Rogers." *Journal of Multi-culture Counseling and Development*, 17 (2), 62 – 71.

Valentich, M. (1996). "Feminist theory and social work practice." In F. J. Turner (ed.). *Social work treatment: Interlocking theoretical approaches* (4th eds.) (pp. 282 – 318). New York: Free Press.

Valentich, M. (2011). "On being and calling oneself feminist social worker." *Affilia*, 26 (1), 22 – 31.

Valentine, L., & Feinauer, L. L. (1993). "Resilience factors associated with female survivors of childhood sexual abuse." *The American Journal of Family Therapy*, 21 (3), 216 – 224.

Van den Berg, N. (1995). "Feminist social work practice: Where have we been? where are we going?" In N. ven den Berg (ed.), *Feminist practice in the 21st century* (pp. xi – xxxix). Washington, DC: NASW.

Van Soest, D. (2003). "Advancing social and economic justice." In D. Lum (2nd ed.). *Cultural competent practice: A framework for understanding diverse groups and justice issues* (pp. 345 – 376). Pacific Grove, CA: Brooks/Cole.

Van Soest, D., Canon, R., & Grant, D. (2000). "Using an interactive website to educate about cultural diversity and societal oppression." *Journal of Social Work Education*, 36 (3), 463 – 479.

Vernick, J. (1983). "The use of the life space interview on a medical ward." In Howard J. Parad (13th ed.). *Crisis intervention: Selected Readings* (pp. 149 – 156). New York: Family Service Association of America.

Vickery, A. (1974). "A systems approach to social work intervention: Its uses for work with individuals and families." *British Journal of Social Work*, 4 (4), 389 – 404.

Videka-Sherman, L. (1991). "Child abuse and neglect." In A. Gitterman (ed.). *Handbook of social work practice with vulnerable populations* (pp. 345 – 381). New York: Columbia University Press.

Vodde, R., & Gallant, J. P. (2002). "Bring the gap between micro and macro practice: Large scale change and a unified model of narrative-deconstructive practice." *Journal of Social Work Education*, 38 (4), 439 – 458.

Volkhart, E. (1951). *Social behavior and personality contributions of W. I. Thomas to theory and social research.* (ed.) New York: Social Science Research Council.

Vontress, C. E. (1979). "Cross-cultural counselling: An existential approach." *Personnel and Guidance Journal*, 58 (2), 117 – 122.

Vourlekis, B. S. (2008). "Cognitive theory for social work practice." In Roberta R. Greene (3rd ed.). *Human behavior theory and social work practice* (pp. 133 – 163). New Jersey: Transaction Publishers.

Wakefield, J. C. (1996). "Does social work need the eco-systems perspective? Part I: Is the perspective clinically useful?" *Social Service Review*, 70 (1), 1 – 32.

Wakefield, J. C. (2003). "Gordon versus the working definition: Lessons from a classic critique." *Research on Social Work Practice*, 13 (3), 284 – 298.

Walby, S. (1992). "Post-post-modernism? Theorizing social complexity." In M. Barrett and A. Phillips (eds.). *Destablizing theory: Contemporary feminist debates* (pp. 31 – 52). Cambridge: Polity Press.

Walker, M. U. (1998). *Moral understandings: A feminist study in ethics.* London: Routledge.

Walsh, F. (2003). "Family resilience: A framework for clinical practice." *Family Process*, 42 (1), 1 – 19.

Walsh, J. (1999). "Incorporating existential themes into the supervision of social work practitioners." *The Clinical Supervisor*, 18 (1), 1 – 16.

Walsh, R., & Vaughn, F. (1980). *Beyond ego: Transpersonal dimensions in psychology.* Los Angeles: J. P. Tarcher.

Walters, K. L., Longers, J. F., Han, C. – S., & Icard, L. D. (2003). "Cultural competence with gay and lesbian persons of color." In D. Lum (2nd ed.). *Cultural competent practice: A framework for understanding diverse groups and justice issues* (pp. 310 – 342). Pacific Grove, CA: Brooks/Cole.

Ward, D., & Mullender, A. (1991). "Empowerment and oppression: An indissoluble Pairing for contemporary social work." *Critical Social Policy*, 32 (2), 21 – 30.

Watson, S. (1999). "Engendering social policy: An introduction." In S. Watson and L. Doyal (eds.), *Engendering social policy* (pp. 1 – 17). Buckingham: Open University Press.

Watt, S., & Cooke, J. (1989). "Another expectation unfulfilled: Black women and social services departments." In C. Hallett (ed.). *Women and social services departments* (pp. 62 – 84). Hemel Hempstead: Harvester Wheatsheaf.

Watzlawick P., Beavin, J. H., & Jackson, D. D. (1967). *Pragmatics of human communication: A study of interactional patterns, pathologies, and paradoxes.* New York: W. W. Norton.

Watzlawick, P. (1990). *Munchausen's pigtail or psychotherapy and reality* (pp. 131 – 151). New York: W. W. Norton.

Weakland, J. H., & Jordan, L. (1992). "Working briefly with reluctant clients: Child protective services as an example." *Journal of Family Therapy*, 14 (2), 231 – 254.

Weaver, H. N. (1999). "Indigenous people and social work profession: Defining culturally competent services." *Social Work*, 44 (3), 217 – 227.

Webb, S., & McBeath, G. (2005). "Post-critical social work analytics." In S. Hick, J. Fook and R. Pozzuto (eds.). *Social work: A critical turn* (pp. 167 – 186). Toronto: Thompson

Educational Publishing, Inc.

Weedon, C. (1987). *Feminist practice and poststructuralist theory.* Oxford: Basic Blackwell.

Weick, A. (1981). "Reframing the person-in-environment perspective." *Social Work*, 26 (2), 140 – 143.

Weick, A. (1983). "Issues in overturning a medical model of social work practice." *Social Work*, 28 (4), 467 – 471.

Weick, A., & Chamberlain, R. (1997). "Putting problems in their place: Further explorations in the strengths perspective." In D. Saleebey (2nd ed.). *The strengths perspective in social work practice* (pp. 39 – 48). White Plains: Longman Publishers.

Weick, A., Kreider, J., & Chamberlain, R. (2006). "Solving problems form strengths perspective." In D. Saleebey (4th ed.). *The strengths perspective in social work perspective* (pp. 116 – 127). Boston: Pearson E116dpp. ucation, Inc.

Weick, A., Rapp, C., Sullivan, W. P., & Kisthardt, W. (1989). "A strengths perspective for social work practice." *Social Work*, 34 (4), 350 – 354.

Weil, M. (1996). "Model development in community practice: A historical perspective." *Journal of Community Practice*, 3 (1), 45 – 67.

Weil, M., & Gamble, D. N. (1995). "Community practice models." In R. Edwards (19th ed.), *Encyclopedia of social work* (pp. 577 – 593). Binghampton, NY: Haworth Press.

Weisner, S., & Silver, M. (1981). "Community work and social learning theory." *Social Work*, 26 (3), 146 – 150.

Wellman, B. (1981). "Applying network analysis to the study of support." In B. H. Gottlieb (ed.). *Social network and social support* (pp. 171 – 200). Beverly Hills, CA: Sage.

Werner, L. S. (1998). "Telephone support groups for HIV-positive mothers whose children have died of AIDS." *Social Work*, 43 (3), 279 – 285.

Wheeler, J. (2007). "Solution-focused supervision." In T. S. Nelson and F. N. Thomas (eds.). *Handbook of solution-focused brief therapy: Clinical applications* (pp. 343 – 370). Philadelphia, PA: Haworth Press.

White, M. (1993). "Deconstruction and therapy." In S. Gilligan and R. Price (eds.). *Therapeutic conversion* (pp. 22 – 61). New York: W. W. Norton, pp. 34.

White, M., & Epston, D. (1990). *Narrative means to therapeutic ends.* New York: W. W. Norton & Company.

White, R. E. (1959). "Motivation reconsidered: The concept of competence." *Psychological Review*, 66 (2), 297 – 333.

White, R. F. (1974). "Strategies of adaptation: An attempt at systematic description." In George Coelho, David A. Hamburg, and John E. Adams (eds.). *Coping and adaptation* (pp. 47 – 68). New York: Basic Books.

White, S., Fook, J., & Gardner, F. (eds.) (2006). *Critical reflection in health and social care.* Buckingham: Open University Press.

White, V. (2006). *The state of feminist social work.* New York: Routledge.

Whittaker, J. K. (1983). "Mutual helping in human services. " In J. K. Whittaker, J. Garbarino (eds.). *Social support networks* (pp. 29 – 70). Hawthorne, NY: Aldine de Gruyter.

Whittaker, J. K. (1974). *Social treatment: An approach to interpersonal helping.* Hawthorne, NY: Aldine de Gruyter.

Whittaker, J. K. (1986). "Integrating formal and informal social care: A conceptual framework. " *British Journal of Social Work*, 16, Supplement, 39 – 62.

Whittaker, J. K. , & Garbarino, J. (1983). *Social support networks: Informal helping in the human services.* New York: Aldine Publishing Company.

Whittaker, J. K. , Tracy, E. M. , Overstreet, E. , Mooradian, J. , & Kapp, S. (1994). "Intervention design for practice: Enhancing social support for high risk youth and families. " In J. Rothman and E. J. Thomas (eds.). *Intervention research: Designing and developing human service interventions* (pp. 195 – 212). New York: Haworth.

Whyte, W. (1991). *Participatory action research.* Newbury Park: Sage.

Wilks, T. (2005). "Social work and narrative ethics. " *British Journal of Social Work*, 34 (1), 37 – 52.

Williams, C. (2006). "The epistemology of cultural competence. " *Families in Society*, 87 (2), 209 – 220.

Williams, F. (1996). "Postmodernism, feminism and the question of difference. " In N. Parton (ed.). *Social theory, social change and social Work* (pp. 61 – 76). London: Routledge.

Wilson, A. , & Beresford, P. (2000). "Anti oppressive practice: Emancipation or appropriation?" *British Journal of Social Work*, 30 (5), 553 – 573.

Wilson, E. (1980). "Feminism and Social Work. " In M. Brake and R. Bailey (eds.). *Radical Social Work Practice* (pp. 26 – 42). London: Edward Arnold.

Wilson, K. , Ruch, G. , Lymbery, M. , & Cooper, A. (2008). *Social work: An introduction to contemporary practice.* Harlow: Pearson Longman.

Winter, G. (1966). *Elements for a social ethic: the role of social science in public policy.* New York: Macmillan.

Wise, S. (1990). "Becoming a feminist social work. " In L. Stanley (ed.). *Feminist praxis: Research, theory and epistemology in feminist sociology* (pp. 236 – 249). London: Routledge.

Witkin, S. L. (1991). "The implications of social constrcutonism for social work . " *Journal of Teaching in Social Work*, 4 (1), 37 – 48.

Wood, G. G. , & Middleman, R. (1989). *The structural approach to direct practice in social work.* New York: Columbia University Press.

Woodford, M. , & Bella, L. (2003). "Are we ready to take a stand? Education about heterosex-is—fostering anti-oppressive practice. " In W. Shera (ed.). *Emerging perspectives on anti-oppressive practice* (pp. 413 – 430). Toronto, Canada: Canadian Scholars′Press.

Woodruffe, K. (1962). *From charity to social work in England and the United States.* London:

Routledge and Kegan Paul.

Woods, M. E. , & Hollis, F. (1990). *Casework: A psychosocial theory* (4th ed.). New York: McGraw-Hill Publishing Company.

Woods, M. E. , & Robinson, H. (1996). Psychosocial theory and social work treatment. In Francis J. Turner (ed.). *Social work treatment: Interlocking theoretical approaches* (pp. 555 – 580). New York: The Free Press.

Worell, J. , & Remer, P. (1992). *Feminist perspectives in therapy: An empowerment model for women.* New York: John Wiley & Sons.

Wright, J. H. , Basco, M. R. , & Thase, M. E. (eds.) (2006). Learning cognitive-behavior therapy: An illustrated guide. Arlington: American Psychiatric Publishing Inc.

Yan, M. , & Wong, Y. (2005). "Empathy as an interactionally achieved phenomenon in psychotherapy: Characteristics of some conversational resources. " *Journal of Pragmatic*, 38 (13), 1385 – 1397.

Yee, J-Y. , Hackbusch, C. , & Wong, H. (2015). "An anti-oppression framework for child welfare in Ontario, Canada: Possibilities for systemic change. " *British Journal of Social Work*, 45 (5), 474 – 492.

Yelaja, S. A. (1971). *Authority and social work: Concept and Use.* Toronto: University of Toronto.

Yelaja, S. A. (1986). "Functional theory for social work practice. " In F. J. Turner (ed.). *Social work treatment: Interlocking theoretical approaches* (pp. 44 – 67). New York, NY: The Free Press.

Yep, R. K. (1992). "Advocating in the public policy arena. " In C. Solomon and P. Jackson-Jobe (eds.). *Helping homeless people: Unique challenges and solutions* (pp. 29 – 40). Alexandria, VA: American Association for Counseling and Development.

Yip, K. S. (2005). "A strengths perspective in working with an adolescent with depression. " *Psychiatric Rehabilitation Journal*, 28 (4), 362 – 369.

Young, I. M. (1990). *Justice and the politics of difference.* Princeton, NJ: Princeton University Press.

Zey, M. (1998). *Rational choice theory and organizational theory: A critique.* Thousand Oaks, CA: Sage.

图书在版编目（CIP）数据

社会工作理论：历史环境下社会服务实践者的声音
和智慧 / 童敏著. —— 北京：社会科学文献出版社，
2019.8（2021.1 重印）
（社会工作硕士专业丛书）
ISBN 978 - 7 - 5201 - 4343 - 1

Ⅰ.①社…　Ⅱ.①童…　Ⅲ.①社会工作 - 研究　Ⅳ.
①C916

中国版本图书馆 CIP 数据核字（2019）第 027102 号

社会工作硕士专业丛书

社会工作理论
——历史环境下社会服务实践者的声音和智慧

著　　者 / 童　敏

出 版 人 / 王利民
责任编辑 / 杨桂凤
文稿编辑 / 马甜甜

出　　　版 / 社会科学文献出版社·群学出版分社（010）59366453
　　　　　　地址：北京市北三环中路甲 29 号院华龙大厦　邮编：100029
　　　　　　网址：www. ssap. com. cn
发　　　行 / 市场营销中心（010）59367081　59367083
印　　　装 / 三河市东方印刷有限公司

规　　　格 / 开　本：787mm × 1092mm　1/16
　　　　　　印　张：44.25　字　数：1018 千字
版　　　次 / 2019 年 8 月第 1 版　2021 年 1 月第 2 次印刷
书　　　号 / ISBN 978 - 7 - 5201 - 4343 - 1
定　　　价 / 128.00 元

本书如有印装质量问题，请与读者服务中心（010 - 59367028）联系